D1661668

ISSN 0931-9158

PURĀṆA RESEARCH PUBLICATIONS, TÜBINGEN
edited by
Heinrich von Stietencron

Volume 1

Sanskrit Indices and Text of the Brahmapurāṇa

by

Peter Schreiner and Renate Söhnen

1987
Otto Harrassowitz · Wiesbaden

Sanskrit Indices and Text of the Brahmapurāṇa

by

Peter Schreiner and Renate Söhnen

1987

Otto Harrassowitz · Wiesbaden

CIP-Kurztitelaufnahme der Deutschen Bibliothek

Sanskrit indices and text of the Brahmapurāṇa /
by Peter Schreiner and Renate Söhnen. –
Wiesbaden: Harrassowitz, 1987. & 26 Mikrofiches
(Purāṇa research publications, Tübingen; Vol. 1)
Einheitssacht.: Brahma-purāṇa
ISBN 3-447-02713-4
NE: Schreiner, Peter [Hrsg.]; EST; GT

Printed with a grant from the Deutsche Forschungsgemeinschaft

© Copyright 1987 Otto Harrassowitz, Wiesbaden
No part of this issue may be translated or reproduced in any form, by print, photoprint, microfilm, or any other means, without permission from the publisher
Phototypesetting, reproduction and binding:
MZ-Verlagsdruckerei GmbH, Memmingen
Printed in Germany

Table of Contents

Editor's preface VII

Introduction XI

Adhyāya 1–246 1

Appendices 1–14 801

Microfiches inside pockets in the backcover

Key-Word-In-Context (KWIC) Index PRP 1/1
4728 pages on 23 microfiches

Index of Word Forms PRP 1/2
409 pages on 2 microfiches

Reverse Index PRP 1/3
205 pages on 1 microfiche

Editor's preface

There was a time when Purāṇas were considered by some scholars as texts of secondary importance. The reasons seemed obvious. Except for the Bhāgavata, the Purāṇas cannot compete with the great classics of Indian literature in regard to literary merit. Nor do they reach very often that depth of philosophical concept and consistency of argument which impresses the reader of the most famous works of Indian philosophy. They also lack the concise intensity of the Sūtras and the systematic scholarship displayed in the Śāstras. And yet, next to the Śāstras, no other class of Indian literature has contributed as much information about religion, society and all branches of learning in ancient and medieval India as the Purāṇas and the great Epics.

The Purāṇas are compendiums of religion and ancient lore, and as such they supplement the Śāstras. To them we owe much of what we know about history and geography, about art, architecture and music, about jewellery and precious stones, about animals, herbs and plants, about medicine and veterinary medicine, about astrology, astronomy and mathematics, about law and social order, and, above all, about the theologies, the myths and the ritual practice of the major Hindu religions of India. And even if the scholar may sometimes feel that he gets lost in an ocean of more or less relevant details he should not forget that these details are contained within the basket of an overwhelming cosmic vision which appears already in the earliest existent Purāṇas - a vision of the origin and reabsorption of the world as border-stones of time and space. Somewhere in the middle between these is the standpoint which determines the perspective of the Purāṇa. From that centre of cosmic time are perceived all gods except the one supreme Lord, and the entire history, and the duties of man, as parts of a universe centered in space and value on man and his actions in Bhāratavarṣa, the *karmabhūmi*, the one region where merit can be acquired and final liberation can be obtained. It is one of the greatest systematic world views ever conceived in world religions, and it constitutes the conceptional frame in which Hindu religions developed during the last almost two thousand years.

Some of the Purāṇas are predominantly concerned with theology, others are storehouses of general erudition. If they contain parts of the Śāstras and philosophical treatises, these were considered important in every day life. Also, the Purāṇas represent the literary arena in which new religious or philosophical concepts competed with each other, the platform on which new formulations could be advanced and accepted or opposed. Since they were open to innumerable additions, corrections and interpolations in course of time, it is here that we can trace the development of ideas, the gradual formation of concepts, and the actual religious change over a period of more than fifteen centuries.

The Purāṇas are popular scriptures meant for reading aloud in the shade of the village temple to the literate and illiterate alike. They contain beautifully poetic passages, but in general their language is simple and straightforward, a basic reader for things otherwise difficult to understand, but considered of vital importance. They therefore invite and require ever renewed explanations and comments by the learned *paurāṇika*, the expounder of the Purāṇas, whose task always was and still is to use ancient lore in order to answer present day questions and problems.

In this way the Purāṇas have formed a bridge from the learned specialists to the common people, and by spreading their social and religious values they have influenced popular religion and conduct to a great extent. But the bridge was used in both directions: regional cults and myths were accepted into the Purāṇic lore. They were transformed and articulated in Sanskrit, adapted to the »Great Tradition« and raised to a level where they could participate in that vast network of communication that was based on the travels of pilgrims, saṃnyāsins and trading merchants throughout India. The Purāṇas, therefore, proved to be an important integrating force in the cultural history of India. They played an essential role in building that cultural unity which binds together the vast subcontinent of India with all its different regions, languages and races.

The first major contributions to Purāṇa studies in the West appeared in 1840 when Horace Hayman Wilson published his English translation of the Viṣṇupurāṇa and Eugène Burnouf brought out, in the same year, a French translation of the first three books of the Bhāgavatapurāṇa. Further highlights are quickly mentioned. Frederick Eden Pargiter could prove the importance of the Purāṇas as sources of history. Willibald Kirfel, in an effort to separate later additions from the original nucleus of the Purāṇas, applied the method of textual criticism to Purāṇa research with a perfection never achieved before. His analysis of the *pañcalakṣaṇa* portions remains one of the great achievements in Purāṇa research. Another important and independent contribution was made by Rajendra Chandra Hazra who applied textual analysis for identifying and dating sections of Purāṇas and Upapurāṇas. Paul Hacker traced the development of religious concepts by following up the multiple variants of Purāṇic myths. Finally, Madelaine Biardeau and Wendy Doniger O'Flaherty applied, each in a different way, the methods of structuralism to the Purāṇas in order to find persistent patterns and structures in Purāṇic religion. And all the while many scholars culled from the Purāṇas a wealth of information on various subjects.

In the last decades Purāṇa studies received fresh impetus by the activities of the All-India Kashiraj Trust in Ramnagar, Benares, to which we owe a number of critical editions, several important studies, and the »Purāṇa« journal. In addition, the series of Purāṇa translations »Ancient Indian Tradition and Mythology« published by Motilal Banarsidass made some of the Purāṇas more easily accessible to the non-sanskritist. Today, both in India and in the West, scholars direct more attention towards the Purāṇas than ever before. A work of fundamental importance is, therefore, Ludo Rocher's recently published book »The Purāṇas« (A History of Indian Literature, ed. by Jan Gonda, vol. II,3. Wiesbaden 1986), which offers the first comprehensive treatment of this class of literature and will be extremely useful to scholars engaged in Purāṇa research. Yet much remains to be done: by sheer quantity the enormous textual mass of the Purāṇic literature still conceals more of its contents than it reveals. Many of the Purāṇas remain largely inaccessible. Reliable tools for research are missing. We need detailed indices in order to trace the relevant material in those bulky texts.

This was the task envisaged when the Tübingen Purāṇa Project started its work in 1982. By applying new techniques to Purāṇa research we proposed to meet those basic requirements and to produce adequate tools for future research. In the preceding years, we had already experimented with new procedures to process Sanskrit texts in the computer. The complete text of the Viṣṇupurāṇa had been transcribed in two versions and coded for the computer and experimented with by my colleague Peter Schreiner. Word compounds had to be dissolved for indexing each member of the compound, but they had to be automatically recompounded for edition of the text and for metrical analysis. The same was true for the sandhi: all euphonic changes of Sanskrit letters were first undone and than automatically restored. This was possible only because the computer center of the University of Tübingen had developed, in its department for literary and documentary computing, the »Tübingen System of Text Processing Programs« (TUSTEP), a package of programs which allows for all necessary steps in editing and printing, including the sorting and printing of indices and concordances. The possibilities which these programs offered had, of course, to be adapted to the particular problems of the Sanskrit language. This was done and tested in the years 1978-1981; but when we started work on the Brahmapurāṇa new problems arose and had to be solved. One of them was to include variant readings not only as footnotes to the text but also in our indices. This was not easy, but eventually it was achieved. Another major task was the preparation of a fully indexed summary of contents of the Brahmapurāṇa which is going to be published as vol. 2 of this series.

The Tübingen Purāṇa Project has been institutionalized at the Seminar for Indology and Comparative History of Religions of the University of Tübingen. It is financed by the German Research Foundation and operates under my direction. The tasks in the first phase of the project were to produce

a) three complete word indices (key-word-in-context, word forms, and reverse index) to the Sanskrit text of the Brahmapurāṇa;

b) a detailed English summary of contents of the Brahma Purāṇa with complete index to the summary;

c) an annotated bibliography on Purāṇic and Epic texts and studies.

The textual basis for the Brahmapurāṇa is derived from the Ānandāśrama edition which, for easy reference, is reproduced with the variant readings of the Ānandāśrama edition and the Veṅkaṭeśvara edition. The indices, which form the main research tool, are on microfiche because otherwise they would cover thousands of printed pages.

The Sanskrit text with indices and the English summary with index are now ready for publication as volume 1 and 2 of the »Purāṇa Research Publications«. Both volumes are the result of continuous teamwork in which equal credit goes to both authors, Renate Söhnen and Peter Schreiner.

We are aware of certain shortcomings of our indices. There are tasks which the computer can not - or not yet - fulfil. Lemmatization, e.g., was not possible. In some respects we had to make compromises when the ideal came in conflict with feasability. Yet much has been achieved and a research tool has been provided which can serve all possible research interests when applied to the Brahmapurāṇa.

Other Purāṇas will be taken up in due course. Suggestions for the improvement of our work and comments on its usefulness are welcome. The continuation of the Tübingen Purāṇa Project will, to no small degree, depend on the reaction of scholars throughout the world to the results of our effort.

The »Purāṇa Research Publications« will appear in loose sequence. The first two volumes are designed to make the Brahmapurāṇa accessible for research both to sanskritists and non-sanskritists. The Bibliography will need about two more years to be ready for publication. Materials for the study of the Viṣṇupurāṇa will follow and it is hoped that more Purāṇas can be taken up. Texts from other literary genres which offer themselves for purposes of textual comparison with Purāṇic passages, such as the Bhagavadgītā, other sections of the Mahābhārata, and certain philosophical texts as well as comparative studies will be included in the same series.

Tübingen, August 1986 Heinrich von Stietencron

Introduction

Whichever topic, whichever method from the important though unwieldy area of Purāṇa research a scholar may be interested in, there is no gainsaying the fact that the starting point are *texts*. Certain methodological postulates derive from this fact. One of these postulates, if not the basic one, is completeness and objectivity with regard to the material analysed. That this requirement is less commonly fulfilled in Purāṇa research than it is in other textually based disciplines (classical philology, biblical exegesis, etc.) can of course, at least partly, be explained by the immense mass of texts which one has to read, to classify, to analyse before one can claim to have reached completeness of the textual evidence.

Such considerations were at the root of the Tübingen Purāṇa Project. The application of computers seemed to offer, for the first time, a fair chance of achieving completeness and objectivity in the selection and description of the materials to be analysed. At least for the Brahmapurāṇa (i.e. for about 14,000 verses out of the estimated 1,000,000 of Purāṇic texts) this aim has now been reached. On the other hand, the application of computers to Sanskrit texts leads to new, sometimes unexpected problems, and to new, sometimes unexpected, possibilities of analysing and interpreting the materials.

Use of computers; TUSTEP

The tasks of the Tübingen Purāṇa Project were conceived in the light of the specific set-up at Tübingen with regard to the availability of computers and of software. The computer centre of the University of Tübingen has a department for literary and documentary computing (Abteilung für Literarische und Dokumentarische Datenverarbeitung) where Dr. Wilhelm Ott and his colleagues have been developing TUSTEP, i.e. the Tübingen System of Text processing Programs. TUSTEP is a package of programs consisting of mutually compatible components which allow for practically all processes required by literary computing (input; correction; editing; copying and modifying of data dependent on various parameters and conditions; segmentation of texts for the purpose of sorting; sorting; printing of indices and concordances; formating of outputs; photocomposition, etc.). It is conceived for users who are not computer specialists and need not know any programming language. Individual requirements and applications are programmed by defining or modifying specific parameters.

Thus, use of computers by the Tübingen Purāṇa Project means use of the mainframe computer(s) of the University and (exclusively) use of TUSTEP.

The general advantages of the application of computers may be too well known to need repetition: The speed with which large amounts of text can be handled (e.g. in searching for words, in sorting, in printing, etc.); the guarantee of completeness of references to a particular word or form in the text; the ease with which data can be corrected (without having to rewrite whole pages or to retype whole chapters); the convenience in reproducing data and in publishing; the facility with which data can be supplemented or modified, e.g. by adding tags for analyses not originally intended without having to repeat the input (the transliteration, for instance); the exchangeability of data (an electronic tape can easily be sent to another computing center; a box with slips of notes will hardly leave the scholar's desk). To derive maximum benefit, however, »input« and »output«, i.e. the text which is transcribed and the printed book and the sorted indices which are to be accomplished, have to be carefully adjusted to each other. The fact that, e.g. in preparing an index or publishing a text, no manual mistakes can be introduced into data which have once been freed from mistakes will only apply if the input is structured in such a way that *all* desired output can be achieved fully automatically.

It is quite obvious that the application of a powerful tool like the computer entails a more or less constant tangle with the tendency of that tool towards autonomy. Some compromises were unavoidable; on the other hand we have at no point exhausted the possibilities offered by the tool. The experimental character of the application of computers to Sanskrit texts of that size has been something which we have been constantly aware of and which we hope the reader will not forget when stumbling over any of those unavoidable compromises.

Recent developments in printer technology and software aim at printing Sanskrit in Devanāgarī characters. In view of these developments, it may be noted that we decided at a fairly early stage of our work not to pursue this possibility. For the purposes of textual analysis the advantages of a text printed in Devanāgarī are negligible.

Textual basis

The choice of the Brahmapurāṇa was determined by a number of factors. At the time when the Tübingen Purāṇa Project was institutionalized, the Viṣṇupurāṇa had already been computerized.[1] The Brahmapurāṇa contains large sections which run parallel to passages in the Viṣṇupurāṇa. Thus, to choose a text like the Brahmapurāṇa offered the possibility of comparing both texts, of establishing similarities and differences, of studying the development of motifs and language, etc., – tasks which themselves have not been part of the Project work. On the other hand, the Brahmapurāṇa contains passages, particularly the Māhātmyas of holy places, which have nothing comparable in the Viṣṇupurāṇa. Thus, the Brahmapurāṇa seemed to open avenues of describing and comparing Purāṇic topics and texts not only with regard to similarity but also with regard to difference.

The textual basis for the materials to be prepared are printed editions only. It is obvious that work with manuscripts could and should better be undertaken in India.[2]

1 cf. P. Schreiner: Die Hymnen des Viṣṇupurāṇa. Habilitationsschrift Tübingen 1980. – The indices prepared for the Viṣṇupurāṇa will be published in the series of the PRP, Tübingen.

2 On the other hand such work with manuscripts would be greatly facilitated by the computerization of at least one version of a text, which in most cases and for practical purposes will be that text which would qualify as the vulgate to which any critical edition would have to refer.

The decision not to use manuscripts does, of course, raise methodological problems. One of its consequences might be that we contribute towards raising one printed edition to the rank of a vulgate. To avoid this, it will suffice that the user of the indices and of the text remains aware of the problem and does not acquiesce in what has been prepared. Rather, he should enlarge the textual basis, enrich it with variants, compare it with other versions and parallel texts, etc. As a warning against over-emphasizing the authoritativeness of the printed editions and as a reminder that manuscript evidence might change our picture of the Brahmapurāṇa, attention may be drawn to the summary of the Brahmapurāṇa by H. H. Wilson.[3] He had a manuscript which did not contain the Gautamīmāhātmya, but which contained a second part, the content of which Wilson describes as a Māhātmya of the Balajā-river.

We have tried to counteract the danger inherent in prematurely »canonizing« one version of a Purāṇa by giving all the variant readings from the two printed editions used and by including them in the indices. Thus, the variant is not considered or treated as less important, less informative, less authoritative than the wording of the »vulgate«. When seen against this background of the traditional canon of philological text-criticism, this may seem a questionable, controversial decision. It was primarily a pragmatic decision; the material at hand did not allow for more and yet required at least that much.

The text presented in this edition is based on two printed Devanāgarī editions of the Brahmapurāṇa:

1. *Mahāmuni-śrīmad-vyāsa-praṇītaṃ Brahmapurāṇam*, edited by Hari Nārāyaṇa Āpṭe, Ānandāśrama-saṃskṛta-granthāvaliḥ (Ānandāśrama Sanskrit Series, abbreviated as ASS) No. 28, published in 1895.

2. *Brahmapurāṇam*, edited (according to the colophon of part 2) by Raṅganātha Sūri in two parts, Bombay, Veṅkaṭeśvara Press 1906 (abbreviated as VePr).

The edition by Pañcānana Tarkaratna, published by the Vaṅgavāsī Press, Calcutta B.S. 1316, was not available to us. About it Hazra says: »The AnSS ed. is chapter by chapter the same as the Vaṅga. ed. There are occasional variations in readings and numbers of verses in the corresponding chapters, but these variations are not many and important for our purpose.«[4]

The edition *Brahmapurāṇam, Hindī anuvādasahitam*, published by the Hindī Sāhitya Sammelana, Prayāga 1976, with a Hindī translation by Tāraṇīśa Jhā and an index of names, is a reprint of the ASS edition; as such it was occasionally used to confirm readings or check misprints.

In the preface to the ASS edition, the editor gives a survey of the manuscripts used for preparing the text, with sigla according to the Devanāgarī alphabet, starting with *k* (in our edition represented by sigla according to the Latin alphabet). Six manuscripts were used, of which only ms. A has the complete text of the Brahmapurāṇa, including the Gautamīmāhātmya; B and C have the text without the Gautamīmāhātmya, whereas D, E, F have the Gautamīmāhātmya only. The

3 JRAS 1838, repr. in: Analysis of the Purāṇas, Delhi 1979, p. 8-21.
4 Hazra: Purāṇic records on Hindu rites and customs, Calcutta 1948, p. 145.

deviations of the manuscripts from the established text of the ASS edition are printed in footnotes; suggestions for emendations are inserted in brackets after the corresponding corrupt words. Though the ASS edition is not a critical one, in the strict sense, it shows at least a certain consciousness of the necessity to present the evidence of the manuscripts. The edition is not a reprint of any one manuscript, since variants of all of them occur in the footnotes.

The text of ed. ASS comprises 246 chapters, counting only 245 chapters. Ch. 225 (»Within the dialogue between Umā and Maheśvara the 225th chapter, called the description of *dharma*«, according to the colophon, p. 535) is repeated (»In the dialogue between the sages and Maheśvara the 225th chapter«, p. 538). In our reprint and in the indices the numbering of chapters is sequential and comes to 246. This way of counting is also adopted by the edition of Prayāga 1976.

Ed. VePr prints the text in two parts; the Gautamīmāhātmya forms part 2. The editors say in their introductory note to part 2 that their edition of the Brahmapurāṇa had been based on four old manuscripts, none of which contained the Gautamīmāhātmya. But since ed. ASS (which became available only later, *paścādupalabdhānandāśramamudritapustaka*) had included it, it is also printed, though not as an interruption of the Puruṣottama-Māhātmya, as in ed. ASS. The author of the preface states only that the »Brahmapurāṇa is divided in two parts, in some books, the first part ending with the description of Ekāmraka, the rest of the text forming the second part. Since this division is not found in the manuscripts (*mātṛkapustakeṣu*), it is not observed in our edition. The Gautamīmāhātmya, being not included in the list of contents of the Brahmapurāṇa as given in the Nāradīyapurāṇa, is nevertheless added to the text of the Brahmapurāṇa, since it is found in some of the books.« It is, however, not clear which texts were used, nor is there any remark concerning the method of how the printed text, to which no critical footnotes exist, was established.

Thus, ed. VePr has 138 chapters in the first part, 105 chapters in the second, the Gautamīmāhātmya. Division of chapters varies occasionally between the two editions. For details see the concordance in the Appendix. Ed. VePr does not print variants; occasionally, however, a passage is printed in parantheses or as a footnote.

The present edition of the Brahmapurāṇa is based on transliterations[5] in machine-readable form of the Devanāgarī text according to ed. ASS and according to ed. VePr. The printed text follows ed. ASS; all variants from ed. VePr as well as from the footnotes in ed. ASS are recorded in the apparatus. Italics in the text indicate the part of the text to which a variant refers; index numbers point to the footnote which contains the variant reading(s). Each variant is preceded by its siglum (A, B, C, D, E, F for the manuscripts used in ed. ASS, V for ed. VePr). Interpolations are retained in the text but are enclosed by square brackets. Omissions are not marked but their extent is described in the footnotes if it covers more than the line to which the note is attached. The apparatus also includes annotations which refer to editorial comments in ed. ASS.[6]

5 Separation of compounds and sandhi forms are marked while transliterating a text.

6 These notes also reproduce where the editor of ed. ASS made suggestions (printed in square

In transliterating the Devanāgarī text we tried to reproduce the original as closely and correctly as possible. Obvious printing mistakes were corrected tacitly. Doubling of consonants after r was not reproduced (e.g. *kārya* for *kāryya*); doubling of consonants before r or v was not reproduced except where necessary from the etymological point of view (*chattra* for *chatra*, but *kṣatra*). Nasal before consonant which originated from m is written as anusvāra (*kiṃ ca* for *kiñ ca*).

Our text is not a »critical« text; it lists variants but does not include any decisions as to which reading should be preferred, does not comment (except for an occasional question mark) on corruptions and does not make conjectures (obvious as they may be).

The verse reference is printed after each verse as in the original. The reference to the chapter is printed only with the first verse of each chapter; it appears at the head of each page.

Concordances

From the point of view of textual criticism the parallels to passages of the Brahmapurāṇa which exist in other texts would have to be included among the variants listed in the apparatus. To fulfil this requirement within the scope of the working methods of the Purāṇa Project would have meant to transliterate all the parallel texts as well. This was not possible and constitutes one of the tasks which future evaluation of the Brahmapurāṇa will have to include. The materials presented with this volume should help in carrying out this task more speedily and more easily. As a first step in that direction and as a help for all comparative approaches this volume includes a number of concordances in the Appendix.

Appendix 1 contains a concordance between the two printed editions used, ed. ASS and ed. VePr. The other concordances are between passages in Brahmapurāṇa and other texts which are literally, if not verbatim, parallel to the extent that they can be considered variant versions of the same text rather than parallel but reformulated versions of the same episode or similar treatments of the same topic.

Microfiche output of indices

The Sanskrit text is made accessible for analysis by three indices of wordforms: Index of key-words in context (KWIC), index of wordforms in pausaform, reverse index of pausaforms. As far as the concept of the Tübingen Purāṇa Project is concerned, the indices have priority over the reprint of the text; the indices are the materials and tools which the Project was meant to make available, while the text is reprinted basically as a secondary tool for easy reference.

brackets in ed. ASS) for the correction of the text. Where this suggestion concurs with the printed text of ed. VePr we say »ASS corrects like V«; this does not mean that the editor of ed. ASS used ed. VePr (this is not possible, since ed. VePr was published later); it only tells the reader to look up the V-variant, which coincides with the emendation suggested by the editor of ed. ASS.

The indices are presented on microfiches. What is reproduced on microfiche (by COM, i.e. »Computer Output Microfiche«) represents pages of computer printout as they are produced by the various line-printers. Apart from the fact that the sheer volume would have made publishing in conventional book form quite impossible, the form and format of these indices may serve as a reminder that they are meant to be materials and tools, not evaluations and results.

The fiches require a reading machine with 42-fold enlargement; each fiche contains 207 pages; the last page in the lower right corner of each fiche contains an index in which the first entry of each page is listed along with an index number of where to find the page on the fiche. The eyeball line indicates, on the right, the publication (e.g. PRP 1/1, i.e. Purāṇa Research Publications, vol. 1, index 1) and the number of the fiche; the particular index (e.g. KWIC-index of Brahmapurāṇa) is indicated in the first line on the left. The second line repeats the first word of the first page on that fiche (the last entry on a fiche has to be inferred from the first entry of the following fiche).

The hardware which TUSTEP has been using for the production of microfiches does not allow printing all the diacritical marks required by Devanāgarī. Therefore it was decided to use the code for cedilla to represent the dot under the letter, the hyphen above *n* to represent the guttural nasal (*n̄*, usually printed as *ṅ*, with superscribed dot). A further restriction results from the fact, that the eyeball lines on each fiche allow only capital letters and no diacritics at all. Thus, *ātmānam* and *ātmanām* both become »ATMANAM« should they appear in an eyeball line, *kṛṣṇa* would be »KRSNA«, etc. This may entail the reader's choosing the wrong fiche in his search for a particular word and having to make a second choice; the inconvenience is regretted.

Wordforms; separation of compounds

An entry in the indices is constituted by what we call wordform; wordforms are all grammatically independent words (inflected verbs, pronouns, particles, etc.) and all members of nominal compounds.

The entries in the indices are wordforms and not roots and stems. It is tempting to postulate that we should have lemmatized the vocabulary. This was never planned mainly for two reasons:

- The aim of the Project has been to provide tools for the textual analysis of specific texts, but not to write a dictionary of Purāṇic Sanskrit. Our materials might some day be utilized for such a task, but it was clearly not our task.
- It is not yet possible to achieve lemmatization automatically; differentiation of the many homonyms can only be achieved by taking the context into consideration.

Separation of compounds, which is marked during transliteration, is restricted to nominal compounds and does not include grammatical analysis. Neither the type of compound (dvandva, bahuvrīhi, etc.) nor the hierarchy of pairs of words which may form longer compounds are analysed. Suffixes (*-vat, -mat, -maya* etc., e.g. *jaganmaya*), prepositions to roots (e.g. *anubhavati*) are not separated. In nominal compounds, prepositions are not separated if the noun is derived from a prefixed root (e.g. *anubhāva*, *prabhu*); they are separated if they are added to the nominal stem (e.g. *viśaṅkā*, »suspicion«, but *vi + śaṅkā*, »fearlessness«).

We separate all compounds with (originally) a verbal root as final member (e.g. *dvi + ja*, *ātma + ja*, *nṛ + pa*, etc), though we cannot always decide whether such words were actually still felt to be compounds by the authors or redactors of the text. One may hesitate whether to separate *nṛpa* or *bhūpa*, but then there is also *bhūpati*, *pṛthivīpati*, *vasudhāpati*, etc. To separate *go + pa* entails *go + pī*, etc.

Alpha privative (*a + nitya*, *an + īśvara*) and adverbial prefixes (e.g. *ati +*, *su +*, *duḥ +*, *sa +*, etc.) are separated. In distinction from prepositions, adverbial prefixes are also separated from verbal forms (e.g. *prādhur + babhūva*, *ekī + kṛta*).

We have not separated some compounds that can only etymologically be analysed as compounds (though, in older language, they may have been productive compounds). Thus, we do not separate *ṛtvij*, *śraddhā*, *abhra* (*ab + bhra*), *samudra*, etc. Nor do we separate where the derivation of a word is doubtful or controversial (e.g. *nārāyaṇa*, *hṛṣīkeśa*, *sūnṛta*, *āpaga*, *asura*, *nābhāga*, *karṇikāra*, etc.). In the case of variants this leads to the indexing of a number of »non-words« which could not be dissolved into meaningful components (e.g. *avasthātananīravaḥ* or *+ ardhakāyastum*).

Proper names are not treated differently from other words; if they are compounds they are separated (*daśa + ratha*, *indra + dyumna*, *vasu + deva*, etc.)[7]

Abstract nouns, patronymica, etc., derived from compounds by making the first syllable *vṛddhi* (and adding the suffix *-ya* in case of abstracts) are not separated (e.g. *trailokya*, *māhātmya*, *vāsudeva*, *bārhadratha*, *maitrāvaruṇī*, etc.); likewise, words derived from compounds by adding a suffix, e.g. *sākṣin*, *nāstika*, etc., or words originating from short sentences, such as *itihāsa*, *svasti*, etc.

Certain combinations of particles were treated like compounds (e.g. *atha + vā*, *na + hi*) though the editions are not very consistent in printing either *athavā* or *atha vā*. Similarly, the particles *cana*, *cid* and *api* are treated as compounded with the interrogative pronouns when forming indefinite pronouns (e.g. *kiṃ + cid*, *kiṃ + cana*); some decisions in cases of *api* (and of *tu* when combined with *kim*) may be doubtful and open to revision.

All the editorial decisions about divison of words, separation of compounds, treatment of sandhi in cases of grammatical ambiguity etc. do not show up in the printed text, they become apparent, however, in the indices. The indices will also reveal all cases of inconsistent treatment which may have evaded our attention. Verification by checking the text and confirming or revising our understanding of it remain, of course, indispensable.

7 Thus, the linguist who is interested in the number of occurrences of a particular component of any compound, including names, can be sure to have them completely listed. A reader, however, who wants to look up proper names, can find them under each part of its components in the KWIC-index.

KWIC-index

The KWIC-index (KWIC stands for »key-word in context«) is meant as that index in which the user of our materials should primarily look up the occurrences of the words he searches for. The KWIC-index lists each wordform, including all words which form part of variants in ed. VePr and the manuscripts used by ed. ASS, in the context of the metrical line.

All the Sanskrit indices are sorted according to the Devanāgarī alphabet; anusvāra and visarga are sorted as standing between the vowels and the consonants.

Each catchword appears on the left of the page (followed by the absolute frequency of entries listed under this catchword) at the beginning of the list of occurrences in context which follows. In this list of occurrences the entry word is printed in the middle of the page. The context to the right of the entry word is sorted; should the context also be identical, the references are taken into account for sorting.

Catchwords (keywords) are not differentiated according to whether they are members of a compound or not; they are also not differentiated according to whether they are preceded by a siglum or not. This information is retained in the context printed for each occurrence of a keyword.

Keywords are differentiated, however, if they appear in different shapes according to sandhi. Sandhi-forms have been retained, except vowel-combinations between words or between members of compounds, and except initial sandhi. The plus-sign indicating a compound is retained. In cases of separate words joined by vowel-sandhi, the joint is marked by *, drawing attention to the fact that the index at such places differs from what the context would require. In cases of initial sandhi the letter(s) which had to be reconstituted to assure uniform sorting of a wordform are put in ⟨...⟩ (e.g. *⟨h⟩iraṇya* for *dhiraṇya*, *⟨ś⟩akyam* for *chakyam*). Thus, api, e.g., may appear as ⟨a⟩pi, ⟨a⟩py, api, apy.

In view of printing the Sanskrit text with variants in sandhi form, the context of a variant had in a number of cases to include words which differ only due to sandhi. E.g. if, in 13.101, *smṛtā hy ete* has the variant *smṛtāś caite*, the difference is reduced to *ca* for *hi* if considered independent of its context. In view of the printed text, however, the variant had to include the *smṛtā* and the *ete*; in the KWIC-index *smṛtā* is recorded as well as *smṛtāś*, though both actually stand for *smṛtāḥ*; and *ete* is listed twice. The KWIC-index thus comprises all variants, including words which differ only due to context.

The reference is printed to the left of the context for each occurrence. The figure after the slash indicates the line of the verse, numbered in steps of a hundred (1.1/100, 1.1/200 etc.). The decimal and unit place of the figure after the slash are used for interpolated lines, found only in ed. VePr or any of the manuscripts. Thus, 1.1/1 refers to an interpolated line before the first line of ed. ASS.

It would have been possible to reduce the bulk of this index by defining certain frequent words to be omitted (*ca, api, eva, hi, tataḥ* etc.). However, this would have meant a decision about the kind of possible or meaningful queries for which the index might be used. We therefore decided for the greatest possible openness and against any restrictions as implied by selection.

The reader should keep in mind that different grammatical forms of the same word may be separated from each other in the alphabetical order by other words which stand in between (e.g. *rājan* ... *rājñā*).

The context which is printed along with each occurrence of a catchword contains all the information of the input version of the text. I.e. the sigla which identify the variants as well as the parenthesis to mark beginning and end of variants, omissions (beginning with double parenthesis and siglum) and insertions (beginning with single parenthesis and siglum) are part of the context printed.

In sorting the context, plus-sign, asterisk, brackets and the daṇḍa (vertical bar to mark the end of pādas) are disregarded as entries and for sorting. Since variants are retained in the KWIC-index, since on the other hand variants (beginning with sigla) are not part of the original context, the sigla have been sorted at the beginning of an entry.[8]

In view of the fact that the text is almost exclusively metrical, it seemed advisable to limit the context to be printed with each entry to one line (two pādas of a śloka, one pāda of a verse in longer metre); the position of a word in the line is thus made quite obvious.

Apart from that, the extent to which context is printed is defined by the width of the page; context is cut off at the left and the right margin irrespective of word boundaries etc. Thus, the beginning (or end) of a word might be missing; the opening parenthesis and sigla marking an insertion or the parentheses indicating an omission in a manuscript might not show up in the context.

We did not produce a separate pāda-index, for whatever information is contained in a pāda-index is included in the KWIC-index which of course lists each line also under the first words of pādas.

The user should bear in mind that he is using the first and necessarily uncorrected copy of a KWIC-index produced for the Brahmapurāṇa. The size of the text and the volume of output made it impossible to produce the complete KWIC-index for test purposes or for correction of data or programs.

Index of pausaforms

Since in transliterating the text all letters which underwent some kind of sandhi-change are marked, it is possible to generate automatically the »pausaform« of each wordform.

The index of pausaforms (wordforms out of context) is offered in view of the redundancy contained in the KWIC-index and as a tool mediating between KWIC-index and reverse index of wordforms. It lists all wordforms occurring in ed. ASS and includes all those wordforms which constitute variants in ed. VePr and the manuscripts used by ed. ASS, if the texts are compared in pausaform. All wordforms are listed in their pausaform, also those members of compounds which, strictly speaking, do not occur »in pausa«.

8 Since daṇḍa and brackets are disregarded for sorting, this implies that entries which occur at the end of lines, i.e. before nothing but the characters | or), are printed before those entries the context of which begins with a siglum.

The pausaform of a word is a standardized, artificial form of a word; the rules for this standardization are part of Sanskrit grammar, but the form thus created must not be confounded with what lemmatization would or could achieve. Thus, a stem like *tapas*, which ends in *-s*, may in the context appear as *tapo*, of which the pausaform is *tapaḥ*; the same rule applies for a form like *aśvo*, the pausaform of which is *aśvaḥ*, though the stem in this case ends in *-a*. And again, since the same rule is applied to all wordforms, irrespective of whether they are grammatically independent or members of compounds, the pausaform of *svar-* will become *svaḥ-*. In a dictionary which registers the stems of words, *tapo* would appear under *tapas*, *aśvo* under *aśva-*, *svar-* under *svar-*; in the non-lemmatized indices of wordforms in pausaform they appear as *tapaḥ(+)*, *aśvaḥ* and *svaḥ(+)*; stems like *hṛd-* as *hṛt(+)*, *srag-* as *srak+*, *samidh-* as *samit(+)*, *-duh-* as *+dhuk+*, etc.

On a pragmatic level, the reader of a Sanskrit text who uses our indices will need the same amount of knowledge of Sanskrit and of sandhi-rules, whether he reads *tapo* in the text and has to know that a dictionary will list the word under *tapas*, or whether he reads *tapo* and has to know that an index of words in pausaform will list the word under *tapaḥ*. Similarly, if he reads *antaḥ* he will have to know that a dictionary should be consulted under *antar* as well as under *anta-*, while in the case of an index of pausaforms the nominative singular of *anta-* and the preposition *antar* turn into the homonym *antaḥ* and do not form separate entries. (The only difference between these two entries would be that *antar-* may also appear as *antaḥ+*, if it is member of a compound.)

The advantage of the pausaform obviously is that all variants of a wordform which are only due to sandhi are comprised in one entry. The drawback of a strict transformation of all wordforms to pausaform is that it may result in forms which do not actually or even cannot occur. This is particularly true for words which only survive as first parts of compounds (e.g. *bṛhas+pati*, which results in the two entries *bṛhaḥ+* and *+pati*, or *dhūr+vaha*, which would appear as *dhūḥ+* and *+vaha*).[9]

The pausaform and its more far-reaching formalization may appear more in keeping with the requirements of an automatic treatment of the text (sorting, counting etc.); the textform (as recorded in the KWIC-index) is of course closer to the linguistic realities and is, at least to anyone who knows Sanskrit, aesthetically more pleasing, grammatically less upsetting.

The absolute frequency of occurrences is added in parentheses. The references are listed completely; if a word occurs more than once in a line, the reference is not repeated. The number of references need therefore not be identical with the number of occurrences. Reference is to chapter and verse. Additions (interpolations) are automatically supplied with the reference of the line *preceding* the addition, independent of the reference of the verse in the input. The reference to words from interpolations may therefore differ in the verse numbers in the text and in the KWIC-index as compared to the index of pausaforms.

9 The only exception to this automatic production of pausa-forms even of stems occurring in compounds is *go+*, which would look most awkward if appearing as *gaḥ+*.

Transpositions of individual words in a line are registered as omissions in one, as additions in the second instance; as additional words such variants are included in the index, thought strictly speaking such a word does have a parallel in the compared text. The same applies to transposition of lines (e.g. 3.91 and 3.92). The only immediate limitation for the user of the index is that he has to be careful in interpreting the given frequencies.

The wordforms are differentiated in grammatically independent ones and in forms occurring in compounds. A plus-sign indicates the compounded wordforms. Thus, a *kṛṣṇa* which is a vocative is distinguished from a *kṛṣṇa+* which is first part of a compound or from a *+kṛṣṇa+* which is middle part of a compound.

The reader is advised to generally use the KWIC-index, where adjacent parts of a compound are immediately obvious.

The wordforms are further differentiated according to siglum. Entries referring to the text of ed. ASS do not have a siglum; wordforms occurring in variants are repeated as separate entries even if the same wordform occurs in ed. ASS as well. In sorting the variant wordforms, preference has been given to V, i.e. to entries drawn from ed. VePr as the only other printed edition used.

As a small aid in checking the number and completeness of passages collected when actually analysing the text, the absolute frequency of occurrences of each entry is given in the KWIC-index *and* in the index of pausaforms. Wordforms with and without plus-sign(s), and the different grammatical forms of a stem or root are separate entries with separate frequency counts. They have to be added up to get the actual total of occurrences of a word.

Reverse index of pausaforms

This index lists the same entries as the index of pausaforms, except that sorting begins with the last letter; accordingly entries are printed flush right. All information which would not differ from what is included in the index of pausaforms is suppressed (references, frequencies). This index thereby becomes a simple list of occurring wordforms.

In looking up a word (e.g. *duḥ+*) found in this list, one can either confirm it in the index of pausaforms and will get the total number of occurrences with all references; or one can go straight to the KWIC-index, in which case one will have to take into consideration the various sandhi-forms. The references and the total of occurrences (absolute frequencies) should suffice to guarantee that the varying form of the word in the two indices (*duḥ+* in the reverse index and in the index of pausaforms; *duḥ+*, *dur+*, *duṣ+*, *duś+*, *dus+* in the KWIC-index) does not lead to missing certain occurrences.

Data transfer

The indices produced by the Tübingen Purāṇa Project can be used in a conventional manner for finding whatever one might be looking for (proper names, theological concepts, grammatical forms, etc.). The input itself, however, opens up certain possibilities of evaluation, especially the application of statistical methods.

Our conventions for transliteration and the decision to create an input version allow moving in more than one direction (running text and pausaform). The input thus provided is relatively unstructured and unmarked, a fact which should allow the use of our data even outside Tübingen and for other evaluations than those presently conceived of or intended.

In order to make such possibilities available to all colleagues who have access to a main-frame computer, we plan to submit a copy of the text of the Brahmapurāṇa on magnetic tape to the Oxford Archives. Inquiries may be directed to:

The External Advisor
Oxford University Computing Service
13 Banbury Road
Oxford OX2 6NN

Acknowledgements

It remains to thank all those who have contributed to whatever could be achieved by the Tübingen Purāṇa Project. Professor H. v. Stietencron, who initiated the Project, has been successful in creating favourable working conditions and in steering the Project through the vicissitudes created by intellectual scruples no less than by bureaucratic hurdles or the apparently inevitable joys and sorrows of teamwork.

Special thanks are due to the staff of the Department of Literary and Documentary Computing, its chairman Dr. W. Ott and H. Fuchs and K. Schälkle, who have not only provided us with the flexible and powerful tool of TUSTEP, but also (what has been equally important) have been most cooperative and patient with the innumerable queries put to them at all hours of the day by us »customers«. Without TUSTEP there would not have been any Tübingen Purāṇa Project; knowledge of what was possible with TUSTEP was part of the basis on which the Project was conceived and planned.

We wish to acknowledge the support of the Deutsche Forschungsgemeinschaft which has been funding the Tübingen Purāṇa Project.

Dr. H. Petzolt of Otto Harrassowitz Verlag has been most understanding and lenient with our attempts to dabble in the art of book making by letting us ourselves prepare the files for photocomposition in an attempt to keep the price of the book as low as possible.

It is not possible to name all the colleagues and friends who by their interest and advice have contributed to the progress of our work or to improvements implemented over the years; John and Mary Brockington, Edinburgh, and Paul Thieme, Tübingen, however, have accompanied us in very special ways, for which we feel most grateful.

Some people may be inclined to inquire about which of the authors did what, is responsible for which aspect of the work (or for which mistake or blunder, it may contain). The authors themselves do not and cannot divide and distribute responsibilities but would like to stress their shared authorship of whatever has been achieved - evidence, we trust, to show that teamwork is after all possible and worthwhile.

Adhyāya 1–246

[[1]śrīgaṇeśāya namaḥ |
atha maharṣiśrīvedavyāsapraṇītaṃ brahmapurāṇam ārabhyate |
oṃ namo bhagavate vāsudevāya |]
[[2]nārāyaṇaṃ namaskṛtya naraṃ caiva narottamam |
devīṃ sarasvatīṃ caiva tato jayam udīrayet |]
yasmāt sarvam idaṃ prapañca-*racitaṃ*[3] māyājagaj jāyate |
yasmiṃs tiṣṭhati *yāti cāntasamaye*[4] kalpānukalpe punaḥ |
yaṃ dhyātvā munayaḥ prapañcarahitaṃ vindanti mokṣaṃ dhruvaṃ |
taṃ vande puruṣottamākhyam amalaṃ nityaṃ vibhuṃ *niścalam*[5] ||1.1|
yaṃ dhyāyanti budhāḥ samādhisamaye śuddhaṃ viyatsaṃnibham |
nityānandamayaṃ prasannam amalaṃ sarveśvaraṃ nirguṇam |
vyaktāvyaktaparaṃ prapañcarahitaṃ *dhyānaika-*[6]gamyaṃ *vibhum*[7] |
taṃ saṃsāravināśahetum ajaraṃ vande hariṃ muktidam ||2|
supuṇye naimiṣāraṇye pavitre *sumanohare*[8] |
nānāmunijanākīrṇe nānāpuṣpopaśobhite ||3|
saralaiḥ[9] karṇikāraiś ca panasair dhavakhādiraiḥ |
āmrajambūkapitthaiś ca nyagrodhair devadārubhiḥ ||4|
aśvatthaiḥ pārijātaiś ca candanāgurupāṭalaiḥ |
bakulaiḥ[10] saptaparṇaiś ca *puṃnāgair*[11] nāgakesaraiḥ ||5|
śālais tālais tamālaiś ca *nārikelais*[12] tathārjunaiḥ |
anyaiś ca bahubhir vṛkṣaiś campakādyaiś ca śobhite ||6|
nānāpakṣigaṇākīrṇe nānāmṛgagaṇair yute |
nānājalāśayaiḥ *puṇyair dīrghikādyair*[13] alaṃkṛte ||7|
brāhmaṇaiḥ kṣatriyair vaiśyaiḥ śūdraiś cānyaiś ca jātibhiḥ |
vānaprasthair gṛhasthaiś ca yatibhir brahmacāribhiḥ ||8|
saṃpannair[14] gokulaiś caiva sarvatra samalaṃkṛte |
yavagodhūmacaṇakair māṣamudgatilekṣubhiḥ ||9|
cīnakādyais[15] tathā medhyaiḥ sasyaiś cānyaiś ca śobhite |
tatra dīpte hutavahe hūyamāne mahāmakhe ||10|
yajatāṃ naimiṣeyāṇāṃ sattre dvādaśavārṣike |
ājagmus tatra munayas tathānye *'pi*[16] dvijātayaḥ ||11|
tān āgatān dvijāṃs te tu pūjāṃ cakrur *yathocitām*[17] |
teṣu tatropaviṣṭeṣu ṛtvigbhiḥ sahiteṣu ca ||12|
tatrājagāma sūtas tu matimāṃl lomaharṣaṇaḥ |
taṃ dṛṣṭvā te munivarāḥ pūjāṃ cakrur mudānvitāḥ ||13|
so 'pi *tān pratipūjyaiva*[18] saṃviveśa varāsane |
kathāṃ cakrus *tadānyonyaṃ*[19] sūtena *sahitā*[20] dvijāḥ ||14|
kathānte *vyāsaśiṣyaṃ te*[21] papracchuḥ saṃśayaṃ mudā |
ṛtvigbhiḥ sahitāḥ sarve sadasyaiḥ saha dīkṣitāḥ ||15|

1 V ins. **2** AV ins. **3** B -caritaṃ **4** AV līyate tu samaye B līyate ca samaye **5** C niṣkalam **6** C [possibly; siglum omitted] jñānaika- **7** C prabhum **8** V 'tha manohare **9** V śālaiś ca **10** C sakulaiḥ **11** C puṃnāgaiḥ palāśair **12** AE [E is impossible; misprint?] nārikerais **13** A puṇye vedikādyair **14** A samadair B samṛddhair **15** CV śālibhiś ca **16** A ca **17** AB yathoditām **18** C tāṃ pratigṛhyaiva **19** A tathānyonyaṃ **20** C saha te **21** A vyāsa-śiṣyaṃ tu B ca vyāsaśiṣyaṃ V vai vyāsaśiṣyaṃ

munaya ūcuḥ:
purāṇāgamaśāstrāṇi setihāsāni sattama |
jānāsi devadaityānāṃ caritaṃ janma karma ca ||16|
na te 'sty aviditaṃ kiṃcid vede śāstre ca bhārate |
purāṇe mokṣaśāstre ca sarvajño 'si mahāmate ||17|
yathāpūrvam idaṃ sarvam utpannaṃ sacarācaram |
sasurāsuragandharvaṃ sayakṣoragarākṣasam ||18|
śrotum icchāmahe sūta brūhi sarvaṃ *yathā jagat*[22] |
babhūva bhūyaś ca yathā mahābhāga bhaviṣyati ||19|
yataś caiva jagat *sūta*[23] yataś caiva *carācaram*[24] |
līnam āsīt tathā yatra layam eṣyati yatra *ca*[25] ||20|
lomaharṣaṇa uvāca:
avikārāya *śuddhāya*[26] nityāya paramātmane |
sadaikarūparūpāya viṣṇave sarvajiṣṇave ||21|
namo hiraṇyagarbhāya haraye śaṅkarāya ca |
vāsudevāya tārāya sargasthityantakarmaṇe ||22|
ekānekasvarūpāya sthūla-*sūkṣmātmane*[27] namaḥ |
avyaktavyaktabhūtāya viṣṇave *mukti-*[28]hetave ||23|
sargasthiti-*vināśāya*[29] jagato yo *'jarāmaraḥ*[30] |
mūlabhūto *namas*[31] tasmai viṣṇave paramātmane ||24|
ādhārabhūtaṃ *viśvasyāpy aṇīyāṃsam aṇīyasām*[32] |
praṇamya sarva-*bhūtastham*[33] acyutaṃ puruṣottamam ||25|
jñānasvarūpam atyantaṃ nirmalaṃ paramārthataḥ |
tam *evārthasva-*[34]rūpeṇa bhrāntidarśanataḥ sthitam ||26|
viṣṇuṃ grasiṣṇuṃ viśvasya *sthitau sarge*[35] tathā prabhum |
sarvajñaṃ jagatām īśam ajam akṣayam avyayam ||27|
ādyaṃ *susūkṣmaṃ*[36] viśveśaṃ brahmādīn praṇipatya *ca*[37] |
itihāsapurāṇajñaṃ vedavedāṅgapāragam ||28|
sarvaśāstrārthatattvajñaṃ parāśarasutaṃ prabhum |
guruṃ praṇamya vakṣyāmi purāṇaṃ vedasaṃmitam ||29|
kathayāmi yathā pūrvaṃ dakṣādyair munisattamaiḥ |
pṛṣṭaḥ provāca bhagavān *abjayoniḥ*[38] pitāmahaḥ ||30|
śṛṇudhvaṃ saṃpravakṣyāmi kathāṃ pāpa-*praṇāśinīm*[39] |
kathyamānāṃ mayā citrāṃ bahvarthāṃ śruti-*vistarām*[40] ||31|
yas tv imāṃ[41] dhārayen nityaṃ śṛṇuyād vāpy abhīkṣṇaśaḥ |
svavaṃśadhāraṇaṃ kṛtvā svargaloke mahīyate ||32|
avyaktaṃ kāraṇaṃ yat tan nityaṃ sadasadātmakam |
pradhānaṃ puruṣas tasmān nirmame viśvam *īśvaraḥ*[42] ||33|

22 A yathāgatam **23** A sarvaṃ V sūtaṃ **24** A bhaviṣyati **25** A vā **26** ABV guhyāya **27** A -sūkṣmāya te **28** A vyakta- **29** BCV -vināśānāṃ **30** BCV jaganmayaḥ **31** A 'vasat **32** V viśvasya mahataś cāpy aṇīyasaḥ **33** C -bhūteśam **34** A eva svasva- C evātmasva- **35** A sthitisargaṃ C sthitisarge **36** BV sūkṣmaṃ ca **37** BV vai **38** A ajo nityaḥ **39** AV -pramocinīm **40** C -saṃmitam **41** V yaś cemāṃ **42** C īdṛśam

taṃ budhyadhvaṃ muniśreṣṭhā brahmāṇam amitaujasam |
sraṣṭāraṃ sarva-*bhūtānāṃ nārāyaṇaparāyaṇam*[43] ||34|
ahaṃkāras tu mahatas tasmād bhūtāni jajñire |
bhūtabhedāś ca bhūtebhya iti sargaḥ sanātanaḥ ||35|
vistara-[44]avayavaṃ caiva yathāprajñaṃ yathā-*śruti*[45] |
kīrtyamānaṃ śṛṇudhvaṃ *vaḥ*[46] sarveṣāṃ kīrtivardhanam ||36|
kīrtitaṃ sthirakīrtīnāṃ sarveṣāṃ puṇya-*vardhanam*[47] |
tataḥ svayaṃbhūr bhagavān sisṛkṣur vividhāḥ prajāḥ ||37|
apa eva sasarjādau tāsu vīryam *athāsṛjat*[48] |
āpo nārā iti proktā āpo vai narasūnavaḥ ||38|
ayanaṃ tasya tāḥ pūrvaṃ tena nārāyaṇaḥ smṛtaḥ |
hiraṇya-*varṇam*[49] abhavat tad aṇḍam udakeśayam ||39|
tatra jajñe svayaṃ brahmā svayaṃbhūr iti *naḥ śrutam*[50] |
hiraṇyavarṇo bhagavān uṣitvā parivatsaram ||40|
tad aṇḍam akarod dvaidhaṃ divaṃ bhuvam athāpi ca |
tayoḥ śakalayor madhya ākāśam akarot prabhuḥ ||41|
apsu pāriplavāṃ pṛthvīṃ diśaś ca daśadhā *dadhe*[51] |
tatra kālaṃ mano vācaṃ kāmaṃ krodham atho ratim ||42|
sasarja sṛṣṭiṃ tadrūpāṃ sraṣṭum icchan prajā-*patīn*[52] |
marīcim atry-*aṅgirasau*[53] pulastyaṃ pulahaṃ kratum ||43|
vasiṣṭhaṃ ca mahātejāḥ so 'sṛjat sapta mānasān |
sapta brahmāṇa ity ete purāṇe niścayaṃ gatāḥ ||44|
nārāyaṇātmakānāṃ *tu*[54] saptānāṃ brahmajanmanām |
tato 'sṛjat *purā*[55] brahmā rudraṃ roṣātmasaṃbhavam ||45|
sanatkumāraṃ ca vibhuṃ pūrveṣām api pūrvajam |
saptasv etā[56] ajāyanta prajā *rudrāś*[57] ca bho dvijāḥ ||46|
skandaḥ sanatkumāraś ca tejaḥ saṃkṣipya *tiṣṭhataḥ*[58] |
teṣāṃ sapta mahāvaṃśā divyā deva-*gaṇānvitāḥ*[59] ||47|
kriyāvantaḥ prajāvanto maharṣibhir alaṃkṛtāḥ |
vidyuto 'śanimeghāṃś ca rohitendradhanūṃṣi ca ||48|
vayāṃsi ca sasarjādau parjanyaṃ ca sasarja ha |
ṛco yajūṃṣi sāmāni nirmame yajñasiddhaye ||49|
sādhyān *ajanayad*[60] devān ity evam *anusaṃjaguḥ*[61] |
uccāvacāni bhūtāni gātrebhyas tasya jajñire ||50|
āpavasya[62] prajāsargaṃ sṛjato *hi*[63] prajāpateḥ |
sṛjyamānāḥ prajā naiva vivardhante yadā tadā ||51|
dvidhā kṛtvātmano deham ardhena puruṣo 'bhavat |
ardhena nārī tasyāṃ tu so 'sṛjad *dvi*-[64]vidhāḥ prajāḥ ||52|
divaṃ ca pṛthivīṃ caiva mahimnā vyāpya *tiṣṭhati*[65] |
virājam asṛjad viṣṇuḥ so 'sṛjat puruṣaṃ virāṭ ||53|

43 V -bhūtānām ajaṃ nārāyaṇaṃ param **44** V vistāra- **45** V -śrutam **46** A vai **47** BCV -karmaṇām **48** B avāsṛjat **49** V -garbham **50** A viśrutam **51** A dadhau **52** A -patiḥ **53** BC -aṅgirasaṃ **54** A ca **55** C punar **56** A tataś caitā C sapta tv etā **57** C rudraś **58** A tiṣṭhati **59** C -gaṇārcitāḥ **60** BV anyāṃs tathā **61** B anuśuśrumaḥ V anuśuśruma **62** BV āyataṃ ca **63** V 'pi **64** V vi- **65** AB tiṣṭhataḥ

puruṣaṃ taṃ manuṃ vidyāt tasya manvantaraṃ smṛtam |
dvitīyaṃ mānasasyaitan manor antaram ucyate ||54|
sa vairājaḥ prajā-*sargaṃ*[66] sasarja puruṣaḥ prabhuḥ |
nārāyaṇavisargasya prajās tasyāpy ayonijāḥ ||55|
āyuṣmān kīrtimān *puṇya-*[67]prajāvāṃś ca bhaven naraḥ |
ādisargaṃ *viditvemaṃ*[68] yatheṣṭāṃ cāpnuyād gatim ||56|

iti śrīmahāpurāṇe brāhme prathamo 'dhyāyaḥ[69]

[1]lomaharṣaṇa uvāca:
sa sṛṣṭvā tu[2] prajās tv evam āpavo vai prajāpatiḥ |
lebhe *vai*[3] puruṣaḥ patnīṃ śatarūpām ayonijām ||2.1|
āpavasya mahimnā tu divam āvṛtya tiṣṭhataḥ |
dharmeṇaiva muniśreṣṭhāḥ śatarūpā vyajāyata ||2|
sā tu varṣāyutaṃ taptvā tapaḥ paramaduścaram |
bhartāraṃ dīptatapasaṃ puruṣaṃ pratyapadyata ||3|
sa vai svāyaṃbhuvo viprāḥ puruṣo manur ucyate |
tasyaikasaptatiyugaṃ manvantaram ihocyate ||4|
vairājāt puruṣād vīraṃ śatarūpā vyajāyata |
priyavratottānapādau vīrāt kāmyā vyajāyata ||5|
kāmyā nāma *sutā śreṣṭhā*[4] kardamasya prajāpateḥ |
kāmyāputrās tu catvāraḥ samrāṭ kukṣir virāṭ prabhuḥ ||6|
uttānapādaṃ jagrāha putram atriḥ prajāpatiḥ |
uttānapādāc caturaḥ sūnṛtā suṣuve sutān ||7|
dharmasya kanyā suśroṇī sūnṛtā nāma viśrutā |
utpannā vājimedhena dhruvasya jananī śubhā ||8|
dhruvaṃ ca kīrtimantaṃ ca āyuṣmantaṃ vasuṃ tathā |
uttānapādo 'janayat sūnṛtāyāṃ prajāpatiḥ ||9|
dhruvo varṣa-*sahasrāṇi*[5] trīṇi *divyāni*[6] bho dvijāḥ |
tapas tepe mahābhāgaḥ prārthayan sumahad yaśaḥ ||10|
tasmai brahmā dadau prītaḥ sthānam ātmasamaṃ prabhuḥ |
acalaṃ caiva purataḥ saptarṣīṇāṃ prajāpatiḥ ||11|
tasyābhimānam ṛddhiṃ[7] ca mahimānaṃ nirīkṣya *ca*[8] |
devāsurāṇām ācāryaḥ ślokaṃ prāg uśanā jagau ||12|
aho 'sya tapaso vīryam aho śrutam aho 'dbhutam |
yam adya purataḥ kṛtvā dhruvaṃ saptarṣayaḥ sthitāḥ ||13|
tasmāc chliṣṭiṃ[9] ca bhavyaṃ ca dhruvāc chaṃbhur vyajāyata |
śliṣṭer[10] ādhatta succhāyā *pañca putrān*[11] akalmaṣān ||14|

66 V -sarge **67** ABV dhanyaḥ **68** C viditvainaṃ **69** Col. only in ASS; V continues the chapter. **1** V om. **2** B sa sṛṣṭāsu V sisṛkṣus tu **3** V sa **4** ABV muniśreṣṭhāḥ **5** C -ṣahasrānte **6** C varṣāṇi **7** B tasyābhimānavṛddhiṃ V tasyābhimānaṃ vṛddhiṃ **8** BV vai **9** AC tasmāt sṛṣṭiṃ V tasmāc chliṣṭaṃ **10** AC sṛṣṭer **11** A mantraputrān

ripuṃ ripuṃjayaṃ vīraṃ[12] *vṛkalaṃ*[13] vṛkatejasam |
ripor ādhatta bṛhatī *cakṣuṣaṃ*[14] sarvatejasam ||15|
ajījanat puṣkariṇyāṃ vairiṇyāṃ cākṣuṣaṃ manum |
prajāpater *ātmajāyāṃ vīraṇyasya*[15] mahātmanaḥ ||16|
manor ajāyanta daśa *naḍvalāyāṃ*[16] mahaujasaḥ |
kanyāyāṃ muniśārdūlā vairājasya prajāpateḥ ||17|
kutsaḥ[17] *puruḥ*[18] śatadyumnas tapasvī satyavāk kaviḥ |
agniṣṭud[19] *atirātraś*[20] ca sudyumnaś *ceti*[21] te nava ||18|
abhimanyuś[22] ca daśamo *naḍvalāyāṃ*[23] mahaujasaḥ |
puror[24] ajanayat putrān ṣaḍ āgneyī mahāprabhān ||19|
aṅgaṃ sumanasaṃ *svātiṃ*[25] kratum aṅgirasaṃ *mayam*[26] |
aṅgāt sunīthāpatyaṃ vai *veṇam*[27] ekaṃ vyajāyata ||20|
apacāreṇa *veṇasya*[28] prakopaḥ sumahān abhūt |
prajārtham ṛṣayo yasya mamanthur dakṣiṇaṃ karam ||21|
veṇasya[29] mathite pāṇau saṃbabhūva mahān *nṛpaḥ*[30] |
taṃ dṛṣṭvā munayaḥ prāhur eṣa vai muditāḥ prajāḥ ||22|
kariṣyati mahātejā yaśaś ca prāpsyate mahat |
sa dhanvī kavacī *jāto*[31] jvalajjvalana-*saṃnibhaḥ*[32] ||23|
pṛthur *vaiṇyas*[33] tathā *cemāṃ*[34] rarakṣa *kṣatra*-[35]pūrvajaḥ |
rājasūyābhiṣiktānām ādyaḥ sa *vasudhāpatiḥ*[36] ||24|
tasmāc caiva samutpannau nipuṇau sūtamāgadhau |
teneyaṃ gaur[37] muniśreṣṭhā dugdhā sasyāni bhūbhṛtā ||25|
prajānāṃ vṛttikāmena *devaiḥ sarṣigaṇaiḥ*[38] saha |
pitṛbhir dānavaiś caiva *gandharvair apsarogaṇaiḥ*[39] ||26|
sarpaiḥ puṇyajanaiś caiva vīrudbhiḥ parvatais tathā |
teṣu teṣu ca pātreṣu duhyamānā vasuṃdharā ||27|
prādād yathepsitaṃ kṣīraṃ tena prāṇān adhārayan |
pṛthos tu putrau dharmajñau yajñānte 'ntardhipātinau ||28|
śikhaṇḍinī havirdhānam antardhānād vyajāyata |
havirdhānāt ṣaḍ āgneyī *dhiṣaṇājanayat*[40] sutān ||29|
prācīnabarhiṣaṃ śukraṃ gayaṃ kṛṣṇaṃ vrajājinau |
prācīnabarhir bhagavān mahān āsīt prajāpatiḥ ||30|
havirdhānān muniśreṣṭhā yena saṃvardhitāḥ prajāḥ |
[[41]prācīnāgrakuśās tasya pṛthivyāṃ dvijasattamāḥ |]
prācīnabarhir bhagavān pṛthivītala-*cāriṇīḥ*[42] ||31|

12 B ripuṃjayaṃ puraṃjayaṃ V ripuṃ puraṃjayaṃ putraṃ C ripuṃ ripuṃjayaṃ vipraṃ **13** B putraṃ ca **14** ACV cākṣuṣaṃ **15** ACV ātmajāyām araṇyasya **16** B naddhalāyāṃ **17** A ruruḥ C ūruḥ **18** C pūruḥ **19** B agniṣṭub V agniṣṭubo **20** V 'tirātraś **21** B cāpi **22** A atimanyuś **23** B naddhalāyāṃ **24** C ūror **25** BV khyātiṃ **26** ACV gayam **27** ASS corr. like V; V venam **28** ASS corr. like V; V venasya **29** ASS corr. like V; V venasya **30** C ṛṣiḥ **31** A rājā **32** V -suprabhaḥ **33** ASS corr. like V; V vainyas **34** A vemāṃ **35** B dakṣa- **36** V vasudhādhipaḥ **37** B tena pṛthvī **38** A devair ṛṣigaṇaiḥ **39** B gandharvāpsarasāṃ gaṇaiḥ **40** A puṇyān ajanayat **41** C ins. **42** AC -cāriṇaḥ

samudratanayāyāṃ *tu*[43] kṛtadāro 'bhavat prabhuḥ |
mahatas tapasaḥ pāre savarṇāyāṃ *prajāpatiḥ*[44] ||32|
savarṇādhatta sāmudrī daśa prācīnabarhiṣaḥ |
sarvān pracetaso nāma dhanurvedasya pāragān ||33|
apṛthagdharmacaraṇās *te 'tapyanta*[45] mahat tapaḥ |
daśa varṣasahasrāṇi samudrasalileśayāḥ ||34|
tapaś caratsu pṛthivīṃ pracetaḥsu mahīruhāḥ |
arakṣamāṇām āvavrur babhūvātha prajākṣayaḥ ||35|
nāśakan māruto vātuṃ vṛtaṃ *kham abhavad*[46] drumaiḥ |
daśa varṣasahasrāṇi na śekuś *ceṣṭituṃ*[47] prajāḥ ||36|
tad upaśrutya tapasā yuktāḥ sarve pracetasaḥ |
mukhebhyo vāyum agniṃ ca sasṛjur jātamanyavaḥ ||37|
unmūlān *atha vṛkṣāṃs tu*[48] kṛtvā vāyur aśoṣayat |
tān agnir[49] adahad *ghora*[50] evam āsīd drumakṣayaḥ ||38|
drumakṣayam atho *buddhvā*[51] kiṃcic chiṣṭeṣu *śākhiṣu*[52] |
upagamyābravīd *etāṃs tadā*[53] somaḥ prajāpatīn ||39|
kopaṃ yacchata rājānaḥ sarve prācīnabarhiṣaḥ |
vṛkṣaśūnyā kṛtā pṛthvī śāmyetām agnimārutau ||40|
ratnabhūtā ca kanyeyaṃ vṛkṣāṇāṃ varavarṇinī |
bhaviṣyaṃ jānatā *tāta*[54] dhṛtā garbheṇa vai mayā ||41|
māriṣā nāma *nāmnaiṣā*[55] vṛkṣāṇām iti nirmitā |
bhāryā vo 'stu mahā-*bhāgāḥ*[56] somavaṃśavivardhinī ||42|
yuṣmākaṃ tejaso 'rdhena mama cārdhena *tejasaḥ*[57] |
asyām utpatsyate vidvān dakṣo nāma prajāpatiḥ ||43|
sa imāṃ dagdhabhūyiṣṭhāṃ yuṣmattejomayena vai |
agnināgnisamo bhūyaḥ prajāḥ saṃvardhayiṣyati ||44|
tataḥ somasya vacanāj jagṛhus te *pracetasaḥ*[58] |
saṃhṛtya kopaṃ *vṛkṣebhyaḥ*[59] patnīṃ dharmeṇa māriṣām ||45|
daśabhyas tu pracetobhyo māriṣāyāṃ prajāpatiḥ |
dakṣo jajñe mahātejāḥ *somasyāṃśena*[60] bho dvijāḥ ||46|
acarāṃś ca carāṃś caiva dvipado 'tha catuṣpadaḥ |
sa sṛṣṭvā *manasā*[61] *dakṣaḥ*[62] *paścād asṛjata*[63] striyaḥ ||47|
dadau *daśa sa*[64] dharmāya kaśyapāya trayodaśa |
śiṣṭāḥ somāya rājñe *ca*[65] nakṣatrākhyā dadau prabhuḥ ||48|
tāsu devāḥ khagā gāvo nāgā ditijadānavāḥ |
gandharvāpsarasaś caiva jajñire 'nyāś ca jātayaḥ ||49|
tataḥ prabhṛti viprendrāḥ prajā maithunasaṃbhavāḥ |
saṃkalpād darśanāt sparśāt pūrveṣāṃ procyate prajā ||50|

43 A ca **44** V mahīpatiḥ **45** V tepus te 'pi **46** BV samabhavad **47** A caṣituṃ **48** A sa tato vṛkṣān B atha tān vṛkṣān **49** A divyāgnir **50** C ghoram **51** A dṛṣṭvā **52** A bho dvijāḥ **53** C etān rājā V etān atha **54** AB sā tu **55** V kanyaiṣā **56** C -bhāgā **57** V tejasā **58** BV tapodhanāḥ **59** A vṛkṣeṣu **60** A somasyātmasamo **61** A mānasān **62** B [or C, but not A, if the preceding footnote in the ASS ed. »A *mānasān dakṣaḥ*« was correct] bhūyaḥ **63** B paścāt sṛjan striyaḥ **64** AB sa daśa **65** AB tu

munaya[66] ūcuḥ:
devānāṃ dānavānāṃ ca gandharvoragarakṣasām |
saṃbhavas tu śruto 'smābhir dakṣasya ca mahātmanaḥ ||51|
aṅguṣṭhād *brahmaṇo*[67] *jajñe*[68] dakṣaḥ kila śubhavrataḥ |
vāmāṅguṣṭhāt tathā *caivaṃ*[69] tasya patnī vyajāyata ||52|
kathaṃ prācetasatvaṃ *sa*[70] punar lebhe mahātapāḥ |
etaṃ[71] *naḥ*[72] saṃśayaṃ sūta vyākhyātuṃ *tvam ihārhasi*[73] |
dauhitraś caiva somasya kathaṃ śvaśuratāṃ gataḥ ||53|
lomaharṣaṇa uvāca:
utpattiś ca *nirodhaś*[74] ca nityaṃ bhūteṣu bho dvijāḥ |
ṛṣayo 'tra na muhyanti vidyāvantaś ca ye janāḥ ||54|
yuge yuge bhavanty ete *punar*[75] dakṣādayo nṛpāḥ |
punaś caiva *nirudhyante*[76] vidvāṃs tatra na muhyati ||55|
jyaiṣṭhyaṃ kāniṣṭham apy eṣāṃ[77] pūrvaṃ nāsīd dvijottamāḥ |
tapa eva garīyo 'bhūt prabhāvaś caiva kāraṇam ||56|
imāṃ *visṛṣṭiṃ*[78] dakṣasya yo vidyāt sacarā-*carām*[79] |
prajāvān *āyur uttīrṇaḥ*[80] svargaloke mahīyate ||57|

iti śrīmahāpurāṇe brāhme sṛṣṭikathanaṃ nāma dvitīyo 'dhyāyaḥ[81]

munaya ūcuḥ:
devānāṃ dānavānāṃ ca gandharvoragarakṣasām |
utpattiṃ vistareṇaiva lomaharṣaṇa kīrtaya ||3.1|
lomaharṣaṇa[1] uvāca:
prajāḥ sṛjeti vyādiṣṭaḥ *pūrvaṃ dakṣaḥ*[2] svayaṃbhuvā |
yathā sasarja bhūtāni tathā śṛṇuta bho dvijāḥ ||2|
mānasāny eva bhūtāni *pūrvam evāsṛjat prabhuḥ*[3] |
ṛṣīn devān sagandharvān *asurān yakṣa-*[4]rākṣasān ||3|
yadāsya mānasī *viprā*[5] na vyavardhata vai prajā |
tadā saṃcintya dharmātmā prajāhetoḥ prajāpatiḥ ||4|
sa maithunena dharmeṇa sisṛkṣur vividhāḥ prajāḥ |
asiknīm āvahat patnīṃ vīraṇasya prajāpateḥ ||5|
sutāṃ sutapasā *yuktāṃ*[6] mahatīṃ lokadhāriṇīm |
atha putrasahasrāṇi *vairaṇyāṃ*[7] pañca vīryavān ||6|
asiknyāṃ janayām āsa dakṣa eva prajāpatiḥ |
tāṃs tu dṛṣṭvā mahābhāgān saṃvivardhayiṣūn prajāḥ ||7|

66 A ṛṣaya **67** C dakṣiṇāj **68** AC jāto **69** V caiva **70** C ca **71** A evaṃ B enaṃ **72** B tu **73** B vai tvam arhasi **74** A vipattiś **75** AB sarve **76** A vipadyante **77** A janma caiva vipattiś ca V jyaiṣṭhyaṃ kāniṣṭhyam apy eṣāṃ **78** A tu sṛṣṭiṃ **79** AC -caram **80** V āyuṣā pūrṇaḥ **81** Col. only in ASS; V continues the chapter. **1** A sūta **2** AC pūrvadakṣaḥ **3** BV prajāpatir avāsṛjat **4** A narān yakṣāṃś ca **5** B tāta **6** B juṣṭāṃ **7** A viraṇyāṃ B viriṇyāṃ

devarṣiḥ priyasaṃvādo nāradaḥ prābravīd idam |
nāśāya vacanaṃ teṣāṃ śāpāyaivātmanas tathā ||8|
yaṃ kaśyapaḥ sutavaraṃ *parameṣṭhī*[8] vyajījanat |
dakṣasya vai duhitari dakṣaśāpabhayān muniḥ ||9|
pūrvaṃ sa hi samutpanno nāradaḥ parameṣṭhinaḥ |
asiknyām atha *vairaṇyāṃ*[9] bhūyo devarṣisattamaḥ ||10|
taṃ bhūyo janayām āsa *piteva*[10] munipuṃ-*gavam*[11] |
tena dakṣasya *vai putrā*[12] haryaśvā iti viśrutāḥ ||11|
nirmathya nāśitāḥ sarve vidhinā ca na saṃśayaḥ |
tasyodyatas tadā dakṣo nāśāyāmitavikramaḥ ||12|
brahmarṣīn purataḥ kṛtvā yācitaḥ parameṣṭhinā |
tato *'bhisaṃdhiś*[13] cakre vai dakṣasya parameṣṭhinā ||13|
kanyāyāṃ nārado *mahyaṃ*[14] tava putro bhaved iti |
tato dakṣaḥ sutāṃ prādāt priyāṃ vai parameṣṭhine |
sa tasyāṃ nārado jajñe bhūyaḥ śāpabhayād ṛṣiḥ ||14|
munaya[15] ūcuḥ:
kathaṃ praṇāśitāḥ putrā nāradena maharṣiṇā |
prajāpateḥ sūtavarya śrotum[16] icchāma tattvataḥ ||15|
lomaharṣaṇa uvāca:
dakṣasya *putrā haryaśvā*[17] vivardhayiṣavaḥ prajāḥ |
samāgatā[18] mahāvīryā nāradas tān uvāca ha ||16|
[19]nārada uvāca:
bāliśā bata *yūyaṃ*[20] vai nāsyā jānīta vai bhuvaḥ |
pramāṇaṃ sraṣṭukāmā vai prajāḥ prācetasātmajāḥ ||17|
antar ūrdhvam adhaś caiva kathaṃ *sṛjatha*[21] vai prajāḥ |
te tu tadvacanaṃ śrutvā prayātāḥ sarvato *diśaḥ*[22] ||18|
adyāpi na nivartante samudrebhya ivāpagāḥ |
haryaśveṣv atha naṣṭeṣu dakṣaḥ prācetasaḥ punaḥ ||19|
vairaṇyām[23] atha putrāṇāṃ sahasram asṛjat prabhuḥ |
vivardhayiṣavas te tu śabalāśvās tathā prajāḥ ||20|
pūrvoktaṃ *vacanaṃ*[24] te *tu*[25] *nāradena pracoditāḥ*[26] |
anyonyam ūcus te sarve samyag āha *mahān ṛṣiḥ*[27] ||21|
bhrātṝṇāṃ padavīṃ jñātuṃ gantavyaṃ nātra saṃśayaḥ |
jñātvā pramāṇaṃ pṛthvyāś ca sukhaṃ srakṣyāmahe prajāḥ ||22|
te 'pi tenaiva mārgeṇa prayātāḥ sarvato diśam |
adyāpi na nivartante samudrebhya ivāpagāḥ ||23|
tadā prabhṛti vai bhrātā bhrātur anveṣaṇe *dvijāḥ*[28] |
prayāto naśyati kṣipraṃ tan na kāryaṃ vipaścitā ||24|
tāṃś caiva naṣṭān vijñāya putrān dakṣaḥ prajāpatiḥ |
ṣaṣṭiṃ tato 'sṛjat kanyā *vairaṇyām*[29] iti naḥ śrutam ||25|

8 V pārameṣṭhyaṃ **9** A viraṇyāṃ B viriṇyāṃ **10** A pīvaryāṃ **11** A -gavaḥ **12** V putrā vai **13** CV 'bhisaṃdhiṃ **14** A 'patyaṃ **15** A ṛṣaya **16** ABV prajāpates tu bhagavañ chrotum **17** A putrās te sarve **18** V samāyātā **19** V om. **20** A bhūyo **21** A rakṣata **22** BV diśam **23** A vīriṇyāṃ **24** C vacanāt **25** V 'pi **26** AB nāradenaiva coditāḥ **27** A mahāmuniḥ **28** AB rataḥ **29** A vīriṇyām B vairiṇyām

tās tadā pratijagrāha *bhāryārtham*[30] kaśyapaḥ prabhuḥ |
somo dharmaś ca bho viprās tathaivānye maharṣayaḥ ||26|
dadau sa daśa dharmāya kaśyapāya trayodaśa |
saptaviṃśati somāya catasro *'riṣṭanemine*[31] ||27|
dve caiva bahuputrāya dve caivāṅgirase tathā |
dve kṛśāśvāya viduṣe tāsāṃ nāmāni *me śṛṇu*[32] ||28|
arundhatī vasur *yāmī*[33] *lambā*[34] *bhānur*[35] marutvatī |
saṃkalpā ca muhūrtā ca sādhyā viśvā ca bho dvijāḥ ||29|
dharmapatnyo daśa tv etās tāsv apatyāni *bodhata*[36] |
viśvedevās tu viśvāyāḥ *sādhyā*[37] sādhyān vyajāyata ||30|
marutvatyāṃ marutvanto vasos tu *vasavaḥ sutāḥ*[38] |
bhānos tu bhānavaḥ putrā muhūrtās tu muhūrtajāḥ ||31|
lambāyāś caiva *ghoṣo 'tha*[39] nāgavīthī ca *yāmijā*[40] |
pṛthivī[41] *viṣayaṃ*[42] sarvam arundhatyāṃ vyajāyata ||32|
saṃkalpāyās[43] tu *viśvātmā*[44] jajñe saṃkalpa eva hi |
nāgavīthyāṃ ca yāminyāṃ vṛṣalaś ca[45] vyajāyata ||33|
parā yāḥ[46] somapatnīś ca dakṣaḥ prācetaso dadau |
sarvā nakṣatranāmnyas tā jyotiṣe parikīrtitāḥ ||34|
ye tv anye khyātimanto vai devā *jyotiṣ-*[47]purogamāḥ |
vasavo 'ṣṭau samākhyātās teṣāṃ vakṣyāmi vistaram ||35|
āpo[48] dhruvaś ca somaś ca *dhavaś*[49] caivānilo 'nalaḥ |
pratyūṣaś ca prabhāsaś ca vasavo nāmabhiḥ smṛtāḥ ||36|
āpasya[50] putro *vaitaṇḍyaḥ*[51] śramaḥ *śrānto*[52] munis tathā |
dhruvasya putro bhagavān kālo loka-*prakālanaḥ*[53] ||37|
somasya bhagavān varcā varcasvī yena jāyate |
dhavasya[54] putro draviṇo hutahavyavahas tathā |
manoharāyāḥ śiśiraḥ prāṇo 'tha ramaṇas tathā ||38|
anilasya śivā bhāryā tasyāḥ putro manojavaḥ |
avijñātagatiś caiva dvau putrāv anilasya *ca*[55] ||39|
agniputraḥ kumāras tu *śarastambe śriyā vṛtaḥ*[56] |
tasya śākho viśākhaś ca naigameyaś ca *pṛṣṭhajaḥ*[57] ||40|
apatyaṃ kṛttikānāṃ tu kārttikeya iti smṛtaḥ |
pratyūṣasya viduḥ putram ṛṣiṃ nāmnātha devalam ||41|
dvau putrau devalasyāpi kṣamāvantau manīṣiṇau |
bṛhaspates tu bhaginī varastrī brahma-*vādinī*[58] ||42|
yoga-[59]siddhā jagat kṛtsnam *asaktā*[60] vicacāra ha |
prabhāsasya tu sā bhāryā vasūnām aṣṭamasya *tu*[61] ||43|

30 A bhāryārthe C bhāryātve **31** C 'ricanemine **32** B bodhata **33** B jāmī **34** C naṃśvā **35** V bālā **36** C yāni ca **37** V sādhyāḥ **38** A vasavas tathā B vasavaḥ smṛtāḥ **39** B ghoṣaś ca **40** B jāmijā **41** BV pṛthivyā **42** B viṣaye **43** A saṃkalpāyāṃ **44** AB sarvātmā **45** B nāgavīthī ca jāminyāṃ viśvā viśvān **46** V sa rājā **47** V jyotiḥ- **48** V ayo **49** A balaś B dharaś **50** BV ayasya **51** A vaitaṇḍaḥ **52** C śānto **53** C -prakāśanaḥ **54** A balasya B dharasya **55** B tu **56** B śarastambeṣu yo dhṛtaḥ **57** A pṛṣṭhataḥ **58** C -cāriṇī **59** A tapaḥ- **60** A aśrāntā B asaktaṃ **61** B hi

viśvakarmā mahābhāgo *yasyāṃ jajñe prajāpatiḥ*[62] |
kartā śilpasahasrāṇāṃ tridaśānāṃ ca vārddhakiḥ ||44|
bhūṣaṇānāṃ ca sarveṣāṃ kartā śilpavatāṃ varaḥ |
yaḥ sarveṣāṃ vimānāni daivatānāṃ cakāra ha ||45|
mānuṣāś copajīvanti yasya śilpaṃ mahātmanaḥ |
su-*rabhī*[63] kaśyapād rudrān ekādaśa vinirmame ||46|
mahādevaprasādena tapasā bhāvitā satī |
ajaikapād ahir-*budhnyas*[64] tvaṣṭā rudraś ca vīryavān ||47|
haraś ca bahurūpaś ca tryambakaś cāparājitaḥ |
vṛṣākapiś ca śaṃbhuś ca kapardī raivatas tathā ||48|
mṛgavyādhaś ca śarvaś ca kapālī ca dvijottamāḥ |
ekā-*daśaite*[65] vikhyātā rudrās tribhuvaneśvarāḥ ||49|
śataṃ tv evaṃ samākhyātaṃ rudrāṇām amitaujasām |
purāṇe muni-*śārdūlā*[66] yair vyāptaṃ sacarācaram ||50|
dārāñ *śṛṇudhvaṃ*[67] viprendrāḥ kaśyapasya prajāpateḥ |
aditir ditir danuś caiva ariṣṭā surasā khasā ||51|
surabhir vinatā caiva tāmrā krodhavaśā irā |
kadrur muniś ca bho viprās tāsv apatyāni bodhata ||52|
pūrvamanvantare śreṣṭhā dvādaśāsan surottamāḥ |
tuṣitā nāma te 'nyonyam ūcur vaivasvate 'ntare ||53|
upasthite 'tiyaśasaś cākṣuṣasyāntare manoḥ |
hitārthaṃ sarvalokānāṃ samāgamya parasparam ||54|
āgacchata drutaṃ devā aditiṃ saṃpraviśya vai |
manvantare prasūyāmas tan naḥ śreyo bhaviṣyati ||55|
[68]lomaharṣaṇa uvāca:
evam uktvā tu te sarve cākṣuṣasyāntare manoḥ |
mārīcāt kaśyapāj jātās tv *adityā dakṣakanyayā*[69] ||56|
tatra viṣṇuś ca śakraś ca jajñāte punar eva hi |
aryamā caiva dhātā ca tvaṣṭā pūṣā tathaiva ca ||57|
vivasvān savitā caiva mitro varuṇa eva ca |
aṃśo bhagaś cātitejā ādityā dvādaśa smṛtāḥ ||58|
[[70]cākṣuṣasyāntare pūrvam āsaṃs te tuṣitāḥ surāḥ |
vaivasvate 'ntare te vā ādityā dvādaśa smṛtāḥ |]
saptaviṃśati yāḥ proktāḥ somapatnyo mahāvratāḥ |
tāsām apatyāny abhavan *dīptāny amitatejasaḥ*[71] ||59|
ariṣṭanemipatnīnām apatyānīha ṣoḍaśa |
bahuputrasya viduṣaś catasro *vidyutaḥ*[72] smṛtāḥ ||60|
cākṣuṣasyāntare[73] *pūrve*[74] *ṛco brahmarṣi-*[75]satkṛtāḥ |
kṛśāśvasya ca devarṣer devapraharaṇāḥ smṛtāḥ ||61|
ete yugasahasrānte jāyante punar eva hi |
sarve devagaṇāś cātra trayastriṃśat tu kāmajāḥ ||62|

62 B yasyā jātaḥ suvardhikaḥ **63** B -rabhiḥ **64** A -budhnas **65** B -daśeti **66** B -śārdulā **67** V chruṇudhvaṃ **68** V om. **69** V adityāṃ bhūritejasaḥ **70** ABV ins. **71** C dīptānām atitejasaḥ **72** A vaidyutāḥ **73** C pratyaṅgirasavāḥ **74** A pūrvam C śreṣṭhā **75** A ṛbhavo vīti-

teṣām api ca bho viprā nirodhotpattir ucyate |
yathā sūryasya gagana *udayāstamayāv*[76] iha ||63|
evaṃ devanikāyās te saṃbhavanti yuge yuge |
dityāḥ[77] putradvayaṃ jajñe kaśyapād iti naḥ śrutam ||64|
[78]hiraṇyakaśipuś caiva hiraṇyākṣaś ca vīryavān |
siṃhikā cābhavat kanyā vipracitteḥ parigrahaḥ ||65|
saiṃhikeyā iti khyātā yasyāḥ putrā mahābalāḥ |
hiraṇyakaśipoḥ putrāś catvāraḥ prathitaujasaḥ ||66|
hrādaś ca anuhrādaś ca prahrādaś caiva vīryavān |
saṃhrādaś ca caturtho 'bhūd dhrādaputro hradas tathā ||67|
hradasya *putrau dvau vīrau*[79] śivaḥ kālas tathaiva ca |
virocanaś ca prāhrādir balir jajñe virocanāt ||68|
baleḥ putra-*śatam*[80] āsīd bāṇajyeṣṭhaṃ tapodhanāḥ |
dhṛtarāṣṭraś ca sūryaś ca candramāś *candra-*[81]tāpanaḥ ||69|
kumbhanābho *gardabhākṣaḥ*[82] kukṣir ity evamādayaḥ |
bāṇas teṣām atibalo jyeṣṭhaḥ paśupateḥ priyaḥ ||70|
purā kalpe tu bāṇena prasādyomāpatiṃ prabhum |
pārśvato vihariṣyāmi ity evaṃ yācito varaḥ ||71|
hiraṇyākṣa-*sutāś caiva*[83] vidvāṃsaś ca mahābalāḥ |
bharbharaḥ[84] śakuniś caiva bhūtasaṃtāpanas tathā ||72|
mahānābhaś[85] ca vikrāntaḥ kālanābhas tathaiva ca |
abhavan danuputrāś ca śataṃ tīvraparākramāḥ ||73|
tapasvino mahāvīryāḥ prādhānyena bravīmi tān |
dvimūrdhā śaṅkukarṇaś ca tathā *hayaśirā*[86] *vibhuḥ*[87] ||74|
ayomukhaḥ śambaraś ca kapilo vāmanas tathā |
[88]mārīcir maghavāṃś caiva ilvalaḥ *svasṛmas*[89] tathā ||75|
vikṣobhaṇaś ca ketuś ca ketuvīryaśatahradau |
indrajit sarvajic caiva vajranābhas tathaiva ca ||76|
ekacakro[90] *mahābāhus tārakaś*[91] ca mahābalaḥ |
vaiśvānaraḥ pulomā ca vidrāvaṇamahāśirāḥ ||77|
svarbhānur vṛṣaparvā ca vipracittiś ca vīryavān |
sarva ete danoḥ putrāḥ kaśyapād abhijajñire ||78|
vipracittipradhānās te *dānavāḥ sumahā-*[92]balāḥ |
eteṣāṃ *putrapautram*[93] tu na tac chakyaṃ dvijottamāḥ ||79|
prasaṃkhyātuṃ bahutvāc ca putrapautram anantakam |
svarbhānos tu prabhā kanyā pulomnas tu śacī sutā ||80|
upadīptir[94] hayaśirāḥ śarmiṣṭhā vārṣaparvaṇī |
pulomā *kālikā*[95] caiva vaiśvānarasute ubhe ||81|

76 A udayāstamane tv B udayāstamane **77** B dityāṃ **78** C om. the following 3 lines.
79 B putro 'py āyur vai V putro māyāvī **80** V -śataṃ tv **81** V cendra- **82** A gardabhaś ca
83 BV -sutāḥ pañca **84** B ūrjaraḥ C hyarkaviḥ **85** A mahāgarbhaś B mahābhāgaś
86 AB śaṅkuśirā **87** A dvijāḥ **88** AB om. **89** V sṛmaṇas **90** B ekavaktro
91 C mahābāhusthāvaraś **92** A dānavā vai mahā- **93** BV yad apatyaṃ **94** BCV upadānavī
95 V kālakā

bahvapatye *mahāpatye*[96] *marīces*[97] tu parigrahaḥ |
tayoḥ putrasahasrāṇi *ṣaṣṭir dānavanandanāḥ*[98] ||82|
caturdaśaśatān anyān hiraṇyapuravāsinaḥ |
marīcir[99] janayām āsa mahatā tapasānvitaḥ ||83|
paulomāḥ kālakeyāś ca dānavās *te mahābalāḥ*[100] |
[101]avadhyā devatānāṃ hi hiraṇyapuravāsinaḥ ||84|
pitāmahaprasādena ye hatāḥ savyasācinā |
tato 'pare mahāvīryā dānavās tv atidāruṇāḥ ||85|
siṃhikāyām athotpannā vipracitteḥ sutās tathā |
daityadānavasaṃyogāj jātās tīvraparākramāḥ ||86|
saiṃhikeyā[102] iti khyātās trayodaśa mahābalāḥ |
vaṃśyaḥ śalyaś ca[103] *balinau*[104] nalaś caiva tathā balaḥ ||87|
vātāpir[105] namuciś caiva *ilvalaḥ svasṛmas*[106] tathā |
añjiko[107] narakaś caiva kālanābhas tathaiva ca ||88|
saramānas tathā[108] caiva *svarakalpaś*[109] ca vīryavān |
[[110]*mūkaś*[111] caiva tu huṇḍaś ca hradaputrau babhūvatuḥ |
mārīcaḥ sundaputras tu tāḍakāyāṃ vyajāyata |]
ete *vai dānavāḥ*[112] śreṣṭhā danor vaṃśavivardhanāḥ ||89|
teṣāṃ putrāś ca pautrāś ca śataśo 'tha sahasraśaḥ |
saṃhrādasya tu daityasya nivātakavacāḥ kule ||90|
samutpannāḥ sumahatā tapasā bhāvitātmanaḥ |
[[113]vaidyutāḥ sumahābhāgās tāmrāyāṃ parikīrtitāḥ |]
tisraḥ koṭyaḥ sutās teṣāṃ maṇivatyāṃ nivāsinaḥ ||91|
avadhyās te 'pi devānām arjunena nipātitāḥ |
[114]ṣaṭ sutāḥ sumahābhāgās tāmrāyāḥ parikīrtitāḥ ||92|
krauñcī[115] śyenī ca bhāsī ca sugrīvī śucigṛdhrikā |
krauñcī[116] *tu janayām āsa*[117] ulūkapratyulūkakān ||93|
śyenī śyenāṃs tathā bhāsī bhāsān gṛdhrāṃś ca gṛdhry api |
śucir audakān pakṣigaṇān sugrīvī tu dvijottamāḥ ||94|
aśvān uṣṭrān gardabhāṃś ca tāmrā-*vaṃśaḥ prakīrtitaḥ*[118] |
vinatāyās tu dvau putrau vikhyātau garuḍāruṇau[119] ||95|
garuḍaḥ[120] patatāṃ śreṣṭho dāruṇaḥ svena karmaṇā |
surasāyāḥ sahasraṃ tu sarpāṇām amitaujasām ||96|
anekaśirasāṃ viprāḥ *kha*-[121]carāṇāṃ mahātmanām |
kādraveyās tu balinaḥ sahasram amitaujasaḥ ||97|
suparṇavaśagā nāgā jajñire naikamastakāḥ |
yeṣāṃ pradhānāḥ satataṃ śeṣavāsukitakṣakāḥ ||98|

96 ABV mahāsattve **97** C mārīces **98** A ṣaṣṭiś ca ditinandanāḥ **99** CV mārīcir **100** V tv atidāruṇāḥ **101** V om. the following 3 lines. **102** A kālakeyā **103** A viśaḥ svalpaś ca B śataṃ śatāśva- **104** C valayo **105** AB vātāpī **106** A ilvaleyaḥ smṛtas V ilvalaḥ sṛmaṇas **107** A ajito **108** A saramānām ataś B śaramānas tathā **109** B śarakalkaś **110** BV ins. **111** V mūṣakaś **112** A tu dānavā- **113** V ins. **114** V om. **115** B ṛcī **116** B ṛcī **117** C krauñcān ajanayad **118** BC -vaṃśāḥ prakīrtitāḥ **119** AB vinatāyāś ca putrau dvāv aruṇo garuḍas tathā **120** BC suparṇaḥ **121** V khe-

airāvato mahāpadmaḥ kambalāśvatarāv ubhau |
elāpattraś ca śaṅkhaś ca karkoṭakadhanaṃjayau ||99|
mahānīlamahākarṇau dhṛtarāṣṭra-*balāhakau*[122] |
kuharaḥ puṣpadaṃṣṭraś ca durmukhaḥ sumukhas tathā ||100|
śaṅkhaś ca śaṅkhapālaś ca kapilo *vāmanas*[123] tathā |
nahuṣaḥ śaṅkharomā ca maṇir ity evamādayaḥ ||101|
teṣāṃ putrāś ca pautrāś ca śataśo 'tha sahasraśaḥ |
caturdaśasahasrāṇi *krūrāṇām*[124] anilāśinām ||102|
gaṇaṃ krodhavaṃśaṃ[125] viprās tasya sarve ca daṃṣṭriṇaḥ |
sthalajāḥ pakṣiṇo 'bjāś[126] ca dharāyāḥ prasavāḥ smṛtāḥ ||103|
gās tu vai janayām āsa surabhir *mahiṣīs*[127] tathā |
irā vṛkṣalatā vallīs tṛṇajātīś ca sarvaśaḥ ||104|
khasā[128] tu yakṣarakṣāṃsi munir apsarasas tathā |
ariṣṭā tu mahā-*siddhā*[129] gandharvān amitaujasaḥ ||105|
ete kaśyapadāyādāḥ kīrtitāḥ sthāṇujaṅgamāḥ |
yeṣāṃ[130] putrāś ca pautrāś ca śataśo 'tha sahasraśaḥ ||106|
eṣa[131] manvantare viprāḥ *sargaḥ*[132] svārociṣe *smṛtaḥ*[133] |
vaivasvate 'timahati vāruṇe vitate kratau ||107|
juhvānasya brahmaṇo vai prajāsarga ihocyate |
pūrvaṃ yatra samutpannān brahmarṣīn sapta mānasān ||108|
putratve kalpayām āsa svayam eva pitāmahaḥ |
tato *virodhe*[134] devānāṃ dānavānāṃ ca bho dvijāḥ ||109|
ditir vinaṣṭaputrā vai toṣayām āsa kaśyapam |
kaśyapas tu prasannātmā samyag ārādhitas tayā ||110|
vareṇa *cchandayām*[135] āsa sā ca vavre varaṃ tadā |
putram indravadhārthāya samartham amitaujasam ||111|
sa ca *tasmai*[136] varaṃ prādāt prārthitaḥ sumahātapāḥ |
dattvā ca varam *atyugro mārīcaḥ samabhāṣata*[137] ||112|
indraṃ putro nihantā te garbhaṃ vai śaradāṃ śatam |
yadi dhārayase śaucatatparā vratam āsthitā ||113|
tathety abhihito *bhartā*[138] tayā devyā mahātapāḥ |
dhārayām āsa garbhaṃ tu śuciḥ sā munisattamāḥ ||114|
tato *'bhyupāgamad dityāṃ garbham ādhāya kaśyapaḥ*[139] |
rodhayan[140] vai gaṇaṃ śreṣṭhaṃ devānām *amitaujasam*[141] ||115|
tejaḥ *saṃhṛtya*[142] durdharṣam avadhyam amarair api |
jagāma parvatāyaiva tapase saṃśita-*vratā*[143] ||116|
tasyāś caivāntaraprepsur abhavat pākaśāsanaḥ |
jāte[144] varṣaśate cāsyā dadarśāntaram acyutaḥ ||117|

122 A -mahābalau **123** B mānasas **124** A sarpāṇām **125** ASS corr. like V; V gaṇaḥ krodhavaśo **126** V sthalapakṣiṇo hy anantāś **127** C mahiṣāṃs **128** A saramā V khaśā **129** AB -sattvā V -sattvān **130** A teṣāṃ **131** A evaṃ **132** A sarve **133** A smṛtāḥ **134** BC virodho **135** V chandayām **136** V tasyai **137** BV avyagro mārīcas tām abhāṣata **138** V bhaktyā **139** A 'bhyupāyam ādhāya garbhanāśāya vāsavaḥ **140** V rocayad **141** V amitaujasām **142** V saṃhatya **143** AV -vrataḥ **144** A ūne

akṛtvā pādayoḥ śaucaṃ ditiḥ śayanam āviśat |
nidrāṃ cāhārayām āsa *tasyāṃ*[145] kukṣiṃ praviśya *saḥ*[146] ||118|
vajrapāṇis tato garbhaṃ saptadhā taṃ nyakṛntayat |
sa pāṭyamāno garbho 'tha vajreṇa praruroda ha ||119|
mā rodīr iti taṃ *śakraḥ punaḥ*[147] punar *athābravīt*[148] |
so 'bhavat saptadhā garbhas tam indro ruṣitaḥ punaḥ ||120|
ekaikaṃ saptadhā cakre vajreṇaivārikarṣaṇaḥ |
maruto nāma te *devā*[149] babhūvur dvijasattamāḥ ||121|
yathoktaṃ vai maghavatā tathaiva maruto 'bhavan |
devāś caikonapañcāśat sahāyā vajrapāṇinaḥ ||122|
teṣām evaṃ pravṛttānāṃ bhūtānāṃ dvijasattamāḥ |
rocayan vai gaṇa-*śreṣṭhān*[150] devānām amitaujasām ||123|
nikāyeṣu nikāyeṣu *hariḥ*[151] prādāt prajā-*patīn*[152] |
kramaśas tāni rājyāni pṛthupūrvāṇi bho dvijāḥ ||124|
sa hariḥ puruṣo vīraḥ kṛṣṇo *jiṣṇuḥ*[153] prajāpatiḥ |
parjanyas *tapano*[154] *'nantas*[155] *tasya*[156] sarvam idaṃ jagat ||125|
bhūtasargam imaṃ samyag jānato dvijasattamāḥ |
nāvṛttibhayam astīha paralokabhayaṃ kutaḥ ||126|

iti śrīmahāpurāṇe brāhme[157]*devāsurāṇām utpatti*-[158]kathanaṃ nāma *tṛtīyo*[159] 'dhyāyaḥ[160]

lomaharṣaṇa uvāca:
abhiṣicyādhirājendraṃ[1] pṛthuṃ *vainyaṃ*[2] pitāmahaḥ |
tataḥ krameṇa rājyāni vyādeṣṭum upacakrame ||4.1|
dvijānāṃ vīrudhāṃ caiva nakṣatragrahayos tathā |
yajñānāṃ tapasāṃ caiva somaṃ rājye 'bhyaṣecayat ||2|
apāṃ[3] tu varuṇaṃ rājye rājñāṃ vaiśravaṇaṃ *patim*[4] |
ādityānāṃ tathā viṣṇuṃ vasūnām atha pāvakam ||3|
prajāpatīnāṃ dakṣaṃ tu marutām atha vāsavam |
daityānāṃ dānavānāṃ vai prahrādam amitaujasam ||4|
vaivasvataṃ pitṝṇāṃ ca yamaṃ rājye 'bhyaṣecayat |
yakṣāṇāṃ rākṣasānāṃ ca pārthivānāṃ tathaiva ca ||5|
sarvabhūtapiśācānāṃ girīśaṃ śūlapāṇinam |
śailānāṃ himavantaṃ ca nadīnām atha sāgaram ||6|
gandharvāṇām adhipatiṃ cakre citrarathaṃ prabhum |
nāgānāṃ vāsukiṃ cakre sarpāṇām atha takṣakam ||7|
vāraṇānāṃ tu rājānam airāvatam athādiśat |
uccaiḥśravasam aśvānāṃ garuḍaṃ caiva pakṣiṇām ||8|

145 V tasyāḥ **146** C ha **147** V bālam śakraḥ **148** A uvāca ha **149** BV bālā **150** V -śreṣṭhaṃ **151** A hariṃ C haviḥ **152** A -patim C -patiḥ **153** V viṣṇuḥ **154** B tapasā **155** B vyaktaṃ C vyaktas **156** B kṛṣṇaḥ **157** V reads *śrībrahmapurāṇe* instead of *śrīmahāpurāṇe brāhme*, up to ch. 69. **158** V devāsura- **159** V prathamo **160** Up to ch. 46, V counts always two ch. less than ASS. **1** A adhyāpayac ca rājendraṃ C abhiṣicyādirājendraṃ **2** V vainyaṃ **3** C āpe **4** A prabhum

mṛgāṇām atha śārdūlaṃ govṛṣaṃ tu gavāṃ patim |
vanaspatīnāṃ rājānaṃ plakṣam evābhyaṣecayat ||9|
evaṃ vibhajya rājyāni *krameṇaiva*[5]pitāmahaḥ |
diśāṃ pālān atha tataḥ sthāpayām āsa sa prabhuḥ ||10|
pūrvasyāṃ diśi putraṃ tu vairājasya prajāpateḥ |
diśaḥ pālaṃ sudhanvānaṃ rājānaṃ so 'bhyaṣecayat ||11|
dakṣiṇasyāṃ *diśi tathā*[6] kardamasya prajāpateḥ |
putraṃ *śaṅkha-*[7]padaṃ nāma rājānaṃ so 'bhyaṣecayat ||12|
paścimasyāṃ diśi tathā rajasaḥ putram acyutam |
ketumantaṃ mahātmānaṃ rājānaṃ so 'bhyaṣecayat ||13|
tathā hiraṇyaromāṇaṃ parjanyasya prajāpateḥ |
udīcyāṃ diśi durdharṣaṃ rājānaṃ so 'bhyaṣecayat ||14|
tair iyaṃ pṛthivī sarvā saptadvīpā sapattanā |
yathāpradeśam adyāpi dharmeṇa pratipālyate ||15|
rājasūyābhiṣiktas[8] tu pṛthur etair narādhipaiḥ |
vedadṛṣṭena vidhinā *rājā*[9] rājye narādhipaḥ ||16|
tato manvantare 'tīte cākṣuṣe 'mitatejasi |
vaivasvatāya manave *pṛthivyāṃ*[10] rājyam ādiśat ||17|
tasya vistaram ākhyāsye manor vaivasvatasya ha |
bhavatāṃ cānukūlyāya[11] yadi śrotum ihecchatha |
mahad etad adhiṣṭhānaṃ purāṇe *tad adhiṣṭhitam*[12] ||18|
munaya ūcuḥ:
vistareṇa pṛthor janma lomaharṣaṇa kīrtaya |
yathā mahātmanā tena *dugdhā*[13] *veyaṃ*[14] vasuṃdharā ||19|
yathā *vāpi nṛbhir*[15] dugdhā yathā devair *maharṣibhiḥ*[16] |
yathā daityaiś ca nāgaiś ca yathā yakṣair yathā drumaiḥ ||20|
yathā śailaiḥ piśācaiś ca gandharvaiś ca dvijottamaiḥ |
rākṣasaiś ca mahāsattvair yathā dugdhā vasuṃdharā ||21|
teṣāṃ pātraviśeṣāṃś ca vaktum arhasi suvrata |
vatsakṣīra-[17]viśeṣāṃś ca dogdhāraṃ cānupūrvaśaḥ ||22|
yasmāc ca kāraṇāt pāṇir *veṇasya*[18] mathitaḥ purā |
kruddhair maharṣibhis tāta kāraṇaṃ *tac ca kīrtaya*[19] ||23|
lomaharṣaṇa[20] uvāca:
śṛṇudhvaṃ kīrtayiṣyāmi pṛthor *vaiṇyasya*[21] vistaram |
ekāgrāḥ *prayatāś*[22] caiva *puṇyārthaṃ*[23] vai *dvijarṣabhāḥ*[24] ||24|
nāśuceḥ kṣudramanaso nāśiṣyasyāvratasya *ca*[25] |
kīrtayeyam idaṃ viprāḥ kṛtaghnāyāhitāya ca ||25|
svargyaṃ *yaśasyam*[26] āyuṣyaṃ dhanyaṃ vedaiś ca saṃmitam |
rahasyam ṛṣibhiḥ proktaṃ śṛṇudhvaṃ vai *yathātatham*[27] ||26|

5 AC kramena pra- **6** ABV mahātmānaṃ **7** A śastra- **8** B rājasūye 'bhiṣiktas **9** AB rāja- **10** C pṛthivī- **11** A bhavatām ānukūlyāya **12** V pariniṣṭhitam **13** B bhṛtā **14** V ceyaṃ **15** BV ca pitṛbhir **16** AB yatharṣibhiḥ **17** B vatsān kṣīra- **18** V venasya **19** A tat prakīrtaya **20** A sūta **21** V vainyasya **22** B praṇatāś **23** V śṛṇudhvaṃ **24** AB dvijottamāḥ **25** B vā **26** B paramam **27** V yathā tathā

yaś cemaṃ *kīrtayen*[28] nityaṃ pṛthor *vainyasya*[29] vistaram |
brāhmaṇebhyo namaskṛtya na sa śocet kṛtākṛtam ||27|
āsīd dharmasya saṃgoptā pūrvam atrisamaḥ prabhuḥ |
atrivaṃśe samutpannas tv aṅgo nāma prajāpatiḥ ||28|
tasya putro 'bhavad *veṇo*[30] nātyarthaṃ dharmakovidaḥ |
jāto mṛtyusutāyāṃ vai sunīthāyāṃ prajāpatiḥ ||29|
sa *mātā-*[31]mahadoṣeṇa tena kālātmajātmajaḥ |
svadharmaṃ pṛṣṭhataḥ kṛtvā *kāma-*[32]lobheṣv avartata ||30|
maryādāṃ *bhedayām*[33] āsa *dharmopetāṃ*[34] sa pārthivaḥ |
vedadharmān atikramya so 'dharmanirato 'bhavat ||31|
niḥsvādhyāyavaṣaṭkārāḥ prajās tasmin prajāpatau |
pravṛttaṃ na papuḥ somaṃ hutaṃ yajñeṣu devatāḥ ||32|
na yaṣṭavyaṃ na hotavyam iti tasya prajāpateḥ |
āsīt pratijñā krūreyaṃ vināśe pratyupasthite ||33|
aham ijyaś ca yaṣṭā ca yajñaś ceti *bhṛgūdvaha*[35] |
mayi *yajño vidhātavyo*[36] mayi hotavyam ity api ||34|
tam atikrānta-[37]maryādam ādadānam asāṃpratam |
ūcur maharṣayaḥ sarve marīcipramukhās tadā ||35|
vayaṃ dīkṣāṃ pravekṣyāmaḥ saṃvatsaragaṇān bahūn |
adharmaṃ kuru mā *veṇa*[38] *eṣa*[39] dharmaḥ sanātanaḥ ||36|
nidhane 'treḥ[40] prasūtas tvaṃ prajāpatir asaṃśayam |
prajāś ca pālayiṣye 'ham *itīha*[41] samayaḥ kṛtaḥ ||37|
tāṃs tathā bruvataḥ sarvān maharṣīn abravīt tadā |
veṇaḥ[42] prahasya durbuddhir imam artham anarthavit ||38|
veṇa[43] uvāca:
sraṣṭā[44] dharmasya kaś cānyaḥ śrotavyaṃ kasya vā mayā |
śrutavīryatapaḥsatyair mayā vā kaḥ samo bhuvi ||39|
prabhavaṃ sarvabhūtānāṃ dharmāṇāṃ ca viśeṣataḥ |
saṃmūḍhā na vidur nūnaṃ bhavanto māṃ *vicetasaḥ*[45] ||40|
icchan daheyaṃ pṛthivīṃ plāvayeyaṃ jalais tathā |
dyāṃ vai bhuvaṃ ca rundheyaṃ nātra kāryā vicāraṇā ||41|
yadā na *śakyate*[46] mohād avalepāc ca *pārthivaḥ*[47] |
apanetuṃ tadā *veṇas*[48] tataḥ kruddhā maharṣayaḥ ||42|
taṃ nigṛhya mahātmāno visphurantaṃ mahābalam |
tato *'sya savyam*[49] ūruṃ te mamanthur jātamanyavaḥ ||43|
tasmin nimathyamāne[50] vai rājña ūrau tu jajñivān |
hrasvo 'timātraḥ puruṣaḥ kṛṣṇaś *ceti*[51] babhūva ha ||44|
sa bhītaḥ prāñjalir bhūtvā tasthivān dvijasattamāḥ |
tam atrir vihvalaṃ dṛṣṭvā niṣīdety abravīt tadā ||45|

28 B kathayen **29** V vainyasya **30** V veno **31** C pitā- **32** BC kāmāl **33** AC sthāpayām **34** AC dharmāpetāṃ **35** CV kratūdvahaḥ **36** C yajñā vidhātavyā **37** V samatikrānta- **38** V vena **39** C naiṣa **40** V rājann atreḥ **41** A iti ha C iti te **42** V venaḥ **43** V vena **44** AB kartā **45** B acetasaḥ **46** V śaktās te **47** V pārthivam **48** V venaṃ **49** A apasavyam **50** AB tasmiṃs tu mathyamāne V tasmin nirmathyamāne **51** V cāti

niṣādavaṃśakartāsau babhūva vadatāṃ *varāḥ*[52] |
dhīvarān asṛjac cāpi *veṇa-*[53]kalmaṣasaṃbhavān ||46|
ye cānye vindhyanilayās *tathā parvatasaṃśrayāḥ*[54] |
adharmarucayo viprās te tu vai *veṇa-*[55]kalmaṣāḥ ||47|
tataḥ punar mahātmānaḥ pāṇiṃ *veṇasya*[56] dakṣiṇam |
araṇīm iva *saṃrabdhā*[57] mamanthur jātamanyavaḥ ||48|
pṛthus tasmāt samutpannaḥ karāj jvalanasaṃnibhaḥ |
dīpyamānaḥ svavapuṣā sākṣād agnir *iva jvalan*[58] ||49|
atha so[59] 'jagavaṃ nāma dhanur gṛhya mahāravam |
śarāṃś ca divyān rakṣārthaṃ kavacaṃ ca mahāprabham ||50|
tasmiñ jāte 'tha bhūtāni *saṃprahṛṣṭāni*[60] sarvaśaḥ |
samāpetur mahābhāgā *veṇas*[61] tu tridivaṃ yayau ||51|
samutpannena bho viprāḥ satputreṇa mahātmanā |
trātaḥ sa puruṣavyāghraḥ puṃnāmno narakāt tadā ||52|
taṃ samudrāś ca nadyaś ca ratnāny ādāya sarvaśaḥ |
toyāni cābhiṣekārthaṃ sarva evopatasthire ||53|
pitāmahaś ca bhagavān devair āṅgirasaiḥ saha |
sthāvarāṇi ca bhūtāni jaṅgamāni ca sarvaśaḥ ||54|
samāgamya *tadā*[62] *vaiṇyam*[63] abhyaṣiñcan narādhipam |
mahatā rājarājena prajās tenānurañjitāḥ ||55|
so 'bhiṣikto mahātejā vidhivad dharmakovidaiḥ |
ādhirājye tadā rājñāṃ pṛthur *vaiṇyaḥ*[64] pratāpavān ||56|
pitrāparañjitās tasya prajās tenānurañjitāḥ |
anurāgāt tatas tasya nāma rājābhyajāyata ||57|
āpas tastambhire tasya samudram abhiyāsyataḥ |
parvatāś ca dadur mārgaṃ dhvajabhaṅgaś ca nābhavat ||58|
akṛṣṭapacyā pṛthivī sidhyanty *annāni*[65] *cintanāt*[66] |
sarvakāmadughā gāvaḥ puṭake puṭake madhu ||59|
etasminn[67] eva kāle tu yajñe paitāmahe śubhe |
sūtaḥ sūtyāṃ samutpannaḥ sautye 'hani mahāmatiḥ ||60|
tasminn eva mahāyajñe jajñe *prājño*[68] 'tha māgadhaḥ |
pṛthoḥ stavārthaṃ tau tatra samāhūtau maharṣibhiḥ ||61|
tāv ūcur ṛṣayaḥ sarve stūyatām eṣa pārthivaḥ |
karmaitad anurūpaṃ vāṃ pātraṃ cāyaṃ narādhipaḥ ||62|
tāv ūcatus tadā sarvāṃs tān ṛṣīn sūtamāgadhau |
āvāṃ devān ṛṣīṃś caiva prīṇayāvaḥ svakarmabhiḥ ||63|
na cāsya vidmo vai karma *nāma vā*[69] *lakṣaṇaṃ yaśaḥ*[70] |
stotraṃ yenāsya *kuryāva*[71] rājñas tejasvino dvijāḥ ||64|
ṛṣibhis tau niyuktau tu bhaviṣyaiḥ stūyatām iti |
yāni karmāṇi kṛtavān pṛthuḥ paścān mahābalaḥ ||65|

52 B varaḥ **53** V vena- **54** BV tuṣārās tundurās tathā **55** V vena- **56** V venasya **57** AB saṃbaddhā **58** A ivāparaḥ **59** AC ādyam **60** C saṃprakṛṣṭāni **61** V venas **62** A dadur **63** V vainyam **64** V vainyaḥ **65** A annāny **66** A ayatnataḥ CV cintayā **67** V etasmin **68** V sūto **69** A nāsya B na tathā **70** A lakṣaṇam añjasā **71** AB kurvo vai

tataḥ prabhṛti *vai loke*[72] staveṣu munisattamāḥ |
āśīrvādāḥ prayujyante sūtamāgadhabandibhiḥ ||66|
tayoḥ *stavānte*[73] suprītaḥ pṛthuḥ prādāt prajeśvaraḥ |
anūpadeśaṃ sūtāya magadhaṃ māgadhāya ca ||67|
taṃ dṛṣṭvā paramaprītāḥ prajāḥ *procur*[74] manīṣiṇaḥ |
vṛttīnām[75] eṣa vo dātā bhaviṣyati narādhipaḥ ||68|
tato *vaiṇyaṃ*[76] mahātmānaṃ prajāḥ samabhidudruvuḥ |
tvaṃ no vṛttiṃ vidhatsveti maharṣivacanāt tadā ||69|
so 'bhidrutaḥ prajābhis tu prajāhitacikīrṣayā |
dhanur gṛhya pṛṣatkāṃś ca pṛthivīm *ādravad*[77] balī ||70|
tato *vaiṇyabhayatrastā*[78] gaur bhūtvā prādravan mahī |
tāṃ pṛthur dhanur ādāya dravantīm anvadhāvata ||71|
sā lokān brahmalokādīn gatvā *vaiṇya-*[79]bhayāt tadā |
pradadarśāgrato[80] *vaiṇyaṃ*[81] pragṛhītaśarāsanam ||72|
jvaladbhir niśitair bāṇair dīptatejasam *antataḥ*[82] |
mahāyogaṃ mahātmānaṃ durdharṣam amarair api ||73|
alabhantī tu sā trāṇaṃ *vaiṇyam*[83] evānvapadyata |
kṛtāñjalipuṭā bhūtvā pūjyā lokais tribhis tadā ||74|
uvāca *vaiṇyaṃ*[84] *nādharmaṃ*[85] strīvadhe paripaśyasi |
kathaṃ dhārayitā cāsi prajā rājan vinā mayā ||75|
mayi lokāḥ *sthitā*[86] rājan mayedaṃ dhāryate jagat |
madvināśe vinaśyeyuḥ prajāḥ pārthiva viddhi tat ||76|
na mām arhasi hantuṃ vai *śreyaś cet*[87] tvaṃ cikīrṣasi |
prajānāṃ pṛthivīpāla śṛṇu cedaṃ vaco mama ||77|
upāyataḥ samārabdhāḥ[88] sarve sidhyanty upakramāḥ |
upāyaṃ paśya yena tvaṃ dhārayethāḥ prajām imām ||78|
hatvāpi *māṃ na śaktas*[89] tvaṃ prajānāṃ poṣaṇe nṛpa |
anukūlā bhaviṣyāmi yaccha kopaṃ *mahāmate*[90] ||79|
avadhyāṃ ca striyaṃ prāhus tiryagyoni-*gateṣv*[91] api |
yady evaṃ[92] pṛthivīpāla *na dharmaṃ*[93] tyaktum arhasi ||80|
evaṃ bahuvidhaṃ vākyaṃ śrutvā rājā mahāmanāḥ |
kopaṃ nigṛhya dharmātmā vasudhām idam abravīt ||81|
[94]pṛthur uvāca:
ekasyārthe tu[95] yo hanyād ātmano vā parasya vā |
bahūn vā prāṇino *'nantaṃ*[96] bhavet tasyeha pātakam ||82|
sukham edhanti bahavo yasmiṃs tu nihate 'śubhe |
tasmin hate nāsti *bhadre*[97] pātakaṃ copapātakam ||83|

72 ABV trailokye **73** V stavāt tu **74** AB prāhur **75** C vṛttiṃ tām **76** V vainyaṃ **77** B ārdayad **78** A vaiṇyād apatrastā V vainyabhayatrastā **79** V vainya- **80** A dadarśāgre tato **81** V vainyaṃ **82** ABV acyutam **83** V vainyam **84** A cainaṃ V vainyaṃ **85** C mādharmaṃ **86** B sthirā **87** A śreyo yat **88** A upāyasahitā ramyāḥ **89** A mām aśaktas **90** B mahīpate C mahādyute **91** A -gatā **92** A saṃpaśya BV saṃpaśyan **93** A adharmaṃ **94** A om. **95** B ekasyārthāya C ekasyārthena **96** A bhadre V 'thaikaṃ **97** AB śubhe

so 'haṃ prajā-*nimittaṃ*[98] tvāṃ haniṣyāmi vasuṃdhare |
yadi me *vacanān*[99] nādya kariṣyasi jagaddhitam ||84|
tvāṃ nihatyādya bāṇena macchāsanaparāṅmukhīm |
ātmānaṃ prathayitvāhaṃ prajā dhārayitā svayam ||85|
sā tvaṃ śāsanam āsthāya mama dharmabhṛtāṃ vare |
saṃjīvaya prajāḥ sarvāḥ samarthā hy asi dhāraṇe ||86|
duhitṛtvaṃ ca me gaccha tata enam ahaṃ śaram |
niyaccheyaṃ tvadvadhārtham udyantaṃ ghoradarśanam ||87|
vasudhovāca:
sarvam etad ahaṃ vīra vidhāsyāmi na saṃśayaḥ |
vatsaṃ *tu mama saṃpaśya*[100] kṣareyaṃ yena vatsalā ||88|
samāṃ ca kuru sarvatra māṃ tvaṃ dharmabhṛtāṃ vara |
yathā[101] visyandamānaṃ me kṣīraṃ sarvatra bhāvayet ||89|
lomaharṣaṇa uvāca:
tata utsārayām āsa śailāñ *śatasahasraśaḥ*[102] |
dhanuṣkoṭyā tadā *vaiṇyas*[103] tena śailā vivardhitāḥ[104] ||90|
nahi pūrvavisarge vai viṣame pṛthivītale |
saṃvibhāgaḥ[105] purāṇāṃ vā *grāmāṇāṃ vābhavat*[106] tadā ||91|
na sasyāni na *gorakṣyaṃ*[107] na kṛṣir na vaṇikpathaḥ |
[108]naiva satyānṛtaṃ cāsīn na lobho na ca matsaraḥ ||92|
vaivasvate 'ntare tasmin sāṃprataṃ samupasthite |
vaiṇyāt[109] prabhṛti vai viprāḥ sarvasyaitasya saṃbhavaḥ ||93|
yatra yatra samaṃ tv asyā bhūmer āsīt tadā dvijāḥ |
tatra tatra prajāḥ sarvā nivāsaṃ samarocayan ||94|
āhāraḥ phalamūlāni prajānām abhavat tadā |
kṛcchreṇa mahatā *yukta*[110] ity evam anuśuśruma ||95|
sa kalpayitvā[111] vatsaṃ tu manuṃ svāyaṃbhuvaṃ prabhum |
svapāṇau puruṣavyāghro dudoha *pṛthivīṃ tataḥ*[112] ||96|
sasyajātāni sarvāṇi pṛthur *vaiṇyaḥ*[113] pratāpavān |
tenānnena prajāḥ *sarvā*[114] vartante 'dyāpi *sarvaśaḥ*[115] ||97|
ṛṣayaś ca tadā devāḥ *pitaro 'tha*[116] sarīsṛpāḥ |
daityā yakṣāḥ puṇyajanā gandharvāḥ parvatā nagāḥ ||98|
ete purā dvijaśreṣṭhā duduhur dharaṇīṃ kila |
kṣīraṃ vatsaś ca pātraṃ ca teṣāṃ dogdhā pṛthak pṛthak ||99|
ṛṣīṇām abhavat somo vatso dogdhā bṛhaspatiḥ |
kṣīraṃ teṣāṃ tapo brahma pātraṃ chandāṃsi bho dvijāḥ ||100|
devānāṃ kāñcanaṃ pātraṃ vatsas teṣāṃ śatakratuḥ |
kṣīram *ojaskaraṃ*[117] caiva dogdhā ca *bhagavān*[118] *raviḥ*[119] ||101|

98 A -nimitte **99** B vacanaṃ **100** B tvam amṛtaṃ paśya C tu mama taṃ paśya V tu mama saṃyaccha **101** A yasyā **102** V chatasahasraśaḥ **103** V vainyas **104** ASS corr. *selā [?] vivardhitā.* **105** C pravibhāgaḥ **106** V grāmāṇām abhavat **107** C gaurakṣaṃ **108** B om. the following 2 lines. **109** V vainyāt **110** B kṛcchra **111** A saṃkalpayitvā **112** A pṛthivītalam **113** V vainyaḥ **114** V sarvāḥ **115** B sarvataḥ **116** A pitaraḥ sa- B pitaro 'pi **117** B ūrjaskaraṃ **118** V bhāgavān **119** A kaviḥ

pitṝṇāṃ rājataṃ pātraṃ yamo vatsaḥ pratāpavān |
antakaś cābhavad dogdhā kṣīraṃ teṣāṃ *sudhā*[120] smṛtā || 102 |
nāgānāṃ takṣako vatsaḥ pātraṃ cālābusaṃjñakam |
dogdhā tv airāvato nāgas teṣāṃ kṣīraṃ viṣaṃ smṛtam || 103 |
asurāṇāṃ madhur dogdhā kṣīraṃ māyāmayaṃ smṛtam |
virocanas tu vatso 'bhūd āyasaṃ pātram eva ca || 104 |
yakṣāṇām āmapātraṃ tu vatso vaiśravaṇaḥ prabhuḥ |
dogdhā rajatanābhas tu kṣīrāntardhānam eva ca || 105 |
sumālī[121] rākṣasendrāṇāṃ vatsaḥ kṣīraṃ ca śoṇitam |
dogdhā rajatanābhas tu kapālaṃ pātram eva ca || 106 |
gandharvāṇāṃ citraratho vatsaḥ pātraṃ ca paṅkajam |
dogdhā ca suruciḥ kṣīraṃ teṣāṃ gandhaḥ śuciḥ smṛtaḥ || 107 |
śailaṃ pātraṃ parvatānāṃ kṣīraṃ ratnauṣadhīs tathā |
vatsas tu himavān āsīd dogdhā merur mahāgiriḥ || 108 |
plakṣo vatsas tu vṛkṣāṇāṃ dogdhā śālas tu puṣpitaḥ |
pālāśapātraṃ kṣīraṃ ca cchinnadagdhaprarohaṇam || 109 |
seyaṃ dhātrī vidhātrī ca pāvanī ca vasuṃdharā |
carācarasya *sarvasya*[122] pratiṣṭhā yonir eva ca || 110 |
sarvakāmadughā dogdhrī sarvasasyaprarohaṇī |
āsīd iyaṃ samudrāntā medinī pariviśrutā || 111 |
madhukaiṭabhayoḥ kṛtsnā medasā *samabhiplutā*[123] |
teneyaṃ medinī devī ucyate brahmavādibhiḥ || 112 |
tato *'bhyupagamād*[124] rājñaḥ pṛthor *vaiṇyasya*[125] bho dvijāḥ |
duhitṛtvam anuprāptā devī pṛthvīti cocyate . || 113 |
pṛthunā pravibhaktā ca śodhitā ca vasuṃdharā |
sasyākaravatī sphītā pura-*pattanaśālinī*[126] || 114 |
evaṃprabhāvo *vaiṇyaḥ*[127] sa rājāsīd rājasattamaḥ |
namasyaś caiva pūjyaś ca bhūtagrāmair na saṃśayaḥ || 115 |
brāhmaṇaiś ca mahābhāgair vedavedāṅgapāragaiḥ |
pṛthur eva namaskāryo brahmayoniḥ sanātanaḥ || 116 |
pārthivaiś ca *mahābhāgaiḥ pārthivatvam*[128] ihecchubhiḥ |
ādirājo namaskāryaḥ pṛthur *vaiṇyaḥ*[129] pratāpavān || 117 |
yodhair api ca *vikrāntaiḥ prāptukāmair*[130] jayaṃ yudhi |
ādirājo namaskāryo *yodhānāṃ prathamo nṛpaḥ*[131] || 118 |
yo hi yoddhā raṇaṃ yāti kīrtayitvā pṛthuṃ nṛpam |
sa ghorarūpāt saṃgrāmāt *kṣemī bhavati kīrtimān*[132] || 119 |
vaiśyair api ca *vittāḍhyair*[133] vaiśyavṛtti-*vidhāyibhiḥ*[134] |
pṛthur eva namaskāryo vṛttidātā mahāyaśāḥ || 120 |
tathaiva *śūdraiḥ*[135] śucibhis trivarṇaparicāribhiḥ |
pṛthur eva namaskāryaḥ śreyaḥ param ihepsubhiḥ || 121 |

120 C svadhā **121** C sumanā **122** A viśvasya **123** A ca pariplutā **124** V 'bhyupāgamad **125** V vainyasya **126** A -grāmavatī ca sā **127** V vainyaḥ **128** C namaskāryo phalepsubhiḥ **129** V vainyaḥ **130** B vikrāntaiḥ āptukāmair **131** BV vṛttidātā mahāyaśāḥ **132** B tarati bahukīrtimān **133** B vittārthe V vittārthair **134** V -vidhāyabhiḥ **135** C śūraiḥ

ete vatsaviśeṣāś ca dogdhāraḥ kṣīram eva ca |
pātrāṇi ca mayoktāni kiṃ bhūyo varṇayāmi vaḥ ||122|

iti śrīmahāpurāṇe brāhme pṛthor janmamāhātmyakathanaṃ nāma caturtho 'dhyāyaḥ

ṛṣaya ūcuḥ:
manvantarāṇi sarvāṇi vistareṇa mahāmate |
teṣāṃ pūrvavisṛṣṭiṃ ca lomaharṣaṇa kīrtaya ||5.1|
yāvanto manavaś caiva yāvantaṃ kālam eva ca |
manvantarāṇi bhoḥ sūta śrotum icchāma tattvataḥ ||2|
lomaharṣaṇa uvāca:
na śakyo vistaro viprā vaktuṃ varṣaśatair api |
manvantarāṇāṃ sarveṣāṃ saṃkṣepāc chṛṇuta dvijāḥ ||3|
svāyaṃbhuvo manuḥ pūrvaṃ manuḥ svārociṣas tathā |
uttamas[1] tāmasaś caiva raivataś cākṣuṣas tathā ||4|
vaivasvataś ca bho viprāḥ sāṃprataṃ manur ucyate |
sāvarṇiś ca manus tadvad *raibhyo*[2] raucyas tathaiva ca ||5|
tathaiva merusāvarṇyaś catvāro manavaḥ smṛtāḥ |
atītā vartamānāś ca tathaivānāgatā dvijāḥ ||6|
kīrtitā manavas tubhyaṃ mayaivaite yathā śrutāḥ |
ṛṣīṃs tv eṣāṃ pravakṣyāmi putrān devagaṇāṃs tathā ||7|
marīcir atrir bhagavān aṅgirāḥ pulahaḥ kratuḥ |
pulastyaś ca vasiṣṭhaś ca saptaite brahmaṇaḥ sutāḥ ||8|
uttarasyāṃ diśi tathā dvijāḥ saptarṣayas tathā |
āgnīdhraś cāgnibāhuś ca *medhyo*[3] medhātithir *vasuḥ*[4] ||9|
jyotiṣmān dyutimān *havyaḥ savalaḥ putrasaṃjñakaḥ*[5] |
manoḥ svāyaṃbhuvasyaite daśa putrā mahaujasaḥ ||10|
etad vai prathamaṃ viprā manvantaram udāhṛtam |
aurvo vasiṣṭhaputraś ca stambaḥ *kaśyapa*[6] eva ca ||11|
prāṇo bṛhaspatiś caiva datto *'triccyavanas*[7] tathā |
ete maharṣayo viprā vāyuproktā *mahāvratāḥ*[8] ||12|
devāś ca tuṣitā nāma smṛtāḥ svārociṣe 'ntare |
havighnaḥ[9] sukṛtir jyotir āpo mūrtir api smṛtaḥ ||13|
pratītaś ca nabhasyaś ca *nabha ūrjas*[10] tathaiva ca |
svārociṣasya putrās te manor viprā mahātmanaḥ ||14|
kīrtitāḥ pṛthivīpālā mahāvīryaparākramāḥ |
dvitīyam etat kathitaṃ viprā manvantaraṃ mayā ||15|
idaṃ tṛtīyaṃ vakṣyāmi tad budhyadhvaṃ dvijottamāḥ |
vasiṣṭhaputrāḥ saptāsan vāsiṣṭhā iti viśrutāḥ ||16|
hiraṇyagarbhasya sutā ūrjā *jātāḥ*[11] sutejasaḥ |
ṛṣayo 'tra mayā proktāḥ kīrtyamānān nibodhata ||17|

1 C auttamas **2** B bhāvyo **3** BC medhā **4** A vibhuḥ **5** BV havyo manuputras tathaiva ca
6 C kāśyapa **7** V 'triś cyavanas **8** A jitendriyāḥ B mahābalāḥ **9** A haviṣyaḥ C havidhraḥ
10 B nabhas tarṣas **11** BV nāma

auttameyān muniśreṣṭhā daśa putrān manor imān |
iṣa ūrjas tanūrjas tu madhur mādhava eva ca ||18|
śuciḥ śukraḥ sahaś caiva nabhasyo nabha eva ca |
bhānavas tatra devāś ca manvantaram udāhṛtam ||19|
manvantaraṃ caturthaṃ *vaḥ*[12] kathayiṣyāmi sāṃpratam |
kāvyaḥ pṛthus tathaivāgnir jahnur dhātā dvijottamāḥ ||20|
kapīvān akapīvāṃś ca[13] tatra saptarṣayo dvijāḥ |
purāṇe kīrtitā viprāḥ putrāḥ *pautrāś ca bho dvijāḥ*[14] ||21|
tathā[15] devagaṇāś caiva tāmasasyāntare manoḥ |
dyutis tapasyaḥ sutapās[16] *tapobhūtaḥ*[17] sanātanaḥ ||22|
taporatir akalmāṣas *tanvī dhanvī paraṃtapaḥ*[18] |
tāmasasya manor ete daśa putrāḥ prakīrtitāḥ ||23|
vāyu-*proktā muniśreṣṭhāś*[19] caturthaṃ caitad antaram |
devabāhur yadudhraś ca munir vedaśirās tathā ||24|
hiraṇyaromā parjanya ūrdhvabāhuś ca *somajaḥ*[20] |
satyanetras tathātreya ete saptarṣayo 'pare ||25|
devāś *cābhūtarajasas*[21] tathā prakṛtayaḥ smṛtāḥ |
vāriplavaś[22] ca *raibhyaś*[23] ca manor antaram ucyate ||26|
atha putrān imāṃs tasya budhyadhvaṃ gadato mama |
dhṛtimān avyayo yuktas tattvadarśī nirutsukaḥ ||27|
āraṇyaś[24] ca prakāśaś ca *nirmohaḥ*[25] satyavāk kṛtī |
raivatasya manoḥ putrāḥ pañcamaṃ caitad antaram ||28|
ṣaṣṭhaṃ tu saṃpravakṣyāmi tad budhyadhvaṃ dvijottamāḥ |
bhṛgur nabho vivasvāṃś ca sudhāmā virajās tathā ||29|
atināmā[26] sahiṣṇuś ca saptaite *ca maharṣayaḥ*[27] |
cākṣuṣasyāntare *viprā*[28] manor devās tv ime smṛtāḥ ||30|
ābālaprathitās te vai[29] *pṛthaktvena*[30] divaukasaḥ |
lekhāś ca nāmato viprāḥ pañca devagaṇāḥ smṛtāḥ ||31|
ṛṣer aṅgirasaḥ putrā mahātmāno mahaujasaḥ |
nāḍvaleyā[31] muniśreṣṭhā daśa putrās tu viśrutāḥ ||32|
ruru-[32]prabhṛtayo viprāś cākṣuṣasyāntare manoḥ |
ṣaṣṭhaṃ manvantaraṃ proktaṃ saptamaṃ tu nibodhata ||33|
atrir vasiṣṭho bhagavān kaśyapaś ca mahān ṛṣiḥ |
gautamo 'tha bharadvājo viśvāmitras tathaiva ca ||34|
tathaiva putro bhagavān ṛcīkasya mahātmanaḥ |
saptamo jamadagniś ca *ṛṣayaḥ sāṃprataṃ divi*[33] ||35|
sādhyā rudrāś ca viśve ca vasavo marutas tathā |
ādityāś cāśvinau cāpi devau vaivasvatau smṛtau ||36|

12 A tu B ca **13** A kakṣīvān kapīvāṃś caiva **14** V pautrā dvijottamāḥ **15** BV satyā **16** A dhṛtis tapaḥ sutaraṇas **17** A tapomūlaṃ B tapomūlaḥ **18** A tanvidhanviparaṃtapāḥ **19** B -proktā ca bho viprāś **20** A somapaḥ **21** A ca bhūtarajasas V cābhuktarajasas **22** B pāriplavaś V pariplavaś **23** C vaidyas **24** BC araṇyaś **25** A nirbhedaḥ **26** A atidhāmā **27** C 'timaharṣayaḥ **28** B caite **29** A aprasūtāś ca ṛṣayaḥ V aprabhūtāś ca ṛṣayaḥ **30** A pṛthuśājyā **31** B nādvaleyā **32** A guru- **33** A ṛṣir yasmāc ca jajñire

manor vaivasvatasyaite vartante sāṃprate 'ntare |
ikṣvākupramukhāś caiva daśa putrā mahātmanaḥ ||37|
eteṣāṃ kīrtitānāṃ tu maharṣīṇāṃ mahaujasām |
teṣāṃ putrāś ca pautrāś ca dikṣu sarvāsu bho dvijāḥ ||38|
manvantareṣu sarveṣu *prāg āsan*[34] sapta saptakāḥ |
loke dharmavyavasthārthaṃ lokasaṃrakṣaṇāya ca ||39|
manvantare vyatikrānte catvāraḥ saptakā gaṇāḥ |
kṛtvā karma divaṃ yānti brahmalokam anāmayam ||40|
tato 'nye tapasā yuktāḥ sthānaṃ tat pūrayanty uta |
atītā vartamānāś ca *krameṇaitena*[35] bho dvijāḥ ||41|
anāgatāś ca saptaite smṛtā divi maharṣayaḥ |
manor antaram āsādya *sāvarṇasyeha bho*[36] dvijāḥ ||42|
rāmo vyāsas tathātreyo dīptimanto bahuśrutāḥ |
bhāradvājas[37] tathā drauṇir aśvatthāmā mahādyutiḥ ||43|
gautamaś cājaraś[38] caiva *śaradvān nāma*[39] gautamaḥ |
kauśiko gālavaś caiva *aurvaḥ*[40] kāśyapa eva ca ||44|
ete sapta mahātmāno[41] bhaviṣyā munisattamāḥ |
vairī caivādhvarīvāṃś ca *śamano*[42] dhṛtimān vasuḥ ||45|
ariṣṭaś cāpy adhṛṣṭaś ca vājī sumatir eva ca |
sāvarṇasya manoḥ putrā bhaviṣyā munisattamāḥ[43] ||46|
eteṣāṃ kalyam utthāya kīrtanāt sukham edhate |
yaśaś cāpnoti sumahad āyuṣmāṃś ca *bhaven naraḥ*[44] ||47|
etāny uktāni bho viprāḥ sapta sapta ca tattvataḥ |
manvantarāṇi saṃkṣepāc *chṛṇutānāgatāny*[45] api ||48|
sāvarṇā *manavo viprāḥ*[46] pañca tāṃś ca *nibodhata*[47] |
eko *vaivasvatas*[48] teṣāṃ catvāras tu prajāpateḥ ||49|
parameṣṭhisutā viprā *meru-*[49]sāvarṇyatāṃ gatāḥ |
dakṣasyaite hi dauhitrāḥ priyāyās tanayā *nṛpāḥ*[50] ||50|
mahatā tapasā yuktā merupṛṣṭhe mahaujasaḥ |
ruceḥ prajāpateḥ putro raucyo nāma manuḥ smṛtaḥ ||51|
bhūtyāṃ cotpādito devyāṃ bhautyo nāma *ruceḥ sutaḥ*[51] |
anāgatāś ca saptaite kalpe 'smin manavaḥ smṛtāḥ ||52|
tair iyaṃ pṛthivī sarvā *saptadvīpā*[52] sapattanā |
pūrṇaṃ yugasahasraṃ[53] tu paripālyā dvijottamāḥ ||53|
prajāpatiś[54] ca tapasā *saṃhāraṃ*[55] teṣu nityaśaḥ |
yugāni saptatis tāni sāgrāṇi kathitāni ca ||54|
kṛtatretādiyuktāni manor antaram ucyate |
caturdaśaite manavaḥ kathitāḥ kīrtivardhanāḥ ||55|

34 BV prathitāḥ **35** A ṛṣayo 'pi ca **36** A sāvarṇasyādito BV sāvarṇasyoditā **37** A bharadvājas **38** AC gautamasyātmajāś **39** A bharadvājo 'tha **40** B dhrauvyaḥ **41** V sāvarṇasya manoḥ putrā **42** A sumanto **43** V ete sapta mahātmāno vīrāś ca dvijapuṃgavāḥ **44** B bhavet sadā **45** V chṛṇu tāny āgatāny **46** A manavas tāvat B manavas tāta **47** AB nibodha me **48** A vivasvatas **49** A manu- **50** C dvijāḥ **51** A manuḥ smṛtaḥ **52** C sasamudrā **53** C pūrṇavarṣasahasraṃ **54** ASS corr. like V; V prajāpateś **55** ASS corr. like V; V saṃhāras

vedeṣu sapurāṇeṣu sarveṣu prabhaviṣṇavaḥ |
prajānāṃ patayo viprā dhanyam eṣāṃ prakīrtanam ||56|
manvantareṣu saṃhārāḥ saṃhārānteṣu saṃbhavāḥ |
na *śakyate 'ntas*[56] teṣāṃ vai vaktuṃ varṣaśatair api ||57|
visargasya prajānāṃ vai saṃhārasya ca bho dvijāḥ |
manvantareṣu saṃhārāḥ śrūyante *dvijasattamāḥ*[57] ||58|
saśeṣās tatra tiṣṭhanti devāḥ saptarṣibhiḥ saha |
tapasā brahmacaryeṇa śrutena ca samanvitāḥ ||59|
pūrṇe *yuga-*[58]sahasre tu kalpo niḥśeṣa ucyate |
tatra bhūtāni sarvāṇi dagdhāny ādityaraśmibhiḥ ||60|
brahmāṇam agrataḥ kṛtvā sahādityagaṇair dvijāḥ |
praviśanti suraśreṣṭhaṃ *harinārāyaṇaṃ*[59] prabhum ||61|
sraṣṭāraṃ sarvabhūtānāṃ kalpānteṣu punaḥ punaḥ |
avyaktaḥ śāśvato devas tasya sarvam idaṃ jagat ||62|
atra *vaḥ*[60] kīrtayiṣyāmi manor vaivasvatasya vai |
visargaṃ muniśārdūlāḥ sāṃpratasya mahādyuteḥ ||63|
atra vaṃśaprasaṅgena kathyamānaṃ purātanam |
yatrotpanno mahātmā sa harir vṛṣṇi-*kule prabhuḥ*[61] ||64|

iti śrīmahāpurāṇe brāhme manvantarakīrtanaṃ nāma pañcamo 'dhyāyaḥ

lomaharṣaṇa uvāca:
vivasvān kaśyapāj jajñe dākṣāyaṇyāṃ dvijottamāḥ |
tasya bhāryābhavat saṃjñā tvāṣṭrī devī vivasvataḥ ||6.1|
sureśvarīti[1] vikhyātā triṣu lokeṣu *bhāvinī*[2] |
sā vai bhāryā bhagavato mārtaṇḍasya mahātmanaḥ ||2|
bhartṛrūpeṇa nātuṣyad rūpayauvanaśālinī |
saṃjñā nāma *su-*[3]tapasā sudīptena samanvitā ||3|
ādityasya hi tad rūpaṃ maṇḍalasya su-*tejasā*[4] |
gātreṣu paridagdhaṃ vai nātikāntam ivābhavat ||4|
na khalv ayaṃ mṛto 'ṇḍasya[5] iti snehād abhāṣata |
ajānan kāśyapas tasmān mārtaṇḍa iti cocyate ||5|
tejas tv abhyadhikaṃ tasya nityam eva vivasvataḥ |
yenātitāpayām āsa trīṃl lokān kaśyapātmajaḥ ||6|
trīṇy apatyāni *bho viprāḥ*[6] saṃjñāyāṃ *tapatāṃ varaḥ*[7] |
ādityo janayām āsa kanyāṃ dvau ca prajāpatī ||7|
manur vaivasvataḥ pūrvaṃ śrāddhadevaḥ prajāpatiḥ |
yamaś ca yamunā caiva yamajau saṃbabhūvatuḥ ||8|
śyāmavarṇaṃ tu tad rūpaṃ saṃjñā dṛṣṭvā vivasvataḥ |
asahantī tu svāṃ chāyāṃ savarṇāṃ nirmame tataḥ ||9|

56 C śakyam antaraṃ **57** B bharatarśabha **58** C varṣa- **59** V hariṃ nārāyaṇaṃ **60** A te **61** AB -kulodbhavaḥ **1** A ureṇur iti B sureṇur iti **2** AV bhāminī **3** BV sva- **4** AB -tejasaḥ **5** ASS corr. *mṛtāṇḍasya.* **6** B kauravya **7** A bhagavāṃs tataḥ

māyāmayī tu sā saṃjñā *tasyāṃ chāyāsamutthitām*[8] |
prāñjaliḥ praṇatā bhūtvā chāyā saṃjñāṃ *dvijottamāḥ*[9] || 10 |
uvāca kiṃ mayā kāryaṃ kathayasva śucismite |
sthitāsmi tava nirdeśe śādhi māṃ varavarṇini || 11 |
saṃjñovāca:
ahaṃ yāsyāmi bhadraṃ te svam eva bhavanaṃ pituḥ |
tvayaiva[10] bhavane *mahyaṃ*[11] vastavyaṃ nirviśaṅkayā || 12 |
imau ca bālakau mahyaṃ kanyā ceyaṃ sumadhyamā |
saṃbhāvyās te na cākhyeyam idaṃ bhagavate *kvacit*[12] || 13 |
savarṇovāca:
ā kacagrahaṇād devi ā śāpān naiva karhicit |
ākhyāsyāmi *namas*[13] tubhyaṃ gaccha devi yathāsukham || 14 |
lomaharṣaṇa uvāca:
samādiśya savarṇāṃ tu tathety uktā *tayā ca*[14] sā |
tvaṣṭuḥ[15] samīpam agamad *vrīḍiteva*[16] tapasvinī || 15 |
pituḥ samīpagā sā tu pitrā nirbhartsitā *śubhā*[17] |
bhartuḥ[18] samīpaṃ gaccheti niyuktā ca punaḥ punaḥ || 16 |
āgacchad vaḍavā bhūtvā ācchādya rūpam aninditā |
kurūn athottarān gatvā tṛṇāny atha cacāra ha || 17 |
dvitīyāyāṃ tu saṃjñāyāṃ saṃjñeyam iti cintayan |
āditya janayām āsa putram ātmasamaṃ tadā || 18 |
pūrvajasya manor viprāḥ sadṛśo 'yam iti prabhuḥ |
manur evābhavan nāmnā *sāvarṇa*[19] iti cocyate || 19 |
dvitīyo yaḥ sutas *tasyāḥ*[20] sa vijñeyaḥ śanaiścaraḥ |
saṃjñā tu pārthivī viprāḥ svasya putrasya vai tadā || 20 |
cakārābhyadhikaṃ snehaṃ na tathā pūrvajeṣu vai |
manus *tasyāḥ kṣamat tat tu*[21] yamas tasyā na cakṣame || 21 |
sa vai roṣāc ca bālyāc ca bhāvino 'rthasya vānagha |
padā *saṃtarjayām*[22] āsa saṃjñāṃ vaivasvato yamaḥ || 22 |
taṃ[23] śaśāpa tataḥ krodhāt *sāvarṇa-*[24]jananī tadā |
caraṇaḥ patatām eṣa taveti bhṛśaduḥkhitā || 23 |
yamas tu *tat*[25]pituḥ sarvaṃ prāñjaliḥ pratyavedayat |
bhṛśaṃ śāpabhayodvignaḥ saṃjñāvākyair viśaṅkitaḥ || 24 |
śāpo 'yaṃ *vinivarteta*[26] provāca pitaraṃ *dvijāḥ*[27] |
mātrā snehena sarveṣu vartitavyaṃ suteṣu vai || 25 |
seyam asmān *apāsyeha*[28] *vivasvan saṃbubhūṣati*[29] |
tasyāṃ mayodyataḥ pādo na tu dehe nipātitaḥ || 26 |
bālyād vā yadi vā *laulyān mohāt tat*[30] kṣantum *arhasi*[31] |
śapto 'ham asmi *lokeśa*[32] *jananyā*[33] tapatāṃ vara |
tava prasādāc caraṇo na paten mama gopate || 27 |

8 V taccchāyāyāḥ samutthitā **9** B tato dvijāḥ **10** B tvayeha **11** B matke **12** ABV śubhe **13** AC matam **14** B tvayaiva **15** A pituḥ **16** A bhīteva ca **17** AB purā **18** C raveḥ **19** AC sāvarṇya **20** B tasyāṃ **21** ASS corr. like V; V tasyā akṣamata **22** B saṃtāḍayām **23** B sā **24** AC sāvarṇya- **25** B sva- **26** C vinivarteti **27** AB tadā **28** A apādāya B apahāya **29** BC yavīyāṃsaṃ bubhūṣati **30** B mohāt tad bhavān **31** B arhati **32** B lokeśāpy C loke 'smiñ **33** B anayā

vivasvān uvāca:
asaṃśayaṃ putra mahad bhaviṣyaty atra kāraṇam |
yena tvām *āviśat krodho*[34] dharmajñaṃ satyavādinam ||28|
na *śakyam etan*[35] mithyā tu kartuṃ mātṛvacas tava |
kṛmayo[36] māṃsam ādāya *yāsyanty avanim eva ca*[37] ||29|
kṛtam evaṃ vacas tathyaṃ mātus tava bhaviṣyati |
śāpasya parihāreṇa tvaṃ ca trāto bhaviṣyasi ||30|
ādityaś cābravīt saṃjñāṃ kimarthaṃ tanayeṣu vai |
tulyeṣv abhyadhikaḥ sneha ekasmin kriyate tvayā ||31|
sā tat pariharantī tu nācacakṣe vivasvate |
sa cātmānaṃ samādhāya yogāt tathyam apaśyata ||32|
tāṃ śaptukāmo bhagavān *nāśapan*[38] munisattamāḥ |
[39]mūrdhajeṣu nijagrāha sa tu tāṃ munisattamāḥ ||33|
tataḥ sarvaṃ yathāvṛttam ācacakṣe vivasvate |
vivasvān atha tac chrutvā kruddhas tvaṣṭāram abhyagāt ||34|
dṛṣṭvā tu taṃ yathānyāyam[40] arcayitvā vibhāvasum |
nirdagdhukāmaṃ roṣeṇa sāntvayām āsa vai tadā ||35|
tvaṣṭovāca:
tavātitejasāviṣṭam idaṃ rūpaṃ na śobhate |
asahantī ca saṃjñā sā vane carati *śādvale*[41] ||36|
draṣṭā hi tāṃ bhavān adya svāṃ bhāryāṃ śubhacāriṇīm |
ślāghyāṃ yogabalopetāṃ yogam āsthāya gopate ||37|
anukūlaṃ tu te deva yadi syān mama *saṃmatam*[42] |
rūpaṃ nirvartayāmy adya tava kāntam ariṃdama ||38|
tato 'bhyupagamāt *tvaṣṭā*[43] mārtaṇḍasya vivasvataḥ |
bhramim āropya tat tejaḥ *śātayām*[44] āsa *bho dvijāḥ*[45] ||39|
tato nirbhāsitaṃ rūpaṃ tejasā saṃhatena vai |
kāntāt kāntataraṃ *draṣṭum*[46] adhikaṃ śuśubhe tadā ||40|
dadarśa yogam āsthāya svāṃ *bhāryāṃ vaḍavāṃ tataḥ*[47] |
adhṛṣyāṃ sarvabhūtānāṃ tejasā niyamena ca ||41|
vaḍavāvapuṣā viprāś carantīm akutobhayām |
so 'śvarūpeṇa bhagavāṃs tāṃ mukhe samabhāvayat ||42|
maithunāya viceṣṭantīṃ parapuṃso 'vaśaṅkayā |
sā tan niravamac chukraṃ nāsikābhyāṃ vivasvataḥ ||43|
devau tasyām ajāyetām aśvinau bhiṣajāṃ varau |
nāsatyaś caiva dasraś ca smṛtau dvāv aśvināv iti ||44|
mārtaṇḍasyātmajāv[48] etāv aṣṭamasya prajāpateḥ |
tāṃ tu rūpeṇa kāntena darśayām āsa bhāskaraḥ ||45|
sā tu dṛṣṭvaiva bhartāraṃ tutoṣa munisattamāḥ |
yamas tu karmaṇā tena bhṛśaṃ pīḍitamānasaḥ ||46|

34 A aśapan mātā B aśapat krodhād **35** A śakyate tan **36** C krimayo **37** B patsyanty atra mahītalam **38** V nāśāya **39** BCV om. **40** B sakrodhaṃ tatra cāyātam **41** A śobhane **42** C tan matam **43** V tasya **44** C pātayām **45** V vai tadā **46** C rūpam **47** A priyāṃ sa divākaraḥ **48** B mārtaṇḍasya sutāv

dharmeṇa rañjayām āsa dharmarāja imāḥ prajāḥ |
sa lebhe karmaṇā tena śubhena paramadyutiḥ ||47|
pitṝṇām ādhipatyaṃ ca lokapālatvam eva ca |
manuḥ prajāpatis tv āsīt sāvarṇiḥ sa tapodhanāḥ ||48|
bhāvyaḥ *samāgate*[49] tasmin manuḥ sāvarṇike 'ntare |
merupṛṣṭhe tapo nityam adyāpi sa caraty uta ||49|
bhrātā śanaiścaras tasya grahatvaṃ *sa tu labdhavān*[50] |
tvaṣṭā tu tejasā tena viṣṇoś cakram akalpayat ||50|
tad apratihataṃ yuddhe dānavāntacikīrṣayā |
yavīyasī tu *sāpy āsīd*[51] yamī kanyā yaśasvinī ||51|
abhavac ca saricchreṣṭhā yamunā loka-*pāvanī*[52] |
manur ity[53] ucyate loke sāvarṇa iti *cocyate*[54] ||52|
dvitīyo yaḥ[55] sutas tasya manor bhrātā śanaiścaraḥ |
grahatvaṃ sa ca lebhe vai sarvalokābhipūjitaḥ ||53|
ya idaṃ janma devānāṃ *śṛṇuyān narasattamaḥ*[56] |
āpadaṃ prāpya mucyeta prāpnuyāc ca mahad yaśaḥ ||54|

iti śrīmahāpurāṇe brāhma ādityotpattikathanaṃ nāma ṣaṣṭho 'dhyāyaḥ

lomaharṣaṇa uvāca:
manor vaivasvatasyāsan putrā vai nava *tatsamāḥ*[1] |
ikṣvākuś caiva nābhāgo dhṛṣṭaḥ śaryātir eva *ca*[2] ||7.1|
nariṣyantaś ca[3] ṣaṣṭho *vai prāṃśū riṣṭaś ca saptamaḥ*[4] |
karūṣaś ca *pṛṣadhraś*[5] ca navaite munisattamāḥ ||2|
akarot putrakāmas tu *manur*[6] iṣṭiṃ prajāpatiḥ |
mitrāvaruṇayor viprāḥ pūrvam eva mahāmatiḥ ||3|
anutpanneṣu bahuṣu putreṣv eteṣu bho dvijāḥ |
tasyāṃ ca vartamānāyām iṣṭyāṃ ca dvijasattamāḥ ||4|
mitrāvaruṇayor aṃśe manur āhutim *āvahat*[7] |
tatra divyāmbaradharā divyābharaṇabhūṣitā ||5|
divya-*saṃhananā*[8] caiva ilā jajña iti śrutiḥ |
tām *ilety eva*[9] hovāca manur daṇḍadharas tadā ||6|
anugacchasva māṃ bhadre tam ilā pratyuvāca ha |
dharmayuktam idaṃ vākyaṃ putrakāmaṃ prajāpatim ||7|
ilovāca:
mitrāvaruṇayor aṃśe jātāsmi vadatāṃ vara |
tayoḥ sakāśaṃ yāsyāmi na māṃ dharmahatāṃ kuru ||8|
saivam uktvā manuṃ devaṃ mitrāvaruṇayor ilā |
gatvāntikaṃ varārohā prāñjalir vākyam abravīt ||9|

49 B so 'bhyāgate C so 'py āgate **50** A upalabdhavān **51** V cāthāsīd **52** CV -bhāvinī **53** V manuś cety **54** B viśrutaḥ **55** B dvitīyas tu **56** V śṛṇuyād dhārayīta vā
1 AB sattamāḥ **2** V tu **3** B nariṣyantas tu **4** B nābhāgo 'riṣṭaś ca sattamaḥ **5** C puradhraś
6 A munir **7** A ājuhot B āvapat V ājuhot **8** V -saṃnahanā **9** ABV iletīti

[10]ilovāca:
aṃśe *'smi*[11] yuvayor jātā devau kiṃ karavāṇi vām |
manunā cāham uktā *vā*[12] anugacchasva mām iti ||10|
tau[13] tathāvādinīṃ sādhvīm ilāṃ dharmaparāyaṇām |
mitraś ca varuṇaś cobhāv ūcatus *tāṃ*[14] dvijottamāḥ ||11|
[15]mitrāvaruṇāv ūcatuḥ:
anena tava dharmeṇa praśrayeṇa damena ca |
satyena caiva suśroṇi prītau *svo*[16] varavarṇini ||12|
āvayos tvaṃ mahābhāge khyātiṃ kanyeti yāsyasi ||13|
manor vaṃśakaraḥ putras tvam eva ca bhaviṣyasi |
sudyumna iti vikhyātas triṣu lokeṣu *śobhane*[17] ||14|
jagatpriyo dharmaśīlo *manor*[18] vaṃśavivardhanaḥ |
nivṛttā sā tu tac chrutvā gacchantī pitur antikāt ||15|
budhenāntaram āsādya *maithunāyopamantritā*[19] |
somaputrād budhād *viprās tasyāṃ*[20] jajñe purūravāḥ ||16|
janayitvā tataḥ sā tam ilā sudyumnatāṃ gatā |
sudyumnasya tu dāyādās trayaḥ paramadhārmikāḥ ||17|
utkalaś ca gayaś caiva *vinatāśvaś*[21] ca bho dvijāḥ |
utkalasyotkalā viprā *vinatāśvasya*[22] *paścimāḥ*[23] ||18|
dik pūrvā muniśārdūlā gayasya tu gayā smṛtā |
praviṣṭe tu manau viprā divākaram ariṃdamam ||19|
daśadhā *tat punaḥ kṣatram*[24] akarot pṛthivīm imām |
ikṣvākur *jyeṣṭha*-[25]dāyādo madhyadeśam avāptavān ||20|
kanyābhāvāt tu sudyumno naitad *rājyam*[26] avāptavān |
vasiṣṭha-*vacanāt tv āsīt*[27] pratiṣṭhāne mahātmanaḥ ||21|
[[28]sudyumnaḥ kārayām āsa pratiṣṭhāne nṛpakriyām |
dhṛṣṇukaś cāmbarīṣaś ca daṇḍakaś ceti te samāḥ |
yaś cakāra mahātmā vai daṇḍakāraṇyam uttamam |
yatra praviṣṭamātras tu naraḥ pāpāt pramucyate |
sudyumnaś ca divaṃ yāta ailam utpādya bho dvijāḥ |]
pratiṣṭhā dharmarājasya sudyumnasya dvijottamāḥ |
tat purūravase prādād rājyaṃ prāpya mahāyaśāḥ ||22|
mānaveyo muniśreṣṭhāḥ strīpuṃsor lakṣaṇair yutaḥ |
dhṛtavāṃs tām ilety *evaṃ*[29] sudyumneti ca *viśrutaḥ*[30] ||23|
nāriṣyantāḥ śakāḥ putrā nābhāgasya tu bho dvijāḥ |
ambarīṣo 'bhavat putraḥ *pārthivarṣabhasattamaḥ*[31] ||24|
dhṛṣṭasya dhārṣṭakaṃ kṣatraṃ *raṇadṛptaṃ*[32] babhūva ha |
karūṣasya ca kārūṣāḥ kṣatriyā yuddhadurmadāḥ ||25|
nābhāgadhṛṣṭaputrāś ca kṣatriyā vaiśyatāṃ gatāḥ |
prāṃśor eko 'bhavat putraḥ prajāpatir iti smṛtaḥ ||26|

10 V om. **11** BV 'smin **12** V vai **13** V tāṃ **14** V tu **15** V om. **16** V ca **17** V viśrutaḥ **18** A manu- **19** A maithunāyopaśaṃsitā **20** B rājā tasmāj **21** A vijitāśvaś **22** A vijitāśvasya **23** V paścimā **24** A tad abhūt kṣatram C tu kurukṣetram **25** B yo aṣṭa- **26** C guṇam **27** B -vacanāc cāsīt **28** AV ins. **29** B eva **30** C viśrutiḥ **31** B pārthivas tu ṛṣisattamāḥ **32** V raṇe dṛptaṃ

nariṣyantasya dāyādo rājā daṇḍadharo yamaḥ |
śaryāter mithunaṃ tv āsīd ānarto nāma viśrutaḥ ||27|
putraḥ kanyā sukanyā ca yā patnī cyavanasya ha |
ānartasya tu dāyādo *raivo*[33] nāma mahādyutiḥ ||28|
ānartaviṣayaś caiva purī cāsya kuśasthalī |
raivasya raivataḥ putraḥ kakudmī nāma dhārmikaḥ ||29|
jyeṣṭhaḥ *putraḥ sa tasyāsīd*[34] rājyaṃ prāpya kuśasthalīm |
sa kanyāsahitaḥ śrutvā gāndharvaṃ brahmaṇo 'ntike ||30|
muhūrtabhūtaṃ devasya tasthau bahuyugaṃ dvijāḥ |
ājagāma *sa*[35] caivātha svāṃ purīṃ *yādavair*[36] vṛtām ||31|
kṛtāṃ *dvāravatīṃ*[37] *nāma*[38] bahudvārāṃ manoramām |
bhojavṛṣṇyandhakair guptāṃ *vasu-*[39]devapurogamaiḥ ||32|
tatraiva[40] raivato jñātvā yathā-*tattvaṃ*[41] dvijottamāḥ |
kanyāṃ tāṃ baladevāya *subhadrāṃ*[42] nāma revatīm ||33|
dattvā jagāma śikharaṃ meros tapasi *saṃsthitaḥ*[43] |
reme rāmo 'pi dharmātmā revatyā sahitaḥ sukhī ||34|
munaya ūcuḥ:
kathaṃ bahuyuge kāle samatīte mahāmate |
na jarā revatīṃ prāptā raivataṃ *ca*[44] kakudminam ||35|
meruṃ gatasya vā tasya śaryāteḥ saṃtatiḥ katham |
sthitā pṛthivyām adyāpi śrotum icchāma tattvataḥ ||36|
lomaharṣaṇa uvāca:
na jarā kṣutpipāsā vā na mṛtyur munisattamāḥ |
ṛtucakraṃ prabhavati *brahmaloke*[45] sadānaghāḥ |
kakudminaḥ[46] svarlokaṃ tu raivatasya gatasya ha ||37|
hṛtā[47] puṇyajanair viprā rākṣasaiḥ sā kuśasthalī |
tasya bhrātṛśataṃ *tv āsīd*[48] dhārmikasya mahātmanaḥ ||38|
tad vadhyamānaṃ rakṣobhir diśaḥ prākrāmad *acyutāḥ*[49] |
vidrutasya ca viprendrās tasya bhrātṛśatasya vai ||39|
anvavāyas tu sumahāṃs tatra tatra dvijottamāḥ |
teṣāṃ hy ete[50] muniśreṣṭhāḥ śaryātā iti viśrutāḥ ||40|
kṣatriyā guṇasampannā dikṣu sarvāsu viśrutāḥ |
śarvaśaḥ[51] sarvagahanaṃ *praviṣṭās te*[52] mahaujasaḥ ||41|
nābhāgariṣṭaputrau dvau vaiśyau brāhmaṇatāṃ gatau |
karūṣasya tu kārūṣāḥ kṣatriyā yuddhadurmadāḥ ||42|
pṛṣadhro hiṃsayitvā tu guror gāṃ dvijasattamāḥ |
śāpāc chūdratvam āpanno navaite parikīrtitāḥ ||43|
vaivasvatasya tanayā *muner*[53] vai munisattamāḥ |
kṣuvatas tu manor viprā ikṣvākur abhavat sutaḥ ||44|

33 C revo **34** BC putraśatasyāsīd **35** V tu **36** B pādapair **37** B hāravatīṃ **38** BV nāmnā **39** V vāsu- **40** BV tatas tad **41** A -tathyaṃ **42** V suvratāṃ **43** C saṃśrutiḥ **44** V vā **45** A tatra loke **46** B kakudminaś ca **47** ACV hatā **48** B cāsīd **49** BV apy uta **50** A evaṃ te tu BV teṣām ete **51** ASS corr. like V; V sarvaśaḥ **52** A praviṣṭāś ca **53** V manor

tasya putraśataṃ tv āsīd ikṣvākor bhūri-*dakṣiṇam*[54] |
teṣāṃ *vikukṣir jyeṣṭhas*[55] tu *vikukṣitvād ayodhatām*[56] ||45|
prāptaḥ paramadharma-*jña*[57] so *'yodhyādhipatiḥ*[58] prabhuḥ |
śakunipramukhās tasya putrāḥ pañcaśataṃ smṛtāḥ ||46|
uttarāpathadeśasya rakṣitāro mahābalāḥ |
catvāriṃśad daśāṣṭau ca dakṣiṇasyāṃ tathā diśi ||47|
vaśāti-[59]pramukhāś cānye rakṣitāro dvijottamāḥ |
ikṣvākus tu vikukṣiṃ *vā*[60] aṣṭakāyām athādiśat ||48|
māṃsam ānaya śrāddhārthaṃ *mṛgān*[61] hatvā mahābala |
śrāddhakarmaṇi *coddiṣṭo*[62] akṛte śrāddhakarmaṇi ||49|
bhakṣayitvā śaśaṃ viprāḥ śaśādo mṛgayāṃ gataḥ |
ikṣvākuṇā parityakto vasiṣṭhavacanāt prabhuḥ ||50|
ikṣvākau saṃsthite viprāḥ śaśādas tu nṛpo 'bhavat |
śaśādasya tu dāyādaḥ kakutstho nāma vīryavān ||51|
anenās tu[63] kakutsthasya pṛthuś cānenasaḥ smṛtaḥ |
viṣṭarāśvaḥ[64] pṛthoḥ putras tasmād ārdras tv ajāyata ||52|
ārdras tu[65] yuvanāśvas tu śrāvastas tatsuto dvijāḥ |
jajñe śrāvastako rājā śrāvastī yena nirmitā ||53|
śrāvastasya tu dāyādo bṛhadaśvo mahī-*patiḥ*[66] |
kuvalāśvaḥ sutas tasya rājā paramadhārmikaḥ ||54|
yaḥ sa[67] dhundhuvadhād rājā dhundhumāratvam āgataḥ ||55|
munaya ūcuḥ:
dhundhor vadhaṃ *mahāprājña*[68] śrotum icchāma tattvataḥ |
yadvadhāt[69] kuvalāśvo *'sau*[70] dhundhumāratvam āgataḥ ||56|
lomaharṣaṇa uvāca:
kuvalāśvasya putrāṇāṃ śatam uttamadhanvinām |
sarve vidyāsu niṣṇātā balavanto durāsadāḥ ||57|
babhūvur dhārmikāḥ sarve yajvāno bhūridakṣiṇāḥ |
kuvalāśvaṃ *pitā*[71] rājye bṛhadaśvo *nyayojayat*[72] ||58|
putrasaṃkrāmitaśrīs tu vanaṃ rājā viveśa *ha*[73] |
tam uttaṅko 'tha viprarṣiḥ *prayāntaṃ*[74] pratyavārayat ||59|
uttaṅka uvāca:
bhavatā rakṣaṇaṃ kāryaṃ tac ca *kartuṃ tvam arhasi*[75] |
nirudvignas tapaś cartuṃ nahi śaknomi pārthiva ||60|
mamāśramasamīpe vai sameṣu marudhanvasu |
samudro[76] vālukāpūrṇa *uddālaka*[77] iti smṛtaḥ ||61|
devatānām[78] avadhyaś ca mahākāyo mahābalaḥ |
antar-[79]bhūmigatas tatra vālukāntarhito mahān ||62|

54 C -dakṣiṇāḥ **55** A vikukṣiḥ śreṣṭhas **56** A vikrame rudrasaṃnibhaḥ BV vikrameṇa samanvitaḥ **57** AV -jñaḥ **58** A pṛthivyādhipatiḥ **59** B iṇada- V śaśāda- **60** V vai **61** V śaśān **62** V coddiṣṭa **63** B anenasaḥ **64** A viṣṇor aṃśaḥ BV virāśvas tu **65** V ārdrasya **66** V -pateḥ **67** AB yas tu **68** A vayaṃ brahmañ **69** V yathā sa **70** V 'pi **71** ABV sutaṃ **72** ABV 'bhyaṣecayat **73** V saḥ **74** C prayātaṃ **75** ABV kartum ihārhasi **76** B samudra- **77** B ujjānaka **78** B daivatānām **79** B anu-

rākṣasasya[80] madhoḥ putro dhundhur nāma mahāsuraḥ |
śete[81] lokavināśāya tapa āsthāya dāruṇam ||63|
saṃvatsarasya paryante sa *niśvāsaṃ*[82] vimuñcati |
yadā[83] tadā mahī tatra calati sma narādhipa ||64|
tasya niḥśvāsavātena raja uddhūyate mahat |
ādityapatham āvṛtya saptāhaṃ bhūmikampanam ||65|
savisphuliṅgaṃ sāṅgāraṃ sadhūmam atidāruṇam |
tena tāta na śaknomi tasmin sthātuṃ sva āśrame ||66|
taṃ māraya mahākāyaṃ lokānāṃ hitakāmyayā |
lokāḥ svasthā[84] *bhavanty adya*[85] tasmin vinihate tvayā ||67|
tvaṃ hi tasya vadhāyaikaḥ samarthaḥ pṛthivīpate |
viṣṇunā ca varo datto mahyaṃ pūrvayuge *nṛpa*[86] ||68|
yas taṃ mahāsuraṃ raudraṃ haniṣyati mahābalam |
tasya tvaṃ varadānena tejaś *cākhyāpayiṣyasi*[87] ||69|
nahi dhundhur mahātejās tejasālpena śakyate |
nirdagdhuṃ pṛthivīpāla ciraṃ yugaśatair api ||70|
vīryaṃ ca sumahat tasya devair api durāsadam |
sa evam ukto rājarṣir uttaṅkena mahātmanā |
kuvalāśvaṃ sutaṃ prādāt tasmai dhundhunibarhaṇe ||71|
bṛhadaśva uvāca:
bhagavan nyastaśastro 'ham ayaṃ tu tanayo mama |
bhaviṣyati dvijaśreṣṭha dhundhumāro na saṃśayaḥ ||72|
sa taṃ vyādiśya tanayaṃ rājarṣir dhundhumāraṇe |
jagāma parvatāyaiva nṛpatiḥ *saṃśita-*[88]vrataḥ ||73|
lomaharṣaṇa uvāca:
kuvalāśvas tu putrāṇāṃ śatena saha bho dvijāḥ |
prāyād uttaṅkasahito dhundhos tasya nibarhaṇe ||74|
tam *āviśat*[89] tadā viṣṇus tejasā bhagavān prabhuḥ |
uttaṅkasya niyogād vai lokānāṃ hitakāmyayā ||75|
tasmin prayāte durdharṣe divi śabdo mahān abhūt |
eṣa śrīmān avadhyo 'dya dhundhumāro bhaviṣyati ||76|
divyair gandhaiś ca mālyaiś ca *taṃ devāḥ*[90] samavākiran |
devadundubhayaś caiva praṇedur *dvijasattamāḥ*[91] ||77|
sa gatvā jayatāṃ *śreṣṭhas*[92] tanayaiḥ saha vīryavān |
samudraṃ khānayām āsa vālukāntaram avyayam ||78|
tasya putraiḥ khanadbhiś ca vālukāntarhitas tadā |
dhundhur āsādito viprā diśam āvṛtya paścimām ||79|
mukhajenāgninā krodhāl lokān udvartayann iva |
vāri susrāva vegena mahodadhir ivodaye ||80|
saumasya muniśārdūlā varormikalilo mahān |
tasya putraśataṃ dagdhaṃ tribhir ūnaṃ tu rakṣasā ||81|

80 A rākṣasas tu **81** B sa tu **82** V viśvāsaṃ **83** V tadā **84** A lokāś ca sukham **85** A edhante V bhavantv adya **86** V nṛpaḥ **87** V cāpyāyayiṣyasi **88** V śaṃsita- **89** V āviśya **90** ABV samantāt **91** BV hi tadā bhṛśam **92** A śreṣṭhais

tataḥ sa rājā dyutimān rākṣasaṃ taṃ mahābalam |
āsasāda mahātejā dhundhuṃ dhundhuvināśanaḥ ||82|
tasya vārimayaṃ vegam āpīya sa narādhipaḥ |
yogī[93] yogena vahniṃ ca śamayām āsa vāriṇā ||83|
nihatya[94] taṃ mahākāyaṃ balenodakarākṣasam |
uttaṅkaṃ darśayām āsa kṛtakarmā narādhipaḥ ||84|
uttaṅkas tu varaṃ prādāt tasmai rājñe mahātmane |
dadau tasyākṣayaṃ vittaṃ śatrubhiś *cāparājitam*[95] ||85|
dharme ratiṃ ca satataṃ svarge vāsaṃ tathākṣayam |
putrāṇāṃ cākṣayāṃl lokān svarge ye rakṣasā hatāḥ ||86|
tasya putrās trayaḥ *śiṣṭā dṛḍhāśvo*[96] jyeṣṭha ucyate |
candrāśvakapilāśvau tu kanīyāṃsau kumārakau ||87|
dhaundhumārer dṛḍhāśvasya haryaśvaś cātmajaḥ smṛtaḥ |
haryaśvasya nikumbho 'bhūt kṣatradharmarataḥ *sadā*[97] ||88|
saṃhatāśvo nikumbhasya suto raṇaviśāradaḥ |
akṛśāśvakṛśāśvau tu saṃhatāśvasutau dvijāḥ ||89|
tasya haimavatī kanyā *satāṃ matā*[98] dṛṣadvatī |
vikhyātā[99] triṣu lokeṣu putraś cāsyāḥ prasenajit ||90|
lebhe prasenajid bhāryāṃ gaurīṃ nāma pativratām |
abhiśastā[100] tu sā *bhartrā*[101] nadī vai bāhudābhavat ||91|
tasya[102] putro mahān āsīd yuvanāśvo *narādhipaḥ*[103] |
māndhātā yuvanāśvasya trilokavijayī sutaḥ ||92|
tasya caitrarathī bhāryā śaśabindoḥ sutābhavat |
sādhvī *bindumatī*[104] nāma rūpeṇāsadṛśī bhuvi ||93|
pativratā ca jyeṣṭhā ca bhrātṝṇām ayutasya vai |
tasyām utpādayām āsa māndhātā dvau sutau dvijāḥ ||94|
purukutsaṃ ca dharmajñaṃ mucukundaṃ ca pārthivam |
purukutsasutas tv āsīt trasadasyur mahīpatiḥ ||95|
narmadāyām athotpannaḥ *saṃbhūtas*[105] tasya cātmajaḥ |
saṃbhūtasya tu[106] *dāyādas*[107] [[108]sudhanvā ripumardanaḥ |]
[[109]sudhanvanaḥ sutaś cāpi] tridhanvā ripumardanaḥ ||96|
rājñas tridhanvanas tv āsīd *vidvāṃs trayyāruṇaḥ*[110] prabhuḥ |
tasya satyavrato nāma kumāro 'bhūn mahābalaḥ ||97|
parigrahaṇa-[111]mantrāṇāṃ vighnaṃ cakre sudurmatiḥ |
yena bhāryā kṛtodvāhā *hṛtā*[112] caiva parasya ha ||98|
bālyāt kāmāc ca mohāc ca sāhasāc cāpalena ca |
jahāra kanyāṃ kāmārtaḥ kasyacit puravāsinaḥ ||99|
adharmaśaṅkunā tena taṃ sa trayyāruṇo 'tyajat |
apadhvaṃseti bahuśo vadan krodhasamanvitaḥ ||100|

93 B yogi- **94** A viśasya C nirasya **95** V cāparājayam **96** C śiṣṭāḥ sudāso **97** AB smṛtaḥ
98 V sā tu khyātā **99** V vikhyātas **100** V abhiśaptā **101** BC bhāryā **102** A tasyāḥ
103 V nṛpādhipaḥ **104** A cendumatī **105** A saṃbhūtis **106** A saṃbhūteś caiva
107 V dāyādaḥ **108** V ins. **109** V ins. **110** B vidvān vastrāruṇaḥ **111** V pāṇigrahaṇa-
112 C hatā

so 'bravīt pitaraṃ *tyaktaḥ*[113] kva gacchāmīti vai muhuḥ |
pitā ca tam athovāca *śvapākaiḥ*[114] saha vartaya || 101 |
nāhaṃ *putreṇa*[115] putrārthī tvayādya kulapāṃsana |
ity uktaḥ sa nirākrāman nagarād vacanāt pituḥ || 102 |
na ca taṃ vārayām āsa vasiṣṭho bhagavān ṛṣiḥ |
sa tu satyavrato viprāḥ *śvapākāvasathāntike*[116] || 103 |
pitrā tyakto 'vasad vīraḥ pitāpy asya vanaṃ yayau |
tatas tasmiṃs tu viṣaye nāvarṣat pākaśāsanaḥ || 104 |
samā dvādaśa bho viprās tenādharmeṇa vai tadā |
dārāṃs tu tasya viṣaye viśvāmitro mahātapāḥ || 105 |
saṃnyasya sāgarānte tu cakāra vipulaṃ tapaḥ |
tasya patnī gale baddhvā madhyamaṃ putram aurasam || 106 |
śeṣasya bharaṇārthāya vyakrīṇād *go-*[117]śatena vai |
taṃ ca baddhaṃ gale dṛṣṭvā vikrayārthaṃ nṛpātmajaḥ || 107 |
maharṣiputraṃ dharmātmā mokṣayām āsa bho *dvijāḥ*[118] |
satyavrato mahābāhur bharaṇaṃ tasya cākarot || 108 |
viśvāmitrasya tuṣṭyartham anukampārtham eva ca |
so 'bhavad gālavo *nāma gale bandhān*[119] mahātapāḥ |
maharṣiḥ kauśiko dhīmāṃs tena vīreṇa mokṣitaḥ || 109 |

iti śrīmahāpurāṇe brāhme sūryavaṃśanirūpaṇaṃ nāma saptamo 'dhyāyaḥ

lomaharṣaṇa uvāca:
satyavratas tu *bhaktyā ca*[1] *kṛpayā ca*[2] pratijñayā |
viśvāmitrakalatraṃ tu babhāra vinaye *sthitaḥ*[3] || 8.1 |
hatvā mṛgān varāhāṃś ca mahiṣāṃś ca vanecarān |
viśvāmitrāśramābhyāśe māṃsaṃ vṛkṣe babandha ca || 2 |
upāṃśuvratam āsthāya dīkṣāṃ dvādaśavārṣikīm |
pitur niyogād avasat tasmin vanagate nṛpe || 3 |
ayodhyāṃ caiva rājyaṃ ca tathaivāntaḥpuraṃ muniḥ |
yājyopādhyāyasaṃyogād vasiṣṭhaḥ paryarakṣata || 4 |
satyavratas tu bālyāc ca bhāvino 'rthasya *vai balāt*[4] |
vasiṣṭhe 'bhyadhikaṃ manyuṃ dhārayām āsa *nityaśaḥ*[5] || 5 |
pitrā hi taṃ tadā rāṣṭrāt tyajyamānaṃ priyaṃ sutam |
nivārayām[6] āsa munir *bahunā*[7] kāraṇena *na*[8] || 6 |
pāṇigrahaṇamantrāṇāṃ niṣṭhā syāt saptame pade |
na ca satyavratas tasmād dhatavān saptame pade || 7 |
jānan dharmaṃ vasiṣṭhas tu na māṃ trātīti bho dvijāḥ |
satyavratas tadā roṣaṃ vasiṣṭhe manasākarot || 8 |

113 B tyaktvā **114** B pātakaiḥ **115** B duṣṭena **116** B purasya svasya cāntike **117** B ā- **118** V viprāḥ **119** V nāmnā galabandhān **1** BV bhagavān **2** V kṛpayātha **3** A sthitam **4** V cānaghāḥ **5** BCV nityadā **6** V na vārayām **7** V vasiṣṭhaḥ **8** V ha

guṇabuddhyā tu bhagavān vasiṣṭhaḥ kṛtavāṃs tathā |
na ca satyavratas tasya tam upāṃśum abudhyata ||9|
tasminn aparitoṣaś ca pitur āsīn mahātmanaḥ |
tena dvādaśa varṣāṇi nāvarṣat pākaśāsanaḥ ||10|
tena tv idānīṃ *vihitāṃ*[9] dīkṣāṃ tāṃ durvahāṃ bhuvi |
kulasya niṣkṛtir viprāḥ kṛtā sā vai bhaved iti ||11|
na taṃ vasiṣṭho bhagavān pitrā tyaktaṃ nyavārayat |
abhiṣekṣyāmy ahaṃ putram asyety *evaṃmatir*[10] muniḥ ||12|
sa tu dvādaśa varṣāṇi tāṃ dīkṣām *avahad*[11] balī |
avidyamāne māṃse tu vasiṣṭhasya mahātmanaḥ ||13|
sarvakāmadughāṃ dogdhrīṃ sa dadarśa nṛpātmajaḥ |
tāṃ vai krodhāc ca mohāc ca śramāc caiva kṣudhānvitaḥ ||14|
deśadharmagato[12] rājā *jaghāna*[13] munisattamāḥ |
tanmāṃsaṃ *sa*[14] svayaṃ caiva viśvāmitrasya cātmajān ||15|
bhojayām āsa tac chrutvā vasiṣṭho 'py asya cukrudhe ||16|
vasiṣṭha uvāca:
pātayeyam ahaṃ krūra tava *śaṅkum asaṃśayam*[15] |
yadi te dvāv imau śaṅkū na syātāṃ vai kṛtau punaḥ ||17|
pituś cāparitoṣeṇa *guru-*[16]dogdhrīvadhena ca |
aprokṣitopayogāc ca trividhas te vyatikramaḥ ||18|
evaṃ trīṇy asya śaṅkūni tāni dṛṣṭvā mahātapāḥ |
triśaṅkur iti hovāca triśaṅkus tena sa smṛtaḥ ||19|
viśvāmitrasya[17] dārāṇām *anena bharaṇaṃ kṛtam*[18] |
tena[19] tasmai varaṃ prādān muniḥ prītas triśaṅkave ||20|
chandyamāno vareṇātha varaṃ vavre nṛpātmajaḥ |
saśarīro vraje svargam ity evaṃ yācito varaḥ ||21|
anāvṛṣṭibhaye tasmin gate dvādaśavārṣike |
pitrye rājye 'bhiṣicyātha yājayām āsa *pārthivam*[20] ||22|
miṣatāṃ devatānāṃ ca vasiṣṭhasya ca kauśikaḥ |
divam āropayām āsa saśarīraṃ mahātapāḥ ||23|
tasya satyarathā nāma patnī kaikeyavaṃśajā |
kumāraṃ janayām āsa hariścandram akalmaṣam ||24|
sa vai rājā hariścandras traiśaṅkava iti smṛtaḥ |
āhartā rājasūyasya samrāḍ iti ha viśrutaḥ ||25|
hariścandrasya putro 'bhūd rohito nāma *pārthivaḥ*[21] |
harito rohitasyātha *cañcur*[22] hārita ucyate ||26|
vijayaś ca muniśreṣṭhāś *cañcu-*[23]putro babhūva ha |
jetā sa sarvapṛthivīṃ vijayas tena sa smṛtaḥ ||27|
rurukas[24] tanayas tasya *rājā*[25]dharmārthakovidaḥ |
rurukasya[26] vṛkaḥ putro vṛkād bāhus tu jajñivān ||28|

9 V vahatā **10** V evaṃ yatir **11** V udvahan **12** B hatvā dhenuṃ tato **13** B jagāma **14** B tu **15** B śaṅkuṃ na saṃśayaḥ **16** AB guror **17** AB viśvāmitras tu **18** AB āgato bharaṇe kṛtam **19** AB tatas **20** V taṃ muniḥ **21** A dhārmikaḥ **22** B cumbur **23** B cumbu- **24** B rurūkas **25** V rāja- **26** B rurūkasya

haihayās tāla-[27]jaṅghāś ca nirasyanti sma taṃ *nṛpam*[28] |
tatpatnī garbham ādāya aurvasyāśramam āviśat ||29|
nāsatyo[29] dhārmikaś caiva sa ha dharmayuge 'bhavat |
sagaras tu suto bāhor *yajñe*[30] saha gareṇa vai ||30|
aurvasyāśramam āsādya bhārgaveṇābhirakṣitaḥ |
āgneyam astraṃ labdhvā ca bhārgavāt sagaro nṛpaḥ ||31|
jigāya pṛthivīṃ hatvā tālajaṅghān sahaihayān |
śakānāṃ *pahnavānāṃ*[31] ca dharmaṃ nirasad acyutaḥ |
kṣatriyāṇāṃ muniśreṣṭhāḥ pāradānāṃ ca dharmavit ||32|
munaya ūcuḥ:
kathaṃ *sa sagaro jāto gareṇaiva sahācyutaḥ*[32] |
kimarthaṃ ca śakādīnāṃ kṣatriyāṇāṃ mahaujasām ||33|
dharmān kulocitān rājā kruddho nirasad acyutaḥ |
etan naḥ sarvam ācakṣva vistareṇa mahāmate ||34|
lomaharṣaṇa uvāca:
bāhor vyasaninaḥ *pūrvaṃ*[33] hṛtaṃ *rājyam*[34] abhūt kila |
haihayais tālajaṅghaiś ca śakaiḥ sārdhaṃ dvijottamāḥ ||35|
yavanāḥ pāradāś caiva kāmbojāḥ *pahnavās*[35] tathā |
ete hy api gaṇāḥ pañca haihayārthe parākraman ||36|
hṛtarājyas tadā rājā sa vai bāhur vanaṃ yayau |
patnyā cānugato duḥkhī tatra prāṇān avāsṛjat ||37|
patnī tu yādavī tasya sagarbhā pṛṣṭhato 'nvagāt |
sapatnyā ca garas tasyai dattaḥ pūrvaṃ kilānaghāḥ ||38|
sā tu bhartuś citāṃ kṛtvā vane tām *abhyarohata*[36] |
aurvas tāṃ bhārgavo viprāḥ kāruṇyāt samavārayat ||39|
tasyāśrame ca garbhaḥ sa gareṇaiva *sahācyutaḥ*[37] |
vyajāyata mahābāhuḥ sagaro nāma pārthivaḥ ||40|
aurvas tu jātakarmādīṃs tasya kṛtvā mahātmanaḥ |
adhyāpya vedaśāstrāṇi tato 'straṃ pratyapādayat ||41|
āgneyaṃ tu mahābhāgā amarair api duḥsaham |
sa tenāstrabalenājau balena ca samanvitaḥ ||42|
haihayān vijaghānāśu kruddho rudraḥ paśūn iva |
ājahāra ca[38] lokeṣu *kīrtiṃ*[39] kīrtimatāṃ varaḥ ||43|
tataḥ śakāṃś ca yavanān[40] kāmbojān pāradāṃs tathā |
pahnavāṃś[41] caiva niḥśeṣān kartuṃ vyavasito nṛpaḥ ||44|
te vadhyamānā vīreṇa sagareṇa mahātmanā |
vasiṣṭhaṃ śaraṇaṃ gatvā praṇipetur manīṣiṇam ||45|
vasiṣṭhas tv atha tān dṛṣṭvā samayena mahādyutiḥ |
sagaraṃ vārayām āsa teṣāṃ dattvābhayaṃ tadā ||46|
sagaraḥ svāṃ[42] pratijñāṃ tu guror vākyaṃ niśamya ca |
dharmaṃ jaghāna teṣāṃ *vai*[43] veṣān anyāṃś cakāra ha ||47|

27 C haihayāḥ kāla- **28** ABV nṛpāḥ **29** CV nātyarthaṃ **30** V jajñe **31** V pahlavānāṃ **32** V saha gareṇaiva sa vane samajāyata **33** V sarvaṃ **34** V rāṣṭram **35** V pahlavās **36** B adhyarohata **37** V saha cyutaḥ **38** B lebhe sadā sa **39** BV yaśaḥ **40** B tadā sa yavanān rājā **41** V pahlavāṃś **42** BV sagaras tāṃ **43** V ca

ardhaṃ śakānāṃ śiraso muṇḍayitvā vyasarjayat |
yavanānāṃ śiraḥ sarvaṃ kāmbojānāṃ tathaiva ca ||48|
pāradā muktakeśāś ca *pahnavāñ*[44] śmaśrudhāriṇaḥ |
niḥsvādhyāyavaṣaṭkārāḥ kṛtās tena mahātmanā ||49|
śakā yavanakāmbojāḥ pāradāś ca dvijottamāḥ |
koṇisarpā māhiṣakā[45] *darvāś colāḥ*[46] sakeralāḥ ||50|
sarve te kṣatriyā viprā dharmas teṣāṃ nirākṛtaḥ |
vasiṣṭhavacanād rājñā *sagareṇa*[47] mahātmanā ||51|
sa dharmavijayī rājā vijityemāṃ vasuṃdharām |
aśvaṃ pracārayām āsa vājimedhāya dīkṣitaḥ ||52|
tasya cārayataḥ so 'śvaḥ samudre pūrvadakṣiṇe |
velāsamīpe 'pahṛto bhūmiṃ caiva praveśitaḥ ||53|
sa taṃ deśaṃ tadā putraiḥ khānayām āsa pārthivaḥ |
āsedus te tadā tatra khanyamāne mahārṇave ||54|
tam ādipuruṣaṃ devaṃ hariṃ kṛṣṇaṃ prajāpatim |
viṣṇuṃ kapilarūpeṇa *svapantaṃ*[48] puruṣaṃ tadā ||55|
tasya cakṣuḥsamutthena tejasā pratibudhyataḥ |
dagdhāḥ sarve muniśreṣṭhāś catvāras tv avaśeṣitāḥ ||56|
barhi-[49]ketuḥ suketuś ca tathā *dharmaratho*[50] nṛpaḥ |
śūraḥ[51] pañca-*nadaś*[52] caiva tasya vaṃśa-*karā nṛpāḥ*[53] ||57|
prādāc ca tasmai bhagavān harir nārāyaṇo varam |
akṣayaṃ vaṃśam ikṣvākoḥ kīrtiṃ cāpy anivartinīm ||58|
putraṃ samudraṃ ca vibhuḥ svarge vāsaṃ tathākṣayam |
samudraś cārgham ādāya vavande taṃ mahīpatim ||59|
sāgaratvaṃ ca lebhe sa karmaṇā tena tasya ha |
taṃ cāśvamedhikaṃ so 'śvaṃ samudrād upalabdhavān ||60|
ājahārāśvamedhānāṃ śataṃ sa *sumahātapāḥ*[54] |
putrāṇāṃ ca sahasrāṇi ṣaṣṭis tasyeti naḥ śrutam ||61|
munaya ūcuḥ:
sagarasyātmajā vīrāḥ kathaṃ jātā mahābalāḥ |
vikrāntāḥ ṣaṣṭisāhasrā vidhinā kena *sattama*[55] ||62|
lomaharṣaṇa uvāca:
dve bhārye sagarasyāstāṃ tapasā dagdhakilbiṣe |
jyeṣṭhā vidarbhaduhitā keśinī nāma nāmataḥ ||63|
kanīyasī tu mahatī patnī paramadharmiṇī |
ariṣṭanemiduhitā rūpeṇāpratimā bhuvi ||64|
aurvas tābhyāṃ varaṃ prādāt tad budhyadhvaṃ dvijottamāḥ |
ṣaṣṭiṃ putrasahasrāṇi gṛhṇātv ekā *nitambinī*[56] ||65|
ekaṃ vaṃśadharaṃ tv ekā yatheṣṭaṃ varayatv iti |
tatraikā jagṛhe *putrān ṣaṣṭisāhasrasaṃmitān*[57] ||66|

44 V pahlavāḥ **45** A kelisargā mahāṣīkā B kelasarpā māhiṣadā V kālasarpā māhiṣakā **46** A aurvāś cauḍāḥ B dvāśvolāś ca V daryāś colāḥ **47** AB kṛtāstreṇa **48** AB svayaṃbhūṃ **49** BC barha- **50** A barhiratho B bārhadratho **51** BC kharaḥ **52** A -janaś **53** B -karo 'bhavat **54** ABV tu mahāyaśāḥ **55** ABV sūtaja **56** BV tapasvinī C tarasvinī **57** C putrāṃl labdhāñ śūrān bahūṃs tathā

ekaṃ vaṃśadharaṃ tv ekā tathety āha tato muniḥ |
[[58]keśiny asūta sagarād asamañjasam ātmajam |]
rājā pañcajano nāma babhūva sa mahādyutiḥ ||67|
itarā suṣuve tumbīṃ bījapūrṇām iti śrutiḥ |
tatra ṣaṣṭisahasrāṇi garbhās te tilasaṃmitāḥ ||68|
saṃbabhūvur yathākālaṃ vavṛdhuś ca yathāsukham |
ghṛtapūrṇeṣu kumbheṣu tān garbhān nidadhe tataḥ ||69|
dhātrīś caikaikaśaḥ prādāt tāvatīḥ poṣaṇe nṛpaḥ |
tato *daśasu māseṣu*[59] samuttasthur yathākramam ||70|
kumārās te yathākālaṃ sagaraprītivardhanāḥ |
[60]ṣaṣṭiputrasahasrāṇi tasyaivam abhavan dvijāḥ ||71|
garbhād *alābū-*[61]madhyād vai jātāni pṛthivīpateḥ |
teṣāṃ nārāyaṇaṃ tejaḥ praviṣṭānāṃ mahātmanām ||72|
ekaḥ pañcajano nāma putro rājā babhūva ha |
śūraḥ[62] pañcajanasyāsīd *aṃśumān*[63] nāma vīryavān ||73|
dilīpas tasya tanayaḥ khaṭvāṅga iti viśrutaḥ |
yena svargād ihāgatya muhūrtaṃ prāpya jīvitam ||74|
trayo[64] *'bhisaṃdhitā*[65] lokā buddhyā *satyena*[66] cānaghāḥ |
dilīpasya tu dāyādo mahā-*rājo*[67] bhagīrathaḥ ||75|
yaḥ sa gaṅgāṃ[68] saricchreṣṭhām avātārayata prabhuḥ |
samudram ānayac caināṃ *duhitṛtve 'py*[69] akalpayat ||76|
tasmād bhāgīrathī gaṅgā kathyate *vaṃśa-*[70]cintakaiḥ |
bhagīrathasuto rājā śruta ity abhiviśrutaḥ ||77|
nābhāgas tu śrutasyāsīt putraḥ *paramadhārmikaḥ*[71] |
ambarīṣas tu nābhāgiḥ sindhudvīpapitābhavat ||78|
ayutājit tu dāyādaḥ sindhudvīpasya vīryavān |
ayutājitsutas tv āsīd ṛtuparṇo mahāyaśāḥ ||79|
divyākṣahṛdayajño vai rājā nalasakho balī |
ṛtu-*parṇasutas tv āsīd*[72] ārtaparṇir mahāyaśāḥ ||80|
sudāsas tasya tanayo rājā indrasakho 'bhavat |
sudāsasya sutaḥ proktaḥ saudāso nāma pārthivaḥ ||81|
khyātaḥ kalmāṣapādo *vai rājā*[73] mitrasaho 'bhavat |
kalmāṣapādasya sutaḥ sarvakarmeti viśrutaḥ ||82|
anaraṇyas tu putro 'bhūd viśrutaḥ sarvakarmaṇaḥ |
anaraṇyasuto nighno nighnato dvau babhūvatuḥ ||83|
anamitro raghuś caiva pārthivarṣabhasattamau |
anamitrasuto rājā vidvān *duliduho*[74] 'bhavat ||84|
dilīpas *tanayas tasya*[75] rāmasya prapitāmahaḥ |
dīrghabāhur dilīpasya raghur nāmnā suto 'bhavat ||85|

58 V ins. **59** A 'tha daśame māse **60** A om. the following 3 lines. **61** V alābu- **62** BV sutaḥ **63** A vasumān **64** A tato **65** B 'bhivanditā **66** V sattvena **67** C -ratho **68** A svargāt sa tu **69** V duhitṛtvam **70** A dharma- **71** V paramādhārmikaḥ **72** B -parṇasutasya tasyāsīd **73** C 'bhūn nāmnā **74** A duhitṛho **75** V tasya putro 'bhūd

ayodhyāyāṃ mahārājo *yaḥ purāsīn*[76] mahābalaḥ |
ajas tu rāghavo jajñe *tathā*[77] daśaratho *'py ajāt*[78] ||86|
rāmo daśarathāj jajñe dharmātmā sumahāyaśāḥ |
rāmasya tanayo jajñe kuśa ity *abhisaṃjñitaḥ*[79] ||87|
atithis tu kuśāj jajñe dharmātmā sumahāyaśāḥ |
atithes tv abhavat putro niṣadho nāma vīryavān ||88|
niṣadhasya nalaḥ putro nabhaḥ putro nalasya *ca*[80] |
nabhasya[81] puṇḍarīkas tu kṣemadhanvā tataḥ smṛtaḥ ||89|
kṣemadhanvasutas tv āsīd devānīkaḥ pratāpavān |
āsīd ahīnagur nāma devānīkātmajaḥ prabhuḥ ||90|
ahīnagos tu dāyādaḥ sudhanvā nāma pārthivaḥ |
sudhanvanaḥ sutaś cāpi tato jajñe śalo nṛpaḥ ||91|
ukyo nāma sa dharmātmā śalaputro babhūva ha |
vajranābhaḥ sutas tasya nalas tasya mahātmanaḥ ||92|
nalau dvāv eva vikhyātau purāṇe munisattamāḥ |
vīrasenātmajaś caiva yaś cekṣvākukulodvahaḥ ||93|
ikṣvākuvaṃśaprabhavāḥ prādhānyena prakīrtitāḥ |
ete vivasvato vaṃśe rājāno bhūritejasaḥ ||94|
paṭhan samyag imāṃ sṛṣṭim ādityasya vivasvataḥ |
śrāddhadevasya *devasya*[82] prajānāṃ puṣṭidasya ca |
prajāvān eti *sāyujyam ādityasya*[83] vivasvataḥ ||95|

iti śrīmahāpurāṇe brāhma ādityavaṃśānukīrtanaṃ nāmāṣṭamo 'dhyāyaḥ

lomaharṣaṇa uvāca:
pitā somasya bho viprā jajñe 'trir bhagavān ṛṣiḥ |
brahmaṇo mānasāt pūrvaṃ prajāsargaṃ vidhitsataḥ ||9.1|
anuttaraṃ nāma tapo yena taptaṃ *hi tat*[1] purā |
trīṇi varṣasahasrāṇi divyānīti hi naḥ śrutam ||2|
ūrdhvam ācakrame tasya retaḥ somatvam īyivat |
netrābhyāṃ vāri susrāva daśadhā dyotayan diśaḥ ||3|
taṃ garbhaṃ *vidhinādiṣṭā*[2] daśa devyo dadhus tataḥ |
sametya dhārayām āsur na ca tāḥ samaśaknuvan ||4|
yadā na dhāraṇe śaktās *tasya*[3] garbhasya *tā diśaḥ*[4] |
tatas tābhiḥ *sa tyaktas tu*[5] nipapāta vasuṃdharām ||5|
patitaṃ somam ālokya brahmā lokapitāmahaḥ |
ratham āropayām āsa lokānāṃ hitakāmyayā ||6|
tasmin nipatite *devāḥ*[6] putre 'treḥ *paramātmani*[7] |
tuṣṭuvur brahmaṇaḥ putrās *tathānye*[8] munisattamāḥ ||7|

76 BV raghur āsīn **77** BV tasmād **78** BV 'bhavat **79** V abhiviśrutaḥ **80** V tu **81** B nabhasaḥ **82** B vīrasya **83** V sālokyam āpnuyāc ca **1** BV mahat **2** V vidhinā hṛṣṭā **3** BV tā **4** BV diśo daśa **5** CV sahaivāśu **6** B deve **7** BV sumahātmanaḥ **8** B tathā te

tasya saṃstūyamānasya tejaḥ somasya bhāsvataḥ |
āpyāyanāya lokānāṃ bhāvayām āsa sarvataḥ ||8|
sa tena rathamukhyena sāgarāntāṃ vasuṃdharām |
triḥsaptakṛtvo 'tiyaśāś cakārābhipradakṣiṇām ||9|
tasya *yac caritaṃ*[9] tejaḥ *pṛthivīm anvapadyata*[10] |
oṣadhyas tāḥ samudbhūtā yābhiḥ saṃdhāryate jagat ||10|
sa labdhatejā bhagavān *saṃstavaiś ca svakarmabhiḥ*[11] |
tapas tepe mahābhāgaḥ padmānāṃ *darśanāya saḥ*[12] ||11|
tatas tasmai dadau rājyaṃ brahmā brahmavidāṃ varaḥ |
bījauṣadhīnāṃ *viprāṇām apāṃ ca*[13] munisattamāḥ ||12|
sa tat prāpya mahārājyaṃ somaḥ saumyavatāṃ varaḥ |
samājahre rājasūyaṃ sahasraśatadakṣiṇam ||13|
dakṣiṇām adadāt somas trīṃl lokān iti naḥ śrutam |
tebhyo brahmarṣimukhyebhyaḥ sadasyebhyaś ca bho dvijāḥ ||14|
hiraṇyagarbho brahmātrir bhṛguś ca ṛtvijo *'bhavat*[14] |
sadasyo 'bhūd dharis tatra munibhir bahubhir vṛtaḥ ||15|
taṃ sinīś ca[15] kuhūś caiva dyutiḥ puṣṭiḥ prabhā vasuḥ |
kīrtir dhṛtiś ca lakṣmīś ca nava devyaḥ siṣevire ||16|
[16]prāpyāvabhṛtham *apy agryaṃ*[17] sarvadevarṣipūjitaḥ |
virarājādhirājendro daśadhā bhāsayan diśaḥ ||17|
tasya tat prāpya duṣprāpyam aiśvaryam ṛṣisatkṛtam |
vibabhrāma matis tātāvinayād anayāhṛtā ||18|
bṛhaspateḥ sa vai bhāryām aiśvaryamadamohitaḥ |
jahāra tarasā somo vimatyāṅgirasaḥ sutam ||19|
sa yācyamāno devaiś ca *tathā*[18] *devarṣibhir muhuḥ*[19] |
naiva vyasarjayat tārāṃ *tasmā aṅgirase*[20] tadā ||20|
uśanā tasya jagrāha pārṣṇim *aṅgirasas tadā*[21] |
rudraś ca pārṣṇiṃ jagrāha gṛhītvājagavaṃ dhanuḥ ||21|
tena brahmaśiro nāma paramāstraṃ mahātmanā |
uddiśya devān utsṛṣṭaṃ *yenaiṣāṃ nāśitaṃ yaśaḥ*[22] ||22|
tatra tad yuddham abhavat prakhyātaṃ tārakāmayam |
[23]devānāṃ dānavānāṃ ca lokakṣayakaraṃ mahat ||23|
[24]tatra śiṣṭās tu ye devās tuṣitāś caiva ye dvijāḥ |
brahmāṇaṃ śaraṇaṃ jagmur ādidevaṃ sanātanam ||24|
tadā nivāryośanasaṃ taṃ vai rudraṃ ca śaṃkaram |
dadāv aṅgirase tārāṃ svayam eva pitāmahaḥ ||25|
tām antaḥprasavāṃ dṛṣṭvā kruddhaḥ prāha bṛhaspatiḥ |
madīyāyāṃ na te yonau garbho dhāryaḥ kathaṃcana ||26|

9 AV yat srāvitaṃ **10** BV pṛthivīṃ samapadyata **11** V saṃstavais taiś ca karmabhiḥ **12** CV daśatīr daśa **13** A rājānāṃ nirmame **14** V 'bhavan **15** V sinīvālī **16** AC om. the following 4 lines. **17** V avyagraḥ **18** C tadā **19** AC devarṣibhiḥ saha **20** B tasyaivāṅgirase V tasmai cāṅgirase **21** V āṅgirasasya ha **22** B teṣāṃ nāśāya śaṃbhunā **23** B om. the following 3 lines. **24** C om. the following 2 lines.

iṣīkāstambam āsādya garbhaṃ sā cotsasarja ha |
jātamātraḥ sa bhagavān devānām ākṣipad vapuḥ ||27|
tataḥ saṃśayam āpannās tārām ūcuḥ surottamāḥ |
satyaṃ brūhi sutaḥ kasya somasyātha bṛhaspateḥ ||28|
pṛcchyamānā yadā devair nāha sā vibudhān kila |
tadā tāṃ śaptum ārabdhaḥ kumāro *dasyuhantamaḥ*[25] ||29|
taṃ nivārya *tato*[26] brahmā tārāṃ papraccha saṃśayam |
yad atra tathyaṃ tad brūhi tāre kasya sutas tv ayam ||30|
uvāca prāñjaliḥ sā taṃ somasyeti pitāmaham |
tadā taṃ mūrdhni cāghrāya somo rājā *sutaṃ prati*[27] ||31|
budha ity akaron nāma tasya bālasya dhīmataḥ |
pratikūlaṃ ca gagane samabhyuttiṣṭhate budhaḥ ||32|
utpādayām āsa tadā putraṃ *vairājaputrikam*[28] |
tasyāpatyaṃ mahātejā babhūvailaḥ purūravāḥ ||33|
urvaśyāṃ jajñire yasya putrāḥ sapta mahātmanaḥ |
etat somasya vo janma kīrtitaṃ kīrtivardhanam ||34|
vaṃśam asya muniśreṣṭhāḥ kīrtyamānaṃ nibodhata |
dhanyam āyuṣyam ārogyaṃ puṇyaṃ saṃkalpa-*sādhanam*[29] ||35|
somasya janma śrutvaiva pāpebhyo vipramucyate ||36|

iti śrīmahāpurāṇe brāhme somotpattikathanaṃ nāma navamo 'dhyāyaḥ

lomaharṣaṇa uvāca:
budhasya tu muniśreṣṭhā vidvān putraḥ purūravāḥ |
tejasvī dānaśīlaś ca yajvā vipuladakṣiṇaḥ ||10.1|
brahmavādī parākrāntaḥ *śatrubhir*[1] yudhi *durdamaḥ*[2] |
āhartā cāgnihotrasya *yajñānāṃ*[3] ca mahīpatiḥ ||2|
satyavādī puṇyamatiḥ *samyaksaṃvṛta*-[4]maithunaḥ |
atīva triṣu lokeṣu yaśasā-*pratimaḥ sadā*[5] ||3|
taṃ brahmavādinaṃ śāntaṃ dharmajñaṃ satyavādinam[6] |
urvaśī varayām āsa hitvā mānaṃ *yaśasvinī*[7] ||4|
tayā sahāvasad rājā daśa varṣāṇi pañca ca |
ṣaṭ pañca[8] sapta *cāṣṭau*[9] ca *daśa cāṣṭau ca*[10] bho dvijāḥ ||5|
vane caitrarathe ramye *tathā*[11] mandākinītaṭe |
alakāyāṃ viśālāyāṃ nandane ca vanottame ||6|
uttarān sa kurūn prāpya mano-*rama*-[12]phaladrumān |
gandhamādanapādeṣu meru-*śṛṅge tathottare*[13] ||7|

25 AB munisattamāḥ **26** V tadā **27** ACV prajāpatiḥ **28** B vairājaputrikaḥ V vai rājaputrikām **29** V -sādhakam **1** B śatrūṇāṃ **2** B durjayaḥ **3** B subhaktyā **4** A samyagnibhṛta- **5** A -pratimo yuddhi **6** BV viśvaṃ hi brahmatapasā tadā tasmin samarpitam **7** B yaśasvinīṃ **8** BV pañca ṣaṭ **9** B vāṣṭau **10** B daśa vāṣṭau ca V urvaśyā saha **11** A deśe BV tadā **12** C -ratha- **13** A -pṛṣṭhāntareṣu ca V -pṛṣṭhe tathottare

eteṣu vanamukhyeṣu surair ācariteṣu ca |
urvaśyā sahito rājā reme paramayā mudā ||8|
deśe puṇyatame caiva maharṣibhir abhiṣṭute |
rājyaṃ sa kārayām āsa prayāge pṛthivīpatiḥ ||9|
evaṃprabhāvo rājāsīd ailas tu narasattamaḥ |
[14]uttare jāhnavītīre pratiṣṭhāne mahāyaśāḥ ||10|
[15]lomaharṣaṇa uvāca:
ailaputrā babhūvus te *sapta*[16] devasutopamāḥ |
gandharvaloke viditā[17] āyur dhīmān *amā-*[18]vasuḥ ||11|
viśvāyuś caiva *dharmātmā śrutāyuś*[19] ca tathāparaḥ |
dṛḍhāyuś ca vanāyuś ca *bahvāyuś corvaśī-*[20]sutāḥ ||12|
amāvasos tu dāyādo bhīmo *rājātha*[21]rājarāṭ |
śrīmān bhīmasya dāyādo rājāsīt kāñcana-*prabhaḥ*[22] ||13|
vidvāṃs tu kāñcanasyāpi suhotro 'bhūn mahābalaḥ |
suhotrasyābhavaj jahnuḥ[23] *keśinyā garbhasaṃbhavaḥ*[24] ||14|
ājahre yo mahat sattraṃ *sarpamedhaṃ*[25] mahāmakham |
patilobhena yaṃ gaṅgā patitvena sasāra ha ||15|
necchataḥ plāvayām āsa tasya gaṅgā *tadā sadaḥ*[26] |
sa tayā plāvitaṃ dṛṣṭvā yajñavāṭaṃ samantataḥ ||16|
sauhotrir *aśapad*[27] gaṅgāṃ kruddho rājā dvijottamāḥ |
eṣa te *viphalaṃ yatnaṃ*[28] *pibann ambhaḥ karomy*[29] aham ||17|
asya gaṅge *'valepasya*[30] sadyaḥ phalam avāpnuhi |
jahnurājarṣiṇā[31] pītāṃ gaṅgāṃ dṛṣṭvā maharṣayaḥ ||18|
upaninyur mahā-*bhāgāṃ*[32] duhitṛtvena jāhnavīm |
yuvanāśvasya putrīṃ tu kāverīṃ jahnur āvahat ||19|
yuvanāśvasya śāpena gaṅgārdhena[33] *vinirgatā*[34] |
kāverīṃ saritāṃ śreṣṭhāṃ jahnor bhāryām aninditām ||20|
jahnus tu dayitaṃ putraṃ *sunadyaṃ*[35] nāma dhārmikam |
kāveryāṃ janayām āsa *ajakas*[36] tasya cātmajaḥ ||21|
ajakasya[37] tu dāyādo balākāśvo mahīpatiḥ |
babhūva mṛgayāśīlaḥ kuśas tasyātmajo 'bhavat ||22|
kuśaputrā babhūvur hi catvāro devavarcasaḥ |
kuśikaḥ kuśanābhaś ca *kuśāmbo*[38] mūrtimāṃs tathā ||23|
ballavaiḥ saha saṃvṛddho[39] rājā vana-*caraḥ sadā*[40] |
kuśikas tu tapas tepe putram indrasamaṃ *prabhuḥ*[41] ||24|

14 B om. **15** V om. **16** A sarve B smara- **17** BV divi jātā mahātmāna **18** B vibhā- **19** A dharmāyur anāyuś **20** A sarve caivorvaśī- B sutāyuś corvaśī- **21** A rājā sa B rājādhi- **22** C -prabhuḥ **23** B suhotrasyābhavat putro V sauhotrir abhavaj jahnuḥ **24** B jahnur vai nāma nāmataḥ **25** B pūrvam eva **26** C ca tatsadaḥ **27** A avadad **28** A triṣu lokeṣu C viphalaṃ janma **29** A saṃkṣipyāpaḥ pibāmy **30** B 'nayasyāpi **31** V rājarṣiṇā tataḥ **32** AB -bhāgā **33** A gaṅgāśāpena dehārdhaṃ nadīṃ paścād **34** A vinirmame C vinirmite **35** A mahāntaṃ V sunandaṃ **36** A añjakas **37** A añjakasya **38** B kuśāśvān C kuśāśvo **39** BV pahlavaiḥ sa nirākrāmad **40** V -caras tadā **41** BV prabhum

labheyam iti taṃ śakras trāsād abhyetya jajñivān |
pūrṇe varṣasahasre vai[42] tataḥ śakro hy apaśyata ||25|
atyugra-*tapasaṃ*[43] dṛṣṭvā sahasrākṣaḥ puraṃdaraḥ |
sam-*arthaḥ*[44] putrajanane svayam *evāsya śāśvataḥ*[45] ||26|
putrārthaṃ[46] kalpayām āsa devendraḥ surasattamaḥ |
sa gādhir abhavad rājā maghavān kauśikaḥ svayam ||27|
paurā yasyābhavad[47] bhāryā gādhis tasyām ajāyata |
gādheḥ kanyā mahābhāgā nāmnā satyavatī śubhā ||28|
tāṃ gādhiḥ kāvyaputrāya ṛcīkāya dadau prabhuḥ |
tasyāḥ prītaḥ sa vai bhartā bhārgavo bhṛgunandanaḥ ||29|
putrārthaṃ sādhayām āsa caruṃ gādhes tathaiva ca |
uvācāhūya tāṃ bhāryām ṛcīko bhārgavas tadā ||30|
upayojyaś carur ayaṃ tvayā mātrā *svayaṃ śubhe*[48] |
tasyāṃ janiṣyate putro dīptimān kṣatriyarṣabhaḥ ||31|
[49]ajeyaḥ kṣatriyair loke kṣatriyarṣabhasūdanaḥ |
tavāpi putraṃ kalyāṇi dhṛtimantaṃ tapodhanam ||32|
śamātmakaṃ dvijaśreṣṭhaṃ carur eṣa vidhāsyati |
evam uktvā tu tāṃ bhāryām ṛcīko bhṛgunandanaḥ ||33|
tapasy abhirato nityam araṇyaṃ praviveśa ha |
gādhiḥ sadāras tu tadā ṛcīkāśramam *abhyagāt*[50] ||34|
tīrthayātrāprasaṅgena sutāṃ draṣṭuṃ nareśvaraḥ |
carudvayaṃ gṛhītvā[51] *sā*[52] ṛṣeḥ satyavatī tadā ||35|
carum ādāya yatnena[53] sā tu mātre nyavedayat |
mātā tu *tasyā daivena*[54] duhitre svaṃ caruṃ dadau ||36|
tasyāś carum athā-*jñānād*[55] ātmasaṃsthaṃ cakāra ha |
atha satyavatī *sarvaṃ*[56] kṣatriyāntakaraṃ tadā ||37|
dhārayām āsa dīptena vapuṣā ghoradarśanā |
tām ṛcīkas tato dṛṣṭvā *yogenābhyupasṛtya*[57] ca ||38|
tato 'bravīd dvijaśreṣṭhaḥ svāṃ bhāryāṃ varavarṇinīm |
mātrāsi vañcitā bhadre caruvyatyāsahetunā ||39|
janayiṣyati[58] hi putras te krūrakarmātidāruṇaḥ |
bhrātā janiṣyate cāpi brahmabhūtas tapodhanaḥ ||40|
viśvaṃ hi *brahma tapasā*[59] mayā tasmin samarpitam |
evam uktā mahābhāgā bhartrā satyavatī tadā ||41|
prasādayām āsa patiṃ putro me nedṛśo bhavet |
brāhmaṇāpasadas tvatta ity ukto munir abravīt ||42|
[60]ṛcīka uvāca:
naiṣa[61] saṃkalpitaḥ kāmo mayā bhadre tathāstv iti |
ugrakarmā bhavet putraḥ pitur mātuś ca kāraṇāt ||43|

42 B pūrṇair varṣasahasrais tu **43** V -tāpasaṃ **44** V -arthaṃ **45** V evānvapadyata **46** V putratvaṃ **47** A paurakutsābhavad V paurukutsā ca tad- **48** V tv ayaṃ tava **49** C om. **50** B abhyayāt **51** A cāruṃ viprā gṛhītaṃ **52** A tam V tu **53** A viparyayāt tadā taṃ vai **54** ABV tadabhedena **55** A -jñātvā **56** V garbhaṃ **57** V yogenābhyanusṛtya **58** V bhaviṣyati **59** BV tapasā brahma **60** V. om. **61** A na sa

punaḥ satyavatī vākyam evam uktvābravīd idam |
icchaṃl lokān api mune sṛjethāḥ kiṃ punaḥ sutam ||44|
śamātmakam ṛjuṃ tvaṃ me putraṃ dātum ihārhasi |
kāmam evaṃvidhaḥ *pautro*[62] mama syāt tava ca prabho ||45|
yady anyathā na śakyaṃ vai kartum etad dvijottama |
tataḥ prasādam akarot sa tasyās tapaso balāt ||46|
putre[63] nāsti viśeṣo me pautre vā varavarṇini |
tvayā yathoktaṃ vacanaṃ tathā bhadre bhaviṣyati ||47|
tataḥ satyavatī putraṃ janayām āsa bhārgavam |
tapasy abhirataṃ dāntaṃ jamadagniṃ *samātmakam*[64] ||48|
bhṛgor jagatyāṃ vaṃśe 'smiñ[65] [[66]*raudravaiṣṇavayoḥ*[67] purā |]
[[68]yajanād *vaiṣṇave cāṃśo*[69]] jamadagnir ajāyata |
sā hi satyavatī puṇyā satyadharmaparāyaṇā ||49|
kauśikīti samākhyātā pravṛtteyaṃ mahānadī |
ikṣvākuvaṃśaprabhavo reṇur nāma narādhipaḥ ||50|
tasya kanyā mahābhāgā kāmalī nāma reṇukā |
reṇukāyāṃ tu kāmalyāṃ tapovidyāsamanvitaḥ ||51|
ārcīko janayām āsa jāmadagnyaṃ sudāruṇam |
sarva-*vidyāntagaṃ*[70] śreṣṭhaṃ dhanurvedasya pāragam ||52|
rāmaṃ kṣatriyahantāraṃ pradīptam iva pāvakam |
aurvasyaivam[71] ṛcīkasya satyavatyāṃ mahāyaśāḥ ||53|
jamadagnis tapovīryāj jajñe brahmavidāṃ varaḥ |
madhyamaś ca śunaḥśephaḥ śunaḥpucchaḥ kaniṣṭhakaḥ ||54|
viśvāmitraṃ tu dāyādaṃ gādhiḥ kuśikanandanaḥ |
janayām āsa putraṃ tu tapovidyā-*śamātmakam*[72] ||55|
prāpya brahmarṣisamatāṃ yo 'yaṃ brahmarṣitāṃ gataḥ |
viśvāmitras tu dharmātmā nāmnā viśvarathaḥ smṛtaḥ ||56|
jajñe bhṛguprasādena kauśikād vaṃśavardhanaḥ |
viśvāmitrasya ca sutā devarātādayaḥ smṛtāḥ ||57|
prakhyātās triṣu lokeṣu teṣāṃ nāmāny *ataḥparam*[73] |
devarātaḥ katiś caiva yasmāt kātyāyanāḥ smṛtāḥ ||58|
śālāvatyāṃ hiraṇyākṣo reṇur jajñe 'tha reṇukaḥ |
sāṃkṛtir gālavaś caiva mudgalaś caiva viśrutaḥ ||59|
madhucchando jayaś caiva devalaś ca tathāṣṭakaḥ |
kacchapo hāritaś caiva viśvāmitrasya te sutāḥ ||60|
teṣāṃ khyātāni[74] gotrāṇi kauśikānāṃ mahātmanām |
pāṇino[75] babhravaś caiva dhyānajapyās tathaiva ca ||61|
pārthivā devarātāś ca śālaṅkāyanabāṣkalāḥ |
lohitā yamadūtāś ca tathā kārūṣakāḥ[76] smṛtāḥ ||62|

62 C putro **63** AB bhadre **64** V śamātmakam **65** AC bhṛgoś cāruviparyāse V bhṛgoś caruviparyāsa **66** CV ins. **67** V aindravaiṣṇavayoḥ **68** CV ins. **69** V vaiṣṇavārdhāṃśe **70** AB -vidyānuga- **71** B aurvasyaiva **72** B -samanvitam **73** V ataḥ param **74** A teṣām ākhyāmi **75** V prāṇino **76** A lohitāyanahārītāv aṣṭakād yājanāḥ C lohitā yāmabhūtāś ca tathā kārīkayaḥ

[[77]sauśravāḥ kauśikāś caiva tathānye saindhavāyanāḥ |
devalā reṇavaś caiva yājñavalkyāc ca marṣaṇaḥ |
audumbarāmbubhiṣṇāvās tārakāyaṇacuñculāḥ |
śālavatyā hiraṇyākṣāḥ sāṃkṛtyā gālavās tathā |
nārāyaṇir naraś cānyo viśvāmitrasya dhīmataḥ |
ṛṣyantaravirāntāś ca kauśikā bahavaḥ smṛtāḥ |]
pauravasya muniśreṣṭhā brahmarṣeḥ kauśikasya ca |
saṃbandho 'py asya vaṃśe 'smin brahmakṣatrasya viśrutaḥ ||63|
viśvāmitrātmajānāṃ tu śunaḥśepho 'grajaḥ smṛtaḥ |
bhārgavaḥ kauśikatvaṃ hi prāptaḥ sa munisattamaḥ ||64|
viśvāmitrasya putras tu śunaḥśepho 'bhavat kila |
haridaśvasya[78] yajñe tu paśutve viniyojitaḥ ||65|
devair dattaḥ śunaḥśepho viśvāmitrāya vai punaḥ |
devair dattaḥ sa vai yasmād devarātas tato 'bhavat ||66|
devarātādayaḥ sapta viśvāmitrasya vai sutāḥ |
dṛṣadvatīsutaś cāpi *vaiśvāmitras tathāṣṭakaḥ*[79] ||67|
aṣṭakasya suto *lauhiḥ*[80] prokto jahnugaṇo mayā |
ata ūrdhvaṃ pravakṣyāmi vaṃśam āyor mahātmanaḥ ||68|

iti śrīmahāpurāṇe ādibrāhme somavaṃśe amāvasuvaṃśānukīrtanaṃ nāma daśamo 'dhyāyaḥ

lomaharṣaṇa uvāca:
āyoḥ putrāś ca te pañca sarve *vīrā*[1] mahārathāḥ |
svarbhānutanayāyāṃ ca prabhāyāṃ jajñire nṛpāḥ ||11.1|
nahuṣaḥ prathamaṃ jajñe vṛddhaśarmā tataḥ param |
rambho rajir anenāś ca triṣu lokeṣu *viśrutāḥ*[2] ||2|
rajiḥ putraśatānīha janayām āsa pañca vai |
rājeyam iti vikhyātaṃ kṣatram indrabhayāvaham ||3|
yatra daivāsure yuddhe samutpanne *su-*[3]dāruṇe |
devāś caivāsurāś caiva pitāmaham athābruvan ||4|
devāsurā ūcuḥ:[4]
āvayor bhagavan yuddhe ko vijetā bhaviṣyati |
brūhi naḥ sarvabhūteśa śrotum icchāma tattvataḥ ||5|
brahmovāca:
yeṣām arthāya saṃgrāme rajir āttāyudhaḥ prabhuḥ |
yotsyate te vijeṣyanti trīṃl lokān nātra saṃśayaḥ ||6|
yato rajir dhṛtis tatra śrīś ca tatra yato dhṛtiḥ |
yato dhṛtiś ca śrīś caiva dharmas tatra jayas tathā ||7|
te devā dānavāḥ prītā devenoktā rajiṃ tadā |
abhyayur jayam icchanto vṛṇvānās taṃ nararṣabham ||8|

77 CV ins. **78** V hariścandrasya **79** A viśvāmitrād athāṣṭakaḥ **80** AB lohiḥ **1** A viprā
2 V viśrutaḥ **3** V tu **4** V devāsurāv ūcatuḥ:

sa hi svarbhānudauhitraḥ prabhāyāṃ samapadyata |
rājā paramatejasvī somavaṃśavivardhanaḥ ||9|
te hṛṣṭamanasaḥ sarve rajiṃ vai devadānavāḥ |
ūcur asmajjayāya tvaṃ gṛhāṇa varakārmukam ||10|
athovāca rajis tatra tayor vai devadaityayoḥ |
arthajñaḥ svārtham uddiśya yaśaḥ svaṃ ca prakāśayan ||11|
rajir uvāca:
yadi daityagaṇān sarvāñ *jitvā*[5] vīryeṇa *vāsavaḥ*[6] |
indro bhavāmi dharmeṇa tato yotsyāmi saṃyuge ||12|
devāḥ prathamato viprāḥ pratīyur hṛṣṭamānasāḥ |
evaṃ yatheṣṭaṃ nṛpate kāmaḥ saṃpadyatāṃ tava ||13|
śrutvā suragaṇānāṃ tu vākyaṃ rājā rajis tadā |
papracchāsuramukhyāṃs tu yathā devān apṛcchata ||14|
dānavā darpasaṃpūrṇāḥ svārtham evāvagamya ha |
pratyūcus taṃ nṛpavaraṃ sābhimānam idaṃ vacaḥ ||15|
dānavā ūcuḥ:
asmākam indraḥ prahrādo yasyārthe vijayāmahe |
asmiṃs tu samare rājaṃs tiṣṭha tvaṃ rājasattama ||16|
sa tatheti bruvann eva devair apy aticoditaḥ |
bhaviṣyasīndro jitvainaṃ devair uktas tu pārthivaḥ ||17|
jaghāna dānavān sarvān ye 'vadhyā vajrapāṇinaḥ |
sa vipranaṣṭāṃ devānāṃ paramaśrīḥ śriyaṃ vaśī ||18|
nihatya dānavān sarvān ājahāra rajiḥ prabhuḥ |
tato rajiṃ mahāvīryaṃ devaiḥ saha śatakratuḥ ||19|
rajiputro 'ham ity uktvā punar evābravīd vacaḥ |
indro 'si *tāta*[7] devānāṃ sarveṣāṃ nātra saṃśayaḥ ||20|
yasyāham indraḥ putras te khyātiṃ yāsyāmi karmabhiḥ |
sa tu śakravacaḥ śrutvā vañcitas tena māyayā ||21|
tathaivety abravīd rājā prīyamāṇaḥ śatakratum |
tasmiṃs tu devaiḥ sadṛśo[8] divaṃ prāpte mahīpatau ||22|
dāyādyam indrād ājahrū rājyaṃ tattanayā rajeḥ |
pañca putraśatāny asya tad vai sthānaṃ śatakratoḥ ||23|
samākrāmanta bahudhā svargalokaṃ triviṣṭapam |
te yadā tu *svasaṃmūḍhā*[9] rāgonmattā vidharmiṇaḥ ||24|
brahmadviṣaś ca saṃvṛttā hatavīryaparākramāḥ |
tato lebhe svam aiśvaryam indraḥ sthānaṃ tathottamam ||25|
hatvā rajisutān sarvān kāmakrodhaparāyaṇān |
ya idaṃ cyāvanaṃ sthānāt pratiṣṭhānaṃ śatakratoḥ |
śṛṇuyād dhārayed vāpi na sa daurgatyam āpnuyāt ||26|
lomaharṣaṇa uvāca:
rambho 'napatyas tv āsīc ca vaṃśaṃ vakṣyāmy anenasaḥ |
anenasaḥ suto rājā prati-*kṣatro*[10] mahāyaśāḥ ||27|

5 B kṣiptvā **6** ASS corr. like V; V vāsava **7** A tāvad **8** V tatas tasmiṃs tu rājarṣau
9 B susaṃpuṣṭā V susaṃmūḍhā **10** C -kṣetro

prati-*kṣatra-*[11]sutaś cāsīt *saṃjayo*[12] nāma viśrutaḥ |
saṃjayasya[13] jayaḥ putro vijayas tasya cātmajaḥ ||28|
vijayasya kṛtiḥ putras tasya *haryatvataḥ*[14] sutaḥ |
haryatvata-[15]suto rājā sahadevaḥ pratāpavān ||29|
sahadevasya dharmātmā *nadīna*[16] iti viśrutaḥ |
nadīnasya[17] jayatseno jayatsenasya *saṃkṛtiḥ*[18] ||30|
saṃkṛter[19] api dharmātmā *kṣatravṛddho*[20] mahāyaśāḥ |
anenasaḥ *samākhyātāḥ*[21] kṣatravṛddhasya cāparaḥ ||31|
kṣatravṛddhātmajas tatra sunahotro mahāyaśāḥ |
sunahotrasya dāyādās trayaḥ paramadhārmikāḥ ||32|
kāśaḥ[22] *śalaś*[23] ca dvāv etau tathā gṛtsamadaḥ prabhuḥ |
putro gṛtsamadasyāpi śunako yasya śaunakaḥ ||33|
brāhmaṇāḥ kṣatriyāś caiva vaiśyāḥ śūdrās tathaiva ca |
śalātmaja ārṣṭiseṇas[24] tanayas tasya kāśyapaḥ ||34|
kāśasya[25] kāśipo rājā putro dīrgha-*tapās*[26] tathā |
dhanus[27] tu dīrgha-*tapaso*[28] vidvān dhanvantaris tataḥ ||35|
tapaso 'nte sumahato jāto vṛddhasya dhīmataḥ |
punar dhanvantarir devo mānuṣeṣv iha janmani ||36|
tasya gehe samutpanno devo dhanvantaris tadā |
kāśi-[29]rājo mahārājaḥ sarvarogapraṇāśanaḥ ||37|
āyurvedaṃ bharadvājāt prāpyeha sa bhiṣakkriyaḥ |
tam aṣṭadhā punar vyasya śiṣyebhyaḥ pratyapādayat ||38|
dhanvan-*tares tu tanayaḥ*[30] ketumān iti viśrutaḥ |
atha ketumataḥ putro vīro bhīmarathaḥ smṛtaḥ ||39|
putro bhīma-*rathasyāpi*[31] divodāsaḥ prajeśvaraḥ |
divodāsas tu dharmātmā vārāṇasyadhipo 'bhavat ||40|
etasminn eva kāle tu purīṃ vārāṇasīṃ dvijāḥ |
śūnyāṃ niveśayām āsa kṣemako nāma rākṣasaḥ ||41|
śaptā hi sā matimatā nikumbhena mahātmanā |
śūnyā varṣasahasraṃ vai bhavitrī tu na saṃśayaḥ ||42|
tasyāṃ hi śaptamātrāyāṃ divodāsaḥ prajeśvaraḥ |
viṣayānte purīṃ ramyāṃ gomatyāṃ saṃnyaveśayat ||43|
[32]bhadraśreṇyasya pūrvaṃ tu purī vārāṇasī [[33]hy] abhūt |
bhadraśreṇyasya putrāṇāṃ śatam uttamadhanvinām ||44|
hatvā niveśayām āsa divodāso narādhipaḥ |
bhadraśreṇyasya tad rājyaṃ hṛtaṃ yena balīyasā ||45|
bhadraśreṇyasya putras tu durdamo nāma viśrutaḥ |
divodāsena bāleti *ghṛṇayā sa*[34] visarjitaḥ ||46|

11 C -kṣetra- **12** ABV sṛñjayo **13** ABV sṛñjayasya **14** A haryaśvataḥ B haryaśvanaḥ **15** A haryaśvata- **16** A nadīja **17** A nadījasya **18** C saṃhṛtiḥ **19** C saṃhṛter **20** B kṛtavarmā **21** V samākhyātaḥ **22** V kāśyaḥ **23** V śallaś **24** C śalātmajaḥ parṣṇisenas V śallātmaja ārṣṭiṣeṇas **25** V kāśyasya **26** C -tamās **27** B dhanvas **28** C -tamaso **29** C maṇi- **30** A -tareḥ suto nagnaḥ **31** V -rathasyāsīd **32** AB om. **33** V ins. **34** V ghṛṇayāsau

haihayasya tu *dāyādyaṃ hṛtavān*[35] vai mahīpatiḥ |
ājahre pitṛdāyādyaṃ divodāsahṛtaṃ balāt ||47|
bhadraśreṇyasya putreṇa durdamena mahātmanā |
vairasyānto mahābhāgāḥ kṛtaś cātmīyatejasā ||48|
divodāsād dṛṣadvatyāṃ vīro jajñe pratardanaḥ |
tena bālena putreṇa prahṛtaṃ tu punar *balam*[36] ||49|
pratardanasya putrau dvau vatsa-*bhargau*[37] suviśrutau |
vatsaputro hy alarkas tu saṃnatis tasya cātmajaḥ[38] ||50|
alarkas tasya putras tu brahmaṇyaḥ satyasaṃgaraḥ |
alarkaṃ prati rājarṣiṃ śloko gītaḥ purātanaiḥ ||51|
ṣaṣṭir[39] varṣasahasrāṇi *ṣaṣṭir*[40]varṣaśatāni ca |
yuvā rūpeṇa saṃpannaḥ prāg āsīc ca kulodvahaḥ ||52|
lopāmudrāprasādena *paramāyur avāptavān*[41] |
tasyāsīt sumahad rājyaṃ rūpayauvanaśālinaḥ ||53|
śāpasyānte mahābāhur hatvā kṣemakarākṣasam |
ramyāṃ niveśayām āsa purīṃ vārāṇasīṃ punaḥ ||54|
saṃnater api dāyādaḥ sunītho nāma dhārmikaḥ |
sunīthasya tu dāyādaḥ kṣemo nāma mahāyaśāḥ ||55|
kṣemasya ketumān putraḥ suketus tasya cātmajaḥ |
suketos[42] tanayaś cāpi dharmaketur iti *smṛtaḥ*[43] ||56|
dharmaketos tu dāyādaḥ satyaketur mahārathaḥ |
satyaketusutaś cāpi vibhur nāma prajeśvaraḥ ||57|
ānartas tu[44] vibhoḥ putraḥ sukumāraś ca tatsutaḥ |
sukumārasya putras tu dhṛṣṭaketuḥ sudhārmikaḥ ||58|
dhṛṣṭaketos tu dāyādo veṇuhotraḥ prajeśvaraḥ |
veṇuhotrasutaś cāpi *bhārgo*[45] nāma prajeśvaraḥ ||59|
vatsasya vatsabhūmis tu *bhārgabhūmis*[46] tu *bhārgajaḥ*[47] |
ete tv aṅgirasaḥ putrā jātā vaṃśe 'tha *bhārgava*[48] ||60|
brāhmaṇāḥ kṣatriyā *vaiśyās*[49] *trayaḥ putrāḥ*[50] sahasraśaḥ |
ity ete kāśyapāḥ proktā nahuṣasya nibodhata ||61|

iti śrīmahāpurāṇe brāhme somavaṃśe vṛddhakṣatraprasūtinirūpaṇaṃ nāmaikādaśo 'dhyāyaḥ

lomaharṣaṇa uvāca:
utpannāḥ pitṛkanyāyāṃ virajāyāṃ mahaujasaḥ |
nahuṣasya tu dāyādāḥ ṣaḍ *indropamatejasaḥ*[1] ||12.1|
yatir yayātiḥ *saṃyātir*[2] [[3]āyātir yātir eva ca |]
[[4]suyātiḥ ṣaṣṭhas teṣāṃ vai |] *āyātiḥ pārśvako*[5] 'bhavat |
yatir jyeṣṭhas tu teṣāṃ vai yayātis tu tataḥ param ||2|

35 C dāyādān kṛtavān **36** V balāt **37** A -gaurau **38** BV śatrujid vatsaputro 'tha tasya putro ṛtadhvajaḥ **39** V ṣaṣṭi- **40** V ṣaṣṭi- **41** V param āyur avāpa saḥ **42** V suketu- **43** V śrutiḥ **44** C svavibhus tu V ānartaś ca **45** BV bhargo **46** A bhārgabhūtis BV bhargabhūmis **47** C bhārgavāt **48** V bhārgave **49** A vaiśyā **50** A āyoḥ putrāḥ V tejoyuktāḥ **1** BV indropendratejasaḥ **2** V śaryātir **3** BV ins. **4** BV ins. **5** BV yayātiḥ pārthivo

kakutsthakanyāṃ gāṃ nāma lebhe paramadhārmikaḥ |
yatis tu mokṣam āsthāya brahmabhūto 'bhavan muniḥ ||3|
teṣāṃ yayātiḥ pañcānāṃ vijitya vasudhām imām |
devayānīm uśanasaḥ sutāṃ bhāryām avāpa saḥ ||4|
śarmiṣṭhām āsurīṃ caiva tanayāṃ vṛṣaparvaṇaḥ |
yaduṃ ca turvasuṃ caiva devayānī vyajāyata ||5|
druhyaṃ cānuṃ ca *puruṃ*[6] ca śarmiṣṭhā vārṣaparvaṇī |
tasmai śakro dadau prīto rathaṃ paramabhāsvaram ||6|
aṅgadaṃ kāñcanaṃ divyaṃ[7] divyaiḥ paramavājibhiḥ |
yuktaṃ mano-*javaiḥ*[8] śubhrair yena kāryaṃ samudvahan ||7|
sa tena rathamukhyena *ṣaḍrātreṇājayan*[9] mahīm |
yayātir *yudhi durdharṣas*[10] tathā devān sadānavān ||8|
sarathaḥ[11] *kauravāṇāṃ*[12] tu sarveṣām abhavat tadā |
saṃvartavasunāmnas tu kauravāj janamejayāt ||9|
kuroḥ putrasya *rājendra*-[13]rājñaḥ pārīkṣitasya ha |
jagāma sa ratho nāśaṃ śāpād gargasya dhīmataḥ ||10|
gargasya hi sutaṃ bālaṃ sa rājā janamejayaḥ |
kālena[14] hiṃsayām āsa brahmahatyām avāpa saḥ ||11|
sa lohagandhī[15] rājarṣiḥ paridhāvann itas tataḥ |
paurajānapadais tyakto na lebhe śarma karhicit ||12|
tataḥ sa duḥkhasaṃtapto nālabhat saṃvidaṃ kvacit |
viprendraṃ[16] śaunakaṃ rājā śaraṇaṃ pratyapadyata ||13|
yājayām āsa *ca jñānī*[17] śaunako janamejayam |
aśvamedhena rājānaṃ pāvanārthaṃ dvijottamāḥ ||14|
sa lohagandho vyanaśat tasyāvabhṛtham etya *ca*[18] |
sa ca divyaratho rājño *vaśaś*[19] cedipates tadā ||15|
dattaḥ śakreṇa tuṣṭena lebhe tasmād bṛhadrathaḥ |
bṛhadrathāt krameṇaiva gato bārhadrathaṃ nṛpam ||16|
tato hatvā jarāsaṃdhaṃ bhīmas taṃ ratham uttamam |
pradadau vāsudevāya prītyā kauravanandanaḥ ||17|
saptadvīpāṃ yayātis tu jitvā pṛthvīṃ sasāgarām |
vibhajya[20] *pañcadhā*[21] rājyaṃ putrāṇāṃ nāhuṣas tadā ||18|
yayātir diśi pūrvasyāṃ yaduṃ jyeṣṭhaṃ nyayojayat |
madhye *puruṃ*[22] ca rājānam abhyaṣiñcat sa nāhuṣaḥ ||19|
diśi dakṣiṇapūrvasyāṃ turvasuṃ matimān nṛpaḥ |
tair iyaṃ pṛthivī sarvā saptadvīpā sapattanā ||20|
yathāpradeśam adyāpi dharmeṇa pratipālyate |
prajās teṣāṃ purastāt tu vakṣyāmi munisattamāḥ ||21|
dhanur nyasya pṛṣatkāṃś ca pañcabhiḥ puruṣarṣabhaiḥ |
jarāvān abhavad rājā bhāram āveśya bandhuṣu ||22|

6 ACV pūruṃ **7** B saśastrāstraṃ kāñcanaṃ ca V sāṅgaṃ ca kāñcanaṃ divyaṃ **8** C -ravaiḥ **9** B digjayenājayan **10** B varṣasahasrāṃs **11** V sa rathaḥ **12** AC pauravāṇāṃ **13** B viprendra- V rājendra **14** B cākrūraṃ C vākkrūraṃ V vākrūraṃ **15** B durgandhayukto **16** A hotāraṃ C indrotaṃ **17** A cendreṇa V yajñena **18** V ha **19** A vasoś **20** V vyabhajat **21** BV svaṃ tadā **22** CV pūruṃ

nikṣiptaśastraḥ pṛthivīṃ cacāra pṛthivīpatiḥ |
prītimān abhavad rājā yayātir aparājitaḥ ||23|
evaṃ vibhajya pṛthivīṃ yayātir yadum abravīt |
jarāṃ me pratigṛhṇīṣva putra kṛtyāntareṇa vai ||24|
taruṇas tava rūpeṇa careyaṃ pṛthivīm imām |
jarāṃ tvayi samādhāya taṃ yaduḥ pratyuvāca ha ||25|
yadur uvāca:
anirdiṣṭā mayā bhikṣā brāhmaṇasya pratiśrutā |
anapākṛtya tāṃ rājan na *grahīṣyāmi*[23] te jarām ||26|
jarāyāṃ bahavo doṣāḥ pānabhojanakāritāḥ |
tasmāj jarāṃ na te rājan grahītum aham utsahe ||27|
santi te bahavaḥ putrā mattaḥ priyatarā nṛpa |
pratigrahītuṃ dharmajña putram anyaṃ vṛṇīṣva vai ||28|
sa evam ukto yadunā rājā kopasamanvitaḥ |
uvāca vadatāṃ śreṣṭho yayātir garhayan sutam ||29|
yayātir uvāca:
ka āśramas tavānyo 'sti ko vā dharmo vidhīyate |
mām anādṛtya durbuddhe yad ahaṃ tava deśikaḥ ||30|
evam uktvā *yaduṃ*[24] viprāḥ śaśāpainaṃ sa manyumān |
arājyā[25] te *prajā*[26] mūḍha *bhavitrīti*[27] *na saṃśayaḥ*[28] ||31|
druhyaṃ ca turvasuṃ caivāpy anuṃ ca dvijasattamāḥ |
evam evābravīd rājā pratyākhyātaś ca tair api ||32|
śaśāpa tān *ati-*[29]kruddho yayātir aparājitaḥ |
yathāvat kathitaṃ sarvaṃ mayāsya dvijasattamāḥ ||33|
evaṃ śaptvā sutān sarvāṃś caturaḥ *puru-*[30]pūrvajān |
tad eva vacanaṃ rājā purum apy āha bho dvijāḥ ||34|
taruṇas tava rūpeṇa careyaṃ pṛthivīm imām |
jarāṃ tvayi samādhāya tvaṃ puro yadi manyase ||35|
sa jarāṃ pratijagrāha *pituḥ*[31] *puruḥ*[32] pratāpavān |
yayātir api rūpeṇa *puroḥ*[33] paryacaran mahīm ||36|
sa *mārgamāṇaḥ kāmānām antaṃ nṛpati-*[34]sattamaḥ |
viśvācyā sahito reme vane caitrarathe prabhuḥ ||37|
yadā *ca tṛptaḥ*[35] kāmeṣu bhogeṣu ca narādhipaḥ |
tadā *puroḥ*[36] sakāśād vai svāṃ jarāṃ pratyapadyata ||38|
yatra gāthā muniśreṣṭhā gītāḥ kila yayātinā |
yābhiḥ pratyāharet[37] kāmān sarvaśo 'ṅgāni kūrmavat ||39|
na jātu kāmaḥ kāmānām upabhogena śāmyati |
haviṣā kṛṣṇavartmeva bhūya evābhivardhate ||40|
yat pṛthivyāṃ vrīhiyavaṃ hiraṇyaṃ paśavaḥ striyaḥ |
nālam ekasya tat sarvam iti kṛtvā na muhyati ||41|

23 V grahiṣyāmi **24** V sutaṃ **25** V arājyās **26** V prajā **27** V bhaviṣyanti **28** BC narādhipa **29** V api **30** C pūru- **31** B puruḥ **32** B puru- V pūruḥ **33** V pūroḥ **34** B mārgamāṇas taruṇīṃ sumatto nṛpa- **35** V tv atṛptaḥ **36** A pūroḥ **37** V yo 'bhipratyāharet

yadā bhāvaṃ na kurute sarvabhūteṣu *pāpakam*[38] |
karmaṇā manasā vācā brahma saṃpadyate tadā ||42|
yadā tebhyo[39] na bibheti yadā cāsmān na bibhyati |
yadā necchati na dveṣṭi brahma saṃpadyate tadā ||43|
yā dustyajā durmatibhir yā na jīryati jīryataḥ |
yo 'sau prāṇāntiko rogas tāṃ tṛṣṇāṃ tyajataḥ sukham ||44|
jīryanti jīryataḥ keśā dantā jīryanti jīryataḥ |
dhanāśā jīvitāśā ca jīryato 'pi na jīryati ||45|
yac ca kāmasukhaṃ loke yac ca divyaṃ mahat sukham |
tṛṣṇākṣayasukhasyaite nārhanti ṣoḍaśīṃ kalām ||46|
evam uktvā sa rājarṣiḥ sadāraḥ prāviśad vanam |
kālena mahatā *cāyaṃ*[40] cacāra vipulaṃ tapaḥ ||47|
bhṛgutuṅge *gatiṃ prāpa*[41] tapaso 'nte mahāyaśāḥ |
anaśnan deham utsṛjya[42] sadāraḥ svargam āptavān ||48|
tasya vaṃśe muniśreṣṭhāḥ pañca rājarṣisattamāḥ |
yair vyāptā pṛthivī sarvā sūryasyeva gabhastibhiḥ ||49|
yados tu vaṃśaṃ vakṣyāmi śṛṇudhvaṃ rājasatkṛtam |
yatra nārāyaṇo jajñe harir vṛṣṇikulodvahaḥ ||50|
susthaḥ[43] prajāvān āyuṣmān kīrtimāṃś ca bhaven naraḥ |
yayāticaritaṃ nityam idaṃ śṛṇvan dvijottamāḥ ||51|

iti śrīmahāpurāṇe brāhme somavaṃśe yayāticaritanirūpaṇaṃ nāma dvādaśo 'dhyāyaḥ

[1]brāhmaṇā ūcuḥ:
puror vaṃśaṃ vayaṃ sūta śrotum icchāma tattvataḥ |
druhyasyānor yadoś caiva turvasoś ca pṛthak pṛthak ||13.1|
lomaharṣaṇa uvāca:
śṛṇudhvaṃ muniśārdūlāḥ puror vaṃśaṃ mahātmanaḥ |
vistareṇānupūrvyā ca prathamaṃ vadato mama ||2|
puroḥ putraḥ suvīro 'bhūn *manasyus*[2] tasya cātmajaḥ |
rājā cābhayado nāma *manasyor abhavat*[3] sutaḥ ||3|
tathaivābhayadasyāsīt sudhanvā *nāma pārthivaḥ*[4] |
sudhanvanaḥ su-*bāhuś ca*[5] raudrāśvas tasya cātmajaḥ ||4|
raudrāśvasya *daśārṇeyuḥ*[6] *kṛkaṇeyus*[7] tathaiva ca |
kakṣeyu-[8]sthaṇḍileyuś ca *sannateyus*[9] tathaiva ca ||5|
ṛceyuś ca jaleyuś ca sthaleyuś ca mahā-*balaḥ*[10] |
dhaneyuś ca[11] *vaneyuś*[12] ca putrakāś ca daśa striyaḥ ||6|
bhadrā[13] śūdrā ca madrā ca śaladā maladā tathā |
khaladā ca[14] tato viprā *naladā*[15] surasāpi *ca*[16] ||7|

38 V pāpajam **39** V yadānyebhyo **40** BV cāpi C vāpi **41** BC tapaś cīrtvā V tapas taptvā
42 A anāśakaṃ caritvā tu **43** V śṛṇvan **1** BC om. 13.1. **2** B manasyas
3 B manasyasyābhavat **4** BV ca mahīpatiḥ **5** V -bāhus tu **6** B daśārṇāyuḥ C daśārṇeyuḥ
7 A kṛkaṇāyus **8** V kakṣeyuḥ **9** B sanuteyus **10** BV -yaśāḥ **11** AC vananityo
12 A dhaneyuś **13** C rudrā **14** A rāladā ca B śalāvalā **15** AB varadā **16** V vā

tathā gocapalā ca strīratnakūṭā ca tā daśa |
ṛṣir jāto 'trivaṃśe ca tāsāṃ bhartā prabhākaraḥ ||8|
bhadrāyāṃ[17] janayām āsa sutaṃ somaṃ yaśasvinam |
svarbhānunā hate sūrye patamāne divo mahīm ||9|
tamobhibhūte loke ca prabhā yena pravartitā |
svasti te 'stv iti coktvā vai patamāno divākaraḥ ||10|
vacanāt tasya viprarṣer na papāta divo mahīm |
atriśreṣṭhāni gotrāṇi yaś cakāra mahātapāḥ ||11|
yajñeṣv atrer balaṃ[18] caiva devair yasya pratiṣṭhitam |
sa tāsu janayām āsa putrikāsv *ātmakāmajān*[19] ||12|
daśa putrān mahāsattvāṃs tapasy ugre ratāṃs tathā |
te tu[20] gotrakarā viprā ṛṣayo vedapāragāḥ ||13|
svastyātreyā iti khyātāḥ kiṃca tridhanavarjitāḥ |
kakṣeyos *tanayās tv āsaṃs traya eva*[21] mahārathāḥ ||14|
sabhānaraś cākṣuṣaś ca para-*manyus*[22] tathaiva ca |
sabhānarasya putras tu vidvān kālānalo nṛpaḥ ||15|
kālānalasya dharmajñaḥ sṛñjayo nāma vai sutaḥ |
sṛñjayasyābhavat putro vīro rājā puraṃjayaḥ ||16|
janamejayo[23] muniśreṣṭhāḥ puraṃjayasuto 'bhavat |
janamejayasya rājarṣer mahāśālo 'bhavat sutaḥ ||17|
deveṣu *sa*[24] parijñātaḥ pratiṣṭhitayaśā bhuvi |
mahā-*manā nāma suto*[25] mahāśālasya *viśrutaḥ*[26] ||18|
jajñe vīraḥ suragaṇaiḥ pūjitaḥ *sumahāmanāḥ*[27] |
mahāmanās tu putrau dvau janayām āsa bho dvijāḥ ||19|
uśīnaraṃ ca dharmajñaṃ titikṣuṃ ca mahābalam |
uśīnarasya patnyas tu pañca rājarṣivaṃśajāḥ ||20|
nṛgā kṛmir navā *darvā*[28] pañcamī ca dṛṣadvatī |
uśīnarasya putrās tu pañca tāsu kulodvahāḥ ||21|
tapasā caiva mahatā jātā *vṛddhasya*[29] cātmajāḥ |
nṛgāyās tu nṛgaḥ putraḥ *kṛmyāṃ*[30] kṛmir ajāyata ||22|
navāyās tu navaḥ putro *darvāyāḥ*[31] suvrato 'bhavat |
dṛṣadvatyās tu saṃjajñe śibir auśīnaro nṛpaḥ ||23|
śibes tu śibayo viprā yaudheyās tu nṛgasya ha |
navasya nava-*rāṣṭraṃ*[32] tu kṛmes tu *kṛmilā*[33] purī ||24|
suvratasya *tathāmbaṣṭhāḥ*[34] śibiputrān nibodhata |
śibes tu śibayaḥ putrāś catvāro lokaviśrutāḥ ||25|
vṛṣa-[35]darbhaḥ suvīraś ca *kekayo*[36] madrakas tathā |
teṣāṃ janapadāḥ *sphītā kekayā*[37] madrakās tathā ||26|
vṛṣa-[38]darbhāḥ suvīrāś ca titikṣos tu prajās tv imāḥ |
titikṣur abhavad[39] rājā pūrvasyāṃ diśi bho dvijāḥ ||27|

17 C rudrāyāṃ **18** A yajñe hy atrer dhanaṃ **19** A ātmajān svakān **20** A pṛthu- **21** A tanayāṃś cāsaṃs te trayaś ca **22** C -manus **23** B janmejayo **24** V yaḥ **25** A -manāḥ suto jajñe **26** ABV dhārmikaḥ **27** V sa mahāmanāḥ **28** C darghā **29** V vṛkṣasya **30** B kṛmyāḥ **31** C darghāyāḥ **32** A -rāṣṭrās **33** A kṛmimā **34** B tathā tvaṣṭā **35** A vṛka- **36** V kaikeyo **37** V sphītāḥ kaikeyā **38** A vṛka- **39** B taitikṣur abhavad C taitikṣavo 'bhavad

uṣadratho mahāvīryaḥ *phenas*[40] tasya suto 'bhavat |
phenasya[41] sutapā jajñe tataḥ sutapaso *baliḥ*[42] ||28|
jāto mānuṣayonau tu sa rājā kāñcaneṣudhiḥ |
mahāyogī sa tu balir babhūva nṛpatiḥ purā ||29|
putrān utpādayām āsa pañca vaṃśakarān bhuvi |
aṅgaḥ prathamato jajñe vaṅgaḥ suhmas tathaiva ca ||30|
puṇḍraḥ kaliṅgaś ca tathā *bāleyaṃ*[43] kṣatram ucyate |
bāleyā brāhmaṇāś caiva tasya vaṃśa-*karā bhuvi*[44] ||31|
baleś ca brahmaṇā datto varaḥ prītena bho dvijāḥ |
mahāyogitvam āyuś ca kalpasya parimāṇataḥ ||32|
bale cāpratimatvaṃ vai dharmatattvārthadarśanam[45] |
saṃgrāme cāpy ajeyatvaṃ dharme caiva pradhānatām ||33|
trailokyadarśanaṃ cāpi prādhānyaṃ *prasave*[46] tathā |
caturo niyatān varṇāṃs tvaṃ ca sthāpayiteti ca ||34|
ity ukto vibhunā rājā baliḥ *śāntiṃ parāṃ yayau*[47] |
kālena mahatā *viprāḥ*[48] *svaṃ ca sthānam*[49] upāgamat ||35|
teṣāṃ janapadāḥ pañca aṅgā *vaṅgāḥ sa-*[50]suhmakāḥ |
kaliṅgāḥ puṇḍrakāś caiva prajās tv aṅgasya sāṃpratam ||36|
aṅgaputro mahān āsīd rājendro dadhivāhanaḥ |
dadhivāhanaputras tu rājā diviratho 'bhavat ||37|
putro divirathasyāsīc chakratulyaparākramaḥ |
vidvān *dharmaratho*[51] nāma tasya *citra-*[52]rathaḥ sutaḥ ||38|
tena *dharmarathenātha*[53] tadā kālañjare girau |
yajatā saha śakreṇa somaḥ pīto mahātmanā ||39|
atha *citra-*[54]rathasyāpi putro daśaratho 'bhavat |
lomapāda iti khyāto yasya śāntā sutābhavat ||40|
tasya dāśarathir vīraś caturaṅgo mahāyaśāḥ |
ṛṣyaśṛṅgaprasādena jajñe *vaṃśa-*[55]vivardhanaḥ ||41|
caturaṅgasya putras tu pṛthulākṣa iti smṛtaḥ |
pṛthulākṣasuto rājā campo nāma mahāyaśāḥ ||42|
campasya tu purī campā yā māliny abhavat purā |
pūrṇabhadraprasādena *haryaṅgo*[56] *'sya suto*[57] 'bhavat ||43|
tato *vaibhāṇḍakis tasya*[58] vāraṇaṃ śakravāraṇam |
avatārayām āsa mahīṃ mantrair vāhanam uttamam ||44|
haryaṅgasya[59] *sutas tatra*[60] rājā bhadrarathaḥ smṛtaḥ |
putro[61] bhadrarathasyāsīd bṛhatkarmā prajeśvaraḥ ||45|
bṛhaddarbhaḥ sutas tasya yasmāj jajñe bṛhanmanāḥ |
bṛhanmanās tu rājendro janayām āsa vai sutam ||46|

40 A śālas **41** A śālasya V phenāt tu **42** C balī **43** C vāleyaṃ **44** A -samudbhavāḥ **45** A balaṃ cāpratimaṃ tasya tathā dharmārthacintanam **46** A sarvatas **47** V śāntim upāyayau **48** B viprā **49** B varjasthānam V svargasthānam **50** BV vaṅgāś ca **51** A dharmarato V svargaratho **52** A dharma- **53** V svargarathenātha **54** A dharma- **55** V kula- **56** A haryaśvo V haryaṅgas **57** V tatsuto **58** V vaibhāṇḍakiś caiva **59** A haryaśvasya **60** AC sutaḥ karṇo **61** V putrā [misprint?]

nāmnā jayadratham nāma yasmād dṛḍharatho nṛpaḥ |
āsīd dṛḍharathasyāpi viśvajij *janamejayī*[62] ||47|
dāyādas tasya vaikarṇo vikarṇas tasya cātmajaḥ |
tasya putraśataṃ tv āsīd aṅgānāṃ kulavardhanam ||48|
ete 'ṅgavaṃśajāḥ sarve rājānaḥ kīrtitā mayā |
satyavratā mahātmānaḥ prajāvanto mahārathāḥ ||49|
ṛceyos tu muniśreṣṭhā raudrāśvatanayasya vai |
śṛṇudhvaṃ sampravakṣyāmi vaṃśaṃ rājñas tu bho dvijāḥ ||50|
ṛceyos tanayo rājā matināro mahīpatiḥ |
matinārasutās tv āsaṃs trayaḥ paramadhārmikāḥ ||51|
vasu-[63]rodhaḥ prati-*rathaḥ subāhuś caiva*[64] dhārmikaḥ |
sarve *veda-*[65]vidaś caiva *brahmaṇyāḥ*[66] satyavādinaḥ ||52|
ilā nāma tu yasyāsīt kanyā vai munisattamāḥ |
brahmavādiny *adhistrī*[67] sā taṃsus tām abhyagacchata ||53|
taṃsoḥ suto 'tha rājarṣir dharmanetraḥ pratāpavān |
brahmavādī parākrāntas tasya bhāryopadānavī ||54|
upadānavī tataḥ putrāṃś caturo 'janayac chubhān |
duṣyantam[68] atha *suṣmantam*[69] pravīram anagham tathā ||55|
duṣyantasya[70] tu dāyādo bharato nāma vīryavān |
sa sarvadamano nāma nāgāyutabalo mahān ||56|
cakravartī suto jajñe *duṣyantasya*[71] mahātmanaḥ |
śakuntalāyāṃ bharato yasya nāmnā tu *bhāratāḥ*[72] ||57|
bharatasya vinaṣṭeṣu tanayeṣu mahīpateḥ |
mātṝṇāṃ tu prakopeṇa mayā *tat kathitaṃ purā*[73] ||58|
bṛhaspater *aṅgirasaḥ*[74] putro vipro mahāmuniḥ |
ayājayad bharadvājo mahadbhiḥ kratubhir *vibhuḥ*[75] ||59|
pūrvaṃ tu vitathe tasya kṛte vai putrajanmani |
tato 'tha vitatho nāma bharad-*vājāt suto*[76] 'bhavat ||60|
tato 'tha vitathe jāte bharatas tu divaṃ yayau |
vitathaṃ cābhiṣicyātha bharadvājo vanaṃ yayau ||61|
sa cāpi vitathaḥ putrāñ janayām āsa pañca vai |
suhotraṃ ca suhotāraṃ gayaṃ *gargaṃ*[77] tathaiva ca ||62|
kapilaṃ ca mahātmānaṃ suhotrasya sutadvayam |
kāśikaṃ[78] ca *mahāsatyaṃ*[79] tathā *gṛtsa-*[80]matiṃ nṛpam ||63|
tathā *gṛtsa-*[81]mateḥ putrā brāhmaṇāḥ kṣatriyā viśaḥ |
kāśikasya[82] tu kāśeyaḥ putro dīrghatapās tathā ||64|
babhūva dīrghatapaso vidvān dhanvantariḥ sutaḥ |
dhanvantares tu tanayaḥ ketumān iti viśrutaḥ ||65|
tathā[83] ketumataḥ putro vidvān bhīmarathaḥ smṛtaḥ |
putro bhīmarathasyāpi vārāṇasyadhipo 'bhavat ||66|

62 V janamejayaḥ **63** B tasu- **64** B -ratho bāhuś caiva tu **65** A brahma- B dharma- **66** B brāhmaṇāḥ **67** V atha strī **68** B duṣkantam **69** B puṣkantam **70** B duṣkantasya **71** AB duṣkantasya **72** ABV bhāratam **73** A te parikīrtitāḥ **74** V āṅgirasaḥ **75** A vibhum **76** AB -vājasuto **77** A tarjaṃ C gaṅgaṃ **78** A kauśikaṃ **79** V mahāsattvaṃ **80** A mṛga- **81** A mṛga- **82** A kauśikasya **83** AB atha

divodāsa iti *khyātaḥ*[84] *sarvakṣatrapraṇāśanaḥ*[85] |
divodāsasya *putras tu*[86] *vīro rājā*[87] pratardanaḥ ||67|
pratardanasya putrau dvau *vatso*[88] bhārgava eva ca |
alarko rājaputras tu rājā sanmatimān *bhuvi*[89] ||68|
haihayasya tu *dāyādyaṃ*[90] *hṛtavān*[91] vai mahīpatiḥ |
ājahre pitṛdāyādyaṃ divodāsahṛtaṃ balāt ||69|
bhadraśreṇyasya putreṇa durdamena mahātmanā |
divodāsena bāleti ghṛṇayāsau visarjitaḥ ||70|
aṣṭāratho nāma nṛpaḥ suto bhīmarathasya vai |
tena putreṇa bālasya prahṛtaṃ tasya bho dvijāḥ ||71|
vairasyāntaṃ muniśreṣṭhāḥ kṣatriyeṇa vidhitsatā |
alarkaḥ kāśirājas tu brahmaṇyaḥ satyasaṃgaraḥ ||72|
[92]ṣaṣṭiṃ varṣasahasrāṇi ṣaṣṭiṃ varṣaśatāni ca |
yuvā rūpeṇa saṃpanna āsīt kāśikulodvahaḥ ||73|
lopāmudrāprasādena *paramāyur*[93] *avāpa saḥ*[94] |
vayaso 'nte muniśreṣṭhā hatvā kṣemakarākṣasam ||74|
ramyāṃ niveśayām āsa purīṃ vārāṇasīṃ *nṛpaḥ*[95] |
alarkasya tu dāyādaḥ kṣemako nāma pārthivaḥ ||75|
kṣemakasya tu *putro vai varṣaketus tato 'bhavat*[96] |
varṣaketoś ca dāyādo vibhur nāma prajeśvaraḥ ||76|
ānartas tu vibhoḥ putraḥ sukumāras tato 'bhavat |
sukumārasya putras tu satyaketur mahārathaḥ ||77|
suto 'bhavan mahātejā rājā paramadhārmikaḥ |
vatsasya vatsabhūmis tu *bhargabhūmis tu bhārgavāt*[97] ||78|
ete tv aṅgirasaḥ putrā jātā vaṃśe 'tha bhārgave |
brāhmaṇāḥ kṣatriyā vaiśyāḥ śūdrāś ca munisattamāḥ ||79|
ājamīḍho 'paro vaṃśaḥ śrūyatāṃ dvijasattamāḥ |
suhotrasya bṛhat putro bṛhatas tanayās *trayaḥ*[98] ||80|
ajamīḍho dvimīḍhaś ca purumīḍhaś ca vīryavān |
ajamīḍhasya patnyas tu tisro *vai yaśasānvitāḥ*[99] ||81|
nīlī ca[100] keśinī caiva dhūminī ca varāṅganāḥ |
ajamīḍhasya *keśinyāṃ jajñe jahnuḥ*[101] pratāpavān ||82|
ājahre yo mahāsattraṃ *sarvamedhamakhaṃ vibhum*[102] |
patilobhena yaṃ gaṅgā vinīteva sasāra ha ||83|
necchataḥ plāvayām āsa tasya gaṅgā ca tat sadaḥ |
tat[103] tayā plāvitaṃ dṛṣṭvā yajñavāṭaṃ samantataḥ ||84|
jahnur apy abravīd gaṅgāṃ kruddho viprās tadā nṛpaḥ |
eṣa te triṣu lokeṣu saṃkṣipyāpaḥ pibāmy aham |
asya[104] gaṅge 'valepasya sadyaḥ phalam avāpnuhi ||85|

84 A khyāto **85** A rāgaduṣṭanibarhaṇaḥ B sarvakṣātrapraṇāśanaḥ **86** BV putro 'bhūd
87 A satyavādī **88** B vaso **89** BV api **90** AB dāyādo **91** C kṛtavān **92** B om. 13.73-91.
93 V param āyur **94** A avāptavān **95** A punaḥ **96** A dāyādo varṣaketur mahīpatiḥ
97 A cyavano nāma bhārgavaḥ **98** A tataḥ **99** A rūpaguṇānvitaḥ **100** A nīlinī
101 A putras tu jahnur jajñe **102** C sarvam eva mahārathaḥ **103** V taṃ **104** D tasya

tataḥ pītāṃ mahātmāno dṛṣṭvā gaṅgāṃ maharṣayaḥ |
upaninyur mahābhāgā duhitṛtvena jāhnavīm ||86|
yuvanāśvasya putrīṃ tu kāverīṃ jahnur āvahat |
gaṅgāśāpena *dehārdhaṃ yasyāḥ*[105] paścān nadī-*kṛtam*[106] ||87|
jahnos tu dayitaḥ putro [[107]hy] ajako nāma vīryavān |
ajakasya tu dāyādo balākāśvo mahīpatiḥ ||88|
babhūva mṛgayāśīlaḥ kuśikas tasya cātmajaḥ |
pahnavaiḥ[108] saha saṃvṛddho rājā vanacaraiḥ saha ||89|
kuśikas tu tapas tepe *putram indrasamaṃ vibhum*[109] |
labheyam iti taṃ śakras trāsād abhyetya jajñivān ||90|
sa gādhir abhavad rājā maghavā kauśikaḥ svayam |
viśvāmitras tu gādheyo *viśvāmitrāt tathāṣṭakaḥ*[110] ||91|
[[111]viśvabādhiḥ śvajic caiva tathā satyavatī dvijāḥ |
ṛcīkāj jamadagnis tu satyavatyām ajāyata |
viśvāmitrasya tu sutā devarātādayaḥ smṛtāḥ |
prakhyātās triṣu lokeṣu teṣāṃ nāmāni bho dvijāḥ |
devarātaḥ katiś caiva yasmāt kātyāyanaḥ smṛtaḥ |
śālavatyāṃ hiraṇyākṣo reṇur yasyātha reṇukā |
sāṃkṛtyāṃ gālavā viprā maudgalyāś ceti viśrutāḥ |
teṣāṃ khyātāni gotrāṇi kauśikānāṃ mahātmanām |
pāṇino babhravaś caiva dhyānajapyās tathaiva ca |
pārthivā devarātāś ca śālaṅkāyanasauśravāḥ |
lohitā yāmabhūtāś ca tathā kārīṣayaḥ smṛtāḥ |
viśrutāḥ kauśikā viprās tathānye saindhavāyanāḥ |
ṛṣyantaravivāhyāś ca kauśikā bahavaḥ smṛtāḥ |
pauravasya muniśreṣṭhā brahmarṣeḥ kauśikasya ca |
saṃbandho 'syātha vaṃśe 'smin brahmakṣatrasya viśrutaḥ |
viśvāmitrātmajānāṃ tu śunaḥśepho 'grajaḥ smṛtaḥ |
bhārgavaḥ kauśikatvaṃ hi prāptaḥ sa munipuṃgavaḥ |
devarātādayaś cāpi viśvāmitrasya vai sutāḥ |
dṛṣadvatīsutaś cāpi viśvāmitras tathāṣṭakaḥ |]
aṣṭakasya[112] suto lauhiḥ prokto jahnugaṇo mayā |
ājamīḍho[113] 'paro vaṃśaḥ śrūyatāṃ munisattamāḥ ||92|
ajamīḍhāt tu *nīlyāṃ vai*[114] suśāntir udapadyata |
puru-*jātiḥ suśānteś*[115] ca *bāhyāśvaḥ*[116] puru-*jātitaḥ*[117] ||93|
bāhyāśva-[118]tanayāḥ pañca *sphītā janapadāvṛtāḥ*[119] |
mudgalaḥ sṛñjayaś caiva rājā bṛhadiṣus *tadā*[120] ||94|
yavīnaraś ca vikrāntaḥ kṛmilāśvaś ca pañcamaḥ |
pañcaite[121] rakṣaṇāyālaṃ deśānām iti viśrutāḥ ||95|
pañcānāṃ[122] te tu pañcālāḥ sphītā janapadāvṛtāḥ |
alaṃ saṃrakṣaṇe teṣāṃ pañcālā iti viśrutāḥ ||96|

105 A dehārdhād yasya **106** A -kṛtā **107** V ins. **108** A niṣādaiḥ V pahlavaiḥ
109 A ramyaṃ indrapadaṃ prabhuḥ **110** A rājā viśvarathas tathā **111** CV ins.
112 B alarkasya **113** BC ajamīḍho **114** ABV nīlinyāṃ **115** A -jātisuśānteś B -jātisuśānte
116 A bāhyaś ca B bāhyāś ca **117** B -jātijaḥ **118** A bāhyasya B bāhyaś ca
119 ABV babhūvur amaropamāḥ **120** V tathā **121** A pañcānāṃ B pañca te
122 B pañcālānāṃ

mudgalasya tu dāyādo maudgalyaḥ sumahāyaśāḥ |
[123]indrasenā yato garbhaṃ *vadhryaṃ ca*[124] pratyapadyata || 97 |
[[125]putraḥ satyadhṛtir nāma dhanurvedasya pāragaḥ |
tasya satyadhṛte reto dṛṣṭvāpsarasam agrataḥ |
avaskannaṃ śarastambe mithunaṃ samapadyata |
kṛpayā tac ca jagṛhe śaṃtanur mṛgayāṃ gataḥ |
kṛpaḥ smṛtaḥ sa vai tasmād gautamī ca kṛpī smṛtā |
ete śāradvatāḥ proktā ete te gautamāḥ smṛtāḥ |
ata ūrdhvaṃ pravakṣyāmi divodāsasya saṃtatim |
divodāsasya dāyādo brahmarṣir mitrayur nṛpaḥ |
mitrayos tu tataḥ somo maitreyās te tataḥ smṛtāḥ |
ete 'pi saṃśritāḥ pakṣaṃ kṣatrotpannās tu bhārgavam |]
āsīt pañcajanaḥ putraḥ sṛñjayasya mahātmanaḥ |
sutaḥ pañcajanasyāpi somadatto mahīpatiḥ || 98 |
somadattasya dāyādaḥ sahadevo mahāyaśāḥ |
sahadevasutaś cāpi somako nāma viśrutaḥ || 99 |
[[126]tathā *glasamateḥ*[127] putro hy ajamīḍho mahābalaḥ |]
ajamīḍhasuto jātaḥ kṣīṇe vaṃśe tu somakaḥ |
somakasya suto jantur yasya putraśataṃ babhau || 100 |
teṣāṃ yavīyān *pṛṣato drupadasya pitā prabhuḥ*[128] |
ājamīḍhāḥ *smṛtāś caite*[129] mahātmānas tu *somakāḥ*[130] || 101 |
mahiṣī tv ajamīḍhasya dhūminī putragṛddhinī |
pativratā mahābhāgā kulajā munisattamāḥ || 102 |
[131]sā ca putrārthinī devī vratacaryāsamanvitā |
tato varṣāyutaṃ *taptvā*[132] tapaḥ paramaduścaram || 103 |
hutvāgniṃ *vidhivat sā tu pavitrā*[133]mitabhojanā |
agnihotrakuśeṣv eva suṣvāpa munisattamāḥ || 104 |
dhūminyā sa tayā devyā tv ajamīḍhaḥ samīyivān |
ṛkṣaṃ saṃjanayām āsa dhūmravarṇaṃ su-*darśanam*[134] || 105 |
ṛkṣāt saṃvaraṇo jajñe kuruḥ saṃvaraṇāt *tathā*[135] |
yaḥ prayāgād atikramya kurukṣetraṃ cakāra ha || 106 |
puṇyaṃ ca ramaṇīyaṃ ca puṇyakṛdbhir niṣevitam |
tasyānvavāyaḥ sumahān yasya *nāmnātha*[136] kauravāḥ || 107 |
kuroś ca putrāś catvāraḥ sudhanvā sudhanus tathā |
parīkṣic ca[137] mahābāhuḥ pravaraś cārimejayaḥ || 108 |
[138]parīkṣitas tu dāyādo dhārmiko janamejayaḥ |
śrutaseno 'grasenaś ca bhīmasenaś ca nāmataḥ || 109 |
[[139]sudhanvanas tu dāyādaḥ suhotro matimān smṛtaḥ |
cyavanas tasya putras tu rājā dharmārthakovidaḥ |

123 A om. **124** C vadhvaśraṃ V vadhnyaśvaṃ **125** AV ins. **126** BV ins. **127** V gṛtsamateḥ **128** A pṛṣataḥ pṛṣatasya vibhāvasuḥ **129** ABV smṛtā hy ete **130** B somakāt **131** B om. the following two ślokas. **132** V cakre **133** A vidhivad viprāḥ pavitra- **134** C -darśanaḥ **135** ABV tataḥ **136** V nāmnā tu **137** A parīkṣito C marīciś ca **138** A om. **139** BV ins. [B after 13.109ab]

cyavanāt kṛtayajñas tu iṣṭvā yajñais tu dharmavit |
viśrutaṃ janayām āsa putram indrasakhaṃ nṛpam |
caidyoparivaraṃ vīraṃ vasuṃ nāmnāntarikṣagam |
caidyoparivarāj jajñe girikā sapta mānavān |
mahāratho *magadheti*[140] viśruto yo bṛhadrathaḥ |
pratyagrathaḥ krathaś caiva yam āhur maṇivāhanam |
śākalaś ca *yaduś*[141] caiva matsyaḥ kālī ca saptamaḥ |
bṛhadrathasya dāyādaḥ kuśāgro nāma viśrutaḥ |
kuśāgrasyātmajo vidvān ṛṣabho nāma vīryavān |
jahnos[142] tu kathayiṣyāmi vaṃśaṃ sarvaguṇānvitam |
jahnus[143] tv ajanayat putraṃ *suratho*[144] nāma bhūmipam |]
ete sarve mahābhāgā vikrāntā balaśālinaḥ |
janamejayasya[145] *putras tu*[146] suratho matimāṃs tathā ||110|
surathasya tu vikrāntaḥ putro jajñe vidūrathaḥ |
vidūrathasya dāyāda *ṛkṣa*[147] eva *mahārathaḥ*[148] ||111|
dvitīyas *tu bharadvājān*[149] nāmnā tenaiva viśrutaḥ |
dvāv ṛkṣau somavaṃśe 'smin *dvāv eva ca parīkṣitau*[150] ||112|
bhīmasenās trayo viprā dvau cāpi janamejayau |
ṛkṣasya tu dvitīyasya bhīmaseno 'bhavat sutaḥ ||113|
pratīpo bhīmasenāt tu pratīpasya tu *śāṃtanuḥ*[151] |
devāpir bāhlikaś *caiva*[152] traya eva mahārathāḥ ||114|
śāṃtanos[153] tv abhavad *bhīṣmas tasmin vaṃśe*[154] dvijottamāḥ |
bāhlikasya tu rājarṣer vaṃśaṃ śṛṇuta bho dvijāḥ ||115|
bāhlikasya sutaś *caiva*[155] somadatto mahāyaśāḥ |
jajñire somadattāt tu *bhūrir*[156] bhūriśravāḥ śalaḥ ||116|
upādhyāyas tu devānāṃ devāpir abhavan muniḥ |
cyavanaputraḥ kṛtaka[157] *iṣṭa āsīn mahātmanaḥ*[158] ||117|
śāṃtanus[159] tv abhavad rājā kauravāṇāṃ dhuraṃdharaḥ |
śāṃtanoḥ[160] saṃpravakṣyāmi vaṃśaṃ trailokyaviśrutam ||118|
gāṅgaṃ devavrataṃ nāma putraṃ so 'janayat prabhuḥ |
sa tu bhīṣma iti khyātaḥ pāṇḍavānāṃ pitāmahaḥ ||119|
kālī vicitravīryaṃ tu janayām āsa bho dvijāḥ |
śāṃtanor[161] dayitaṃ putraṃ dharmātmānam akalmaṣam ||120|
kṛṣṇa-*dvaipāyanāc*[162] caiva kṣetre vaicitravīryake |
dhṛtarāṣṭraṃ ca pāṇḍuṃ ca viduraṃ cāpy ajījanat ||121|
[163]dhṛta-*rāṣṭras tu*[164] gāndhāryāṃ *putrān utpādayac chatam*[165] |
teṣāṃ duryodhanaḥ śreṣṭhaḥ sarveṣām *api*[166] sa prabhuḥ ||122|

140 V magadharāt **141** V juhuś **142** V jahos **143** V juhus **144** V suratham
145 B janmejayasya **146** B putro 'bhūt C putrau tu **147** C kṣatra **148** ABV mahābalaḥ
149 AB tv abhavad rājā **150** A vikhyātau dvijasattamāḥ **151** ABV śaṃtanuḥ **152** V cāpi
153 BV śaṃtanus **154** V rājā vaṃśe 'smin vai **155** A cāsīt **156** C havir **157** B cyavanaḥ putrakṛtaka V cyavanasya putraḥ kṛtaka **158** B induś cāsīn mahāmatiḥ **159** V śaṃtanus
160 V śaṃtanoḥ **161** V śaṃtanor **162** V -dvaipāyanaś **163** B reads here 13.136–148.
164 ASS corr. like V; V -rāṣṭreṇa **165** ASS corr. like V; V -putrā utpāditāḥ śatam
166 AB eva

pāṇḍor dhanaṃjayaḥ putraḥ saubhadras tasya cātmajaḥ |
abhimanyoḥ parīkṣit tu *pitā pārīkṣitasya ha*[167] || 123 |
pārīkṣitasya *kāśyāyāṃ*[168] dvau putrau saṃbabhūvatuḥ |
candrāpīḍas tu[169] nṛpatiḥ sūryāpīḍaś ca mokṣa-*vit*[170] || 124 |
candrāpīḍasya[171] putrāṇāṃ śatam uttamadhanvinām |
jānamejayam[172] ity evaṃ kṣātraṃ *bhuvi pariśrutam*[173] || 125 |
teṣāṃ jyeṣṭhas tu tatrāsīt pure vāraṇasāhvaye |
satyakarṇo mahābāhur yajvā vipuladakṣiṇaḥ || 126 |
satyakarṇasya dāyādaḥ śvetakarṇaḥ pratāpavān |
aputraḥ sa tu dharmātmā praviveśa tapovanam || 127 |
tasmād *vanagatā*[174] garbhaṃ yādavī pratyapadyata |
su-*cāror*[175] duhitā subhrūr mālinī grāhamālinī || 128 |
saṃbhūte sa ca garbhe ca śvetakarṇaḥ prajeśvaraḥ |
anvagacchat kṛtaṃ pūrvaṃ mahāprasthānam acyutam || 129 |
sā tu dṛṣṭvā priyaṃ taṃ *tu*[176] mālinī pṛṣṭhato 'nvagāt |
sucāror duhitā sādhvī vane rājīvalocanā || 130 |
pathi sā suṣuve bālā sukumāraṃ kumārakam |
tam *apāsyātha*[177] tatraiva rājānaṃ sānvagacchata || 131 |
pativratā mahābhāgā *draupadīva*[178] *purā satī*[179] |
kumāraḥ[180] sukumāro 'sau *giripṛṣṭhe*[181] ruroda ha || 132 |
dayārthaṃ[182] tasya meghās tu prādurāsan mahātmanaḥ |
śraviṣṭhāyās tu putrau dvau *paippalādiś*[183] ca kauśikaḥ || 133 |
dṛṣṭvā kṛpānvitau gṛhya *tau*[184] prākṣālayatāṃ jale |
nighṛṣṭau tasya pārśvau tu śilāyāṃ *rudhiraplutau*[185] || 134 |
aja-*śyāmaḥ sa*[186] *pārśvābhyāṃ ghṛṣṭābhyāṃ*[187] susamāhitaḥ |
ajaśyāmau tu tatpārśvau *devena*[188] saṃbabhūvatuḥ || 135 |
athājapārśva[189] iti vai cakrāte *nāma tasya tau*[190] |
sa tu *remaka-*[191]śālāyāṃ *dvijābhyām abhivardhitaḥ*[192] || 136 |
remakasya[193] tu bhāryā tam udvahat putrakāraṇāt |
rematyāḥ[194] sa tu putro 'bhūd brāhmaṇau sacivau tu tau || 137 |
teṣāṃ putrāś ca pautrāś ca yugapattulyajīvinaḥ |
sa eṣa pauravo vaṃśaḥ pāṇḍavānāṃ *mahātmanām*[195] || 138 |
śloko 'pi cātra gīto 'yaṃ nāhuṣeṇa yayātinā |
jarāsaṃkramaṇe pūrvaṃ *tadā*[196] prītena dhīmatā || 139 |
a-[197]candrārkagrahā bhūmir bhaved *iyam asaṃśayam*[198] |
apauravā *mahī naiva*[199] bhaviṣyati kadācana || 140 |

167 V tataḥ pārīkṣitaḥ sutaḥ **168** V kāśyāṃ vai **169** V candrāpīḍaś ca **170** A -jit **171** V candrāpīḍaś ca **172** AB jānmejayam va **173** AB tu vipariśrutam **174** V vanagatād **175** V -bāhor **176** V ca **177** V apāsya ca **178** B draupadī ca C draupatī ca **179** B purātanī **180** B kumārāṃ **181** B girikumbhe V girikuñje **182** A pārśvatas **183** B paippalyādiś **184** ABV taṃ **185** A rudhirokṣitau **186** C -śyāmasya **187** A pārśvābhyām ubhābhyāṃ **188** V daivena **189** B tathājapārśva **190** B tasya nāma tat **191** B vemaka- V romaka- **192** B dvijānāṃ parivardhitaḥ V dvijābhyāṃ parivardhitaḥ **193** B vemakasya V romakasya **194** B vemakyāḥ V romakyāḥ **195** BV pratiṣṭhitaḥ **196** BV bhṛśaṃ **197** V ā- **198** B atra na saṃśayaḥ **199** B na tu mahī

eṣa vaḥ pauravo vaṃśo vikhyātaḥ kathito mayā |
turvasos tu[200] pravakṣyāmi druhyoś cānor yados tathā || 141 |
turvasos tu[201] suto vahnir gobhānus tasya cātmajaḥ |
gobhānos tu suto rājā *aiśānur*[202] aparājitaḥ || 142 |
karaṃdhamas tu *aiśānor*[203] maruttas tasya cātmajaḥ |
anyas tv *āvikṣito*[204] rājā *maruttaḥ kathito mayā*[205] || 143 |
anapatyo 'bhavad rājā[206] yajvā vipuladakṣiṇaḥ |
duhitā saṃyatā *nāma*[207] tasyāsīt pṛthivīpateḥ || 144 |
dakṣiṇārthaṃ tu[208] sā dattā saṃvartāya mahātmane |
duṣyantaṃ pauravaṃ cāpi lebhe putram akalmaṣam || 145 |
evaṃ *yayāti-*[209]śāpena jarāsaṃkramaṇe tadā |
pauravaṃ turvasor vaṃśaṃ praviveśa *dvijottamāḥ*[210] || 146 |
duṣyantasya tu dāyādaḥ *karūromaḥ prajeśvaraḥ*[211] |
karūromād athāhrīdaś [?] catvāras tasya cātmajāḥ || 147 |
pāṇḍyaś ca keralaś caiva *kālaś*[212] colaś ca pārthivaḥ |
[[213]teṣāṃ janapadāḥ sphītāḥ pāṇḍyāś colāś ca keralāḥ |]
druhyoś ca tanayo rājan babhrusetuś ca pārthivaḥ || 148 |
aṅgārasetus tatputro marutāṃ patir ucyate |
yauvanāśvena samare kṛcchreṇa nihato balī || 149 |
yuddhaṃ sumahad apy āsīn māsān *paricarad daśa*[214] |
aṅgārasetor dāyādo *gāndhāro*[215] nāma pārthivaḥ || 150 |
khyāyate[216] yasya nāmnā vai gāndhāraviṣayo mahān |
gāndhāradeśajāś caiva turagā vājināṃ varāḥ || 151 |
anos tu putro dharmo 'bhūd *dyūtas*[217] tasyātmajo 'bhavat |
dyūtād[218] *vanaduho*[219] jajñe pracetās tasya cātmajaḥ || 152 |
pracetasaḥ sucetās tu kīrtitās *tv anavo*[220] mayā |
babhūvus tu yadoḥ putrāḥ pañca devasutopamāḥ || 153 |
sahasrādaḥ[221] payodaś ca *kroṣṭā nīlo*[222] 'ñjikas tathā |
sahasrādasya[223] dāyādās trayaḥ paramadhārmikāḥ || 154 |
haihayaś ca hayaś[224] caiva rājā veṇuhayas tathā |
haihayasyābhavat putro dharmanetra iti śrutaḥ || 155 |
dharmanetrasya kārtas tu *sāhañjas tasya cātmajaḥ*[225] |
sāhañjanī nāma purī tena rājñā niveśitā || 156 |
āsīn mahiṣmataḥ putro bhadraśreṇyaḥ pratāpavān |
bhadraśreṇyasya dāyādo durdamo nāma viśrutaḥ || 157 |
durdamasya suto dhīmān kanako nāma nāmataḥ |
kanakasya tu dāyādāś catvāro lokaviśrutāḥ || 158 |

200 BV turvasoś ca **201** BV turvasoś ca **202** B traisānur V traiśānur **203** B traisānur V traiśānor **204** B avijito **205** B marutaḥ kathitas tava **206** B rājā ca paramāyuś ca **207** B nāmnī **208** B dakṣiṇārthe hi **209** B yayāteḥ **210** B nṛpottamaḥ **211** B karūṣaḥ sa nareśvaraḥ **212** V kolaś **213** BV ins. **214** C paricaturdaśa **215** V gāndharo **216** B khyātas tu **217** B ghṛtas V dhṛtas **218** B ghṛtāc V dhṛtāc **219** BV chatadruho **220** ASS corr. *turvasor*; V tanayā **221** V sahasradaḥ **222** B kroṣṭānilo **223** V sahasradasya **224** B haihaś ca haihayaś **225** C kārtaputrās tathābhavan

kṛtavīryaḥ kṛtaujāś ca kṛta-*dhanvā*[226] tathaiva ca |
kṛtāgnis tu[227] caturtho 'bhūt kṛta-*vīryād athārjunaḥ*[228] || 159 |
yo 'sau bāhusahasreṇa sapta-*dvīpeśvaro*[229] 'bhavat |
jigāya pṛthivīm eko rathenādityavarcasā || 160 |
sa hi varṣāyutaṃ taptvā tapaḥ paramaduścaram |
dattam ārādhayām āsa kārtavīryo 'trisaṃbhavam || 161 |
tasmai datto varān prādāc caturo bhūritejasaḥ |
pūrvaṃ bāhusahasraṃ *tu*[230] prārthitaṃ sumahad varam || 162 |
adharme 'dhīyamānasya sadbhis tatra nivāraṇam |
ugreṇa pṛthivīṃ jitvā *dharmeṇaivānurañjanam*[231] || 163 |
saṃgrāmān subahūñ jitvā hatvā cārīn sahasraśaḥ |
saṃgrāme vartamānasya vadhaṃ cābhyadhikād raṇe || 164 |
tasya bāhusahasraṃ tu yudhyataḥ kila *bho dvijāḥ*[232] |
yogād *yogīśvarasyeva*[233] prādurbhavati māyayā || 165 |
teneyaṃ pṛthivī sarvā saptadvīpā sapattanā |
sasamudrā sanagarā ugreṇa vidhinā jitā || 166 |
tena saptasu dvīpeṣu sapta yajñaśatāni *ca*[234] |
prāptāni vidhinā rājñā śrūyante munisattamāḥ || 167 |
sarve yajñā muniśreṣṭhāḥ sahasraśatadakṣiṇāḥ |
[235]sarve kāñcanayūpāś ca sarve kāñcanavedayaḥ || 168 |
sarve[236] devair muniśreṣṭhā vimānasthair alaṃkṛtaiḥ |
gandharvair apsarobhiś ca nityam evopaśobhitāḥ || 169 |
yasya yajñe jagau gāthāṃ gandharvo nāradas tathā |
varī-[237]dāsātmajo vidvān mahimnā tasya vismitaḥ || 170 |
nārada uvāca:
na nūnaṃ kārtavīryasya gatiṃ yāsyanti pārthivāḥ |
yajñair dānais *tapobhiś ca*[238] vikrameṇa śrutena ca || 171 |
sa hi saptasu dvīpeṣu carmī khaḍgī śarāsanī |
rathī dvīpān anucaran yogī saṃdṛśyate nṛbhiḥ || 172 |
anaṣṭadravyatā caiva na śoko na ca vibhramaḥ |
prabhāveṇa mahārājñaḥ prajā dharmeṇa *rakṣataḥ*[239] || 173 |
sa *sarvaratnabhāk samrāṭ*[240] cakravartī babhūva ha |
sa eva paśupālo 'bhūt kṣetrapālaḥ sa eva ca || 174 |
saiva vṛṣṭyā parjanyo yogitvād arjuno 'bhavat |
sa vai bāhusahasreṇa jyāghātakaṭhinatvacā || 175 |
bhāti raśmisahasreṇa śaradīva ca bhāskaraḥ |
sa hi nāgān manuṣyeṣu māhiṣmatyāṃ mahādyutiḥ || 176 |
karkoṭaka-*sutāñ jitvā*[241] puryāṃ tasyāṃ nyaveśayat |
sa vai vegaṃ samudrasya prāvṛtkāle 'mbujekṣaṇaḥ || 177 |

226 BV -karmā **227** A kṛtāvinaś **228** V -vīryāt tathārjunaḥ **229** B -dvīpādhipo **230** V vai **231** B svadharmeṇānurañjanam **232** B bhārataḥ **233** V yogeśvarasyeva **234** V vai **235** B om. **236** V sarvair **237** B vara- **238** BV tapobhir vā **239** A satkṛtaḥ C rakṣitaḥ **240** A tu sarvatra bhogāḍhyaś BV sarvaratnabhogāḍhyaś **241** B -yutān kṣiptvā

krīḍann iva bhujodbhinnaṃ pratisrotaś cakāra ha |
luṇṭhitā krīḍatā tena *nadī tadgrāmamālinī*[242] || 178 |
calad-[243]ūrmisahasreṇa *śaṅkitābhyeti*[244] narmadā |
tasya bāhusahasreṇa kṣipyamāṇe mahodadhau || 179 |
bhayān nilīnā niśceṣṭāḥ pātālasthā *mahīsurāḥ*[245] |
cūrṇīkṛtamahāvīciṃ *calan-*[246]mīnamahātimim || 180 |
mārutāviddha-[247]phenaugham āvartakṣobha-*saṃkulam*[248] |
prāvartayat tadā rājā *sahasreṇa ca*[249] bāhunā || 181 |
devāsurasamākṣiptaḥ kṣīrodam iva mandaraḥ |
mandarakṣobhacakitā[250] *amṛtotpādaśaṅkitāḥ*[251] || 182 |
sahasotpatitā bhītā bhīmaṃ dṛṣṭvā nṛpottamam |
natā niścalamūrdhāno babhūvus te mahoragāḥ || 183 |
sāyāhne kadalīkhaṇḍāḥ kampitā iva vāyunā |
sa vai baddhvā dhanur jyābhir utsiktaṃ pañcabhiḥ śaraiḥ || 184 |
laṅkeśaṃ mohayitvā tu sa-*balaṃ*[252] rāvaṇaṃ balāt |
nirjitya vaśam ānīya māhiṣmatyāṃ babandha tam || 185 |
śrutvā tu baddhaṃ paulastyaṃ rāvaṇaṃ tv arjunena *ca*[253] |
tato gatvā pulastyas tam arjunaṃ dadṛśe svayam || 186 |
mumoca rakṣaḥ paulastyaṃ *pulastyenābhiyācitaḥ*[254] |
yasya bāhusahasrasya babhūva jyātalasvanaḥ || 187 |
yugānte toyadasyeva *sphuṭato*[255] hy aśaner iva |
aho bata mṛdhe vīryaṃ bhārgavasya yad acchinat || 188 |
rājño bāhu-*sahasrasya*[256] haimaṃ tālavanaṃ yathā |
tṛṣitena kadācit sa bhikṣitaś citrabhānunā || 189 |
sa bhikṣām *adadād*[257] vīraḥ sapta dvīpān vibhāvasoḥ |
purāṇi grāmaghoṣāṃś ca viṣayāṃś caiva sarvaśaḥ || 190 |
jajvāla[258] tasya sarvāṇi citra-*bhānur didhṛkṣayā*[259] |
sa tasya puruṣendrasya prabhāveṇa mahātmanaḥ || 191 |
dadāha kārtavīryasya śailāṃś caiṣa vanāni ca |
sa śūnyam āśramaṃ ramyaṃ varuṇasyātmajasya vai || 192 |
dadāha balavadbhītaś citrabhānuḥ sa haihayaḥ |
yaṃ lebhe varuṇaḥ putraṃ purā bhāsvantam uttamam || 193 |
vasiṣṭhaṃ[260] nāma sa muniḥ khyāta āpava ity uta |
yatrāpavas[261] tu taṃ krodhāc chaptavān arjunaṃ vibhuḥ || 194 |
yasmān na varjitam idaṃ vanaṃ te mama haihaya |
tasmāt te duṣkaraṃ karma kṛtam anyo haniṣyati || 195 |
rāmo nāma mahābāhur jāmadagnyaḥ pratāpavān |
chittvā bāhusahasraṃ te pramathya tarasā balī || 196 |

242 C phenaś coddhāmamālinī **243** C valad- **244** C śaṅkhinā abhyeti **245** V mahāsurāḥ **246** C valan- **247** A mārutodbhinna- **248** C -duḥsaham **249** A sahasreṇaiva **250** B tat-saṃkṣobheṇācakitās V tatsaṃkṣobheṇa cakitās **251** ABV tārkṣyāgamanaśaṅkitāḥ **252** C -gaṇaṃ **253** V ha **254** V pulastyenānuyācitaḥ **255** V sphurato **256** V -sahasraṃ tu **257** V adadad **258** V jajvalus **259** V -bhānudidhakṣayā **260** ASS corr. like V; V vasiṣṭho **261** ASS corr. *tatrāpavas.*

tapasvī[262] brāhmaṇas tvāṃ tu *haniṣyati*[263] sa bhārgavaḥ |
anaṣṭadravyatā *yasya*[264] babhūvāmitrakarṣiṇaḥ ||197|
pratāpena[265] narendrasya prajā dharmeṇa rakṣataḥ |
prāptas[266] tato 'sya mṛtyur vai tasya śāpān mahāmuneḥ ||198|
varas tathaiva bho viprāḥ svayam eva vṛtaḥ purā |
tasya putra-*śataṃ tv āsīt*[267] pañca śeṣā mahātmanaḥ ||199|
kṛtāstrā *balinaḥ*[268] śūrā dharmātmāno yaśasvinaḥ |
śūrasenaś ca śūraś ca *vṛṣaṇo madhupadhvajaḥ*[269] ||200|
jayadhvajaś ca nāmnāsīd āvantyo nṛpatir mahān |
kārtavīryasya tanayā vīryavanto mahābalāḥ ||201|
jayadhvajasya putras tu tālajaṅgho mahābalaḥ |
tasya putraśataṃ khyātās tālajaṅghā iti *smṛtāḥ*[270] ||202|
teṣāṃ kule *muniśreṣṭhā*[271] haihayānāṃ mahātmanām |
vītihotrāḥ *sujātāś*[272] ca bhojāś cāvantayaḥ smṛtāḥ ||203|
tauṇḍikerāś[273] ca vikhyātās tālajaṅghās tathaiva ca |
bharatāś[274] ca sujātāś ca bahutvān nānukīrtitāḥ ||204|
vṛṣaprabhṛtayo[275] viprā yādavāḥ puṇyakarmiṇaḥ |
vṛṣo vaṃśadharas tatra tasya putro 'bhavan madhuḥ ||205|
madhoḥ putraśataṃ tv āsīd vṛṣaṇas tasya vaṃśakṛt |
vṛṣaṇād vṛṣṇayaḥ sarve madhos tu mādhavāḥ smṛtāḥ ||206|
yādavā yadunāmnā te nirucyante ca haihayāḥ |
na tasya vittanāśaḥ syān naṣṭaṃ prati labhec ca saḥ ||207|
kārtavīryasya yo janma kathayed iha nityaśaḥ |
ete yayātiputrāṇāṃ pañca vaṃśā dvijottamāḥ ||208|
kīrtitā lokavīrāṇāṃ *ye lokān dhārayanti vai*[276] |
bhūtānīva muniśreṣṭhāḥ pañca sthāvarajaṅgamān ||209|
śrutvā pañca visargāṃs tu rājā dharmārthakovidaḥ |
vaśī bhavati pañcānām ātmajānāṃ tatheśvaraḥ ||210|
labhet pañca varāṃś caiva durlabhān iha laukikān |
āyuḥ kīrtiṃ tathā putrān aiśvaryaṃ bhūtim eva *ca*[277] ||211|
dhāraṇāc chravaṇāc caiva pañcavargasya bho dvijāḥ |
kroṣṭor vaṃśaṃ muniśreṣṭhāḥ śṛṇudhvaṃ gadato mama ||212|
yador vaṃśadharasyātha yajvinaḥ puṇyakarmiṇaḥ |
kroṣṭor[278] vaṃśaṃ hi *śrutvaiva*[279] sarvapāpaiḥ pramucyate |
yasyānvavāyajo viṣṇur harir vṛṣṇikulodvahaḥ ||213|

iti śrīmahāpurāṇe ādibrāhme yayātivaṃśānukīrtanaṃ nāma trayodaśo 'dhyāyaḥ

262 BV tejasvī **263** BCV vadhiṣyati **264** A tasya **265** AC prabhāvena **266** AC rāmāt
267 AB -śatāny āsan **268** A dhanvinaḥ **269** C dhṛṣṭoktaḥ kṛṣa eva ca **270** V śrutāḥ
271 B mahāvīryā **272** C sujātyāś V suvratāś **273** A tauḍikerāś B toṇḍikerāś
274 A bhāratāś **275** B vṛṣam aṣṭatapo **276** A lokadhāraṇahetavaḥ B lokāṃs tārayanti vai
277 B vā V vai **278** B [possibly; siglum omitted] kroṣṭu- **279** BC śrutvainaṃ

lomaharṣaṇa uvāca:
gāndhārī caiva mādrī ca kroṣṭor bhārye babhūvatuḥ |
gāndhārī janayām āsa anamitraṃ mahābalam || 14.1 |
mādrī yudhājitaṃ putraṃ tato 'nyaṃ devamīḍhuṣam |
teṣāṃ vaṃśas tridhā bhūto vṛṣṇīnāṃ kulavardhanaḥ || 2 |
mādryāḥ putrau tu jajñāte *śrutau*[1] vṛṣṇyandhakāv ubhau |
jajñāte tanayau vṛṣṇeḥ śvaphalkaś citrakas tathā || 3 |
śva-*phalkas*[2] tu muniśreṣṭhā *dharmātmā yatra vartate*[3] |
nāsti vyādhibhayaṃ tatra *nāvarṣas tapam eva ca*[4] || 4 |
kadācit kāśirājasya viṣaye munisattamāḥ |
trīṇi varṣāṇi pūrṇāni[5] nāvarṣat pākaśāsanaḥ || 5 |
sa tatra *cānayām*[6] āsa śvaphalkaṃ *paramārcitam*[7] |
śvaphalka-*parivartena*[8] vavarṣa harivāhanaḥ || 6 |
śvaphalkaḥ kāśirājasya sutāṃ bhāryām *avindata*[9] |
gāndinīṃ nāma gāṃ sā *ca*[10] dadau viprāya nityaśaḥ || 7 |
dātā yajvā ca vīraś ca śrutavān atithipriyaḥ[11] |
akrūraḥ suṣuve tasmāc *chvaphalkād*[12] bhūridakṣiṇaḥ || 8 |
upa-*madgus*[13] tathā *madgur*[14] *meduraś*[15] cārimejayaḥ |
avikṣitas tathākṣepaḥ[16] śatrughnaś cārimardanaḥ || 9 |
dharmadhṛg yatidharmā ca *dharmokṣāndhakarus*[17] tathā |
āvāhaprativāhau ca sundarī ca *varāṅganā*[18] || 10 |
akrūreṇograsenāyāṃ sugātryāṃ *dvijasattamāḥ*[19] |
prasenaś copadevaś ca jajñāte *deva-*[20]varcasau || 11 |
citrakasyābhavan putrāḥ pṛthur vipṛthur eva ca |
aśvagrīvo 'śvabāhuś ca svapārśvakagaveṣaṇau || 12 |
ariṣṭanemir *aśvaś ca*[21] sudharmā dharmabhṛt tathā |
su-*bāhur bahu-*[22]bāhuś ca śraviṣṭhāśravaṇe striyau || 13 |
asiknyāṃ[23] janayām āsa śūraṃ vai devamīḍhuṣam |
mahiṣyāṃ jajñire *śūrā bhojyāyāṃ*[24] puruṣā daśa || 14 |
vasudevo *mahā-*[25]bāhuḥ pūrvam ānakadundubhiḥ |
jajñe yasya prasūtasya dundubhyaḥ prāṇadan divi || 15 |
ānakānāṃ ca saṃhrādaḥ sumahān abhavad divi |
papāta puṣpa-*varṣaś*[26] ca śūrasya *janane*[27] *mahān*[28] || 16 |
manuṣyaloke kṛtsne 'pi rūpe nāsti samo bhuvi |
yasyāsīt puruṣāgryasya kāntiś candramaso yathā || 17 |

1 ABV śubhau **2** A -phalkāt **3** A dharmo naivātyavartata **4** A na cāvṛṣṭibhayaṃ tathā V nāvarṣabhayam eva ca **5** A purā dvādaśa varṣāṇi C trīṇi varṣasahasrāṇi V trīṇi varṣāṇi viṣaye **6** B vāsayām **7** C paramārcitaḥ **8** A -paricāreṇa **9** B avāpa ha **10** V tu **11** A jātā yajñapriyā dakṣā śrutajñā atithipriyā **12** V chvāphalkād **13** A -manyus **14** A manyur **15** B mudaraś C mṛdavaś **16** B arikṣipas tathopekṣaḥ C parikṣipas tathātyakṣaḥ **17** C gṛdhramo jāntakas **18** A varānanā **19** B karunandanau **20** AB muni- **21** C abdhaś ca V aśvas tu **22** B -bāhuś cāru- **23** C aśmakyāṃ **24** A śūrās tato 'nye **25** A 'nanta- **26** BV -varṣaṃ **27** CV bhavane **28** BV mahat

deva-*bhāgas*[29] tato jajñe tathā devaśravāḥ punaḥ |
an-*ādhṛṣṭiḥ*[30] kanavako *vatsavān atha gṛñjamaḥ*[31] || 18 |
śyāmaḥ śamīko gaṇḍūṣaḥ pañca *cāsya*[32] varāṅganāḥ |
pṛthukīrtiḥ pṛthā caiva śrutadevā śrutaśravā || 19 |
rājādhidevī ca tathā pañcaitā vīramātaraḥ |
[[33]āvatyaḥ śrutadevāyāṃ jagṛhuḥ suṣuve sutaḥ |]
śrutaśravāyāṃ *caidyas tu*[34] śiśupālo 'bhavan nṛpaḥ || 20 |
hiraṇyakaśipur yo 'sau *daitya-*[35]rājo 'bhavat purā |
pṛthukīrtyāṃ tu saṃjajñe tanayo *vṛddhaśarmaṇaḥ*[36] || 21 |
karūṣādhipatir vīro dantavakro mahābalaḥ |
pṛthāṃ duhitaraṃ cakre kuntis tāṃ pāṇḍur āvahat || 22 |
yasyāṃ[37] sa dharmavid rājā *dharmo*[38] jajñe yudhiṣṭhiraḥ |
bhīmasenas tathā vātād indrāc caiva dhanaṃjayaḥ || 23 |
loke pratiratho vīraḥ śakratulyaparākramaḥ |
anamitrāc *chanir*[39] jajñe kaniṣṭhād *vṛṣṇi-*[40]nandanāt || 24 |
śaineyaḥ satyakas tasmād yuyudhānaś ca sātyakiḥ |
uddhavo devabhāgasya mahābhāgaḥ suto 'bhavat || 25 |
paṇḍitānāṃ paraṃ prāhur devaśravasam *uttamam*[41] |
aśmakyaṃ[42] prāptavān putram an-*ādhṛṣṭir*[43] yaśasvinam || 26 |
nivṛtta-[44]śatruṃ śatrughnaṃ *śrutadevā*[45] *tv ajāyata*[46] |
śrutadevātmajās te[47] tu naiṣādir yaḥ pariśrutaḥ || 27 |
ekalavyo muniśreṣṭhā niṣādaiḥ parivardhitaḥ |
vatsavate tv[48] *aputrāya*[49] vasudevaḥ pratāpavān |
adbhir dadau sutaṃ vīraṃ śauriḥ *kauśikam*[50] aurasam || 28 |
gaṇḍūṣāya *hy*[51] aputrāya viṣvakseno dadau sutān |
cārudeṣṇaṃ su-*deṣṇaṃ*[52] ca pañcālaṃ kṛtalakṣaṇam || 29 |
asaṃgrāmeṇa yo vīro *nāvartata*[53] kadācana |
raukmiṇeyo mahābāhuḥ kanīyān dvijasattamāḥ || 30 |
vāyasānāṃ sahasrāṇi yaṃ yāntaṃ pṛṣṭhato 'nvayuḥ |
cārūn adyopabhokṣyāmaś cārudeṣṇahatān iti || 31 |
tantrijas tantripālaś ca sutau kanavakasya tau |
vīruś cāśvahanuś caiva vīrau tāv atha *gṛñjimau*[54] || 32 |
śyāmaputraḥ śamīkas tu śamīko rājyam āvahat[55] |
jugupsamāno *bhojatvād*[56] rājasūyam avāpa saḥ || 33 |
ajātaśatruḥ śatrūṇāṃ jajñe tasya vināśanaḥ |
vasudevasutān vīrān *kīrtayiṣyāmy*[57] ataḥ param || 34 |

29 A -nāgas **30** A -āvṛṣṭiḥ **31** A vaṃśe tasya babhūva ha C vatsavān amasuñjayaḥ **32** V vāsya **33** V ins. **34** C caidyasya **35** C caidya- **36** A viśvakarmaṇā **37** A yasyāḥ **38** V dharmāj **39** B chriṇir V chinir **40** C ṛṣi- **41** BC uddhavam **42** CV aśmakyāṃ **43** AC -āvṛṣṭiṃ **44** A vibhinna- B vinarta- **45** B naitad eva C śakrād eva **46** C vyajāyata **47** ASS corr. *śrutadevātmajo 'sau*; C śrāddhadevātmajātas V śrutadevātmajātas **48** A vatsāmas tasya V vatsāvate tv **49** A pautrāya **50** A kaurakam **51** V tv **52** A -cāruṃ **53** B nāvarteta **54** A gṛñjinau **55** A dharmātmānau tayor viprā abhīko rājasas tamaḥ **56** A bhojas tu **57** V varṇayiṣyāmy

vṛṣṇes trividham evaṃ tu bahuśākhaṃ *mahaujasam*[58] |
dhārayan vipulaṃ vaṃśaṃ nānarthair iha *yujyate*[59] ||35|
[60]yāḥ patnyo vasudevasya caturdaśa varāṅganāḥ |
pauravī rohiṇī nāma *madirāditathāvarā*[61] ||36|
vaiśākhī ca tathā bhadrā sunāmnī caiva pañcamī |
sahadevā śāntidevā śrīdevī devarakṣitā ||37|
vṛkadevy upadevī ca devakī caiva saptamī |
sutanur vaḍavā caiva dve ete paricārike ||38|
[62]pauravī rohiṇī nāma bāhlikasyātmajābhavat |
jyeṣṭhā patnī muniśreṣṭhā dayitānakadundubheḥ ||39|
lebhe jyeṣṭhaṃ sutaṃ rāmaṃ *śaraṇyaṃ*[63] *śaṭham*[64] eva ca |
durdamaṃ *damanaṃ*[65] śubhraṃ piṇḍārakam uśīnaram ||40|
citrā nāma kumārī ca *rohiṇītanayā*[66] *nava*[67] |
citrā[68] subhadreti punar vikhyātā munisattamāḥ ||41|
vasudevāc ca devakyāṃ jajñe śaurir mahāyaśāḥ |
rāmāc ca *niśaṭho*[69] jajñe *revatyāṃ*[70] dayitaḥ *sutaḥ*[71] ||42|
subhadrāyāṃ rathī pārthād abhimanyur ajāyata |
a-*krūrāt kāśi*-[72]kanyāyāṃ satyaketur ajāyata ||43|
vasudevasya bhāryāsu *mahābhāgāsu saptasu*[73] |
ye putrā jajñire *śūrāḥ samastāṃs*[74] tān nibodhata ||44|
bhojaś ca vijayaś caiva śāntidevāsutāv ubhau |
vṛkadevaḥ sunāmāyāṃ gadaś cāstāṃ sutāv ubhau ||45|
agāvahaṃ mahātmānaṃ vṛkadevī vyajāyata |
kanyā trigartarājasya *bhāryā*[75] *vai śiśirāyaṇeḥ*[76] ||46|
jijñāsāṃ *pauruṣe*[77] cakre na *caskande ca*[78] pauruṣam |
kṛṣṇāyasa-[79]sama-*prakhyo*[80] varṣe dvādaśame *tathā*[81] ||47|
mithyābhiśasto gārgyas tu[82] *manyunātisamīritaḥ*[83] |
ghoṣa-[84]kanyām upādāya maithunāyopacakrame ||48|
gopālī *cāpsarās tasya*[85] gopastrīveṣadhāriṇī |
dhārayām āsa *gārgyasya*[86] garbhaṃ durdharam acyutam ||49|
mānuṣyāṃ *garga*-[87]bhāryāyāṃ niyogāc chūlapāṇinaḥ |
sa kālayavano nāma jajñe *rājā*[88] mahābalaḥ ||50|
vṛttapūrvārdhakāyas tu[89] *siṃhasaṃhanano yuvā*[90] |
aputrasya sa rājñas tu vavṛdhe 'ntaḥpure śiśuḥ ||51|

58 B mahaujasaḥ **59** V pūjyate **60** BC om. the following three ślokas. **61** ASS corr. *madirādis tathāparā*; V madirādis tathā parāḥ **62** A om. **63** BV śāraṇaṃ C sāraṇaṃ **64** B śavam **65** C daśanaṃ **66** A rohiṇī dayitā **67** AC daśa **68** A pitrā **69** A dhiṣaṇo B niṣaḍho **70** AB rohiṇyāṃ **71** A smṛtaḥ B punaḥ **72** A -krūrād rāja- **73** A tāsu saptasu bho dvijāḥ **74** BV śūrā nāmatas **75** C bhartā **76** A vairaparāyaṇā C vai śiśirāyaṇā **77** C paurave **78** A caskandāsya **79** B skandāyasa- **80** A -prakhye C -prakhyair **81** A tadā **82** A 'bhiśasto gārgyaḥ śālena **83** A manyunā samudīritaḥ BV manyunābhisamīritaḥ **84** C gopa- **85** C tasya bhadrā tu **86** A gargasya **87** C garda- **88** V śūro **89** B vṛṣapūrvārdhakāyas tam C vṛṣapūrvārdhakāyastum [?] **90** BC avahat vājino raṇe [HV reads *avahan vājino raṇe*]

yavanasya muniśreṣṭhāḥ sa kālayavano 'bhavat |
āyudhyamāno[91] nṛpatiḥ paryapṛcchad dvi-*jottamam*[92] ||52|
vṛṣṇyandhaka-*kulaṃ*[93] tasya nārado 'kathayad *vibhuḥ*[94] |
akṣauhiṇyā tu sainyasya mathurām abhyayāt tadā ||53|
dūtaṃ saṃpreṣayām āsa vṛṣṇyandhakaniveśanam |
tato vṛṣṇyandhakāḥ kṛṣṇaṃ puraskṛtya mahāmatim ||54|
sametā mantrayām āsur yavanasya *bhayāt tadā*[95] |
kṛtvā *viniścayaṃ*[96] sarve palāyanam arocayan ||55|
vihāya mathurāṃ ramyāṃ *mānayantaḥ*[97] pinākinam |
kuśasthalīṃ dvāravatīṃ niveśayitum īpsavaḥ ||56|
iti kṛṣṇasya *janmedaṃ*[98] yaḥ śucir niyatendriyaḥ |
parvasu śrāvayed vidvān anṛṇaḥ sa sukhī bhavet ||59|

iti śrīmahāpurāṇe ādibrāhme kṛṣṇajanmānukīrtanaṃ nāma caturdaśo 'dhyāyaḥ

lomaharṣaṇa uvāca:
kroṣṭor athābhavat putro vṛjinīvān mahāyaśāḥ |
vārjinīvatam icchanti svāhiṃ svāhākṛtāṃ varam ||15.1|
svāhiputro 'bhavad rājā *uṣadgur*[1] vadatāṃ varaḥ |
mahākratubhir īje yo vividhair bhūridakṣiṇaiḥ ||2|
tataḥ prasūtim icchan vai *uṣadguḥ*[2] *so 'gryam ātmajam*[3] |
jajñe citrarathas tasya putraḥ karmabhir *anvitaḥ*[4] ||3|
āsīc caitrarathir vīro yajvā vipuladakṣiṇaḥ |
śaśabinduḥ paraṃ *vṛttaṃ*[5] rājarṣīṇām anuṣṭhitaḥ ||4|
pṛthuśravāḥ pṛthuyaśā rājāsīc *chāśabindavaḥ*[6] |
śaṃsanti ca purāṇajñāḥ pārthaśravasam antaram ||5|
antarasya suyajñas tu suyajñatanayo 'bhavat |
uṣato[7] yajñam akhilaṃ svadharme ca kṛtādaraḥ ||6|
śineyur abhavat putra uṣataḥ śatrutāpanaḥ |
marutas tasya tanayo rājarṣir abhavan nṛpaḥ ||7|
maruto 'labhata jyeṣṭhaṃ[8] sutaṃ kambalabarhiṣam |
cacāra vipulaṃ dharmam *amarṣāt pratyabhāg*[9] api ||8|
sa sat-[10]prasūtim *icchan vai*[11] *sutaṃ*[12] kambalabarhiṣaḥ |
babhūva rukmakavacaḥ śata-*prasavataḥ*[13] sutaḥ ||9|
nihatya rukmakavacaḥ śataṃ kavacināṃ raṇe |
dhanvināṃ niśitair bāṇair avāpa śriyam uttamām ||10|
jajñe ca rukmakavacāt *parajit*[14] paravīrahā |
jajñire pañca *putrās tu*[15] mahā-*vīryāḥ parājitāḥ*[16] ||11|

91 A suyudhyamāno C ayudhyamāno **92** BC -jottamān **93** A -kule **94** B dvijāḥ **95** V tadā bhayāt **96** V ca niścayaṃ **97** B bhāvayantaḥ **98** A janmeha **1** A ṣaḍarvā B uṣagur **2** A ṣaḍarvā B uṣaguḥ **3** A āpa cātmajam **4** B añcitaḥ **5** A kṛtyaṃ **6** B chaśabindujaḥ **7** A uṣito **8** A marutas tv abhavac chreṣṭhaṃ **9** A amarṣapratyabhāg C amarṣāt pretyabhāg **10** BC śata- **11** BC icchanti **12** V putraṃ **13** B -prasavatā **14** C parājit **15** V putrāś ca **16** B -vīryaparākramāḥ

rukmeṣuḥ pṛthurukmaś ca *jyāmaghaḥ*[17] pālito hariḥ |
pālitaṃ ca hariṃ caiva *videhebhyaḥ*[18] pitā dadau || 12 |
rukmeṣur abhavad rājā pṛthurukmasya saṃśrayāt |
tābhyāṃ pravrājito *rājā jyāmagho*[19] 'vasad āśrame || 13 |
praśāntaś ca tadā rājā[20] brāhmaṇaiś cāvabodhitaḥ |
jagāma dhanur ādāya deśam anyaṃ dhvajī rathī || 14 |
narmadākūlam *ekākīm*[21] *ekalāṃ mṛttikāvatīm*[22] |
ṛkṣavantaṃ[23] giriṃ jitvā *śuktimatyām*[24] uvāsa saḥ || 15 |
jyāmaghasyābhavad[25] bhāryā śaibyā balavatī satī |
aputro 'pi *sa*[26] rājā *vai*[27] nānyāṃ bhāryām avindata || 16 |
tasyāsīd vijayo yuddhe tatra kanyām avāpa saḥ |
bhāryām uvāca saṃtrastaḥ *snuṣeti sa*[28] janeśvaraḥ || 17 |
etac chrutvābravīd *devī*[29] kasya deva snuṣeti vai |
abravīt tad upaśrutya jyāmagho rājasattamaḥ || 18 |
rājovāca:
yas te janiṣyate *putras tasya bhāryopapāditā*[30] || 19 |
lomaharṣaṇa uvāca:
ugreṇa tapasā tasyāḥ kanyāyāḥ sā vyajāyata |
putraṃ vidarbhaṃ subhāgā śaibyā pariṇatā satī || 20 |
rāja-*putryāṃ*[31] tu vidvāṃsau snuṣāyāṃ kratha-*kaiśikau*[32] |
paścād vidarbho 'janayac chūrau raṇaviśāradau || 21 |
bhīmo vidarbhasya sutaḥ kuntis tasyātmajo 'bhavat |
kunter *dhṛṣṭaḥ suto*[33] jajñe raṇadhṛṣṭaḥ pratāpavān || 22 |
dhṛṣṭasya jajñire śūrās trayaḥ paramadhārmikāḥ |
āvantaś[34] ca daśārhaś ca balī viṣa-*haraś*[35] ca *saḥ*[36] || 23 |
daśārhasya suto vyomā vyomno jīmūta ucyate |
jīmūtaputro *vikṛtis*[37] tasya bhīmarathaḥ *smṛtaḥ*[38] || 24 |
atha bhīmarathasyāsīt putro *nava-*[39]rathas tathā |
tasya[40] cāsīd daśarathaḥ *śakunis tasya*[41] cātmajaḥ || 25 |
tasmāt karambhaḥ kārambhir[42] devarāto 'bhavan nṛpaḥ |
devakṣatro 'bhavat tasya *vṛddhakṣatro*[43] mahāyaśāḥ || 26 |
deva-[44]garbhasamo jajñe *deva-*[45]kṣatrasya nandanaḥ |
madhūnāṃ vaṃśakṛd rājā madhur madhuravāg api || 27 |
madhor jajñe 'tha *vaidarbhyāṃ purudvān puruṣottamaḥ*[46] |
aikṣvākī cābhavad bhāryā[47] *madhos tasyāṃ*[48] vyajāyata || 28 |

17 A samayaḥ C yāmaghaḥ **18** A vaidiśebhyaḥ **19** C rājye hyāmagho **20** B praśānteḥ savarasthaś ca **21** V ekākī **22** A ekalāṃ mṛttikāvanīm B ekalāmṛttikāvatīm V mekhalāṃ mṛttikāvatīm **23** C akṣavantaṃ **24** C śrutimatyāṃ **25** A śyāmalasyābhavad C hyomaghasyābhavad **26** V ca **27** V sa **28** BV snuṣeyaṃ te **29** V enaṃ **30** C putro bhāryeyaṃ tasya jātibhiḥ **31** A -putrau **32** C -kauśikām **33** C vṛṣṇisuto **34** A acaraś **35** A -dharaś **36** AB yaḥ **37** AB bṛhatiś **38** BV sutaḥ **39** C nara- **40** C tathā **41** A śakratulyo 'sya **42** A tataḥ kārambhis tasmāc ca **43** BCV daivakṣatrir **44** A hema- **45** V daiva- **46** A vaidarbhis tasya ca priyadhūrvahaḥ **47** A aikṣvākir 'bhavad rājā **48** A sattvas tasya B sāvas tasyāṃ

satvān sarva-[49]guṇopetaḥ *sātvatā*[50] kīrtivardhanaḥ |
imāṃ *visṛṣṭiṃ*[51] vijñāya *jyāmaghasya*[52] mahātmanaḥ |
yujyate *paramaprītyā*[53] prajāvāṃś ca *bhavet sadā*[54] ||29|
lomaharṣaṇa uvāca:
satvataḥ[55] sattva-*saṃpannān*[56] *kauśalyā*[57] suṣuve sutān |
bhāginaṃ[58] bhajamānaṃ ca divyaṃ *devā-*[59]vṛdhaṃ nṛpam ||30|
andhakaṃ ca mahābāhuṃ *vṛṣṇiṃ ca*[60] yadunandanam |
teṣāṃ visargāś catvāro vistareṇeha kīrtitāḥ ||31|
bhajamānasya *sṛñjayyau bāhyakāthopabāhyakā*[61] |
āstāṃ bhārye tayos tasmāj jajñire bahavaḥ sutāḥ ||32|
krimiś[62] ca *kramaṇaś*[63] caiva *dhṛṣṭaḥ*[64] *śūraḥ puraṃjayaḥ*[65] |
ete bāhyakasṛñjayyāṃ bhajamānād vijajñire ||33|
āyutājit sahasrājic[66] *chatājit tv atha dāsakaḥ*[67] |
upabāhyakasṛñjayyāṃ bhajamānād vijajñire ||34|
yajvā devāvṛdho rājā cacāra vipulaṃ tapaḥ |
putraḥ sarvaguṇopeto mama syād iti niścitaḥ ||35|
saṃyujyamānas[68] tapasā parṇāśāyā jalaṃ spṛśan |
sadopaspṛśatas[69] tasya cakāra priyam āpagā ||36|
cintayābhiparītā sā[70] *na jagāmaiva niścayam*[71] |
kalyāṇatvān narapates tasya sā nimnagottamā ||37|
nādhyagacchat tu tāṃ nārīṃ yasyām evaṃvidhaḥ sutaḥ |
bhavet tasmāt svayaṃ gatvā bhavāmy asya *sahānugā*[72] ||38|
atha bhūtvā kumārī sā *bibhratī*[73] paramaṃ vapuḥ |
varayām āsa nṛpatiṃ tām iyeṣa ca sa prabhuḥ ||39|
tasyām ādhatta garbhaṃ sa tejasvinam udāradhīḥ[74] |
atha sā daśame māsi suṣuve saritāṃ varā ||40|
putraṃ sarvaguṇopetaṃ babhruṃ devāvṛdhaṃ dvijāḥ |
atra vaṃśe purāṇajñā gāyantīti pariśrutam ||41|
guṇān devāvṛdhasyāpi kīrtayanto mahātmanaḥ |
yathaivāgre tathā dūrāt paśyāmas tāvad antikāt ||42|
babhruḥ śreṣṭho manuṣyāṇāṃ devair devāvṛdhaḥ samaḥ |
ṣaṣṭiś ca *ṣaṭ ca*[75] puruṣāḥ sahasrāṇi ca sapta *ca*[76] ||43|
ete 'mṛtatvaṃ prāptā vai babhror devāvṛdhād api |
yajvā dānapatir *dhīmān*[77] brahmaṇyaḥ *sudṛdhāyudhaḥ*[78] ||44|

49 B sattvāt sattva- **50** V sātvatāṃ **51** A ca sṛṣṭiṃ **52** C hyāmaghasya **53** B paramaṃ prītyā **54** A bhaved dvijāḥ **55** B sātvatān V sātvatāt **56** V -saṃpannāt **57** A kauśikī **58** A bhābhinaṃ B bhajinaṃ **59** C deva- **60** A prathitaṃ B vṛjiṃ ca **61** V sṛñjayyāṃ bāhyakā copabāhyakā **62** A kṛmiś **63** C kramiṇaś **64** B vṛṣaḥ V dhṛṣṭhaḥ **65** A surasutopamaḥ **66** A āyutāyutasatrājit B āyutajit sahasrajic **67** A chatajic cārthadāsakaḥ **68** A saṃjuṣṭakāyas **69** A sadogratapasas **70** A cittena paritāpa sā B cintayābhiparītātmā **71** A jagāmaikā viniścayam B jagāmaikaṃ viniścayam **72** B sahavratā **73** V bibhrāṇā **74** A tasmād āgatya sā garbhaṃ dadhāra parayā mudā **75** A ṣaṣṭi- B ṣaḍ dvai **76** B vai **77** AB vidvān **78** V sa dṛḍhāyudhaḥ

tasyānvavāyaḥ sumahān *bhojā ye sārtikāvatāḥ*[79] |
andhakāt kāśyaduhitā[80] caturo 'labhatātmajān ||45|
[81]kukuraṃ bhajamānaṃ ca *sasakaṃ bala-*[82]barhiṣam |
kukurasya suto *vṛṣṭir vṛṣṭes*[83] tu tanayas tathā ||46|
kapotaromā tasyātha *tiliris*[84] tanayo 'bhavat |
jajñe punar vasus tasmād *abhijic*[85] ca punar vasoḥ ||47|
tathā vai putramithunaṃ babhūvābhijitaḥ kila |
āhukaḥ śrāhukaś[86] caiva khyātau *khyātimatāṃ*[87] varau ||48|
imāṃ codāharanty atra gāthāṃ prati tam *āhukam*[88] |
śvetena parivāreṇa kiśorapratimo mahān ||49|
aśīti-*varmaṇā*[89] yukta āhukaḥ prathamaṃ vrajet |
nāputravān nāśatado nāsahasraśatāyuṣaḥ ||50|
nāśuddhakarmā nāyajvā yo bhojam abhito *vrajet*[90] |
pūrvasyāṃ diśi nāgānāṃ bhojasya prayayuḥ kila ||51|
[91]somāt saṅgānukarṣāṇāṃ dhvajināṃ savarūthinām |
rathānāṃ meghaghoṣāṇāṃ sahasrāṇi daśaiva tu ||52|
raupyakāñcana-*kakṣāṇāṃ*[92] sahasrāṇy ekaviṃśatiḥ |
tāvaty eva sahasrāṇi uttarasyāṃ tathā diśi ||53|
ābhūmipālā *bhojās tu*[93] *santi jyākiṅkiṇīkinaḥ*[94] |
āhuḥ kiṃ[95] cāpy avantibhyaḥ svasāraṃ dadur *andhakāḥ*[96] ||54|
āhukasya tu *kāśyāyāṃ*[97] dvau putrau saṃbabhūvatuḥ |
devakaś cograsenaś ca devagarbha-*samāv*[98] ubhau ||55|
devakasyābhavan putrāś catvāras tridaśopamāḥ |
devavān[99] upadevaś ca *saṃ-*[100]devo devarakṣitaḥ ||56|
kumāryaḥ *sapta cāsyātha*[101] vasudevāya tā dadau |
devakī śāntidevā ca *sudevā*[102] devarakṣitā ||57|
vṛkadevy upadevī ca su-*nāmnī*[103] caiva saptamī |
navograsenasya sutās teṣāṃ kaṃsas tu pūrvajaḥ ||58|
nyagrodhaś ca sunāmā ca tathā *kaṅkaḥ*[104] subhūṣaṇaḥ |
rāṣṭrapālo 'tha *sutanur*[105] *anāvṛṣṭis*[106] tu puṣṭimān ||59|
teṣāṃ svasāraḥ pañcāsan kaṃsā kaṃsavatī tathā |
sutanū[107] rāṣṭrapālī ca kaṅkā caiva varāṅganā ||60|
ugrasenaḥ sahāpatyo vyākhyātaḥ kukurodbhavaḥ |
kukurāṇām imaṃ vaṃśaṃ dhārayann amitaujasām ||61|
ātmano vipulaṃ vaṃśaṃ prajāvān *āpnuyān*[108] naraḥ ||62|

iti śrīmahāpurāṇe ādibrāhme vṛṣṇivaṃśanirūpaṇaṃ nāma pañcadaśo 'dhyāyaḥ

79 A bhojānām ārtikāvatām C bhojājim [?] ārtikāratāḥ [?] **80** A andhakāṅkasya duhitā B andhakāśvasya duhitā **81** C om. 15.46–49. **82** B samakaṃ dala- **83** A vṛṣṇir vṛṣṇes **84** A tattiris V tittiris **85** A anibhic **86** A āhuka āhukī **87** A matimatāṃ **88** B āhuvam **89** A -karmaṇā B -carmaṇā **90** B vrajan **91** AC om. 15.52. **92** C -kalpānāṃ **93** A bhojāśvāḥ B bhojās te **94** B sātiṣṭhan [?] kaṅkinī kila C sātiṣṭhan kiṅkarī kilaḥ [?] **95** A āhukīṃ **96** B añcakāḥ **97** C kāśyāyā **98** B -sutāv **99** C devarān **100** C sa- **101** B saptadhāsyātha **102** A saṃdevī **103** A -nāmā **104** A kāṅkaḥ **105** B sutarur **106** C anādhṛṣṭis **107** V sutanū **108** A prāpnuyān

lomaharṣaṇa uvāca:
bhajamānasya putro *'tha*[1] *rathamukhyo*[2] vidūrathaḥ |
rājādhidevaḥ śūras tu vidūrathasuto 'bhavat ||16.1|
rājādhidevasya sutā jajñire vīryavattarāḥ |
dattātidattau[3] balinau śoṇāśvaḥ śvetavāhanaḥ ||2|
śamī ca daṇḍaśarmā ca danta-*śatruś*[4] ca śatrujit |
śravaṇā[5] ca śraviṣṭhā ca svasārau saṃbabhūvatuḥ ||3|
śami-[6]putraḥ *pratikṣatraḥ pratikṣatrasya*[7] cātmajaḥ |
svayaṃbhojaḥ svayaṃbhojād *bhadikaḥ*[8] saṃbabhūva ha ||4|
tasya putrā babhūvur hi sarve bhīmaparākramāḥ |
kṛtavarmāgrajas teṣāṃ śatadhanvā tu madhyamaḥ ||5|
devāntaś ca narāntaś ca bhiṣagvaitaraṇaś ca yaḥ |
sudāntaś cātidāntaś ca nikāśyaḥ[9] kāmadambhakaḥ ||6|
devāntasyābhavat putro vidvān kambalabarhiṣaḥ |
asamaujāḥ sutas tasya *nāsamaujāś*[10] ca tāv ubhau ||7|
ajātaputrāya sutān pradadāv asamaujase |
sudaṃṣṭraś ca sucāruś ca kṛṣṇa ity *andhakāḥ*[11] smṛtāḥ ||8|
gāndhārī caiva mādrī ca *kroṣṭu-*[12]bhārye *babhūvatuḥ*[13] |
gāndhārī janayām āsa [[14]hy] anamitraṃ mahābalam ||9|
mādrī yudhājitaṃ putraṃ *tato*[15] vai devamīḍhuṣam |
anamitram *amitrāṇāṃ*[16] jetāram aparājitam ||10|
anamitrasuto nighno nighnato dvau babhūvatuḥ |
prasenaś *cātha*[17] satrājic chatrusenājitāv ubhau ||11|
praseno dvāravatyāṃ tu *nivasan yo*[18] mahāmaṇim |
divyaṃ syamantakaṃ nāma *sa sūryād*[19] upalabdhavān ||12|
tasya satrājitaḥ sūryaḥ sakhā prāṇasamo 'bhavat |
sa kadācin niśāpāye rathena rathināṃ varaḥ ||13|
toyakūlam *apaḥ spraṣṭum upasthātuṃ*[20] yayau ravim |
tasyopatiṣṭhataḥ sūryaṃ vivasvān agrataḥ sthitaḥ ||14|
vispaṣṭa-[21]mūrtir bhagavāṃs tejomaṇḍalavān vibhuḥ |
atha rājā vivasvantam uvāca sthitam agrataḥ ||15|
yathaiva *vyomni*[22] paśyāmi sadā tvāṃ jyotiṣāṃ pate |
tejomaṇḍalinaṃ devaṃ tathaiva purataḥ sthitam ||16|
ko viśeṣo 'sti me tvattaḥ *sakhyenopagatasya*[23] vai |
etac chrutvā tu bhagavān maṇiratnaṃ syamantakam ||17|

1 V vai **2** A jambhamāno **3** A dattābhidattau **4** A -cakraś **5** A śrīvīrā **6** A śamī- **7** V pratichatraḥ pratichatrasya **8** A vṛdīkaḥ B dhṛdikaḥ V dhṛdīkaḥ **9** A yuvānaś cāpi niṣkośyo niṣkośyāt **10** A tāmasaujāś B nāmamaujāś **11** B añcakāḥ **12** A kroṣṭor **13** A mahādyutī **14** V ins. **15** A tathā **16** B ca śatrūṇāṃ **17** A cāpi **18** B nivasaṃś ca V nivasant sa **19** AC samudrād **20** B upasthātum sa rājā ca **21** C aspaṣṭa- **22** A deva **23** BV sahāyatvaṃ gatasya

svakaṇṭhād *avamucyātha*[24] ekānte nyastavān vibhuḥ |
tato vigrahavantaṃ taṃ dadarśa nṛpatis tadā ||18|
prītimān atha taṃ dṛṣṭvā muhūrtaṃ kṛtavān kathām |
tam abhiprasthitaṃ bhūyo vivasvantaṃ sa satrajit ||19|
lokān *bhāsayase sarvān*[25] yena tvaṃ satataṃ *prabho*[26] |
tad etan maṇiratnaṃ me bhagavan dātum arhasi ||20|
tataḥ syamantakamaṇiṃ dattavān bhāskaras tadā |
sa tam *ābadhya*[27] nagarīṃ praviveśa mahīpatiḥ ||21|
taṃ janāḥ paryadhāvanta sūryo 'yaṃ gacchatīti ha |
svāṃ purīṃ sa visiṣmāya rājā tv antaḥpuraṃ[28] tathā ||22|
taṃ prasenajitaṃ divyaṃ maṇiratnaṃ syamantakam |
dadau *bhrātre*[29] narapatiḥ premṇā satrājid uttamam ||23|
sa maṇiḥ syandate rukmaṃ vṛṣṇyandhakaniveśane |
kālavarṣī ca parjanyo na ca vyādhibhayaṃ hy abhūt ||24|
lipsāṃ cakre *prasenasya*[30] maṇiratne syamantake |
govindo na ca taṃ lebhe śakto 'pi na jahāra saḥ ||25|
kadācin mṛgayāṃ yātaḥ prasenas tena bhūṣitaḥ |
syamantakakṛte siṃhād *vadhaṃ prāpa*[31] vanecarāt ||26|
atha siṃhaṃ pradhāvantam ṛkṣarājo mahābalaḥ |
nihatya maṇiratnaṃ *tad*[32] ādāya *prāviśad guhām*[33] ||27|
tato vṛṣṇyandhakāḥ kṛṣṇaṃ prasenavadhakāraṇāt |
prārthanāṃ tāṃ maṇer[34] *baddhvā*[35] sarva eva śaśaṅkire ||28|
sa *śaṅkyamāno*[36] dharmātmā [[37]hy] akārī tasya karmaṇaḥ |
āhariṣye maṇim iti pratijñāya vanaṃ yayau ||29|
yatra praseno mṛgayāṃ vyacarat tatra cāpy atha |
prasenasya padaṃ gṛhya puruṣair *āpta-*[38]kāribhiḥ ||30|
ṛkṣavantaṃ[39] girivaraṃ vindhyaṃ *ca girim uttamam*[40] |
anveṣayan[41] pariśrāntaḥ sa dadarśa mahāmanāḥ ||31|
sāśvaṃ hataṃ prasenaṃ tu nāvindata ca tanmaṇim |
atha siṃhaḥ prasenasya śarīrasyāvidūrataḥ ||32|
ṛkṣeṇa nihato dṛṣṭaḥ *padair*[42] *ṛkṣas tu*[43] *sūcitaḥ*[44] |
padais tair anviyāyātha *guhām*[45] ṛkṣasya mādhavaḥ ||33|
sa hi ṛkṣabile vāṇīṃ śuśrāva pramaderitām |
dhātryā kumāram ādāya sutaṃ jāmbavato dvijāḥ ||34|
krīḍayantyā ca maṇinā mā rodīr ity atheritām ||35|
dhātry uvāca:
siṃhaḥ prasenam avadhīt siṃho jāmbavatā hataḥ |
sukumāraka mā rodīs tava hy eṣa syamantakaḥ ||36|

24 B avamucyaivam C avamucyainam **25** A udbhāsayasy etān V udbhāsayan svāmin **26** V vibho **27** B āmucya **28** B purīṃ vismāpayitvā tu sa rājāntaḥpuraṃ **29** AB tato **30** C prasenāt tu **31** A vadham āpa **32** C tu **33** A prāviśad bilam C vanam āviśat **34** A prārthitaṃ taṃ maṇiṃ **35** AV buddhvā **36** A śaṅkamāno **37** V ins. **38** B ātma- **39** C akṣavantaṃ **40** V vā girisattamam **41** AC anviyeṣa **42** B pādair **43** AB ṛkṣasya **44** A bhāvitaḥ **45** V gṛham

vyaktitas tasya śabdasya[46] tūrṇam eva bilaṃ yayau |
praviśya[47] tatra bhagavāṃs tad ṛkṣabilam añjasā ||37|
sthāpayitvā biladvāre yadūṃl lāṅgalinā saha |
śārṅgadhanvā bilasthaṃ tu jāmbavantaṃ dadarśa saḥ ||38|
yuyudhe vāsudevas tu bile jāmbavatā saha |
[48]bāhubhyām *eva*[49] govindo divasān ekaviṃśatim ||39|
praviṣṭe 'tha bile kṛṣṇe baladevapuraḥsarāḥ |
purīṃ dvāravatīm etya hataṃ kṛṣṇaṃ *nyavedayan*[50] ||40|
vāsudevo 'pi nirjitya jāmbavantaṃ mahā-*balam*[51] |
lebhe jāmbavatīṃ kanyām ṛkṣarājasya *saṃmatām*[52] ||41|
maṇiṃ syamantakaṃ caiva *jagrāhātmaviśuddhaye*[53] |
anunīyarkṣarājaṃ tu niryayau ca tato bilāt ||42|
upāyād dvārakāṃ kṛṣṇaḥ sa vinītaiḥ puraḥsaraiḥ |
evaṃ sa maṇim āhṛtya viśodhyātmānam acyutaḥ ||43|
dadau satrājite *taṃ vai*[54] sarva-*sātvata*-[55]saṃsadi |
evaṃ mithyābhiśastena kṛṣṇenāmitraghātinā ||44|
ātmā viśodhitaḥ pāpād vinirjitya syamantakam |
satrājito daśa tv āsan bhāryās tāsāṃ śataṃ sutāḥ ||45|
khyātimantas trayas teṣāṃ *bhagaṃ*-[56]kāras tu pūrvajaḥ |
vīro vātapatiś[57] caiva *vasumedhas*[58] tathaiva ca ||46|
kumāryaś cāpi tisro vai dikṣu khyātā dvijottamāḥ |
satyabhāmottamā *tāsāṃ*[59] vratinī ca dṛḍhavratā ||47|
tathā prasvāpinī caiva bhāryāṃ kṛṣṇāya tāṃ dadau |
sabhākṣo *bhaṅga*-[60]kāris tu *nāveyaś*[61] ca narottamau ||48|
jajñāte guṇasaṃpannau viśrutau rūpa-*saṃpadā*[62] |
mādryāḥ *putro 'tha*[63] jajñe 'tha *vṛṣṇiputro*[64] yudhājitaḥ ||49|
jajñāte tanayau *vṛṣṇeḥ*[65] śvaphalkaś citrakas tathā |
śvaphalkaḥ kāśirājasya sutāṃ bhāryām avindata ||50|
gāndinīṃ nāma *tasyāś ca gāḥ sadā*[66] pradadau pitā |
tasyāṃ jajñe mahābāhuḥ śrutavān *atithipriyaḥ*[67] ||51|
akrūro 'tha mahābhāgo *jajñe*[68] vipuladakṣiṇaḥ |
upamadgus tathā madgur *mudaraś*[69] cārimardanaḥ ||52|
āri-[70]kṣepas *tathopekṣaḥ*[71] śatruhā cārimejayaḥ |
dharmabhṛc cāpi *dharmā*[72] ca *gṛdhrabhojāndhakas*[73] tathā ||53|
āvāhaprativāhau[74] ca sundarī ca varāṅganā |
viśrutāśvasya mahiṣī[75] kanyā cāsya *vasuṃdharā*[76] ||54|

46 B vyaktīkṛtaś ca śabdaś ca C vyaktīkṛtasya śabdasya **47** A praviṣṭas **48** B om. the following 3 lines. **49** A atha **50** V tadā jaguḥ **51** A -balaḥ **52** B saṃmatam **53** B jahārātmaviśuddhaya **54** BV caiva **55** A -yādava- **56** A bhaga- C naṅga- **57** A virodhādhipatiś V vīro vātamatiś **58** A upaśrāvas **59** AC śrīṇāṃ **60** B bhāṅga- **61** B tāreyaś **62** BV -saṃvṛtau **63** V putras tu **64** B pṛṣṇiḥ putro **65** B pṛṣṇeḥ **66** V tasyās tu gāś cāsya **67** ABV iti viśrutaḥ **68** C yajvā **69** C [possibly; read *ga* for *ya* as siglum] mṛdaraś **70** C giri- **71** AC tathākṣepaḥ **72** C dharmī **73** A gṛdhraso jāmbavas C gṛdhramo jātukas **74** A ābāhuḥ pratibāhuś **75** A viśrutā sā ca mahiṣa- C viśrutā svasya mahiṣī **76** B varāṅganā

rūpayauvanasampannā sarvasattvamanoharā |
akrūreṇogra-*senāyām*[77] sutau vai kulanandanau ||55|
vasu-[78]devaś *copadevaś ca*[79] jajñāte devavarcasau |
citrakasyābhavan putrāḥ pṛthur vipṛthur eva ca ||56|
aśva-*grīvo*[80] 'śvabāhuś ca supārśvakagaveṣaṇau |
ariṣṭanemiś ca sutā dharmo dharmabhṛd eva ca ||57|
subāhur bahubāhuś ca śraviṣṭhāśravaṇe striyau |
imāṃ mithyābhiśastiṃ yaḥ kṛṣṇasya samudāhṛtām ||58|
veda mithyābhiśāpās taṃ na spṛśanti kadācana ||59|

iti śrīmahāpurāṇe ādibrāhme syamantakapratyānayananirūpaṇaṃ nāma ṣoḍaśo 'dhyāyaḥ

lomaharṣaṇa uvāca:
yat tu satrājite kṛṣṇo maṇiratnaṃ syamantakam |
dadāv ahārayad babhrur bhojena śatadhanvanā ||17.1|
sadā hi prārthayām āsa satyabhāmām aninditām |
akrūro 'ntaram anviṣyan maṇiṃ caiva syamantakam ||2|
satrājitaṃ tato hatvā śatadhanvā mahābalaḥ |
rātrau taṃ maṇim ādāya tato 'krūrāya dattavān ||3|
akrūras tu tadā viprā *ratnam*[1] ādāya cottamam |
samayaṃ kārayāṃ cakre nāvedyo 'haṃ tvayety uta ||4|
vayam *abhyutprapatsyāmaḥ*[2] *kṛṣṇena*[3] tvāṃ *pradharṣitam*[4] |
mamādya dvārakā sarvā vaśe tiṣṭhaty asaṃśayam ||5|
hate pitari duḥkhārtā satyabhāmā *manasvinī*[5] |
prayayau ratham āruhya nagaraṃ vāraṇāvatam ||6|
satyabhāmā tu tad vṛttaṃ bhojasya śatadhanvanaḥ |
bhartur nivedya duḥkhārtā pārśvasthāśrūṇy avartayat ||7|
pāṇḍavānāṃ ca dagdhānāṃ hariḥ kṛtvodakakriyām |
kulyārthe cāpi pāṇḍūnāṃ nyayojayata sātyakim ||8|
tatas tvaritam āgamya dvārakāṃ madhusūdanaḥ |
pūrvajaṃ halinaṃ śrīmān idaṃ vacanam abravīt ||9|
śrīkṛṣṇa uvāca:
hataḥ prasenaḥ siṃhena satrājic chatadhanvanā |
syamantakas tu mad-*nāmī*[6] tasya prabhur ahaṃ vibho ||10|
tad āroha rathaṃ śīghraṃ bhojaṃ hatvā mahāratham |
syamantako mahābāho asmākaṃ sa bhaviṣyati ||11|
lomaharṣaṇa uvāca:
tataḥ pravavṛte[7] yuddhaṃ tumulaṃ bhojakṛṣṇayoḥ |
śatadhanvā tato 'krūraṃ sarvatodiśam aikṣata ||12|
saṃrabdhau tāv ubhau tatra dṛṣṭvā bhojajanārdanau |
śakto 'pi *śāpād dhārdikyam*[8] akrūro nānvapadyata ||13|

77 C -senyāṃ tu **78** A vṛṣa- **79** V copadevo **80** B -seno **1** A maṇim **2** B kṛṣṇaṃ prapatsyāmaḥ V abhyupavatsyāmaḥ **3** A kṛṣṇe ca **4** A pradharṣati B pradharṣitām **5** C yaśasvinī **6** V -gāmī **7** A prāvartata tato **8** C sādhyād vārṣikyam

apayāne tato buddhiṃ bhojaś cakre bhayārditaḥ |
yojanānāṃ śataṃ sāgraṃ hṛdayā pratyapadyata ||14|
vikhyātā hṛdayā nāma śatayojanagāminī |
bhojasya vaḍavā viprā yayā *kṛṣṇam ayodhayat*[9] ||15|
kṣīṇāṃ javena hṛdayām adhvanaḥ śatayojane |
dṛṣṭvā rathasya svāṃ vṛddhiṃ *śatadhanvānam ardayat*[10] ||16|
tatas tasyā hatāyās tu śramāt khedāc ca bho dvijāḥ |
kham utpetur atha prāṇāḥ kṛṣṇo rāmam athābravīt ||17|
śrīkṛṣṇa uvāca:
tiṣṭheha tvaṃ mahābāho dṛṣṭadoṣā hayā mayā |
padbhyāṃ gatvā hariṣyāmi maṇiratnaṃ syamantakam ||18|
padbhyām eva tato gatvā śatadhanvānam acyutaḥ |
mithilām abhito viprā *jaghāna*[11] paramāstravit ||19|
syamantakaṃ ca nāpaśyad dhatvā bhojaṃ mahābalam |
nivṛttaṃ cābravīt kṛṣṇaṃ *maṇiṃ*[12] dehīti lāṅgalī ||20|
nāstīti kṛṣṇaś covāca tato rāmo ruṣānvitaḥ |
dhikśabdapūrvam asakṛt pratyuvāca janārdanam ||21|
balarāma uvāca:
bhrātṛtvān marṣayāmy eṣa svasti te 'stu vrajāmy aham |
kṛtyaṃ na me *dvārakayā*[13] na tvayā na ca vṛṣṇibhiḥ ||22|
praviveśa tato rāmo mithilām arimardanaḥ |
sarvakāmair upahṛtair mithilenābhipūjitaḥ ||23|
etasminn eva kāle tu babhrur matimatāṃ varaḥ |
nānārūpān kratūn *sarvān*[14] ājahāra nirargalān ||24|
dīkṣāmayaṃ sa kavacaṃ rakṣārthaṃ praviveśa ha |
syamantakakṛte prājño gāndīputro mahāyaśāḥ ||25|
atha ratnāni cānyāni dhanāni vividhāni ca |
ṣaṣṭiṃ varṣāṇi dharmātmā yajñeṣv eva nyayojayat ||26|
akrūrayajñā iti te khyātās tasya mahātmanaḥ |
bahvannadakṣiṇāḥ sarve sarvakāmapradāyinaḥ ||27|
atha duryodhano rājā gatvā sa mithilāṃ prabhuḥ |
gadāśikṣāṃ tato divyāṃ baladevād avāptavān ||28|
saṃprasādya tato rāmo vṛṣṇyandhakamahārathaiḥ |
ānīto dvārakām eva kṛṣṇena ca mahātmanā ||29|
akrūraś cāndhakaiḥ sārdham āyātaḥ puruṣarṣabhaḥ |
hatvā satrājitaṃ *suptaṃ*[15] sahabandhuṃ mahābalaḥ ||30|
jñātibhedabhayāt kṛṣṇas tam upekṣitavāṃs tadā |
apayāte tadākrūre nāvarṣat pākaśāsanaḥ ||31|
anāvṛṣṭyā tadā rāṣṭram abhavad bahudhā kṛśam |
tataḥ prasādayām āsur akrūraṃ kukurāndhakāḥ ||32|
punar dvāravatīṃ prāpte tasmin dānapatau tataḥ |
pravavarṣa sahasrākṣaḥ kakṣe jalanidhes tadā ||33|

9 B kṛṣṇabhayodgataḥ **10** V śatadhanvān amardayat **11** A jagrāha **12** C ratnaṃ **13** B dvārakāyāṃ **14** B mukhyān **15** BC yuddhe

kanyāṃ ca vāsudevāya svasāraṃ śīlasaṃmatām |
akrūraḥ pradadau *dhīmān*[16] prītyarthaṃ munisattamāḥ ||34|
atha vijñāya *yogena*[17] kṛṣṇo *babhru-*[18]gataṃ maṇim |
sabhāmadhya-*gataḥ*[19] prāha tam akrūraṃ janārdanaḥ ||35|
śrīkṛṣṇa uvāca:
yat tad ratnaṃ *maṇivaraṃ*[20] tava hastagataṃ vibho |
tat *prayaccha ca*[21] mānārha mayi mānāryakaṃ kṛthāḥ ||36|
ṣaṣṭivarṣagate kāle *yo roṣo*[22] 'bhūn *mamānagha*[23] |
sa *saṃrūḍho 'sakṛt*[24] prāptas *tataḥ*[25] kālātyayo mahān ||37|
sa *tataḥ*[26] kṛṣṇavacanāt sarvasātvatasaṃsadi |
pradadau taṃ maṇiṃ babhrur akleśena mahā-*matiḥ*[27] ||38|
tatas tam ārjavāt prāptaṃ babhror hastād ariṃdamaḥ |
dadau hṛṣṭamanāḥ kṛṣṇas taṃ maṇiṃ babhrave punaḥ ||39|
sa kṛṣṇahastāt *saṃprāptaṃ*[28] maṇiratnaṃ syamantakam |
ābadhya gāndinīputro virarājāṃśumān iva ||40|

iti śrīmahāpurāṇe ādibrāhme somavaṃśakathanaṃ nāma saptadaśo 'dhyāyaḥ

munaya ūcuḥ:
aho sumahad ākhyānaṃ bhavatā parikīrtitam |
bhāratānāṃ ca sarveṣāṃ pārthivānāṃ tathaiva ca ||18.1|
devānāṃ dānavānāṃ ca gandharvoragarakṣasām |
daityānām atha siddhānāṃ guhyakānāṃ tathaiva ca ||2|
atyadbhutāni karmāṇi vikramā dharmaniścayāḥ |
vividhāś ca kathā divyā janma *cāgryam*[1] anuttamam ||3|
sṛṣṭiḥ prajāpateḥ samyak tvayā proktā mahāmate |
prajāpatīnāṃ[2] sarveṣāṃ guhyakāpsarasāṃ tathā ||4|
sthāvaraṃ jaṅgamaṃ sarvam utpannaṃ vividhaṃ jagat |
tvayā proktaṃ mahābhāga śrutaṃ caitan manoharam ||5|
kathitaṃ puṇyaphaladaṃ purāṇaṃ ślakṣṇayā girā |
manaḥkarṇasukhaṃ samyak prīṇāty amṛtasaṃmitam ||6|
idānīṃ śrotum icchāmaḥ sakalaṃ maṇḍalaṃ bhuvaḥ |
vaktum arhasi *sarvajña*[3] paraṃ kautūhalaṃ *hi naḥ*[4] ||7|
yāvantaḥ sāgarā dvīpās tathā varṣāṇi parvatāḥ |
vanāni saritaḥ puṇyadevādīnāṃ mahāmate ||8|
yatpramāṇam idaṃ sarvaṃ *yadādhāraṃ*[5] yadātmakam |
saṃsthānam asya jagato yathāvad vaktum arhasi ||9|
lomaharṣaṇa uvāca:
munayaḥ śrūyatām etat saṃkṣepād *vadato*[6] mama |
nāsya varṣaśatenāpi vaktuṃ *śakyo 'tivistaraḥ*[7] ||10|

16 C śrīmān **17** A cātiyogena [hypermetric] **18** A bandhu- **19** A -gataṃ **20** B maṇim ayaṃ **21** AC prayacchasva **22** A yo yajño C yadroṣo **23** A tavānagha **24** A saṃtuṣṭo 'nyataḥ **25** C tadā **26** A tatra **27** AC -dyutiḥ **28** BC saṃprāpya **1** A caiṣām **2** A nṛpatīnāṃ ca **3** C dharmajña **4** V mahat **5** A yadadhīnaṃ **6** BC gadato **7** A śakyeta vistaram

jambū-[8]plakṣāhvayau dvīpau *śālmalaś*[9] cāparo dvijāḥ |
kuśaḥ krauñcas tathā śākaḥ puṣkaraś caiva saptamaḥ ||11|
ete dvīpāḥ *samudrais tu sapta saptabhir āvṛtāḥ*[10] |
lavaṇekṣusurāsarpir dadhidugdhajalaiḥ *samam*[11] ||12|
jambū-[12]dvīpaḥ *samastānām*[13] eteṣāṃ *madhyasaṃsthitaḥ*[14] |
tasyāpi madhye viprendrā meruḥ kanakaparvataḥ ||13|
caturaśītisāhasrair yojanais tasya cocchrayaḥ |
praviṣṭaḥ ṣoḍaśādhastād *dvātriṃśan mūrdhni*[15] vistṛtaḥ ||14|
mūle ṣoḍaśasāhasrair vistāras tasya sarvataḥ |
bhūpadmasyāsya[16] śailo 'sau karṇikākārasaṃsthitaḥ ||15|
himavān hemakūṭaś ca niṣadhas tasya dakṣiṇe |
nīlaḥ śvetaś ca śṛṅgī ca uttare varṣaparvatāḥ ||16|
lakṣapramāṇau dvau *madhye*[17] daśahīnās tathāpare |
sahasradvitayocchrāyās tāvadvistāriṇaś ca *te*[18] ||17|
bhāratam prathamaṃ varṣaṃ tataḥ kiṃpuruṣaṃ *smṛtam*[19] |
harivarṣaṃ tathaivānyan meror dakṣiṇato dvijāḥ ||18|
ramyakaṃ cottaraṃ varṣaṃ *tasyaiva tu*[20] hiraṇmayam |
uttarāḥ kuravaś caiva yathā vai *bhāratam*[21] tathā ||19|
navasāhasram ekaikam eteṣāṃ dvijasattamāḥ |
ilāvṛtaṃ[22] ca tanmadhye *sauvarṇo merur ucchritaḥ*[23] ||20|
meroś caturdiśaṃ *tatra*[24] navasāhasravistṛtam |
[25]ilāvṛtaṃ mahā-*bhāgāś*[26] catvāraś cātra parvatāḥ ||21|
viṣkambhā vitatā[27] meror yojanāyutavistṛtāḥ |
pūrveṇa mandaro *nāma*[28] dakṣiṇe gandhamādanaḥ ||22|
vipulaḥ paścime pārśve supārśvaś cottare sthitaḥ |
kadambas teṣu *jambūś*[29] ca pippalo vaṭa eva ca ||23|
ekādaśaśatāyāmāḥ pādapā giriketavaḥ |
[30]jambūdvīpasya sā jambūr nāmahetur dvijottamāḥ ||24|
mahāgajapramāṇāni jambvās tasyāḥ phalāni vai |
patanti bhūbhṛtaḥ pṛṣṭhe śīryamāṇāni *sarvataḥ*[31] ||25|
rasena *teṣām*[32] vikhyātā tatra jambūnadīti vai |
sarit pravartate sā ca pīyate tannivāsibhiḥ ||26|
na *khedo*[33] na ca daurgandhyaṃ na jarā nendriyakṣayaḥ |
tatpānasvasthamanasāṃ *janānām*[34] tatra jāyate ||27|
tīramṛt tadrasaṃ prāpya sukhavāyu-*viśoṣitā*[35] |
jāmbūnadākhyaṃ bhavati suvarṇaṃ siddhabhūṣaṇam ||28|
bhadrāśvaṃ[36] pūrvato meroḥ ketu-*mālaṃ*[37] ca paścime |
varṣe dve tu muniśreṣṭhās tayor *madhye tv*[38] ilāvṛtam ||29|

8 C jambu- **9** AB śālmaliś **10** A samudraiś ca saptabhiḥ parivāritāḥ **11** A samāḥ **12** C jambu- **13** A samudrāṇām **14** A madhyataḥ sthitāḥ **15** B dvāviṃśamūrdhni **16** B bhūmipadmasya **17** C madhyau **18** A ye **19** A dvijāḥ **20** BCV tasyaivānu **21** A bhāratās **22** A ilāvṛtaś **23** A yojanāyutavistṛtaḥ **24** A tac ca **25** C om. the following 2 lines. **26** A -dvīpaṃ **27** A viṣkambhā ravitā [?] **28** B meror **29** A jambuś **30** AB om. **31** A sarvaśaḥ **32** V tena **33** ABV svedo **34** A narāṇāṃ **35** B -viśoṣitam **36** AB bhadrāśvaḥ **37** AB -mālaś **38** A madhya

vanaṃ caitrarathaṃ *pūrve*[39] dakṣiṇe gandhamādanam |
vaibhrājaṃ paścime tadvad uttare nandanaṃ smṛtam ||30|
aruṇodaṃ mahā-*bhadram*[40] *asitodaṃ*[41] samānasam |
sarāṃsy etāni catvāri devabhogyāni sarvadā ||31|
śāntavāṃś cakrakuñjaś ca kurarī[42] mālyavāṃs tathā |
vaikaṅka-[43]pramukhā meroḥ pūrvataḥ *kesarācalāḥ*[44] ||32|
trikūṭaḥ *śiśiraś*[45] caiva pataṃgo rucakas tathā |
niṣadhādayo dakṣiṇatas tasya kesaraparvatāḥ ||33|
śikhi-*vāsaḥ*[46] savaidūryaḥ *kapilo*[47] gandhamādanaḥ |
jānudhipramukhās[48] tadvat paścime kesarācalāḥ ||34|
meror *anantarās te ca jaṭharādiṣv avasthitāḥ*[49] |
śaṅkha-*kūṭo*[50] 'tha ṛṣabho haṃso nāgas *tathāparāḥ*[51] ||35|
kālañjarādyāś ca tathā uttare kesarācalāḥ |
caturdaśa sahasrāṇi yojanānāṃ mahāpurī ||36|
meror upari viprendrā brahmaṇaḥ *kathitā*[52] divi |
tasyāṃ samantataś cāṣṭau diśāsu vidiśāsu ca ||37|
indrādilokapālānāṃ prakhyātāḥ pravarāḥ puraḥ |
viṣṇupādaviniṣkrāntā plāvayantīndumaṇḍalam ||38|
samantād brahmaṇaḥ puryāṃ gaṅgā patati vai *divi*[53] |
sā tatra patitā dikṣu caturdhā pratyapadyata ||39|
sītā cālakanandā ca cakṣur badhrā ca vai kramāt |
pūrveṇa *sītā śailāc ca*[54] śailaṃ yānty antarikṣagā ||40|
tataś ca pūrvavarṣeṇa bhadrāśvenaiti sārṇavam |
tathaivālaka-*nandā ca*[55] dakṣiṇenaitya bhāratam ||41|
prayāti sāgaraṃ bhūtvā saptabhedā dvijottamāḥ |
cakṣuś ca paścimagirīn atītya sakalāṃs tataḥ ||42|
paścimaṃ ketumālākhyaṃ varṣam anveti sārṇavam |
bhadrā tathottaragirīn uttarāṃś ca tathā kurūn ||43|
atītyottaram ambhodhiṃ samabhyeti *dvijottamāḥ*[56] |
ānīlaniṣadhāyāmau mālyavadgandhamādanau ||44|
tayor madhyagato meruḥ karṇikākārasaṃsthitaḥ |
bhāratāḥ ketumālāś ca bhadrāśvāḥ kuravas tathā ||45|
pattrāṇi loka-*śailasya*[57] maryādāśailabāhyataḥ |
jaṭharo[58] devakūṭaś ca maryādāparvatāv ubhau ||46|
tau dakṣiṇottarāyāmāv ānīlaniṣadhāyatau |
[59]gandhamādanakailāsau pūrva-*paścāt tu tāv*[60] ubhau ||47|
aśītiyojanāyāmāv *arṇavāntar-*[61]vyavasthitau |
niṣadhaḥ pāriyātraś ca maryādāparvatāv ubhau ||48|

39 A pūrvaṃ **40** AC -bhadraṃ **41** A śucitoyaṃ C saśītodaṃ **42** A śītānakaṃ kuraṅgaṃ ca kuragī C śītāmbhaś ca kusujaś ca kuvarī V śāntavāṃś cakrakumbhaś ca kurarī **43** A mākendu- **44** B keśarācalāḥ **45** C śikharaś **46** C -vāsā **47** V kāpilo **48** A jānuvipramukhās C jārudhipramukhās **49** A atrāntare śreṣṭhā jaṭharādau vyavasthitāḥ **50** A -kaṇṭho **51** V tathāparaḥ **52** C prathitā **53** BV divaḥ **54** B śailāc chītālaṃ **55** B -nandāpi **56** B mahāmune **57** C -padmasya **58** B tavaro **59** A om. the following 4 lines. **60** C -paścāyatāv **61** C arṇavānta-

tau dakṣiṇottarāyāmāv ānīlaniṣadhāyatau |
[62]meroḥ paścimadigbhāge yathā pūrvau tathā sthitau ||49|
triśṛṅgo jārudhiś caiva uttarau varṣaparvatau |
pūrvapaścāyatāv etāv arṇavāntarvyavasthitau ||50|
ity ete *hi*[63] mayā proktā maryādāparvatā dvijāḥ |
jaṭharāvasthitā[64] meror yeṣāṃ dvau dvau *caturdiśam*[65] ||51|
meroś caturdiśaṃ ye tu proktāḥ *kesara-*[66]parvatāḥ |
śītāntādyā[67] dvijās teṣām atīva hi manoharāḥ ||52|
śailānām *antara-*[68]droṇyaḥ siddhacāraṇasevitāḥ |
suramyāṇi tathā tāsu kānanāni *purāṇi ca*[69] ||53|
lakṣmīviṣṇvagnisūryendradevānāṃ munisattamāḥ |
tāsv[70] āyatana-*varyāṇi*[71] juṣṭāni narakiṃnaraiḥ ||54|
gandharva-[72]yakṣarakṣāṃsi tathā *daiteyadānavāḥ*[73] |
krīḍanti tāsu ramyāsu śailadroṇīṣv aharniśam ||55|
bhaumā hy ete smṛtāḥ svargā dharmiṇām ālayā dvijāḥ |
naiteṣu pāpakartāro yānti janmaśatair api ||56|
bhadrāśve bhagavān viṣṇur āste hayaśirā dvijāḥ |
vārāhaḥ[74] ketumāle tu bhārate kūrmarūpadhṛk ||57|
matsyarūpaś ca govindaḥ kuruṣv āste sanātanaḥ |
viśvarūpeṇa sarvatra sarvaḥ sarveśvaro hariḥ ||58|
sarvasyādhārabhūto 'sau dvijā āste 'khilātmakaḥ |
yāni kiṃpuruṣādyāni varṣāṇy aṣṭau dvijottamāḥ ||59|
na teṣu śoko nāyāso nodvegaḥ kṣudbhayādikam |
su-[75]sthāḥ prajā nirātaṅkāḥ sarvaduḥkhavivarjitāḥ ||60|
daśadvādaśavarṣāṇāṃ sahasrāṇi sthirāyuṣaḥ |
naiteṣu[76] *bhaumāny anyāni*[77] *kṣutpipāsādi no dvijāḥ*[78] ||61|
kṛtatretādikā naiva teṣu sthāneṣu kalpanā |
sarveṣv eteṣu varṣeṣu sapta sapta kulācalāḥ |
nadyaś ca śataśas tebhyaḥ *prasūtā*[79] yā dvijottamāḥ ||62|

iti śrīmahāpurāṇe ādibrāhme bhuvanakośadvīpavarṇanaṃ nāmāṣṭadaśo 'dhyāyaḥ

[1]lomaharṣaṇa uvāca:
uttareṇa samudrasya himādreś caiva dakṣiṇe |
varṣaṃ tad bhārataṃ nāma bhāratī yatra saṃtatiḥ ||19.1|
navayojanasāhasro vistāraś ca *dvijottamāḥ*[2] |
karmabhūmir iyaṃ svargam apavargaṃ ca *pṛcchatām*[3] ||2|

62 C om. **63** B ca **64** B jaṭharādyāsthitā **65** A vyavasthitam **66** B keśara- **67** A sītāntādyā C pītāntādyā **68** B uttara- **69** A ca sarvataḥ **70** A tāny **71** A -mukhyāni **72** A apsaro- **73** A gandharvakiṃnarāḥ **74** C varāhaḥ **75** V sva- **76** BC na teṣu **77** B vardhate devo C vartate devo **78** BC bhaumāny ambhāṃsi teṣu vai **79** BV prasṛtā
1 The following chapter is not contained in Mss. A and B. **2** V munīśvarāḥ **3** ASS corr. like V; V icchatām

mahendro malayaḥ sahyaḥ śuktimān ṛkṣaparvataḥ |
vindhyaś ca pāriyātraś ca saptātra kulaparvatāḥ ||3|
ataḥ saṃprāpyate svargo muktim asmāt prayāti vai |
tiryaktvaṃ narakaṃ cāpi yānty ataḥ puruṣā dvijāḥ ||4|
itaḥ svargaś ca mokṣaś ca madhyaṃ cānte ca gacchati |
na khalv anyatra martyānāṃ karma bhūmau vidhīyate ||5|
bhāratasyāsya varṣasya nava bhedān niśāmaya |
indradvīpaḥ *kasetumāṃs*[4] tāmraparṇo gabhastimān ||6|
nāgadvīpas tathā saumyo gandharvas tv atha vāruṇaḥ |
ayaṃ tu navamas teṣāṃ dvīpaḥ sāgarasaṃvṛtaḥ ||7|
yojanānāṃ sahasraṃ ca dvīpo 'yaṃ dakṣiṇottarāt |
pūrve kirātās tiṣṭhanti paścime yavanāḥ sthitāḥ ||8|
brāhmaṇāḥ kṣatriyā vaiśyā madhye śūdrāś ca bhāgaśaḥ |
ijyāyuddha-*vaṇijyādya-*[5]vṛttimanto vyavasthitāḥ ||9|
śatadrucandrabhāgādyā himavatpādaniḥsṛtāḥ |
vedasmṛtimukhāś cānyāḥ pāriyātrodbhavā mune ||10|
narmadā-*suramādyāś*[6] ca nadyo vindhyaviniḥsṛtāḥ |
tāpīpayoṣṇīnirvindhyākāverīpramukhā nadīḥ[7] ||11|
ṛkṣapādodbhavā hy etāḥ śrutāḥ pāpaṃ haranti yāḥ |
godāvarībhīmarathīkṛṣṇaveṇyādikās tathā ||12|
sahyapādodbhavā nadyaḥ smṛtāḥ pāpabhayāpahāḥ |
kṛtamālātāmraparṇīpramukhā malayodbhavāḥ ||13|
trisāṃdhyarṣikulyādyā mahendraprabhavāḥ smṛtāḥ |
ṛṣikulyākumārādyāḥ śuktimatpādasaṃbhavāḥ ||14|
āsāṃ nadyupanadyaś ca santy anyās tu sahasraśaḥ |
tāsv ime kurupañcālamadhyadeśādayo janāḥ ||15|
pūrvadeśādikāś caiva kāmarūpanivāsinaḥ |
pauṇḍrāḥ kaliṅgā magadhā dākṣiṇātyāś ca sarvaśaḥ ||16|
tathā parāntyāḥ saurāṣṭrāḥ śūdrābhīrās tathārbudāḥ |
mārukā mālavāś caiva pāriyātranivāsinaḥ ||17|
sauvīrāḥ saindhavāpannāḥ śālvāḥ śākalavāsinaḥ |
madrārāmās[8] tathāmbaṣṭhāḥ pārasīkādayas tathā ||18|
āsāṃ pibanti salilaṃ vasanti saritāṃ sadā |
samopetā *mahābhāga*[9] hṛṣṭapuṣṭajanākulāḥ ||19|
vasanti[10] bhārate varṣe yugāny atra mahāmune |
kṛtaṃ tretā dvāparaṃ ca kaliś cānyatra[11]na kvacit ||20|
tapas tapyanti yatayo juhvate cātra yajvinaḥ |
dānāni cātra dīyante paralokārtham ādarāt ||21|
puruṣair yajñapuruṣo jambūdvīpe sadejyate |
yajñair yajñamayo viṣṇur anyadvīpeṣu cānyathā ||22|

4 V kaserumāṃs **5** V -vaṇijyādyair **6** V -surasādyāś **7** ASS corr. *kāverīpramukhāś ca tāḥ*. **8** V madrā rāmās **9** ASS corr. like V; V mahābhāgā **10** V catvāri **11** ASS corr. *cāpy atra*.

atrāpi bhāratam̐ śreṣṭham̐ jambūdvīpe mahāmune |
yato hi karmabhūr eṣā *yato*[12] 'nyā bhogabhūmayaḥ ||23|
atra janmasahasrāṇām̐ sahasrair api sattama |
kadācil labhate jantur mānuṣyam̐ puṇya-*saṃcayan*[13] ||24|
gāyanti devāḥ kila gītakāni |
dhanyās tu ye bhāratabhūmibhāge |
svargāpavargāspadahetubhūte |
bhavanti bhūyaḥ puruṣā manuṣyāḥ ||25|
karmāṇy asaṃkalpitatatphalāni |
saṃnyasya viṣṇau paramātmarūpe |
avāpya tāṃ karmamahīm anante |
tasmiṃl layaṃ ye tv amalāḥ prayānti ||26|
jānīma *no tatkūvayaṃ [?]*[14] vilīne |
svargaprade karmaṇi dehabandham |
prāpsyanti dhanyāḥ khalu te manuṣyā |
ye bhāratenendriyaviprahīnāḥ ||27|
navavarṣaṃ ca bho viprā jambūdvīpam idaṃ mayā |
lakṣayojanavistāraṃ saṃkṣepāt kathitaṃ dvijāḥ ||28|
jambūdvīpaṃ samāvṛtya lakṣayojanavistaraḥ |
bho dvijā valayākāraḥ sthitaḥ *kṣīrodadhir*[15] bahiḥ ||29|

iti śrīmahāpurāṇe ādibrāhme bhuvanakośe jambūdvīpanirūpaṇaṃ nāmaikonaviṃśo 'dhyāyaḥ

lomaharṣaṇa uvāca:
kṣārodena[1] yathā dvīpo *jambū-*[2]saṃjño *'bhiveṣṭitaḥ*[3] |
saṃveṣṭya kṣāram udadhiṃ plakṣadvīpas tathā sthitaḥ ||20.1|
jambū-[4]dvīpasya vistāraḥ śatasāhasrasaṃmitaḥ |
sa eva dviguṇo viprāḥ plakṣadvīpe 'py udāhṛtaḥ ||2|
sapta medhātitheḥ[5] putrāḥ plakṣadvīpeśvarasya vai |
śreṣṭhaḥ śāntabhayo nāma śiśiras tadanantaram ||3|
sukhodayas tathānandaḥ śivaḥ kṣemaka eva ca |
dhruvaś ca saptamas teṣāṃ plakṣadvīpeśvarā hi te ||4|
pūrvaṃ śāntabhayaṃ varṣaṃ śiśiraṃ sukhadaṃ tathā |
ānandaṃ ca śivaṃ caiva kṣemakaṃ dhruvam eva ca ||5|
maryādākārakās teṣāṃ tathānye varṣaparvatāḥ |
saptaiva teṣāṃ nāmāni śṛṇudhvaṃ munisattamāḥ ||6|
gomedaś caiva candraś ca nārado *dandubhis*[6] tathā |
somakaḥ sumanāḥ śailo vaibhrājaś caiva saptamaḥ ||7|
varṣācaleṣu ramyeṣu varṣeṣv eteṣu cānaghāḥ |
vasanti devagandharvasahitāḥ *sahitaṃ*[7] prajāḥ ||8|

12 V ato **13** ASS corr. like V; V -saṃcayāt **14** V naitat kuvayaṃ [?] **15** ASS corr. like V; V kṣārodadhir **1** B kṣīrodena **2** A jambu- **3** B niveṣṭitaḥ **4** AC jambu- **5** B saptame cātitheḥ **6** V dundubhis **7** B satataṃ V satitaṃ

teṣu puṇyā *janapadā*[8] *vīrā na mriyate*[9] janaḥ |
nādhayo vyādhayo vāpi sarva-*kāla*-[10]sukhaṃ hi tat ||9|
teṣāṃ nadyaś ca saptaiva varṣāṇāṃ tu samudragāḥ |
nāmatas tāḥ pravakṣyāmi śrutāḥ pāpaṃ haranti yāḥ ||10|
anutaptā *śikhā*[11] caiva *viprāśā*[12] tridivā kramuḥ |
amṛtā[13] sukṛtā caiva saptaitās tatra nimnagāḥ ||11|
ete śailās tathā nadyaḥ pradhānāḥ kathitā dvijāḥ |
kṣudranadyas tathā śailās tatra santi sahasraśaḥ ||12|
tāḥ pibanti sadā hṛṣṭā nadīr janapadās tu te |
avasarpiṇī nadī teṣāṃ[14] na caivotsarpiṇī dvijāḥ ||13|
na *teṣv asti*[15] yugāvasthā teṣu sthāneṣu saptasu |
tretāyugasamaḥ kālaḥ sarvadaiva dvijottamāḥ ||14|
plakṣadvīpādike viprāḥ śākadvīpāntikeṣu vai |
pañcavarṣasahasrāṇi janā jīvanty anāmayāḥ ||15|
dharmaś caturvidhas teṣu varṇāśramavibhāgajaḥ |
varṇāś ca tatra catvāras tān budhāḥ pravadāmi vaḥ ||16|
āryakāḥ *kuravaś*[16] caiva *viviśvā bhāvinaś*[17] ca *ye*[18] |
viprakṣatriyavaiśyās te śūdrāś ca munisattamāḥ ||17|
jambūvṛkṣapramāṇas tu tanmadhye sumahātaruḥ |
plakṣas tannāmasaṃjño 'yaṃ plakṣadvīpo dvijottamāḥ ||18|
ijyate tatra bhagavāṃs *tair varṇair*[19] āryakādibhiḥ |
somarūpī *jagatsraṣṭā*[20] sarvaḥ sarveśvaro hariḥ ||19|
plakṣadvīpapramāṇena plakṣadvīpaḥ samāvṛtaḥ |
tathaivekṣurasodena pariveṣānukāriṇā ||20|
ity etad vo muniśreṣṭhāḥ *plakṣadvīpa udāhṛtaḥ*[21] |
saṃkṣepeṇa mayā bhūyaḥ śālmalaṃ *taṃ*[22] nibodhata ||21|
śālmalasyeśvaro vīro vapuṣmāṃs *tatsutā*[23] dvijāḥ |
[24]teṣāṃ tu *nāma saṃjñāni*[25] saptavarṣāṇi tāni vai ||22|
śveto 'tha *haritaś*[26] caiva jīmūto rohitas tathā |
vaidyuto mānasaś caiva suprabhaś ca dvijottamāḥ ||23|
śālmanaś ca[27] samudro 'sau dvīpenekṣurasodakaḥ |
vistārād[28] dviguṇenātha sarvataḥ saṃvṛtaḥ sthitaḥ ||24|
tatrāpi parvatāḥ sapta vijñeyā ratnayonayaḥ |
varṣābhivyañjakās *te tu*[29] tathā saptaiva nimnagāḥ ||25|
kumudaś connataś[30] caiva tṛtīyas tu balāhakaḥ |
droṇo yatra mahauṣadhyaḥ sa *caturtho*[31] mahīdharaḥ ||26|

8 BV jānapadāś **9** A cirād uddhriyate B cirāvaśriyate V cirāc ca sūyate **10** BV -kālaṃ **11** V śikhī **12** V vipāśā **13** C prasṛtā **14** C āsarpinī na teṣāṃ vai **15** ABV tiṣṭhati **16** A kurarāś **17** A viśā bhojavinaś C viviśā bhāvinaś **18** V te **19** C traivarṇyair **20** C jagacchreṣṭhaḥ **21** V plakṣadvīpam udāhṛtam **22** V me **23** A [supposedly, since B is impossible twice in the same place!] C tatsuto BV tu tato **24** A om. the following 3 lines. **25** C nāma saṃjñāma V nāmasaṃjñāni **26** B lohitaś **27** V śālmalena **28** C vistārā **29** AB tatra V te 'tra **30** A kuśadā vanadā **31** B varūtho

kaṅkas tu pañcamaḥ ṣaṣṭho mahiṣaḥ saptamas tathā |
kakudmān parvatavaraḥ sarin-*nāmāny ato*[32] dvijāḥ ||27|
śroṇī toyā[33] *vitṛṣṇā ca*[34] *candrā*[35] śukrā vimocanī |
nivṛttiḥ saptamī tāsāṃ smṛtās tāḥ pāpaśāntidāḥ ||28|
śvetaṃ ca lohitaṃ caiva jīmūtaṃ haritaṃ tathā |
vaidyutaṃ mānasaṃ caiva suprabhaṃ nāma saptamam ||29|
saptaitāni tu varṣāṇi cāturvarṇyayutāni ca |
varṇāś ca śālmale ye ca *vasanty*[36] eṣu dvijottamāḥ ||30|
kapilāś cāruṇāḥ pītāḥ kṛṣṇāś caiva pṛthak pṛthak |
brāhmaṇāḥ kṣatriyā vaiśyāḥ śūdrāś caiva *yajanti*[37] tam ||31|
bhagavantaṃ samastasya viṣṇum ātmānam avyayam |
vāyubhūtaṃ makhaśreṣṭhair *yajvāno*[38] yajña-*saṃsthitam*[39] ||32|
devānām atra sāṃnidhyam atīva sumanohare |
śālmaliś ca mahāvṛkṣo *nāma-*[40]*nirvṛttikārakaḥ*[41] ||33|
eṣa dvīpaḥ samudreṇa *surodena*[42] samāvṛtaḥ |
vistārāc chālmaleś caiva samena tu samantataḥ ||34|
surodakaḥ parivṛtaḥ kuśadvīpena sarvataḥ |
śālmalasya tu vistārād dviguṇena samantataḥ ||35|
jyotiṣmataḥ kuśadvīpe *śṛṇudhvaṃ tasya putrakān*[43] |
udbhido veṇumāṃś caiva *svairatho*[44] *randhano*[45] dhṛtiḥ ||36|
prabhākaro 'tha *kapilas*[46] tannāmnā varṣa-*paddhatiḥ*[47] |
tasyāṃ[48] vasanti manu-*jaiḥ*[49] saha daiteya-*dānavāḥ*[50] ||37|
tathaiva devagandharvā yakṣakiṃpuruṣādayaḥ |
varṇās tatrāpi catvāro nijānuṣṭhānatatparāḥ ||38|
daminaḥ[51] śuṣmiṇaḥ *snehā*[52] *māndahāś [?]*[53] ca *dvijottamāḥ*[54] |
brāhmaṇāḥ kṣatriyā vaiśyāḥ śūdrāś cānukramoditāḥ ||39|
yathoktakarmakartṛtvāt *svādhikārakṣayāya te*[55] |
tatra te tu kuśadvīpe brahmarūpaṃ janārdanam ||40|
yajantaḥ[56] kṣapayanty ugram *adhikāra-*[57]phalapradam |
vidrumo[58] hemaśailaś ca dyutimān puṣṭimāṃs tathā ||41|
kuśeśayo hariś caiva saptamo mandarācalaḥ |
varṣācalās tu saptaite dvīpe tatra dvijottamāḥ ||42|
nadyaś ca sapta tāsāṃ tu *vakṣye*[59] nāmāny anukramāt |
dhūtapāpā śivā caiva pavitrā *saṃmatis*[60] tathā ||43|
vidyud ambho[61] *mahī*[62] cānyā sarvapāpaharās tv imāḥ |
anyāḥ sahasraśas tatra kṣudranadyas tathācalāḥ ||44|

32 C -nāmāni bho **33** AC yonitoyā **34** B vipratṛṣṇā C nirasnā ca **35** B caṅkrā V cakrā **36** V vartanty **37** C prayanti **38** BCV yajvino **39** A -saṃmitam **40** A nānā- **41** B vṛttiprakārakaḥ **42** A ghṛtodena **43** B sahyaputrān nibodhata C sapta dvīpāñ śṛṇuṣva tān V sapta putrān nibodhata **44** C surato **45** A lambano C natyalo **46** B kampilas **47** V -parvataḥ **48** V tasmin **49** V -jāḥ **50** V -dānavaiḥ **51** A dayinaḥ B deminaḥ **52** B sandyā **53** BV mandehāś **54** B mahāmuneḥ **55** A svābhicārakriyā hi te **56** B parvataḥ **57** B avikāra- **58** A vikramo **59** BV śṛṇu **60** A ca sitā **61** A vidyud anyā C vidyud atvā [?] **62** B mahā

kuśadvīpe kuśastambaḥ saṃjñayā tasya tat smṛtam |
tatpramāṇena sa dvīpo ghṛtodena samāvṛtaḥ ||45|
ghṛtodaś ca samudro *vai*[63] krauñcadvīpena saṃvṛtaḥ |
krauñcadvīpo muniśreṣṭhāḥ śrūyatāṃ cāparo mahān ||46|
kuśadvīpasya vistārād dviguṇo yasya vistaraḥ |
krauñcadvīpe dyutimataḥ *putrāḥ sapta*[64] mahātmanaḥ ||47|
tannāmāni ca varṣāṇi *teṣāṃ*[65] cakre *mahāmanāḥ*[66] |
kuśago mandagaś coṣṇaḥ[67] *pīvaro 'thāndhakārakaḥ*[68] ||48|
muniś ca dundubhiś caiva saptaite tatsutā *dvijāḥ*[69] |
tatrāpi deva-*gandharvasevitāḥ*[70] sumanoramāḥ ||49|
varṣācalā muniśreṣṭhās teṣāṃ *nāmāni bho dvijāḥ*[71] |
krauñcaś ca vāmanaś caiva tṛtīyaś cāndhakārakaḥ ||50|
devavrato dhamaś caiva[72] tathānyaḥ puṇḍarīkavān |
dundubhiś ca mahāśailo dviguṇās te parasparam ||51|
dvīpād[73] dvīpeṣu *ye*[74] *śailās tathā dvīpāni*[75] te tathā |
varṣeṣv eteṣu ramyeṣu *varṣaśailavareṣu ca*[76] ||52|
nivasanti nirātaṅkāḥ saha devagaṇaiḥ prajāḥ |
puṣkalā puṣkarā dhanyās *te khyātāś*[77] ca dvijottamāḥ ||53|
brāhmaṇāḥ kṣatriyā vaiśyāḥ śūdrāś cānukramoditāḥ |
tatra nadyo muniśreṣṭhā yāḥ pibanti *tu te sadā*[78] ||54|
sapta pradhānāḥ śataśas *tathānyāḥ kṣudra-*[79]nimnagāḥ |
gaurī kumudvatī caiva saṃdhyā rātrir manojavā ||55|
khyātiś ca puṇḍarīkā ca saptaitā varṣanimnagāḥ |
tatrāpi *varṇair*[80] bhagavān puṣkarādyair janārdanaḥ ||56|
dhyānayogai rudrarūpa[81] *ījyate*[82] yajñasaṃnidhau |
krauñcadvīpaḥ samudreṇa dadhimaṇḍodakena tu ||57|
āvṛtaḥ sarvataḥ krauñcadvīpa-*tulyena*[83] mānataḥ |
dadhimaṇḍodakaś cāpi śākadvīpena saṃvṛtaḥ ||58|
krauñcadvīpasya *vistāra-*[84]dviguṇena dvijottamāḥ |
śākadvīpeśvarasyāpi *bhavyasya sumahātmanaḥ*[85] ||59|
saptaiva tanayās teṣāṃ dadau varṣāṇi sapta saḥ |
jaladaś ca kumāraś ca sukumāro *manīrakaḥ*[86] ||60|
kusamodaś ca modākiḥ[87] saptamaś ca mahādrumaḥ |
tatsaṃjñāny eva tatrāpi sapta varṣāṇy anukramāt ||61|
tatrāpi parvatāḥ sapta varṣaviccheda-*kārakāḥ*[88] |
pūrvas[89] tatrodayagirir jaladhāras tathāparaḥ ||62|

63 V 'sau **64** AC putrās tasya **65** A teṣu **66** ABV mahīpatiḥ **67** A kulavṛddho vaṃśadharaḥ B kuśalo manugṛś cocchaḥ **68** A pāvano dhanvakārakaḥ **69** B mune **70** B -gandharvāḥ sarve tu **71** V nāmāny ataḥ param **72** A devāvṛddho mahātejās **73** A dvīpa- C dvīpā **74** V vai **75** A śailā yathā dvīpena **76** A śailāraṇyeṣu bho dvijāḥ B varṣaśailavaneṣu ca **77** B tiṣyākhyāś **78** V śṛṇuṣva tāḥ **79** V tatrānyāḥ kṣetra- **80** B varṣe **81** V yogirudrasvarūpas tu **82** ASS corr. like V; V ijyate **83** B -kalpena **84** ABV vistārād **85** AB bhaviṣyasya mahātmanaḥ **86** A marīcakaḥ B maṇībakaḥ V manīrakāḥ **87** A kṛśodāraḥ samaudākiḥ B kusumodaḥ samodākiḥ V kusumodaś ca modākiḥ **88** V -kārakaḥ **89** V pūrve

tathā raivatakaḥ śyāmas tathaivāmbhogirir dvijāḥ |
āstikeyas tathā ramyaḥ kesarī parvatottamaḥ ||63|
śākaś cātra mahāvṛkṣaḥ siddhagandharvasevitaḥ |
yatpattravāta-[90]saṃsparśād āhlādo jāyate paraḥ ||64|
tatra puṇyā janapadāś cāturvarṇyasamanvitāḥ |
[91]nivasanti mahātmāno nirātaṅkā nirāmayāḥ ||65|
nadyaś cātra mahāpuṇyāḥ sarvapāpabhayāpahāḥ |
sukumārī kumārī ca nalinī *reṇukā*[92] ca yā ||66|
ikṣuś ca *dhenukā*[93] caiva gabhastī saptamī tathā |
anyās *tv ayutaśas*[94] tatra kṣudranadyo dvijottamāḥ ||67|
mahīdharās tathā santi śataśo 'tha sahasraśaḥ |
tāḥ pibanti mudā yuktā jaladādiṣu ye sthitāḥ ||68|
[95]varṣeṣu ye jana-*padāś caturthārtha-*[96]samanvitāḥ |
nadyaś cātra mahāpuṇyāḥ svargād abhyetya medinīm ||69|
dharmahānir na teṣv asti na *saṃharṣo na śuk tathā*[97] |
maryādāvyutkramaś cāpi teṣu deśeṣu saptasu ||70|
magāś ca māgadhāś caiva mānasā mandagās tathā |
magā brāhmaṇabhūyiṣṭhā māgadhāḥ kṣatriyās tu te ||71|
vaiśyās tu mānasās teṣāṃ śūdrā jñeyās tu mandagāḥ |
śāka-*dvīpe sthitair*[98] viṣṇuḥ sūryarūpadharo hariḥ ||72|
yathoktair *ijyate*[99] samyak karmabhir niyatātmabhiḥ |
śākadvīpas tato viprāḥ kṣīrodena samantataḥ ||73|
śākadvīpapramāṇena valayeneva veṣṭitaḥ |
kṣīrābdhiḥ[100] sarvato viprāḥ puṣkarākhyena veṣṭitaḥ ||74|
dvīpena śākadvīpāt tu dviguṇena samantataḥ |
puṣkare savanasyāpi *mahāvīto*[101] 'bhavat sutaḥ ||75|
dhātakiś ca tayos tadvad dve varṣe nāmasaṃjñite |
mahāvītaṃ[102] tathaivānyad dhātakīkhaṇḍasaṃjñitam ||76|
ekaś cātra mahābhāgāḥ prakhyāto varṣaparvataḥ |
mānasottarasaṃjño vai madhyato valayākṛtiḥ ||77|
yojanānāṃ sahasrāṇi ūrdhvaṃ pañcāśad *ucchritaḥ*[103] |
tāvad eva ca vistīrṇaḥ sarvataḥ parimaṇḍalaḥ ||78|
puṣkaradvīpavalayaṃ madhyena vibhajann iva |
sthito 'sau tena vicchinnaṃ jātaṃ *varṣadvayaṃ hi tat*[104] ||79|
valayākāram ekaikaṃ tayor madhye mahāgiriḥ |
daśavarṣasahasrāṇi tatra jīvanti mānavāḥ ||80|
nirāmayā viśokāś ca rāgadveṣavivarjitāḥ |
adhamottamau na teṣv āstāṃ na vadhyavadhakau dvijāḥ ||81|
nerṣyāsūyā bhayaṃ roṣo doṣo[105] lobhādikaṃ na ca |
mahāvītaṃ bahir varṣaṃ dhātakī-*khaṇḍam antataḥ*[106] ||82|

90 A yatra tadvātā- **91** AC om. **92** A veṇukā B dhenukā **93** A vibudhā B madhukaś **94** B tu śataśas **95** B om. 20.69–70. **96** C -padāḥ svaturthārtha- [?] **97** C saṃgharṣaḥ parasparam **98** C -dvīpe sthito V -dvīpasthitair **99** C vidyate **100** B kṣīrodaḥ **101** B mahāvīro **102** B mahāvīraṃ **103** B ucchayaḥ **104** B tadvarṣakadvayam V taddvīpakadvayam **105** A īrṣyāmayabhayadveṣa- V īrṣyāsūyā bhayaṃ roṣo doṣo **106** V -khaṇḍamaṇḍitam

mānasottaraśailasya devadaityādisevitam |
satyānṛte na tatrāstāṃ dvīpe puṣkarasaṃjñite ||83|
[107]na tatra *nadyaḥ śailā*[108] vā dvīpe *varṣadvayānvite*[109] |
tulyaveṣās tu manujā devais tatraikarūpiṇaḥ ||84|
varṇāśramācārahīnaṃ *dharmāharaṇavarjitam*[110] |
trayīvārttādaṇḍanīti-*śuśrūṣā*-[111]rahitaṃ ca tat ||85|
varṣadvayaṃ tato viprā bhaumasvargo 'yam *uttamaḥ*[112] |
sarvasya sukhadaḥ kālo jarārogavivarjitaḥ ||86|
puṣkare dhātakīkhaṇḍe mahāvīte ca vai dvijāḥ |
nyagrodhaḥ puṣkaradvīpe brahmaṇaḥ sthānam uttamam ||87|
tasmin nivasati brahmā pūjyamānaḥ surāsuraiḥ |
svādūdakenodadhinā[113] puṣkaraḥ pariveṣṭitaḥ ||88|
samena puṣkarasyaiva vistārān *maṇḍalāt tathā*[114] |
evaṃ dvīpāḥ samudrais tu sapta saptabhir āvṛtāḥ ||89|
dvīpaś caiva samudraś ca samānau dviguṇau parau |
payāṃsi sarvadā sarvasamudreṣu samāni vai ||90|
nyūnātiriktatā teṣāṃ kadācin naiva jāyate |
sthālīstham agnisaṃyogād *udreki*[115] salilaṃ yathā ||91|
tathenduvṛddhau *salilam ambhodhau munisattamāḥ*[116] |
anyūnānatiriktāś ca vardhanty āpo hrasanti ca ||92|
udayāstamane tv[117] indoḥ pakṣayoḥ śuklakṛṣṇayoḥ |
daśottarāṇi pañcaiva aṅgulānāṃ śatāni ca ||93|
apāṃ vṛddhikṣayau dṛṣṭau *sāmudrīṇāṃ*[118] dvijottamāḥ |
bhojanaṃ puṣkaradvīpe tatra svayam upasthitam ||94|
bhuñjanti ṣaḍrasaṃ viprāḥ prajāḥ sarvāḥ sadaiva hi |
svādūdakasya *parito*[119] dṛśyate lokasaṃsthitiḥ ||95|
dviguṇā *kāñcanī*[120] bhūmiḥ sarva-*jantu*-[121]vivarjitā |
lokālokas tataḥ śailo yojanāyutavistṛtaḥ ||96|
ucchrayeṇāpi tāvanti *sahasrāṇy*[122] *āvalohi [?]*[123] saḥ |
tatas tamaḥ samāvṛtya taṃ śailaṃ sarvataḥ sthitam ||97|
tamaś cāṇḍa-[124]kaṭāhena samantāt pariveṣṭitam |
pañcāśatkoṭivistārā seyam urvī dvijottamāḥ ||98|
sahaivāṇḍakaṭāhena sa-*dvīpā sa*-[125]mahīdharā |
seyaṃ dhātrī *vidhātrī ca*[126] sarvabhūtaguṇādhikā |
ādhārabhūtā *jagatāṃ sarveṣāṃ*[127] sā dvijottamāḥ ||99|

iti śrīmahāpurāṇe ādibrāhme samudradvīpaparimāṇavarṇanaṃ nāma viṃśo 'dhyāyaḥ

107 B om. **108** A dharmaḥ śīlaṃ **109** V puṣkarasaṃjñite **110** A dharmāhāravivarjitam BC dharmyāharaṇavarjitam **111** A -kṣuttṛṣā- **112** V ucyate **113** A svādūdakena dadhinā **114** A maṇḍalasya ca **115** V udriktaṃ **116** V salilaṃ samudreṣu samaṃ hi vai **117** V udayāstamaneṣv **118** ABV samudrāṇāṃ **119** BC purato **120** A tāvatī **121** B -śatru- **122** C sahasrān **123** A avalohi V acalo hi **124** A tamaḥkhaṇḍa- **125** V -dvīpābdhi- **126** A sarveṣāṃ **127** V sarveṣāṃ jagatāṃ

lomaharṣaṇa uvāca:
vistāra eṣa kathitaḥ pṛthivyā munisattamāḥ |
saptatis tu sahasrāṇi tad-*ucchrāyo*[1] 'pi kathyate ||21.1|
daśasāhasram ekaikaṃ pātālaṃ munisattamāḥ |
atalaṃ vitalaṃ caiva *nitalaṃ sutalaṃ tathā*[2] ||2|
talātalaṃ rasātalaṃ[3] pātālaṃ cāpi saptamam |
kṛṣṇā śuklāruṇā pītā śarkarā *śailakāñcanī*[4] ||3|
bhūmayo yatra viprendrā varaprāsādaśobhitāḥ |
teṣu dānava-*daiteya-*[5]*jātayaḥ*[6] *śataśaḥ sthitāḥ*[7] ||4|
nāgānāṃ ca mahāṅgānāṃ[8] *jñātayaś*[9] ca dvijottamāḥ |
svarlokād api ramyāṇi *pātālānīti*[10] nāradaḥ ||5|
prāha svargasadomadhye pātālebhyo gato *divam*[11] |
āhlādakāriṇaḥ *śubhrā maṇayo yatra suprabhāḥ*[12] ||6|
nāgābharaṇabhūṣāś ca pātālaṃ kena tatsamam |
daityadānavakanyābhir itaś *cetaś ca śobhite*[13] ||7|
pātāle kasya na prītir vimuktasyāpi jāyate |
divārkaraśmayo yatra prabhās tanvanti nātapam ||8|
śaśinaś ca na śītāya niśi dyotāya kevalam |
bhakṣyabhojyamahāpāna-*madamattaiś ca*[14] bhogibhiḥ ||9|
yatra na jñāyate kālo gato 'pi danujādibhiḥ |
vanāni nadyo ramyāṇi sarāṃsi kamalākarāḥ ||10|
puṃs-*kokilādilāpāś*[15] ca manojñāny ambarāṇi ca |
bhūṣaṇāny atiramyāṇi *gandhādyaṃ cānulepanam*[16] ||11|
vīṇāveṇumṛdaṅgānāṃ niḥsvanāś ca sadā dvijāḥ |
etāny anyāni ramyāṇi bhāgyabhogyāni dānavaiḥ ||12|
daityoragaiś ca bhujyante pātālāntaragocaraiḥ |
pātālānām adhaś cāste viṣṇor yā tāmasī tanuḥ ||13|
śeṣākhyā yadguṇān vaktuṃ na śaktā daityadānavāḥ |
yo 'nantaḥ paṭhyate siddhair *devadevarṣi-*[17]pūjitaḥ ||14|
sahasraśirasā vyaktaḥ svastikāmalabhūṣaṇaḥ |
phaṇāmaṇisahasreṇa yaḥ sa vidyotayan diśaḥ ||15|
sarvān karoti nirvīryān hitāya jagato 'surān |
madāghūrṇitanetro 'sau yaḥ sadaivaikakuṇḍalaḥ ||16|
kirīṭī sragdharo bhāti sāgniśveta ivācalaḥ |
nīlavāsā madotsiktaḥ śvetahāropaśobhitaḥ ||17|
sābhragaṅgāprapāto 'sau kailāsādrir *ivottamaḥ*[18] |
lāṅgalāsaktahastāgro bibhran muśalam uttamam ||18|

1 A -utkarṣo **2** B talātalaṃ gabhastimat C nitalaṃ ca gabhastimat **3** B mahātalākhyaṃ sutalaṃ C mahākhyaṃ sutalaṃ cāgryaṃ **4** AB caiva kāñcanī **5** ABV -daityānāṃ **6** A jñātayaḥ BV jātayas **7** BV tu sahasraśaḥ C śatasaṃghaśaḥ **8** B nivasanti mahābhāgāḥ C nivasanti mahābhāgā **9** B patayaś **10** C pātālādīni **11** AB divi **12** A sarvā bhūmayo 'tra manoharāḥ **13** B ca śataśobhite **14** V -muditaiś cāpi **15** A -kokilavirāvaiś **16** C gandāḍhyaṃ cānulepanam V gandhādyam anulepanam **17** C devair devarṣi- **18** BCV ivonnataḥ

upāsyate svayaṃ kāntyā yo vāruṇyā ca mūrtayā |
kalpānte yasya vaktrebhyo viṣānalaśikhojjvalaḥ ||19|
saṃkarṣaṇātmako rudro *niṣkramyātti*[19] jagattrayam |
sa bibhracchikharībhūtam aśeṣaṃ kṣitimaṇḍalam ||20|
āste pātālamūlasthaḥ śeṣo 'śeṣasurārcitaḥ |
tasya vīryaṃ prabhāvaś ca svarūpaṃ rūpam eva ca ||21|
nahi varṇayituṃ śakyaṃ jñātuṃ vā tridaśair api |
yasyaiṣā sakalā pṛthvī phaṇāmaṇiśikhāruṇā ||22|
āste kusumamāleva kas tadvīryaṃ vadiṣyati |
yadā vijṛmbhate 'nanto madāghūrṇitalocanaḥ ||23|
tadā calati bhūr eṣā sādritoyādhikānanā |
gandharvāpsarasaḥ siddhāḥ kiṃnaroraga-*vāraṇāḥ*[20] ||24|
nāntaṃ guṇānāṃ gacchanti tato 'nanto 'yam *avyayaḥ*[21] |
yasya nāgavadhūhastair *lāpitaṃ*[22] haricandanam ||25|
muhuḥ śvāsānilāyastaṃ yāti dikpaṭavāsatām |
yam ārādhya purāṇarṣir gargo jyotīṃṣi tattvataḥ ||26|
jñātavān sakalaṃ caiva *nimitta-*[23]paṭhitaṃ *phalam*[24] |
teneyaṃ *nāgavaryeṇa*[25] śirasā *vidhṛtā*[26] mahī |
bibharti sakalāṃl lokān sadevāsuramānuṣān ||27|

iti śrīmahāpurāṇe ādibrāhme pātālapramāṇakīrtanaṃ nāmaikaviṃśo 'dhyāyaḥ

lomaharṣaṇa uvāca:
tataś *cānantaraṃ*[1] viprā *narakā rauravādayaḥ*[2] |
pāpino yeṣu pātyante tāñ *śṛṇudhvaṃ*[3] dvijottamāḥ ||22.1|
rauravaḥ *śaukaro*[4] *rodhas*[5] *tāno*[6] *viśasanas*[7] tathā |
mahājvālas *taptakuḍyo*[8] mahālobho vimohanaḥ ||2|
rudhirāndho *vasātaptaḥ*[9] *kṛmīśaḥ*[10] kṛmibhojanaḥ |
asipattra-*vanaṃ*[11] kṛṣṇo lālā-*bhakṣaś ca*[12] dāruṇaḥ ||3|
[13]tathā pūyavahaḥ pāpo vahni-*jvālo hy*[14] adhaḥśirāḥ |
sadaṃśaḥ kṛṣṇasūtraś ca tamaś *cāvīcir*[15] eva ca ||4|
śvabhojano 'thā-*pratiṣṭhoma-*[16]āvīciś ca tathāparaḥ |
ity evamādayaś cānye narakā bhṛśadāruṇāḥ ||5|
yamasya viṣaye ghorāḥ śastrāgni-*viṣadarśinaḥ*[17] |
patanti yeṣu puruṣāḥ pāpakarmaratāś ca ye ||6|
kūṭasākṣī tathā samyak pakṣapātena yo vadet |
yaś cānyad[18] anṛtaṃ vakti sa naro yāti rauravam ||7|

19 A bhraman yāti **20** AV -rākṣasāḥ **21** B apy ajaḥ **22** C gālitaṃ V lepitaṃ
23 B nimittaṃ **24** C phalī **25** A nāma vidhṛtā **26** A sakalā **1** V ca narakā
2 V babhūvuḥ salilād adhaḥ **3** V chṛṇudhvaṃ **4** AB śūkaro **5** B rodhaḥ **6** A tālo B śīlo
7 C viśanasas **8** BV taptakumbho **9** BCV vaitaraṇī **10** A kṛmiśaḥ B kṛmāśaḥ
11 V -vanaḥ **12** A -bhakṣaḥ su- **13** C om. 22.4–5. **14** A -tapto 'py **15** A cāśucir
16 V -pratiṣṭho hy **17** V -bhayadāyinaḥ **18** A yas tāvad

bhrūṇahā *pura-*[19]hantā ca goghnaś ca munisattamāḥ |
yānti te *rauravaṃ*[20] ghoraṃ yaś *cocchvāsa-*[21]nirodhakaḥ ||8|
surāpo brahma-*hā hartā*[22] suvarṇasya ca *śūkare*[23] |
prayāti *narake*[24] yaś ca taiḥ saṃsargam upaiti *vai*[25] ||9|
rājanyavaiśya-*hā caiva*[26] tathaiva gurutalpagaḥ |
taptakumbhe svasṛgāmī[27] *hanti rājabhaṭaṃ ca yaḥ*[28] ||10|
mādhvī-[29]vikrayakṛn *vadhyapālaḥ*[30] *kesara-*[31]vikrayī |
taptalohe[32] patanty ete yaś ca bhaktaṃ parityajet ||11|
sutāṃ snuṣāṃ *cāpi gatvā*[33] mahājvāle nipātyate |
avamantā gurūṇāṃ yo yaś cākroṣṭā *narādhamaḥ*[34] ||12|
vedadūṣayitā yaś ca vedavikrayakaś ca yaḥ |
agamyagāmī yaś ca syāt te yānti śabalaṃ dvijāḥ ||13|
cauro vimohe patati maryādādūṣakas tathā |
devadvija-*pitṛdveṣṭā*[35] ratnadūṣayitā ca yaḥ ||14|
sa yāti kṛmibhakṣye vai *kṛmīśe tu duriṣṭikṛt*[36] |
pitṛdevātithīn yas tu paryaśnāti narādhamaḥ ||15|
lālābhakṣye sa yāty ugre śarakartā ca vedhake |
karoti karṇino yaś ca yaś ca *khaḍgādikṛn*[37] naraḥ ||16|
prayānty[38] ete viśasane narake bhṛśadāruṇe |
asatpratigrahītā ca narake yāty adhomukhe ||17|
ayājyayājakas tatra tathā nakṣatrasūcakaḥ |
kṛmipūye naraś[39] caiko yāti miṣṭānna-*bhuk sadā*[40] ||18|
lākṣāmāṃsarasānāṃ ca tilānāṃ lavaṇasya ca |
vikretā brāhmaṇo yāti tam eva narakaṃ dvijāḥ ||19|
mārjārakukkuṭacchāga-*śvavarāhavihaṃgamān*[41] |
poṣayan narakaṃ yāti tam eva dvijasattamāḥ ||20|
raṅgopajīvī kaivartaḥ kuṇḍāśī garadas tathā |
sūcī māhiṣikaś caiva parvagāmī ca yo dvijaḥ ||21|
agāradāhī *mitra-*[42]ghnaḥ *śakunigrāma-*[43]yājakaḥ |
rudhirāndhe patanty ete somaṃ vikrīṇate ca ye ||22|
madhu-[44]hā grāmahantā ca yāti vaitaraṇīṃ *naraḥ*[45] |
retaḥpānādi-[46]kartāro maryādā-*bhedinaś*[47] ca ye ||23|
[48]*te kṛcchre*[49] yānty aśaucāś ca kuhakājīvinaś ca ye |
asipattravanaṃ *yāti*[50] vanacchedī vṛthaiva yaḥ ||24|
aurabhrikā mṛgavyādhā vahnijvāle patanti vai |
yānti tatraiva te viprā *yaś cāpākeṣu*[51] vahnidaḥ ||25|

19 BV guru- **20** A nirayaṃ **21** B ca śvāsa- **22** A -hatyavān **23** A mūṣakaḥ **24** A narakaṃ **25** V ca **26** V -hantā ca **27** A ye kuñjeṣu mṛgān anyān B taptakumbhe svasāgāmī **28** A ghnanti rājabhaṭāś ca ye **29** V sādhvī- **30** B yo vai pālaḥ V madyapālaḥ **31** C kesari- **32** A te moheṣu **33** C ca bhaginīṃ **34** A narādhipam **35** AB -nṛpadveṣī **36** A kṛmīn yaś ca nihanti vai **37** A kārayitā **38** V gacchanty **39** A vaigīpūtimayaṃ C vegīpūyavahaś **40** AC -bhuṅ naraḥ **41** AB -varāhāṃś ca vihaṃgamān **42** A grāma- **43** B śakunir grāma- **44** A bandhu- **45** A dvijāḥ **46** A mūlyena saṃdhyā- **47** A -ninditāś **48** B om. **49** C ye kṛṣṇe **50** B yānti **51** A yaḥ śvapākeṣu

vratopalopako yaś ca svāśramād vicyutaś ca yaḥ |
saṃdaṃśayātanāmadhye patatas[52] tāv ubhāv api ||26|
divā svapneṣu *syandante*[53] ye narā brahmacāriṇaḥ |
putrair adhyāpitā ye tu te patanti śvabhojane ||27|
ete cānye ca narakāḥ śataśo 'tha sahasraśaḥ |
yeṣu duṣkṛtakarmāṇaḥ pacyante yātanāgatāḥ ||28|
tathaiva pāpāny etāni tathānyāni sahasraśaḥ |
bhujyante jātipuruṣair *narakāntara-*[54]gocaraiḥ ||29|
varṇāśramaviruddhaṃ ca karma kurvanti ye narāḥ |
karmaṇā manasā vācā nirayeṣu patanti te ||30|
adhaḥśirobhir dṛśyante nārakair divi devatāḥ |
devāś cādhomukhān sarvān adhaḥ paśyanti nārakān ||31|
sthāvarāḥ *kṛmayo 'jvāś*[55] ca pakṣiṇaḥ paśavo narāḥ |
dhārmikās tridaśās tadvan mokṣiṇaś ca yathākramam ||32|
sahasra-*bhāgaḥ*[56] *prathamād*[57] *dvitīyo 'nukramāt*[58] tathā |
sarve hy ete mahābhāgā yāvan mukti-*samāśrayāḥ*[59] ||33|
yāvanto jantavaḥ svarge tāvanto narakaukasaḥ |
pāpakṛd yāti narakaṃ prāyaścittaparāṅmukhaḥ ||34|
[60]pāpānām anurūpāṇi prāyaścittāni yad yathā |
tathā tathaiva saṃsmṛtya proktāni paramarṣibhiḥ ||35|
pāpe gurūṇi guruṇi svalpāny alpe ca tadvidaḥ |
[61]prāyaścittāni *viprendrā*[62] jaguḥ svāyaṃbhuvādayaḥ ||36|
prāyaścittāny aśeṣāṇi tapaḥkarmātmakāni vai |
yāni teṣām aśeṣāṇāṃ kṛṣṇānusmaraṇaṃ *param*[63] ||37|
kṛte pāpe *'nutāpo*[64] vai yasya puṃsaḥ prajāyate |
prāyaścittaṃ tu tasyaikaṃ *harisaṃsmaraṇaṃ*[65] param ||38|
prātar niśi tathā saṃdhyāmadhyāhnādiṣu saṃsmaran |
nārāyaṇam avāpnoti sadyaḥ pāpa-*kṣayān*[66] naraḥ ||39|
viṣṇusaṃsmaraṇāt kṣīṇasamastakleśasaṃcayaḥ |
muktiṃ prayāti *bho viprā viṣṇos tasyānukīrtanāt*[67] ||40|
vāsudeve mano yasya japahomārcanādiṣu |
tasyāntarāyo viprendrā devendratvādikaṃ phalam ||41|
kva nākapṛṣṭha-[68]gamanaṃ punarāvṛttilakṣaṇam |
kva japo vāsudeveti muktibījam anuttamam ||42|
tasmād aharniśaṃ viṣṇuṃ saṃsmaran puruṣo dvijaḥ |
na yāti narakaṃ śuddhaḥ *saṃkṣīṇākhila-*[69]pātakaḥ ||43|
manaḥprītikaraḥ svargo narakas tadviparyayaḥ |
narakasvargasaṃjñe vai pāpapuṇye dvijottamāḥ ||44|

52 A sadṛśaṃ pāpam āśritya vrajatas **53** A spandante C skandante **54** AB narakārṇava- **55** ASS corr. like V; A kṛmayaḥ khyātaḥ V kṛmayo 'bjāś **56** A -mārgāt B -bhāgāt **57** B prathamā **58** A dvitīyāt kramaśas B dvitīyā tu kramās **59** V -samāśritāḥ **60** B om. **61** A om. **62** B bho viprā **63** V padam **64** B ca tāpo **65** A kṛṣṇānusmaraṇaṃ **66** BC -kṣayaṃ **67** BCV svargāptis tasya vighno 'numīyate **68** A nākapṛṣṭhādi- C ānākapṛṣṭha- **69** A saṃkṣīṇāśeṣa-

vastv ekam eva duḥkhāya *sukhāyerṣyodayāya*[70] ca |
kopāya ca yatas tasmād vastu duḥkhātmakaṃ kutaḥ ||45|
[71]tad eva prītaye bhūtvā punar duḥkhāya jāyate |
tad eva kopālayataḥ[72] prasādāya ca jāyate ||46|
tasmād duḥkhātmakaṃ nāsti na ca kiṃcit sukhātmakam |
manasaḥ pariṇāmo 'yaṃ sukhaduḥkhādi-*lakṣaṇaḥ*[73] ||47|
jñānam eva paraṃ *brahmā-*[74]jñānaṃ bandhāya ceṣyate |
jñānātmakam idaṃ[75] viśvaṃ na jñānād vidyate param ||48|
vidyāvidye hi *bho*[76] viprā *jñānam evāvadhāryatām*[77] |
evam etad mayākhyātaṃ bhavatāṃ maṇḍalaṃ bhuvaḥ ||49|
pātālāni ca sarvāṇi tathaiva narakā dvijāḥ |
samudrāḥ parvatāś caiva dvīpā varṣāṇi nimnagāḥ |
saṃkṣepāt sarvam ākhyātaṃ kiṃ bhūyaḥ śrotum *icchatha*[78] ||50|

iti śrīmahāpurāṇe ādibrāhme pātālanarakakīrtanaṃ nāma dvāviṃśo 'dhyāyaḥ

munaya ūcuḥ:
kathitaṃ bhavatā sarvam asmākaṃ sakalaṃ tathā |
bhuvar-*lokādikāṃl lokāñ*[1] *śrotum*[2] icchāmahe vayam ||23.1|
tathaiva grahasaṃsthānaṃ[3] pramāṇāni yathā tathā |
samācakṣva mahābhāga yathāval lomaharṣaṇa ||2|
lomaharṣaṇa uvāca:
ravicandramasor *yāvan mayūkhair*[4] avabhāsyate |
sasamudrasaricchailā tāvatī pṛthivī smṛtā ||3|
[5]yāvatpramāṇā pṛthivī vistāraparimaṇḍalā |
nabhas tāvatpramāṇaṃ hi vistāraparimaṇḍalam ||4|
bhūmer yojanalakṣe tu sauraṃ viprās tu maṇḍalam |
lakṣe divā-*karāc cāpi*[6] maṇḍalaṃ śaśinaḥ sthitam ||5|
pūrṇe śatasahasre tu yojanānāṃ niśākarāt |
nakṣatramaṇḍalaṃ kṛtsnam upariṣṭāt prakāśate ||6|
dvilakṣe cottare viprā budho nakṣatramaṇḍalāt |
tāvatpramāṇabhāge tu budhasyāpy uśanā sthitaḥ ||7|
aṅgārako 'pi śukrasya tatpramāṇe vyavasthitaḥ |
lakṣadvayena bhaumasya sthito devapurohitaḥ ||8|
saurir bṛhaspater ūrdhvaṃ dvilakṣe samavasthitaḥ |
saptarṣimaṇḍalaṃ tasmāl lakṣam ekaṃ dvijottamāḥ ||9|
ṛṣibhyas tu sahasrāṇāṃ śatād ūrdhvaṃ vyavasthitaḥ |
meḍhībhūtaḥ[7] samastasya jyotiś cakrasya vai dhruvaḥ ||10|

70 V sukhāyerṣyodbhavāya **71** B om. the following 3 lines. **72** ASS corr. *kopāya yataḥ*. **73** BC -lakṣaṇam **74** V brahma **75** A jñānam eva paraṃ B jñānaṃ ca kāmadaṃ **76** A ye **77** A jñānaṃ teṣāṃ paraṃ matam **78** AB icchata **1** A -lokādisarvāṃs tāñ **2** V chrotum **3** A tatra grahāṇāṃ saṃsthānaṃ **4** A yāvat kiraṇair **5** A om. **6** BC -karasyāpi **7** C medhvībhūtaṃ

trailokyam etat kathitaṃ saṃkṣepeṇa dvijottamāḥ |
ijyā-[8]phalasya *bhūr eṣā ijyā cātra*[9] pratiṣṭhitā ||11|
dhruvād ūrdhvaṃ maharloko yatra te[10] kalpavāsinaḥ |
ekayojana-*koṭī tu*[11] *maharloko vidhīyate*[12] ||12|
dve koṭyau tu *jano loko*[13] yatra te brahmaṇaḥ sutāḥ |
sanandanādyāḥ *kathitā*[14] *viprāś*[15] cāmala-*cetasaḥ*[16] ||13|
catur-*guṇottaraṃ cordhvaṃ*[17] *janalokāt*[18] tapaḥ *smṛtam*[19] |
vairājā yatra te devāḥ sthitā dehavivarjitāḥ ||14|
ṣaḍguṇena tapolokāt satyaloko virājate |
apunar-*mārakaṃ yatra*[20] *siddhādimunisevitam*[21] ||15|
pādagamyaṃ tu yat kiṃcid vastv asti pṛthivīmayam |
sa bhūrlokaḥ samākhyāto vistāro 'sya mayoditaḥ ||16|
bhūmisūryāntaraṃ *yat tu*[22] siddhādimunisevitam |
bhuvarlokas tu so 'py ukto dvitīyo munisattamāḥ ||17|
dhruva-*sūryāntaraṃ*[23] yat tu niyutāni caturdaśa |
svarlokaḥ so 'pi kathito *lokasaṃsthānacintakaiḥ*[24] ||18|
trailokyam etat[25] kṛtakaṃ *vipraiś ca*[26] paripaṭhyate |
janas tapas tathā satyam iti cākṛtakaṃ trayam ||19|
kṛtakākṛtako[27] madhye maharloka iti smṛtaḥ |
śūnyo bhavati kalpānte yo *'ntaṃ na ca*[28] vinaśyati ||20|
ete sapta mahālokā mayā vaḥ kathitā dvijāḥ |
pātālāni ca saptaiva brahmāṇḍasyaiṣa vistaraḥ ||21|
etad aṇḍakaṭāhena tiryag ūrdhvam adhas tathā |
kapitthasya yathā bījaṃ sarvato vai samāvṛtam ||22|
daśottareṇa payasā dvijāś cāṇḍaṃ ca *tad vṛtam*[29] |
sa cāmbuparivāro 'sau vahninā *veṣṭito bahiḥ*[30] ||23|
vahnis tu vāyunā vāyur viprās tu nabhasāvṛtaḥ |
ākāśo 'pi muniśreṣṭhā[31] mahatā pariveṣṭitaḥ ||24|
daśottarāṇy aśeṣāṇi viprāś caitāni sapta vai |
mahāntaṃ ca samāvṛtya pradhānaṃ samavasthitam ||25|
anantasya na tasyāntaḥ saṃkhyānaṃ cāpi vidyate |
tad anantam asaṃkhyātaṃ pramāṇenāpi vai yataḥ ||26|
hetubhūtam aśeṣasya prakṛtiḥ sā *parā dvijāḥ*[32] |
aṇḍānāṃ tu sahasrāṇāṃ sahasrāṇy ayutāni ca ||27|
īdṛśānāṃ tathā tatra koṭikoṭiśatāni ca |
dāruṇy agnir yathā tailaṃ tile tadvat pumān *iha*[33] ||28|

8 A iṣṭā- **9** A bhūmy eṣā iṣṭā sātra **10** A navakoṭiṣu yatraite kalpyante munisattamāḥ yānti caite maharlokaṃ yatra **11** A -koṭis tu V -koṭīṣu **12** AB yatra te kalpavāsinaḥ **13** V janoloko **14** A kavayo **15** C priyāś **16** A -tejasaḥ **17** AB -guṇottarād ūrdhvaṃ **18** V janolokāt **19** AB smṛtaḥ **20** B -nārakā sūryā **21** BC brahmaloko hi sa smṛtaḥ V brahmaloko hi saṃsmṛtaḥ **22** V yac ca **23** C -pūrvottaraṃ **24** A dvijās tattvacintakaiḥ B lokasthānavicintakaiḥ **25** A lokatrayaṃ ca **26** V viprais tu **27** A kṛtakākṛtakayor **28** C hy ante na V 'tyantaṃ na **29** B tat smṛtam **30** V pariveṣṭitaḥ **31** C bhūtādinā nabhaḥ so 'pi **32** B parājitā **33** B api

pradhāne 'vasthito[34] vyāpī cetanātmanivedanaḥ |
pradhānaṃ ca pumāṃś caiva sarva-*bhūtānubhūtayā*[35] ||29|
viṣṇuśaktyā dvija-*śreṣṭhā dhṛtau saṃśrayadharmiṇau*[36] |
tayoḥ saiva pṛthagbhāve kāraṇaṃ saṃśrayasya ca ||30|
kṣobhakāraṇabhūtā ca sargakāle dvijottamāḥ |
yathā śaityaṃ jale vāto bibharti kaṇikāgatam ||31|
jagac chaktis tathā viṣṇoḥ pradhānapuruṣātmakam |
yathā ca pādapo mūlaskandhaśākhādisaṃyutaḥ ||32|
ādya-[37]bījāt prabhavati bījāny anyāni vai tataḥ |
prabhavanti tatas tebhyo bhavanty anye pare drumāḥ ||33|
te 'pi tallakṣaṇadravya-*kāraṇānugatā dvijāḥ*[38] |
evam avyākṛtāt pūrvaṃ jāyante mahadādayaḥ ||34|
viśeṣāntās[39] tatas tebhyaḥ saṃbhavanti surādayaḥ |
tebhyaś ca putrās teṣāṃ tu *putrāṇāṃ parame*[40] sutāḥ ||35|
bījād vṛkṣaprarohena yathā nāpacayas taroḥ |
bhūtānāṃ bhūtasargeṇa naivāsty apacayas tathā ||36|
saṃnidhānād yathākāśakālādyāḥ kāraṇaṃ taroḥ |
tathaivā-*pariṇāmena*[41] viśvasya bhagavān hariḥ ||37|
vrīhibīje yathā mūlaṃ *nālaṃ pattrāṅkurau tathā*[42] |
kāṇḍa-*koṣās*[43] tathā puṣpaṃ kṣīraṃ tadvac ca taṇḍulaḥ ||38|
tuṣāḥ kaṇāś ca santo vai yānty āvirbhāvam ātmanaḥ |
prarohahetusāmagryam āsādya munisattamāḥ ||39|
tathā *karmasv anekeṣu*[44] devādyās tanavaḥ sthitāḥ |
viṣṇuśaktiṃ samāsādya praroham upayānti vai ||40|
sa ca viṣṇuḥ paraṃ brahma yataḥ sarvam idaṃ jagat |
jagac ca yo yatra cedaṃ *yasmin vilayam*[45] eṣyati ||41|
tad brahma paramaṃ dhāma sadasat paramaṃ padam |
yasya sarvam abhedena jagad etac carācaram ||42|
sa eva mūlaprakṛtir vyaktarūpī jagac ca saḥ |
tasminn eva layaṃ *sarvaṃ yāti*[46] tatra *ca tiṣṭhati*[47] ||43|
kartā *kriyāṇāṃ*[48] sa ca ijyate kratuḥ |
sa eva tatkarmaphalaṃ ca tasya yat |
yugādi[49] *yasmāc ca bhaved*[50] aśeṣato |
harer na kiṃcid vyatiriktam asti tat ||44|

iti śrīmahāpurāṇe ādibrāhme *bhū*-[51]bhuvaḥsvarādikīrtanaṃ nāma trayoviṃśo 'dhyāyaḥ

34 A pradhānena sthito **35** ABV -bhūtātmabhūtayā **36** A -śreṣṭhāḥ pravṛttyāśraya-dharmiṇau **37** C ādi- **38** V -kāraṇānugatāḥ smṛtāḥ **39** A viśeṣaś ca **40** V putrāṇām apare **41** A -parṇāme tu **42** B pattrāṅkuratayāpare **43** V -koṣas **44** C karmasu lokeṣu **45** CV yasmiṃś ca layam **46** V sarve yānti **47** V bhavanti vai **48** C kriyā vai **49** V yāgādi **50** BV yat sādhanam apy C tat sādhanam apy **51** V bhūr-

lomaharṣaṇa uvāca:
tārāmayaṃ bhagavataḥ śiśumārākṛti prabhoḥ |
divi rūpaṃ harer *yat tu*[1] tasya pucche sthito dhruvaḥ ||24.1|
saiṣa bhraman bhrāmayati candrādityādikān grahān |
bhramantam anu taṃ yānti nakṣatrāṇi ca cakravat ||2|
sūryācandramasau tārā nakṣatrāṇi grahaiḥ saha |
vātānīkamayair bandhair[2] dhruve baddhāni tāni vai ||3|
śiśumārākṛti proktaṃ yad rūpaṃ jyotiṣāṃ divi |
nārāyaṇaḥ paraṃ dhāma tasyādhāraḥ svayaṃ hṛdi ||4|
uttānapādatanayas tam ārādhya prajāpatim |
sa tārāśiśumārasya dhruvaḥ pucche vyavasthitaḥ ||5|
[3]ādhāraḥ śiśumārasya sarvādhyakṣo janārdanaḥ |
dhruvasya śiśumāraś ca *dhruve bhānur*[4] vyavasthitaḥ ||6|
tad ādhāraṃ jagac cedaṃ sadevāsuramānuṣam |
yena viprā vidhānena tan me śṛṇuta sāṃpratam ||7|
vivasvān aṣṭabhir māsair grasaty *apo*[5] *rasātmikāḥ*[6] |
varṣaty ambu tataś cānnam annādam akhilaṃ[7] jagat ||8|
vivasvān aṃśubhis tīkṣṇair ādāya jagato jalam |
somaṃ puṣyaty athenduś[8] *ca*[9] vāyunāḍīmayair divi ||9|
jalair[10] *vikṣipyate 'bhreṣu*[11] dhūmāgnyanilamūrtiṣu |
na bhraśyanti yatas tebhyo jalāny abhrāṇi tāny ataḥ ||10|
abhrasthāḥ prapatanty āpo vāyunā samudīritāḥ |
saṃskāraṃ kālajanitaṃ viprāś cāsādya nirmalāḥ ||11|
saritsamudrā bhaumās tu[12] tathāpaḥ prāṇisaṃbhavāḥ |
catuṣprakārā bhagavān ādatte savitā dvijāḥ ||12|
ākāśagaṅgāsalilaṃ tathāhṛtya gabhastimān |
anabhragatam evorvyāṃ sadyaḥ kṣipati raśmibhiḥ ||13|
tasya saṃsparśanirdhūtapāpapaṅko *dvijottamāḥ*[13] |
na yāti narakaṃ martyo divyaṃ snānaṃ hi tat smṛtam ||14|
dṛṣṭasūryaṃ[14] hi tad vāri pataty abhrair vinā divaḥ |
ākāśagaṅgāsalilaṃ tad gobhiḥ kṣipyate raveḥ ||15|
kṛttikādiṣu ṛkṣeṣu *viṣameṣv*[15] ambu yad divaḥ |
dṛṣṭvārkaṃ patitaṃ jñeyaṃ tad gāṅgaṃ dig-*gajohnitam*[16] ||16|
yugmarkṣeṣu tu yat toyaṃ pataty *arkodgitaṃ*[17] divaḥ |
tat sūryaraśmibhiḥ sadyaḥ samādāya nirasyate ||17|
ubhayaṃ puṇyam atyarthaṃ nṛṇāṃ *pāpaharaṃ*[18] dvijāḥ |
ākāśagaṅgāsalilaṃ divyaṃ *snānaṃ*[19] dvijottamāḥ ||18|

1 A yac ca **2** A vātānīkamayaiḥ pāśair **3** A om. 24.6. **4** B dhruvapucche **5** A eko V ambho **6** V rasātmakam **7** A varṣate 'mburasaṃ tasmād annād āpyāyate B varṣaty amburasaṃ tasmād annād apy akhilaṃ **8** ASS corr. *athendoś*. **9** A some 'muṃ puṣyate cendur B somaṃ puṣyaty athendraś ca **10** B nālair **11** A vikṣipya megheṣu B vikṣiptamegheṣu **12** A saritaḥ samundraṃ bhūmiṃ ca **13** C dvijottamaḥ **14** B dṛṣṭvā sūryaṃ **15** A nipataty **16** ASS corr. *gajoddhṛtam*; V -gajojjhitam **17** ASS corr. like V; V arkoddhṛtaṃ **18** A pāpāpahaṃ **19** A sthānaṃ

yat tu meghaiḥ samutsṛṣṭaṃ vāri tat prāṇināṃ dvijāḥ |
puṣṇāty oṣadhayaḥ sarvā jīvanāyāmṛtaṃ hi tat ||19|
tena vṛddhiṃ parāṃ nītaḥ sa-*kalaś*[20] cauṣadhīgaṇaḥ |
sādhakaḥ phala-*pākāntaḥ prajānāṃ tu*[21] prajāyate ||20|
tena[22] yajñān yathāproktān mānavāḥ śāstracakṣuṣaḥ |
kurvate 'harahaś caiva[23] devān āpyāyayanti te ||21|
evaṃ yajñāś ca vedāś ca *varṇāś ca*[24] dvijapūrvakāḥ |
sarvadevanikāyāś ca *paśu-*[25]bhūtagaṇāś ca ye ||22|
vṛṣṭyā dhṛtam idaṃ *sarvaṃ jagat sthāvarajaṅgamam*[26] |
sāpi[27] niṣpādyate *vṛṣṭiḥ savitrā*[28] munisattamāḥ ||23|
ādhārabhūtaḥ savitur dhruvo munivarottamāḥ |
dhruvasya[29] śiśumāro 'sau so 'pi nārāyaṇāśrayaḥ ||24|
hṛdi nārāyaṇas tasya śiśumārasya saṃsthitaḥ |
vibhartā sarvabhūtānām ādibhūtaḥ sanātanaḥ ||25|
evaṃ mayā muniśreṣṭhā brahmāṇḍaṃ samudāhṛtam |
bhūsamudrādibhir yuktaṃ kim anyac chrotum icchatha ||26|

iti śrīmahāpurāṇe ādibrāhme dhruvasaṃsthitinirūpaṇaṃ nāma caturviṃśo 'dhyāyaḥ

munaya ūcuḥ:
pṛthivyāṃ yāni tīrthāni *puṇyāny*[1] āyatanāni ca |
vaktum arhasi dharmajña śrotuṃ no vartate manaḥ ||25.1|
lomaharṣaṇa uvāca:
yasya hastau ca pādau ca manaś caiva su-*saṃyatam*[2] |
vidyā tapaś ca kīrtiś ca sa tīrthaphalam aśnute ||2|
mano viśuddhaṃ puruṣasya tīrthaṃ |
vācāṃ[3] *tathā cendriyanigrahaś ca*[4] |
etāni tīrthāni śarīrajāni |
svargasya mārgaṃ pratibodhayanti ||3|
cittam antargataṃ duṣṭaṃ tīrtha-*snānair*[5] na śudhyati |
śataśo 'pi jalair dhautaṃ surābhāṇḍam *ivāśuci*[6] ||4|
na tīrthāni na dānāni na vratāni na cāśramāḥ |
duṣṭāśayaṃ[7] dambharuciṃ *punanti vyutthitendriyam*[8] ||5|
indriyāṇi vaśe kṛtvā yatra *yatra*[9] vasen naraḥ |
tatra *tatra*[10] kurukṣetraṃ prayāgaṃ puṣkaraṃ tathā ||6|
tasmāc chṛṇudhvaṃ[11] vakṣyāmi tīrthāny āyatanāni ca |
[12]saṃkṣepeṇa muniśreṣṭhāḥ pṛthivyāṃ yāni kāni vai ||7|

20 B -phalaś **21** A -pākāntas tasmāt etat **22** A yena **23** A kurvanty aharahaś caiva B kurvanty aharahas taiś ca **24** C ṛṣayo **25** A sarva- **26** C sarvam annaṃ niṣpādyate yayā **27** A evaṃ **28** A vṛṣṭyā sāvitryā **29** A dhruvo 'pi **1** BV dhanyāny **2** B -saṃyatam **3** ASS corr. *vācas*; B vāco C vācyāṃ **4** BC manas tv indriyanigrahaṃ tapaḥ **5** C -snānān **6** A athāśuci **7** A duṣṭabuddhiṃ **8** A punantīha dvijottamāḥ BV na punanty ajitendriyam **9** AC tatra **10** BC tasya **11** B tasya śṛṇudhvaṃ **12** A om. the following 3, B the following 6 lines.

vistareṇa na śakyante vaktuṃ varṣaśatair api |
prathamaṃ puṣkaraṃ tīrthaṃ naimiṣāraṇyam eva ca ||8|
prayāgaṃ ca pravakṣyāmi dharmāraṇyaṃ dvijottamāḥ |
dhenukaṃ[13] campakāraṇyaṃ saindhavāraṇyam eva ca ||9|
puṇyaṃ ca *magadhāraṇyaṃ*[14] daṇḍakāraṇyam eva ca |
gayā *prabhāsaṃ śrītīrthaṃ*[15] divyaṃ kanakhalaṃ tathā ||10|
bhṛgutuṅgaṃ hiraṇyākṣaṃ *bhīmāraṇyaṃ*[16] kuśa-*sthalīm*[17] |
lohākulaṃ[18] *sakedāraṃ*[19] mandarāraṇyam eva ca ||11|
mahābalaṃ[20] koṭitīrthaṃ sarvapāpaharaṃ tathā |
rūpa-[21]tīrthaṃ *śūkaravaṃ*[22] cakratīrthaṃ mahāphalam ||12|
yoga-[23]tīrthaṃ somatīrthaṃ tīrthaṃ *sāhoṭakaṃ*[24] tathā |
tīrthaṃ kokāmukhaṃ puṇyaṃ badarīśailam eva ca ||13|
somatīrthaṃ *tuṅgakūṭaṃ*[25] tīrthaṃ *skandāśramaṃ*[26] tathā |
koṭitīrthaṃ cāgnipadaṃ[27] *tīrthaṃ pañcaśikhaṃ*[28] tathā ||14|
dharmodbhavaṃ koṭitīrthaṃ *tīrthaṃ bādhapramocanam*[29] |
[30]gaṅgā-*dvāraṃ*[31] pañcakūṭaṃ madhyakesaram eva ca ||15|
cakraprabhaṃ mataṅgaṃ ca *kruśadaṇḍaṃ*[32] ca viśrutam |
daṃṣṭrā-[33]kuṇḍaṃ viṣṇu-*tīrthaṃ*[34] sārvakāmikam eva ca ||16|
tīrthaṃ matsyatilaṃ caiva badarī suprabhaṃ tathā |
brahmakuṇḍaṃ vahnikuṇḍaṃ tīrthaṃ satyapadaṃ tathā ||17|
catuḥsrotaś catuḥśṛṅgaṃ śailaṃ dvādaśa-*dhārakam*[35] |
mānasaṃ *sthūla-*[36]śṛṅgaṃ ca sthūla-*daṇḍaṃ*[37] tathorvaśī ||18|
lokapālaṃ *manuvaraṃ somāhvaśailam*[38] eva ca |
sadā-[39]prabhaṃ *meru-*[40]kuṇḍaṃ tīrthaṃ somābhiṣecanam ||19|
mahā-*srotaṃ*[41] *koṭarakaṃ*[42] pañcadhāraṃ tridhārakam |
sapta-*dhāraika-*[43]dhāraṃ ca tīrthaṃ cāmarakaṇṭakam ||20|
śāla-[44]grāmaṃ *cakra-*[45]tīrthaṃ *koṭidrumam anuttamam*[46] |
bilva-[47]prabhaṃ devahradaṃ tīrthaṃ viṣṇu-*hradaṃ*[48] tathā ||21|
śaṅkhaprabhaṃ devakuṇḍaṃ tīrthaṃ vajrāyudhaṃ tathā |
[49]agniprabhaṃ ca puṃnāgaṃ devaprabham anuttamam ||22|
vidyādharaṃ sagāndharvaṃ śrītīrthaṃ brahmaṇo hradam |
sātīrthaṃ lokapālākhyaṃ maṇipuragiriṃ tathā ||23|

13 C [since B is impossible!] veṇukaṃ **14** V sagarāraṇyaṃ **15** A prabhāsatīrthaṃ ca **16** A himāraṇyaṃ **17** V -sthalī **18** AV lohārgalaṃ **19** A ca kedāraṃ **20** A himālayaṃ BV mahālayaṃ **21** A sūrya- **22** A śuddhikaraṃ BV śūkaraṃ ca **23** A ghora- BV vyāsa- **24** A sākoṭakaṃ BV śākhoṭakaṃ **25** A śaṃbhutīrthaṃ **26** C skandhāśramaṃ **27** ABV sūryaprabhaṃ dhenusaraḥ **28** AB saptamāyuṣikaṃ V saptamāyuṣmikaṃ **29** A sarvapāpapramocanam BV sārvakāmikam eva ca **30** V om. the following 8 lines. **31** A -dharaṃ **32** C śatrukuṇḍaṃ **33** A dṛṣṭa- **34** A -kuṇḍaṃ **35** C -vārakam **36** A sthala- **37** A -kūṭaṃ **38** C mesadharaṃ somātriṃ śailam **39** ABV sūrya- **40** A madhu- BV mahā- **41** AV -śrotraṃ B -sūtraṃ **42** A kokanadaṃ B kārakaṃ ca V korakaṃ ca **43** B -vīraika- **44** A śālī- **45** A vajra- **46** A kadalīhradam eva ca BV kadalīhradam uttamam **47** B bimba- V vidyut- **48** ABV -prabhaṃ **49** V om. the following 4 lines.

tīrthaṃ pañcahradaṃ caiva puṇyaṃ piṇḍārakaṃ tathā |
malavyaṃ goprabhāvaṃ ca govaraṃ vaṭamūlakam ||24|
snāna-*daṇḍaṃ*[50] prayāgaṃ ca *guhyaṃ viṣṇu-*[51]padaṃ tathā |
kanyāśramaṃ[52] vāyukuṇḍaṃ jambūmārgaṃ tathottamam ||25|
gabhastitīrthaṃ ca tathā yayāti-*patanaṃ*[53] śuci |
koṭitīrthaṃ bhadravaṭaṃ mahākālavanaṃ tathā ||26|
narmadātīrtham aparaṃ[54] tīrtha-*vajraṃ*[55] tathārbudam |
piṅgu-[56]tīrthaṃ savāsiṣṭhaṃ tīrthaṃ *ca pṛtha [?] saṃgamam*[57] ||27|
tīrthaṃ *daurvāsikaṃ*[58] nāma tathā *piñjarakaṃ*[59] śubham |
ṛṣitīrthaṃ brahmatuṅgaṃ vasutīrthaṃ kumārikam[60] ||28|
śakratīrthaṃ pañcanadaṃ reṇukātīrtham eva ca |
paitāmahaṃ ca vimalaṃ *rudra-*[61]pādaṃ tathottamam ||29|
maṇimattaṃ[62] ca kāmākhyaṃ kṛṣṇatīrthaṃ *kuśāvilam*[63] |
yajanaṃ yājanaṃ[64] caiva tathaiva brahma-*vālukam*[65] ||30|
puṣpanyāsaṃ[66] puṇḍarīkaṃ maṇi-*pūraṃ tathottaram*[67] |
dīrghasattraṃ hayapadaṃ[68] tīrthaṃ *cānaśanaṃ*[69] tathā ||31|
gaṅgodbhedaṃ śivodbhedaṃ narmadodbhedam[70] eva ca |
vastrāpadaṃ *dāruvalaṃ chāyārohaṇam*[71] eva ca ||32|
[72]siddheśvaraṃ mitravalaṃ kālikāśramam eva ca |
vaṭāvaṭaṃ[73] bhadra-*vaṭaṃ kauśāmbī*[74] ca divākaram ||33|
dvīpaṃ sārasvataṃ *caiva*[75] vijayaṃ kāma-*daṃ*[76] tathā |
[[77]sollayāṅgopacāraṃ ca cavarambanapūrṇavat |]
rudra-*koṭiṃ sumanasaṃ*[78] tīrthaṃ *sadrāvanāmitam*[79] ||34|
syamantapañcakaṃ tīrthaṃ brahmatīrthaṃ sudarśanam |
satataṃ pṛthivī-*sarvaṃ*[80] pāriplavapṛthūdakau ||35|
daśāśvamedhikaṃ tīrthaṃ *sarpijaṃ viṣayāntikam*[81] |
koṭitīrthaṃ pañcanadaṃ vārāhaṃ yakṣiṇīhradam ||36|
puṇḍarīkaṃ somatīrthaṃ *muñjavaṭaṃ tathottamam*[82] |
badarīvanam āsīnaṃ *ratnamūlakam*[83] eva ca ||37|
lokadvāraṃ pañcatīrthaṃ[84] kapilātīrtham eva ca |
sūryatīrthaṃ *śaṅkhinī ca gavāṃ bhavanam*[85] eva ca ||38|
tīrthaṃ ca yakṣa-*rājasya brahmāvartaṃ*[86] sutīrthakam |
kāmeśvaraṃ *mātri-[?]*[87]tīrthaṃ tīrthaṃ *śītavanaṃ*[88] tathā ||39|

50 V -kuṇḍaṃ **51** V guhāviṣṇu- **52** V kanyākuṇḍaṃ **53** V -pattanaṃ **54** V narmadā ca paraṃ tīrthaṃ **55** V -bījaṃ **56** V pañca- **57** V vai priyasaṃjñakam **58** V ca vārṣikaṃ **59** V pañjirakaṃ **60** V sutīrthaṃ brahmarudraṃ ca tīrthaṃ kanyākumārikā **61** V raudra- **62** V maṇimantaṃ **63** V kuliṅgakam **64** V śrīśakrayajanaṃ **65** V -bālukā **66** V puṇyaṃ vyāsaṃ **67** V -manthaṃ tathottamam **68** V dīrghamantaṃ haṃsapādaṃ **69** V ca śayanaṃ **70** V daśāśvamedhaṃ kedāraṃ tamasodbhedam **71** V barhapadaṃ lokārohaṇam **72** V om. **73** V svayaṃvaṭaṃ **74** V -balaṃ kauśāmbaṃ **75** V devaṃ **76** V -jaṃ **77** V ins. **78** V -kūpaṃ saṃyamanī **79** V saṃtrāvanāsikam **80** V -tīrthaṃ **81** V sākṣidaṃ vijayaṃ tathā **82** V muñjāvaṭarathottamam **83** V babūravaṇam **84** V svarlokadvārakaṃ tīrthaṃ **85** V varusthānaṃ bhavābhatranam [misprint for *bhavābhavanam*?] **86** V -rākṣasyaṃ brahmatīrthaṃ **87** V mātṛ- **88** V śātavanaṃ

snānalomāpahaṃ caiva māsasaṃsarakaṃ[89] tathā |
daśāśvamedhaṃ kedāraṃ *brahmodumbaram*[90] eva ca ||40|
saptarṣikuṇḍaṃ ca tathā tīrthaṃ devyāḥ su-*jambukam*[91] |
ītāspadaṃ[92] koṭi-*kūṭaṃ kiṃdānaṃ kiṃjapaṃ*[93] tathā ||41|
kāraṇḍavaṃ *cāvedhyaṃ*[94] ca triviṣṭapam athāparam |
pāṇi-*ṣātaṃ*[95] miśrakaṃ ca *madhūvaṭamanojavau*[96] ||42|
kauśikī devatīrthaṃ ca *tīrthaṃ ca ṛṇamocanam*[97] |
[98]divyaṃ ca nṛgadhūmākhyaṃ tīrthaṃ viṣṇupadaṃ tathā ||43|
amarāṇāṃ hradaṃ puṇyaṃ koṭitīrthaṃ tathāparam |
śrīkuñjaṃ śālitīrthaṃ ca naimiṣeyaṃ ca viśrutam ||44|
brahmasthānaṃ somatīrthaṃ kanyātīrthaṃ tathaiva ca |
brahmatīrthaṃ manastīrthaṃ tīrthaṃ *vai kārupāvanam*[99] ||45|
saugandhika-[100]vanaṃ caiva maṇitīrthaṃ sarasvatī |
īśānatīrthaṃ pravaraṃ pāvanaṃ *pāñcayajñikam*[101] ||46|
triśūladhāraṃ māhendraṃ devasthānaṃ *kṛtālayam*[102] |
śākaṃbharī devatīrthaṃ suvarṇākhyaṃ *kilaṃ hradam*[103] ||47|
kṣīraśravaṃ[104] virūpākṣaṃ bhṛgutīrthaṃ kuśodbhavam |
brahmatīrthaṃ[105] brahma-*yoniṃ*[106] nīlaparvatam eva *ca*[107] ||48|
[108]kubjāmbakaṃ bhadravaṭaṃ vasiṣṭhapadam eva ca |
svargadvāraṃ prajādvāraṃ kālikāśramam eva ca ||49|
rudrāvartaṃ sugandhāśvaṃ kapilāvanam eva ca |
bhadra-*karṇahradaṃ*[109] caiva *śaṅkukarṇahradaṃ*[110] tathā ||50|
saptasārasvataṃ caiva tīrtham auśanasaṃ tathā |
kapālamocanaṃ caiva avakīrṇaṃ ca *kāmyakam*[111] ||51|
catuḥsāmudrikaṃ caiva *śatakiṃ [?] ca sahasrikam [?]*[112] |
reṇukaṃ pañca-*vaṭakaṃ*[113] vimocanam *athaujasam*[114] ||52|
sthāṇutīrthaṃ kuros tīrthaṃ svargadvāraṃ kuśadhvajam |
viśveśvaraṃ *mānavakaṃ kūpaṃ nārāyaṇāśrayam*[115] ||53|
gaṅgāhradaṃ vaṭaṃ caiva badarī-*pāṭanaṃ*[116] tathā |
indra-*mārgam ekarātraṃ kṣīrakāvāsam*[117] eva ca ||54|
somatīrthaṃ *dadhīcaṃ ca śruta-*[118]tīrthaṃ ca *bho dvijāḥ*[119] |
koṭitīrtha-*sthalīṃ*[120] caiva bhadrakālīhradaṃ tathā ||55|
arundhatīvanaṃ caiva brahmāvartaṃ tathottamam |
aśva-*vedī kubjā-*[121]vanaṃ yamunāprabhavaṃ tathā ||56|

89 V sthānaṃ bhaumasya haṃsasya sārasaṃ sarasaṃ **90** V brahmajñam [sic] varam **91** V -saṃyatam **92** ASS corr. like V; V -ihāspadaṃ **93** V -kṛtaṃ kiṃvānaṃ kiṃjayaṃ **94** V tu viśvaṃ **95** ASS corr. like V; V -khātaṃ **96** V madhukaṇṭamanomaye **97** V kanyātīrtham athottamam **98** V om. the following 4 lines. **99** V caivātra pāvanam **100** V saugandhikaṃ **101** V pañcayajñakam **102** V mahālayam **103** V kapīmadam **104** V kṣīreśvaraṃ **105** V brahmāvartaṃ **106** V -yonir **107** V vā **108** V om. the following 3 lines. **109** V -karṇaṃ hṛdaṃ **110** V śakrakarṇaṃ hradaṃ **111** V pañcakam **112** V satkāñcanasahasrikam **113** V -kaṭakaṃ **114** V athainasān **115** V vāmakaraṃ tathā nārāyaṇāśramam **116** V -pāvanaṃ **117** V -mārgaṇakeśatraṃ jirikāvāsam **118** V ca bho viprāḥ koṭi- **119** V puṇyadam **120** V -sthalī **121** V -devī kubja-

vīraṃ pramokṣaṃ sindhūttham[122] ṛṣakulyā[123] sakṛttikam[124] |
urvīsaṃkramaṇaṃ caiva māyāvidyodbhavaṃ tathā ||57|
mahāśramo vaitasikā-[125]rūpaṃ sundarikāśramam |
[[126]brahmāṇī sumahattīrthaṃ gaṅgodbhavasarasvatī |]
bāhutīrthaṃ cārunadīṃ[127] vimalāśokam eva ca ||58|
[[128]gautamairāvatītīrthaṃ tīrthaṃ śatasahasrikam |]
[[129]bhartṛsthānaṃ koṭitīrthaṃ varā caivātha kāpilī |]
tīrthaṃ pañcanadaṃ caiva mārkaṇḍeyasya dhīmataḥ |
somatīrthaṃ *sitodaṃ*[130] ca tīrthaṃ *matsyodarīṃ*[131] tathā ||59|
sūryaprabhaṃ sūrya-*tīrtham aśokavanam*[132] eva ca |
aruṇāspadaṃ *kāmadaṃ ca śukra-*[133]tīrthaṃ savālukam ||60|
[[134]tīrthaṃ caivāvimuktākhyaṃ nīlakaṇṭhahradaṃ tathā |]
piśācamocanaṃ caiva subhadrāhradam eva ca |
kuṇḍaṃ *vimaladaṇḍasya*[135] tīrthaṃ *caṇḍeśvarasya*[136] ca ||61|
jyeṣṭha-[137]sthānahradaṃ caiva *puṇyaṃ brahmasaraṃ tathā*[138] |
jaigīṣavya-*guhā*[139] caiva harikeśavanaṃ tathā ||62|
ajāmukha-*saraṃ*[140] caiva ghaṇṭākarṇahradaṃ tathā |
puṇḍarīka-*hradaṃ*[141] caiva *vāpī karkoṭakasya*[142] ca ||63|
[143]suvarṇasyodapānaṃ ca śvetatīrthahradaṃ tathā |
kuṇḍaṃ ghargharikāyāś ca śyāmakūpaṃ ca candrikā ||64|
śmaśāna-*stambhakūpaṃ*[144] ca vināyakahradaṃ tathā |
kūpaṃ *sindhūdbhavaṃ*[145] caiva puṇyaṃ brahma-*saraṃ*[146] tathā ||65|
rudrāvāsaṃ[147] tathā tīrthaṃ nāgatīrthaṃ *pulomakam*[148] |
bhaktahradaṃ kṣīrasaraḥ pretādhāraṃ kumārakam ||66|
brahmāvartaṃ kuśāvartaṃ dadhi-*karṇodapānakam*[149] |
śṛṅgatīrthaṃ mahātīrthaṃ tīrtha-*śreṣṭhā*[150] mahānadī ||67|
divyaṃ brahma-*saraṃ*[151] puṇyaṃ gayāśīrṣā-*kṣayaṃ*[152] vaṭam |
dakṣiṇaṃ cottaraṃ caiva gomayaṃ *rūpaśītikam*[153] ||68|
kapilāhradaṃ gṛdhra-*vaṭaṃ*[154] sāvitrīhradam eva ca |
prabhāsanaṃ sītavanaṃ[155] yonidvāraṃ ca *dhenukam*[156] ||69|
dhanyakaṃ kokilākhyaṃ[157] ca *mataṅga-*[158]hradam eva ca |
pitṛkūpaṃ rudra-*tīrthaṃ śakra-*[159]tīrthaṃ sumālinam ||70|
brahmasthānaṃ saptakuṇḍaṃ maṇiratnahradaṃ tathā |
[[160]mudgalasyāśramaṃ caiva mudgalahradam eva ca |]

122 V vīrapramokṣaṃ siddhārthaṃ **123** ASS corr. *ṛṣikulyā* **124** V om. 25.57bc. **125** V mahāhrado vetasikā **126** V ins. **127** V tīrthaṃ ca bāhukā nāma **128** V ins. **129** V ins. **130** V śivodaṃ **131** V matsyodarī **132** V -tīrthaṃ somakaṃ vanam **133** V vāmanakaṃ sūrya- **134** V ins. **135** V hi vimalaṃ tasya **136** V caṇḍīśvarasya **137** V śreṣṭha- **138** V samudraṃ kūpam eva ca **139** V -vanaṃ **140** V -rasaṃ **141** V -hradaś **142** V vāpikā kāṣṭhakasya **143** V om. 25.64. **144** V -stambhaṃ kumbhaṃ **145** V siddhodbhavaṃ **146** V -saras **147** V bhadrāvāsaṃ **148** V sasomakam **149** V -karṇodayātmakam **150** V -śreṣṭhaṃ **151** V -saraḥ **152** V -kṣayam [sic] **153** V hayaśāntikam **154** V -kūṭaṃ **155** V aghanāśanaṃ gītavanaṃ **156** V dhainukam **157** V dhanvakaṃ lohikākhyaṃ **158** V mātaṅga- **159** V -kūpaṃ mati- **160** V ins.

[[161]tīrthaṃ janakakūpākhyaṃ puṇyaṃ vinaśanaṃ tathā |]
kauśikyaṃ[162] bharataṃ caiva tīrthaṃ *jyeṣṭhālikā*[163] tathā ||71|
viśveśvaraṃ *kalpasaraḥ*[164] kanyā-*saṃvetyam [?]*[165] eva ca |
niścīvā [?] *prabhavaś*[166] caiva vasiṣṭhāśramam eva ca ||72|
devakūṭaṃ ca kūpaṃ ca *vasiṣṭhāśramam*[167] eva ca |
[168]vīrāśramaṃ brahmasaro brahmavīrāvakāpilī ||73|
kumāradhārā śrīdhārā gaurīśikharam eva ca |
śunaḥ kuṇḍo 'tha tīrthaṃ ca nanditīrthaṃ tathaiva ca ||74|
kumāravāsaṃ śrīvāsam aurvīśīt-artham [?] eva ca |
kumbha-[169]karṇahradaṃ caiva kauśikī-*hradam*[170] eva ca ||75|
dharmatīrthaṃ *kāmatīrthaṃ*[171] tīrtham *uddālakaṃ*[172] tathā |
[[173]daṇḍātmā mālinī tīrthaṃ tīrthaṃ ca vanacaṇḍikā |]
saṃdhyātīrthaṃ *kāratoyaṃ kapilaṃ lohitārṇavam*[174] ||76|
śoṇodbhavaṃ vaṃśa-*gulmam ṛṣabhaṃ kalatīrthakam*[175] |
puṇyāvatī-[176]hradaṃ *tīrthaṃ*[177] tīrthaṃ badarikāśramam ||77|
rāmatīrthaṃ *pitṛvanaṃ virajātīrtham*[178] eva ca |
[179]mārkaṇḍeyavanaṃ caiva kṛṣṇatīrthaṃ tathā vaṭam ||78|
rohiṇī-[180]kūpa-*pravaram*[181] indradyumna-*saraṃ ca yat*[182] |
sānugartaṃ[183] samāhendraṃ śrītīrthaṃ śrī-*nadaṃ*[184] tathā ||79|
iṣutīrthaṃ *vārṣabhaṃ*[185] ca *kāverī*-[186]hradam eva ca |
kanyātīrthaṃ ca gokarṇaṃ *gāyatrī*-[187]sthānam eva ca ||80|
[[188]saṃvartaṃ cāpi viśvāsaṃ saptagodāvarīhradam |]
badarīhradam anyac ca *madhyasthānaṃ vikarṇakam*[189] |
jātīhradaṃ deva-*kūpaṃ*[190] kuśa-*pravaṇam*[191] eva ca ||81|
sarvadevavrataṃ caiva kanyāśramahradaṃ tathā |
[[192]mahārājahradaṃ puṇyaṃ śakratīrthaṃ ca kundakam |
aṅgāratīrthaṃ ca tathā rudrāraṇyakam eva ca |
medhāvinaṃ devahradaṃ tīrthaṃ cāmaravartanam |
mandākinīhradaṃ puṇyaṃ kṣamam māheśvaraṃ tathā |
gaṅgātīrthaṃ tripuruṣaṃ bhīmatāṇḍavavāmukham |
pṛthukūṭaṃ śālvakūṭaṃ śoṇaṃ rohitakaṃ punaḥ |
kapilāhradaṃ samālyaṃ ca vāsiṣṭhaṃ kapilāhradam |]
tathānyad vālakhilyānāṃ *sapūrvāṇāṃ tathāparam*[193] ||82|
tathānyac ca maharṣīṇām akhaṇḍitahradaṃ tathā |
tīrtheṣv eteṣu vidhivat samyak śraddhāsamanvitaḥ ||83|

161 V ins. **162** V śokākhyaṃ **163** V jyeṣṭhālikaṃ **164** V puṇyaśataṃ **165** V -saṃvedham **166** V nidhirāmabhavaṃ **167** V kauśikāśramam **168** V om. the following 4 lines. **169** V kula- **170** V -drumam **171** V kāñcanaṃ ca **172** V auddālakaṃ **173** V ins. **174** V kālatīrthaṃ kapilālohitārṇavam **175** V -gulmaṃ rāmabhaṅgīkatīrthakam **176** V puṇyāvarta- **177** V śrīmat **178** V vitastā ca merujātīyam **179** V om. **180** V rohiṇyāḥ **181** V -varadam **182** V -saras tathā **183** V sāvasargaṃ **184** V -nadī **185** V vārṣikaṃ **186** V kaubera- **187** V gopati- **188** V ins. **189** V brahmasthāna-vivardhanam **190** V -hradaṃ **191** V -prathanam **192** V ins. **193** V saptarṣīṇāṃ tathā param

snānaṃ karoti yo martyaḥ sopavāso jitendriyaḥ |
devān ṛṣīn manuṣyāṃś ca pitṝn saṃtarpya ca kramāt ||84|
abhyarcya devatās tatra sthitvā ca rajanītrayam |
pṛthak pṛthak phalaṃ teṣu pratitīrtheṣu bho dvijāḥ ||85|
prāpnoti hayamedhasya naro nāsty atra saṃśayaḥ |
yas tv idaṃ śṛṇuyān nityaṃ tīrthamāhātmyam uttamam |
paṭhec ca śrāvayed vāpi sarvapāpaiḥ pramucyate ||86|

iti śrīmahāpurāṇe ādibrāhme tīrthamāhātmyavarṇanaṃ nāma pañcaviṃśo 'dhyāyaḥ

munaya ūcuḥ:
pṛthivyām *uttamāṃ bhūmiṃ*[1] dharmakāmārthamokṣa-*dām*[2] |
tīrthānām uttamaṃ tīrthaṃ brūhi no vadatāṃ vara ||26.1|
lomaharṣaṇa uvāca:
imaṃ praśnaṃ mama guruṃ papracchur munayaḥ purā |
tam ahaṃ saṃpravakṣyāmi yat pṛcchadhvaṃ dvijottamāḥ ||2|
svāśrame sumahāpuṇye nānāpuṣpopaśobhite |
nānādrumalatākīrṇe nānā-*mṛga*-[3]gaṇair yute ||3|
[4]puṃnāgaiḥ karṇikāraiś ca *saralair*[5] devadārubhiḥ |
śālais tālais tamālaiś ca panasair dhavakhādiraiḥ ||4|
pāṭalāśokabakulaiḥ karavīraiḥ sacampakaiḥ |
anyaiś ca vividhair vṛkṣair nānāpuṣpopaśobhitaiḥ ||5|
kurukṣetre samāsīnaṃ vyāsaṃ matimatāṃ varam |
mahābhāratakartāraṃ *sarva*-[6]śāstraviśāradam ||6|
[7]adhyātmaniṣṭhaṃ sarvajñaṃ sarvabhūtahite ratam |
purāṇāgamavaktāraṃ vedavedāṅgapāragam ||7|
parāśarasutaṃ śāntaṃ padmapattrāyatekṣaṇam |
draṣṭum abhyāyayuḥ prītyā munayaḥ *saṃśita*-[8]vratāḥ ||8|
kaśyapo[9] jamadagniś ca *bharadvājo*[10] 'tha gautamaḥ |
vasiṣṭho jaiminir dhaumyo *mārkaṇḍeyo 'tha*[11] vālmikiḥ ||9|
[12]viśvāmitraḥ śatānando vātsyo *gārgyo*[13] 'tha *āsuriḥ*[14] |
sumantur bhārgavo *nāma*[15] kaṇvo medhātithir guruḥ ||10|
māṇḍavyaś cyavano dhūmro hy asito devalas tathā |
maudgalyas tṛṇa-*yajñaś*[16] ca pippalādo 'kṛtavraṇaḥ ||11|
saṃvartaḥ kauśiko *raibhyo maitreyo*[17] *haritas*[18] tathā |
śāṇḍilyaś[19] *ca vibhāṇḍaś ca*[20] durvāsā lomaśas tathā ||12|
nāradaḥ parvataś caiva vaiśaṃpāyana-*gālavau*[21] |
bhāskariḥ[22] *pūraṇaḥ*[23] *sūtaḥ*[24] pulastyaḥ kapilas tathā ||13|

1 A uttamaṃ bhūri **2** A -dam **3** A -muni- **4** B om. 26.4–5. **5** A sarasair **6** B nānā- **7** B om. 26.7. **8** V śaṃsita- **9** C kāśyapo **10** C bhāradvājo **11** V mārkaṇḍeyaś ca **12** B om. 26.10–14. **13** V gargo **14** A gālavaḥ **15** C rāmaḥ **16** C -jahnuś V -bāhuś **17** A raibhya ātreyo **18** V hāritas **19** A śāṇḍilyaḥ **20** A śvetaketuś ca V ca tathāgastyo **21** A -kāṇḍavau **22** A bhāskaraḥ **23** A pūraṇaiś V pūraṇiḥ **24** A caiva

ulūkaḥ pulaho vāyur devasthānaś *caturbhujaḥ*[25] |
sanatkumāraḥ pailaś ca kṛṣṇaḥ kṛṣṇānubhautikaḥ[26] || 14 |
etair munivaraiś cānyair vṛtaḥ satyavatīsutaḥ |
rarāja sa *muniḥ śrīmān*[27] nakṣatrair iva candramāḥ || 15 |
[28]tān āgatān munīn sarvān pūjayām āsa vedavit |
te 'pi taṃ pratipūjyaiva kathāṃ cakruḥ parasparam || 16 |
kathānte te muniśreṣṭhāḥ kṛṣṇaṃ satyavatīsutam |
papracchuḥ saṃśayaṃ sarve tapovananivāsinaḥ || 17 |
munaya ūcuḥ:
mune vedāṃś ca śāstrāṇi purāṇāgamabhāratam |
bhūtaṃ bhavyaṃ bhaviṣyaṃ ca sarvaṃ jānāsi vāṅmayam || 18 |
kaṣṭe 'smin duḥkhabahule niḥsāre bhavasāgare |
rāga-[29]grāhākule raudre viṣayodakasaṃplave || 19 |
indriyāvartakalile dṛṣṭormiśatasaṃkule |
moha-*paṅkāvile*[30] durge *lobha-*[31]gambhīradustare || 20 |
nimajjaj jagad ālokya nirālambam acetanam |
pṛcchāmas tvāṃ mahābhāgaṃ brūhi no *muni-*[32]sattama || 21 |
śreyaḥ kim atra saṃsāre *bhairave*[33] lomaharṣaṇe |
upadeśapradānena lokān uddhartum arhasi || 22 |
durlabhaṃ paramaṃ kṣetraṃ vaktum arhasi mokṣadam |
pṛthivyāṃ *karmabhūmiṃ ca*[34] śrotum icchāmahe vayam || 23 |
kṛtvā kila naraḥ samyak karma bhūmau *yathoditam*[35] |
prāpnoti paramāṃ siddhiṃ narakaṃ *ca*[36] vikarmataḥ || 24 |
mokṣakṣetre tathā mokṣaṃ prāpnoti *puruṣaḥ*[37] *sudhīḥ*[38] |
tasmād brūhi mahāprājña yat pṛṣṭo 'si *dvijottama*[39] || 25 |
śrutvā tu vacanaṃ teṣāṃ munīnāṃ bhāvitātmanām |
vyāsaḥ provāca *bhagavān*[40] bhūtabhavyabhaviṣyavit || 26 |
vyāsa uvāca:
śṛṇudhvaṃ munayaḥ sarve vakṣyāmi yadi pṛcchatha |
yaḥ saṃvādo[41] 'bhavat pūrvam ṛṣīṇāṃ brahmaṇā saha || 27 |
merupṛṣṭhe *tu vistīrṇe*[42] nānāratnavibhūṣite |
nānādrumalatākīrṇe nānāpuṣpopaśobhite || 28 |
[43]nānāpakṣirute ramye nānā-*prasavanākule*[44] |
nānāsattvasamākīrṇe nānāścaryasamanvite || 29 |
[45]nānāvarṇaśilākīrṇe nānādhātuvibhūṣite |
nānāmunijanākīrṇe nānāśramasamanvite || 30 |
tatrāsīnaṃ jagannāthaṃ jagadyoniṃ caturmukham |
jagatpatiṃ jagadvandyaṃ jagadādhāram īśvaram || 31 |

25 C ca tamburaḥ V ca tumburuḥ **26** A kṛṣṇaḥ pailaś ca bho viprāḥ kṛṣṇātreyo nabhogatiḥ **27** AV munir dhīmān B munir dhāmnā **28** B om. 26.16. **29** A roga- **30** A -śokācale **31** C loha- **32** AB dvija- **33** A prāṇināṃ **34** B karmabhiś caiva **35** A yad īritam **36** B vā **37** ABV paramaṃ **38** A śuciḥ **39** V dvijottamaiḥ **40** BV matimān **41** A yatsaṃvādo **42** AB suvistīrṇe **43** B om. 26.29–30. **44** A -praśravaṇānvite V -prasavasaṃkule **45** A om. 26.30.

devadānavagandharvair yakṣavidyādharoragaiḥ |
munisiddhāpsarobhiś[46] ca vṛtam anyair divālayaiḥ ||32|
kecit *stuvanti taṃ*[47] devaṃ kecid *gāyanti*[48] *cāgrataḥ*[49] |
kecid[50] vādyāni vādyante kecin nṛtyanti cāpare ||33|
evaṃ pramudite *kāle*[51] sarvabhūtasamāgame |
nānākusumagandhāḍhye dakṣiṇānilasevite ||34|
bhṛgvādyās taṃ tadā[52] *devaṃ*[53] praṇipatya pitāmaham |
imam artham *ṛṣivarāḥ*[54] papracchuḥ pitaraṃ dvijāḥ ||35|
[55]ṛṣaya ūcuḥ:
bhagavañ *śrotum*[56] icchāmaḥ karmabhūmiṃ mahītale |
vaktum arhasi deveśa mokṣakṣetraṃ ca durlabham ||36|
vyāsa uvāca:
teṣāṃ vacanam ākarṇya prāha brahmā sureśvaraḥ |
papracchus te yathā praśnaṃ tat sarvaṃ munisattamāḥ ||37|

iti śrīmahāpurāṇe ādibrāhme svayaṃbhūbrahmarṣisaṃvāde praśnanirūpaṇaṃ nāma ṣaḍviṃśo 'dhyāyaḥ

brahmovāca:
śṛṇudhvaṃ munayaḥ sarve yad *vo*[1] vakṣyāmi sāṃpratam |
purāṇaṃ vedasaṃbaddhaṃ bhuktimuktipradaṃ śubham ||27.1|
pṛthivyāṃ bhārataṃ varṣaṃ karmabhūmir *udāhṛtā*[2] |
karmaṇaḥ phala-*bhūmiś ca*[3] svargaṃ ca narakaṃ tathā ||2|
tasmin varṣe naraḥ pāpaṃ kṛtvā *dharmaṃ*[4] ca bho dvijāḥ |
avaśyaṃ phalam āpnoti aśubhasya śubhasya ca ||3|
brāhmaṇādyāḥ svakaṃ[5] karma kṛtvā samyak susaṃyatāḥ |
prāpnuvanti parāṃ siddhiṃ tasmin varṣe na saṃśayaḥ ||4|
dharmaṃ cārthaṃ ca kāmaṃ ca mokṣaṃ ca dvijasattamāḥ |
prāpnoti puruṣaḥ sarvaṃ tasmin varṣe *susaṃyataḥ*[6] ||5|
indrādyāś ca surāḥ sarve tasmin varṣe dvijottamāḥ |
kṛtvā *suśobhanaṃ*[7] karma devatvaṃ pratipedire ||6|
anye 'pi lebhire mokṣaṃ *puruṣāḥ*[8] *saṃyatendriyāḥ*[9] |
tasmin varṣe budhāḥ śāntā vītarāgā vimatsarāḥ ||7|
ye cāpi[10] svarge tiṣṭhanti *vimānena gata-*[11]jvarāḥ |
te *'pi kṛtvā*[12] śubhaṃ karma tasmin varṣe divaṃ gatāḥ ||8|
nivāsaṃ bhārate varṣa ākāṅkṣanti sadā surāḥ |
svargāpavargaphalade *tat paśyāmaḥ*[13] kadā vayam ||9|

46 A munibhiś cāpsarobhiś **47** A tu nartanair **48** V dhyāyanti **49** A tattvataiḥ **50** ASS corr. *kaiścid* **51** B loke **52** BV bhṛgvādyā munayo **53** B devāḥ **54** A tadā devāḥ **55** AB om. **56** V chrotum **1** B vai **2** A udāhṛtam **3** B -bhūmir hi **4** B karma **5** B brāhmaṇādyās tu yat **6** V tu saṃyataḥ **7** A tu śobhanaṃ **8** AB saṃyatāḥ **9** A saṃjitendriyāḥ **10** A devāḥ **11** B vimāne vigata- **12** B kṛtvā su- **13** A utpatsyāmaḥ

munaya ūcuḥ:
yad etad bhavatā proktaṃ karma *nānyatra*[14] puṇyadam |
pāpāya[15] vā suraśreṣṭha *varjayitvā*[16] ca bhāratam ||10|
tataḥ svargaś ca mokṣaś ca *madhyamaṃ tac*[17] ca gamyate |
na khalv anyatra[18] martyānāṃ bhūmau karma vidhīyate ||11|
tasmād vistarato brahmann asmākaṃ bhārataṃ vada |
yadi te *'sti dayāsmāsu*[19] yathāvasthitir eva ca ||12|
tasmād varṣam idaṃ *nātha ye vāsmin*[20] varṣaparvatāḥ |
bhedāś ca tasya varṣasya brūhi sarvān aśeṣataḥ ||13|
brahmovāca:
śṛṇudhvaṃ bhārataṃ varṣaṃ navabhedena bho dvijāḥ |
samudrāntaritā jñeyās te *samāś ca*[21] parasparam ||14|
indra-*dvīpaḥ*[22] kaśeruś ca tāmravarṇo gabhastimān |
nāgadvīpas tathā saumyo *gāndharvo*[23] vāruṇas tathā ||15|
ayaṃ tu navamas teṣāṃ dvīpaḥ sāgarasaṃvṛtaḥ |
yojanānāṃ *sahasraṃ vai*[24] dvīpo 'yaṃ *dakṣiṇottaraḥ*[25] ||16|
pūrve kirātā yasyāsan paścime *yavanās tathā*[26] |
brāhmaṇāḥ kṣatriyā vaiśyāḥ śūdrāś *cānte*[27] sthitā dvijāḥ ||17|
ijyāyuddhavaṇijyādyaiḥ karmabhiḥ kṛtapāvanāḥ |
teṣāṃ *saṃvyavahāraś*[28] ca ebhiḥ karmabhir *iṣyate*[29] ||18|
svargāpavarga-*hetuś*[30] ca puṇyaṃ pāpaṃ ca *vai tathā*[31] |
mahendro malayaḥ sahyaḥ śuktimān ṛkṣaparvataḥ ||19|
vindhyaś ca pāriyātraś ca saptaivātra kulācalāḥ |
teṣāṃ sahasraśaś cānye bhūdharā ye samīpagāḥ ||20|
vistārocchrayiṇo ramyā vipulāś citrasānavaḥ |
kolāhalaḥ sa vaibhrājo mandaro *dardalācalaḥ*[32] ||21|
vātaṃdhayo vaidyutaś[33] ca mainākaḥ *su-*[34]rasas tathā |
tuṅgaprastho nāgagirir godhanaḥ *pāṇḍarācalaḥ*[35] ||22|
puṣpa-[36]girir *vaijayanto*[37] raivato *'rbuda*[38] eva ca |
ṛṣya-*mūkaḥ sa*[39] *gomanthaḥ*[40] *kṛtaśailaḥ kṛtācalaḥ*[41] ||23|
śrī-*pārvataś*[42] cakoraś ca śataśo 'nye ca parvatāḥ |
tair vimiśrā[43] janapadā *mlecchādyāś*[44] caiva bhāgaśaḥ ||24|
taiḥ pīyante saricchreṣṭhās tā budhyadhvaṃ dvijottamāḥ |
gaṅgā sarasvatī sindhuś candrabhāgā tathāparā ||25|
yamunā śatadrur vipāśā vitastairāvatī *kuhūḥ*[45] |
gomatī *dhūta-*[46]pāpā ca bāhudā ca dṛṣadvatī ||26|

14 A cānyatra **15** B pāpadaṃ **16** B varṇayitvā **17** B madhyaś cāntaś **18** A tataś cānyatra B na cālpaṃ cātra V na vānyatra ca **19** A snigdhatāsmāsu V hi dayāsmāsu **20** A yāvad ye 'py asmin **21** B ca gamyāḥ C durgamyāḥ **22** A -paṅkaḥ **23** AB gandharvo **24** V ca sāhasraṃ **25** A ca daśottarāḥ **26** A yavanāḥ smṛtāḥ **27** V cātra **28** V sadvyavahāraś **29** A ucyate **30** C -prāptiś **31** A no dvijāḥ **32** A mandarācalaḥ B mandagācalaḥ **33** A vātācayo vaidyutaś B vātaṃvayo vai paśuś V vātādhvago daivataś **34** A sa- **35** A pāṇḍavācalaḥ V pāṇḍurācalaḥ **36** A puṇya- B puṣpā- **37** B durjayanto **38** B 'mbuda **39** V -mūkas tu **40** A gomantaḥ **41** C kūṭaśailakṛtaḥ saraḥ **42** V -parvataś **43** B naite miśrā **44** A viprādyāś **45** B kuruḥ **46** B hata-

vipāśā devikā cakṣur niṣṭhīvā gaṇḍakī tathā |
kauśikī cāpagā caiva himavatpādaniḥsṛtāḥ ||27|
devasmṛtir devavatī vātaghnī sindhur eva ca |
veṇyā tu *candanā*[47] caiva *sadānīrā mahī*[48] tathā ||28|
carmaṇvatī vṛṣī[49] *caiva*[50] vidiśā *vedavaty*[51] api |
siprā[52] *hy avantī*[53] ca tathā pāriyātrānugāḥ smṛtāḥ ||29|
śoṇā[54] mahānadī caiva narmadā surathā *kriyā*[55] |
mandākinī daśārṇā ca *citrakūṭā*[56] tathāparā ||30|
citrotpalā *vetravatī*[57] karamodā piśācikā |
tathānyātilaghuśroṇī *vipāpmā*[58] *śaivalā*[59] nadī ||31|
sadherujā[60] *śaktimatī*[61] śakunī tridivā *kramuḥ*[62] |
ṛkṣapādaprasūtā vai *tathānyā vegavāhinī*[63] ||32|
siprā[64] payoṣṇī *nirvindhyā*[65] tāpī caiva saridvarā |
veṇā vaitaraṇī caiva *sinīvālī kumudvatī*[66] ||33|
toyā[67] caiva mahāgaurī durgā cāntaḥśilā tathā |
vindhyapādaprasūtās tā nadyaḥ puṇyajalāḥ śubhāḥ ||34|
godāvarī bhīmarathī kṛṣṇaveṇā tathāpagā |
tuṅgabhadrā suprayogā tathānyā pāpanāśinī ||35|
sahyapādaviniṣkrāntā ity etāḥ saritāṃ varāḥ |
kṛta-[68]mālā tāmraparṇī *puṣyajā pratyalāvatī*[69] ||36|
malayādrisamudbhūtāḥ puṇyāḥ śītajalās tv imāḥ |
pitṛsomarṣikulyā ca *vañjulā tridivā*[70] ca yā ||37|
lāṅgulinī vaṃśakarā[71] mahendraprabhavāḥ smṛtāḥ |
[72]suvikālā kumārī ca manūgā mandagāminī ||38|
kṣayāpalāsinī[73] caiva śuktimatprabhavāḥ smṛtāḥ |
sarvāḥ puṇyāḥ sarasvatyaḥ sarvā gaṅgāḥ samudragāḥ ||39|
viśvasya mātaraḥ sarvāḥ *sarvāḥ pāpa-*[74]harāḥ smṛtāḥ |
anyāḥ sahasraśaḥ *proktāḥ*[75] kṣudranadyo dvijottamāḥ ||40|
prāvṛtkālavahāḥ santi sadākālavahāś ca yāḥ |
matsyā mukuṭakulyāś[76] ca *kuntalāḥ*[77] kāśikośalāḥ ||41|
andhrakāś[78] ca kaliṅgāś ca *śamakāś*[79] ca *vṛkaiḥ*[80] saha |
madhyadeśā janapadāḥ prāyaśo 'mī prakīrtitāḥ ||42|
sahyasya cottare[81] yas tu yatra godāvarī nadī |
pṛthivyām api kṛtsnāyāṃ sa pradeśo manoramaḥ ||43|

47 AC vadanā **48** B sadāpārāmakī **49** B carmaṇvatī nṛpī C parā carmaṇvatī **50** C [placing of variant uncertain] bhūpā **51** BV vetravaty **52** A kṣiprā B śīghrā V śiprā **53** V dravantī **54** BC śoṇo **55** A kṛpā **56** B vetrakūpā **57** A caitravatī **58** ABV vipāśā **59** C caivalā **60** AV samerujā B saserajā **61** BV śuktimatī **62** A kratuḥ B kuruḥ **63** A tathā bhadrākavādinī **64** A citrā V śiprā **65** A vindhyāntā **66** B sīnīvālārkamuddhatā C sinīvālā kumudvatī **67** A vāpī **68** A śata- **69** A puṣyajāty utpalāvatī V puṣpavaty upalāvatī **70** A candramālā divā C ikṣuṇā tridivā **71** A lāṅgalī caiva śakarā V lāṅgalinī vaṃśakarā **72** AB om. the following 2 lines. **73** V kṣayā palāśinī **74** AB sarvapāpa- **75** V santi **76** B mānyāḥ kumudamānyāś V matsyāḥ kumudamālyāś **77** A kratugāḥ B cakralāḥ V kratulāḥ **78** A atharvāś **79** V maśakāś **80** A vṛṣaiḥ **81** A sahayaś caivottare

govardhanapuraṃ ramyaṃ bhārgavasya mahātmanaḥ |
vāhīkarāṭadhānāś [?][82] ca *sutīrāḥ kāla-*[83]toyadāḥ ||44|
aparāntāś ca śūdrāś ca *vāhlikāś*[84] *ca sakeralāḥ*[85] |
gāndhārā yavanāś caiva sindhusauvīramadrakāḥ ||45|
śatadruhāḥ[86] kaliṅgāś ca pāradā *hārabhūṣikāḥ*[87] |
māṭharāś caiva *kanakāḥ kaikeyā dambhamālikāḥ*[88] ||46|
kṣatriyopamadeśāś ca vaiśyaśūdrakulāni ca |
kāmbojāś caiva viprendrā barbarāś ca salaukikāḥ ||47|
vīrāś[89] caiva tuṣārāś ca *pahlavādhāyatā narāḥ*[90] |
ātreyāś ca bharadvājāḥ *puṣkalāś*[91] ca daśerakāḥ ||48|
lampakāḥ śunaśokāś ca kulikā jāṅgalaiḥ saha |
auṣadhyaś *calacandrā*[92] ca kirātānāṃ ca jātayaḥ ||49|
tomarā haṃsamārgāś ca kāśmīrāḥ karuṇās tathā |
śūlikāḥ kuhakāś caiva māgadhāś ca tathaiva ca ||50|
ete[93] deśā udīcyās tu *prācyān deśān*[94] nibodhata |
andhā vāmaṅkurākāś[95] ca *vallakāś ca makhāntakāḥ*[96] ||51|
[[97]śūlikāḥ kuhakāś caiva samagnirabahirgirāḥ |]
tathāpare 'ṅgā vaṅgāś ca[98] maladā mālavartikāḥ |
bhadra-[99]tuṅgāḥ pratijayā *bhāryāṅgāś*[100] cāpamardakāḥ ||52|
prāgjyotiṣāś ca madrāś ca videhās tāmraliptakāḥ |
mallā magadhakā nandāḥ prācyā janapadās tathā ||53|
athāpare janapadā dakṣiṇāpathavāsinaḥ |
pūrṇāś ca kevalāś[101] caiva golāṅgūlās tathaiva ca ||54|
ṛṣikā[102] muṣikāś caiva kumārā *rāmaṭhāḥ śakāḥ*[103] |
mahārāṣṭrā *māhiṣakāḥ*[104] kaliṅgāś caiva sarvaśaḥ ||55|
ābhīrāḥ saha vaiśikyā[105] *aṭavyāḥ saravāś ca ye*[106] |
pulindāś caiva mauleyā[107] vaidarbhā daṇḍakaiḥ saha ||56|
paulikā[108] maulikāś caiva aśmakā bhojavardhanāḥ |
kaulikāḥ[109] kuntalāś caiva *dambhakā nīlakālakāḥ*[110] ||57|
dākṣiṇātyās tv amī deśā [[111]hy] aparāntān nibodhata |
śūrpārakāḥ kāli-*dhanā lolās tālakaṭaiḥ*[112] saha ||58|
ity ete hy aparāntāś ca śṛṇudhvaṃ vindhyavāsinaḥ |
malajāḥ karkaśāś[113] caiva melakāś *colakaiḥ*[114] saha ||59|

82 ASS corr. *vāhikā vāṭadhanāś*; A vādhīkāś cāvadhānyaś **83** A munīrākāla- **84** B pādapāś V bāhlikāś **85** B carmakhaṇḍikāḥ **86** A śatadurgāḥ B śatadrukāḥ **87** C hāramūṣikāḥ V haribhūṣikāḥ **88** A karakāś caikapādāḥ sunāsikāḥ **89** A cīnāś **90** A pañcavālāyatīnarāḥ B [or C? Siglum omitted] ūrṇā dīrghās tathaiva ca **91** A puṣkarāś **92** ASS corr. like V; V calacandrāś **93** A evaṃ **94** A prācyāṃ diśi **95** B andhakā muhukarāś **96** B kasmīrāḥ karuṇās tathā **97** B ins. **98** B tathā pracaragā vaṅgā **99** A brahma- **100** V bhāryāṃgāś **101** A purāṇāḥ keralāś **102** B ruṣṭikā C tūṣikā **103** C nāma vāsakāḥ **104** A māhiṣikāḥ **105** A saha vaiśikā apāṃkhyāś ca **106** A śabarāś ca sahasraśaḥ B āpāś ca śravarāś ca ye **107** A puṇḍrakā vindhyalekhāś ca **108** C pālikā **109** A kālikā **110** B dambhavānala-kālakāḥ **111** V ins. **112** A -vanā lolās tālakaṭaiḥ C -dhanādūrṇasthālaṭikaiḥ **113** A mala-śvanāḥ sakeśāś **114** BC cotkalaiḥ

uttamārṇā daśārṇāś ca bhojāḥ kiṣkindhakaiḥ saha |
toṣalāḥ[115] kośalāś caiva traipurā vaidiśās tathā ||60|
tumburās tu carāś caiva yavanāḥ pavanaiḥ saha |
abhayā ruṇḍikerāś ca carcarā[116] hotra-*dhartayaḥ*[117] ||61|
ete janapadāḥ sarve tatra vindhyanivāsinaḥ |
ato deśān pravakṣyāmi *parvatāśrayiṇaś*[118] ca ye ||62|
nīhārās tuṣamārgāś ca kuravas *tuṅgaṇāḥ*[119] *khasāḥ*[120] |
karṇa-[121]prāvaraṇāś caiva *ūrṇā darghāḥ*[122] sa-*kuntakāḥ*[123] ||63|
citramārgā mālavāś ca kirātās tomaraiḥ saha |
kṛtatretādikaś cātra caturyugakṛto vidhiḥ ||64|
evaṃ tu bhārataṃ varṣaṃ navasaṃsthānasaṃsthitam |
dakṣiṇe *parato yasya*[124] pūrve caiva mahodadhiḥ ||65|
himavān uttareṇāsya kārmukasya yathā guṇaḥ |
tad etad bhārataṃ varṣaṃ sarvabījaṃ dvijottamāḥ ||66|
brahmatvam amareśatvaṃ devatvaṃ marutāṃ tathā |
mṛga-*yakṣāpsaro-*[125]yoniṃ tadvat sarpasarīsṛpāḥ ||67|
sthāvarāṇāṃ ca *sarveṣāṃ mito*[126] viprāḥ śubhāśubhaiḥ |
prayānti karmabhūr viprā nānyā lokeṣu vidyate ||68|
devānām api bho viprāḥ sadaivaiṣa manorathaḥ |
api mānuṣyam[127] āpsyāmo devatvāt pracyutāḥ kṣitau ||69|
manuṣyaḥ[128] kurute yat tu tan na śakyaṃ surāsuraiḥ |
tatkarma-*nigaḍagrastais*[129] tatkarmakṣapaṇonmukhaiḥ ||70|
na bhāratasamaṃ varṣaṃ pṛthivyām asti bho dvijāḥ |
yatra viprādayo varṇāḥ prāpnuvanty abhivāñchitam ||71|
dhanyās te bhārate varṣe jāyante ye narottamāḥ |
dharmārthakāmamokṣāṇāṃ prāpnuvanti mahāphalam ||72|
prāpyate yatra tapasaḥ phalaṃ paramadurlabham |
sarvadānaphalaṃ caiva sarvayajñaphalaṃ tathā ||73|
tīrthayātrāphalaṃ *caiva*[130] gurusevāphalaṃ tathā |
devatārādhanaphalaṃ *svādhyāyasya phalaṃ dvijāḥ*[131] ||74|
yatra devāḥ sadā hṛṣṭā janma vāñchanti śobhanam |
nānā-*vrata-*[132]phalaṃ caiva nānāśāstraphalaṃ tathā ||75|
ahiṃsādiphalaṃ samyak phalaṃ sarvābhivāñchitam |
brahmacaryaphalaṃ caiva *gārhasthyena*[133] ca yat phalam ||76|
yat phalaṃ vanavāsena saṃnyāsena ca yat phalam |
iṣṭāpūrtaphalaṃ caiva tathānyac chubhakarmaṇām ||77|
prāpyate bhārate varṣe na cānyatra dvijottamāḥ |
kaḥ śaknoti guṇān vaktuṃ bhāratasyākhilān dvijāḥ ||78|

115 A ullāpāḥ B apalāḥ **116** A abhayās tuṅgarāḥ sarve sarvarā **117** A -vartakāḥ **118** A parvatān āśritāś B parvatāśramiṇaś **119** ASS corr. like B; B taṅgaṇās **120** B tathā **121** B kuṇḍa- **122** B ullāṭacyaḥ **123** BV -kuñcakāḥ **124** A vai purābhāsā B ca purī cāsya **125** B -pakṣāpsaro- **126** V sarveṣām ito **127** V bhārataṃ bhavam **128** V mānuṣyaṃ **129** V -niratais tais tu **130** V samyak [sic] **131** V gārhasthye caiva yat phalam **132** A -tattva- **133** V svādhyāyena

evaṃ samyaṅ mayā proktaṃ bhārataṃ varṣam uttamam |
sarvapāpaharaṃ puṇyaṃ *dhanyaṃ*[134] *buddhi-*[135]vivardhanam ||79|
ya idaṃ śṛṇuyān nityaṃ *paṭhed*[136] vā niyatendriyaḥ |
sarva-*pāpair*[137] vinirmukto viṣṇulokaṃ sa gacchati ||80|

iti śrīmahāpurāṇe ādibrāhme svayaṃbhvṛṣisaṃvāde bhāratavarṣānukīrtanaṃ nāma saptaviṃśo 'dhyāyaḥ

brahmovāca:
tatrāste bhārate varṣe dakṣiṇodadhisaṃsthitaḥ |
oṇḍra-[1]deśa iti khyātaḥ svargamokṣapradāyakaḥ ||28.1|
samudrād uttaraṃ *tāvad*[2] *yāvad virajamaṇḍalam*[3] |
deśo 'sau *puṇya-*[4]śīlānāṃ guṇaiḥ sarvair alaṃkṛtaḥ ||2|
tatra deśaprasūtā ye brāhmaṇāḥ saṃyatendriyāḥ |
tapaḥsvādhyāyaniratā vandyāḥ pūjyāś ca te sadā ||3|
śrāddhe dāne[5] vivāhe ca *yajñe vācāryakarmaṇi*[6] |
praśastāḥ sarva-*kāryeṣu*[7] *tatradeśodbhavā dvijāḥ*[8] ||4|
ṣaṭkarmaniratās tatra brāhmaṇā vedapāragāḥ |
itihāsavidaś caiva purāṇārthaviśāradāḥ ||5|
sarvaśāstrārthakuśalā *yajvāno*[9] vītamatsarāḥ |
agnihotraratāḥ kecit kecit smārtāgnitatparāḥ ||6|
putradāradhanair yuktā *dātāraḥ*[10] satyavādinaḥ |
nivasanty utkale puṇye yajñotsavavibhūṣite ||7|
itare 'pi trayo varṇāḥ kṣatriyādyāḥ susaṃyatāḥ |
sva-*karma-*[11]niratāḥ śāntās tatra tiṣṭhanti dhārmikāḥ ||8|
koṇāditya[12] iti khyātas tasmin *deśe vyavasthitaḥ*[13] |
yaṃ dṛṣṭvā bhāskaraṃ martyaḥ sarvapāpaiḥ pramucyate ||9|
munaya ūcuḥ:
śrotum icchāma tad brūhi kṣetraṃ sūryasya sāṃpratam |
tasmin deśe suraśreṣṭha yatrāste sa divākaraḥ ||10|
brahmovāca:
lavaṇasyodadhes tīre pavitre sumanohare |
sarvatra vālukākīrṇe deśe sarvaguṇānvite ||11|
campakāśokabakulaiḥ karavīraiḥ sapāṭalaiḥ |
puṃnāgaiḥ karṇikāraiś ca bakulair nāgakesaraiḥ ||12|
tagarair dhavabāṇaiś ca atimuktaiḥ sakubjakaiḥ |
mālatīkundapuṣpaiś ca tathānyair mallikādibhiḥ ||13|
ketakī-*vana-*[14]khaṇḍaiś ca *sarvartu-*[15]*kusumojjvalaiḥ*[16] |
kadambair lakucaiḥ śālaiḥ[17] panasair devadārubhiḥ ||14|

134 AB dhana- **135** A dhānya- **136** ABV japed **137** A -pāpa- **1** A bhadra- V oṇḍa- **2** ABV yāvad **3** A bhadreti jayamaṇḍalam BV ramyaṃ virajamaṇḍalam **4** BV guṇa- **5** A śraddhākāle **6** A ye jñeyāḥ puṇyakarmaṇi **7** A -yajñeṣu **8** V tatra devodbhavā narāḥ **9** A jñānino **10** BV hotāraḥ **11** AB -dharma- **12** A karṇāditya **13** A deśe munīśvarāḥ BV devo divākaraḥ **14** A -bāṇa- **15** A sarvatra B bakulair **16** B nāgakesaraiḥ **17** A kadambabakulāśokaiḥ

saralair mucukundaiś ca *candanaiś ca sitetaraiḥ*[18] |
aśvatthaiḥ saptaparṇaiś ca āmrair āmrātakais tathā ||15|
tālaiḥ pūgaphalaiś caiva *nārikeraiḥ*[19] kapitthakaiḥ |
anyaiś ca vividhair vṛkṣaiḥ sarvataḥ *samalaṃkṛtam*[20] ||16|
kṣetraṃ tatra raveḥ puṇyam āste jagati viśrutam |
samantād yojanaṃ sāgraṃ bhuktimukti-*phalapradam*[21] ||17|
āste tatra svayaṃ devaḥ sahasrāṃśur divākaraḥ |
koṇāditya iti khyāto bhuktimukti-*phalapradaḥ*[22] ||18|
māghe māsi site pakṣe saptamyāṃ saṃyatendriyaḥ |
kṛtopavāso *yatretya*[23] snātvā tu makarālaye ||19|
kṛtaśauco viśuddhātmā smaran devaṃ divākaram |
sāgare vidhivat snātvā *śarvaryante*[24] samāhitaḥ ||20|
devān ṛṣīn manuṣyāṃś ca pitṝn saṃtarpya ca dvijāḥ |
uttīrya vāsasī dhaute paridhāya *sunir-*[25]male ||21|
ācamya prayato bhūtvā tīre tasya mahodadheḥ |
upaviśyodaye kāle prāṅmukhaḥ savitus tadā ||22|
vilikhya padmaṃ medhāvī raktacandanavāriṇā |
aṣṭapattraṃ kesarāḍhyaṃ *vartulaṃ*[26] *cordhva-*[27]karṇikam ||23|
tilataṇḍulatoyaṃ ca raktacandanasaṃyutam |
raktapuṣpaṃ *sa-*[28]darbhaṃ ca prakṣipet tāmrabhājane ||24|
tāmrābhāve 'rkapattrasya puṭe kṛtvā tilādikam |
pidhāya tan muniśreṣṭhāḥ pātraṃ pātreṇa vinyaset ||25|
karanyāsāṅgavinyāsaṃ[29] kṛtvāṅgair hṛdayādibhiḥ |
ātmānaṃ bhāskaraṃ *dhyātvā samyak śraddhā-*[30]samanvitaḥ ||26|
madhye cāgnidale dhīmān[31] *nairṛte śvasane*[32] *dale*[33] |
kāmārigocare caiva[34] *punar madhye ca*[35] pūjayet ||27|
prabhūtaṃ vimalaṃ *sāram ārādhyaṃ*[36] paramaṃ *sukham*[37] |
saṃpūjya *padmam āvāhya*[38] gaganāt tatra bhāskaram ||28|
karṇikopari saṃsthāpya tato *mudrāṃ*[39] *pradarśayet*[40] |
kṛtvā snānādikaṃ sarvaṃ dhyātvā taṃ susamāhitaḥ ||29|
sitapadmopari raviṃ *tejobimbe*[41] *vyavasthitam*[42] |
piṅgākṣaṃ dvibhujaṃ raktaṃ padma-*pattrāruṇāmbaram*[43] ||30|
sarvalakṣaṇasaṃyuktaṃ sarvābharaṇabhūṣitam |
surūpaṃ varadaṃ śāntaṃ prabhāmaṇḍala-*maṇḍitam*[44] ||31|
udyantaṃ[45] bhāskaraṃ dṛṣṭvā sāndrasindūrasaṃnibham |
tatas *tat pātram*[46] ādāya jānubhyāṃ dharaṇīṃ gataḥ ||32|

18 A muktakair asitaiḥ paraiḥ **19** V nārikelaiḥ **20** A samalaṃkṛte **21** V -pradāyakam **22** BV -pradāyakaḥ **23** V yas tatra **24** AB sarvendriya- V sūryopānte **25** A vinir- **26** C bahulaṃ **27** A caika- **28** C ca **29** B aṅganyāsaṃ karanyāsaṃ **30** AB samyak śraddhābhāva- **31** A arcayed agnisāṃnidhye **32** ASS corr. *śvāsane*. **33** A grahāṃś caiva sabhāskaraḥ **34** A īśānakoṇagaṃ taṃ ca **35** V sumadhye caiva **36** V devam ārādhya **37** A vibhum **38** V padmaṃ cāvāhya **39** A mudāḥ **40** B pradāpayan **41** A tejomūrtiṃ B toye tatra **42** A sanātanam **43** B -hastāruṇaṃ raviṃ C -hastāruṇāmbaram **44** V -bhūṣitam **45** B ūrdhvagaṃ **46** B taptārghyam

kṛtvā śirasi tat pātram ekacittas tu vāgyataḥ |
try-[47]akṣareṇa tu mantreṇa sūryāyārghyaṃ nivedayet ||33|
adīkṣitas tu tasyaiva *nāmnaivārghaṃ*[48] *prayacchati*[49] |
śraddhayā bhāvayuktena bhaktigrāhyo ravir yataḥ ||34|
agninirṛtivāyvīśamadhyapūrvādidikṣu ca |
[[50]hrāṃ hṛdayāya namaḥ: agnikoṇe hrīṃ śirase namaḥ: nairṛte |
hrūṃ śikhāyai namaḥ: vāyave hraiṃ kavacāya namaḥ: aiśāne |
hrauṃ netratrayāya namaḥ: āgneye haraḥ astrāya namaḥ: caturdikṣu |]
hṛc chiraś ca śikhāvarmanetrāṇy astraṃ ca pūjayet ||35|
dattvārghyaṃ gandhadhūpaṃ ca dīpaṃ naivedyam eva ca |
japtvā[51] stutvā namaskṛtvā mudrāṃ baddhvā visarjayet ||36|
ye *vārghyaṃ*[52] saṃprayacchanti sūryāya niyatendriyāḥ |
brāhmaṇāḥ kṣatriyā vaiśyāḥ striyaḥ *śūdrāś ca saṃyatāḥ*[53] ||37|
bhaktibhāvena satataṃ viśuddhenāntarātmanā |
te bhuktvābhimatān *kāmān*[54] prāpnuvanti parāṃ gatim ||38|
trailokyadīpakaṃ devaṃ bhāskaraṃ gaganecaram |
ye *saṃśrayanti*[55] manujās te *syuḥ*[56] *sukhasya bhājanam*[57] ||39|
yāvan na dīyate *cārghyaṃ*[58] *bhāskarāya yathoditam*[59] |
tāvan na pūjayed viṣṇuṃ śaṃkaraṃ vā sureśvaram ||40|
tasmāt prayatnam āsthāya dadyād arghyaṃ dine dine |
ādityāya *śucir bhūtvā*[60] puṣpair gandhair manoramaiḥ ||41|
evaṃ dadāti yaś cārghyaṃ saptamyāṃ susamāhitaḥ |
ādityāya śuciḥ snātaḥ sa labhed īpsitaṃ phalam ||42|
rogād[61] vimucyate *rogī*[62] vittārthī labhate dhanam |
vidyāṃ prāpnoti vidyārthī sutārthī *putravān*[63] bhavet ||43|
yaṃ yaṃ kāmam abhidhyāyan sūryāyārghyaṃ prayacchati |
tasya tasya phalaṃ samyak prāpnoti puruṣaḥ *sudhīḥ*[64] ||44|
snātvā vai[65] sāgare dattvā *sūryāyārghyaṃ*[66] praṇamya ca |
naro vā yadi vā nārī sarvakāmaphalaṃ labhet ||45|
[[67]*pūrvaṃ gaṅgāmbhasā snātvā kuśair vāsicya*[68] mūrdhani |
sarvapāpavinirmukto naro yāti triviṣṭapam |]
tataḥ sūryālayaṃ gacchet puṣpam ādāya *vāgyataḥ*[69] |
praviśya pūjayed bhānuṃ kṛtvā *tu*[70] triḥ pradakṣiṇam ||46|
[[71]tāntrikair vaidikair mantrair budho bhānos tithau tathā |]
pūjayet parayā bhaktyā koṇārkaṃ munisattamāḥ |
gandhaiḥ puṣpais tathā *dīpair*[72] *dhūpair naivedyakair api*[73] ||47|

47 A ṣaḍ- **48** ASS corr. *'rghyaṃ.* **49** A nāmnāvāhya prapūjayet **50** C ins. **51** B japitvā **52** V cārghyaṃ **53** A śūdrāḥ susaṃyatāḥ **54** V bhogān **55** B ca smaranti C pūjayanti V saṃsmaranti **56** C sarve **57** AC sukhabhāginaḥ **58** A bhaktyā **59** A bhāskarāyārgha uttamaḥ B bhāskarāya niveditam **60** AB śuciḥ snātvā **61** V rogī **62** V rogād **63** V sutavān **64** B param **65** AV snātvaivaṃ B snātvaiva **66** AB sūryāyārghaṃ **67** ABV ins. [V in parentheses] **68** V sūryaṃ gaṅgāmbhasi snātaḥ kuśaiḥ saṃsicya **69** A satvarāḥ **70** A taṃ **71** V ins. **72** B dhūpair **73** A naivedyair vividhais tathā B dīpair naivedyakair tathā

daṇḍavat praṇipātaiś ca jayaśabdais tathā *stavaiḥ*[74] |
evaṃ saṃpūjya taṃ devaṃ sahasrāṃśuṃ *jagatpatim*[75] ||48|
daśānām aśvamedhānāṃ phalaṃ prāpnoti mānavaḥ |
sarvapāpavinirmukto yuvā divya-*vapur naraḥ*[76] ||49|
saptāvarān[77] sapta *parān*[78] vaṃśān uddhṛtya bho dvijāḥ |
vimānenārkavarṇena kāmagena suvarcasā ||50|
upagīyamāno gandharvaiḥ sūryalokaṃ sa gacchati |
bhuktvā tatra varān bhogān yāvad ābhūtasaṃplavam ||51|
puṇyakṣayād ihāyātaḥ pravare yogināṃ kule |
caturvedo[79] bhaved vipraḥ *svadharmanirataḥ*[80] śuciḥ ||52|
yogaṃ *vivasvataḥ*[81] prāpya tato mokṣam avāpnuyāt |
caitre māsi site pakṣe yātrāṃ damanabhañjikām ||53|
yaḥ karoti naras tatra pūrvoktaṃ sa phalaṃ labhet |
śayanotthāpane bhānoḥ saṃkrāntyāṃ viṣuvāyane ||54|
vāre *raves tithau*[82] caiva parvakāle 'thavā dvijāḥ |
ye tatra yātrāṃ kurvanti *śraddhayā*[83] saṃyatendriyāḥ ||55|
vimānenārkavarṇena sūryalokaṃ vrajanti te |
āste tatra mahādevas tīre *nadanadīpateḥ*[84] ||56|
rāmeśvara iti khyātaḥ sarvakāmaphalapradaḥ |
ye *taṃ paśyanti kāmāriṃ*[85] snātvā samyaṅ mahodadhau ||57|
gandhaiḥ puṣpais tathā dhūpair dīpair naivedyakair varaiḥ |
praṇipātais tathā stotrair *gītair*[86] vādyair mano-*haraiḥ*[87] ||58|
rājasūyaphalaṃ samyag vājimedhaphalaṃ tathā |
prāpnuvanti mahātmānaḥ *saṃsiddhiṃ paramāṃ*[88] tathā ||59|
kāmagena vimānena kiṅkiṇījālamālinā |
upagīyamānā gandharvaiḥ śivalokaṃ vrajanti te ||60|
ā-*hūta*-[89]saṃplavaṃ yāvad bhuktvā bhogān manoramān |
puṇyakṣayād *ihāgatya cāturvedā bhavanti*[90] te ||61|
śāṃkaraṃ yogam *āsthāya*[91] tato mokṣaṃ vrajanti te |
yas tatra[92] savituḥ kṣetre prāṇāṃs tyajati mānavaḥ ||62|
sa sūryalokam *āsthāya*[93] devavan modate *divi*[94] |
[95]punar *mānuṣatāṃ*[96] prāpya rājā bhavati dhārmikaḥ ||63|
yogaṃ raveḥ samāsādya tato mokṣam avāpnuyāt |
evaṃ mayā muni-*śreṣṭhāḥ*[97] *proktaṃ kṣetraṃ sudurlabham*[98] ||64|
koṇārkasyodadhes tīre *bhuktimuktiphalapradaḥ*[99] ||65|

iti śrīmahāpurāṇe ādibrāhme svayaṃbhvṛṣisaṃvāde koṇādityamāhātmyavarṇanaṃ nāmāṣṭaviṃśo 'dhyāyaḥ

74 AB paraiḥ **75** A divākaram V jagatprabhum **76** B -rucir naraḥ V -vapurdharaḥ **77** C saptāparān **78** A pūrvān **79** BCV caturvedī **80** A sarvadharmavahaḥ B sarvadharmarataḥ **81** B divāpateḥ **82** AB raveḥ sthitaś **83** V puruṣāḥ **84** B nadyāḥ sukhena vai **85** B pūjayanti deveśaṃ **86** B gānair **87** B -ramaiḥ **88** A sidhyanti niyamās **89** ASS corr. like V; V -bhūta- **90** A ihāyātāḥ śivalokaṃ vrajanti **91** V āsādya **92** A yaś cātra **93** AB āsādya **94** AB ciram **95** B om. 28.63-65. **96** A mānuṣyake **97** A -śreṣṭhā **98** A yathāvad gaditaṃ hitam V kṣetraṃ proktaṃ sudurlabham **99** ASS corr. like V; A māhātmyaṃ muktidaṃ nṛṇāṃ V bhuktimuktiphalapradam

munaya ūcuḥ:
śruto 'smābhiḥ suraśreṣṭha bhavatā yad udāhṛtam |
bhāskarasya paraṃ kṣetraṃ bhuktimuktiphalapradam ||29.1|
na tṛptim adhigacchāmaḥ śṛṇvantaḥ sukhadāṃ kathām |
tava[1] vaktrodbhavāṃ puṇyām ādityasyāghanāśinīm ||2|
ataḥ paraṃ suraśreṣṭha brūhi no vadatāṃ vara |
devapūjāphalaṃ yac ca yac ca dānaphalaṃ *prabho*[2] ||3|
praṇipāte namaskāre tathā caiva pradakṣiṇe |
dīpadhūpapradāne ca saṃmārjanavidhau ca yat ||4|
upavāse ca yat puṇyaṃ yat puṇyaṃ naktabhojane |
arghaś[3] *ca kīdṛśaḥ proktaḥ*[4] *kutra vā saṃpradīyate*[5] ||5|
kathaṃ ca kriyate bhaktiḥ kathaṃ devaḥ prasīdati |
etat sarvaṃ suraśreṣṭha śrotum icchāmahe vayam ||6|
brahmovāca:
arghyaṃ pūjādikaṃ sarvaṃ bhāskarasya dvijottamāḥ |
bhaktiṃ *śraddhāṃ*[6] samādhiṃ ca kathyamānaṃ nibodhata ||7|
manasā[7] bhāvanā *bhaktir iṣṭā*[8] śraddhā ca kīrtyate |
dhyānaṃ samādhir ity uktaṃ śṛṇudhvaṃ susamāhitāḥ ||8|
tatkathāṃ śrāvayed yas tu *tadbhaktān pūjayīta*[9] *vā*[10] |
agniśuśrūṣakaś caiva sa vai bhaktaḥ sanātanaḥ ||9|
taccittas tanmanāś caiva devapūjārataḥ sadā |
tatkarmakṛd bhaved yas tu sa vai bhaktaḥ sanātanaḥ ||10|
devārthe[11] kriyamāṇāni yaḥ karmāṇy anumanyate |
kīrtanād vā paro viprāḥ sa vai *bhaktataro*[12] naraḥ ||11|
nābhyasūyeta tadbhaktān na *nindyāc cānyadevatām*[13] |
ādityavratacārī ca sa vai bhaktataro naraḥ ||12|
gacchaṃs tiṣṭhan svapañ jighrann unmiṣan nimiṣann api |
yaḥ smared bhāskaraṃ nityaṃ sa vai *bhaktataro*[14] *naraḥ*[15] ||13|
evaṃvidhā tv iyaṃ bhaktiḥ sadā kāryā vijānatā |
bhaktyā samādhinā caiva *stavena*[16] manasā tathā ||14|
kriyate niyamo yas tu[17] dānaṃ viprāya dīyate |
pratigṛhṇanti taṃ devā manuṣyāḥ *pitaras tathā*[18] ||15|
pattraṃ puṣpaṃ phalaṃ toyaṃ *yad bhaktyā*[19] samupāhṛtam |
pratigṛhṇanti tad devā nāstikān varjayanti ca ||16|

1 V bhavad- **2** V bhavet **3** ASS corr. *arghyaś.* **4** B devasnānaṃ kathaṃ proktaṃ **5** A kādṛg vāsaḥ pradīyate B kiṃ ca vāsaḥ pradīyate **6** A stavaṃ **7** V mānasī **8** B bhaktiḥ sadā **9** ASS corr. *pūjayeta.* **10** B tadbhaktāñ śrūyatas tadā V bhaktimān pūjayet tu vā **11** BV vedārthe **12** V bhaktaḥ paro **13** B nindyād vānyadevatāḥ **14** B bhaktavaro V bhaktaḥ paro **15** B janaḥ **16** B śuddhena V tattvena **17** B devam uddiśya bhāsvantaṃ **18** V pitṛbhir yutāḥ **19** B tat sarvaṃ

[20]bhāvaśuddhiḥ prayoktavyā niyamācārasaṃyutā |
bhāvaśuddhyā kriyate yat[21] tat sarvaṃ saphalaṃ bhavet ||17|
stutijapyopahāreṇa[22] pūjayāpi vivasvataḥ |
upavāsena *bhaktyā*[23] vai sarvapāpaiḥ pramucyate ||18|
praṇidhāya śiro bhūmyāṃ namaskāraṃ karoti yaḥ |
tatkṣaṇāt sarvapāpebhyo mucyate nātra saṃśayaḥ ||19|
bhaktiyukto naro yo 'sau raveḥ kuryāt pradakṣiṇām |
pradakṣiṇīkṛtā tena saptadvīpā vasuṃdharā ||20|
sūryaṃ manasi yaḥ kṛtvā kuryād vyomapradakṣiṇām |
pradakṣiṇīkṛtās tena sarve devā bhavanti hi ||21|
ekāhāro naro bhūtvā ṣaṣṭhyāṃ yo 'rcayate ravim |
niyamavratacārī ca *bhaved*[24] bhaktisamanvitaḥ ||22|
saptamyāṃ *vā*[25] mahābhāgāḥ so 'śvamedhaphalaṃ labhet |
ahorātropavāsena pūjayed yas tu bhāskaram ||23|
[[26]agniprabheṇa yānena sūryaloke sa gacchati |]
saptamyām *athavā ṣaṣṭhyāṃ*[27] sa yāti paramāṃ gatim |
kṛṣṇapakṣasya saptamyāṃ *sopavāso*[28] jitendriyaḥ ||24|
sarva-*ratnopahāreṇa*[29] pūjayed *yas tu bhāskaram*[30] |
padmaprabheṇa yānena sūryalokaṃ sa gacchati ||25|
śuklapakṣasya saptamyām upavāsaparo naraḥ |
sarvaśuklopahāreṇa pūjayed yas tu bhāskaram ||26|
sarvapāpavinirmuktaḥ sūryalokaṃ sa gacchati |
arkasaṃpuṭasaṃyuktam udakaṃ prasṛtaṃ pibet ||27|
krama-[31]vṛddhyā catur-*viṃśam*[32] ekaikaṃ kṣapayet punaḥ |
dvābhyāṃ saṃvatsarābhyāṃ tu samāptaniyamo bhavet ||28|
sarvakāmapradā hy eṣā *praśastā*[33] hy arkasaptamī |
śuklapakṣasya saptamyāṃ yadādityadinaṃ bhavet ||29|
saptamī[34] vijayā nāma tatra dattaṃ mahat phalam |
snānaṃ dānaṃ tapo homa[35] upavāsas tathaiva ca ||30|
sarvaṃ vijaya-*saptamyāṃ mahāpātakanāśanam*[36] |
ye cādityadine prāpte śrāddhaṃ kurvanti mānavāḥ ||31|
yajanti[37] ca mahāśvetaṃ te labhante *yathepsitam*[38] |
yeṣāṃ[39] *dharmyāḥ*[40] kriyāḥ sarvāḥ sadaivoddiśya bhāskaram ||32|
na kule jāyate teṣāṃ daridro vyādhito 'pi vā |
śvetayā raktayā vāpi pītamṛttikayāpi vā ||33|
upalepanakartā tu cintitaṃ labhate phalam |
citrabhānuṃ vicitrais tu kusumaiś ca sugandhibhiḥ ||34|
pūjayet sopavāso yaḥ sa kāmān īpsitāṃl labhet |
ghṛtena dīpaṃ prajvālya tilatailena vā punaḥ ||35|

20 C om. **21** A bhāvena hi kṛtaṃ yac ca V kriyate bhāvaśuddhyā yat **22** A tanunāpy upacāreṇa **23** C ṣaṣṭhyāṃ **24** ABV raver **25** V ca **26** V ins. **27** V uta ṣaṣṭhyāṃ vā **28** A pūjayed yo **29** A -raktopahāreṇa **30** A yo divākaram **31** C hrāsa- **32** BC -viṃśad **33** A prasiddhhā **34** A śarvarī **35** A pradānaṃ japahomau ca **36** A -saptamyām anantaphaladaṃ smṛtam **37** C japanti **38** V mahāphalam **39** V teṣāṃ **40** C dharmāḥ

ādityaṃ pūjayed yas tu[41] cakṣuṣā na sa hīyate |
dīpa-*dātā naro*[42] nityaṃ jñānadīpena dīpyate ||36|
[[43]spaṣṭabuddhīndriyaś cāpi sa kadācit pramucyate |]
tilāḥ[44] *pavitraṃ tailaṃ vā*[45] *tilagodānam*[46] uttamam |
agnikārye ca dīpe ca mahāpātakanāśanam ||37|
dīpaṃ dadāti yo nityaṃ devatāyataneṣu ca |
catuṣpatheṣu rathyāsu rūpavān subhago bhavet ||38|
havirbhiḥ prathamaḥ kalpo dvitīyaś cauṣadhīrasaiḥ |
vasāmedosthiniryāsair na tu deyaḥ *kathaṃcana*[47] ||39|
bhaved ūrdhvagatir dīpo na kadācid adhogatiḥ |
dātā dīpyati cāpy evaṃ[48] na tiryag-*gatim*[49] āpnuyāt ||40|
jvalamānaṃ[50] sadā dīpaṃ na haren nāpi nāśayet |
dīpahartā naro bandhaṃ nāśaṃ krodhaṃ tamo vrajet ||41|
dīpadātā svargaloke dīpamāleva rājate |
yaḥ samālabhate nityaṃ kuṅkumāgurucandanaiḥ ||42|
saṃpadyate[51] *naraḥ pretya*[52] dhanena *yaśasā śriyā*[53] |
raktacandanasaṃmiśrai raktapuṣpaiḥ śucir naraḥ ||43|
udaye 'rghyaṃ sadā dattvā siddhiṃ saṃvatsarāl labhet |
udayāt parivarteta yāvad astamane sthitaḥ ||44|
japann *abhimukhaḥ*[54] kiṃcin *mantraṃ stotram athāpi vā*[55] |
ādityavratam etat tu mahāpātakanāśanam ||45|
arghyeṇa *sahitaṃ*[56] caiva *sarve sāṅgaṃ*[57] pradāpayet |
udaye śraddhayā yuktaḥ sarvapāpaiḥ pramucyate ||46|
suvarṇa-*dhenuanaḍvāha*-[58]vasudhāvastrasaṃyutam |
arghyapradātā labhate saptajanmānugaṃ phalam ||47|
agnau toye 'ntarikṣe ca śucau bhūmyāṃ tathaiva ca |
pratimāyāṃ tathā *piṇḍyāṃ*[59] *deyam arghyaṃ*[60] prayatnataḥ ||48|
nāpasavyaṃ na savyaṃ ca dadyād abhimukhaḥ sadā |
saghṛtaṃ guggulaṃ *vāpi*[61] raver bhaktisamanvitaḥ ||49|
[[62]dadyād abhimukhaṃ sarvam arcanaṃ bhaktimān naraḥ |]
tatkṣaṇāt sarvapāpebhyo mucyate nātra saṃśayaḥ |
śrīvāsaṃ *caturasraṃ ca devadāruṃ*[63] tathaiva ca ||50|
karpūrāgarudhūpāni dattvā vai svargagāminaḥ |
ayane tūttare sūryam athavā dakṣiṇāyane ||51|
pūjayitvā viśeṣeṇa sarvapāpaiḥ pramucyate |
[64]viṣuveṣūparāgeṣu ṣaḍaśītimukheṣu ca ||52|

41 V dīrghāyur vapuṣā yuktaḥ **42** V -dānaparo **43** V ins. **44** BC tilaṃ **45** B pavitraṃ paramaṃ V pavitrāḥ paramās **46** CV tilānāṃ dānam **47** V kadācana **48** A dātā dīpena cātyantaṃ B dadyād etādṛśaṃ dīpaṃ **49** A -yonim **50** A dīpadātā **51** AB sa pūjyate **52** V naraśreṣṭho **53** A ca paraśriyā **54** A abhimataṃ **55** A pātrahasto naraḥ śuciḥ **56** B sahitāṃ **57** B sarveṣāṃ gāṃ C savatsaṃ gāṃ V sarvaṃ sāṅgaṃ **58** ASS corr. *dhenvanaḍuha*; V -dhenvanaḍvāha- **59** B puṇyaṃ **60** A deyo ardhaḥ **61** V cāpi **62** V ins. **63** V devadāruṃ ca sarjakaṃ ca **64** AB om. the following 2 lines.

pūjayitvā viśeṣeṇa sarvapāpaiḥ pramucyate |
evaṃ velāsu sarvāsu *sarvakālaṃ ca mānavaḥ*[65] ||53|
bhaktyā *pūjayate yo 'rkaṃ so 'rka-*[66]loke mahīyate |
kṛsaraiḥ pāyasaiḥ pūpaiḥ *phalamūlaghṛtaudanaiḥ*[67] ||54|
baliṃ *kṛtvā tu sūryāya*[68] sarvān kāmān avāpnuyāt |
ghṛtena tarpaṇaṃ kṛtvā sarva-*siddho*[69] bhaven naraḥ ||55|
kṣīreṇa tarpaṇaṃ kṛtvā manas tāpair na yujyate |
dadhnā tu tarpaṇaṃ kṛtvā kāryasiddhiṃ labhen naraḥ ||56|
snānārtham āhared yas tu jalaṃ bhānoḥ samāhitaḥ |
tīrtheṣu[70] *śucitāpannaḥ*[71] sa yāti paramāṃ gatim ||57|
chattraṃ dhvajaṃ vitānaṃ vā patākāṃ cāmarāṇi ca |
śraddhayā bhānave dattvā gatim iṣṭām avāpnuyāt ||58|
yad yad dravyaṃ naro bhaktyā ādityāya prayacchati |
tat tasya śatasāhasram utpādayati bhāskaraḥ ||59|
mānasaṃ vācikaṃ vāpi *kāyajaṃ yac ca duṣkṛtam*[72] |
sarvaṃ sūrya-*prasādena*[73] tad aśeṣaṃ vyapohati ||60|
ekāhenāpi yad bhānoḥ pūjāyāḥ prāpyate phalam |
yathoktadakṣiṇair *viprair*[74] na tat kratuśatair api ||61|

iti śrīmahāpurāṇe brāhme svayaṃbhvṛṣisaṃvāde sūryapūjāniyamabhaktimāhātmya-varṇanaṃ nāmaikonatriṃśattamo 'dhyāyaḥ

munaya ūcuḥ:
aho devasya māhātmyaṃ śrutam *evaṃ*[1] jagat-*pate*[2] |
bhāskarasya suraśreṣṭha vadatas teṣu durlabham ||30.1|
bhūyaḥ prabrūhi deveśa *yat pṛcchāmo*[3] jagatpate |
śrotum icchāmahe brahman paraṃ kautūhalaṃ hi naḥ ||2|
gṛhastho brahmacārī ca vānaprastho 'tha bhikṣukaḥ |
ya icchen mokṣam āsthātuṃ devatāṃ kāṃ yajeta saḥ ||3|
kuto hy *asyākṣayaḥ*[4] svargaḥ kuto niḥśreyasaṃ param |
svargataś caiva kiṃ kuryād yena na cyavate punaḥ ||4|
devānāṃ cātra ko devaḥ pitṝṇāṃ *caiva*[5] kaḥ pitā |
yasmāt parataraṃ nāsti tan me brūhi sureśvara ||5|
kutaḥ sṛṣṭam idaṃ viśvaṃ *sarvaṃ*[6] sthāvarajaṅgamam |
pralaye ca kam abhyeti tad bhavān vaktum arhati ||6|
brahmovāca:
udyann evaiṣa[7] kurute jagad vitimiraṃ karaiḥ |
nātaḥ parataro devaḥ kaścid anyo dvijottamāḥ ||7|

65 B bhaktimān mānavottamaḥ C suvelāsu ca mānavaḥ V avelāsu ca mānavaḥ **66** A saṃpūjya taraṇiṃ sūrya- **67** AB palalonmiśritaudanaiḥ **68** B kṛtvā tarpayec ca V dattvā ca sūryāya **69** V -śreṣṭho **70** AV tīrthād vā **71** A śucitaḥ sthānāt V śucivāpyā vā **72** B karmaṇāghaṃ ca yat kṛtam **73** ABV -praṇāmena **74** V iṣṭair **1** B asya **2** V -pateḥ **3** B saṃpṛcchāmo **4** V asya dhruvaḥ **5** V cātra **6** BV brahman **7** C udayann eva

anādinidhano *hy eṣa*[8] puruṣaḥ śāśvato 'vyayaḥ |
tāpayaty eṣa *trīṃl lokān*[9] *bhavan raśmibhir ulbaṇaḥ*[10] ||8|
[11]sarvadevamayo hy eṣa tapatāṃ *tapano varaḥ*[12] |
sarvasya jagato nāthaḥ sarvasākṣī *jagatpatiḥ*[13] ||9|
saṃkṣipaty eṣa bhūtāni tathā visṛjate punaḥ |
eṣa bhāti tapaty eṣa *varṣaty eṣa gabhastibhiḥ*[14] ||10|
eṣa dhātā vidhātā ca bhūtādir bhūtabhāvanaḥ |
na hy eṣa kṣayam āyāti *nityam akṣayamaṇḍalaḥ*[15] ||11|
pitṝṇāṃ *ca*[16] pitā hy eṣa devatānāṃ hi devatā |
dhruvaṃ *sthānam*[17] smṛtaṃ hy *etad*[18] yasmān na cyavate punaḥ ||12|
sargakāle jagat kṛtsnam ādityāt *saṃprasūyate*[19] |
pralaye ca tam abhyeti bhāskaraṃ dīptatejasam ||13|
yoginaś *cāpy asaṃkhyātās*[20] tyaktvā gṛhakalevaram |
vāyur bhūtvā[21] viśanty *asmiṃs tejorāśau divākare*[22] ||14|
asya raśmisahasrāṇi śākhā iva vihaṃgamāḥ |
vasanty āśritya munayaḥ saṃsiddhā daivataiḥ saha ||15|
gṛhasthā janakādyāś ca rājāno *yogadharmiṇaḥ*[23] |
vālakhilyādayaś caiva ṛṣayo brahma-*vādinaḥ*[24] ||16|
vānaprasthāś ca ye cānye vyāsādyā *bhikṣavas*[25] tathā |
yogam āsthāya sarve te praviṣṭāḥ sūryamaṇḍalam ||17|
śuko vyāsasutaḥ śrīmān yogadharmam avāpya saḥ |
ādityakiraṇān gatvā hy apunar-*bhāvam*[26] āsthitaḥ ||18|
śabdamātraśruti-*mukhā*[27] brahmaviṣṇuśivādayaḥ |
pratyakṣo 'yaṃ paro devaḥ sūryas timiranāśanaḥ ||19|
tasmād anyatra bhaktir hi na kāryā śubham icchatā |
yasmād dṛṣṭer agamyās te[28] *devā viṣṇupurogamāḥ*[29] ||20|
ato[30] bhavadbhiḥ satatam abhyarcyo bhagavān raviḥ |
sa hi mātā pitā caiva kṛtsnasya jagato guruḥ ||21|
anādyo lokanātho 'sau raśmimālī jagatpatiḥ |
mitratve ca sthito yasmāt *tapas tepe*[31] dvijottamāḥ ||22|
anādinidhano *brahmā*[32] *nityaś cākṣaya*[33] eva ca |
[34]sṛṣṭvā sasāgarān dvīpān bhuvanāni caturdaśa ||23|
lokānāṃ sa hitārthāya sthitaś candrasarittaṭe |
sṛṣṭvā prajāpatīn sarvān sṛṣṭvā ca vividhāḥ prajāḥ ||24|
tataḥ śatasahasrāṃśur avyaktaś ca punaḥ svayam |
kṛtvā dvādaśadhātmānam ādityam upapadyate ||25|

8 A devaḥ **9** A lokāṃs trīn **10** A gabhastibhir anulbaṇaiḥ V bhraman raśmibhir ulbaṇaḥ **11** B om. 30.9-11. **12** C vāśubhāvanaḥ **13** CV śubhāśubhe **14** A trailokyaṃ svagabhastibhiḥ V vartaty eṣa gabhastibhiḥ **15** V na hy eṣa kṣayamaṇḍalaḥ **16** V hi **17** B sthalaṃ **18** B asya **19** B saṃprasūyate V saṃpracakṣate **20** AC cātra saṃkhyāś ca **21** B ekībhūtā V vāyubhūtā **22** A enaṃ tejomūrtiṃ divākaram **23** A ye ca dhārmikāḥ **24** A -cāriṇaḥ **25** B vasavas **26** V -yogam **27** V -sukhā **28** B dṛṣṭarogāpaho yasmād CV dṛṣṭaṃ na bādhate yasmād **29** BCV adṛṣṭaṃ nityam eva hi **30** V tato **31** V tapate yo **32** A dhātā **33** V nityam akṣaya **34** C om. the following 2 lines.

indro *dhātātha*[35] parjanyas tvaṣṭā pūṣāryamā bhagaḥ |
vivasvān viṣṇur *aṃśaś ca*[36] varuṇo mitra eva ca ||26|
ābhir dvādaśabhis tena sūryeṇa paramātmanā |
kṛtsnaṃ jagad idaṃ vyāptaṃ mūrtibhiś ca dvijottamāḥ ||27|
tasya yā prathamā mūrtir ādityasyendrasaṃjñitā |
sthitā sā devarājatve devānāṃ ripunāśinī ||28|
dvitīyā tasya yā mūrtir nāmnā dhāteti kīrtitā |
sthitā prajā-*patitvena*[37] *vividhāḥ*[38] sṛjate prajāḥ ||29|
tṛtīyārkasya yā mūrtiḥ[39] parjanya iti viśrutā |
megheṣv *eva sthitā*[40] sā tu varṣate ca gabhastibhiḥ ||30|
caturthī tasya yā mūrtir nāmnā tvaṣṭeti viśrutā |
sthitā vanaspatau sā tu oṣadhīṣu ca sarvataḥ[41] ||31|
pañcamī tasya yā mūrtir nāmnā pūṣeti viśrutā[42] |
anne vyavasthitā sā tu prajāṃ puṣṇāti nityaśaḥ[43] ||32|
mūrtiḥ ṣaṣṭhī raver yā tu[44] *aryamā iti viśrutā*[45] |
vāyoḥ saṃsaraṇā sā tu[46] *deveṣv eva samāśritā*[47] ||33|
bhānor yā saptamī mūrtir nāmnā bhageti viśrutā[48] |
bhūyiṣv[49] *avasthitā sā tu*[50] *śarīreṣu ca dehinām*[51] ||34|
mūrtir yā tv aṣṭamī tasya vivasvān iti viśrutā |
agnau *pratiṣṭhitā*[52] sā tu pacaty annaṃ śarīriṇām ||35|
navamī citrabhānor yā mūrtir viṣṇuś ca nāmataḥ |
prādurbhavati sā nityaṃ *devānām arisūdanī*[53] ||36|
daśamī tasya yā mūrtir aṃśumān iti viśrutā |
vāyau pratiṣṭhitā sā tu prahlādayati vai prajāḥ ||37|
mūrtis tv ekādaśī *bhānor nāmnā*[54] varuṇasaṃjñitā |
jaleṣv avasthitā sā tu[55] *prajāṃ puṣṇāti nityaśaḥ*[56] ||38|
mūrtir yā dvādaśī bhānor nāmnā mitreti saṃjñitā |
lokānāṃ sā hitārthāya sthitā *candrasarittaṭe*[57] ||39|
vāyu-*bhakṣas tapas*[58] tepe *sthitvā*[59] maitreṇa cakṣuṣā |
anugṛhṇan sadā bhaktān varair nānāvidhais tu saḥ ||40|
evaṃ sā jagatāṃ mūrtir[60] *hitā*[61] *vihitā purā*[62] |
tatra mitraḥ sthito yasmāt tasmān *mitraṃ paraṃ*[63] smṛtam ||41|

35 V dhātā ca **36** ASS corr. *aṃśumān*; B aṃśuś ca **37** V -patitve ca **38** B vidhātā **39** V tṛtīyā tasya mūrtir yā **40** ASS corr. like V; V avasthitā **41** B bhūmau cāvasthitā tatra śarīreṣu ca dehinām **42** B mūrtī yā pañcamī tasya ākāśe samavasthitā **43** B avakāśaṃ na bhūtānāṃ jīvanāya dadāti ca **44** A mūrtiḥ ṣaṣṭhī tathā bhānor B ṣaṣṭhī ca tasya yā mūrtīr **45** A aryamety abhiviśrutā B dīkṣiteṣu samāśritā **46** B yajñaniṣpattihetuś ca V vāyoḥ saṃvaraṇā sā tu **47** B bhavati pratyahaṃ dvijāḥ **48** B saptamī tasya yā mūrtiḥ smṛtā dāna-samāsataḥ **49** ASS corr. *bhūtiṣv*. **50** B dānair bhikṣūn prīṇayati V bhūteṣv avasthitā sā tu **51** B sadā lokopakārakaḥ **52** B vyavasthitā **53** V devānāṃ ripunāśinī **54** AB yā tu bhānor **55** AB sā jīvayati vai kṛtsnaṃ **56** AB jagad apsu pratiṣṭhitam V prajā rakṣati nityaśaḥ **57** A mūrtiḥ sarittaṭe B candrasya maṇḍale bahukālaṃ tapas tepe sthitaḥ sa tu sarittaṭe **58** C -bhūtaḥ sadā **59** V sthito **60** B evam āptaṃ hitaṃ sthānaṃ CV evam ādyaṃ hi tat-sthānaṃ **61** ASS corr. *hitāya* **62** B yaś cāścādhvanayāpitā [misprinted for *cāśvā-*?] C yaś cācchāśvena cāsthitaṃ V paścāt sāmbena sthāpitam **63** V mitravanaṃ

ābhir dvādaśabhis tena savitrā paramātmanā |
kṛtsnaṃ jagad idaṃ vyāptaṃ mūrtibhiś ca dvijottamāḥ ||42|
tasmād dhyeyo namasyaś ca dvādaśasthāsu mūrtiṣu |
bhaktimadbhir narair nityaṃ tadgatenāntarātmanā ||43|
ity evaṃ dvādaśādityān namaskṛtvā tu mānavaḥ |
nityaṃ *śrutvā paṭhitvā ca*[64] sūryaloke mahīyate ||44|
munaya ūcuḥ:
yadi tāvad ayaṃ sūryaś cādidevaḥ sanātanaḥ |
tataḥ kasmāt tapas tepe *varepsuḥ*[65] prākṛto yathā ||45|
brahmovāca:
etad vaḥ sampravakṣyāmi paraṃ guhyaṃ vibhāvasoḥ |
pṛṣṭaṃ *mitreṇa*[66] yat pūrvaṃ nāradāya mahātmane ||46|
prāṅ mayoktās tu yuṣmabhyaṃ raver dvādaśa mūrtayaḥ |
mitraś ca varuṇaś cobhau tāsāṃ tapasi saṃsthitau ||47|
abbhakṣo[67] varuṇas tāsāṃ tasthau paścimasāgare |
mitro mitravane *cāsmin*[68] *vāyubhakṣo 'bhavat tadā*[69] ||48|
atha merugireḥ śṛṅgāt pracyuto gandha-*mādanāt*[70] |
nāradas tu mahāyogī sarvāṃl lokāṃś caran vaśī ||49|
ājagāmātha tatraiva yatra *mitro*[71] 'carat tapaḥ |
taṃ *dṛṣṭvā*[72] tu tapasyantaṃ tasya kautūhalaṃ hy abhūt ||50|
yo 'kṣayaś cāvyayaś caiva vyaktāvyaktaḥ sanātanaḥ |
dhṛtam ekātmakaṃ yena *trailokyaṃ sumahātmanā*[73] ||51|
yaḥ[74] pitā sarvadevānāṃ *parāṇām api*[75] yaḥ paraḥ |
ayajad[76] *devatāḥ kās*[77] *tu*[78] *pitṝn vā kān asau yajet*[79] |
iti saṃcintya manasā taṃ devaṃ nārado 'bravīt ||52|
nārada uvāca:
vedeṣu sapurāṇeṣu sāṅgopāṅgeṣu gīyase |
tvam ajaḥ śāśvato dhātā *tvaṃ nidhānam anuttamam*[80] ||53|
bhūtaṃ bhavyaṃ *bhavac caiva*[81] tvayi sarvaṃ pratiṣṭhitam |
catvāraś cāśramā deva gṛhasthādyās tathaiva hi ||54|
yajanti tvām ahar-*ahas tvāṃ mūrtitvaṃ samāśritam*[82] |
pitā mātā ca sarvasya daivataṃ tvaṃ hi śāśvatam ||55|
yajase pitaraṃ kaṃ tvaṃ devaṃ vāpi na vidmahe ||56|
mitra uvāca:
avācyam etad vaktavyaṃ paraṃ *guhyaṃ*[83] sanātanam |
tvayi bhaktimati brahman pravakṣyāmi yathātatham ||57|
yat tat sūkṣmam avijñeyam avyaktam *acalaṃ dhruvam*[84] |
indriyair indriyārthaiś ca sarvabhūtair vivarjitam ||58|

64 A samāhito bhūtvā ca B śrutvā pavitro yaḥ **65** B dharāyāṃ **66** AB maitreṇa
67 A adhyakṣo B avyakto **68** V tasmin **69** ABV vāyubhakṣaś caraṃs tapaḥ
70 V -mādanam **71** A devo **72** V pṛṣṭvā **73** AB trailokyam idam ātmanā **74** V ya
75 A parād api ca **76** A so 'yajad **77** BV [or A, or C; siglum omitted] devatāṃ kāṃ **78** V vā
79 B [or A, or C; siglum omitted] kaṃ pūjayati nityaśaḥ **80** V mahāmūrtir anuttamaḥ
81 V bhaviṣyac ca **82** V -ahar nānāmūrtisamāśritam **83** B guptaṃ **84** A ajaraṃ mune

sa hy antarātmā bhūtānāṃ kṣetrajñaś caiva kathyate |
triguṇād vyatirikto 'sau puruṣaś caiva kalpitaḥ ||59|
hiraṇyagarbho bhagavān saiva buddhir iti smṛtaḥ |
mahān iti ca yogeṣu pradhānam iti kathyate ||60|
sāṃkhye ca kathyate yoge nāmabhir bahudhātmakaḥ |
sa ca trirūpo[85] viśvātmā *śarvo 'kṣara*[86] iti smṛtaḥ ||61|
dhṛtam ekātmakaṃ tena trailokyam idam ātmanā |
aśarīraḥ śarīreṣu sarveṣu nivasaty asau ||62|
vasann api śarīreṣu na sa *lipyeta*[87] karmabhiḥ |
mamāntarātmā tava ca ye cānye dehasaṃsthitāḥ ||63|
sarveṣāṃ sākṣibhūto 'sau na grāhyaḥ kenacit kvacit |
saguṇo nirguṇo viśvo jñānagamyo hy asau *smṛtaḥ*[88] ||64|
sarvataḥpāṇipādāntaḥ sarvatokṣiśiromukhaḥ |
sarvataḥśrutimāṃl loke sarvam āvṛtya tiṣṭhati ||65|
viśvamūrdhā viśvabhujo viśvapādākṣināsikaḥ |
ekaś carati vai kṣetre svairacārī yathāsukham ||66|
kṣetrāṇīha śarīrāṇi teṣāṃ caiva yathāsukham |
tāni vetti sa yogātmā tataḥ kṣetrajña ucyate ||67|
avyakte ca[89] pure śete puruṣas tena cocyate |
viśvaṃ bahuvidhaṃ jñeyaṃ *sa ca*[90] sarvatra ucyate ||68|
tasmāt sa bahurūpatvād viśvarūpa iti smṛtaḥ |
tasyaikasya *mahattvaṃ*[91] hi sa caikaḥ puruṣaḥ smṛtaḥ ||69|
mahāpuruṣaśabdaṃ hi bibharty ekaḥ sanātanaḥ |
sa tu vidhikriyāyattaḥ[92] sṛjaty ātmānam ātmanā ||70|
śatadhā sahasradhā caiva tathā śatasahasradhā |
koṭiśaś ca karoty eṣa *pratyag-*[93]ātmānam ātmanā ||71|
ākāśāt patitaṃ toyaṃ yāti svādvantaraṃ yathā |
bhūme[94] rasaviśeṣeṇa *tathā guṇarasāt tu saḥ*[95] ||72|
eka eva yathā vāyur deheṣv eva hi pañcadhā |
ekatvaṃ ca pṛthaktvaṃ ca tathā tasya na saṃśayaḥ ||73|
sthānāntaraviśeṣāc ca yathāgnir labhate parām |
saṃjñāṃ *tathā mune so 'yaṃ*[96] *brahmādiṣu tathāpnuyāt*[97] ||74|
yathā dīpasahasrāṇi dīpa ekaḥ prasūyate |
tathā rūpasahasrāṇi sa ekaḥ saṃprasūyate ||75|
yadā *sa*[98] budhyaty ātmānaṃ tadā bhavati kevalaḥ |
ekatvapralaye[99] cāsya bahutvaṃ ca *pravartate*[100] ||76|
nityaṃ hi nāsti jagati bhūtaṃ sthāvarajaṅgamam |
akṣayaś cāprameyaś ca sarvagaś ca sa ucyate ||77|

85 A sattvarūpeṇa B pavitrarūpo **86** V ekākṣara **87** BCV lipyati **88** A mataḥ **89** B avyaktike **90** V sarvaḥ **91** A mamatvaṃ B samatvaṃ **92** AB sa tvaṃ vidhikriyāpannaḥ V sattvabuddhikriyāpannaḥ **93** A pṛthag **94** A bhūmī **95** A tathāyaṃ śāśvato mahān B tathā guṇavaśānugaḥ **96** C yathādhvaro hy eṣu V yathā dhruvādyeṣu **97** C brahmāhyeṣu tathā hy asau V brahmādyeṣu tathā vayam **98** V ca **99** A ekatvaṃ pralayaṃ B ekatvaṃ pralaye **100** A prapadyate B tato bhavet

tasmād avyaktam utpannaṃ *tri-*[101]guṇaṃ *dvija-*[102]sattamāḥ |
avyaktāvyaktabhāvasthā yā sā prakṛtir ucyate ||78|
tāṃ yoniṃ brahmaṇo viddhi yo 'sau sadasadātmakaḥ |
loke ca pūjyate yo 'sau daive pitrye ca karmaṇi ||79|
nāsti tasmāt paro hy anyaḥ pitā devo 'pi vā dvijāḥ |
ātmanā sa tu vijñeyas tatas taṃ pūjayāmy aham ||80|
svargeṣv api[103] hi ye kecit taṃ namasyanti dehinaḥ |
tena[104] gacchanti devarṣe tenoddiṣṭaphalāṃ gatim ||81|
taṃ[105] devāḥ svāśramasthāś ca nānāmūrtisamāśritāḥ |
bhaktyā saṃpūjayanty ādyaṃ *gatiś*[106] caiṣāṃ dadāti saḥ ||82|
sa hi sarvagataś caiva *nirguṇaś caiva kathyate*[107] |
evaṃ *matvā yathājñānaṃ*[108] pūjayāmi divākaram ||83|
ye ca tadbhāvitā loka ekatattvaṃ samāśritāḥ |
etad apy adhikaṃ teṣāṃ yad ekaṃ *praviśanty uta*[109] ||84|
iti guhyasamuddeśas tava nārada kīrtitaḥ |
asmadbhaktyāpi devarṣe tvayāpi paramaṃ smṛtam ||85|
surair vā[110] munibhir vāpi *purāṇair varadaṃ smṛtam*[111] |
sarve *ca*[112] paramātmānaṃ pūjayanti divākaram ||86|
brahmovāca:
evam etat purākhyātaṃ nāradāya tu bhānunā |
mayāpi *ca*[113] samākhyātā kathā bhānor dvijottamāḥ ||87|
idam ākhyānam *ākhyeyaṃ*[114] mayākhyātaṃ dvijottamāḥ |
na hy anādityabhaktāya idaṃ deyaṃ kadācana[115] ||88|
yaś caitac *chrāvayen nityaṃ*[116] yaś caiva śṛṇuyān naraḥ |
sa *sahasrārciṣaṃ*[117] devaṃ praviśen nātra saṃśayaḥ ||89|
mucyetārtas tathā rogāc chrutvemām āditaḥ kathām |
jijñāsur labhate jñānaṃ gatim iṣṭāṃ tathaiva ca ||90|
kṣaṇena labhate 'dhvānam idaṃ yaḥ paṭhate mune |
yo yaṃ kāmayate kāmaṃ sa taṃ prāpnoty asaṃśayam ||91|
[118]tasmād bhavadbhiḥ *satataṃ smartavyo*[119] bhagavān raviḥ |
sa ca dhātā vidhātā ca sarvasya *jagataḥ prabhuḥ*[120] ||92|

iti śrīmahāpurāṇe svayaṃbhvṛṣisaṃvāda ādityamāhātmyavarṇanaṃ nāma triṃśattamo 'dhyāyaḥ

101 A dvi- **102** V muni- **103** V svargasthāpi **104** ASS corr. like V; V te ca **105** AB te **106** V gatiṃ **107** AB kathyate sthānujaṅgame **108** V śrutvā tathā jñātvā **109** A hy adhikaṃ punaḥ **110** V sarvaiś ca **111** V purāṇe yair idaṃ śrutam **112** V te **113** V vaḥ **114** B āryaṃ ca **115** B abhaktāya na deyaṃ vai śaṭhāyāpi kathaṃcana **116** A chrāvayec chrāddhe **117** A vai divākaraṃ **118** A om. 30.92. **119** V satatam abhyarcyo **120** BV jagato guruḥ

brahmovāca:
āditya-*mūlam*[1] akhilaṃ trailokyaṃ munisattamāḥ |
bhavaty asmāj jagat sarvaṃ sadevāsuramānuṣam ||31.1|
rudropendramahendrāṇāṃ viprendratridivaukasām |
mahādyutimatāṃ caiva tejo *'yaṃ*[2] sārvalaukikam ||2|
sarvātmā sarvalokeśo devadevaḥ prajāpatiḥ |
sūrya eva trilokasya mūlaṃ paramadaivatam ||3|
agnau prāstāhutiḥ samyag ādityam *upatiṣṭhate*[3] |
ādityāj jāyate vṛṣṭir vṛṣṭer annaṃ tataḥ prajāḥ ||4|
sūryāt prasūyate sarvaṃ tatra caiva pralīyate |
bhāvābhāvau hi lokānām ādityān niḥsṛtau purā ||5|
etat tu dhyānināṃ dhyānaṃ mokṣaś cāpy[4] eṣa mokṣiṇām |
tatra gacchanti nirvāṇaṃ jāyante 'smāt punaḥ punaḥ ||6|
kṣaṇā muhūrtā divasā niśā pakṣāś ca nityaśaḥ |
māsāḥ saṃvatsarāś caiva ṛtavaś ca yugāni ca ||7|
athādityād ṛte hy eṣāṃ kālasaṃkhyā na vidyate |
kālād ṛte na niyamo nāgnau viharaṇakriyā ||8|
ṛtūnām avibhāgaś[5] *tataḥ puṣpa-*[6]phalaṃ kutaḥ |
kuto vai sasyaniṣpattis tṛṇauṣadhigaṇaḥ kutaḥ ||9|
abhāvo vyavahārāṇāṃ jantūnāṃ divi ceha ca |
jagat-*prabhāvād viśate bhāskarād*[7] vāri-*taskarāt*[8] ||10|
nāvṛṣṭyā tapate sūryo nāvṛṣṭyā *pariśuṣyati*[9] |
nāvṛṣṭyā paridhiṃ dhatte vāriṇā dīpyate raviḥ ||11|
vasante kapilaḥ sūryo grīṣme kāñcanasaṃnibhaḥ |
śveto varṣāsu varṇena *pāṇḍuḥ śaradi bhāskaraḥ*[10] ||12|
hemante tāmravarṇābhaḥ śiśire lohito raviḥ |
iti[11] varṇāḥ samākhyātāḥ sūryasya ṛtusaṃbhavāḥ ||13|
ṛtusvabhāvavarṇaiś ca sūryaḥ kṣemasubhikṣakṛt |
athādityasya[12] nāmāni *sāmānyāni dvijottamāḥ*[13] ||14|
dvādaśaiva pṛthaktvena tāni vakṣyāmy aśeṣataḥ |
ādityaḥ savitā sūryo mihiro 'rkaḥ prabhākaraḥ ||15|
mārtaṇḍo bhāskaro bhānuś citrabhānur divākaraḥ |
ravir dvādaśabhis teṣāṃ jñeyaḥ sāmānyanāmabhiḥ ||16|
viṣṇur dhātā bhagaḥ pūṣā mitrendrau varuṇo 'ryamā |
vivasvān aṃśumāṃs tvaṣṭā parjanyo *dvādaśaḥ smṛtaḥ*[14] ||17|
ity ete dvādaśādityāḥ pṛthaktvena vyavasthitāḥ |
uttiṣṭhanti sadā hy ete māsair dvādaśabhiḥ kramāt ||18|
viṣṇus tapati caitre tu vaiśākhe cāryamā tathā |
vivasvāñ jyeṣṭhamāse tu āṣāḍhe *cāṃśumān smṛtaḥ*[15] ||19|

1 A -bhūtam **2** V vai **3** BC upatiṣṭhati **4** B etad varāṇāṃ śraddhānāṃ mokṣado 'py **5** AB dhātūnām avibhāgaś ca V ṛtūnāṃ pravibhāgaś ca **6** AB puṣpamūla- V kutaḥ puṣpa- **7** B -pramāṇaṃ hi kṛte bhāskaro **8** B -taskaraḥ **9** A parividyate **10** B śaradi śyāmavarṇakaḥ **11** V itthaṃ **12** V tathādityasya **13** V sāmānyānīha dvādaśa **14** A dvādaśo mataḥ **15** A cāṃśumāṃs tathā

parjanyaḥ śrāvaṇe māsi varuṇaḥ prauṣṭhasaṃjñake |
indra āśvayuje māsi dhātā tapati kārttike ||20|
mārgaśīrṣe tathā mitraḥ pauṣe pūṣā divākaraḥ |
māghe bhagas tu vijñeyas tvaṣṭā tapati phālgune ||21|
śatair dvādaśabhir *viṣṇū raśmibhir*[16] dīpyate sadā |
dīpyate gosahasreṇa śataiś ca tribhir aryamā ||22|
dviḥsaptakair vivasvāṃs tu aṃśumān pañcabhis tribhiḥ |
vivasvān iva parjanyo varuṇaś cāryamā tathā ||23|
[17]mitravad bhagavāṃs tvaṣṭā sahasreṇa śatena ca |
indras tu dviguṇaiḥ ṣaḍbhir dhātaikādaśabhiḥ *śataiḥ*[18] ||24|
[19]sahasreṇa tu mitro vai pūṣā tu navabhiḥ śataiḥ |
uttaropakrame 'rkasya vardhante raśmayas tathā ||25|
dakṣiṇopakrame bhūyo hrasante sūryaraśmayaḥ |
evaṃ *raśmisahasraṃ tu*[20] sūrya-*lokād anugraham*[21] ||26|
[[22]vidyate ṛtumāsādyasaṃgraho bahudhā punaḥ |]
evaṃ *nāmnāṃ*[23] caturviṃśad *eka eṣāṃ*[24] prakīrtitaḥ |
vistareṇa sahasraṃ tu punar anyat prakīrtitam ||27|
munaya ūcuḥ:
ye tannāmasahasreṇa stuvanty arkaṃ prajāpate |
teṣāṃ bhavati kiṃ puṇyaṃ gatiś ca parameśvara ||28|
brahmovāca:
śṛṇudhvaṃ muniśārdūlāḥ sārabhūtaṃ sanātanam |
alaṃ[25] nāmasahasreṇa *paṭhann evaṃ*[26] stavaṃ śubham ||29|
yāni nāmāni guhyāni pavitrāṇi śubhāni ca |
tāni vaḥ kīrtayiṣyāmi śṛṇudhvaṃ bhāskarasya vai ||30|
vikartano vivasvāṃś ca mārtaṇḍo bhāskaro raviḥ |
loka-*prakāśakaḥ*[27] śrīmāṃl lokacakṣur maheśvaraḥ ||31|
lokasākṣī tri-*lokeśaḥ*[28] *kartā hartā*[29] tamisrahā |
tapanas tāpanaś caiva śuciḥ saptāśvavāhanaḥ ||32|
gabhastihasto *brahmā ca*[30] sarva-*deva*-[31]namaskṛtaḥ |
[32]eka-*viṃśati*[33] ity eṣa stava iṣṭaḥ sadā raveḥ ||33|
śarīrārogyadaś[34] caiva dhanavṛddhiyaśaskaraḥ |
stavarāja iti khyātas triṣu lokeṣu viśrutaḥ ||34|
ya etena[35] dvija-*śreṣṭhā*[36] dvisaṃdhye 'stamanodaye |
stauti[37] sūryaṃ śucir bhūtvā sarvapāpaiḥ pramucyate ||35|
mānasaṃ vācikaṃ vāpi dehajaṃ karmajaṃ tathā |
ekajapyena tat sarvaṃ naśyaty arkasya saṃnidhau ||36|
ekajapyaś ca homaś ca saṃdhyopāsanam eva ca |
dhūpa-*mantrārghyamantraś*[38] ca balimantras tathaiva ca ||37|

16 V viṣṇur aṃśubhir **17** C om. **18** V smṛtaḥ **19** AB om. **20** V raśmisahasreṇa **21** A -loke ca sagraham C -lokānusaṃgrahaḥ V -lokasya saṃgrahaḥ **22** V ins. **23** B nāmnā **24** B evaiteṣāṃ **25** A evaṃ **26** A paṭhitvemaṃ B paṭhatīdaṃ **27** A -prakāśanaḥ **28** AB -lokeśo **29** A dasyuhartā B lokakartā **30** BV brahmaṇyaḥ **31** A -loka- **32** A om. **33** ASS corr. *viṃśatika*; V -viṃśatir **34** AB śrīdārogyakaraś **35** B paṭhen naiva **36** B -śreṣṭho **37** B yāti **38** AB -mantrārghamantraś V -mantro 'rghya-mantraś

anna-*pradāne dāne*[39] ca *praṇipāte pradakṣiṇe*[40] |
pūjito 'yaṃ mahāmantraḥ sarvapāpaharaḥ śubhaḥ ||38|
tasmād *yūyam*[41] prayatnena stavenānena vai dvijāḥ |
stuvīdhvaṃ varadaṃ devaṃ sarvakāmaphalapradam ||39|

iti śrīmahāpurāṇe ādibrāhme svayaṃbhvṛṣisaṃvāde *mārtāṇḍasyaika*-[42]viṃśatināmānukīrtanaṃ nāmaikatriṃśattamo 'dhyāyaḥ

munaya ūcuḥ:
nirguṇaḥ śāśvato devas tvayā prokto divākaraḥ |
punar dvādaśadhā[1] jātaḥ śruto 'smābhis tvayoditaḥ ||32.1|
sa kathaṃ tejaso *raśmiḥ*[2] *striyā garbhe*[3] mahādyutiḥ |
saṃbhūto bhāskaro *jātas*[4] tatra naḥ saṃśayo mahān ||2|
brahmovāca:
dakṣasya hi sutāḥ śreṣṭhā[5] babhūvuḥ *ṣaṣṭiḥ*[6] śobhanāḥ |
aditir ditir danuś caiva vinatādyās tathaiva ca ||3|
dakṣas tāḥ pradadau kanyāḥ kaśyapāya trayodaśa |
aditir janayām āsa devāṃs tribhuvaneśvarān ||4|
daityān ditir danuś cogrān dānavān baladarpitān |
vinatādyās tathā cānyāḥ suṣuvuḥ sthāṇujaṅgamān ||5|
tasyātha[7] putradauhitraiḥ pautradauhitrakādibhiḥ |
vyāptam etaj jagat sarvaṃ teṣāṃ tāsāṃ ca vai mune ||6|
teṣāṃ kaśyapaputrāṇāṃ pradhānā devatāgaṇāḥ |
sāttvikā rājasāś cānye tāmasāś ca gaṇāḥ smṛtāḥ ||7|
devān yajñabhujaś cakre tathā tribhuvaneśvarān |
sraṣṭā brahmavidāṃ śreṣṭhaḥ parameṣṭhī prajāpatiḥ ||8|
tān abādhanta sahitāḥ sāpatnyād[8] daityadānavāḥ |
[[9]rākṣasāś ca tato yuddhaṃ teṣām āsīt sudāruṇam |
divyaṃ varṣasahasraṃ tu *tatrājīyanta devatāḥ*[10] |
jayavanto 'bhavaṃs tatra balino[11] daityadānavāḥ |]
tato nirākṛtān putrān daiteyair dānavais tathā ||9|
hataṃ tribhuvanaṃ dṛṣṭvā aditir munisattamāḥ |
ācchinad[12] yajñabhāgāṃś ca kṣudhā saṃpīḍitān bhṛśam ||10|
ārādhanāya savituḥ paraṃ *yatnaṃ pracakrame*[13] |
ekāgrā niyatāhārā[14] paraṃ niyamam *āsthitā*[15] |
tuṣṭāva tejasāṃ rāśiṃ gaganasthaṃ divākaram ||11|
aditir uvāca:
namas tubhyaṃ paraṃ sūkṣmaṃ *supuṇyaṃ*[16] bibhrate *'tulam*[17] |
dhāma dhāmavatām īśaṃ *dhāmādhāraṃ ca śāśvatam*[18] ||12|

39 A -pradāne snāne B -pradānamantraś **40** B prāptimantras tathaiva ca **41** AB pūjyāḥ **42** V mārtaṇḍasyaika- **1** B punaś ca kaśyapāj **2** B rāśis V rāśiḥ **3** B tigmatejā **4** BV devas **5** C dakṣaduhitaraḥ sarvā V ṣaṣṭir dakṣasya duhitā **6** V śreṣṭha- **7** V āsāṃ ca **8** A dānavā yakṣasahitā sapatnā **9** AV ins. [V in parentheses] **10** V tatrātapyanta devatāḥ **11** V balinaś cābhavan yuddhe jayino **12** A vicchinad **13** B yatnam upasthitā **14** A jitāhārā tanmanaskā **15** V āśritā **16** V praṇamyaṃ **17** A punaḥ **18** A dhāmādhāra jagatpate

jagatām upakārāya *tvāṃ ahaṃ*[19] *staumi*[20] gopate |
ādadānasya[21] yad rūpaṃ tīvraṃ tasmai namāmy aham ||13|
grahītum aṣṭa-*māsena*[22] *kālenāmbumayaṃ*[23] rasam |
bibhratas tava yad rūpam atitīvraṃ natāsmi tat ||14|
[[24]saṃdhyayor ubhayor yat tad rajasā saṃyutaṃ sa me |]
sametaṃ agnisomābhyāṃ[25] namas tasmai guṇātmane |
yad rūpam ṛgyajuḥsāmnām aikyena tapate tava ||15|
viśvam etat trayīsaṃjñaṃ namas tasmai *vibhāvaso*[26] |
yat tu tasmāt paraṃ rūpam om ity uktvābhisaṃhitam |
asthūlaṃ sthūlam amalaṃ namas tasmai sanātana ||16|
brahmovāca:
evaṃ sā niyatā devī cakre stotram aharniśam |
nirāhārā vivasvantam ārirādhayiṣur dvijāḥ ||17|
tataḥ kālena mahatā bhagavāṃs tapano dvijāḥ |
pratyakṣatām agāt tasyā dākṣāyaṇyā dvijottamāḥ ||18|
sā dadarśa mahākūṭaṃ tejaso 'mbarasaṃvṛtam |
bhūmau ca saṃsthitaṃ *bhāsvajjvālābhir atidurdṛśam*[27] |
taṃ dṛṣṭvā ca[28] tato devī sādhvasaṃ paramaṃ gatā ||19|
aditir uvāca:
jagadādya[29] prasīdeti na tvāṃ paśyāmi gopate |
prasādaṃ kuru paśyeyaṃ yad rūpaṃ te divākara |
bhaktānukampaka vibho tvadbhaktān pāhi me sutān ||21|
[30]brahmovāca:
tataḥ sa tejasas tasmād āvirbhūto vibhāvasuḥ |
adṛśyata tadādityas taptatāmropamaḥ prabhuḥ ||22|
tatas[31] tāṃ praṇatāṃ devīṃ tasyāsaṃdarśane dvijāḥ |
prāha *bhāsvān*[32] vṛṇuṣvaikaṃ varaṃ matto yam icchasi ||23|
praṇatā śirasā sā tu jānupīḍitamedinī |
pratyuvāca vivasvantaṃ varadaṃ samupasthitam ||24|
aditir uvāca:
deva prasīda putrāṇāṃ hṛtaṃ tribhuvanaṃ mama |
yajñabhāgāś ca daiteyair dānavaiś ca balādhikaiḥ ||25|
tannimittaṃ prasādaṃ tvaṃ kuruṣva mama gopate |
aṃśena teṣāṃ bhrātṛtvaṃ gatvā tān *nāśaye ripūn*[33] ||26|
yathā me tanayā bhūyo yajñabhāgabhujaḥ prabho |
bhaveyur adhipāś caiva trailokyasya divākara ||27|
tathānukalpaṃ putrāṇāṃ[34] suprasanno rave mama |
kuru *prasannārtihara kāryaṃ kartā*[35] *ucyate*[36] ||28|
[37]brahmovāca:
tatas tām āha bhagavān bhāskaro vāritaskaraḥ |
praṇatām aditiṃ viprāḥ prasādasumukho vibhuḥ ||29|

19 CV tathāhaṃ **20** V naumi **21** A adarśanasya **22** V -māseṣu **23** C kālenendumayaṃ **24** V ins. **25** V manorathaṃ ca yo dadyān **26** V prabhāvate **27** V bhānuṃ jvālāmālāti-duḥsaham **28** ASS corr. *uvācātha* **29** A jagannātha **30** V om. **31** V tatra **32** B bāḍhaṃ **33** V nāśaya dviṣaḥ **34** V tathānukampāṃ putreṣu **35** V prapannārtihara kāryakartā tvam **36** B acyutaḥ V acyuta **37** V om.

[38]sūrya uvāca:
sahasrāṃśena te garbhaḥ saṃbhūyāham aśeṣataḥ |
tvatputraśatrūn dakṣo 'haṃ nāśayāmy āśu nirvṛtaḥ ||30|
[39]brahmovāca:
ity uktvā bhagavān bhāsvān antardhānam upāgataḥ |
nivṛttā sāpi tapasaḥ saṃprāptākhilavāñchitā ||31|
tato raśmisahasrāt tu suṣumnākhyo raveḥ karaḥ |
tataḥ saṃvatsarasyānte tatkāmapūraṇāya saḥ ||32|
nivāsaṃ savitā cakre[40] devamātus tadodare |
kṛcchracāndrāyaṇādīṃś ca[41] sā cakre susamāhitā ||33|
śucinā dhārayāmy *enaṃ*[42] divyaṃ garbham iti dvijāḥ |
tatas tāṃ kaśyapaḥ prāha kiṃcitkopaplutākṣaram ||34|
[43]kaśyapa uvāca:
kiṃ mārayasi *garbhāṇḍam*[44] iti nityopavāsinī |
[45]brahmovāca:
sā ca taṃ prāha garbhāṇḍam etat paśyeti kopanā |
na māritaṃ vipakṣāṇāṃ mṛtyur eva bhaviṣyati ||35|
ity uktvā taṃ *tadā*[46] garbham *utsasarja*[47] *surāraṇiḥ*[48] |
jājvalyamānaṃ tejobhiḥ patyur vacanakopitā ||36|
taṃ dṛṣṭvā kaśyapo garbham udyadbhāskaravarcasam |
tuṣṭāva praṇato bhūtvā vāgbhir *ādyābhir*[49] ādarāt ||37|
saṃstūyamānaḥ sa tadā garbhāṇḍāt prakaṭo 'bhavat |
padmapattra-*sa*-[50]varṇābhas tejasā vyāptadiṅmukhaḥ ||38|
athāntarikṣād ābhāṣya kaśyapaṃ munisattamam |
satoyamegha-[51]gambhīrā vāg uvācāśarīriṇī ||39|
vāg uvāca:
māritaṃ tepataḥ[52] proktam etad aṇḍaṃ *tvayāditeḥ*[53] |
tasmān mune sutas te 'yaṃ mārtaṇḍākhyo bhaviṣyati ||40|
haniṣyaty asurāṃś cāyaṃ yajñabhāga-*harān*[54] arīn |
devā niśamyeti vaco gaganāt samupāgatam ||41|
praharṣam atulaṃ yātā dānavāś ca hataujasaḥ |
tato yuddhāya daiteyān ājuhāva śatakratuḥ ||42|
saha devair mudā yukto dānavāś ca tam abhyayuḥ |
teṣāṃ yuddham abhūd ghoraṃ devānām asuraiḥ saha ||43|
śastrāstravṛṣṭisaṃdīptasamastabhuvanāntaram |
tasmin yuddhe bhagavatā mārtaṇḍena nirīkṣitāḥ ||44|
tejasā dahyamānās te bhasmībhūtā mahāsurāḥ |
tataḥ praharṣam atulaṃ prāptāḥ sarve divaukasaḥ ||45|
tuṣṭuvus tejasāṃ yoniṃ mārtaṇḍam aditiṃ tathā |
svādhikārāṃs tataḥ prāptā yajñabhāgāṃś ca pūrvavat ||46|

38 V om. **39** V om. **40** C viprāvatāraṃ saṃcakre **41** B kṛcchrāt sudhāraṇaṃ tasya **42** V etaṃ **43** V om. **44** B garbhe 'ṇḍam **45** V om. **46** V tato **47** B āsasarja **48** V sudāruṇam **49** B īḍyābhir **50** C -su- **51** V sabhāryaṃ megha- **52** ASS corr. *māritam iti yat*; B māritas te yataḥ V māritaṃ te yataḥ **53** B tvayoditam C tvayoditeḥ **54** V -harāṃs tv

bhagavān api mārtaṇḍaḥ svādhikāram athākarot |
kadambapuṣpavad bhāsvān adhaś cordhvaṃ ca raśmibhiḥ |
vṛto *'gni-*[55]piṇḍasadṛśo *dadhre nātisphuṭaṃ*[56] vapuḥ ||47|
munaya ūcuḥ:
kathaṃ kāntataraṃ paścād rūpaṃ saṃlabdhavān raviḥ |
kadambagolakākāraṃ tan *me*[57] brūhi jagatpate ||48|
brahmovāca:
tvaṣṭā[58] tasmai dadau kanyāṃ saṃjñāṃ nāma vivasvate |
prasādya praṇato bhūtvā viśvakarmā prajāpatiḥ ||49|
trīṇy apatyāny asau *tasyāṃ*[59] janayām āsa gopatiḥ |
dvau putrau sumahābhāgau kanyāṃ ca yamunāṃ *tathā*[60] ||50|
yat tejo 'bhyadhikaṃ tasya mārtaṇḍasya vivasvataḥ |
tenātitāpayām āsa trīṃl lokān sacarācarān ||51|
tad rūpaṃ golakākāraṃ dṛṣṭvā saṃjñā vivasvataḥ |
asahantī *mahat*[61] tejaḥ svāṃ chāyāṃ vākyam abravīt ||52|
saṃjñovāca:
ahaṃ yāsyāmi bhadraṃ te svam eva bhavanaṃ pituḥ |
nirvikāraṃ *tvayātraiva*[62] stheyaṃ macchāsanāc chubhe ||53|
imau ca bālakau mahyaṃ kanyā ca varavarṇinī |
saṃbhāvyā naiva cākhyeyam idaṃ bhagavate tvayā ||54|
chāyovāca:
ā *kaca-*[63]grahaṇād devi ā śāpān naiva karhicit |
ākhyāsyāmi mataṃ tubhyaṃ gamyatāṃ yatra vāñchitam ||55|
ity uktā vrīḍitā saṃjñā jagāma pitṛmandiram |
vatsarāṇāṃ sahasraṃ tu vasamānā pitur gṛhe ||56|
bhartuḥ samīpaṃ yāhīti pitroktā *sā*[64] punaḥ punaḥ |
āgacchad vaḍavā bhūtvā kurūn *athottarāṃs*[65] tataḥ ||57|
tatra tepe tapaḥ sādhvī nirāhārā dvijottamāḥ |
pituḥ samīpaṃ yātāyāṃ saṃjñāyāṃ vākyatatparā ||58|
tadrūpadhāriṇī chāyā bhāskaraṃ samupasthitā |
tasyāṃ ca[66] bhagavān sūryaḥ saṃjñeyam iti cintayan ||59|
tathaiva janayām āsa dvau *putrau*[67] kanyakāṃ tathā |
saṃjñā tu pārthivī teṣām ātmajānāṃ *tathākarot*[68] ||60|
snehaṃ na pūrvajātānāṃ *tathā*[69] kṛtavatī *tu sā*[70] |
manus tat kṣāntavāṃs tasyā yamas tasyā na cakṣame ||61|
bahudhā pīḍyamānas tu pituḥ *patyā*[71] suduḥkhitaḥ |
sa vai kopāc ca bālyāc ca bhāvino 'rthasya vai balāt |
padā saṃtarjayām āsa na tu dehe nyapātayat ||62|
chāyovāca:
padā tarjayase yasmāt pitur bhāryāṃ garīyasīm |
tasmāt tavaiṣa caraṇaḥ patiṣyati na saṃśayaḥ ||63|

55 A 'pi **56** V yenābhāti sphuṭaṃ **57** V no **58** AC atha **59** B tatra **60** V punaḥ
61 A tadā **62** C tvayāpy atra **63** BV keśa- **64** B tu **65** B evottarāṃs **66** B tadā sa
67 B sutau **68** V yathākarot **69** A yathā **70** A purā **71** V patnyā

brahmovāca:
yamas tu tena śāpena bhṛśaṃ pīḍitamānasaḥ |
manunā saha dharmātmā pitre sarvaṃ nyavedayat ||64|
yama uvāca:
snehena tulyam asmāsu *mātā deva*[72] na vartate |
visṛjya jyāyasaṃ bhaktyā kanīyāṃsaṃ bubhūṣati ||65|
tasyāṃ *mayodyataḥ*[73] pādo na tu dehe nipātitaḥ |
bālyād vā yadi vā mohāt tad bhavān kṣantum *arhasi*[74] ||66|
śapto 'haṃ tāta kopena jananyā tanayo yataḥ |
tato manye na jananīm imāṃ vai tapatāṃ vara ||67|
tava prasādāc caraṇo *bhagavan na pated*[75] yathā |
mātṛśāpād ayaṃ *me 'dya*[76] tathā cintaya gopate ||68|
ravir uvāca:
asaṃśayaṃ *mahat putra*[77] bhaviṣyaty atra kāraṇam |
yena tvām āviśat krodho dharmajñaṃ dharma-*śīlinam*[78] ||69|
sarveṣām eva śāpānāṃ pratighāto hi vidyate |
na tu mātrābhiśaptānāṃ kvacic *chāpa-*[79]nivartanam ||70|
na śakyam etan mithyā tu kartuṃ *mātur vacas*[80] tava |
kiṃcit te 'haṃ *vidhāsyāmi*[81] *putrasnehād anugraham*[82] ||71|
kṛmayo māṃsam ādāya prayāsyanti mahītalam |
kṛtaṃ[83] tasyā vacaḥ satyaṃ *tvaṃ ca trāto*[84] bhaviṣyasi ||72|
brahmovāca:
ādityas tv abravīc chāyāṃ kimarthaṃ tanayeṣu *vai*[85] |
tulyeṣv apy adhikaḥ sneha ekaṃ prati kṛtas tvayā ||73|
nūnaṃ naiṣāṃ tvaṃ jananī *saṃjñā kāpi tvam āgatā*[86] |
nirguṇeṣv apy apatyeṣu mātā śāpaṃ na dāsyati ||74|
sā tat-*pariharantī ca*[87] śāpād bhītā tadā raveḥ |
kathayām āsa vṛttāntaṃ sa śrutvā śvaśuraṃ yayau ||75|
sa *cāpi taṃ*[88] yathānyāyam arcayitvā *tadā ravim*[89] |
nirdagdhukāmaṃ *roṣeṇa sāntvayānas tam abravīt*[90] ||76|
viśvakarmovāca:
tavātitejasā vyāptam idaṃ rūpaṃ suduḥsaham |
asahantī tu tat saṃjñā vane carati vai tapaḥ ||77|
drakṣyate tāṃ bhavān adya svāṃ bhāryāṃ śubhacāriṇīm |
rūpārthaṃ bhavato 'raṇye carantīṃ sumahat tapaḥ ||78|
śrutaṃ me brahmaṇo vākyaṃ *tava tejovarodhane*[91] |
rūpaṃ nirvartayāmy adya tava kāntaṃ divaspate ||79|
brahmovāca:
tatas tatheti taṃ prāha tvaṣṭāraṃ bhagavān raviḥ |
tato vivasvato rūpaṃ prāg āsīt parimaṇḍalam ||80|

72 B ātmajeṣu **73** V samudyataḥ **74** V arhati **75** V na pated bhagavan **76** V deva
77 V putra mahad **78** B -śāśvatam V -śālinam **79** C pāpa- **80** A mātṛvacas
81 B pradāsyāmi **82** V tava śāpāpanodanam **83** B evaṃ **84** B tvayi putra **85** A ca
86 V saṃjñākhyāpi kvacid gatā **87** AB -paharantīva **88** V cādityaṃ **89** V vibhāvasum
90 V kopena sāntvayām āsa suvrataḥ **91** ACV yadi te deva rocate

viśvakarmā tv anujñātaḥ[92] śākadvīpe vivasvatā |
bhramim āropya tattejaḥśātanāyopacakrame ||81|
bhramatāśeṣajagatāṃ nābhibhūtena bhāsvatā |
samudrādrivanopetā tv āruroha mahī nabhaḥ ||82|
gaganaṃ cākhilaṃ viprāḥ sacandragrahatārakam |
adhogataṃ mahābhāgā babhūvākṣiptam ākulam ||83|
vikṣiptasalilāḥ sarve babhūvuś ca tathārṇavāḥ |
vyabhidyanta[93] mahāśailāḥ śīrṇasānunibandhanāḥ ||84|
dhruvādhārāṇy aśeṣāṇi[94] dhiṣṇyāni munisattamāḥ |
truṭyadraśminibandhīni bandhanāni adho yayuḥ ||85|
vegabhramaṇasaṃpātavāyukṣiptāḥ sahasraśaḥ |
vyaśīryanta mahāmeghā ghorārāvavirāviṇaḥ ||86|
bhāsvadbhramaṇavibhrāntabhūmyākāśarasātalam |
jagad ākulam atyarthaṃ *tadāsīn*[95] munisattamāḥ ||87|
trailokyam ākulaṃ[96] vīkṣya bhramamāṇaṃ surarṣayaḥ |
devāś ca brahmaṇā sārdhaṃ bhāsvantam abhituṣṭuvuḥ ||88|
ādidevo 'si devānāṃ jātas tvaṃ bhūtaye bhuvaḥ |
sargasthityantakāleṣu tridhā bhedena tiṣṭhasi ||89|
svasti te 'stu jagannātha *gharmavarṣadivākara*[97] |
indrādayas tadā devā likhyamānam *athāstuvan*[98] ||90|
jaya deva jagat-*svāmiñ jayāśeṣajagatpate*[99] |
ṛṣayaś ca tataḥ sapta vasiṣṭhātripurogamāḥ ||91|
tuṣṭuvur vividhaiḥ stotraiḥ svasti svastītivādinaḥ |
vedoktibhir athāgryābhir vālakhilyāś ca tuṣṭuvuḥ ||92|
agnir [?] ādyāś [?][100] ca bhāsvantaṃ likhyamānaṃ mudā yutāḥ |
tvaṃ nātha mokṣiṇāṃ[101] mokṣo dhyeyas tvaṃ dhyāninām paraḥ ||93|
tvaṃ gatiḥ sarvabhūtānāṃ karmakāṇḍa-*vivartinām*[102] |
saṃpūjyas tvaṃ tu deveśa śaṃ no 'stu jagatāṃ pate ||94|
śaṃ no 'stu dvipade nityaṃ śaṃ naś cāstu catuṣpade |
tato vidyādharagaṇā yakṣarākṣasapannagāḥ ||95|
kṛtāñjalipuṭāḥ sarve śirobhiḥ praṇatā ravim |
ūcus te vividhā vāco manaḥśrotrasukhāvahāḥ ||96|
sahyaṃ bhavatu tejas te bhūtānāṃ bhūtabhāvana |
tato *hāhāhūhūś caiva*[103] nāradas tumburus tathā ||97|
upagāyitum ārabdhā gāndharvakuśalā ravim |
ṣaḍjamadhyamagāndhāra-*gāna*-[104]trayaviśāradāḥ ||98|
mūrchanābhiś ca tālaiś ca *saṃprayogaiḥ*[105] sukhapradam |
viśvācī ca ghṛtācī ca urvaśy atha *tilottamāḥ*[106] ||99|
menakā sahajanyā ca rambhā cāpsarasāṃ varā |
nanṛtur[107] jagatām *īśe*[108] likhyamāne vibhāvasau ||100|

92 V viśvakarmābhyanujñātaḥ **93** B bhidyante sma **94** B brahmalokāvaśeṣāṇi **95** A tadāprabhṛti **96** V trailokyaṃ sakalaṃ **97** A tvam arhasi divākara **98** A athābruvan **99** A -vyāpītejodhāma jagatpate **100** AC ṛgnirādyāś V aṅgirādyāś **101** A tvannāmasmaraṇān **102** A -pravartinām **103** V hāhāś ca hūhūś ca **104** V -grāma- **105** A suprayoga- **106** V tilottamā **107** A tuṣṭuvur **108** A īśaṃ

bhāvahāvavilāsādyān kurvatyo 'bhinayān bahūn |
prāvādyanta tatas tatra *vīṇā*[109] veṇvādijharjharāḥ ||101|
paṇavāḥ puṣkarāś caiva[110] mṛdaṅgāḥ paṭahānakāḥ |
devadundubhayaḥ śaṅkhāḥ śataśo 'tha sahasraśaḥ ||102|
gāyadbhiś caiva nṛtyadbhir *gandharvair apsarogaṇaiḥ*[111] |
tūryavāditra-*ghoṣaiś ca*[112] sarvaṃ kolāhalīkṛtam ||103|
tataḥ kṛtāñjalipuṭā bhaktinamrātmamūrtayaḥ |
likhyamānaṃ sahasrāṃśuṃ[113] praṇemuḥ sarvadevatāḥ ||104|
tataḥ kolāhale tasmin sarva-*deva*-[114]samāgame |
tejasaḥ *śātanaṃ*[115] cakre viśvakarmā śanaiḥ śanaiḥ ||105|
ājānu-[116]likhitaś cāsau nipuṇaṃ viśvakarmaṇā |
nābhyanandat tu likhanaṃ tatas tenāvatāritaḥ ||106|
na tu nirbhartsitaṃ rūpaṃ tejaso hananena tu |
kāntāt kāntataraṃ rūpam adhikaṃ śuśubhe tataḥ ||107|
iti himajalagharmakālahetor |
harakamalāsanaviṣṇusaṃstutasya |
tadupari likhanaṃ niśamya bhānor |
vrajati divākaralokam āyuṣo 'nte ||108|
evaṃ janma raveḥ pūrvaṃ babhūva munisattamāḥ |
rūpaṃ ca paramaṃ tasya mayā saṃparikīrtitam ||109|

iti śrīmahāpurāṇe ādibrāhme svayaṃbhvṛṣisaṃvāde *mārtāṇḍasya*[117] janmaśarīralikhanaṃ nāma dvātriṃśo 'dhyāyaḥ

munaya ūcuḥ:
bhūyo 'pi kathayāsmākaṃ kathāṃ sūryasamāśritām |
na tṛptim adhigacchāmaḥ *śṛṇvantas tāṃ kathāṃ śubhām*[1] ||33.1|
yo 'yaṃ dīpto mahātejā vahnirāśisamaprabhaḥ |
etad veditum icchāmaḥ prabhāvo 'sya kutaḥ prabho ||2|
brahmovāca:
tamobhūteṣu lokeṣu naṣṭe sthāvarajaṅgame |
prakṛter[2] guṇa-*hetus tu*[3] pūrvaṃ buddhir ajāyata ||3|
ahaṃkāras tato *jāto*[4] mahābhūtapravartakaḥ |
vāyvagnir āpaḥ khaṃ bhūmis tatas tv aṇḍam ajāyata ||4|
tasminn aṇḍe tv ime lokāḥ *sapta caiva*[5] pratiṣṭhitāḥ |
pṛthivī saptabhir dvīpaiḥ samudraiś caiva saptabhiḥ ||5|
tatraivāvasthito hy āsīd ahaṃ viṣṇur maheśvaraḥ |
vimūḍhās tāmasāḥ sarve pradhyāyanti tam īśvaram ||6|
tato vai sumahātejāḥ prādurbhūtas tamonudaḥ |
dhyānayogena cāsmābhir vijñātaḥ savitā tadā ||7|

109 V vīṇā- **110** B paṇavādīni vādyāni **111** V gandharvaiś cāpsarogaṇaiḥ **112** V -nirghoṣaiḥ **113** V likhyamāne sahasrāṃśau **114** V -bhūta- **115** B śamanaṃ **116** B athāsīl **117** V mārtaṇḍasya **1** V śṛṇvantaḥ sukhadāṃ kathām **2** C pravṛtte **3** C -hetutve **4** A jajñe **5** A sarvadaiva-

jñātvā ca paramātmānaṃ sarva eva pṛthak pṛthak |
divyābhiḥ stutibhir devaḥ stuto 'smābhis tadeśvaraḥ ||8|
ādidevo 'si devānām aiśvaryāc ca tvam īśvaraḥ |
ādikartāsi bhūtānāṃ devadevo divākaraḥ ||9|
jīvanaḥ sarvabhūtānāṃ devagandharvarakṣasām |
munikiṃnarasiddhānāṃ tathaivoragapakṣiṇām ||10|
tvaṃ brahmā tvaṃ mahādevas tvaṃ viṣṇus tvaṃ prajāpatiḥ |
vāyur indraś ca somaś ca vivasvān varuṇas tathā ||11|
tvaṃ kālaḥ sṛṣṭikartā ca hartā bhartā tathā prabhuḥ |
saritaḥ sāgarāḥ śailā vidyudindradhanūṃṣi ca ||12|
pralayaḥ prabhavaś caiva vyaktāvyaktaḥ sanātanaḥ |
īśvarāt parato vidyā vidyāyāḥ parataḥ śivaḥ ||13|
śivāt paratāro devas tvam eva parameśvaraḥ |
sarvataḥpāṇipādāntaḥ sarvatokṣiśiromukhaḥ ||14|
sahasrāṃśuḥ sahasrāsyaḥ sahasracaraṇekṣaṇaḥ |
bhūtādir bhūr bhuvaḥ svaś ca mahaḥ satyaṃ tapo janaḥ ||15|
pradīptaṃ dīpanaṃ divyaṃ sarvalokaprakāśakam |
dur-*nirīkṣaṃ*[6] surendrāṇāṃ yad rūpaṃ tasya te namaḥ ||16|
surasiddhagaṇair juṣṭaṃ bhṛgvatripulahādibhiḥ |
stutaṃ paramam[7] avyaktaṃ yad rūpaṃ tasya te namaḥ ||17|
vedyaṃ vedavidāṃ nityaṃ sarvajñānasamanvitam |
sarva-*devāti*-[8]devasya yad rūpaṃ tasya te namaḥ ||18|
viśvakṛd viśvabhūtaṃ ca vaiśvānarasurārcitam |
viśvasthitam *acintyaṃ*[9] ca yad rūpaṃ tasya te namaḥ ||19|
paraṃ yajñāt paraṃ vedāt paraṃ lokāt paraṃ divaḥ |
paramātmety abhikhyātaṃ yad rūpaṃ tasya te namaḥ ||20|
avijñeyam anālakṣyam adhyānagatam avyayam |
anādinidhanaṃ caiva yad rūpaṃ tasya te namaḥ ||21|
namo namaḥ kāraṇakāraṇāya |
namo namaḥ pāpa-*vimocanāya*[10] |
namo namas te *ditijārdanāya*[11] |
namo namo roga-*vimocanāya*[12] ||22|
namo namaḥ sarvavarapradāya |
namo namaḥ *sarvasukhapradāya*[13] |
namo namaḥ sarvadhanapradāya |
namo namaḥ sarvamatipradāya ||23|
stutaḥ sa bhagavān evaṃ taijasaṃ rūpam āsthitaḥ |
uvāca vācā kalyāṇyā ko varo vaḥ pradīyatām ||24|
devā ūcuḥ:
tavātitaijasaṃ rūpaṃ na kaścit soḍhum utsahet |
sahanīyaṃ tad bhavatu hitāya jagataḥ prabho ||25|

6 V -nirīkṣyaṃ **7** V stutasya param **8** V -devādhi- **9** V avedyaṃ **10** AB -vināśanāya
11 V 'ditivanditāya **12** ABV -vināśanāya **13** A svargagatipradāya

evam astv iti so 'py *uktvā [?]*[14] bhagavān ādikṛt prabhuḥ |
lokānāṃ kāryasiddhyarthaṃ gharmavarṣahimapradaḥ ||26|
tataḥ sāṃkhyāś ca yogāś ca ye cānye mokṣakāṅkṣiṇaḥ |
dhyāyanti[15] dhyāyino devaṃ hṛdayasthaṃ divākaram ||27|
sarvalakṣaṇahīno 'pi *yukto*[16] vā sarvapātakaiḥ |
sarvaṃ *ca*[17] tarate *pāpaṃ*[18] devam *arkaṃ samāśritaḥ*[19] ||28|
agni-*hotraṃ*[20] ca vedāś ca yajñāś ca bahudakṣiṇāḥ |
bhānor bhaktinamaskārakalāṃ nārhanti ṣoḍaśīm ||29|
tīrthānāṃ paramaṃ tīrthaṃ maṅgalānāṃ ca maṅgalam |
pavitraṃ ca pavitrāṇāṃ *prapadyante*[21] divākaram ||30|
śakrādyaiḥ saṃstutaṃ *devaṃ*[22] ye namasyanti bhāskaram |
sarva-*kilbiṣa-*[23]nirmuktāḥ sūryalokaṃ *vrajanti*[24] te ||31|
munaya ūcuḥ:
cirāt prabhṛti no brahmañ *śrotum*[25] icchā pravartate |
nāmnām aṣṭaśataṃ brūhi yat tvayoktaṃ purā raveḥ ||32|
brahmovāca:
aṣṭottaraśataṃ nāmnāṃ śṛṇudhvaṃ gadato mama |
bhāskarasya paraṃ guhyaṃ svargamokṣapradaṃ dvijāḥ ||33|
oṃ sūryo 'ryamā bhagas tvaṣṭā pūṣārkaḥ savitā raviḥ |
gabhastimān ajaḥ kālo mṛtyur dhātā prabhākaraḥ ||34|
pṛthivy āpaś ca tejaś ca khaṃ vāyuś ca parāyaṇam |
somo bṛhaspatiḥ śukro budho 'ṅgāraka eva ca ||35|
indro vivasvān dīptāṃśuḥ śuciḥ śauriḥ śanaiścaraḥ |
brahmā viṣṇuś ca *rudraś*[26] ca skando *vaiśravaṇo yamaḥ*[27] ||36|
vaidyuto jāṭharaś cāgnir aindhanas[28] tejasāṃ patiḥ |
dharmadhvajo vedakartā vedāṅgo vedavāhanaḥ ||37|
kṛtaṃ[29] tretā dvāparaś ca *kaliḥ*[30] sarvāmarāśrayaḥ |
kalākāṣṭhāmuhūrtāś ca *kṣapā*[31] *yāmās*[32] tathā kṣaṇāḥ ||38|
saṃvatsarakaro 'śvatthaḥ kālacakro vibhāvasuḥ |
puruṣaḥ śāśvato yogī vyaktāvyaktaḥ sanātanaḥ ||39|
kālādhyakṣaḥ prajādhyakṣo viśvakarmā tamonudaḥ |
varuṇaḥ *sāgaro 'ṃśaś*[33] ca jīmūto *jivano*[34] 'rihā ||40|
bhūtāśrayo bhūtapatiḥ sarvalokanamaskṛtaḥ |
sraṣṭā *saṃvartako vahniḥ*[35] sarvasyādir alolupaḥ ||41|
anantaḥ[36] kapilo bhānuḥ kāmadaḥ sarvatomukhaḥ |
jayo viśālo varadaḥ sarva-*bhūtaniṣevitaḥ*[37] ||42|
manaḥ su-*parṇo*[38] bhūtādiḥ śīghragaḥ prāṇadhāraṇaḥ |
dhanvantarir dhūmaketur ādidevo 'diteḥ sutaḥ ||43|

14 C ukto **15** B manasā **16** C mukto **17** V tu **18** B duḥkhaṃ **19** B āśritya mānavaḥ **20** BC -hotrāś **21** C prapadyadhvaṃ **22** B devair **23** V -kalmaṣa- **24** B prayānti **25** V chrotum **26** A somaś **27** B vaiśravaṇopamaḥ **28** B vikartanaś ca bradhnaś ca tv īśvaras **29** A satyaṃ **30** B kalkiḥ **31** B pakṣā **32** AB māsās **33** B sāgaro 'mbhaś C sāgarāṃśaś **34** V jīvano **35** V vivartako yajñī **36** A antakaḥ **37** C -dhātuniṣevitaḥ V -bhūtahite rataḥ **38** A -karṇo

dvādaśātmā ravir *dakṣaḥ*[39] pitā mātā pitāmahaḥ |
svargadvāraṃ prajādvāraṃ mokṣadvāraṃ triviṣṭapam ||44|
dehakartā *praśāntātmā*[40] viśvātmā viśvatomukhaḥ |
carācarātmā sūkṣmātmā *maitreyaḥ karuṇānvitaḥ*[41] ||45|
etad vai kīrtanīyasya sūryasyāmitatejasaḥ |
nāmnām aṣṭaśataṃ ramyaṃ mayā proktaṃ dvijottamāḥ ||46|
suragaṇapitṛyakṣasevitaṃ hy |
asuraniśākarasiddhavanditam |
varakanakahutāśanaprabhaṃ |
praṇipatito 'smi hitāya bhāskaram ||47|
sūryodaye yaḥ susamāhitaḥ paṭhet |
sa putradārān dhanaratnasaṃcayān |
labheta jātismaratāṃ naraḥ *sa tu*[42] |
smṛtiṃ ca medhāṃ ca sa vindate parām ||48|
imaṃ stavaṃ devavarasya yo naraḥ |
prakīrtayec *chuddha-*[43]manāḥ samāhitaḥ |
vimucyate śokadavāgnisāgarāl |
labheta kāmān manasā *yathepsitān*[44] ||49|

iti śrīmahāpurāṇe ādibrāhme svayaṃbhvṛṣisaṃvāde sūryanāmāṣṭottaraśataṃ nāma trayastriṃśo 'dhyāyaḥ

brahmovāca:
yo 'sau sarvagato devas tripurāris trilocanaḥ |
umāpriyakaro rudraś candrārdhakṛtaśekharaḥ ||34.1|
vidrāvya vibudhān sarvān siddhavidyādharān ṛṣīn |
gandharvayakṣanāgāṃś ca tathānyāṃś ca *samāgatān*[1] ||2|
jaghāna pūrvaṃ dakṣasya yajato dharaṇītale |
yajñaṃ samṛddhaṃ ratnāḍhyaṃ sarva-*saṃbhārasaṃbhṛtam*[2] ||3|
yasya pratāpasaṃtrastāḥ śakrādyās tridivaukasaḥ |
śāntiṃ na[3] lebhire viprāḥ *kailāsaṃ*[4] śaraṇaṃ gatāḥ ||4|
sa āste tatra varadaḥ[5] śūlapāṇir vṛṣadhvajaḥ |
pinākapāṇir bhagavān dakṣa-*yajña-*[6]vināśanaḥ ||5|
mahā-*devo 'kale*[7] deśe kṛttivāsā vṛṣadhvajaḥ |
ekāmrake muniśreṣṭhāḥ sarvakāmaprado haraḥ ||6|
munaya ūcuḥ:
kimarthaṃ *sa bhavo*[8] devaḥ sarvabhūtahite rataḥ |
jaghāna yajñaṃ dakṣasya devaiḥ sarvair alaṃkṛtam ||7|
na hy alpaṃ kāraṇaṃ tatra prabho manyāmahe vayam |
śrotum icchāmahe *brūhi*[9] paraṃ kautūhalaṃ hi naḥ ||8|

39 C dākṣaḥ **40** AB prasannātmā **41** AB maitreṇa vapuṣānvitaḥ **42** V sadā **43** A chānta- **44** A sadepsitān **1** V samāhitān **2** B -lokaiś ca saṃstutam **3** A na śarma **4** ACV punas taṃ **5** A yatrāste varado devaḥ **6** AB -kratu- **7** ABV -devotkale **8** AB bhagavān **9** A brahman

brahmovāca:
dakṣasyāsann aṣṭa kanyā yāś *caivaṃ*[10] pati-*saṃgatāḥ*[11] |
svebhyo gṛhebhyaś cānīya tāḥ pitābhyarcayad gṛhe ||9|
tatas tv *abhyarcitā viprā*[12] *nyavasaṃs tāḥ*[13] pitur gṛhe |
tāsāṃ jyeṣṭhā satī nāma patnī yā *tryambakasya*[14] vai ||10|
nājuhāvātmajāṃ tāṃ vai dakṣo rudram abhidviṣan |
akarot saṃnatiṃ *dakṣe*[15] na ca kāṃcin *maheśvaraḥ*[16] ||11|
jāmātā śvaśure tasmin svabhāvāt tejasi sthitaḥ |
tato jñātvā satī sarvās tās tu prāptāḥ pitur gṛham ||12|
jagāma sāpy[17] anāhūtā *satī tu*[18] svapitur gṛham |
tābhyo hīnāṃ pitā cakre satyāḥ pūjām *asaṃmatām*[19] |
tato 'bravīt sā pitaraṃ devī *krodhasamākulā*[20] ||13|
saty uvāca:
yavīyasībhyaḥ śreṣṭhāhaṃ kiṃ na pūjasi māṃ *prabho*[21] |
asatkṛtām *avasthāṃ yaḥ*[22] kṛtavān asi garhitām |
ahaṃ jyeṣṭhā *variṣṭhā*[23] ca māṃ tvaṃ satkartum arhasi ||14|
brahmovāca:
evam ukto 'bravīd enāṃ dakṣaḥ saṃraktalocanaḥ ||15|
dakṣa uvāca:
tvattaḥ śreṣṭhā variṣṭhāś ca pūjyā bālāḥ sutā mama |
tāsāṃ ye caiva bhartāras te me bahumatāḥ sati ||16|
brahmiṣṭhāś ca *vratasthāś*[24] ca mahāyogāḥ sudhārmikāḥ |
guṇaiś caivādhikāḥ ślāghyāḥ sarve te *tryambakāt sati*[25] ||17|
vasiṣṭho 'triḥ pulastyaś ca aṅgirāḥ pulahaḥ kratuḥ |
bhṛgur marīciś ca tathā śreṣṭhā jāmātaro mama ||18|
taiś cāpi spardhate *śarvaḥ sarve*[26] te caiva taṃ prati |
tena tvāṃ na bubhūṣāmi pratikūlo hi me bhavaḥ ||19|
ity uktavāṃs tadā dakṣaḥ saṃpramūḍhena cetasā |
śāpārtham ātmanaś caiva yenoktā vai maharṣayaḥ |
tathoktā pitaraṃ sā vai kruddhā devī tam abravīt ||20|
saty uvāca:
vāṅmanaḥkarmabhir yasmād *aduṣṭāṃ māṃ*[27] vigarhasi |
tasmāt tyajāmy ahaṃ deham imaṃ tāta tavātmajam ||21|
brahmovāca:
tatas tenāpamānena satī duḥkhād amarṣitā |
abravīd vacanaṃ devī namaskṛtya svayaṃbhuve ||22|
saty uvāca:
yenāham apadehā[28] vai punar dehena bhāsvatā |
tatrāpy aham asaṃmūḍhā saṃbhūtā dhārmikī punaḥ |
gaccheyaṃ dharmapatnītvaṃ tryambakasyaiva dhīmataḥ ||23|

10 V caiva **11** C -sammatāḥ **12** AB abhyarcitāḥ sarvā **13** AB nivasanti V nivasantyaḥ **14** A śaṃkarasya **15** B dakṣo **16** B maheśvare **17** BV ājagāmāpy **18** V sā satī **19** AB a-saṃgatām **20** V krodhād amarṣitā **21** V vibho **22** V avijñāya **23** A ca pūjyā **24** B śruta-jñāś **25** B tryambakād api **26** V śarvo nityaṃ **27** V aduṣṭaṃ taṃ **28** V yatrāham upapadye

brahmovāca:
tatraivātha samāsīnā ruṣṭātmānaṃ samādadhe |
dhārayām āsa cāgneyīṃ dhāraṇām ātmanātmani ||24|
tataḥ svātmānam utthāpya vāyunā samudīritaḥ |
sarvāṅgebhyo viniḥsṛtya vahnir bhasma cakāra tām ||25|
tad upaśrutya nidhanaṃ satyā devyāḥ sa śūladhṛk |
saṃvādaṃ ca tayor buddhvā yāthātathyena śaṃkaraḥ |
dakṣasya ca vināśāya cukopa bhagavān prabhuḥ ||26|
śrīśaṃkara uvāca:
yasmād avamatā dakṣa sahasaivāgatā satī |
praśastāś cetarāḥ sarvās tvatsutā bhartṛbhiḥ saha ||27|
tasmād vaivasvate prāpte punar ete maharṣayaḥ |
utpatsyanti dvitīye vai tava yajñe hy ayonijāḥ ||28|
hute[29] vai brahmaṇaḥ sattre cākṣuṣasyāntare manoḥ |
abhivyāhṛtya[30] saptarṣīn dakṣaṃ so 'bhyaśapat punaḥ ||29|
bhavitā mānuṣo rājā cākṣuṣasyāntare manoḥ |
prācīnabarhiṣaḥ pautraḥ putraś cāpi pracetasaḥ ||30|
dakṣa ity eva nāmnā tvaṃ māriṣāyāṃ janiṣyasi |
kanyāyāṃ *śākhināṃ*[31] caiva prāpte vai *cākṣuṣāntare*[32] ||31|
ahaṃ tatrāpi te vighnam ācariṣyāmi *durmate*[33] |
dharmakāmārthayukteṣu karmasv iha punaḥ punaḥ ||32|
tato vai vyāhṛto dakṣo rudraṃ so 'bhyaśapat punaḥ ||33|
dakṣa uvāca:
yasmāt tvaṃ matkṛte krūra ṛṣīn vyāhṛtavān asi |
tasmāt sārdhaṃ surair yajñe na tvāṃ yakṣyanti vai dvijāḥ ||34|
kṛtvāhutiṃ tava krūra apaḥ spṛśanti karmasu |
ihaiva vatsyase loke divaṃ hitvāyugakṣayāt |
tato *devais tu te*[34] sārdhaṃ *na tu pūjā bhaviṣyati*[35] ||35|
rudra uvāca:
cāturvarṇyaṃ tu devānāṃ te *cāpy ekatra*[36] bhuñjate |
na bhokṣye sahitas tais tu tato bhokṣyāmy ahaṃ pṛthak ||36|
sarveṣāṃ caiva[37] lokānām ādir bhūrloka ucyate |
tam ahaṃ dhārayāmy ekaḥ svecchayā na tavājñayā ||37|
tasmin dhṛte sarva-[38]lokāḥ sarve tiṣṭhanti śāśvatāḥ |
tasmād ahaṃ vasāmīha satataṃ na tavājñayā ||38|
brahmovāca:
tato 'bhivyāhṛto dakṣo rudreṇāmitatejasā |
svāyaṃbhuvīṃ tanuṃ tyaktvā utpanno mānuṣeṣv iha ||39|
[39]yadā gṛhapatir dakṣo yajñānām īśvaraḥ prabhuḥ |
samasteneha yajñena so 'yajad daivataiḥ saha ||40|

29 A gate **30** A iti vyāhṛtya **31** A sāntvitāś **32** V cākṣuṣe 'ntare **33** V suvrata **34** V devaiś ca taiḥ **35** V nejyase pṛthivītale **36** V cāpye tatra **37** V sarveṣām eva **38** ASS corr. *svarga*. **39** AB om. the following 7 lines.

atha devī satī *yat te*[40] prāpte vaivasvate 'ntare |
menāyāṃ tām umāṃ devīṃ janayām āsa śailarāṭ ||41|
sā tu devī satī pūrvam āsīt paścād umābhavat |
sahavratā *bhavasyaiṣā*[41] naitayā mucyate bhavaḥ ||42|
yāvad icchati saṃsthānaṃ prabhur manvantareṣv iha |
mārīcaṃ kaśyapaṃ devī yathāditir anuvratā ||43|
sārdhaṃ nārāyaṇaṃ śrīs tu maghavantaṃ śacī yathā |
viṣṇuṃ kīrtir uṣā sūryaṃ vasiṣṭhaṃ cāpy arundhatī ||44|
naitāṃs tu vijahaty etā bhartṝn devyaḥ kathaṃcana |
evaṃ prācetaso dakṣo jajñe vai cākṣuṣe 'ntare ||45|
prācīnabarhiṣaḥ pautraḥ putraś cāpi pracetasām |
daśabhyas tu pracetobhyo māriṣāyāṃ punar nṛpa ||46|
jajñe rudrābhiśāpena dvitīyam iti naḥ śrutam |
bhṛgvādayas tu te sarve jajñire vai maharṣayaḥ ||47|
ādye tretāyuge pūrvaṃ manor vaivasvatasya ha |
devasya mahato yajñe vāruṇīṃ bibhratas tanum ||48|
ity eṣo 'nuśayo hy āsīt *tayor jātyantare gataḥ*[42] |
prajāpateś ca[43] dakṣasya tryambakasya ca dhīmataḥ ||49|
tasmān *nānuśayaḥ*[44] kāryo *vareṣv*[45] iha kadācana |
jātyantaragatasyāpi bhāvitasya *śubhāśubhaiḥ*[46] |
[[47]dehāntare *kathaṃ tasya*[48] punar dehaṃ na muñcati |
vāsanā na jahāty eva dehāntara-*gate 'pi vā*[49] |
duḥkhaṃ tv *anuśayātyantaras*[50] tatra *kāryā*[51] vijānatā |]
jantor na bhūtaye khyātis tan na kāryaṃ vijānatā ||50|
munaya ūcuḥ:
kathaṃ roṣeṇa sā *pūrvaṃ*[52] dakṣasya duhitā satī |
tyaktvā dehaṃ punar jātā girirājagṛhe prabho ||51|
dehāntare *kathaṃ*[53] tasyāḥ *pūrvadeho*[54] babhūva ha |
bhavena saha saṃyogaḥ saṃvādaś ca tayoḥ katham ||52|
svayaṃvaraḥ kathaṃ vṛttas tasmin mahati janmani |
vivāhaś ca jagannātha sarvāścaryasamanvitaḥ ||53|
tat sarvaṃ vistarād brahman vaktum arhasi sāmpratam |
śrotum icchāmahe puṇyāṃ kathāṃ cātimano-*harām*[55] ||54|
brahmovāca:
śṛṇudhvaṃ muniśārdūlāḥ kathāṃ pāpapraṇāśinīm |
umāśaṃkarayoḥ puṇyāṃ sarvakāmaphalapradām ||55|
kadācit svagṛhāt prāptaṃ kaśyapaṃ dvipadāṃ varam |
apṛcchad dhimavān vṛttaṃ loke khyātikaraṃ hitam ||56|
kenākṣayāś ca lokāḥ syuḥ khyātiś ca paramā mune |
tathaiva cārcanīyatvaṃ satsu tat kathayasva me ||57|

40 V yā tu **41** V bhavasyaiva **42** A teṣu teṣv antarā antarā B tayor jātyantare gate **43** V śāpe tayor vai **44** AV na saṃśayaḥ **45** B dhīreṣv V vaireṣv **46** A surair api **47** BV ins. [V in footnote] **48** V svabhāvaś ca **49** V -gateṣv api **50** V anuśayāt puṃsas **51** V kāryaṃ **52** A pūrṇā **53** CV punas **54** B punar deho CV kathaṃ deho **55** V -ramām

kaśyapa uvāca:
apatyena[56] mahābāho sarvam etad avāpyate |
mamākhyātir apatyena[57] *brahmaṇā*[58] ṛṣibhiḥ saha ||58|
kiṃ na paśyasi śailendra yato māṃ paripṛcchasi |
vartayiṣyāmi yac cāpi *yathādṛṣṭaṃ*[59] purācala ||59|
vārāṇasīm ahaṃ gacchann apaśyaṃ saṃsthitaṃ divi |
vimānaṃ *sunavaṃ divyam anaupamyaṃ*[60] maharddhimat ||60|
tasyādhastād ārtanādaṃ gartasthāne śṛṇomy aham |
tam ahaṃ tapasā jñātvā tatraivāntarhitaḥ sthitaḥ ||61|
athāgāt tatra śailendra *vipro niyamavāñ śuciḥ*[61] |
tīrthābhiṣekapūtātmā pare tapasi saṃsthitaḥ ||62|
atha sa vrajamānas tu vyāghreṇābhīṣito dvijaḥ |
viveśa taṃ tadā deśaṃ sa garto yatra bhūdhara ||63|
gartāyāṃ[62] vīraṇastambe lambamānāṃs tadā *munīn*[63] |
apaśyad ārto duḥkhārtāṃs tān apṛcchac ca sa dvijaḥ ||64|
dvija uvāca:
ke yūyaṃ vīraṇastambe lambamānā hy adhomukhāḥ |
duḥkhitāḥ kena mokṣaś ca yuṣmākaṃ bhavitānaghāḥ ||65|
pitara ūcuḥ:
vayaṃ te kṛtapuṇyasya pitaraḥ sapitāmahāḥ |
prapitāmahāś ca kliśyāmas tava duṣṭena karmaṇā ||66|
narako 'yaṃ mahābhāga gartarūpeṇa saṃsthitaḥ |
tvaṃ cāpi vīraṇastambas tvayi lambāmahe vayam ||67|
yāvat tvaṃ jīvase vipra tāvad eva vayaṃ sthitāḥ |
mṛte tvayi gamiṣyāmo narakaṃ pāpacetasaḥ ||68|
yadi tvaṃ dārasaṃyogaṃ kṛtvāpatyaṃ guṇottaram |
utpādayasi tenāsmān mucyema vayam enasaḥ ||69|
nānyena tapasā putra tīrthānāṃ ca phalena ca |
etat kuru mahābuddhe tārayasva pitṝn bhayāt ||70|
kaśyapa uvāca:
sa tatheti pratijñāya ārādhya vṛṣabhadhvajam |
pitṝn *gartāt*[64] samuddhṛtya *gaṇapān*[65] pracakāra *ha*[66] ||71|
svayaṃ rudrasya dayitaḥ suveśo nāma nāmataḥ |
saṃmato *balavāṃś*[67] caiva rudrasya gaṇapo 'bhavat ||72|
tasmāt kṛtvā tapo ghoram apatyaṃ guṇavad bhṛśam |
utpādayasva śailendra sutāṃ tvaṃ varavarṇinīm ||73|
brahmovāca:
sa evam *uktvā*[68] ṛṣiṇā śailendro niyamasthitaḥ |
tapaś cakārāpy atulaṃ yena tuṣṭir abhūn mama ||74|
tadā tam utpapātāhaṃ varado 'smīti cābravam |
brūhi tuṣṭo 'smi śailendra tapasānena suvrata ||75|

56 B tapasaiva **57** A mamākhyātiḥ purā tena **58** V brahmaṇo **59** V yathā dṛṣṭaṃ **60** B svastimad divyaṃ manovegaṃ **61** B vasiṣṭho niyamasthitaḥ **62** V gartādho **63** V pitṝn **64** V bhayāt **65** V gaṇatvaṃ **66** V vai **67** V vimalaś **68** ASS corr. *ukta*; V ukto

himavān uvāca:
bhagavan putram icchāmi guṇaiḥ sarvair alaṃkṛtam |
evaṃ varaṃ prayacchasva yadi tuṣṭo 'si *me*[69] prabho ||76|
brahmovāca:
tasya tad vacanaṃ śrutvā girirājasya *bho dvijāḥ*[70] |
tadā tasmai varaṃ cāhaṃ dattavān *manasepsitam*[71] ||77|
kanyā *bhavitrī*[72] śailendra *tapasānena suvrata*[73] |
yasyāḥ *prabhāvāt*[74] sarvatra kīrtim āpsyasi *śobhanām*[75] ||78|
arcitaḥ sarvadevānāṃ tīrthakoṭisamāvṛtaḥ |
pāvanaś[76] caiva *puṇyena*[77] *devānām*[78] api sarvataḥ ||79|
jyeṣṭhā ca sā bhavitrī te *anye*[79] *cātra tataḥ*[80] *śubhe*[81] ||80|
[[82]brahmovāca:]
[[83]evam uktvā tataś cāhaṃ *tatraivāntaradhīyata*[84] |]
so 'pi kālena śailendro menāyām udapādayat |
aparṇām ekaparṇāṃ ca tathā caivaikapāṭalām ||81|
nyagrodham ekaparṇaṃ[85] tu *pāṭalaṃ*[86] caikapāṭalām |
aśitvā tv *ekaparṇāṃ*[87] tu aniketas tapo 'carat ||82|
śataṃ varṣasahasrāṇāṃ *duścaraṃ*[88] devadānavaiḥ |
āhāram ekaparṇaṃ tu ekaparṇā samācarat ||83|
pāṭalena tathaikena vidadhe caikapāṭalā |
pūrṇe varṣasahasre tu āhāraṃ *tāḥ*[89] pracakratuḥ ||84|
aparṇā tu nirāhārā tāṃ mātā pratyabhāṣata |
niṣedhayantī co meti mātṛsnehena duḥkhitā ||85|
sā tathoktā tayā mātrā devī duścaracāriṇī |
tenaiva nāmnā lokeṣu vikhyātā surapūjitā ||86|
etat *tu tri-*[90]kumārīkaṃ jagat sthāvarajaṅgamam |
etāsāṃ *tapasāṃ vṛttaṃ*[91] yāvad bhūmir dhariṣyati ||87|
tapaḥśarīrās tāḥ sarvās tisro yogaṃ samāśritāḥ |
sarvāś caiva mahābhāgās tathā ca sthirayauvanāḥ ||88|
tā loka-[92]mātaraś caiva brahmacāriṇya eva ca |
anugṛhṇanti lokāṃś ca tapasā *svena*[93] sarvadā ||89|
umā tāsāṃ variṣṭhā ca jyeṣṭhā ca varavarṇinī |
mahāyogabalopetā mahādevam upasthitā ||90|
dattakaś cośanā tasya putraḥ sa bhṛgunandanaḥ |
āsīt tasyaikaparṇā tu devalaṃ suṣuve sutam ||91|
yā tu tāsāṃ kumārīṇāṃ tṛtīyā hy ekapāṭalā |
putraṃ *sā tam alarkasya*[94] jaigīṣavyam upasthitā ||92|

69 B naḥ **70** A suvratāḥ **71** B mānasepsitam **72** AB bhavatu **73** AB sutā te varavarṇinī **74** V prasādāt **75** AB puṣkalām **76** V pāvanaiś **77** B devānām V puṇyaiś ca **78** B ṛṣīṇām **79** AB anyā **80** AB cānu tataḥ V cānugate **81** AB prabho **82** V ins. **83** CV ins. **84** V tatraivāntaradhītavān **85** A nyagrodhāṃ caikaparṇāṃ **86** AB pāṭalāṃ **87** C ekaparṇaṃ **88** AB duṣkaraṃ **89** V te **90** B trika- **91** AB tapasā vyāptaṃ **92** AB trailokya- **93** B tena **94** AB śāntam aśokasya

tasyāś ca śaṅkhalikhitau smṛtau putrāv ayonijau |
umā tu yā mayā tubhyaṃ kīrtitā varavarṇinī ||93|
atha tasyās tapoyogāt trailokyam akhilaṃ tadā |
pradhūpitam ihālakṣya vacas tām aham abravam ||94|
devi kiṃ tapasā lokāṃs tāpayiṣyasi śobhane |
tvayā sṛṣṭam idaṃ sarvaṃ mā kṛtvā tad vināśaya ||95|
tvaṃ hi dhārayase lokān imān sarvān svatejasā |
brūhi kiṃ te jaganmātaḥ prārthitaṃ *saṃpratīha*[95] naḥ ||96|
devy uvāca:
yadarthaṃ tapaso hy asya caraṇaṃ me pitāmaha |
tvam eva *tad vijānīṣe*[96] tataḥ pṛcchasi kiṃ punaḥ ||97|
brahmovāca:
tatas tām abravaṃ cāhaṃ yadarthaṃ tapyase śubhe |
sa tvāṃ svayam upāgamya ihaiva varayiṣyati ||98|
śarva eva patiḥ śreṣṭhaḥ sarvalokeśvareśvaraḥ |
vayaṃ sadaiva yasyeme vaśyā vai kiṃkarāḥ śubhe ||99|
sa devadevaḥ parameśvaraḥ svayaṃ |
svayaṃbhur āyāsyati devi te 'ntikam |
udārarūpo *vikṛtādi-*[97]rūpaḥ |
samānarūpo 'pi na yasya *kasyacit*[98] ||100|
maheśvaraḥ parvatalokavāsī |
carācareśaḥ prathamo 'prameyaḥ |
vinendunā hīndrasamānavarcasā |
vibhīṣaṇaṃ[99] rūpam ivāsthito yaḥ ||101|

iti śrīmahāpurāṇe ādibrāhme svayaṃbhurṣisaṃvāde catustriṃśo 'dhyāyaḥ

brahmovāca:
tatas tām abruvan devās tadā *gatvā tu sundarīm*[1] |
devi *śīghreṇa kālena dhūrjaṭir nīlalohitaḥ*[2] ||35.1|
sa bhartā tava deveśo bhavitā mā *tapaḥ kṛthāḥ*[3] |
tataḥ pradakṣiṇīkṛtya devā viprā gireḥ sutām ||2|
jagmuś cādarśanaṃ tasyāḥ sā cāpi virarāma ha |
sā devī sūktam ity evam uktvā svasyāśrame śubhe ||3|
dvāri jātam aśokaṃ ca samupāśritya cāsthitā |
athāgāc candratilakas tridaśārtiharo haraḥ ||4|
vikṛtaṃ rūpam āsthāya hrasvo bāhuka eva ca |
vibhagnanāsiko bhūtvā kubjaḥ keśāntapiṅgalaḥ ||5|
uvāca vikṛtāsyaś ca devi tvāṃ varayāmy aham |
athomā yogasaṃsiddhā jñātvā śaṃkaram āgatam ||6|

95 V saṃprasīda **96** V tattvaṃ jānīṣe **97** AB vikṛtāti- **98** B kutracit **99** C vibhūṣaṇaṃ
1 V gatvātisatvaram **2** V yenaiva sṛṣṭāsi na vinā yas tvayā śive **3** B tapasaḥ kṣaye

antarbhāvaviśuddhātmā *kṛpānuṣṭhāna-*[4]lipsayā |
tam uvācārghapādyābhyāṃ madhuparkeṇa caiva *ha*[5] ||7|
saṃpūjya sumanobhis taṃ brāhmaṇaṃ brāhmaṇapriyā ||8|
devy uvāca:
bhagavan na sva-[6]tantrāhaṃ pitā me *tv agraṇīr gṛhe*[7] |
sa prabhur mama dāne vai kanyāhaṃ dvijapuṃgava ||9|
gatvā yācasva pitaraṃ mama śailendram *avyayam*[8] |
sa ced dadāti māṃ vipra tubhyaṃ tad ucitaṃ mama ||10|
brahmovāca:
tataḥ sa bhagavān devas tathaiva *vikṛtaḥ*[9] prabhuḥ |
uvāca śaila-*rājānaṃ*[10] sutāṃ *me*[11] yaccha śailarāṭ ||11|
sa taṃ vikṛtarūpeṇa jñātvā rudram athāvyayam |
bhītaḥ śāpāc ca vimanā idaṃ vacanam abravīt ||12|
śailendra uvāca:
bhagavan nāvamanye 'haṃ brāhmaṇān *bhuvi*[12] devatāḥ |
manīṣitaṃ tu yat pūrvaṃ tac chṛṇuṣva mahāmate ||13|
svayaṃvaro me duhitur bhavitā viprapūjitaḥ |
varayed yaṃ svayaṃ tatra sa bhartāsyā *bhaviṣyati*[13] ||14|
tac chrutvā śailavacanaṃ bhagavān vṛṣabhadhvajaḥ |
devyāḥ samīpam āgatya idam āha mahāmanāḥ ||15|
śiva uvāca:
devi pitrā tv anujñātaḥ svayaṃvara iti śrutiḥ |
tatra tvaṃ varayitrī yaṃ sa te bhartā *bhaved iti*[14] ||16|
tad āpṛcchya gamiṣyāmi dur-*labhāṃ tvāṃ*[15] varānane |
rūpavantaṃ samutsṛjya *vṛṇoṣy asadṛśaṃ*[16] katham ||17|
brahmovāca:
tenoktā sā tadā tatra bhāvayantī tadīritam |
bhāvaṃ ca rudranihitaṃ prasādaṃ manasas tathā ||18|
saṃprāpyovāca[17] deveśaṃ mā te 'bhūd buddhir *anyathā*[18] |
ahaṃ tvāṃ varayiṣyāmi *nādbhutaṃ tu*[19] kathaṃcana ||19|
athavā te 'sti saṃdeho mayi vipra kathaṃcana |
ihaiva tvāṃ mahābhāga varayāmi manogatam ||20|
brahmovāca:
gṛhītvā stabakaṃ *sā tu*[20] hastābhyāṃ tatra saṃsthitā |
skandhe śaṃbhoḥ samādhāya devī prāha vṛto 'si me ||21|
tataḥ sa bhagavān devas tayā devyā vṛtas tadā |
uvāca tam aśokaṃ vai vācā saṃjīvayann iva ||22|
śiva uvāca:
yasmāt tava supuṇyena stabakena vṛto 'smy aham |
tasmāt tvaṃ jarayā tyaktas tv amaraḥ saṃbhaviṣyasi ||23|

4 A kriyānuṣṭhāna- **5** V hi **6** V bhagavann asva- **7** V jananī tathā **8** A avyayaḥ **9** B kṛtavān **10** V -rājaṃ taṃ **11** V ye **12** A bhūmi- **13** V bhaved iti **14** ABV kilānaghe **15** B -labhāsi **16** V vṛṇīṣe mādṛśaṃ **17** A devī provāca **18** A īdṛśī **19** C nānyad bhūtaṃ **20** V pauṣyaṃ

kāmarūpī kāmapuṣpaḥ kāmado dayito mama |
sarvābharaṇapuṣpāḍhyaḥ sarva-*puṣpaphalopagaḥ*[21] ||24|
sarvānnabhakṣakaś caiva amṛta-*svāda*[22] eva ca |
sarvagandhaś ca devānāṃ bhaviṣyasi dṛḍhapriyaḥ ||25|
[23]nirbhayaḥ sarvalokeṣu *bhaviṣyasi sunirvṛtaḥ*[24] |
āśramaṃ *vedam*[25] atyarthaṃ citrakūṭeti viśrutam ||26|
yo hi yāsyati *puṇyārthī*[26] so 'śvamedham avāpsyati |
yas tu tatra mṛtaś cāpi brahmalokaṃ *sa gacchati*[27] ||27|
yaś cātra niyamair yuktaḥ prāṇān samyak parityajet |
sa *devyās*[28] tapasā yukto mahāgaṇapatir bhavet ||28|
brahmovāca:
evam uktvā *tadā deva āpṛcchya*[29] himavatsutām |
antardadhe jagatsraṣṭā sarvabhūta-*pa īśvaraḥ*[30] ||29|
sāpi devī gate tasmin bhagavaty *amitātmani*[31] |
tata evonmukhī bhūtvā śilāyāṃ saṃbabhūva[32] ha ||30|
unmukhī sā bhave tasmin maheśe jagatāṃ prabhau |
niśeva candrarahitā *na*[33] babhau vimanās tadā ||31|
atha śuśrāva śabdaṃ ca bālasyārtasya śailajā |
sarasy udakasaṃpūrṇe samīpe cāśramasya ca ||32|
sa kṛtvā bālarūpaṃ tu devadevaḥ *svayaṃ śivaḥ*[34] |
krīḍāhetoḥ saromadhye grāhagrasto 'bhavat tadā ||33|
yogamāyāṃ samāsthāya prapañcodbhavakāraṇam |
tad rūpaṃ saraso madhye kṛtvaivaṃ samabhāṣata ||34|
bāla uvāca:
trātu māṃ kaścid ity āha grāheṇa hṛtacetasam |
dhik kaṣṭaṃ bāla evāham aprāptārthamanorathaḥ ||35|
prayāmi nidhanaṃ vaktre grāhasyāsya durātmanaḥ |
śocāmi na svakaṃ dehaṃ grāhagrastaḥ suduḥkhitaḥ ||36|
yathā[35] śocāmi pitaraṃ mātaraṃ ca *tapasvinīm*[36] |
grāhagṛhītaṃ māṃ śrutvā prāptaṃ nidhanam utsukau ||37|
priya-*putrāv ekaputrau prāṇān nūnaṃ tyajiṣyataḥ*[37] |
aho bata sukaṣṭaṃ vai yo 'haṃ bālo 'kṛtāśramaḥ |
antargrāheṇa grastas tu yāsyāmi nidhanaṃ kila ||38|
brahmovāca:
śrutvā tu devī taṃ nādaṃ *viprasyārtasya*[38] śobhanā |
utthāya prasthitā tatra yatra tiṣṭhaty asau *dvijaḥ*[39] ||39|

21 A -ratnaphalopagaḥ B -puṇyaphalopamaḥ **22** A -srava C -svara **23** B om. the following 5 lines; siglum B is not possible, for there are variants. **24** B sarvatra bhaviṣyasi C cariṣyasi sunirvṛtaḥ V cariṣyasi munir vṛtaḥ **25** ASS corr. like V; V cemam **26** B yātrārthaṃ **27** V gamiṣyati **28** C devas **29** B vṛkṣagajam aśokaṃ **30** A -gaṇeśvaraḥ BV -maheśvaraḥ **31** B amalātmani **32** B tadaiva duḥkhī bhūtvā sā sabhāyāṃ saṃviveśa **33** B sā **34** V śivas tadā **35** V kiṃtu **36** A manasvinīm **37** A -putrā tu sā nūnam adya prāṇāṃs tyajiṣyati **38** B bālasyārtasya **39** B śiśuḥ

sāpaśyad induvadanā bālakaṃ cārurūpiṇam |
grāhasya mukham āpannaṃ vepamānam avasthitam ||40|
so 'pi grāhavaraḥ śrīmān dṛṣṭvā devīm upāgatām |
taṃ gṛhītvā drutaṃ yāto madhyaṃ sarasa eva hi ||41|
sa kṛṣyamāṇas tejasvī nādam ārtaṃ tadākarot |
athāha devī *duḥkhārtā*[40] bālaṃ dṛṣṭvā *grahāvṛtam*[41] ||42|
pārvaty uvāca:
grāharāja mahāsattva bālakaṃ hy ekaputrakam |
vimuñcemaṃ[42] mahādaṃṣṭra kṣipraṃ bhīmaparākrama ||43|
grāha uvāca:
yo devi divase *ṣaṣṭhe*[43] prathamaṃ samupaiti mām |
sa āhāro mama purā vihito lokakartṛbhiḥ ||44|
so 'yaṃ mama mahābhāge ṣaṣṭhe 'hani girīndraje |
brahmaṇā prerito nūnaṃ nainaṃ mokṣye kathaṃcana ||45|
devy uvāca:
yan mayā himavacchṛṅge *caritaṃ*[44] tapa uttamam |
tena bālam imaṃ muñca grāharāja namo 'stu te ||46|
grāha uvāca:
mā vyayas tapaso devi *bhṛśaṃ bāle śubhānane*[45] |
yad bravīmi kuru śreṣṭhe tathā mokṣam avāpsyati ||47|
devy uvāca:
grāhādhipa vadasvāśu yat satām avigarhitam |
tat kṛtaṃ nātra saṃdeho yato me brāhmaṇāḥ priyāḥ ||48|
grāha uvāca:
yat kṛtaṃ vai tapaḥ kiṃcid bhavatyā svalpam uttamam |
tat sarvaṃ me prayacchāśu tato mokṣam avāpsyati ||49|
devy uvāca:
janmaprabhṛti yat puṇyaṃ mahāgrāha kṛtaṃ mayā |
tat te sarvaṃ mayā dattaṃ *bālaṃ muñca*[46] mahāgraha ||50|
brahmovāca:
prajajvāla tato grāhas tapasā tena *bhūṣitaḥ*[47] |
āditya iva madhyāhne dur-*nirīkṣas*[48] tadābhavat |
uvāca caivaṃ *tuṣṭātmā*[49] devīṃ lokasya dhāriṇīm ||51|
grāha uvāca:
devi kiṃ kṛtyam *etat te*[50] *suniścitya*[51] mahāvrate |
tapaso 'py arjanaṃ duḥkhaṃ tasya tyāgo na śasyate ||52|
gṛhāṇa tapa eva tvaṃ bālaṃ cemaṃ su-*madhyame*[52] |
[53]tuṣṭo 'smi te viprabhaktyā varaṃ tasmād dadāmi te |
sā tv evam uktā grāheṇa *uvācedaṃ*[54] mahāvratā ||53|
[55]devy uvāca:
dehenāpi mayā grāha rakṣyo vipraḥ prayatnataḥ |
tapaḥ punar mayā prāpyaṃ na prāpyo brāhmaṇaḥ punaḥ ||54|

40 B duḥkhārtaṃ **41** V mahāvratā **42** V visṛjemaṃ **43** A prāpte **44** A cīrṇaṃ vai **45** B vyarthe bhavatu śobhane **46** V muñca bālaṃ **47** V saṃvṛtaḥ **48** V -nirīkṣyas **49** AB duṣṭātmā **50** V etāvad **51** AV aniścitya **52** C -madhyamam **53** C om. the following 2 lines. **54** A pratyuvāca **55** AC om. 35.54.

suniścitya mahāgrāha kṛtaṃ bālasya mokṣaṇam |
na viprebhyas tapaḥ śreṣṭhaṃ śreṣṭhā me brāhmaṇā matāḥ ||55|
dattvā cāhaṃ na gṛhṇāmi grāhendra vihitaṃ hi te |
nahi kaścin naro grāha pradattaṃ punar āharet ||56|
dattam etan mayā tubhyaṃ *nādadāni hi*[56] tat punaḥ |
tvayy eva ramatām etad bālaś cāyaṃ vimucyatām ||57|
brahmovāca:
tathoktas tāṃ praśasyātha muktvā bālaṃ namasya ca |
devīm *ādityāvabhāsas*[57] tatraivāntaradhīyata ||58|
bālo 'pi sarasas tīre mukto grāheṇa vai tadā |
svapnalabdha ivārthaughas tatraivāntaradhīyata ||59|
tapaso 'pacayaṃ matvā devī himagirīndrajā |
bhūya eva tapaḥ kartum ārebhe niyamasthitā ||60|
kartukāmāṃ tapo bhūyo jñātvā tāṃ śaṃkaraḥ svayam |
provāca vacanaṃ *viprā*[58] mā kṛthās tapa ity uta ||61|
mahyam etat tapo devi tvayā dattaṃ mahāvrate |
tat tenaivākṣayaṃ tubhyaṃ bhaviṣyati sahasradhā ||62|
iti labdhvā varaṃ devī tapaso 'kṣayam uttamam |
svayaṃvaram udīkṣantī tasthau prītā mudā yutā ||63|
idaṃ paṭhed yo hi naraḥ sadaiva |
bālānubhāvācaraṇaṃ hi śaṃbhoḥ[59] |
sa *dehabhedaṃ*[60] samavāpya *pūto*[61] |
bhaved gaṇeśas tu kumāratulyaḥ ||64|

iti śrīmahāpurāṇe brāhme svayaṃbhvṛṣisaṃvāde pārvatyāḥ sattvadarśanaṃ nāma pañcatriṃśo 'dhyāyaḥ

brahmovāca:
vistṛte himavatpṛṣṭhe vimānaśatasaṃkule |
abhavat sa tu kālena śailaputryāḥ svayaṃvaraḥ ||36.1|
atha parvatarājo 'sau *himavān dhyāna-*[1]kovidaḥ |
duhitur devadevena jñātvā tad abhimantritam ||2|
jānann api mahāśailaḥ samayārakṣaṇepsayā |
svayaṃvaraṃ tato devyāḥ sarvalokeṣv aghoṣayat ||3|
devadānavasiddhānāṃ sarvalokanivāsinām |
vṛṇuyāt *parameśānaṃ*[2] samakṣaṃ yadi me sutā ||4|
tad eva sukṛtaṃ ślāghyaṃ mamābhyudayasaṃmatam |
iti saṃcintya śailendraḥ kṛtvā hṛdi maheśvaram ||5|
ā-*brahmakeṣu*[3] deveṣu devyāḥ śailendrasattamaḥ |
kṛtvā ratnākulaṃ deśaṃ svayaṃvaram acīkarat ||6|

56 V nādadāmīha **57** V ādiśya sa grāhas **58** A bhūyo **59** V girīndrakanyācaraṇaṃ ca samyak **60** A devapūjyaḥ **61** A bhaktiṃ **1** A himavāñ jñāni- **2** V taṃ mahādevaṃ **3** A -rudrakeṣu

athaivam āghoṣitamātra eva |
svayaṃvare tatra nagendraputryāḥ |
devādayaḥ sarvajagannivāsāḥ |
samāyayus tatra gṛhītaveśāḥ[4] ||7|
praphullapadmāsanasaṃniviṣṭaḥ |
siddhair vṛto yogibhir aprameyaiḥ |
vijñāpitas tena mahīdhrarājñā- |
āgatas tadāhaṃ tri-*divair*[5] upetaḥ ||8|
akṣṇāṃ sahasraṃ surarāṭ sa bibhrad |
divyāṅgahārasragudārarūpaḥ |
airāvataṃ sarvagajendramukhyaṃ |
sravanmadāsārakṛtapravāham ||9|
āruhya sarvāmararāṭ sa vajraṃ |
bibhrat samāgāt purataḥ surāṇām |
tejaḥprabhāvādhikatulyarūpī |
prodbhāsayan sarvadiśo vivasvān ||10|
haimaṃ vimānaṃ *savalatpatākam*[6] |
ārūḍha āgāt tvaritaṃ javena |
maṇipradīptojjvalakuṇḍalaś ca |
vahnyarkatejaḥpratime vimāne ||11|
samabhyagāt kaśyapasūnur eka |
āditya-*madhyād bhaganāmadhārī*[7] |
pīnāṅga-[8]yaṣṭiḥ sukṛtāṅgahāra- |
tejobalājñāsadṛśaprabhāvaḥ ||12|
daṇḍaṃ samāgṛhya kṛtānta āgād |
āruhya bhīmaṃ mahiṣaṃ javena |
mahā-*mahīdhrocchraya-*[9]pīnagātraḥ |
svarṇādiratnāñcitacāruveśaḥ ||13|
samīraṇaḥ sarvajagadvibhartā |
vimānam āruhya samabhyagād dhi |
saṃtāpayan sarvasurāsureśāṃs |
tejodhikas tejasi saṃniviṣṭaḥ ||14|
vahniḥ samabhyetya surendramadhye |
jvalan pratasthau varaveśadhārī |
nānāmaṇiprajvalitāṅgayaṣṭir |
jagadvaraṃ divyavimānam agryam ||15|
āruhya sarvadraviṇādhipeśaḥ |
sa rājarājas tvarito 'bhyagāc ca |
āpyāyayan sarvasurāsureśān |
kāntyā ca veśena ca cārurūpaḥ ||16|
jvalan mahāratnavicitrarūpaṃ |
vimānam āruhya śaśī samāyāt |

4 V samāyayur divyagṛhītaveṣāḥ **5** V -daśair **6** V sa calatpatākam **7** V -madhyāhnagato marīciḥ **8** V pītāṅga- **9** A -mahīdhrocchrita-

śyāmāṅgayaṣṭiḥ suvicitraveśaḥ |
sarvāṅga ābaddhasugandhimālyaḥ ||17|
tārkṣyaṃ samāruhya mahīdhrakalpaṃ |
gadādharo 'sau tvaritaḥ sametaḥ |
athāśvinau cāpi bhiṣagvarau dvāv |
ekaṃ vimānaṃ tvarayādhiruhya ||18|
mano-*harau prajvalacāruveśau*[10] |
ājagmatur devavarau *suvīrau*[11] |
sahasranāgaḥ sphuradagnivarṇaṃ |
bibhrat tadānīṃ jvalanārkatejāḥ ||19|
sārdhaṃ sa nāgair aparair mahātmā |
vimānam āruhya samabhyagāc ca |
diteḥ sutānāṃ ca mahāsurāṇāṃ |
vahnyarkaśakrānilatulyabhāsāṃ ||20|
varānurūpaṃ pravidhāya veśaṃ |
vṛndaṃ samāgāt purataḥ surāṇām |
gandharvarājaḥ sa ca cārurūpī |
divyāṅgado divyavimānacārī ||21|
gandharvasaṃghaiḥ sahito 'psarobhiḥ |
śakrājñayā tatra samājagāma |
anye ca devās tridivāt tadānīṃ |
pṛthak pṛthak cārugṛhīta-*veśaḥ*[12] ||22|
ājagmur āruhya vimānapṛṣṭhaṃ |
gandharvayakṣoragakiṃnarāś ca |
śacīpatis[13] tatra surendramadhye |
rarāja rājādhikalakṣyamūrtiḥ[14] ||23|
ājñābalaiśvaryakṛta-*pramodaḥ*[15] |
svayaṃvaraṃ taṃ samalaṃcakāra[16] |
hetus trilokasya jagatprasūter |
mātā ca teṣāṃ sasurāsurāṇām ||24|
patnī ca śaṃbhoḥ puruṣasya dhīmato |
gītā purāṇe prakṛtiḥ parā yā |
dakṣasya kopād dhimavadgṛhaṃ sā |
kāryārthamāyāt tridivaukasāṃ hi ||25|
vimāna-*pṛṣṭhe*[17] maṇihema-*juṣṭe*[18] |
sthitā *valac-*[19]cāmaravījitāṅgī |
sarvartu-[20]puṣpāṃ *susu-*[21]gandhamālāṃ |
pragṛhya devī prasabhaṃ pratasthe ||26|
[22]brahmovāca:
mālāṃ pragṛhya devyāṃ tu sthitāyāṃ devasaṃsadi |
śakrādyair āgatair devaiḥ svayaṃvara upāgate ||27|

10 V -harāv ujjvalacāruveśāv **11** A tadānīm V sudhīrau **12** V -veṣāḥ **13** V rājñāṃ patis **14** V rājādhirājo 'dhikatulyamūrtiḥ **15** C -pramoho **16** C vṛthādhikaṃ yatnam umāṃ cakāra **17** A -varye **18** A -pṛṣṭhe **19** V calac- **20** A sugandha- B anarghya- **21** B vara- **22** A om.

devyā jijñāsayā śaṃbhur bhūtvā pañcaśikhaḥ śiśuḥ |
utsaṅgatalasaṃsupto babhūva *sahasā vibhuḥ*[23] ||28|
tato dadarśa[24] taṃ devī śiśuṃ pañcaśikhaṃ sthitam |
jñātvā taṃ samavadhyānāj *jagṛhe*[25] prītisaṃyutā ||29|
atha sā[26] śuddhasaṃkalpā kāṅkṣitaṃ prāpya sat-*patim*[27] |
nivṛttā ca[28] tadā tasthau kṛtvā sā hṛdi taṃ vibhum ||30|
tato dṛṣṭvā śiśuṃ devā devyā utsaṅgavartinam |
ko 'yam atreti saṃmantrya cukruśur *bhṛśamohitāḥ*[29] ||31|
vajram āhārayat tasya bāhum utkṣipya vṛtrahā |
sa *bāhur utthitas tasya*[30] tathaiva samatiṣṭhata ||32|
stambhitaḥ śiśu-*rūpeṇa*[31] devadevena śaṃbhunā |
vajraṃ kṣeptuṃ na śaśāka[32] vṛtrahā calituṃ na ca ||33|
bhago nāma tato deva ādityaḥ kāśyapo balī |
utkṣipya[33] *āyudhaṃ*[34] dīptaṃ chettum icchan vimohitaḥ ||34|
tasyāpi bhagavān bāhuṃ *tathaivāstambhayat tadā*[35] |
balaṃ tejaś ca *yogaś*[36] ca tathaivāstambhayad vibhuḥ ||35|
śiraḥ prakampayan viṣṇuḥ śaṃkaraṃ samavaikṣata |
atha teṣu sthiteṣv evaṃ manyumatsu sureṣu ca ||36|
ahaṃ paramasaṃvigno dhyānam āsthāya *sādaram*[37] |
buddhavān devadeveśam umotsaṅge samāsthitam ||37|
jñātvāhaṃ parameśānaṃ śīghram utthāya sādaram |
vavande caraṇaṃ śaṃbhoḥ stutavāṃs tam ahaṃ dvijāḥ ||38|
purāṇaiḥ *sāmasaṃgītaiḥ*[38] puṇyākhyair guhyanāmabhiḥ |
ajas tvam ajaro devaḥ sraṣṭā *vibhuḥ*[39] *parāparam*[40] ||39|
pradhānaṃ puruṣo yas tvaṃ brahma dhyeyaṃ *tad akṣaram*[41] |
amṛtaṃ paramātmā ca īśvaraḥ kāraṇaṃ mahat ||40|
brahmasṛk prakṛteḥ sraṣṭā sarvakṛt prakṛteḥ paraḥ |
iyaṃ ca prakṛtir devī sadā te sṛṣṭi-*kāraṇam*[42] ||41|
patnīrūpaṃ samāsthāya jagatkāraṇam āgatā |
namas tubhyaṃ mahādeva devyā vai sahitāya ca ||42|
prasādāt tava deveśa niyogāc ca mayā prajāḥ |
devādyās tu imāḥ sṛṣṭā mūḍhās tvadyogamāyayā ||43|
kuru prasādam eteṣāṃ yathāpūrvaṃ bhavantv ime |
tata evam ahaṃ viprā vijñāpya parameśvaram ||44|
stambhitān sarvadevāṃs tān idaṃ cāhaṃ tadoktavān |
mūḍhāś ca devatāḥ sarvā nainaṃ budhyata śaṃkaram ||45|
gacchadhvaṃ śaraṇaṃ *śīghram enam eva maheśvaram*[43] |
sārdhaṃ *mayaiva*[44] deveśaṃ paramātmānam avyayam ||46|

23 V ca mahādyutiḥ **24** AB akasmād eva **25** C prahṛṣe **26** A tapasaḥ **27** A -phalam
28 V nivṛttyaiva **29** C bhṛśam ārditaḥ **30** A bāhus tasya cotkṣiptas **31** B -veśena
32 C rudraṃ kṣeptuṃ na śaśāka V śaśāka vajraṃ kṣeptuṃ na **33** ASS corr. *cikṣepa*
34 V svāyudhaṃ **35** V tathaivāstambhayad vibhuḥ **36** V yogaṃ **37** V śaṃkaram
38 AB sāmagair mantraiḥ **39** V devaḥ **40** A parāvaraḥ **41** A carācaram **42** V -kāriṇī
43 A śīghram deveśaṃ śūlapāṇinam V sarve śīghraṃ caiva maheśvaram **44** V bhavānyā

tatas *te stambhitāḥ*[45] sarve tathaiva tridivaukasaḥ |
praṇemur manasā śarvaṃ bhāvaśuddhena cetasā ||47|
atha teṣāṃ prasanno 'bhūd devadevo maheśvaraḥ |
yathāpūrvaṃ cakārāśu devatānāṃ tanūs tadā ||48|
tata evaṃ pravṛtte tu sarvadevanivāraṇe |
vapuś cakāra deveśas tryakṣaṃ paramam adbhutam ||49|
tejasā tasya te dhvastāś cakṣuḥ sarve nyamīlayan |
tebhyaḥ sa paramaṃ cakṣuḥ svavapurdṛṣṭiśaktimat ||50|
prādāt paramadeveśam apaśyaṃs te tadā vibhum |
te dṛṣṭvā parameśānaṃ tṛtīyekṣaṇadhāriṇam ||51|
śakrādyā menire devāḥ sarva eva sureśvarāḥ |
tasya devī tadā hṛṣṭā samakṣaṃ tridivaukasām ||52|
pādayoḥ sthāpayām āsa sraṅmālām amita-*dyutiḥ*[46] |
sādhu sādhv iti *te hocuḥ*[47] sarve devāḥ punar vibhum ||53|
saha devyā namaś cakruḥ śirobhir bhūtalāśritaiḥ |
athāsminn[48] antare viprās tam ahaṃ daivataiḥ saha ||54|
himavantaṃ mahāśailam uktavāṃś ca mahādyutim |
ślāghyaḥ pūjyaś ca vandyaś ca sarveṣāṃ tvaṃ mahān asi ||55|
śarveṇa saha saṃbandho yasya te 'bhyudayo mahān |
kriyatāṃ cārur udvāhaḥ kimarthaṃ *sthīyate*[49] param |
tataḥ praṇamya himavāṃs tadā māṃ pratyabhāṣata ||56|
himavān uvāca:
tvam eva kāraṇaṃ deva yasya sarvodaye mama |
prasādaḥ sahasotpanno hetuś cāpi tvam eva hi |
udvāhas tu yadā yādṛk *tad*[50] vidhatsva pitāmaha ||57|
brahmovāca:
tata evaṃ vacaḥ śrutvā girirājasya bho dvijāḥ |
udvāhaḥ kriyatāṃ deva ity ahaṃ coktavān vibhum ||58|
māṃ āha śaṃkaro devo yatheṣṭam iti lokapaḥ |
tatkṣaṇāc ca tato viprā asmābhir nirmitaṃ puram ||59|
udvāhārthaṃ maheśasya nānāratnopaśobhitam |
ratnāni maṇayaś citrā hemamauktikam eva ca ||60|
mūrtimanta upāgamya alaṃcakruḥ purottamam |
citrā mārakatī[51] bhūmiḥ suvarṇastambha-*śobhitā*[52] ||61|
bhāsvatsphaṭikabhittiś ca muktāhārapralambitā |
tasmin dvāri pure ramya udvāhārthaṃ *vinirmitā*[53] ||62|
śuśubhe devadevasya maheśasya mahātmanaḥ |
somādityau samaṃ tatra tāpayantau mahāmaṇī ||63|
saurabheyaṃ manoramyaṃ gandham ādāya mārutaḥ |
pravavau sukhasaṃsparśo bhavabhaktiṃ pradarśayan ||64|

45 V saṃstambhitāḥ **46** V -dyuteḥ **47** V saṃprocya **48** A etasminn **49** A mlāyate **50** ASS corr. like V; V taṃ **51** B virarāja tadā **52** V -bhūṣitā **53** V vinirmitam

samudrās tatra catvāraḥ śakrādyāś ca surottamāḥ |
devanadyo mahānadyaḥ siddhā munaya eva ca ||65|
gandharvāpsarasaḥ[54] sarve nāgā yakṣāḥ sarākṣasāḥ |
audakāḥ[55] khecarāś cānye kiṃnarā devacāraṇāḥ ||66|
tumburur[56] nārado hāhā hūhūś caiva tu sāmagāḥ |
ramyāṇy[57] ādāya *vādyāni*[58] *tatrājagmus tadā*[59] puram ||67|
ṛṣayas tu kathās[60] tatra vedagītās tapodhanāḥ |
puṇyān vaivāhikān mantrāñ jepuḥ saṃhṛṣṭamānasāḥ ||68|
jagato mātaraḥ sarvā deva-*kanyāś ca kṛtsnaśaḥ*[61] |
gāyanti harṣitāḥ sarvā udvāhe parameṣṭhinaḥ ||69|
ṛtavaḥ ṣaṭ samaṃ tatra nānāgandhasukhāvahāḥ |
udvāhaḥ[62] *śaṃkarasyeti*[63] mūrtimanta upasthitāḥ ||70|
nīlajīmūta-*saṃkāśair mantradhvanipraharṣibhiḥ*[64] |
kekāyamānaiḥ śikhibhir nṛtyamānaiś ca sarvaśaḥ ||71|
vilolapiṅgalaspaṣṭavidyullekhā-*vihāsitā*[65] |
kumudāpīḍa-[66]śuklābhir balākābhiś ca śobhitā ||72|
pratyagrasaṃjātaśilīndhrakandalī- |
latādrumādyudgatapallavā śubhā |
śubhāmbudhārāpraṇayaprabodhitair |
mahālasair[67] bhekagaṇaiś ca nāditā ||73|
priyeṣu mānoddhatamānasānāṃ |
manasvinīnām api kāminīnām |
mayūrakekābhirutaiḥ kṣaṇena |
manoharair mānavibhaṅgahetubhiḥ ||74|
[68]tathā *vi-*[69]varṇojjvalacārumūrtinā |
śaśāṅkalekhākuṭilena[70] sarvataḥ |
payodasaṃghātasamīpavartinā |
mahendracāpena bhṛśaṃ virājitā ||75|
vicitra-*puṣpāmbubhavaiḥ*[71] sugandhibhir |
ghanāmbusaṃparkatayā suśītalaiḥ |
vikampayantī pavanair manoharaiḥ |
surāṅganānām alakāvalīḥ śubhāḥ ||76|
[72]garjatpayodasthagitendubimbā |
navāmbusiktodakacārudūrvā |
nirīkṣitā sādaram utsukābhir |
niśvāsadhūmraṃ pathikāṅganābhiḥ ||77|
haṃsanūpuraśabdāḍhyā samunnatapayodharā |
caladvidyullatāhārā [[73]tv] *spaṣṭapadma-*[74]vilocanā ||78|

54 A gandharvāḥ kiṃnarāḥ **55** A khādakāḥ B bhūdharāḥ **56** V tamburur **57** V ratnāny **58** V cānyāni **59** A tatrājagmur gireḥ **60** V ṛṣayaḥ kuśalās **61** A -kanyāḥ sahasraśaḥ **62** ABV udvāhe **63** A śaṃkarasyeha V śaṃkarasyaite **64** B -saṃkāśai raktākāraiḥ pradarśitaiḥ **65** A -vināmitā V -vilāsitā **66** A kusumāpīḍa- B kumudākāra- **67** V madālasair **68** B om. 36.75. **69** C tri- **70** V suvarṇakāntyā kuṭilena **71** A -puṣpābharaṇaiḥ B -puṣpasya rasaiḥ **72** B om. 36.77. **73** B ins. **74** B atiśyāma-

asitajalada-*dhīradhvānavitrastahaṃsā*[75] |
vimala-[76]saliladhārotpāta-*namrotpalāgrā*[77] |
surabhikusumareṇu-*kḷpta-*[78]sarvāṅgaśobhā |
giriduhitṛvivāhe prāvṛḍ āvirbabhūva ||79|
meghakañcukanirmuktā padma-*kośodbhavastanī*[79] |
haṃsanūpuranihrādā *sarvasasyadigantarā*[80] ||80|
vistīrṇapulinaśroṇī kūjatsārasamekhalā |
praphullendīvara-[81]śyāmavilocanamanoharā ||81|
pakvabimbādharapuṭā kundadantaprahāsinī |
[82]navaśyāmalatāśyāmaromarājipuraskṛtā ||82|
candrāṃśuhāra-*vargeṇa*[83] kaṇṭhorasthalagāminā |
prahlādayantī *cetāṃsi*[84] sarveṣāṃ tridivaukasām ||83|
samadālikulodgītamadhurasvarabhāṣiṇī |
calatkumudasaṃghātacārukuṇḍala-*śobhinī*[85] ||84|
raktāśokapraśākhotthapallavāṅgulidhāriṇī |
tatpuṣpasaṃcayamayair vāsobhiḥ samalaṃkṛtā ||85|
raktotpalāgracaraṇā[86] jātīpuṣpanakhāvalī |
kadalīstambha-*vāmorūḥ*[87] śaśāṅkavadanā tathā ||86|
sarvalakṣaṇasaṃpannā sarvālaṃkārabhūṣitā |
premṇā spṛśati kānteva sānurāgā manoramā ||87|
nirmuktāsitameghakañcuka-*paṭā*[88] pūrṇendubimbānanā |
nīlāmbhoja-[89]vilocanā ravikaraprodbhinnapadmastanī |
nānāpuṣparajaḥsugandhipavana-*prahrādanī*[90] cetasāṃ |
tatrāsīt kalahaṃsanūpuraravā devyā vivāhe śarat ||88|
atyarthaśītalāmbhobhiḥ plāvayantau *diśaḥ sadā*[91] |
ṛtū hemantaśiśirau ājagmatur atidyutī ||89|
tābhyām ṛtubhyāṃ *saṃprāpto*[92] himavān sa nagottamaḥ [93] |
prāleyacūrṇavarṣibhyāṃ kṣipraṃ *raupyaharo babhau*[94] ||90|
tena prāleyavarṣeṇa[95] ghanenaiva himālayaḥ |
agādhena tadā reje kṣīroda iva sāgaraḥ ||91|
ṛtupāryayasaṃprāpto babhūva sa mahāgiriḥ |
sādhūpacārāt sahasā *kṛtārtha*[96] iva durjanaḥ ||92|
prāleyapaṭalacchannaiḥ śṛṅgais tu śuśubhe nagaḥ |
chattrair iva mahā-*bhāgaiḥ*[97] *pāṇḍaraiḥ*[98] pṛthivīpatiḥ ||93|
mano-*bhavodreka-*[99]karāḥ surāṇāṃ |
surāṅganānāṃ[100] ca muhuḥ *samīrāḥ*[101] |
svacchāmbu-*pūrṇāś*[102] ca tathā nalinyaḥ |
padmotpalānāṃ kusumair upetāḥ ||94|

75 V -vṛndādhāracitrāmbuhaṃsā **76** V galita- **77** BV -namrotpalākṣī **78** A -klinna- **79** A -kośe vapuḥstanī **80** B sarvasasyadigambarā CV śaradramyadigantarā **81** V protphullendīvara- **82** B om. the following 2 lines. **83** V -varyeṇa **84** V nārīva **85** A -śālinī **86** A raktotpalaprāvaraṇā **87** V -cārūrūḥ **88** V -puṭā **89** C līlāmbhoja- **90** V -prahrādinī **91** V diśas tadā **92** A saṃvyāpto **93** A om. 36.90b–92a. **94** V preṣya ivābabhau **95** B himasaṃghapravarṣeṇa **96** C hṛtārtha **97** V -bhogaiḥ **98** V pāṇḍuraiḥ **99** C -bhavodvega- **100** B nagāṅganānāṃ **101** A samīraṇāḥ B sucitrāḥ **102** C -parṇāś

vivāhe gurukanyāyā vasantaḥ samagād ṛtuḥ ||95|
īṣatsamudbhinnapayodharāgrā |
nāryo yathā ramyatarā babhūvuḥ |
nātyuṣṇaśītāni *payaḥsarāṃsi*[103] |
kiñjalkacūrṇaiḥ kapilīkṛtāni |
cakrāhvayugmair *upanāditāni*[104] |
yayuḥ prahṛṣṭāḥ suradantimukhyāḥ ||96|
priyaṅgūś cūtataravaś cūtāṃś cāpi priyaṅgavaḥ |
tarjayanta ivānyonyaṃ mañjarībhiś cakāśire ||97|
himaśṛṅgeṣu śukleṣu[105] tilakāḥ *kusumotkarāḥ*[106] |
śuśubhuḥ[107] kāryam uddiśya vṛddhā iva samāgatāḥ ||98|
phullāśokalatās tatra rejire śālasaṃśritāḥ |
kāminya iva kāntānāṃ *kaṇṭhālambita-*[108]*bāhavaḥ*[109] ||99|
tasminn[110] ṛtau *śubhra-*[111]kadambanīpās |
tālāḥ stamālāḥ[112] saralāḥ kapitthāḥ ||100|
aśokasarjārjunakovidārāḥ |
puṃnāganāgeśvarakarṇikārāḥ |
lavaṅga-*tālāguru-*[113]saptaparṇā |
nyagrodhaśobhāñjananārikelāḥ ||101|
vṛkṣās tathānye phalapuṣpavanto |
dṛśyā babhūvuḥ sumanoharāṅgāḥ[114] |
jalāśayāś caiva suvarṇatoyāś |
cakrāṅga-[115]kāraṇḍavahaṃsajuṣṭāḥ ||102|
koyaṣṭidātyūhabalākayuktā |
dṛśyās tu[116] *padmotpala-*[117]mīnapūrṇāḥ |
khagāś ca nānāvidhabhūṣitāṅgā |
dṛśyās tu[118] vṛkṣeṣu sucitrapakṣāḥ ||103|
krīḍāsu yuktān[119] atha tarjayantaḥ |
kurvanti śabdaṃ madaneritāṅgāḥ |
tasmin girāv adrisutāvivāhe |
vavuś ca vātāḥ sukhaśītalāṅgāḥ ||104|
puṣpāṇi *śubhrāṇy api*[120] pātayantaḥ |
śanair nagebhyo malayādrijātāḥ |
tathaiva sarve ṛtavaś ca puṇyāś |
cakāśire 'nyonyavimiśritāṅgāḥ ||105|
yeṣāṃ suliṅgāni ca kīrtitāni |
te tatra āsan sumanojñarūpāḥ ||106|
[121]samadālikulodgīta-*śilā-*[122]kusumasaṃcayaiḥ |
parasparaṃ hi mālatyo *bhāvayantyo*[123] virejire ||107|

103 A [B, as printed, is not possible] divaḥ payāṃsi B saraḥpayāṃsi **104** A upalāñchitāni **105** A himālayasya śṛṅgeṣu **106** B kusumākarāḥ V kusumotkaraiḥ **107** V śiśubhiḥ **108** A karālambita- **109** C mūrtayaḥ **110** V tasmin **111** V cūta- **112** V tālās tamālāḥ **113** V -kālāguru- **114** ACV dṛśyanti sarvatra manoharāṅgāḥ **115** V cakrāhva- **116** ACV dṛśyanti **117** V nīlotpala- **118** ACV dṛśyanti **119** B krīḍāprayuktās tv C krīḍāsu yuktās tv **120** B pattrāṇy atha **121** C om. 36.107. **122** V -latā- **123** V bhīṣayantyo

nīlāni nīlāmburuhaiḥ payāṃsi |
gaurāṇi gauraiś ca mṛṇāladaṇḍaiḥ |
raktaiś ca raktāni bhṛśaṃ kṛtāni |
mattadvirephāvalijuṣṭapattraiḥ ||108|
haimāni vistīrṇajaleṣu keṣucin |
nirantaraṃ cārutarāṇi keṣucit |
vaidūryanālāni saraḥsu keṣucit |
prajajñire padmavanāni sarvataḥ ||109|
vāpyas tatrābhavan ramyāḥ kamalotpalapuṣpitāḥ |
nānāvihaṃ-*gasaṃjuṣṭā*[124] haimasopānapaṅktayaḥ ||110|
śṛṅgāṇi tasya tu gireḥ karṇikāraiḥ supuṣpitaiḥ |
samucchritāny aviralair hemānīva babhur dvijāḥ ||111|
īṣad-*vibhinna*-[125]kusumaiḥ pāṭalaiś cāpi pāṭalāḥ |
saṃbabhūvur diśaḥ sarvāḥ pavanākampimūrtibhiḥ ||112|
[126]kṛṣṇārjunā daśaguṇā nīlāśokamahīruhāḥ |
girau vavṛdhire phullāḥ spardhayantaḥ parasparam ||113|
cārurāva-*vijuṣṭāni*[127] kiṃśukānāṃ vanāni ca |
parvatasya nitambeṣu sarveṣu ca virejire ||114|
[[128]tamālavṛkṣanivahair aśobhata himādribhūḥ |]
tamālagulmais tasyāsīc chobhā *himavatas tadā*[129] |
nīlajīmūtasaṃghātair nilīnair iva *saṃdhiṣu*[130] ||115|
nikāmapuṣpaiḥ suviśālaśākhaiḥ |
samucchritaiś candanacampakaiś ca |
pramattapuṃskokilasaṃpralāpair |
himācalo 'tīva tadā rarāja ||116|
śrutvā *śabdaṃ mṛdu*-[131]madakalaṃ sarvataḥ kokilānāṃ |
cañcat-[132]pakṣāḥ *sa*-[133]madhurataraṃ nīlakaṇṭhā vineduḥ |
teṣāṃ śabdair upacitabalaḥ puṣpacāpeṣuhastaḥ |
sajjībhūtas tridaśa-*vanitā*[134] veddhum aṅgeṣv anaṅgaḥ ||117|
paṭuḥ sūryātapaś cāpi prāyaśo 'lpa-[135]jalāśayaḥ |
devīvivāhasamaye grīṣma āgād dhimācalam ||118|
sa cāpi tarubhis tatra bahubhiḥ kusumotkaraiḥ |
śobhayām āsa śṛṅgāṇi prāleyādreḥ samantataḥ ||119|
tathāpi[136] ca *girau*[137] tatra vāyavaḥ sumanoharāḥ |
vavuḥ pāṭalavistīrṇakadambārjunagandhinaḥ ||120|
vāpyaḥ praphullapadmaughakesarāruṇamūrtayaḥ |
abhavaṃs tata-*saṃghuṣṭa*-[138]*phala*-[139]haṃsakadambakāḥ ||121|
tathā kurabakāś cāpi *kusumāpāṇḍu*-[140]mūrtayaḥ |
sarveṣu nagaśṛṅgeṣu bhramarāvalisevitāḥ ||122|

124 A -gam ayutā CV -gasaṃghuṣṭā **125** AV -udbhinna- **126** C om. 36.113–114.
127 V -vighuṣṭāni **128** B ins. **129** A himavataḥ śubhā **130** B sānuṣu **131** A śabdam ṛtu-
132 V valgat- **133** V su- **134** C -vanitāṃ **135** ASS corr. *'lpo.* **136** V tasyāpi **137** V ṛtos
138 ASS corr. *saṃjuṣṭa*-; A -saṃghṛṣṭa- **139** V kala- **140** V kusumāvṛta-

bakulāś ca nitambeṣu viśāleṣu mahībhṛtaḥ |
utsasarja[141] manojñāni kusumāni samantataḥ ||123|
iti kusumavicitrasarvavṛkṣā |
vividhavihaṃgamanādaramyadeśāḥ |
himagiritanayāvivāha-*bhūtyai*[142] |
ṣaḍ upayayur ṛtavo[143] munipravīrāḥ ||124|
tata evaṃ pravṛtte tu sarvabhūtasamāgame |
nānāvādya-*samākīrṇe*[144] [[145]hy] *ahaṃ*[146] tatra *dvijātayaḥ*[147] ||125|
śailaputrīm alaṃkṛtya yogyābharaṇasaṃpadā |
puraṃ praveśitavāṃs tāṃ[148] svayam ādāya bho dvijāḥ ||126|
tatas tu punar eveśam ahaṃ caivoktavān vibhum |
havir[149] juhomi *vahnau te*[150] upādhyāyapade sthitaḥ ||127|
dadāsi mahyaṃ yady ājñāṃ kartavyo 'yaṃ kriyāvidhiḥ[151] |
mām āha śaṃkaraś caivaṃ devadevo jagatpatiḥ ||128|
śiva uvāca:
yad *uddiṣṭaṃ*[152] sureśāna tat kuruṣva yathepsitam |
kartāsmi vacanaṃ sarvaṃ brahmaṃs tava jagadvibho ||129|
[153]brahmovāca:
tataś cāhaṃ prahṛṣṭātmā kuśān ādāya satvaram |
hastaṃ devasya devyāś ca yogabandhena yuktavān ||130|
jvalanaś ca svayaṃ tatra kṛtāñjalipuṭaḥ sthitaḥ |
śruti-*gītair*[154] mahāmantrair mūrtimadbhir upasthitaiḥ ||131|
yathoktavidhinā hutvā sarpis tad amṛtaṃ haviḥ |
tatas taṃ jvalanaṃ *sarvaṃ*[155] kārayitvā pradakṣiṇam ||132|
muktvā hastasamāyogaṃ sahitaḥ sarvadaivataiḥ |
putraiś ca mānasaiḥ siddhaiḥ prahṛṣṭenāntarātmanā ||133|
vṛtta udvāhakāle tu praṇamya ca vṛṣadhvajam |
yogenaiva tayor viprās tad umāparameśayoḥ[156] ||134|
udvāhaḥ sa paro vṛtto yaṃ devā na viduḥ kvacit |
iti vaḥ sarvam ākhyātaṃ svayaṃvaram idaṃ *śubham*[157] |
udvāhaś[158] caiva devasya *śṛṇudhvaṃ*[159] paramādbhutam ||135|

iti śrīmahāpurāṇe ādibrāhme svayaṃbhurṣisaṃvāda umāmaheśvarayor vivāhanirūpaṇaṃ nāma ṣaṭtriṃśo 'dhyāyaḥ

141 V sasṛjuś ca **142** A -bhṛtyai **143** V samupayayur ṛtubhir **144** CV -śatākīrṇe **145** V ins. **146** B -devās **147** B dvijāḥ svayaṃ **148** B sabhyāṃ ca veśayām āsuḥ **149** A vahniṃ **150** A vidhivad **151** A iti satyaṃ yad yad anyat kartāhaṃ syāṃ kriyāvidhau **152** B yad iṣṭaṃ **153** V om. **154** B -gatair **155** V devaṃ **156** A yogenānena viprās tu tuṣṭuvuḥ parameśvarau **157** B kṛtam **158** V udvāhaṃ **159** A śṛṇvataḥ

brahmovāca:
atha vṛtte vivāhe tu *bhavasyāmita-*[1]tejasaḥ |
praharṣam atulaṃ gatvā devāḥ śakrapurogamāḥ |
tuṣṭuvur vāgbhir *ādyābhiḥ*[2] *praṇemus te maheśvaram*[3] || 37.1 |
devā ūcuḥ:
namaḥ parvata-*liṅgāya*[4] *parvateśāya vai namaḥ*[5] |
namaḥ *pavanavegāya*[6] virūpāyājitāya ca |
namaḥ kleśavināśāya dātre ca *śubha-*[7]saṃpadām || 2 |
namo nīlaśikhaṇḍāya ambikāpataye namaḥ |
namaḥ *pavana-*[8]*rūpāya*[9] *śata-*[10]rūpāya vai namaḥ || 3 |
[11]namo bhairavarūpāya virūpanayanāya ca |
namaḥ sahasranetrāya[12] sahasracaraṇāya ca || 4 |
namo deva-*vayasyāya*[13] vedāṅgāya namo namaḥ |
viṣṭambhanāya śakrasya bāhvor vedāṅkurāya ca || 5 |
carācarādhipataye śamanāya namo namaḥ |
[14]salilāśayaliṅgāya yugāntāya namo namaḥ || 6 |
namaḥ kapālamālāya kapālasūtradhāriṇe |
namaḥ kapālahastāya *daṇḍine*[15] gadine namaḥ || 7 |
namas trailokyanāthāya paśulokaratāya ca |
namaḥ khaṭvāṅgahastāya *pramathārti-*[16]harāya ca || 8 |
namo yajñaśirohantre kṛṣṇa-*keśāpahāriṇe*[17] |
bhaganetranipātāya pūṣṇo dantaharāya ca || 9 |
namaḥ pinākaśūlāsikhaḍgamudgaradhāriṇe |
namo 'stu kālakālāya tṛtīyanayanāya ca || 10 |
antakāntakṛte caiva namaḥ *parvatavāsine*[18] |
suvarṇaretase caiva namaḥ kuṇḍaladhāriṇe || 11 |
daityānāṃ[19] yoganāśāya *yogināṃ*[20] gurave namaḥ |
śaśāṅkādityanetrāya lalāṭanayanāya ca || 12 |
namaḥ śmaśānarataye śmaśānavaradāya ca |
namo *daivatanāthāya*[21] *tryambakāya*[22] namo namaḥ || 13 |
[[23]aśanīśatahāsāya parvateśāya vai namaḥ |]
gṛhasthasādhave nityaṃ *jaṭile*[24] brahmacāriṇe |
namo muṇḍārdhamuṇḍāya paśūnāṃ pataye namaḥ || 14 |
salile tapyamānāya[25] yogaiśvaryapradāya ca |
namaḥ śāntāya dāntāya pralayotpattikāriṇe || 15 |
namo 'nugrahakartre ca sthitikartre namo namaḥ |
namo rudrāya vasava ādityāyāśvine namaḥ || 16 |

1 A śivasyāmita- **2** A arthyābhir BV iṣṭābhiḥ **3** A umayā saha śaṃkaram **4** B -vāśāya **5** B vāśāya namaḥ parvatacāriṇe **6** B parvatajāmātre **7** C suta- **8** AB parvata- **9** B nāthāya **10** A śveta- **11** C om. 37.4–6a. **12** A sahasranetraśīrṣāya **13** V -svarūpāya **14** B om. **15** C daṃṣṭriṇe **16** V praṇatārti- **17** B -keśāya hāriṇe **18** A vṛṣabhagāmine **19** A rāhave **20** V yogine **21** A 'vanatanāthāya V 'vinītanāśāya **22** V vyaṃśakāya **23** V ins. **24** ASS corr. like V; V jaṭine **25** B munikṛtasumānāya

namaḥ pitre 'tha sāṃkhyāya[26] viśvedevāya vai namaḥ |
namaḥ śarvāya ugrāya śivāya varadāya ca ||17|
namo bhīmāya senānye paśūnāṃ pataye namaḥ |
śucaye vairihānāya sadyojātāya vai namaḥ ||18|
mahādevāya citrāya *vicitrāya ca vai namaḥ*[27] |
pradhānāyāprameyāya kāryāya kāraṇāya ca ||19|
puruṣāya namas te 'stu puruṣecchākarāya ca |
namaḥ puruṣasaṃyogapradhānaguṇakāriṇe ||20|
pravartakāya prakṛteḥ puruṣasya ca sarvaśaḥ |
kṛtākṛtasya *satkartre*[28] phalasaṃyogadāya ca ||21|
kālajñāya ca *sarveṣāṃ*[29] namo niyamakāriṇe |
namo vaiṣamyakartre ca guṇānāṃ vṛttidāya ca ||22|
namas te devadeveśa namas te bhūtabhāvana |
śiva saumyamukho draṣṭuṃ bhava saumyo hi naḥ prabho ||23|
brahmovāca:
evaṃ sa bhagavān devo jagatpatir umāpatiḥ |
stūyamānaḥ suraiḥ sarvair amarān idam abravīt ||24|
śrī-*śaṃkara*[30] uvāca:
draṣṭuṃ sukhaś[31] ca saumyaś ca devānām asmi bhoḥ surāḥ |
varaṃ varayata kṣipraṃ[32] dātāsmi *tam*[33] asaṃśayam ||25|
brahmovāca:
tatas te praṇatāḥ sarve surā ūcus trilocanam ||26|
[34]devā ūcuḥ:
tavaiva bhagavan haste vara eṣo 'vatiṣṭhatām |
yadā kāryaṃ tadā nas tvaṃ dāsyase varam īpsitam ||27|
brahmovāca:
evam astv iti tān uktvā visṛjya ca surān haraḥ |
lokāṃś ca *pramathaiḥ*[35] sārdhaṃ viveśa *bhavanaṃ*[36] *svakam*[37] ||28|
yas tu harotsavam adbhutam enaṃ |
gāyati daivataviprasamakṣam |
so 'pratirūpagaṇeśasamāno |
dehaviparyayam etya sukhī syāt ||29|
[38]brahmovāca:
vipravaryāḥ stavaṃ hīmaṃ śṛṇuyād *vā paṭhec ca yaḥ*[39] |
sa sarvalokago devaiḥ pūjyate *'mararāḍ iva*[40] ||30|

iti śrīmahāpurāṇe ādibrāhme svayaṃbhurṣisaṃvāde śivastutinirūpaṇaṃ nāma saptatriṃśo 'dhyāyaḥ

26 B sādhyāya viśvapataye **27** BV śūline ca namo namaḥ **28** BV saṃkartre **29** C sarvatra **30** V -rudra **31** V daṃṣṭrāmukhaś **32** C varaṃ bata yatheṣṭaṃ ca V varān brūta yatheṣṭaṃ ca **33** V tad **34** V om. **35** B svaguṇaiḥ **36** AC bhagavaṃs **37** ACV tataḥ **38** V om. **39** V yaḥ paṭhet tathā **40** V cāsurādibhiḥ

brahmovāca:
praviṣṭe bhavanaṃ deve sūpaviṣṭe varāsane |
sa vakro[1] manmathaḥ krūro devaṃ veddhu-*manā bhavat*[2] ||38.1|
tam anācārasaṃyuktaṃ durātmānaṃ kulādhamam |
lokān *sarvān pīḍayantaṃ*[3] *sarvāṅgāvaraṇātmakam*[4] ||2|
ṛṣīṇāṃ vighnakartāraṃ niyamānāṃ vrataiḥ saha |
cakrāhvayasya rūpeṇa ratyā saha samāgatam ||3|
athātatāyinaṃ viprā veddhukāmaṃ sureśvaraḥ |
nayanena tṛtīyena sāvajñaṃ samavaikṣata ||4|
tato 'sya netrajo vahnir jvālāmālāsahasravān |
sahasā ratibhartāram adahat saparicchadam ||5|
sa dahyamānaḥ karuṇam ārto 'krośata visvaram |
prasādayaṃś ca taṃ devaṃ papāta dharaṇītale ||6|
atha so 'gniparītāṅgo manmatho lokatāpanaḥ |
papāta sahasā mūrchāṃ kṣaṇena samapadyata ||7|
patnī tu *karuṇaṃ*[5] tasya vilalāpa suduḥkhitā |
devīṃ devaṃ ca duḥkhārtā ayācat karuṇāvatī ||8|
tasyāś ca karuṇāṃ jñātvā devau tau karuṇātmakau |
ūcatus tāṃ samālokya samāśvāsya ca duḥkhitām ||9|
umāmaheśvarāv ūcatuḥ:
dagdha *eva*[6] dhruvaṃ bhadre nāsyotpattir iheṣyate |
aśarīro 'pi te bhadre kāryaṃ sarvaṃ kariṣyati ||10|
yadā tu viṣṇur bhagavān vasudevasutaḥ śubhe |
tadā tasya suto *yaś ca*[7] patis te saṃbhaviṣyati ||11|
brahmovāca:
tataḥ sā *tu*[8] varaṃ labdhvā kāmapatnī *śubhānanā*[9] |
jagāmeṣṭaṃ tadā deśaṃ prītiyuktā *gataklamā*[10] ||12|
dagdhvā kāmaṃ[11] *tato*[12] viprāḥ sa tu devo vṛṣadhvajaḥ |
reme tatromayā sārdhaṃ prahṛṣṭas tu *himācale*[13] ||13|
kandareṣu ca ramyeṣu padminīṣu *guhāsu*[14] ca |
nirjhareṣu[15] ca ramyeṣu karṇikāravaneṣu ca ||14|
nadītīreṣu kānteṣu kiṃnarācariteṣu ca |
śṛṅgeṣu śailarājasya taḍāgeṣu sarahsu ca ||15|
vanarājiṣu *ramyāsu*[16] nānāpakṣiruteṣu ca |
tīrtheṣu puṇyatoyeṣu *munīnām āśrameṣu*[17] ca ||16|
eteṣu *puṇyeṣu*[18] manohareṣu |
deśeṣu vidyādharabhūṣiteṣu |
gandharvayakṣāmarasaviteṣu |
reme sa devyā sahitas trinetraḥ ||17|

1 V sapatno **2** V -manābhavat **3** V sarvāṃs tāpayantaṃ **4** A sarvasaṃbharaṇātmakam B sarvāṅgābharaṇātmakam **5** B jvalatas **6** V eṣa **7** V bhūyaḥ **8** V ca **9** A varāṅganā **10** A manasvinī **11** B tadāśvāsya **12** B ratiṃ V tadā **13** A himālaye **14** BV saraḥsu **15** V nirjaneṣu **16** V campāsu **17** V maṇīnām aṅgaṇeṣu **18** B yogyeṣu

devaiḥ sahendrair muniyakṣasiddhair |
gandharvavidyādharadaityamukhyaiḥ |
anyaiś ca sarvair vividhair vṛto 'sau |
tasmin nage harṣam avāpa śaṃbhuḥ ||18|
nṛtyanti tatrāpsarasaḥ sureśā |
gāyanti gandharvagaṇāḥ prahṛṣṭāḥ |
divyāni vādyāny[19] atha vādayanti |
kecid drutaṃ[20] devavaraṃ *stuvanti*[21] ||19|
evaṃ sa devaḥ svagaṇair upeto |
mahābalaiḥ śakrayamāgnitulyaiḥ |
devyāḥ priyārthaṃ bhaganetrahantā |
giriṃ na tatyāja tadā mahātmā ||20|
ṛṣaya ūcuḥ:
devyāḥ samaṃ tu bhagavāṃs tiṣṭhaṃs tatra sa kāmahā |
akarot kiṃ mahādeva etad icchāma veditum ||21|
brahmovāca:
bhagavān himavacchṛṅge sa hi devyāḥ priyecchayā |
gaṇeśair vividhākārair hāsaṃ saṃjanayan muhuḥ ||22|
devīṃ[22] bālendutilako ramayaṃś ca rarāma ca |
mahānubhāvaiḥ sarvajñaiḥ kāmarūpadharaiḥ śubhaiḥ ||23|
atha devy āsasādaikā mātaraṃ parameśvarī |
āsīnāṃ kāñcane śubhra āsane paramādbhute ||24|
atha[23] dṛṣṭvā satīṃ devīm āgatāṃ surarūpiṇīm |
āsanena mahārheṇāsaṃpādayad aninditām |
[[24]atha devyā sahāsīnā menā kamalalocanā |]
āsīnāṃ tām athovāca *menā*[25] himavataḥ priyā ||25|
menovāca:
cirasyāgamanaṃ te 'dya vada putri śubhekṣaṇe |
daridrā krīḍanais[26] tvaṃ hi bhartrā krīḍasi saṃgatā ||26|
ye daridrā *bhavanti sma*[27] tathaiva ca nirāśrayāḥ |
ume ta evaṃ krīḍanti yathā tava patiḥ śubhe ||27|
brahmovāca:
saivam uktātha mātrā tu nātihṛṣṭa-*manā bhavat*[28] |
mahatyā kṣamayā yuktā *na kiṃcit tām uvāca ha*[29] |
visṛṣṭā ca tadā mātrā gatvā devam uvāca ha ||28|
pārvaty uvāca:
bhagavan devadeveśa neha vatsyāmi bhūdhare |
anyaṃ *kuru*[30] mamāvāsaṃ bhuvaneṣu mahādyute ||29|
deva[31] uvāca:
sadā tvam ucyamānā vai mayā vāsārtham īśvari |
anyaṃ na rocitavatī vāsaṃ vai devi karhicit ||30|

19 V dhyāyanti viprās tv **20** B kecit tu taṃ **21** A smaranti **22** A devo **23** V sātha **24** V ins. **25** V tathā **26** V daridrakrīḍanais **27** V bhavantīha **28** V -manābhavat **29** V kiṃcin novāca mātaram **30** A vṛṇu **31** V mahādeva

idānīṃ svayam eva tvaṃ vāsam anyatra śobhane |
kasmān mṛgayase devi brūhi tan me śucismite ||31|
devy uvāca:
gṛhaṃ *gatāsmi*[32] deveśa pitur adya mahātmanaḥ |
dṛṣṭvā ca tatra me mātā vijane *lokabhāvane*[33] ||32|
āsanādibhir abhyarcya *sā mām evam abhāṣata*[34] |
ume tava sadā bhartā *daridraḥ krīḍanaiḥ*[35] śubhe ||33|
krīḍate nahi devānāṃ krīḍā bhavati tādṛśī |
yat kila tvaṃ mahādeva gaṇaiś ca vividhais tathā |
ramase tad aniṣṭaṃ hi mama mātur vṛṣadhvaja ||34|
brahmovāca:
tato devaḥ prahasyāha devīṃ hāsayituṃ prabhuḥ ||35|
deva uvāca:
evam eva na saṃdehaḥ kasmān manyur abhūt tava |
kṛttivāsā hy avāsāś ca śmaśānanilayaś ca ha ||36|
aniketo hy araṇyeṣu parvatānāṃ guhāsu ca |
vicarāmi gaṇair nagnair *vṛto 'mbhojavilocane*[36] ||37|
mā krudho devi mātre tvaṃ tathyaṃ mātāvadat tava |
nahi mātṛsamo bandhur jantūnām asti bhūtale ||38|
devy uvāca:
na me 'sti bandhubhiḥ *kiṃcit kṛtyaṃ suravareśvara*[37] |
tathā kuru mahādeva *yathāhaṃ sukham āpnuyām*[38] ||39|
brahmovāca:
śrutvā sa devyā vacanaṃ sureśas |
tasyāḥ *priyārthe*[39] *svagiriṃ*[40] vihāya |
jagāma meruṃ surasiddhasevitaṃ |
bhāryāsahāyaḥ sva-[41]gaṇaiś ca yuktaḥ ||40|

iti śrīmahāpurāṇe ādibrāhme svayaṃbhurṣisaṃvāda umā-*maheśvarayor*[42] himavatparityāganirūpaṇaṃ nāmāṣṭātriṃśo 'dhyāyaḥ

ṛṣaya ūcuḥ:
prācetasasya dakṣasya kathaṃ vaivasvate 'ntare |
vināśam agamad[1] brahman haya-*medhaḥ*[2] prajāpateḥ ||39.1|
devyā manyu-*kṛtaṃ*[3] buddhvā kruddhaḥ sarvātmakaḥ prabhuḥ |
kathaṃ vināśito yajño dakṣasyāmitatejasaḥ |
mahādevena roṣād vai tan naḥ prabrūhi vistarāt ||2|
brahmovāca:
varṇayiṣyāmi vo viprā mahādevena vai yathā |
krodhād vidhvaṃsito yajño devyāḥ priyacikīrṣayā ||3|

32 V gatāhaṃ **33** V lokabhāvana **34** V mām evaṃ samabhāṣata **35** V daridrakrīḍanaiḥ
36 B vṛtas toyajalocane **37** V kṛtyaṃ kiṃcit tripuranāśana **38** C yathānyatra vasāmahe
39 V priyārthaṃ **40** ACV śvaśuraṃ **41** A hṛṣṭāśayaḥ sarva- **42** V -śaṃkarayor
1 A vināśo hy abhavad B vināśaś cābhavad **2** AB -medhe **3** A -kṛte

purā meror dvijaśreṣṭhāḥ śṛṅgaṃ trailokyapūjitam |
jyotiḥsthalaṃ nāma citraṃ[4] sarvaratnavibhūṣitam ||4|
aprameyam anādhṛṣyaṃ sarvalokanamaskṛtam |
tatra devo giritaṭe sarvadhātuvicitrite ||5|
paryaṅka iva *vistīrṇa*[5] upaviṣṭo babhūva ha |
śailarājasutā cāsya nityaṃ pārśvasthitābhavat ||6|
ādityāś ca mahātmāno vasavaś ca mahaujasaḥ |
tathaiva ca mahātmānāv aśvinau bhiṣajāṃ varau ||7|
tathā vaiśravaṇo rājā guhyakaiḥ parivāritaḥ |
yakṣāṇām īśvaraḥ śrīmān kailāsanilayaḥ prabhuḥ ||8|
upāsate mahātmānam uśanā ca mahāmuniḥ |
sanatkumārapramukhās tathaiva paramarṣayaḥ ||9|
aṅgiraḥpramukhāś caiva tathā devarṣayo 'pi ca |
viśvāvasuś ca gandharvas tathā nāradaparvatau ||10|
apsarogaṇasaṃghāś ca samājagmur anekaśaḥ |
vavau sukhaśivo vāyur nānāgandhavahaḥ śuciḥ ||11|
sarvartukusumopetaḥ *puṣpavanto*[6] *'bhavan drumāḥ*[7] |
tathā vidyādharāḥ sādhyāḥ siddhāś caiva tapodhanāḥ ||12|
mahādevaṃ paśupatiṃ paryupāsata tatra vai |
bhūtāni ca tathānyāni nānārūpadharāṇy atha ||13|
rākṣasāś ca mahāraudrāḥ piśācāś ca mahābalāḥ |
bahurūpadharā *dhṛṣṭā*[8] nānāpraharaṇāyudhāḥ ||14|
devasyānucarās tatra tasthur vaiśvānaropamāḥ |
nandīśvaraś ca bhagavān devasyānumate sthitaḥ ||15|
pragṛhya jvalitaṃ śūlaṃ dīpyamānaṃ svatejasā |
gaṅgā ca saritāṃ śreṣṭhā sarvatīrthajalodbhavā ||16|
paryupāsata taṃ devaṃ rūpiṇī dvijasattamāḥ |
evaṃ sa bhagavāṃs tatra pūjyamānaḥ surarṣibhiḥ ||17|
devaiś ca *sumahābhāgair mahādevo*[9] *vyatiṣṭhata*[10] |
kasyacit tv atha kālasya dakṣo nāma prajāpatiḥ ||18|
pūrvoktena vidhānena yakṣyamāṇo *'bhyapadyata*[11] |
tatas tasya *makhe*[12] devāḥ sarve śakrapurogamāḥ ||19|
svargasthānād[13] *athāgamya*[14] *dakṣam*[15] *āpedire*[16] tathā |
te vimānair *mahātmāno jvaladbhir*[17] jvalanaprabhāḥ ||20|
devasyānumate 'gacchan gaṅgādvāram iti śrutiḥ |
gandharvāpsarasākīrṇaṃ nānādrumalatāvṛtam ||21|
ṛṣi-*siddhaiḥ*[18] *parivṛtaṃ*[19] dakṣaṃ dharmabhṛtāṃ varam |
pṛthivyām antarikṣe ca ye *ca svar-*[20]lokavāsinaḥ ||22|
sarve prāñjalayo bhūtvā upatasthuḥ prajāpatim |
ādityā vasavo rudrāḥ *sādhyāḥ sarve marud-*[21]gaṇāḥ ||23|

4 B vittaṃ jyotiḥsthalaṃ nāma **5** ACV vibhrājann **6** B puṇyavanto **7** V vanadrumāḥ **8** AC hṛṣṭā **9** B sa mahābhāgaiḥ sevyamāno **10** V vyavasthitaḥ **11** C 'nvapadyata **12** BC makhaṃ **13** B antarikṣād gamanāya **14** C samāgamya **15** A vṛddhim C buddhim **16** C ādadhire **17** A mahātmānaḥ kūjadbhir **18** ABV -saṃghaiḥ **19** C parivṛdhaṃ **20** AB svarga- **21** BC sādhyā rudrā marud- V sādhyāś ca samarud-

viṣṇunā sahitāḥ sarva āgatā yajñabhāginaḥ |
ūṣmapā dhūmapāś caiva[22] *ājya-*[23]pāḥ somapās tathā ||24|
aśvinau marutaś caiva nānādeva-*gaṇaiḥ saha*[24] |
ete cānye ca bahavo bhūtagrāmās tathaiva ca ||25|
jarāyujāṇḍajāś caiva tathaiva svedajodbhidaḥ |
āgatāḥ sattriṇaḥ[25] sarve devāḥ *strībhiḥ saharṣibhiḥ*[26] ||26|
virājante vimānasthā dīpyamānā ivāgnayaḥ |
[27]tān dṛṣṭvā manyunāviṣṭo dadhīcir vākyam abravīt ||27|
[[28]dadhīcis tu mahāṃs tatra ṛṣis taṃ yajñamaṇḍapam |
rudreṇa rahitaṃ dṛṣṭvā ṛṣīn vākyam abhāṣata |
ṛṣayo 'smin mahāyajñe śaṃkaraḥ sarvanāyakaḥ |
na dṛśyate vinā tena yajño 'yaṃ naiva śobhate |]
[29]dadhīcir uvāca:
apūjyapūjane caiva pūjyānāṃ cāpy apūjane |
naraḥ pāpam avāpnoti mahad vai nātra saṃśayaḥ ||28|
brahmovāca:
evam uktvā *tu viprarṣiḥ*[30] punar *dakṣam*[31] *abhāṣata*[32] ||29|
dadhīcir uvāca:
pūjyaṃ ca paśubhartāraṃ kasmān nārcayase *prabhum*[33] ||30|
dakṣa uvāca:
santi me[34] bahavo rudrāḥ śūlahastāḥ kapardinaḥ |
ekā-*daśasthānagatā nānyaṃ vidmo*[35] maheśvaram ||31|
dadhīcir uvāca:
[36]sarveṣām ekamantro 'yaṃ mameśo na nimantritaḥ |
yathāhaṃ śaṃkarād ūrdhvaṃ nānyaṃ paśyāmi daivatam |
tathā dakṣasya vipulo yajño 'yaṃ na bhaviṣyati ||32|
dakṣa uvāca:
[[37]etan *maheśāya*[38] suvarṇa-*pātre*[39] |
haviḥ samastaṃ vidhimantrapūtam |
viṣṇoś ca yasyāprativeśya[40] bhāgaṃ |
na yajñabhāgaṃ tu maheśvarasya[41] |]
[42]dakṣa uvāca:
viṣṇoś ca bhāgā vividhāḥ pradattās[43] |
tathā ca rudrebhya uta pradattāḥ[44] |
anye 'pi devā nijabhāgayuktā[45] |
dadāmi[46] bhāgaṃ na tu śaṃkarāya ||33|

22 A tatra māsopavāsaś ca V tatrāgatāḥ suravarā **23** A ambu- **24** AB -gaṇās tathā **25** A āgatā mantritāḥ C āhūtā mantriṇaḥ V āhūtāmantritāḥ **26** AB saha maharṣibhiḥ **27** BV om. **28** BV ins. [V in parentheses] **29** BV om. **30** C munir viprān **31** C vākyaṃ **32** V uvāca ha **33** BV vibhum **34** B santīha **35** B -daśa tathā cānye vidmahe na **36** AB om. **37** ACV ins. [V in parentheses] **38** V -makheśāya **39** V -pātrair **40** V viṣṇor nayāmy apratimasya **41** V yajñasya viprā na tu śaṃkarāya **42** ACV om. **43** ACV jagatprabhos tasya dadhīcabhāgaṃ **44** AC viṣṇoś ca nityaṃ vibudhaiḥ pradattam V viṣṇoś ca nityaṃ vidhinā prayuktam **45** ACV tasmād ahaṃ devavarāya dadyāṃ **46** ACV yajñasya

brahmovāca:
gatās tu devatā jñātvā śailarājasutā tadā |
uvāca vacanaṃ *śarvaṃ*[47] devaṃ paśupatiṃ patim ||34|
umovāca:
bhagavan kutra yānty ete devāḥ śakrapurogamāḥ |
brūhi tattvena tattvajña saṃśayo me mahān ayam ||35|
maheśvara uvāca:
dakṣo nāma mahā-*bhāge*[48] prajānāṃ patir uttamaḥ |
hayamedhena yajate tatra yānti divaukasaḥ ||36|
devy uvāca:
yajñam etaṃ mahā-*bhāga*[49] kimarthaṃ *nānugacchasi*[50] |
kena vā pratiṣedhena gamanaṃ te na vidyate ||37|
maheśvara uvāca:
surair *eva*[51] mahābhāge sarvam etad anuṣṭhitam |
yajñeṣu mama sarveṣu na bhāga upakalpitaḥ ||38|
pūrvāgatena gantavyaṃ[52] mārgeṇa varavarṇini |
na me surāḥ prayacchanti bhāgaṃ yajñasya dharmataḥ ||39|
umovāca:
bhagavan sarvadeveṣu prabhāvābhyadhiko guṇaiḥ |
ajeyaś *cāpy adhṛṣyaś*[53] ca tejasā yaśasā śriyā ||40|
anena tu mahābhāga pratiṣedhena bhāgataḥ |
atīva duḥkham āpannā vepathuś ca mahān ayam ||41|
kiṃ nāma dānaṃ niyamaṃ tapo vā |
kuryām ahaṃ[54] yena *patir mamādya*[55] |
labheta bhāgaṃ bhagavān *acintyo*[56] |
yajñasya *cendrādyamarair*[57] *vicitram*[58] ||42|
[59]brahmovāca:
evaṃ bruvāṇāṃ bhagavān vicintya |
patnīṃ prahṛṣṭaḥ kṣubhitām uvāca |
[60]maheśvara uvāca:
na vetsi māṃ devi kṛśodarāṅgi |
kiṃ nāma yuktaṃ vacanaṃ tavedam ||43|
ahaṃ *vijānāmi*[61] viśālanetre |
dhyānena sarve ca vidanti santaḥ |
tavādya *mohena sahendradevā*[62] |
lokatrayaṃ sarvam atho vinaṣṭam ||44|
māṃ adhvareśaṃ nitarāṃ stuvanti |
rathaṃtaraṃ sāma gāyanti mahyam |
māṃ *brāhmaṇā brahmamantrair yajanti*[63] |
mamādhvaryavaḥ kalpayante ca bhāgam ||45|

47 BV sādhvī **48** V -bhāgaḥ **49** B -deva **50** V tvaṃ na gacchasi **51** A evaṃ **52** V pūrvabhāgopapannena **53** AB cāprameyaś **54** A kuryāṃ makhe **55** A vibhāgam adya **56** V ananto **57** CV bhāgaṃ hy athavā **58** ASS corr. *vibhaktam*; CV tṛtīyam **59** V om. **60** V om. **61** V hi jānāmi **62** V kopena tu sarvadevā **63** V brāhmaṇāḥ kratubhir vai yajante

devy uvāca:
vikatthase prākṛtavat[64] *sarvastrījana-*[65]saṃsadi |
stauṣi[66] *garvāyase cāpi*[67] *svam ātmānaṃ na saṃśayaḥ*[68] ||46|
bhagavān uvāca:
nātmānaṃ staumi deveśi yathā tvam anugacchasi |
saṃsrakṣyāmi[69] varārohe bhāgārthe varavarṇini ||47|
brahmovāca:
ity uktvā bhagavān patnīm umāṃ prāṇair api priyām |
so 'sṛjad bhagavān vaktrād *bhūtaṃ*[70] krodhāgnisaṃbhavam ||48|
tam uvāca *makhaṃ gaccha dakṣasya tvaṃ*[71] maheśvaraḥ |
nāśayāśu *kratuṃ*[72] tasya dakṣasya madanujñayā ||49|
brahmovāca:
tato rudraprayuktena siṃhaveṣeṇa līlayā |
devyā manyu-*kṛtaṃ*[73] jñātvā hato dakṣasya sa kratuḥ ||50|
manyunā ca mahābhīmā bhadrakālī maheśvarī |
ātmanaḥ karmasākṣitve *tena sārdhaṃ sahānugā*[74] ||51|
[[75]vīrabhadro mahākrūras tayā sārdhaṃ sahānugaḥ |]
sa eṣa bhagavān *krodhaḥ preta-*[76]āvāsakṛtālayaḥ |
vīrabhadreti vikhyāto devyā manyupramārjakaḥ ||52|
so 'sṛjad romakūpebhya *ātmanaiva*[77] gaṇeśvarān |
rudrānugān gaṇān raudrān rudravīryaparākramān ||53|
rudrasyānucarāḥ sarve sarve rudraparākramāḥ |
te nipetus tatas tūrṇaṃ śataśo 'tha sahasraśaḥ ||54|
tataḥ kilakilāśabda ākāśaṃ pūrayann iva |
samabhūt sumahān viprāḥ sarvarudragaṇaiḥ kṛtaḥ ||55|
tena śabdena mahatā trastāḥ sarve divaukasaḥ |
parvatāś ca vyaśīryanta cakampe ca vasuṃdharā ||56|
marutaś ca vavuḥ krūrāś cukṣubhe varuṇālayaḥ |
agnayo vai na dīpyante na cādīpyata bhāskaraḥ ||57|
grahā naiva prakāśante nakṣatrāṇi na tārakāḥ |
ṛṣayo na prabhāsante na devā na ca dānavāḥ ||58|
evaṃ hi timirībhūte nirdahanti *gaṇeśvarāḥ*[78] |
prabhañjanty apare yūpān ghorān utpāṭayanti ca[79] ||59|
praṇadanti tathā cānye *vikurvanti*[80] tathā pare |
tvaritaṃ vai pradhāvanti vāyuvegā manojavāḥ ||60|
cūrṇyante yajñapātrāṇi yajñasyāyatanāni ca |
śīryamāṇāny *adṛśyanta*[81] *tārā*[82] iva nabhastalāt ||61|

64 C prākṛto 'pīha puruṣaḥ V prākṛto 'pīha bhagavan **65** V manasvī jana- **66** CV stauti **67** B garbhābhibhūtas tu V garvāyate cāpi **68** B tvam ātmānaṃ na saṃśayaḥ V strīsāṃnidhye viśeṣataḥ **69** AB pravakṣyāmi **70** B dūtaṃ **71** V dhvaṃsa makhaṃ dakṣasyeti **72** V vrataṃ **73** B -kṛte **74** B babhūva varavarṇinī **75** B ins. **76** V krodhapreta- **77** B ātmanaś ca **78** V vimānitāḥ **79** V prabhañjanā vavur ghorāḥ pūyaviṭgandhinas tathā **80** V vimardanti **81** V adṛśanta **82** C vātā

divyānnapānabhakṣyāṇāṃ rāśayaḥ parvatopamāḥ |
kṣīranadyas tathā cānyā ghṛtapāyasakardamāḥ ||62|
madhumaṇḍodakā divyāḥ khaṇḍaśarkaravālukāḥ |
ṣaḍrasān nivahanty anyā guḍakulyā manoramāḥ ||63|
uccāvacāni māṃsāni bhakṣyāṇi vividhāni ca |
yāni kāni[83] ca divyāni lehyacoṣyāṇi yāni ca ||64|
bhuñjanti vividhair vaktrair vilumpanti kṣipanti ca |
rudrakopā mahā-*kopāḥ*[84] kālāgnisadṛśopamāḥ ||65|
bhakṣayanto[85] 'tha śailābhā bhīṣayantaś ca sarvataḥ |
krīḍanti vividhākārāś cikṣipuḥ surayoṣitaḥ ||66|
evaṃ gaṇāś ca tair yukto vīrabhadraḥ pratāpavān |
rudrakopaprayuktaś ca sarvadevaiḥ surakṣitam ||67|
taṃ yajñam adahac chīghraṃ bhadrakālyāḥ samīpataḥ |
cakrur anye tathā nādān sarvabhūtabhayaṃkarān ||68|
chittvā śiro 'nye yajñasya vyanadanta bhayaṃkaram |
tataḥ śakrādayo devā dakṣaś caiva prajāpatiḥ |
ūcuḥ prāñjalayo bhūtvā kathyatāṃ ko bhavān iti ||69|
vīrabhadra uvāca:
nāhaṃ devo na daityo vā na *ca bhoktum ihāgataḥ*[86] |
naiva draṣṭuṃ ca devendrā na ca *kautūhalānvitāḥ*[87] ||70|
dakṣayajñavināśārthaṃ saṃprāpto 'haṃ surottamāḥ |
vīrabhadreti vikhyāto rudrakopād viniḥsṛtaḥ ||71|
bhadrakālī ca *vikhyātā*[88] *devyāḥ krodhād*[89] vinirgatā |
preṣitā devadevena yajñāntikam upāgatā ||72|
śaraṇaṃ gaccha rājendra devadevam umāpatim |
varaṃ krodho 'pi devasya na *varaḥ*[90] *paricārakaiḥ*[91] ||73|
brahmovāca:
nikhātotpāṭitair yūpair apaviddhais tatas tataḥ |
utpatadbhiḥ patadbhiś ca gṛdhrair āmiṣagṛdhnubhiḥ ||74|
pakṣavātavinirdhūtaiḥ śivā-*rutavināditaiḥ*[92] |
sa tasya[93] yajño nṛpater *bādhyamānas*[94] tadā gaṇaiḥ ||75|
āsthāya mṛgarūpaṃ vai kham evābhyapatat tadā |
taṃ tu yajñaṃ tathārūpaṃ gacchantam upalabhya saḥ ||76|
dhanur ādāya *bāṇaṃ*[95] ca tadartham agamat prabhuḥ |
tatas tasya *gaṇeśasya*[96] krodhād amitatejasaḥ ||77|
lalāṭāt prasṛto ghoraḥ svedabindur babhūva ha |
tasmin patitamātre ca svedabindau tadā bhuvi ||78|
prādurbhūto mahān agnir *jvalatkālānalopamaḥ*[97] |
tatrodapadyata tadā puruṣo dvijasattamāḥ ||79|
hrasvo 'timātro raktākṣo haricchmaśrur *vibhīṣaṇaḥ*[98] |
ūrdhvakeśo 'tiromāṅgaḥ *śoṇakarṇas*[99] tathaiva ca ||80|

83 C pānakāni **84** V -kāyāḥ **85** V kṣobhayanto **86** B yakṣo na ca rākṣasaḥ
87 V kautūhalānvitaḥ **88** V vijñeyā **89** B rudrakopād **90** A paraṃ V vairaṃ
91 A paricārake **92** V -śataninā ditaiḥ **93** V mattasya **94** AC vadhyamānas **95** B bāṇāṃś
96 A guṇe samyak **97** A jvālāmālī bhayaṃkaraḥ **98** V bibhīṣaṇaḥ **99** A senāntakas

karālakṛṣṇavarṇaś ca raktavāsās tathaiva ca |
taṃ yajñaṃ sa mahāsattvo 'dahat kakṣam ivānalaḥ ||81|
devāś ca pradrutāḥ sarve gatā bhītā diśo daśa |
tena tasmin vicaratā vikrameṇa tadā tu vai ||82|
pṛthivī vyacalat sarvā saptadvīpā samantataḥ |
mahābhūte[100] *pravṛtte tu*[101] devalokabhayaṃkare ||83|
tadā cāhaṃ mahādevam abravaṃ pratipūjayan |
bhavate[102] 'pi surāḥ sarve bhāgaṃ dāsyanti vai prabho ||84|
kriyatāṃ pratisaṃhāraḥ sarvadeveśvara tvayā |
imāś ca devatāḥ sarvā ṛṣayaś ca sahasraśaḥ ||85|
tava krodhān mahādeva na śāntim upalebhire |
yaś *caiṣa*[103] puruṣo jātaḥ svedajas te surarṣabha ||86|
jvaro nāmaiṣa dharmajña lokeṣu pracariṣyati |
ekībhūtasya na hy asya dhāraṇe tejasaḥ prabho ||87|
samarthā sa-*kalā*[104] pṛthvī bahudhā sṛjyatām ayam |
ity uktaḥ sa mayā devo bhāge cāpi prakalpite ||88|
bhagavān māṃ tathety āha devadevaḥ pinākadhṛk |
parāṃ ca prītim agamat sa svayaṃ ca pinākadhṛk ||89|
dakṣo 'pi manasā devaṃ bhavaṃ śaraṇam anvagāt |
prāṇāpānau *samārudhya*[105] *cakṣuḥ-*[106]sthāne prayatnataḥ ||90|
vidhārya[107] sarvato dṛṣṭiṃ *bahu-*[108]dṛṣṭir *amitrajit*[109] |
smitaṃ kṛtvābravīd vākyaṃ brūhi kiṃ karavāṇi te ||91|
[110]śrāvite ca mahākhyāne devānāṃ pitṛbhiḥ saha |
tam uvācāñjaliṃ kṛtvā dakṣo devaṃ prajāpatiḥ |
bhītaḥ śaṅkita-*cittas tu*[111] sabāṣpavadanekṣaṇaḥ ||92|
dakṣa uvāca:
yadi prasanno *bhagavān*[112] yadi vāhaṃ tava priyaḥ |
yadi cāham anugrāhyo yadi *deyo*[113] varo mama ||93|
yad bhakṣyaṃ bhakṣitaṃ pītaṃ *trāsitaṃ*[114] yac ca nāśitam |
cūrṇīkṛtāpaviddhaṃ ca yajñasaṃbhāram īdṛśam ||94|
dīrghakālena mahatā prayatnena ca *saṃcitam*[115] |
na ca mithyā bhaven mahyaṃ tvatprasādān maheśvara ||95|
brahmovāca:
tathāstv ity āha bhagavān bhaganetraharo haraḥ |
dharmādhyakṣaṃ mahādevaṃ tryambakaṃ ca prajāpatiḥ ||96|
jānubhyām avanīṃ gatvā dakṣo labdhvā bhavād varam |
nāmnāṃ cāṣṭasahasreṇa[116] stutavān vṛṣabhadhvajam ||97|

iti śrīmahāpurāṇe ādibrāhme svayaṃbhvṛṣisaṃvāde dakṣayajñavidhvaṃsanaṃ nāmaikonacatvāriṃśo 'dhyāyaḥ

100 A mahāloke B mahīloke **101** B ca prahate **102** AC bhavato **103** V caiva **104** V -kālā **105** B samādhāya V saṃnirudhya **106** B citta- **107** A vistārya B vicārya V vivārya **108** V vṛtta- **109** A amīvajit **110** B om. **111** V -vitrastaḥ **112** V bhagavan **113** V devo **114** V grasitaṃ **115** V sādhitam **116** B taṃ ca nāmnāṃ sahasreṇa

brahmovāca:
evaṃ dṛṣṭvā tadā dakṣaḥ *śaṃbhor vīryaṃ dvijottamāḥ*[1] |
prāñjaliḥ praṇato bhūtvā saṃstotum upacakrame ||40.1|
dakṣa uvāca:
namas te devadeveśa namas te *'ndhaka-*[2]sūdana |
devendra tvaṃ balaśreṣṭha devadānavapūjita ||2|
sahasrākṣa virūpākṣa tryakṣa yakṣādhipapriya |
sarvataḥpāṇipādas tvaṃ sarvatokṣiśiromukhaḥ ||3|
sarvataḥśrutimāṃl loke sarvam āvṛtya tiṣṭhasi |
śaṅkukarṇo mahākarṇaḥ kumbhakarṇo 'rṇavālayaḥ ||4|
gajendrakarṇo gokarṇaḥ śatakarṇo namo 'stu te |
śatodaraḥ śatāvartaḥ śatajihvaḥ *sanātanaḥ*[3] ||5|
gāyanti tvāṃ *gāyatriṇo*[4] *arcayanty arkam arkiṇaḥ*[5] |
devadānavagoptā ca brahmā ca tvaṃ śatakratuḥ ||6|
mūrtimāṃs tvaṃ mahāmūrtiḥ samudraḥ sarasāṃ nidhiḥ |
tvayi sarvā devatā hi gāvo goṣṭha ivāsate ||7|
tvattaḥ śarīre paśyāmi somam *agnijaleśvaram*[6] |
ādityam atha viṣṇuṃ ca brahmāṇaṃ sabṛhaspatim ||8|
kriyā karaṇakārye ca kartā kāraṇam eva ca |
asac ca sadasac caiva tathaiva *prabhavāvyayau*[7] ||9|
namo bhavāya śarvāya rudrāya varadāya ca |
paśūnāṃ pataye caiva namo 'stv andhakaghātine ||10|
trijaṭāya triśīrṣāya triśūlavaradhāriṇe |
tryambakāya trinetrāya tripuraghnāya vai namaḥ ||11|
namaś caṇḍāya muṇḍāya viśvacaṇḍadharāya ca |
daṇḍine[8] śaṅkukarṇāya *daṇḍidaṇḍāya*[9] vai namaḥ ||12|
[10]namo 'rdhadaṇḍikeśāya śuṣkāya vikṛtāya ca |
vilohitāya *dhūmrāya*[11] nīlagrīvāya vai namaḥ ||13|
namo *'stv aprati-*[12]rūpāya virūpāya śivāya ca |
sūryāya sūryapataye sūryadhvajapatākine ||14|
namaḥ pramatha-*nāśāya*[13] vṛṣaskandhāya *vai namaḥ*[14] |
namo hiraṇya-*garbhāya*[15] hiraṇyakavacāya ca ||15|
hiraṇyakṛtacūḍāya hiraṇyapataye namaḥ |
śatrughātāya caṇḍāya parṇasaṃghaśayāya ca ||16|
namaḥ *stutāya stutaye*[16] stūyamānāya vai namaḥ |
sarvāya sarvabhakṣāya sarvabhūtāntarātmane ||17|
namo *homāya*[17] mantrāya śukladhvajapatākine |
namo *'namyāya namyāya*[18] namaḥ kilakilāya ca ||18|

1 B sadyo dveṣaphalaṃ dvijāḥ **2** V bala- **3** AB śatānanaḥ **4** B gāyakāś ca **5** B tarkayanti ca tarkinaḥ V arcayanti hy akarmiṇaḥ **6** V agniṃ jaleśvaram **7** ASS corr. like V; V prabhavāpyayau **8** B caṇḍine **9** B caṇḍadaṇḍāya V caṇḍīcaṇḍāya **10** AC om. **11** B tāmrāya **12** B asti prati- **13** V -nāthāya **14** B dhanvine **15** BV -varṇāya **16** B stutāyās tulyāya **17** AB hotrāya **18** A devanamasyāya

[19]namas tvāṃ śayamānāya śayitāyotthitāya ca |
sthitāya dhāvamānāya *kubjāya*[20] kuṭilāya ca || 19 |
namo nartanaśīlāya mukhavāditrakāriṇe |
bādhāpahāya lubdhāya gītavāditrakāriṇe || 20 |
namo jyeṣṭhāya śreṣṭhāya balapramathanāya ca |
[[21]kalpanāya ca kalpyāya kṣamāyopakṣamāya ca |]
ugrāya ca namo nityaṃ namaś ca daśabāhave || 21 |
namaḥ kapālahastāya sitabhasmapriyāya ca |
vibhīṣaṇāya bhīmāya *bhīṣmavratadharāya*[22] ca || 22 |
nānāvikṛtavaktrāya khaḍgajihvogradaṃṣṭriṇe |
pakṣamāsa-*lavārdhāya*[23] tumbīvīṇāpriyāya ca || 23 |
aghoraghorarūpāya *ghorāghoratarāya*[24] ca |
namaḥ śivāya śāntāya namaḥ *śāntatamāya*[25] ca || 24 |
namo *buddhāya śuddhāya*[26] saṃvibhāgapriyāya ca |
pavanāya[27] *pataṃgāya*[28] namaḥ sāṃkhyaparāya ca || 25 |
namaś caṇḍaikaghaṇṭāya ghaṇṭā-*jalpāya*[29] ghaṇṭine |
sahasraśataghaṇṭāya *ghaṇṭā-*[30]mālāpriyāya ca || 26 |
prāṇadaṇḍāya nityāya *namas te lohitāya*[31] ca |
hūṃhūṃ-[32]kārāya rudrāya *bhagākāra-*[33]priyāya ca || 27 |
namo 'pāravate nityaṃ girivṛkṣapriyāya ca |
[[34]mārgamāṃsaśṛgālāya tārakāya tarāya ca |]
namo yajñādhipataye *bhūtāya prasutāya*[35] ca || 28 |
yajñavāhāya dāntāya *tapyāya*[36] *ca bhagāya*[37] ca |
namas *taṭāya taṭyāya*[38] taṭinīpataye namaḥ || 29 |
annadāyānnapataye namas tv annabhujāya ca |
namaḥ sahasraśīrṣāya sahasracaraṇāya ca || 30 |
sahasroddhata-[39]śūlāya sahasranayanāya ca |
namo bālārkavarṇāya bālarūpadharāya ca || 31 |
namo bālārkarūpāya bālakrīḍanakāya ca |
namaḥ śuddhāya buddhāya kṣobhaṇāya kṣayāya ca || 32 |
taraṃgāṅkitakeśāya muktakeśāya vai namaḥ |
namaḥ ṣaṭkarma-*niṣṭhāya*[40] trikarma-*niyatāya*[41] ca || 33 |
varṇāśramāṇāṃ vidhivat pṛthagdharmapravartine |
namaḥ śreṣṭhāya jyeṣṭhāya namaḥ kalakalāya ca || 34 |
śvetapiṅgalanetrāya kṛṣṇaraktekṣaṇāya ca |
dharmakāmārthamokṣāya krathāya krathanāya ca || 35 |
sāṃkhyāya sāṃkhyamukhyāya yogādhipataye namaḥ |
namo rathyādhirathyāya catuṣpathapathāya ca || 36 |

19 C om. **20** V bhūtāya **21** V ins. **22** AV bhīmavratadharāya B bhasmapraharaṇāya **23** V -lavādyāya **24** V ghorād ghoratarāya **25** V śāntatarāya **26** A vṛddhāya lubdhāya B nṛtyapravīṇāya **27** C pāñcālāya V prapañcāya **28** V tathogrāya **29** V -nādāya **30** A khaṇḍa- **31** C namo lokahitāya **32** A daṇḍa- **33** B dvaṃdvākāra- V hūṃhūṃkāra- **34** V ins. **35** A hūtāya prahutāya V kṛtāya prakṛtāya **36** A pathyāya BV tathyāya **37** BV vitathāya **38** B taḍāgarandhrāya **39** V sahasrodyata- **40** V -tuṣṭāya **41** V -niratāya

kṛṣṇājinottarīyāya vyālayajñopavītine |
īśāna *rudrasaṃghāta*[42] harikeśa namo 'stu te ||37|
tryambakāyāmbikānātha vyaktāvyakta namo 'stu te |
kālakāmadakāmaghna *duṣṭodvṛttaniṣūdana*[43] ||38|
sarvagarhita sarvaghna sadyojāta namo 'stu te |
unmādana[44] śatāvartagaṅgātoyārdramūrdhaja ||39|
candrārdhasaṃyugāvarta meghāvarta namo 'stu te |
namo 'nnadānakartre ca annadaprabhave namaḥ[45] ||40|
anna-*bhoktre ca goptre ca tvam eva pralayānala*[46] |
jarāyujāṇḍajāś caiva svedajodbhijja eva ca ||41|
tvam eva devadeveśa bhūtagrāmaś caturvidhaḥ |
carācarasya sraṣṭā tvaṃ pratihartā tvam eva ca ||42|
tvam eva *brahmā*[47] viśveśa apsu brahma vadanti te |
sarvasya paramā yoniḥ *sudhāṃśo*[48] jyotiṣāṃ nidhiḥ ||43|
ṛksāmāni tathauṃkāram āhus tvāṃ brahmavādinaḥ |
hāyi hāyi hare hāyi huvāhāveti vāsakṛt ||44|
gāyanti tvāṃ suraśreṣṭhāḥ sāmagā brahmavādinaḥ |
yajurmaya *ṛṅmayaś ca*[49] sāmātharvayutas tathā ||45|
paṭhyase[50] brahmavidbhis tvaṃ kalpopaniṣadāṃ gaṇaiḥ |
brāhmaṇāḥ kṣatriyā vaiśyāḥ *śūdrā varṇāśramāś*[51] ca ye ||46|
tvam evāśramasaṃghāś ca vidyut stanitam eva ca |
saṃvatsaras tvam ṛtavo *māsā*[52] māsārdham eva ca ||47|
kalā kāṣṭhā nimeṣāś ca nakṣatrāṇi yugāni ca |
vṛṣāṇāṃ kakudaṃ tvaṃ hi girīṇāṃ śikharāṇi ca ||48|
siṃho mṛgāṇāṃ *patayas takṣakānantabhoginām*[53] |
kṣīrodo hy udadhīnāṃ ca mantrāṇāṃ *praṇavas tathā*[54] ||49|
vajraṃ praharaṇānāṃ ca vratānāṃ satyam eva ca |
tvam evecchā ca dveṣaś ca rāgo mohaḥ śamaḥ kṣamā ||50|
vyavasāyo dhṛtir lobhaḥ kāmakrodhau jayājayau |
tvaṃ gadī tvaṃ śarī cāpī khaṭvāṅgī *mudgarī tathā*[55] ||51|
chettā bhettā prahartā ca netā *mantāsi no mataḥ*[56] |
daśalakṣaṇasaṃyukto dharmo 'rthaḥ kāma eva ca ||52|
induḥ[57] samudraḥ saritaḥ palvalāni sarāṃsi ca |
latāvallyas tṛṇauṣadhyaḥ paśavo mṛgapakṣiṇaḥ ||53|
dravyakarmaguṇārambhaḥ kālapuṣpaphalapradaḥ |
ādiś cāntaś ca madhyaś ca gāyatry oṃkāra eva ca ||54|
harito lohitaḥ kṛṣṇo nīlaḥ pītas *tathā kṣaṇaḥ*[58] |
kadruś ca kapilo babhruḥ kapoto *macchakas*[59] tathā ||55|

42 B yajñasaṃpāṭa **43** B dṛptoddṛptanivāraṇa V duṣṭodvṛttanivāraṇa **44** B ṛksādana **45** V nānārthadānabhartā ca arthadaś ca tvam eva hi **46** V -sraṣṭā ca bhoktā ca yajñabhuk ca tathānalaḥ **47** V brahma **48** V svadhā tvaṃ **49** V ṛṅmayas tvaṃ **50** B sevyas tu V sevyase **51** B śūdravarṇās trayaś **52** V māso **53** B ca patiḥ kañcuko yo 'sti bhoginām V ca patis takṣako 'nantabhoginām **54** V yajur eva ca **55** V tvaṃ dhvajī rathī **56** B bhartābhito gataḥ **57** BV indraḥ **58** V tathāruṇaḥ **59** ASS corr. *matsyakas*; V mecakas

suvarṇaretā vikhyātaḥ suvarṇaś cāpy atho mataḥ |
suvarṇanāmā ca tathā suvarṇapriya eva ca ||56|
tvam *indraś*[60] ca yamaś caiva varuṇo dhanado 'nalaḥ |
utphullaś citrabhānuś ca svarbhānur bhānur eva ca ||57|
hotraṃ hotā ca homyaṃ ca hutaṃ caiva tathā prabhuḥ |
trisauparṇas tathā brahman yajuṣāṃ śatarudriyam ||58|
pavitraṃ ca pavitrāṇāṃ maṅgalānāṃ ca maṅgalam |
[[61]giriḥ pāpāntako vṛkṣo jīvaḥ pralaya eva ca |]
prāṇaś ca tvaṃ rajaś ca tvaṃ tamaḥ sattvayutas tathā ||59|
prāṇo 'pānaḥ samānaś ca udāno vyāna eva ca |
unmeṣaś ca nimeṣaś ca *kṣuttṛṅjṛmbhā*[62] tathaiva ca ||60|
lohitāṅgaś ca daṃṣṭrī ca mahāvaktro mahodaraḥ |
śuciromā haricchmaśrur ūrdhvakeśaś calācalaḥ ||61|
gītavāditranṛtyāṅgo gītavādanakapriyaḥ |
matsyo jālo jalo 'jayyo jalavyālaḥ kuṭīcaraḥ ||62|
vikālaś ca sukālaś ca duṣkālaḥ kālanāśanaḥ |
mṛtyuś *caivākṣayo*[63] 'ntaś ca kṣamāmāyākarotkaraḥ ||63|
saṃvarto vartakaś caiva saṃvartakabalāhakau |
ghaṇṭākī ghaṇṭakī ghaṇṭī cūḍālo lavaṇodadhiḥ ||64|
brahmā kālāgni-*vaktraś*[64] ca daṇḍī muṇḍas tridaṇḍadhṛk |
caturyugaś caturvedaś caturhotraś catuṣpathaḥ ||65|
cāturāśramyanetā ca cāturvarṇyakaraś ca *ha*[65] |
kṣarākṣaraḥ priyo dhūrto gaṇair gaṇyo gaṇādhipaḥ ||66|
raktamālyāmbaradharo girīśo girijāpriyaḥ |
śilpīśaḥ śilpinaḥ śreṣṭhaḥ sarva-*śilpi*-[66]pravartakaḥ ||67|
bhaganetrāntakaś caṇḍaḥ pūṣṇo dantavināśanaḥ |
svāhā svadhā vaṣaṭkāro namaskāra namo 'stu te ||68|
gūḍhavrataś ca gūḍhaś ca gūḍhavrataniṣevitaḥ |
taraṇas tāraṇaś caiva *sarvabhūteṣu tāraṇaḥ*[67] ||69|
dhātā vidhātā saṃdhātā nidhātā *dhāraṇo dharaḥ*[68] |
tapo brahma ca satyaṃ ca brahmacaryaṃ tathārjavam ||70|
bhūtātmā bhūtakṛd bhūto bhūtabhavyabhavodbhavaḥ |
bhūr bhuvaḥ svaritaś caiva *bhūto*[69] hy agnir maheśvaraḥ ||71|
[[70]*jñekṣaṇodvīkṣaṇaḥ kānto*[71] dānto 'dāntavināśanaḥ |]
brahmāvartaḥ *surāvartaḥ*[72] kāmāvarta namo 'stu te |
kāmabimba-*vinirhantā*[73] karṇikārasrajapriyaḥ ||72|
gonetā gopracāraś ca govṛṣeśvaravāhanaḥ |
trailokyagoptā govindo *goptā gogarga*[74] eva ca ||73|
akhaṇḍacandrābhimukhaḥ sumukho durmukho 'mukhaḥ |
caturmukho bahumukho raṇeṣv abhimukhaḥ sadā ||74|

60 V induś **61** V ins. **62** V kālaḥ kalpas **63** B caiva kṣayo **64** B -cakraś **65** V hi **66** V -śilpa- **67** V sarvānusyūtacāraṇaḥ **68** V dharaṇīdharaḥ **69** V vṛto **70** BV ins. **71** V rekṣaṇo dokṣaṇākānto **72** C svarāvartaḥ **73** B -nihantā ca **74** C gomāṅgo mārga

hiraṇyagarbhaḥ śakunir dhanado *'rtha-*[75]patir virāṭ |
adharmahā mahādakṣo daṇḍa-*dhāro*[76] raṇapriyaḥ ||75|
tiṣṭhan sthiraś ca sthāṇuś ca niṣkampaś ca suniścalaḥ |
durvāraṇo durviṣaho *duḥsaho*[77] duratikramaḥ ||76|
durdharo durvaśo nityo dur-*darpo*[78] vijayo jayaḥ |
śaśaḥ *śaśāṅkanayana-*[79]*śītoṣṇaḥ kṣut*[80] tṛṣā *jarā*[81] ||77|
ādhayo vyādhayaś caiva vyādhihā vyādhipaś ca yaḥ |
sahyo yajñamṛgavyādho vyādhīnām ākaro 'karaḥ ||78|
śikhaṇḍī puṇḍarīkaś ca puṇḍarīkāvalokanaḥ |
daṇḍadhṛk cakradaṇḍaś ca raudra-*bhāga-*[82]vināśanaḥ ||79|
viṣapo 'mṛtapaś caiva surāpaḥ kṣīrasomapaḥ |
madhupaś cāpapaś caiva sarvapaś ca balābalaḥ ||80|
vṛṣāṅgarāmbhọ [?][83] vṛṣabhas tathā vṛṣabhalocanaḥ |
vṛṣabhaś caiva vikhyāto lokānāṃ lokasaṃskṛtaḥ ||81|
candrādityau cakṣuṣī te hṛdayaṃ ca pitāmahaḥ |
agniṣṭomas tathā deho dharmakarmaprasādhitaḥ ||82|
na brahmā na ca govindaḥ purāṇarṣayo na ca |
māhātmyaṃ vedituṃ śaktā yāthātathyena te śiva ||83|
śivā[84] yā mūrtayaḥ sūkṣmās *te*[85] mahyaṃ yāntu darśanam |
tābhir māṃ *sarvato*[86] rakṣa pitā putram ivaurasam ||84|
rakṣa māṃ rakṣaṇīyo 'haṃ tavānagha namo 'stu te |
bhaktānukampī bhagavān bhaktaś cāhaṃ sadā tvayi ||85|
yaḥ sahasrāṇy anekāni puṃsām āvṛtya dur-*dṛśām*[87] |
tiṣṭhaty ekaḥ samudrānte sa me goptāstu nityaśaḥ ||86|
yaṃ vinidrā[88] jitaśvāsāḥ sattvasthāḥ samadarśinaḥ |
jyotiḥ paśyanti yuñjānās tasmai yogātmane namaḥ ||87|
saṃbhakṣya sarvabhūtāni yugānte samupasthite |
yaḥ śete jalamadhyasthas taṃ prapadye 'mbuśāyinam ||88|
praviśya vadanaṃ rāhor yaḥ somaṃ pibate niśi |
grasaty *arkaṃ ca*[89] svarbhānur bhūtvā *somāgnir eva ca*[90] ||89|
aṅguṣṭhamātrāḥ puruṣā dehasthāḥ sarvadehinām |
rakṣantu te ca māṃ nityaṃ nityaṃ cāpyāyayantu mām ||90|
yenāpy utpāditā *garbhā apo bhāgagatāś*[91] ca ye |
teṣāṃ svāhā svadhā caiva *āpnuvanti svadanti ca*[92] ||91|
yena rohanti[93] dehasthāḥ prāṇino *rodayanti*[94] ca |
harṣayanti na *kṛṣyanti*[95] namas tebhyas tu nityaśaḥ ||92|
ye samudre nadī-[96]durge parvateṣu guhāsu ca |
vṛkṣamūleṣu goṣṭheṣu kāntāragahaneṣu ca ||93|

75 V 'nna- **76** V -dhārī **77** V durdarpo **78** V -damo **79** B saśokaśayanaḥ V śaśāṅkanayanaḥ **80** B pratṛṣṇaś ca **81** B jvaraḥ **82** C -bhāgā- **83** B vṛṣād vadhānyo V vṛṣāṅgavāhyo **84** V śiva **85** V tā **86** BV satataṃ **87** V -daśām **88** V jitanidrā **89** B avaśyaṃ **90** B somaṃ tathā ravim **91** V devāḥ pañcatvaṃ ca gatāś **92** V ahas tvāṃ ca stuvanti ca **93** V yatrārohanti **94** V 'vataranti **95** B hṛṣyanti **96** B sthalījalanadī-

catuṣpatheṣu rathyāsu *catvareṣu*[97] sabhāsu ca |
hastyaśvarathaśālāsu jīrṇodyānālayeṣu ca ||94|
yeṣu pañcasu bhūteṣu diśāsu vidiśāsu ca |
indrārkayor madhyagatā ye ca candrārkaraśmiṣu ||95|
rasātalagatā ye ca ye ca tasmāt paraṃ gatāḥ |
namas tebhyo namas tebhyo namas *tebhyas tu*[98] *sarvaśaḥ*[99] ||96|
sarvas tvaṃ sarvago devaḥ sarvabhūtapatir bhavaḥ |
sarvabhūtāntarātmā ca tena tvaṃ na nimantritaḥ ||97|
tvam eva cejyase deva yajñair vividhadakṣiṇaiḥ |
tvam eva kartā sarvasya tena tvaṃ na nimantritaḥ ||98|
athavā māyayā deva mohitaḥ *sūkṣmayā tava*[100] |
tasmāt tu kāraṇād vāpi tvaṃ mayā na nimantritaḥ ||99|
prasīda mama deveśa tvam eva śaraṇaṃ mama |
tvaṃ gatis tvaṃ pratiṣṭhā ca *na cānyo 'stīti me matiḥ*[101] ||100|
brahmovāca:
stutvaivaṃ sa mahādevaṃ virarāma mahāmatiḥ |
bhagavān api suprītaḥ punar dakṣam abhāṣata ||101|
śrībhagavān uvāca:
parituṣṭo 'smi te dakṣa stavenānena suvrata |
bahunā tu[102] kim uktena matsamīpaṃ gamiṣyasi ||102|
brahmovāca:
tathaivam abravīd vākyaṃ trailokyādhipatir bhavaḥ |
kṛtvāśvāsakaraṃ vākyaṃ sarvajño vākyasaṃhitam ||103|
śrīśiva uvāca:
dakṣa duḥkhaṃ na kartavyaṃ yajñavidhvaṃsanaṃ prati |
ahaṃ *yajñahanas*[103] tubhyaṃ dṛṣṭam etat purānagha ||104|
bhūyaś ca tvaṃ varam imaṃ matto gṛhṇīṣva suvrata |
prasannasumukho bhūtvā mamaikāgramanāḥ śṛṇu ||105|
aśvamedhasahasrasya vājapeyaśatasya *vai*[104] |
prajāpate matprasādāt phalabhāgī bhaviṣyasi ||106|
vedān ṣaḍaṅgān budhyasva sāṃkhyayogāṃś ca kṛtsnaśaḥ |
tapaś ca vipulaṃ *taptvā*[105] duścaraṃ devadānavaiḥ ||107|
abdair dvādaśabhir yuktaṃ *gūḍham*[106] aprajñaninditam |
varṇāśramakṛtair dharmair vinītaṃ na kvacit *kvacit*[107] ||108|
samāgataṃ vyavasitaṃ[108] paśupāśavimokṣaṇam |
sarveṣām āśramāṇāṃ ca mayā pāśupataṃ vratam ||109|
utpāditaṃ dakṣa śubhaṃ sarvapāpa-*vimocanam*[109] |
asya cīrṇasya yat samyak phalaṃ bhavati puṣkalam |
tac cāstu sumahābhāga mānasas tyajyatāṃ jvaraḥ ||110|
brahmovāca:
evam uktvā tu deveśaḥ sapatnīkaḥ sahānugaḥ |
adarśanam anuprāpto dakṣasyāmitatejasaḥ ||111|

97 V kāntāreṣu **98** V tebhyo 'stu **99** BV nityaśaḥ **100** B sarvarūpayā **101** V nānyo 'stīti matir mama **102** V bahunātra **103** C yajña namas **104** V ca **105** B labdhvā **106** V sūkṣmam **107** C samam **108** C gatāntair avyavasitaṃ **109** B -vimokṣaṇam

avāpya ca tathā bhāgaṃ *yathoktaṃ comayā*[110] bhavaḥ |
jvaraṃ ca sarvadharma-*jño*[111] bahudhā vyabhajat tadā || 112 |
śāntyarthaṃ sarvabhūtānāṃ śṛṇudhvam atha vai dvijāḥ |
śikhābhitāpo nāgānāṃ parvatānāṃ śilājatu || 113 |
apāṃ tu nīlikāṃ vidyān nirmoko bhujageṣu ca |
khorakaḥ[112] saurabheyāṇām ūkharaḥ pṛthivītale || 114 |
śunām api ca dharmajñā dṛṣṭipratyavarodhanam |
randhrāgatam athāśvānāṃ śikhodbhedaś ca barhiṇām || 115 |
netrarāgaḥ kokilānāṃ *dveṣaḥ*[113] prokto mahātmanām |
janānām api bhedaś ca sarveṣām iti naḥ śrutam || 116 |
śukānām api sarveṣāṃ *hikkikā*[114] procyate jvaraḥ |
śārdūleṣv atha vai viprāḥ *śramo jvara ihocyate*[115] || 117 |
mānuṣeṣu ca *sarvajñā*[116] jvaro nāmaiṣa kīrtitaḥ |
maraṇe janmani tathā madhye cāpi niveśitaḥ || 118 |
etan māheśvaraṃ tejo jvaro nāma sudāruṇaḥ |
namasyaś caiva mānyaś ca sarvaprāṇibhir īśvaraḥ || 119 |
imāṃ jvarotpattim adīnamānasaḥ |
paṭhet sadā *yaḥ susamāhito*[117] naraḥ |
vimuktarogaḥ sa naro *mudāyuto*[118] |
labheta kāmāṃś ca yathāmanīṣitān || 120 |
dakṣaproktaṃ stavaṃ cāpi kīrtayed yaḥ śṛṇoti vā |
nāśubhaṃ prāpnuyāt kiṃcid dīrgham āyur avāpnuyāt || 121 |
yathā sarveṣu deveṣu variṣṭho bhagavān *bhavaḥ*[119] |
tathā stavo variṣṭho 'yaṃ stavānāṃ dakṣanirmitaḥ || 122 |
yaśaḥsvargasuraiśvaryavittādijayakāṅkṣibhiḥ |
stotavyo bhaktim āsthāya vidyākāmaiś ca yatnataḥ || 123 |
vyādhito duḥkhito dīno naro grasto bhayādibhiḥ |
rājakāryaniyukto vā mucyate mahato bhayāt || 124 |
anenaiva ca dehena gaṇānāṃ ca maheśvarāt |
iha loke sukhaṃ prāpya gaṇarāḍ *upajāyate*[120] || 125 |
na yakṣā na piśācā vā na nāgā na vināyakāḥ |
kuryur vighnaṃ gṛhe tasya yatra saṃstūyate bhavaḥ || 126 |
śṛṇuyād vā idaṃ nārī bhaktyātha bhavabhāvitā |
pitṛpakṣe bhartṛpakṣe pūjyā bhavati caiva *ha*[121] || 127 |
śṛṇuyād vā idaṃ sarvaṃ kīrtayed vāpy abhīkṣṇaśaḥ |
tasya sarvāṇi kāryāṇi siddhiṃ gacchanty avighnataḥ || 128 |
manasā cintitaṃ yac ca yac ca vācāpy *udāhṛtam*[122] |
sarvaṃ[123] saṃpadyate tasya stavasyāsyānukīrtanāt || 129 |
devasya saguhasyātha devyā nandīśvarasya ca |
baliṃ *vibhajataḥ*[124] kṛtvā damena niyamena ca || 130 |

110 B yathāproktaṃ makhe **111** V -jñā **112** B ghorakaḥ **113** CV jvaraḥ **114** B daṇḍikā **115** B saṃmoho jvara ucyate **116** BV dharmajñā **117** V yas tu samāhito **118** V mudā yuto **119** B haraḥ **120** V upapadyate **121** V hi **122** V udīritam **123** V tat tat **124** ASS corr. *vibhāgataḥ*; V vibhavataḥ

tataḥ prayukto gṛhṇīyān nāmāny āśu yathākramam |
īpsitāṃl labhate 'py arthān kāmān bhogāṃś ca mānavaḥ ||131|
mṛtaś ca *svargam āpnoti*[125] strīsahasrasamāvṛtaḥ |
sarvakāma-*suyukto*[126] vā yukto vā sarvapātakaiḥ ||132|
paṭhan dakṣakṛtaṃ stotraṃ sarvapāpaiḥ pramucyate |
mṛtaś ca gaṇasāyujyaṃ pūjyamānaḥ surāsuraiḥ ||133|
vṛṣeṇa viniyuktena vimānena *virājate*[127] |
ābhūtasaṃplavasthāyī rudrasyānucaro bhavet ||134|
ity āha bhagavān vyāsaḥ parāśarasutaḥ prabhuḥ |
naitad vedayate kaścin naitac chrāvyaṃ ca *kasyacit*[128] ||135|
śrutvemaṃ paramaṃ guhyaṃ ye 'pi syuḥ pāpayonayaḥ |
vaiśyāḥ striyaś ca śūdrāś ca rudralokam avāpnuyuḥ ||136|
śrāvayed yaś ca viprebhyaḥ sadā parvasu parvasu |
rudralokam avāpnoti dvijo vai nātra saṃśayaḥ ||137|

iti śrīmahāpurāṇe ādibrāhme svayaṃbhvṛṣisaṃvāde dakṣastavanirūpaṇaṃ nāma catvāriṃśo 'dhyāyaḥ

lomaharṣaṇa uvāca:
śrutvaivaṃ *vai muniśreṣṭhāḥ*[1] kathāṃ pāpapraṇāśinīm |
rudrakrodhodbhavāṃ puṇyāṃ vyāsasya vadato dvijāḥ ||41.1|
pārvatyāś ca tathā roṣaṃ krodhaṃ śaṃbhoś ca duḥsaham |
utpattiṃ vīrabhadrasya bhadrakālyāś ca saṃbhavam ||2|
dakṣayajñavināśaṃ ca vīryaṃ śaṃbhos tathādbhutam |
punaḥ prasādaṃ devasya dakṣasya sumahātmanaḥ ||3|
yajñabhāgaṃ ca rudrasya dakṣasya ca phalaṃ kratoḥ |
hṛṣṭā[2] babhūvuḥ *saṃprītā*[3] vismitāś ca punaḥ punaḥ ||4|
papracchuś ca punar vyāsaṃ kathāśeṣaṃ *tathā*[4] *dvijāḥ*[5] |
pṛṣṭaḥ provāca tān vyāsaḥ kṣetram ekāmrakaṃ punaḥ ||5|
vyāsa uvāca:
brahmaproktāṃ kathāṃ *puṇyāṃ*[6] śrutvā *tu*[7] ṛṣipuṃgavāḥ |
praśaśaṃsus tadā hṛṣṭā romāñcitatanūruhāḥ ||6|
ṛṣaya ūcuḥ:
aho devasya māhātmyaṃ tvayā śaṃbhoḥ prakīrtitam |
dakṣasya ca suraśreṣṭha yajñavidhvaṃsanaṃ tathā ||7|
ekāmrakaṃ kṣetravaraṃ vaktum arhasi sāṃpratam |
śrotum icchāmahe brahman paraṃ kautūhalaṃ hi naḥ ||8|
vyāsa uvāca:
teṣāṃ tad vacanaṃ śrutvā lokanāthaś caturmukhaḥ |
provāca śaṃbhos tat kṣetraṃ bhūtale *duṣkṛtacchadam*[8] ||9|

125 B svargaprāptaḥ syāt **126** B -prayukto **127** C virājatā **128** C karhicit **1** V te munivarāḥ **2** V dvijā **3** V suprītā **4** B punar V ca te **5** V tadā **6** V caiva **7** V tad **8** V bhuktimuktidam

brahmovāca:
śṛṇudhvaṃ muniśārdūlāḥ pravakṣyāmi samāsataḥ |
sarvapāpaharaṃ puṇyaṃ kṣetraṃ paramadurlabham ||10|
liṅgakoṭisamāyuktaṃ *vārāṇasīsamaṃ*[9] śubham |
ekāmraketi vikhyātaṃ tīrthāṣṭakasamanvitam ||11|
ekāmravṛkṣas tatrāsīt purā kalpe dvijottamāḥ |
nāmnā tasyaiva tat kṣetram ekāmrakam iti *śrutam*[10] ||12|
hṛṣṭapuṣṭajanākīrṇaṃ naranārīsamanvitam |
vidvāṃsagaṇa[11] bhūyiṣṭhaṃ dhanadhānyādisaṃyutam ||13|
gṛhago-*pura*-[12]saṃbādhaṃ *trikacādvārabhūṣitam*[13] |
nānāvaṇiksamākīrṇaṃ nānāratnopaśobhitam ||14|
purāṭṭālakasaṃyuktaṃ *rathibhiḥ*[14] samalaṃkṛtam |
rājahaṃsanibhaiḥ śubhraiḥ prāsādair upaśobhitam ||15|
mārgagadvāra-[15]saṃyuktaṃ sitaprākāraśobhitam |
rakṣitaṃ śastrasaṃghaiś ca parikhābhir alaṃkṛtam ||16|
[16]sitaraktais tathā pītaiḥ kṛṣṇaśyāmaiś ca varṇakaiḥ |
samīraṇoddhatābhiś ca patākābhir alaṃkṛtam ||17|
nityotsavapramuditaṃ nānāvāditra-*nisvanaiḥ*[17] |
vīṇāveṇumṛdaṅgaiś ca kṣepaṇībhir alaṃkṛtam ||18|
devatāyatanair divyaiḥ *prākārodyāna*-[18]maṇḍitaiḥ |
pūjāvicitraracitaiḥ sarvatra samalaṃkṛtam ||19|
striyaḥ pramuditās[19] tatra dṛśyante tanumadhyamāḥ |
hārair alaṃkṛta-[20]grīvāḥ padmapattrāyatekṣaṇāḥ ||20|
pīnonnatakucāḥ śyāmāḥ pūrṇacandra-*nibhānanāḥ*[21] |
sthirālakāḥ sukapolāḥ kāñcīnūpuranāditāḥ ||21|
sukeśyaś cārujaghanāḥ karṇāntāyatalocanāḥ |
sarvalakṣaṇasampannāḥ sarvābharaṇabhūṣitāḥ ||22|
divyavastradharāḥ śubhrāḥ kāścit kāñcanasaṃnibhāḥ |
haṃsavāraṇagāminyaḥ kucabhārāvanāmitāḥ ||23|
divyagandhānuliptāṅgāḥ karṇābharaṇabhūṣitāḥ |
madālasāś ca suśroṇyo nityaṃ prahasitānanāḥ ||24|
īṣad-[22]vispaṣṭadaśanā *bimbauṣṭhā*[23] madhurasvarāḥ |
tāmbūlarañjitamukhā vidagdhāḥ priyadarśanāḥ ||25|
subhagāḥ priyavādinyo nityaṃ yauvanagarvitāḥ |
divyavastradharāḥ sarvāḥ sadā cāritramaṇḍitāḥ ||26|
krīḍanti tāḥ sadā tatra striyaś cāpsarasopamāḥ |
sve sve gṛhe pramuditā divā rātrau *varānanāḥ*[24] ||27|
puruṣās tatra dṛśyante rūpayauvanagarvitāḥ |
sarvalakṣaṇasampannāḥ *sumṛṣṭamaṇikuṇḍalāḥ*[25] ||28|

9 V vārāṇasyā samaṃ **10** B smṛtam **11** ASS corr. like V; V vidyāvadgaṇa- **12** V -kula- **13** V gopuraiś ca subhūṣitam **14** V vīthībhiḥ **15** V trikacādvāra- **16** C om. 41.17. **17** CV -vāditam **18** B prākārair dhātu- **19** V striyas tu muditās **20** C hāvabhāvānata- **21** BV -samānanāḥ **22** V vidyud- **23** B sukaṇṭhyo **24** V varāṅganāḥ **25** V sarvābharaṇa-bhūṣitāḥ

brāhmaṇāḥ kṣatriyā vaiśyāḥ śūdrāś ca munisattamāḥ |
svadharmaniratās tatra nivasanti sudhārmikāḥ ||29|
anyāś ca tatra tiṣṭhanti vāramukhyāḥ sulocanāḥ |
ghṛtācīmenakā-*tulyās tathā samatilottamāḥ*[26] ||30|
urvaśīsadṛśāś caiva *vipracitti*-[27]nibhās tathā |
viśvācīsaha-*janyābhāḥ*[28] pramlocāsadṛśās tathā ||31|
sarvās tāḥ priyavādinyaḥ sarvā vihasitānanāḥ |
kalākauśalasaṃyuktāḥ *sarvās tā guṇasaṃyutāḥ*[29] ||32|
evaṃ paṇyastriyas[30] tatra nṛtyagītaviśāradāḥ |
nivasanti muniśreṣṭhāḥ sarvastrīguṇagarvitāḥ ||33|
prekṣaṇālāpakuśalāḥ sundaryaḥ priyadarśanāḥ |
na rūpahīnā durvṛttā na paradrohakārikāḥ ||34|
yāsāṃ kaṭākṣapātena mohaṃ gacchanti mānavāḥ |
na tatra nirdhanāḥ santi na mūrkhā *na paradviṣaḥ*[31] ||35|
na rogiṇo na malinā na kadaryā na *māyinaḥ*[32] |
na rūpahīnā durvṛttā na paradrohakāriṇaḥ ||36|
tiṣṭhanti mānavās tatra kṣetre jagati viśrute |
sarvatra sukhasaṃcāraṃ sarvasattvasukhāvaham ||37|
nānājana-*samākīrṇaṃ*[33] sarvasasyasamanvitam |
karṇikāraiś ca panasaiś campakair nāgakesaraiḥ ||38|
pāṭalāśokabakulaiḥ kapitthair *bahulair*[34] dhavaiḥ |
cūtanimbakadambaiś ca tathānyaiḥ puṣpajātibhiḥ ||39|
nīpakair dhavakhadirair latābhiś ca virājitam |
śālais tālais tamālaiś ca nārikelaiḥ śubhāñjanaiḥ ||40|
arjunaiḥ *sama*-[35]parṇaiś ca kovidāraiḥ sapippalaiḥ |
lakucaiḥ saralair lodhrair hintālair devadārubhiḥ ||41|
palāśair mucukundaiś ca pārijātaiḥ sa-*kubjakaiḥ*[36] |
kadalīvanakhaṇḍaiś ca jambū-*pūga*-[37]phalais tathā ||42|
ketakīkaravīraiś ca atimuktaiś ca kiṃśukaiḥ |
mandārakundapuṣpaiś ca tathānyaiḥ puṣpajātibhiḥ ||43|
nānāpakṣirutaiḥ sevyair udyānair nandanopamaiḥ |
phalabhārānatair vṛkṣaiḥ *sarvartukusumotkaraiḥ*[38] ||44|
cakoraiḥ śatapattraiś ca bhṛṅgarājaiś ca kokilaiḥ |
kalaviṅkair mayūraiś ca priyaputraiḥ śukais tathā ||45|
jīvaṃjīvakahārītaiś cātakair vanaveṣṭitaiḥ |
nānāpakṣigaṇaiś cānyaiḥ kūjadbhir madhura-*svaraiḥ*[39] ||46|
dīrghikābhis taḍāgaiś ca *puṣkariṇībhiś ca vāpibhiḥ*[40] |
nānā-*jalāśayaiś cānyaiḥ*[41] padminīkhaṇḍamaṇḍitaiḥ ||47|
[[42]sarāṃsi ca manojñāni prasannasalilāni ca |]
kumudaiḥ puṇḍarīkaiś ca tathā nīlotpalaiḥ śubhaiḥ |
kādambaiś cakravākaiś ca tathaiva jalakukkuṭaiḥ ||48|

26 V -tulyā yathā rambhā tilottamā **27** C pūrvavitta- **28** V -janyāś ca **29** BV sarvāś ca guṇamaṇḍitāḥ **30** V evaṃbhūtāḥ striyas **31** V nāpi vidviṣaḥ **32** B māninaḥ **33** C -padākīrṇaṃ **34** B badarair **35** V sapta- **36** B -kuñcakaiḥ **37** B -kanda- **38** B sarvartukusumākaraiḥ V sarvasattvasamutkaraiḥ **39** B -svanaiḥ **40** B puṣkariṇyāś ca rājibhiḥ **41** V -jalāśayaiḥ puṇyaiḥ **42** V ins.

kāraṇḍavaiḥ plavair haṃsais tathānyair jalacāribhiḥ |
evaṃ nānāvidhair vṛkṣaiḥ puṣpair nānāvidhair *varaiḥ*[43] ||49|
nānājalāśayaiḥ puṇyaiḥ śobhitaṃ tat samantataḥ |
āste tatra *svayaṃ*[44] devaḥ kṛttivāsā vṛṣadhvajaḥ ||50|
hitāya sarvalokasya bhuktimuktipradaḥ śivaḥ |
pṛthivyāṃ yāni tīrthāni saritaś ca sarāṃsi ca ||51|
puṣkariṇyas taḍāgāni vāpyaḥ kūpāś ca sāgarāḥ |
tebhyaḥ pūrvaṃ samāhṛtya jalabindūn pṛthak pṛthak ||52|
sarvalokahitārthāya rudraḥ sarvasuraiḥ saha |
tīrthaṃ bindusaro nāma tasmin kṣetre dvijottamāḥ ||53|
cakāra ṛṣibhiḥ sārdhaṃ tena bindusaraḥ smṛtam |
aṣṭamyāṃ bahule pakṣe mārgaśīrṣe dvijottamāḥ ||54|
yas tatra yātrāṃ kurute viṣuve vijitendriyaḥ |
vidhivad bindusarasi snātvā śraddhāsamanvitaḥ ||55|
devān ṛṣīn manuṣyāṃś ca pitṝn saṃtarpya *vāgyataḥ*[45] |
tilodakena vidhinā nāmagotravidhānavit ||56|
snātvaivaṃ vidhivat tatra so 'śvamedhaphalaṃ labhet |
grahoparāge viṣuve saṃkrāntyām ayane tathā ||57|
yugādiṣu ṣaḍaśītyāṃ[46] tathānyatra śubhe tithau |
ye tatra dānaṃ viprebhyaḥ prayacchanti dhanādikam ||58|
anyatīrthāc chataguṇaṃ phalaṃ te prāpnuvanti *vai*[47] |
piṇḍaṃ ye *saṃprayacchanti*[48] pitṛbhyaḥ sarasas taṭe ||59|
pitṝṇām akṣayāṃ tṛptiṃ te kurvanti na saṃśayaḥ |
tataḥ śaṃbhor gṛhaṃ *gatvā*[49] vāgyataḥ saṃyatendriyaḥ ||60|
praviśya pūjayec charvaṃ kṛtvā taṃ triḥ pradakṣiṇam |
ghṛtakṣīrādibhiḥ snānaṃ kārayitvā bhavaṃ śuciḥ ||61|
candanena sugandhena vilipya *kuṅkumena*[50] *ca*[51] |
tataḥ[52] saṃpūjayed devaṃ candramaulim umāpatim ||62|
puṣpair nānāvidhair *medhyair bilvārka-*[53]kamalādibhiḥ |
āgamoktena mantreṇa vedoktena ca śaṃkaram ||63|
adīkṣitas tu *nāmnaiva*[54] mūlamantreṇa cārcayet |
evaṃ saṃpūjya taṃ devaṃ gandha-*puṣpānurāgibhiḥ*[55] ||64|
dhūpadīpaiś ca naivedyair upahārais tathā stavaiḥ |
daṇḍavatpraṇipātaiś ca gītair vādyair manoharaiḥ ||65|
nṛtyajapyanamaskārair jayaśabdaiḥ pradakṣiṇaiḥ |
evaṃ saṃpūjya vidhivad devadevam umāpatim ||66|
sarvapāpa-*vinirmukto*[56] rūpayauvana-*garvitaḥ*[57] |
kulaikaviṃśam uddhṛtya divyābharaṇabhūṣitāḥ ||67|
[[58]yajvāno dānaśīlāś ca pṛthivyāḥ patayas tathā |
muktīśvaraṃ ca siddheśaṃ svarṇajāleśvaraṃ tathā |

43 B janaiḥ **44** B sadā **45** V yatnataḥ **46** V yugādiṣaḍaśītyāṃ ca **47** B ca **48** B ca prayacchanti **49** B gacched **50** V kusumena **51** B vā **52** V tatra **53** B divyaiḥ puṃnāga- **54** V nāmnaiṣa **55** V -puṣpāmbarādibhiḥ **56** V -vinirmuktā **57** V -garvitāḥ **58** V ins.

parameśvaraṃ ca vikhyātaṃ sūkṣmaṃ cāmbrātikeśvaram [?] |
ye paśyanty arcayitvā ca snātvā bindusarombhasi |]
sauvarṇena vimānena kiṅkiṇījālamālinā |
upagīyamāno[59] gandharvair apsarobhir *alaṃkṛtaḥ*[60] || 68 |
uddyotayan[61] diśaḥ sarvāḥ śivalokaṃ *sa gacchati*[62] |
bhuktvā tatra sukhaṃ viprā manasaḥ prītidāyakam || 69 |
tallokavāsibhiḥ sārdhaṃ yāvad ābhūtasaṃplavam |
tatas tasmād *ihāyātaḥ*[63] pṛthivyāṃ *puṇya-*[64]saṃkṣaye || 70 |
jāyate[65] yogināṃ gehe *caturvedī*[66] dvijottamāḥ |
yogaṃ pāśupataṃ prāpya tato mokṣam *avāpnuyāt*[67] || 71 |
śayanotthāpane caiva saṃkrāntyām ayane tathā |
aśokākhyāṃ tathāṣṭamyāṃ pavitrāropaṇe tathā || 72 |
ye ca paśyanti taṃ devaṃ kṛttivāsasam uttamam |
vimānenārkavarṇena śivalokaṃ vrajanti te || 73 |
sarvakāle 'pi taṃ devaṃ ye paśyanti sumedhasaḥ |
te 'pi pāpavinirmuktāḥ śivalokaṃ vrajanti vai || 74 |
devasya paścime pūrve dakṣiṇe cottare tathā |
yojanadvitayaṃ sārdhaṃ kṣetraṃ tad bhuktimuktidam || 75 |
tasmin *kṣetravare*[68] liṅgaṃ bhāskareśvarasaṃjñitam |
paśyanti ye tu taṃ devaṃ snātvā kuṇḍe maheśvaram || 76 |
ādityenārcitaṃ pūrvaṃ devadevaṃ trilocanam |
sarvapāpavinirmuktā vimānavaram āsthitāḥ || 77 |
upagīyamānā gandharvaiḥ śivalokaṃ vrajanti te |
tiṣṭhanti tatra muditāḥ kalpam ekaṃ dvijottamāḥ || 78 |
bhuktvā tu vipulān bhogāñ *śiva-*[69]loke manoramān |
puṇyakṣayād ihāyātā jāyante pravare kule || 79 |
athavā yogināṃ gehe vedavedāṅgapāragāḥ |
utpadyante dvijavarāḥ sarvabhūtahite ratāḥ || 80 |
mokṣaśāstrārthakuśalāḥ sarvatra samabuddhayaḥ |
yogaṃ śaṃbhor varaṃ prāpya tato mokṣaṃ *vrajanti te*[70] || 81 |
tasmin kṣetravare puṇye liṅgaṃ yad dṛśyate dvijāḥ |
pūjyāpūjyaṃ ca sarvatra vane rathyāntare 'pi vā || 82 |
catuṣpathe śmaśāne vā yatra kutra ca tiṣṭhati |
dṛṣṭvā tal liṅgam *avyagraḥ*[71] śraddhayā susamāhitaḥ || 83 |
snāpayitvā tu taṃ bhaktyā gandhaiḥ puṣpair manoharaiḥ |
dhūpair dīpaiḥ sanaivedyair namaskārais tathā stavaiḥ || 84 |
daṇḍavatpraṇipātaiś ca nṛtyagītādibhis tathā |
saṃpūjyaivaṃ vidhānena śivalokaṃ vrajen naraḥ || 85 |
nārī vā dvijaśārdūlāḥ saṃpūjya śraddhayānvitā |
pūrvoktaṃ phalam āpnoti nātra kāryā vicāraṇā || 86 |

59 V upagīyamānā **60** V alaṃkṛtāḥ **61** V dyotayanto **62** V vrajanti te **63** V ihāyātāḥ **64** B yuga- **65** V jāyante **66** V caturvedā **67** V avāpnuyuḥ **68** C kṣetre vare **69** V chiva- **70** V hi yānti vai **71** V avyaṅgam

kaḥ śaknoti guṇān vaktuṃ samagrān munisattamāḥ |
tasya kṣetravarasyātha *ṛte devān maheśvarāt*[72] ||87|
tasmin kṣetrottame gatvā *śraddhayāśraddhayāpi*[73] vā |
mādhavādiṣu[74] māseṣu naro vā yadi vāṅganā ||88|
yasmin yasmiṃs tithau[75] viprāḥ snātvā bindusarombhasi |
paśyed devaṃ virūpākṣaṃ devīṃ ca varadāṃ śivām ||89|
gaṇaṃ caṇḍaṃ kārttikeyaṃ gaṇeśaṃ vṛṣabhaṃ tathā |
kalpadrumaṃ ca sāvitrīṃ śivalokaṃ sa gacchati ||90|
snātvā ca kāpile tīrthe vidhivat pāpanāśane |
prāpnoty abhimatān kāmāñ *śiva-*[76]lokaṃ sa gacchati ||91|
yaḥ stambhyaṃ tatra[77] vidhivat karoti niyatendriyaḥ |
kulaikaviṃśam uddhṛtya śivalokaṃ sa gacchati ||92|
ekāmrake śivakṣetre vārāṇasīsame śubhe |
snānaṃ karoti yas tatra mokṣaṃ sa labhate dhruvam ||93|

iti śrīmahāpurāṇe ādibrāhme svayaṃbhvṛṣisaṃvāda ekāmrakṣetramāhātmyavarṇanaṃ nāmaikacatvāriṃśo 'dhyāyaḥ

brahmovāca:
viraje virajā mātā brahmāṇī saṃpratiṣṭhitā |
yasyāḥ *saṃdarśanān*[1] martyaḥ punāty āsaptamaṃ kulam ||42.1|
sakṛd[2] dṛṣṭvā tu tāṃ devīṃ *bhaktyāpūjya*[3] praṇamya ca |
naraḥ svavaṃśam uddhṛtya mama lokaṃ sa gacchati ||2|
anyāś ca[4] tatra tiṣṭhanti *viraje*[5] lokamātaraḥ |
sarvapāpaharā devyo varadā bhaktivatsalāḥ ||3|
āste vaitaraṇī tatra sarvapāpaharā nadī |
yasyāṃ snātvā naraśreṣṭhaḥ sarvapāpaiḥ pramucyate ||4|
āste *svayaṃbhūs*[6] tatraiva *kroḍarūpī*[7] hariḥ svayam |
dṛṣṭvā praṇamya taṃ bhaktyā *paraṃ viṣṇuṃ vrajanti te*[8] ||5|
kāpile gograhe some tīrthe cālābusaṃjñite |
mṛtyuṃjaye[9] kroḍatīrthe vāsuke siddhakeśvare ||6|
tīrtheṣv eteṣu matimān viraje saṃyatendriyaḥ |
gatvāṣṭatīrthaṃ vidhivat snātvā devān praṇamya ca ||7|
sarvapāpavinirmukto vimānavaram āsthitaḥ |
upagīyamāno gandharvair mama loke mahīyate ||8|
viraje yo mama kṣetre piṇḍadānaṃ karoti vai |
sa *karoty akṣayāṃ*[10] tṛptiṃ pitṝṇāṃ nātra saṃśayaḥ ||9|
mama kṣetre muniśreṣṭhā viraje ye kalevaram |
parityajanti puruṣās te mokṣaṃ prāpnuvanti vai ||10|

72 A tasya devasya śūlinaḥ **73** B śraddhayā parayāpi **74** B māghādyādiṣu **75** B tasmin kṣetre stito **76** V chiva- **77** V yas tatra tīrthaṃ **1** C saṃdarśane **2** B tatra **3** V bhaktvāpūjya **4** B athānyās **5** B virajā **6** B svayaṃ tu **7** B krīḍann api **8** B naras tu matpuraṃ vrajet V naro viṣṇupadaṃ vrajet **9** B mṛtyukṣaye **10** B karoti parāṃ

snātvā yaḥ sāgare martyo dṛṣṭvā ca kapilaṃ harim |
paśyed devīṃ ca vārāhīṃ sa yāti tridaśālayam ||11|
santi cānyāni tīrthāni puṇyāny āyatanāni ca |
tatkāle tu[11] muniśreṣṭhā veditavyāni tāni vai ||12|
samudrasyottare *tīre*[12] tasmin deśe dvijottamāḥ |
āste[13] guhyaṃ paraṃ kṣetraṃ muktidaṃ pāpanāśanam ||13|
sarvatra vālukākīrṇaṃ *pavitram*[14] sarvakāmadam |
daśayojanavistīrṇaṃ kṣetraṃ paramadurlabham ||14|
aśokārjunapuṃnāgair bakulaiḥ saraladrumaiḥ |
panasair *nārikelaiś*[15] ca śālais tālaiḥ kapitthakaiḥ ||15|
campakaiḥ karṇikāraiś ca cūtabilvaiḥ sapāṭalaiḥ |
kadambaiḥ kovidāraiś ca lakucair nāgakesaraiḥ ||16|
prācīnāmalakair[16] lodhrair nāraṅgair dhavakhādiraiḥ |
sarjabhūrjāśvakarṇaiś ca tamālair devadārubhiḥ ||17|
mandāraiḥ pārijātaiś ca nyagrodhāgurucandanaiḥ |
kharjūrāmrātakaiḥ siddhair mucukundaiḥ sakiṃśukaiḥ ||18|
aśvatthaiḥ saptaparṇaiś ca madhudhāraśubhāñjanaiḥ |
śiṃśapāmalakair[17] nīpair nimbatinduvibhītakaiḥ ||19|
sarvartuphalagandhāḍhyaiḥ sarvartukusumojjvalaiḥ |
manohlādakaraiḥ śubhrair nānāvihaganāditaiḥ ||20|
śrotraramyaiḥ sumadhurair *balanirmadaneritaiḥ*[18] |
manasaḥ prītijanakaiḥ śabdaiḥ khaga-*mukheritaiḥ*[19] ||21|
cakoraiḥ śatapattraiś ca bhṛṅgarājais tathā śukaiḥ |
kokilaiḥ kalaviṅkaiś ca hārītair jīvajīvakaiḥ ||22|
priyaputraiś cātakaiś ca tathānyair madhurasvaraiḥ |
śrotraramyaiḥ priyakaraiḥ kūjadbhiś cārvadhiṣṭhitaiḥ ||23|
ketakīvanakhaṇḍaiś ca atimuktaiḥ sakubjakaiḥ |
mālatīkunda-*bāṇaiś*[20] ca karavīraiḥ sitetaraiḥ ||24|
jambīrakaruṇāṅkolair[21] dāḍimair bījapūrakaiḥ |
mātuluṅgaiḥ pūgaphalair hintālaiḥ kadalīvanaiḥ ||25|
anyaiś ca vividhair vṛkṣaiḥ puṣpaiś cānyair mano-*haraiḥ*[22] |
latāvitānagulmaiś ca vividhaiś ca jalāśayaiḥ ||26|
dīrghikābhis taḍāgaiś ca *puṣkariṇībhiś ca vāpibhiḥ*[23] |
nānājalāśayaiḥ puṇyaiḥ padminīkhaṇḍamaṇḍitaiḥ ||27|
sarāṃsi ca manojñāni prasannasalilāni ca |
kumudaiḥ[24] puṇḍarīkaiś ca tathā nīlotpalaiḥ śubhaiḥ ||28|
kahlāraiḥ[25] kamalaiś cāpi *ācitāni*[26] samantataḥ |
kādambaiś cakravākaiś ca tathaiva jalakukkuṭaiḥ ||29|
kāraṇḍavaiḥ plavair[27] haṃsaiḥ kūrmair matsyaiś ca madgubhiḥ |
dātyūhasārasākīrṇaiḥ koyaṣṭibakaśobhitaiḥ ||30|

11 C utkale tu V tatsamāni **12** B bhāge **13** B asti **14** B sāvitram **15** B nālikeraiś
16 V samīcāmalakair **17** B śirīṣāmalakair **18** B varṇālaṃkārabhūṣitaiḥ
19 B -mukhoditaiḥ **20** B -puṣpaiś **21** V jambīrāruṇakaṅkolair **22** B -ramaiḥ
23 B kāsāraiś ca samantataḥ **24** B kramukaiḥ **25** V kalhāraiḥ **26** V anvitāni
27 B kāraṇḍavair bakair

etaiś cānyaiś ca *kūjadbhiḥ*[28] samantāj jala-*cāribhiḥ*[29] |
khagair jalacaraiś cānyaiḥ kusumaiś ca jalodbhavaiḥ ||31|
evaṃ nānāvidhair vṛkṣaiḥ puṣpaiḥ sthalajalodbhavaiḥ |
[[30]gajair jalacaraiś cānyair bhūṣitaṃ sumanoharam |]
brahmacārigṛhasthaiś ca vānaprasthaiś ca bhikṣubhiḥ ||32|
svadharmaniratair varṇais tathānyaiḥ samalaṃkṛtam |
hṛṣṭapuṣṭajanākīrṇaṃ naranārīsamākulam ||33|
aśeṣavidyānilayaṃ sarvadharmaguṇākaram |
evaṃ sarvaguṇopetaṃ kṣetraṃ paramadurlabham ||34|
āste[31] tatra muniśreṣṭhā vikhyātaḥ puruṣottamaḥ |
yāvad utkalamaryādā dik krameṇa prakīrtitā ||35|
tāvat kṛṣṇaprasādena deśaḥ puṇyatamo hi saḥ |
yatra tiṣṭhati viśvātmā deśe sa puruṣottamaḥ ||36|
jagadvyāpī[32] jagannāthas tatra sarvaṃ pratiṣṭhitam |
ahaṃ rudraś ca śakraś ca devāś cāgnipurogamāḥ ||37|
nivasāmo muniśreṣṭhās tasmin deśe sadā vayam |
gandharvāpsarasaḥ sarvāḥ pitaro devamānuṣāḥ ||38|
yakṣā vidyādharāḥ siddhā munayaḥ *saṃśita*-[33]vratāḥ |
ṛṣayo vālakhilyāś ca kaśyapādyāḥ prajeśvarāḥ ||39|
suparṇāḥ kiṃnarā nāgās tathānye svargavāsinaḥ |
sāṅgāś ca caturo vedāḥ śāstrāṇi vividhāni ca ||40|
itihāsapurāṇāni yajñāś ca varadakṣiṇāḥ |
nadyaś ca vividhāḥ puṇyās tīrthāny āyatanāni ca ||41|
sāgarāś ca tathā śailās tasmin deśe vyavasthitāḥ |
evaṃ puṇyatame deśe devarṣipitṛsevite ||42|
sarvopabhogasahite vāsaḥ kasya na rocate |
śreṣṭhatvaṃ kasya deśasya kiṃ *cānyad*[34] adhikaṃ tataḥ ||43|
āste yatra svayaṃ devo muktidaḥ puruṣottamaḥ |
dhanyās te vibudhaprakhyā ye vasanty utkale *narāḥ*[35] ||44|
tīrtharājajale snātvā paśyanti puruṣottamam |
svarge vasanti te martyā na te yānti yamālaye ||45|
ye vasanty utkale kṣetre puṇye śrīpuruṣottame |
saphalaṃ jīvitaṃ teṣām utkalānāṃ sumedhasām ||46|
ye paśyanti suraśreṣṭhaṃ prasannāyatalocanam |
cārubhrū-[36]keśamukuṭaṃ cāru-*karṇāvataṃsakam*[37] ||47|
cārusmitaṃ cārudantaṃ cāru-*kuṇḍalamaṇḍitam*[38] |
sunāsaṃ sukapolaṃ ca sulalāṭaṃ sulakṣaṇam ||48|
trailokyānandajananaṃ kṛṣṇasya mukhapaṅkajam ||49|

iti śrīmahāpurāṇe ādibrāhme svayaṃbhvṛṣisaṃvāda utkalakṣetravarṇanaṃ nāma dvicatvāriṃśo 'dhyāyaḥ

28 B kīrṇāni **29** B -vāsibhiḥ **30** V ins. **31** B asti **32** B ātmā svayaṃ **33** V śaṃsita- **34** B cāttyaṃ **35** B śubhe **36** B sucāru- **37** B -karṇālakañcitam **38** B -candanacarcitam

brahmovāca:
purā kṛtayuge viprāḥ śakratulyaparākramaḥ |
babhūva nṛpatiḥ śrīmān indradyumna iti śrutaḥ ||43.1|
satyavādī śucir dakṣaḥ sarva-*śāstraviśāradaḥ*[1] |
rūpavān subhagaḥ śūro dātā bhoktā priyaṃvadaḥ ||2|
yaṣṭā[2] samastayajñānāṃ brahmaṇyaḥ satyasaṃgaraḥ |
dhanurvede ca vede ca śāstre ca nipuṇaḥ kṛtī ||3|
vallabho *nara-*[3]nārīṇāṃ paurṇamāsyāṃ yathā śaśī |
āditya iva duṣprekṣyaḥ śatrusaṃghabhayaṃkaraḥ ||4|
vaiṣṇavaḥ sattvasampanno *jitakrodho jitendriyaḥ*[4] |
adhyetā yogasāṃkhyānāṃ[5] mumukṣur dharmatatparaḥ ||5|
evaṃ sa pālayan pṛthvīṃ rājā sarvaguṇākaraḥ |
tasya buddhiḥ samutpannā harer ārādhanaṃ prati ||6|
katham ārādhayiṣyāmi devadevaṃ janārdanam |
kasmin kṣetre 'thavā tīrthe nadītīre tathāśrame ||7|
evaṃ cintāparaḥ so 'tha nirīkṣya manasā mahīm |
ālokya sarvatīrthāni kṣetrāṇy *atha purāṇy api*[6] ||8|
tāni[7] sarvāṇi *saṃtyajya jagāmāyatanaṃ*[8] punaḥ |
vikhyātaṃ paramaṃ kṣetraṃ muktidaṃ puruṣottamam ||9|
sa gatvā *tat kṣetravaraṃ*[9] samṛddhabalavāhanaḥ |
ayajac cāśvamedhena vidhivad bhūridakṣiṇaḥ ||10|
kārayitvā *mahotsedhaṃ*[10] *prāsādaṃ*[11] *caiva*[12] viśrutam |
tatra saṃkarṣaṇaṃ kṛṣṇaṃ subhadrāṃ sthāpya vīryavān ||11|
pañcatīrthaṃ ca vidhivat kṛtvā tatra mahīpatiḥ |
snānaṃ dānaṃ tapo homaṃ devatāprekṣaṇaṃ tathā ||12|
bhaktyā cārādhya vidhivat pratyahaṃ puruṣottamam |
prasādād devadevasya tato mokṣam avāptavān ||13|
mārkaṇḍeyaṃ ca kṛṣṇaṃ ca[13] dṛṣṭvā rāmaṃ ca bho dvijāḥ |
sāgare cendradyumnākhye snātvā mokṣaṃ labhed dhruvam ||14|
munaya ūcuḥ:
kasmāt sa nṛpatiḥ pūrvam indradyumno jagatpatiḥ |
jagāma paramaṃ kṣetraṃ muktidaṃ puruṣottamam ||15|
gatvā tatra suraśreṣṭha kathaṃ sa nṛpasattamaḥ |
vājimedhena vidhivad iṣṭavān puruṣottamam ||16|
kathaṃ sa sarvaphalade kṣetre paramadurlabhe |
prāsādaṃ kārayām āsa *ceṣṭaṃ*[14] trailokyaviśrutam ||17|
kathaṃ sa kṛṣṇaṃ rāmaṃ ca subhadrāṃ ca prajāpate |
nirmame rājaśārdūlaḥ *kṣetraṃ rakṣitavān katham*[15] ||18|

1 BV -śastrabhṛtāṃ varaḥ **2** B sraṣṭā **3** B vara- **4** B hṛṣṭaḥ sarvajanapriyaḥ **5** B adhyātmavidyānirato V adhyātmavidyābhirato **6** B āyatanāni ca **7** C bhūmau **8** BV saṃcintya jagāma manasā **9** B tatra nṛpatiḥ V nṛpatis tatra **10** B mahāramyaṃ **11** C prākāraṃ **12** B bhūri **13** C mārkaṇḍeyavaṭaṃ kṛṣṇaṃ V mārkaṇḍeyaṃ vaṭaṃ kṛṣṇaṃ **14** BV śreṣṭhaṃ **15** V sarvalakṣaṇalakṣitam

kathaṃ tatra mahīpālaḥ prāsāde bhuvanottame |
sthāpayām āsa matimān kṛṣṇādīṃs *tridaśārcitān*[16] ||19|
etat sarvaṃ suraśreṣṭha vistareṇa yathātatham |
vaktum arhasy aśeṣeṇa caritaṃ tasya dhīmataḥ ||20|
na tṛptim adhigacchāmas tava vākyāmṛtena vai |
śrotum icchāmahe *brahman*[17] paraṃ kautūhalaṃ hi naḥ ||21|
brahmovāca:
sādhu sādhu dvijaśreṣṭhā yat pṛcchadhvaṃ purātanam |
sarvapāpaharaṃ puṇyaṃ bhuktimuktipradaṃ *śubham*[18] ||22|
vakṣyāmi tasya caritaṃ yathāvṛttaṃ kṛte yuge |
śṛṇudhvaṃ muniśārdūlāḥ prayatāḥ saṃyatendriyāḥ ||23|
avantī nāma nagarī mālave bhuvi viśrutā |
babhūva tasya[19] nṛpateḥ pṛthivī kakudopamā ||24|
hṛṣṭapuṣṭajanākīrṇā dṛḍhaprākāratoraṇā |
dṛḍha-*yantrārgala*-[20]dvārā parikhābhir alaṃkṛtā ||25|
nānāvaṇiksamākīrṇā nānābhāṇḍasuvikriyā |
rathyāpaṇavatī ramyā [[21]*catuṣpathā vibhūṣitā*[22] |]
[[23]purāṭṭālakasaṃyuktā |] suvibhaktacatuṣpathā ||26|
gṛhagopurasaṃbādhā vīthībhiḥ samalaṃkṛtā |
rājahaṃsanibhaiḥ śubhraiś citragrīvair manoharaiḥ ||27|
anekaśatasāhasraiḥ prāsādaiḥ samalaṃkṛtā |
yajñotsavapramuditā gītavāditra-*nisvanā*[24] ||28|
nānāvarṇapatākābhir dhvajaiś ca samalaṃkṛtā |
hastyaśvarathasaṃkīrṇā padātigaṇasaṃkulā ||29|
nānāyodhasamākīrṇā nānājanapadair yutā |
brāhmaṇaiḥ kṣatriyair vaiśyaiḥ śūdraiś caiva dvijātibhiḥ ||30|
samṛddhā sā muniśreṣṭhā vidvadbhiḥ samalaṃkṛtā |
na tatra malināḥ santi na mūrkhā *nāpi nirdhanāḥ*[25] ||31|
na rogiṇo na hīnāṅgā *na dyūta*-[26]vyasanānvitāḥ |
sadā hṛṣṭāḥ sumanaso dṛśyante puruṣāḥ striyaḥ ||32|
krīḍanti sma[27] divā rātrau hṛṣṭās tatra pṛthak pṛthak |
suveṣāḥ puruṣās tatra dṛśyante mṛṣṭakuṇḍalāḥ ||33|
surūpāḥ suguṇāś caiva[28] divyālaṃkārabhūṣitāḥ |
kāmadevapratīkāśāḥ sarvalakṣaṇalakṣitāḥ ||34|
sukeśāḥ sukapolāś ca sumukhāḥ śmaśrudhāriṇaḥ |
jñātāraḥ sarvaśāstrāṇāṃ bhettāraḥ śatruvāhinīm ||35|
dātāraḥ sarva-*ratnānāṃ*[29] bhoktāraḥ sarvasaṃpadām |
striyas tatra muniśreṣṭhā dṛśyante sumanoharāḥ ||36|
haṃsavāraṇagāminyaḥ *praphullāmbhojalocanāḥ*[30] |
su-*madhyamāḥ sujaghanāḥ*[31] pīnonnatapayodharāḥ ||37|

16 B tridaśottamān **17** BV tasmāt **18** B śivam **19** B indradyumnasya **20** B -yantrākula- **21** BV ins. **22** V trikacatvarabhūṣitā **23** BV ins. **24** V -niḥsvanā **25** C nātinirdhanāḥ V nāpi durbalāḥ **26** B nājñāna- **27** V krīḍanty asmin **28** B puruṣāḥ subhagāḥ śūrā **29** C -kāmānāṃ **30** BV karṇāntāyatalocanāḥ **31** B -madhyāś ca sujaghanāḥ V -madhyāś cārujaghanāḥ

sukeśāś cāruvadanāḥ sukapolāḥ sthirālakāḥ |
[[32]vidyudvispaṣṭadaśanāḥ pūrṇacandrasamānanāḥ |]
hāvabhāvānatagrīvāḥ[33] karṇābharaṇabhūṣitāḥ ||38|
bimbauṣṭhyo rañjitamukhās tāmbūlena virājitāḥ |
suvarṇābharaṇopetāḥ sarvālaṃkārabhūṣitāḥ ||39|
śyāmāvadātāḥ suśroṇyaḥ kāñcīnūpuranāditāḥ |
divyamālyāmbaradharā divyagandhānulepanāḥ ||40|
vidagdhāḥ su-*bhagāḥ*[34] kāntāś cārvaṅgyaḥ priyadarśanāḥ |
rūpalāvaṇyasaṃyuktāḥ sarvāḥ prahasitānanāḥ ||41|
krīḍantyaś ca *madonmattāḥ*[35] ca |
gītavādyakathālāpai ramayantyaś ca tāḥ striyaḥ ||42|
vāramukhyāś ca dṛśyante nṛtyagītaviśāradāḥ |
prekṣaṇālāpakuśalāḥ sarvayoṣidguṇānvitāḥ ||43|
anyāś ca tatra dṛśyante *guṇācāryāḥ*[36] kulastriyaḥ |
pativratāś ca subhagā guṇaiḥ sarvair alaṃkṛtāḥ ||44|
vanaiś copavanaiḥ puṇyair udyānaiś ca mano-*ramaiḥ*[37] |
devatāyatanair divyair nānākusumaśobhitaiḥ ||45|
śālais tālais tamālaiś ca bakulair nāgakesaraiḥ |
pippalaiḥ[38] karṇikāraiś ca candanāgurucampakaiḥ ||46|
puṃnāgair nārikeraiś ca panasaiḥ saraladrumaiḥ |
nāraṅgair lakucair lodhraiḥ saptaparṇaiḥ śubhāñjanaiḥ ||47|
cūtabilvakadambaiś ca śiṃśapair dhavakhādiraiḥ |
pāṭalāśokatagaraiḥ karavīraiḥ sitetaraiḥ ||48|
pītārjunakabhallātaiḥ siddhair āmrātakais tathā |
nyagrodhāśvatthakāśmaryaiḥ palāśair devadārubhiḥ ||49|
mandāraiḥ pārijātaiś ca tintiḍīkavibhītakaiḥ |
prācīnāmalakaiḥ plakṣair jambūśirīṣapādapaiḥ ||50|
kāleyaiḥ kāñcanāraiś ca madhujambīratindukaiḥ |
kharjūrāgastyabakulaiḥ śākhoṭakaharītakaiḥ ||51|
kaṅkolair mucukundaiś ca hintālair bījapūrakaiḥ |
ketakīvanakhaṇḍaiś ca atimuktaiḥ sakubjakaiḥ ||52|
mallikākundabāṇaiś ca kadalīkhaṇḍamaṇḍitaiḥ |
mātuluṅgaiḥ pūgaphalaiḥ karuṇaiḥ sindhuvārakaiḥ ||53|
bahuvāraiḥ kovidārair badaraiḥ sakarañjakaiḥ |
anyaiś ca vividhaiḥ puṣpavṛkṣaiś cānyair manoharaiḥ ||54|
latāgulmair vitānaiś ca udyānair nandanopamaiḥ |
sadā kusumagandhāḍhyaiḥ sadā phalabharānataiḥ ||55|
nānāpakṣirutai ramyair nānā-*mṛga*-[39]gaṇāvṛtaiḥ |
cakoraiḥ śatapattraiś ca bhṛṅgāraiḥ priyaputrakaiḥ ||56|
kalaviṅkair mayūraiś ca śukaiḥ kokilakais tathā |
kapotaiḥ khañjarīṭaiś ca śyenaiḥ pārāvatais tathā ||57|

32 V ins. **33** B muktāhārārhasugrīvāḥ **34** V -mukhāḥ **35** B madonmattā sabhāsu catvareṣu B madonmattā udyāneṣu gṛheṣu **36** V guṇāḍhyās tu **37** V -haraiḥ **38** B priyālaiḥ **39** C -muni-

khagaiś cānyair bahuvidhaiḥ śrotraramyair manoramaiḥ |
saritaḥ puṣkariṇyaś ca sarāṃsi subahūni ca ||58|
anyair jalāśayaiḥ puṇyaiḥ kumudotpalamaṇḍitaiḥ |
padmaiḥ sitetaraiḥ śubhraiḥ kahlāraiś ca sugandhibhiḥ ||59|
anyair bahuvidhaiḥ puṣpair jalajaiḥ sumanoharaiḥ |
gandhāmodakarair divyaiḥ sarvartukusumojjvalaiḥ ||60|
haṃsakāraṇḍavākīrṇaiś cakravākopaśobhitaiḥ |
sārasaiś ca balākaiś ca kūrmair matsyaiḥ sanakrakaiḥ ||61|
jalapādaiḥ kadambaiś ca plavaiś ca jalakukkuṭaiḥ |
khagair jalacaraiś cānyair nānāravavibhūṣitaiḥ ||62|
nānāvarṇaiḥ sadā hṛṣṭair *añcitāni*[40] samantataḥ |
evaṃ nānāvidhaiḥ puṣpair vividhaiś ca jalāśayaiḥ ||63|
vividhaiḥ pādapaiḥ puṇyair udyānair vividhais tathā |
jalasthalacaraiś caiva vihagaiś cārvadhiṣṭhitaiḥ ||64|
devatāyatanair divyaiḥ śobhitā sā mahāpurī |
tatrāste bhagavān devas tri-*purāris*[41] trilocanaḥ ||65|
mahākāleti vikhyātaḥ sarvakāmapradaḥ śivaḥ |
śivakuṇḍe naraḥ snātvā vidhivat pāpanāśane ||66|
devān pitṝn ṛṣīṃś caiva saṃtarpya vidhivad budhaḥ |
gatvā śivālayaṃ paścāt kṛtvā taṃ triḥ pradakṣiṇam ||67|
praviśya saṃyato bhūtvā dhautavāsā jitendriyaḥ |
snānaiḥ puṣpais tathā gandhair dhūpair dīpaiś ca bhaktitaḥ ||68|
naivedyair upahāraiś ca gītavādyaiḥ pradakṣiṇaiḥ |
daṇḍavatpraṇipātaiś ca nṛtyaiḥ stotraiś ca śaṃkaram ||69|
saṃpūjya vidhivad bhaktyā mahākālaṃ sakṛc chivam |
aśvamedhasahasrasya phalaṃ prāpnoti mānavaḥ ||70|
pāpaiḥ sarvair vinirmukto vimānaiḥ sārvakāmikaiḥ |
āruhya tridivaṃ yāti yatra śaṃbhor niketanam ||71|
divyarūpadharaḥ śrīmān divyālaṃkārabhūṣitaḥ |
bhuṅkte tatra varān bhogān yāvad ābhūtasaṃplavam ||72|
śivaloke muniśreṣṭhā jarāmaraṇa-*varjitaḥ*[42] |
puṇyakṣayād ihāyātaḥ pravare brāhmaṇe kule ||73|
caturvedī bhaved vipraḥ sarvaśāstraviśāradaḥ |
yogaṃ pāśupataṃ prāpya tato mokṣam avāpnuyāt ||74|
āste tatra nadī *puṇyā*[43] *śiprā*[44] nāmeti viśrutā |
tasyāṃ snātas tu vidhivat saṃtarpya pitṛdevatāḥ ||75|
sarvapāpavinirmukto vimānavaram āsthitaḥ |
bhuṅkte bahuvidhān bhogān svargaloke narottamaḥ ||76|
āste tatraiva bhagavān devadevo janārdanaḥ |
govindasvāmināmāsau bhuktimuktiprado hariḥ ||77|
taṃ dṛṣṭvā muktim āpnoti trisaptakulasaṃyutaḥ |
vimānenārkavarṇena kiṅkiṇījālamālinā ||78|

40 B āvibhāti **41** B -purāntas **42** B -varjite **43** C ramyā **44** BV kṣiprā

sarvakāmasamṛddhena kāmagenāsthireṇa ca |
upagīyamāno gandharvair viṣṇuloke mahīyate ||79|
bhuṅkte ca vividhān *kāmān nirātaṅko*[45] gatajvaraḥ |
ābhūtasaṃplavaṃ yāvat surūpaḥ subhagaḥ sukhī ||80|
kālenāgatya matimān brāhmaṇaḥ syān mahītale |
pravare yogināṃ gehe vedaśāstrārthatattvavit ||81|
vaiṣṇavaṃ yogam āsthāya tato mokṣam avāpnuyāt |
vikramasvāmināmānaṃ viṣṇuṃ tatraiva bho dvijāḥ ||82|
dṛṣṭvā naro vā nārī vā phalaṃ pūrvoditaṃ labhet |
anye 'pi tatra tiṣṭhanti devāḥ śakrapurogamāḥ ||83|
mātaraś ca muniśreṣṭhāḥ sarvakāmaphalapradāḥ |
dṛṣṭvā tān vidhivad bhaktyā saṃpūjya praṇipatya ca ||84|
sarva-*pāpa*-[46]vinirmukto naro yāti triviṣṭapam |
evaṃ sā nagarī ramyā rājasiṃhena pālitā ||85|
nityotsavapramuditā yathendrasyāmarāvatī |
purāṣṭādaśasaṃyuktā *suvistīrṇacatuṣpathā*[47] ||86|
dhanurjyāghoṣaninadā siddhasaṃgamabhūṣitā |
vidyāvadgaṇabhūyiṣṭhā vedanirghoṣanāditā ||87|
itihāsapurāṇāni śāstrāṇi vividhāni ca |
kāvyālāpakathāś caiva śrūyante 'harniśaṃ dvijāḥ ||88|
evaṃ mayā guṇāḍhyā sā *taduyinī*[48] samudāhṛtā |
yasyāṃ rājābhavat pūrvam indradyumno mahāmatiḥ ||89|

iti śrīmahāpurāṇe ādibrāhme svayaṃbhurṣisaṃvāde 'vantikāvarṇanaṃ nāma tricatvāriṃśo 'dhyāyaḥ

brahmovāca:
tasyāṃ sa nṛpatiḥ pūrvaṃ kurvan rājyam anuttamam |
pālayām āsa matimān prajāḥ putrān ivaurasān ||44.1|
satyavādī mahāprājñaḥ śūraḥ sarvaguṇākaraḥ |
matimān[1] dharmasampannaḥ sarvaśastrabhṛtāṃ varaḥ ||2|
satyavāñ *śīlavān*[2] dāntaḥ śrīmān parapuraṃjayaḥ |
āditya iva tejobhī rūpair āśvinayor iva ||3|
vardhamānasurāścaryaḥ[3] śakratulyaparākramaḥ |
śāradendur ivābhāti lakṣaṇaiḥ samalaṃkṛtaḥ ||4|
āhartā sarvayajñānāṃ hayamedhādikṛt tathā |
dānair yajñais tapobhiś ca tattulyo *nāsti*[4] bhūpatiḥ ||5|
suvarṇamaṇimuktānāṃ gajāśvānāṃ ca bhūpatiḥ |
pradadau vipramukhyebhyo yāge yāge mahādhanam ||6|
hastyaśvarathamukhyānāṃ kambalājinavāsasām |
ratnānāṃ dhanadhānyānām antas *tasya*[5] na vidyate ||7|

45 B bhogān nirātaṅkān **46** B -kāma- **47** C ṣaḍviṃśagrāmabhūṣitā **48** ASS corr. *sojjaiyinī*; V hy avantī **1** B sarvajid V śrutimān **2** V chīlavān **3** C ṣoḍaśārdhaguṇair yuktaḥ V vardhamānaguṇair yuktaḥ **4** B nātra **5** B teṣāṃ

evaṃ sarvadhanair yukto guṇaiḥ sarvair alaṃkṛtaḥ |
sarvakāmasamṛddhātmā kurvan rājyam *akaṇṭakam*[6] ||8|
tasyeyaṃ matir utpannā sarvayogeśvaraṃ harim |
katham ārādhayiṣyāmi bhuktimuktipradaṃ *prabhum*[7] ||9|
vicārya sarvaśāstrāṇi tantrāṇy āgamavistaram |
itihāsapurāṇāni vedāṅgāni ca sarvaśaḥ ||10|
dharmaśāstrāṇi sarvāṇi niyamān ṛṣibhāṣitān |
vedāṅgāni ca śāstrāṇi vidyāsthānāni *yāni ca*[8] ||11|
gurum[9] *saṃsevya*[10] yatnena brāhmaṇān vedapāragān |
ādhāya paramāṃ kāṣṭhāṃ kṛtakṛtyo 'bhavat tadā ||12|
saṃprāpya paramaṃ tattvaṃ vāsudevākhyam avyayam |
bhrāntijñānād atītas tu mumukṣuḥ saṃyatendriyaḥ ||13|
katham ārādhayiṣyāmi devadevaṃ sanātanam |
pītavastraṃ caturbāhuṃ śaṅkhacakragadādharam ||14|
vanamālāvṛtoraskaṃ padmapattrāyatekṣaṇam |
śrīvatsorahsamāyuktaṃ *mukuṭāṅgada-*[11]śobhitam ||15|
svapurāt sa tu niṣkrānta *ujjayinyāḥ prajāpatiḥ*[12] |
balena mahatā yuktaḥ *sabhṛtyaḥ*[13] sapurohitaḥ ||16|
anujagmus tu taṃ sarve rathinaḥ śastrapāṇayaḥ |
rathair vimānasaṃkāśaiḥ patākādhvajasevitaiḥ ||17|
sādinaś ca tathā sarve prāsatomarapāṇayaḥ |
aśvaiḥ pavanasaṃkāśair anujagmus tu taṃ nṛpam ||18|
himavatsaṃbhavair mattair vāraṇaiḥ parvatopamaiḥ |
īṣā-[14]dantaiḥ sadā mattaiḥ pracaṇḍaiḥ ṣaṣṭihāyanaiḥ ||19|
hemakakṣaiḥ sapatākair ghaṇṭāravavibhūṣitaiḥ |
anujagmuś ca taṃ sarve *gaja-*[15]yuddhaviśāradāḥ ||20|
asaṃkhyeyāś ca pādātā dhanuṣ-*prāsāsi-*[16]pāṇayaḥ |
divyamālyāmbaradharā divyagandhānulepanāḥ ||21|
anujagmuś ca taṃ sarve yuvāno mṛṣṭakuṇḍalāḥ |
sarvāstrakuśalāḥ śūrāḥ sadā saṃgrāmalālasāḥ ||22|
antaḥpuranivāsinyaḥ striyaḥ sarvāḥ svalaṃkṛtāḥ |
bimbauṣṭhacārudaśanāḥ[17] sarvābharaṇabhūṣitāḥ ||23|
divyavastradharāḥ sarvā divyamālyavibhūṣitāḥ |
divyagandhānuliptāṅgāḥ *śaraccandranibhānanāḥ*[18] ||24|
sumadhyamāś cāruveṣāś cārukarṇālakāñcitāḥ |
[[19]bimbauṣṭhyaś cārudaśanāḥ padmapattrāyatekṣaṇāḥ |]
tāmbūlarañjitamukhā rakṣibhiś ca surakṣitāḥ ||25|
yānair uccāvacaiḥ śubhrair maṇikāñcanabhūṣitaiḥ |
upagīyamānās tāḥ sarvā gāyanaiḥ stutipāṭhakaiḥ ||26|
veṣṭitāḥ *śastra-*[20]hastaiś *ca*[21] [22]padmapattrāyatekṣaṇāḥ |
brāhmaṇāḥ kṣatriyā vaiśyā anujagmuś ca *taṃ*[23] nṛpam ||27|

6 V anuttamam **7** V vibhum **8** B sarvaśaḥ **9** V gurūn **10** B saṃbhāvya
11 V makuṭāṅgada- **12** V ujjayinyā mahāpatiḥ **13** B sohlāsaḥ [?] **14** B rekhā-
15 BV jaya- **16** C -prāsādi- **17** BV rūpayauvanasaṃpannāḥ **18** V śaradindusamānanāḥ
19 V ins. **20** B yaṣṭi- **21** V ca hy **22** BV om. 44.27bc. **23** V te

[[24]veśyāḥ sarvāṅgasundaryo nānālaṃkārabhūṣitāḥ |]
[[25]surūpāḥ subhagāḥ kāntāḥ sarvastrīguṇasaṃyutāḥ |
sarvās tā vividhair yānaiḥ sarvālaṃkārabhūṣitāḥ |]
[[26]parivāragaṇaiḥ sārdham anujagmus tathā nṛpam ||]
[[27]sāṅgavedavidaś caiva nānāśāstrārthapāragāḥ |
brāhmaṇāḥ kṣatriyā vaiśyāḥ śūdrāś caivāṣṭajātayaḥ |
svarṇakārāś ca karmārā lohakarāśmakuṭṭakāḥ |
maṇikārāḥ kumbhakārāś carmakārāś ca *pāvakāḥ*[28] |
parākārā[29] vetrakārā mudgakārāś ca śilpinaḥ |
keśakārās tumbikārā iṣukārāḥ svajīvinaḥ |
svarṇakārāḥ khaḍgakārāḥ svadhākārāś ca vāhakāḥ |
apūpakārakāḥ sarve toyavikrayakās tathā |
mālākārāḥ parvakārāḥ sarvavikrayiṇaś ca ye |]
vaṇiggrāmagaṇāḥ[30] sarve nānāpuranivāsinaḥ |
dhanai ratnaiḥ suvarṇaiś ca sadārāḥ saparicchadāḥ ||28|
[31]*astra-*[32]vikrayakāś caiva *tāmbūla-*[33]paṇyajīvinaḥ |
tṛṇavikrayakāś caiva kāṣṭha-*vikrayakārakāḥ*[34] ||29|
raṅgopajīvinaḥ sarve[35] māṃsavikrayiṇas tathā |
tailavikrayakāś caiva vastravikrayakās tathā ||30|
[36]phalavikrayiṇaś caiva pattravikrayiṇas tathā |
tathā javasahārāś ca[37] rajakāś ca sahasraśaḥ ||31|
gopālā nāpitāś caiva tathānye vastrasūcakāḥ |
meṣapālāś cājapālā mṛgapālāś ca haṃsakāḥ ||32|
dhānyavikrayiṇaś caiva saktuvikrayiṇaś ca ye |
guḍa-*vikrayikāś*[38] caiva tathā lavaṇajīvinaḥ ||33|
gāyanā[39] nartakāś caiva tathā maṅgalapāṭhakāḥ |
śailūṣāḥ *kathakāś*[40] caiva purāṇārthaviśāradāḥ ||34|
kavayaḥ kāvyakartāro nānākāvyaviśāradāḥ |
viṣaghnā gāruḍāś caiva nānāratnaparīkṣakāḥ ||35|
vyokārās tāmrakārāś ca kāṃsyakārāś ca rūṭhakāḥ |
kauṣakārāś citrakārāḥ kundakārāś ca pāvakāḥ ||36|
daṇḍakārāś cāsikārāḥ surā-*dhūta-*[41]upajīvinaḥ |
mallā dūtāś ca kāyasthā ye cānye karmakāriṇaḥ ||37|
tantuvāyā rūpakārā vārtikās tailapāṭhakāḥ |
lāvajīvās taittirikā mṛgapakṣyupajīvinaḥ ||38|
gajavaidyāś ca vaidyāś ca naravaidyāś ca ye narāḥ |
vṛkṣavaidyāś ca govaidyā ye cānye chedadāhakāḥ ||39|
ete nāgarakāḥ sarve ye cānye nānukīrtitāḥ |
anujagmus tu rājānaṃ samastapuravāsinaḥ ||40|

24 BV ins. **25** V ins. **26** BV ins. **27** BV ins. [B after 44.28cd] **28** V pācakāḥ **29** V paṇyakārā **30** B tathā maṇigaṇāḥ **31** B reads 44.29 after 44.30ab. **32** B susrag- **33** B tāmbūlī- **34** B -vikrayakās tathā **35** B matsyavikrayiṇaś caiva **36** B om. **37** B raṅgopajīvinaś caiva V tathā yavasahārāś ca **38** V -vikrayiṇaś **39** V gāyakā **40** C katthakāś **41** V -dyūta-

yathā vrajantaṃ pitaraṃ *grāmāntaraṃ*[42] samutsukāḥ |
anuyānti yathā putrās tathā taṃ te 'pi nāgarāḥ ||41|
evaṃ sa nṛpatiḥ śrīmān vṛtaḥ sarvair mahājanaiḥ |
hastyaśvarathapādātair jagāma ca śanaiḥ śanaiḥ ||42|
evaṃ gatvā sa nṛpatir dakṣiṇasyodadhes taṭam |
sarvais tair dīrghakālena balair anugataḥ prabhuḥ ||43|
dadarśa sāgaraṃ *ramyaṃ nṛtyantam iva ca sthitam*[43] |
anekaśatasāhasrair ūrmibhiś ca samākulam ||44|
nānāratnālayaṃ pūrṇaṃ nānāprāṇisamākulam |
vīcītaraṅgabahulaṃ mahāścaryasamanvitam ||45|
tīrtharājaṃ mahāśabdam apāraṃ subhayaṃkaram |
meghavṛndapratīkāśam agādhaṃ makarālayam ||46|
matsyaiḥ[44] kūrmaiś ca śaṅkhaiś ca śuktikānakraśaṅkubhiḥ |
śiṃśumāraiḥ[45] karkaṭaiś ca *vṛtaṃ*[46] sarpair mahāviṣaiḥ ||47|
lavaṇodaṃ hareḥ sthānaṃ śayanasya nadīpatim |
sarvapāpaharaṃ puṇyaṃ sarvavāñchāphalapradam ||48|
anekāvartagambhīraṃ dānavānāṃ samāśrayam |
amṛtasyāraṇiṃ divyaṃ devayonim apāṃ patim ||49|
viśiṣṭaṃ sarvabhūtānāṃ prāṇināṃ jīva-*dhāraṇam*[47] |
supavitraṃ pavitrāṇāṃ maṅgalānāṃ ca maṅgalam ||50|
tīrthānām uttamaṃ tīrtham avyayaṃ yādasāṃ patim |
candravṛddhikṣayasyeva yasya mānaṃ pratiṣṭhitam ||51|
abhedyaṃ sarvabhūtānāṃ devānām amṛtālayam |
utpattisthitisaṃhārahetubhūtaṃ sanātanam ||52|
upajīvyaṃ ca sarveṣāṃ puṇyaṃ nadanadīpatim |
dṛṣṭvā taṃ nṛpatiśreṣṭho vismayaṃ paramaṃ gataḥ ||53|
nivāsam akarot tatra velām *asādya*[48] sāgarīm |
puṇye manohare deśe sarvabhūmiguṇair yute ||54|
vṛtaṃ śālaiḥ kadambaiś ca puṃnāgaiḥ saraladrumaiḥ |
panasair nārikelaiś ca *bakulair*[49] nāgakesaraiḥ ||55|
tālaiḥ pippalaiḥ kharjūrair[50] nāraṅgair bījapūrakaiḥ |
śālair āmrātakair lodhrair bakulair bahuvārakaiḥ ||56|
kapitthaiḥ karṇikāraiś ca pāṭalāśokacampakaiḥ |
dāḍimaiś ca tamālaiś ca pārijātais tathārjunaiḥ ||57|
prācīnāmalakair bilvaiḥ priyaṅguvaṭakhādiraiḥ |
iṅgudīsaptaparṇaiś ca aśvatthāgastyajambukaiḥ ||58|
madhukaiḥ karṇikāraiś ca bahuvāraiḥ satindukaiḥ |
palāśabadarair nīpaiḥ siddhanimba-*śubhāñjanaiḥ*[51] ||59|
vārakaiḥ kovidāraiś ca bhallātāmalakais tathā |
iti hintāla-[52]kāṅkolaiḥ karañjaiḥ savibhītakaiḥ ||60|

42 V grāmāntara- **43** B raudraṃ apārakalavartinam **44** B bahu- **45** V śiśumāraiḥ **46** B śritaṃ **47** B -dhāriṇām **48** V āsadya [?] **49** B lakucair **50** V kharjūraiḥ pippalais tālair **51** B -supattrakaiḥ **52** B tītihintāla- V tāḍahintāla-

sasarjamadhukāśmaryaiḥ śālmalīdevadārubhiḥ |
śākhoṭhakair[53] nimbavaṭaiḥ kumbhīkauṣṭhaharītakaiḥ ||61|
guggulaiś candanair vṛkṣais tathaivāguru-*pāṭalaiḥ*[54] |
jambīrakaruṇair vṛkṣais tintiḍīraktacandanaiḥ ||62|
evaṃ nānāvidhair vṛkṣais tathānyair bahupādapaiḥ |
kalpadrumair *nitya-*[55]phalaiḥ sarvartukusumotkaraiḥ ||63|
nānāpakṣirutair divyair mattakokilanāditaiḥ |
mayūravarasaṃghuṣṭaiḥ śukasārikasaṃkulaiḥ ||64|
hārītair bhṛṅgarājaiś ca cātakair bahuputrakaiḥ |
jīvaṃjīvakakākolaiḥ kalaviṅkaiḥ kapotakaiḥ ||65|
khagair nānāvidhaiś cānyaiḥ śrotraramyair manoharaiḥ |
puṣpitāgreṣu vṛkṣeṣu kūjadbhiś cārvadhiṣṭhitaiḥ ||66|
ketakīvanakhaṇḍaiś ca *sadā*[56] puṣpa-*dharaiḥ*[57] sitaiḥ |
mallikākundakusumair yūthikātagarais tathā ||67|
kuṭajair bāṇapuṣpaiś ca atimuktaiḥ sakubjakaiḥ |
mālatīkaravīraiś ca tathā kadalakāñcanaiḥ ||68|
anyair nānāvidhaiḥ puṣpaiḥ sugandhaiś cārudarśanaiḥ |
vanodyānopavanajair nānāvarṇaiḥ sugandhibhiḥ ||69|
vidyādharagaṇākīrṇaiḥ siddhacāraṇasevitaiḥ |
gandharvoragarakṣobhir bhūtāpsarasakiṃnaraiḥ ||70|
muniyakṣagaṇākīrṇair nānāsattvaniṣevitaiḥ |
mṛgaiḥ śākhāmṛgaiḥ siṃhair varāhamahiṣākulaiḥ ||71|
tathānyaiḥ kṛṣṇasārādyair mṛgaiḥ sarvatra śobhitaiḥ |
śārdūlair *dīpta-*[58]mātaṅgais tathānyair vanacāribhiḥ ||72|
evaṃ nānāvidhair vṛkṣair udyānair nandanopamaiḥ |
latāgulmavitānaiś ca vividhaiś ca jalāśayaiḥ ||73|
haṃsakāraṇḍavākīrṇaiḥ padminīkhaṇḍamaṇḍitaiḥ |
kādambaiś ca plavair haṃsaiś cakravākopaśobhitaiḥ ||74|
kamalaiḥ śatapattraiś ca kahlāraiḥ kumudotpalaiḥ |
khagair jalacaraiś cānyaiḥ puṣpair jalasamudbhavaiḥ ||75|
parvatair dīptaśikharaiś cārukandaramaṇḍitaiḥ |
nānāvṛkṣasamākīrṇair nānādhātuvibhūṣitaiḥ ||76|
sarvāścaryamayaiḥ śṛṅgaiḥ sarvabhūtālayaiḥ śubhaiḥ |
sarvauṣadhisamāyuktair vipulaiś citrasānubhiḥ ||77|
evaṃ sarvaiḥ samuditaiḥ śobhitaṃ sumanoharaiḥ |
dadarśa sa mahīpālaḥ sthānaṃ trailokyapūjitam ||78|
daśayojanavistīrṇaṃ pañcayojanam āyatam |
nānāścaryasamāyuktaṃ[59] kṣetraṃ paramadurlabham ||79|

iti śrīmahāpurāṇe ādibrāhme svayaṃbhvṛṣisaṃvāde kṣetrādarśanaṃ nāma catuścatvāriṃśo 'dhyāyaḥ

53 V śākhoṭakair **54** B -pādapaiḥ **55** B nīla- **56** B tathā **57** B -varaiḥ **58** B deva-
59 B nānāścaryaiḥ samāyuktaṃ

munaya ūcuḥ:
tasmin kṣetravare puṇye vaiṣṇave puruṣottame |
kiṃ tatra pratimā pūrvaṃ na sthitā vaiṣṇavī prabho ||45.1|
yenāsau nṛpatis tatra gatvā sabalavāhanaḥ |
sthāpayām āsa kṛṣṇaṃ ca *rāmaṃ bhadrāṃ śubhapradām*[1] ||2|
saṃśayo no mahān atra vismayaś ca jagatpate |
śrotum icchāmahe sarvaṃ brūhi tatkāraṇaṃ ca naḥ ||3|
brahmovāca:
śṛṇudhvaṃ pūrvasaṃvṛttāṃ kathāṃ pāpapraṇāśinīm |
pravakṣyāmi samāsena śriyā pṛṣṭaḥ purā hariḥ ||4|
sumeroḥ kāñcane śṛṅge sarvāścaryasamanvite |
siddhavidyādharair yakṣaiḥ kiṃnarair upaśobhite ||5|
devadānavagandharvair nāgair apsarasāṃ gaṇaiḥ |
munibhir guhyakaiḥ siddhaiḥ sauparṇaiḥ samarudgaṇaiḥ ||6|
anyair devālayaiḥ sādhyaiḥ kaśyapādyaiḥ prajeśvaraiḥ |
vālakhilyādibhiś caiva śobhite sumanohare ||7|
karṇikāravanair divyaiḥ sarvartukusumotkaraiḥ |
jātarūpapratīkāśair *bhūṣite*[2] sūryasaṃnibhaiḥ ||8|
anyaiś ca bahubhir vṛkṣaiḥ śālatālādibhir vanaiḥ |
puṃnāgāśokasaralanyagrodhāmrātakārjunaiḥ ||9|
pārijātāmrakhadiranīpabilvakadambakaiḥ |
dhavakhādirapālāśaśīrṣāmalakatindukaiḥ ||10|
nāriṅgakolabakulalodhradāḍimadārukaiḥ |
sarjaiś ca karṇais tagaraiḥ śiśibhūrjavanimbakaiḥ ||11|
anyaiś ca kāñcanaiś caiva phalabhāraiś ca nāmitaiḥ |
nānākusumagandhāḍhyair *bhūṣite puṣpapādapaiḥ*[3] ||12|
mālatīyūthikāmallīkundabāṇa-*kuruṇṭakaiḥ*[4] |
[[5]karavīraiś ca guptaiś ca ketakīkubjakiṃśukaiḥ |]
pāṭalāgastyakuṭajamandārakusumādibhiḥ ||13|
anyaiś ca vividhaiḥ puṣpair manasaḥ prītidāyakaiḥ |
nānāvihagasaṃghaiś ca kūjadbhir madhurasvaraiḥ ||14|
puṃskokilarutair divyair mattabarhiṇanāditaiḥ |
evaṃ nānāvidhair vṛkṣaiḥ puṣpair nānāvidhais tathā ||15|
khagair nānāvidhaiś caiva śobhite surasevite |
tatra sthitaṃ jagannāthaṃ jagatsraṣṭāram avyayam ||16|
sarvalokavidhātāraṃ vāsudevākhyam avyayam |
praṇamya śirasā *devī*[6] lokānāṃ hitakāmyayā |
papracchemaṃ mahāpraśnaṃ *padmajā tam*[7] anuttamam ||17|
śrīr uvāca:
brūhi tvaṃ sarvalokeśa saṃśayaṃ me hṛdi sthitam |
martyaloke mahāścarye karmabhūmau sudurlabhe ||18|

1 B rāmacandraṃ sukhapradam **2** V bhūṣitaiḥ **3** C bhūṣitaiḥ tridaśārcitaiḥ V bhūṣite tridaśāñcite **4** B -kuraṇṭakaiḥ **5** V ins. **6** B devaṃ **7** C bhūmau sthānam

lobhamohagrahagraste kāmakrodhamahārṇave |
yena mucyeta deveśa asmāt saṃsārasāgarāt ||19|
ācakṣva sarvadeveśa praṇatāṃ yadi manyase |
tvadṛte nāsti loke 'smin vaktā saṃśayanirṇaye ||20|
[8]brahmovāca:
śrutvaivaṃ vacanaṃ tasyā devadevo janārdanaḥ |
provāca parayā prītyā paraṃ *sārāmṛtopamam*[9] ||21|
śrībhagavān uvāca:
sukhopāsyaḥ susādhyaś cābhirāmaś ca susatphalaḥ |
āste tīrthavare devi vikhyātaḥ puruṣottamaḥ ||22|
na tena sadṛśaḥ kaścit triṣu lokeṣu vidyate |
kīrtanād yasya *deveśi*[10] mucyate sarvapātakaiḥ ||23|
na vijñāto 'maraiḥ sarvair *na daityair*[11] na ca dānavaiḥ |
marīcyādyair munivarair gopitaṃ me varānane ||24|
tat te 'haṃ saṃpravakṣyāmi tīrtharājaṃ ca sāṃpratam |
bhāvenaikena suśroṇi śṛṇuṣva varavarṇini ||25|
āsīt *kalpe samutpanne*[12] naṣṭe sthāvarajaṅgame |
pralīnā[13] deva-*gandharva*-[14]daityavidyādharora-*gāḥ*[15] ||26|
tamobhūtam idaṃ sarvaṃ na prājñāyata kiṃcana |
tasmiñ jāgarti bhūtātmā *paramātmā*[16] jagadguruḥ ||27|
śrīmāṃs trimūrtikṛd devo jagatkartā maheśvaraḥ |
vāsudeveti vikhyāto yogātmā harir īśvaraḥ ||28|
so 'sṛjad[17] yoganidrānte nābhyambhoruhamadhya-*gam*[18] |
padmakeśarasaṃkāśaṃ[19] brahmāṇaṃ bhūtam avyayam ||29|
tādṛg-[20]bhūtas tato *brahmā*[21] sarvalokamaheśvaraḥ |
pañcabhūtasamāyuktaṃ sṛjate *ca*[22] śanaiḥ śanaiḥ ||30|
mātrāyonīni bhūtāni[23] sthūlasūkṣmāṇi yāni ca |
caturvidhāni sarvāṇi sthāvarāṇi carāṇi ca ||31|
tataḥ prajāpatir brahmā cakre sarvaṃ carācaram |
saṃcintya manasātmānaṃ sasarja vividhāḥ prajāḥ ||32|
marīcyādīn munīn sarvān *devāsurapitṝn api*[24] |
[[25]sapta svargān sapātālān bhuvanāni caturdaśa |
dvīpān asṛjad ambhodhīn gaṅgādyāḥ saritas tathā |]
yakṣavidyādharāṃś cānyān gaṅgādyāḥ saritas tathā ||33|
naravānarasiṃhāṃś ca vividhāṃś ca vihaṃgamān |
jarāyūn aṇḍajān devi svedajodbhedajāṃs tathā ||34|
brahma kṣatraṃ tathā vaiśyaṃ śūdraṃ caiva catuṣṭayam |
antyajātāṃś[26] ca mlecchāṃś ca sasarja vividhān pṛthak ||35|
yat kiṃcij jīvasaṃjñaṃ tu tṛṇagulmapipīlikam |
brahmā bhūtvā jagat sarvaṃ nirmame *sa carācaram*[27] ||36|

8 V om. **9** B vai cāmṛtopamam **10** V devasya **11** B nādityair **12** B padmaṃ samutpannaṃ **13** C pralīne **14** C -gandharvair **15** C -gaiḥ **16** B pralaye vai **17** B āsīt sad **18** B -gaḥ **19** B payaḥkesarasaṃkāśo **20** B āvir- **21** B devaḥ **22** B sma **23** B viśvaṃ ca mahābhūtāni **24** V gandharvoragarākṣasān **25** V ins. [in parentheses] **26** B anyajātīṃś **27** V sacarācaram

dakṣiṇāṅge tathātmānaṃ saṃcintya puruṣaṃ svayam |
vāme caiva tu nārīṃ sa dvidhā bhūtam akalpayat ||37|
tataḥ prabhṛti loke 'smin prajā maithunasaṃbhavāḥ |
adhamottama-*madhyāś ca mama*[28] kṣetrāṇi yāni ca ||38|
evaṃ saṃcintya devo 'sau purā salilayonijaḥ |
jagāma dhyānam āsthāya vāsudevātmikāṃ tanum ||39|
dhyānamātreṇa devena svayam eva janārdanaḥ |
tasmin kṣaṇe samutpannaḥ sahasrākṣaḥ sahasrapāt ||40|
sahasraśīrṣā puruṣaḥ puṇḍarīkanibhekṣaṇaḥ |
saliladhvāntameghābhaḥ śrīmāñ *śrī*-[29]vatsalakṣaṇaḥ ||41|
[[30]cakraṃ rarāja śrīvatsaṃ bhujāgre mūrtimān iva |]
apaśyat sahasā taṃ tu brahmā lokapitāmahaḥ |
āsanair arghyapādyaiś ca akṣatair abhinandya ca ||42|
tuṣṭāva paramaiḥ stotrair viriñciḥ susamāhitaḥ |
tato 'ham uktavān devaṃ brahmāṇaṃ kamalodbhavam |
kāraṇaṃ vada māṃ tāta mama dhyānasya sāṃpratam ||43|
brahmovāca:
jagaddhitāya deveśa martyalokaiś ca durlabham |
svargadvārasya mārgāṇi yajñadānavratāni ca ||44|
yogaḥ satyaṃ tapaḥ śraddhā tīrthāni vividhāni ca |
vihāya sarvam eteṣāṃ sukhaṃ tatsādhanaṃ vada ||45|
sthānaṃ jagatpate *mahyām utkṛṣṭaṃ ca*[31] yad ucyate |
sarveṣām uttamaṃ sthānaṃ brūhi *me*[32] puruṣottama ||46|
vidhātur vacanaṃ śrutvā tato 'haṃ proktavān priye |
śṛṇu brahman pravakṣyāmi *nirmalaṃ*[33] bhuvi durlabham ||47|
uttamaṃ sarvakṣetrāṇāṃ dhanyaṃ saṃsāratāraṇam |
gobrāhmaṇahitaṃ puṇyaṃ cāturvarṇyasukhodayam ||48|
bhuktimuktipradaṃ nṝṇāṃ kṣetraṃ parama-*durlabham*[34] |
mahāpuṇyaṃ tu sarveṣāṃ *siddhidaṃ vai pitāmahe*[35] ||49|
tasmād āsīt[36] samutpannaṃ tīrtharājaṃ sanātanam |
vikhyātaṃ paramaṃ kṣetraṃ caturyuga-*niṣevitam*[37] ||50|
sarveṣām eva devānām ṛṣīṇāṃ brahmacāriṇām |
daityadānavasiddhānāṃ gandharvoragarakṣasām ||51|
nāgavidyādharāṇāṃ ca sthāvarasya carasya ca |
uttamaḥ puruṣo yasmāt tasmāt sa puruṣottamaḥ ||52|
dakṣiṇasyodadhes tīre nyagrodho yatra tiṣṭhati |
daśayojanavistīrṇaṃ kṣetraṃ paramadurlabham ||53|
yas tu kalpe samutpanne *mahadulkā*-[38]nibarhaṇe[39] |
vināśaṃ naivam abhyeti[40] svayaṃ *tatraivam āsthitaḥ*[41] ||54|
dṛṣṭamātre vaṭe tasmiṃś chāyām ākramya cāsakṛt |
brahma-*hatyāt*[42] *pramucyeta*[43] pāpeṣv anyeṣu kā kathā ||55|

28 C -madhyāni maṭha- **29** V chrī- **30** C ins. **31** C tubhyaṃ martyaloke **32** B māṃ **33** B nirmitaṃ **34** BV -śobhanam **35** CV vasatāṃ prapitāmaha **36** B tat tadāsīt **37** B -yugādikṛt **38** V sarvaloka- **39** ASS corr. *mahaty ulkanibarhaṇe*. **40** B vināśe caiva vasate **41** B tatraiva durlabhaḥ **42** BV -hatyā **43** B vinaśyeta

pradakṣiṇā kṛtā yais tu namaskāraś ca jantubhiḥ |
sarve *vidhūtapāpmānas*[44] *te gatāḥ keśavālayam*[45] ||56|
nyagrodhasyottare kiṃcid dakṣiṇe keśavasya tu |
prāsādas tatra tiṣṭhet tu padaṃ dharmamayaṃ hi tat ||57|
pratimāṃ tatra vai dṛṣṭvā svayaṃ devena nirmitām |
anāyāsena vai yānti *bhuvanaṃ*[46] me tato narāḥ ||58|
gacchamānāṃs tu tān prekṣya ekadā dharmarāṭ priye |
madantikam anuprāpya praṇamya śirasābravīt ||59|
yama uvāca:
namas te bhagavan deva lokanātha jagatpate |
kṣīrodavāsinaṃ devaṃ[47] śeṣabhogānuśāyinam ||60|
varaṃ vareṇyaṃ varadaṃ kartāram *akṛtaṃ prabhum*[48] |
viśveśvaram ajaṃ viṣṇuṃ sarvajñam aparājitam ||61|
nīlotpaladalaśyāmaṃ puṇḍarīkanibhekṣaṇam |
sarvajñaṃ nirguṇaṃ śāntaṃ jagaddhātāram avyayam ||62|
sarvalokavidhātāraṃ sarvaloka-*sukha*-[49]āvaham |
purāṇaṃ puruṣaṃ vedyaṃ vyaktāvyaktaṃ sanātanam ||63|
parāvarāṇāṃ sraṣṭāraṃ lokanāthaṃ jagadgurum |
śrīvatsoraskasaṃyuktaṃ vanamālāvibhūṣitam ||64|
pītavastraṃ caturbāhuṃ śaṅkhacakragadādharam |
hārakeyūrasaṃyuktaṃ mukuṭāṅgadadhāriṇam ||65|
sarvalakṣaṇasaṃpūrṇaṃ sarvendriyavivarjitam |
kūṭastham acalaṃ sūkṣmaṃ jyotīrūpaṃ sanātanam ||66|
bhāvābhāvavinirmuktaṃ vyāpinaṃ prakṛteḥ param |
namasyāmi jagannātham īśvaraṃ sukhadaṃ prabhum ||67|
ity evaṃ dharmarājas tu *purā*[50] nyagrodhasaṃnidhau |
stutvā nānāvidhaiḥ stotraiḥ praṇāmam akarot tadā ||68|
taṃ dṛṣṭvā tu mahābhāge praṇataṃ *prāñjalisthitam*[51] |
stotrasya kāraṇaṃ devi pṛṣṭavān aham antakam ||69|
vaivasvata mahābāho sarvadevottamo hy asi |
kimarthaṃ stutavān māṃ tvaṃ saṃkṣepāt tad bravīhi me ||70|
dharma-[52]rāja uvāca:
asminn āyatane puṇye vikhyāte puruṣottame |
indranīlamayī śreṣṭhā pratimā sārvakāmikī ||71|
tāṃ dṛṣṭvā puṇḍarīkākṣa bhāvenaikena śraddhayā |
śvetākhyaṃ bhavanaṃ yānti niṣkāmāś caiva mānavāḥ ||72|
ataḥ kartuṃ na śaknomi vyāpāram arisūdana |
prasīda sumahā-[53]deva saṃhara pratimāṃ vibho ||73|
śrutvā *vaivasvatasyaitad vākyam*[54] etad *uvāca ha*[55] |
yama tāṃ gopayiṣyāmi sikatābhiḥ samantataḥ ||74|

44 B te pāpanirmuktā V nirdhūtapāpmānas **45** B gacchanti ca śivālayam **46** B bhavanaṃ **47** B kṣīrodārṇavasaṃsthānaṃ **48** B anaghakṛtim **49** B -sattva- **50** B paraṃ **51** V prāñjaliṃ sthitam **52** B yama- **53** B prasīdasva mahā- **54** B vaivasvataṃ vākyaṃ yuktam **55** B acintayam

tataḥ sā pratimā devi *vallibhir gopitā*[56] mayā |
yathā tatra na paśyanti manujāḥ svargakāṅkṣiṇaḥ ||75|
pracchādya vallikair devi jātarūpaparicchadaiḥ |
yamaṃ prasthāpayām āsa svāṃ purīṃ dakṣiṇāṃ diśam ||76|
brahmovāca:
luptāyāṃ pratimāyāṃ tu indranīlasya bho dvijāḥ |
tasmin kṣetravare puṇye vikhyāte puruṣottame ||77|
yo bhūtas tatra vṛttānto devadevo janārdanaḥ |
taṃ sarvaṃ kathayām āsa sa tasyai bhagavān purā ||78|
indradyumnasya gamanaṃ kṣetrasaṃdarśanaṃ tathā |
kṣetrasya varṇanaṃ caiva prāsādakaraṇaṃ tathā ||79|
hayamedhasya yajanaṃ svapnadarśanam eva ca |
lavaṇasyodadhes tīre *kāṣṭhasya darśanaṃ*[57] tathā ||80|
darśanaṃ vāsudevasya śilpirājasya ca dvijāḥ |
nirmāṇaṃ pratimāyās tu yathāvarṇaṃ viśeṣataḥ ||81|
sthāpanaṃ[58] caiva sarveṣāṃ prāsāde bhuvanottame |
yātrā-*kāle*[59] ca viprendrāḥ kalpa-*saṃkīrtanaṃ*[60] tathā ||82|
mārkaṇḍeyasya caritaṃ sthāpanaṃ śaṃkarasya ca |
pañcatīrthasya māhātmyaṃ darśanaṃ śūlapāṇinaḥ ||83|
vaṭasya darśanaṃ caiva vyuṣṭiṃ tasya ca bho dvijāḥ |
darśanaṃ baladevasya kṛṣṇasya ca viśeṣataḥ ||84|
subhadrāyāś ca tatraiva māhātmyaṃ caiva sarvaśaḥ |
darśanaṃ narasiṃhasya vyuṣṭisaṃkīrtanaṃ tathā ||85|
anantavāsudevasya[61] darśanaṃ *guṇa-*[62]kīrtanam |
śvetamādhavamāhātmyaṃ svargadvārasya *darśanam*[63] ||86|
udadher darśanaṃ caiva snānaṃ tarpaṇam eva ca |
samudrasnānamāhātmyam indradyumnasya ca dvijāḥ ||87|
pañcatīrthaphalaṃ caiva mahājyeṣṭhaṃ tathaiva ca |
sthānaṃ kṛṣṇasya halinaḥ *parva-*[64]yātrāphalaṃ tathā ||88|
varṇanaṃ viṣṇulokasya kṣetrasya ca punaḥ *punaḥ*[65] |
pūrvaṃ kathitavān sarvaṃ[66] tasyai sa puruṣottamaḥ ||89|

iti śrīmahāpurāṇe ādibrāhme svayaṃbhuṛṣisaṃvāde pūrvavṛttānuvarṇanaṃ nāma pañcacatvāriṃśo 'dhyāyaḥ

munaya ūcuḥ:
śrotum icchāmahe deva kathāśeṣaṃ *mahīpateḥ*[1] |
tasmin kṣetravare gatvā kiṃ cakāra narādhipaḥ ||46.1|
brahmovāca:
śṛṇudhvaṃ muniśārdūlāḥ pravakṣyāmi *samāsataḥ*[2] |
kṣetrasaṃdarśanaṃ caiva *kṛtyaṃ*[3] tasya ca bhūpateḥ ||2|

56 B vallibhiś chāditā **57** BV kāṣṭhasaṃdarśanaṃ **58** B sthāpanā **59** B -kālaṃ **60** B -saṃkartanaṃ **61** B agryaṃ tu vāsudevasya **62** BV puṇya- **63** B varṇanam **64** BV sarva- **65** BV svayam **66** V sarvaṃ kathitavāṃs tubhyaṃ **1** B tvadānanāt **2** V samāgataḥ **3** B jātaṃ

gatvā tatra mahīpālaḥ kṣetre trailokyaviśrute |
dadarśa ramaṇīyāni sthānāni saritas tathā ||3|
nadī tatra mahāpuṇyā vindhyapādavinirgatā |
svittropaleti[4] vikhyātā sarvapāpaharā *śivā*[5] ||4|
gaṅgātulyā mahāsrotā dakṣiṇārṇavagāminī |
mahānadīti nāmnā sā puṇyatoyā saridvarā ||5|
dakṣiṇasyoda-*dher garbhaṃ gatāvartāti*-[6]śobhitā |
ubhayos *taṭayor*[7] yasyā grāmāś ca nagarāṇi ca ||6|
dṛśyante muniśārdūlāḥ *susasyāḥ*[8] sumanoharāḥ |
hṛṣṭapuṣṭajanākīrṇā *vastrālaṃkāra*-[9]bhūṣitāḥ ||7|
brāhmaṇāḥ kṣatriyā vaiśyāḥ śūdrās tatra pṛthak pṛthak |
svadharmaniratāḥ śāntā dṛśyante śubhalakṣaṇāḥ ||8|
tāmbūlapūrṇavadanā mālādāmavibhūṣitāḥ |
vedapūrṇamukhā viprāḥ saṣaḍaṅgapadakramāḥ ||9|
agnihotraratāḥ kecit kecid *aupāsanakriyāḥ*[10] |
sarvaśāstrārthakuśalā yajvāno bhūridakṣiṇāḥ ||10|
catvāre rājamārgeṣu vaneṣūpavaneṣu ca |
sabhāmaṇḍalaharmyeṣu devatāyataneṣu ca ||11|
itihāsapurāṇāni vedāḥ sāṅgāḥ sulakṣaṇāḥ |
kāvyaśāstra-*kathās tatra śrūyante ca mahājanaiḥ*[11] ||12|
striyas taddeśavāsinyo rūpayauvanagarvitāḥ |
saṃpūrṇalakṣaṇopetā vistīrṇaśroṇimaṇḍalāḥ ||13|
saroruhamukhāḥ śyāmāḥ śaraccandranibhānanāḥ |
pīnonnata-*stanāḥ*[12] sarvāḥ samṛddhyā cārudarśanāḥ ||14|
sauvarṇavalayākrāntā divyair vastrair alaṃkṛtāḥ |
kadalīgarbhasaṃkāśāḥ padmakiñjalkasaprabhāḥ ||15|
bimbādharapuṭāḥ kāntāḥ karṇāntāyatalocanāḥ |
sumukhāś cārukeśāś ca *hāvabhāvāvanāmitāḥ*[13] ||16|
kāścit padmapalāśākṣyaḥ kāścid indīvarekṣaṇāḥ |
vidyudvispaṣṭadaśanās tanvaṅgyaś ca tathāparāḥ ||17|
kuṭilālakasaṃyuktāḥ sīmantena virājitāḥ |
grīvābharaṇa-*saṃyuktā*[14] mālyadāmavibhūṣitāḥ ||18|
kuṇḍalai ratnasaṃyuktaiḥ karṇapūrair manoharaiḥ |
devayoṣitpratīkāśā dṛśyante śubhalakṣaṇāḥ ||19|
divyagītavarair dhanyaiḥ krīḍamānā varāṅganāḥ |
vīṇāveṇumṛdaṅgaiś ca paṇavaiś caiva gomukhaiḥ ||20|
śaṅkhadundubhinirghoṣair nānāvādyair manoharaiḥ |
krīḍantyas tāḥ sadā hṛṣṭā vilāsinyaḥ parasparam ||21|
evamādi tathānekagītavādyaviśāradāḥ |
divā rātrau *samāyuktāḥ*[15] kāmonmattā varāṅganāḥ ||22|
bhikṣuvaikhānasaiḥ siddhaiḥ snātakair brahmacāribhiḥ |
mantrasiddhais tapaḥsiddhair yajñasiddhair niṣevitam ||23|

4 B vindhyotpaleti V vindhyāpaleti **5** BV śubhā **6** BV -dheḥ kāntā duhitṛśata- **7** V tīrayor **8** B saṃpannaḥ **9** BV vastrābharaṇa- **10** B yogāsanapriyāḥ **11** C -kalālāpā dṛśyante sumahātmanaḥ **12** V -kucāḥ **13** V hārabhārāvanāmitāḥ **14** V -saṃyuktāḥ **15** V mudāyuktāḥ

ity evaṃ dadṛśe rājā kṣetraṃ parama-*śobhanam*[16] |
atraivārādhayiṣyāmi[17] bhagavantaṃ sanātanam ||24|
jagadguruṃ paraṃ devaṃ paraṃ pāraṃ paraṃ padam |
sarveśvareśvaraṃ viṣṇum anantam[18] aparājitam ||25|
idaṃ tanmānasaṃ tīrthaṃ jñātaṃ me[19] puruṣottamam |
kalpavṛkṣo mahākāyo nyagrodho yatra tiṣṭhati ||26|
pratimā cendranīlākhyā svayaṃ devena gopitā |
na *cātra dṛśyate cānyā pratimā*[20] vaiṣṇavī śubhā ||27|
tathā *yatnaṃ*[21] kariṣyāmi yathā devo jagatpatiḥ |
pratyakṣaṃ *mama cābhyeti*[22] viṣṇuḥ satyaparākramaḥ ||28|
yajñair dānais tapobhiś ca homair dhyānais tathārcanaiḥ |
upavāsaiś ca vidhivac careyaṃ vratam uttamam ||29|
ananyamanasā caiva tanmanā nānyamānasaḥ |
viṣṇvāyatanavinyāse[23] prārambhaṃ ca karomy aham ||30|

iti śrīmahāpurāṇe ādibrāhme svayaṃbhurṣisaṃvāde kṣetravarṇanaṃ nāma ṣaṭcatvāriṃśo 'dhyāyaḥ

brahmovāca:[1]
evaṃ sa pṛthivīpālaś cintayitvā dvijottamāḥ |
prāsādārthaṃ hares tatra prārambham akarot tadā ||47.1|
ānāyya gaṇakān *sarvān*[2] *ācāryāñ śāstrapāragān*[3] |
bhūmiṃ saṃśodhya yatnena rājā tu parayā mudā ||2|
brāhmaṇair jñānasaṃpannair vedaśāstrārthapāragaiḥ |
amātyair mantribhiś caiva vāstuvidyāviśāradaiḥ ||3|
taiḥ sārdhaṃ *sa*[4] samālocya sumuhūrte śubhe dine |
su-[5]candratārāsaṃyoge *grahānukūlyasaṃyute*[6] ||4|
jayamaṅgalaśabdaiś ca nānāvādyair manoharaiḥ |
vedādhyayananirghoṣair gītaiḥ sumadhura-*svaraiḥ*[7] ||5|
puṣpalājākṣatair gandhaiḥ pūrṇakumbhaiḥ sadīpakaiḥ |
dadāv arghyaṃ tato rājā śraddhayā susamāhitaḥ ||6|
dattvaivam arghyaṃ vidhivad ānāyya sa mahīpatiḥ |
kaliṅgādhipatiṃ śūram utkalādhipatiṃ tathā |
kośalādhipatiṃ caiva tān uvāca tadā nṛpaḥ ||7|
rājovāca:
gacchadhvaṃ sahitāḥ sarve śilārthe susamāhitāḥ |
gṛhītvā śilpimukhyāṃś ca śilā-*karmaviśāradān*[8] ||8|
vindhyācalaṃ suvistīrṇaṃ bahukandaraśobhitam |
nirūpya sarvasānūni cchedayitvā śilāḥ śubhāḥ |
saṃvāhyantāṃ ca śakaṭair naukābhir mā vilambatha ||9|

16 V -durlabham **17** B atra tvārādhayiṣyāmi **18** B sarveśvaraṃ viṣṇurūpam arūpam **19** B dadataṃ cāpavargaṃ taṃ jñānaṃ māṃ **20** B vāntar dṛśyate cāpi vallibhir **21** B cātha **22** B dṛśyate caiva **23** B viśvāyatanavinyāsa-**1** B suta uvāca: **2** V sarvāñ **3** V sarvāñ jyotiḥśāstrasya pāragān **4** V tu **5** B sac- **6** B grahalagne śubhe tathā **7** B -stavaiḥ **8** B -prekṣārtham uttamāḥ

[9]brahmovāca:
evaṃ gantuṃ samādiśya tān nṛpān sa mahīpatiḥ |
punar evābravīd vākyaṃ sāmātyān sapurohitān ||10|
rājovāca:
gacchantu dūtāḥ sarvatra mamājñāṃ pravadantu vai |
yatra tiṣṭhanti rājānaḥ pṛthivyāṃ tān suśīghragāḥ ||11|
hastyaśvarathapādātaiḥ sāmātyaiḥ sapurohitaiḥ |
gacchata[10] sahitāḥ sarva indradyumnasya śāsanāt ||12|
brahmovāca:
evaṃ dūtāḥ samājñātā rājñā tena mahātmanā |
gatvā tadā nṛpān ūcur vacanaṃ tasya bhūpateḥ ||13|
śrutvā *tu te tathā*[11] sarve dūtānāṃ vacanaṃ nṛpāḥ |
ājagmus tvaritāḥ sarve svasainyaiḥ parivāritāḥ ||14|
ye nṛpāḥ sarvadigbhāge ye ca dakṣiṇataḥ sthitāḥ[12] |
paścimāyāṃ sthitā ye ca uttarāpathasaṃsthitāḥ ||15|
pratyantavāsino ye *'pi*[13] ye ca saṃnidhivāsinaḥ |
pārvatīyāś ca ye kecit tathā dvīpanivāsinaḥ ||16|
rathair nāgaiḥ padātaiś ca vājibhir dhanavistaraiḥ |
saṃprāptā bahuśo viprāḥ śrutvendradyumnaśāsanam ||17|
tān āgatān nṛpān[14] dṛṣṭvā sāmātyān sapurohitān |
provāca rājā hṛṣṭātmā kāryam uddiśya *sādaram*[15] ||18|
rājovāca:
śṛṇudhvaṃ nṛpaśārdūlā yathā kiṃcid bravīmy aham |
asmin kṣetravare puṇye bhuktimuktiprade śive ||19|
hayamedhaṃ mahāyajñaṃ prāsādaṃ caiva vaiṣṇavam |
kathaṃ śaknomy ahaṃ kartum iti cintākulaṃ manaḥ ||20|
bhavadbhiḥ *susahāyais tu*[16] sarvam etat karomy aham |
yadi yūyaṃ sahāyā me bhavadhvaṃ nṛpasattamāḥ ||21|
brahmovāca:
ity evaṃ vadamānasya rājarājasya dhīmataḥ |
sarve pramuditā *hṛṣṭā bhūpās*[17] te tasya śāsanāt ||22|
vavṛṣur dhanaratnaiś ca suvarṇamaṇimauktikaiḥ |
kambalājinaratnaiś ca rāṅkavāstaraṇaiḥ śubhaiḥ ||23|
vajravaidūryamāṇikyaiḥ padmarāgendranīlakaiḥ |
gajair aśvair dhanaiś cānyai rathaiś caiva kareṇubhiḥ ||24|
asaṃkhyeyair bahuvidhair dravyair uccāvacais tathā |
śālivrīhiyavaiś caiva māṣamudgatilais tathā ||25|
siddhārthacaṇakaiś caiva godhūmair masurādibhiḥ |
śyāmākair madhukaiś caiva nīvāraiḥ sakulatthakaiḥ ||26|
anyaiś ca vividhair dhānyair grāmyāraṇyaiḥ sahasraśaḥ |
bahudhānyasahasrāṇāṃ taṇḍulānāṃ ca rāśibhiḥ ||27|

9 V om. **10** V gacchantu **11** V te tu tadā **12** V pūrvadiksaṃsthitā ye dakṣiṇāṃ diśam āsthitāḥ **13** V vā **14** V prāptān nānānṛpān **15** V gauravāt **16** B samavetaś ca V samavetaiś ca **17** V bhūtvā hṛṣṭās

gavyasya haviṣaḥ kumbhaiḥ śataśo[18] 'tha sahasraśaḥ |
tathānyair[19] vividhair dravyair bhakṣyabhojyānulepanaiḥ ||28|
rājānaḥ pūrayām āsur yat kiṃcid dravyasaṃbhavaiḥ |
tān dṛṣṭvā yajñasaṃbhārān *sarvasaṃpatsamanvitān*[20] ||29|
yajñakarmavido viprān vedavedāṅgapāragān |
śāstreṣu nipuṇān dakṣān kuśalān sarvakarmasu ||30|
ṛṣīṃś caiva maharṣīṃś ca devarṣīṃś caiva tāpasān |
brahmacārigṛhasthāṃś ca vānaprasthān yatīṃs tathā ||31|
snātakān brāhmaṇāṃś cānyān agnihotre sadā sthitān |
ācāryopādhyāyavarān svādhyāyatapasānvitān ||32|
sadasyāñ *śāstra-*[21]kuśalāṃs tathānyān pāvakān bahūn |
dṛṣṭvā tān nṛpatiḥ śrīmān uvāca svaṃ purohitam ||33|
rājovāca:
tataḥ prayāntu vidvāṃso brāhmaṇā vedapāragāḥ |
vājimedhārthasiddhyarthaṃ *deśaṃ*[22] paśyantu *yajñiyam*[23] ||34|
brahmovāca:
ity uktaḥ sa tathā cakre vacanaṃ tasya bhūpateḥ |
hṛṣṭaḥ sa mantribhiḥ sārdhaṃ tadā rājapurohitaḥ ||35|
tato yayau purodhāś ca prājñaḥ sthapatibhiḥ saha |
brāhmaṇān *agrataḥ*[24] kṛtvā kuśalān yajñakarmaṇi ||36|
taṃ deśaṃ dhīvaragrāmaṃ sapratolivitaṅkinam |
kārayām āsa vipro 'sau yajñavāṭaṃ yathāvidhi ||37|
prāsādaśatasaṃbādhaṃ maṇipravara-*śobhitam*[25] |
indrasadmanibhaṃ ramyaṃ hema-[26]ratnavibhūṣitam ||38|
stambhān kanakacitrāṃś ca toraṇāni bṛhanti ca |
yajñāyatanadeśeṣu dattvā śuddhaṃ ca kāñcanam ||39|
antaḥpurāṇi rājñāṃ ca nānādeśanivāsinām |
kārayām āsa dharmātmā tatra tatra yathāvidhi ||40|
brāhmaṇānāṃ ca *vaiśyānāṃ*[27] nānādeśasamīyuṣām |
kārayām āsa *vidhivac chālās tatrāpy*[28] anekaśaḥ ||41|
priyārthaṃ tasya nṛpater āyayur nṛpasattamāḥ |
ratnāny anekāny ādāya striyaś cāyayur utsave ||42|
teṣāṃ nirviśatāṃ sveṣu śibireṣu mahātmanām |
nadataḥ sāgarasyeva divispṛg *abhavad dhvaniḥ*[29] ||43|
teṣāṃ abhyāgatānāṃ[30] ca sa rājā munisattamāḥ |
vyādideśāyatanāni[31] śayyāś cāpy upacārataḥ ||44|
bhojanāni vicitrāṇi śālīkṣuyavagorasaiḥ |
upetya nṛpatiśreṣṭho vyādideśa svayaṃ tadā ||45|
tathā tasmin mahāyajñe bahavo brahmavādinaḥ |
ye ca dvijātipravarās tatrāsan dvijasattamāḥ ||46|

18 V āpūrya haviṣā kumbhāñ chataśo **19** B tathaiva **20** B sarvān yānasamanvitān **21** V chāstra- **22** B diśaṃ **23** B yajñikāḥ **24** BV purataḥ **25** C -kuṭṭimam **26** C kārayām āsa vidhivad dhema- **27** C veśmāni **28** C vidhivad viditātmā hy V vidhivat sukhavāsāny **29** V abhavat svanaḥ **30** V teṣāṃ samāgatānāṃ **31** V vyādideśānnapānāni

samājagmuḥ saśiṣyās tān *pratijagrāha*[32] pārthivaḥ |
sarvāṃś ca tān anuyayau yāvad āvasathān iti ||47|
svayam eva mahātejā dambhaṃ tyaktvā nṛpottamaḥ |
tataḥ kṛtvā svaśilpaṃ ca śilpino 'nye ca ye tadā ||48|
kṛtsnaṃ yajñavidhiṃ rājñe[33] tadā tasmai nyavedayan |
tataḥ śrutvā nṛpaśreṣṭhaḥ kṛtaṃ sarvam atandritaḥ |
hṛṣṭaromābhavad rājā saha mantribhir acyutaḥ ||49|
brahmovāca:
tasmin yajñe pravṛtte tu *vāgmino*[34] hetu-*vādibhiḥ*[35] |
hetuvādān bahūn āhuḥ parasparajigīṣavaḥ ||50|
devendrasyeva vihitaṃ[36] rājasiṃhena bho dvijāḥ |
dadṛśus toraṇāny atra śātakumbhamayāni ca ||51|
śayyāsanavikārāṃś ca su-*bahūn ratnasaṃcayān*[37] |
ghaṭapātrīkaṭāhāni[38] kalaśān vardhamānakān ||52|
nahi kaścid asauvarṇam apaśyad vasudhādhipaḥ |
yūpāṃś ca śāstrapaṭhitān dāravān hemabhūṣitān ||53|
upakṣiptān yathākālaṃ vidhivad bhūri-*varcasaḥ*[39] |
sthalajā jalajā ye ca paśavaḥ kecana dvijāḥ ||54|
sarvān eva *samānītān*[40] apaśyaṃs tatra te nṛpāḥ |
gāś caiva mahiṣīś caiva tathā vṛddhastriyo 'pi *ca*[41] ||55|
audakāni ca sattvāni śvāpadāni vayāṃsi ca |
jarāyujāṇḍajātāni svedajāny udbhidāni ca ||56|
parvatāny upadhānyāni[42] *bhūtāni*[43] dadṛśuś ca te |
evaṃ pramuditaṃ sarvaṃ paśuto dhanadhānyataḥ ||57|
yajñavāṭaṃ nṛpā dṛṣṭvā *vismayaṃ paramaṃ gatāḥ*[44] |
brāhmaṇānāṃ viśāṃ caiva bahumiṣṭānnam ṛddhimat ||58|
pūrṇe śatasahasre tu viprāṇāṃ tatra bhuñjatām |
dundubhir meghanirghoṣān muhurmuhur athākarot ||59|
vinanādāsakṛc cāpi divase divase gate |
evaṃ sa vavṛdhe yajñas tasya rājñas tu dhīmataḥ ||60|
annasya subahūn viprā utsargān nirgatopamān |
dadhikulyāś ca dadṛśuḥ payasaś ca hradāṃs tathā ||61|
jambūdvīpo hi sakalo nānājanapadair yutaḥ |
dvijāś ca tatra dṛśyante rājñas tasya mahāmakhe ||62|
tatra *yāni sahasrāṇi*[45] puruṣāṇāṃ tatas tataḥ |
gṛhītvā bhājanaṃ jagmur bahūni dvijasattamāḥ ||63|
śrāviṇaś cāpi *te sarve*[46] sumṛṣṭamaṇikuṇḍalāḥ |
paryaveṣayan dvijātīñ śataśo 'tha sahasraśaḥ ||64|
vividhāny anupānāni puruṣā ye 'nuyāyinaḥ |
te vai nṛpopabhojyāni brāhmaṇebhyo daduḥ saha ||65|

32 B prītyā jagrāha V prītyājagrāha **33** A kṛtsnayajñavidhānajñās **34** B vādino **35** V -vādinaḥ **36** B devendrasya vidhiṃ cintyaṃ **37** B -bahvannasya saṃcayān **38** BV sphāṭikāni ca gehāni **39** B -dakṣiṇaḥ **40** V samāyātān **41** V vā **42** B pārvatīyāni bhūtāni V pārvatāny upadhānyāni **43** B bhūtapā **44** V paraṃ vismayam āgaman **45** C yāmīsahasrāṇi **46** B te vai [metre?]

samāgatān vedavido rājñaś ca pṛthivīśvarān |
pūjāṃ cakre tadā teṣāṃ vidhivad bhūridakṣiṇaḥ ||66|
digdeśād āgatān rājño mahāsaṃgrāmaśālinaḥ |
naṭanartakakādīṃś ca gīta-*stuti-*[47]viśāradān ||67|
patnyo manoramās tasya pīnonnatapayodharāḥ |
indīvarapalāśākṣyaḥ śaraccandra-*nibhānanāḥ*[48] ||68|
kulaśīlaguṇopetāḥ sahasraikaṃ śatādhikam |
evaṃ tadbhūpaparamapatnīgaṇasamanvitam ||69|
ratnamālākulaṃ divyaṃ patākādhvaja-*sevitam*[49] |
ratnahārayutaṃ *ramyaṃ*[50] candrakāntisamaprabham ||70|
kariṇaḥ parvatākārān madasiktān *mahābalān*[51] |
śataśaḥ koṭisaṃghātair *dantibhir danta-*[52]bhūṣaṇaiḥ ||71|
vātavegajavair aśvaiḥ sindhujātaiḥ suśobhanaiḥ |
śvetāśvaiḥ śyāma-*karṇaiś*[53] ca koṭyanekair javānvitaiḥ ||72|
saṃnaddhabaddhakakṣaiś ca nānāpraharaṇodyataiḥ |
asaṃkhyeyaiḥ padātaiś ca devaputropamais tathā ||73|
ity evaṃ dadṛśe rājā yajña-*saṃbhāravistaram*[54] |
mudaṃ *lebhe tadā rājā*[55] saṃhṛṣṭo vākyam abravīt ||74|
rājovāca:
ānayadhvaṃ hayaśreṣṭhaṃ sarvalakṣaṇalakṣitam |
cārayadhvaṃ pṛthivyāṃ vai rājaputrāḥ susaṃyatāḥ ||75|
vidvadbhir dharmavidbhiś ca [[56]hy] atra homo vidhīyatām |
kṛṣṇacchāgaṃ ca mahiṣaṃ[57] kṛṣṇasāramṛgaṃ dvijān ||76|
anaḍvāhaṃ ca gāś caiva sarvāṃś ca paśupālakān |
[58]iṣṭayaś ca pravartantāṃ *prāsādaṃ vaiṣṇavaṃ*[59] tataḥ ||77|
sarvam etac ca viprebhyo dīyatāṃ manasepsitam |
striyaś ca ratnakoṭyaś ca grāmāś ca nagarāṇi ca ||78|
samyak samṛddhabhūmyaś ca viṣayāś caivam arthinām |
anyāni dravyajātāni manojñāni bahūni ca ||79|
sarveṣāṃ yācamānānāṃ nāsti hy etan na bhāṣayet |
tāvat pravartatāṃ yajño yāvad devaḥ *purā tv iha*[60] |
pratyakṣaṃ mama cābhyeti yajñasyāsya samīpataḥ ||80|
[61]brahmovāca:
evam uktvā tadā viprā rājasiṃho mahābhujaḥ |
dadau suvarṇasaṃghātaṃ koṭīnāṃ caiva bhūṣaṇam ||81|
kareṇuśatasāhasraṃ vājino niyutāni ca |
arbudaṃ caiva vṛṣabhaṃ svarṇaśṛṅgīś ca dhenukāḥ ||82|
surūpāḥ surabhīś caiva kāṃsyadohāḥ payasvinīḥ |
prāyacchat sa tu viprebhyo vedavidbhyo mudā yutaḥ ||83|

47 V -nṛtya- **48** V -samānanāḥ **49** V -śobhitam **50** V divyaṃ **51** BV manoharān **52** BV dantibhiḥ kṛta- **53** B -varṇaiś **54** B -vātapravistaram V -vātaṃ savistaram **55** A caivātulāṃ prāpya **56** V ins. **57** V hastinaḥ ṣaṣṭivarṣāṃs tu **58** V reads in footnote, up to 47.98cd. **59** V prāsādo vaiṣṇavas **60** C surāv iha V purātanaḥ **61** V om.

vāsāṃsi ca mahārhāṇi rāṅkavāstaraṇāni ca |
suśuklāni ca śubhrāṇi pravālamaṇim uttamam ||84|
adadāt sa mahāyajñe ratnāni vividhāni ca ||85|
vajravaidūryamāṇikyamuktikādyāni yāni ca |
alaṃkāravatīḥ śubhrāḥ kanyā rājīvalocanāḥ ||86|
śatāni pañca viprebhyo rājā hṛṣṭaḥ pradattavān |
striyaḥ pīnapayobhārāḥ kañcukaiḥ svastanāvṛtāḥ ||87|
madhyahīnāś ca suśroṇyaḥ padmapattrāyatekṣaṇāḥ |
hāvabhāvānvitagrīvā bahvyo valayabhūṣitāḥ ||88|
pādanūpurasaṃyuktāḥ paṭṭadukūlavāsasaḥ |
ekaikaśo 'dadāt tasmin kāmyāś ca kāminīr bahūḥ ||89|
arthibhyo brāhmaṇādibhyo hayamedhe dvijottamāḥ |
bhakṣyaṃ bhojyaṃ ca saṃpūrṇaṃ nānāsaṃbhārasaṃyutam ||90|
khaṇḍakādyāny anekāni svinnapakvāṃś ca piṣṭakān |
annāny anyāni medhyāṃś ca ghṛtapūrāṃś ca khāṇḍavān ||91|
madhurāṃs tarjitān pūpān annaṃ mṛṣṭaṃ supākikam |
prītyarthaṃ sarvasattvānāṃ dīyate 'nnaṃ punaḥ punaḥ ||92|
dattasya dīyamānasya dhanasyānto na vidyate |
evaṃ dṛṣṭvā mahāyajñaṃ devadaityāḥ sa-*vāraṇāḥ*[62] ||93|
gandharvāpsarasaḥ siddhā ṛṣayaś ca prajeśvarāḥ |
vismayaṃ paramaṃ yātā dṛṣṭvā kratuvaraṃ śubham ||94|
purodhā mantriṇo rājā hṛṣṭās tatraiva sarvaśaḥ |
na tatra malinaḥ kaścin na dīno na kṣudhānvitaḥ ||95|
na vopasargo na glānir nādhayo vyādhayas tathā |
nākālamaraṇaṃ tatra na daṃśo na grahā viṣam ||96|
hṛṣṭapuṣṭajanāḥ sarve tasmin rājño mahotsave |
ye ca tatra tapaḥsiddhā munayaś cirajīvinaḥ ||97|
na *jātaṃ tādṛśaṃ yajñaṃ*[63] dhanadhānya-*samanvitam*[64] |
evaṃ sa rājā vidhivad vājimedhaṃ dvijottamāḥ |
kratuṃ samāpayām āsa prāsādaṃ vaiṣṇavaṃ tathā ||98|
[[65]evam ānāyya vastūni sahemakarakāṇi ca |
brāhmaṇebhyo dadau rājā śraddhayā vidhipūrvakam |
nānādeśanivāsibhyo nṛpebhyo vidhivad dhanam |
gajān aśvān suvāsāṃsi deśān prāyacchad īśvaraḥ |
viprān nānāvidhai ratnair bhakṣyabhojyādisaṃyutaiḥ |
saṃtarpya dīnānāthāṃś ca dattvā nānāvidhepsitam |
viprān nṛpān viśaḥ śūdrāṃs tarpitān iṣṭadānataḥ |
anujajñe svadeśebhyo gamanāya nṛpottamaḥ |
svakuṭumbaṃ dāsadāsīḥ saṃtoṣyeṣṭapradānataḥ |
mene kṛtārtham ātmānam aśvamedhamakhena saḥ |]

iti śrīmahāpurāṇe ādibrāhme svayaṃbhvṛṣisaṃvāde prasādakaraṇaṃ nāma saptacatvāriṃśo 'dhyāyaḥ[66]

62 ASS corr. like V; V -cāraṇāḥ **63** V jātas tādṛśo yajño **64** V -samanvitaḥ **65** V ins.
66 Col. not in V, where the chapter is continued.

[1]munaya ūcuḥ:
[2]brūhi no devadeveśa yat pṛcchāmaḥ purātanam |
yathā tāḥ pratimāḥ pūrvam indradyumnena nirmitāḥ ||48.1|
kena caiva prakāreṇa tuṣṭas taśmai sa mādhavaḥ |
tat sarvaṃ vada cāsmākaṃ paraṃ kautūhalaṃ hi naḥ ||2|
[3]brahmovāca:
śṛṇudhvaṃ muniśārdūlāḥ purāṇaṃ vedasaṃmitam |
kathayāmi purā vṛttaṃ pratimānāṃ ca saṃbhavam ||3|
pravṛtte ca mahāyajñe prāsāde caiva nirmite |
cintā tasya babhūvātha pratimārtham aharniśam ||4|
na vedmi kena deveśaṃ sarveśaṃ lokapāvanam |
sargasthityantakartāraṃ paśyāmi puruṣottamam ||5|
cintāviṣṭas tv abhūd rājā śete rātrau divāpi na |
na bhuṅkte vividhān bhogān na ca snānaṃ prasādhanam ||6|
naiva vādyena gandhena gāyanair varṇakair api |
na gajair madayuktaiś ca na cānekair hayānvitaiḥ ||7|
nendranīlair mahānīlaiḥ padmarāgamayair na ca |
suvarṇarajatādyaiś ca vajrasphaṭikasaṃyutaiḥ ||8|
bahurāgārthakāmair vā na vanyair antarikṣagaiḥ |
babhūva tasya nṛpater manasas tuṣṭivardhanam ||9|
śailamṛddārujāteṣu praśastaṃ kiṃ mahītale |
viṣṇupratimāyogyaṃ ca sarvalakṣaṇalakṣitam ||10|
etair eva trayāṇāṃ tu dayitaṃ syāt surārcitam |
sthāpite prītim abhyeti iti cintāparo 'bhavat ||11|
pañcarātravidhānena saṃpūjya puruṣottamam |
cintāviṣṭo mahīpālaḥ saṃstotum upacakrame ||12|

iti śrīmahāpurāṇe ādibrāhma *indradyumnasya pratimānirmāṇavidhānaṃ*[4] nāmāṣṭacatvāriṃśo 'dhyāyaḥ[5]

vāsudeva namas te 'stu namas te mokṣakāraṇa |
trāhi māṃ sarvalokeśa janmasaṃsārasāgarāt ||49.1|
nirmalāmbarasaṃkāśa namas te puruṣottama |
saṃkarṣaṇa namas te 'stu trāhi māṃ dharaṇīdhara ||2|
namas te hemagarbhābha namas te makaradhvaja |
ratikānta namas te 'stu trāhi māṃ saṃvarāntaka ||3|
namas te 'ñjanasaṃkāśa namas te bhaktavatsala |
aniruddha namas te 'stu trāhi māṃ varado bhava ||4|

1 V om. **2** V reads in footnote, up to 49.7ab. **3** V om. **4** V svayaṃbhvṛṣisaṃvāde rājño 'śvamedhakaraṇaṃ **5** From ch.48 up to ch. 69, V counts three chapters less than ASS.

namas te vibudhāvāsa namas te vibudhapriya |
nārāyaṇa namas te 'stu trāhi māṃ śaraṇāgatam ||5|
namas te balināṃ śreṣṭha namas te lāṅgalāyudha |
caturmukha jagaddhāma trāhi māṃ prapitāmaha ||6|
namas te nīlameghābha namas te tridaśārcita |
[[1]brahmovāca:
evaṃ vedoktavidhinā hayamedhaṃ mahāmakham |
svāntaḥkaraṇaśuddhyarthaṃ bhītaḥ saṃsārasāgarāt |
ekānta upaviśyātha prāptuṃ viṣṇoḥ paraṃ padam |
tuṣṭāva jagatāṃ nāthaṃ jagadānandadāyakam |
rājovāca:
jagadādhāra viśveśa sarvakāmaprapūraka |
lakṣmīkānta kṛpāsindho bhaktavatsala satpriya |]
trāhi viṣṇo *jagannātha*[2] magnaṃ māṃ bhavasāgare ||7|
pralayānalasaṃkāśa namas te ditijāntaka |
narasiṃha mahāvīrya trāhi māṃ dīptalocana ||8|
yathā rasātalād urvī tvayā daṃṣṭroddhṛtā purā |
tathā mahā-*varāhas*[3] tvaṃ trāhi māṃ duḥkhasāgarāt ||9|
tavaitā mūrtayaḥ kṛṣṇa varadāḥ saṃstutā mayā |
taveme[4] baladevādyāḥ pṛthagrūpeṇa saṃsthitāḥ ||10|
aṅgāni tava deveśa garutmādyās tathā prabho |
dikpālāḥ sāyudhāś caiva keśavādyās tathācyuta ||11|
ye cānye tava deveśa bhedāḥ proktā manīṣibhiḥ |
te 'pi sarve jagannātha prasannāyatalocana ||12|
mayārcitāḥ stutāḥ sarve tathā yūyaṃ namaskṛtāḥ |
prayacchata[5] varaṃ mahyaṃ dharmakāmārthamokṣa-*dam*[6] ||13|
bhedās te kīrtitā ye tu *hare saṃkarṣaṇādayaḥ*[7] |
tava pūjārthasaṃbhūtās *tatas*[8] tvayi samāśritāḥ ||14|
na bhedas tava deveśa vidyate paramārthataḥ |
vividhaṃ tava *yad rūpam*[9] *uktaṃ tad*[10] upacārataḥ ||15|
advaitaṃ tvāṃ kathaṃ dvaitaṃ vaktuṃ śaknoti mānavaḥ |
ekas tvaṃ hi hare[11] vyāpī *citsva-*[12]bhāvo nirañjanaḥ ||16|
paramaṃ tava yad rūpaṃ bhāvābhāvavivarjitam |
nirlepaṃ *nirguṇaṃ śreṣṭhaṃ*[13] kūṭastham acalaṃ dhruvam ||17|
sarvopādhi-[14]vinirmuktaṃ sattāmātravyavasthitam |
tad devāś ca na jānanti kathaṃ jānāmy ahaṃ prabho ||18|
aparaṃ tava yad rūpaṃ pītavastraṃ caturbhujam |
śaṅkhacakragadāpāṇimukuṭāṅgadadhāriṇam ||19|
śrīvatsoraskasaṃyuktaṃ vanamālāvibhūṣitam |
tad arcayanti[15] vibudhā ye cānye tava saṃśrayāḥ ||20|

1 V ins. **2** V mahārāja **3** V -varāha **4** V tvaṃ ceme **5** V prayacchadhvaṃ **6** V -dāḥ **7** V harasaṃkarṣaṇādayaḥ **8** V te ca **9** V yajñārthaṃ **10** B yajñārtham V rūpaṃ tad **11** B ekaś cāsi harir **12** B viśva- **13** V vimalaṃ sūkṣmaṃ **14** V sarvapāpa- **15** B tarkayanti ca

devadeva suraśreṣṭha bhaktānām abhayaprada |
trāhi māṃ padmapattrākṣa magnaṃ viṣayasāgare ||21|
nānyaṃ paśyāmi lokeśa yasyāhaṃ śaraṇaṃ vraje |
tvām ṛte kamalākānta prasīda madhusūdana ||22|
jarāvyādhiśatair yukto nānāduḥkhair nipīḍitaḥ |
harṣaśokānvito mūḍhaḥ karmapāśaiḥ suyantritaḥ ||23|
patito 'haṃ mahāraudre ghore saṃsārasāgare |
viṣamodaka-[16]duṣpāre rāgadveṣajhaṣākule ||24|
indriyāvartagambhīre tṛṣṇāśokormisaṃkule |
nirāśraye nirālambe niḥsāre 'tyantacañcale ||25|
māyayā mohitas tatra bhramāmi suciraṃ prabho |
nānājātisahasreṣu jāyamānaḥ punaḥ punaḥ ||26|
mayā janmāny anekāni sahasrāṇy ayutāni ca |
vividhāny anubhūtāni saṃsāre 'smiñ janārdana ||27|
vedāḥ sāṅgā mayādhītāḥ śāstrāṇi vividhāni ca |
itihāsapurāṇāni tathā śilpāny anekaśaḥ ||28|
asaṃtoṣāś ca saṃtoṣāḥ saṃcayāpacayā vyayāḥ |
mayā prāptā jagannātha *kṣayavṛddhyakṣayetarāḥ*[17] ||29|
bhāryārimitrabandhūnāṃ viyogāḥ saṃgamās tathā |
pitaro vividhā dṛṣṭā mātaraś ca tathā mayā ||30|
duḥkhāni cānubhūtāni yāni saukhyāny anekaśaḥ |
prāptāś ca bāndhavāḥ putrā bhrātaro jñātayas tathā ||31|
mayoṣitaṃ tathā strīṇāṃ koṣṭhe viṇmūtra-*picchale*[18] |
garbhavāse mahāduḥkham anubhūtaṃ tathā prabho ||32|
duḥkhāni yāny anekāni bālyayauvanagocare |
vārdhake ca hṛṣīkeśa tāni prāptāni vai mayā ||33|
maraṇe yāni duḥkhāni yamamārge yamālaye |
mayā tāny[19] anubhūtāni narake *yātanās tathā*[20] ||34|
kṛmikīṭadrumāṇāṃ ca hastyaśvamṛgapakṣiṇām |
mahiṣoṣṭragavāṃ caiva tathānyeṣāṃ *vanaukasām*[21] ||35|
dvijātīnāṃ ca sarveṣāṃ śūdrāṇāṃ caiva yoniṣu |
[22]dhaninām kṣatriyāṇāṃ ca daridrāṇāṃ tapasvinām ||36|
nṛpāṇāṃ nṛpabhṛtyānāṃ tathānyeṣāṃ ca dehinām |
gṛheṣu teṣām utpanno deva cāhaṃ punaḥ punaḥ ||37|
gato 'smi dāsatāṃ nātha *bhṛtyānāṃ*[23] bahuśo nṛṇām |
daridratvaṃ ceśvaratvaṃ svāmitvaṃ ca tathā gataḥ ||38|
hato mayā hatāś cānye[24] ghātito ghātitās tathā |
dattaṃ mamānyair anyebhyo mayā dattam anekaśaḥ ||39|
pitṛmātṛsuhṛdbhrātṛkalatrāṇāṃ kṛtena ca |
dhaninām śrotriyāṇāṃ ca daridrāṇāṃ tapasvinām ||40|

16 V viṣayodaka- **17** V jayavṛddhyudayetarāḥ **18** V -viplave **19** B prayātāny **20** BV yātanākule **21** B divaukasām **22** B om. **23** B dhanyānāṃ V śrīmatāṃ **24** V hatā mayā hataś cānyair

uktaṃ dainyaṃ *ca vividhaṃ*[25] tyaktvā lajjāṃ janārdana |
devatiryaṅmanuṣyeṣu sthāvareṣu careṣu ca ||41|
na *vidyate tathā*[26] sthānaṃ yatrāhaṃ na gataḥ prabho |
kadā me narake vāsaḥ kadā svarge jagatpate ||42|
kadā manuṣyalokeṣu kadā *tiryaggateṣu*[27] ca |
jalayantre yathā cakre ghaṭī rajju-*nibandhanā*[28] ||43|
yāti cordhvam adhaś caiva kadā madhye ca tiṣṭhati |
tathā cāhaṃ suraśreṣṭha *karma-*[29]rajju-*samāvṛtaḥ*[30] ||44|
adhaś cordhvaṃ tathā madhye *bhraman gacchāmi yogataḥ*[31] |
evaṃ saṃsāracakre 'smin bhairave romaharṣaṇe ||45|
bhramāmi suciraṃ kālaṃ nāntaṃ paśyāmi karhicit |
na jāne kiṃ karomy adya hare vyākulitendriyaḥ ||46|
śoka-*tṛṣṇābhibhūto 'haṃ*[32] kāṃdiśīko vicetanaḥ |
idānīṃ tvām ahaṃ deva vihvalaḥ śaraṇaṃ gataḥ ||47|
trāhi māṃ duḥkhitaṃ kṛṣṇa magnaṃ saṃsārasāgare |
kṛpāṃ kuru jagannātha bhaktaṃ māṃ yadi manyase ||48|
tvadṛte nāsti me bandhur yo 'sau cintāṃ kariṣyati |
deva tvāṃ nātham āsādya na bhayaṃ me 'sti kutracit ||49|
jīvite maraṇe caiva yogakṣeme 'thavā prabho |
ye tu tvāṃ vidhivad deva nārcayanti narādhamāḥ ||50|
sugatis tu kathaṃ teṣāṃ bhavet saṃsāra-*bandhanāt*[33] |
kiṃ teṣāṃ kulaśīlena vidyayā jīvitena *ca*[34] ||51|
yeṣāṃ na jāyate bhaktir jagaddhātari keśave |
prakṛtiṃ *tv āsurīṃ*[35] prāpya ye tvāṃ nindanti mohitāḥ ||52|
patanti narake *ghore*[36] jāyamānāḥ punaḥ punaḥ |
na teṣāṃ niṣkṛtis tasmād vidyate narakārṇavāt ||53|
ye dūṣayanti durvṛttās tvāṃ deva puruṣādhamāḥ |
yatra yatra bhavej janma mama karmanibandhanāt ||54|
tatra tatra hare bhaktis tvayi cāstu dṛḍhā sadā |
ārādhya tvāṃ surā daityā narāś cānye 'pi saṃyatāḥ ||55|
avāpuḥ paramāṃ siddhiṃ kas tvāṃ *deva*[37] na pūjayet |
na śaknuvanti brahmādyāḥ stotuṃ tvāṃ tridaśā hare ||56|
kathaṃ mānuṣabuddhyāhaṃ staumi tvāṃ prakṛteḥ param |
tathā cājñānabhāvena saṃstuto 'si mayā prabho ||57|
tat kṣamasvāparādhaṃ me yadi *te 'sti dayā*[38] mayi |
kṛtāparādhe 'pi hare kṣamāṃ kurvanti sādhavaḥ ||58|
tasmāt prasīda deveśa bhaktasnehaṃ samāśritaḥ |
stuto 'si yan mayā deva bhaktibhāvena cetasā |
sāṅgaṃ[39] bhavatu tat sarvaṃ vāsudeva namo 'stu te ||59|
brahmovāca:
itthaṃ stutas tadā tena prasanno garuḍadhvajaḥ |
dadau tasmai muniśreṣṭhāḥ sakalaṃ manasepsitam ||60|

25 V bahuvidhaṃ **26** V paśyāmi tu tat **27** B tīrthajaneṣu V tīrthajaleṣu **28** V -nibandhinī
29 B kāma- **30** V -samāśritaḥ **31** V bhramāmi karmayogataḥ **32** V -tṛṣṇābhibhūtaś ca
33 B -sāgare **34** V vā **35** V cāsurīṃ **36** BV te tu **37** V devaṃ **38** V cāsti kṛpā
39 V satyaṃ

yaḥ sampūjya jagannātham pratyaham stauti mānavaḥ |
stotreṇānena matimān sa mokṣam labhate dhruvam ||61|
trisaṃdhyaṃ yo[40] japed vidvān idaṃ stotravaraṃ śuciḥ |
dharmaṃ cārthaṃ ca kāmaṃ ca mokṣaṃ ca labhate naraḥ ||62|
yaḥ paṭhec chṛṇuyād vāpi śrāvayed vā samāhitaḥ |
sa lokaṃ *śāśvataṃ viṣṇor*[41] *yāti*[42] nirdhūtakalmaṣaḥ ||63|
dhanyaṃ pāpaharaṃ cedaṃ bhuktimuktipradaṃ śivam |
guhyaṃ sudurlabhaṃ puṇyaṃ na deyaṃ yasya kasyacit ||64|
na nāstikāya mūrkhāya na kṛtaghnāya mānine |
na duṣṭamataye dadyān *nābhaktāya*[43] kadācana ||65|
dātavyaṃ bhaktiyuktāya guṇaśīlānvitāya ca |
viṣṇubhaktāya śāntāya śraddhānuṣṭhānaśāline ||66|
idaṃ samastāghavināśa-*hetuḥ*[44] |
kāruṇyasaṃjñaṃ sukhamokṣadaṃ ca |
aśeṣavāñchāphaladaṃ variṣṭhaṃ |
stotraṃ mayoktaṃ puruṣottamasya ||67|
ye taṃ susūkṣmaṃ vimalā murāriṃ |
dhyāyanti nityaṃ puruṣaṃ purāṇam |
te muktibhājaḥ praviśanti viṣṇuṃ |
mantrair yathājyaṃ hutam adhvarāgnau ||68|
ekaḥ sa devo bhavaduḥkhahantā |
paraḥ pareṣāṃ na tato 'sti cānyat |
draṣṭā[45] sa pātā sa tu nāśakartā |
viṣṇuḥ samastākhilasārabhūtaḥ ||69|
kiṃ vidyayā kiṃ svaguṇaiś ca teṣāṃ |
yajñaiś ca dānaiś ca tapobhir ugraiḥ |
yeṣāṃ na bhaktir bhavatīha kṛṣṇe |
jagadgurau mokṣasukhaprade ca ||70|
loke sa dhanyaḥ sa śuciḥ sa vidvān |
makhais tapobhiḥ sa guṇair variṣṭhaḥ |
jñātā sa dātā sa tu satyavaktā |
yasyāsti bhaktiḥ puruṣottamākhye ||71|

iti śrīmahāpurāṇa ādibrāhme svayaṃbhvṛṣisaṃvāde kāruṇyastavavarṇanaṃ nāmaikonapañcāśattamo 'dhyāyaḥ

brahmovāca:
stutvaivaṃ muniśārdūlāḥ praṇamya ca sanātanam |
vāsudevaṃ jagannāthaṃ sarvakāmaphalapradam ||50.1|
cintāviṣṭo mahīpālaḥ kuśān āstīrya bhūtale |
vastraṃ ca tanmanā bhūtvā suṣvāpa *dharaṇītale*[1] ||2|

40 B yaḥ saṃdhyayor **41** B śāśvataṃ divyaṃ V divyam āpnoti **42** V viṣṇor **43** V na dhūrtāya **44** V -hetu **45** V sraṣṭā **1** V niyatendriyaḥ

kathaṃ pratyakṣam abhyeti *devadevo*[2] janārdanaḥ |
mama cārtiharo[3] devas tadāsāv iti cintayan ||3|
suptasya tasya[4] nṛpater vāsudevo jagadguruḥ |
ātmānaṃ darśayām āsa *śaṅkhacakragadābhṛtam*[5] ||4|
sa dadarśa *tu saprema*[6] devadevaṃ jagadgurum |
śaṅkhacakradharaṃ devaṃ gadācakrograpāṇinam ||5|
śārṅga-*bāṇadharaṃ devaṃ*[7] jvalat-*tejoti*-[8]maṇḍalam |
yugāntādityavarṇābhaṃ nīlavaidūryasaṃnibham ||6|
suparṇāṃse *tam āsīnaṃ*[9] ṣoḍaśārdhabhujaṃ śubham |
sa cāsmai prābravīd dhīrāḥ sādhu rājan[10] mahāmate ||7|
kratunānena *divyena*[11] tathā bhaktyā ca śraddhayā |
tuṣṭo 'smi te mahīpāla vṛthā kim anuśocasi ||8|
yad atra pratimā rājañ jagatpūjyā sanātanī |
yathā *sā prāpyate*[12] bhūpa tadupāyaṃ bravīmi te ||9|
gatāyām adya śarvaryāṃ[13] nirmale *bhāskarodite*[14] |
sāgarasya jalasyānte nānādrumavibhūṣite ||10|
jalaṃ tathaiva velāyāṃ dṛśyate tatra vai mahat |
lavaṇasyodadhe rājaṃs taraṅgaiḥ samabhiplutam ||11|
kūlānte hi[15] mahāvṛkṣaḥ sthitaḥ sthalajaleṣu ca |
velābhir *hanyamānaś ca*[16] na cāsau kampate drumaḥ ||12|
paraśum ādāya hastena ūrmer antas tato vraja |
ekākī viharan rājan sa tvaṃ paśyasi pādapam ||13|
īdṛk cihnaṃ[17] samālokya chedaya tvam aśaṅkitaḥ |
chedyamānaṃ[18] tu taṃ vṛkṣaṃ prātar adbhutadarśanam ||14|
dṛṣṭvā tenaiva saṃcintya tato bhūpāla darśanāt |
kuru *tāṃ*[19] pratimāṃ divyāṃ jahi cintāṃ vimohinīm ||15|
brahmovāca:
evam uktvā mahābhāgo jagāmādarśanaṃ hariḥ |
sa cāpi svapnam ālokya paraṃ vismayam *āgataḥ*[20] ||16|
tāṃ niśāṃ sa samudvīkṣya sthitas tadgatamānasaḥ |
vyāharan vaiṣṇavān mantrān sūktaṃ caiva tadātmakam ||17|
pragatāyāṃ[21] rajanyāṃ tu *utthito nānyamānasaḥ*[22] |
sa snātvā sāgare samyag yathāvad vidhinā tataḥ ||18|
dattvā dānaṃ ca viprebhyo grāmāṃś ca nagarāṇi ca |
kṛtvā paurvāhṇikaṃ karma jagāma sa nṛpottamaḥ ||19|
na *cāśvo*[23] na padātiś ca na gajo na ca sārathiḥ |
ekākī sa mahāvelāṃ *praviveśa mahīpatiḥ*[24] ||20|

2 B dṛṣṭer mama **3** B sa mahārtiharo V mama so 'rtiharo **4** B sudyumnasya tu **5** C svapne tasmai samakṣavat **6** C tu svapne vai V ca svapne 'tha **7** V -bāṇāsisaṃyuktaṃ **8** V -tejogra- **9** V samāsīnaṃ **10** B tadā rājānam āsādya vibhuḥ prāha **11** B dānena **12** V tāṃ prāpyase **13** B prabhāte vimale jāte V prabhātāyāṃ ca śarvaryāṃ **14** V bhāskarodaye **15** V kūlālambī **16** V hanyamānas tu **17** B aśvatthaṃ ca V aśvatthaṃ tu **18** V śātyamānaṃ **19** V me **20** B āgatam **21** V prabhātāyāṃ **22** B nānyacitto nṛpottamaḥ V utthito nṛpatis tadā **23** V ratho **24** AV praviveśa mahāmatiḥ B praviveśāmalāṃ hitām

taṃ dadarśa[25] mahāvṛkṣaṃ tejasvantaṃ mahādrumam |
mahātigamahārohaṃ[26] puṇyaṃ vipulam eva ca ||21|
mahotsedhaṃ[27] mahākāyaṃ *prasuptaṃ*[28] ca jalāntike |
sāndramāñjiṣṭhavarṇābhaṃ nāmajātivivarjitam ||22|
naranāthas tadā *viprā*[29] drumaṃ dṛṣṭvā mudānvitaḥ |
paraśunā śātayām āsa niśitena dṛḍhena ca ||23|
dvaidhīkartumanās tatra babhūvendrasakhaḥ sa ca |
nirīkṣyamāṇe kāṣṭhe tu babhūvādbhutadarśanam ||24|
viśvakarmā *ca viṣṇuś ca*[30] *viprarūpa-*[31]dharāv ubhau |
ājagmatur *mahābhāgau*[32] tadā tulyāgrajanmanau ||25|
jvalamānau *sva-*[33]tejobhir divyasrag-*anulepanau*[34] |
atha tau taṃ samāgamya nṛpam indrasakhaṃ tadā ||26|
tāv ūcatur mahārāja kim atra tvaṃ kariṣyasi |
kimarthaṃ ca mahābāho śātitaś ca vanaspatiḥ ||27|
asahāyo *mahādurge*[35] nirjane gahane vane |
mahāsindhutaṭe caiva *kathaṃ vai*[36] śātito drumaḥ ||28|
brahmovāca:
tayoḥ śrutvā vaco viprāḥ sa tu rājā mudānvitaḥ |
babhāṣe vacanaṃ tābhyāṃ *mṛdulaṃ*[37] madhuraṃ tathā ||29|
dṛṣṭvā tau *brāhmaṇau tatra*[38] candrasūryāv ivāgatau |
namaskṛtya jagannāthāv avāṅmukham avasthitaḥ ||30|
rājovāca:
devadevam anādyantam anantaṃ *jagatāṃ*[39] patim |
ārādhayituṃ[40] pratimāṃ karomīti matir mama ||31|
ahaṃ sa devadevena paramena mahātmanā |
svapnānte ca samuddiṣṭo bhavadbhyāṃ śrāvitaṃ mayā ||32|
[41]brahmovāca:
rājñas tu vacanaṃ śrutvā devendrapratimasya ca |
prahasya tasmai viśveśas tuṣṭo vacanam abravīt ||33|
viṣṇur uvāca:
sādhu sādhu *mahīpāla*[42] yad *etan matam*[43] uttamam |
saṃsārasāgare ghore kadalīdalasaṃnibhe ||34|
niḥsāre duḥkhabahule *kāmakrodha-*[44]samākule |
indriyāvartakalile dustare romaharṣaṇe ||35|
nānāvyādhiśatāvarte jalabudbudasaṃnibhe |
yatas te matir utpannā viṣṇor ārādhanāya vai ||36|
dhanyas tvaṃ nṛpaśārdūla guṇaiḥ sarvair alaṃkṛtaḥ |
sa-prajā[45] pṛthivī dhanyā saśailavanakānanā ||37|

25 BV tatrāpaśyan **26** V mahātīkṣṇaṃ mahāraudraṃ **27** B mahotkaṭaṃ **28** B suprabho V praguptaṃ **29** B viṣṇuṃ **30** A tathā viśva-**31** A kartā rūpa- V vipraveṣa- **32** B mahātmānau **33** B su- **34** B -anulepanaiḥ **35** V mahābāho **36** B kimarthaṃ **37** V mṛdu vai **38** ABV rūpasaṃpannau **39** C jagataḥ **40** V ārādhanāya **41** V om. **42** V mahābhāga **43** A etad vratam B etan mana **44** AB mohagrāha- V bhogagrāha- **45** A -sasyā

sapuragrāmanagarā caturvarṇair alaṃkṛtā |
yatra[46] tvaṃ nṛpaśārdūla prajāḥ pālayitā prabhuḥ ||38|
ehy ehi sumahābhāga drume 'smin sukhaśītale |
āvābhyāṃ saha tiṣṭha tvaṃ kathābhir dharma-*saṃśritaḥ*[47] ||39|
ayaṃ mama sahāyas tu āgataḥ śilpināṃ varaḥ |
viśvakarmasamaḥ *sākṣān*[48] *nipuṇaḥ*[49] sarvakarmasu |
mayoddiṣṭāṃ tu pratimāṃ karoty eṣa taṭaṃ tyaja ||40|
[50]brahmovāca:
śrutvaivaṃ vacanaṃ tasya tadā rājā dvijanmanaḥ |
sāgarasya taṭaṃ tyaktvā gatvā tasya samīpataḥ ||41|
tasthau sa nṛpatiśreṣṭho vṛkṣacchāye suśītale |
tatas tasmai sa viśvātmā dadāv ājñāṃ dvijākṛtiḥ ||42|
śilpimukhyāya viprendrāḥ kuruṣva *pratimā iti*[51] |
kṛṣṇarūpaṃ paraṃ śāntaṃ padmapattrāyatekṣaṇam ||43|
śrīvatsakaustubhadharaṃ śaṅkhacakragadādharam |
gaurāṅgaṃ kṣīra-[52]varṇābhaṃ dvitīyaṃ svastikāṅkitam ||44|
lāṅgalāstradharaṃ devam anantākhyaṃ mahābalam |
devadānavagandharvayakṣavidyādharoragaiḥ ||45|
na vijñāto hi tasyāntas[53] tenānanta iti smṛtaḥ |
bhaginīṃ vāsudevasya rukmavarṇāṃ suśobhanām ||46|
tṛtīyāṃ vai subhadrāṃ ca sarvalakṣaṇalakṣitām ||47|
brahmovāca:
śrutvaitad vacanaṃ tasya viśvakarmā *su*-[54]karmakṛt |
tatkṣaṇāt kārayām āsa pratimāḥ śubhalakṣaṇāḥ ||48|
[[55]kuṇḍalābhyāṃ vicitrābhyāṃ karṇābhyāṃ suvirājitam |
cakralāṅgalavinyastahastābhyāṃ sādhusaṃmatam |]
prathamaṃ śuklavarṇābhaṃ śāradendusamaprabham |
āraktākṣaṃ mahākāyaṃ *sphaṭāvikaṭa*-[56]mastakam ||49|
nīlāmbaradharaṃ *cograṃ*[57] balaṃ balamadoddhatam |
kuṇḍalaikadharaṃ divyaṃ *gadā*-[58]muśaladhāriṇam ||50|
dvitīyaṃ puṇḍarīkākṣaṃ nīlajīmūtasaṃnibham |
atasīpuṣpasaṃkāśaṃ padma-*pattrāyatekṣaṇam*[59] ||51|
pītavāsasam atyugraṃ śubhaṃ śrīvatsalakṣaṇam |
cakrapūrṇakaraṃ divyaṃ sarvapāpaharaṃ harim ||52|
tṛtīyāṃ svarṇavarṇābhāṃ padmapattrāyatekṣaṇām |
vicitravastrasaṃchannāṃ hārakeyūrabhūṣitām ||53|
vicitrābharaṇopetāṃ ratna-*hārāvalambitām*[60] |
pīnonnatakucāṃ ramyāṃ viśvakarmā vinirmame ||54|
sa tu rājādbhutaṃ dṛṣṭvā kṣaṇenaikena nirmitāḥ |
divyavastrayugacchannā nānāratnair alaṃkṛtāḥ ||55|

46 V yatas **47** B -saṃhitaḥ **48** B kṣattā C sākṣād **49** C vipulaḥ **50** V om.
51 V pratimām imām **52** V candragokṣīra- **53** A mahimā yasya na jñātas **54** B sva-
55 V ins. **56** A balavantaṃ [metre?] B phaṭāvikaṭa- V phaṇāvikaṭa- **57** B ghoraṃ
58 AC mahā- **59** A -pattranibhekṣaṇam **60** A -hāravilambinīm B -hāravilambitām

sarvalakṣaṇasampannāḥ *pratimāḥ su-*[61]manoharāḥ |
vismayaṃ paramaṃ gatvā idaṃ vacanam abravīt ||56|
indradyumna uvāca:
kiṃ devau samanuprāptau *dvija-*[62]rūpadharāv ubhau |
ubhau cādbhutakarmāṇau deva-*vṛttāv amānuṣau*[63] ||57|
devau vā mānuṣau vāpi yakṣavidyādharau *yuvām*[64] |
kiṃ nu brahmahṛṣīkeśau kiṃ vasū kim utāśvinau ||58|
na vedmi satyasadbhāvau māyārūpeṇa saṃsthitau |
yuvāṃ gato 'smi śaraṇam ātmā *tu*[65] me prakāśyatām ||59|

iti śrīmahāpurāṇe ādibrāhme svayaṃbhvṛṣisaṃvāde pratimotpattikathanaṃ nāma pañcāśattamo 'dhyāyaḥ

śrībhagavān[1] uvāca:
nāhaṃ devo na yakṣo vā na daityo na ca *devarāṭ*[2] |
na brahmā na ca rudro 'haṃ viddhi māṃ *puruṣottamam*[3] ||51.1|
artihā sarva-*lokānām ananta-*[4]balapauruṣaḥ |
ārādhanīyo bhūtānām anto yasya na vidyate ||2|
paṭhyate sarvaśāstreṣu vedānteṣu nigadyate |
yam āhur jñānagamyeti vāsudeveti yoginaḥ ||3|
aham eva svayaṃ brahmā *ahaṃ viṣṇuḥ śivo 'py aham*[5] |
indro 'haṃ[6] devarājaś ca *jagat-*[7]saṃyamano yamaḥ ||4|
pṛthivyādīni bhūtāni tretāgnir hutabhuṅ nṛpa |
varuṇo 'pāṃ patiś cāhaṃ dharitrī ca mahīdharaḥ ||5|
yat kiṃcid vāṅmayaṃ loke jagat sthāvarajaṅgamam |
carācaraṃ ca yad viśvaṃ madanyan nāsti kiṃcana ||6|
prīto 'haṃ te nṛpaśreṣṭha varaṃ varaya suvrata |
yad iṣṭaṃ tat prayacchāmi hṛdi yat te vyavasthitam ||7|
maddarśanam apuṇyānāṃ svapnānte 'pi na jāyate |
tvaṃ punar dṛḍhabhaktitvāt pratyakṣaṃ dṛṣṭavān asi ||8|
brahmovāca:
śrutvaivaṃ vāsudevasya vacanaṃ tasya bho dvijāḥ |
romāñcita-*tanur*[8] bhūtvā idaṃ stotraṃ jagau nṛpaḥ ||9|
rājovāca:
śriyaḥ kānta namas te 'stu śrīpate pītavāsase |
śrīda śrīśa śrīnivāsa namas te śrīniketana ||10|
ādyaṃ puruṣam īśānaṃ *sarveśaṃ*[9] sarvatomukham |
niṣkalaṃ paramaṃ devaṃ praṇato 'smi *sanātanam*[10] ||11|
śabdātītaṃ *guṇātītaṃ*[11] bhāvābhāvavivarjitam |
nirlepaṃ nirguṇaṃ sūkṣmaṃ sarvajñaṃ sarvabhāvanam ||12|

61 V pratimāś ca **62** B divya- **63** V -vṛttau na mānuṣau **64** BV ca kim **65** V svo
1 B brāhmaṇa **2** B devatāḥ **3** ABV parameśvaram **4** V -lokānāṃ samagra- **5** A aham eva gadādharaḥ **6** A tathaiva **7** A prajā- **8** A -vapur **9** A sarvagaṃ **10** B purātanam **11** B jñānagamyam

prāvṛṇ-[12]meghapratīkāśaṃ *gobrāhmaṇahite ratam*[13] |
sarveṣām eva goptāraṃ vyāpinaṃ sarvabhāvinam ||13|
śaṅkhacakradharaṃ devaṃ gadāmuśaladhāriṇam |
namasye varadaṃ devaṃ nīlotpaladalacchavim ||14|
nāgaparyaṅkaśayanaṃ kṣīrodārṇava-*śāyinam*[14] |
namasye 'haṃ hṛṣīkeśaṃ sarvapāpaharaṃ harim ||15|
punas tvāṃ devadeveśaṃ namasye varadaṃ vibhum |
sarvalokeśvaraṃ *viṣṇuṃ*[15] mokṣakāraṇam avyayam ||16|
brahmovāca:
evaṃ stutvā tu taṃ devaṃ praṇipatya kṛtāñjaliḥ |
uvāca praṇato bhūtvā nipatya *dharaṇī-*[16]tale ||17|
rājovāca:
prīto 'si yadi me nātha vṛṇomi varam uttamam |
devāsurāḥ sagandharvā yakṣarakṣomahoragāḥ ||18|
siddhavidyādharāḥ sādhyāḥ kiṃnarā guhyakās tathā |
ṛṣayo *ye*[17] mahābhāgā nānāśāstraviśāradāḥ ||19|
parivrāḍyogayuktāś ca vedatattvārthacintakāḥ |
mokṣa-*mārga-*[18]vido ye 'nye dhyāyanti paramaṃ padam ||20|
nirguṇaṃ nirmalaṃ śāntaṃ *yat paśyanti manīṣinaḥ*[19] |
tat padaṃ gantum icchāmi tvatprasādāt sudurlabham ||21|
śrībhagavān uvāca:
sarvaṃ[20] bhavatu bhadraṃ te yatheṣṭaṃ sarvam āpnuhi |
bhaviṣyati yathākāmaṃ matprasādān na saṃśayaḥ ||22|
daśa varṣasahasrāṇi tathā nava śatāni ca |
avicchinnaṃ mahārājyaṃ kuru tvaṃ nṛpasattama ||23|
prayāsyasi padaṃ divyaṃ durlabhaṃ yat surāsuraiḥ |
pūrṇa-[21]manorathaṃ śāntaṃ guhyam avyaktam avyayam ||24|
parāt parataraṃ sūkṣmaṃ *nirlepaṃ*[22] *niṣkalaṃ*[23] dhruvam |
cintā-[24]śokavinirmuktaṃ kriyākāraṇavarjitam ||25|
tad ahaṃ darśayiṣyāmi jñeyākhyaṃ paramaṃ padam |
yaṃ prāpya paramānandaṃ *prāpsyasi*[25] paramāṃ gatim ||26|
kīrtiś ca tava rājendra *bhavaty*[26] atra mahītale |
yāvad ghanā nabho yāvad[27] yāvac candrārkatārakam ||27|
yāvat samudrāḥ saptaiva yāvan mervādiparvatāḥ |
tiṣṭhanti divi devāś ca tāvat sarvatra cāvyayā ||28|
indradyumnasaro nāma tīrthaṃ *yajñāṅga-*[28]saṃbhavam |
yatra snātvā sakṛl lokaḥ śakralokam avāpnuyāt ||29|
dāpayiṣyati yaḥ piṇḍāṃs taṭe 'smin sarasaḥ śubhe |
kulaikaviṃśam uddhṛtya śakralokaṃ gamiṣyati ||30|
pūjyamāno 'psarobhiś ca gandharvair gīta-*nisvanaiḥ*[29] |
vimānena vaset tatra yāvad indrāś caturdaśa ||31|

12 B sāndra- **13** B brāhmaṇānāṃ hitaṃ śivam **14** ABV -vāsinam **15** A devaṃ **16** V vasudhā- **17** B 'tha **18** V -śāstra- **19** BV guhyaṃ paramapāvanam **20** A evaṃ **21** V pūrṇaṃ **22** A nirguṇaṃ B nirmalaṃ **23** ABV niścalaṃ **24** BV jarā- **25** V prāpsyase **26** BV tiṣṭhatv **27** B yāvac carācaro loko **28** B yajñānta- **29** V -niḥsvanaiḥ

saraso dakṣiṇe bhāge nairṛtyāṃ tu *samāśrite*[30] |
nyagrodhas tiṣṭhate tatra tatsamīpe tu maṇḍapaḥ ||32|
ketakīvanasaṃchanno nānāpādapasaṃkulaḥ |
nārikelair asaṃkhyeyaiś campakair *bakulāvṛtaiḥ*[31] ||33|
aśokaiḥ karṇikāraiś ca puṃnāgair nāgakesaraiḥ |
pāṭalāmrātasaralaiś candanair devadārubhiḥ ||34|
nyagrodhāśvatthakhadiraiḥ pārijātaiḥ sahārjunaiḥ |
hintālaiś caiva tālaiś ca śiṃśapair badarais tathā ||35|
karañjair lakucaiḥ plakṣaiḥ panasair bilvadhātukaiḥ |
anyair bahuvidhair vṛkṣaiḥ śobhitaḥ samalaṃkṛtaḥ ||36|
āṣāḍhasya site pakṣe pañcamyāṃ pitṛdaivate |
ṛkṣe neṣyanti nas tatra nītvā sapta dināni vai ||37|
maṇḍape sthāpayiṣyanti suveśyābhiḥ suśobhanaiḥ |
krīḍāviśeṣabahulair nṛtyagītamanoharaiḥ ||38|
cāmaraiḥ svarṇadaṇḍaiś ca vyajanai ratna-*bhūṣaṇaiḥ*[32] |
vījayantas tathāsmabhyaṃ sthāpayiṣyanti maṅgalāḥ ||39|
brahmacārī yatiś caiva snātakāś ca dvijottamāḥ |
vānaprasthā gṛhasthāś ca siddhāś cānye ca brāhmaṇāḥ ||40|
nānā-*varṇa-*[33]padaiḥ stotrair ṛgyajuḥsāmanisvanaiḥ |
kariṣyanti stutiṃ rājan rāmakeśavayoḥ punaḥ ||41|
tataḥ stutvā ca dṛṣṭvā ca *saṃpraṇamya*[34] ca bhaktitaḥ |
naro varṣāyutaṃ divyaṃ śrīmaddharipure vaset ||42|
pūjyamāno 'psarobhiś ca gandharvair gīta-*nisvanaiḥ*[35] |
harer anucaras[36] tatra krīḍate keśavena vai ||43|
vimānenārkavarṇena ratnahāreṇa *bhrājatā*[37] |
sarvakāmair mahābhogais tiṣṭhate bhuvanottame ||44|
tapaḥkṣayādihāgatya manuṣyo brāhmaṇo bhavet |
koṭīdhanapatiḥ śrīmāṃś catur-*vedī*[38] bhaved dhruvam ||45|
brahmovāca:
evaṃ tasmai *varaṃ*[39] dattvā *kṛtvā ca samayaṃ*[40] hariḥ |
jagāmādarśanaṃ viprāḥ sahito viśvakarmaṇā ||46|
sa tu rājā tadā hṛṣṭo romāñcitatanūruhaḥ |
kṛtakṛtyam ivātmānaṃ mene saṃdarśanād dhareḥ ||47|
tataḥ kṛṣṇaṃ ca rāmaṃ ca subhadrāṃ ca varapradām |
rathair vimānasaṃkāśair maṇikāñcanacitritaiḥ ||48|
saṃvāhya tās tadā rājā *mahā-*[41]maṅgalaniḥsvanaiḥ |
ānayām āsa matimān sāmātyaḥ sapurohitaḥ ||49|
nānāvāditranirghoṣair nānāvedasvanaiḥ śubhaiḥ |
saṃsthāpya ca śubhe deśe pavitre sumanohare ||50|
tataḥ śubhatithau kāle nakṣatre śubhalakṣaṇe |
pratiṣṭhāṃ kārayām āsa sumuhūrte dvijaiḥ saha ||51|

30 V samāśritaḥ **31** B bakulair vṛtaḥ **32** ABV -bhūṣitaiḥ **33** AB -mantra- **34** V namaskṛtvā **35** V -niḥsvanaiḥ **36** AB hāraratnadharas **37** BV rājatā **38** B -vedo **39** V varadaṃ [metre?] **40** A dhmātvā śaṅkhaṃ tadā **41** V jaya-

yathoktena vidhānena vidhidṛṣṭena karmaṇā |
ācāryānumatenaiva sarvaṃ kṛtvā mahīpatiḥ ||52|
ācāryāya tadā dattvā dakṣiṇāṃ vidhivat prabhuḥ |
ṛtvigbhyaś ca vidhānena tathānyebhyo dhanaṃ dadau ||53|
kṛtvā pratiṣṭhāṃ vidhivat prāsāde bhavanottame |
sthāpayām āsa tān sarvān vidhidṛṣṭena karmaṇā ||54|
tataḥ saṃpūjya vidhinā nānāpuṣpaiḥ sugandhibhiḥ |
suvarṇamaṇimuktādyair nānāvastraiḥ suśobhanaiḥ ||55|
ratnaiś ca vividhair divyair āsanair grāmapattanaiḥ |
dadau *cānyān sa viṣayān purāṇi*[42] nagarāṇi ca ||56|
evaṃ bahuvidhaṃ dattvā rājyaṃ kṛtvā yathocitam |
iṣṭvā ca vividhair yajñair dattvā dānāny anekaśaḥ ||57|
kṛtakṛtyas tato rājā *tyaktasarvaparigrahaḥ*[43] |
jagāma paramaṃ sthānaṃ tad viṣṇoḥ[44] paramaṃ padam ||58|
evaṃ mayā muniśreṣṭhāḥ kathito *vo*[45] nṛpottamaḥ |
kṣetrasya caiva māhātmyaṃ kim anyac chrotum icchatha ||59|
[46]viṣṇur uvāca:
śrutvaivaṃ vacanaṃ tasya brahmaṇo 'vyaktajanmanaḥ |
āścaryaṃ menire viprāḥ papracchuś ca punar mudā ||60|
munaya ūcuḥ:
kasmin kāle *sura-*[47]śreṣṭha gantavyaṃ puruṣottamam |
vidhinā kena kartavyaṃ pañcatīrtham iti prabho ||61|
ekaikasya ca tīrthasya snānadānasya yat phalam |
devatāprekṣaṇe caiva brūhi sarvaṃ pṛthak pṛthak ||62|
brahmovāca:
nirāhāraḥ kurukṣetre pādenaikena yas tapet |
jitendriyo jitakrodhaḥ saptasaṃvatsarāyutam ||63|
dṛṣṭvā *sadā jyeṣṭhaśukla-*[48]dvādaśyāṃ puruṣottamam |
kṛtopavāsaḥ prāpnoti tato 'dhikataraṃ phalam ||64|
tasmāj jyeṣṭhe muniśreṣṭhāḥ prayatnena susaṃyataiḥ |
svargalokepsuviprādyair draṣṭavyaḥ puruṣottamaḥ ||65|
pañca-*tīrthaṃ tu*[49] vidhivat kṛtvā jyeṣṭhe narottamaḥ |
śuklapakṣasya dvādaśyāṃ paśyet taṃ puruṣottamam ||66|
ye paśyanty avyayaṃ devaṃ dvādaśyāṃ puruṣottamam |
te viṣṇulokam āsādya na cyavante kadācana ||67|
tasmāj jyeṣṭhe prayatnena gantavyaṃ bho dvijottamāḥ |
kṛtvā tasmin pañcatīrthaṃ draṣṭavyaḥ puruṣottamaḥ ||68|
sudūrastho 'pi yo bhaktyā kīrtayet puruṣottamam |
ahany ahani śuddhātmā so 'pi viṣṇupuraṃ vrajet ||69|
yātrāṃ karoti kṛṣṇasya śraddhayā *yaḥ samāhitaḥ*[50] |
sarvapāpavinirmukto viṣṇulokaṃ vrajen naraḥ ||70|

42 A cānyāni vittāni grāmāṇi **43** B tyaktvā dehaṃ divaṃ yayau **44** B devadevaprasādena jagāma **45** V 'sau **46** V oṃ. **47** B muni- **48** B sakṛt suraśreṣṭhaṃ V sakṛd dvijaśreṣṭhā **49** AB -tīrthāni **50** A parayā yutaḥ B yaḥ samāśritaḥ

cakraṃ dṛṣṭvā harer dūrāt prāsādopari saṃsthitam |
sahasā mucyate pāpān naro bhaktyā praṇamya tat ||71|

iti śrīmahāpurāṇe ādibrāhme svayaṃbhurṣisaṃvāde puruṣottamavarṇanaṃ nāmaikapañcāśattamo 'dhyāyaḥ

brahmovāca:
āsīt *kalpe muniśreṣṭhāḥ*[1] saṃpravṛtte mahākṣaye |
naṣṭe 'rkacandre pavane naṣṭe sthāvarajaṅgame ||52.1|
udite pralayāditye pracaṇḍe ghanagarjite |
vidyudutpātasaṃghātaiḥ saṃbhagne taruparvate ||2|
loke ca *saṃhṛte*[2] sarve mahadulkānibarhaṇe |
śuṣkeṣu sarvatoyeṣu sarahsu ca saritsu ca ||3|
tataḥ saṃvartako vahnir vāyunā *saha bho*[3] dvijāḥ |
lokaṃ tu prāviśat sarvam ādityair upaśobhitam ||4|
paścāt sa pṛthivīṃ bhittvā praviśya ca rasātalam |
devadānavayakṣāṇāṃ bhayaṃ janayate mahat ||5|
nirdahan nāgalokaṃ ca yac ca kiṃcit kṣitāv iha |
adhastān muniśārdūlāḥ sarvaṃ nāśayate kṣaṇāt ||6|
tato yojanaviṃśānāṃ sahasrāṇi śatāni ca |
nirdahaty[4] āśugo vāyuḥ sa ca saṃvartako 'nalaḥ ||7|
sadevāsuragandharvaṃ sayakṣoragarākṣasam |
tato dahati *saṃdīptaḥ*[5] sarvam eva jagat prabhuḥ ||8|
pradīpto 'sau mahāraudraḥ kalpāgnir iti saṃśrutaḥ |
mahājvālo mahārciṣmān saṃpradīptamahāsvanaḥ ||9|
sūryakoṭipratīkāśo jvalann iva *sa tejasā*[6] |
trailokyaṃ cādahat tūrṇaṃ sasurāsuramānuṣam ||10|
evaṃvidhe mahāghore mahāpralayadāruṇe |
ṛṣiḥ paramadharmātmā dhyānayogaparo 'bhavat ||11|
ekaḥ saṃtiṣṭhate viprā mārkaṇḍeyeti viśrutaḥ |
mohapāśair nibaddho 'sau kṣut-*tṛṣṇākulitendriyāḥ*[7] ||12|
sa dṛṣṭvā taṃ mahāvahniṃ śuṣkakaṇṭhauṣṭhatālukaḥ |
tṛṣṇārtaḥ[8] praskhalan viprās tadāsau bhayavihvalaḥ ||13|
babhrāma pṛthivīṃ sarvāṃ *kāṃdiśīko*[9] vicetanaḥ |
trātāraṃ nādhigacchan vai itaś cetaś ca dhāvati ||14|
na lebhe *ca*[10] tadā śarma yatra *viśrāmyatā*[11] dvijāḥ |
karomi kiṃ na jānāmi *yasyāhaṃ*[12] śaraṇaṃ vraje ||15|
kathaṃ *paśyāmi*[13] taṃ devaṃ puruṣeśaṃ sanātanam |
iti saṃcintayan devam ekāgreṇa sanātanam ||16|
prāptavāṃs tat padaṃ divyaṃ mahāpralayakāraṇam |
puruṣeśam iti khyātaṃ vaṭarājaṃ sanātanam ||17|

1 B kālaś cogrataraḥ **2** BV saṃhate **3** ABV sahito **4** V nirdahann **5** BV saṃtaptaḥ **6** V svatejasā **7** BV -tṛṣṇāvyākulendriyaḥ **8** V tṛṣārtaḥ **9** BC kāṃdigbhūto **10** V sa **11** V viśramyate **12** V yam ahaṃ **13** AB yāsyāmi

tvarāyukto muniś cāsau nyagrodhasyāntikaṃ yayau |
āsādya taṃ muniśreṣṭhās tasya mūle samāviśat ||18|
na kālāgnibhayaṃ tatra na cāṅgārapravarṣaṇam |
na saṃvartāgamas tatra na ca vajrāśanis tathā ||19|

iti śrīmahāpurāṇe ādibrāhme svayaṃbhurṣisaṃvāde mārkaṇḍeyena vaṭadarśanaṃ nāma dvipañcāśattamo 'dhyāyaḥ

brahmovāca:
tato gajakulaprakhyās taḍinmālāvibhūṣitāḥ |
samuttasthur mahāmeghā nabhasy adbhutadarśanāḥ ||53.1|
kecin nīlotpalaśyāmāḥ kecit kumudasaṃnibhāḥ |
kecit kiñjalkasaṃkāśāḥ kecit pītāḥ payodharāḥ ||2|
kecid dharitasaṃkāśāḥ *kākāṇḍasaṃnibhās*[1] tathā |
kecit kamalapattrābhāḥ kecid dhiṅgulasaṃnibhāḥ ||3|
kecit puravarākārāḥ kecid girivaropamāḥ |
kecid añjanasaṃkāśāḥ kecin marakataprabhāḥ ||4|
vidyunmālāpinaddhāṅgāḥ samuttasthur mahāghanāḥ |
ghorarūpā mahābhāgā ghorasvana-*nināditāḥ*[2] ||5|
tato jaladharāḥ sarve samāvṛṇvan nabhastalam |
tair iyaṃ pṛthivī sarvā saparvatavanākarā ||6|
āpūritā diśaḥ sarvāḥ salilaugha-*pariplutāḥ*[3] |
tatas te jaladā ghorā vāriṇā munisattamāḥ ||7|
sarvataḥ plāvayām āsuś coditāḥ parameṣṭhinā |
varṣamāṇā *mahātoyaṃ*[4] pūrayanto vasuṃdharām ||8|
sughoram aśivaṃ raudraṃ nāśayanti sma pāvakam |
tato dvādaśa varṣāṇi payodāḥ samupaplave ||9|
dhārābhiḥ pūrayanto vai codyamānā mahātmanā |
tataḥ samudrāḥ svāṃ velām atikrāmanti bho dvijāḥ ||10|
parvatāś ca *vyaśīryanta*[5] mahī cāpsu nimajjati |
sarvataḥ sumahābhrāntās te payodā nabhastalam ||11|
saṃveṣṭayitvā naśyanti vāyuvegasamāhatāḥ |
tatas taṃ mārutaṃ ghoraṃ sa viṣṇur *muni-*[6]sattamāḥ ||12|
ādipadmālayo devaḥ pītvā svapiti bho dvijāḥ |
tasminn ekārṇave ghore *naṣṭe sthāvarajaṅgame*[7] ||13|
naṣṭe devāsuranare yakṣarākṣasavarjite |
tato muniḥ sa viśrānto dhyātvā ca puruṣottamam ||14|
dadarśa cakṣur unmīlya jalapūrṇāṃ vasuṃdharām |
nāpaśyat taṃ vaṭaṃ norvīṃ na digādi na bhāskaram ||15|
na candrārkāgnipavanaṃ na devāsura-*pannagam*[8] |
tasminn ekārṇave ghore *tamobhūte nirāśraye*[9] ||16|

1 V kākāṇḍakanibhās **2** V -ninādinaḥ **3** V -pravarṣibhiḥ **4** AB mahat toyaṃ
5 V vyaśīryante [?] **6** A dvija- **7** AB tamobhūte nirāśraye V tamobhūtanirāśraye
8 A -mānavam **9** V naṣṭe sthāvarajaṅgame

nimajjan sa tadā viprāḥ saṃtartum upacakrame |
babhrāmāsau muniś cārta itaś cetaś ca *saṃplavan*[10] ||17|
nimamajja tadā viprās trātāraṃ nādhigacchati |
evaṃ taṃ vihvalaṃ dṛṣṭvā kṛpayā puruṣottamaḥ |
provāca muni-*śārdūlās*[11] tadā dhyānena toṣitaḥ ||18|
śrībhagavān uvāca:
vatsa *śrānto 'si*[12] bālas tvaṃ *bhaktatra*[13] mama suvrata |
āgacchāgaccha *śīghraṃ tvaṃ*[14] mārkaṇḍeya mamāntikam ||19|
mā *tvayaiva ca bhetavyaṃ*[15] saṃprāpto 'si mamāgrataḥ |
mārkaṇḍeya *mune dhīra*[16] bālas tvaṃ śramapīḍitaḥ ||20|
brahmovāca:
tasya tad vacanaṃ śrutvā muniḥ paramakopitaḥ |
uvāca sa tadā viprā vismitaś cābhavan muhuḥ ||21|
mārkaṇḍeya uvāca:
ko *'yaṃ nāmnā*[17] kīrtayati *tapaḥ*[18] paribhavann iva |
bahuvarṣasahasrākhyaṃ dharṣayann iva *me vapuḥ*[19] ||22|
na hy eṣa samudācāro deveṣv api samāhitaḥ |
māṃ brahmā *sa ca*[20] deveśo *dīrghāyur iti bhāṣate*[21] ||23|
kas *tapo ghora-*[22]śiraso mamādya tyaktajīvitaḥ |
mārkaṇḍeyeti coktvā *man-*[23]mṛtyuṃ gantum ihecchati ||24|
brahmovāca:
evam uktvā tadā viprāś cintāviṣṭo 'bhavan muniḥ |
kiṃ *svapno 'yaṃ mayā dṛṣṭaḥ*[24] kiṃ vā *moho*[25] 'yam āgataḥ ||25|
itthaṃ cintayatas tasya utpannā *duḥkhahā*[26] matiḥ |
vrajāmi śaraṇaṃ devaṃ bhaktyāhaṃ puruṣottamam ||26|
sa gatvā śaraṇaṃ *devaṃ*[27] munis tadgatamānasaḥ |
dadarśa taṃ vaṭaṃ bhūyo viśālaṃ salilopari ||27|
śākhāyāṃ tasya sauvarṇaṃ vistīrṇāyāṃ mahādbhutam |
ruciraṃ divyaparyaṅkaṃ racitaṃ viśvakarmaṇā ||28|
vajravaidūryaracitaṃ maṇividrumaśobhitam |
padmarāgādibhir juṣṭaṃ ratnair anyair alaṃkṛtam ||29|
nānāstaraṇasaṃvītaṃ nānāratnopaśobhitam |
nānāścaryasamāyuktaṃ prabhāmaṇḍalamaṇḍitam ||30|
tasyopari sthitaṃ devaṃ kṛṣṇaṃ bālavapurdharam |
sūryakoṭipratīkāśaṃ dīpyamānaṃ suvarcasam ||31|
catur-*bhujaṃ sundarāṅgaṃ*[28] padmapattrāyatekṣaṇam |
śrīvatsavakṣasaṃ devaṃ śaṅkhacakragadādharam ||32|
vanamālāvṛtoraskaṃ divyakuṇḍaladhāriṇam |
hārabhārārpitagrīvaṃ divyaratnavibhūṣitam ||33|

10 A saṃplave **11** V -śārdūlaṃ **12** B prīto 'smi **13** V bhaktaś ca **14** B śīghreṇa **15** V bhair vatsa muniśreṣṭha **16** V mahādhīra **17** V mannāmnā **18** B vapuḥ **19** C tejasā **20** A na ca V sarva- **21** A dīrghāyuṣam abhāṣata **22** V tapoghora- **23** V māṃ **24** B moho māṃ samārūḍhaḥ **25** B bhraṃśo **26** AB duḥsahā **27** ABV viṣṇuṃ **28** AC -bhujam udārāṅgaṃ

dṛṣṭvā tadā munir devaṃ vismayotphullalocanaḥ |
romāñcitatanur devaṃ praṇipatyedam abravīt ||34|
mārkaṇḍeya uvāca:
aho caikārṇave ghore vinaṣṭe sacarācare |
katham eko hy ayaṃ bālas tiṣṭhaty atra su-*nirbhayaḥ*[29] ||35|
brahmovāca:
bhūtaṃ bhavyaṃ *bhaviṣyaṃ*[30] ca jānann api mahāmuniḥ |
na bubodha tadā[31] devaṃ māyayā tasya mohitaḥ |
yadā na bubudhe cainaṃ tadā *khedād*[32] uvāca ha ||36|
mārkaṇḍeya uvāca:
vṛthā me tapaso vīryaṃ vṛthā jñānaṃ vṛthā *kriyā*[33] |
vṛthā me jīvitaṃ dīrghaṃ vṛthā *mānuṣyam eva*[34] ca ||37|
yo 'haṃ suptaṃ na jānāmi paryaṅke divyabālakam ||38|
brahmovāca:
evaṃ saṃcintayan vipraḥ plavamāno vicetanaḥ |
trāṇārthaṃ vihvalaś cāsau nirvedaṃ gatavāṃs tadā ||39|
tato bālārkasaṃkāśaṃ sva-*mahimnā*[35] vyavasthitam |
sarva-[36]tejomayaṃ viprā na *śaśākābhivīkṣitum*[37] ||40|
dṛṣṭvā taṃ munim āyāntaṃ sa bālaḥ prahasann iva |
provāca muniśārdūlās tadā meghaughanisvanaḥ ||41|
śrībhagavān uvāca:
vatsa jānāmi śrāntaṃ tvāṃ *trāṇārthaṃ mām*[38] upasthitam |
śarīraṃ viśa me kṣipraṃ *viśrāmas*[39] te mayoditaḥ ||42|
brahmovāca:
śrutvā sa vacanaṃ tasya kiṃcin novāca mohitaḥ |
viveśa vadanaṃ tasya vivṛtaṃ cāvaśo muniḥ ||43|

iti śrīmahāpurāṇe brāhme svayaṃbhvṛṣisaṃvāde mārkaṇḍeyapralayavaṭadarśanaṃ nāma tripañcāśattamo 'dhyāyaḥ

brahmovāca:
sa praviśyodare tasya bālasya munisattamaḥ |
dadarśa pṛthivīṃ kṛtsnāṃ nānājanapadair vṛtām ||54.1|
lavaṇekṣusurāsarpirdadhidugdhajalodadhīn |
dadarśa tān samudrāṃś ca jambu plakṣaṃ ca śālmalam ||2|
kuśaṃ krauñcaṃ ca śākaṃ ca puṣkaraṃ ca dadarśa saḥ |
bhāratādīni varṣāṇi tathā sarvāṃś ca parvatān ||3|
meruṃ ca sarva-*ratnāḍhyaṃ*[1] apaśyat kanakācalam |
nānā-*ratnānvitaiḥ*[2] śṛṅgair bhūṣitaṃ bahukandaram ||4|

29 A -niścalaḥ **30** V bhaviṣyac **31** V bubudhe na tato **32** AB duḥkhād **33** V kriyāḥ
34 B mānuṣajanma V mānuṣyajanma **35** B -mahimni **36** V bāla- **37** B śaśāka ca vīkṣitum
38 AB prāṇārthinam **39** A viṣayas **1** V -ratnaugham **2** A -ratnacittaiḥ

[3]nānāmunijanākīrṇaṃ nānāvṛkṣavanākulam |
nānāsattvasamāyuktaṃ nānāścaryasamanvitam ||5|
vyāghraiḥ siṃhair varāhaiś ca cāmarair mahiṣair gajaiḥ |
mṛgaiḥ śākhāmṛgaiś cānyair bhūṣitaṃ sumanoharam ||6|
śakrādyair vividhair devaiḥ siddhacāraṇapannagaiḥ |
muniyakṣāpsarobhiś ca vṛtaiś cānyaiḥ surālayaiḥ ||7|
brahmovāca:
evaṃ sumeruṃ śrīmantam apaśyan munisattamaḥ |
paryaṭan sa tadā vipras tasya bālasya codare ||8|
himavantaṃ hemakūṭaṃ niṣadhaṃ gandhamādanam |
śvetaṃ ca durdharaṃ nīlaṃ kailāsaṃ mandaraṃ girim ||9|
mahendraṃ malayaṃ vindhyaṃ pāriyātraṃ tathārbudam |
sahyaṃ ca śuktimantaṃ ca mainākaṃ vakraparvatam ||10|
etāś cānyāś[4] ca bahavo yāvantaḥ pṛthivīdharāḥ |
tatas tāṃs tu muniśreṣṭhāḥ so 'paśyad ratnabhūṣitān ||11|
kurukṣetraṃ ca pāñcālān matsyān *madrān*[5] sakekayān |
bāhlīkān śūra-[6]senāṃś ca kāśmīrāṃs taṅgaṇān *khasān*[7] ||12|
pārvatīyān kirātāṃś ca karṇaprāvaraṇān marūn |
antyajān antyajātīṃś ca so 'paśyat tasya codare ||13|
mṛgāñ *śākhā-*[8]mṛgān siṃhān *varāhān sṛmarāñ śaśān*[9] |
gajāṃś cānyāṃs tathā sattvān so 'paśyat tasya codare ||14|
pṛthivyāṃ yāni tīrthāni grāmāś ca nagarāṇi ca |
kṛṣigorakṣavāṇijyaṃ krayavikrayaṇaṃ tathā ||15|
śakrādīn vibudhāñ *śreṣṭhāṃs*[10] tathānyāṃś ca divaukasaḥ |
gandharvāpsaraso yakṣān ṛṣīṃś caiva sanātanān ||16|
daityadānava-*saṃghāṃś*[11] ca nāgāṃś ca munisattamāḥ |
siṃhikātanayāṃś caiva ye cānye suraśatravaḥ ||17|
yat kiṃcit tena loke 'smin dṛṣṭapūrvaṃ carācaram |
apaśyat sa tadā sarvaṃ tasya kukṣau dvijottamāḥ ||18|
athavā kiṃ bahūktena kīrtitena punaḥ punaḥ |
brahmādistambaparyantaṃ yat kiṃcit sacarācaram ||19|
bhūrlokaṃ ca bhuvarlokaṃ svarlokaṃ ca dvijottamāḥ |
mahar janas tapaḥ satyam atalaṃ vitalaṃ tathā ||20|
pātālaṃ *su-*[12]talaṃ caiva vitalaṃ ca rasātalam |
mahātalaṃ ca brahmāṇḍam apaśyat tasya codare ||21|
avyāhatā *gatis*[13] tasya tadābhūd dvijasattamāḥ |
prasādāt tasya devasya smṛtilopaś ca nābhavat ||22|
bhramamāṇas tadā kukṣau kṛtsnaṃ jagad idaṃ dvijāḥ |
nāntaṃ jagāma *dehasya*[14] tasya viṣṇoḥ kadācana ||23|
yadāsau nāgataś cāntaṃ tasya dehasya bho dvijāḥ |
tadā taṃ varadaṃ devaṃ śaraṇaṃ gatavān muniḥ ||24|

3 V reads in footnote, up to 54.13ab. **4** V ete cānye **5** V mandrān **6** V bāhlīkāñ chūra- **7** V khaśān **8** V chākhā- **9** AB varāhāṃś ca mahākhagān V varāhān sṛmarāñ chaśān **10** V chreṣṭhāṃs **11** BV -sarpāṃś **12** V bhū- **13** C matis **14** AC devasya

tato 'sau sahasā *viprā*[15] vāyuvegena niḥsṛtaḥ |
mahātmano mukhāt tasya vivṛtāt puruṣasya saḥ ||25|

iti śrīmahāpurāṇe ādibrāhme svayaṃbhvṛṣisaṃvāde mārkaṇḍeyasya bhagavatkukṣi-parivartanaṃ nāma catuṣpañcāśattamo 'dhyāyaḥ

brahmovāca:
sa niṣkramyodarāt tasya bālasya munisattamāḥ |
punaś caikārṇavām urvīm apaśyaj janavarjitām ||55.1|
pūrvadṛṣṭaṃ ca taṃ devaṃ dadarśa śiśurūpiṇam |
śākhāyāṃ vaṭavṛkṣasya paryaṅkopari saṃsthitam ||2|
śrīvatsavakṣasaṃ devaṃ pītavastraṃ caturbhujam |
jagad ādāya tiṣṭhantaṃ padmapattrāyatekṣaṇam ||3|
so 'pi taṃ munim āyāntaṃ plavamānam a-*cetanam*[1] |
dṛṣṭvā mukhād viniṣkrāntaṃ provāca prahasann iva ||4|
śrībhagavān uvāca:
kaccit tvayoṣitaṃ vatsa viśrāntaṃ ca mamodare |
bhramamāṇaś ca kiṃ tatra āścaryaṃ dṛṣṭavān asi ||5|
bhakto 'si me muniśreṣṭha śrānto 'si ca mamāśritaḥ |
tena tvām upakārāya saṃbhāṣe paśya mām iha ||6|
brahmovāca:
śrutvā sa vacanaṃ tasya saṃprahṛṣṭatanūruhaḥ |
dadarśa taṃ suduṣprekṣaṃ ratnair divyair alaṃkṛtam ||7|
prasannā nirmalā dṛṣṭir muhūrtāt tasya bho dvijāḥ |
prasādāt tasya devasya prādurbhūtā punar navā ||8|
raktāṅgulitalau pādau tatas tasya surārcitau |
praṇamya śirasā viprā harṣagadgadayā girā ||9|
kṛtāñjalis tadā hṛṣṭo vismitaś ca punaḥ punaḥ |
dṛṣṭvā taṃ paramātmānaṃ *saṃstotum*[2] upacakrame ||10|
mārkaṇḍeya uvāca:
devadeva jagannātha māyābālavapurdhara |
trāhi māṃ cārupadmākṣa duḥkhitaṃ śaraṇāgatam ||11|
saṃtapto 'smi suraśreṣṭha saṃvartākhyena vahninā |
aṅgāravarṣabhītaṃ ca trāhi māṃ puruṣottama ||12|
śoṣitaś ca pracaṇḍena vāyunā jagadāyunā |
vihvalo 'haṃ tathā śrāntas trāhi māṃ puruṣottama ||13|
tāpitaś ca *taśāmātyaiḥ [?]*[3] pralayāvartakādibhiḥ |
na śāntim adhigacchāmi trāhi māṃ puruṣottama ||14|
tṛṣitaś ca kṣudhāviṣṭo duḥkhitaś ca jagatpate |
trātāraṃ nātra paśyāmi trāhi māṃ puruṣottama ||15|
asminn ekārṇave ghore vinaṣṭe sacarācare |
na cāntam adhigacchāmi trāhi māṃ puruṣottama ||16|

15 A vipro **1** A -cetasam **2** B sa stotum **3** V tathādityaiḥ

tavodare ca deveśa mayā dṛṣṭaṃ carācaram |
vismito 'haṃ viṣaṇṇaś ca trāhi māṃ puruṣottama ||17|
saṃsāre 'smin nirālambe prasīda puruṣottama |
prasīda vibudhaśreṣṭha prasīda vibudhapriya ||18|
prasīda vibudhāṃ nātha prasīda *vibudhālaya*[4] |
prasīda sarvalokeśa jagatkāraṇakāraṇa ||19|
prasīda sarva-*kṛd deva*[5] prasīda mama bhūdhara |
prasīda *salilāvāsa*[6] prasīda madhusūdana ||20|
prasīda kamalākānta prasīda tridaśeśvara |
prasīda kaṃsakeśīghna prasīdāriṣṭanāśana ||21|
prasīda kṛṣṇa daityaghna prasīda danujāntaka |
prasīda mathurāvāsa prasīda yadunandana ||22|
prasīda śakrāvaraja prasīda vara-*dāvyaya*[7] |
tvaṃ mahī tvaṃ jalaṃ deva tvam agnis tvaṃ samīraṇaḥ ||23|
tvaṃ nabhas tvaṃ manaś caiva tvam ahaṃkāra eva ca |
tvaṃ buddhiḥ prakṛtiś caiva *sattvādyās tvaṃ*[8] jagat-*pate*[9] ||24|
puruṣas tvaṃ[10] *jagadvyāpī*[11] puruṣād api cottamaḥ |
tvam indriyāṇi sarvāṇi śabdādyā viṣayāḥ prabho ||25|
tvaṃ dikpālāś ca dharmāś ca vedā yajñāḥ sadakṣiṇāḥ |
tvam indras tvaṃ śivo devas tvaṃ havis tvaṃ hutāśanaḥ ||26|
tvaṃ yamaḥ pitṛrāṭ deva tvaṃ rakṣodhipatiḥ svayam |
varuṇas tvam apāṃ *nātha*[12] *tvaṃ vāyus tvaṃ dhaneśvaraḥ*[13] ||27|
tvam īśānas tvam anantas tvaṃ gaṇeśaś ca ṣaṇmukhaḥ |
vasavas tvaṃ tathā rudrās tvam ādityāś ca khecarāḥ ||28|
dānavās tvaṃ tathā yakṣās tvaṃ daityāḥ samarudgaṇāḥ |
siddhāś cāpsaraso nāgā gandharvās tvaṃ sacāraṇāḥ ||29|
pitaro vālakhilyāś ca prajānāṃ patayo 'cyuta |
munayas tvam ṛṣigaṇās tvam aśvinau niśācarāḥ ||30|
anyāś ca jātayas tvaṃ hi yat kiṃcij jīvasaṃjñitam |
kiṃ cātra bahunoktena brahmādistambagocaram ||31|
bhūtaṃ bhavyaṃ bhaviṣyaṃ ca tvaṃ jagat sacarācaram |
yat te rūpaṃ paraṃ deva kūṭastham acalaṃ dhruvam ||32|
brahmādyās tan na jānanti katham anye 'lpamedhasaḥ |
deva śuddhasvabhāvo 'si nityas tvaṃ prakṛteḥ paraḥ ||33|
avyaktaḥ śāśvato 'nantaḥ sarvavyāpī maheśvaraḥ |
tvam ākāśaḥ paraḥ śānto ajas tvaṃ vibhur avyayaḥ ||34|
evaṃ tvāṃ nirguṇaṃ stotuṃ kaḥ śaknoti nirañjanam |
stuto 'si yan mayā deva *vikalenālpa-*[14]cetasā |
tat sarvaṃ devadeveśa kṣantum arhasi cāvyaya ||35|

iti śrīmahāpurāṇe ādibrāhme svayaṃbhurṣisaṃvāde bhagavatstavanirūpaṇaṃ nāma pañca-pañcāśattamo 'dhyāyaḥ

4 BV vibudhāśraya **5** BV -deveśa **6** A me śrīnivāsa B kamalāvāsa **7** A -dāyaka **8** A satyaṃ tvaṃ ca **9** B -prabho **10** B jagatsraṣṭā **11** ABV jagadbījaṃ **12** V nāthas **13** B vāyus tvaṃ vanadevatāḥ **14** B vihvalenālpa-

brahmovāca:
ittham[1] stutas tadā tena mārkaṇḍeyena bho dvijāḥ |
prītaḥ provāca bhagavān meghagambhīrayā girā ||56.1|
śrībhagavān uvāca:
brūhi kāmaṃ muniśreṣṭha yat te manasi vartate |
dadāmi sarvaṃ viprarṣe matto yad abhivāñchasi ||2|
brahmovāca:
śrutvā sa vacanaṃ *viprāḥ śiśos*[2] tasya mahātmanaḥ |
uvāca paramaprīto munis tadgatamānasaḥ ||3|
mārkaṇḍeya uvāca:
jñātum icchāmi deva tvāṃ māyāṃ vai tava *cottamām*[3] |
tvatprasādāc ca deveśa smṛtir na parihīyate ||4|
drutam antaḥ śarīreṇa satataṃ *paryavartitam*[4] |
[[5]āsyena te praviṣṭo 'haṃ śarīraṃ bhagavaṃs tava |
dṛṣṭavān bhagavaṃl lokān samastān jaṭhare hi te |
tava deva śarīrasthā devadānavarākṣasāḥ |
yakṣagandharvanāgāś ca jagat sthāvarajaṅgamam |
nānāmunijanākīrṇaṃ nānādhātuvibhūṣitam |
nānādrumalatākīrṇaṃ nānāprasravaṇākulam |
nānāsattvasamākīrṇaṃ nānāścaryasamanvitam |
vyāghraiḥ siṃhair varāhaiś ca cāmarair mahiṣair gajaiḥ |
mṛgaiḥ śākhāmṛgaiś cānyair bhūṣitaṃ tu manoharam |
śakrādyair vividhair devaiḥ siddhacāraṇapannagaiḥ |
muniyakṣāpsarobhiś ca vṛtaṃ cānyaiḥ surālayaiḥ |
evaṃ sumerusīmāntaṃ tato 'haṃ munisattamaḥ |
paryaṭaṃs tu tadā vipras tava bālasya codare |
himavantaṃ hemakūṭaṃ niṣadhaṃ gandhamādanam |
śvetaṃ ca kaṅkanīlaṃ ca kailāsaṃ durdaraṃ girim |
mahendraṃ malayaṃ vindhyaṃ pāriyātraṃ tathārbudam |
sahyaṃ ca śuktimantaṃś ca maināka cakraparvatam |
evaṃ cānye ca bahavo yāvantaḥ pṛthivīdharāḥ |
tāṃs tu devamuniśreṣṭhaḥ so 'paśyaṃ ratnabhūṣitān |
kurukṣetraṃ ca pāñcālyaṃ matsyamadrān sakaikayān |
bāhlīkāñ chūrasenāṃś ca kāśmīrān sagaṇāṃś ca tān |
parvatīyāt kirātāṃś ca karṇaprāvaraṇān varān |
ekapādān dvipādāṃś ca tripādān bahunetrakān |
aindraprāgjyotiṣāṃś caiva kāmbojāṃs tāmraliptakān |
aṅgān vaṅgān sasuhmāṃś ca kalāpāṃś cotkalān dvijaḥ |
mahoragān kaliṅgāṃś ca kokaṇān arbudāni ca |

1 A evaṃ 2 B viprā viṣṇos 3 V mokṣada 4 ASS corr. like V; V parivartitam 5 V ins. [in footnote]

mālavān drāviḍāṃś cāpi saurāṣṭrān yavanāṃs tathā |
etāṃś cānyāṃś ca deśāṃś ca paryaṭan munisattamaḥ |
apaśyaṃ te muniśreṣṭhas tava kukṣau mahātmanaḥ |
prayāgaṃ ca kurukṣetraṃ puṣkaraṃ naimiṣaṃ gayām |
gaṅgādvāraṃ ca kubjāmraṃ badarīṃ sindhusāgaram |
kokāmukhaṃ śuddhatīrthaṃ brahmāvartaṃ kuśasthalīm |
lauhajaṅghaṃ tv aśvatīrthaṃ sarvapāpapramocanam |
kardamālaṃ cāgnitīrthaṃ tathā cāmarakaṇṭakam |
lohārgalaṃ jambūmārgaṃ bhogatīrthaṃ pṛthūdakam |
utpalāvartakaṃ tīrthaṃ tathā śrīpuruṣottamam |
ekāmukhaṃ ca kedāraṃ kāśīṃ ca virajaṃ dvijaḥ |
kālañjaraṃ ca gokarṇaṃ śrīśailaṃ gandhamādanam |
etāny anyāni tīrthāni kṣetrāṇy āyatanāni ca |
apaśyam udare deva bālasya munisattamaḥ |
gaṅgāṃ śatadrūṃ ca tathā yamunām atha kauśikīm |
carmaṇvatīṃ vetravatīṃ candrabhāgāṃ sarasvatīm |
vipāśāṃ ca vitastāṃ ca sindhuṃ godāvarīṃ nadīm |
vasvokasārāṃ nalinīṃ payoṣṇīṃ narmadāṃ dvijaḥ |
aparṇāṃ tuṅgabhadrāṃ ca karatoyāṃ mahānadīm |
suvarṇāṃ kṛṣṇaveṇāṃ ca śibirāṃ ca mahānadīm |
vaitaraṇīṃ caiva kāverīṃ śoṇaṃ caiva mahānadīm |
bhīmarathīṃ viśālāṃ ca śiprāṃ vetravatīṃ nadīm |
etāś cānyāś ca nadyaś ca pṛthivyāṃ vai dvijottamāḥ |
paribhrāntaś ca saṃpūrṇaṃ tava kukṣau mahātmanaḥ |
apaśyaṃ gaganaṃ caiva candrasūryavirājitam |
jājvalyamānaṃ tejobhiḥ pāvakārkasamaprabham |
apaśyaṃ ca mahīṃ bāla kānanair upaśobhitām |
yajante vividhais tatra brāhmaṇā bahubhir makhaiḥ |
kṣatriyāś ca pravartante sarvavarṇānurañjanaiḥ |
vaiśyāḥ kṛṣiṃ yathānyāyaṃ kārayanti ca nityaśaḥ |
evamādīni sarvāṇi dṛṣṭāni puruṣottama |]
icchāmi puṇḍarīkākṣa jñātuṃ tvām aham avyayam ||5|
iha bhūtvā śiśuḥ sākṣāt kiṃ bhavān avatiṣṭhate |
pītvā jagad idaṃ sarvam etad ākhyātum arhasi ||6|
kimarthaṃ ca jagat sarvaṃ śarīrasthaṃ tavānagha |
kiyantaṃ ca tvayā kālam iha stheyam ariṃdama ||7|
jñātum icchāmi deveśa brūhi sarvam aśeṣataḥ |
tvattaḥ kamalapattrākṣa vistareṇa yathātatham |
mahad etad acintyaṃ ca yad ahaṃ dṛṣṭavān prabho ||8|
brahmovāca:
ity uktaḥ sa tadā tena devadevo *mahādyutiḥ*[6] |
sāntvayan sa tadā *vākyam*[7] uvāca vadatāṃ varaḥ ||9|

6 A jagatpatiḥ B maheśvaraḥ **7** A vipram

śrībhagavān uvāca:
kāmaṃ devāś ca māṃ vipra nahi jānanti tattvataḥ |
tava prītyā pravakṣyāmi yathedaṃ visṛjāmy aham ||10|
pitṛbhakto 'si viprarṣe *mām eva*[8] śaraṇaṃ gataḥ |
tato dṛṣṭo 'smi te sākṣād brahmacaryaṃ ca te mahat ||11|
āpo nārā iti purā saṃjñākarma kṛtaṃ mayā |
tena nārāyaṇo 'smy ukto mama *tās tv ayanaṃ*[9] sadā ||12|
ahaṃ nārāyaṇo nāma prabhavaḥ śāśvato 'vyayaḥ |
vidhātā sarvabhūtānāṃ saṃhartā ca dvijottama ||13|
ahaṃ viṣṇur ahaṃ brahmā śakraś cāpi *surādhipaḥ*[10] |
ahaṃ vaiśravaṇo rājā yamaḥ *pretādhipas*[11] tathā ||14|
ahaṃ śivaś ca somaś ca kaśyapaś ca prajāpatiḥ |
ahaṃ dhātā vidhātā ca yajñaś cāhaṃ dvijottama ||15|
agnir āsyaṃ kṣitiḥ pādau candrādityau ca locane |
dyaur *mūrdhā*[12] khaṃ diśaḥ śrotre tathāpaḥ svedasaṃbhavāḥ ||16|
sadiśaṃ ca nabhaḥ kāyo vāyur manasi me sthitaḥ |
mayā[13] kratuśatair iṣṭaṃ *bahubhiś cāpta-*[14]dakṣiṇaiḥ ||17|
yajante vedaviduṣo māṃ devayajane sthitam |
pṛthivyāṃ kṣatriyendrāś ca pārthivāḥ svargakāṅkṣiṇaḥ ||18|
yajante māṃ tathā vaiśyāḥ svargalokajigīṣavaḥ |
catuḥsamudraparyantāṃ merumandarabhūṣaṇām ||19|
śeṣo *bhūtvāham eko hi*[15] dhārayāmi *vasuṃdharām*[16] |
vārāhaṃ rūpam āsthāya mameyaṃ jagatī purā ||20|
majjamānā jale vipra *vīryeṇāsmi*[17] samuddhṛtā |
agniś ca vāḍavo vipra bhūtvāhaṃ dvijasattama ||21|
pibāmy apaḥ samāviṣṭas tāś caiva visṛjāmy aham |
brahma vaktraṃ bhujau kṣatram ūrū me saṃśritā viśaḥ ||22|
pādau śūdrā bhavantīme vikrameṇa krameṇa ca |
ṛgvedaḥ sāmavedaś ca yajurvedas tv atharvaṇaḥ ||23|
mattaḥ prādurbhavanty ete mām eva praviśanti ca |
yatayaḥ śāntiparamā yatātmāno bubhutsavaḥ ||24|
kāmakrodhadveṣamuktā niḥsaṅgā vītakalmaṣāḥ |
sattvasthā nirahaṃkārā nityam adhyātmakovidāḥ ||25|
mām eva satataṃ viprāś cintayanta upāsate |
ahaṃ saṃvartako jyotir ahaṃ saṃvartako 'nalaḥ ||26|
ahaṃ saṃvartakaḥ sūryas tv ahaṃ saṃvartako 'nilaḥ |
tārārūpāṇi dṛśyante yāny etāni nabhastale ||27|
mama vai romakūpāṇi viddhi tvaṃ dvijasattama |
ratnākarāḥ samudrāś ca sarva eva caturdiśaḥ ||28|
vasanaṃ śayanaṃ caiva nilayaṃ caiva viddhi me |
kāmaḥ krodhaś ca harṣaś ca bhayaṃ mohas tathaiva ca ||29|

8 AB māṃ caiva **9** A tāḥ śayanaṃ **10** BV dvijottama **11** A pretapatis **12** B bhuvau
13 A sadā **14** A yathoktavara- **15** A bhūtvā mahīm eko **16** A mahāmune **17** V vīryeṇāsīt

mamaiva viddhi rūpāṇi sarvāṇy etāni sattama |
prāpnuvanti narā vipra yat kṛtvā karma śobhanam ||30|
satyaṃ dānaṃ tapaś cogram ahiṃsāṃ sarvajantuṣu |
madvidhānena vihitā mama dehavicāriṇaḥ ||31|
mayābhibhūtavijñānāś ceṣṭayanti *na kāmataḥ*[18] |
samyag vedam adhīyānā yajanto vividhair makhaiḥ ||32|
śāntātmāno[19] jitakrodhāḥ prāpnuvanti dvijātayaḥ |
prāptuṃ śakyo na caivāhaṃ narair duṣkṛtakarmabhiḥ ||33|
lobhābhibhūtaiḥ kṛpaṇair anāryair akṛtātmabhiḥ |
tan māṃ[20] mahāphalaṃ viddhi narāṇāṃ bhāvitātmanām ||34|
suduṣprāpaṃ vimūḍhānāṃ *māṃ kuyoga-*[21]niṣeviṇām |
yadā yadā hi dharmasya glānir bhavati sattama ||35|
abhyutthānam adharmasya tadātmānaṃ sṛjāmy aham |
daityā hiṃsānuraktāś ca avadhyāḥ surasattamaiḥ ||36|
rākṣasāś cāpi loke 'smin yadotpatsyanti dāruṇāḥ |
tadāhaṃ samprasūyāmi gṛheṣu *puṇya-*[22]karmaṇām ||37|
praviṣṭo mānuṣaṃ dehaṃ sarvaṃ praśamayāmy aham |
sṛṣṭvā devamanuṣyāṃś ca gandharvoragarākṣasān ||38|
sthāvarāṇi ca bhūtāni saṃharāmy ātmamāyayā |
karmakāle punar deham anucintya sṛjāmy aham ||39|
[23]āviśya mānuṣaṃ dehaṃ maryādābandhakāraṇāt |
śvetaḥ kṛtayuge dharmaḥ śyāmas tretāyuge mama ||40|
rakto dvāparam āsādya kṛṣṇaḥ kaliyuge tathā |
trayo bhāgā hy adharmasya tasmin kāle bhavanti ca ||41|
antakāle ca samprāpte kālo *bhūtvātidāruṇaḥ*[24] |
trailokyaṃ nāśayāmy ekaḥ sarvaṃ sthāvarajaṅgamam ||42|
ahaṃ tridharmā viśvātmā sarvalokasukhāvahaḥ |
abhinnaḥ[25] sarvago 'n-*anto*[26] hṛṣīkeśa urukramaḥ ||43|
kālacakraṃ nayāmy eko brahmarūpaṃ mamaiva tat |
śamanaṃ sarvabhūtānāṃ sarvabhūtakṛtodyamam ||44|
evaṃ praṇihitaḥ samyaṅ mamātmā munisattama |
sarvabhūteṣu viprendra na ca māṃ vetti kaścana ||45|
sarvaloke ca māṃ bhaktāḥ pūjayanti ca sarvaśaḥ |
yac ca kiṃcit tvayā prāptaṃ mayi kleśātmakaṃ dvija ||46|
sukhodayāya tat sarvaṃ śreyase ca tavānagha |
yac ca kiṃcit tvayā loke dṛṣṭaṃ sthāvarajaṅgamam ||47|
vihitaḥ *sarva*[27] evāsau *mayātmā*[28] bhūtabhāvanaḥ |
ahaṃ nārāyaṇo nāma śaṅkhacakragadādharaḥ ||48|
yāvad yugānāṃ viprarṣe sahasraṃ parivartate |
tāvat svapiti viśvātmā sarvaviśvāni mohayan ||49|

18 B tu kāmitaḥ **19** A jitamānā BV yatātmāno **20** V etan **21** V māyāyoga- **22** AB śubha- **23** V reads in footnote, up to 56.44cd. **24** A bhūtvā sudāruṇaḥ **25** A agnisūḥ **26** V -anta **27** V sarvam **28** V mamātmā

evaṃ sarvam ahaṃ kālam ihāse munisattama |
aśiśuḥ śiśurūpeṇa yāvad brahmā na budhyate ||50|
mayā ca datto viprendra varas te brahma-*rūpiṇā*[29] |
asakṛt parituṣṭena viprarṣigaṇapūjita ||51|
sarvam ekārṇavaṃ kṛtvā naṣṭe sthāvarajaṅgame |
nirgato 'si mayājñātas tatas te darśitaṃ jagat ||52|
abhyantaraṃ śarīrasya praviṣṭo 'si yadā mama |
dṛṣṭvā lokaṃ samastaṃ hi vismito nāvabudhyase ||53|
tato 'si vaktrād viprarṣe drutaṃ niḥsārito *mayā*[30] |
ākhyātas te mayā cātmā dur-*jñeyo hi*[31] surāsuraiḥ ||54|
yāvat sa bhagavān brahmā na budhyeta mahātapāḥ |
tāvat tvam iha viprarṣe viśrabdhaś cara vai sukham ||55|
tato vibuddhe tasmiṃs tu sarvalokapitāmahe |
eko bhūtāni srakṣyāmi śarīrāṇi dvijottama ||56|
ākāśaṃ pṛthivīṃ jyotir vāyuḥ salilam eva ca |
loke yac ca bhavet kiṃcid iha sthāvarajaṅgamam ||57|
brahmovāca:
evam uktvā tadā viprāḥ punas taṃ prāha mādhavaḥ |
pūrṇe yugasahasre tu meghagambhīra-*nisvanaḥ*[32] ||58|
śrībhagavān uvāca:
mune brūhi yadarthaṃ māṃ stutavān paramārthataḥ |
varaṃ vṛṇīṣva yac chreṣṭhaṃ dadāmi *nacirād aham*[33] ||59|
āyuṣmān asi devānāṃ madbhakto 'si dṛḍhavrataḥ |
tena tvam asi viprendra punar dīrghāyur āpnuhi ||60|
brahmovāca:
śrutvā vāṇīṃ śubhāṃ tasya vilokya sa tadā punaḥ |
mūrdhnā nipatya sahasā praṇamya punar abravīt ||61|
mārkaṇḍeya uvāca:
dṛṣṭaṃ *paraṃ hi*[34] deveśa tava rūpaṃ dvijottama |
moho 'yaṃ vigataḥ satyaṃ tvayi dṛṣṭe tu me hare ||62|
evam *evam ahaṃ nātha*[35] iccheyaṃ tvatprasādataḥ |
lokānāṃ ca hitārthāya nānābhāvapraśāntaye ||63|
śaivabhāgavatānāṃ ca vādārthapratiṣedhakam |
asmin kṣetravare puṇye nirmale *puruṣottame*[36] ||64|
śivasyāyatanaṃ deva karomi paramaṃ mahat |
pratiṣṭheya tathā tatra tava sthāne ca śaṃkaram ||65|
tato jñāsyanti loke 'sminn ekamūrtī harīśvarau |
pratyuvāca jagannāthaḥ sa punas taṃ mahāmunim ||66|
śrībhagavān uvāca:
yad etat paramaṃ devaṃ kāraṇaṃ bhuvaneśvaram |
liṅgam ārādhanārthāya nānābhāvapraśāntaye ||67|

29 B -rūpiṇe **30** C mama **31** B -gamyaś ca **32** V -niḥsvanaḥ **33** B tv avicārataḥ V na cirād aham **34** V yad adya **35** V eva jagannātha **36** A puruṣottama

mamādiṣṭena[37] viprendra kuru śīghraṃ śivālayam |
tatprabhāvāc *chivaloke*[38] tiṣṭha tvaṃ ca tathākṣayam ||68|
śive saṃsthāpite vipra mama saṃsthāpanaṃ bhavet |
nāvayor antaraṃ kiṃcid ekabhāvau *dvidhā kṛtau*[39] ||69|
yo rudraḥ sa svayaṃ viṣṇur yo viṣṇuḥ sa maheśvaraḥ |
ubhayor antaraṃ nāsti pavanākāśayor iva ||70|
mohito nābhijānāti[40] ya eva garuḍadhvajaḥ |
vṛṣadhvajaḥ sa eveti tripuraghnaṃ tri-*locanam*[41] ||71|
tava nāmāṅkitaṃ tasmāt kuru vipra śivālayam |
uttare devadevasya kuru tīrthaṃ suśobhanam ||72|
mārkaṇḍeyahrado nāma naralokeṣu viśrutaḥ |
bhaviṣyati dvijaśreṣṭha sarvapāpapraṇāśanaḥ ||73|
brahmovāca:
ity uktvā sa tadā devas tatraivāntaradhīyata |
mārkaṇḍeyaṃ muniśreṣṭhāḥ sarvavyāpī janārdanaḥ ||74|

iti śrīmahāpurāṇe ādibrāhme svayambhvṛṣisaṃvāde mārkaṇḍeyasya śrībhagavaddarśanaṃ nāma ṣaṭpañcāśattamo 'dhyāyaḥ

brahmovāca:
ataḥ paraṃ pravakṣyāmi pañcatīrthavidhiṃ dvijāḥ |
yat phalaṃ snānadānena devatāprekṣaṇena ca ||57.1|
mārkaṇḍeyahradaṃ gatvā naraś codaṅmukhaḥ śuciḥ |
nimajjet tatra vārāṃs trīn imaṃ mantram udīrayet ||2|
saṃsārasāgare magnaṃ pāpagrastam acetanam |
trāhi māṃ *bhaganetraghna tripurāre*[1] namo 'stu te ||3|
namaḥ śivāya śāntāya sarvapāpaharāya ca |
snānaṃ karomi deveśa mama naśyatu pātakam ||4|
nābhimātre jale snātvā vidhivad devatā ṛṣīn |
tilodakena matimān *pitṝṃś cānyāṃś*[2] ca tarpayet ||5|
snātvā tathaiva cācamya tato gacchec chivālayam |
praviśya devatāgāraṃ kṛtvā taṃ triḥ pradakṣiṇam ||6|
mūlamantreṇa saṃpūjya mārkaṇḍeyasya ceśvaram |
aghoreṇa ca bho viprāḥ praṇipatya prasādayet ||7|
trilocana namas te 'stu namas te śaśibhūṣaṇa |
trāhi māṃ tvaṃ virūpākṣa mahādeva namo 'stu te ||8|
mārkaṇḍeyahrade tv evaṃ snātvā *dṛṣṭvā*[3] ca śaṃkaram |
daśānām aśvamedhānāṃ phalaṃ prāpnoti mānavaḥ ||9|
pāpaiḥ sarvair vinirmuktaḥ śivalokaṃ sa gacchati |
tatra bhuktvā varān bhogān yāvad ābhūtasaṃplavam ||10|

37 V mamādeśena **38** V chive loke **39** V dvidhākṛtau **40** V bālās tu nābhijānanti
41 BC -vikramam **1** B bhagavann atra tripurānta **2** B pitṝn mātṝṃś **3** B paśyec

ihalokaṃ samāsādya bhaved vipro bahuśrutaḥ |
śāṃkaraṃ yogam āsādya tato mokṣam avāpnuyāt ||11|
kalpavṛkṣaṃ tato gatvā kṛtvā taṃ triḥ pradakṣiṇam |
pūjayet parayā bhaktyā mantreṇānena taṃ vaṭam ||12|
oṃ namo *vyakta-*[4]rūpāya mahāpralayakāriṇe |
mahadrasopaviṣṭāya nyagrodhāya namo 'stu te ||13|
amaras tvaṃ sadā kalpe hareś cāyatanaṃ vaṭa |
nyagrodha hara me pāpaṃ kalpavṛkṣa namo 'stu te ||14|
bhaktyā pradakṣiṇaṃ kṛtvā natvā kalpavaṭaṃ naraḥ |
sahasā mucyate pāpāj jīrṇatvaca ivoragaḥ ||15|
chāyāṃ tasya samākramya kalpavṛkṣasya bho dvijāḥ |
brahmahatyāṃ naro jahyāt pāpeṣv anyeṣu kā kathā ||16|
dṛṣṭvā kṛṣṇāṅgasaṃbhūtaṃ brahmatejomayaṃ param |
nyagrodhākṛtikaṃ viṣṇuṃ praṇipatya ca bho dvijāḥ ||17|
rājasūyāśvamedhābhyāṃ phalaṃ prāpnoti cādhikam |
tathā svavaṃśam uddhṛtya viṣṇulokaṃ sa gacchati ||18|
vainateyaṃ namaskṛtya kṛṣṇasya purataḥ sthitam |
sarvapāpavinirmuktas tato viṣṇupuraṃ vrajet ||19|
dṛṣṭvā vaṭaṃ vainateyaṃ yaḥ paśyet puruṣottamam |
saṃkarṣaṇaṃ subhadrāṃ ca sa yāti paramāṃ gatim ||20|
praviśyāyatanaṃ viṣṇoḥ kṛtvā *taṃ triḥ*[5] pradakṣiṇam |
saṃkarṣaṇaṃ svamantreṇa *bhaktyāpūjya*[6] prasādayet ||21|
namas te hala-*dhṛg rāma*[7] namas te muśalāyudha |
namas te revatīkānta namas te bhaktavatsala ||22|
namas te balināṃ śreṣṭha namas te dharaṇīdhara |
pralambāre namas te 'stu trāhi māṃ kṛṣṇapūrvaja ||23|
evaṃ prasādya *cānantam*[8] ajeyaṃ tridaśārcitam |
kailāsaśikharākāraṃ candrāt kāntatarānanam ||24|
nīlavastradharaṃ devaṃ *phaṇā-*[9]vikaṭamastakam |
mahābalaṃ haladharaṃ kuṇḍalaikavibhūṣitam ||25|
rauhiṇeyaṃ naro *bhaktyā*[10] labhed abhimataṃ phalam |
sarvapāpair vinirmukto viṣṇulokaṃ sa gacchati ||26|
ābhūtasaṃplavaṃ yāvad bhuktvā tatra sukhaṃ *naraḥ*[11] |
puṇyakṣayād *ihāgatya*[12] pravare yogināṃ kule ||27|
brāhmaṇapravaro bhūtvā sarvaśāstrārthapāragaḥ |
jñānaṃ tatra samāsādya muktiṃ prāpnoti *durlabhām*[13] ||28|
evam abhyarcya halinaṃ tataḥ kṛṣṇaṃ vicakṣaṇaḥ |
dvā-[14]daśākṣaramantreṇa pūjayet susamāhitaḥ ||29|
dviṣaṭkavarṇamantreṇa bhaktyā ye puruṣottamam |
pūjayanti sadā dhīrās te mokṣaṃ prāpnuvanti vai ||30|
na tāṃ gatiṃ surā yānti yogino naiva *somapāḥ*[15] |
yāṃ gatiṃ yānti bho viprā dvādaśākṣara-*tatparāḥ*[16] ||31|

4 V 'vyakta- **5** B tatra **6** V bhadrāṃ pūjya **7** A -hastāya **8** V taṃ devam **9** A ghaṭa- **10** A natvā **11** C budhaḥ **12** V ihāyātaḥ **13** A niścitam **14** A tri- **15** BV sāmagāḥ **16** A -cintakāḥ

tasmāt tenaiva mantreṇa bhaktyā kṛṣṇaṃ jagadgurum |
saṃpūjya gandhapuṣpādyaiḥ praṇipatya prasādayet ||32|
jaya kṛṣṇa jagannātha jaya *sarvāghanāśana*[17] |
jaya cāṇūrakeśighna jaya kaṃsa-*niṣūdana*[18] ||33|
jaya padmapalāśākṣa jaya cakragadādhara |
jaya nīlāmbudaśyāma jaya sarvasukhaprada ||34|
jaya deva[19] jagatpūjya jaya saṃsāranāśana |
jaya *lokapate nātha*[20] jaya vāñchāphalaprada ||35|
saṃsārasāgare ghore *niḥsāre duḥkha-*[21]phenile |
krodhagrāhākule raudre viṣayodakasaṃplave ||36|
nānā-*rogormi-*[22]kalile mohāvartasudustare |
nimagno 'haṃ suraśreṣṭha trāhi māṃ puruṣottama ||37|
evaṃ prasādya deveśaṃ varadaṃ bhaktavatsalam |
sarvapāpaharaṃ devaṃ sarvakāmaphalapradam ||38|
pīnāṃsaṃ dvibhujaṃ kṛṣṇaṃ[23] padmapattrāyatekṣaṇam |
mahoraskaṃ mahābāhuṃ pītavastraṃ śubhānanam ||39|
śaṅkhacakragadāpāṇiṃ mukuṭāṅgadabhūṣaṇam |
sarvalakṣaṇasaṃyuktaṃ vanamālāvibhūṣitam ||40|
dṛṣṭvā naro 'ñjaliṃ kṛtvā daṇḍavat praṇipatya ca |
aśvamedhasahasrāṇāṃ phalaṃ prāpnoti vai dvijāḥ ||41|
yat phalaṃ sarvatīrtheṣu snāne dāne prakīrtitam |
naras tat phalam āpnoti dṛṣṭvā kṛṣṇaṃ praṇamya ca ||42|
yat phalaṃ sarvaratnādyair iṣṭe bahusuvarṇake |
naras tat phalam āpnoti dṛṣṭvā kṛṣṇaṃ praṇamya ca ||43|
yat phalaṃ sarvavedeṣu sarvayajñeṣu *yat phalam*[24] |
tat phalaṃ samavāpnoti naraḥ kṛṣṇaṃ praṇamya ca ||44|
yat phalaṃ sarvadānena vratena niyamena ca |
naras tat phalam āpnoti dṛṣṭvā kṛṣṇaṃ praṇamya ca ||45|
tapobhir vividhair ugrair yat phalaṃ samudāhṛtam |
naras tat phalam āpnoti dṛṣṭvā kṛṣṇaṃ praṇamya ca ||46|
yat phalaṃ brahmacaryeṇa samyak cīrṇena *tatkṛtam*[25] |
naras tat phalam āpnoti dṛṣṭvā kṛṣṇaṃ praṇamya ca ||47|
yat phalaṃ ca gṛhasthasya yathoktācāravartinaḥ |
naras tat phalam āpnoti dṛṣṭvā kṛṣṇaṃ praṇamya ca ||48|
yat phalaṃ vanavāsena vānaprasthasya kīrtitam |
naras tat phalam āpnoti dṛṣṭvā kṛṣṇaṃ praṇamya ca ||49|
saṃnyāsena yathoktena yat phalaṃ samudāhṛtam |
naras tat phalam āpnoti dṛṣṭvā kṛṣṇaṃ praṇamya ca ||50|
kiṃ cātra bahunoktena māhātmye tasya bho dvijāḥ |
dṛṣṭvā kṛṣṇaṃ naro bhaktyā mokṣaṃ prāpnoti durlabham ||51|

17 B sarvavināśaya **18** A -pramardana **19** B devadeva **20** V viṣṇo lokapūjya
21 A duḥkhasaṃtāpa- **22** C -vegormi- **23** B yogidhyeyapadaṃ viṣṇuṃ **24** V kīrtitam
25 V kīrtitam

pāpair vimuktaḥ śuddhātmā[26] kalpakoṭisamudbhavaiḥ |
śriyā paramayā yuktaḥ sarvaiḥ *samudito*[27] guṇaiḥ ||52|
sarvakāmasamṛddhena vimānena suvarcasā |
trisaptakulam uddhṛtya naro viṣṇupuraṃ vrajet ||53|
tatra kalpaśataṃ yāvad bhuktvā bhogān manoramān |
gandharvāpsarasaiḥ sārdhaṃ yathā viṣṇuś caturbhujaḥ ||54|
cyutas tasmād ihāyāto viprāṇāṃ pravare kule |
sarva-[28]jñaḥ *sarvavedī*[29] ca jāyate gatamatsaraḥ ||55|
svadharmanirataḥ śānto *dātā*[30] bhūtahite rataḥ |
āsādya vaiṣṇavaṃ jñānaṃ tato *muktim*[31] avāpnuyāt ||56|
tataḥ *saṃpūjya mantreṇa*[32] subhadrāṃ *bhaktavatsalām*[33] |
prasādayet tato viprāḥ praṇipatya kṛtāñjaliḥ ||57|
namas te sarvage devi namas te śubhasaukhyade |
trāhi māṃ padmapattrākṣi kātyāyani namo 'stu te ||58|
evaṃ prasādya tāṃ devīṃ jagaddhātrīṃ jagaddhitām |
baladevasya bhaginīṃ subhadrāṃ varadāṃ śivām ||59|
kāmagena vimānena naro viṣṇupuraṃ vrajet |
ābhūtasaṃplavaṃ yāvat krīḍitvā tatra devavat ||60|
iha mānuṣatāṃ prāpto brāhmaṇo vedavid bhavet |
prāpya yogaṃ hares tatra mokṣaṃ ca labhate dhruvam ||61|

iti śrīmahāpurāṇa ādibrāhme svayaṃbhurṣisaṃvāde kṛṣṇadarśanamāhātmyaṃ nama saptapañcāśattamo 'dhyāyaḥ

brahmovāca:
evaṃ dṛṣṭvā balaṃ kṛṣṇaṃ subhadrāṃ praṇipatya ca |
dharmaṃ cārthaṃ ca kāmaṃ ca mokṣaṃ ca labhate dhruvam ||58.1|
niṣkramya devatāgārāt kṛtakṛtyo bhaven naraḥ |
praṇamyāyatanaṃ paścād vrajet tatra samāhitaḥ ||2|
indra-*nīlamayo*[1] viṣṇur yatrāste vālukāvṛtaḥ |
antardhānagataṃ natvā *tato*[2] viṣṇupuraṃ vrajet ||3|
sarvadevamayo yo 'sau hatavān asurottamam |
sa āste tatra bho viprāḥ siṃhārdhakṛtavigrahaḥ ||4|
bhaktyā dṛṣṭvā tu taṃ devaṃ praṇamya nara-*kesarīm*[3] |
mucyate pātakair martyaḥ samastair nātra saṃśayaḥ ||5|
narasiṃhasya ye bhaktā bhavanti bhuvi mānavāḥ |
na teṣāṃ duṣkṛtaṃ kiṃcit phalaṃ syād yad yad īpsitam ||6|
tasmāt sarvaprayatnena narasiṃhaṃ samāśrayet |
dharmārthakāmamokṣāṇāṃ phalaṃ yasmāt prayacchati ||7|
munaya ūcuḥ:
māhātmyaṃ narasiṃhasya *sukhadaṃ*[4] bhuvi durlabham |
yathā kathayase deva *tena*[5] no vismayo mahān ||8|

26 V sarvapāpair vinirmuktaḥ **27** C pramudito **28** BV dharma- **29** AB satyavādī **30** BV dānto **31** V mokṣam **32** B pūjya svamantreṇa **33** A bhadrakāriṇīm **1** B -nīlasamo **2** B naro **3** A -keśavam V -kesarim **4** A anantaṃ C atyantaṃ **5** V tato

prabhāvaṃ tasya devasya vistareṇa jagat-*pate*[6] |
śrotum icchāmahe brūhi paraṃ kautūhalaṃ hi naḥ ||9|
yathā prasīded devo 'sau narasiṃho mahābalaḥ |
bhaktānām upakārāya brūhi deva namo 'stu te ||10|
prasādān narasiṃhasya yā bhavanty atra siddhayaḥ |
brūhi tāḥ kuru cāsmākaṃ prasādaṃ prapitāmaha ||11|
brahmovāca:
śṛṇudhvaṃ tasya bho viprāḥ prabhāvaṃ *gadato*[7] mama |
ajitasyāprameyasya bhuktimuktipradasya ca ||12|
kaḥ śaknoti guṇān vaktuṃ samastāṃs tasya bho dvijāḥ |
siṃhārdhakṛtadehasya pravakṣyāmi samāsataḥ ||13|
yāḥ kāścit siddhayaś cātra śrūyante daivamānuṣāḥ |
prasādāt tasya tāḥ sarvāḥ *sidhyanti nātra*[8] saṃśayaḥ ||14|
svarge martye ca pātāle dikṣu *toye pure*[9] nage |
prasādāt tasya devasya bhavaty avyāhatā gatiḥ ||15|
asādhyaṃ tasya devasya nāsty atra sacarācare |
narasiṃhasya bho viprāḥ sadā bhaktānukampinaḥ ||16|
vidhānaṃ tasya vakṣyāmi bhaktānām upakārakam |
yena prasīdec caivāsau siṃhārdhakṛtavigrahaḥ ||17|
śṛṇudhvaṃ muniśārdūlāḥ kalparājaṃ sanātanam |
narasiṃhasya *tattvaṃ ca*[10] yan na jñātaṃ surāsuraiḥ ||18|
śākayāvakamūlais tu phalapiṇyākasaktukaiḥ |
payobhakṣeṇa viprendrā[11] vartayet *sādhakottamaḥ*[12] ||19|
kośa-[13]kaupīnavāsāś ca dhyānayukto jitendriyaḥ |
araṇye vijane deśe parvate sindhusaṃgame ||20|
ūṣare siddhakṣetre ca narasiṃhāśrame tathā |
pratiṣṭhāpya svayaṃ *vāpi*[14] pūjāṃ kṛtvā vidhānataḥ ||21|
dvādaśyāṃ śuklapakṣasya upoṣya munipuṃgavāḥ |
japel lakṣāṇi vai viṃśan manasā saṃyatendriyaḥ ||22|
upapātakayuktaś ca mahāpātakasaṃyutaḥ |
mukto bhavet tato viprāḥ sādhako nātra saṃśayaḥ ||23|
kṛtvā pradakṣiṇaṃ *tatra*[15] narasiṃhaṃ prapūjayet |
puṇya-[16]gandhādibhir dhūpaiḥ praṇamya śirasā *prabhum*[17] ||24|
karpūracandanāktāni jātīpuṣpāṇi mastake |
pradadyān narasiṃhasya tataḥ siddhiḥ prajāyate ||25|
bhagavān sarvakāryeṣu na kvacit pratihanyate |
tejaḥ soḍhuṃ na śaktāḥ syur brahmarudrādayaḥ surāḥ ||26|
kiṃ punar dānavā loke siddhagandharvamānuṣāḥ |
vidyādharā yakṣagaṇāḥ sakiṃnaramahoragāḥ ||27|
mantraṃ yān āsurān hantuṃ[18] japanty eke 'nyasādhakāḥ |
te sarve pralayaṃ yānti dṛṣṭvādityāgnivarcasaḥ ||28|
sakṛjjaptaṃ tu kavacaṃ *rakṣet sarvam upadravam*[19] |
dvirjaptaṃ kavacaṃ divyaṃ rakṣate devadānavāt ||29|

6 B -pateḥ **7** V vadato **8** V sidhyanty atra na **9** A toyāntare **10** A sattvasya **11** V payaso bhakṣaṇe viprāḥ **12** V sādhakeśvaraḥ **13** B śuddhaḥ V śuddha- **14** BCV cāpi **15** C tasya **16** ABV puṣpa- **17** A vibhum **18** V mantragrāmaṃ samīhante **19** V sarvasaukhyācala-pradam

gandharvāḥ kiṃnarā yakṣā vidyādharamahoragāḥ |
bhūtāḥ piśācā rakṣāṃsi ye cānye paripanthinaḥ ||30|
trirjaptaṃ kavacaṃ divyam abhedyaṃ ca surāsuraiḥ |
dvādaśābhyantare caiva yojanānāṃ dvijottamāḥ ||31|
rakṣate bhagavān devo narasiṃho mahābalaḥ |
tato gatvā biladvāram upoṣya rajanītrayam ||32|
palāśakāṣṭhaiḥ prajvālya bhagavantaṃ hutāśanam |
palāśa-*samidhas*[20] tatra juhuyāt *trimadhu-*[21]plutāḥ ||33|
dve *śate*[22] dvijaśārdūlā *vaṣaṭkāreṇa sādhakaḥ*[23] |
tato vivaradvāraṃ tu prakaṭaṃ jāyate kṣaṇāt ||34|
tato viśet tu niḥ-*śaṅkaṃ*[24] kavacī vivaraṃ budhaḥ |
gacchataḥ saṃkaṭaṃ tasya tamomohaś ca naśyati ||35|
rājamārgaḥ suvistīrṇo dṛśyate *bhramarājitaḥ*[25] |
narasiṃhaṃ smaraṃs tatra pātālaṃ viśate dvijāḥ ||36|
gatvā tatra japet tattvaṃ narasiṃhākhyam avyayam |
tataḥ strīṇāṃ sahasrāṇi vīṇāvādanakarmaṇām ||37|
nirgacchanti puro viprāḥ svāgataṃ tā vadanti ca |
praveśayanti tā haste gṛhītvā *sādhakeśvaram*[26] ||38|
tato rasāyanaṃ divyaṃ pāyayanti dvijottamāḥ |
pītamātre divyadeho jāyate sumahābalaḥ ||39|
krīḍate *saha*[27] kanyābhir yāvad ābhūtasaṃplavam |
bhinna-*deho*[28] vāsudeve līyate nātra saṃśayaḥ ||40|
yadā na rocate vāsas tasmān nirgacchate punaḥ |
paṭṭaṃ śūlaṃ ca khaḍgaṃ ca rocanāṃ ca maṇiṃ tathā ||41|
rasaṃ rasāyanaṃ caiva pādukāñjanam eva ca |
kṛṣṇājinaṃ *muni-*[29]śreṣṭhā *guṭikāṃ ca manoharām*[30] ||42|
kamaṇḍaluṃ cākṣasūtraṃ *yaṣṭiṃ*[31] saṃjīvanīṃ tathā |
siddhavidyāṃ ca śāstrāṇi gṛhītvā sādhakeśvaraḥ ||43|
jvaladvahnisphuliṅgormiveṣṭitaṃ triśikhaṃ hṛdi |
sakṛn nyastaṃ dahet sarvaṃ vṛjinaṃ janmakoṭijam ||44|
viṣe[32] nyastaṃ *viṣaṃ hanyāt kuṣṭhaṃ hanyāt tanau sthitam*[33] |
svadehe bhrūṇahatyādi kṛtvā divyena śudhyati ||45|
mahāgraha-*gṛhīteṣu*[34] jvalamānaṃ vicintayet |
hṛdante[35] vai tataḥ śīghraṃ naśyeyur dāruṇā grahāḥ ||46|
bālānāṃ *kaṇṭhake*[36] baddhaṃ rakṣā bhavati nityaśaḥ |
gaṇḍapiṇḍakalūtānāṃ *nāśanaṃ*[37] kurute dhruvam ||47|
vyādhi-*jāte*[38] samidbhiś ca ghṛtakṣīreṇa homayet |
trisaṃdhyaṃ māsam ekaṃ tu sarvarogān vināśayet ||48|

20 B -samidhā C -samidhaṃ **21** A trir madhu- **22** BC 'yute **23** A ekonapañcāśat tathā **24** B -śaṅkaḥ **25** *bhrama-rājitaḥ* or *bhramara-a-jitaḥ*? ASS corr. like V; B bhagavad dvijāḥ V bhramarāñcitaḥ **26** A sādhakottamam **27** B śata- **28** AC -dehe **29** B dvija- **30** C guḍikāṃ ca manaḥśilām **31** A vidyāṃ **32** A dehe **33** A kare nyastaṃ hanyāt sapta-śataiḥ kṛtam **34** A -parīteṣu **35** A tudate **36** B kañcuke **37** A śamanaṃ **38** V -jātaiḥ

asādhyaṃ tu na paśyāmi trailokye sacarācare |
yāṃ yāṃ kāmayate siddhiṃ tāṃ tāṃ prāpnoti sa dhruvam ||49|
aṣṭottaraśataṃ tv eke pūjayitvā mṛgādhipam |
mṛttikāḥ sapta valmīke śmaśāne ca catuṣpathe ||50|
raktacandanasaṃmiśrā gavāṃ kṣīreṇa *loḍayet*[39] |
siṃhasya pratimāṃ kṛtvā pramāṇena ṣaḍaṅgulām ||51|
limpet tathā bhūrjapattre rocanayā samālikhet |
narasiṃhasya kaṇṭhe tu baddhvā caiva hi mantravit ||52|
japet saṃkhyāvihīnaṃ tu pūjayitvā jalāśaye |
yāvat saptāhamātraṃ tu japet saṃyamitendriyaḥ ||53|
jalākīrṇā muhūrtena jāyate sarvamedinī |
athavā śuṣkavṛkṣāgre narasiṃhaṃ tu pūjayet ||54|
japtvā cāṣṭaśataṃ tattvaṃ *varṣantaṃ*[40] vinivārayet |
tam evaṃ *piñjake*[41] baddhvā bhrāmayet sādhakottamaḥ ||55|
mahāvāto muhūrtena āgacchen nātra saṃśayaḥ |
punaś ca dhārayet kṣipraṃ sapta-*saptena*[42] vāriṇā ||56|
atha tāṃ pratimāṃ dvāri nikhaned yasya sādhakaḥ |
gotrotsādo bhavet tasya *uddhṛte caiva*[43] śāntidaḥ ||57|
tasmāt taṃ muniśārdūlā bhaktyā saṃpūjayet sadā |
mṛgarājaṃ mahāvīryaṃ sarvakāmaphalapradam ||58|
vimuktaḥ sarvapāpebhyo viṣṇulokaṃ *sa*[44] gacchati |
brāhmaṇāḥ kṣatriyā vaiśyāḥ striyaḥ śūdrāntyajātayaḥ ||59|
saṃpūjya taṃ suraśreṣṭhaṃ bhaktyā siṃhavapurdharam |
mucyante cāśubhair duḥkhair janmakoṭisamudbhavaiḥ ||60|
saṃpūjya taṃ suraśreṣṭhaṃ prāpnuvanty abhivāñchitam |
devatvam amareśatvaṃ *gandharvatvaṃ*[45] ca bho dvijāḥ ||61|
yakṣavidyādharatvaṃ ca tathānyac *cābhivāñchitam*[46] |
dṛṣṭvā stutvā namaskṛtvā saṃpūjya nara-*kesarīm*[47] ||62|
prāpnuvanti narā rājyaṃ svargaṃ mokṣaṃ ca durlabham |
narasiṃhaṃ naro dṛṣṭvā labhed abhimataṃ phalam ||63|
nirmuktaḥ sarvapāpebhyo viṣṇulokaṃ *sa*[48] gacchati |
sakṛd dṛṣṭvā tu taṃ devaṃ bhaktyā siṃhavapurdharam ||64|
mucyate *cāśubhair duḥkhair*[49] janmakoṭisamudbhavaiḥ |
saṃgrāme saṃkaṭe durge coravyāghrādipīḍite ||65|
kāntāre prāṇasaṃdehe viṣavahnijaleṣu ca |
rājādibhyaḥ *samudrebhyo*[50] graharogādipīḍite ||66|
smṛtvā taṃ puruṣaḥ *sarvai rāja-*[51]grāmair vimucyate |
sūryodaye yathā nāśaṃ tamo 'bhyeti mahattaram ||67|
tathā saṃdarśane tasya vināśaṃ yānty upadravāḥ |
guṭikāñjanapātālapāduke ca rasāyanam ||68|

39 A lepayet **40** V varṣaṇaṃ **41** A piṣṭake **42** ASS corr. like V; V -japtena **43** A uddhṛtenaiva **44** V ca **45** B sarvajñatvaṃ **46** AC ca prayacchati **47** A -keśavam V -kesarim **48** V ca **49** A kalmaṣaiḥ sarvair **50** B samudrāsye **51** V sarvair āpad-

narasiṃhe prasanne tu prāpnoty *anyāṃś ca vāñchitān*[52] |
yān yān kāmān abhidhyāyan bhajate nara-*kesarīm*[53] ||69|
tāṃs tān kāmān avāpnoti naro nāsty atra saṃśayaḥ |
dṛṣṭvā taṃ devadeveśaṃ bhaktyāpūjya praṇamya ca ||70|
daśānām aśvamedhānāṃ phalaṃ daśaguṇaṃ labhet |
pāpaiḥ sarvair vinirmukto guṇaiḥ sarvair alaṃkṛtaḥ ||71|
sarvakāmasamṛddhātmā jarāmaraṇavarjitaḥ |
sauvarṇena vimānena kiṅkiṇījālamālinā ||72|
sarvakāmasamṛddhena kāmagena suvarcasā |
taruṇādityavarṇena muktā-*hārāvalambinā*[54] ||73|
divyastrīśatayuktena divyagandharva-*nādinā*[55] |
kulaikaviṃśam uddhṛtya devavan muditaḥ sukhī ||74|
stūyamāno 'psarobhiś ca viṣṇulokaṃ vrajen naraḥ |
bhuktvā tatra varān bhogān viṣṇuloke dvijottamāḥ ||75|
gandharvair apsarair yuktaḥ kṛtvā rūpaṃ caturbhujam |
manohlādakaraṃ saukhyaṃ yāvad ābhūtasaṃplavam ||76|
puṇyakṣayād ihāyātaḥ pravare yogināṃ kule |
caturvedī bhaved vipro vedavedāṅgapāragaḥ |
vaiṣṇavaṃ yogam *āsthāya*[56] tato mokṣam avāpnuyāt ||77|

iti śrīmahāpurāṇe ādibrāhme svayaṃbhvṛṣisaṃvāde narasiṃhamāhātmyavarṇanaṃ nāmāṣṭapañcāśattamo 'dhyāyaḥ

brahmovāca:
anantākhyaṃ vāsudevaṃ dṛṣṭvā bhaktyā praṇamya ca |
sarvapāpavinirmukto naro yāti paraṃ padam ||59.1|
mayā cārādhitaś cāsau śakreṇa tadanantaram |
vibhīṣaṇena rāmeṇa kas taṃ nārādhayet pumān ||2|
śvetagaṅgāṃ naraḥ snātvā yaḥ paśyec chvetamādhavam |
matsyākhyaṃ mādhavaṃ caiva śvetadvīpaṃ sa gacchati ||3|
munaya ūcuḥ:
śvetamādhavamāhātmyaṃ vaktum arhasy aśeṣataḥ |
vistareṇa jagannātha *pratimāṃ*[1] tasya vai hareḥ ||4|
tasmin kṣetravare puṇye *vikhyāte*[2] *jagatītale*[3] |
śvetākhyaṃ mādhavaṃ devaṃ kas taṃ sthāpitavān purā ||5|
brahmovāca:
abhūt kṛtayuge viprāḥ śveto nāma nṛpo balī |
matimān dharmavic chūraḥ satyasaṃdho dṛḍhavrataḥ ||6|
yasya rājye tu varṣāṇāṃ sahasraṃ[4] daśa mānavāḥ |
bhavanty āyuṣmanto lokā[5] bālas tasmin na sīdati ||7|

52 B anyac ca vāñchitam **53** V -kesarim **54** AB -hāravilambinā **55** BC -vādinā **56** AB āsādya **1** V pratiṣṭhāṃ **2** V vikhyāto **3** AC puruṣottame **4** A jīvanti tasya rājye vai varṣāṇāṃ **5** V jīvanti rogarahitā

vartamāne tadā rājye kiṃcit kāle gate dvijāḥ |
kapāla-*gautamo*[6] nāma ṛṣiḥ paramadhārmikaḥ ||8|
suto 'syājātadantaś ca mṛtaḥ *kālavaśād dvijāḥ*[7] |
tam ādāya ṛṣir dhīmān nṛpasyāntikam ānayat ||9|
dṛṣṭvaivaṃ nṛpatiḥ suptaṃ kumāraṃ gatacetasam |
pratijñām akarod viprā jīvanārthaṃ śiśos tadā ||10|
rājovāca:
yāvad bālam ahaṃ tv enaṃ yamasya sadane gatam |
nānaye saptarātreṇa[8] citāṃ dīptāṃ samāruhe ||11|
brahmovāca:
evam uktvāsitaiḥ padmaiḥ śatair daśaśatādikaiḥ |
saṃpūjya *ca*[9] mahādevaṃ *rājā vidyāṃ*[10] punar *japet*[11] ||12|
atibhaktiṃ tu *saṃcintya*[12] nṛpasya jagadīśvaraḥ |
sāṃnidhyam agamat tuṣṭo 'smīty uvāca sahomayā ||13|
śrutvaivaṃ giram īśasya vilokya sahasā *haram*[13] |
bhasmadigdhaṃ virūpākṣaṃ śaratkundenduvarcasam ||14|
śārdūlacarmavasanaṃ śaśāṅkāṅkitamūrdhajam |
mahīṃ nipatya sahasā praṇamya *sa tadābravīt*[14] ||15|
śveta uvāca:
kāruṇyaṃ yadi me dṛṣṭvā prasanno 'si prabho yadi |
kālasya vaśam āpanno *bālako*[15] dvijaputrakaḥ ||16|
jīvatv eṣa[16] punar bāla ity evaṃ vratam āhitam |
akasmāc ca mṛtaṃ bālaṃ niyamya bhagavan svayam |
yathoktāyuṣyasaṃyuktaṃ kṣemaṃ kuru maheśvara ||17|
brahmovāca:
śvetasyaitad vacaḥ śrutvā mudaṃ prāpa haras tadā |
kālam ājñāpayām[17] āsa sarvabhūtabhayaṃkaram ||18|
niyamya kālaṃ durdharṣaṃ yamasyājñākaraṃ dvijāḥ |
bālaṃ saṃjīvayām āsa mṛtyor mukhagataṃ punaḥ ||19|
kṛtvā kṣemaṃ jagat sarvaṃ muneḥ putraṃ *sa taṃ*[18] dvijāḥ |
devyā sahomayā devas tatraivāntaradhīyata ||20|
evaṃ saṃjīvayām āsa muneḥ putraṃ nṛpottamaḥ ||21|
munaya ūcuḥ:
devadeva jagannātha trailokyaprabhavāvyaya |
brūhi naḥ paramaṃ tathyaṃ śvetākhyasya ca sāṃpratam ||22|
brahmovāca:
śṛṇudhvaṃ muniśārdūlāḥ sarvasattva-*hitāvaham*[19] |
pravakṣyāmi yathātathyaṃ yat pṛcchatha mamānaghāḥ ||23|
mādhavasya *ca*[20] māhātmyaṃ sarvapāpapraṇāśanam |
yac chrutvābhimatān kāmān dhruvaṃ prāpnoti mānavaḥ ||24|

6 B -maunako **7** AC pañcaśatābdikaḥ **8** A nānayeyaṃ saputro hi **9** V taṃ **10** AB rāja-vidyāṃ **11** B yajet **12** V saṃvīkṣya **13** V param **14** V ca tam abravīt **15** A jīvatu **16** A ānayiṣye **17** V kālaṃ samāhvayām **18** V ca bho **19** ABV -hitāya vai **20** V tu

śrutavān ṛṣibhiḥ *pūrvaṃ*[21] mādhavākhyasya bho dvijāḥ |
śṛṇudhvaṃ tāṃ kathāṃ divyāṃ bhayaśokārtināśinīm ||25|
sa kṛtvā rājyam ekāgryaṃ varṣāṇāṃ ca sahasraśaḥ |
vicārya laukikān dharmān vaidikān *niyamāṃs*[22] tathā ||26|
keśavārādhane *viprā*[23] niścitaṃ vratam āsthitaḥ |
sa gatvā paramaṃ kṣetraṃ *sāgaraṃ*[24] dakṣiṇāśrayam ||27|
taṭe tasmiñ śubhe ramye deśe kṛṣṇasya cāntike |
śveto 'tha[25] kārayām āsa prāsādaṃ śubhalakṣaṇam ||28|
dhanvantaraśataṃ caikaṃ devadevasya dakṣiṇe |
tataḥ śvetena viprendrāḥ śvetaśailamayena ca ||29|
kṛtaḥ sa bhagavāñ *śveto*[26] mādhavaś candrasaṃnibhaḥ |
pratiṣṭhāṃ vidhivac cakre yathoddiṣṭāṃ svayaṃ tu saḥ ||30|
dattvā dānaṃ dvijātibhyo *dīnānāthatapasvinām*[27] |
athānantarato rājā mādhavasya ca saṃnidhau ||31|
mahīṃ nipatya sahasā *oṃ-*[28]kāraṃ dvādaśākṣaram |
japan sa[29] maunam āsthāya māsam ekaṃ samādhinā ||32|
nirāhāro mahābhāgaḥ samyag viṣṇupade sthitaḥ |
japānte sa tu deveśaṃ saṃstotum upacakrame ||33|
śveta uvāca:
oṃ namo vāsudevāya namaḥ saṃkarṣaṇāya ca |
pradyumnāyāniruddhāya namo nārāyaṇāya ca ||34|
namo 'stu bahurūpāya viśvarūpāya vedhase |
nirguṇāyāpratarkyāya śucaye *śuklakarmaṇe*[30] ||35|
oṃ namaḥ padmanābhāya padmagarbhodbhavāya ca |
namo 'stu padmavarṇāya padmahastāya te namaḥ ||36|
oṃ namaḥ puṣkarākṣāya sahasrākṣāya *mīḍhuṣe*[31] |
namaḥ sahasrapādāya sahasrabhujamanyave ||37|
oṃ namo 'stu varāhāya varadāya sumedhase |
variṣṭhāya[32] vareṇyāya *śaraṇyāyācyutāya*[33] ca ||38|
oṃ namo bālarūpāya bālapadmaprabhāya ca |
bālārkasomanetrāya muñjakeśāya dhīmate ||39|
keśavāya namo nityaṃ namo nārāyaṇāya ca |
mādhavāya variṣṭhāya govindāya namo namaḥ ||40|
oṃ namo viṣṇave *nityaṃ*[34] devāya *vasu-*[35]retase |
madhusūdanāya namaḥ *śuddhāyāṃśudharāya*[36] ca ||41|
namo anantāya sūkṣmāya namaḥ śrīvatsadhāriṇe |
trivikramāya ca *namo divyapītāmbarāya*[37] ca ||42|
sṛṣṭikartre namas tubhyaṃ goptre *dhātre*[38] namo namaḥ |
namo 'stu guṇa-*bhūtāya*[39] nirguṇāya namo namaḥ ||43|

21 A sarvaṃ **22** A vidhivat **23** B yatto **24** A sādaraṃ **25** B manojñaṃ **26** B śveta- **27** B dīnānāṃ ca tapasvinām **28** V saum- **29** B jajāpa **30** AB sarvakarmaṇām **31** B te namaḥ **32** B vasiṣṭhāya **33** A varadāyācyutāya V hiraṇyāyācyutāya **34** B tubhyaṃ **35** A sura- **36** B śuddhāya acarāya **37** B namaḥ pītāmbaradharāya **38** A hartre B hantre **39** B -yuktāya

namo vāmanarūpāya namo vāmanakarmaṇe |
namo vāmananetrāya namo vāmanavāhine ||44|
namo *ramyāya*[40] pūjyāya namo 'stv avyaktarūpiṇe |
apratarkyāya śuddhāya namo bhayaharāya ca ||45|
saṃsārārṇavapotāya praśāntāya svarūpiṇe |
śivāya saumyarūpāya *rudrāyottāraṇāya*[41] ca ||46|
bhavabhaṅgakṛte caiva bhavabhogapradāya ca |
bhavasaṃghātarūpāya bhavasṛṣṭikṛte namaḥ ||47|
oṃ namo divyarūpāya somāgniśvasitāya ca |
soma-*sūryāṃśu*-[42]keśāya gobrāhmaṇahitāya ca ||48|
oṃ nama ṛksvarūpāya padakramasvarūpiṇe |
ṛkstutāya namas tubhyaṃ nama ṛksādhanāya ca ||49|
oṃ namo yajuṣāṃ dhātre yajūrūpadharāya ca |
yajuryājyāya juṣṭāya yajuṣāṃ pataye namaḥ ||50|
oṃ namaḥ śrīpate deva śrīdharāya varāya ca |
śriyaḥ kāntāya dāntāya yogicintyāya yogine ||51|
oṃ namaḥ sāmarūpāya sāmadhvanivarāya ca |
oṃ namaḥ sāmasaumyāya sāmayogavide namaḥ ||52|
sāmne ca sāmagītāya oṃ namaḥ sāmadhāriṇe |
sāmayajñavide caiva namaḥ sāmakarāya ca ||53|
namas tv atharvaśirase namo 'tharvasvarūpiṇe |
namo 'stv atharvapādāya namo 'tharvakarāya ca ||54|
oṃ namo *vajra*-[43]śīrṣāya madhukaiṭabhaghātine |
mahodadhijalasthāya vedāharaṇakāriṇe ||55|
namo *dīpta*-[44]svarūpāya hṛṣīkeśāya vai namaḥ |
namo bhagavate tubhyaṃ vāsudevāya te namaḥ ||56|
nārāyaṇa namas tubhyaṃ namo lokahitāya ca |
oṃ namo mohanāśāya bhavabhaṅgakarāya ca ||57|
gatipradāya ca namo namo bandhaharāya ca |
trailokyatejasāṃ kartre namas tejaḥsvarūpiṇe ||58|
yogīśvarāya[45] *śuddhāya rāmāyottaraṇāya*[46] ca |
sukhāya sukhanetrāya namaḥ sukṛtadhāriṇe ||59|
vāsudevāya vandyāya vāmadevāya vai namaḥ |
dehināṃ dehakartre ca bhedabhaṅgakarāya ca ||60|
devair vanditadehāya namas te divyamauline |
namo vāsanivāsāya vāsavyavaharāya ca ||61|
oṃ namo vasukartre ca *vasuvāsa*-[47]pradāya ca |
namo yajñasvarūpāya yajñeśāya ca yogine ||62|
yatiyogakareśāya namo yajñāṅgadhāriṇe |
saṃkarṣaṇāya ca namaḥ pralambamathanāya ca ||63|
meghaghoṣasvanottīrṇa-*vega*-[48]lāṅgaladhāriṇe |
namo 'stu jñāninām jñāna nārāyaṇaparāyaṇa ||64|

40 ABV 'nantāya **41** BV ghorarūpadharāya **42** A -sūryāgni- **43** C vāji- **44** C dīrgha- **45** B vāgīśvarāya **46** AB buddhāya vāmāyottaraṇāya **47** B śastravāyu- **48** A -veda- B -deva-

na me 'sti tvām ṛte bandhur narakottāraṇe prabho |
atas tvāṃ sarvabhāvena praṇato natavatsala ||65|
malaṃ yat kāyajaṃ vāpi mānasaṃ caiva keśava |
na tasyānyo 'sti deveśa kṣālakas tvām ṛte 'cyuta ||66|
saṃsargāṇi samastāni vihāya tvām *upasthitaḥ*[49] |
saṅgo me 'stu[50] tvayā sārdham ātmalābhāya keśava ||67|
kaṣṭam āpat suduṣpāraṃ saṃsāraṃ vedmi keśava |
tāpatrayaparikliṣṭas tena tvāṃ śaraṇaṃ gataḥ ||68|
eṣaṇābhir jagat sarvaṃ mohitaṃ māyayā tava |
ākarṣitaṃ ca lobhādyair atas tvām aham āśritaḥ ||69|
nāsti kiṃcit sukhaṃ viṣṇo saṃsārasthasya dehinaḥ |
yathā yathā hi yajñeśa tvayi cetaḥ pravartate ||70|
tathā phalavihīnaṃ tu sukham ātyantikaṃ labhet |
naṣṭo vivekaśūnyo 'smi dṛśyate jagad āturam ||71|
govinda trāhi saṃsārān mām uddhartuṃ tvam arhasi |
magnasya mohasalile niruttāre bhavārṇave |
uddhartā puṇḍarīkākṣa tvām ṛte 'nyo na vidyate ||72|
brahmovāca:
itthaṃ stutas tatas tena rājñā śvetena bho dvijāḥ |
tasmin kṣetravare divye vikhyāte puruṣottame ||73|
bhaktiṃ tasya tu saṃcintya devadevo jagadguruḥ |
ājagāma *nṛpasyāgre*[51] *sarvair devair vṛto*[52] hariḥ ||74|
nīlajīmūtasaṃkāśaḥ padmapattrāyatekṣaṇaḥ |
dadhat sudarśanaṃ *dhīmān*[53] karāgre dīptamaṇḍalam ||75|
kṣīrodajalasaṃkāśo vimalaś candrasaṃnibhaḥ |
rarāja vāmahaste 'sya pāñcajanyo mahādyutiḥ ||76|
pakṣirājadhvajaḥ śrīmān gadāśārṅgāsi-*dhṛk prabhuḥ*[54] |
uvāca sādhu bho rājan yasya te matir uttamā |
yad iṣṭaṃ vara bhadraṃ te prasanno 'smi tavānagha ||77|
brahmovāca:
śrutvaivaṃ devadevasya vākyaṃ tat *paramāmṛtam*[55] |
praṇamya *śirasovāca śvetas*[56] tadgatamānasaḥ ||78|
śveta uvāca:
yady ahaṃ bhagavan bhaktaḥ prayaccha varam uttamam |
ābrahmabhavanād ūrdhvaṃ vaiṣṇavaṃ padam avyayam ||79|
vimalaṃ virajaṃ śuddhaṃ saṃsārāsaṅgavarjitam |
tat padaṃ gantum icchāmi tvatprasādāj jagatpate ||80|
śrībhagavān uvāca:
yat padaṃ vibudhāḥ sarve munayaḥ siddhayoginaḥ |
nābhigacchanti yad ramyaṃ paraṃ padam anāmayam ||81|
yāsyasi *paramaṃ*[57] sthānaṃ rājyāmṛtam upāsya ca |
sarvāṃl lokān atikramya mama lokaṃ gamiṣyasi ||82|

49 B upāśritaḥ **50** AB yogo 'stu me **51** B nṛpasyārthe **52** A sarvadevamayo **53** V śrīmān **54** V -cakradhṛk **55** A paramādbhutam **56** V śirasā bhaktyā mudā **57** V tvaṃ paraṃ

kīrtis tavātra rājendra trīṃl lokāṃś ca gamiṣyati |
sāṃnidhyaṃ mama caivātra sarvadaiva bhaviṣyati ||83|
śvetagaṅgeti gāsyanti sarve te devadānavāḥ |
kuśāgreṇāpi rājendra śvetagāṅgeyam ambu ca ||84|
spṛṣṭvā svargaṃ gamiṣyanti madbhaktā ye samāhitāḥ |
yas tv imāṃ pratimāṃ gacchen mādhavākhyāṃ śaśiprabhām ||85|
śaṅkhagokṣīrasaṃkāśām aśeṣāghavināśinīm |
tāṃ praṇamya sakṛd bhaktyā puṇḍarīkanibhekṣaṇām ||86|
vihāya sarvalokān vai mama loke mahīyate |
manvantarāṇi tatraiva devakanyābhir āvṛtaḥ ||87|
gīyamānaś ca madhuraṃ siddhagandharvasevitaḥ |
bhunakti vipulān bhogān yatheṣṭaṃ māmakaiḥ saha ||88|
cyutas tasmād ihāgatya manuṣyo brāhmaṇo bhavet |
vedavedāṅgavic chrīmān bhogavāṃś cira-*jīvitaḥ*[58] ||89|
gajāśvarathayānāḍhyo *dhanadhānyāvṛtaḥ*[59] śuciḥ |
rūpavān bahu-*bhāgyaś*[60] ca putrapautrasamanvitaḥ ||90|
puruṣottamaṃ punaḥ prāpya vaṭamūle 'tha sāgare |
tyaktvā dehaṃ hariṃ smṛtvā tataḥ śāntapadaṃ vrajet ||91|

iti śrīmahāpurāṇe ādibrāhme svayaṃbhurṣisaṃvāde śvetamādhavamāhātmyavarṇanaṃ nāmaikonaṣaṣṭimo 'dhyāyaḥ

brahmovāca:
śvetamādhavam ālokya samīpe matsyamādhavam |
ekārṇavajale *pūrvaṃ*[1] rohitaṃ rūpam āsthitam ||60.1|
vedānāṃ *haraṇārthāya*[2] rasātalatale *sthitam*[3] |
cintayitvā kṣitiṃ samyak tasmin sthāne pratiṣṭhitam ||2|
ādyāvataraṇaṃ rūpaṃ mādhavaṃ matsyarūpiṇam |
praṇamya praṇato bhūtvā sarvaduḥkhād vimucyate ||3|
prayāti paramaṃ sthānaṃ yatra devo hariḥ svayam |
kāle punar ihāyāto rājā syāt pṛthivītale ||4|
vatsa-[4]mādhavam āsādya durādharṣo bhaven naraḥ |
dātā bhoktā bhaved yajvā vaiṣṇavaḥ satyasaṃgaraḥ ||5|
yogaṃ prāpya hareḥ paścāt tato mokṣam avāpnuyāt |
matsyamādhavamāhātmyaṃ mayā saṃparikīrtitam |
yaṃ dṛṣṭvā muniśārdūlāḥ sarvān kāmān avāpnuyāt ||6|
munaya ūcuḥ:
bhagavañ śrotum icchāmo mārjanaṃ varuṇālaye |
kriyate snānadānādi tasyāśeṣaphalaṃ vada ||7|
brahmovāca:
śṛṇudhvaṃ muniśārdūlā mārjanasya yathāvidhi |
bhaktyā tu tanmanā bhūtvā saṃprāpya puṇyam uttamam ||8|

58 B -jīvanaḥ **59** B dhanavāṃś ca punaḥ **60** B -bhāryaś **1** AB pūrṇaṃ
2 B karaṇārthāya **3** V sthitām **4** V matsya-

mārkaṇḍeyahrade snānaṃ pūrva-*kāle praśasyate*[5] |
caturdaśyāṃ viśeṣeṇa sarvapāpapraṇāśanam ||9|
tadvat snānaṃ samudrasya sarvakālaṃ praśasyate |
paurṇamāsyāṃ viśeṣeṇa hayamedhaphalaṃ labhet ||10|
mārkaṇḍeyaṃ vaṭaṃ kṛṣṇaṃ rauhiṇeyaṃ mahodadhim |
indradyumnasaraś caiva pañcatīrthīvidhiḥ smṛtaḥ ||11|
pūrṇimā jyeṣṭhamāsasya jyeṣṭhā ṛkṣaṃ yadā bhavet |
tadā gacched viśeṣeṇa tīrtharājaṃ paraṃ śubham ||12|
kāyavāṅmānasaiḥ śuddhas tadbhāvo nānyamānasaḥ |
sarvadvaṃdvavinirmukto vītarāgo vimatsaraḥ ||13|
kalpavṛkṣavaṭaṃ ramyaṃ tatra snātvā janārdanam |
pradakṣiṇaṃ prakurvīta trivāraṃ susamāhitaḥ ||14|
yaṃ dṛṣṭvā mucyate pāpāt saptajanmasamudbhavāt |
puṇyaṃ cāpnoti vipulaṃ gatim iṣṭāṃ ca bho dvijāḥ ||15|
tasya nāmāni vakṣyāmi pramāṇaṃ ca yuge yuge |
yathāsaṃkhyaṃ ca bho viprāḥ kṛtādiṣu yathākramam ||16|
vaṭaṃ vaṭeśvaraṃ *kṛṣṇaṃ*[6] purāṇapuruṣaṃ dvijāḥ |
vaṭasyaitāni nāmāni kīrtitāni kṛtādiṣu ||17|
yojanaṃ pādahīnaṃ ca yojanārdhaṃ tadardhakam |
pramāṇaṃ kalpavṛkṣasya kṛtādau parikīrtitam ||18|
yathoktena[7] tu mantreṇa namaskṛtvā tu taṃ vaṭam |
dakṣiṇābhimukho gacched dhanvantaraśatatrayam ||19|
yatrāsau dṛśyate *viṣṇuḥ*[8] svargadvāraṃ manoramam |
sāgarāmbhaḥ-*samākṛṣṭaṃ*[9] kāṣṭhaṃ sarvaguṇānvitam ||20|
praṇipatya tatas taṃ bhoḥ paripūjya tataḥ punaḥ |
mucyate *sarvarogādyais*[10] tathā pāpair grahādibhiḥ ||21|
ugrasenaṃ purā dṛṣṭvā svargadvāreṇa *sāgaram*[11] |
gatvācamya śucis tatra[12] dhyātvā nārāyaṇaṃ param ||22|
nyased aṣṭākṣaraṃ mantraṃ paścād dhastaśarīrayoḥ |
oṃ namo nārāyaṇāyeti yaṃ vadanti *manīṣiṇaḥ*[13] ||23|
kiṃ kāryaṃ bahubhir mantrair manovibhramakārakaiḥ |
oṃ namo nārāyaṇāyeti mantraḥ sarvārthasādhakaḥ ||24|
āpo narasya sūnutvān nārā *itīha*[14] kīrtitāḥ |
viṣṇos *tās tv*[15] ayanaṃ pūrvaṃ tena nārāyaṇaḥ smṛtaḥ ||25|
nārāyaṇaparā *vedā*[16] nārāyaṇa-*parā dvijāḥ*[17] |
nārāyaṇa-*parā yajñā*[18] nārāyaṇa-*parāḥ kriyāḥ*[19] ||26|
nārāyaṇaparā pṛthvī nārāyaṇaparaṃ jalam |
nārāyaṇaparo vahnir nārāyaṇaparaṃ *nabhaḥ*[20] ||27|
nārāyaṇaparo vāyur nārāyaṇaparaṃ manaḥ |
ahaṃkāraś ca buddhiś ca ubhe nārāyaṇātmake ||28|

5 A -kālaṃ viśiṣyate **6** AV pūrvaṃ **7** CV pūrvoktena **8** AC cihnaṃ **9** C -samākīrṇaṃ **10** B duṣṭarogais tu **11** A saṃgatam **12** A gatvā tatra śucir bhūtvā **13** V maṇīṣiṇaḥ **14** V iti ha **15** A tāsv **16** BV lokā **17** BV -parāḥ surāḥ **18** BV -paraṃ satyaṃ **19** BV -paraṃ padam **20** V namaḥ

bhūtaṃ bhavyaṃ bhaviṣyaṃ ca yat kiṃcij jīva-*saṃjñitam*[21] |
sthūlaṃ sūkṣmaṃ paraṃ caiva sarvaṃ nārāyaṇātmakam ||29|
śabdādyā viṣayāḥ sarve śrotrādīnīndriyāṇi ca |
prakṛtiḥ puruṣaś caiva sarve nārāyaṇātmakāḥ ||30|
[22]jale sthale ca pātāle svargaloke 'mbare nage |
avaṣṭabhya idaṃ sarvam āste nārāyaṇaḥ prabhuḥ ||31|
kiṃ cātra bahunoktena jagad etac carācaram |
brahmādistambaparyantaṃ sarvaṃ nārāyaṇātmakam ||32|
nārāyaṇāt paraṃ kiṃcin neha paśyāmi bho dvijāḥ |
tena vyāptam idaṃ sarvaṃ dṛśyādṛśyaṃ carācaram ||33|
āpo hy āyatanaṃ viṣṇoḥ sa ca evāmbhasāṃ patiḥ |
tasmād apsu smaren nityaṃ nārāyaṇam aghāpaham ||34|
snānakāle viśeṣeṇa *copasthāya jale*[23] śuciḥ |
smaren nārāyaṇaṃ dhyāyed dhaste kāye ca vinyaset ||35|
oṃkāraṃ ca nakāraṃ ca aṅguṣṭhe hastayor nyaset |
śeṣair[24] hastatalaṃ[25] yāvat tarjanyādiṣu vinyaset ||36|
oṃkāraṃ vāmapāde tu nakāraṃ dakṣiṇe nyaset |
mokāraṃ vāmakaṭyāṃ tu nākāraṃ dakṣiṇe nyaset ||37|
rākāraṃ nābhideśe tu yakāraṃ vāmabāhuke |
ṇākāraṃ dakṣiṇe nyasya yakāraṃ mūrdhni vinyaset ||38|
adhaś cordhvaṃ ca hṛdaye pārśvataḥ pṛṣṭhato 'grataḥ |
dhyātvā nārāyaṇaṃ paścād ārabhet kavacaṃ budhaḥ ||39|
pūrve māṃ pātu govindo dakṣiṇe madhusūdanaḥ |
paścime śrīdharo devaḥ keśavas tu tathottare ||40|
pātu viṣṇus tathāgneye nairṛte mādhavo 'vyayaḥ |
vāyavye tu hṛṣīkeśas tatheśāne ca vāmanaḥ ||41|
bhū-[26]tale pātu vārāhas tathordhvaṃ ca trivikramaḥ |
kṛtvaivaṃ kavacaṃ paścād ātmānaṃ cintayet tataḥ ||42|
ahaṃ nārāyaṇo devaḥ śaṅkhacakragadādharaḥ |
evaṃ dhyātvā tadātmānam imaṃ mantram udīrayet ||43|
tvam agnir *dvipadāṃ*[27] nātha retodhāḥ kāmadīpanaḥ |
pradhānaḥ sarvabhūtānāṃ jīvānāṃ *prabhur avyayaḥ*[28] ||44|
amṛtasyāraṇis[29] tvaṃ hi devayonir apāṃ pate |
vṛjinaṃ hara me *sarvaṃ*[30] tīrtharāja namo 'stu te ||45|
evam uccārya vidhivat tataḥ snānaṃ samācaret |
anyathā bho *dvija-*[31]śreṣṭhāḥ snānaṃ tatra na śasyate ||46|
kṛtvā *tu vaidikair*[32] mantrair abhiṣekaṃ ca mārjanam |
antar jale japet *paścāt trir āvṛttyāgha-*[33]marṣaṇam ||47|
hayamedho yathā viprāḥ sarvapāpaharaḥ kratuḥ |
tathāghamarṣaṇaṃ cātra sūktaṃ sarvāghanāśanam ||48|

21 V -saṃjñakam **22** B om. 60.31. **23** AB vedasyāyatanaṃ **24** ASS corr. *śeṣān* **25** ASS corr. *-tale* **26** B su- **27** AB dviṣatāṃ **28** B ca pramukhyataḥ **29** AB yatas tasyāraṇis **30** A deva **31** B muni- **32** V cābdaivatair **33** A paścān mantraṃ cāpy agha-

uttīrya vāsasī dhaute nirmale paridhāya vai |
prāṇān āyamya cācamya saṃdhyāṃ copāsya bhāskaram ||49|
upatiṣṭhet *tataś cordhvaṃ*[34] kṣiptvā puṣpajalāñjalim |
upasthāyordhvabāhuś ca tallingair bhāskaraṃ *tataḥ*[35] ||50|
gāyatrīṃ pāvanīṃ devīṃ japed aṣṭottaraṃ śatam |
anyāṃś ca sauramantrāṃś ca japtvā *tiṣṭhan*[36] samāhitaḥ ||51|
kṛtvā pradakṣiṇaṃ sūryaṃ namaskṛtyopaviśya ca |
svādhyāyaṃ prāṅmukhaḥ kṛtvā tarpayed daivatāny ṛṣīn ||52|
manuṣyāṃś ca pitṝṃś cānyān nāmagotreṇa mantravit |
toyena tilamiśreṇa vidhivat susamāhitaḥ ||53|
tarpaṇaṃ devatānāṃ ca pūrvaṃ kṛtvā samāhitaḥ |
adhikārī bhavet paścāt pitṝṇāṃ tarpaṇe dvijaḥ ||54|
śrāddhe havana-[37]kāle ca pāṇinaikena *nirvapet*[38] |
tarpaṇe *tūbhayaṃ*[39] kuryād eṣa eva vidhiḥ sadā ||55|
anvārabdhena savyena pāṇinā dakṣiṇena tu |
tṛpyatām iti *siñcet tu*[40] nāmagotreṇa vāgyataḥ ||56|
kāyasthair yas tilair mohāt karoti pitṛtarpaṇam |
tarpitās tena pitaras tvaṅmāṃsarudhirāsthibhiḥ ||57|
aṅgasthair na tilaiḥ kuryād devatāpitṛtarpaṇam |
rudhiraṃ tad bhavet toyaṃ pradātā kilbiṣī bhavet ||58|
bhūmyāṃ yad dīyate toyaṃ dātā caiva jale sthitaḥ |
vṛthā tan muniśārdūlā nopatiṣṭhati kasyacit ||59|
sthale sthitvā jale yas tu prayacched udakaṃ naraḥ |
pitṝṇāṃ nopatiṣṭheta salilaṃ tan nirarthakam ||60|
udake nodakaṃ kuryāt pitṛbhyaś ca kadācana |
uttīrya tu śucau deśe kuryād udakatarpaṇam ||61|
nodakeṣu na pātreṣu na kruddho naikapāṇinā |
nopatiṣṭhati tat toyaṃ yad bhūmyāṃ na pradīyate ||62|
pitṝṇām akṣayaṃ *sthānaṃ*[41] mahī dattā mayā dvijāḥ |
tasmāt tatraiva dātavyaṃ pitṝṇāṃ prītim icchatā ||63|
bhūmipṛṣṭhe samutpannā bhūmyāṃ caiva ca saṃsthitāḥ |
bhūmyāṃ caiva layaṃ yātā bhūmau dadyāt tato jalam ||64|
āstīrya ca kuśān sāgrāṃs tān āvāhya svamantrataḥ |
prācīnāgreṣu vai devān yāmyāgreṣu tathā pitṝn ||65|

iti śrīmahāpurāṇe ādibrāhme svayaṃbhurṣisaṃvāde samudrasnānavidhinirūpaṇaṃ nāma ṣaṣṭimo 'dhyāyaḥ

34 A tato viprāḥ **35** A naraḥ **36** V tiṣṭhet **37** V śrāddhakāle 'nna- **38** A tarpayet
39 B dvitayaṃ **40** ABV vaktavyaṃ **41** B samyaṅ

brahmovāca:
devān pitṝṃs tathā cānyān saṃtarpyācamya vāgyataḥ |
hastamātraṃ catuṣkoṇaṃ caturdvāraṃ suśobhanam ||61.1|
puraṃ *vilikhya*[1] bho viprās tīre tasya mahodadheḥ |
madhye tatra[2] likhet padmam aṣṭapattraṃ sakarṇikam ||2|
evaṃ maṇḍalam ālikhya pūjayet tatra bho dvijāḥ |
aṣṭākṣaravidhānena nārāyaṇam ajaṃ vibhum ||3|
ataḥ paraṃ pravakṣyāmi kāyaśodhanam uttamam |
a-[3]kāraṃ hṛdaye *dhyātvā*[4] cakra-*rekhā-*[5]samanvitam ||4|
jvalantaṃ triśikhaṃ caiva dahantaṃ pāpanāśanam |
candra-[6]maṇḍalamadhyasthaṃ *rā-*[7]kāraṃ mūrdhni cintayet ||5|
śukla-[8]varṇaṃ pravarṣantam amṛtaṃ plāvayan mahīm |
evaṃ nirdhūtapāpas tu divya-*dehas*[9] tato bhavet ||6|
aṣṭākṣaraṃ tato mantraṃ nyased evātmano budhaḥ |
vāmapādaṃ samārabhya kramaśaś caiva vinyaset ||7|
pañcāṅgaṃ vaiṣṇavaṃ caiva caturvyūhaṃ tathaiva ca |
karaśuddhiṃ prakurvīta mūlamantreṇa sādhakaḥ ||8|
ekaikaṃ caiva varṇaṃ tu aṅgulīṣu pṛthak pṛthak |
oṃkāraṃ pṛthivīṃ śuklāṃ vāmapāde tu vinyaset ||9|
nakāraḥ *śāṃbhavaḥ*[10] śyāmo dakṣiṇe tu vyavasthitaḥ |
mokāraṃ kālam evāhur vāmakaṭyāṃ nidhāpayet ||10|
nākāraḥ *sarva-*[11]bījaṃ tu dakṣiṇasyāṃ vyavasthitaḥ |
rākāras teja ity āhur nābhideśe vyavasthitaḥ ||11|
vāyavyo 'yaṃ yakāras tu vāmaskandhe samāśritaḥ |
ṇākāraḥ sarvago jñeyo dakṣiṇāṃse vyavasthitaḥ |
yakāro 'yaṃ śiraḥsthaś ca yatra lokāḥ pratiṣṭhitāḥ ||12|
oṃ viṣṇave *namaḥ*[12] śiraḥ oṃ jvalanāya *namaḥ*[13] śikhā |
oṃ viṣṇave *namaḥ*[14] kavacam oṃ viṣṇave [15]*namaḥ*[16] *sphuraṇaṃ diśo-*[17] bandhāya |
oṃ *huṃphaḍastram*[18] oṃ śirasi śuklo vāsudeva iti |
[19]oṃ āṃ lalāṭe raktaḥ saṃkarṣaṇo [20]garutmān vahnis teja āditya iti |
[21]oṃ *āṃ grīvāyāṃ*[22] pītaḥ pradyumno vāyu-*megha*[23] iti |
oṃ āṃ[24] hṛdaye *kṛṣṇo*[25] 'niruddhaḥ sarvaśaktisamanvita iti |
evaṃ caturvyūham ātmānaṃ kṛtvā tataḥ *karma samācaret*[26] ||13|
mamāgre[27] 'vasthito viṣṇuḥ pṛṣṭhataś cāpi keśavaḥ |
govindo dakṣiṇe pārśve vāme tu madhusūdanaḥ ||14|
upariṣṭāt tu[28] vaikuṇṭho vārāhaḥ pṛthivītale |
avāntaradiśo yās tu tāsu sarvāsu mādhavaḥ ||15|

1 B vilipya C pralipya **2** V puramadhye **3** C kṣa- **4** BCV cintya **5** B -repha- **6** B catur- **7** A va- B ca- **8** A rakta- **9** B -hastas **10** A śobhanaḥ **11** C pūrva- **12** V nama iti **13** V nama iti **14** V nama iti **15** A om. *namaḥ*. **16** V nama iti **17** B sphurasphāradiśo- C kṣārakṣāradiśo- **18** C huṃphaṇmantram V huṃphaḍ ity astram **19** B om. *oṃ āṃ*. **20** B om. *garutmān*. **21** ABV om. *oṃ*. **22** A -āgrīvāyāṃ B -agrīvāyāṃ **23** B -meghābhra **24** C aṃ ūṃ **25** C hṛṣṭo **26** V kavacam ārabhet **27** V māṃ agre **28** A upatiṣṭhatu

gacchatas tiṣṭhato vāpi jāgrataḥ svapato 'pi vā |
narasiṃhakṛtā guptir vāsudevamayo hy aham || 16 |
evaṃ viṣṇumayo bhūtvā tataḥ karma samārabhet |
yathā dehe[29] tathā deve sarvatattvāni yojayet || 17 |
tataś caiva prakurvīta prokṣaṇaṃ *praṇavena*[30] tu |
phaṭkārāntaṃ samuddiṣṭaṃ *sarvavighnaharaṃ*[31] śubham || 18 |
tatrārka-[32]candravahnīnāṃ maṇḍalāni vicintayet |
padmamadhye nyased *viṣṇuṃ pavanasyāmbarasya ca*[33] || 19 |
tato vicintya hṛdaya oṃkāraṃ jyotīrūpiṇam |
karṇikāyāṃ samāsīnaṃ jyotīrūpaṃ sanātanam || 20 |
aṣṭākṣaraṃ tato mantraṃ vinyasec ca yathākramam |
tena vyastasamastena pūjanaṃ paramaṃ smṛtam || 21 |
dvādaśākṣaramantreṇa yajed devaṃ sanātanam |
tato 'vadhārya hṛdaye karṇikāyāṃ *bahir*[34] nyaset || 22 |
caturbhujaṃ mahāsattvaṃ sūryakoṭisamaprabham |
cintayitvā mahāyogaṃ jyotīrūpaṃ sanātanam |
tataś cāvāhayen mantraṃ krameṇācintya mānase || 23 |
[35]āvāhanamantraḥ:
mīnarūpo varāhaś ca narasiṃho 'tha vāmanaḥ |
āyātu devo varado mama nārāyaṇo 'grataḥ |
oṃ namo *nārāyaṇāya namaḥ*[36] || 24 |
[37]sthāpanamantraḥ:
karṇikāyāṃ supīṭhe 'tra[38] padmakalpitam āsanam |
sarvasattvahitārthāya tiṣṭha tvaṃ madhusūdana |
oṃ namo *nārāyaṇāya namaḥ*[39] || 25 |
[40]arghamantraḥ:
oṃ trailokya-*patīnāṃ pataye*[41] devadevāya hṛṣīkeśāya viṣṇave namaḥ |
oṃ namo *nārāyaṇāya namaḥ*[42] || 26 |
[43]pādyamantraḥ:
oṃ pādyaṃ pādayor deva padmanābha sanātana |
viṣṇo kamalapattrākṣa gṛhāṇa madhusūdana |
oṃ namo *nārāyaṇāya namaḥ*[44] || 27 |
[45]madhuparkamantraḥ:
madhuparkaṃ mahādeva brahmādyaiḥ kalpitaṃ tava |
mayā niveditaṃ bhaktyā gṛhāṇa puruṣottama |
oṃ namo *nārāyaṇāya namaḥ*[46] || 28 |
[47]ācamanīyamantraḥ:
mandākinyāḥ sitaṃ vāri sarvapāpaharaṃ śivam |

29 B yathātmani **30** A pravaṇena C pravareṇa **31** V sarvāriṣṭaharaṃ **32** A tatrārdha- **33** A viṣṇum evam asyāparasya tu **34** B hariṃ **35** V om. **36** V nārāyaṇāyety āvāhanam **37** V om. **38** C sumeruḥ pādapīṭhaṃ te V sumerupādapīṭhānte **39** V nārāyaṇāyety āsanasthāpanam **40** V om. **41** A -patīnām arcyāya B -patīnāṃ pataye 'rcyāya **42** V nārāyaṇāyety arghaḥ **43** V om. **44** V nārāyaṇāyeti pādyam **45** V om. **46** V nārāyaṇāyeti madhuparkam **47** V om.

gṛhāṇācamanīyaṃ tvaṃ mayā bhaktyā niveditam |
oṃ namo *nārāyaṇāya namaḥ*[48] ||29|
[49]snānamantraḥ:
tvam āpaḥ pṛthivī caiva jyotis tvaṃ vāyur eva ca |
lokeśa vṛtti-[50]mātreṇa vāriṇā snāpayāmy aham |
oṃ namo *nārāyaṇāya namaḥ*[51] ||30|
[52]vastramantraḥ:
devatattvasamāyukta yajña-*varṇa-*[53]samanvita |
svarṇavarṇaprabhe deva vāsasī tava keśava |
oṃ namo *nārāyaṇāya namaḥ*[54] ||31|
[55]vilepanamantraḥ:
śarīraṃ te na jānāmi ceṣṭāṃ caiva ca keśava |
mayā nivedito gandhaḥ pratigṛhya vilipyatām |
oṃ namo *nārāyaṇāya namaḥ*[56] ||32|
[57]upavītamantraḥ:
ṛgyajuḥsāmamantreṇa trivṛtaṃ padmayoninā |
sāvitrīgranthisaṃyuktam upavītaṃ *tavārpaye*[58] |
oṃ namo *nārāyaṇāya namaḥ*[59] ||33|
[60]alaṃkāramantraḥ:
divyaratnasamāyukta vahnibhānusamaprabha |
gātrāṇi tava śobhantu sālaṃkārāṇi mādhava |
oṃ namo *nārāyaṇāya namaḥ*[61] ||34|
oṃ nama iti pratyakṣaraṃ samastena mūlamantreṇa vā pūjayet ||35|
[62]dhūpamantraḥ:
vanaspatiraso divyo gandhāḍhyaḥ su-*rabhiś ca te*[63] |
mayā nivedito bhaktyā dhūpo 'yaṃ pratigṛhyatām |
oṃ namo *nārāyaṇāya namaḥ*[64] ||36|
[65]dīpamantraḥ:
sūryacandra-*samo*[66] jyotir vidyudagnyos tathaiva ca |
tvam eva jyotiṣāṃ deva dīpo 'yaṃ pratigṛhyatām |
oṃ namo *nārāyaṇāya namaḥ*[67] ||37|
[68]naivedyamantraḥ:
annaṃ caturvidhaṃ caiva rasaiḥ ṣaḍbhiḥ samanvitam |
mayā niveditaṃ bhaktyā naivedyaṃ tava keśava |
oṃ namo *nārāyaṇāya namaḥ*[69] ||38|
pūrve dale vāsudevaṃ yāmye saṃkarṣaṇaṃ nyaset |
pradyumnaṃ paścime kuryād aniruddhaṃ tathottare ||39|
vārāhaṃ ca tathāgneye narasiṃhaṃ ca nairṛte |
vāyavye mādhavaṃ caiva tathaiśāne trivikramam ||40|

48 V nārāyaṇāyety ācamanīyam **49** V om. **50** C lokasaṃvṛtti- **51** V nārāyaṇāyeti snānam **52** V om. **53** B -karma- **54** V nārāyaṇāyeti vastre **55** V om. **56** V nārāyaṇāyeti vilepanam **57** V om. **58** A tavācyuta B tathā tava **59** V nārāyaṇāyeti yajñopavītam **60** V om. **61** V nārāyaṇāyety alaṃkārāḥ **62** V om. **63** A -manoharaḥ **64** V nārāyaṇāyeti dhūpaḥ **65** V om. **66** V -same **67** V nārāyaṇāyeti dīpaḥ **68** V om. **69** V nārāyaṇāyeti naivedyam

tathāṣṭākṣaradevasya garuḍaṃ purato nyaset |
vāmapārśve tathā cakraṃ śaṅkhaṃ dakṣiṇato nyaset ||41|
tathā mahāgadāṃ caiva nyased devasya dakṣiṇe |
tataḥ śārṅgaṃ dhanur vidvān nyased devasya vāmataḥ ||42|
dakṣiṇeneṣudhī divye khaḍgaṃ vāme ca vinyaset |
śriyaṃ dakṣiṇataḥ sthāpya puṣṭim uttarato nyaset ||43|
vanamālāṃ ca puratas tataḥ śrīvatsakaustubhau |
vinyased dhṛdayādīni pūrvādiṣu caturdiśam ||44|
tato 'straṃ devadevasya koṇe caiva tu vinyaset |
indram agniṃ yamaṃ caiva nairṛtaṃ varuṇaṃ tathā ||45|
vāyuṃ dhanadam īśānam anantaṃ brahmaṇā saha |
pūjayet *tāntrikair*[70] mantrair adhaś cordhvaṃ tathaiva ca ||46|
evaṃ saṃpūjya deveśaṃ maṇḍalasthaṃ janārdanam |
labhed abhimatān kāmān naro nāsty atra saṃśayaḥ ||47|
anenaiva vidhānena maṇḍalasthaṃ janārdanam |
pūjitaṃ yaḥ *saṃpaśyeta*[71] sa viśed viṣṇum avyayam ||48|
sakṛd apy arcito yena vidhinānena keśavaḥ |
janmamṛtyu-*jarāṃ tīrtvā*[72] sa viṣṇoḥ padam āpnuyāt ||49|
yaḥ smaret satataṃ bhaktyā nārāyaṇam atandritaḥ |
anvahaṃ *tasya vāsāya śvetadvīpaḥ prakalpitaḥ*[73] ||50|
oṃkārādisamāyuktaṃ namaḥkārāntadīpitam |
tannāma sarvatattvānāṃ mantra ity abhidhīyate ||51|
anenaiva vidhānena gandhapuṣpaṃ nivedayet |
ekaikasya prakurvīta yathoddiṣṭaṃ krameṇa tu ||52|
mudrās tato *nibadhnīyād yathoktakramacoditāḥ*[74] |
japaṃ caiva prakurvīta mūlamantreṇa mantravit ||53|
aṣṭāviṃśatim aṣṭau vā śatam aṣṭottaraṃ tathā |
kāmeṣu ca *yathāproktaṃ*[75] yathāśakti samāhitaḥ ||54|
padmaṃ śaṅkhaś ca śrīvatso gadā garuḍa eva ca |
cakraṃ khaḍgaś ca śārṅgaṃ ca aṣṭau mudrāḥ prakīrtitāḥ ||55|
[76]visarjanamantraḥ:
gaccha gaccha paraṃ sthānaṃ *purāṇapuruṣottama*[77] |
yatra brahmādayo devā vindanti paramaṃ padam |
[[78]oṃ namo nārāyaṇāyeti visarjanam] ||56|
arcanaṃ ye na jānanti harer mantrair yathoditam |
te tatra mūlamantreṇa pūjayantv acyutaṃ sadā ||57|

iti śrīmahāpurāṇe ādibrāhme svayaṃbhvṛṣisaṃvāde pūjāvidhikathanaṃ nāmaikaṣaṣṭimo 'dhyāyaḥ

70 A tān svakair **71** V prapaśyed vai **72** A -jarātītaṃ **73** A svargamārge vai tena dīpaḥ pravartitaḥ **74** B nibadhnīyāt kramāc caiva vidhānataḥ **75** B tathāpy evaṃ **76** V om. **77** B purāṇaṃ puruṣottamam **78** V ins.

brahmovāca:
evaṃ saṃpūjya vidhivad bhaktyā taṃ puruṣottamam |
praṇamya śirasā paścāt sāgaraṃ ca prasādayet ||62.1|
prāṇas tvaṃ sarvabhūtānāṃ yoniś ca saritāṃ pate |
tīrtharāja namas te 'stu trāhi mām acyutapriya ||2|
snātvaivaṃ sāgare samyak tasmin kṣetravare dvijāḥ |
tīre cābhyarcya vidhivan nārāyaṇam anāmayam ||3|
rāmaṃ kṛṣṇaṃ subhadrāṃ ca praṇipatya ca sāgaram |
śatānām[1] aśvamedhānāṃ phalaṃ prāpnoti mānavaḥ ||4|
sarvapāpavinirmuktaḥ sarvaduḥkhavivarjitaḥ |
vṛndāraka iva śrīmān rūpayauvanagarvitaḥ ||5|
vimānenārkavarṇena divyagandharvanādinā |
kulaikaviṃśam uddhṛtya viṣṇulokaṃ sa gacchati ||6|
bhuktvā tatra varān bhogān krīḍitvā cāpsaraiḥ saha |
manvantaraśataṃ sāgraṃ *jarāmṛtyu-*[2]vivarjitaḥ ||7|
puṇyakṣayād ihāyātaḥ kule sarvaguṇānvite |
rūpavān subhagaḥ śrīmān satyavādī jitendriyaḥ ||8|
vedaśāstrārthavid vipro bhaved yajvā tu vaiṣṇavaḥ |
yogaṃ ca vaiṣṇavaṃ prāpya tato mokṣam avāpnuyāt ||9|
grahoparāge saṃkrāntyām ayane viṣuve tathā |
yugādiṣu ṣaḍaśītyāṃ vyatīpāte dinakṣaye ||10|
āṣāḍhyāṃ caiva kārttikyāṃ māghyāṃ vānye śubhe tithau |
ye tatra dānaṃ viprebhyaḥ prayacchanti sumedhasaḥ ||11|
phalaṃ sahasraguṇitam anyatīrthāl labhanti te |
pitṝṇāṃ ye prayacchanti piṇḍaṃ tatra vidhānataḥ ||12|
akṣayāṃ pitaras teṣāṃ tṛptiṃ *saṃprāpnuvanti*[3] vai |
evaṃ snānaphalaṃ samyak sāgarasya mayoditam ||13|
dānasya ca phalaṃ viprāḥ piṇḍadānasya caiva hi |
dharmārthamokṣaphaladam āyuṣkīrtiyaśaskaram ||14|
bhuktimuktiphalaṃ nṛṇāṃ dhanyaṃ duḥsvapnanāśanam |
sarvapāpaharaṃ puṇyaṃ sarvakāmaphalapradam ||15|
nāstikāya na vaktavyaṃ purāṇaṃ ca dvijottamāḥ |
tāvad garjanti tīrthāni māhātmyaiḥ svaiḥ pṛthak pṛthak ||16|
yāvan na tīrtharājasya māhātmyaṃ varṇyate dvijāḥ |
puṣkarādīni tīrthāni prayacchanti svakaṃ phalam ||17|
tīrtharājas tu sa punaḥ sarvatīrthaphalapradaḥ |
bhūtale yāni tīrthāni saritaś ca sarāṃsi ca ||18|
viśanti *sāgare tāni*[4] tenāsau śreṣṭhatāṃ gataḥ |
rājā samastatīrthānāṃ sāgaraḥ saritāṃ patiḥ ||19|
tasmāt samastatīrthebhyaḥ śreṣṭho 'sau sarvakāmadaḥ |
tamo nāśaṃ yathābhyeti bhāskare 'bhyudite dvijāḥ ||20|
snānena tīrtharājasya tathā *pāpasya saṃkṣayaḥ*[5] |
tīrtharājasamaṃ tīrthaṃ na bhūtaṃ na bhaviṣyati ||21|

1 A daśānām **2** B naro mṛtyu- **3** V ca prāpnuvanti **4** V sarvatīrthāni **5** V sarvāgha-saṃkṣayaḥ

adhiṣṭhānaṃ yadā yatra prabhor nārāyaṇasya vai |
kaḥ śaknoti guṇān vaktuṃ tīrtharājasya bho dvijāḥ ||22|
koṭyo navanavatyas tu yatra tīrthāni santi vai |
tasmāt snānaṃ ca dānaṃ ca homaṃ japyaṃ surārcanam |
yat kiṃcit kriyate tatra cākṣayaṃ kriyate dvijāḥ ||23|

iti śrīmahāpurāṇe ādibrāhme svayaṃbhurṣisaṃvāde samudrasnānamāhātmyavarṇanaṃ nāma dviṣaṣṭimo 'dhyāyaḥ

brahmovāca:
tato gacched dvijaśreṣṭhās tīrthaṃ yajñāṅgasaṃbhavam |
indradyumnasaro nāma yatrāste pāvanaṃ śubham ||63.1|
gatvā tatra śucir dhīmān ācamya manasā harim |
dhyātvopasthāya ca jalam imaṃ mantram udīrayet ||2|
aśvamedhāṅgasaṃbhūta tīrtha sarvāghanāśana |
snānaṃ tvayi karomy adya pāpaṃ hara namo 'stu te ||3|
evam uccārya vidhivat snātvā devān ṛṣīn pitṟ̄n |
tilodakena cānyāṃś ca saṃtarpyācamya vāgyataḥ ||4|
dattvā pitṟ̄ṇāṃ piṇḍāṃś ca saṃpūjya puruṣottamam |
daśāśvamedhikaṃ *samyak*[1] phalaṃ prāpnoti mānavaḥ ||5|
saptāvarān sapta parān vaṃśān uddhṛtya devavat |
kāmagena vimānena viṣṇulokaṃ sa gacchati ||6|
bhuktvā tatra *sukhān*[2] bhogān yāvac candrārkatārakam |
cyutas tasmād ihāyāto mokṣaṃ ca labhate dhruvam ||7|
evaṃ kṛtvā pañca-*tīrthīm*[3] ekādaśyām upoṣitaḥ |
jyeṣṭhaśuklapañcadaśyāṃ yaḥ paśyet puruṣottamam ||8|
sa pūrvoktaṃ phalaṃ prāpya krīḍitvā *vācyutālaye*[4] |
prayāti paramaṃ sthānaṃ yasmān nāvartate punaḥ ||9|
munaya ūcuḥ:
māsān anyān parityajya *māghādīn*[5] prapitāmaha |
praśaṃsasi kathaṃ jyeṣṭhaṃ brūhi tatkāraṇaṃ *prabho*[6] ||10|
brahmovāca:
śṛṇudhvaṃ muniśārdūlāḥ pravakṣyāmi samāsataḥ |
jyeṣṭhaṃ māsaṃ yathā tebhyaḥ praśaṃsāmi punaḥ punaḥ ||11|
pṛthivyāṃ yāni tīrthāni saritaś ca sarāṃsi ca |
puṣkariṇyas taḍāgāni vāpyaḥ kūpās tathā hradāḥ ||12|
nānānadyaḥ samudrāś ca saptāhaṃ puruṣottame |
jyeṣṭhaśukladaśamyādi pratyakṣaṃ yānti sarvadā ||13|
snānadānādikaṃ tasmād devatāprekṣaṇaṃ dvijāḥ |
yat kiṃcit kriyate tatra tasmin kāle 'kṣayaṃ bhavet ||14|
śuklapakṣasya daśamī jyeṣṭhe māsi dvijottamāḥ |
harate daśa pāpāni tasmād daśaharā smṛtā ||15|

1 V puṇyaṃ **2** B sukhaṃ **3** B -tīrtham **4** V tv acyutālaye **5** B mārgādīn **6** B vibho

yas tasyāṃ halinaṃ kṛṣṇaṃ paśyed bhadrāṃ *susaṃyataḥ*[7] |
sarvapāpavinirmukto viṣṇulokaṃ vrajen naraḥ ||16|
uttare dakṣiṇe viprās tv ayane puruṣottamam |
dṛṣṭvā rāmaṃ subhadrāṃ ca viṣṇulokaṃ vrajen naraḥ ||17|
naro *dolāgataṃ*[8] dṛṣṭvā govindaṃ *puruṣottamam*[9] |
phālgunyāṃ *prayato*[10] bhūtvā *govindasya puraṃ*[11] vrajet ||18|
viṣuvaddivase[12] prāpte pañca-*tīrthīṃ vidhānataḥ*[13] |
kṛtvā saṃkarṣaṇaṃ kṛṣṇaṃ dṛṣṭvā bhadrāṃ ca bho dvijāḥ ||19|
naraḥ samastayajñānāṃ phalaṃ prāpnoti durlabham |
vimuktaḥ sarvapāpebhyo viṣṇulokaṃ ca gacchati ||20|
yaḥ paśyati tṛtīyāyāṃ kṛṣṇaṃ candana-*rūṣitam*[14] |
vaiśākhasyāsite[15] pakṣe sa yāty acyutamandiram ||21|
jyaiṣṭhyāṃ jyeṣṭharkṣayuktāyāṃ yaḥ paśyet puruṣottamam |
kulaikaviṃśam uddhṛtya viṣṇulokaṃ sa gacchati ||22|

iti śrīmahāpurāṇe ādibrāhme svayaṃbhvṛṣisaṃvāde pañca-*tīrtha*-[16]māhātmyanirūpaṇaṃ nāma triṣaṣṭimo 'dhyāyaḥ

brahmovāca:
yadā bhaven mahājyaiṣṭhī rāśinakṣatrayogataḥ |
prayatnena tadā martyair gantavyaṃ puruṣottamam ||64.1|
kṛṣṇaṃ dṛṣṭvā mahājyaiṣṭhyāṃ rāmaṃ bhadrāṃ ca bho dvijāḥ |
naro dvādaśayātrāyāḥ phalaṃ prāpnoti cādhikam ||2|
prayāge ca kurukṣetre naimiṣe puṣkare gaye |
gaṅgādvāre *kuśāvarte*[1] gaṅgāsāgarasaṃgame ||3|
kokāmukhe *śūkare ca*[2] mathurāyāṃ marusthale |
śālagrāme vāyutīrthe mandare sindhusāgare ||4|
piṇḍārake citrakūṭe prabhāse kanakhale *dvijāḥ*[3] |
śaṅkhoddhāre dvārakāyāṃ tathā badarikāśrame ||5|
loha-*kuṇḍe*[4] cāśvatīrthe sarvapāpapramocane |
kāmālaye[5] koṭitīrthe tathā cāmarakaṇṭake ||6|
lohārgale jambu-*mārge*[6] somatīrthe pṛthūdake |
utpalāvartake caiva pṛthu-*tuṅge*[7] sukubjake ||7|
ekāmrake ca kedāre kāśyāṃ ca viraje dvijāḥ |
kālañjare ca gokarṇe śrīśaile gandhamādane ||8|
mahendre malaye vindhye pāriyātre himālaye |
sahye ca śuktimante ca gomante cārbude tathā ||9|
gaṅgāyāṃ sarvatīrtheṣu yāmuneṣu ca bho dvijāḥ |
sārasvateṣu gomatyāṃ brahmaputreṣu saptasu ||10|

7 V samāhitaḥ **8** A dolāyitaṃ **9** V tridaśottamam **10** V saṃyato **11** A govindabhavanaṃ **12** V viṣṇos tu divase **13** V -tīrthīvidhānataḥ **14** B -bhūṣitam **15** V vaiśākhasya site **16** V -tīrthī- **1** C ca kubjāmre **2** A śūkarake **3** V tathā **4** B -daṇḍe **5** A rudramāle C kardamāle **6** A -tīrthe **7** A -kuñje B -nage

godāvarī bhīmarathī tuṅgabhadrā ca narmadā |
tāpī payoṣṇī kāverī *śiprā*[8] carmaṇvatī dvijāḥ ||11|
vitastā candrabhāgā ca śatadrur bāhudā tathā |
ṛṣikulyā kumārī ca vipāśā ca dṛṣadvatī ||12|
śarayūr[9] *nākagaṅgā*[10] ca gaṇḍakī ca mahānadī |
kauśikī karatoyā ca trisrotā madhuvāhinī ||13|
mahānadī vaitaraṇī yāś cānyā nānukīrtitāḥ |
athavā kiṃ bahūktena bhāṣitena dvijottamāḥ ||14|
pṛthivyāṃ sarvatīrtheṣu *sarveṣv āyataneṣu*[11] ca |
sāgareṣu ca śaileṣu nadīṣu ca sarahsu ca ||15|
yat phalaṃ snānadānena rāhugraste divākare |
tat phalaṃ kṛṣṇam ālokya mahājyaiṣṭhyāṃ labhen naraḥ ||16|
tasmāt sarvaprayatnena gantavyaṃ *puruṣottame*[12] |
mahājyaiṣṭhyāṃ muniśreṣṭhā sarvakāmaphalepsubhiḥ ||17|
dṛṣṭvā rāmaṃ mahā-*jyeṣṭhaṃ*[13] kṛṣṇaṃ subhadrayā saha |
viṣṇulokaṃ naro yāti samuddhṛtya *samaṃ*[14] kulam ||18|
bhuktvā tatra varān bhogān yāvad ābhūtasaṃplavam |
puṇyakṣayād ihāgatya caturvedī dvijo bhavet ||19|
svadharmanirataḥ śāntaḥ kṛṣṇabhakto jitendriyaḥ |
vaiṣṇavaṃ yogam *āsthāya*[15] tato mokṣam avāpnuyāt ||20|

iti śrīmahāpurāṇe ādibrāhme svayaṃbhuṛṣisaṃvāde mahājyaiṣṭhīpraśaṃsāvarṇanaṃ nāma catuḥṣaṣṭimo 'dhyāyaḥ

munaya ūcuḥ:
kasmin kāle bhavet snānaṃ kṛṣṇasya kamalodbhava |
vidhinā kena tad brūhi tato vidhividāṃ vara[1] ||65.1|
brahmovāca:
śṛṇudhvaṃ munayaḥ snānaṃ kṛṣṇasya vadato mama |
rāmasya ca subhadrāyāḥ puṇyaṃ sarvāghanāśanam ||2|
māsi[2] jyeṣṭhe ca saṃprāpte nakṣatre candradaivate |
paurṇamāsyāṃ tadā snānaṃ sarvakālaṃ harer dvijāḥ ||3|
sarvatīrthamayaḥ kūpas tatrāste nirmalaḥ śuciḥ |
tadā bhogavatī tatra *pratyakṣā*[3] bhavati dvijāḥ ||4|
tasmāj jyaiṣṭhyāṃ samuddhṛtya *haimāḍhyaiḥ*[4] kalaśair jalam |
kṛṣṇarāmābhiṣekārthaṃ subhadrāyāś ca bho dvijāḥ ||5|
kṛtvā suśobhanaṃ mañcaṃ patākābhir alaṃkṛtam |
sudṛḍhaṃ sukhasaṃcāraṃ vastraiḥ *puṣpair alaṃkṛtam*[5] ||6|
vistīrṇaṃ dhūpitaṃ dhūpaiḥ snānārthaṃ rāmakṛṣṇayoḥ |
sita-*vastraparicchannaṃ*[6] muktāhārāvalambitam ||7|

8 V kṣiprā **9** V sarayūś **10** A varagaṅgā V caiva gaṅgā **11** B hareś cāyataneṣu **12** C puruṣottamam **13** V -jyaiṣṭhyāṃ **14** V svakaṃ **15** B āsādya **1** B ke ca tat kārayantīha snānaṃ tasya vidhiṃ vada **2** AB māse **3** C pratyakṣaṃ **4** V hemāḍhyaiḥ **5** V puṣpaiḥ suśobhitam **6** BV -vastraiḥ paricchannaṃ

tatra nānāvidhair vādyaiḥ kṛṣṇaṃ nīlāmbaraṃ dvijāḥ |
madhye subhadrāṃ cāsthāpya jayamaṅgalanisvanaiḥ ||8|
brāhmaṇaiḥ kṣatriyair vaiśyaiḥ śūdraiś cānyaiś ca jātibhiḥ |
anekaśatasāhasrair vṛtaṃ strīpuruṣair dvijāḥ ||9|
gṛhasthāḥ snātakāś caiva yatayo brahmacāriṇaḥ |
snāpayanti tadā kṛṣṇaṃ mañcasthaṃ sahalāyudham ||10|
tathā samastatīrthāni pūrvoktāni dvijottamāḥ |
svodakaiḥ puṣpamiśraiś ca snāpayanti pṛthak pṛthak ||11|
paścāt paṭahaśaṅkhādyair bherīmurajanisvanaiḥ |
kāhalais tālaśabdaiś ca mṛdaṅgair jharjharais tathā ||12|
anyaiś ca vividhair *vādyair*[7] ghaṇṭāsvanavibhūṣitaiḥ |
strīṇāṃ maṅgalaśabdaiś ca *stutiśabdair*[8] manoharaiḥ ||13|
jayaśabdais tathā stotrair vīṇāveṇunināditaiḥ |
śrūyate sumahāñ śabdaḥ sāgarasyeva garjataḥ ||14|
munīnāṃ vedaśabdena mantraśabdais tathāparaiḥ |
nānāstotraravaiḥ puṇyaiḥ sāmaśabdopabṛṃhitaiḥ ||15|
yatibhiḥ snātakaiś caiva gṛhasthair brahmacāribhiḥ |
snānakāle suraśreṣṭha stuvanti parayā mudā ||16|
śyāmair veśyājanaiś caiva kucabhārāvanāmibhiḥ |
pīta-*raktāmbarābhiś ca*[9] mālyadāmāvanāmibhiḥ ||17|
sa-*ratnakuṇḍalair*[10] divyaiḥ suvarṇa-*stabakānvitaiḥ*[11] |
cāmarai *ratna*-[12]daṇḍaiś ca vījyete rāmakeśavau ||18|
yakṣavidyādharaiḥ siddhaiḥ kiṃnaraiś cāpsarogaṇaiḥ |
parivāryāmbaragatair[13] devagandharvacāraṇaiḥ ||19|
ādityā vasavo rudrāḥ sādhyā viśve marudgaṇāḥ |
lokapālās tathā cānye stuvanti puruṣottamam ||20|
namas te devadeveśa purāṇa puruṣottama |
sargasthityantakṛd deva lokanātha jagatpate ||21|
trailokyadhāriṇaṃ devaṃ *brahmaṇyaṃ*[14] mokṣakāraṇam |
taṃ namasyāmahe bhaktyā sarvakāmaphalapradam ||22|
stutvaivaṃ vibudhāḥ kṛṣṇaṃ rāmaṃ caiva mahābalam |
[15]subhadrāṃ ca muniśreṣṭhās tadākāśe vyavasthitāḥ ||23|
gāyanti devagandharvā nṛtyanty apsarasas tathā |
devatūryāṇy avādyanta vātā vānti suśītalāḥ ||24|
puṣpamiśraṃ tadā meghā varṣanty ākāśagocarāḥ |
jayaśabdaṃ ca kurvanti munayaḥ siddhacāraṇāḥ ||25|
śakrādyā vibudhāḥ *sarva*[16] ṛṣayaḥ *pitaras tathā*[17] |
prajānāṃ patayo nāgā ye cānye svargavāsinaḥ ||26|
tato maṅgalasaṃbhārair vidhimantrapuraskṛtam |
ābhiṣecanikaṃ dravyaṃ gṛhītvā devatāgaṇāḥ ||27|

7 AB ghoṣair **8** V munisaṃghair **9** V -raktāmbaraiś caiva **10** V -ratnaiḥ kuṇḍalair
11 B -stabakāñcitaiḥ **12** B rukma- **13** A parivāryāmaraganair B saṃvicārya varaguṇaiḥ
14 AB brahmāṇaṃ **15** A om. **16** V sarve **17** AC pitaro 'vyayāḥ

indro viṣṇur mahāvīryaḥ sūryācandramasau tathā |
dhātā caiva vidhātā ca tathā caivānilānalau ||28|
pūṣā bhago 'ryamā tvaṣṭā aṃśunaiva vivasvatā |
patnībhyāṃ sahito[18] dhīmān mitreṇa varuṇena ca ||29|
rudrair vasubhir ādityair aśvibhyāṃ ca vṛtaḥ prabhuḥ |
viśvair devair[19] marudbhiś ca sādhyaiś ca pitṛbhiḥ saha ||30|
gandharvair apsarobhiś ca yakṣarākṣasapannagaiḥ |
devarṣibhir asaṃkhyeyais tathā brahmarṣibhir varaiḥ ||31|
vaikhānasair vālakhilyair vāyvāhārair marīcipaiḥ |
bhṛgubhiś cāṅgirobhiś ca *sarvavidyāsuniṣṭhitaiḥ*[20] ||32|
sarvavidyā-[21]dharaiḥ puṇyair yogasiddhibhir āvṛtaḥ |
pitāmahaḥ pulastyaś ca pulahaś ca mahātapāḥ ||33|
aṅgirāḥ *kaśyapo 'triś ca*[22] marīcir bhṛgur eva ca |
kratur haraḥ pracetāś ca *manur*[23] dakṣas tathaiva ca ||34|
ṛtavaś[24] ca grahāś caiva *jyotīṃṣi ca*[25] dvijottamāḥ |
mūrtimatyaś ca sarito *devāś*[26] caiva sanātanāḥ ||35|
samudrāś ca hradāś caiva tīrthāni vividhāni ca |
pṛthivī dyaur diśaś caiva pādapāś ca dvijottamāḥ ||36|
aditir devamātā ca hrīḥ śrīḥ svāhā sarasvatī |
umā śacī sinīvālī tathā cānumatiḥ kuhūḥ ||37|
rākā ca dhiṣaṇā caiva patnyaś cānyā divaukasām |
himavāṃś caiva vindhyaś ca meruś cānekaśṛṅgavān ||38|
airāvataḥ sānucaraḥ *kalākāṣṭhās*[27] tathaiva ca |
māsārdhaṃ māsartavas tathā rātryahanī *samāḥ*[28] ||39|
uccaiḥśravā hayaśreṣṭho nāgarājaś ca vāmanaḥ |
aruṇo garuḍaś caiva vṛkṣāś cauṣadhibhiḥ saha ||40|
dharmaś ca bhagavān *devaḥ*[29] samājagmur hi saṃgatāḥ |
kālo yamaś ca mṛtyuś ca *yamasyānucarāś ca ye*[30] ||41|
bahulatvāc ca noktā ye vividhā devatāgaṇāḥ |
te devasyābhiṣekārthaṃ samāyānti tatas tataḥ ||42|
gṛhītvā te tadā viprāḥ sarve devā divaukasaḥ |
ābhiṣecanikaṃ *dravyaṃ*[31] maṅgalāni ca sarvaśaḥ ||43|
divyasaṃbhārasaṃyuktaiḥ kalaśaiḥ kāñcanair dvijāḥ |
sārasvatībhiḥ puṇyābhir divyatoyābhir eva ca ||44|
toyenākāśa-[32]gaṅgāyāḥ kṛṣṇaṃ rāmeṇa saṃgatam |
sapuṣpaiḥ kāñcanaiḥ kumbhaiḥ *snāpayanty avanisthitāḥ*[33] ||45|
saṃcaranti vimānāni devānām *ambare*[34] tathā |
uccāvacāni divyāni kāmagāni sthirāṇi ca ||46|
divyaratnavicitrāṇi sevitāny apsarogaṇaiḥ |
gītair vādyaiḥ patākābhiḥ śobhitāni samantataḥ ||47|

18 C rudrāśvisahito **19** V viśvedevair **20** BV yatibhiś ca mahātmabhiḥ **21** V tathā vidyā-
22 AB kaśyapaś caiva V kāśyapo 'triś ca **23** B madhur **24** A īśvarāś B aiśvarāś
25 AB nakṣatrāṇi **26** C vedāś **27** V kalāḥ kāṣṭhās **28** V dvijāḥ **29** C devaiḥ
30 A yamasyānucarās tathā **31** V bhāṇḍam **32** A toyair ākāśā- **33** B snāpayanti
dharāsthitāḥ CV snāpayanty ambare sthitāḥ **34** B antare

evaṃ tadā muniśreṣṭhāḥ kṛṣṇaṃ rāmeṇa saṃgatam |
snāpayitvā subhadrāṃ ca saṃstuvanti mudānvitāḥ ||48|
jaya jaya lokapāla [[35]jaya jayajaya kāṅkṣaṇa] [[36]jaya jaya padmanābha *jaya jaya parāyaṇa*[37]] bhaktarakṣaka jaya jaya praṇatavatsala jaya jaya bhūta-*caraṇa*[38] jaya jayādideva bahu-*kāraṇa*[39] jaya jaya vāsudeva jaya jayāsura-saṃharaṇa jaya jaya divya-*mīna*[40] [41]jaya jaya tridaśavara jaya jaya jaladhi-śayana |
jaya jaya yogi-*vara*[42] jaya jaya sūryanetra jaya jaya devarāja jaya jaya kaiṭabhāre jaya jaya veda-*vara*[43] jaya jaya kūrmarūpa jaya jaya yajña-*vara*[44] jaya jaya kamalanābha jaya jaya śailacara |
jaya jaya yogaśāyiñ jaya jaya vegadhara jaya jaya viśvamūrte jaya jaya cakradhara jaya jaya bhūtanātha jaya jaya dharaṇīdhara jaya jaya śeṣaśāyiñ jaya jaya pītavāso jaya jaya somakānta |
jaya jaya yogavāsa jaya jaya dahana-*vaktra*[45] jaya jaya dharmavāsa jaya jaya guṇanidhāna jaya jaya śrīnivāsa jaya jaya garuḍagamana jaya jaya sukhanivāsa jaya jaya dharmaketo jaya jaya mahīnivāsa |
jaya jaya gahana-*caritra*[46] jaya jaya yogigamya jaya jaya makhanivāsa jaya jaya vedavedya jaya śāntikara jaya jaya yogicintya jaya jaya puṣṭikara jaya jaya jñānamūrte jaya jaya kamalākara |
jaya jaya bhāva-*vedya*[47] jaya jaya *mukti-*[48]kara jaya jaya vimaladeha jaya jaya *sattvanilaya*[49] jaya jaya guṇa-*samṛddha*[50] jaya jaya yajñakara jaya jaya guṇavihīna jaya jaya mokṣakara jaya jaya bhūśaraṇya |
jaya jaya kāntiyuta jaya jaya lokaśaraṇa jaya jaya lakṣmīyuta jaya jaya paṅkajākṣa jaya jaya sṛṣṭikara jaya jaya yogayuta jaya jayātasīkusuma-śyāma-[51]deha jaya jaya *samudrāviṣṭadeha*[52] jaya jaya lakṣmīpaṅkajaṣaṭ-caraṇa |
jaya jaya bhaktavaśa jaya jaya lokakānta jaya jaya paramaśānta jaya jaya paramasāra jaya jaya cakradhara jaya jaya bhogiyuta jaya jaya nīlāmbara jaya jaya śāntikara jaya jaya mokṣakara jaya jaya kaluṣahara ||49|
jaya [[53]jaya] kṛṣṇa jagannātha jaya [[54]jaya] saṃkarṣaṇānuja |
jaya [[55]jaya] padmapalāśākṣa jaya [[56]jaya] vāñchāphalaprada ||50|
jaya [[57]jaya] mālāvṛtoraska jaya [[58]jaya] cakragadādhara |
jaya [[59]jaya] padmālayākānta jaya [[60]jaya] viṣṇo namo 'stu te ||51|
brahmovāca:
evaṃ stutvā tadā devāḥ śakrādyā hṛṣṭamānasāḥ |
siddhacāraṇasaṃghāś ca ye cānye svargavāsinaḥ
munayo vālakhilyāś ca kṛṣṇaṃ rāmeṇa saṃgatam |
subhadrāṃ ca muniśreṣṭhāḥ praṇipatyāmbare sthitāḥ ||53|

35 A ins. **36** AC ins. **37** C bhūdhara **38** V -śaraṇa **39** C -karaṇa **40** B -gīta **41** A om. *jaya jaya tridaśavara.* **42** A -vandya **43** AB -vaidyo **44** A -rūpa B -cara **45** AB -cakra **46** B -gamana jaya jaya bhavābdhivāsa C -gehanivāsa **47** A -vaidya **48** AB mūrti- **49** AB prītikara **50** C -samūha **51** B om. *deha.* **52** AB saptasamudrāviṣṭageha **53** V ins. **54** V ins. **55** V ins. **56** V ins. **57** V ins. **58** V ins. **59** V ins. **60** V ins.

dṛṣṭvā stutvā namaskṛtvā tadā te tridivaukasaḥ |
kṛṣṇaṃ rāmaṃ subhadrāṃ ca yānti svaṃ svaṃ niveśanam ||54|
saṃcaranti vimānāni devānām ambare *tadā*[61] |
uccāvacāni divyāni kāmagāni sthirāṇi ca ||55|
divyaratnavicitrāṇi sevitāny apsarogaṇaiḥ |
gītair vādyaiḥ patākābhiḥ śobhitāni samantataḥ ||56|
tasmin kāle tu ye martyāḥ paśyanti puruṣottamam |
balabhadraṃ subhadrāṃ ca te yānti padam avyayam ||57|
subhadrārāmasahitaṃ mañcasthaṃ puruṣottamam |
dṛṣṭvā nirāmayaṃ sthānaṃ yānti nāsty atra saṃśayaḥ ||58|
kapilāśatadānena yat phalaṃ puṣkare smṛtam |
tat phalaṃ kṛṣṇam ālokya [[62]hy] *mañcasthaṃ sahalāyudham*[63] |
[64]subhadrāṃ ca muniśreṣṭhāḥ prāpnoti śubhakṛn naraḥ ||59|
kanyāśatapradānena yat phalaṃ samudāhṛtam |
tat phalaṃ kṛṣṇam ālokya mañcasthaṃ labhate naraḥ ||60|
suvarṇaśataniṣkāṇāṃ dānena yat phalaṃ smṛtam |
tat phalaṃ kṛṣṇam ālokya mañcasthaṃ labhate naraḥ ||61|
gosahasrapradānena yat phalaṃ *parikīrtitam*[65] |
tat phalaṃ kṛṣṇam ālokya mañcasthaṃ labhate naraḥ ||62|
bhūmidānena vidhivad yat phalaṃ samudāhṛtam |
tat phalaṃ kṛṣṇam ālokya mañcasthaṃ labhate naraḥ ||63|
yat phalaṃ cānnadānena arghātithyena kīrtitam |
tat phalaṃ kṛṣṇam ālokya mañcasthaṃ labhate naraḥ ||64|
vṛṣotsargeṇa vidhivad yat phalaṃ samudāhṛtam |
tat phalaṃ kṛṣṇam ālokya mañcasthaṃ labhate naraḥ ||65|
yat phalaṃ toyadānena grīṣme vānyatra kīrtitam |
tat phalaṃ kṛṣṇam ālokya mañcasthaṃ labhate naraḥ ||66|
tiladhenupradānena yat phalaṃ *saṃprakīrtitam*[66] |
tat phalaṃ kṛṣṇam ālokya mañcasthaṃ labhate naraḥ ||67|
gajāśvarathadānena yat phalaṃ samudāhṛtam |
tat phalaṃ kṛṣṇam ālokya mañcasthaṃ labhate naraḥ ||68|
suvarṇaśṛṅgīdānena yat phalaṃ samudāhṛtam |
tat phalaṃ kṛṣṇam ālokya mañcasthaṃ labhate naraḥ ||69|
jaladhenupradānena yat phalaṃ samudāhṛtam |
tat phalaṃ kṛṣṇam ālokya mañcasthaṃ labhate naraḥ ||70|
dānena ghṛtadhenvāś ca phalaṃ yat samudāhṛtam |
tat phalaṃ kṛṣṇam ālokya mañcasthaṃ labhate naraḥ ||71|
cāndrāyaṇena cīrṇena yat phalaṃ samudāhṛtam |
tat phalaṃ kṛṣṇam ālokya mañcasthaṃ labhate naraḥ ||72|
māsopavāsair vidhivad yat phalaṃ samudāhṛtam |
tat phalaṃ kṛṣṇam ālokya mañcasthaṃ labhate naraḥ ||73|

61 A tathā **62** A ins. **63** A avaśyaṃ labhate naraḥ **64** A om. **65** B samudāhṛtam **66** V parikīrtitam

atha kiṃ bahunoktena bhāṣitena punaḥ punaḥ |
tasya devasya māhātmyaṃ mañcasthasya dvijottamāḥ ||74|
yat phalaṃ sarvatīrtheṣu vratair dānaiś ca kīrtitam |
tat phalaṃ kṛṣṇam ālokya mañcasthaṃ sahalāyudham ||75|
subhadrāṃ ca muniśreṣṭhāḥ prāpnoti śubhakṛn naraḥ |
tasmān naro 'thavā nārī paśyet taṃ puruṣottamam ||76|
tataḥ samastatīrthānāṃ labhet snānādikaṃ phalam |
snānaśeṣeṇa kṛṣṇasya toyenātmābhiṣicyate ||77|
vandhyā mṛtaprajā yā tu durbhagā grahapīḍitā |
rākṣasādyair gṛhītā vā tathā rogaiś ca saṃhatāḥ ||78|
sadyas tāḥ snānaśeṣeṇa udakenābhiṣecitāḥ |
prāpnuvantīpsitān kāmān yān yān vāñchanti cepsitān ||79|
putrārthinī labhet putrān saubhāgyaṃ ca sukhārthinī |
rogārtā mucyate rogād dhanaṃ ca dhanakāṅkṣiṇī ||80|
puṇyāni yāni toyāni tiṣṭhanti dharaṇītale |
tāni snānāvaśeṣasya kalāṃ nārhanti ṣoḍaśīm ||81|
tasmāt snānāvaśeṣaṃ yat kṛṣṇasya salilaṃ dvijāḥ |
tenābhiṣiñced gātrāṇi sarvakāmapradaṃ hi tat ||82|
snātaṃ paśyanti ye kṛṣṇaṃ vrajantaṃ dakṣiṇāmukham |
brahmahatyādibhiḥ pāpair mucyante te na saṃśayaḥ ||83|
śāstreṣu yat phalaṃ proktaṃ pṛthivyās tripradakṣiṇaiḥ |
dṛṣṭvā naro labhet kṛṣṇaṃ vrajantaṃ dakṣiṇāmukham ||84|
tīrthayātrāphalaṃ yat tu pṛthivyāṃ samudāhṛtam |
dṛṣṭvā naro labhet kṛṣṇaṃ tat phalaṃ dakṣiṇāmukham ||85|
badaryāṃ yat phalaṃ proktaṃ dṛṣṭvā nārāyaṇaṃ naram |
dṛṣṭvā naro labhet kṛṣṇaṃ tat phalaṃ dakṣiṇāmukham ||86|
gaṅgādvāre *kurukṣetre*[67] snānadānena yat phalam |
dṛṣṭvā naro labhet kṛṣṇaṃ tat phalaṃ dakṣiṇāmukham ||87|
[68]prayāge ca mahāmāghyāṃ yat phalaṃ samudāhṛtam |
dṛṣṭvā naro labhet kṛṣṇaṃ tat phalaṃ dakṣiṇāmukham ||88|
śālagrāme mahācaitryāṃ snānadānena yat phalam |
dṛṣṭvā naro labhet kṛṣṇaṃ tat phalaṃ dakṣiṇāmukham ||89|
mahābhidhānakārttikyāṃ puṣkare yat phalaṃ smṛtam |
dṛṣṭvā naro labhet kṛṣṇaṃ tat phalaṃ dakṣiṇāmukham ||90|
yat phalaṃ snānadānena gaṅgāsāgarasaṃgame |
dṛṣṭvā naro labhet kṛṣṇaṃ tat phalaṃ dakṣiṇāmukham ||91|
graste sūrye kurukṣetre snānadānena yat phalam |
dṛṣṭvā naro labhet kṛṣṇaṃ tat phalaṃ dakṣiṇāmukham ||92|
[69]gaṅgāyāṃ sarvatīrtheṣu *yāmuneṣu ca*[70] bho dvijāḥ |
sārasvateṣu tīrtheṣu tathānyeṣu saraḥsu ca ||93|
yat phalaṃ snānadānena vidhivat samudāhṛtam |
dṛṣṭvā naro labhet kṛṣṇaṃ tat phalaṃ dakṣiṇāmukham ||94|

67 AC ca kubjāmre **68** AC om. 65.88–91. **69** B om. 65.93. **70** C tathā cānyeṣu

puṣkare cātha tīrtheṣu gaye cāmarakaṇṭake |
naimiṣādiṣu tīrtheṣu kṣetreṣv āyataneṣu ca ||95|
yat phalaṃ snānadānena rāhugraste divākare |
dṛṣṭvā naro labhet kṛṣṇaṃ tat phalaṃ dakṣiṇāmukham ||96|
atha kiṃ punar uktena bhāṣitena punaḥ punaḥ |
yat kiṃcit kathitaṃ cātra phalaṃ puṇyasya karmaṇaḥ ||97|
vedaśāstre[71] purāṇe ca bhārate ca dvijottamāḥ |
dharmaśāstreṣu sarveṣu tathānyatra manīṣibhiḥ ||98|
dṛṣṭvā naro labhet kṛṣṇaṃ *tat phalaṃ*[72] sahalāyudham |
sakalaṃ[73] bhadrayā sārdhaṃ vrajantaṃ dakṣiṇāmukham ||99|

iti śrīmahāpurāṇe ādibrāhme svayaṃbhvṛṣisaṃvāde kṛṣṇasnānamāhātmyavarṇanaṃ nāma pañcaṣaṣṭimo 'dhyāyaḥ

brahmovāca:
guḍivā-[1]maṇḍapaṃ yāntaṃ ye paśyanti rathe sthitam |
kṛṣṇaṃ balaṃ subhadrāṃ ca te yānti bhavanaṃ hareḥ ||66.1|
ye paśyanti tadā kṛṣṇaṃ saptāhaṃ maṇḍape sthitam |
halinaṃ ca subhadrāṃ ca viṣṇulokaṃ vrajanti te ||2|
munaya ūcuḥ:
kena sā nirmitā yātrā *dakṣiṇasyāṃ jagatpate*[2] |
yātrāphalaṃ ca kiṃ tatra prāpyate brūhi mānavaiḥ ||3|
kimarthaṃ sarasas tīre rājñas tasya jagat-*pate*[3] |
pavitre vijane deśe *gatvā*[4] tatra ca maṇḍape ||4|
kṛṣṇaḥ saṃkarṣaṇaś caiva subhadrā *ca*[5] rathena te |
svasthānaṃ saṃparityajya saptarātraṃ vasanti *vai*[6] ||5|
brahmovāca:
indradyumnena bho viprāḥ purā vai prārthito hariḥ |
saptāhaṃ sarasas tīre mama yātrā bhavatv iti ||6|
guḍivā[7] nāma deveśa bhuktimuktiphalapradā |
tasmai kila varaṃ cāsau *dadau sa*[8] puruṣottamaḥ ||7|
śrībhagavān uvāca:
saptāhaṃ sarasas tīre tava rājan bhaviṣyati |
guḍivā[9] nāma yātrā me sarvakāmaphalapradā ||8|
ye māṃ tatrārcayiṣyanti śraddhayā maṇḍape sthitam |
saṃkarṣaṇaṃ subhadrāṃ ca vidhivat susamāhitāḥ ||9|
brāhmaṇāḥ kṣatriyā vaiśyāḥ striyaḥ śūdrāś ca vai nṛpa |
puṣpair gandhais tathā dhūpair dīpair naivedyakair varaiḥ ||10|
upahārair bahu-*vidhaiḥ*[10] *praṇipātaiḥ*[11] *pradakṣiṇaiḥ*[12] |
jayaśabdais tathā stotrair gītair vādyair manoharaiḥ ||11|

71 V vede śāstre **72** V nārī vā **73** V tat phalaṃ **1** A guṭivā- B guṇḍivā- V guṇḍikā- **2** B dakṣiṇākhyāṃ jagatpate C guḍivākhyāṃ jagatpate V guṇḍikāmaṇḍape śubhe **3** BC -pateḥ V -patiḥ **4** B yātrā **5** V vā **6** V ca **7** V guṇḍikā **8** V deveśaḥ **9** B guṇḍivā V guṇḍikā **10** AB -vidhair **11** A upavāsaiḥ B upacāraiḥ **12** A prajāgaraiḥ

na teṣāṃ durlabhaṃ kiṃcit phalaṃ yasya yad īpsitam |
bhaviṣyati nṛpaśreṣṭha matprasādād asaṃśayam ||12|
brahmovāca:
evam uktvā tu taṃ devas tatraivāntaradhīyata |
sa tu *rāja-*[13]varaḥ śrīmān kṛtakṛtyo 'bhavat tadā ||13|
tasmāt sarvaprayatnena *guḍivāyāṃ*[14] dvijottamāḥ |
sarvakāmapradaṃ devaṃ paśyet taṃ puruṣottamam ||14|
aputro labhate putrān nirdhano labhate dhanam |
rogāc ca mucyate rogī kanyā prāpnoti satpatim ||15|
āyuḥ kīrtiṃ yaśo medhāṃ balaṃ vidyāṃ dhṛtiṃ paśūn |
naraḥ *saṃtatim*[15] āpnoti rūpayauvanasaṃpadam ||16|
yān yān samīhate *bhogān*[16] dṛṣṭvā taṃ puruṣottamam |
naro vāpy athavā nārī tāṃs tān prāpnoty asaṃśayam ||17|
yātrāṃ kṛtvā *guḍivākhyāṃ*[17] vidhivat susamāhitaḥ |
āṣāḍhasya site[18] pakṣe naro yoṣid athāpi vā ||18|
dṛṣṭvā kṛṣṇaṃ ca rāmaṃ ca subhadrāṃ ca dvijottamāḥ |
daśapañcāśvamedhānāṃ phalaṃ prāpnoti cādhikam ||19|
saptāvarān sapta parān vaṃśān uddhṛtya cātmanaḥ |
kāmagena vimānena sarvaratnair alaṃkṛtaḥ ||20|
gandharvair apsarobhiś ca sevyamāno yathottaraiḥ |
rūpavān subhagaḥ śūro naro viṣṇupuraṃ vrajet ||21|
tatra bhuktvā varān bhogān yāvad ābhūtasaṃplavam |
sarvakāmasamṛddhātmā jarāmaraṇavarjitaḥ ||22|
puṇyakṣayād ihāgatya caturvedī dvijo bhavet |
vaiṣṇavaṃ yogam *āsthāya*[19] tato mokṣam avāpnuyāt ||23|

iti śrīmahāpurāṇe ādibrāhme svayaṃbhurṣisaṃvāde *guḍivā-*[20]yātrāmāhātmyanirūpaṇaṃ nāma ṣaṭṣaṣṭimo 'dhyāyaḥ

munaya ūcuḥ:
ekaikasyās tu yātrāyāḥ phalaṃ brūhi *pṛthak pṛthak*[1] |
yat prāpnoti naraḥ kṛtvā *nārī vā*[2] tatra *saṃyatā*[3] ||67.1|
brahmovāca:
pratiyātrāphalaṃ viprāḥ śṛṇudhvaṃ gadato mama |
yat prāpnoti naraḥ kṛtvā tasmin kṣetre susaṃyataḥ ||2|
guḍivāyāṃ[4] tathotthāne phālgunyāṃ viṣuve tathā |
yātrāṃ kṛtvā vidhānena dṛṣṭvā kṛṣṇaṃ praṇamya ca ||3|
saṃkarṣaṇaṃ subhadrāṃ ca labhet sarvatra vai phalam |
naro gacched[5] viṣṇuloke yāvad indrāś caturdaśa ||4|

13 A bhūpa- **14** B guṇḍivāyāṃ V guṇḍikāyāṃ **15** C sadgatim **16** A kāmān
17 B guṇḍivākhyāṃ V guṇḍikākhyāṃ **18** B āṣāḍhasyāsite **19** AB āsādya **20** V guṇḍikā-
1 B pṛthag vibho **2** B nārībhis **3** AB saṃyutaḥ **4** B guṇḍivāyāṃ V guṇḍikāyāṃ
5 V naraḥ pṛthag

yāvad yātrāṃ jyeṣṭhamāse karoti vidhivan naraḥ |
tāvat kalpaṃ viṣṇuloke sukhaṃ bhuṅkte na saṃśayaḥ ||5|
tasmin kṣetravare puṇye ramye śrīpuruṣottame |
bhuktimuktiprade nṝṇāṃ sarvasattvasukhāvahe ||6|
jyeṣṭhe yātrāṃ[6] naraḥ kṛtvā nārī vā saṃyatendriyaḥ |
yathoktena vidhānena *daśa dve*[7] ca samāhitaḥ ||7|
pratiṣṭhāṃ kurute yas tu śāṭhyadambhavivarjitaḥ |
sa bhuktvā vividhān bhogān mokṣaṃ cānte *labhed dhruvam*[8] ||8|
munaya ūcuḥ:
śrotum icchāmahe deva pratiṣṭhāṃ vadatas tava |
vidhānaṃ cārcanaṃ dānaṃ phalaṃ tatra jagat-*pateḥ*[9] ||9|
brahmovāca:
śṛṇudhvaṃ muniśārdūlāḥ pratiṣṭhāṃ vidhicoditām |
yāṃ kṛtvā tu naro bhaktyā nārī vā labhate phalam ||10|
yātrā[10] dvādaśa *saṃpūrṇā*[11] yadā *syāt*[12] tu dvijottamāḥ |
tadā kurvīta vidhivat pratiṣṭhāṃ pāpanāśinīm ||11|
jyeṣṭhe māsi site pakṣe tv ekādaśyāṃ samāhitaḥ |
gatvā jalāśayaṃ puṇyam *ācamya*[13] prayataḥ śuciḥ ||12|
āvāhya sarvatīrthāni dhyātvā nārāyaṇaṃ tathā |
tataḥ snānaṃ prakurvīta vidhivat susamāhitaḥ ||13|
yasya yo vidhir uddiṣṭa ṛṣibhiḥ snānakarmaṇi |
tenaiva tu vidhānena snānaṃ tasya vidhīyate ||14|
snātvā samyag vidhānena tato devān ṛṣīn pitṝn |
saṃtarpayet tathānyāṃś ca nāmagotravidhānavit ||15|
uttīrya vāsasī dhaute nirmale paridhāya vai |
upaspṛśya vidhānena bhāskarābhi-*mukhas tataḥ*[14] ||16|
gāyatrīṃ pāvanīṃ devīṃ manasā vedamātaram |
sarvapāpaharāṃ puṇyāṃ japed aṣṭottaraṃ śatam ||17|
puṇyāṃś ca sauramantrāṃś ca śraddhayā susamāhitaḥ |
triḥ pradakṣiṇam āvṛtya bhāskaraṃ praṇamet tataḥ ||18|
vedoktaṃ triṣu varṇeṣu snānaṃ *jāpyam*[15] udāhṛtam |
strīśūdrayoḥ snānajāpyaṃ vedoktavidhivarjitam ||19|
tato gacched gṛhaṃ maunī pūjayet puruṣottamam |
prakṣālya hastau pādau ca upaspṛśya yathāvidhi ||20|
ghṛtena snāpayed devaṃ kṣīreṇa tadanantaram |
madhugandhodakenaiva tīrthacandanavāriṇā ||21|
tato vastra-[16]yugaṃ śreṣṭhaṃ bhaktyā taṃ paridhāpayet |
candanāgarukarpūraiḥ kuṅkumena vilepayet ||22|
pūjayet parayā bhaktyā *padmaiś*[17] ca puruṣottamam |
anyaiś ca *vaiṣṇavaiḥ*[18] puṣpair arcayen mallikādibhiḥ ||23|

6 ASS corr. *yātrā* **7** B daśābdaṃ **8** V labhen naraḥ **9** C -pate **10** V yātrā
11 V saṃpūrṇā **12** ASS corr. like V; V syus **13** V ācāntaḥ **14** V -mukhe V -sthitaḥ
15 C japyam **16** B navyavastra- **17** A mantraiś B gandhaiś **18** A vividhaiḥ

saṃpūjyaivaṃ jagannāthaṃ bhuktimuktipradaṃ harim |
dhūpaṃ cāgurusaṃyuktaṃ *dahed devasya*[19] cāgrataḥ ||24|
guggulaṃ *ca*[20] muniśreṣṭhā dahed gandhasamanvitam |
dīpaṃ prajvālayed bhaktyā yathā-*śaktyā*[21] ghṛtena vai ||25|
anyāṃś ca dīpakān dadyād dvādaśaiva samāhitaḥ |
ghṛtena ca muniśreṣṭhās tilatailena vā punaḥ ||26|
naivedye pāyasāpūpaśaṣkulīvaṭakaṃ tathā |
modakaṃ phāṇitaṃ vālpaṃ phalāni ca nivedayet ||27|
evaṃ pañcopacāreṇa saṃpūjya puruṣottamam |
[[22]oṃ] namaḥ puruṣottamāyeti japed aṣṭottaraṃ śatam ||28|
tataḥ prasādayed devaṃ bhaktyā taṃ puruṣottamam |
namas te sarvalokeśa bhaktānām abhayaprada ||29|
saṃsārasāgare magnaṃ trāhi māṃ puruṣottama |
yās te mayā kṛtā yātrā dvādaśaiva jagatpate ||30|
prasādāt tava govinda saṃpūrṇās tā bhavantu me |
evaṃ prasādya taṃ devaṃ daṇḍavat praṇipatya ca ||31|
tato 'rcayed guruṃ bhaktyā puṣpavastrānulepanaiḥ |
nānayor antaraṃ yasmād vidyate[23] munisattamāḥ ||32|
devasyopari kurvīta śraddhayā susamāhitaḥ |
nānāpuṣpair muniśreṣṭhā vicitraṃ puṣpa-*maṇḍapam*[24] ||33|
kṛtvāvadhāraṇaṃ paścāj jāgaraṃ kārayen niśi |
kathāṃ ca vāsudevasya gītikāṃ cāpi kārayet ||34|
dhyāyan *paṭhan*[25] stuvan devaṃ *praṇayed*[26] rajanīṃ budhaḥ |
tataḥ prabhāte vimale dvādaśyāṃ dvādaśaiva tu ||35|
nimantrayed *vrata*-[27]snātān brāhmaṇān vedapāragān |
itihāsapurāṇajñāñ *śrotriyān*[28] saṃyatendriyān ||36|
snātvā samyag vidhānena dhautavāsā jitendriyaḥ |
snāpayet *pūrvavat tatra pūjayet*[29] puruṣottamam ||37|
gandhaiḥ puṣpair upahārair naivedyair dīpakais tathā |
upacārair bahuvidhaiḥ praṇipātaiḥ pradakṣiṇaiḥ ||38|
jāpyaiḥ stutinamaskārair gītavādyair manoharaiḥ |
saṃpūjyaivaṃ jagannāthaṃ brāhmaṇān pūjayet tataḥ ||39|
dvādaśaiva tu gās tebhyo dattvā kanakam eva ca |
chattropānadyugaṃ caiva śraddhābhakti-*samanvitaḥ*[30] ||40|
bhaktyā tu *sadhanaṃ*[31] tebhyo dadyād vastrādikaṃ dvijāḥ |
sadbhāvena tu govindas *toṣyate*[32] pūjito yataḥ ||41|
ācāryāya tato *dadyād go*-[33]vastraṃ kanakaṃ tathā |
chattropānadyugaṃ *cānyat*[34] kāṃsyapātraṃ ca bhaktitaḥ ||42|
tatas tān bhojayed viprān bhojyaṃ pāyasapūrvakam |
pakvānnaṃ bhakṣyabhojyaṃ ca guḍasarpiḥsamanvitam ||43|

19 A devadevasya **20** BV vā **21** ASS corr. like V; V -śakti **22** CV ins. **23** B snānasaṃdhyottaraṃ paścāc chobhanaṃ **24** C -maṇḍalam **25** A gāyan **26** A gamayed **27** B kṛta- **28** V chrotriyān **29** V pūrvavad bhaktyā tatas taṃ **30** BV -puraḥsaraḥ **31** V sa dhanaṃ **32** B tuṣyate **33** AB dadyāt su- **34** ABV dhānyaṃ

tatas tān annatṛptāṃś ca brāhmaṇān svasthamānasān |
dvādaśaivodakumbhāṃś ca *dadyāt tebhyaḥ*[35] samodakān ||44|
dakṣiṇāṃ ca yathā-*śaktyā*[36] dadyāt tebhyo vimatsaraḥ |
kumbhaṃ ca dakṣiṇāṃ caiva ācāryāya nivedayet ||45|
evaṃ saṃpūjya tān viprān guruṃ jñānapradāyakam |
pūjayet parayā bhaktyā viṣṇutulyaṃ dvijottamāḥ ||46|
suvarṇavastragodhānyair dravyaiś cānyair varair budhaḥ |
saṃpūjya taṃ namaskṛtya imaṃ mantram udīrayet ||47|
sarvavyāpī jagannāthaḥ śaṅkhacakragadādharaḥ |
anādinidhano devaḥ prīyatāṃ puruṣottamaḥ ||48|
ity uccārya tato viprāṃs triḥ kṛtvā ca pradakṣiṇām |
praṇamya śirasā bhaktyā ācāryaṃ tu visarjayet ||49|
tatas tān brāhmaṇān bhaktyā cāsīmāntam anuvrajet |
anuvrajya tu tān sarvān namaskṛtya *nivartayet*[37] ||50|
bāndhavaiḥ svajanair yuktas tato bhuñjīta vāgyataḥ |
anyaiś copāsakair dīnair bhikṣukaiś cānnakāṅkṣibhiḥ[38] ||51|
evaṃ kṛtvā naraḥ samyaṅ nārī vā labhate phalam |
aśvamedhasahasrāṇāṃ rājasūyaśatasya ca ||52|
atītaṃ śatam ādāya puruṣāṇāṃ narottamāḥ |
bhaviṣyaṃ ca śataṃ viprāḥ svargatyā divyarūpadhṛk ||53|
sarvalakṣaṇasampannaḥ sarvālaṃkārabhūṣitaḥ |
sarvakāmasamṛddhātmā *devavad vigatajvaraḥ*[39] ||54|
rūpayauvanasampanno guṇaiḥ sarvair alaṃkṛtaḥ |
stūyamāno 'psarobhiś ca gandharvaiḥ samalaṃkṛtaḥ ||55|
vimānenārkavarṇena kāmagena sthireṇa ca |
patākādhvajayuktena sarvaratnair alaṃkṛtaḥ ||56|
uddyotayan diśaḥ sarvā ākāśe vigataklamaḥ |
yuvā mahābalo dhīmān viṣṇulokaṃ sa gacchati ||57|
tatra kalpaśataṃ yāvad bhuṅkte bhogān *yathepsitān*[40] |
siddhāpsarobhir gandharvaiḥ suravidyādharoragaiḥ ||58|
stūyamāno munivarais tiṣṭhate vigatajvaraḥ |
yathā devo jagannāthaḥ śaṅkhacakragadādharaḥ ||59|
tathāsau mudito viprāḥ kṛtvā rūpaṃ caturbhujam |
bhuktvā tatra varān bhogān *krīḍāṃ kṛtvā suraiḥ*[41] saha ||60|
tadante brahma-*sadanam*[42] āyāti sarvakāmadam |
siddhavidyādharaiś cāpi śobhitaṃ surakiṃnaraiḥ ||61|
kālaṃ navatikalpaṃ tu tatra bhuktvā sukhaṃ naraḥ |
tasmād āyāti viprendrāḥ sarvakāmaphalapradam ||62|
rudralokaṃ suragaṇaiḥ sevitaṃ sukhamokṣadam |
anekaśatasāhasrair vimānaiḥ samalaṃkṛtam ||63|

35 B dadyād bhaktyā **36** ASS corr. like V; V -śakti **37** V visarjayet **38** B annaiś ca tarpayed dīnān bhikṣukāṃś cānnakāṅkṣiṇaḥ **39** A devatārādhane rataḥ **40** V manogatān **41** AC krīḍitvā cāpsaraiḥ **42** V -bhavanam

siddhavidyādharair yakṣair bhūṣitaṃ daityadānavaiḥ |
aśītikalpakālaṃ tu tatra bhuktvā sukhaṃ naraḥ ||64|
tadante yāti golokaṃ sarvabhogasamanvitam |
surasiddhāpsarobhiś ca *śobhitaṃ*[43] sumanoharam ||65|
tatra saptatikalpāṃs tu bhuktvā bhogam anuttamam |
durlabhaṃ triṣu lokeṣu svasthacitto *yathāmaraḥ*[44] ||66|
tasmād āgacchate lokaṃ prājāpatyam anuttamam |
gandharvāpsarasaiḥ siddhair munividyādharair vṛtaḥ ||67|
ṣaṣṭikalpān sukhaṃ tatra bhuktvā nānāvidhaṃ *mudā*[45] |
tadante śakrabhavanaṃ nānāścaryasamanvitam ||68|
gandharvaiḥ kiṃnaraiḥ siddhaiḥ suravidyādharoragaiḥ |
guhyakāpsarasaiḥ sādhyair vṛtaiś cānyaiḥ surottamaiḥ ||69|
āgatya tatra pañcāśat kalpān bhuktvā sukhaṃ *naraḥ*[46] |
suralokaṃ tato gatvā vimānaiḥ *samalaṃkṛtaḥ*[47] ||70|
[[48]durlabhaṃ pāvanaṃ dhīmān daivaiḥ sarvair alaṃkṛtam |]
catvāriṃśat tu kalpāṃs tu bhuktvā bhogān sudurlabhān |
āgacchate tato lokaṃ nakṣatrākhyaṃ sudurlabham ||71|
tato bhogān varān bhuṅkte triṃśat kalpān yathepsitān |
tasmād āgacchate lokaṃ śaśāṅkasya dvijottamāḥ ||72|
yatrāsau tiṣṭhate somaḥ sarvair devair alaṃkṛtaḥ |
tatra viṃśatikalpāṃs tu bhuktvā bhogaṃ sudurlabham ||73|
ādityasya tato lokam āyāti surapūjitam |
nānāścaryamayaṃ *puṇyaṃ gandharvāpsaraḥsevitam*[49] ||74|
tatra bhuktvā śubhān bhogān daśa kalpān *dvijottamāḥ*[50] |
tasmād āyāti bhuvanaṃ gandharvāṇāṃ sudurlabham ||75|
tatra bhogān samastāṃś ca kalpam ekaṃ yathāsukham |
bhuktvā cāyāti medinyāṃ rājā bhavati dhārmikaḥ ||76|
cakravartī mahāvīryo guṇaiḥ sarvair alaṃkṛtaḥ |
kṛtvā rājyaṃ svadharmeṇa yajñair iṣṭvā sudakṣiṇaiḥ ||77|
tadante yogināṃ lokaṃ gatvā mokṣapradaṃ śivam |
tatra bhuktvā varān bhogān yāvad ābhūtasaṃplavam ||78|
tasmād āgacchate cātra jāyate yogināṃ kule |
pravare vaiṣṇave viprā durlabhe sādhusaṃmate ||79|
caturvedī vipravaro yajñair iṣṭvāptadakṣiṇaiḥ |
vaiṣṇavaṃ yogam āsthāya tato mokṣam avāpnuyāt ||80|
evaṃ yātrāphalaṃ viprā mayā samyag udāhṛtam |
bhuktimuktipradaṃ nṝṇāṃ kim anyac chrotum icchatha ||81|

iti śrīmahāpurāṇe ādibrāhme svayaṃbhvṛṣisaṃvāde dvādaśayātrāphalamāhātmya-nirūpaṇaṃ nāma saptaṣaṣṭimo 'dhyāyaḥ

43 V bhūṣitaṃ **44** A jitendriyaḥ **45** A budhāḥ B budhaḥ **46** B budhaḥ
47 V samalaṃkṛtam **48** V ins. **49** V divyaṃ gandharvāpsarasair vṛtam **50** V dvijottamaḥ

munaya ūcuḥ:
śrotum icchāmahe deva viṣṇulokam *anāmayam*[1] |
lokānandakaraṃ kāntaṃ sarvāścaryasamanvitam ||68.1|
pramāṇaṃ tasya lokasya bhogaṃ kāntiṃ balaṃ prabho |
karmaṇā kena gacchanti tatra dharma-*parāyaṇāḥ*[2] ||2|
darśanāt sparśanād vāpi tīrthasnānādināpi vā |
vistarād brūhi tattvena paraṃ kautūhalaṃ hi naḥ ||3|
brahmovāca:
śṛṇudhvaṃ munayaḥ sarve yat paraṃ paramaṃ padam |
bhaktānām īhitaṃ dhanyaṃ puṇyaṃ saṃsāranāśanam ||4|
pravaraṃ sarvalokānāṃ viṣṇvākhyaṃ vadato mama |
sarvāścaryamayaṃ puṇyaṃ sthānaṃ trailokyapūjitam ||5|
aśokaiḥ pārijātaiś ca mandāraiś campakadrumaiḥ |
mālatīmallikākundair bakulair nāgakesaraiḥ ||6|
puṃnāgair atimuktaiś ca priyaṅgutagarārjunaiḥ |
pāṭalā-[3]cūtakhadiraiḥ karṇikāravanojjvalaiḥ ||7|
nāraṅgaiḥ panasair lodhrair nimbadāḍimasarjakaiḥ |
drākṣālakucakharjūrair *madhukendra*-[4]*phalair drumaiḥ*[5] ||8|
kapitthair nārikeraiś ca tālaiḥ śrīphalasaṃbhavaiḥ |
kalpavṛkṣair asaṃkhyaiś ca vanyair anyaiḥ suśobhanaiḥ ||9|
saralaiś candanair nīpair devadāruśubhāñjanaiḥ |
jātīlavaṅgakaṅkolaiḥ karpūrāmodavāsibhiḥ ||10|
tāmbūlapattranicayais tathā pūgīphaladrumaiḥ |
anyaiś ca vividhair vṛkṣaiḥ sarvartuphalaśobhitaiḥ ||11|
puṣpair nānāvidhaiś caiva latāgucchasamudbhavaiḥ |
nānājalāśayaiḥ puṇyair nānāpakṣirutair varaiḥ ||12|
dīrghikāśatasaṃghātais toyapūrṇair manoharaiḥ |
kumudaiḥ śatapattraiś ca puṣpaiḥ kokanadair varaiḥ ||13|
raktanīlotpalaiḥ kāntaiḥ kahlāraiś ca sugandhibhiḥ |
anyaiś ca jalajaiḥ puṣpair nānāvarṇaiḥ suśobhanaiḥ ||14|
haṃsa-*kāraṇḍavākīrṇaiś*[6] cakravākopaśobhitaiḥ |
koyaṣṭikaiś ca dātyūhaiḥ kāraṇḍavaravākulaiḥ ||15|
cātakaiḥ priyaputraiś ca jīvaṃjīvakajātibhiḥ |
anyair divyair jala-*carair vihāramadhura*-[7]svanaiḥ ||16|
evaṃ nānāvidhair divyair nānāścaryasamanvitaiḥ |
vṛkṣair jalāśayaiḥ puṇyair bhūṣitaṃ sumanoharaiḥ ||17|
tatra divyair vimānaiś ca nānāratnavibhūṣitaiḥ |
kāmagaiḥ kāñcanaiḥ śubhrair divyagandharvanāditaiḥ ||18|
taruṇādityasaṃkāśair apsarobhir alaṃkṛtaiḥ |
hema-*śayyāsanayutair*[8] nānābhogasamanvitaiḥ ||19|

1 A yathātatham **2** V -parā narāḥ **3** B palāśa- **4** B madhukañcu- [?] **5** V phaladrumaiḥ
6 B -sārasasaṃkīrṇaiś **7** V -caraiḥ khagaiś ca madhura- **8** B -puṣpasamāyuktair

khecaraiḥ sapatākaiś ca muktāhārāvalambibhiḥ |
nānāvarṇair asaṃkhyātair jātarūpaparicchadaiḥ ||20|
nānākusumagandhāḍhyaiś candanāgurubhūṣitaiḥ |
sukhapracārabahulair nānāvāditraniḥsvanaiḥ ||21|
manomārutatulyaiś ca kiṅkiṇīstabakākulaiḥ |
viharanti pure tasmin vaiṣṇave lokapūjite ||22|
nānāṅganābhiḥ satataṃ gandharvāpsarasādibhiḥ |
candrānanābhiḥ kāntābhir yoṣidbhiḥ sumanoharaiḥ ||23|
pīnonnatakucāgrābhiḥ sumadhyābhiḥ samantataḥ |
śyāmāvadātavarṇābhir mattamātaṅgagāmibhiḥ ||24|
parivārya naraśreṣṭhaṃ vījayanti sma tāḥ striyaḥ |
cāmarai rukmadaṇḍaiś ca nānāratnavibhūṣitaiḥ ||25|
gītanṛtyais tathā vādyair modamānair madālasaiḥ |
yakṣavidyādharaiḥ siddhair gandharvair apsarogaṇaiḥ ||26|
surasaṃghaiś ca ṛṣibhiḥ śuśubhe bhuvanottamam |
tatra prāpya mahābhogān prāpnuvanti manīṣiṇaḥ ||27|
vaṭarājasamīpe tu dakṣiṇasyodadhes taṭe |
dṛṣṭo yair bhagavān kṛṣṇaḥ *puṣkarākṣo jagatpatiḥ*[9] ||28|
krīḍanty apsarasaiḥ sārdhaṃ yāvad dyauś candratārakam |
prataptahemasaṃkāśā jarāmaraṇavarjitāḥ ||29|
sarvaduḥkhavihīnāś ca tṛṣṇāglānivivarjitāḥ |
caturbhujā mahāvīryā vanamālāvibhūṣitāḥ ||30|
śrīvatsalāñchanair yuktāḥ śaṅkhacakragadādharāḥ |
kecin nīlotpalaśyāmāḥ kecit kāñcanasaṃnibhāḥ ||31|
kecin marakata-*prakhyāḥ*[10] kecid vaidūryasaṃnibhāḥ |
śyāmavarṇāḥ kuṇḍalinas tathānye vajrasaṃnibhāḥ ||32|
na tādṛk sarvadevānāṃ bhānti lokā dvijottamāḥ |
yādṛg bhāti harer lokaḥ sarvāścaryasamanvitaḥ ||33|
na tatra punarāvṛttir gamanāj jāyate dvijāḥ |
prabhāvāt tasya devasya yāvad ābhūtasaṃplavam ||34|
vicaranti pure divye rūpayauvanagarvitāḥ |
kṛṣṇaṃ rāmaṃ subhadrāṃ ca paśyanti puruṣottame ||35|
prataptahemasaṃkāśaṃ taruṇādityasaṃnibham |
puramadhye harer bhāti mandiraṃ ratnabhūṣitam ||36|
anekaśatasāhasraiḥ patākaiḥ samalaṃkṛtam |
yojanāyutavistīrṇaṃ hemaprākāraveṣṭitam ||37|
nānāvarṇair dhvajaiś citraiḥ kalpitaiḥ sumanoharaiḥ |
vibhāti *śārado yadvan nakṣatraiḥ saha*[11] candramāḥ ||38|
caturdvāraṃ suvistīrṇaṃ *kañcukibhiḥ surakṣitam*[12] |
purasaptakasaṃyuktaṃ *mahotsekaṃ*[13] manoharam ||39|
prathamaṃ kāñcanaṃ tatra dvitīyaṃ marakatair yutam |
indranīlaṃ tṛtīyaṃ tu mahānīlaṃ tataḥ param ||40|

9 A puruṣo jagatāṃ patiḥ **10** V -prekṣyāḥ **11** V śaradīyo hi nakṣatrair iva **12** V rakṣakaiḥ parirakṣitam **13** V mahotsedham

puraṃ tu pañcamaṃ dīptaṃ padmarāgamayaṃ puram |
ṣaṣṭhaṃ vajramayaṃ viprā vaidūryaṃ saptamaṃ puram ||41|
nānāratnamayair hemapravālāṅkura-*bhūṣitaiḥ*[14] |
stambhair adbhutasaṃkāśair bhāti tad bhavanaṃ mahat ||42|
dṛśyante tatra siddhāś ca bhāsayanti diśo daśa |
paurṇamāsyāṃ sanakṣatro yathā bhāti niśākaraḥ ||43|
ārūḍhas tatra bhagavān *salakṣmīko janārdanaḥ*[15] |
pītāmbaradharaḥ śyāmaḥ śrīvatsalakṣmasaṃyutaḥ ||44|
jvalat sudarśanaṃ cakraṃ ghoraṃ sarvāstra-*nāyakam*[16] |
dadhāra dakṣiṇe haste sarvatejomayaṃ hariḥ ||45|
kundendurajataprakhyaṃ hāragokṣīrasaṃnibham |
ādāya taṃ muniśreṣṭhāḥ savyahastena keśavaḥ ||46|
yasya śabdena sakalaṃ *saṃkṣobhaṃ*[17] jāyate jagat |
viśrutaṃ pāñcajanyeti sahasrāvartabhūṣitam ||47|
duṣkṛtāntakarīṃ raudrāṃ daityadānavanāśinīm |
jvaladvahniśikhākārāṃ duḥsahāṃ tridaśair api ||48|
kaumodakīṃ gadāṃ cāsau dhṛtavān dakṣiṇe kare |
vāme visphurati hy asya śārṅgaṃ sūryasamaprabham ||49|
śarair ādityasaṃkāśair jvālāmālākulair varaiḥ |
yo 'sau saṃharate devas trailokyaṃ sacarācaram ||50|
sarvānandakaraḥ śrīmān sarvaśāstraviśāradaḥ |
sarvalokagurur devaḥ sarvair devair namaskṛtaḥ ||51|
sahasramūrdhā deveśaḥ sahasracaraṇekṣaṇaḥ |
sahasrākhyaḥ sahasrāṅgaḥ sahasrabhujavān prabhuḥ ||52|
siṃhāsanagato devaḥ padmapattrāyatekṣaṇaḥ |
vidyudvispaṣṭasaṃkāśo jagannātho jagadguruḥ ||53|
parītaḥ surasiddhaiś ca gandharvāpsarasāṃ gaṇaiḥ |
yakṣavidyādharair nāgair munisiddhaiḥ sacāraṇaiḥ ||54|
suparṇair dānavair daityai rākṣasair guhyakiṃnaraiḥ |
anyair devagaṇair divyaiḥ stūyamāno virājate ||55|
tatrasthā *satataṃ*[18] kīrtiḥ prajñā medhā sarasvatī |
buddhir matis tathā kṣāntiḥ *siddhimūrtis*[19] tathā dyutiḥ ||56|
gāyatrī caiva sāvitrī maṅgalā sarvamaṅgalā |
prabhā matis tathā kāntis tatra nārāyaṇī sthitā ||57|
śraddhā ca kauśikī devī vidyut saudāminī tathā |
nidrā rātris tathā māyā tathānyāmarayoṣitaḥ ||58|
vāsudevasya sarvās tā *bhavane*[20] saṃpratiṣṭhitāḥ |
atha kiṃ bahunoktena sarvaṃ tatra pratiṣṭhitam ||59|
ghṛtācī menakā rambhā sahajanyā tilottamā |
urvaśī *caiva nimlocā*[21] tathānyā *vāmanā*[22] parā ||60|

14 V -śobhitaiḥ **15** AB sarvalokajanārdanaḥ **16** V -nāśanam **17** BC vikṣobhaṃ
18 B saṃtatiḥ **19** AB siddhir mūrtis **20** A bhuvane **21** AB surasenā ca **22** AB vāsanā

mandodarī[23] ca subhagā viśvācī vipulānanā |
bhadrāṅgī citrasenā ca pramlocā sumanoharā ||61|
munisaṃmohinī rāmā candramadhyā śubhānanā |
sukeśī nīlakeśā ca tathā manmathadīpinī ||62|
alambuṣā miśrakeśī tathānyā *muñjikasthalā*[24] |
kratu-[25]sthalā varāṅgī ca pūrvacittis tathā parā ||63|
parāvatī[26] mahārūpā *śaśilekhā*[27] śubhānanā |
haṃsa-*līlānugāminyo*[28] mattavāraṇagāminī ||64|
bimbauṣṭhī navagarbhā ca vikhyātāḥ surayoṣitaḥ |
etāś cānyā apsaraso rūpayauvanagarvitāḥ ||65|
sumadhyāś cāruvadanāḥ sarvālaṃkārabhūṣitāḥ |
gītamādhuryasaṃyuktāḥ sarvalakṣaṇasaṃyutāḥ ||66|
gītavādye ca kuśalāḥ suragandharvayoṣitaḥ |
nṛtyanty anudinaṃ tatra yatrāsau puruṣottamaḥ ||67|
na tatra rogo no glānir na mṛtyur na himātapau |
na kṣut pipāsā na jarā na vairūpyaṃ na cāsukham ||68|
paramānandajananaṃ sarvakāmaphalapradam |
viṣṇulokāt paraṃ lokaṃ nātra paśyāmi bho dvijāḥ ||69|
ye lokāḥ svargaloke tu śrūyante puṇyakarmaṇām |
viṣṇulokasya te viprāḥ kalāṃ nārhanti ṣoḍaśīm ||70|
evaṃ hareḥ *purasthānaṃ*[29] sarvabhogaguṇānvitam |
sarvasaukhyakaraṃ puṇyaṃ sarvāścaryamayaṃ dvijāḥ ||71|
na tatra nāstikā yānti puruṣā viṣayātmakāḥ |
na kṛtaghnā na piśunā no stenā nājitendriyāḥ ||72|
ye 'rcayanti sadā bhaktyā vāsudevaṃ jagadgurum |
te tatra vaiṣṇavā yānti viṣṇulokaṃ na saṃśayaḥ ||73|
dakṣiṇasyodadhes tīre kṣetre paramadurlabhe |
dṛṣṭvā kṛṣṇaṃ ca rāmaṃ ca subhadrāṃ ca *dvijottamāḥ*[30] ||74|
kalpavṛkṣasamīpe tu ye tyajanti kalevaram |
te tatra manujā yānti mṛtā ye puruṣottame ||75|
vaṭasāgarayor madhye yaḥ smaret puruṣottamam |
te 'pi tatra narā yānti ye mṛtāḥ puruṣottame ||76|
te 'pi tatra paraṃ sthānaṃ yānti nāsty atra saṃśayaḥ |
evaṃ mayā muniśreṣṭhā viṣṇulokaḥ sanātanaḥ |
sarvānandakaraḥ prokto bhuktimuktiphalapradaḥ ||77|

iti śrīmahāpurāṇe ādibrāhme svayaṃbhvṛṣisaṃvāde viṣṇulokānukīrtanaṃ nāmāṣṭaṣaṣṭimo 'dhyāyaḥ

23 A mahodarī **24** A jambukastanā **25** A jantu- **26** A pañcajanyā **27** A salileśā **28** V -līlānugāminyā **29** V paraṃ sthānaṃ **30** A jitendriyāḥ

munaya ūcuḥ:
bahvāścaryas tvayā prokto viṣṇuloko jagat-*pate*[1] |
nityānandakaraḥ śrīmān bhuktimuktiphalapradaḥ ||69.1|
kṣetraṃ ca durlabhaṃ loke kīrtitaṃ puruṣottamam |
tyaktvā yatra naro dehaṃ yāti sālokyatāṃ hareḥ ||2|
samyak kṣetrasya māhātmyaṃ tvayā *samyak*[2] prakīrtitam |
yatra svadehasaṃtyāgād viṣṇulokaṃ vrajen naraḥ ||3|
aho[3] mokṣasya mārgo 'yaṃ dehatyāgas tvayoditaḥ |
narāṇām upakārāya puruṣākhye na saṃśayaḥ ||4|
anāyāsena deveśa dehaṃ tyaktvā narottamāḥ |
tasmin kṣetre *paraṃ*[4] viṣṇoḥ padaṃ yānti nirāmayam ||5|
śrutvā kṣetrasya māhātmyaṃ vismayo no mahān abhūt |
[[5]romaharṣaś ca deveśa saṃtoṣaś ca punaḥ punaḥ |]
prayāgapuṣkarādīni kṣetrāṇy āyatanāni ca ||6|
pṛthivyāṃ sarvatīrthāni saritaś ca sarāṃsi ca |
na tathā tāni sarvāṇi praśaṃsasi surottama ||7|
yathā praśaṃsasi kṣetraṃ puruṣākhyaṃ punaḥ punaḥ |
jñāto 'smābhir abhiprāyas tavedānīṃ pitāmaha ||8|
yena praśaṃsasi kṣetraṃ muktidaṃ puruṣottamam |
puruṣākhyasamaṃ nūnaṃ kṣetraṃ nāsti mahītale |
tena tvaṃ vibudhaśreṣṭha praśaṃsasi punaḥ punaḥ ||9|
brahmovāca:
satyaṃ satyaṃ muniśreṣṭhā bhavadbhiḥ samudāhṛtam |
puruṣākhyasamaṃ *kṣetraṃ nāsty atra pṛthivītale*[6] ||10|
santi yāni tu tīrthāni puṇyāny āyatanāni ca |
tāni śrīpuruṣākhyasya kalāṃ nārhanti ṣoḍaśīm ||11|
yathā sarveśvaro viṣṇuḥ sarva-*lokottamottamaḥ*[7] |
tathā samastatīrthānāṃ variṣṭhaṃ puruṣottamam ||12|
ādityānāṃ yathā viṣṇuḥ śreṣṭhatve samudāhṛtaḥ |
tathā samastatīrthānāṃ variṣṭhaṃ puruṣottamam ||13|
nakṣatrāṇāṃ yathā somaḥ sarasāṃ sāgaro yathā |
tathā samastatīrthānāṃ variṣṭhaṃ puruṣottamam ||14|
vasūnāṃ pāvako yadvad rudrāṇāṃ śaṃkaro yathā |
tathā samastatīrthānāṃ variṣṭhaṃ puruṣottamam ||15|
varṇānāṃ brāhmaṇo yadvad vainateyaś ca pakṣiṇām |
tathā samastatīrthānāṃ variṣṭhaṃ puruṣottamam ||16|
śikhariṇāṃ yathā meruḥ parvatānāṃ himālayaḥ |
tathā samastatīrthānāṃ variṣṭhaṃ puruṣottamam ||17|
pramadānāṃ yathā lakṣmīḥ saritāṃ jāhnavī yathā |
tathā samastatīrthānāṃ variṣṭhaṃ puruṣottamam ||18|
airāvato gajendrāṇāṃ maharṣīṇāṃ bhṛgur yathā |
tathā samastatīrthānāṃ variṣṭhaṃ puruṣottamam ||19|

1 A -pateḥ **2** B brahman **3** C atha **4** A varaṃ **5** V ins. **6** BV nūnaṃ kṣetraṃ nāsti mahītale **7** B -lokeṣu cottamaḥ

senānīnāṃ yathā skandaḥ siddhānāṃ kapilo yathā |
tathā samastatīrthānāṃ variṣṭhaṃ puruṣottamam ||20|
uccaiḥśravā yathāśvānāṃ kavīnām uśanā kaviḥ |
tathā samastatīrthānāṃ variṣṭhaṃ puruṣottamam ||21|
munīnāṃ ca yathā vyāsaḥ kubero yakṣarakṣasām |
tathā samastatīrthānāṃ variṣṭhaṃ puruṣottamam ||22|
indriyāṇāṃ mano yadvad bhūtānām avanī yathā |
tathā samastatīrthānāṃ variṣṭhaṃ puruṣottamam ||23|
aśvatthaḥ sarvavṛkṣāṇāṃ pavanaḥ plavatāṃ yathā |
tathā samastatīrthānāṃ variṣṭhaṃ puruṣottamam ||24|
bhūṣaṇānāṃ tu sarveṣāṃ yathā cūḍāmaṇir dvijāḥ |
tathā samastatīrthānāṃ variṣṭhaṃ puruṣottamam ||25|
gandharvāṇāṃ citrarathaḥ śastrāṇāṃ kuliśo yathā |
tathā samastatīrthānāṃ variṣṭhaṃ puruṣottamam ||26|
akāraḥ sarvavarṇānāṃ gāyatrī chandasāṃ yathā |
tathā samastatīrthānāṃ variṣṭhaṃ puruṣottamam ||27|
sarvāṅgebhyo yathā śreṣṭham uttamāṅgaṃ dvijottamāḥ |
tathā samastatīrthānāṃ variṣṭhaṃ puruṣottamam ||28|
arundhatī yathā strīṇāṃ satīnāṃ śreṣṭhatāṃ gatā |
tathā samastatīrthānāṃ śreṣṭhaṃ tat puruṣottamam ||29|
yathā samastavidyānāṃ mokṣavidyā parā smṛtā |
tathā samastatīrthānāṃ śreṣṭhaṃ tat puruṣottamam ||30|
manuṣyāṇāṃ yathā rājā dhenūnām api kāmadhuk |
tathā samastatīrthānāṃ variṣṭhaṃ puruṣottamam ||31|
suvarṇaṃ sarvaratnānāṃ sarpāṇāṃ vāsukir yathā |
tathā samastatīrthānāṃ variṣṭhaṃ puruṣottamam ||32|
prahlādaḥ sarvadaityānāṃ rāmaḥ śastrabhṛtāṃ yathā |
tathā samastatīrthānāṃ variṣṭhaṃ puruṣottamam ||33|
jhaṣāṇāṃ makaro yadvan mṛgāṇāṃ mṛgarāḍ yathā |
tathā samastatīrthānāṃ variṣṭhaṃ puruṣottamam ||34|
samudrāṇāṃ yathā śreṣṭhaḥ kṣīrodaḥ saritāṃ patiḥ |
tathā samastatīrthānāṃ variṣṭhaṃ puruṣottamam ||35|
varuṇo yādasāṃ yadvad yamaḥ saṃyaminām yathā |
tathā samastatīrthānāṃ variṣṭhaṃ puruṣottamam ||36|
devarṣīṇāṃ yathā śreṣṭho nārado munisattamāḥ |
tathā samastatīrthānāṃ variṣṭhaṃ puruṣottamam ||37|
dhātūnāṃ kāñcanaṃ yadvat pavitrāṇāṃ ca dakṣiṇā |
tathā samastatīrthānāṃ variṣṭhaṃ puruṣottamam ||38|
prajāpatir yathā dakṣa ṛṣīṇāṃ kaśyapo yathā |
tathā samastatīrthānāṃ variṣṭhaṃ puruṣottamam ||39|
grahāṇāṃ bhāskaro yadvan mantrāṇāṃ praṇavo yathā |
tathā samastatīrthānāṃ variṣṭhaṃ puruṣottamam ||40|
aśvamedhas tu yajñānāṃ yathā śreṣṭhaḥ prakīrtitaḥ |
tathā samastatīrthānāṃ kṣetraṃ *ca tad*[8] dvijottamāḥ ||41|

8 V tac ca

oṣadhīnāṃ yathā dhānyaṃ tṛṇeṣu tṛṇarāḍ yathā |
tathā samastatīrthānām uttamaṃ puruṣottamam ||42|
yathā samastatīrthānāṃ dharmaḥ saṃsāratārakaḥ |
tathā samastatīrthānāṃ śreṣṭhaṃ tat puruṣottamam ||43|

iti śrīmahāpurāṇe ādibrāhme svayaṃbhvṛṣisaṃvāde puruṣottamamāhātmyanirūpaṇaṃ nāmaikonasaptatitamo 'dhyāyaḥ

[1]brahmovāca:
sarveṣāṃ caiva tīrthānāṃ kṣetrāṇāṃ ca dvijottamāḥ |
japahomavratānāṃ ca tapodānaphalāni ca ||70.1|
na tat paśyāmi bho viprā yat tena sadṛśaṃ bhuvi |
kiṃ cātra bahunoktena bhāṣitena punaḥ punaḥ ||2|
satyaṃ satyaṃ punaḥ satyaṃ kṣetraṃ tat paramaṃ mahat |
puruṣākhyaṃ sakṛd dṛṣṭvā *sāgarāmbhaḥsamāplutam*[2] ||3|
brahmavidyāṃ sakṛj jñātvā garbhavāso na vidyate |
hareḥ saṃnihite sthāna uttame puruṣottame ||4|
saṃvatsaram upāsīta māsamātram athāpi vā |
tena japtaṃ hutaṃ tena tena taptaṃ tapo mahat ||5|
sa yāti paramaṃ sthānaṃ yatra yogeśvaro hariḥ |
bhuktvā bhogān vicitrāṃś ca devayoṣit-*samanvitaḥ*[3] ||6|
kalpānte punar āgatya martyaloke narottamaḥ |
jāyate yogināṃ viprā jñāna-*jñeyodyato gṛhe*[4] ||7|
saṃprāpya vaiṣṇavaṃ yogaṃ hareḥ svacchandatāṃ vrajet |
kalpavṛkṣasya rāmasya kṛṣṇasya bhadrayā saha ||8|
mārkaṇḍeyendradyumnasya māhātmyaṃ mādhavasya ca |
svargadvārasya māhātmyaṃ sāgarasya vidhiḥ kramāt ||9|
mārjanasya yathākāle bhāgīrathyāḥ samāgamam |
sarvam etan mayā khyātaṃ yat paraṃ śrotum icchatha ||10|
indradyumnasya *māhātmyam etac ca*[5] kathitaṃ mayā |
sarvāścaryaṃ samākhyātaṃ rahasyaṃ *puruṣottamam*[6] |
purāṇaṃ paramaṃ guhyaṃ dhanyaṃ saṃsāramocanam ||11|
[7][[8]śrīgaṇeśāya namaḥ |] [[9]vidyāvinodāya namaḥ |]
[[10]atha gautamīmāhātmyam |]
[[11]yaṃ brahma vedāntavido vadanti |
paraṃ pradhānaṃ puruṣaṃ tathānye |
viśvodgateḥ kāraṇam īśvaraṃ vā |
tasmai namo vighnavināśanāya |
śrīguruṃ paramānandaṃ vande ānandavigraham |
yataḥ saṃnatimātreṇa cidānandāyate tanuḥ |

1 A om. 70.1-10. **2** V sāgarāmbhaḥ sakṛt spṛśan **3** B -samanvitān **4** B -jñeyo yato gṛhī **5** V māhātmyaṃ sarvaṃ vai **6** V puṇyam uttamam **7** The Gautamī-Māhātmya, i.e. BrP 70.12-175.90, is not contained in B and C. **8** DV ins. **9** D ins. **10** V ins. **11** D ins.

nārāyaṇaṃ namaskṛtya naraṃ caiva narottamam |
devīṃ sarasvatīṃ vyāsaṃ tato jayam udīrayet |
śrībrahmapurāṇam |]
[12]munaya ūcuḥ:
nahi nas tṛptir astīha śṛṇvatāṃ tīrthavistaram |
punar eva paraṃ guhyaṃ vaktum arhasy aśeṣataḥ |
paraṃ tīrthasya māhātmyaṃ sarvatīrthottamottamam ||12|
brahmovāca:
imam eva purā praśnaṃ pṛṣṭo *'smi*[13] dvijasattamāḥ |
nāradena prayatnena tadā taṃ proktavān aham ||13|
nārada uvāca:
tapaso yajñadānānāṃ *tīrthānāṃ pāvanaṃ smṛtam*[14] |
sarvaṃ[15] śrutaṃ mayā tvatto jagadyone jagat-*pate*[16] ||14|
[[17]daivāni muniśārdūla āsurāṇy ārṣāṇi ca |]
kiyanti santi[18] tīrthāni *svargamartyarasātale*[19] |
sarveṣām eva tīrthānāṃ sarvadā kiṃ viśiṣyate ||15|
brahmovāca:
caturvidhāni tīrthāni svarge martye rasātale |
daivāni muniśārdūla āsurāṇy ārṣāṇi ca ||16|
mānuṣāṇi trilokeṣu vikhyātāni surādibhiḥ |
mānuṣebhyaś ca tīrthebhya *ārṣaṃ tīrtham anuttamam*[20] ||17|
ārṣebhyaś caiva[21] tīrthebhya āsuraṃ bahupuṇyadam |
āsurebhyas tathā *puṇyaṃ*[22] daivaṃ tat sārvakāmikam ||18|
brahmaviṣṇu-*śivaiś caiva*[23] nirmitaṃ daivam ucyate |
tribhyo yad ekaṃ jāyeta tasmān nātaḥ paraṃ viduḥ ||19|
trayāṇām api lokānāṃ tīrthaṃ *medhyam*[24] udāhṛtam |
tatrāpi jāmbavaṃ dvīpaṃ tīrthaṃ bahu-*guṇodayam*[25] ||20|
jāmbave bhārataṃ varṣaṃ tīrthaṃ *trailokyaviśrutam*[26] |
[[27]bhārate daṇḍakāraṇyaṃ sarvatīrtham anuttamam |]
karmabhūmir yataḥ putra tasmāt tīrthaṃ tad ucyate ||21|
tatraiva *yāni*[28]tīrthāni yāny uktāni mayā tava |
[[29]teṣāṃ nāmāni saṃkṣepāt kathyamānāni me śṛṇu |
daivāni cāsurārṣāṇi mānuṣāṇītibhedataḥ |]
himavadvindhyayor madhye ṣaṇnadyo devasaṃbhavāḥ ||22|
tathaiva devajā brahman dakṣiṇārṇavavindhyayoḥ |
etā dvādaśa nadyas tu prādhānyena prakīrtitāḥ ||23|
abhisaṃpūjitaṃ yasmād bhārataṃ bahupuṇyadam |
karmabhūmir ato devair varṣaṃ tasmāt prakīrtitam ||24|
ārṣāṇi caiva[30] tīrthāni devajāni kvacit kvacit |
āsurair āvṛtāny āsaṃs[31] tad evāsuram ucyate ||25|

12 D om. 70.12–13. **13** V aham **14** DV tīrthasevanam uttamam **15** DV iti **16** DV -prabho **17** V ins. **18** DV kiyadbhedāni **19** DV kiṃphalāni sureśvara **20** V ārṣikaṃ sarvakāmikam **21** V ārṣikebhyas tu **22** V putra **23** V -maheśādyair **24** V martyam **25** V -guṇottamam **26** V śrutiṣu viśrutam **27** V ins. **28** V sarva- **29** V ins. **30** V pārvatāni ca **31** V asurair āvṛtaṃ yat tu

daiveṣv eva pradeśeṣu tapas taptvā maharṣayaḥ |
daivaprabhāvāt tapasa ārṣāṇy api ca tāny api ||26|
ātmanaḥ śreyase muktyai pūjāyai bhūtaye 'thavā |
ātmanaḥ phalabhūtyartham yaśaso 'vāptaye punaḥ ||27|
mānuṣaiḥ kāritāny āhur mānuṣāṇīti nārada |
evaṃ caturvidho bhedas tīrthānāṃ munisattama ||28|
bhedaṃ na kaścij jānāti śrotuṃ yukto 'si nārada |
bahavaḥ paṇḍitaṃmanyāḥ śṛṇvanti kathayanti ca |
sukṛtī ko 'pi jānāti vaktuṃ śrotuṃ nijair guṇaiḥ ||29|
nārada uvāca:
teṣāṃ svarūpaṃ bhedaṃ ca śrotum icchāmi tattvataḥ |
yac chrutvā sarvapāpebhyo *mucyate nātra saṃśayaḥ*[32] ||30|
brahman kṛta-*yugādau tu*[33] upāyo 'nyo na vidyate |
tīrthasevāṃ vinā svalpaāyāsenābhīṣṭadāyinīm ||31|
na tvayā sadṛśo dhātar vaktā jñātāthavā kvacit |
tvaṃ nābhikamale viṣṇoḥ saṃjāto 'khilapūrvajaḥ ||32|
brahmovāca:
godāvarī bhīmarathī tuṅgabhadrā ca veṇikā |
tāpī payoṣṇī vindhyasya dakṣiṇe tu prakīrtitāḥ ||33|
bhāgīrathī narmadā tu yamunā ca sarasvatī |
viśokā ca vitastā ca himavatparvatāśritāḥ ||34|
etā nadyaḥ puṇyatamā devatīrthāny udāhṛtāḥ |
gayaḥ *kollāsuro*[34] vṛtras tripuro hy andhakas tathā ||35|
hayamūrdhā ca lavaṇo namuciḥ śṛṅgakas tathā |
yamaḥ pātālaketuś ca *mayaḥ*[35] puṣkara eva ca ||36|
etair āvṛtatīrthāni āsurāṇi śubhāni ca |
prabhāso bhārgavo 'gastir naranārāyaṇau tathā ||37|
vasiṣṭhaś ca bharadvājo *gotamaḥ*[36] kaśyapo manuḥ |
ityādimunijuṣṭāni ṛṣitīrthāni nārada ||38|
ambarīṣo hariścandro *māndhātā manur*[37] eva ca |
kuruḥ kanakhalaś caiva *bhadrāśvaḥ*[38] sagaras tathā ||39|
aśvayūpo nāciketā vṛṣākapir ariṃdamaḥ |
ityādimānuṣair vipra nirmitāni śubhāni ca ||40|
yaśasaḥ phalabhūtyartham nirmitānīha nārada |
svatodbhūtāni daivāni yatra kvāpi jagattraye |
puṇyatīrthāni tāny āhus tīrthabhedo mayoditaḥ ||41|
[[39]yan na khātaṃ tu kenāpi devakhātaṃ tad ucyate |
saṃkṣepeṇodito 'yaṃ te tīrthabhedo mayā mune |
mucyate sarvapāpebhyo naro yajjñānamātrataḥ |]

iti śrīmahāpurāṇe [[40]gautamīmāhātmye] svayambhvṛṣisaṃvāde tīrthamāhātmye[41] tīrthabhedavarṇanam nāma saptatitamo 'dhyāyaḥ = gautamīmāhātmye prathamo 'dhyāyaḥ[42]

32 V muktir bhavati śāśvatī **33** V -yugasyādau hy **34** D kohalāsuro V kolāsuro **35** V mayaḥ **36** V gautamaḥ **37** V nahuṣo rāma **38** DV bharataḥ **39** V ins. **40** D ins. **41** V reads *śrībrahmapurāṇagatagautamīmāhātmye svayaṃbhunāradasaṃvāde* instead of *śrīmahāpurāṇe...* . **42** V reads the Gautamī-Māhātmya as second book of the Brahmapurāṇa.

nārada uvāca:
tridaivatyaṃ tu yat tīrthaṃ sarvebhyo hy *uktam uttamam*[1] |
tasya sva-*rūpabhedaṃ*[2] ca vistareṇa bravītu me ||71.1|
brahmovāca:
tāvad anyāni tīrthāni tāvat tāḥ puṇyabhūmayaḥ |
tāvad yajñādayo yāvat tridaivatyaṃ na dṛśyate ||2|
[[3]vratopavāsakṛcchrebhyo gaṅgāsevā mahāphalā |
kṛcchrakāḥ sarvatīrtheṣu dṛśyante teṣu *teṣu hi*[4] |
dravyātma mātṛ-[5]janakād yā śuddhir dehināṃ mune |
tridaivatyaṃ vihāyeha kathaṃ pāpakṣayo bhavet |
smṛtā dṛṣṭāthavā spṛṣṭā yā sarvākāṅkṣitapradā |]
gaṅgeyaṃ saritāṃ śreṣṭhā sarvakāmapradāyinī |
tridaivatyā muniśreṣṭha tadutpattim *ataḥ*[6] śṛṇu ||3|
varṣāṇām[7] ayutāt pūrvaṃ devakārya upasthite |
tārako balavān āsīn madvarād atigarvitaḥ ||4|
devānāṃ paramaiśvaryaṃ hṛtaṃ tena balīyasā |
tatas te śaraṇaṃ jagmur devāḥ sendrapurogamāḥ ||5|
kṣīrodaśāyinaṃ devaṃ jagatāṃ prapitāmaham |
kṛtāñjalipuṭā devā viṣṇum ūcur ananyagāḥ ||6|
devā ūcuḥ:
tvaṃ trātā jagatāṃ nātha devānāṃ kīrtivardhana |
sarveśvara jagadyone *trayīmūrte*[8] namo 'stu te ||7|
lokasraṣṭāsurān[9] hantā tvam eva jagatāṃ patiḥ |
sthityutpattivināśānāṃ kāraṇaṃ tvaṃ jaganmaya ||8|
trātā na kopy asti jagattraye 'pi |
śarīriṇāṃ sarvavipadgatānām |
tvayā vinā vārijapattranetra |
tāpatrayāṇāṃ *śaraṇam*[10] na cānyat ||9|
pitā ca mātā jagato 'khilasya |
tvam eva sevāsulabho 'si *viṣṇo*[11] |
prasīda pāhīśa mahābhayebhyo |
'smadārtihantā vada kas tvadanyaḥ ||10|
ādikartā varāhas tvaṃ matsyaḥ kūrmas tathaiva ca |
ityādirūpabhedair no *rakṣase bhaya āgate*[12] ||11|
hṛtasvāmyān suragaṇān hṛtadārān *gatāpadaḥ*[13] |
kasmān na rakṣase deva ananyaśaraṇān hare ||12|

1 V uttamottamam **2** V -rūpaṃ bhedaṃ **3** DV ins. **4** V dehinām **5** V dravyātmamātṛ- **6** V itaḥ **7** D indrāṇām **8** D trimūrte tu **9** A apāṃ srastāsurān **10** V śamanaṃ **11** V deva **12** A rakṣaso bhayam āgatān **13** V hṛtasthalān

brahmovāca:
tataḥ provāca bhagavāñ *śeṣaśāyī jagatpatiḥ*[14] |
kasmāc ca[15] bhayam āpannaṃ tad bruvantu gatajvarāḥ |
tataḥ śriyaḥ patiṃ prāhus taṃ tārakavadhaṃ prati ||13|
devā ūcuḥ:
tārakād bhayam āpannaṃ bhīṣaṇaṃ romaharṣaṇam |
na yuddhais tapasā śāpair *hantuṃ naiva*[16] kṣamā vayam ||14|
arvāgdaśāhād yo bālas tasmān mṛtyum avāpsyati |
tasmād deva na cānyebhyas tatra nītir vidhīyatām ||15|
brahmovāca:
punar nārāyaṇaḥ prāha nāhaṃ balotkaṭaḥ surāḥ |
na matto madapatyāc ca na devebhyo vadho bhavet ||16|
īśvarād *yadi*[17] jāyeta apatyaṃ bahu-*śaktikam*[18] |
tasmād vadham avāpnoti tārako loka-*dāruṇaḥ*[19] ||17|
tad gacchāmaḥ surāḥ sarve yatitum ṛṣibhiḥ saha |
bhāryārthaṃ prathamo yatnaḥ kartavyaḥ prabhaviṣṇubhiḥ ||18|
tathety uktvā suragaṇā jagmus *te ca*[20] nagottamam |
himavantaṃ ratnamayaṃ menāṃ ca himavatpriyām ||19|
idam ūcuḥ sarva eva sabhāryaṃ tuhinaṃ girim ||20|
devā ūcuḥ:
dākṣāyaṇī lokamātā yā śaktiḥ saṃsthitā *girau*[21] |
buddhiḥ prajñā dhṛtir medhā lajjā puṣṭiḥ sarasvatī ||21|
evaṃ tv anekadhā loke yā sthitā lokapāvanī |
devānāṃ kāryasiddhyarthaṃ yuvayor garbham *āviśat*[22] ||22|
samutpannā[23] *jaganmātā*[24] śaṃbhoḥ patnī bhaviṣyati |
asmākaṃ bhavatāṃ cāpi pālanī ca bhaviṣyati ||23|
brahmovāca:
himavān api tad vākyaṃ surāṇām abhinandya ca |
menā cāpi mahotsāhā astv ity evaṃ vaco 'bravīt ||24|
tadotpannā jagaddhātrī gaurī himavato gṛhe |
śivadhyānaratā nityaṃ *tanniṣṭhā*[25] *tanmanogatā*[26] ||25|
tāṃ *vai*[27] procuḥ suragaṇā īśārthe tapa āviśa |
tathā[28] himavataḥ pṛṣṭhe gaurī tepe tapo mahat ||26|
punaḥ saṃmantrayām āsur īśo dhyāyati tāṃ *śivām*[29] |
ātmānaṃ vā tathānyad vā na jānīmaḥ kathaṃ bhavaḥ ||27|
menakāyāḥ sutāyāṃ tu cittaṃ dadhyāt sureśvaraḥ |
tatra nītir vidhātavyā tataḥ śraiṣṭhyam avāpsyatha |
tataḥ prāha mahābuddhir vācaspatir udāradhīḥ ||28|
bṛhaspatir uvāca:
yas tv *ayaṃ*[30] madano dhīmān kandarpaḥ puṣpacāpadhṛk |
sa vidhyatu śivaṃ śāntaṃ bāṇaiḥ puṣpamayaiḥ śubhaiḥ ||29|

14 V cheṣaśāyī śriyaḥ patiḥ **15** V kasmād vo **16** V hantum enaṃ **17** V yat tu
18 V -śaktimat **19** D -dārakaḥ V -tāpanaḥ **20** V sarve **21** D śive V śivā **22** A āviśet
23 DV sā tūtpannā **24** D jagaddhātrī **25** V tatpriyā **26** DV tatparāyaṇa **27** V ca
28 V tato **29** V katham **30** V asau

tena viddhas trinetro 'pi īśāyāṃ buddhim ādadhet |
pariṇeṣyaty asau nūnaṃ tadā tāṃ girijāṃ haraḥ ||30|
jayinaḥ pañcabāṇasya na bāṇāḥ kvāpi kuṇṭhitāḥ |
tathoḍhāyāṃ jagaddhātryāṃ śaṃbhoḥ putro bhaviṣyati ||31|
jātaḥ putras trinetrasya tārakaṃ sa haniṣyati |
vasantaṃ ca sahāyārthaṃ śobhiṣṭhaṃ kusumākaram ||32|
āhlādanaṃ ca manasā kāmāyainaṃ prayacchatha ||33|
brahmovāca:
tathety uktvā suragaṇā madanaṃ kusumākaram |
preṣayām āsur avyagrāḥ śivāntikam ariṃdamāḥ ||34|
sa jagāma tvarā kāmo dhṛtacāpo samādhavaḥ |
ratyā ca sahitaḥ kāmaḥ kartuṃ karma suduṣkaram ||35|
gṛhītvā saśaraṃ cāpam *idaṃ tasya mano*[31] 'bhavat |
mayā vedhyas tv avedhyo vai śaṃbhur lokaguruḥ prabhuḥ ||36|
trailokyajayino bāṇāḥ śaṃbhau me kiṃ dṛḍhā na vā |
tenāsau cāgninetreṇa bhasmaśeṣas tadā kṛtaḥ ||37|
tad eva karma sudṛḍham īkṣituṃ surasattamāḥ |
ājagmus tatra yad vṛttaṃ śṛṇu vismayakārakam ||38|
śaṃbhuṃ dṛṣṭvā suragaṇā yāvat paśyanti manmatham |
tāvac ca bhasmasādbhūtaṃ kāmaṃ dṛṣṭvā bhayāturāḥ |
tuṣṭuvus tridaśeśānaṃ kṛtāñjalipuṭāḥ surāḥ ||39|
devā ūcuḥ:
tārakād bhayam āpannaṃ kuru patnīṃ gireḥ sutām ||40|
brahmovāca:
viddhacitto haro 'py āśu mene vākyaṃ suroditam |
[[32]gaṇayanti mahātmānaḥ parārthe na hitāhitam |]
arundhatīṃ vasiṣṭhaṃ ca māṃ tu cakradharaṃ tathā ||41|
preṣayām āsur amarā vivāhāya parasparam |
saṃbandho 'pi tathāpy āsīd dhimavallokanāthayoḥ ||42|

iti śrīmahāpurāṇe ādibrāhme svayaṃbhvṛṣisaṃvāde gaṅgotpattau śaṃbhuvivāhasaṃbhavo nāmaikasaptatitamo 'dhyāyaḥ = gautamīmāhātmye dvitīyo 'dhyāyaḥ

brahmovāca:
himavatparvate śreṣṭhe nānāratnavicitrite |
nānāvṛkṣalatākīrṇe nānādvijaniṣevite ||72.1|
nadīnadasaraḥkūpataḍāgādibhir āvṛte |
devagandharvayakṣādisiddhacāraṇasevite ||2|
śubhamārutasampanne harṣotkarṣaikakāraṇe |
merumandarakailāsamainākādinagair vṛte ||3|
vasiṣṭhāgastyapaulastyalomaśādibhir āvṛte |
mahotsave vartamāne vivāhaḥ samajāyata ||4|

31 V īśvarasya puro **32** DV ins.

tatra vedī ratnamayī *śobhitā*[1] svarṇabhūṣitā |
[[2]racitā maṇḍape divye manojñā viśvakarmaṇā |]
vajramāṇikyavaidūryatanmayastambhaśobhitā ||5|
jayālakṣmīśubhākṣāntikīrtipuṣṭyādisaṃvṛtā |
merumandara-*kailāsaraivataiḥ pariśobhitaiḥ*[3] ||6|
pūjito lokanāthena viṣṇunā prabhaviṣṇunā |
mainākaḥ parvataśreṣṭho reje *'tīva*[4] hiraṇmayaḥ ||7|
ṛṣayo lokapālāś ca ādityāḥ samarudgaṇāḥ |
vivāhe vedikāṃ cakrur devadevasya śūlinaḥ ||8|
viśvakarmā svayaṃ tvaṣṭā vedīṃ cakre satoraṇām |
su-*rabhī*[5] nandinī nandā *sunandā*[6] kāmadohinī ||9|
ābhis tu *śobhiteśānyā*[7] vivāhaḥ samajāyata |
samudrāḥ sarito nāgā *oṣadhyo*[8] lokamātaraḥ ||10|
savanaspatibījāś ca sarve tatra samāyayuḥ |
bhuvaḥ karma ilā cakre oṣadhyas tv annakarma ca ||11|
varuṇaḥ pānakarmāṇi dānakarma dhanādhipaḥ |
agniś cakāra *tatrānnaṃ yac ceṣṭaṃ loka-*[9]nāthayoḥ ||12|
tatra tatra pṛthak pūjāṃ cakre viṣṇuḥ sanātanaḥ |
vedāś ca sarahasyā[10] vai gāyanti ca *hasanti*[11] ||13|
nṛtyanty apsarasaḥ sarvā jagur gandharvakiṃnarāḥ |
lājādhṛk cāpi maināko babhūva munisattama ||14|
puṇyāhavācanaṃ vṛttam antarveśmani nārada |
vedikāyām upāviṣṭau daṃpatī surasattamau ||15|
pratiṣṭhāpyāgniṃ[12] vidhivad aśmānaṃ cāpi putraka |
hutvā lājāṃś ca vidhivat pradakṣiṇam athākarot ||16|
aśmanaḥ sparśahetoś ca devyaṅguṣṭhaṃ kare 'spṛśat |
viṣṇunā preritaḥ śaṃbhur dakṣiṇasya padasya ca ||17|
tām adarśam ahaṃ tatra homaṃ kurvan *harāntike*[13] |
dṛṣṭe 'ṅguṣṭhe duṣṭabuddhyā vīryaṃ susrāva me tadā ||18|
[[14]viḍambito na kāmena kopy asmin bhuvanatraye |]
lajjayā kaluṣībhūtaḥ skannaṃ vīryam acūrṇayam |
madvīryāc cūrṇitāt sūkṣmād *vālakhilyās tu jajñire*[15] ||19|
tato mahān abhūt tatra hāhākāraḥ suroditaḥ |
lajjayā paribhūto 'haṃ nirgatas tu tadāsanāt ||20|
paśyatsu devasaṃgheṣu tūṣṇīṃbhūteṣu nārada |
gacchantaṃ māṃ mahādevo dṛṣṭvā nandinam abravīt ||21|
śiva uvāca:
brahmāṇam āhvayasveha gatapāpaṃ karomy aham |
[16]kṛtāparādhe 'pi jane santaḥ sakṛpamānasāḥ |
mohayanty api vidvāṃsaṃ viṣayāṇām iyaṃ sthitiḥ ||22|

1 V sūnnatā **2** DV ins. **3** D -kailāse tair evāpariśobhitaiḥ **4** V tatra **5** V -rabhir **6** A [or D etc.; the printed siglum is *ma*] kāmadā **7** V śobhite kānte **8** V ṛṣayo **9** DV yac ceṣṭaṃ himavalloka- **10** A vedāṃś ca sarahasyān **11** AV vadanti ca **12** V agniṃ prajvālya **13** A surāntike **14** DV ins. **15** V vālakhilyāḥ prajajñire **16** In D, up to *sthitiḥ*.

brahmovāca:
evam uktvā sa bhagavān umayā *sahitaḥ śivaḥ*[17] |
mamānukampayā caiva lokānāṃ hitakāmyayā ||23|
etac cakāra lokeśaḥ śṛṇu nārada yatnataḥ |
pāpināṃ pāpamokṣāya bhūmir āpo bhaviṣyati ||24|
tayoś ca sārasarvasvam āhariṣyāmi pāvanam |
evaṃ niścitya bhagavāṃs tayoḥ sāraṃ samāharat ||25|
bhūmiṃ kamaṇḍaluṃ kṛtvā tatrāpaḥ saṃniveśya ca |
[18]pāvamānyādibhiḥ sūktair abhimantrya ca yatnataḥ ||26|
trijagatpāvanīṃ śaktiṃ tatra sasmāra pāpahā |
māṃ *uvāca sa*[19] lokeśo gṛhāṇemaṃ kamaṇḍalum ||27|
āpo vai mātaro devyo bhūmir mātā tathāparā |
sthityutpattivināśānāṃ hetutvam ubhayoḥ sthitam ||28|
atra pratiṣṭhito dharmo hy atra yajñaḥ sanātanaḥ |
atra bhuktiś ca muktiś ca sthāvaraṃ jaṅgamaṃ *tathā*[20] ||29|
smaraṇān mānasaṃ pāpaṃ *vacanād*[21] vācikaṃ tathā |
snānapānābhiṣekāc ca *praṇaśyaty*[22] api kāyikam ||30|
etad evāmṛtaṃ loke naitasmāt pāvanaṃ param |
mayābhimantritaṃ brahman gṛhāṇemaṃ kamaṇḍalum ||31|
[23]atratyaṃ vāri yaḥ kaścit smared api *paṭhed*[24] api |
sa sarvakāmān āpnoti gṛhāṇemaṃ kamaṇḍalum ||32|
bhūtebhyaś cāpi pañcabhya āpo bhūtaṃ *mahoditam*[25] |
tāsām utkṛṣṭam *etasmād*[26] gṛhāṇemaṃ kamaṇḍalum ||33|
atra yad vāri *śobhiṣṭhaṃ*[27]puṇyaṃ pāvanam eva ca |
spṛṣṭvā smṛtvā *ca*[28] dṛṣṭvā ca brahman pāpād vimokṣyase ||34|
evam uktvā mahādevaḥ prādān mama kamaṇḍalum |
tataḥ suragaṇāḥ sarve *bhaktyā*[29] procuḥ sureśvaram |
āhlādaś ca mahāṃs tatra jayaśabdo vyavartata ||35|
devotsave mātur *ajaḥ*[30] padāgraṃ |
samīkṣya pāpāt patitatvam āpa |
prādāt kṛpāluḥ smaraṇāt pavitrāṃ |
gaṅgāṃ pitā puṇyakamaṇḍalusthām ||38|

iti śrīmahāpurāṇe ādibrāhme svayaṃbhurṣisaṃvāde tīrthamāhātmye gaṅgotpattau brahmakamaṇḍaludānaṃ nāma dvisaptatitamo 'dhyāyaḥ = gautamīmāhātmye tṛtīyo 'dhyāyaḥ

17 V sahito haraḥ **18** In D, up to *pāpahā*. **19** V uvācātha **20** V ca yat **21** V vandanād **22** V vinaśyaty **23** In D, up to *kamaṇḍalum*. **24** V pibed **25** V mahodayam **26** D etat syād **27** V śobhiṣṭaṃ [sic] **28** V vā **29** V mudā **30** V ahaṃ

nārada uvāca:
kamaṇḍalusthitā devī tava puṇyavivardhinī |
yathā martyaṃ gatā nātha tan me vistarato vada ||73.1|
brahmovāca:
balir nāma mahādaityo devārir aparājitaḥ |
dharmeṇa yaśasā caiva prajāsaṃrakṣaṇena ca ||2|
gurubhaktyā ca satyena vīryeṇa ca balena ca |
tyāgena kṣamayā caiva trailokye nopamīyate ||3|
tasyarddhim unnatāṃ dṛṣṭvā devāś cintāparāyaṇāḥ |
mithaḥ samūcur amarā jeṣyāmo vai kathaṃ balim ||4|
tasmiñ śāsati rājyaṃ tu trailokyaṃ hatakaṇṭakam |
nārayo vyādhayo vāpi nādhayo vā kathaṃcana ||5|
anāvṛṣṭir adharmo vā nāstiśabdo na durjanaḥ |
svapne 'pi naiva dṛśyeta balau rājyaṃ praśāsati ||6|
tasyonnatiśarair bhagnāḥ kīrtikhaḍgadvidhākṛtāḥ |
tasyājñāśaktibhinnāṅgā devāḥ śarma na lebhire ||7|
tataḥ saṃmantrayām āsuḥ kṛtvā mātsaryam agrataḥ |
tadyaśognipradīptāṅgā viṣṇuṃ jagmuḥ suvihvalāḥ ||8|
devā ūcuḥ:
ārtāḥ sma[1] *gatasattvāḥ sma*[2] śaṅkhacakragadādhara |
asmadarthe bhavān *nityam āyudhāni*[3] bibharti ca ||9|
tvayi nāthe jagan-*nātha*[4] asmākaṃ duḥkham īdṛśam |
tvāṃ *tu praṇamatī vāṇī*[5] kathaṃ daityaṃ namasyati ||10|
manasā karmaṇā vācā tvām eva śaraṇaṃ gatāḥ |
tvadaṅghriśaraṇāḥ santaḥ kathaṃ daityaṃ namemahi ||11|
yajāmas tvāṃ mahāyajñair vadāmo vāgbhir acyuta |
tvadekaśaraṇāḥ santaḥ kathaṃ daityaṃ namemahi ||12|
tvadvīryam āśritā nityaṃ devāḥ sendrapurogamāḥ |
tvayā dattaṃ padaṃ prāpya kathaṃ daityaṃ namemahi ||13|
sraṣṭā tvaṃ brahmamūrtyā tu viṣṇur bhūtvā tu rakṣasi |
saṃhartā rudraśaktyā tvaṃ kathaṃ daityaṃ namemahi ||14|
aiśvaryaṃ kāraṇaṃ loke vinaiśvaryaṃ tu *kiṃ phalam*[6] |
hataiśvaryāḥ sureśāna[7] kathaṃ daityaṃ namemahi ||15|
anādis tvaṃ jagaddhātar anantas tvaṃ jagadguruḥ |
antavantam amuṃ śatruṃ kathaṃ daityaṃ namemahi ||16|
tavaiśvaryeṇa puṣṭāṅgā jitvā trailokyam ojasā |
sthirāḥ syāmaḥ sureśāna kathaṃ daityaṃ namemahi ||17|
brahmovāca:
ity etad *eva vacanaṃ*[8] śrutvā daiteyasūdanaḥ |
uvāca sarvān amarān devānāṃ kāryasiddhaye ||18|

1 D ārtānāṃ **2** DV jagatām īśa **3** D nityaṃ chāyārūpaṃ **4** V -nāthāpy **5** V vai praṇamatāṃ śīrṣaṃ **6** V niṣphalam **7** A hataiśvaryāśanāḥ santaḥ **8** V devavacanaṃ

śrībhagavān[9] uvāca:
madbhakto 'sau balir daityo hy a-*vadhyo*[10] 'sau surāsuraiḥ |
yathā bhavanto matpoṣyās tathā poṣyo balir mama ||19|
vinā *tu*[11] saṃgaraṃ devā *hatvā*[12] rājyaṃ tri-*viṣṭape*[13] |
baliṃ nibadhya mantroktyā rājyaṃ vaḥ pradadāmy aham ||20|
brahmovāca:
tathety uktvā suragaṇāḥ saṃjagmur divam eva hi |
bhagavān api deveśo hy adityā garbham āviśat ||21|
tasminn utpadyamāne tu utsavāś ca babhūvire |
jāto 'sau vāmano brahman yajñeśo yajñapūruṣaḥ ||22|
etasminn antare brahman hayamedhāya dīkṣitaḥ |
balir balavatāṃ śreṣṭha ṛṣimukhyaiḥ samāhitaḥ ||23|
purodhasā ca śukreṇa vedavedāṅgavedinā |
makhe tasmin vartamāne yajamāne balau tathā ||24|
ārtvijya ṛṣimukhye tu śukre tatra purodhasi |
havirbhāgārtham *āsanna*-[14]devagandharvapannage ||25|
dīyatāṃ bhujyatāṃ pūjā kriyatāṃ ca pṛthak pṛthak |
paripūrṇaṃ punaḥ pūrṇam evaṃ vākye pravartati ||26|
śanais taddeśam abhyāgād vāmanaḥ sāmagāyanaḥ |
yajñavāṭam anuprāpto vāmanaś *citra*-[15]kuṇḍalaḥ ||27|
praśaṃsamānas taṃ yajñaṃ vāmanaṃ prekṣya bhārgavaḥ |
brahmarūpadharaṃ devaṃ vāmanaṃ daityasūdanam ||28|
dātāraṃ yajñatapasāṃ *phalaṃ hantāraṃ*[16] rakṣasām |
jñātvā tvarann athovāca rājānaṃ bhūritejasam ||29|
jetāraṃ kṣatradharmeṇa dātāraṃ bhaktito dhanam |
baliṃ *balavatāṃ śreṣṭhaṃ*[17] sabhāryaṃ dīkṣitaṃ makhe ||30|
dhyāyantaṃ yajñapuruṣam utsṛjantaṃ haviḥ pṛthak |
tam āha bhṛguśārdūlaḥ śukraḥ paramabuddhimān ||31|
śukra uvāca:
yo 'sau tava makhaṃ prāpto brāhmaṇo vāmanākṛtiḥ |
nāsau vipro bale satyaṃ yajñeśo yajña-*vāhanaḥ*[18] ||32|
śiśus[19] tvāṃ yācituṃ prāpto *nūnaṃ devahitāya hi*[20] |
mayā ca saha saṃmantrya paścād deyaṃ tvayā prabho ||33|
brahmovāca:
balis tu bhārgavaṃ prāha purodhasam ariṃdamaḥ ||34|
balir uvāca:
dhanyo 'haṃ mama yajñeśo gṛham *āyāti mūrtimān*[21] |
āgatya yācate kiṃcit *kiṃ mantryam avaśiṣyate*[22] ||35|
brahmovāca:
evam *uktvā*[23] sabhāryo 'sau śukreṇa ca purodhasā |
jagāma yatra viprendro vāmano 'ditinandanaḥ ||36|

9 V vāsudeva **10** DV -jayo **11** V ca **12** V hṛtvā **13** V -viṣṭapam **14** V āsīne **15** DV chattra- **16** V nihantāraṃ ca **17** D taṃ kalihantāraṃ **18** V -bhāvanaḥ **19** V sa tu **20** A yaḥ paraḥ paramād api V yaḥ paraḥ parataḥ pumān **21** A āgatya yat paraḥ V āyāty acintitaḥ **22** A kim anyad avaśiṣyate V kiṃ vicārya mamādhunā **23** V uktaḥ

kṛtāñjalipuṭo bhūtvā *kenārthitvaṃ tad*[24] *ucyatām*[25] |
vāmano 'pi tadā prāha padatrayamitāṃ bhuvam ||37|
dehi rājendra nānyena kāryam asti dhanena kim[26] |
tathety uktvā tu kalaśān nānāratnavibhūṣitāt ||38|
vāridhārāṃ puraskṛtya vāmanāya bhuvaṃ dadau |
paśyatsu ṛṣimukhyeṣu śukre caiva purodhasi ||39|
paśyatsu *lokanātheṣu*[27] vāmanāya bhuvaṃ dadau |
paśyatsu daityasaṃgheṣu jaya-*śabde pravartati*[28] ||40|
śanais tu vāmanaḥ prāha svasti rājan sukhī bhava |
dehi me saṃmitāṃ bhūmiṃ tri-*padām āśu gamyate*[29] ||41|
[[30]gṛhyatām uktamātre tu yad vṛttaṃ tan niśāmaya |]
tathety uvāca daityeśo yāvat paśyati vāmanam |
yajñeśo[31] yajñapuruṣaś candrādityau stanāntare ||42|
yathā syātāṃ *surā mūrdhni*[32] vavṛdhe vikramākṛtiḥ |
anantaś cācyuto devo *vikrānto vikramākṛtiḥ*[33] |
taṃ dṛṣṭvā daityarāṭ prāha sabhāryo vinayānvitaḥ ||43|
balir uvāca:
kramasva viṣṇo lokeśa yāvac-*chaktyā*[34] jaganmaya |
jitaṃ mayā sureśāna sarvabhāvena viśvakṛt ||44|
[35]brahmovāca:
tadvākyasamakālaṃ *tu*[36] [[37]śukro 'py āha bhṛśaṃ tadā |
nirvāpito 'si rājendra mayā buddhyā yataḥ purā |
tadvākyasamakālaṃ tu |] viṣṇuḥ prāha mahākratuḥ ||45|
viṣṇur uvāca:
daityeśvara mahābāho kramiṣye paśya daityarāṭ ||46|
[38]brahmovāca:
evaṃ vadantaṃ sa prāha krama viṣṇo punaḥ punaḥ ||47|
brahmovāca:
kūrmapṛṣṭhe padaṃ nyasya baliyajñe padaṃ nyasat |
dvitīyaṃ tu padaṃ *prāpa brahmalokaṃ*[39] sanātanam ||48|
tṛtīyasya *padasyātra sthānaṃ nāsty asureśvara*[40] |
kva kramiṣye bhuvaṃ dehi baliṃ taṃ harir abravīt |
vihasya balir apy āha sabhāryaḥ sa kṛtāñjaliḥ ||49|
balir uvāca:
tvayā sṛṣṭaṃ jagat sarvaṃ na *sraṣṭāhaṃ*[41] sureśvara |
tvaddoṣād alpam abhavat kiṃ karomi jaganmaya ||50|
tathāpi *nānṛtapūrvaṃ*[42] kadācid vacmi keśava |
satyavākyaṃ ca māṃ kurvan matpṛṣṭhe hi padaṃ nyasa ||51|

24 D mama kṛtyaṃ tu V kimarthaṃ tu **25** DV tad vada **26** V niveśanāya saṃdeyā nānyad icchāmi kiṃcana **27** D lokapāleṣu V devamukhyeṣu **28** V -śabdo vyavartata **29** V -padaṃ yat pratiśrutam **30** V ins. **31** V vavṛdhe **32** A sureśānau **33** D vikrānto vikramāśrayaḥ V lokakartā jaganmayaḥ **34** ASS corr. like V; V -chakti **35** V om. **36** V ca **37** V ins. **38** V om. **39** V prādān mama loke **40** A padaṃ sthānaṃ naivāsti dvijasattama **41** A tāvad eva **42** V nānṛtaṃ pūrvaṃ

[43]brahmovāca:
tataḥ prasanno bhagavāṃs trayīmūrtiḥ surārcitaḥ ||52|
[44]bhagavān uvāca:
varaṃ vṛṇīṣva bhadraṃ te bhaktyā prīto 'smi daityarāṭ ||53|
brahmovāca:
sa tu prāha jagannāthaṃ na yāce tvāṃ tri-*vikramam*[45] |
sa tu prādāt svayaṃ viṣṇuḥ prītaḥ san manasepsitam ||54|
rasātalapatitvaṃ ca bhāvi cendrapadaṃ punaḥ |
ātmādhipatyaṃ ca harir avināśi yaśo *vibhuḥ*[46] ||55|
evaṃ dattvā baleḥ sarvaṃ sasutaṃ bhāryayānvitam |
rasātale hariḥ sthāpya baliṃ tv amaravairiṇam ||56|
śatakratos tathā prādāt surarājyaṃ yathābhavam |
etasminn antare tatra padaṃ prāgāt surārcitam ||57|
dvitīyaṃ tat padaṃ viṣṇoḥ pitur mama mahāmate |
yat padaṃ samanuprāptaṃ gṛhaṃ dṛṣṭvāpy acintayam ||58|
kiṃ kṛtyaṃ yac chubhaṃ me syāt pade viṣṇoḥ samāgate |
sarvasvaṃ ca samālokya śreṣṭho me syāt kamaṇḍaluḥ ||59|
tad vāri yat puṇyatamaṃ dattaṃ ca tripurāriṇā |
varaṃ vareṇyaṃ varadaṃ *varaṃ*[47] śāntikaraṃ param ||60|
śubhaṃ ca śubhadaṃ nityaṃ bhuktimuktipradāyakam |
mātṛsvarūpaṃ lokānām amṛtaṃ bheṣajaṃ śuci ||61|
pavitraṃ pāvanaṃ pūjyaṃ *jyeṣṭhaṃ*[48] *śreṣṭhaṃ guṇānvitam*[49] |
smaraṇād eva lokānāṃ pāvanaṃ kiṃ nu darśanāt ||62|
tādṛg vāri śucir bhūtvā kalpaye 'rghāya me pituḥ |
iti saṃcintya tad vāri gṛhītvārghāya kalpitam ||63|
viṣṇoḥ pāde tu patitam arghavāri sumantritam |
tad vāri patitaṃ merau caturdhā vyagamad bhuvam ||64|
pūrve tu dakṣiṇe caiva paścime cottare tathā |
dakṣiṇe yat tu patitaṃ jaṭābhiḥ śaṃkaro mune ||65|
jagrāha paścime yat tu punaḥ prāyāt kamaṇḍalum |
uttare patitaṃ yat tu viṣṇur jagrāha taj jalam ||66|
pūrvasminn[50] ṛṣayo *devā*[51] pitaro lokapālakāḥ |
jagṛhuḥ śubhadaṃ vāri tasmāc chreṣṭhaṃ tad ucyate ||67|
yā dakṣiṇāṃ diśaṃ prāptā āpo vai lokamātaraḥ |
viṣṇupādaprasūtās tā *brahmaṇyā*[52] lokamātaraḥ ||68|
maheśvarajaṭā-*saṃsthāḥ parvajātaśubhodayāḥ*[53] |
tāsāṃ prabhāvasmaraṇāt sarvakāmān avāpnuyāt ||69|

iti śrīmahāpurāṇe ādibrāhme svayaṃbhvṛṣisaṃvāde tīrthamāhātmye gaṅgāyā maheśvarajaṭāgamananirūpaṇaṃ nāma trisaptatitamo 'dhyāyaḥ = gautamīmāhātmye caturtho 'dhyāyaḥ

43 V om. **44** V om. **45** V -vikrama **46** V bahu **47** V śāntaṃ **48** A śreṣṭhaṃ **49** A śreṣṭhaśubhāvaham V śreṣṭhaṃ śubhāvaham **50** V pūrvasmin **51** Sic; V devāḥ **52** D brāhmyo vai **53** V -saṃsthā evaṃ jātāḥ śubhodayāḥ

nārada uvāca:
kamaṇḍalusthitā devī maheśvarajaṭāgatā |
śrutā deva yathā martyam āgatā tad bravītu me ||74.1|
brahmovāca:
maheśvarajaṭāsthā yā āpo devyo mahāmate |
tāsāṃ ca dvividho bheda āhartur dvayakāraṇāt ||2|
ekāṃśo *brāhmaṇenātra*[1] vratadānasamādhinā |
gotamena[2] śivaṃ pūjya āhṛto lokaviśrutaḥ ||3|
aparas tu mahāprājña kṣatriyeṇa balīyasā |
ārādhya śaṃkaraṃ devaṃ tapobhir niyamais tathā ||4|
bhagīrathena bhūpena āhṛto 'ṃśo aparas tathā |
evaṃ dvairūpyam abhavad *gaṅgāyā munisattama*[3] ||5|
nārada uvāca:
maheśvarajaṭā-*sthā yā*[4] hetunā kena gautamaḥ |
āhartā kṣatriyeṇāpi āhṛtā kena tad vada ||6|
brahmovāca:
yathānītā purā vatsa brāhmaṇenetareṇa vā |
tat sarvaṃ vistareṇāhaṃ vadiṣye prītaye tava ||7|
yasmin kāle sureśasya umā patny abhavat priyā |
tasminn evābhavad gaṅgā priyā śaṃbhor mahā-*mate*[5] ||8|
mama *doṣāpanodāya*[6] cintayānaḥ śivas tadā |
umayā sahitaḥ śrīmān devīṃ prekṣya viśeṣataḥ ||9|
rasavṛttau sthito yasmān nirmame rasam uttamam |
rasikatvāt priyatvāc ca straiṇatvāt pāvanatvataḥ ||10|
sarvābhyo hy adhikaprītir gaṅgābhūd dvijasattama |
[[7]ātmano mastake *gaṅgā*[8] jānāty eva *upeti*[9] vai |]
[10]tām eva cintayāno 'sau sarvadāste maheśvaraḥ ||11|
saivodbhūtā jaṭāmārgāt[11] kasmiṃścit kāraṇāntare |
sa tu saṃgopayām āsa gaṅgāṃ śaṃbhur jaṭāgatām ||12|
śirasā *ca dhṛtāṃ*[12] jñātvā na śaśāka umā tadā |
soḍhuṃ brahmañ jaṭājūṭe sthitāṃ dṛṣṭvā punaḥ punaḥ ||13|
[13]amarṣeṇa bhavaṃ *gorī prerayasvety*[14] abhāṣata |
naivāsau *prairayac*[15] chaṃbhū rasiko rasam uttamam ||14|
[[16]umā *tadāvadad duḥkhād*[17] anāthāsmīti vai tadā |]
jaṭāsv eva tadā devīṃ gopāyantaṃ vimṛśya sā |
vināyakaṃ jayāṃ skandaṃ raho vacanam abravīt ||15|
naivāyaṃ tridaśeśāno gaṅgāṃ tyajati kāmukaḥ |
sāpi priyā śivasyādya kathaṃ tyajati tāṃ priyām ||16|
evaṃ vimṛśya bahuśo gaurī cāha vināyakam ||17|

1 D brāhmaṇenejyo **2** V gautamena **3** A gaṅgāyāṃ gāṃ gatā yataḥ **4** V -sthāyā **5** V -dyute **6** V doṣāpanuttyarthaṃ **7** AV ins. **8** V gaṅgāṃ **9** Misprint for *umeti* or *upaiti*? V umeti **10** A om. **11** A gaṅgāṃ jagadgurur devaḥ **12** V vidhṛtaṃ **13** A om. 74.14. **14** V gaurī prāhiṇasvety **15** V prāhiṇoc **16** AV ins. **17** V uvāca tadduḥkhād

pārvaty uvāca:
na devair nāsurair yakṣair na *siddhair*[18] bhavatāpi ca |
na *rājabhir*[19] athānyair vā *na*[20] gaṅgāṃ tyajati prabhuḥ ||18|
punas tapsyāmi vā gatvā himavantaṃ nagottamam |
athavā brāhmaṇaiḥ puṇyais tapobhir hatakalmaṣaiḥ ||19|
tair vā jaṭāsthitā gaṅgā prārthitā bhuvam āpnuyāt ||20|
brahmovāca:
etac chrutvā mātṛvākyaṃ mātaraṃ prāha vighnarāṭ |
bhrātrā skandena jayayā saṃmantryeha ca *yujyate*[21] ||21|
tat kurmo mastakād gaṅgāṃ yathā tyajati me pitā |
etasminn antare brahmann anāvṛṣṭir ajāyata ||22|
dvir dvādaśa samā[22] martye sarvaprāṇibhayāvahā |
tato vinaṣṭam abhavaj jagat sthāvarajaṅgamam ||23|
vinā tu gautamaṃ puṇyam āśramaṃ sarvakāmadam |
sraṣṭukāmaḥ purā putra sthāvaraṃ jaṅgamaṃ tathā ||24|
kṛto yajño mayā pūrvaṃ sa devayajano giriḥ |
mannāmā tatra vikhyātas tato brahmagiriḥ sadā ||25|
tam āśritya nagaśreṣṭhaṃ sarvadāste sa gautamaḥ |
tasyāśrame mahāpuṇye śreṣṭhe brahmagirau śubhe ||26|
ādhayo vyādhayo vāpi durbhikṣaṃ vāpy avarṣaṇam |
bhayaśokau ca dāridryaṃ na śrūyante kadācana ||27|
tadāśramaṃ vinānyatra havyaṃ vā kavyam eva ca |
nāsti putra tathā dātā hotā yaṣṭā tathaiva ca ||28|
yadaiva gautamo vipro dadāti ca juhoti ca |
tadaivāpy ayanaṃ[23] svarge surāṇām api *nānyataḥ*[24] ||29|
devaloke 'pi martye vā śrūyate gautamo muniḥ |
hotā[25] dātā ca bhoktā ca sa eveti *janā viduḥ*[26] ||30|
tac chrutvā munayaḥ sarve nānāśramanivāsinaḥ |
gautamāśramam āpṛcchann *āgacchantas*[27] tapodhanāḥ ||31|
teṣāṃ[28] munīnāṃ sarveṣām āgatānāṃ sa gautamaḥ |
śiṣyavat putravad bhaktyā pitṛvat poṣako 'bhavat ||32|
yasya[29] *yathepsitaṃ*[30] kāmaṃ yathāyogyaṃ yathākramam |
yathānurūpaṃ sarveṣāṃ śuśrūṣām akaron muniḥ ||33|
ājñayā gautamasyāsann oṣadhyo lokamātaraḥ |
ārādhitāḥ *punas*[31] tena brahmaviṣṇumaheśvarāḥ ||34|
jāyante ca[32] tadauṣadhyo *lūyante*[33] ca tadaiva hi |
saṃpatsyante[34] tadopyante gautamasya tapobalāt ||35|
sarvāḥ samṛddhayas tasya saṃsidhyante manogatāḥ |
pratyahaṃ vakti vinayād gautamas tv āgatān munīn ||36|
putravac chiṣyavac caiva preṣyavat karavāṇi kim |
pitṛvat poṣayām āsa saṃvatsaragaṇān bahūn ||37|

18 D martyair **19** V ca bhūpair **20** V sa **21** A pūjya ca **22** V dvirdvādaśasamā
23 V tadaivāpyāyanaṃ **24** V nānyathā **25** AV sa eva **26** V vidur janāḥ **27** V āgacchanti
28 V tathā **29** ASS corr. *teṣāṃ* **30** V yac cepsitaṃ **31** D purā **32** V ajāyanta
33 D sūyante V bhujyante **34** A taṃ kalpante V saṃkalpyante

evaṃ *vasatsu muniṣu trailokye khyātir āśrayāt*[35] |
tato vināyakaḥ prāha mātaraṃ bhrātaraṃ jayām ||38|
vināyaka uvāca:
devānāṃ sadane mātar gīyate gautamo dvijaḥ |
yan na sādhyaṃ[36] suragaṇair gautamaḥ kṛtavān iti ||39|
evaṃ śrutaṃ mayā devi brāhmaṇasya tapobalam |
sa vipraś cālayed enāṃ mātar gaṅgāṃ jaṭāgatām ||40|
tapasā vānyato vāpi pūjayitvā trilocanam |
sa eva *cyāvayed*[37] enāṃ jaṭāsthāṃ me pitṛpriyām ||41|
tatra nītir vidhātavyā tāṃ vipro yācayed yathā |
tatprabhāvāt saricchreṣṭhā śiraso *'vataraty api*[38] ||42|
brahmovāca:
ity uktvā mātaraṃ bhrātrā jayayā saha vighnarāṭ |
jagāma gautamo yatra brahmasūtradharaḥ kṛśaḥ ||43|
vasan katipayāhaḥsu gautamāśramamaṇḍale |
uvāca brāhmaṇān *sarvāṃs tatra tatra*[39] ca vighnarāṭ ||44|
gacchāmaḥ svam adhiṣṭhānam āśramāṇi śucīni ca |
puṣṭāḥ sma gautamānnena pṛcchāmo gautamaṃ munim ||45|
iti saṃmantrya pṛcchanti munayo munisattamāḥ |
sa tān nivārayām āsa snehabuddhyā munīn pṛthak ||46|
gautama uvāca:
kṛtāñjaliḥ savinayam āsadhvam iha caiva hi |
yuṣmaccaraṇaśuśrūṣāṃ karomi munipuṃgavāḥ ||47|
śuśrūṣau putravan nityaṃ mayi tiṣṭhati nocitam |
bhavatāṃ bhūmidevānām āśramāntarasevanam ||48|
idam evāśramaṃ puṇyaṃ[40] sarveṣām iti me matiḥ |
alam anyena munaya āśrameṇa gatena vā ||49|
brahmovāca:
iti śrutvā muner vākyaṃ vighnakṛtyam anusmaran |
uvāca prāñjalir bhūtvā brāhmaṇān sa gaṇādhipaḥ ||50|
gaṇādhipa uvāca:
annakrītā vayaṃ kiṃ *no*[41] *nivārayata*[42] gautamaḥ |
sāmnā[43] naiva vayaṃ śaktā gantuṃ svaṃ *svaṃ*[44] niveśanam ||51|
nāyam arhati daṇḍaṃ vā upakārī dvijottamaḥ |
tasmād buddhyā vyavasyāmi tat sarvair anumanyatām ||52|
brahmovāca:
tataḥ sarve dvijaśreṣṭhāḥ kriyatām ity anubruvan |
etasya tūpakārāya lokānāṃ hitakāmyayā ||53|
brāhmaṇānāṃ ca sarveṣāṃ śreyo yat syāt tathā kuru |
brāhmaṇānāṃ vacaḥ śrutvā mene vākyaṃ gaṇādhipaḥ ||54|

35 V sa gautamaḥ putra khyātiṃ prāpto mahattaram **36** V yatnasādhyaṃ **37** V yācayed **38** V avatariṣyati **39** V sarvān nātra stheyaṃ **40** V ayam evāśramaḥ puṇyaḥ **41** A tu **42** V nivārayati **43** A śaptuṃ **44** A vā

vināyaka uvāca:
kriyate guṇarūpaṃ yad gautamasya viśeṣataḥ ||55|
brahmovāca:
anumānya dvijān sarvān punaḥ punar udāradhīḥ |
svayaṃ ca brāhmaṇo bhūtvā praṇamya brāhmaṇān punaḥ |
mātur mate sthito vidvāñ jayāṃ prāha gaṇeśvaraḥ ||56|
vināyaka uvāca:
yathā nānyo vijānīte tathā kuru śubhānane |
gorūpadhāriṇī gaccha gautamo yatra tiṣṭhati ||57|
śālīn khāda vināśyātha vikāraṃ kuru bhāmini |
kṛte prahāre huṃkāre prekṣite cāpi[45] kiṃcana |
pata dīnaṃ[46] svanaṃ kṛtvā na mriyasva na jīva ca ||58|
brahmovāca:
tathā cakāra vijayā vighneśvaramate sthitā |
yatrāsīd gautamo vipro jayā gorūpadhāriṇī ||59|
jagāma śālīn khādantī tāṃ dadarśa sa gautamaḥ |
gāṃ dṛṣṭvā vikṛtāṃ vipras tāṃ tṛṇena nyavārayat ||60|
nivāryamāṇā sā tena svanaṃ kṛtvā papāta gauḥ |
tasyāṃ tu patitāyāṃ ca hāhākāro mahān abhūt ||61|
svanaṃ śrutvā ca dṛṣṭvā ca gautamasya viceṣṭitam |
vyathitā brāhmaṇāḥ prāhur vighnarājapuraskṛtāḥ ||62|
brāhmaṇā ūcuḥ:
ito gacchāmahe sarve na sthātavyaṃ tavāśrame |
putravat poṣitāḥ sarve pṛṣṭo 'si munipuṃgava ||63|
brahmovāca:
iti śrutvā munir vākyaṃ viprāṇāṃ gacchatāṃ tadā |
vajrāhata ivāsīt sa viprāṇāṃ purato 'patat ||64|
tam ūcur brāhmaṇāḥ sarve paśyemāṃ patitāṃ bhuvi |
rudrāṇāṃ mātaraṃ devīṃ jagatāṃ pāvanīṃ priyām ||65|
tīrthadevasvarūpiṇyām asyāṃ gavi vidher balāt |
patitāyāṃ muniśreṣṭha gantavyam avaśiṣyate ||66|
cīrṇaṃ vrataṃ kṣayaṃ yāti yathā vāsas tvadāśrame[47] |
vayaṃ nānyadhanā brahman kevalaṃ tu tapodhanāḥ ||67|
brahmovāca:
viprāṇāṃ purataḥ sthitvā vinītaḥ prāha gautamaḥ ||68|
gautama uvāca:
bhavanta eva śaraṇaṃ pūtaṃ māṃ kartum arhatha ||69|
brahmovāca:
tataḥ provāca bhagavān vighna-*rāḍ*[48] brāhmaṇair vṛtaḥ ||70|
vighnarāja uvāca:
naiveyaṃ mriyate tatra naiva jīvati tatra kim |
vadāmo 'smin susaṃdigdhe niṣkṛtiṃ gatim eva vā ||71|

45 D datte prahāravacane prakṣipte vāpi **46** V uccais tatra **47** D cīrṇavrataṃ punītaṃ tvām eṣyāmaḥ punar eva hi **48** AV -kṛd

gautama uvāca:
[[49]na ca mūrcchiṣyatīyaṃ gaur mariṣyati na saṃśayaḥ ||]
katham utthāsyatīyaṃ gaur atha cāsmiṃś ca niṣkṛtim |
vaktum arhatha tat sarvaṃ kariṣye 'ham asaṃśayam ||72|
brāhmaṇā ūcuḥ:
sarveṣāṃ ca matenāyaṃ *vadiṣyati ca buddhimān*[50] |
etad vākyam athāsmākaṃ pramāṇaṃ tava gautama ||73|
brahmovāca:
brāhmaṇaiḥ preryamāṇo 'sau[51] gautamena balīyasā |
vighnakṛd brahmavapuṣā prāha sarvān idaṃ vacaḥ ||74|
vighnarāja uvāca:
sarveṣāṃ ca matenāhaṃ vadiṣyāmi yathārthavat |
anumanyantu munayo madvākyaṃ gautamo 'pi ca ||75|
maheśvarajaṭājūṭe brahmaṇo 'vyaktajanmanaḥ |
kamaṇḍalusthitaṃ vāri tiṣṭhatīti hi śuśruma ||76|
tad ānayasva tarasā tapasā niyamena ca |
tenābhiṣiñca gām etāṃ bhagavan bhuvam āśritām |
tato vatsyāmahe sarve pūrvavat tava veśmani ||77|
brahmovāca:
ity uktavati viprendre brāhmaṇānāṃ ca saṃsadi |
tatrāpatat puṣpavṛṣṭir jayaśabdo vyavardhata |
tataḥ kṛtāñjalir namro gautamo vākyam abravīt ||78|
gautama uvāca:
tapasāgniprasādena devabrahmaprasādataḥ |
bhavatāṃ ca prasādena matsaṃkalpo 'nusidhyatām ||79|
brahmovāca:
evam astv iti taṃ viprā *āpṛcchan*[52] munipuṃgavam |
svāni sthānāni te jagmuḥ samṛddhāny annavāribhiḥ ||80|
yāteṣu[53] teṣu vipreṣu bhrātrā saha gaṇeśvaraḥ |
jayayā saha suprītaḥ kṛtakṛtyo nyavartata ||81|
gateṣu brahmavṛndeṣu gaṇeśe ca gate tathā |
gautamo 'pi muniśreṣṭhas tapasā hatakalmaṣaḥ ||82|
dhyāyaṃs tadarthaṃ sa muniḥ kim idaṃ mama saṃsthitam |
ity evaṃ bahuśo dhyāyañ jñānena jñātavān dvi-*ja*[54] ||83|
niścitya devakāryārtham ātmanaḥ kilbiṣāṃ gatim |
lokānām upakāraṃ ca śaṃbhoḥ prīṇanam eva ca ||84|
umāyāḥ prīṇanaṃ cāpi gaṅgānayanam eva ca |
sarvaṃ śreyaskaraṃ manye mayi naiva ca kilbiṣam ||85|
ity evaṃ manasā dhyāyan suprīto 'bhūd dvijottamaḥ |
[[55]bhāryayā saha saṃmantrya idam āha dvijottamaḥ ||]
ārādhya jagatām īśaṃ trinetraṃ vṛṣabhadhvajam ||86|

49 V ins. **50** D vadiṣyaty atibuddhimān **51** D tac chrutvā harṣasaṃpanno **52** V āpṛcchya **53** V gateṣu **54** V -jaḥ **55** AV ins.

ānayiṣye saricchreṣṭhāṃ *prītā 'stu girijā mama*[56] |
sapatnī jagadambāyā maheśvarajaṭāsthitā ||87|
evaṃ hi saṃkalpya munipravīraḥ |
sa gautamo brahmagirer jagāma |
kailāsam ādhiṣṭhitam ugra-*dhanvanā*[57] |
surārcitaṃ *priyayā brahmavṛndaiḥ*[58] ||88|

iti śrīmahāpurāṇe ādibrāhme svayaṃbhvṛṣisaṃvāde tīrthamāhātmye vināyakagautamavyāpāranirūpaṇaṃ nāma catuḥsaptatitamo 'dhyāyaḥ = gautamīmāhātmye pañcamo 'dhyāyaḥ

nārada uvāca:
kailāsa-*śikharaṃ*[1] gatvā gautamo bhagavān ṛṣiḥ |
kiṃ cakāra tapo vāpi kāṃ cakre stutim uttamām ||75.1|
brahmovāca:
giriṃ gatvā tato vatsa vācaṃ saṃyamya gautamaḥ |
āstīrya sa kuśān prājñaḥ kailāse parvatottame ||2|
upaviśya śucir bhūtvā stotraṃ cedaṃ tato jagau |
apatat puṣpavṛṣṭiś ca stūyamāne maheśvare ||3|
gautama uvāca:
bhogārthināṃ bhogam abhīpsitaṃ ca |
dātuṃ mahānty aṣṭavapūṃṣi *dhatte*[2] |
somo janānāṃ guṇavanti nityaṃ |
devaṃ mahādevam iti stuvanti ||4|
kartuṃ svakīyair viṣayaiḥ sukhāni |
bhartuṃ samastaṃ sacarācaraṃ ca |
saṃpattaye *hy asya*[3] vivṛddhaye ca |
mahīmayaṃ rūpam itīśvarasya ||5|
sṛṣṭeḥ sthiteḥ saṃharaṇāya bhūmer |
ādhāram ādhātum apāṃ svarūpam |
bheje śivaḥ śāntatanur janānāṃ |
sukhāya dharmāya *jagat pratiṣṭhitam*[4] ||6|
kāla-*vyavasthām*[5] amṛtasravaṃ ca |
jīvasthitiṃ sṛṣṭim atho vināśanam |
mudaṃ prajānāṃ sukham unnatiṃ ca |
cakre 'rkacandrāgnimayaṃ śarīram ||7|
vṛddhiṃ gatiṃ śaktim athākṣarāṇi |
jīvavyavasthāṃ mudam apy anekām |
sraṣṭuṃ kṛtaṃ vāyur itīśarūpaṃ |
tvaṃ vetsi nūnaṃ bhagavan bhavantam ||8|

56 V prīṇayiṣye gireḥ sutām **57** V -varcasaṃ **58** V prīṇayituṃ hi śaṃbhum **1** V -śikhare
2 A dhatse **3** D tasya **4** D jagatpratiṣṭham **5** DV -pratiṣṭhām

bhedair vinā naiva kṛtir na dharmo |
nātmīyam anyan na diśo 'ntarikṣam |
dyāvāpṛthivyau na ca bhuktimuktī |
tasmād idaṃ vyomavapus taveśa ||9|
dharmaṃ vyavasthāpayituṃ *vyavasya*[6] |
ṛksāmaśāstrāṇi yajuś ca śākhāḥ |
loke ca gāthāḥ smṛtayaḥ purāṇam |
ityādiśabdātmakatām upaiti ||10|
yaṣṭā kratur yāny api sādhanāni |
ṛtvik-*pradeśaṃ*[7] phaladeśakālāḥ |
tvam eva śaṃbho paramārthatattvaṃ |
vadanti yajñāṅgamayaṃ vapus te ||11|
kartā pradātā pratibhūḥ pradānaṃ |
sarvajñasākṣī puruṣaḥ paraś ca |
pratyātmabhūtaḥ paramārtharūpas |
tvam eva sarvaṃ kim u vāgvilāsaiḥ ||12|
na vedaśāstrair gurubhiḥ pradiṣṭo |
na nāsi[8] buddhyādibhir apradhṛṣyaḥ |
ajo 'prameyaḥ śiva-*śabda*-[9]vācyas |
tvam *asti*[10] satyaṃ bhagavan namas te ||13|
ātmaikatāṃ svaprakṛtiṃ kadācid |
aikṣac chivaḥ saṃpad iyaṃ mameti |
pṛthak tadaivābhavad[11] apratarkya- |
acintyaprabhāvo bahuviśvamūrtiḥ ||14|
bhāve *'bhivṛddhā ca bhave bhave ca*[12] |
svakāraṇaṃ kāraṇam āsthitā ca[13] |
nityā śivā sarvasulakṣaṇā vā |
vilakṣaṇā viśvakarasya śaktiḥ ||15|
utpādanaṃ saṃsthitir annavṛddhi- |
layāḥ satāṃ yatra *sanātanās te*[14] |
ekaiva mūrtir[15] na *samasti*[16] kiṃ-*cid*[17] |
asādhyam asyā[18] dayitā harasya ||16|
yadartham annāni dhanāni jīvā |
yacchanti kurvanti tapāṃsi dharmān |
sāpīyam ambā jagato janitrī |
priyā tu somasya *mahāsu*-[19]kīrtiḥ ||17|
yad īkṣitaṃ kāṅkṣati vāsavo 'pi |
yannāmato maṅgalam āpnuyāc ca |
yā vyāpya viśvaṃ vimalīkaroti |
somā[20] sadā somasamānarūpā ||18|

6 V vibhajya **7** ASS corr. *pradeyaṃ*; V -svarūpaṃ **8** A na nāsti B nānāsi **9** D -śakti- **10** ASS corr. like V; V eva **11** A vṛthā sadaivābhavad **12** D abhivṛddhyābhibhave bhavasya **13** D yā kāraṇaṃ kāraṇakā bhavānī **14** V sanātano 'rthaḥ **15** DV eṣaiva bhūmir **16** DV samāsti **17** D -svin **18** D na dhyānagamyā **19** A sahasra- **20** D sā māṃ

brahmādi-*jīvasya*[21] carācarasya |
buddhyakṣi-[22]caitanyamanaḥsukhāni |
yasyāḥ prasādāt phalavanti nityaṃ |
vāgīśvarī lokaguroḥ suramyā ||19|
caturmukhasyāpi mano malīnaṃ |
kim anyajantor iti *cintya mātā*[23] |
gaṅgāvatāraṃ vividhair upāyaiḥ |
sarvaṃ jagat pāvayituṃ cakāra ||20|
śrutīḥ samālakṣya haraprabhutvaṃ |
viśvasya lokaḥ sakalaiḥ pramāṇaiḥ |
kṛtvā ca dharmān bubhuje ca bhogān |
vibhūtir eṣā tu *sadāśivasya*[24] ||21|
kāryakriyākārakasādhanānāṃ |
vedoditānām atha laukikānām |
yat sādhyam utkṛṣṭatamaṃ priyaṃ ca |
proktā ca sā siddhir anādikartuḥ ||22|
dhyātvā varaṃ brahma paraṃ pradhānaṃ |
yat sārabhūtaṃ yad upāsitavyam |
yat prāpya muktā na punar bhavanti |
sadyogino muktir umāpatiḥ saḥ ||23|
yathā yathā śambhur ameyamāyā- |
rūpāṇi dhatte jagato hitāya |
tadyogayogyāni tathaiva dhatse |
pativratātvaṃ tvayi mātar evam ||24|
brahmovāca:
ity evaṃ stuvatas tasya purastād vṛṣabhadhvajaḥ |
umayā sahitaḥ śrīmān gaṇeśādigaṇair vṛtaḥ ||25|
sākṣād āgatya taṃ śambhuḥ prasanno vākyam abravīt ||26|
śiva uvāca:
kiṃ te gautama dāsyāmi bhaktistotravrataiḥ śubhaiḥ |
parituṣṭo 'smi yācasva devānām api *duṣkaram*[25] ||27|
brahmovāca:
iti śrutvā jaganmūrter vākyaṃ vākyaviśāradaḥ |
harṣabāṣpaparītāṅgo gautamaḥ paryacintayat ||28|
aho daivam aho dharmo hy aho vai viprapūjanam |
aho lokagatiś citrā aho dhātar namo 'stu te ||29|
gautama uvāca:
jaṭāsthitāṃ śubhāṃ gaṅgāṃ dehi me tridaśārcita |
yadi tuṣṭo 'si deveśa trayīdhāma namo 'stu te ||30|
īśvara uvāca:
trayāṇām upakārārthaṃ lokānāṃ yācitaṃ tvayā |
ātmanas tūpakārāya tad yācasvākutobhayaḥ ||31|

21 A -devasya **22** A buddhyādi- **23** V cintyamānā **24** V sadā śivasya **25** V durlabham

gautama uvāca:
stotreṇānena ye *bhaktās*[26] tvāṃ ca devīṃ stuvanti vai |
sarvakāmasamṛddhāḥ syur etad dhi varayāmy aham ||32|
brahmovāca:
evam astv iti deveśaḥ parituṣṭo 'bravīd vacaḥ |
anyān api varān matto yācasva vigatajvaraḥ ||33|
evam uktas tu harṣeṇa gautamaḥ prāha śaṃkaram ||34|
gautama uvāca:
imāṃ devīṃ jaṭāsaṃsthāṃ pāvanīṃ loka-*pāvanīm*[27] |
tava priyāṃ jagannātha utsṛja brahmaṇo girau ||35|
sarvāsāṃ tīrthabhūtā tu yāvad gacchati sāgaram |
brahmahatyādipāpāni manovākkāyikāni *ca*[28] ||36|
snānamātreṇa sarvāṇi vilayaṃ yāntu śaṃkara |
candrasūryoparāge ca ayane viṣuve tathā ||37|
saṃkrāntau vaidhṛtau puṇyatīrtheṣv anyeṣu yat phalam |
asyās tu smaraṇād eva tat puṇyaṃ jāyatāṃ hara ||38|
ślāghyaṃ kṛte tapaḥ proktaṃ tretāyāṃ yajñakarma ca |
dvāpare yajñadāne ca dānam eva kalau yuge ||39|
yugadharmāś ca ye sarve deśadharmās tathaiva ca |
deśakālādisaṃyoge yo dharmo yatra śasyate ||40|
yad anyatra kṛtaṃ puṇyaṃ snānadānādisaṃyamaiḥ |
asyās tu smaraṇād eva tat puṇyaṃ jāyatāṃ hara ||41|
yatra yatra tv iyaṃ yāti yāvat sāgaragāminī |
tatra tatra tvayā bhāvyam eṣa cāstu varo varaḥ ||42|
yojanānāṃ tūpari tu daśa yāvac ca saṃkhyayā |
tadantarapraviṣṭānāṃ mahāpātakinām api ||43|
tat pitṝṇāṃ ca teṣāṃ ca snānāyāgacchatāṃ śiva |
snāne cāpy antare mṛtyor[29] muktibhājo bhavantu vai ||44|
ekataḥ sarvatīrthāni svargamartyarasātale |
eṣā tebhyo viśiṣṭā tu alaṃ śaṃbho namo 'stu te ||45|
brahmovāca:
tad gautamavacaḥ śrutvā tathāstv ity abravīc chivaḥ |
asyāḥ parataraṃ tīrthaṃ na bhūtaṃ na bhaviṣyati ||46|
satyaṃ satyaṃ punaḥ satyaṃ vede ca pariniṣṭhitam |
sarveṣāṃ gautamī puṇyā ity uktvāntaradhīyata ||47|
tato gate bhagavati lokapūjite |
tadājñayā pūrṇabalaḥ sa gautamaḥ |
jaṭāṃ samādāya saridvarāṃ tāṃ |
surair vṛto brahmagiriṃ viveśa ||48|
tatas tu gautame prāpte jaṭām ādāya nārada |
puṣpavṛṣṭir abhūt tatra samājagmuḥ sureśvarāḥ ||49|
ṛṣayaś ca mahābhāgā brāhmaṇāḥ kṣatriyās tathā |
jayaśabdena taṃ vipraṃ pūjayanto mudānvitāḥ ||50|

iti śrīmahāpurāṇe ādibrāhme svayaṃbhurṣisaṃvāde tīrthamāhātmye gautamyānayanaṃ nāma pañcasaptatitamo 'dhyāyaḥ = gautamīmāhātmye ṣaṣṭho 'dhyāyaḥ

26 D bhaktyā **27** V -mātaram **28** V tu **29** V snānenāpītare martyā

nārada uvāca:
maheśvarajaṭājuṭād gaṅgām ādāya gautamaḥ |
āgatya brahmaṇaḥ puṇye tataḥ kim akarod girau ||76.1|
brahmovāca:
ādāya gautamo gaṅgāṃ śuciḥ prayatamānasaḥ |
pūjito devagandharvais tathā girinivāsibhiḥ ||2|
girer mūrdhni jaṭāṃ sthāpya smaran devaṃ trilocanam |
uvāca prāñjalir bhūtvā gaṅgāṃ sa dvijasattamaḥ ||3|
gautama uvāca:
trilocanajaṭodbhūte sarvakāma-*pradāyini*[1] |
kṣamasva mātaḥ śāntāsi sukhaṃ yāhi hitaṃ kuru ||4|
brahmovāca:
evam uktā gautamena gaṅgā provāca gautamam |
divyarūpadharā devī divyasraganulepanā ||5|
gaṅgovāca:
gaccheyaṃ devasadanam athavāpi kamaṇḍalum |
rasātalaṃ vā gaccheyaṃ jātas tvaṃ satyavāg asi ||6|
gautama uvāca:
trayāṇām upakārārthaṃ lokānāṃ yācitā mayā |
śaṃbhunā ca tathā dattā devi tan nānyathā bhavet ||7|
brahmovāca:
tad gautamavacaḥ śrutvā gaṅgā mene dvijeritam |
tredhātmānaṃ vibhajyātha svargamartyarasātale ||8|
svarge caturdhā vyagamat saptadhā martyamaṇḍale |
rasātale caturdhaiva saivaṃ pañcadaśākṛtiḥ ||9|
sarvatra *sarva*-[2]bhūtaiva sarvapāpavināśinī |
sarvakāmapradā nityaṃ saiva vede pragīyate ||10|
martyā martyagatām eva paśyanti na talaṃ gatām |
naiva svargagatāṃ martyāḥ paśyanty ajñānabuddhayaḥ ||11|
yāvat sāgaragā devī tāvad devamayī smṛtā |
utsṛṣṭā gautamenaiva prāyāt pūrvārṇavaṃ prati ||12|
tato devarṣibhir juṣṭāṃ mātaraṃ jagataḥ śubhām |
gautamo muniśārdūlaḥ pradakṣiṇam athākarot ||13|
trilocanaṃ sureśānaṃ prathamaṃ pūjya gautamaḥ |
ubhayos tīrayoḥ snānaṃ karomīti dadhe matim ||14|
[3]smṛtamātras tadā tatra āvirāsīt karuṇārṇavaḥ |
[[4]kṛtāñjalipuṭo bhūtvā bhaktinamras trilocanam |]
tatra snānaṃ kathaṃ sidhyed ity evaṃ śarvam abravīt ||15|

1 V -pradāyinī **2** D dharma- **3** In D and V. **4** V ins.

kṛtāñjalipuṭo bhūtvā bhaktinamras trilocanam ||16|
gautama uvāca:
devadeva maheśāna tīrthasnānavidhiṃ mama |
brūhi samyaṅ maheśāna lokānāṃ hitakāmyayā ||17|
śiva uvāca:
maharṣe śṛṇu sarvaṃ ca vidhiṃ godāvarībhavam |
pūrvaṃ nāndīmukhaṃ kṛtvā dehaśuddhiṃ vidhāya ca ||18|
brāhmaṇān bhojayitvā ca teṣām ājñāṃ pragṛhya ca |
brahmacaryeṇa gacchanti patitālāpavarjitāḥ ||19|
yasya hastau ca pādau ca manaś caiva susaṃyatam |
vidyā tapaś ca kīrtiś ca sa tīrthaphalam aśnute ||20|
bhāvaduṣṭiṃ parityajya svadharmapariniṣṭhitaḥ |
śrāntasaṃvāhanaṃ kurvan dadyād annaṃ yathocitam ||21|
akiṃcanebhyaḥ sādhubhyo dadyād vastrāṇi kambalān |
śṛṇvan harikathāṃ divyāṃ tathā gaṅgāsamudbhavām |
anena vidhinā gacchan samyak tīrthaphalaṃ labhet ||22|

iti śrīmahāpurāṇe ādibrāhme tīrthamāhātmye ṣaṭsaptatitamo 'dhyāyaḥ = gautamīmāhātmye saptamo 'dhyāyaḥ[5]

[1]brahmovāca:
tryambakaś *ca iti*[2] prāha gautamaṃ munibhir vṛtam ||77.1|
[3]śiva uvāca:
dvihastamātre tīrthāni saṃbhaviṣyanti gautama |
sarvatrāhaṃ saṃnihitaḥ sarvakāmapradas tathā ||2|
[4]brahmovāca:
gaṅgādvāre prayāge ca tathā sāgarasaṃgame |
eteṣu puṇyadā puṃsāṃ muktidā sā bhagīrathī ||3|
narmadā tu saricchreṣṭhā parvate 'marakaṇṭake |
yamunā saṃgatā[5] *tatra*[6] prabhāse tu sarasvatī ||4|
kṛṣṇā bhīmarathī caiva tuṅgabhadrā tu nārada |
tisṛṇāṃ saṃgamo yatra tat tīrthaṃ muktidaṃ *nṛṇām*[7] ||5|
payoṣṇī saṃgatā *yatra tatratyā*[8] tac ca muktidam |
iyaṃ tu gautamī vatsa yatra kvāpi mamājñayā ||6|
sarveṣāṃ sarvadā nṛṇāṃ *snānān*[9] muktiṃ pradāsyati |
kiṃcitkāle puṇyatamaṃ kiṃcittīrthaṃ surāgame ||7|
sarveṣāṃ sarvadā tīrthaṃ gautamī nātra saṃśayaḥ |
[[10]ṣaṣṭivarṣasahasrāṇi bhāgīrathyavagāhanam |
sakṛd godāvarīsnānaṃ siṃhasthe ca bṛhaspatau |
viśeṣād rāmacaraṇapradānāt tīrthasaṃśrayāt |
siṃhasthite suragurau durlabhā gautamī nṛṇām |

5 Col. only in ASS, V continues the chapter. **1** V om. **2** V cāparaṃ **3** V om. **4** V om.
5 V yamunāsaṃgatā **6** D yatra **7** D smṛtam **8** A tatra tapatyā **9** A nāmnā **10** V ins.

bhāgīrathī narmadā ca yamunā ca sarasvatī |
āyānti bhīmarathyādyāḥ snātuṃ siṃhagate ravau |
vihāya gautamīṃ gaṅgāṃ tīrthāny anyāni sevitum |
ye yānti mūḍhās te yānti nirayaṃ siṃhage gurau ||]
tisraḥ koṭyo 'rdhakoṭī ca yojanānāṃ śatadvaye ||8|
tīrthāni muniśārdūla saṃbhaviṣyanti gautama |
iyaṃ māheśvarī gaṅgā gautamī vaiṣṇavīti ca ||9|
brāhmī godāvarī nandā sunandā kāmadāyinī |
brahmatejaḥsamānītā sarvapāpa-*praṇāśanī*[11] ||10|
smaraṇād eva pāpaughahantrī mama sadā priyā |
pañcānām api bhūtānām āpaḥ śreṣṭhatvam āgatāḥ ||11|
tatrāpi tīrthabhūtās tu tasmād āpaḥ parāḥ smṛtāḥ |
tāsāṃ bhāgīrathī śreṣṭhā tābhyo 'pi gautamī *tathā*[12] ||12|
ānītā sajaṭā gaṅgā asyā nānyac chubhāvaham |
svarge bhuvi tale vāpi tīrthaṃ sarvārthadaṃ mune ||13|
brahmovāca:
ity etat kathitaṃ putra gautamāya mahātmane |
sākṣād dhareṇa tuṣṭena mayā tava niveditam ||14|
evaṃ sā gautamī gaṅgā sarvebhyo 'py adhikā matā |
tatsvarūpaṃ ca kathitaṃ kuto 'nyā śravaṇaspṛhā ||15|

iti śrīmahāpurāṇe ādibrāhme tīrthamāhātmye saptasaptatitamo 'dhyāyaḥ = gautamīmāhātmye 'ṣṭamo 'dhyāyaḥ[13]

nārada uvāca:
dvividhā saiva gaditā ekāpi surasattama |
eko bhedas tu kathito brāhmaṇenāhṛto *yataḥ*[1] ||78.1|
kṣatriyeṇāparo 'py aṃśo jaṭāsv eva vyavasthitaḥ |
bhavasya devadevasya āhṛtas tad vadasva me ||2|
brahmovāca:
vaivasvatānvaye jāta ikṣvākukulasaṃbhavaḥ |
purā vai sagaro nāma rājāsīd atidhārmikaḥ[2] ||3|
yajvā dānaparo nityaṃ dharmācāravicāravān |
tasya bhāryādvayaṃ cāsīt patibhaktiparāyaṇam ||4|
tasya vai saṃtatir nābhūd iti cintāparo 'bhavat |
vasiṣṭhaṃ gṛham āhūya saṃpūjya vidhivat tataḥ ||5|
uvāca vacanaṃ rājā saṃtateḥ kāraṇaṃ prati |
iti tadvacanaṃ śrutvā dhyātvā rājānam abravīt ||6|
vasiṣṭha uvāca:
sapatnīkaḥ sadā *rājann*[3] ṛṣipūjāparo bhava ||7|

11 V -praṇāśinī **12** V tvayā **13** V counts one chapter less, up to the end of the Gautamī-Māhātmya. **1** D mataḥ **2** V sagaro nāma rājāsīd yannāmnā sāgaro mune **3** V rājan

brahmovāca:
ity uktvā sa munir vipra yathāsthānaṃ jagāma ha |
ekadā tasya rājarṣer gṛham āgāt taponidhiḥ ||8|
tasyarṣeḥ pūjanaṃ cakre sa saṃtuṣṭo 'bravīd vacam |
varaṃ brūhi mahābhāgety ukte putrān sa cāvṛṇot ||9|
sa muniḥ prāha rājānam ekasyāṃ vaṃśadhārakaḥ |
putro bhūyāt tathānyasyāṃ ṣaṣṭisāhasrakaṃ sutāḥ ||10|
varaṃ dattvā munau yāte putrā jātāḥ sahasraśaḥ |
sa yajñān subahūṃś cakre hayamedhān sudakṣiṇān ||11|
ekasmin hayamedhe vai dīkṣito vidhivan nṛpaḥ |
putrān nyayojayad rājā sasainyān hayarakṣaṇe ||12|
kvacid antaram āsādya hayaṃ jahre śatakratuḥ |
mārgamāṇāś ca te putrā naivāpaśyan hayaṃ tadā ||13|
sahasrāṇāṃ tathā ṣaṣṭir nānāyuddhaviśāradāḥ |
teṣu paśyatsu rakṣāṃsi putreṣu sagarasya hi ||14|
prokṣitaṃ tad dhayaṃ nītvā te rasātalam āgaman |
rākṣasān māyayā yuktān naivāpaśyanta sāgarāḥ ||15|
na dṛṣṭvā te hayaṃ putrāḥ sagarasya balīyasaḥ |
itaś cetaś carantas te naivāpaśyan hayaṃ tadā ||16|
devalokaṃ tadā jagmuḥ parvatāṃś ca sarāṃsi ca |
vanāni ca vicinvanto naivāpaśyan hayaṃ tadā ||17|
kṛtasvastyayano rājā ṛtvigbhiḥ kṛtamaṅgalaḥ |
adṛṣṭvā tu paśuṃ ramyaṃ rājā cintām upeyivān ||18|
aṭantaḥ[4] sāgarāḥ sarve *devalokam*[5] upāgaman |
hayaṃ tam anucinvantas tatrāpi na hayo 'bhavat ||19|
tato mahīṃ samājagmuḥ parvatāṃś ca vanāni ca |
tatrāpi ca hayaṃ naiva dṛṣṭavanto nṛpātmajāḥ ||20|
etasminn antare tatra daivī vāg abhavat tadā |
rasātale hayo baddha āste nānyatra sāgarāḥ ||21|
iti śrutvā tato vākyaṃ gantukāmā rasātalam |
akhanan pṛthivīṃ sarvāṃ paritaḥ sāgarās tataḥ ||22|
te kṣudhārtā mṛdaṃ śuṣkāṃ bhakṣayantas tv aharniśam |
nyakhanaṃś cāpi jagmuś ca satvarās te rasātalam ||23|
tān āgatān bhūpasutān sāgarān balinaḥ kṛtīn |
śrutvā rakṣāṃsi saṃtrastā vyagaman kapilāntikam ||24|
kapilo 'pi mahāprājñas tatra śete rasātale |
purā ca sādhitaṃ tena devānāṃ kāryam uttamam ||25|
vinidreṇa tataḥ śrāntaḥ siddhe kārye surān prati |
abravīt kapilaḥ śrīmān nidrāsthānaṃ prayacchatha ||26|
rasātalaṃ dadus tasmai punar āha surān muniḥ |
yo māṃ utthāpayen mando bhasmī bhūyāc ca satvaram ||27|
tataḥ śaye talagato no cen na svapna eva hi |
tathety uktaḥ suragaṇais tatra śete rasātale ||28|

4 D atha te **5** A lokapālam

tasya prabhāvaṃ te jñātvā rākṣasā māyayā yutāḥ |
sāgarāṇāṃ ca sarveṣāṃ vadhopāyaṃ pracakrire ||29|
vinā yuddhena te bhītā rākṣasāḥ satvarās tadā |
āgatya yatra sa muniḥ kapilaḥ kopano mahān ||30|
śirodeśe hayaṃ te vai baddhvātha tvarayānvitāḥ |
dūre sthitvā mauninaś ca prekṣantaḥ kiṃ bhaved iti ||31|
tatas tu sāgarāḥ sarve nirviśanto rasātalam |
dadṛśus te hayaṃ baddhaṃ śayānaṃ puruṣaṃ tathā ||32|
taṃ menire ca hartāraṃ kratuhantāram eva ca |
enaṃ hatvā mahāpāpaṃ nayāmo 'śvaṃ nṛpāntikam ||33|
kecid ūcuḥ paśuṃ baddhaṃ nayāmo 'nena kiṃ phalam |
tadāhur apare śūrā rājānaḥ śāsakā vayam ||34|
utthāpyainaṃ mahāpāpaṃ hanmaḥ kṣātreṇa varcasā |
te taṃ jaghnur muniṃ pādair bruvanto niṣṭhurāṇi ca ||35|
tataḥ kopena mahatā kapilo munisattamaḥ |
sāgarān īkṣayām āsa tān kopād bhasmasāt karot ||36|
jajvalus te tatas tatra sāgarāḥ sarva eva hi |
tat tu sarvaṃ na jānāti dīkṣitaḥ sagaro nṛpaḥ ||37|
nāradaḥ kathayām āsa sagarāya mahātmane |
kapilasya tu saṃsthānaṃ hayasyāpi tu saṃsthitim ||38|
rākṣasānāṃ tu vikṛtiṃ sāgarāṇāṃ ca nāśanam |
tataś cintāparo rājā kartavyaṃ nāvabudhyata ||39|
aparo 'pi sutaś cāsīd asamañjā iti śrutaḥ |
sa tu bālāṃs tathā paurān maurkhyāt kṣipati cāmbhasi ||40|
sagaro 'py atha vijñaptaḥ pauraiḥ saṃmilitais tadā |
durnayaṃ tasya taṃ jñātvā tataḥ kruddho 'bravīn nṛpaḥ ||41|
svān amātyāṃs tadā rājā deśatyāgaṃ karotv ayam |
asamañjāḥ kṣatradharmatyāgī vai bālaghātakaḥ ||42|
sagarasya tu tad vākyaṃ śrutvāmātyās tvarānvitāḥ |
tatyajur nṛpateḥ putram asamañjā gato vanam ||43|
sāgarā brahmaśāpena naṣṭāḥ sarve rasātale |
eko 'pi ca vanaṃ prāpta idānīṃ kā gatir mama ||44|
aṃśumān iti vikhyātaḥ putras tasyāsamañjasaḥ |
ānāyya bālakaṃ rājā kāryaṃ tasmai nyavedayat ||45|
kapilaṃ ca samārādhya aṃśumān api bālakaḥ |
sagarāya hayaṃ prādāt tataḥ pūrṇo 'bhavat kratuḥ ||46|
[6]tasyāpi putras tejasvī dilīpa iti dhārmikaḥ |
tasyāpi putro matimān bhagīratha iti śrutaḥ ||47|
pitāmahānāṃ sarveṣāṃ gatiṃ śrutvā suduḥkhitaḥ |
sagaraṃ nṛpaśārdūlaṃ papraccha vinayānvitaḥ ||48|
sāgarāṇāṃ tu sarveṣāṃ niṣkṛtis tu kathaṃ bhavet |
bhagīrathaṃ nṛpaḥ prāha kapilo vetti putraka ||49|

6 D om.

tasya tad vacanaṃ śrutvā bālaḥ prāyād rasātalam |
kapilaṃ ca namaskṛtvā sarvaṃ tasmai nyavedayat ||50|
sa munis tu ciraṃ dhyātvā tapasārādhya śaṃkaram |
jaṭājalena svapitṝn āplāvya nṛpasattama ||51|
tataḥ kṛtārtho bhavitā tvaṃ ca te pitaras tathā |
tathā karomīti muniṃ praṇamya punar abravīt ||52|
kva gacche 'haṃ muniśreṣṭha kartavyaṃ cāpi tad vada ||53|
kapila uvāca:
kailāsaṃ taṃ *naraśreṣṭha*[7] gatvā stuhi maheśvaram |
tapaḥ kuru yathāśakti *tataś cepsitam āpsyasi*[8] ||54|
brahmovāca:
tac chrutvā sa muner vākyaṃ muniṃ natvā tv agān nagam |
kailāsaṃ sa śucir bhūtvā bālo bālakriyānvitaḥ |
tapase niścayaṃ kṛtvā uvāca sa bhagīrathaḥ ||55|
bhagīratha uvāca:
bālo 'haṃ bālabuddhiś ca bālacandradhara prabho |
nāhaṃ *kimapi*[9] jānāmi tataḥ prīto bhava prabho ||56|
vāgbhir manobhiḥ kṛtibhiḥ kadācin |
mamopakurvanti hite ratā ye |
tebhyo hitārthaṃ tv iha cāmareśa |
somaṃ namasyāmi surādipūjyam ||57|
utpādito yair abhivardhitaś ca |
samānagotraś ca samānadharmā |
teṣām abhīṣṭāni śivaḥ karotu |
bālendumauliṃ praṇato 'smi nityam ||58|
brahmovāca:
evaṃ tu *bruvatas*[10] tasya purastād abhavac chivaḥ |
vareṇa *cchandayāno vai*[11] bhagīratham uvāca ha ||59|
śiva uvāca:
yan na sādhyaṃ suragaṇair deyaṃ tat te mayā dhruvam |
vadasva nirbhayo bhūtvā bhagīratha mahāmate ||60|
brahmovāca:
bhagīrathaḥ praṇamyeśaṃ hṛṣṭaḥ provāca śaṃkaram ||61|
bhagīratha uvāca:
jaṭāsthitāṃ pitṝṇāṃ me pāvanāya saridvarām |
tām eva dehi deveśa *sarvam āptaṃ*[12] tato bhavet ||62|
brahmovāca:
maheśo 'pi vihasyātha bhagīratham uvāca ha ||63|
śiva uvāca:
dattā mayeyaṃ te putra punas tāṃ stuhi suvrata ||64|
brahmovāca:
tad devavacanaṃ śrutvā tadarthaṃ tu tapo mahat |
stutiṃ cakāra gaṅgāyā bhaktyā prayatamānasaḥ ||65|

7 V nagaśreṣṭhaṃ **8** V tatas sveṣṭam avāpsyasi **9** V kiṃcana **10** V stuvatas
11 D cchandayām āsa **12** V sarvaṃ pūrṇaṃ

tasyā api prasādaṃ ca prāpya bālo 'py abālavat |
gaṅgāṃ maheśvarāt prāptām ādāyāgād rasātalam ||66|
nyavedayat sa munaye kapilāya mahātmane |
yathoditaprakāreṇa gaṅgāṃ saṃsthāpya yatnataḥ ||67|
pradakṣiṇam athāvartya kṛtāñjalipuṭo 'bravīt ||68|
bhagīratha uvāca:
devi me pitaraḥ śāpāt kapilasya mahāmuneḥ |
prāptās te vigatiṃ mātas tasmāt tān pātum arhasi ||69|
brahmovāca:
tathety uktvā suranadī sarveṣām upakārikā |
lokānām upakārārthaṃ pitṝṇāṃ pāvanāya ca ||70|
agastyapītasyāmbhodheḥ pūraṇāya viśeṣataḥ |
smaraṇād eva pāpānāṃ nāśāya suranimnagā ||71|
bhagīrathoditaṃ cakre rasātalatale sthitān |
bhasmībhūtān nṛpasutān *sāgarāṃś ca viśeṣataḥ*[13] ||72|
vinirdagdhān athāplāvya khātapūram athākarot |
tato meruṃ samāplāvya sthitāṃ bālo 'bravīn nṛpaḥ ||73|
karmabhūmau tvayā bhāvyaṃ tathety āgād dhimālayam |
himavatparvatāt puṇyād bhārataṃ varṣam abhyagāt ||74|
tanmadhyataḥ puṇyanadī prāyāt pūrvārṇavaṃ prati |
evam eṣāpi te proktā gaṅgā kṣātrā mahāmune ||75|
māheśvarī vaiṣṇavī ca saiva brāhmī ca pāvanī |
bhāgīrathī devanadī himavacchikharāśrayā ||76|
maheśvarajaṭāvāri evaṃ dvaividhyam āgatam |
vindhyasya dakṣiṇe gaṅgā gautamī sā nigadyate |
uttare sāpi vindhyasya bhāgīrathy abhidhīyate ||77|

iti śrīmahāpurāṇe ādibrāhme svayaṃbhurṣisaṃvāde tīrthamāhātmye bhāgīrathyavataraṇaṃ nāmāṣṭasaptatitamo 'dhyāyaḥ = gautamīmāhātmye navamo 'dhyāyaḥ

nārada uvāca:
na manas tṛptim ādhatte kathāḥ śṛṇvat tvayeritāḥ |
pṛthak tīrthaphalaṃ śrotuṃ pravṛttaṃ mama mānasam ||79.1|
kramaśo brāhmaṇānītāṃ gaṅgāṃ me prathamaṃ vada |
pṛthak tīrthaphalaṃ puṇyaṃ setihāsaṃ yathākramam ||2|
brahmovāca:
tīrthānāṃ ca pṛthag bhāvaṃ phalaṃ māhātmyam eva ca |
sarvaṃ vaktuṃ na śaknomi na ca tvaṃ śravaṇe kṣamaḥ ||3|
tathāpi kiṃcid vakṣyāmi śṛṇu nārada yatnataḥ |
yāny uktāni ca tīrthāni śrutivākyāni yāni ca[1] ||4|
tāni vakṣyāmi saṃkṣepān namaskṛtvā trilocanam |
yatrāsau bhagavān āsīt pratyakṣas tryambako mune ||5|

13 V sāgarān brahmaśāpataḥ **1** D aśvamedhādipuṇyāni sarvotkṛṣṭāni yāni hi

tryambakaṃ nāma tat tīrthaṃ bhuktimuktipradāyakam |
vārāham aparaṃ tīrthaṃ triṣu lokeṣu viśrutam ||6|
tasya rūpaṃ pravakṣyāmi nāma viṣṇor yathābhavat |
purā devān parābhūya yajñam ādāya rākṣasaḥ ||7|
rasātalam anuprāptaḥ sindhusena iti śrutaḥ |
yajñe talam anuprāpte niryajñā hy abhavan mahī ||8|
nāyaṃ loko 'sti na paro yajñe *naṣṭa itītvarāḥ*[2] |
surās tam eva viviśū rasātalam anudviṣam ||9|
nāśaknuvaṃs tu taṃ jetuṃ devā indrapurogamāḥ |
viṣṇuṃ purāṇapuruṣaṃ gatvā tasmai nyavedayan ||10|
rākṣasasya tu tat karma yajñabhraṃśam aśeṣataḥ |
tataḥ provāca bhagavān vārāhaṃ vapur āsthitaḥ ||11|
śaṅkhacakragadāpāṇir gatvā caiva rasātalam |
ānayiṣye makhaṃ puṇyaṃ hatvā rākṣasapuṃgavān ||12|
svaḥ prayāntu surāḥ sarve vyetu vo mānaso jvaraḥ |
yena gaṅgā talaṃ prāptā pathā tenaiva cakradhṛk ||13|
jagāma tarasā putra bhuvaṃ bhittvā rasātalam |
sa varāhavapuḥ śrīmān rasātalanivāsinaḥ ||14|
rākṣasān dānavān hatvā mukhe dhṛtvā mahādhvaram |
vārāharūpī bhagavān makham ādāya yajñabhuk ||15|
yena prāpa talaṃ viṣṇuḥ pathā tenaiva śatrujit |
mukhe nyasya mahāyajñaṃ niścakrāma rasātalāt ||16|
tatra brahmagirau devāḥ pratīkṣāṃ cakrire hareḥ |
pathas tasmād viniḥsṛtya gaṅgāsravaṇam abhyagāt ||17|
prākṣālayac ca svāṅgāni asṛgliptāni nārada |
gaṅgāmbhasā tatra kuṇḍaṃ vārāham abhavat tataḥ ||18|
mukhe nyastaṃ mahāyajñaṃ devānāṃ purato hariḥ |
dattavāṃs tridaśaśreṣṭho mukhād yajño 'bhyajāyata ||19|
tataḥ prabhṛti yajñāṅgaṃ pradhānaṃ sruva ucyate |
vārāharūpam abhavad evaṃ vai kāraṇāntarāt ||20|
tasmāt puṇyatamaṃ tīrthaṃ vārāhaṃ sarvakāmadam |
tatra snānaṃ ca dānaṃ ca sarvakratuphalapradam ||21|
tatra sthito 'pi yaḥ kaścit pitṝn smarati puṇyakṛt |
vimuktāḥ sarvapāpebhyaḥ pitaraḥ svargam āpnuyuḥ ||22|

iti śrīmahāpurāṇe ādibrāhme tīrthamāhātmye varāhatīrthavarṇanaṃ nāmaikonāśītitamo 'dhyāyaḥ = gautamīmāhātmye daśamo 'dhyāyaḥ

brahmovāca:
kuśāvartasya māhātmyam ahaṃ vaktuṃ na te kṣamaḥ |
tasya smaraṇamātreṇa kṛtakṛtyo bhaven naraḥ ||80.1|
kuśāvartam iti khyātaṃ narāṇāṃ sarvakāmadam |
kuśenāvartitaṃ yatra gautamena mahātmanā ||2|

2 V naṣṭe tadābhavat

kuśenāvartayitvā tu ānayām āsa tāṃ muniḥ |
tatra snānaṃ ca dānaṃ ca pitṝṇāṃ tṛptidāyakam ||3|
nīlagaṅgā saricchreṣṭhā niḥsṛtā nīlaparvatāt |
tatra snānādi yat kiṃcit karoti prayato naraḥ ||4|
sarvaṃ tad akṣayaṃ vidyāt pitṝṇāṃ tṛptidāyakam |
viśrutaṃ triṣu lokeṣu kapotaṃ tīrtham uttamam ||5|
tasya *rūpaṃ ca*[1] vakṣyāmi mune śṛṇu mahāphalam |
tatra brahmagirau kaścid vyādhaḥ paramadāruṇaḥ ||6|
hinasti brāhmaṇān sādhūn yatīn gopakṣiṇo mṛgān |
evaṃbhūtaḥ sa pāpātmā krodhano 'nṛtabhāṣaṇaḥ ||7|
bhīṣaṇākṛtir atyugro nīlākṣo hrasvabāhukaḥ |
danturo naṣṭanāsākṣo hrasvapāt pṛthukukṣikaḥ ||8|
hrasvodaro hrasvabhujo vikṛto gardabhasvanaḥ |
pāśahastaḥ pāpacittaḥ *pāpiṣṭhaḥ*[2] sadhanuḥ sadā ||9|
tasya bhāryā tathābhūtā apatyāny api nārada |
tayā tu preryamāṇo 'sau viveśa gahanaṃ vanam ||10|
sa jaghāna mṛgān pāpaḥ pakṣiṇo bahurūpiṇaḥ |
pañjare prākṣipat kāṃścij jīvamānāṃs tathetarān ||11|
kṣudhayā paritaptāṅgo vihvalas tṛṣayā tathā |
bhrāntadeśo bahutaraṃ nyavartata gṛhaṃ prati ||12|
tato 'parāhṇe saṃprāpte nivṛtte madhumādhave |
kṣaṇāt taḍid garjitaṃ ca sābhraṃ caivābhavat tadā ||13|
vavau vāyuḥ sāśmavarṣo vāridhārātibhīṣaṇaḥ |
sa gacchaṃl lubdhakaḥ śrāntaḥ panthānaṃ nāvabudhyata ||14|
jalaṃ sthalaṃ gartam atho panthānam athavā diśaḥ |
na bubodha tadā pāpaḥ śrāntaḥ śaraṇam apy atha ||15|
kva gacchāmi kva tiṣṭheyaṃ kiṃ karomīty acintayat |
sarveṣāṃ prāṇināṃ prāṇān āhartāhaṃ yathāntakaḥ ||16|
mamāpy antakaraṃ bhūtaṃ saṃprāptaṃ cāśmavarṣaṇam |
trātāraṃ naiva paśyāmi śilāṃ vā vṛkṣam antike ||17|
evaṃ bahuvidhaṃ vyādho vicintyāpaśyad antike |
vane vanaspatim iva nakṣatrāṇāṃ yathātrijam ||18|
mṛgāṇāṃ ca yathā siṃham āśramāṇāṃ gṛhādhipam |
indriyāṇāṃ mana iva trātāraṃ prāṇināṃ nagam ||19|
śreṣṭhaṃ viṭapinaṃ śubhraṃ śākhāpallavamaṇḍitam |
tam āśrityopaviṣṭo 'bhūt klinna-*vāsā*[3] sa lubdhakaḥ ||20|
smaran bhāryām apatyāni jīveyur athavā na vā |
etasminn antare tatra cāstaṃ prāpto divākaraḥ ||21|
tam eva nagam āśritya kapoto bhāryayā saha |
putrapautraiḥ parivṛto hy āste tatra nagottame ||22|
sukhena nirbhayo bhūtvā sutṛptaḥ prīta eva ca |
bahavo vatsarā yātā vasatas tasya pakṣiṇaḥ ||23|

1 V svarūpaṃ **2** D sayaṣṭiḥ **3** V -vāsāḥ

pativratā tasya bhāryā suprītā tena caiva hi |
koṭare tannage śreṣṭhe jalavāyvagnivarjite ||24|
bhāryāputraiḥ parivṛtaḥ sarvadāste kapotakaḥ |
tasmin dine daivavaśāt kapotaś ca kapotakī ||25|
bhakṣyārthaṃ tu ubhau yātau kapoto nagam abhyagāt |
sāpi daivavaśāt putra pañjarasthaiva vartate ||26|
gṛhītā lubdhakenātha jīvamāneva vartate |
kapotako 'py apatyāni mātṛhīnāny udīkṣya ca ||27|
varṣaṃ ca bhīṣaṇaṃ prāptam astaṃ yāto divākaraḥ |
svakoṭaraṃ *tayā*[4] hīnam ālokya vilalāpa saḥ ||28|
tāṃ baddhāṃ pañjarasthāṃ vā na bubodha kapotarāṭ |
anvārebhe kapoto vai priyāyā guṇakīrtanam ||29|
nādyāpy āyāti kalyāṇī mama harṣavivardhinī |
mama dharmasya jananī mama dehasya ceśvarī ||30|
dharmārthakāmamokṣāṇāṃ saiva nityaṃ sahāyinī |
tuṣṭe hasantī ruṣṭe ca mama duḥkhapramārjanī ||31|
sakhī mantreṣu sā nityaṃ mama vākyaratā sadā |
nādyāpy āyāti kalyāṇī saṃprayāte 'pi bhāskare ||32|
na jānāti vrataṃ mantraṃ daivaṃ dharmārtham eva ca |
pativratā patiprāṇā patimantrā patipriyā ||33|
nādyāpy āyāti kalyāṇī kiṃ karomi kva yāmi vā |
kiṃ me gṛhaṃ kānanaṃ ca tayā hīnaṃ hi dṛśyate ||34|
tayā yuktaṃ śriyā yuktaṃ bhīṣaṇaṃ vāpi śobhanam |
nādyāpy āyāti me kāntā yayā gṛham udīritam ||35|
vinānayā na jīviṣye tyaje vāpi priyāṃ tanum |
kiṃ kurvantu tv apatyāni luptadharmas tv ahaṃ punaḥ ||36|
evaṃ vilapatas tasya bhartur vākyaṃ niśamya *sā*[5] |
pañjarasthaiva sā vākyaṃ bhartāram idam abravīt ||37|
kapotaky uvāca:
atrāham asmi baddhaiva vivaśāsmi khagottama |
ānītāhaṃ lubdhakena baddhā pāśair mahāmate ||38|
dhanyāsmy anugṛhītāsmi patir vakti guṇān mama |
sato vāpy asato vāpi kṛtārthāhaṃ na saṃśayaḥ ||39|
tuṣṭe bhartari nārīṇāṃ tuṣṭāḥ syuḥ sarvadevatāḥ |
viparyaye tu nārīṇām avaśyaṃ nāśam āpnuyāt ||40|
tvaṃ daivaṃ tvaṃ prabhur mahyaṃ tvaṃ suhṛt tvaṃ parāyaṇam |
tvaṃ vrataṃ tvaṃ paraṃ brahma svargo mokṣas tvam eva ca ||41|
mā cintāṃ kuru kalyāṇa dharme buddhiṃ sthirāṃ kuru |
tvatprasādāc ca bhuktā hi bhogāś ca vividhā mayā |
alaṃ khedena majjena dharme buddhiṃ kuru sthirām ||43|
brahmovāca:
iti śrutvā priyāvākyam uttatāra nagottamāt |
yatra sā pañjarasthā tu kapotī vartate *tvaram*[6] ||44|

4 V tathā **5** V vai **6** ASS corr. like V; V drutam

tām āgatya priyāṃ dṛṣṭvā mṛtavac cāpi lubdhakam |
mocayāmīti tām āha niśceṣṭo lubdhako 'dhunā ||45|
mā muñcasva mahābhāga jñātvā saṃbandham asthiram |
lubdhānāṃ khecarā hy annaṃ jīvo jīvasya cāśanam ||46|
nāparādhaṃ smarāmy asya dharmabuddhiṃ sthirāṃ kuru |
gurur agnir dvijātīnāṃ varṇānāṃ brāhmaṇo guruḥ ||47|
patir eva guruḥ strīṇāṃ sarvasyābhyāgato guruḥ |
abhyāgatam anuprāptaṃ vacanais toṣayanti ye ||48|
teṣāṃ vāgīśvarī devī tṛptā bhavati niścitam |
tasyānnasya pradānena śakras tṛptim avāpnuyāt ||49|
pitaraḥ pādaśaucena annādyena prajāpatiḥ |
tasyopacārād vai lakṣmīr viṣṇunā prītim āpnuyāt ||50|
śayane sarvadevās tu tasmāt pūjyatamo 'tithiḥ |
abhyāgatam anuśrāntaṃ sūryoḍhaṃ gṛham āgatam |
taṃ vidyād devarūpeṇa sarvakratuphalo hy asau ||51|
abhyāgataṃ śrāntam anuvrajanti |
devāś ca sarve pitaro 'gnayaś ca |
tasmin hi tṛpte mudam āpnuvanti |
gate nirāśe 'pi ca te nirāśāḥ ||52|
tasmāt sarvātmanā kānta duḥkhaṃ tyaktvā śamaṃ vraja |
kṛtvā tiṣṭha śubhāṃ buddhiṃ dharmakṛtyaṃ samācara ||53|
upakāro 'pakāraś ca pravarāv iti saṃmatau |
upakāriṣu sarvo 'pi karoty upakṛtiṃ punaḥ ||54|
apakāriṣu yaḥ sādhuḥ puṇyabhāk sa udāhṛtaḥ ||55|
kapota uvāca:
āvayor anurūpaṃ ca tvayoktaṃ sādhu manyase |
kiṃtu vaktavyam apy asti tac chṛṇuṣva varānane ||56|
sahasraṃ bharate kaścic chatam anyo daśāparaḥ |
ātmānaṃ ca sukhenānyo vayaṃ kaṣṭodaraṃbharāḥ ||57|
gartadhānyadhanāḥ kecit kuśūladhanino 'pare |
ghaṭakṣiptadhanāḥ kecic cañcukṣiptadhanā vayam ||58|
pūjayāmi kathaṃ śrāntam abhyāgatam imaṃ śubhe ||59|
kapoty uvāca:
agnir āpaḥ śubhā vāṇī tṛṇakāṣṭhādikaṃ ca yat |
etad apy arthine deyaṃ śītārto lubdhakas tv ayam ||60|
brahmovāca:
etac chrutvā priyāvākyaṃ vṛkṣam āruhya pakṣirāṭ |
ālokayām āsa tadā vahniṃ dūraṃ dadarśa ha ||61|
sa tu gatvā vahnideśaṃ cañcunolmukam āharat |
puro 'gniṃ jvālayām āsa lubdhakasya kapotakaḥ ||62|
śuṣkakāṣṭhāni parṇāni tṛṇāni ca punaḥ punaḥ |
agnau nikṣepayām āsa niśīthe sa kapotarāṭ ||63|
tam agniṃ jvalitaṃ dṛṣṭvā lubdhakaḥ śītaduḥkhitaḥ |
avaśāni svakāṅgāni pratāpya sukham āptavān ||64|
kṣudhāgninā dahyamānaṃ vyādhaṃ dṛṣṭvā kapotakī |
mā [?][7] muñcasva mahābhāga iti bhartāram abravīt ||65|

7 V māṃ

svaśarīreṇa duḥkhārtaṃ lubdhakaṃ prīṇayāmi tam |
iṣṭātithīnāṃ ye lokās tāṃs tvaṃ prāpnuhi suvrata ||66|
kapota uvāca:
mayi tiṣṭhati naivāyaṃ tava dharmo vidhīyate |
iṣṭātithir bhavāmīha anujānīhi māṃ śubhe ||67|
brahmovāca:
ity uktvāgniṃ trir āvartya smaran devaṃ caturbhujam |
viśvātmakaṃ mahāviṣṇuṃ śaraṇyaṃ bhaktavatsalam ||68|
yathāsukhaṃ juṣasveti vadann agniṃ tathāviśat |
taṃ dṛṣṭvāgnau kṣiptajīvaṃ lubdhako vākyam abravīt ||69|
lubdhaka uvāca:
aho mānuṣadehasya dhig jīvitam idaṃ mama |
yad idaṃ pakṣirājena madarthe sāhasaṃ kṛtam ||70|
brahmovāca:
evaṃ bruvantaṃ taṃ lubdhaṃ pakṣiṇī vākyam abravīt ||71|
kapotaky uvāca:
māṃ tvaṃ muñca mahābhāga dūraṃ yāty eṣa me patiḥ ||72|
brahmovāca:
tasyās tad vacanaṃ śrutvā pañjarasthāṃ kapotakīm |
lubdhako mocayām āsa tarasā bhītavat tadā ||73|
sāpi pradakṣiṇaṃ kṛtvā patim agniṃ tadā jagau ||74|
kapoty uvāca:
strīṇām ayaṃ paro dharmo yad bhartur anuveśanam |
vede ca vihito mārgaḥ sarvalokeṣu pūjitaḥ ||75|
vyālagrāhī yathā vyālaṃ bilād uddharate balāt |
evaṃ tv anugatā nārī saha bhartrā divaṃ vrajet ||76|
tisraḥ koṭyo 'rdhakoṭī ca yāni romāṇi mānuṣe |
tāvatkālaṃ vaset svarge bhartāraṃ yānugacchati ||77|
namaskṛtvā bhuvaṃ devān gaṅgāṃ cāpi vanaspatīn |
āśvāsya tāny apatyāni lubdhakaṃ vākyam abravīt ||78|
kapoty uvāca:
[[8]tisraḥ koṭyo 'rdhakoṭī ca yāvad romāṇi mānuṣe |
tāvat kālaṃ vaset svarge bhartāraṃ yānugacchati |]
tvatprasādān mahābhāga upapannaṃ mamedṛśam |
apatyānāṃ kṣamasveha bhartrā yāmi triviṣṭapam ||79|
brahmovāca:
ity uktvā pakṣiṇī sādhvī praviveśa hutāśanam |
praviṣṭāyāṃ hutavahe jayaśabdo *nyavartata*[9] ||80|
gagane sūryasaṃkāśaṃ vimānam atiśobhanam |
tadārūḍhau suranibhau daṃpatī dadṛśe tataḥ ||81|

8 V ins. **9** V vyavartata

harṣeṇa procatur ubhau lubdhakaṃ vismayānvitam ||82|
dampatī ūcatuḥ:
gacchāvas tridaśasthānam āpṛṣṭo 'si mahāmate |
āvayoḥ svargasopānam atithis tvaṃ namo 'stu te ||83|
brahmovāca:
vimānavaram ārūḍhau tau dṛṣṭvā lubdhako 'pi saḥ |
sadhanuḥ pañjaraṃ tyaktvā kṛtāñjalir abhāṣata ||84|
lubdhaka uvāca:
na tyaktavyo mahābhāgau deyaṃ kiṃcid ajānate |
aham atrātithir mānyo niṣkṛtiṃ vaktum arhathaḥ ||85|
dampatī ūcatuḥ:
gautamīṃ gaccha bhadraṃ te tasyāḥ pāpaṃ nivedaya |
tatraivāplavanāt pakṣaṃ sarvapāpair vimokṣyase ||86|
muktapāpaḥ punas tatra gaṅgāyām avagāhane |
aśvamedhaphalaṃ puṇyaṃ prāpya puṇyo bhaviṣyasi ||87|
saridvarāyāṃ gautamyāṃ brahmaviṣṇvīśasaṃbhuvi |
punar āplavanād eva tyaktvā dehaṃ malīmasam ||88|
vimānavaram ārūḍhaḥ svargaṃ gantāsy asaṃśayam ||89|
brahmovāca:
tac chrutvā vacanaṃ tābhyāṃ tathā cakre sa lubdhakaḥ |
vimānavaram ārūḍho divyarūpadharo 'bhavat ||90|
divyamālyāmbaradharaḥ pūjyamāno 'psarogaṇaiḥ |
kapotaś ca kapotī ca tṛtīyo lubdhakas tathā |
gaṅgāyāś ca prabhāveṇa sarve vai divam ākraman ||91|
tataḥ prabhṛti tat tīrthaṃ kāpotam iti viśrutam |
tatra snānaṃ ca dānaṃ ca pitṛpūjanam eva ca ||92|
japayajñādikaṃ karma tad ānantyāya kalpate ||93|

iti śrīmahāpurāṇe ādibrāhme tīrthamāhātmye kapotatīrthavarṇanaṃ nāmāśītitamo 'dhyāyaḥ = gautamīmāhātmye ekādaśo 'dhyāyaḥ

brahmovāca:
kārttikeyaṃ paraṃ tīrthaṃ kaumāram iti viśrutam |
yannāmaśravaṇād eva kulavān rūpavān bhavet ||81.1|
nihate tārake daitye svasthe jāte triviṣṭape |
kārttikeyaṃ sutaṃ jyeṣṭhaṃ prītyā provāca pārvatī ||2|
yathāsukhaṃ bhuṅkṣva bhogāṃs trailokye manasaḥ priyān |
mamājñayā[1] prītamanāḥ pituś caiva prasādataḥ ||3|
evam uktaḥ sa vai mātrā viśākho devatā-*striyaḥ [?]*[2] |
yathāsukhaṃ balād reme devapatnyo 'pi remire ||4|
tataḥ saṃbhujyamānāsu devapatnīṣu nārada |
nāśaknuvan vārayituṃ kārttikeyaṃ divaukasaḥ ||5|

1 V mayājñayā **2** V -priyaḥ

tato nivedayām āsuḥ pārvatyai putrakarma tat |
asakṛd vāryamāṇo 'pi mātrā devaiḥ sa śaktidhṛk ||6|
naivāsāv akarod vākyaṃ strīṣv āsaktas tu ṣaṇmukhaḥ |
abhiśāpabhayād bhītā pārvatī paryacintayat ||7|
putrasnehāt tathaiveśā devānāṃ kāryasiddhaye |
devapatnyaś ciraṃ rakṣyā iti matvā punaḥ punaḥ ||8|
yasyāṃ tu ramate skandaḥ pārvatī tv api tādṛśī |
tadrūpam ātmanaḥ kṛtvā vartayām āsa pārvatī ||9|
indrasya varuṇasyāpi bhāryām āhūya ṣaṇmukhaḥ |
yāvat paśyati tasyāṃ tu mātṛrūpam apaśyata ||10|
tām apāsya namasyātha punar anyām athāhvayat |
tasyāṃ tu mātṛrūpaṃ sa prekṣya lajjām upeyivān ||11|
evaṃ bahvīṣu tad rūpaṃ dṛṣṭvā mātṛmayaṃ jagat |
iti saṃcintya gāṅgeyo vairāgyam agamat tadā ||12|
sa tu mātṛkṛtaṃ jñātvā pravṛttasya nivartanam |
nivāryaś ced ahaṃ bhogāt kiṃtu pūrvaṃ pravartitaḥ ||13|
tasmān mātṛkṛtaṃ sarvaṃ mama hāsyāspadaṃ tv iti |
lajjayā parayā yukto gautamīm agamat tadā ||14|
iyaṃ ca mātṛrūpā me śṛṇotu mama bhāṣitam |
itaḥ strīnāmadheyaṃ yan mama mātṛsamaṃ matam ||15|
evaṃ jñātvā lokanāthaḥ pārvatyā saha śaṃkaraḥ |
putraṃ nivārayām āsa vṛttam ity abravīd guruḥ ||16|
tataḥ surapatiḥ prītaḥ kiṃ dadāmīti cintayan |
kṛtāñjalipuṭaḥ skandaḥ pitaraṃ punar abravīt ||17|
skanda uvāca:
senāpatiḥ surapatis tava putro 'ham ity api |
alam etena deveśa kiṃ varaiḥ surapūjita ||18|
athavā dātukāmo 'si lokānāṃ hitakāmyayā |
yāce 'haṃ nātmanā deva tad anujñātum arhasi ||19|
mahāpātakinaḥ kecid gurudārābhigāminaḥ |
atrāplavanamātreṇa dhautapāpā bhavantu te ||20|
āpnuvantūttamāṃ jātiṃ tiryañco 'pi sureśvara |
kurūpo rūpasampattim atra snānād avāpnuyāt ||21|
brahmovāca:
evam astv iti taṃ śaṃbhuḥ pratyanandat suteritam |
tataḥ prabhṛti tat tīrthaṃ kārttikeyam iti śrutam |
tatra snānaṃ ca dānaṃ ca sarvakratuphalapradam ||22|

iti śrīmahāpurāṇe ādibrāhme tīrthamāhātmye kumāratīrthavarṇanaṃ nāmaikāśītitamo 'dhyāyaḥ = gautamīmāhātmye dvādaśo 'dhyāyaḥ

brahmovāca:
yat khyātaṃ kṛttikātīrthaṃ kārttikeyād anantaram |
tasya śravaṇamātreṇa somapānaphalaṃ labhet ||82.1|
purā tāraka-*nāśāya*[1] bhavareto 'pibat kaviḥ |
retogarbhaṃ kaviṃ dṛṣṭvā ṛṣipatnyo 'spṛhan mune ||2|
saptarṣīṇām ṛtusnātāṃ varjayitvā tv arundhatīm |
tāsu garbhaḥ samabhavat ṣaṭsu strīṣu tadāgnitaḥ ||3|
tapyamānās tu śobhiṣṭhā ṛtusnātās tu tā mune |
kiṃ kurmaḥ kva nu gacchāmaḥ kiṃ kṛtvā sukṛtaṃ bhavet ||4|
ity uktvā tā mitho gaṅgāṃ vyagrā gatvā vyapīḍayan |
tābhyas te *niḥsṛtā*[2] garbhāḥ phenarūpās tadāmbhasi ||5|
ambhasā tv ekatāṃ prāptā vāyunā sarva eva hi |
ekarūpas tadā tābhyaḥ ṣaṇmukhaḥ samajāyata ||6|
srāvayitvā tu tān garbhān ṛṣipatnyo gṛhān yayuḥ |
tāsāṃ vikṛtarūpāṇi dṛṣṭvā te ṛṣayo 'bruvan ||7|
gamyatāṃ gamyatāṃ śīghraṃ svairī vṛttir na yujyate |
strīṇām iti tato vatsa nirastāḥ patibhis tu tāḥ ||8|
tato duḥkhaṃ samāviṣṭās tyaktāḥ svapatibhiś ca ṣaṭ |
tā dṛṣṭvā nāradaḥ prāha kārttikeyo harodbhavaḥ ||9|
gāṅgeyo 'gnibhavaś ceti vikhyātas tārakāntakaḥ |
taṃ yāntu na cirād eva prīto bhogaṃ pradāsyati ||10|
devarṣer vacanād eva samabhyetya ca ṣaṇmukham |
kṛttikāḥ svayam evaitad yathāvṛttaṃ *nyavedayat*[3] ||11|
tābhyo vākyaṃ kṛttikābhyaḥ kārttikeyo 'numanya ca |
gautamīṃ yāntu sarvāś ca snātvāpūjya maheśvaram ||12|
eṣyāmi cāhaṃ tatraiva *yāsyāmi*[4] suramandiram |
tathety uktvā kṛttikāś ca snātvā gaṅgāṃ ca gautamīm ||13|
deveśvaraṃ ca saṃpūjya kārttikeyānuśāsanāt |
deveśvaraprasādena prayayuḥ suramandiram ||14|
tataḥ prabhṛti tat tīrthaṃ kṛttikātīrtham ucyate |
kārttikyāṃ kṛttikāyoge tatra yaḥ snānam ācaret ||15|
sarvakratuphalaṃ prāpya rājā bhavati dhārmikaḥ |
tattīrthasmaraṇaṃ vāpi yaḥ karoti śṛṇoti ca |
sarvapāpavinirmukto dīrgham āyur avāpnuyāt ||16|

iti śrīmahāpurāṇe ādibrāhme tīrthamāhātmye kṛttikātīrthavarṇanaṃ nāmadvyaśītitamo 'dhyāyaḥ = gautamīmāhātmye trayodaśo 'dhyāyaḥ

brahmovāca:
daśāśvamedhikaṃ tīrthaṃ tac chṛṇuṣva mahāmune |
yasya śravaṇamātreṇa hayamedhaphalaṃ labhet ||83.1|
viśvakarmasutaḥ śrīmān viśvarūpo mahābalaḥ |
tasyāpi *prathamaḥ*[1] putras tatputro bhauvano vibhuḥ ||2|

1 V -saṃśāntyai **2** V niḥsṛtāḥ [sic] **3** V nyavedayan **4** V neṣyāmi **1** V pramatiḥ

purodhāḥ kaśyapas tasya sarvajñānaviśāradaḥ |
tam apṛcchan mahābāhur bhauvanaḥ sārvabhauvanaḥ ||3|
yakṣye 'haṃ hayamedhaiś ca yugapad daśabhir mune |
ity apṛcchad guruṃ vipraṃ kva yakṣyāmi surān iti ||4|
so 'vadad devayajanaṃ tatra tatra nṛpottama |
yatra yatra dvijaśreṣṭhāḥ prāvartanta mahākratūn ||5|
tatrābhavann ṛṣigaṇā ārtvijye makhamaṇḍale |
yugapad daśamedhāni pravṛttāni purodhasā ||6|
pūrṇatāṃ nāyayus tāni dṛṣṭvā cintāparo nṛpaḥ |
vihāya devayajanaṃ punar anyatra tān kratūn ||7|
upākrāmat tathā tatra vighnadoṣās tam āyayuḥ |
dṛṣṭvāpūrṇāṃs tato yajñān rājā gurum abhāṣata ||8|
rājovāca:
deśadoṣāt kāladoṣān mama doṣāt tavāpi vā |
pūrṇatāṃ nāpnuvanti sma daśamedhāni vājinaḥ ||9|
brahmovāca:
tataś ca duḥkhito rājā kaśyapena purodhasā |
gīṣpater bhrātaraṃ jyeṣṭhaṃ gatvā saṃvartam ūcatuḥ ||10|
kaśyapabhauvanāv ūcatuḥ:
bhagavan yugapat kāryāṇy aśvamedhāni mānada |
daśa saṃpūrṇatāṃ yānti taṃ deśaṃ taṃ guruṃ vada ||11|
brahmovāca:
tato dhyātvā ṛṣiśreṣṭhaḥ saṃvarto bhauvanaṃ tadā |
abravīd gaccha brahmāṇaṃ guruṃ deśaṃ vadiṣyati ||12|
bhauvano 'pi mahāprājñaḥ kaśyapena mahātmanā |
āgatya mām abravīc ca guruṃ deśādikaṃ ca yat ||13|
tato 'ham abravaṃ putra bhauvanaṃ kaśyapaṃ tathā |
gautamīṃ gaccha rājendra sa deśaḥ kratupuṇyavān ||14|
ayam eva guruḥ śreṣṭhaḥ kaśyapo vedapāragaḥ |
guror asya prasādena gautamyāś ca prasādataḥ ||15|
ekena hayamedhena tatra snānena vā punaḥ |
setsyanti tatra *yajñāś ca*[2] daśamedhāni vājinaḥ ||16|
tac chrutvā bhauvano rājā gautamītīram abhyagāt |
kaśyapena sahāyena hayamedhāya dīkṣitaḥ ||17|
tataḥ pravṛtte yajñeśe hayamedhe mahākratau |
saṃpūrṇe tu tadā rājā pṛthivīṃ dātum udyataḥ ||18|
tato 'ntarikṣe vāg uccair uvāca nṛpasattamam |
pūjayitvā sthitaṃ viprān ṛtvijo 'tha sadaspatīn ||19|
ākāśavāg uvāca:
purodhase kaśyapāya saśailavanakānanām |
pṛthivīṃ dātukāmena dattaṃ sarvaṃ tvayā nṛpa ||20|
bhūmidānaspṛhāṃ tyaktvā annaṃ dehi mahāphalam |
nānnadānasamaṃ puṇyaṃ triṣu lokeṣu vidyate ||21|

2 V nṛpate

viśeṣatas tu gaṅgāyāḥ śraddhayā puline mune |
tvayā tu hayamedho 'yaṃ kṛtaḥ sabahudakṣiṇaḥ |
kṛtakṛtyo 'si bhadraṃ te nātra kāryā vicāraṇā ||22|
brahmovāca:
tathāpi dātukāmaṃ taṃ mahī provāca bhauvanam ||23|
pṛthivy uvāca:
viśva-*karmaja sārvabhauma mā māṃ dehi*[3] punaḥ punaḥ |
[[4]gautamītīram āśritya grāsam ekaṃ dadāti yaḥ |
tenāhaṃ sakalā dattā kiṃ māṃ dāsyasi bhauvana |]
nimajje *'haṃ salilasya madhye tasmān na dīyatām*[5] ||24|
brahmovāca:
tataś ca bhauvano bhītaḥ kiṃ deyam iti cābravīt |
punaś covāca sā pṛthvī bhauvanaṃ brāhmaṇair vṛtam ||25|
bhūmy uvāca:
tilā gāvo dhanaṃ dhānyaṃ yat kiṃcid gautamītaṭe |
sarvaṃ tad akṣayaṃ dānaṃ kiṃ māṃ bhauvana dāsyasi ||26|
gaṅgātīraṃ samāśritya grāsam ekaṃ dadāti yaḥ |
tenāhaṃ sakalā dattā kiṃ māṃ bhauvana *dāsyasi*[6] ||27|
brahmovāca:
tad bhuvo vacanaṃ śrutvā bhauvanaḥ sārvabhauvanaḥ |
tatheti matvā viprebhyo hy annaṃ prādāt suvistaram ||28|
tataḥ prabhṛti tat tīrthaṃ daśāśvamedhikaṃ viduḥ |
daśānām aśvamedhānāṃ phalaṃ snānād avāpyate ||29|

iti śrīmahāpurāṇe ādibrāhme tīrthamāhātmye daśāśvamedhatīrthavarṇanaṃ nāma tryaśītitamo 'dhyāyaḥ = gautamīmāhātmye caturdaśo 'dhyāyaḥ

brahmovāca:
paiśācaṃ tīrtham aparaṃ pūjitaṃ brahmavādibhiḥ |
tasya svarūpaṃ vakṣyāmi gautamyā dakṣiṇe taṭe ||84.1|
girir brahmagireḥ pārśve añjano nāma nārada |
tasmiñ śaile munivara śāpabhraṣṭā varāpsarā ||2|
añjanā nāma tatrāsīd uttamāṅgena vānarī |
kesarī nāma tadbhartā adriketi tathāparā ||3|
sāpi kesariṇo bhāryā śāpabhraṣṭā varāpsarā |
uttamāṅgena mārjārī sāpy āste 'ñjanaparvate ||4|
dakṣiṇārṇavam abhyāgāt kesarī lokaviśrutaḥ |
etasminn antare 'gastyo 'ñjanaṃ parvatam abhyagāt ||5|
añjanā cādrikā caiva agastyam ṛṣisattamam |
pūjayām āsatur ubhe yathānyāyaṃ yathāsukham ||6|
tataḥ prasanno bhagavān āhobhe vriyatāṃ varaḥ |
te āhatur ubhe 'gastyaṃ putrau dehi munīśvara ||7|

3 V -karmātmaja na māṃ tvaṃ dehīti **4** V ins. **5** V jalamadhye 'haṃ tan na māṃ dātum arhasi **6** V dāsyati

sarvebhyo balinau śreṣṭhau sarvalokopakārakau |
tathety uktvā muniśreṣṭho jagāmāśāṃ sa dakṣiṇām ||8|
tataḥ kadācit te kāle añjanā *cādrikā*[1] tathā |
gītaṃ nṛtyaṃ ca hāsyaṃ ca kurvatyau girimūrdhani ||9|
vāyuś ca nirṛtiś cāpi te dṛṣṭvā sasmitau surau |
kāmākrāntadhiyau cobhau tadā satvaram īyatuḥ ||10|
bhārye bhavetām ubhayor āvāṃ devau varapradau |
te apy ūcatur astv etad remāte girimūrdhani ||11|
añjanāyāṃ tathā vāyor hanumān samajāyata |
adrikāyāṃ ca nirṛter adrir nāma piśācarāṭ ||12|
punas te āhatur ubhe putrau jātau muner varāt |
āvayor vikṛtaṃ rūpam uttamāṅgena dūṣitam ||13|
śāpāc chacīpates tatra yuvām ājñātum arhathaḥ |
tataḥ provāca bhagavān vāyuś ca nirṛtis tathā ||14|
gautamyāṃ snāna-*dānābhyāṃ śāpa*-[2]mokṣo bhaviṣyati |
ity uktvā tāv ubhau prītau tatraivāntaradhīyatām ||15|
tato 'ñjanāṃ samādāya adriḥ paiśācamūrtimān |
bhrātur hanumataḥ prītyai snāpayām āsa mātaram ||16|
tathaiva hanumān gaṅgām ādāyādrim atitvaran |
mārjārarūpiṇīṃ nītvā gautamyās tīram āptavān ||17|
tataḥ prabhṛti tat tīrthaṃ paiśācaṃ cāñjanaṃ tathā |
brahmaṇo girim āsādya sarvakāmapradaṃ śubham ||18|
yojanānāṃ tripañcāśan mārjāraṃ pūrvato bhavet |
mārjārasaṃjñitāt tasmād dhanūmantaṃ vṛṣākapim ||19|
phenāsaṃgamam ākhyātaṃ sarvakāmapradaṃ śubham |
tasya svarūpaṃ vyuṣṭiś ca tatraiva procyate śubhā ||20|

iti śrīmahāpurāṇe ādibrāhme tīrthamāhātmye paiśācatīrthavarṇanaṃ nāma caturaśītitamo 'dhyāyaḥ = gautamīmāhātmye pañcadaśo 'dhyāyaḥ

brahmovāca:
kṣudhātīrtham iti khyātaṃ śṛṇu nārada tanmanāḥ |
kathyamānaṃ mahāpuṇyaṃ sarvakāmapradaṃ nṛṇām ||85.1|
ṛṣir āsīt purā kaṇvas tapasvī vedavittamaḥ |
paribhramann āśramāṇi kṣudhayā paripīḍitaḥ ||2|
gautamasyāśramaṃ puṇyaṃ samṛddhaṃ cānnavāriṇā |
ātmānaṃ ca kṣudhāyuktaṃ samṛddhaṃ cāpi gautamam ||3|
vīkṣya kaṇvo 'tha vaiṣamyaṃ vairāgyam agamat tadā |
gautamo 'pi dvijaśreṣṭho hy ahaṃ tapasi niṣṭhitaḥ ||4|
samena yācñāyuktā syāt tasmād gautamaveśmani |
na bhokṣye 'haṃ kṣudhārto 'pi pīḍite 'pi kalevare ||5|
gaccheyaṃ gautamīṃ gaṅgām arjayeyaṃ ca saṃpadam |
iti niścitya medhāvī gatvā gaṅgāṃ ca pāvanīm ||6|

1 V candrikā **2** V -karaṇāc chāpa-

snātvā śucir yatamanā upaviśya kuśāsane |
tuṣṭāva gautamīṃ gaṅgāṃ kṣudhāṃ ca paramāpadam ||7|
kaṇva uvāca:
namo 'stu gaṅge paramārtihāriṇi |
namaḥ kṣudhe sarvajanārtikāriṇi |
namo maheśānajaṭodbhave śubhe |
namo mahāmṛtyumukhād viniḥsṛte ||8|
puṇyātmanāṃ śāntarūpe krodharūpe durātmanām |
saridrūpeṇa sarveṣāṃ tāpapāpāpahāriṇi ||9|
kṣudhārūpeṇa sarveṣāṃ tāpapāpaprade namaḥ |
namaḥ śreyas-*kari*[1] devi namaḥ pāpa-*pratardini*[2] |
namaḥ śānti-*kari*[3] devi namo dāridryanāśini ||10|
brahmovāca:
ity evaṃ stuvatas tasya purastād abhavad dvayam |
ekaṃ gāṅgaṃ manohāri hy aparaṃ bhīṣaṇākṛti |
punaḥ kṛtāñjalir bhūtvā namaskṛtvā dvijottamaḥ ||11|
kaṇva uvāca:
sarvamaṅgalamāṅgalye brāhmi māheśvari śubhe |
vaiṣṇavi tryambake devi godāvari namo 'stu te ||12|
tryambakasya jaṭodbhūte gautamasyāghanāśini |
saptadhā sāgaraṃ yānti godāvari namo 'stu te ||13|
sarvapāpakṛtāṃ pāpe dharmakāmārthanāśini |
duḥkha-*lobhamayi*[4] devi kṣudhe tubhyaṃ namo namaḥ ||14|
brahmovāca:
tat kaṇvavacanaṃ śrutvā suprīte āhatur dvijam ||15|
gaṅgākṣudhe ūcatuḥ:
abhīṣṭaṃ vada kalyāṇa varān varaya suvrata ||16|
brahmovāca:
provāca praṇato gaṅgāṃ kaṇvaḥ kṣudhāṃ yathākramam ||17|
kaṇva uvāca:
dehi devi manojñāni kāmāni vibhavaṃ mama |
āyur vittaṃ ca bhuktiṃ ca muktiṃ gaṅge prayaccha me ||18|
brahmovāca:
ity uktvā gautamīṃ gaṅgāṃ kṣudhāṃ cāha dvijottamaḥ ||19|
kaṇva uvāca:
mayi madvaṃśaje cāpi kṣudhe tṛṣṇe daridriṇi |
yāhi pāpatare rūkṣe na bhūyās tvaṃ kadācana ||20|
anena stavena ye vai tvāṃ stuvanti kṣudhāturāḥ[5] |
teṣāṃ dāridryaduḥkhāni na bhaveyur varo 'paraḥ ||21|
asmiṃs tīrthe mahāpuṇye snānadānajapādikam |
ye kurvanti narā *bhaktyā*[6] lakṣmībhājo bhavantu te ||22|

1 V -kare **2** V -pramardini **3** V -kare **4** V -lobhamaye **5** V stavenānena ye vai tvāṃ stuvanti kṣudhayāturaḥ **6** V bhaktvā

yas tv idaṃ paṭhate stotraṃ tīrthe vā yadi vā gṛhe |
tasya dāridryaduḥkhebhyo na bhayaṃ syād varo 'paraḥ ||23|
brahmovāca:
evam astv iti coktvā te kaṇvaṃ yāte svam ālayam |
tataḥ prabhṛti tat tīrthaṃ kāṇvaṃ gāṅgaṃ kṣudhābhidham |
sarvapāpaharaṃ vatsa pitṝṇāṃ prītivardhanam ||25|

iti śrīmahāpurāṇe ādibrāhme tīrthamāhātmye kṣudhātīrthavarṇanaṃ nāma pañcāśītitamo 'dhyāyaḥ = gautamīmāhātmye ṣoḍaśo 'dhyāyaḥ

brahmovāca:
asti brahman mahātīrthaṃ cakratīrtham iti śrutam |
tatra snānān naro bhaktyā harer lokam avāpnuyāt ||86.1|
ekādaśyāṃ tu śuklāyām upoṣya pṛthivīpate |
gaṇikāsaṃgame snātvā prāpnuyād akṣayaṃ padam ||2|
purā tatra yathā vṛttaṃ tan me nigadataḥ śṛṇu |
āsīd viśvadharo nāma vaiśyo bahudhanānvitaḥ ||3|
uttare vayasi śreṣṭhas tasya putro 'bhavad ṛṣe |
guṇavān rūpasampanno vilāsī śubhadarśanaḥ ||4|
prāṇebhyo 'pi priyaḥ putraḥ kāle pañcatvam āgataḥ |
tathā dṛṣṭvā tu taṃ putraṃ daṃpatī duḥkhapīḍitau ||5|
kurvāte sma tadā tena sahaiva maraṇe matim |
hā putra hanta kālena pāpena sudurātmanā ||6|
yauvane vartamāno 'pi nīto 'si guṇasāgara |
āvayoś ca tathaiva tvaṃ prāṇebhyo 'pi sudurlabhaḥ ||7|
itthaṃ tu ruditaṃ śrutvā daṃpatyoḥ karuṇaṃ yamaḥ |
tyaktvā nijapuraṃ tūrṇaṃ kṛpayāviṣṭamānasaḥ ||8|
godāvaryāḥ śubhe tīre sthito dhyāyañ janārdanam |
api svalpena kālena prajā vṛddhāḥ samantataḥ ||9|
iyata[1] iti me pṛthvī kathyatāṃ kena pūritā |
na kaścin mriyate jantur bhārākrāntā vasuṃdharā ||10|
tato devī gatā tūrṇaṃ vasudhā munisattama |
yatrāsti surasaṃyuktaḥ śakraḥ parapuraṃjayaḥ |
dṛṣṭvā vasuṃdharām indraḥ praṇipatyedam abravīt ||11|
indra uvāca:
kim āgamanakāryaṃ ta iti me pṛthvi kathyatām ||12|
dharovāca:
bhāreṇa guruṇā śakra pīḍitāhaṃ vinā vadham |
kāraṇaṃ praṣṭum āyātā kim idaṃ kathyatāṃ mama ||13|
brahmovāca:
iti śrutvā mahīvākyam indro vacanam abravīt ||14|
indra uvāca:
kāraṇaṃ yadi nāma syāt tadānīṃ jñāyate mayā |
surāṇāṃ hi patir *yasmād ahaṃ sarvāsu medini*[2] ||15|

1 V iyatya **2** V yasmāt sarveṣām acale tv aham

brahmovāca:
atha pṛthvī tadā vākyaṃ śrutvā cāha śacīpatim |
yama ādiśyatāṃ tarhi yathā saṃharate prajāḥ ||16|
iti śrutvā vaco mahyā ādiṣṭāḥ siddhakiṃnarāḥ |
yamasyānayane śīghraṃ mahendreṇa mahāmune ||17|
tatas te satvaraṃ yātāḥ sarve vaivasvataṃ puram |
naivāpaśyan yamaṃ tatra te siddhāḥ saha kiṃnaraiḥ |
tathāgatya punar vegād vārttā śakre niveditā ||18|
siddhakiṃnarā ūcuḥ:
yamo yamapure nātha asmābhir nāvalokitaḥ |
mahatāpi suyatnena vīkṣyamāṇaḥ samantataḥ ||19|
brahmovāca:
iti śrutvā vacas teṣāṃ pṛṣṭaḥ śakreṇa vai tadā |
savitā sa pitā tasya yamaḥ kutrāsta ity atha ||20|
sūrya uvāca:
śakra godāvarītīre kṛtānto vartate 'dhunā |
caraṃs tatra tapas tīvraṃ na jāne kiṃ nu kāraṇam ||21|
brahmovāca:
iti śrutvā vaco bhānoḥ śakraḥ śaṅkām upāviśat ||22|
śakra uvāca:
aho kaṣṭaṃ mahākaṣṭaṃ naṣṭā me suranāthatā |
godāvaryāṃ tapaḥ kuryād yamo vai duṣṭaceṣṭitaḥ |
jighṛkṣur matpadaṃ nūnaṃ devā iti matir mama ||23|
brahmovāca:
ity uktvā sahasendreṇa āhūtaś cāpsarogaṇaḥ ||24|
indra uvāca:
kā bhavatīṣu[3] kālasya sthitasya tapasi dviṣaḥ |
tapaḥpraṇāśane śaktā iti me śīghram ucyatām ||25|
brahmovāca:
iti śakravacaḥ śrutvā noce kāpi mahāmune |
atha śakraḥ prakopeṇa pratyuvācāpsarogaṇam ||26|
indra uvāca:
uttaraṃ nābravīt kiṃcid yāmas tarhi vayaṃ svayam |
sajjā bhavantu vibudhāḥ sainyair āyāntu mā ciram |
ghātayāmo vayaṃ śatruṃ tapasā svargakāmukam ||27|
brahmovāca:
ity ukte sati devānāṃ senā prādurbabhūva ha |
itīndrahṛdayaṃ jñātvā hariṇā lokadhāriṇā ||28|
preṣitaṃ cakriṇā cakraṃ rakṣaṇāya yamasya hi |
cakraṃ yatrābhavat tatra cakratīrtham anuttamam ||29|
athendraṃ menakā prāha śaṅkiteti vacas tadā ||30|
menakovāca:
kālāvalokane nālaṃ kācid asti sureśvara |
maraṇaṃ ca varaṃ deva bhavato na yamāt punaḥ ||31|
rūpayauvanamatteyaṃ *gaṇikāyācanaṃ*[4] prabho |
preṣaṇaṃ tat prayacchaiṣā svāmitvaṃ manyate tvayā ||32|

3 V kāste yuṣmāsu **4** V gaṇikā yācanaṃ

brahmovāca:
iti śrutvā vacas tasyāḥ śakraḥ suravareśvaraḥ |
ādideśābalāṃ kṣāmāṃ satkṛtya gaṇikāṃ tathā ||33|
śakra uvāca:
gaṇike gaccha me kāryaṃ kuru sundari mā ciram |
kṛtakṛtyāgatā bhūyo vallabhā me yathā śacī ||34|
brahmovāca:
ity ākarṇya vacaḥ śakrād utpatya gaṇikā diśaḥ |
kṣaṇena yamasāṃnidhyam āyātā cārurūpiṇī ||35|
yamāntikam anuprāptā dyotayantī diśo daśa |
salīlaṃ lalitaṃ bālā jagau *hindolakaṅkalam*[5] ||36|
tataś cacāla kālasya mano lolaṃ calācalam |
athonmīlya yamo netre kāmapāvakapūrite ||37|
tasyāṃ vyāpārayām āsa śreyaḥśatrau mahāmune |
tato vilīya sā sadyaḥ sarittvam agamat tadā ||38|
gautamyāṃ tu samāgamya gaṇikāgaṇakiṃkaraiḥ |
gīyamānā gatā svarge *tasya*[6] tīrthaprabhāvataḥ ||39|
gacchantīṃ gaṇikāṃ dṛṣṭvā vimānasthāṃ divaṃ prati |
vismayaṃ paramaṃ prāptaḥ kālas taralalocanaḥ |
athādityena cāgatya evam ukto yamas tadā ||40|
sūrya uvāca:
kuru putra nijaṃ karma prajānāṃ tvaṃ parikṣayam |
paśya vātaṃ sadā vāntaṃ sṛjantaṃ vedhasaṃ prajāḥ |
paryaṭantaṃ trilokīṃ māṃ vahantīṃ vasudhāṃ prajāḥ ||41|
brahmovāca:
iti śrutvā yamo vākyaṃ pitur vacanam abravīt ||42|
yama uvāca:
etan na garhitaṃ karma kuryām aham idaṃ dhruvam |
karmaṇy asmin mahākrūre samādeṣṭuṃ na *vārhasi*[7] ||43|
iti śrutvā ca tad vākyaṃ bhānur vacanam abravīt |
kiṃ nāma garhitaṃ karma tava kartum alaṃ yama ||44|
kiṃ na dṛṣṭā tvayā yāntī gaṇikā gaṇakiṃkaraiḥ |
gīyamānā divaṃ sadyo gautamītoyam āplutā ||45|
tvayā cātra tapas tīvraṃ kṛtaṃ putra suduṣkaram |
naivāntaṃ tasya paśyāmi tasmād gaccha nijaṃ puram ||46|
ity uktvā bhagavān bhānus tatra snātvā gato divam |
yamo 'pi saṃgame snātvā tato nijapuraṃ yayau ||47|
bhūtahāpi tataḥ śaṅkāṃ tatyāja ca mahāmune |
tathā dṛṣṭvā yamaṃ yāntaṃ cakre cakraṃ prayāṇakam ||48|
bhagavān yatra govindo vanamālāvibhūṣitaḥ |
iti yaḥ śṛṇuyān martyaḥ paṭhed vāpi samāhitaḥ ||49|
āpadas tasya naśyanti dīrgham āyur avāpnuyāt ||50|

iti śrīmahāpurāṇe ādibrāhme tīrthamāhātmye cakratīrthagaṇikāsaṃgamavarṇanaṃ nāma ṣaḍaśītitamo 'dhyāyaḥ = gautamīmāhātmye saptadaśo 'dhyāyaḥ[8]

5 ASS corr. *hindolacañcalā*; V hindolakaṃ kalam **6** V tatas **7** V cārhasi **8** V reads the following two chapters before the preceding one.

brahmovāca:
ahalyāsaṃgamaṃ ceha tīrthaṃ trailokyapāvanam |
śṛṇu samyaṅ muniśreṣṭha tatra vṛttam idaṃ yathā ||87.1|
kautukenātimahatā mayā pūrvaṃ munīśvara |
sṛṣṭā[1] kanyā bahuvidhā rūpavatyo guṇānvitāḥ ||2|
tāsām ekāṃ śreṣṭhatamāṃ nirmame śubhalakṣaṇām |
tāṃ bālāṃ cārusarvāṅgīṃ dṛṣṭvā rūpaguṇānvitām ||3|
ko vāsyāḥ poṣaṇe śakta iti me buddhir āviśat |
na daityānāṃ surāṇāṃ ca na munīnāṃ tathaiva ca ||4|
nāsty asyāḥ poṣaṇe śaktir iti me buddhir anvabhūt |
guṇajyeṣṭhāya viprāya tapoyuktāya dhīmate ||5|
sarvalakṣaṇayuktāya vedavedāṅgavedine |
gautamāya mahāprājñām adadāṃ poṣaṇāya tām ||6|
pālayasva muniśreṣṭha yāvad āpsyati yauvanam |
yauvanasthāṃ punaḥ sādhvīm ānayethā mamāntikam ||7|
evam uktvā gautamāya prādāṃ kanyāṃ sumadhyamām |
tām ādāya muni-*śreṣṭha*[2] tapasā hatakalmaṣaḥ ||8|
tāṃ poṣayitvā[3] vidhivad alaṃkṛtya mamāntikam |
nirvikāro muniśreṣṭho hy ahalyām ānayat tadā ||9|
tāṃ dṛṣṭvā vibudhāḥ sarve śakrāgnivaruṇādayaḥ |
mama deyā sureśāna ity ūcus te pṛthak pṛthak ||10|
tathaiva munayaḥ sādhyā dānavā yakṣarākṣasāḥ |
tān sarvān āgatān dṛṣṭvā kanyārtham atha saṃgatān ||11|
indrasya tu viśeṣeṇa mahāṃś cābhūt tadā grahaḥ |
gautamasya tu māhātmyaṃ gāmbhīryaṃ dhairyam eva ca ||12|
smṛtvā suvismito bhūtvā mamaivam abhavat sudhīḥ |
deyeyaṃ gautamāyaiva nānyayogyā śubhānanā ||13|
tasmā eva tu tāṃ dāsye tathāpy evam acintayam |
sarveṣāṃ ca matir dhairyaṃ mathitaṃ bālayānayā ||14|
ahalyeti suraiḥ *proktaṃ*[4] mayā ca ṛṣibhis tadā |
devān ṛṣīṃs tadā vīkṣya mayā tatroktam uccakaiḥ ||15|
tasmai sā dīyate subhrūr yaḥ pṛthivyāḥ pradakṣiṇām |
kṛtvopatiṣṭhate pūrvaṃ na cānyasmai punaḥ punaḥ ||16|
tataḥ sarve suragaṇāḥ śrutvā vākyaṃ mayeritam |
ahalyārthaṃ surā jagmuḥ pṛthivyāś ca pradakṣiṇe ||17|
gateṣu surasaṃgheṣu gautamo 'pi *munīśvara*[5] |
prayatnam akarot kiṃcid ahalyārtham imaṃ tathā ||18|

1 V sṛṣṭāḥ **2** V -śreṣṭhas **3** V poṣayitvā ca **4** C [not possible, cf. note at the beginning of the Gautamī-māhātmya, i.e. 70.12, but sic] proktā **5** V munīśvaraḥ

etasminn antare brahman surabhiḥ sarvakāmadhuk |
ardhaprasūtā hy abhavat tāṃ dadarśa sa gautamaḥ ||19|
tasyāḥ pradakṣiṇaṃ cakre iyam urvīti saṃsmaran |
liṅgasya ca sureśasya pradakṣiṇam athākarot ||20|
tayoḥ pradakṣiṇaṃ kṛtvā gautamo munisattamaḥ |
sarveṣāṃ caiva devānām ekaṃ cāpi pradakṣiṇam ||21|
naivābhavad bhuvo gantuḥ saṃjātaṃ dvitayaṃ mama |
evaṃ niścitya sa munir mamāntikam athābhyagāt ||22|
namaskṛtvābravīd vākyaṃ gautamo māṃ mahāmatiḥ |
kamalāsana viśvātman namas te 'stu punaḥ punaḥ ||23|
pradakṣiṇīkṛtā brahman *mayeyaṃ vasudhākhilā*[6] |
yad atra yuktaṃ deveśa jānīte tad bhavān svayam ||24|
mayā tu dhyānayogena jñātvā gautamam abravam |
tavaiva dīyate subhrūḥ pradakṣiṇam idaṃ kṛtam ||25|
dharmaṃ jānīhi viprarṣe durjñeyaṃ nigamair api |
ardhaprasūtā surabhiḥ saptadvīpavatī mahī ||26|
kṛtā pradakṣiṇā tasyāḥ pṛthivyāḥ sā kṛtā bhavet |
liṅgaṃ pradakṣiṇīkṛtya tad eva phalam āpnuyāt ||27|
tasmāt sarvaprayatnena mune gautama suvrata |
tuṣṭo 'haṃ tava dhairyeṇa jñānena tapasā tathā ||28|
datteyam ṛṣiśārdūla kanyā lokavarā mayā |
ity uktvāhaṃ gautamāya ahalyām adadāṃ mune ||29|
jāte vivāhe te devāḥ kṛtvelāyāḥ pradakṣiṇam |
śanaiḥ śanair athāgatya dadṛśuḥ sarva eva te ||30|
taṃ gautamam ahalyāṃ ca dāṃpatyaṃ prītivardhanam |
te cāgatyātha paśyanto vismitāś cābhavan surāḥ ||31|
atikrānte vivāhe tu surāḥ sarve *divaṃ yayuḥ*[7] |
samatsaraḥ śacībhartā tām īkṣya ca divaṃ yayau ||32|
tataḥ prītamanās tasmai gautamāya mahātmane |
prādāṃ brahmagiriṃ puṇyaṃ sarvakāmapradaṃ śubham ||33|
ahalyāyāṃ muniśreṣṭho reme tatra sa gautamaḥ |
gautamasya kathāṃ puṇyāṃ śrutvā śakras triviṣṭape ||34|
tam āśramaṃ taṃ ca muniṃ tasya bhāryām aninditām |
bhūtvā brāhmaṇaveṣeṇa draṣṭum āgāc chatakratuḥ ||35|
sa dṛṣṭvā bhavanaṃ tasya bhāryāṃ ca vibhavaṃ tathā |
pāpīyasīṃ matiṃ kṛtvā ahalyāṃ samudaikṣata ||36|
nātmānaṃ na paraṃ deśaṃ kālaṃ śāpād ṛṣer bhayam |
na bubodha tadā vatsa kāmākṛṣṭaḥ śatakratuḥ ||37|
taddhyānaparamo nityaṃ surarājyena garvitaḥ |
saṃtaptāṅgaḥ kathaṃ kuryāṃ praveśo me kathaṃ bhavet ||38|
evaṃ vasan viprarūpo nāntaraṃ tv adhyagacchata |
sa kadācin mahāprājñaḥ kṛtvā paurvāhṇikīṃ kriyām ||39|

6 A mayelā dvividhā punaḥ **7** A gatāḥ punaḥ

sahito gautamaḥ śiṣyair nirgataś cāśramād bahiḥ |
āśramam[8] gautamīṃ viprān dhānyāni *vividhāni*[9] ca ||40|
draṣṭuṃ gato munivara indras taṃ samudaikṣata |
idam antaram ity uktvā cakre kāryaṃ manaḥpriyam ||41|
rūpaṃ kṛtvā gautamasya priyepsuḥ sa śatakratuḥ |
tāṃ *dṛṣṭvā*[10] cārusarvāṅgīm ahalyāṃ vākyam abravīt ||42|
indra uvāca:
ākṛṣṭo 'haṃ tava guṇai rūpaṃ smṛtvā skhalatpadaḥ |
iti bruvan hasan hastam ādāyāntaḥ samāviśat ||43|
na bubodha tv ahalyā taṃ jāraṃ mene tu gautamam |
ramamāṇā yathāsaukhyaṃ prāgāc chiṣyaiḥ sa gautamaḥ ||44|
āgacchantaṃ nityam eva ahalyā priyavādinī |
pratiyāti[11] priyaṃ vakti toṣayantī ca taṃ guṇaiḥ ||45|
tām adṛṣṭvā mahāprājño mene tan mahad adbhutam |
dvārasthitaṃ muniśreṣṭhaṃ sarve paśyanti nārada ||46|
agnihotrasya śālāyā rakṣiṇo gṛhakarmiṇaḥ |
ūcur munivaraṃ bhītā gautamaṃ vismayānvitāḥ ||47|
rakṣiṇa ūcuḥ:
bhagavan kim idaṃ citraṃ bahir antaś ca dṛśyase |
priyayāntaḥ praviṣṭo 'si tathaiva ca bahir bhavān |
aho tapaḥprabhāvo 'yaṃ nānārūpadharo bhavān ||48|
brahmovāca:
tac chrutvā vismitas tv antaḥ praviṣṭaḥ ko nu tiṣṭhati |
priye ahalye bhavati kiṃ māṃ na pratibhāṣase |
ity ṛṣer vacanaṃ śrutvā ahalyā jāram abravīt ||50|
ahalyovāca:
ko bhavān munirūpeṇa pāpaṃ tvaṃ kṛtavān asi |
iti *bruvatī*[12] śayanād utthitā satvaraṃ bhayāt ||51|
sa cāpi pāpakṛc chakro biḍālo 'bhūn muner bhayāt |
trastāṃ ca[13] vikṛtāṃ dṛṣṭvā *svapriyāṃ dūṣitāṃ tadā*[14] ||52|
uvāca sa muniḥ kopāt kim idaṃ sāhasaṃ kṛtam |
iti bruvantaṃ bhartāraṃ sāpi novāca lajjitā ||53|
anveṣayaṃs tu taṃ jāraṃ[15] biḍālaṃ dadṛśe muniḥ |
ko bhavān iti taṃ prāha bhasmīkuryāṃ *mṛṣāvadan*[16] ||54|
indra uvāca:
kṛtāñjalipuṭo bhūtvā caivam āha śacīpatiḥ |
śacībhartā purāṃ bhettā tapodhana puruṣṭutaḥ ||55|
mamedaṃ pāpam āpannaṃ satyam uktaṃ mayānagha |
mahadvigarhitaṃ karma kṛtavān asmy ahaṃ mune ||56|
smarasāyakanirbhinnahṛdayāḥ kiṃ na kurvate |
brahman mayi mahāpāpe kṣamasva karuṇānidhe ||57|

8 D āśrame **9** D ca vanāni **10** D gatvā **11** A patipriyā **12** V bruvanti **13** V ahalyāṃ **14** V dharṣitāṃ svapriyāṃ balāt **15** AV bhramamāṇaṃ bhayodvignaṃ **16** D sahānugam V mṛṣāvacaḥ

santaḥ kṛtāparādhe 'pi naraukṣyaṃ jātu kurvate |
niśamya tad vaco vipro harim āha ruṣānvitaḥ ||58|
gautama uvāca:
bhagabhaktyā[17] kṛtaṃ pāpaṃ sahasra-*bhagavān*[18] bhava |
tām apy āha muniḥ kopāt tvaṃ ca śuṣkanadī bhava ||59|
tataḥ prasādayām āsa kathayantī tadākṛtim ||60|
ahalyovāca:
manasāpy anyapuruṣaṃ pāpiṣṭhāḥ kāmayanti yāḥ |
akṣayān yānti narakāṃs tāsāṃ sarve 'pi pūrvajāḥ ||61|
bhūtvā prasanno bhagavann avadhāraya madvacaḥ |
tava rūpeṇa cāgatya mām agāt sākṣiṇas tv ime ||62|
tatheti rakṣiṇaḥ procur ahalyā satyavādinī |
dhyānenāpi munir jñātvā śāntaḥ prāha pativratām ||63|
gautama uvāca:
yadā tu saṃgatā bhadre gautamyā saridīśayā |
nadī bhūtvā punā rūpaṃ prāpsyase priyakṛn mama ||64|
ity ṛṣer vacanaṃ śrutvā tathā cakre pativratā |
tayā tu saṃgatā devyā ahalyā gautamapriyā ||65|
punas tad rūpam abhavad yan mayā nirmitaṃ purā |
tataḥ kṛtāñjalipuṭaḥ surarāṭ prāha gautamam ||66|
indra uvāca:
māṃ pāhi muniśārdūla pāpiṣṭhaṃ gṛham āgatam |
pādayoḥ patitaṃ dṛṣṭvā kṛpayā prāha gautamaḥ ||67|
[[19]prasādito devagaṇair gautamo munisattamaḥ |
indrasya ca śacībhartuḥ kurvañ chāpavimokṣaṇam |]
gautama uvāca:
gautamīṃ gaccha bhadraṃ te snānaṃ kuru puraṃdara[20] |
kṣaṇān nirdhūtapāpas tvaṃ sahasrākṣo bhaviṣyasi ||68|
ubhayaṃ vismayakaraṃ dṛṣṭavān asmi nārada |
ahalyāyāḥ punarbhāvaṃ śacībhartā sahasradṛk ||69|
tataḥ prabhṛti tat tīrtham ahalyāsaṃgamaṃ *śubham*[21] |
indratīrtham iti khyātaṃ sarvakāmapradaṃ nṛṇām ||70|

iti śrīmahāpurāṇe ādibrāhme tīrthamāhātmye 'halyāsaṃgamendratīrthavarṇanaṃ nāma saptāśītitamo 'dhyāyaḥ = gautamīmāhātmye 'ṣṭādaśo 'dhyāyaḥ

brahmovāca:
tasmād apy aparaṃ tīrthaṃ janasthānam iti śrutam |
caturyojanavistīrṇaṃ smaraṇān muktidaṃ nṛṇām ||88.1|
vaivasvatānvaye jāto rājābhūj janakaḥ purā |
so 'pāṃpates tu tanujām upayeme guṇārṇavām ||2|

17 A tvayā śakra V bhagaprītyā **18** D -bhagabhāg **19** V ins. **20** V ahalyāsaṃgame tīrthe puṇye snātvā śacīpate **21** V śuciḥ

dharmārthakāmamokṣāṇāṃ janakāṃ janako nṛpaḥ |
anurūpaguṇatvāc ca tasya bhāryā guṇārṇavā ||3|
yājñavalkyaś ca viprendras tasya rājñaḥ purohitaḥ |
tam apṛcchan nṛpaśreṣṭho yājñavalkyaṃ purohitam ||4|
janaka uvāca:
bhuktimuktī ubhe śreṣṭhe nirṇīte munisattamaiḥ |
dāsīdāsebhaturagarathādyair bhuktir uttamā ||5|
kiṃtv antavirasā bhuktir muktir ekā niratyayā |
bhukter muktiḥ śreṣṭhatamā bhuktyā muktiṃ kathaṃ vrajet ||6|
sarvasaṅgaparityāgān muktiprāptiḥ suduḥkhataḥ |
tad brūhi dvijaśārdūla sukhān muktiḥ kathaṃ bhavet ||7|
yājñavalkya uvāca:
apāṃpatis tava guruḥ śvaśuraḥ priyakṛt tathā |
taṃ gatvā pṛccha nṛpate upadekṣyati te hitam ||8|
yājñavalkyaś ca janako rājānaṃ varuṇaṃ tadā |
gatvā cocatur avyagrau muktimārgaṃ yathākramam ||9|
varuṇa uvāca:
dvidhā tu saṃsthitā muktiḥ karmadvāre 'py akarmaṇi |
vede ca niścito mārgaḥ karma jyāyo hy akarmaṇaḥ ||10|
sarvaṃ ca karmaṇā baddhaṃ puruṣārthacatuṣṭayam |
akarmaṇaivāpyata iti muktimārgo[1] mṛṣocyate ||11|
karmaṇā sarva-*dhānyāni*[2] setsyanti nṛpasattama |
tasmāt sarvātmanā karma kartavyaṃ vaidikaṃ nṛbhiḥ ||12|
tena bhuktiṃ ca muktiṃ ca prāpnuvantīha mānavāḥ |
akarmaṇaḥ karma puṇyaṃ karma cāpy āśrameṣu ca ||13|
jātyāśritaṃ ca rājendra tatrāpi śṛṇu dharmavit |
āśramāṇi ca catvāri karmadvārāṇi mānada ||14|
caturṇām āśramāṇāṃ ca gārhasthyaṃ puṇyadaṃ smṛtam |
tasmād bhuktiś ca muktiś ca bhavatīti matir mama ||15|
brahmovāca:
etac chrutvā tu janako yājñavalkyaś ca buddhimān |
varuṇaṃ pūjayitvā tu punar vacanam ūcatuḥ ||16|
ko deśaḥ kiṃ ca tīrthaṃ syād bhuktimuktipradāyakam |
tad vadasva suraśreṣṭha sarvajño 'si namo 'stu te ||17|
varuṇa uvāca:
pṛthivyāṃ bhārataṃ varṣaṃ daṇḍakaṃ tatra puṇyadam |
tasmin kṣetre kṛtaṃ karma bhuktimuktipradaṃ nṛṇām ||18|
tīrthānāṃ gautamī gaṅgā śreṣṭhā muktipradā nṛṇām |
tatra yajñena dānena bhogān muktim avāpsyati ||19|
brahmovāca:
yājñavalkyaś ca janako vācaṃ śrutvā hy apāṃpateḥ |
varuṇena hy anujñātau svapurīṃ jagmatus tadā ||20|

1 V akarmaṇaivāpy ayate [?] muktimārgaṃ **2** D -sādhyāni

aśvamedhādikaṃ karma cakāra janako nṛpaḥ |
yājayām āsa viprendro yājñavalkyaś ca taṃ nṛpam ||21|
gaṅgātīraṃ samāśritya yajñān muktim avāpa rāṭ |
tathā janakarājāno bahavas tatra karmaṇā ||22|
muktiṃ prāpur mahābhāgā gautamyāś ca prasādataḥ |
tataḥ prabhṛti tat tīrthaṃ janasthāneti viśrutam ||23|
janakānāṃ yajñasado janasthānaṃ prakīrtitam |
caturyojanavistīrṇaṃ smaraṇāt sarvapāpanut ||24|
tatra snānena dānena *pitṝṇāṃ tarpaṇena tu*[3] |
tīrthasya smaraṇād vāpi gamanād bhaktisevanāt ||25|
sarvān kāmān avāpnoti muktiṃ ca samavāpnuyāt ||26|

iti śrīmahāpurāṇe ādibrāhme tīrthamāhātmye janasthānatīrthavarṇanaṃ nāmāṣṭāśītitamo 'dhyāyaḥ = gautamīmāhātmya ekonaviṃśo 'dhyāyaḥ

brahmovāca:
aruṇā varuṇā caiva nadyau puṇyatare śubhe |
tayoś ca saṃgamaḥ puṇyo gaṅgāyāṃ munisattama ||89.1|
[[1]mānasāc ca prayāgāc ca mandākinyāś ca puṇyade |]
tadutpattiṃ śṛṇuṣveha sarvapāpavināśinīm |
kaśyapasya suto jyeṣṭha ādityo lokaviśrutaḥ ||2|
trailokyacakṣus tīkṣṇāṃśuḥ saptāśvo lokapūjitaḥ |
tasya patnī uṣā khyātā tvāṣṭrī trailokyasundarī ||3|
bhartuḥ pratāpatīvratvam asahantī sumadhyamā |
cintayām āsa kiṃ kṛtyaṃ mama syād iti bhāminī ||4|
tasyāḥ *putrau mahārājñau*[2] manur vaivasvato yamaḥ |
yamunā ca nadī puṇyā śṛṇu vismayakāraṇam ||5|
sākarod ātmanaś chāyām ātmarūpeṇa yatnataḥ |
tām abravīt tataś coṣā tvaṃ ca matsadṛśī bhava ||6|
bhartāraṃ tvam apatyāni pālayasva mamājñayā |
yāvad āgamanaṃ me syāt patyus tāvat priyā bhava ||7|
nākhyātavyaṃ tvayā kvāpi apatyānāṃ tathā priye |
tathety āha ca sā chāyā nirjagāma gṛhād uṣā ||8|
ity uktvā sā jagāmāśu śāntaṃ rūpam abhīpsatī |
sā gatvoṣā gṛhaṃ tvaṣṭuḥ pitre sarvaṃ nyavedayat |
tvaṣṭāpi cakitaḥ prāha tāṃ sutāṃ sutavatsalaḥ ||9|
tvaṣṭovāca:
naitad yuktaṃ bhartṛmatyā yat svaireṇa pravartanam |
apatyānāṃ kathaṃ vṛttir bhartur vā savitus tava |
bibhemi bhadre śiṣṭo 'haṃ bhartur gehaṃ punar vraja ||10|
brahmovāca:
evam uktā tu pitrā sā nety uktvā vai punaḥ punaḥ |
uttaraṃ ca kuror deśaṃ jagāma tapase *tvarā*[3] ||11|

3 V tu pitṝṇāṃ tarpaṇena **1** V ins. **2** V putro mahāprājño **3** V tadā

tatra tepe tapas tīvraṃ vaḍavārūpadhāriṇī |
duṣ-*prekṣaṃ*[4] taṃ svakaṃ kāntaṃ dhyāyantī niścalā uṣā ||12|
etasminn antare tāta chāyā coṣāsvarūpiṇī |
patyau sā vartayām āsa apatyāny atha jajñire ||13|
sāvarṇiś ca śaniś caiva viṣṭir yā duṣṭakanyakā |
sā chāyā vartayām āsa vaiṣamyeṇaiva nityaśaḥ ||14|
sveṣv apatyeṣu coṣāyā yamas tatra cukopa ha |
vaiṣamyeṇātha vartantīṃ chāyāṃ tāṃ mātaraṃ tadā ||15|
tāḍayām āsa pādena dakṣiṇāśāpatir yamaḥ |
putradaurjanyasaṃkṣobhāc chāyā vaivasvataṃ yamam ||16|
śaśāpa pāpa te pādo viśīryatu mamājñayā |
viśīrṇacaraṇo duḥkhād rudan pitaram abhyagāt |
savitre taṃ tu vṛttāntaṃ nyavedayad aśeṣataḥ ||17|
yama uvāca:
neyaṃ mātā suraśreṣṭha yayā śapto 'ham īdṛśaḥ |
apatyeṣu viruddheṣu jananī naiva *kupyate*[5] ||18|
yad bālyād abravaṃ kiṃcid athavā duṣkṛtaṃ kṛtam |
naiva kupyati sā mātā tasmān neyaṃ mamāmbikā ||19|
yad apatyakṛtaṃ kiṃcit sādhv asādhu yathā tathā |
māty asyāṃ sarvam apy etat tasmān māteti gīyate ||20|
pradhakṣyantīva māṃ tāta nityaṃ paśyati cakṣuṣā |
vakty agnikālasadṛśā vācā neyaṃ madambikā ||21|
brahmovāca:
tat putravacanaṃ śrutvā savitācintayat tataḥ |
iyaṃ chāyā nāsya mātā uṣā mātā tu sānyataḥ ||22|
mama śāntim abhīpsantī deśe 'nyasmiṃs taporatā |
uttare ca kurau tvāṣṭrī vaḍavārūpadhāriṇī ||23|
tatrāste sā iti jñātvā jagāmeśo divākaraḥ |
yatra sā vartate kāntā aśvarūpaḥ svayaṃ tadā ||24|
tāṃ dṛṣṭvā vaḍavārūpāṃ paryadhāvad dhayākṛtiḥ |
kāmāturaṃ hayaṃ dṛṣṭvā śrutvā vai heṣitasvanam ||25|
uṣā pativratopetā patidhyānaparāyaṇā |
hayadharṣaṇasaṃbhītā ko nv ayaṃ cety ajānatī ||26|
apalāyat patau prāpte dakṣiṇābhimukhī tvarā |
ko nu me rakṣako 'tra syād ṛṣayo vāthavā surāḥ ||27|
dhāvantīṃ tāṃ priyām aśvām aśvarūpadharaḥ svayam |
paryadhāvad yato yāti uṣā bhānus tatas tataḥ ||28|
smaragrahavaśe jātaḥ ko duśceṣṭaṃ na ceṣṭate |
bhāgīrathīṃ nadīś cānyā vanāny upavanāni ca ||29|
narmadāṃ cātha vindhyaṃ ca dakṣiṇābhimukhāv ubhau |
atikramya bhayodvignā tvāṣṭry *abhyagāc ca*[6] gautamīm ||30|
trātāraḥ santi munayo janasthāna iti śrutam |
ṛṣīṇām āśramaṃ sāśvā praviṣṭā gautamīṃ tathā ||31|

4 V -prekṣyaṃ **5** V kupyati **6** V agāc caiva

anuprāptas tathā cāśvo bhānus tadrūpavāṃs tataḥ |
aśvaṃ nivārayām āsur jana-*sthā munidārakāḥ*[7] |
tataḥ kopād *ṛṣīṃs tāṃś ca*[8] śaśāpoṣāpatiḥ prabhuḥ ||32|
bhānur uvāca:
nivārayatha māṃ yasmād vaṭā yūyaṃ bhaviṣyatha ||33|
brahmovāca:
jñānadṛṣṭyā tu munayo menire 'śvam uṣāpatim |
stuvanto devadeveśaṃ bhānuṃ taṃ munayo mudā ||34|
stūyamāno munigaṇair aśvāṃ bhānur athāgamat |
vaḍavāyā mukhe lagnaṃ mukhaṃ cāśvasvarūpiṇam ||35|
jñātvā tvāṣṭrī ca bhartāraṃ mukhād vīryaṃ prasusruve |
tayor vīryeṇa gaṅgāyām aśvinau samajāyatām ||36|
tatrāgacchan suragaṇāḥ siddhāś ca *munayas tathā*[9] |
nadyo gāvas tathauṣadhyo devā jyotirgaṇās tathā ||37|
saptāśvaś ca[10] rathaḥ puṇyo hy aruṇo bhānusārathiḥ |
yamo manuś ca varuṇaḥ śanir vaivasvatas tathā ||38|
yamunā ca nadī puṇyā tāpī caiva mahānadī |
tattadrūpaṃ samāsthāya nadyas tā vismayān mune ||39|
draṣṭuṃ te vismayāviṣṭā ājagmuḥ śvaśuras tathā |
abhiprāyaṃ viditvā tu śvaśuraṃ bhānur abravīt ||40|
bhānur uvāca:
uṣāyāḥ prītaye tvaṣṭaḥ kurvatyās tapa uttamam |
yantrārūḍhaṃ ca māṃ kṛtvā chindhi tejāṃsy anekaśaḥ |
yāvat saukhyaṃ bhaved asyās tāvac chindhi prajāpate ||41|
brahmovāca:
tathety uktvā tatas tvaṣṭā somanāthasya saṃnidhau |
tejasāṃ chedanaṃ cakre prabhāsaṃ tu tato viduḥ ||42|
bhartrā ca saṃgatā yatra gautamyām aśvarūpiṇī |
aśvinor yatra cotpattir aśvatīrthaṃ tad ucyate ||43|
bhānutīrthaṃ tad ākhyātaṃ tathā pañcavaṭāśramaḥ |
tāpī ca yamunā caiva pitaraṃ draṣṭum āgate ||44|
aruṇāvaruṇānadyor gaṅgāyāṃ saṃgamaḥ śubhaḥ |
devānāṃ tatra tīrthānām āgatānāṃ pṛthak pṛthak ||45|
nava trīṇi sahasrāṇi tīrthāni guṇavanti ca |
tatra snānaṃ ca dānaṃ ca sarvam akṣayapuṇyadam ||46|
smaraṇāt paṭhanād vāpi śravaṇād api nārada |
sarvapāpavinirmukto dharmavān sa sukhī bhavet ||47|

iti śrīmahāpurāṇe ādibrāhme tīrthamāhātmye 'ruṇāvaruṇāsaṃgamāśvabhānutīrtha-varṇanaṃ nāmonanavatitamo 'dhyāyaḥ = gautamīmāhātmye viṃśatitamo 'dhyāyaḥ

7 V -sthānanivāsinaḥ **8** V baṭūn pañca **9** V munayo nadāḥ **10** V saptāśvasya

brahmovāca:
gāruḍaṃ nāma yat tīrthaṃ sarvavighnapraśāntidam |
tasya prabhāvaṃ vakṣyāmi śṛṇu nārada yatnataḥ ||90.1|
maṇināga iti tv āsīc cheṣaputro mahābalaḥ |
garuḍasya bhayād bhaktyā toṣayām āsa śaṃkaram ||2|
tataḥ prasanno bhagavān parameṣṭhī maheśvaraḥ |
tam uvāca mahānāgaṃ varaṃ varaya pannaga ||3|
nāgaḥ prāha prabho mahyaṃ dehi me garuḍābhayam |
tathety āha ca taṃ śaṃbhur garuḍād abhayaṃ *bhavet*[1] ||4|
nirgato nirbhayo nāgo garuḍād aruṇānujāt |
kṣīrodaśāyī yatrāste kṣīrārṇavasamīpataḥ ||5|
itaś cetaś ca carati nāgo 'sau sukhaśītale |
garuḍo 'pi ca yatrāste taṃ deśam api yāty asau ||6|
garuḍaḥ pannagaṃ dṛṣṭvā carantaṃ nirbhayena tu |
taṃ gṛhītvā mahānāgaṃ prākṣipat svasya veśmani ||7|
taṃ baddhvā gāruḍaiḥ pāśair garuḍo nāgasattamam |
etasminn antare nandī provāceśaṃ jagatprabhum ||8|
nandikeśvara uvāca:
nūnaṃ nāgo na cāyāti bhakṣito baddha eva vā |
garuḍena sureśāna jīvan nāgo na saṃvrajet ||9|
brahmovāca:
nandino vacanaṃ śrutvā jñātvā śaṃbhur athābravīt ||10|
śiva uvāca:
garuḍasya gṛhe nāgo baddhas tiṣṭhati satvaram |
gatvā taṃ jagatām īśaṃ viṣṇuṃ *stuhi*[2] janārdanam ||11|
baddhaṃ nāgaṃ kāśyapena madvākyād ānaya svayam |
tat prabhor vacanaṃ śrutvā nandī gatvā śriyaḥ patim ||12|
vyajñāpayat svayaṃ vākyaṃ viṣṇuṃ lokaparāyaṇam |
nārāyaṇaḥ prītamanā garuḍaṃ vākyam abravīt ||13|
viṣṇur uvāca:
vinatātmaja me vākyān nandine dehi pannagam |
kampamānas tad ākarṇya[3] nety uvāca vihaṃgamaḥ |
viṣṇum apy abravīt kopāt suparṇo nandino 'ntike ||14|
garuḍa uvāca:
yad yat priyatamaṃ kiṃcid bhṛtyebhyaḥ prabhaviṣṇavaḥ |
dāsyanty anye bhavān naiva mayānītaṃ hariṣyati ||15|
paśya devaṃ trinayanaṃ nāgaṃ mokṣyati nandinā |
mayopapāditaṃ nāgaṃ tvaṃ tu dāsyasi nandine ||16|
tvāṃ vahāmi sadā *svāmin*[4] mama deyaṃ sadā tvayā |
mayopapāditaṃ nāgaṃ vaktuṃ dehīti nocitam ||17|
satāṃ prabhūṇāṃ neyaṃ syād vṛttiḥ sadvṛttikāriṇām |
santo dāsyanti bhṛtyebhyo madupāttaharo bhavān ||18|

1 V tava **2** V brūhi **3** V vainateyo viditvā ca **4** V mārge

daityāñ jayasi saṃgrāme madbalenaiva keśava |
ahaṃ mahābalīty evaṃ mudhaiva ślāghate bhavān ||19|
brahmovāca:
garuḍasyeti tad vākyaṃ śrutvā cakragadādharaḥ |
vihasya nandinaḥ pārśve paśyadbhir lokapālakaiḥ ||20|
idam āha mahābuddhir māṃ samuhya kṛśo bhavān |
tvadbalād asurān sarvāñ jeṣye 'haṃ khagasattama ||21|
ity uktvā śrīpatir brahmañ śāntakopo 'bravīd idam |
vahāṅguliṃ karasyāśu kaniṣṭhāṃ nandino 'ntike ||22|
garuḍasya tato mūrdhni nyasyedaṃ punar abravīt |
satyaṃ māṃ *vahase*[5] nityaṃ paśya dharmaṃ vihaṃgama ||23|
nyastāyāṃ ca tato 'ṅgulyāṃ śiraḥ kukṣau samāviśat |
kukṣiś ca caraṇasyāntaḥ prāviśac cūrṇito 'bhavat |
tataḥ kṛtāñjalir dīno vyathito lajjayānvitaḥ ||24|
garuḍa uvāca:
trāhi trāhi jagannātha bhṛtyaṃ mām aparādhinam |
tvaṃ prabhuḥ sarvalokānāṃ dhartā dhāryas tvam eva ca ||25|
aparādhasahasrāṇi kṣamante prabhaviṣṇavaḥ |
kṛtāparādhe 'pi jane mahatī yasya vai kṛpā ||26|
vadanti munayaḥ sarve tvām eva karuṇākaram |
rakṣasvārtaṃ jaganmātar mām ambujanivāsini |
kamale bālakaṃ dīnam ārtaṃ tanayavatsale ||27|
brahmovāca:
tataḥ kṛpānvitā devī śrīr apy āha janārdanam ||28|
kamalovāca:
rakṣa nātha svakaṃ bhṛtyaṃ garuḍaṃ vipadaṃ gatam |
janārdana uvācedaṃ nandinaṃ śaṃbhu-*vāhanam*[6] ||29|
viṣṇur uvāca:
naya nāgaṃ sagaruḍaṃ śaṃbhor antikam eva ca |
tatprasādāc ca garuḍo maheśvaranirīkṣitaḥ |
ātmīyaṃ ca punā rūpaṃ garuḍaḥ samavāpsyati ||30|
brahmovāca:
tathety uktvā ca vṛṣabho nāgena garuḍena ca |
śanaiḥ sa śaṃkaraṃ gatvā sarvaṃ tasmai nyavedayat |
śaṃkaro 'pi garutmantaṃ provāca śaśiśekharaḥ ||31|
śiva uvāca:
yāhi gaṅgāṃ mahābāho gautamīṃ lokapāvanīm |
sarvakāmapradāṃ śāntāṃ tām āplutya punar vapuḥ ||32|
prāpsyase sarvakāmāṃś ca śatadhātha sahasradhā |
sarvapāpopataptā ye durdaivonmūlitodyamāḥ |
prāṇino 'bhīṣṭadā teṣāṃ śaraṇaṃ khaga gautamī ||33|
brahmovāca:
tadvākyaṃ praṇato bhūtvā śrutvā tu garuḍo 'bhyagāt |
gaṅgām āplutya garuḍaḥ śivaṃ viṣṇuṃ nanāma saḥ ||34|

5 V vadase **6** V -kiṃkaram

tataḥ svarṇamayaḥ pakṣī vajradeho mahābalaḥ |
vegī bhavan muniśreṣṭha punar viṣṇum iyāt sudhīḥ ||35|
tataḥ prabhṛti tat tīrthaṃ gāruḍaṃ sarvakāmadam |
tatra snānādi yat kiṃcit karoti prayato naraḥ |
sarvaṃ tad akṣayaṃ vatsa śivaviṣṇupriyāvaham ||36|

iti śrīmahāpurāṇe ādibrāhme tīrthamāhātmye garuḍatīrthavarṇanaṃ nāma navatitamo 'dhyāyaḥ = gautamīmāhātmye ekaviṃśatitamo 'dhyāyaḥ

brahmovāca:
tato govardhanaṃ tīrthaṃ sarvapāpapraṇāśanam |
pitṝṇāṃ puṇyajananaṃ smaraṇād api pāpanut ||91.1|
tasya prabhāva eṣa syān mayā dṛṣṭas tu nārada |
brāhmaṇaḥ karṣakaḥ kaścij jābālir iti viśrutaḥ ||2|
na vimuñcaty anaḍvāhau madhyaṃ yāte 'pi bhāskare |
pratodena pratudati pṛṣṭhato 'pi ca pārśvayoḥ ||3|
tau gāvāv aśrupūrṇākṣau dṛṣṭvā gauḥ kāmadohinī |
surabhir jagatāṃ mātā nandine sarvam abravīt ||4|
sa cāpi vyathito bhūtvā śaṃbhave tan nyavedayat |
śaṃbhuś ca vṛṣabhaṃ prāha sarvaṃ sidhyatu te vacaḥ ||5|
śivājñāsahito nandī gojātaṃ sarvam āharat |
naṣṭeṣu goṣu sarveṣu svarge martye tatas tvarā ||6|
mām avocan suragaṇā vinā gobhir na jīvyate |
tān avocaṃ surān sarvāñ *śaṃkaraṃ*[1] yāta yācata ||7|
tathaiveśaṃ tu te sarve stutvā kāryaṃ nyavedayan |
īśo 'pi vibudhān āha jānāti vṛṣabho mama ||8|
te vṛṣaṃ procur amarā dehi gā upakāriṇaḥ |
vṛṣo 'pi vibudhān āha gosavaḥ kriyatāṃ kratuḥ ||9|
tataḥ prāpsyatha gāḥ sarvā yā divyā yāś ca mānuṣāḥ |
tataḥ pravartate yajño gosavo devanirmitaḥ ||10|
gautamyāś ca śubhe *pārśve*[2] gāvo vavṛdhire tataḥ |
govardhanaṃ tu tat tīrthaṃ devānāṃ prītivardhanam ||11|
tatra snānaṃ muniśreṣṭha gosahasraphalapradam |
kiṃcid dānādinā yat syāt phalaṃ tat tu na vidmahe ||12|
[[3]vilokya taṃ ca deveśaṃ śaṃkaraṃ gautameśvaram |
svargalokam avāpnoti yāvan meruś ca sarvadā |]

iti śrīmahāpurāṇe ādibrāhme tīrthamāhātmye govardhanatīrthavarṇanaṃ nāmaikanavatitamo 'dhyāyaḥ = gautamīmāhātmye dvāviṃśo 'dhyāyaḥ

1 V chaṃkaraṃ **2** D pāre **3** V ins.

brahmovāca:
pāpapraṇāśanaṃ nāma tīrthaṃ pāpabhayāpaham |
nāmadheyaṃ pravakṣyāmi śṛṇu nārada yatnataḥ ||92.1|
dhṛtavrata iti khyāto brāhmaṇo lokaviśrutaḥ |
tasya bhāryā mahī nāma taruṇī lokasundarī ||2|
tasya putraḥ sūryanibhaḥ sanājjāta iti śrutaḥ |
dhṛtavrataṃ tathākarṣan mṛtyuḥ kālerito mune ||3|
tataḥ sā bālavidhavā bālaputrā surūpiṇī |
trātāraṃ naiva paśyantī gālavāśramam abhyagāt ||4|
tasmai putraṃ nivedyātha svairiṇī pāpamohitā |
sā babhrāma bahūn deśān puṃskāmā kāmacāriṇī ||5|
tatputro gālavagṛhe vedavedāṅgapāragaḥ |
jāto 'pi mātṛdoṣeṇa veśyeritamatis tv abhūt ||6|
janasthānam iti khyātaṃ nānājātisamāvṛtam |
tatrāsau paṇyaveṣeṇa adhyāste ca mahī tathā ||7|
tatsuto 'pi bahūn deśān paribabhrāma kāmukaḥ |
so 'pi kālavaśāt tatra janasthāne 'vasat tadā ||8|
striyam ākāṅkṣate veśyāṃ dhṛtavratasuto dvijaḥ |
mahī cāpi dhanaṃ dātṝn puruṣān samapekṣate ||9|
mene na putram ātmīyaṃ sa cāpi na tu mātaram |
tayoḥ samāgamaś cāsīd vidhinā mātṛputrayoḥ ||10|
evaṃ bahutithe kāle putre mātari gacchati |
tayoḥ parasparaṃ jñānaṃ naivāsīn mātṛputrayoḥ ||11|
evaṃ pravartamānasya pitṛdharmeṇa sanmatiḥ |
āsīt tasyāpy asadvṛtteḥ śṛṇu nārada citravat ||12|
svairasthityā vartamāno nedaṃ sa parihātavān |
brāhmīṃ saṃdhyām anuṣṭhāya tad ūrdhvaṃ tu dhanārjanam ||13|
vidyābalena vittāni bahūny ārjya dadāty asau |
tathā sa prātar utthāya gaṅgāṃ gatvā yathāvidhi ||14|
śaucādi[1] snānasaṃdhyādi sarvaṃ kāryaṃ yathākramam |
kṛtvā tu brāhmaṇān natvā tato 'bhyeti *svakarmasu*[2] ||15|
prātaḥkāle gautamīṃ tu yadā yāti virūpavān |
kuṣṭhasarvāṅgaśithilaḥ pūyaśoṇitaniḥsravaḥ ||16|
snātvā tu gautamīṃ gaṅgāṃ yadā yāti surūpadhṛk |
śāntaḥ sūryāgnisadṛśo mūrtimān iva bhāskaraḥ ||17|
etad rūpadvayaṃ svasya naiva paśyati sa dvijaḥ |
gālavo yatra bhagavāṃs tapojñānaparāyaṇaḥ ||18|
āśritya gautamīṃ devīṃ āste ca munibhir vṛtaḥ |
brāhmaṇo 'pi ca tatraiva nityaṃ tīrthaṃ sametya ca ||19|
gālavaṃ ca namasyātha tato yāti svamandiram |
gaṅgāyāḥ sevanāt pūrvaṃ sanājjātasya yad vapuḥ ||20|
snānasaṃdhyottare kāle punar yad api tad dvije |
ubhayaṃ tasya tad rūpaṃ gālavo nityam eva ca ||21|

1 V śocādi **2** V hy akalmaṣaḥ

dṛṣṭvā savismayo mene kiṃcid asty atra kāraṇam |
evaṃ savismayo bhūtvā gālavaḥ prāha taṃ dvijam ||22|
gacchantaṃ tu namasyātha sanājjātaṃ gurur gṛham |
āhūya yatnato dhīmān kṛpayā vismayena ca ||23|
gālava uvāca:
ko bhavān kva ca gantāsi kiṃ karoṣi kva bhokṣyasi |
kiṃnāmā tvaṃ kva śayyā te kā te bhāryā vadasva me ||24|
brahmovāca:
gālavasya vacaḥ śrutvā brāhmaṇo *'py āha taṃ munim*[3] ||25|
brāhmaṇa uvāca:
śvaḥ kathyate mayā sarvaṃ jñātvā kāryavinirṇayam ||26|
brahmovāca:
evam uktvā gālavaṃ taṃ sanājjāto gṛhaṃ yayau |
bhuktvā rātrau tayā samyak śayyām āsādya bandhakīm |
uvāca cakitaḥ smṛtvā gālavasya tu yad vacaḥ ||27|
brāhmaṇa uvāca:
tvaṃ tu sarvaguṇopetā bandhaky api pativratā |
āvayoḥ sadṛśī prītir yāvajjīvaṃ pravartatām ||28|
tathāpi kiṃcit pṛcchāmi kiṃnāmnī tvaṃ kva vā kulam |
kiṃ nu sthānaṃ kva vā bandhur mama sarvaṃ nivedyatām ||29|
bandhaky uvāca:
dhṛtavrata iti khyāto brāhmaṇo dīkṣitaḥ śuciḥ |
tasya bhāryā mahī cāhaṃ matputro gālavāśrame ||30|
utsṛṣṭo matimān bālaḥ sanājjāta iti śrutaḥ |
ahaṃ tu pūrvadoṣeṇa tyaktvā dharmaṃ kulāgatam |
svairiṇī tv iha varte 'haṃ viddhi māṃ brāhmaṇīṃ dvija ||31|
brahmovāca:
tasyās tad vacanaṃ śrutvā marmaviddha ivābhavat |
papāta sahasā bhūmau veśyā taṃ vākyam abravīt ||32|
veśyovāca:
kiṃ *tu*[4] jātaṃ dvijaśreṣṭha kva ca prītir gatā tava |
kiṃ tu vākyaṃ mayā coktaṃ tava cittavirodhakṛt ||33|
ātmānam ātmanāśvāsya brāhmaṇo vākyam abravīt ||34|
brāhmaṇa uvāca:
dhṛtavrataḥ pitā vipras tatputro 'haṃ sanādyataḥ |
mātā mahī mama iyaṃ mama daivād upāgatā ||35|
brahmovāca:
etac chrutvā tasya vākyaṃ sāpy abhūd atiduḥkhitā |
tayos tu śocatoḥ paścāt prabhāte vimale ravau |
gālavaṃ muniśārdūlaṃ gatvā vipro nyavedayat ||36|
brāhmaṇa uvāca:
dhṛtavratasuto brahmaṃs tvayā pūrvaṃ tu pālitaḥ |
upanītas tvayā caiva mahī mātā mama prabho ||37|

3 D bhrāntavan muni **4** V nu

kiṃ karomi ca kiṃ kṛtvā niṣkṛtir mama vai bhavet ||38|
brahmovāca:
tad vipravacanaṃ śrutvā *gālavaḥ*[5] prāha *mā śucaḥ*[6] |
tavedaṃ dvividhaṃ rūpaṃ nityaṃ paśyāmy apūrvavat ||39|
tataḥ pṛṣṭo 'si vṛttāntaṃ śrutaṃ jñātaṃ mayā *yathā*[7] |
yat kṛtyaṃ tava tat sarvaṃ gaṅgāyāṃ pratyagāt kṣayam ||40|
asya tīrthasya māhātmyād asyā devyāḥ prasādataḥ |
pūto 'si pratyahaṃ vatsa nātra kāryā vicāraṇā ||41|
prabhāte tava rūpāṇi sapāpāni tv aharniśam |
paśye 'haṃ punar apy eva rūpaṃ tava *guṇottamam*[8] ||42|
āgacchantaṃ tv āgoyuktaṃ gacchantaṃ tvām anāgasam |
paśyāmi nityaṃ tasmāt tvaṃ pūto devyā kṛto 'dhunā ||43|
tasmān na kāryaṃ te kiṃcid avaśiṣṭaṃ bhaviṣyati |
iyaṃ ca mātā te vipra jñātā yā caiva bandhakī ||44|
paścāttāpaṃ gatātyantaṃ nivṛttā tv atha pātakāt |
bhūtānāṃ viṣaye prītir vatsa svābhāvikī yataḥ ||45|
satsaṅgato mahāpuṇyān nivṛttir daivato bhavet |
atyartham anutapteyaṃ prāgācaritapuṇyataḥ ||46|
snānaṃ kṛtvā cātra tīrthe tataḥ pūtā bhaviṣyati |
tathā tau cakratur ubhau mātāputrau ca nārada ||47|
snānād babhūvatur ubhau gatapāpāv asaṃśayam |
tataḥ prabhṛti tat tīrthaṃ dhautapāpaṃ pracakṣate ||48|
pāpapraṇāśanaṃ nāma gālavaṃ ceti viśrutam |
mahāpātakam alpaṃ vā tathā yac copapātakam |
tat sarvaṃ nāśayed etad dhautapāpaṃ supuṇyadam ||49|

iti śrīmahāpurāṇe ādibrāhme gautamīmāhātmye dhautapāpamāhātmyanirūpaṇaṃ nāma dvinavatitamo 'dhyāyaḥ = gautamīmāhātmye trayoviṃśo 'dhyāyaḥ

[[1]brahmovāca:
tasya dakṣiṇato vipra cāsti tīrthaṃ sudurlabham |
pitṛtīrtham iti khyātaṃ sarvapāpaharaṃ śuci |]
brahmovāca:
yatra dāśarathī rāmaḥ sītayā sahito dvija |
pitṝn saṃtarpayām āsa pitṛtīrthaṃ tato viduḥ ||93.1|
tatra snānaṃ ca dānaṃ ca pitṝṇāṃ tarpaṇaṃ tathā |
sarvam akṣayatām eti nātra kāryā vicāraṇā ||2|
yatra dāśarathī rāmo viśvāmitraṃ mahāmunim |
pūjayām āsa rājendro munibhis tattvadarśibhiḥ ||3|
viśvāmitraṃ tu tat tīrtham ṛṣijuṣṭaṃ supuṇyadam |
tatsvarūpaṃ ca vakṣyāmi paṭhitaṃ vedavādibhiḥ ||4|
anāvṛṣṭir abhūt pūrvaṃ prajānām atibhīṣaṇā |
viśvāmitro mahāprājñaḥ saśiṣyo gautamīm agāt ||5|

5 V kāruṇyāt **6** V gālavaḥ **7** D tathā **8** D guṇottaram **1** V ins.

śiṣyān putrāṃś ca jāyāṃ ca kṛśān dṛṣṭvā kṣudhāturān |
vyathitaḥ kauśikaḥ śrīmāñ *śiṣyān*[2] idam uvāca ha ||6|
viśvāmitra uvāca:
yathā kathaṃcid yat kiṃcid yatra kvāpi yathā tathā |
ānīyatāṃ kiṃtu bhakṣyaṃ bhojyaṃ vā mā vilambyatām |
idānīm eva gantavyam ānetavyaṃ kṣaṇena tu ||7|
brahmovāca:
ṛṣes[3] tad vacanāc chiṣyāḥ kṣudhitās tvarayā yayuḥ |
aṭamānā itaś *ceto mṛtaṃ*[4] dadṛśire *śunam*[5] ||8|
tam ādāya tvarāyuktā ācāryāya nyavedayan |
so 'pi taṃ bhadram ity uktvā pratijagrāha pāṇinā ||9|
viśasadhvaṃ śvamāṃsaṃ ca kṣālayadhvaṃ ca vāriṇā |
pacadhvaṃ mantravac cāpi hutvāgnau tu yathāvidhi ||10|
devān ṛṣīn pitṝn anyāṃs *tarpayitvātithīn gurūn*[6] |
sarve bhokṣyāmahe śeṣam ity uvāca sa kauśikaḥ ||11|
viśvāmitravacaḥ śrutvā śiṣyāś cakrus tathaiva tat |
pacyamāne śvamāṃse tu devadūto 'gnir abhyagāt |
devānāṃ sadane sarvaṃ devebhyas tan nyavedayat ||12|
agnir uvāca:
devaiḥ[7] śvamāṃsaṃ bhoktavyam āpannam ṛṣikalpitam ||13|
brahmovāca:
agnes tadvacanād indraḥ śyeno bhūtvā vihāyasi |
sthālīm athāharat pūrṇāṃ māṃsena pihitāṃ tadā ||14|
tat karma dṛṣṭvā śiṣyās te ṛṣeḥ śyenaṃ nyavedayan |
hṛtā sthālī muniśreṣṭha *śyenenākṛta-*[8]buddhinā ||15|
tataś cukopa bhagavāñ śaptukāmas tadā harim |
tato jñātvā surapatiḥ sthālīṃ cakre madhuplutām ||16|
punar niveśayām āsa ulkāsv eva khago hariḥ |
madhunā tu samāyuktāṃ viśvāmitraś cukopa ha |
sthālīṃ vīkṣya tataḥ kopād idam āha sa kauśikaḥ ||17|
viśvāmitra uvāca:
śvamāṃsam eva no dehi tvaṃ harāmṛtam uttamam |
no cet tvāṃ bhasmasāt kuryām indro bhītas tadābravīt ||18|
indra uvāca:
madhu hutvā yathānyāyaṃ piba putraiḥ samanvitaḥ |
kim anena śvamāṃsena amedhyena mahāmune ||19|
brahmovāca:
viśvāmitro 'pi nety āha bhuktenaikena kiṃ phalam |
prajāḥ sarvāś ca sīdanti kiṃ tena madhunā hare ||20|
sarveṣām amṛtaṃ cet syād bhokṣye 'ham amṛtaṃ śuci |
athavā devapitaro *bhokṣyantīdaṃ*[9] śvamāṃsakam ||21|

2 V chiṣyān **3** V ṛṣe **4** V cetaḥ śvānaṃ **5** V mṛtam **6** A tarpayitvā kramād gurūn
7 V devāḥ **8** A śyenena kṛta- **9** V bhokṣyantīmaṃ

paścād ahaṃ tac ca māṃsaṃ bhokṣye nānṛtam asti me |
tato bhītaḥ sahasrākṣo meghān āhūya tatkṣaṇāt ||22|
vavarṣa cāmṛtaṃ vāri hy amṛtenārpitāḥ prajāḥ |
paścāt tad amṛtaṃ puṇyaṃ haridattaṃ yathāvidhi ||23|
tarpayitvā surān ādau tarpayitvā jagattrayam |
vipraḥ saṃbhuktavāñ *śiṣyair*[10] viśvāmitraḥ svabhāryayā ||24|
tataḥ prabhṛti tat tīrtham ākhyātaṃ cātipuṇyadam |
yatrāgataḥ surapatir lokānām amṛtārpaṇam ||25|
saṃjātaṃ māṃsavarjaṃ tu tat tīrthaṃ puṇyadaṃ nṛṇām |
tatra snānaṃ ca dānaṃ ca sarvakratuphalapradam ||26|
tataḥ prabhṛti tat tīrthaṃ viśvāmitram iti smṛtam |
madhutīrtham athaindraṃ ca śyenaṃ parjanyam eva ca ||27|

iti śrīmahāpurāṇe ādibrāhme svayaṃbhvṛṣisaṃvāde tīrthamāhātmye viśvāmitratīrthavarṇanaṃ nāma trinavatitamo 'dhyāyaḥ = gautamīmāhātmye caturviṃśo 'dhyāyaḥ

brahmovāca:
śvetatīrtham iti khyātaṃ trailokye viśrutaṃ śubham |
tasya śravaṇa-[1]mātreṇa sarvapāpaiḥ pramucyate ||94.1|
śveto nāma purā vipro gautamasya priyaḥ sakhā |
ātithyapūjānirato gautamītīram āśritaḥ ||2|
manasā karmaṇā vācā śivabhaktiparāyaṇaḥ |
dhyāyantaṃ taṃ dvijaśreṣṭhaṃ pūjayantaṃ sadā śivam ||3|
pūrṇāyuṣaṃ dvijavaraṃ śivabhaktiparāyaṇam |
netuṃ dūtāḥ samājagmur dakṣiṇāśāpates tadā ||4|
nāśaknuvan gṛhaṃ tasya praveṣṭum api nārada |
tadā kāle vyatikrānte citrako mṛtyum abravīt ||5|
citraka uvāca:
kiṃ nāyāti kṣīṇajīvo mṛtyo śvetaḥ kathaṃ tv iti |
nādyāpy āyānti dūtās te mṛtyor naivocitaṃ tu te ||6|
brahmovāca:
tataś ca kupito mṛtyuḥ prāyāc chvetagṛhaṃ svayam |
bahiḥsthitāṃs tadā paśyan mṛtyur dūtān bhayārditān |
provāca *kim idaṃ dūtā mṛtyum ūcuś ca dūtakāḥ*[2] ||7|
[3]dūtā ūcuḥ:
śivena rakṣitaṃ śvetaṃ vayaṃ no vīkṣituṃ kṣamāḥ |
yeṣāṃ prasanno giriśas teṣāṃ kā nāma bhītayaḥ ||8|
brahmovāca:
pāśapāṇis tadā mṛtyuḥ prāviśad yatra sa dvijaḥ |
nāsau vipro vijānāti mṛtyuṃ vā yamakiṃkarān ||9|
śivaṃ *pūjayate*[4] bhaktyā śvetasya tu samīpataḥ |
mṛtyuṃ pāśadharaṃ dṛṣṭvā *daṇḍī*[5] provāca vismitaḥ ||10|

10 V chiṣyair **1** V yasya smaraṇa- **2** D kiṃ tv idaṃ yūyaṃ skhaladvācaḥ samucire
3 D om. **4** V pūjayato **5** DV nandī

daṇḍy[6] uvāca:
kim atra vīkṣase mṛtyo *daṇḍinaṃ*[7] mṛtyur abravīt ||11|
mṛtyur uvāca:
śvetaṃ netum ihāyātas tasmād vīkṣe dvijottamam ||12|
brahmovāca:
tvaṃ gacchety *abravīd daṇḍī*[8] mṛtyuḥ pāśān athākṣipat |
śvetāya muniśārdūla tato *daṇḍī*[9] cukopa ha ||13|
śivadattena daṇḍena *daṇḍī*[10] mṛtyum atāḍayat |
tataḥ pāśadharo mṛtyuḥ papāta dharaṇītale ||14|
tatas te satvaraṃ dūtā hataṃ mṛtyum avekṣya ca |
yamāya sarvam avadan vadhaṃ mṛtyos tu *daṇḍinā*[11] ||15|
tataś ca kupito dharmo yamo mahiṣavāhanaḥ |
citraguptaṃ *bahubalaṃ*[12] yamadaṇḍaṃ ca rakṣakam ||16|
mahiṣaṃ bhūtavetālān ādhivyādhīṃs tathaiva ca |
akṣirogān kukṣirogān karṇaśūlaṃ tathaiva ca ||17|
jvaraṃ ca trividhaṃ pāpaṃ narakāṇi pṛthak pṛthak |
tvarantām iti tān uktvā jagāma tvarito yamaḥ ||18|
etair anyaiḥ parivṛto yatra śveto dvijottamaḥ |
tam āyāntaṃ yamaṃ dṛṣṭvā nandī provāca sāyudhaḥ ||19|
vināyakaṃ tathā skandaṃ bhūtanāthaṃ tu daṇḍinam |
tatra tad yuddham abhavat sarvalokabhayāvaham ||20|
kārttikeyaḥ svayaṃ śaktyā bibheda yamakiṃkarān |
dakṣiṇāśāpatiṃ cāpi nijaghāna balānvitam ||21|
hatāvaśiṣṭā yāmyās te ādityāya nyavedayan |
ādityo 'pi suraiḥ sārdhaṃ śrutvā tan mahad adbhutam ||22|
lokapālair anuvṛto mamāntikam upāgamat |
ahaṃ viṣṇuś ca bhagavān indro 'gnir varuṇas tathā ||23|
candrādityāv aśvinau ca lokapālā marudgaṇāḥ |
ete cānye ca bahavo vayaṃ yātā yamāntikam ||24|
mṛta āste dakṣiṇeśo gaṅgātīre balānvitaḥ |
samudrāś ca nadā nāgā nānābhūtāny anekaśaḥ ||25|
tatrājagmuḥ sureśānaṃ draṣṭuṃ vaivasvataṃ yamam |
taṃ dṛṣṭvā hatasainyaṃ ca yamaṃ devā bhayārditāḥ |
kṛtāñjalipuṭāḥ śaṃbhum ūcuḥ sarve punaḥ punaḥ ||26|
devā ūcuḥ:
bhaktipriyatvaṃ te nityaṃ duṣṭahantṛtvam eva ca |
ādikartar namas tubhyaṃ nīlakaṇṭha namo 'stu te |
brahmapriya namas te 'stu devapriya namo 'stu te ||27|
śvetaṃ dvijaṃ bhaktam anāyuṣaṃ te |
netuṃ yamādiḥ sakalo 'samarthaḥ |
saṃtoṣam āptāḥ paramaṃ samīkṣya |
bhaktapriyatvaṃ tvayi nātha satyam ||28|

6 V nandy **7** DV nandinaṃ **8** V abravīn nandī **9** DV nandī **10** V nandī **11** DV nandinā
12 V ca kālaṃ ca

ye tvāṃ prapannāḥ śaraṇaṃ kṛpāluṃ |
nālaṃ kṛtānto 'py anuvīkṣituṃ tān |
evaṃ viditvā śiva eva sarve |
tvām eva bhaktyā parayā bhajante ||29|
tvam eva jagatāṃ *nātha kiṃ na smarasi śaṃkara*[13] |
tvāṃ vinā kaḥ samartho 'tra vyavasthāṃ kartum īśvaraḥ ||30|
brahmovāca:
evaṃ tu *stuvatāṃ*[14] teṣāṃ purastād abhavac chivaḥ |
kiṃ dadāmīti *tān āha*[15] idam ūcuḥ surā api ||31|
devā ūcuḥ:
ayaṃ vaivasvato dharmo niyantā sarvadehinām |
dharmādharmavyavasthāyāṃ sthāpito lokapālakaḥ ||32|
nāyaṃ vadham avāpnoti nāparādhī na pāpakṛt |
vinā tena jagaddhātur naiva kiṃcid bhaviṣyati ||33|
tasmāj jīvaya deveśa yamaṃ sabalavāhanam |
prārthanā saphalā nātha mahatsu na vṛthā bhavet ||34|
brahmovāca:
tataḥ provāca bhagavāñ jīvayeyam asaṃśayam |
yamaṃ yadi vaco me 'dya anumanyanti devatāḥ ||35|
tataḥ procuḥ surāḥ sarve kurmo vākyaṃ tvayoditam |
haribrahmādisahitaṃ vaśe yasyākhilaṃ jagat ||36|
tataḥ provāca bhagavān amarān samupāgatān |
madbhakto na mṛtiṃ yātu nety ūcur amarāḥ punaḥ ||37|
amarāḥ syus tato deva sarvalokāś carācarāḥ |
amartyamartyabhedo 'yaṃ na syād deva jaganmaya ||38|
punar apy āha tāñ śaṃbhuḥ śṛṇvantu mama bhāṣitam |
madbhaktānāṃ vaiṣṇavānāṃ gautamīm anusevatām ||39|
vayaṃ tu svāmino nityaṃ na mṛtyuḥ svāmyam arhati |
vārttāpy eṣāṃ na kartavyā yamena tu kadācana ||40|
ādhivyādhyādibhir jātu kāryo nābhibhavaḥ kvacit |
ye śivaṃ śaraṇaṃ yātās te muktās tatkṣaṇād api ||41|
sānugasya yamasyāto namasyāḥ sarva eva te |
tathety ūcuḥ suragaṇā devadevaṃ śivaṃ prati ||42|
tataś ca bhagavān nātho nandinaṃ prāha vāhanam ||43|
śiva uvāca:
gautamyā udakena tvam abhiṣiñca mṛtaṃ yamam ||44|
brahmovāca:
tato yamādayaḥ sarve abhiṣiktās tu nandinā |
utthitāś ca sajīvās te dakṣiṇāśāṃ tato gatāḥ ||45|
uttare gautamītīre viṣṇvādyāḥ sarvadaivatāḥ |
sthitā āsan pūjayanto devadevaṃ maheśvaram ||46|
tatrāsann ayutāny aṣṭa sahasrāṇi caturdaśa |
tathā ṣaṭ ca sahasrāṇi punaḥ ṣaṭ ca tathaiva ca ||47|

13 V nāthas tvam eva jagatāṃ patiḥ **14** D bruvatāṃ **15** V sānandam

ṣaḍ dakṣiṇe tathā tīre tīrthānām ayutatrayam |
puṇyam ākhyānam etad dhi śvetatīrthasya nārada ||48|
yatrāsau patito mṛtyur mṛtyutīrthaṃ tad ucyate |
tasya śravaṇamātreṇa sahasraṃ jīvate samāḥ ||49|
tatra snānaṃ ca dānaṃ ca sarvapāpapraṇāśanam |
śravaṇaṃ paṭhanaṃ cāpi smaraṇaṃ ca malakṣayam |
karoti sarvalokānāṃ bhuktimuktipradāyakam ||50|

iti śrīmahāpurāṇe ādibrāhme tīrthamāhātmye uttaratīrasthaikalakṣadvādaśasahasratīrtha dakṣiṇatīrasthatriṃśatsahasratīrthavarṇanaṃ nāma caturnavatitamo 'dhyāyaḥ = gautamīmāhātmye pañcaviṃśo 'dhyāyaḥ

brahmovāca:
śukratīrtham iti khyātaṃ sarvasiddhikaraṃ nṛṇām |
sarvapāpapraśamanaṃ sarvavyādhivināśanam ||95.1|
aṅgirāś ca bhṛguś caiva ṛṣī paramadhārmikau |
tayoḥ putrau mahāprājñau rūpabuddhivilāsinau ||2|
jīvaḥ kavir iti khyātau mātāpitror *vaśe ratau*[1] |
upanītau sutau dṛṣṭvā pitarāv ūcatur mithaḥ ||3|
ṛṣī ūcatuḥ:
āvayor eka evāstu śāstā nityaṃ ca putrayoḥ |
tasmād ekaḥ śāsitā syāt tiṣṭhatv eko yathāsukham ||4|
brahmovāca:
etac chrutvā tataḥ śīghram aṅgirāḥ prāha bhārgavam |
adhyāpayiṣye sadṛśaṃ sukhaṃ tiṣṭhatu bhārgavaḥ ||5|
etac chrutvā cāṅgiraso vākyaṃ bhṛgukulodvahaḥ |
tatheti matvāṅgirase śukraṃ tasmai nyavedayat ||6|
ubhāv api sutau nityam adhyāpayati vai pṛthak |
vaiṣamyabuddhyā tau bālau cirāc chukro 'bravīd idam ||7|
śukra uvāca:
vaiṣamyeṇa guro māṃ tvam adhyāpayasi nityaśaḥ |
gurūṇāṃ nedam ucitaṃ vaiṣamyaṃ putraśiṣyayoḥ ||8|
vaiṣamyeṇa ca vartante mūḍhāḥ śiṣyeṣu deśikāḥ |
naiṣā viṣamabuddhīnāṃ saṃkhyā pāpasya vidyate ||9|
ācārya samyag jñāto 'si namasye 'haṃ punaḥ punaḥ |
gaccheyaṃ gurum anyaṃ vai mām anujñātum arhasi ||10|
gaccheyaṃ pitaraṃ brahman yady asau viṣamo bhavet |
tato vānyatra gacchāmi svāmin pṛṣṭo 'si gamyate ||11|
brahmovāca:
guruṃ bṛhaspatiṃ *dṛṣṭvā*[2] anujñātas tv agāt tataḥ |
avāptavidyaḥ pitaraṃ gaccheyaṃ cety acintayat ||12|
tasmāt kam anupṛccheyam utkṛṣṭaḥ ko gurur bhavet |
iti smaran mahāprājñam apṛcchad vṛddhagautamam ||13|

1 B [misprint for D?] vaśīkṛtau 2 ASS corr. like V; V pṛṣṭvā

śukra uvāca:
ko guruḥ syān muniśreṣṭha mama brūhi gurur bhavet |
trayāṇām api lokānāṃ yo gurus taṃ vrajāmy aham ||14|
brahmovāca:
sa prāha jagatām īśaṃ śaṃbhuṃ devaṃ jagadgurum |
[[3]śukraḥ prāha kathaṃ taṃ vai paśyeyaṃ tridaśeśvaram |]
[[4]gautamaḥ prāha dharmajño vṛddhaḥ śukraṃ gurupriyam |]
[5]kvārādhayāmi giriśam ity uktaḥ prāha gautamaḥ ||15|
[6]gautama uvāca:
gautamyāṃ tu śucir bhūtvā stotrais toṣaya śaṃkaram |
tatas tuṣṭo jagannāthaḥ sa te vidyāṃ pradāsyati ||16|
brahmovāca:
gautamasya tu tadvākyāt prāgād gaṅgāṃ sa bhārgavaḥ |
snātvā bhūtvā śuciḥ samyak stutiṃ cakre sa bālakaḥ ||17|
śukra uvāca:
[[7]dīnānāthaikaśaraṇaṃ śaṃbho tvāṃ śaraṇaṃ gataḥ |]
[8]bālo 'haṃ bālabuddhiś ca bālacandradhara prabho |
nāhaṃ jānāmi te kiṃcit stutiṃ kartuṃ namo 'stu te ||18|
parityaktasya guruṇā na mamāsti suhṛt sakhā |
tvaṃ prabhuḥ sarvabhāvena jagannātha namo 'stu te ||19|
gurur gurumatāṃ deva mahatāṃ ca mahān asi |
aham alpataro bālo jaganmaya namo 'stu te ||20|
vidyārthaṃ hi sureśāna nāhaṃ vedmi bhavadgatim |
māṃ tvaṃ ca kṛpayā paśya lokasākṣin namo 'stu te ||21|
brahmovāca:
evaṃ tu stuvatas tasya prasanno 'bhūt sureśvaraḥ ||22|
śiva uvāca:
kāmaṃ varaya bhadraṃ te yac cāpi suradurlabham ||23|
brahmovāca:
kavir apy āha deveśaṃ kṛtāñjalir udāradhīḥ ||24|
śukra uvāca:
brahmādibhiś ca ṛṣibhir yā vidyā naiva gocarā |
tāṃ vidyāṃ nātha yāciṣye tvaṃ gurur mama daivatam ||25|
brahmovāca:
mṛtasaṃjīvinīṃ vidyām ajñātāṃ tridaśair api |
tāṃ dattavān suraśreṣṭhas tasmai śukrāya yācate ||26|
itarā laukikī vidyā vaidikī cānyagocarā |
kiṃ punaḥ śaṃkare tuṣṭe vicāryam avaśiṣyate ||27|
sa tu labdhvā mahāvidyāṃ prāyāt svapitaraṃ gurum |
daityānāṃ ca guruś cāsīd vidyayā pūjitaḥ kaviḥ ||28|
tataḥ kadācit tāṃ vidyāṃ kasmiṃścit kāraṇāntare |
kaco bṛhaspatisuto vidyāṃ prāptaḥ kaves tu tām ||29|

3 AV ins. **4** A ins. **5** A om. **6** A om. **7** DV ins. **8** D om.

kacād bṛhaspatiś cāpi *tato*[9] devāḥ pṛthak pṛthak |
avāpur mahatīṃ vidyāṃ yām āhur mṛtajīvinīm ||30|
yatra sā kavinā prāptā vidyāpūjya maheśvaram |
gautamyā uttare pāre śukratīrthaṃ tad ucyate ||31|
mṛtasaṃjīvinītīrtham āyurārogyavardhanam |
snānaṃ dānaṃ ca yat kiṃcit sarvam akṣayapuṇyadam ||32|

iti śrīmahāpurāṇe ādibrāhme svayaṃbhurṣisaṃvāde *mṛta*-[10]saṃjīvinītīrthamāhātmya-nirūpaṇaṃ nāma pañcanavatitamo 'dhyāyaḥ = gautamīmāhātmye ṣaḍviṃśo 'dhyāyaḥ

brahmovāca:
indratīrtham iti khyātaṃ brahmahatyāvināśanam |
smaraṇād api pāpaughakleśasaṃghavināśanam ||96.1|
purā vṛtravadhe vṛtte brahmahatyā tu nārada |
śacīpatiṃ *cānugatā*[1] *tāṃ dṛṣṭvā bhītavad dhariḥ*[2] ||2|
indras tato vṛtrahantā itaś cetaś ca dhāvati |
yatra yatra tv asau yāti hatyā sāpīndragāminī ||3|
sa mahat sara āviśya padmanālam upāgamat |
tatrāsau tantuvad bhūtvā vāsaṃ cakre śacīpatiḥ ||4|
sarastīre 'pi hatyāsīd divyaṃ varṣasahasrakam |
etasminn antare devā nirindrā hy abhavan mune ||5|
mantrayām āsur avyagrāḥ katham indro bhaved iti |
tatrāham avadaṃ devān hatyāsthānaṃ prakalpya ca ||6|
indrasya pāvanārthāya gautamyām abhiṣicyatām |
yatrābhiṣiktaḥ pūtātmā punar indro bhaviṣyati ||7|
tathā te niścayaṃ kṛtvā gautamīṃ śīghram āgaman |
tatra snātaṃ surapatiṃ devāś ca ṛṣayas tathā ||8|
abhiṣektukāmās te sarve śacīkāntaṃ ca tasthire |
abhiṣicyamānam indraṃ taṃ prakopād gautamo 'bravīt ||9|
gautama uvāca:
abhiṣekṣyanti pāpiṣṭhaṃ mahendraṃ gurutalpagam |
tān sarvān bhasmasāt kuryāṃ śīghraṃ yāntv asurārayaḥ ||10|
brahmovāca:
tad ṛṣer vacanaṃ śrutvā parihṛtya ca gautamīm |
narmadām agaman sarva indram ādāya satvarāḥ ||11|
uttare narmadātīre abhiṣekāya tasthire |
abhiṣekṣyamāṇam indraṃ taṃ māṇḍavyo bhagavān ṛṣiḥ ||12|
abravīd bhasmasāt kuryāṃ yadi syād abhiṣecanam |
pūjayām āsur amarā māṇḍavyaṃ yuktibhiḥ stavaiḥ ||13|
devā ūcuḥ:
ayam indraḥ sahasrākṣo yasmin deśe 'bhiṣicyate |
tatrātidāruṇaṃ vighnaṃ mune samupajāyate ||14|

9 D jīvād **10** V śukratīrthamṛta- **1** V cānugatya- **2** V 'bibhyad dṛṣṭvā tu tāṃ hariḥ

tacchāntiṃ kuru kalyāṇa prasīda varado bhava |
malaniryātanaṃ yasmin kurmas tasmin varān bahūn ||15|
deśe dāsyāmahe sarve tad anujñātum arhasi |
yasmin deśe surendrasya abhiṣeko bhaviṣyati ||16|
sa sarvakāmadaḥ puṃsāṃ dhānyavṛkṣaphalair yutaḥ |
nānāvṛṣṭir na durbhikṣaṃ bhaved atra kadācana ||17|
brahmovāca:
mene tato muniśreṣṭho māṇḍavyo lokapūjitaḥ |
abhiṣekaḥ kṛtas tatra malaniryātanaṃ tathā ||18|
devais tadokto munibhiḥ sa deśo mālavas tataḥ |
abhiṣikte surapatau jāte ca vimale tadā ||19|
ānīya gautamīṃ gaṅgāṃ taṃ puṇyābhiṣecire |
surāś ca ṛṣayaś caiva ahaṃ viṣṇus tathaiva ca ||20|
vasiṣṭho gautamaś cāpi agastyo 'triś ca kaśyapaḥ |
ete cānye ca ṛṣayo devā yakṣāḥ sapannagāḥ ||21|
snānaṃ tatpuṇyatoyena akurvann abhiṣecanam |
mayā punaḥ śacībhartā kamaṇḍalubhavena ca ||22|
vāriṇāpy abhiṣiktaś ca tatra puṇyābhavan nadī |
siktā ceti ca tatrāsīt te gaṅgāyāṃ ca saṃgate ||23|
saṃgamau tatra vikhyātau sarvadā munisevitau |
tataḥ prabhṛti tat tīrthaṃ puṇyāsaṃgamam ucyate ||24|
siktāyāḥ saṃgame puṇyam aindraṃ tad abhidhīyate |
tatra sapta sahasrāṇi tīrthāny āsañ śubhāni ca ||25|
teṣu snānaṃ ca dānaṃ ca viśeṣeṇa tu saṃgame |
sarvaṃ tad akṣayaṃ vidyān nātra kāryā vicāraṇā ||26|
yad etat puṇyam ākhyānaṃ yaḥ paṭhec ca śṛṇoti vā |
sarvapāpaiḥ sa mucyeta manovākkāyakarmajaiḥ ||27|

iti śrīmahāpurāṇe ādibrāhme tīrthamāhātmye puṇyāsiktāsaṃgamendratīrthādisaptasahasratīrthavarṇanaṃ nāma ṣaṇṇavatitamo 'dhyāyaḥ = gautamīmāhātmye saptaviṃśo 'dhyāyaḥ

brahmovāca:
paulastyaṃ tīrtham ākhyātaṃ sarvasiddhipradaṃ nṛṇām |
prabhāvaṃ tasya vakṣyāmi bhraṣṭarājyapradāyakam ||97.1|
uttarāśāpatiḥ pūrvam ṛddhisiddhisamanvitaḥ |
purā laṅkāpatiś cāsīj jyeṣṭho viśravasaḥ sutaḥ ||2|
tasyaite bhrātaraś cāsan balavanto 'mitaprabhāḥ |
sāpatnā rāvaṇaś caiva kumbhakarṇo vibhīṣaṇaḥ ||3|
te 'pi viśravasaḥ putrā rākṣasyāṃ rākṣasās tu te |
maddattena[1] vimānena dhanado bhrātṛbhiḥ saha ||4|
mamāntikaṃ bhaktiyukto nityam eti tu yāti ca |
rāvaṇasya tu yā mātā kupitā sābravīt sutān ||5|

1 V puṣpakena

rāvaṇamātovāca:
mariṣye na ca jīviṣye putrā vairūpyakāraṇāt |
devāś ca dānavāś cāsan sāpatnā bhrātaro mithaḥ ||6|
anyonyavadham īpsante jayaiśvaryavaśānugāḥ |
tadbhavanto na puruṣā na śaktā na jayaiṣiṇaḥ |
sāpatnyaṃ yo 'numanyate[2] tasya jīvo nirarthakaḥ ||7|
brahmovāca:
tan mātṛvacanaṃ śrutvā bhrātaras te trayo mune |
jagmus te tapase 'raṇyaṃ kṛtavantas tapo mahat ||8|
matto varān avāpuś ca traya ete ca rākṣasāḥ |
mātulena marīcena tathā mātāmahena tu ||9|
tanmātṛvacanāc cāpi tato laṅkām ayācata |
rakṣobhāvān mātṛdoṣād bhrātror vairam abhūn mahat ||10|
tatas tad abhavad yuddhaṃ devadānavayor iva |
yuddhe jitvāgrajaṃ śāntaṃ dhanadaṃ bhrātaraṃ tathā ||11|
puṣpakaṃ ca purīṃ laṅkāṃ sarvaṃ caiva vyapāharat |
rāvaṇo ghoṣayām āsa trailokye sacarācare ||12|
yo dadyād āśrayaṃ bhrātuḥ sa ca vadhyo bhaven mama |
bhrātrā nirasto vaiśravaṇo naiva prāpāśrayaṃ kvacit |
pitāmahaṃ pulastyaṃ taṃ gatvā natvābravīd vacaḥ ||13|
dhanada uvāca:
bhrātrā nirasto duṣṭena kiṃ karomi vadasva me |
āśrayaḥ śaraṇaṃ yat syād daivaṃ vā tīrtham eva ca ||14|
brahmovāca:
tat pautravacanaṃ śrutvā pulastyo vākyam abravīt ||15|
pulastya uvāca:
gautamīṃ gaccha putra tvaṃ stuhi devaṃ maheśvaram |
tatra nāsya praveśaḥ syād gaṅgāyā jala-*madhyataḥ*[3] ||16|
siddhiṃ prāpsyasi kalyāṇīṃ tathā kuru *mayā saha*[4] ||17|
brahmovāca:
tathety uktvā jagāmāsau sabhāryo dhanadas tathā |
pitrā mātrā ca vṛddhena pulastyena dhaneśvaraḥ ||18|
gatvā tu gautamīṃ gaṅgāṃ śuciḥ snātvā yatavrataḥ |
tuṣṭāva devadeveśaṃ bhuktimuktipradaṃ śivam ||19|
dhanada uvāca:
svāmī tvam evāsya carācarasya |
viśvasya śaṃbho na paro 'sti kaścit |
tvām apy avajñāya yadīha mohāt |
pragalbhate kopi sa śocya eva ||20|
tvam aṣṭamūrtyā sakalaṃ bibharṣi |
tvadājñayā vartata eva sarvam |
tathāpi *vedeti budho*[5] bhavantaṃ |
na *jātv avidvān*[6] mahimā purātanam ||21|

2 V sāpatnaṃ yo 'numanyeta **3** D -saṃplavāt **4** V madājñayā **5** V vindanty abudhā
6 V jātu vidvan

malaprasūtaṃ yad avocad ambā |
hāsyāt suto 'yaṃ tava deva śūraḥ |
tvatprekṣitād yaḥ sa ca vighnarājo |
jajñe tv aho ceṣṭitam īśadṛṣṭeḥ ||22|
aśruplutāṅgī girijā samīkṣya |
viyuktadāṃpatyam itīśam ūce |
manobhavo 'bhūn madano ratiś ca |
saubhāgya-*pūrvatvam*[7] avāpa somāt ||23|
brahmovāca:
ityādi stuvatas tasya purato 'bhūt trilocanaḥ |
vareṇa cchandayām āsa harṣān novāca kiṃcana ||24|
tūṣṇīṃbhūte tu dhanade pulastye ca maheśvare |
punaḥ punar varasveti śive vādini harṣite ||25|
etasminn antare tatra vāg uvācāśarīriṇī |
prāptavyaṃ dhanapālatvaṃ vadantīdaṃ maheśvaram ||26|
pulastyasya tu yac cittaṃ pitur vaiśravaṇasya tu |
viditveva[8] tadā vāṇī śubham artham udīrayat ||27|
bhūtavad bhavitavyaṃ syād dāsyamānaṃ tu dattavat |
prāptavyaṃ prāptavat tatra daivī vāg abhavac chubhā ||28|
prabhūtaśatruḥ paribhūtaduḥkhaḥ |
saṃpūjya someśvaram āpa liṅgam |
digīśvaratvaṃ draviṇaprabhutvam |
apāradātṛtvakalatraputrān ||29|
tāṃ vācaṃ dhanadaḥ śrutvā devadevaṃ triśūlinam |
evaṃ bhavatu nāmeti dhanado vākyam abravīt ||30|
tathaivāstv iti deveśo daivīṃ vācam amanyata |
pulastyaṃ ca varaiḥ puṇyais tathā viśravasaṃ munim ||31|
dhanapālaṃ ca deveśo hy abhinandya yayau śivaḥ |
tataḥ prabhṛti tat tīrthaṃ paulastyaṃ dhanadaṃ viduḥ ||32|
tathā vaiśravasaṃ puṇyaṃ sarvakāmapradaṃ śubham |
teṣu snānādi yat kiṃcit tat sarvaṃ bahupuṇyadam ||33|

iti śrīmahāpurāṇe ādibrāhme tīrthamāhātmye paulastyatīrthavarṇanaṃ nāma saptanavatitamo 'dhyāyaḥ = gautamīmāhātmye 'ṣṭaviṃśo 'dhyāyaḥ

brahmovāca:
agnitīrtham iti khyātaṃ sarvakratuphalapradam |
sarvavighnopaśamanaṃ tattīrthasya phalaṃ śṛṇu ||98.1|
jātavedā iti khyāto agner bhrātā sa havyavāṭ |
havyaṃ vahantaṃ devānāṃ gautamyās tīra eva tu ||2|
ṛṣīṇāṃ sattrasadane agner bhrātaram uttamam |
bhrātuḥ priyaṃ tathā dakṣaṃ madhur ditisuto balī ||3|

7 ASS corr. like V; V -pūrṇatvam **8** V viditvaiva

jaghāna ṛṣimukhyeṣu paśyatsu ca sureṣv api |
havyaṃ devā naiva cāpur mṛte vai jātavedasi ||4|
mṛte bhrātari sa tv agniḥ priye vai jātavedasi |
kopena mahatāviṣṭo gāṅgam ambhaḥ samāviśat ||5|
gaṅgāmbhasi samāviṣṭe hy agnau devāś ca mānuṣāḥ |
jīvam utsarjayām āsur agnijīvā yato matāḥ ||6|
yatrāgnir jalam āviṣṭas taṃ deśaṃ sarva eva te |
ājagmur vibudhāḥ sarva ṛṣayaḥ pitaras tathā ||7|
vināgninā na jīvāmaḥ stuvanto 'gniṃ viśeṣataḥ |
agniṃ jalagataṃ dṛṣṭvā priyaṃ cocur divaukasaḥ ||8|
devā ūcuḥ:
devāñ jīvaya havyena kavyena ca pitṝṃs tathā |
mānuṣān annapākena bījānāṃ kledanena ca ||9|
brahmovāca:
agnir apy āha tān devāñ śakto yo me gato 'nujaḥ |
kriyamāṇe bhavatkārye yā gatir jātavedasaḥ ||10|
sā vāpi syān mama surā notsahe kāryasādhane |
kāryaṃ tu sarvatas tasya bhavatāṃ jātavedasaḥ ||11|
imāṃ sthitim anuprāpto na jāne me kathaṃ bhavet |
iha cāmutra ca vyāptau śaktir apy atra no bhavet ||12|
athāpi kriyamāṇe vai kārye saiva gatir mama |
devās tam ūcur bhāvena sarveṇa ṛṣayas tathā ||13|
āyuḥ karmaṇi ca prītir vyāptau śaktiś ca dīyate |
prayājān anuyājāṃś ca dāsyāmo havyavāhana ||14|
devānāṃ tvaṃ mukhaṃ śreṣṭham āhutyaḥ prathamās tava |
tvayā dattaṃ tu yad dravyaṃ bhokṣyāmaḥ surasattama ||15|
brahmovāca:
tatas tuṣṭo 'bhavad vahnir devavākyād yathākramam |
iha cāmutra ca vyāptau havye vā laukike tathā ||16|
sarvatra vahnir abhayaḥ samartho 'bhūt surājñayā |
jātavedā bṛhadbhānuḥ saptārcir nīlalohitaḥ ||17|
jalagarbhaḥ śamīgarbho yajñagarbhaḥ sa ucyate |
jalād ākṛṣya vibudhā abhiṣicya[1] vibhāvasum ||18|
ubhayatra pade vāsaḥ sarvago 'gnis tato 'bhavat |
yathāgataṃ surā jagmur vahnitīrthaṃ tad ucyate ||19|
tatra sapta śatāny āsaṃs tīrthāni guṇavanti ca |
teṣu snānaṃ ca dānaṃ ca yaḥ karoti jitātmavān ||20|
aśvamedhaphalaṃ sāgraṃ prāpnoty avikalaṃ śubham |
devatīrthaṃ ca tatraiva āgneyaṃ jātavedasam ||21|
agnipratiṣṭhitaṃ liṅgaṃ tatrāste 'nekavarṇavat |
taddevadarśanād eva sarvakratuphalaṃ labhet ||22|

iti śrīmahāpurāṇe ādibrāhme tīrthamāhātmye 'gnitīrthavarṇanaṃ nāmāṣṭanavatitamo 'dhyāyaḥ = gautamīmāhātmya ekonatriṃśattamo 'dhyāyaḥ

1 ASS corr. *abhyasiñcan*

brahmovāca:
ṛṇapramocanaṃ nāma tīrthaṃ vedavido viduḥ |
tasya svarūpaṃ vakṣyāmi śṛṇu nārada tanmanāḥ ||99.1|
āsīt pṛthuśravā nāma priyaḥ kakṣīvataḥ sutaḥ |
na dārasaṃgrahaṃ lebhe vairāgyān nāgnipūjanam ||2|
kanīyāṃs tu samartho 'pi parivittibhayān mune |
nākarod dārakarmādi naivāgnīnām upāsanam ||3|
tataḥ procuḥ pitṛgaṇāḥ putraṃ kakṣīvataḥ śubham |
jyeṣṭhaṃ caiva kaniṣṭhaṃ ca pṛthak pṛthag idaṃ vacaḥ ||4|
pitara ūcuḥ:
ṛṇatrayāpanodāya kriyatāṃ dārasaṃgrahaḥ ||5|
brahmovāca:
nety uvāca tato jyeṣṭhaḥ kim ṛṇaṃ kena yujyate |
kanīyāṃs tu pitṝn prāha na yogyo dārasaṃgrahaḥ ||6|
jyeṣṭhe sati mahā-*prājñaḥ*[1] parivittibhayād iti |
tāv ubhau punar apy evam ūcus te vai pitāmahāḥ ||7|
pitara ūcuḥ:
yātām ubhau gautamīṃ tu puṇyāṃ kakṣīvataḥ sutau |
kurutāṃ gautamīsnānaṃ sarvābhīṣṭapradāyakam ||8|
gacchatāṃ gautamīṃ gaṅgāṃ lokatritayapāvanīm |
snānaṃ ca tarpaṇaṃ tasyāṃ kurutāṃ śraddhayānvitau ||9|
dṛṣṭāvanāmitā[2] dhyātā gautamī sarvakāmadā |
na deśakālajātyādiniyamo 'trāvagāhane |
jyeṣṭho 'nṛṇas tato bhūyāt parivittir na cetaraḥ ||10|
brahmovāca:
tataḥ pṛthuśravā jyeṣṭhaḥ kṛtvā snānaṃ satarpaṇam |
trayāṇām api lokānāṃ kākṣīvato 'nṛṇo 'bhavat ||11|
tataḥ prabhṛti tat tīrtham ṛṇamocanam ucyate |
śrautasmārtarṇebhyaś ca itarebhyaś ca nārada |
tatra snānena dānena ṛṇī muktaḥ sukhī bhavet ||12|

iti śrīmahāpurāṇe ādibrāhme tīrthamāhātmye ṛṇamocanatīrthavarṇanaṃ nāma navanavatitamo 'dhyāyaḥ = gautamīmāhātmye triṃśattamo 'dhyāyaḥ

brahmovāca:
suparṇāsaṃgamaṃ nāma kādravāsaṃgamaṃ tathā |
maheśvaro yatra devo gaṅgāpulinam āśritaḥ ||100.1|
agnikuṇḍaṃ ca tatraiva raudraṃ vaiṣṇavam eva ca |
sauraṃ saumyaṃ tathā brāhmaṃ kaumāraṃ vāruṇaṃ tathā ||2|

1 V -prājña **2** V dṛṣṭāvagāhitā

apsarā ca nadī yatra saṃgatā gaṅgayā tathā |
tattīrthasmaraṇād eva kṛtakṛtyo bhaven naraḥ ||3|
sarvapāpapraśamanaṃ śṛṇu yatnena nārada |
indreṇa hiṃsitāḥ pūrvaṃ vālakhilyā maharṣayaḥ |
dattārdhatapasaḥ sarve procus te kāśyapaṃ munim ||4|
vālakhilyā ūcuḥ:
putram utpādayānena indradarpaharaṃ śubham |
tapaso 'rdhaṃ tu dāsyāmas tathety āha munis tu tān ||5|
suparṇāyāṃ[1] tato garbham ādadhe sa prajāpatiḥ |
kadrvāṃ caiva śanair brahman sarpāṇāṃ sarpamātari ||6|
te garbhiṇyāv ubhe āha gantukāmaḥ prajāpatiḥ |
aparādho na ca kvāpi kāryo gamanam eva ca ||7|
anyatra gamanāc chāpo bhaviṣyati na saṃśayaḥ ||8|
brahmovāca:
ity uktvā sa yayau patnyau gate bhartari te ubhe |
tadaiva jagmatuḥ sattram ṛṣīṇāṃ bhāvitātmanām ||9|
brahmavṛndasamākīrṇaṃ gaṅgātīrasamāśritam |
unmatte te ubhe nityaṃ vayaḥsaṃpattigarvite ||10|
nivāryamāṇe bahuśo munibhis tattvadarśibhiḥ |
vikurvatyau tatra sattre samāni ca havīṃṣi ca ||11|
yoṣitāṃ durvilasitaṃ kaḥ saṃvaritum īśvaraḥ |
te dṛṣṭvā cukṣubhur viprā apamārgarate ubhe ||12|
apamārgasthite yasmād āpage hi bhaviṣyathaḥ |
suparṇā caiva kadrūś ca nadyau te saṃbabhūvatuḥ ||13|
sa kadācid gṛhaṃ prāyāt kaśyapo 'tha prajāpatiḥ |
ṛṣibhyas tatra vṛttāntaṃ śāpaṃ tābhyāṃ savistaram ||14|
śrutvā tu vismayāviṣṭaḥ kiṃ karomīty acintayat |
ṛṣibhyaḥ kathayām āsa vālakhilyā iti śrutāḥ ||15|
ta ūcuḥ kaśyapaṃ vipraṃ gatvā gaṅgāṃ tu gautamīm |
tatra stuhi maheśānaṃ punar bhārye bhaviṣyataḥ ||16|
brahmahatyābhayād eva yatra devo maheśvaraḥ |
gaṅgāmadhye sadā hy āste madhyameśvarasaṃjñayā ||17|
tathety uktvā kaśyapo 'pi snātvā gaṅgāṃ jitavrataḥ |
tuṣṭāva stavanaiḥ puṇyair devadevaṃ maheśvaram ||18|
kaśyapa uvāca:
lokatrayaikādhipater na yasya |
kutrāpi vastuny abhimānaleśaḥ |
sa siddhanātho 'khilaviśvakartā |
bhartā śivāyā bhavatu prasannaḥ ||19|
tāpatrayoṣṇadyutitāpitānām |
itas tato vai paridhāvatāṃ ca |
śarīriṇāṃ sthāvarajaṅgamānāṃ |
tvam eva duḥkhavyapanodadakṣaḥ ||20|

1 D vinatāyāṃ

sattvādiyogas trividho 'pi yasya |
śakrādibhir vaktum aśakya eva |
vicitravṛttiṃ paricintya somaṃ |
sukhī sadā dānaparo vareṇyaḥ ||21|
brahmovāca:
ityādistutibhir devaḥ stuto gaurī-*patiḥ*[2] śivaḥ |
prasanno hy adadāc chaṃbhuḥ kaśyapāya varān bahūn ||22|
bhāryārthinaṃ tu taṃ prāha syātāṃ bhārye ubhe tu te |
nadīsvarūpe patnyau ye gaṅgāṃ prāpya saridvarām ||23|
tatsaṃgamanamātreṇa tābhyāṃ bhūyāt svakaṃ vapuḥ |
te garbhiṇyau punar jāte gaṅgāyāś ca prasādataḥ ||24|
tataḥ prajāpatiḥ prīto bhārye prāpya mahāmanāḥ |
āhvayām āsa tān viprān gautamītīram āśritān ||25|
sīmantonnayanaṃ cakre tābhyāṃ prītaḥ prajāpatiḥ |
brāhmaṇān *pūjayām*[3] āsa vidhidṛṣṭena karmaṇā ||26|
bhuktavatsv atha vipreṣu kaśyapasyātha mandire |
bhartṛsamīpopaviṣṭā[4] kadrūr viprān nirīkṣya ca ||27|
tataḥ kadrūr ṛṣīn akṣṇā prāhasat te ca cukṣubhuḥ |
yenākṣṇā hasitā pāpe bhajyatāṃ te 'kṣi *pāpavat*[5] ||28|
kāṇābhavat tataḥ kadrūḥ sarpamāteti yocyate |
tataḥ prasādayām āsa kaśyapo bhagavān ṛṣīn ||29|
tataḥ prasannās te procur gautamī saritāṃ varā |
aparādhasahasrebhyo rakṣiṣyati ca sevanāt ||30|
bhāryānvitas tathā cakre kaśyapo munisattamaḥ |
tataḥ prabhṛti tat tīrtham ubhayoḥ saṃgamaṃ viduḥ |
[[6]kadrūḥ samantāt pūrvaṃ ca yāvat sauparṇikā nadī |
tāvaj jaṭādharaṃ tīrthaṃ vāraṇasyā yavādhikam |]
sarvapāpapraśamanaṃ sarvakratuphalapradam ||31|

iti śrīmahāpurāṇe ādibrāhme svayaṃbhurṣisaṃvāde kadrūsuparṇāsaṃgamatīrthavarṇanaṃ nāma śatatamo 'dhyāyaḥ = gautamīmāhātmye ekatriṃśo 'dhyāyaḥ

brahmovāca:
purūravasam ākhyātaṃ tīrthaṃ vedavido viduḥ |
smaraṇād eva pāpānāṃ nāśanaṃ kiṃ tu darśanāt ||101.1|
purūravā brahmasaḍaḥ prāpya tatra sarasvatīm |
yadṛcchayā devanadīṃ hasantīṃ brahmaṇo 'ntike |
tāṃ dṛṣṭvā rūpasaṃpannām urvaśīṃ prāha bhūpatiḥ ||2|
rājovāca:
keyaṃ rūpavatī sādhvī sthiteyaṃ brahmaṇo 'ntike |
sarvāsām uttamā yoṣid dīpayantī sabhām imām ||3|

2 V -priyaḥ **3** V bhojayām **4** V bhartuḥ samīpe saṃviṣṭā **5** V pāpakṛt **6** V ins.

brahmovāca:
urvaśī prāha rājānam iyaṃ devanadī śubhā |
sarasvatī brahmasutā nityam eti ca yāti ca |
tac chrutvā vismito rājā ānayemāṃ mamāntikam ||4|
brahmovāca:
urvaśī punar apy āha rājānaṃ bhūridakṣiṇam ||5|
urvaśy uvāca:
ānīyate mahārāja tasyāḥ sarvaṃ nivedya ca ||6|
brahmovāca:
tatas tāṃ prāhiṇot tatra rājā prītyā tadorvaśīm |
sā gatvā rājavacanaṃ nyavedayad athorvaśī ||7|
sarasvaty api tan mene urvaśyā yan niveditam |
sā tatheti pratijñāya prāyād yatra purūravāḥ ||8|
sarasvatyās tatas tīre sa reme bahulāḥ samāḥ |
sarasvān abhavat putro yasya putro bṛhadrathaḥ ||9|
tāṃ gacchantīṃ nṛpagṛhaṃ nityam eva sarasvatīm |
sarasvantaṃ tato lakṣma jñātvānyeṣu tathā kṛtam ||10|
tasyai dadāv ahaṃ śāpaṃ bhūyā iti mahānadī |
macchāpabhītā vāgīśā prāgād devīṃ ca gautamīm ||11|
kamaṇḍalubhavāṃ pūtāṃ mātaraṃ lokapāvanīm |
tāpatrayopaśamanīm aihikāmuṣmikapradām ||12|
sā gatvā gautamīṃ devīṃ prāha macchāpam āditaḥ |
gaṅgāpi mām uvācedaṃ viśāpāṃ kartum arhasi ||13|
na yuktaṃ yat sarasvatyāḥ śāpaṃ tvaṃ dattavān asi |
strīṇām eṣa svabhāvo vai puṃskāmā yoṣito yataḥ ||14|
svabhāvacapalā brahman yoṣitaḥ sakalā api |
tvaṃ kathaṃ tu na jānīṣe jagatsraṣṭāmbujāsana ||15|
viḍambayati kaṃ vā na kāmo vāpi svabhāvataḥ |
tato viśāpam avadaṃ dṛśyāpi syāt sarasvatī ||16|
tasmāc chāpān nadī martye dṛśyādṛśyā sarasvatī |
yatraiṣā saṃgatā devī gaṅgāyāṃ śāpavihvalā ||17|
tatra prāyān nṛpavaro dhārmikaḥ sa purūravāḥ |
tapas taptvā samārādhya devaṃ siddheśvaraṃ haram ||18|
sarvān kāmān athāvāpa gaṅgāyāś ca prasādataḥ |
tataḥ prabhṛti tat tīrthaṃ purūravasam ucyate ||19|
sarasvatīsaṃgamaṃ ca brahmatīrthaṃ tad ucyate |
siddheśvaro yatra devaḥ sarvakāmapradaṃ tu tat ||20|

iti śrīmahāpurāṇe ādibrāhme tīrthamāhātmye sarasvatīsaṃgamapurūravasabrahmatīrtha-siddheśvaravarṇanaṃ nāmaikādhikaśatatamo 'dhyāyaḥ = gautamīmāhātmye dvātriṃśo 'dhyāyaḥ

brahmovāca:
sāvitrī caiva gāyatrī śraddhā medhā sarasvatī |
etāni pañca tīrthāni puṇyāni munayo viduḥ || 102.1 |
tatra snātvā tu pītvā *tu*[1] mucyate sarvakalmaṣāt |
sāvitrī caiva gāyatrī śraddhā medhā sarasvatī || 2 |
etā *mama*[2] sutā jyeṣṭhā dharmasaṃsthānahetavaḥ |
sarvāsām uttamāṃ kāṃcin nirmame lokasundarīm || 3 |
tāṃ dṛṣṭvā vikṛtā buddhir mamāsīn munisattama |
gṛhyamāṇā mayā[3] bālā sā *māṃ*[4] dṛṣṭvā palāyitā || 4 |
mṛgībhūtā tu sā bālā mṛgo 'ham abhavaṃ tadā |
mṛgavyādho 'bhavac chaṃbhur dharmasaṃrakṣaṇāya ca || 5 |
tā madbhītāḥ pañca sutā gaṅgām īyur mahānadīm |
tato maheśvaraḥ prāyād dharmasaṃrakṣaṇāya saḥ || 6 |
dhanur gṛhītvā saśaram īśo 'pi mṛgarūpiṇam |
mām uvāca vadhiṣye tvāṃ mṛgavyādhas tadā haraḥ || 7 |
tatkarmaṇo nivṛtto 'haṃ prādāṃ kanyāṃ vivasvate |
sāvitryādyāḥ pañca sutā nadīrūpeṇa saṃgatāḥ || 8 |
tā āgatāḥ punaś cāpi svargaṃ lokaṃ mamāntikam |
yatra tāḥ saṃgatā devyā pañca tīrthāni nārada || 9 |
saṃgatāni ca puṇyāni pañca nadyaḥ sarasvatī |
teṣu snānaṃ tathā dānaṃ yat kiṃcit kurute naraḥ || 10 |
sarvakāmapradaṃ tat syān naiṣkarmyān muktidaṃ smṛtam |
tatrābhavan mṛgavyādhaṃ tīrthaṃ sarvārthadaṃ nṛṇām |
svargamokṣaphalaṃ cānyad brahmatīrthaphalaṃ smṛtam || 11 |

iti śrīmahāpurāṇe ādibrāhme tīrthamāhātmye pañcatīrthamāhātmyanirūpaṇaṃ nāma dvyadhikaśatatamo 'dhyāyaḥ = gautamīmāhātmye trayastriṃśo 'dhyāyaḥ

brahmovāca:
śamītīrtham iti khyātaṃ sarvapāpopaśāntidam |
tasyākhyānaṃ pravakṣyāmi śṛṇu yatnena nārada || 103.1 |
āsīt priyavrato nāma kṣatriyo jayatāṃ varaḥ |
gautamyā dakṣiṇe tīre dīkṣāṃ cakre purodhasā || 2 |
hayamedha upakrānte ṛtvigbhir ṛṣibhir vṛte |
tasya rājño mahābāhor vasiṣṭhas tu purohitaḥ || 3 |
tadyajñavāṭam agamad dānavo 'tha hiraṇyakaḥ |
taṃ dānavam abhiprekṣya devās tv indrapurogamāḥ || 4 |
bhītāḥ kecid divaṃ jagmur havyavāṭ śamim āviśat |
aśvatthaṃ viṣṇur agamad bhānur arkaṃ vaṭaṃ śivaḥ || 5 |
somaḥ palāśam agamad gaṅgāmbho havyavāhanaḥ |
aśvinau tu hayaṃ gṛhya vāyaso 'bhūd yamaḥ svayam || 6 |
etasminn antare tatra vasiṣṭho bhagavān ṛṣiḥ |
yaṣṭim ādāya daiteyān nyavārayad athājñayā || 7 |

1 V ca **2** A pañca **3** V gṛhītukāmaṃ māṃ **4** V tu

tataḥ pravṛttaḥ punar eva yajño |
daityo gataḥ svena balena yuktaḥ |
imāni tīrthāni tataḥ śubhāni |
daśāśvamedhasya phalāni dadyuḥ ||8|
prathamaṃ tu śamītīrthaṃ dvitīyaṃ vaiṣṇavaṃ viduḥ |
ārkaṃ śaivaṃ ca saumyaṃ ca vāsiṣṭhaṃ sarvakāmadam ||9|
devāś ca ṛṣayaḥ sarve nivṛtte makhavistare |
tuṣṭāḥ procur vasiṣṭhaṃ taṃ yajamānaṃ priyavratam ||10|
tāṃś ca vṛkṣāṃs tāṃ ca gaṅgāṃ mudā yuktāḥ punaḥ punaḥ |
hayamedhasya niṣpattyai ete yātā itas tataḥ ||11|
hayamedhaphalaṃ dadyus tīrthānīty avadan surāḥ |
tasmāt snānena dānena teṣu tīrtheṣu nārada |
hayamedhaphalaṃ puṇyaṃ prāpnoti na mṛṣā vacaḥ ||12|

iti śrīmahāpurāṇe ādibrāhme svayaṃbhuṛṣisaṃvāde tīrthamāhātmye śamyāditīrtha-varṇanaṃ nāma tryadhikaśatatamo 'dhyāyaḥ = gautamīmāhātmye catustriṃśo 'dhyāyaḥ

brahmovāca:
viśvāmitraṃ hariścandraṃ śunaḥśepaṃ ca rohitam |
vāruṇaṃ brāhmam āgneyam aindram aindavam aiśvaram ||104.1|
maitraṃ ca vaiṣṇavaṃ caiva yāmyam āśvinam auśanam |
eteṣāṃ puṇyatīrthānāṃ nāmadheyaṃ śṛṇuṣva me ||2|
hariścandra iti tv āsīd ikṣvākuprabhavo nṛpaḥ |
tasya *gṛhe munī prāptau*[1] nāradaḥ parvatas tathā |
kṛtvātithyaṃ tayoḥ samyag ghariścandro 'bravīd ṛṣī ||3|
hariścandra uvāca:
putrārthaṃ kliśyate lokaḥ kiṃ putreṇa bhaviṣyati |
jñānī vāpy athavājñānī uttamo madhyamo 'thavā |
etaṃ me saṃśayaṃ nityaṃ brūtāṃ ṛṣivarāv ubhau ||4|
brahmovāca:
tāv *ūcatur*[2] hariścandraṃ parvato nāradas tathā ||5|
nāradaparvatāv ūcatuḥ:
ekadhā daśadhā rājañ *śatadhā*[3] ca sahasradhā |
uttaraṃ vidyate samyak tathāpy etad udīryate ||6|
nāputrasya paro loko vidyate nṛpasattama |
[[4]ihalokaś ca nāsty eva tasya duṣkṛtakarmaṇaḥ |]
jāte putre pitā snānaṃ yaḥ karoti janādhipa ||7|
daśānām aśvamedhānām abhiṣekaphalaṃ labhet |
ātmapratiṣṭhā putrāt syāj jāyate cāmarottamaḥ ||8|
amṛtenāmarā devāḥ putreṇa brāhmaṇādayaḥ |
trirṇān mocayet putraḥ pitaraṃ ca pitāmahān ||9|
kiṃ tu mūlaṃ kim u jalaṃ kiṃ tu śmaśrūṇi kiṃ tapaḥ |
vinā putreṇa rājendra svargo muktiḥ *sutāt smṛtāḥ*[5] ||10|

1 V geham anuprāptau **2** V abrūtāṃ **3** V chatadhā **4** V ins. **5** V sutaḥ smṛtaḥ

putra eva paro loko dharmaḥ kāmo 'rtha eva ca |
putro muktiḥ paraṃ jyotis tārakaḥ sarva-*dehinām*[6] ||11|
vinā putreṇa rājendra svargamokṣau sudurlabhau |
putra eva paro loke dharmakāmārthasiddhaye ||12|
vinā putreṇa yad dattaṃ vinā putreṇa yad dhutam |
vinā putreṇa yaj janma vyarthaṃ tad avabhāti me ||13|
[[7]ṛṇāt putreṇa niṣkṛtir virajāś ca prajā yataḥ |
pitā putrasya jātasya paśyec cej jīvato mukham |
ye bhogā mānuṣe loke ye bhogāś cāntarikṣagāḥ |
tān sarvān samavāpnoti pitā putrāvalokanāt |]
tasmāt putrasamaṃ kiṃcit kāmyaṃ nāsti jagattraye |
tac chrutvā *vismayavāṃs*[8] tāv uvāca nṛpaḥ punaḥ ||14|
hariścandra uvāca:
kathaṃ me syāt suto brūtāṃ yatra kvāpi yathātatham |
yena kenāpy upāyena kṛtvā kiṃcit tu pauruṣam |
mantreṇa yāgadānābhyām utpādyo 'sau suto mayā ||15|
brahmovāca:
tāv ūcatur nṛpaśreṣṭhaṃ hariścandraṃ sutārthinam |
dhyātvā kṣaṇaṃ tathā samyag gautamīṃ yāhi mānada ||16|
tatrāpāṃpatir utkṛṣṭaṃ dadāti *manasīpsitam*[9] |
varuṇaḥ sarvadātā vai munibhiḥ parikīrtitaḥ ||17|
sa tu prītaḥ śanaiḥ kāle tava putraṃ pradāsyati |
etac chrutvā nṛpaśreṣṭho munivākyaṃ tathākarot ||18|
toṣayām āsa varuṇaṃ gautamītīram āśritaḥ |
tataś ca tuṣṭo varuṇo hariścandram uvāca ha ||19|
varuṇa uvāca:
putraṃ dāsyāmi te *rājaṃl*[10] *lokatrayavibhūṣaṇam*[11] |
yadi yakṣyasi tenaiva tava putro bhaved dhruvam ||20|
brahmovāca:
hariścandro 'pi varuṇaṃ yakṣye tenety avocata |
tato gatvā hariścandraś caruṃ kṛtvā tu vāruṇam ||21|
bhāryāyai nṛpatiḥ prādāt tato jātaḥ suto nṛpāt |
jāte putre apām īśaḥ provāca vadatāṃ varaḥ ||22|
varuṇa uvāca:
adyaiva putro yaṣṭavyaḥ smarase vacanaṃ purā ||23|
brahmovāca:
hariścandro 'pi varuṇaṃ provācedaṃ kramāgatam ||24|
hariścandra uvāca:
nirdaśo medhyatāṃ yāti paśur yakṣye tato hy aham ||25|
brahmovāca:
tac chrutvā vacanaṃ rājño varuṇo 'gāt svam ālayam |
nirdaśe punar abhyetya yajasvety āha taṃ nṛpam ||26|

6 V -daihinām **7** V ins. **8** Metre? V vismitamanās **9** V manasi sthitam **10** V rājaṃs
11 V tvam aputro yatavrataḥ

rājāpi varuṇaṃ prāha nirdanto niṣphalaḥ paśuḥ |
paśor danteṣu jāteṣu ehi gacchādhunāppate ||27|
tac chrutvā rājavacanaṃ punaḥ prāyād apāṃpatiḥ |
jāteṣu caiva danteṣu saptavarṣeṣu nārada ||28|
punar apy āha rājānaṃ yajasveti tato 'bravīt |
rājāpi varuṇaṃ prāha patsyantīme apāṃpate ||29|
saṃpatsyanti tathā cānye tato yakṣye vrajādhunā |
punaḥ prāyāt sa varuṇaḥ punardanteṣu nārada |
yajasveti nṛpaṃ prāha rājā prāha tv apāṃpatim ||30|
rājovāca:
yadā tu kṣatriyo yajñe paśur bhavati vāripa |
dhanurvedaṃ yadā vetti tadā syāt paśur uttamaḥ ||31|
brahmovāca:
tac chrutvā rājavacanaṃ varuṇo 'gāt svam ālayam |
yadāstreṣu ca śastreṣu samartho 'bhūt sa rohitaḥ ||32|
sarvavedeṣu śāstreṣu vettābhūt sa tv ariṃdamaḥ |
yuvarājyam anuprāpte rohite ṣoḍaśābdike ||33|
prītimān agamat tatra yatra rājā sarohitaḥ |
āgatya varuṇaḥ prāha yajasvādya sutaṃ svakam ||34|
om ity uktvā nṛpavara ṛtvijaḥ prāha bhūpatiḥ |
rohitaṃ ca sutaṃ jyeṣṭhaṃ śṛṇvato varuṇasya ca ||35|
hariścandra uvāca:
ehi putra mahāvīra yakṣye tvāṃ varuṇāya hi ||36|
brahmovāca:
kim etad ity athovāca rohitaḥ pitaraṃ prati |
pitāpi tad yathāvṛttam ācacakṣe savistaram |
rohitaḥ pitaraṃ prāha śṛṇvato varuṇasya ca ||37|
rohita uvāca:
ahaṃ pūrvaṃ mahārāja ṛtvigbhiḥ sapurohitaḥ |
viṣṇave lokanāthāya yakṣye 'haṃ tvaritaṃ śuciḥ |
paśunā varuṇenātha tad anujñātum arhasi ||38|
brahmovāca:
rohitasya tu tad vākyaṃ śrutvā vārīśvaras tadā |
kopena mahatāviṣṭo jalodaram athākarot ||39|
hariścandrasya nṛpate rohitaḥ sa vanaṃ yayau |
gṛhītvā sa dhanur divyaṃ rathārūḍho gatavyathaḥ ||40|
yatra cārādhya varuṇaṃ hariścandro janeśvaraḥ |
gaṅgāyāṃ prāptavān putraṃ tatrāgāt so 'pi rohitaḥ ||41|
vyatītāny atha varṣāṇi pañca ṣaṣṭhe pravartati |
tatra sthitvā nṛpasutaḥ śuśrāva nṛpate rujam ||42|
mayā putreṇa jātena pitur vai kleśakāriṇā |
kiṃ phalaṃ kiṃ nu kṛtyaṃ syād ity evaṃ paryacintayat ||43|
tasyās tīre ṛṣīn puṇyān apaśyan nṛpateḥ sutaḥ |
gaṅgātīre *vartamānam*[12] apaśyad ṛṣisattamam ||44|

12 V cāṭamānam

ajīgartam iti khyātam ṛṣes tu vayasaḥ sutam |
tribhiḥ putrair anuvṛtaṃ bhāryayā kṣīṇavṛttikam |
taṃ dṛṣṭvā nṛpateḥ putro namasyedaṃ vaco 'bravīt ||45|
rohita uvāca:
kṣīṇavṛttiḥ kṛśaḥ kasmād durmanā iva lakṣyase ||46|
brahmovāca:
ajīgarto 'pi covāca rohitaṃ nṛpateḥ sutam ||47|
ajīgarta uvāca:
vartanaṃ nāsti dehasya bhoktāro bahavaś ca me |
vinānnena mariṣyāmo brūhi kiṃ karavāmahe ||48|
brahmovāca:
tac chrutvā punar apy āha nṛpaputra ṛṣiṃ tadā ||49|
rohita uvāca:
tava kiṃ vartate citte tad brūhi vadatāṃ vara ||50|
ajīgarta uvāca:
hiraṇyaṃ rajataṃ gāvo dhānyaṃ vastrādikaṃ na me |
vidyate nṛpaśārdūla vartanaṃ nāsti me tataḥ ||51|
sutā me santi bhāryā ca ahaṃ vai pañcamas tathā |
naiteṣāṃ katamasyāpi kretānnena nṛpottama ||52|
rohita uvāca:
kiṃ krīṇāsi mahābuddhe ajīgarta satyam eva me |
vada nānyac ca vaktavyaṃ viprā vai satyavādinaḥ ||53|
ajīgarta uvāca:
trayāṇām api putrāṇām ekaṃ vā māṃ tathaiva ca |
bhāryāṃ vāpi gṛhāṇemāṃ krītvā jīvāmahe vayam ||54|
rohita uvāca:
kiṃ bhāryayā mahābuddhe kiṃ tvayā vṛddharūpiṇā |
yuvānaṃ dehi putraṃ me putrāṇāṃ yaṃ tvam icchasi ||55|
ajīgarta uvāca:
jyeṣṭhaputraṃ śunaḥpucchaṃ nāhaṃ krīṇāmi rohita |
mātā kanīyasaṃ cāpi na krīṇāti *tato 'nayoḥ*[13] |
madhyamaṃ tu śunaḥśepaṃ krīṇāmi vada taddhanam ||56|
rohita uvāca:
varuṇāya paśuḥ kalpyaḥ puruṣo guṇavattaraḥ |
yadi krīṇāsi mūlyaṃ tvaṃ vada satyaṃ mahāmune ||57|
brahmovāca:
tathety uktvā tv ajīgartaḥ putramūlyam akalpayat |
gavāṃ sahasraṃ dhānyānāṃ niṣkāṇāṃ cāpi vāsasām |
rājaputra varaṃ dehi dāsyāmi svasutaṃ tava ||58|
brahmovāca:
tathety uktvā rohito 'pi prādāt savasanaṃ dhanam |
dattvā jagāma pitaram ṛṣiputreṇa rohitaḥ |
pitre nivedayām āsa krayakrītam ṛṣeḥ sutam ||59|

13 D śvalāṅgulam

rohita uvāca:
varuṇāya yajasva tvaṃ paśunā tvam arug bhava ||60|
brahmovāca:
tathovāca[14] hariścandraḥ putravākyād anantaram ||61|
hariścandra uvāca:
brāhmaṇāḥ kṣatriyā vaiśyā rājñā pālyā iti śrutiḥ |
viśeṣatas tu varṇānāṃ guravo hi dvijottamāḥ ||62|
viṣṇor api hi ye pūjyā mādṛśāḥ kuta eva hi |
avajñayāpi yeṣāṃ syān nṛpāṇāṃ svakulakṣayaḥ ||63|
[[15]sarvatīrthamayā viprāḥ sarvadevamayās tathā |
narake patatāṃ puṃsāṃ rakṣitāras ta eva hi |]
tān paśūn *kṛtvā*[16] kṛpaṇaṃ kathaṃ rakṣitum utsahe |
ahaṃ *ca*[17] brāhmaṇaṃ kuryāṃ paśuṃ naitad dhi yujyate ||64|
varaṃ *hi jātu*[18] maraṇaṃ na kathaṃcid dvijaṃ paśum |
karomi tasmāt putra tvaṃ brāhmaṇena sukhaṃ vraja ||65|
brahmovāca:
etasminn antare tatra vāg uvācāśarīriṇī ||66|
ākāśavāg uvāca:
gautamīṃ gaccha rājendra ṛtvigbhiḥ sapurohitaḥ |
paśunā vipraputreṇa rohitena sutena ca ||67|
tvayā kāryaḥ kratuś caiva śunaḥśepavadhaṃ vinā |
kratuḥ pūrṇo bhavet tatra tasmād yāhi mahāmate ||68|
brahmovāca:
tac chrutvā vacanaṃ *śīghraṃ gaṅgām agān*[19] nṛpottamaḥ |
viśvāmitreṇa ṛṣiṇā vasiṣṭhena purodhasā ||69|
vāmadevena ṛṣiṇā tathānyair munibhiḥ saha |
prāpya gaṅgāṃ gautamīṃ tāṃ naramedhāya dīkṣitaḥ ||70|
vedimaṇḍapakuṇḍādi yūpapaśvādi cākarot |
kṛtvā sarvaṃ yathānyāyaṃ tasmin yajñe pravartite ||71|
śunaḥśepaṃ paśuṃ yūpe nibadhyātha sa-*mantrakam*[20] |
vāribhiḥ prokṣitaṃ dṛṣṭvā viśvāmitro 'bravīd idam ||72|
viśvāmitra uvāca:
devān ṛṣīn hariścandraṃ rohitaṃ ca viśeṣataḥ |
anujānantv imaṃ sarve śunaḥśepaṃ dvijottamam ||73|
yebhyas tv ayaṃ havir deyo devebhyo 'yaṃ pṛthak pṛthak |
anujānantu te sarve śunaḥśepaṃ viśeṣataḥ ||74|
vasābhir lomabhis tvagbhir māṃsaiḥ sanmantritair makhe |
agnau hoṣyaḥ paśuś cāyaṃ śunaḥśepo dvijottamaḥ ||75|
upāsitāḥ syur viprendrās te sarve tv anumanya mām |
gautamīṃ yāntu viprendrāḥ snātvā devān pṛthak pṛthak ||76|
mantraiḥ stotraiḥ stuvantas te mudaṃ yāntu śive ratāḥ |
enaṃ rakṣantu munayo devāś ca haviṣo bhujaḥ ||77|

14 V tadovāca **15** V ins. **16** V kṛtya **17** D tu **18** V rujā hi **19** V śīghram agād gaṅgāṃ
20 D -mantrakaiḥ

brahmovāca:
tathety ūcuś ca munayo mene ca nṛpasattamaḥ |
tato gatvā śunaḥśepo gaṅgāṃ trailokyapāvanīm ||78|
snātvā tuṣṭāva tān devān ye tatra haviṣo bhujaḥ |
tatas tuṣṭāḥ suragaṇāḥ śunaḥśepaṃ ca te mune |
avadanta surāḥ sarve viśvāmitrasya śṛṇvataḥ ||79|
surā ūcuḥ:
kratuḥ pūrṇo bhavatv eṣa śunaḥśepavadhaṃ vinā ||80|
brahmovāca:
viśeṣeṇātha varuṇaś cāvadan nṛpasattamam |
tataḥ pūrṇo 'bhavad rājño nṛmedho lokaviśrutaḥ ||81|
devānāṃ ca prasādena munīnāṃ ca prasādataḥ |
tīrthasya tu prasādena rājñaḥ pūrṇo 'bhavat kratuḥ ||82|
viśvāmitraḥ śunaḥśepaṃ pūjayām āsa saṃsadi |
akarod ātmanaḥ putraṃ pūjayitvā surāntike ||83|
jyeṣṭhaṃ cakāra putrāṇām ātmanaḥ sa tu kauśikaḥ |
na menire ye ca putrā viśvāmitrasya dhīmataḥ ||84|
śunaḥśepasya ca jyaiṣṭhyaṃ tāñ śaśāpa sa kauśikaḥ |
jyaiṣṭhyaṃ ye menire putrāḥ pūjayām āsa tān sutān ||85|
vareṇa muniśārdūlas tad etat kathitaṃ mayā |
etat sarvaṃ yatra *jātam*[21] gautamyā dakṣiṇe taṭe ||86|
tatra tīrthāni puṇyāni vikhyātāni surādibhiḥ |
bahūni teṣāṃ nāmāni mattaḥ śṛṇu mahāmate ||87|
hariścandraṃ śunaḥśepaṃ viśvāmitraṃ sarohitam |
ityādy aṣṭa sahasrāṇi[22] tīrthāny atha caturdaśa ||88|
teṣu snānaṃ ca dānaṃ ca naramedhaphalapradam |
ākhyātaṃ cāsya māhātmyaṃ tīrthasya munisattama ||89|
yaḥ paṭhet pāṭhayed vāpi śṛṇuyād vāpi bhaktitaḥ |
aputraḥ putram āpnoti yac cānyan manasaḥ priyam ||90|

iti śrīmahāpurāṇe ādibrāhme svayaṃbhuṛṣisaṃvāde tīrthamāhātmye viśvāmitrādidvāviṃśatisahasratīrthavarṇanaṃ nāma caturadhikaśatatamo 'dhyāyaḥ = gautamīmāhātmye pañcatriṃśo 'dhyāyaḥ

brahmovāca:
somatīrtham iti khyātaṃ pitṝṇāṃ prītivardhanam |
tatra vṛttaṃ mahāpuṇyaṃ śṛṇu yatnena nārada ||105.1|
somo rājāmṛtamayo gandharvāṇāṃ purābhavat |
na devānāṃ tadā devā mām abhyetyedam abruvan ||2|
devā ūcuḥ:
gandharvair *āhṛtaḥ*[1] somo devānāṃ prāṇadaḥ purā |
tam adhyāyan suragaṇā ṛṣayas tv atiduḥkhitāḥ |
yathā syāt somo hy asmākaṃ tathā nītir vidhīyatām ||3|

21 V vṛttaṃ **22** V ityādyaṣṭasahasrāṇi **1** V āhataḥ

brahmovāca:
tatra vāg vibudhān āha gandharvāḥ strīṣu kāmukāḥ |
tebhyo *dattvātha*[2] māṃ devāḥ somam āhartum arhatha ||4|
vācaṃ pratyūcur amarās tvāṃ dātuṃ na kṣamā vayam |
vinā tenāpi na sthātuṃ śakyaṃ naiva tvayā vinā ||5|
punar vāg abravīd devān punar eṣyāmy ahaṃ tv iha |
atra buddhir vidhātavyā kriyatāṃ kratur uttamaḥ ||6|
gautamyā dakṣiṇe tīre bhaved devāgamo yadi |
makhaṃ tu viṣayaṃ kṛtvā āyāntu surasattamāḥ ||7|
gandharvāḥ strīpriyā nityaṃ paṇadhvaṃ taṃ mayā saha |
tathety uktvā suragaṇāḥ sarasvatyā vacaḥsthitāḥ ||8|
devadūtaiḥ pṛthag devān yakṣān gandharvapannagān |
āhvānaṃ cakrire tatra puṇye devagirau tadā ||9|
tato devagirir nāma parvatasyābhavan mune |
tatrāgaman suragaṇā gandharvā yakṣa-*kiṃnarāḥ*[3] ||10|
devāḥ siddhāś ca ṛṣayas tathāṣṭau devayonayaḥ |
ṛṣibhir gautamītīre kriyamāṇe mahādhvare ||11|
tatra devaiḥ parivṛtaḥ sahasrākṣo 'bhyabhāṣata ||12|
indra uvāca:
gandharvān atha saṃpūjya sarasvatyāḥ samīpataḥ |
sarasvatyā paṇadhvaṃ no yuṣmākam amṛtātmanā ||13|
brahmovāca:
tac chakravacanāt te vai gandharvāḥ strīṣu kāmukāḥ |
somaṃ dattvā surebhyas tu jagṛhus tāṃ sarasvatīm ||14|
somo 'bhavac cāmarāṇāṃ gandharvāṇāṃ sarasvatī |
avasat tatra vāgīśā tathāpi ca surāntike ||15|
āyāti ca raho nityam upāṃśu kriyatām iti |
ata eva hi somasya krayo bhavati nārada ||16|
upāṃśunā vartitavyaṃ somakrayaṇa eva hi |
tato 'bhavad devatānāṃ somaś cāpi sarasvatī ||17|
gandharvāṇāṃ naiva somo naivāsīc ca sarasvatī |
tatrāgaman sarva eva somārthaṃ gautamītaṭam ||18|
gāvo devāḥ parvatā yakṣarakṣāḥ |
siddhāḥ sādhyā munayo guhyakāś ca |
gandharvās te marutaḥ pannagāś ca |
sarvauṣadhyo mātaro lokapālāḥ |
rudrādityā vasavaś cāśvinau ca |
ye 'nye devā yajñabhāgasya yogyāḥ ||19|
pañcaviṃśatinadyas tu gaṅgāyāṃ saṃgatā mune |
pūrṇāhutir yatra dattā pūrṇākhyānaṃ tad ucyate ||20|
gautamyāṃ saṃgatā yās tu sarvāś cāpi yathoditāḥ |
tannāmadheyatīrthāni saṃkṣepāc chṛṇu nārada ||21|

2 D dattvā tu 3 V -rākṣasāḥ

somatīrthaṃ ca gāndharvaṃ devatīrtham ataḥ param |
pūrṇā-[4]tīrthaṃ tataḥ śālaṃ śrīparṇāsaṃgamaṃ tathā ||22|
svāgatāsaṃgamaṃ[5] puṇyaṃ kusumāyāś ca saṃgamam |
puṣṭisaṃgamam ākhyātaṃ karṇikāsaṃgamaṃ śubham ||23|
vaiṇavīsaṃgamaś caiva kṛśarāsaṃgamas tathā |
vāsavīsaṃgamaś caiva *śivaśaryā tathā śikhī*[6] ||24|
kusumbhikā upārathyā *śāntijā devajā tadā*[7] |
ajo vṛddhaḥ suro[8] bhadro gautamyā saha saṃgatāḥ ||25|
ete cānye ca bahavo nadīnadasahāyagāḥ |
pṛthivyāṃ yāni tīrthāni hy agaman devaparvate ||26|
somārthaṃ vai tathā cānye 'py āgaman makhamaṇḍapam |
tāni tīrthāni gaṅgāyāṃ saṃgatāni yathākramam ||27|
nadīrūpeṇa kāny eva nadarūpeṇa kānicit |
sarorūpeṇa kāny atra *stava-*[9]rūpeṇa kānicit ||28|
tāny eva sarvatīrthāni vikhyātāni pṛthak pṛthak |
teṣu snānaṃ japo homaḥ pitṛtarpaṇam eva ca ||29|
sarvakāmapradaṃ puṃsāṃ bhuktidaṃ muktibhājanam |
eteṣāṃ paṭhanaṃ cāpi smaraṇaṃ vā karoti yaḥ |
sarvapāpa-*vinirmukto yāti viṣṇupuraṃ janaḥ*[10] ||30|
[[11]*puṇya-*[12]pravarayor madhye nadyo viṃśatir īritāḥ |
sutās tā devanadyas tu pañcaviṃśatir īritāḥ |]
[[13]vṛddhāpravarayor madhye yā bhūmiḥ śreyasaṃyutā |
tatrasthāḥ prāṇinaḥ sarve muktibhājo na saṃśayaḥ |
ahaṃ ca vā ya āsīc ca sṛṣṭyarthe yajanaṃ kṛtam |
praṇītasaṃgamāyārthe pūrataḥ kathayāmi te |]

iti śrīmahāpurāṇe ādibrāhme svayambhuṛṣisaṃvāde tīrthamāhātmye pūrṇādipañcaviṃśatinadīdevanadīnadasaṃgamavarṇanaṃ nāma pañcādhikaśatatamo 'dhyāyaḥ = gautamīmāhātmye ṣaṭtriṃśattamo 'dhyāyaḥ

brahmovāca:
pravarā-*saṃgamo nāma*[1] śreṣṭhā *caiva*[2] mahānadī |
yatra siddheśvaro devaḥ sarvalokopakārakṛt ||106.1|
devānāṃ dānavānāṃ ca saṃgamo 'bhūt sudāruṇaḥ |
teṣāṃ parasparaṃ vāpi prītiś cābhūn mahāmune ||2|
te 'py evaṃ mantrayām āsur devā vai dānavā mithaḥ |
meruparvatam āsādya parasparahitaiṣiṇaḥ ||3|
devadaityā ūcuḥ:
amṛtenāmaratvaṃ syād utpādyāmṛtam uttamam |
pibāmaḥ sarva evaite bhavāmaś cāmarā vayam ||4|

4 A pūrṇa- **5** V ilāyāḥ saṃgamaṃ **6** D śilyā āryā tathā śilī **7** D rantidā devano nadaḥ **8** D ājo budhnyaḥ saro **9** V srava- **10** D -vinirmuktaś cānte viṣṇupadaṃ vrajet **11** DV ins. **12** V pūrṇā- **13** D ins. **1** A -saṃgamaṃ śreṣṭhaṃ **2** D saiva

ekībhūtvā vayaṃ lokān pālayāmaḥ sukhāni ca |
prāpsyāmaḥ saṃgaraṃ hitvā saṃgaro duḥkhakāraṇam ||5|
prītyā caivārjitān arthān bhokṣyāmo gatamatsarāḥ |
yataḥ snehena vṛttir yā sāsmākaṃ sukhadā sadā ||6|
vaiparītyaṃ tu yad vṛttaṃ na smartavyaṃ kadācana |
na ca trailokyarājye 'pi kaivalye vā sukhaṃ manāk |
tad ūrdhvam api vā yat tu nirvairatvād avāpyate ||7|
brahmovāca:
evaṃ parasparaṃ prītāḥ santo devāś ca dānavāḥ |
ekībhūtāś ca suprītā *vimathya*[3] varuṇālayam ||8|
manthānaṃ mandaraṃ kṛtvā rajjuṃ kṛtvā tu vāsukim |
devāś ca dānavāḥ sarve mamanthur varuṇālayam ||9|
utpannaṃ ca tataḥ puṇyam amṛtaṃ suravallabham |
niṣpanne cāmṛte puṇye te ca procuḥ parasparam ||10|
yāmaḥ svaṃ svam adhiṣṭhānaṃ kṛtakāryāḥ śramaṃ gatāḥ |
sarve samaṃ ca sarvebhyo yathāyogyaṃ vibhajyatām ||11|
yadā sarvāgamo yatra yasmiṃl lagne śubhāvahe |
vibhajyatām idaṃ puṇyam amṛtaṃ surasattamāḥ ||12|
ity uktvā te yayuḥ sarve daityadānavarākṣasāḥ |
gateṣu daityasaṃgheṣu devāḥ sarve 'nvamantrayan ||13|
devā ūcuḥ:
gatās te ripavo 'smākaṃ *daivayogād*[4] ariṃdamāḥ |
ripūṇām amṛtaṃ naiva deyaṃ bhavati sarvathā ||14|
brahmovāca:
bṛhaspatis tathety āha punar āha surān idam ||15|
bṛhaspatir uvāca:
na jānanti yathā *pāpā*[5] pibadhvaṃ ca tathāmṛtam |
ayam evocito mantro yac chatrūṇāṃ parābhavaḥ ||16|
dveṣyāḥ sarvātmanā dveṣyā iti nītivido viduḥ |
na viśvāsyā na cākhyeyā naiva mantryāś ca śatravaḥ ||17|
tebhyo na deyam amṛtaṃ bhaveyur amarās tataḥ |
amareṣu ca jāteṣu teṣu daityeṣu śatruṣu |
tāñ jetuṃ naiva śakṣyāmo na deyam amṛtaṃ tataḥ ||18|
brahmovāca:
iti saṃmantrya te devā vācaspatim athābruvan ||19|
devā ūcuḥ:
kva yāmaḥ kutra mantraḥ syāt kva pibāmaḥ kva saṃsthitiḥ |
kurmas tad eva prathamaṃ vada vācaspate tathā ||20|
bṛhaspatir uvāca:
yāntu brahmāṇam amarāḥ pṛcchantv atra gatiṃ parām |
sa tu jñātā ca vaktā ca dātā caiva pitāmahaḥ ||21|
brahmovāca:
bṛhaspater vacaḥ śrutvā madantikam athāgaman |
namasya māṃ surāḥ sarve yad vṛttaṃ tan nyavedayan ||22|

3 V nirmathya **4** V viśvasyāsmāsv **5** V pāpāḥ

tad devavacanāt putra taiḥ surair agamaṃ harim |
viṣṇave kathitaṃ sarvaṃ śaṃbhave viṣahāriṇe ||23|
ahaṃ viṣṇuś ca śaṃbhuś ca devagandharvakiṃnaraiḥ |
merukandaram āgatya na jānanti yathāsurāḥ ||24|
rakṣakaṃ ca hariṃ kṛtvā somapānāya tasthire |
ādityas tatra vijñātā somabhojyān athetarān ||25|
somo dātāmṛtaṃ bhāgaṃ cakradhṛg rakṣakas *tathā*[6] |
naiva jānanti tad daityā danujā rākṣasās tathā ||26|
vinā rāhuṃ mahāprājñaṃ saiṃhikeyaṃ ca somapam |
kāmarūpadharo rāhur marutāṃ madhyam āviśat ||27|
marudrūpaṃ samāsthāya pānapātradharas *tathā*[7] |
jñātvā divākaro daityaṃ taṃ somāya nyavedayat ||28|
tadā tad amṛtaṃ tasmai daityāyādaityarūpiṇe |
dattvā somaṃ tadā somo viṣṇave tan nyavedayat ||29|
viṣṇuḥ pītāmṛtaṃ daityaṃ cakreṇodyamya tacchiraḥ |
ciccheda tarasā vatsa tacchiras tv amaraṃ tv abhūt ||30|
śiromātravihīnaṃ yad dehaṃ tad apatad bhuvi |
dehaṃ tad amṛtaspṛṣṭaṃ patitaṃ dakṣiṇe taṭe ||31|
gautamyā muni-*śārdūla kampayad*[8] vasudhātalam |
dehaṃ cāpy amaraṃ putra tad adbhutam ivābhavat ||32|
dehaṃ ca śiraso 'pekṣi śiro deham apekṣate |
ubhayaṃ cāmaraṃ jātaṃ daityaś cāyaṃ mahābalaḥ ||33|
śiraḥ kāye samāviṣṭaṃ sarvān bhakṣayate surān |
tasmād deham idaṃ pūrvaṃ nāśayāmo mahīgatam |
tatas te śaṃkaraṃ prāhur devāḥ sarve sasaṃbhramāḥ ||34|
devā ūcuḥ:
mahīgataṃ daityadehaṃ nāśayasva surottama |
tvaṃ deva karuṇāsindhuḥ śaraṇāgatarakṣakaḥ ||35|
śirasā naiva yujyeta daityadehaṃ tathā kuru ||36|
brahmovāca:
preṣayām āsa ceśo 'pi śreṣṭhāṃ śaktiṃ tadātmanaḥ |
mātṛbhiḥ sahitāṃ devīṃ mātaraṃ lokapālinīm ||37|
īśāyudhadharā devī īśaśaktisamanvitā |
mahīgataṃ yatra dehaṃ tatrāgād bhakṣyakāṅkṣiṇī ||38|
śiromātraṃ surāḥ sarve merau tatraiva sāntvayan |
deho devyā *punas tatra*[9] yuyudhe bahavaḥ samāḥ ||39|
rāhus tatra surān āha bhittvā dehaṃ purā mama |
atrāste rasam utkṛṣṭaṃ tad ākṛṣya śarīrataḥ ||40|
pṛthakbhūte rase dehaṃ pravare 'mṛtam uttamam |
bhasmībhūyāt kṣaṇenaiva tasmāt kurvantu tat purā ||41|
brahmovāca:
etad rāhuvacaḥ śrutvā prītāḥ sarve 'surārayaḥ |
abhyaṣiñcan grahāṇāṃ tvaṃ graho bhūyā mudānvitaḥ ||42|

6 V tv abhūt **7** V tadā **8** V -śārdūlākampayad **9** D saha tadā

taddevavacanāc chaktir īśvarī yā nigadyate |
deham bhittvā daityapateḥ suraśaktisamanvitā ||43|
ākṛṣya śīghram utkṛṣṭaṃ pravaraṃ cāmṛtaṃ bahiḥ |
sthāpayitvā tu tad dehaṃ bhakṣayām āsa cāmbikā ||44|
kālarātrir bhadrakālī procyate yā mahābalā |
sthāpitaṃ rasam utkṛṣṭaṃ rasānāṃ pravaraṃ rasam ||45|
vyasravat sthāpitaṃ tat tu pravarā sābhavan nadī |
ākṛṣṭam amṛtaṃ caiva sthāpitaṃ sāpy abhakṣayat ||46|
tataḥ śreṣṭhā nadī jātā pravarā cāmṛtā śubhā |
rāhudehasamudbhūtā rudraśaktisamanvitā ||47|
nadīnāṃ pravarā ramyā cāmṛtā preritā tathā |
tatra pañca sahasrāṇi tīrthāni guṇavanti ca ||48|
tatra śaṃbhuḥ svayaṃ tasthau sarvadā surapūjitaḥ |
tasyai tuṣṭāḥ surāḥ sarve devyai nadyai pṛthak pṛthak ||49|
varān dadur mudā yuktā yathā pūjām avāpsyati |
śaṃbhuḥ surapatir loke tathā pūjām avāpsyasi ||50|
nivāsaṃ kuru devi tvaṃ lokānāṃ hitakāmyayā |
sadā tiṣṭha raseśāni sarveṣāṃ sarvasiddhidā ||51|
stavanāt kīrtanād dhyānāt sarvakāmapradāyinī |
tvāṃ namasyanti ye bhaktyā kiṃcid āpekṣya sarvadā ||52|
teṣāṃ sarvāṇi kāryāṇi bhaveyur devatājñayā |
śivaśaktyor yatas tasmin nivāso 'bhūt sanātanaḥ ||53|
ato vadanti munayo nivāsapuram ity adaḥ |
pravarāyāḥ purā devāḥ suprītās te varān daduḥ ||54|
gaṅgāyāḥ saṃgamo yas te vikhyātaḥ suravallabhaḥ |
tatrāplutānāṃ sarveṣāṃ bhuktir vā muktir eva ca ||55|
yad vāpi manasaḥ kāmyaṃ devānām api durlabham |
syāt teṣāṃ sarvam eveha evaṃ dattvā surā yayuḥ ||56|
tataḥ prabhṛti tat tīrthaṃ pravarāsaṃgamaṃ viduḥ |
preritā devadevena śaktir yā preritā tu sā ||57|
amṛtā[10] saiva vikhyātā pravaraivaṃ mahānadī ||58|
[[11]pravarāsaṃgame tasmin snānadānādikaṃ ca yat |]

iti śrīmahāpurāṇe ādibrāhme svayaṃbhurṣisaṃvāde śivapreritāmṛtāsaṃgamāditīrtha-varṇanaṃ nāma ṣaḍadhikaśatatamo 'dhyāyaḥ = gautamīmāhātmye saptatriṃśo 'dhyāyaḥ

brahmovāca:
vṛddhāsaṃgamam ākhyātaṃ yatra vṛddheśvaraḥ śivaḥ |
tasyākhyānaṃ pravakṣyāmi śṛṇu pāpapraṇāśanam ||107.1|
gautamo vṛddha ity ukto munir āsīn mahātapāḥ |
yadā purābhavad bālo gautamasya suto dvijaḥ ||2|
anāsaḥ sa purotpannas tasmād vikṛtarūpadhṛk |
sa vairāgyāj jagāmātha deśaṃ tīrtham itas tataḥ ||3|

10 A amṛtaṃ **11** V ins.

upādhyāyena naivāsīl lajjitasya samāgamaḥ |
śiṣyair anyaiḥ sahādhyāyo lajjitasya ca nābhavat ||4|
upanītaḥ kathaṃcic ca pitrā vai gautamena saḥ |
etāvatā gautamo 'pi vyagamac carituṃ bahiḥ ||5|
evaṃ bahutithe kāle brahmamātrā dhṛte dvije |
naiva cādhyayanaṃ tasya saṃjātaṃ gautamasya hi ||6|
naiva śāstrasya cābhyāso gautamasyābhavat tadā |
agnikāryaṃ tataś cakre nityam eva yatavrataḥ ||7|
gāyatryabhyāsamātreṇa brāhmaṇo nāmadhārakaḥ |
agnyupāsanamātraṃ ca gāyatryabhyasanaṃ tathā ||8|
etāvatā brāhmaṇatvaṃ gautamasyābhavan mune |
upāsato 'gniṃ vidhivad gāyatrīṃ ca mahātmanaḥ ||9|
tasyāyur vavṛdhe putra gautamasya cirāyuṣaḥ |
na dārasaṃgrahaṃ lebhe naiva dātāsti kanyakām ||10|
tathā caraṃs tīrthadeśe vaneṣu vividheṣu ca |
āśrameṣu ca puṇyeṣu aṭann āste sa gautamaḥ ||11|
evaṃ bhramañ śītagirim āśrityāste sa gautamaḥ |
tatrāpaśyad guhāṃ ramyāṃ vallīviṭapamālinīm ||12|
tatropaviśya viprendro vastuṃ samakaron matim |
cintayaṃs[1] tu praviṣṭo 'sāv apaśyat striyam uttamām ||13|
śithilāṅgīm atha kṛśāṃ vṛddhāṃ ca tapasi sthitām |
brahmacaryeṇa vartantīṃ *virāgāṃ*[2] rahasi sthitām ||14|
sa tāṃ dṛṣṭvā muniśreṣṭho namaskārāya tasthivān |
namasyantaṃ muniśreṣṭhaṃ taṃ gautamam avārayat ||15|
vṛddhovāca:
gurus tvaṃ bhavitā mahyaṃ na māṃ vanditum arhasi |
āyur vidyā dhanaṃ kīrtir dharmaḥ svargādikaṃ ca yat |
tasya naśyati vai sarvaṃ yaṃ namasyati vai guruḥ ||16|
brahmovāca:
kṛtāñjalipuṭas tāṃ vai gautamaḥ prāha vismitaḥ ||17|
gautama uvāca:
tapasvinī tvaṃ vṛddhā ca guṇajyeṣṭhā ca bhāminī |
alpavidyas tv alpavayā ahaṃ tava guruḥ katham ||18|
vṛddhovāca:
[[3]asminn arthe purāvṛttaṃ vadāmi tava suvrata |]
ārṣṭiṣeṇapriyaputra[4] ṛtadhvaja iti śrutaḥ |
guṇavān matimāñ *śūraḥ*[5] kṣatradharmaparāyaṇaḥ ||19|
sa kadācid vanaṃ prāyān mṛgayākṛṣṭacetanaḥ |
viśrāmam akarod asyāṃ guhāyāṃ sa ṛtadhvajaḥ ||20|
yuvā sa matimān dakṣo balena mahatā vṛtaḥ |
taṃ viśrāntaṃ nṛpavaram apsarā dadṛśe tataḥ ||21|

1 D tadāntas V tadantas **2** DV kumārīṃ **3** V ins. **4** V ārṣṭiṣeṇasya putras tu **5** V chūraḥ

gandharvarājasya sutā suśyāmā iti viśrutā |
tāṃ dṛṣṭvā cakame rājā rājānaṃ cakame ca sā ||22|
iti krīḍā[6] samabhavat tayā rājño mahāmate |
nivṛttakāmo rājendras tām āpṛcchyāgamad gṛham ||23|
utpannāhaṃ tatas tasyāṃ suśyāmāyāṃ mahāmate |
gacchantī māṃ tadā mātā idam āha tapodhana ||24|
suśyāmovāca:
yas tv asyāṃ praviśed bhadre sa te bhartā bhaviṣyati ||25|
vṛddhovāca:
ity uktvā sā *jagamātha*[7] mātā mama mahāmate |
tasmād atra praviṣṭas tvaṃ pumān nānyaḥ kadācana ||26|
sahasrāṇi tathāśītiṃ kṛtvā rājyaṃ pitā mama |
atraiva ca tapas taptvā tataḥ svargam upeyivān ||27|
svargaṃ yāte 'pi pitari sahasrāṇi tathā daśa |
varṣāṇi muniśārdūla rājyaṃ kṛtvā tathā paraḥ ||28|
svarge yāto mama bhrātā aham atraiva saṃsthitā |
ahaṃ brahman nānya-*vṛttā*[8] na mātā na pitā mama ||29|
aham ātmeśvarī brahman *niviṣṭā*[9] kṣatrakanyakā |
tasmād bhajasva māṃ brahman vratasthāṃ puruṣārthinīm ||30|
gautama uvāca:
sahasrāyur ahaṃ bhadre mattas tvaṃ vayasādhikā |
ahaṃ bālas tvaṃ tu vṛddhā naivāyaṃ ghaṭate mithaḥ ||31|
vṛddhovāca:
tvaṃ bhartā me purā diṣṭo nānyo bhartā mato mama |
dhātrā dattas tatas tvaṃ māṃ na nirākartum arhasi ||32|
athavā *necchasi māṃ*[10] tvam apraduṣṭām anuvratām |
tatas tyakṣyāmi jīvaṃ me idānīṃ tava paśyataḥ ||33|
apekṣitāprāptito hi dehināṃ maraṇaṃ varam |
anuraktajanatyāge pātakānto na vidyate ||34|
brahmovāca:
vṛddhāyās tad vacaḥ śrutvā gautamo vākyam abravīt ||35|
gautama uvāca:
ahaṃ tapovirahito vidyāhīno hy akiṃcanaḥ |
nāhaṃ varo hi yogyas te kurūpo bhogavarjitaḥ ||36|
anāso 'haṃ kiṃ karomi atapovidya eva ca |
tasmāt surūpaṃ *su-*[11]vidyām āpādya prathamaṃ śubhe |
paścāt te vacanaṃ kāryaṃ tato vṛddhābravīd dvijam ||37|
vṛddhovāca:
mayā sarasvatī devī toṣitā tapasā dvija |
tathaivāpo rūpavatyo rūpadātāgnir eva ca ||38|
tasmād vāgīśvarī devī sā te vidyāṃ pradāsyati |
agniś ca rūpavān devas tava rūpaṃ pradāsyati ||39|

6 V ratikrīḍā **7** V jagāmātha **8** Misprint? V -vṛtā **9** D nirdiṣṭā **10** V necchasīmāṃ
11 V sad-

brahmovāca:
evam uktvā gautamaṃ taṃ vṛddhovāca vibhāvasum |
prārthayitvā suvidyaṃ taṃ surūpaṃ cākaron munim ||40|
tataḥ suvidyaḥ subhagaḥ sukānto |
vṛddhāṃ sa patnīm akarot prītiyuktaḥ |
tayā sa reme bahulā manojñayā |
samāḥ sukhaṃ prītamanā guhāyām ||41|
kadācit tatra vasator dampatyor mudator girau |
guhāyāṃ muniśārdūla ājagmur munayo 'malāḥ ||42|
vasiṣṭhavāmadevādyā ye cānye ca maharṣayaḥ |
bhramantaḥ puṇyatīrthāni prāpnuvaṃs tasya tāṃ guhām ||43|
āgatāṃs tān ṛṣīñ jñātvā gautamaḥ saha bhāryayā |
satkāram akarot teṣāṃ jahasus taṃ ca kecana ||44|
ye bālā yauvanonmattā vayasā ye ca madhyamāḥ |
vṛddhāṃ ca gautamaṃ prekṣya jahasus tatra kecana ||45|
[12kṛśāṃ viśālāṃ lambauṣṭhīṃ salomāṃ śūrpakarṇakām |
dīrghadantāṃ dīrghanāsāṃ dīrghakeśāṃ tu jarjarām |
rūpalāvaṇyasaubhāgyavidyāyuktaṃ ca gautamam |
saṃprekṣya jahasuḥ kecit bāliśā ṛṣiputrakāḥ |
śiṣyās tathālpamatayas tāṃ dṛṣṭvā procur utsmitāḥ |]
ṛṣaya ūcuḥ:
putro 'yaṃ tava pautro vā vṛddhe ko gautamo 'bhavat |
satyaṃ vadasva kalyāṇi ity evaṃ jahasur dvijāḥ ||46|
[13tapasvini phalaṃ proktaṃ tapasaḥ satyam utkaṭam |
tapasā śamam anveti śramam eva hy aśaktitaḥ |
sakṛt tasyaiva tu śamaṃ samaṃ paśya suśobhane |
bahujanmārjitasyeha rakṣaṇaṃ satyabhāṣaṇam |
kim atra bahunoktena phalguprāyeṇa sāṃpratam |
tvam eva dhanyā loke 'smin vada saubhāgyasaṃyute |
tapasā dagdhapāpā tvaṃ tapaḥśramasukīrtitā |
svayaṃ kṛśā tu loke 'smin tapasā ca damena ca |
ātithyapūjanenāpi putrapālanakena ca |
mā puṣṭam astu loke 'smiñ charīraṃ pāpasaṃcayāt |
dayā dānaṃ tapaḥ satyaṃ śaucam indriyanigrahaḥ |
ātithyapūjanaṃ śāntiḥ putrādiparipālanam |
svadharmavartanaṃ sarvam ityādi paripālanāt |
yad ātmodaraprāptyartham vyāpāro yasya kevalam |
sphuṭaṃ sa narakāyaiva śarīre kevalaṃ mataḥ |
sarvaduḥkhasahā nārī kā loke vada bhāmini |
śvatulyā vidyate subhrūḥ sarvadātithipūjanam |
apavitrāsu sā jñeyā bhartṛputravivarjitā |
saṃbhojyānnā dvijair nūnaṃ dharmayuktāsi śobhane |
tasmād vṛddhatamā hi tvaṃ patihīnāpy asaṃśayam |

12 V ins. **13** V ins.

kurūpiṇī surūpā tvam adhanāpi dhanānvitā |
taptaṃ tapas tvayaivogram ekāṅguṣṭhādi duṣkṛtam |
lakṣmīpatis tvayā bhaktyā svarcitaḥ pūrvajanmani |
saddānāni sudattāni yajñā sviṣṭāḥ sudakṣiṇāḥ |
tīrthasevā kṛtā samyak pradattaṃ ca hutaṃ bahu |
tasmāt putras tvayā labdho gautamo vedapāragaḥ |
vedavedāṅgatattvajñaḥ sarvaśāstrabahuśrutaḥ |
trailokyasukṛtenāpi durlabho gautamaḥ sutaḥ |
naptā vā putrapautro vā duhitāputra eva vā |
putratṛptikarāḥ śaśvad dauhitrakutupās tilāḥ |
kulaṃ samānaṃ vimalaṃ yāti viṣṇoḥ paraṃ padam |
anena ca tapovṛddhe nātra kāryā vicāraṇā |
kecid ūcus tataś caiva ṛṣiśiṣyāḥ savismayāḥ |]
viṣaṃ vṛddhasya *yuvatī*[14] vṛddhāyā amṛtaṃ yuvā |
iṣṭāniṣṭasamāyogo dṛṣṭo 'smābhir aho cirāt ||47|
brahmovāca:
ity evam ūcire kecid dampatyoḥ śṛṇvatos tadā |
evam uktvā kṛtātithyā yayuḥ sarve maharṣayaḥ ||48|
ṛṣīṇāṃ vacanaṃ śrutvā ubhāv api suduḥkhitau |
lajjitau ca mahā-*prājñau*[15] gautamo bhāryayā saha |
papraccha muniśārdūlam agastyam ṛṣisattamam ||49|
gautama uvāca:
ko deśaḥ kim u tīrthaṃ vā yatra śreyaḥ samāpyate |
śīghram eva mahāprājña bhuktimuktipradāyakam ||50|
agastya uvāca:
vadadbhir munibhir brahman mayā śrutam idaṃ vacaḥ |
sarve kāmās tatra pūrṇā gautamyāṃ nātra saṃśayaḥ ||51|
tasmād gaccha mahābuddhe gautamīṃ pāpanāśinīm |
ahaṃ tvām anuyāsyāmi yathecchasi tathā kuru ||52|
brahmovāca:
etac chrutvāgastyavākyaṃ vṛddhayā gautamo 'bhyagāt |
tatra tepe tapas tīvraṃ patnyā sa bhagavān ṛṣiḥ ||53|
stutiṃ cakāra devasya śambhor viṣṇos tathaiva ca |
gaṅgāṃ ca toṣayām āsa bhāryārthaṃ bhagavān ṛṣiḥ ||54|
gautama uvāca:
khinnātmanām atra bhave tvam eva śaraṇaṃ śivaḥ |
marubhūmāv adhvagānāṃ viṭapīva priyāyutaḥ ||55|
uccāvacānāṃ bhūtānāṃ sarvathā pāpanodanaḥ |
sasyānāṃ ghanavat kṛṣṇa tvam avagrahaśoṣiṇām ||56|
vaikuṇṭhadurganiḥśreṇis tvaṃ pīyūṣataraṅgiṇī |
adhogatānāṃ *taptānāṃ*[16] śaraṇaṃ bhava gautami ||57|
brahmovāca:
tatas tuṣṭāvadad vākyaṃ gautamaṃ vṛddhayā yutam |
śaraṇāgatadīnārtaṃ śaraṇyā gautamī mudā ||58|

14 V yuvanir **15** V -prājño **16** V saptānāṃ

gautamy uvāca:
abhiṣiñcasva bhāryāṃ tvaṃ majjalair mantrasaṃyutaiḥ |
kalaśair upacāraiś ca tataḥ patnī tava priyā ||59|
surūpā cārusarvāṅgī subhagā cārulocanā |
sarvalakṣaṇasampūrṇā ramyarūpam avāpsyati ||60|
rūpavatyā punas tvaṃ vai bhāryayā cābhiṣecitaḥ |
sarvalakṣaṇasaṃpūrṇaḥ kāntaṃ rūpam avāpsyasi ||61|
brahmovāca:
tatheti gāṅgavacanād yathoktaṃ tau ca cakratuḥ |
surūpatām ubhau prāptau gautamyāś ca prasādataḥ ||62|
abhiṣekodakaṃ yac ca sā nadī samajāyata |
tasyā nāmnā tu vikhyātā vṛddhāyā munisattama ||63|
vṛddhā nadīti vikhyātā gautamo 'pi tathocyate |
vṛddhagautama ity ukta ṛṣibhiḥ samavāsibhiḥ |
vṛddhā tu gautamīṃ prāha gaṅgāṃ pratyakṣarūpiṇīm ||64|
vṛddhovāca:
mannāmnīyaṃ nadī devi vṛddhā cety abhidhīyatām |
tvayā ca saṃgamas tasyās tasyās tīrtham anuttamam ||65|
rūpasaubhāgyasaṃpattiputrapautrapravardhanam |
āyurārogyakalyāṇaṃ jayaprītivivardhanam |
snānadānādihomaiś ca pitṝṇāṃ pāvanaṃ param ||66|
brahmovāca:
astv ity āha ca tāṃ gaṅgā suvṛddhāṃ gautamapriyām |
gautamasthāpitaṃ liṅgaṃ vṛddhānāmnaiva kīrtitam ||67|
tatraiva ca mudaṃ prāpto vṛddhayā munisattamaḥ |
tatra snānaṃ ca dānaṃ ca sarvābhīṣṭapradāyakam ||68|
tataḥ prabhṛti tat tīrthaṃ vṛddhāsaṃgamam ucyate ||69|

iti śrīmahāpurāṇe ādibrāhme tīrthamāhātmye vṛddhāsaṃgamādyubhayataṭasaptadaśatīrthavarṇanaṃ nāma saptādhikaśatatamo 'dhyāyaḥ = gautamīmāhātmye 'ṣṭātriṃśo 'dhyāyaḥ

brahmovāca:
ilātīrtham iti khyātaṃ sarvasiddhikaraṃ nṛṇām |
brahmahatyādipāpānāṃ pāvanaṃ sarvakāmadam ||108.1|
vaivasvatānvaye jāta ilo nāma janeśvaraḥ |
mahatyā senayā sārdhaṃ jagāma mṛgayāvanam ||2|
paribabhrāma gahanaṃ bahuvyālasamākulam |
nānākāradvijayutaṃ viṭapaiḥ pariśobhitam ||3|
vanecaraṃ nṛpaśreṣṭho mṛgayāgatamānasaḥ |
tatraiva matim ādhatta ilo 'mātyān athābravīt ||4|
ila uvāca:
gacchantu nagaraṃ sarve mama putreṇa pālitam |
deśaṃ kośaṃ balaṃ rājyaṃ *pālayantu punaś*[1] ca tam ||5|

1 D pālayantaṃ prajāś

vasiṣṭho 'pi tathā yātu ādāyāgnīn piteva naḥ |
patnībhiḥ sahito dhīmān araṇye 'haṃ vasāmy atha ||6|
araṇyabhogabhugbhiś ca vājivāraṇamānuṣaiḥ |
mṛgayāśīlibhiḥ kaiścid yāntu sarva itaḥ purīm ||7|
brahmovāca:
tathety uktvā yayus te 'pi svayaṃ prāyāc chanair girim |
himavantaṃ ratnamayaṃ *vasaṃs tatra*[2] ilo nṛpaḥ ||8|
dadarśa kandaraṃ tatra nānāratnavicitritam |
tatra yakṣeśvaraḥ kaścit samanyur iti viśrutaḥ ||9|
tasya bhāryā samānāmnī bhartṛvrataparāyaṇā |
tasmin vasaty asau yakṣo ramaṇīye nagottame ||10|
mṛgarūpeṇa vyacarad bhāryayā sa mahāmatiḥ |
svecchayā svavane yakṣaḥ krīḍate nṛtyagītakaiḥ ||11|
itthaṃ sa yakṣo jānāti mṛgarūpadharo 'pi ca |
ilas tu taṃ na jānāti kandaraṃ yakṣapālitam ||12|
yakṣasya gehaṃ vipulaṃ nānāratnavicitritam |
tatropaviṣṭo nṛpatir mahatyā senayā vṛtaḥ ||13|
vāsaṃ cakre sa tatraiva gehe yakṣasya dhīmataḥ |
sa yakṣo 'dharmakopena bhāryayā mṛgarūpadhṛk ||14|
[[3]dṛṣṭvovāca tadā kāntām ekānte niśvasan muhuḥ |]
ilaṃ jetuṃ na śaknomi yācito na dadāti ca |
hṛtaṃ gehaṃ mamānena kiṃ karomīty acintayat ||15|
yudhi mattaṃ kathaṃ hanyāṃ ceti sthitvā sa yakṣarāṭ |
ātmīyān preṣayām āsa yakṣāñ śūrān dhanurdharān ||16|
yakṣa uvāca:
yuddhe jitvā ca rājānam ilam uddhatadantinam |
gṛhād yathānyato yāti mama tat kartum arhatha ||17|
brahmovāca:
yakṣeśvarasya tad vākyād yakṣās te yuddhadurmadāḥ |
ilaṃ gatvābruvan sarve nirgacchāsmād guhālayāt ||18|
na ced yuddhāt paribhraṣṭaḥ *palāyya kva gamiṣyasi*[4] |
tad yakṣavacanāt kopād yuddhaṃ cakre sa rājarāṭ ||19|
jitvā yakṣān bahuvidhān uvāsa daśa śarvarīḥ |
yakṣeśvaro mṛgo bhūtvā bhāryayāpi vane vasan ||20|
hṛtageho vanaṃ prāpto hṛtabhṛtyaḥ sa yakṣiṇīm |
prāha cintāparo bhūtvā mṛgīrūpadharāṃ priyām ||21|
[[5]yakṣa uvāca:
balavantaṃ durādharṣaṃ śriyā śauryeṇa garvitam |
madāndhaṃ mṛgayāsaktaṃ kathaṃ jeṣye nṛpaṃ priye |
yakṣiṇy uvāca:
vada kānta upāyo 'sti tasya garvasya nāśane |
upāyo yadi madvākyāt kariṣyāmi vadasva me |
yakṣa uvāca:

2 A svayaṃ vasann **3** D ins. **4** V pālayan nirgamiṣyasi **5** V ins.

asty upāyo varārohe nṛpater garvanāśane |
vareṇa kena nṛpater asya garvo vyapohati |
tat kuruṣva mahābhāge mama priyakaraṃ śubham |
tatra tvaṃ gaccha kalyāṇi yatrāste nṛpamandadhīḥ |
tatra tvaṃ darśayātmānam ilasya purataḥ śubhe |
ākarṣelaṃ ca rājānam umāvanam iti śrutam |
mṛgī bhūtveva subhage taṃ ca madgṛhavartinam |
mṛgam āsaktamanasaṃ strītvam āpnotu durmatiḥ |]
yakṣa uvāca:
rājā 'yaṃ durmanāḥ kānte vyasanāsaktamānasaḥ |
katham āyāti vipadaṃ tatropāyo *vicintyatām*[6] ||22|
pāparddhivyasanāntāni rājyāny akhilabhūbhujām |
prāpayomāvanaṃ subhrūr mṛgī bhūtvā manoharā ||23|
praviśet tatra rājāyaṃ strī bhaviṣyaty asaṃśayam |
karaṇīyaṃ tvayā bhadre na caitad yujyate mama |
ahaṃ tu puruṣo yena tvaṃ punaḥ strī ca yakṣiṇī ||24|
yakṣiṇy uvāca:
kathaṃ tvayā na gantavyam umāvanam anuttamam |
gate 'pi tvayi ko doṣas tan me kathaya tattvataḥ ||25|
yakṣa uvāca:
himavatparvataśreṣṭha umayā sahitaḥ śivaḥ |
devair gaṇair anuvṛto vicacāra yathāsukham |
pārvatī śaṃkaraṃ prāha kadācid rahasi sthitam ||26|
pārvaty uvāca:
strīṇām eṣa svabhāvo 'sti rataṃ gopāyitaṃ bhavet |
tasmān me niyataṃ deśam ājñayā rakṣitaṃ tava ||27|
dehi me tridaśeśāna umāvanam iti śrutam |
vinā tvayā gaṇeśena kārttikeyena nandinā ||28|
yas tv atra praviśen nātha strītvaṃ tasya bhaved iti ||29|
yakṣa uvāca:
ity ājñomāvane dattā prasannenendumaulinā |
kiṃ karomi pumān kānte tvayā praṇayanārditaḥ[7] |
tasmān mayā na gantavyam umāyā vanam uttamam ||30|
brahmovāca:
tad bhartṛvacanaṃ śrutvā yakṣiṇī kāmarūpiṇī |
mṛgī bhūtvā viśālākṣī ilasya purato 'bhavat ||31|
yakṣas tu saṃsthitas tatra dadarśelo mṛgīṃ tadā |
mṛgayāsaktacitto vai mṛgīṃ dṛṣṭvā viśeṣataḥ ||32|
eka eva hayārūḍho niryayau tāṃ mṛgīm anu |
sākarṣata śanais taṃ tu rājānaṃ mṛgayākulam ||33|
śanair jagāma sā tatra yad umāvanam ucyate |
adṛśyā tu mṛgī tasmai darśayantī kvacit kvacit ||34|

6 V vicintitaḥ **7** V karoti kiṃ na ca pumān kāntayā praṇayārthitaḥ

tiṣṭhantī caiva gacchantī dhāvantī ca vibhītavat |
hariṇī capalākṣī sā tam ākarṣad umāvanam ||35|
anuprāpto hayārūḍhas tat prāpa sa umāvanam |
umāvanaṃ praviṣṭaṃ taṃ jñātvā sā yakṣiṇī tadā ||36|
mṛgīrūpaṃ parityajya yakṣiṇī kāmarūpiṇī |
divyarūpaṃ samāsthāya cāśokatarusaṃnidhau ||37|
tacchākhālambitakarā divyagandhānulepanā |
divyarūpadharā tanvī kṛtakāryā samā tadā ||38|
hasantī nṛpatiṃ prekṣya śrāntaṃ hayagataṃ tadā |
mṛgīm ālokayantaṃ taṃ capalākṣam ilaṃ tadā ||39|
bhartṛvākyam aśeṣeṇa smarantī prāha bhūmipam ||40|
samovāca:
hayārūḍhābalā tanvi kva ekaiva tu gacchasi |
puruṣasya ca veṣeṇa ile kam anuyāsyasi ||41|
brahmovāca:
ileti vacanaṃ śrutvā rājāsau krodhamūrchitaḥ |
yakṣiṇīṃ bhartsayitvāsau tām apṛcchan mṛgīṃ punaḥ ||42|
tathāpi yakṣiṇī prāha ile kim anuvīkṣase |
ileti vacanaṃ śrutvā dhṛtacāpo hayasthitaḥ ||43|
kupito darśayām āsa trailokya-*vijayī dhanuḥ*[8] |
punaḥ sā prāha nṛpatiṃ mahātmānam ile svayam ||44|
prekṣasva paścān māṃ brūhi asatyāṃ satyavādinīm |
tadā cālokayad rājā stanau tuṅgau bhujāntare ||45|
kim idaṃ mama saṃjātam ity evaṃ cakito 'bhavat ||46|
ilovāca:
kim idaṃ mama saṃjātaṃ jānīte bhavatī sphuṭam |
vada sarvaṃ yathātathyaṃ tvaṃ kā vā vada suvrate ||47|
yakṣiṇy uvāca:
himavatkandaraśreṣṭhe samanyur vasate patiḥ |
yakṣāṇām adhipaḥ śrīmāṃs tadbhāryāhaṃ tu yakṣiṇī ||48|
yatkandare bhavān rājā tūpaviṣṭaḥ suśītale |
yasya yakṣā hatā mohāt tvayā hi saṃgaraṃ vinā ||49|
tato 'haṃ nirgamārthaṃ te mṛgī bhūtvā umāvanam |
praviṣṭā tvaṃ praviṣṭo 'si purā prāha maheśvaraḥ ||50|
yas tv atra praviśen mandaḥ pumān strītvam avāpsyati |
tasmāt strītvam avāpto 'si na tvaṃ duḥkhitum arhasi |
prauḍho 'pi ko 'tra jānāti vicitrabhavitavyatām ||51|
brahmovāca:
yakṣiṇīvacanaṃ śrutvā hayārūḍhas tadāpatat |
tam āśvāsya punaḥ saiva yakṣiṇī vākyam abravīt ||52|
yakṣiṇy uvāca:
strītvaṃ jātaṃ jātam eva na puṃstvaṃ kartum arhasi |
gṛhāṇa vidyāṃ strīyogyāṃ nṛtyaṃ gītam alaṃkṛtim |
strīlālityaṃ strīvilāsaṃ strīkṛtyaṃ sarvam eva tat ||53|

8 D -jayinaṃ bhujam

brahmovāca:
ilā sarvam athāvāpya yakṣiṇīṃ vākyam abravīt ||54|
ilovāca:
ko vā bhartā kiṃ tu kṛtyaṃ punaḥ puṃstvaṃ kathaṃ bhavet |
etad vadasva kalyāṇī duḥkhārtāyā viśeṣataḥ |
ārtānām ārtiśamanāc chreyo nābhyadhikaṃ kvacit ||55|
yakṣiṇy uvāca:
budhaḥ somasuto nāma vanād asmāc ca pūrvataḥ |
āśramas tasya subhage *pitaraṃ nityam eṣyati*[9] ||56|
anenaiva pathā somaṃ pitaraṃ sa budho grahaḥ |
draṣṭuṃ yāti tato nityaṃ namaskartuṃ tathaiva ca ||57|
yadā yāti budhaḥ śāntas tadātmānaṃ ca darśaya |
taṃ dṛṣṭvā tvaṃ tu subhage sarvakāmān[10] avāpsyasi ||58|
brahmovāca:
tām āśvāsya tataḥ subhrūr yakṣiṇy antaradhīyata |
yakṣiṇī sā tam ācaṣṭa yakṣo 'pi sukham āptavān ||59|
ilasainyaṃ ca tatrāsīt tad gataṃ ca yathāsukham |
umāvanasthitā celā gāyantī nṛtyatī punaḥ ||60|
strībhāvam anuceṣṭantī smarantī karmaṇo gatim |
kadācit kriyamāṇe tu ilayā nṛtyakarmaṇi ||61|
tām apaśyad budho dhīmān pitaraṃ gantum udyataḥ |
ilāṃ dṛṣṭvā gatiṃ tyaktvā tām āgatyābravīd budhaḥ ||62|
budha uvāca:
bhāryā bhava mama svasthā sarvābhyas tvaṃ priyā bhava ||63|
brahmovāca:
budhavākyam ilā bhaktyā tv abhinandya tathākarot |
smṛtvā ca yakṣiṇīvākyaṃ tatas tuṣṭābhavan mune ||64|
budho reme tayā prītyā nītvā svasthānam uttamam |
sā cāpi sarvabhāvena toṣayām āsa taṃ patim |
tato bahutithe kāle budhas tuṣṭo 'vadat priyām ||65|
budha uvāca:
kiṃ te deyaṃ mayā bhadre priyaṃ yan manasi sthitam ||66|
brahmovāca:
tadvākyasamakālaṃ tu putraṃ dehīty abhāṣata |
ilā budhaṃ somasutaṃ prītimantaṃ priyaṃ tathā ||67|
budha uvāca:
amogham etan madvīryaṃ tathā prītisamudbhavam |
putras te bhavitā tasmāt kṣatriyo lokaviśrutaḥ ||68|
somavaṃśakaraḥ śrīmān āditya iva tejasā |
buddhyā bṛhaspatisamaḥ kṣamayā pṛthivīsamaḥ ||69|
vīryeṇājau harir iva kopena hutabhug yathā ||70|
brahmovāca:
tasminn[11] utpadyamāne tu budhaputre mahātmani |
jayaśabdaś ca sarvatra tv āsīc ca suraveśmani ||71|

9 V rūpayauvanaśālinaḥ **10** D tatprasādavaśāt sarvān ile kāmān **11** V tasmin

budhaputre samutpanne tatrājagmuḥ sureśvarāḥ |
aham apy āgamaṃ tatra mudā yukto mahāmate ||72|
jātamātraḥ suto rāvam akarot sa pṛthusvaram |
tena sarve 'py avocan vai saṃgatā ṛṣayaḥ surāḥ ||73|
yasmāt purū ravo 'syeti tasmād eṣa purūravāḥ |
syād ity evaṃ nāma cakruḥ sarve saṃtuṣṭamānasāḥ ||74|
budho 'py adhyāpayām āsa kṣātravidyāṃ sutaṃ śubhām |
dhanurvedaṃ saprayogaṃ budhaḥ prādāt tadātmaje ||75|
sa śīghraṃ vṛddhim agamac chuklapakṣe yathā śaśī |
sa mātaraṃ duḥkhayutāṃ samīkṣyelāṃ mahāmatiḥ |
namasyātha vinītātmā ilām ailo 'bravīd idam ||76|
aila uvāca:
budho mātar mama pitā tava bhartā priyas tathā |
ahaṃ ca putraḥ karmaṇyaḥ kasmāt te mānaso jvaraḥ ||77|
ilovāca:
satyaṃ putra budho bhartā tvaṃ ca putro guṇākaraḥ |
bhartṛputrakṛtā cintā na mamāsti kadācana ||78|
tathāpi pūrvajaṃ kiṃcid duḥkhaṃ smṛtvā punaḥ punaḥ |
cintayeyaṃ mahābuddhe tato mātaram abravīt ||79|
aila uvāca:
nivedayasva me mātas tad eva prathamaṃ mama ||80|
brahmovāca:
ilā cainam uvācedaṃ rahovācaṃ kathaṃ vade |
tathāpi putra te vacmi pitroḥ putro yato gatiḥ |
magnānāṃ duḥkhapāthobdhau putraḥ pravahaṇaṃ param ||81|
brahmovāca:
tan mātṛvacanaṃ śrutvā vinītaḥ prāha mātaram |
[12]pādayoḥ patitaś cāpi vada mātar yathā tathā ||82|
[[13]pādau nidhāya śirasi sāśrunetraḥ sagadgadaḥ |
sarvair upāyaiḥ pitror yaḥ putro na harati śramam |
jīvanmṛtasya tasyāho niṣphale janmajīvite |
tīrthasevādānayajñatapaḥprabhṛtikāny api |
kṛtāni tena puṇyāni pitarau yena toṣitau |
sarvaṃ manogataṃ satyaṃ vada mātar yathā tathā |
sāvadat tanayaṃ soṣṇaniśvāsaślathitādharā |
yathāvṛttaṃ hi duḥkhābdhau majjamāneva vihvalā |]
[14]brahmovāca:
sā purūravasaṃ prāha[15] ikṣvākūṇāṃ tathā kulam |
tatrotpattiṃ svasya nāma rājyaprāptiṃ priyān sutān ||83|
purodhasaṃ vasiṣṭhaṃ ca priyāṃ bhāryāṃ svakaṃ padam |
vananiryāṇam evātha amātyānāṃ purodhasaḥ ||84|
preṣaṇaṃ ca nagaryāṃ tāṃ mṛgayāsaktim eva ca |
himavatkandaragatiṃ yakṣeśvaragṛhe gatim ||85|

12 DV om. **13** DV ins. **14** V om. **15** V sūryavaṃśaprasūtānām

umāvanapraveśaṃ ca strītvaprāptim aśeṣataḥ |
maheśvarājñayā tatra cāpraveśaṃ narasya tu ||86|
yakṣiṇīvākyam apy asya varadānaṃ tathaiva ca |
budhaprāptiṃ tathā prītiṃ putrotpattyādy aśeṣataḥ ||87|
kathayām āsa tat sarvaṃ śrutvā mātaram abravīt |
purūravāḥ kiṃ karomi kiṃ kṛtvā sukṛtaṃ bhavet ||88|
etāvatā te tṛptiś ced alam etena cāmbike |
yad apy anyan manovarti tad apy ājñāpayasva me ||89|
ilovāca:
iccheyaṃ puṃstvam utkṛṣṭam iccheyaṃ rājyam uttamam |
abhiṣekaṃ ca putrāṇāṃ tava cāpi viśeṣataḥ ||90|
dānaṃ dātuṃ ca yaṣṭuṃ ca muktimārgasya vīkṣaṇam |
sarvaṃ ca kartum icchāmi tava putra prasādataḥ ||91|
putra uvāca:
upāyaṃ tvā tu pṛcchāmi yena puṃstvam avāpsyasi |
tapaso vānyato vāpi vadasva mama tattvataḥ ||92|
ilovāca:
budhaṃ tvaṃ pitaraṃ pṛccha gatvā putra yathārthavat |
sa tu sarvaṃ tu jānāti upadekṣyati te hitam ||93|
brahmovāca:
tanmātṛvacanād ailo gatvā pitaram añjasā |
uvāca praṇato bhūtvā mātuḥ kṛtyaṃ tathātmanaḥ ||94|
budha uvāca:
ilaṃ jāne mahāprājña ilāṃ jātāṃ punas tathā |
umāvanapraveśaṃ ca śaṃbhor ājñāṃ tathaiva ca ||95|
tasmāc chaṃbhuprasādena umāyāś ca prasādataḥ |
viśāpo bhavitā putra tāv ārādhya na cānyathā ||96|
purūravā uvāca:
paśyeyaṃ taṃ kathaṃ devaṃ kathaṃ vā mātaraṃ śivām |
tīrthād vā tapaso vāpi tat pitaḥ prathamaṃ vada ||97|
budha uvāca:
gautamīṃ gaccha putra tvaṃ tatrāste sarvadā śivaḥ |
umayā sahitaḥ śrīmāñ *śāpa-*[16]hantā varapradaḥ ||98|
brahmovāca:
purūravāḥ pitur vākyaṃ śrutvā tu mudito 'bhavat |
gautamīṃ tapase dhīmān gaṅgāṃ trailokyapāvanīm ||99|
puṃstvam icchaṃs tathā mātur jagāma tapase tvaran |
himavantaṃ giriṃ natvā mātaraṃ pitaraṃ gurum ||100|
gacchantam anvagāt putram ilā somasutas tathā |
te sarve gautamīṃ prāptā himavatparvatottamāt ||101|
tatra snātvā tapaḥ kiṃcit kṛtvā cakruḥ stutiṃ parām |
bhavasya devadevasya stutikramam imaṃ śṛṇu ||102|

16 V chāpa-

budhas tuṣṭāva prathamam ilā ca tadanantaram |
tataḥ purūravāḥ putro gaurīṃ devīṃ ca śaṃkaram ||103|
budha uvāca:
yau *kuṅkumena svaśarīrajena*[17] |
svabhāvahemapratimau *sa*-[18]rūpau |
yāv arcitau skandagaṇeśvarābhyāṃ |
tau me śaraṇyau śaraṇaṃ bhavetām ||104|
ilovāca:
saṃsāratāpatrayadāvadagdhāḥ |
śarīriṇo yau paricintayantaḥ |
sadyaḥ parāṃ nirvṛtim āpnuvanti |
tau śaṃkarau me śaraṇaṃ bhavetām ||105|
ārtā hy ahaṃ pīḍitamānasā te |
kleśādigoptā na paro 'sti kaścit |
deva tvadīyau caraṇau supuṇyau |
tau me śaraṇyau śaraṇaṃ bhavetām ||106|
purūravā uvāca:
yayoḥ sakāśād idam abhyudaiti |
prayāti cānte layam eva sarvam |
jagaccharaṇyau jagadātmakau tu |
gaurīharau me śaraṇaṃ bhavetām ||107|
yau devavṛndeṣu mahotsave tu |
pādau gṛhāṇeśa[19] girīśaputryāḥ |
proktaṃ[20] dhṛtau prītivaśāc chivena |
tau me śaraṇyau śaraṇaṃ bhavetām ||108|
śrīdevy uvāca:
kim abhīṣṭaṃ pradāsyāmi yuṣmabhyaṃ tad vadantu me |
kṛtakṛtyāḥ stha bhadraṃ vo devānām api duṣkaram ||109|
purūravā uvāca:
ilo rājā tavājñātvā vanaṃ prāviśad ambike |
tat kṣamasva sureśāni puṃstvaṃ dātuṃ tvam arhasi ||110|
brahmovāca:
tathety uvāca tān sarvān bhavasya tu mate sthitā |
tataḥ sa bhagavān āha devīvākyarataḥ sadā ||111|
śiva uvāca:
atrābhiṣekamātreṇa puṃstvaṃ prāpnotv ayaṃ nṛpaḥ ||112|
brahmovāca:
snātāyā budhabhāryāyāḥ śarīrād vāri susruve |
nṛtyaṃ gītaṃ ca lāvaṇyaṃ yakṣiṇyā yad upārjitam ||113|
tat sarvaṃ vāridhārābhir gaṅgāmbhasi samāviśat |
nṛtyā gītā ca saubhāgyā imā nadyo babhūvire ||114|
tāś cāpi saṃgatā gaṅgāṃ te puṇyāḥ saṃgamās trayaḥ |
teṣu snānaṃ ca dānaṃ ca surarājyaphalapradam ||115|

17 V tau ramete raśanaravena **18** V su- **19** ASS corr. *gṛhāṇeti*. **20** V prokte

ilā puṃstvam avāpyātha gaurīśaṃbhoḥ prasādataḥ |
mahābhyudayasiddhyartham *vājimedham*[21] athākarot ||116|
purodhasaṃ vasiṣṭhaṃ ca bhāryāṃ putrāṃs tathaiva ca |
amātyāṃś ca balaṃ kośam ānīya sa nṛpottamaḥ ||117|
caturaṅgaṃ balaṃ rājyaṃ daṇḍake 'sthāpayat tadā |
ilasya nāmnā vikhyātaṃ tatra tat puram ucyate ||118|
[[22]sahyadroṇyāṃ manohāri mahendrapurato 'dhikam |
bhavopabhoganirviṇṇas tasmin puravarottame |]
pūrvajātān atho putrān sūryavaṃśakramāgate |
rājye 'bhiṣicya paścāt tam ailaṃ snehād asiñcayat ||119|
somavaṃśakaraḥ śrīmān ayaṃ rājā bhaved iti |
sarvebhyo matimānebhyo jyeṣṭhaḥ śreṣṭho 'bhavan mune ||120|
yatra ca kratavo vṛttā ilasya nṛpateḥ śubhāḥ |
yatra puṃstvam avāpyātha yatra putrāḥ samāgatāḥ ||121|
yakṣiṇīdattanṛtyādigītasaubhāgyamaṅgalāḥ |
nadyo bhūtvā yatra gaṅgāṃ saṃgatās tāni nārada ||122|
tīrthāni śubhadāny āsan sahasrāṇy atha ṣoḍaśa |
ubhayos tīrayos tāta tatra śaṃbhur ileśvaraḥ |
teṣu snānaṃ ca dānaṃ ca sarvakratuphalapradam ||123|

iti śrīmahāpurāṇe brāhme svayaṃbhvṛṣisaṃvāde budhelāpurūravovasiṣṭhanṛtyagīta-saubhāgyeleśvarādiṣoḍaśasahasratīrthavarṇanaṃ nāmāṣṭādhikaśatatamo 'dhyāyaḥ = gautamīmāhātmya ekonacatvāriṃśattamo 'dhyāyaḥ

brahmovāca:
cakratīrtham iti khyātaṃ brahmahatyādināśanam |
yatra cakreśvaro devaś cakram āpa yato hariḥ ||109.1|
yatra viṣṇuḥ svayaṃ sthitvā cakrārthaṃ śaṃkaraṃ prabhuḥ |
pūjayām āsa tat tīrthaṃ cakratīrtham udāhṛtam ||2|
yasya śravaṇamātreṇa sarvapāpaiḥ pramucyate |
dakṣakratau pravṛtte tu devānāṃ ca samāgame ||3|
dakṣeṇa dūṣite deve śive śarve maheśvare |
anāhvāne sureśasya dakṣacitte malīmase ||4|
dākṣāyaṇyā śrute vākye anāhvānasya kāraṇe |
ahalyāyāṃ coktavatyāṃ kupitābhūt sureśvarī ||5|
pitaraṃ nāśaye pāpaṃ kṣameyaṃ *na*[1] kathaṃcana |
śṛṇvatī doṣavākyāni pitrā coktāni bhartari ||6|
patyuḥ śṛṇvanti yā nindāṃ tāsāṃ pāpāvadhiḥ kutaḥ |
yādṛśas tādṛśo vāpi patiḥ strīṇāṃ parā gatiḥ ||7|
kiṃ punaḥ sakalādhīśo mahādevo jagadguruḥ |
śrutaṃ tannindanaṃ tarhi dhārayāmi na dehakam ||8|
tasmāt tyakṣya imaṃ deham ity uktvā sā mahāsatī |
kopena mahatāviṣṭā prajajvāla sureśvarī ||9|

21 V vājapeyam **22** V ins. **1** D vā

śivaikacetanā dehaṃ balād yogāc ca tatyaje |
maheśvaro 'pi sakalaṃ vṛttam ākarṇya nāradāt || 10 |
dṛṣṭvā cukopa papraccha jayāṃ ca vijayāṃ tathā |
te ūcatur ubhe devaṃ dakṣakratuvināśanam || 11 |
dākṣāyaṇyā iti śrutvā makhaṃ prāyān maheśvaraḥ |
bhīmair gaṇaiḥ parivṛto bhūtanāthaiḥ samaṃ yayau || 12 |
makhas tair veṣṭitaḥ sarvo devabrahmapuraskṛtaḥ |
dakṣeṇa yajamānena śuddhabhāvena rakṣitaḥ || 13 |
vasiṣṭhādibhir atyugrair munibhiḥ parivāritaḥ |
indrādityādyair vasubhiḥ sarvataḥparipālitaḥ || 14 |
ṛgyajuḥsāmavedaiś ca svāhāśabdair alaṃkṛtaḥ |
śraddhā puṣṭis tathā tuṣṭiḥ śāntir lajjā sarasvatī || 15 |
bhūmir dyauḥ śarvarī kṣāntir uṣā āśā jayā matiḥ |
etābhiś ca tathānyābhiḥ sarvataḥ samalaṃkṛtaḥ || 16 |
tvaṣṭrā mahātmanā cāpi kārito viśvakarmaṇā |
surabhir nandinī dhenuḥ kāmadhuk kāmadohinī || 17 |
etābhiḥ kāmavarṣābhiḥ sarvakāmasamṛddhimān |
kalpavṛkṣaḥ pārijāto latāḥ kalpalatādikāḥ || 18 |
yad yad iṣṭatamaṃ kiṃcit tatra tasmin makhe sthitam |
svayaṃ maghavatā pūṣṇā hariṇā parirakṣitaḥ || 19 |
dīyatāṃ bhujyatāṃ vāpi kriyatāṃ sthīyatāṃ sukham |
etaiś ca sarvato vākyair dakṣasya pūjitaṃ makham || 20 |
²ādau tu vīrabhadro 'sau bhadrakālyā yuto yayau |
śokakopaparītātmā paścāc chūlapinākadhṛk || 21 |
abhyāyayau mahādevo mahābhūtair alaṃkṛtaḥ |
tāni bhūtāni parito makhe veṣṭya maheśvaram || 22 |
kratuṃ vidhvaṃsayām āsus tatra kṣobho mahān abhūt |
palāyanta tataḥ kecit kecid gatvā tataḥ śivam || 23 |
kecit stuvanti deveśaṃ kecit kupyanti śaṃkaram |
evaṃ vidhvaṃsitaṃ yajñaṃ dṛṣṭvā pūṣā samabhyagāt || 24 |
pūṣṇo dantān athotpāṭya indraṃ vyadrāvayat kṣaṇāt |
bhagasya cakṣuṣī vipra vīrabhadro vyapāṭayat || 25 |
divākaraṃ punar dorbhyāṃ paribhrāmya samākṣipat |
tataḥ suragaṇāḥ sarve viṣṇuṃ te śaraṇaṃ yayuḥ || 26 |
devā ūcuḥ:
trāhi trāhi gadāpāṇe bhūtanāthakṛtād bhayāt |
maheśvaragaṇaḥ kaścit pramathānāṃ tu nāyakaḥ |
tena dagdho makhaḥ sarvo vaiṣṇavaḥ paśyato hareḥ || 27 |
brahmovāca:
hariṇā cakram utsṛṣṭaṃ bhūtanāthavadhaṃ prati |
bhūtanātho 'pi tac cakram āpatac ca tadāgrasat || 28 |
graste cakre tato viṣṇor lokapālā bhayād yayuḥ |
tathā sthitān avekṣyātha dakṣo yajñaṃ surān api |
tuṣṭāva śaṃkaraṃ devaṃ dakṣo bhaktyā prajāpatiḥ || 29 |

2 A om. 109.21.

dakṣa uvāca:
jaya śaṃkara someśa jaya sarvajña śaṃbhave |
jaya kalyāṇabhṛc chaṃbho jaya kālātmane namaḥ ||30|
ādikartar namas te 'stu nīlakaṇṭha namo 'stu te |
brahmapriya namas te 'stu brahmarūpa namo 'stu te ||31|
trimūrtaye namo deva tridhāma parameśvara |
sarvamūrte namas te 'stu trailokyādhāra kāmada ||32|
namo vedāntavedyāya namas te paramātmane |
yajñarūpa namas te 'stu yajñadhāma namo 'stu te ||33|
yajñadāna namas te 'stu havyavāha namo 'stu te |
yajñahartre namas te 'stu phaladāya namo 'stu te ||34|
trāhi trāhi jagannātha śaraṇāgatavatsala |
bhaktānām apy abhaktānāṃ tvam eva śaraṇaṃ prabho ||35|
brahmovāca:
evaṃ tu stuvatas tasya prasanno 'bhūn maheśvaraḥ |
kiṃ dadāmīti taṃ prāha kratuḥ pūrṇo 'stu me prabho ||36|
tathety uvāca bhagavān devadevo maheśvaraḥ |
śaṃkaraḥ sarvabhūtātmā karuṇāvaruṇālayaḥ ||37|
kratuṃ kṛtvā tataḥ pūrṇaṃ tasya dakṣasya vai mune |
evam uktvā sa bhagavān bhūtair antaradhīyata ||38|
yathāgataṃ surā jagmuḥ svam eva sadanaṃ prati |
tataḥ kadācid devānāṃ daityānāṃ vigraho mahān ||39|
babhūva tatra daityebhyo bhītā devāḥ śriyaḥ patim |
tuṣṭuvuḥ sarvabhāvena vacobhis taṃ janārdanam ||40|
devā ūcuḥ:
śakrādayo 'pi tridaśāḥ kaṭākṣam |
avekṣya yasyās tapa ācaranti |
sā cāpi yatpādaratā ca lakṣmīs |
taṃ brahmabhūtaṃ śaraṇaṃ prapadye ||41|
yasmāt trilokyāṃ na paraḥ samāno |
na cādhikas tārkṣyarathān nṛsiṃhāt |
sa devadevo 'vatu naḥ samastān |
mahābhayebhyaḥ kṛpayā prapannān ||42|
brahmovāca:
tataḥ prasanno bhagavāñ *śaṅkha*-[3]cakragadādharaḥ |
kimartham āgatāḥ sarve tatkartāsmīty uvāca tān ||43|
devā ūcuḥ:
bhayaṃ ca tīvraṃ daityebhyo devānāṃ madhusūdana |
tatas trāṇāya devānāṃ matiṃ kuru janārdana ||44|
brahmovāca:
tān āgatān hariḥ prāha grastaṃ cakraṃ hareṇa me |
kiṃ karomi gataṃ cakraṃ bhavantaś cārtim āgatāḥ |
yāntu sarve devagaṇā rakṣā vaḥ kriyate mayā ||46|

3 V chaṅkha-

brahmovāca:
tato gateṣu deveṣu viṣṇuś cakrārtham udyataḥ |
godāvarīṃ tato gatvā śaṃbhoḥ pūjāṃ pracakrame ||47|
suvarṇakamalair divyaiḥ sugandhair daśabhiḥ śataiḥ |
bhaktito nityavat pūjāṃ cakre viṣṇur umāpateḥ ||48|
[[4]namaḥ saṃsārakāntāramahābhayanivāriṇe |
pinākine maheśāya sarvābhīṣṭapradāyine |
mantreṇānena bhagavān bhaktiyuktena cetasā |
pūjayām āsa vidhivad bhavānīvallabhaṃ śivam |]
evaṃ saṃpūjyamāne tu tayos tattvam idaṃ śṛṇu |
kamalānāṃ sahasre tu yadaikaṃ naiva pūryate ||49|
tadāsurāriḥ svaṃ netram utpāṭyārghyam akalpayat |
arghyapātraṃ kare gṛhya sahasrakamalānvitam |
dhyātvā śaṃbhuṃ dadāv arghyam ananyaśaraṇo hariḥ ||50|
viṣṇur uvāca:
tvam eva deva jānīṣe bhāvam antargataṃ nṛṇām |
tvam eva śaraṇo 'dhīśo 'tra *kā bhaved*[5] vicāraṇā ||51|
brahmovāca:
vadann udaśrunayano nililye 'sāv itīśvare |
bhavānīsahitaḥ śaṃbhuḥ purastād abhavat tadā ||52|
gāḍham āliṅgya vividhair varair āpūrayad dharim |
tad eva cakram abhavan netraṃ cāpi yathā purā ||53|
tataḥ suragaṇāḥ sarve tuṣṭuvur hariśaṃkarau |
gaṅgāṃ cāpi saricchreṣṭhāṃ devaṃ ca vṛṣabhadhvajam ||54|
tataḥ prabhṛti tat tīrthaṃ cakratīrtham iti smṛtam |
yasyānuśravaṇenaiva mucyate sarvakilbiṣaiḥ ||55|
tatra snānaṃ ca dānaṃ ca yaḥ kuryāt pitṛtarpaṇam |
sarvapāpavinirmuktaḥ pitṛbhiḥ svargabhāg bhavet |
tat tu cakrāṅkitaṃ tīrtham adyāpi paridṛśyate ||56|

iti śrīmahāpurāṇe ādibrāhme cakratīrthavarṇanaṃ nāma navādhikaśatatamo 'dhyāyaḥ = gautamīmāhātmye catvāriṃśattamo 'dhyāyaḥ

brahmovāca:
pippalaṃ tīrtham ākhyātaṃ cakra-*tīrthād anantaram*[1] |
yatra cakreśvaro devaś cakram āpa yato hariḥ ||110.1|
yatra viṣṇuḥ svayaṃ sthitvā cakrārthaṃ śaṃkaraṃ vibhum |
pūjayām āsa tat tīrthaṃ cakratīrtham udāhṛtam ||2|
yatra prīto 'bhavad viṣṇoḥ śaṃbhus tat pippalaṃ viduḥ |
mahimānaṃ yasya vaktuṃ na kṣamo 'py ahināyakaḥ ||3|
cakreśvaro pippaleśo[2] nāmadheyasya kāraṇam |
śṛṇu nārada tad bhaktyā sākṣād *vedoditaṃ*[3] mayā ||4|

4 V ins. **5** B bhavet kā **1** D -tīrthāc ca dakṣiṇe **2** V cakreśvare pippaleśe **3** B devoditaṃ

dadhīcir iti vikhyāto munir āsīd guṇānvitaḥ |
tasya bhāryā mahāprājñā kulīnā ca pativratā ||5|
lopāmudreti yā khyātā svasā tasyā gabhastinī |
iti nāmnā ca vikhyātā vaḍaveti prakīrtitā ||6|
dadhīceḥ sā priyā nityaṃ tapas tepe tayā mahat |
dadhīcir agnimān nityaṃ gṛhadharmaparāyaṇaḥ ||7|
bhāgīrathīṃ samāśritya devātithiparāyaṇaḥ |
svakalatrarataḥ śāntaḥ kumbhayonir ivāparaḥ ||8|
tasya prabhāvāt taṃ deśaṃ nārayo daityadānavāḥ |
ājagmur muniśārdūla yatrāgastyasya cāśramaḥ ||9|
tatra devāḥ samājagmū rudrādityās tathāśvinau |
indro viṣṇur yamo 'gniś ca jitvā daityān upāgatān ||10|
jayena jātasaṃharṣāḥ stutāś caiva marudgaṇaiḥ |
dadhīciṃ muniśārdūlaṃ dṛṣṭvā nemuḥ sureśvarāḥ ||11|
dadhīcir jātasaṃharṣaḥ surān pūjya pṛthak pṛthak |
gṛhakṛtyaṃ tataś cakre surebhyo bhāryayā saha ||12|
pṛṣṭāś ca kuśalaṃ tena kathāś cakruḥ surā api |
dadhīcim abruvan devā bhāryayā sukhitaṃ punaḥ ||13|
āsīnaṃ hṛṣṭamanasa ṛṣiṃ natvā punaḥ punaḥ ||14|
devā ūcuḥ:
kim adya durlabhaṃ loke ṛṣe 'smākaṃ bhaviṣyati |
tvādṛśaḥ sakṛpo yeṣu munir bhūkalpapādapaḥ ||15|
etad eva phalaṃ puṃsāṃ jīvatāṃ munisattama |
tīrthāplutir bhūtadayā darśanaṃ ca bhavādṛśām ||16|
yat snehād ucyate 'smābhir avadhāraya tan mune |
jitvā daityān iha prāptā hatvā rākṣasapuṃgavān ||17|
vayaṃ ca sukhino brahmaṃs tvayi dṛṣṭe viśeṣataḥ |
nāyudhaiḥ phalam asmākaṃ voḍhuṃ naiva kṣamā vayam ||18|
sthāpyadeśaṃ na paśyāma āyudhānāṃ munīśvara |
svarge suradviṣo jñātvā sthāpitāni haranti ca ||19|
nayeyur āyudhānīti tathaiva ca rasātale |
tasmāt tavāśrame puṇye sthāpyante 'strāṇi mānada ||20|
naivātra kiṃcid bhayam asti vipra |
na dānavebhyo rākṣasebhyaś ca ghoram |
tvadājñayā rakṣitapuṇyadeśo |
na vidyate tapasā te samānaḥ ||21|
jitārayo brahmavidāṃ variṣṭhaṃ |
vayaṃ ca pūrvaṃ nihatā daityasaṃghāḥ |
astrair alaṃ bhārabhūtaiḥ kṛtārthaiḥ |
sthāpyaṃ sthānaṃ te samīpe munīśa ||22|
divyān bhogān kāminībhiḥ sametān |
devodyāne nandane saṃbhajāmaḥ |
tato yāmaḥ kṛtakāryāḥ sahendrāḥ |
svaṃ svaṃ sthānaṃ cāyudhānāṃ ca rakṣā ||23|
tvayā kṛtā jāyatāṃ tat praśādhi |
samarthas tvaṃ rakṣaṇe dhāraṇe ca ||24|

brahmovāca:
tadvākyam ākarṇya dadhīcir evaṃ |
vākyaṃ jagau vibudhān evam astu |
nivāryamāṇaḥ priyaśīlayā striyā |
kiṃ devakāryeṇa viruddhakāriṇā ||25|
ye jñātaśāstrāḥ paramārthaniṣṭhāḥ |
saṃsāraceṣṭāsu gatānurāgāḥ |
teṣāṃ parārthavyasanena kiṃ mune |
yenātra vāmutra sukhaṃ na kiṃcit ||26|
devadviṣo dveṣam anuprayānti |
datte sthāne vipravarya śṛṇuṣva |
naṣṭe hṛte cāyudhānāṃ munīśa |
kupyanti devā ripavas te bhavanti ||27|
tasmān nedaṃ vedavidāṃ variṣṭha |
yuktaṃ dravye parakīye mamatvam |
tāvac ca maitrī dravyabhāvaś ca tāvan |
naṣṭe hṛte ripavas te bhavanti ||28|
ced asti śaktir dravyadāne tatas te |
dātavyam evārthine kiṃ vicāryam |
no cet santaḥ parakāryāṇi kuryur |
vāgbhir manobhiḥ kṛtibhis tathaiva ||29|
parasvasaṃdhāraṇam etad eva |
sadbhir nirastaṃ tyaja kānta sadyaḥ ||30|
brahmovāca:
evaṃ priyāyā vacanaṃ sa vipro |
niśamya bhāryām idam āha subhrūm ||31|
dadhīcir uvāca:
purā surāṇām anumānya bhadre |
netīti vāṇī na sukhaṃ mamaiti ||32|
brahmovāca:
śrutveritaṃ patyur iti priyāyāṃ |
daivaṃ vinānyan na nṛṇāṃ samartham |
tūṣṇīṃ sthitāyāṃ surasattamās te |
saṃsthāpya cāstrāṇy atidīptimanti ||33|
natvā munīndraṃ yayur eva lokān |
daityadviṣo *nyastaśastrāḥ*[4] kṛtārthāḥ |
gateṣu deveṣu munipravaryo |
hṛṣṭo 'vasad bhāryayā dharmayuktaḥ ||34|
gate ca kāle hy ativiprayukte |
daive varṣe saṃkhyayā vai sahasre |
na te surā āyudhānāṃ munīśa |
vācaṃ manaś cāpi tathaiva cakruḥ ||35|

4 D jayinas te

dadhīcir apy āha gabhastim ojasā |
devārayo māṃ *dviṣatīha*[5] bhadre |
na te surā netukāmā bhavanti |
saṃsthāpitāny atra vadasva yuktam ||36|
sā cāha kāntaṃ vinayād uktam eva |
tvaṃ jānīṣe nātha yad atra yuktam |
daityā hariṣyanti mahāpravṛddhās |
tapoyuktā balinaḥ svāyudhāni ||37|
tadastrarakṣārtham idaṃ sa cakre |
mantrais tu saṃkṣālya jalaiś ca puṇyaiḥ |
tad vāri sarvāstramayaṃ supuṇyaṃ |
tejoyuktaṃ tac ca papau dadhīciḥ ||38|
nirvīryarūpāṇi tadāyudhāni |
kṣayaṃ jagmuḥ kramaśaḥ kālayogāt |
surāḥ samāgatya dadhīcim ūcur |
mahābhayaṃ hy āgataṃ śātravaṃ naḥ ||39|
dadasva cāstrāṇi munipravīra |
yāni tvadante nihitāni devaiḥ |
dadhīcir apy āha surāribhītyā |
anāgatyā bhavatāṃ cācireṇa ||40|
astrāṇi pītāni śarīrasaṃsthāny |
uktāni yuktaṃ mama tad vadantu |
śrutvā taduktaṃ vacanaṃ tu devāḥ |
procus tam itthaṃ vinayāvanamrāḥ ||41|
astrāṇi dehīti ca vaktum etac |
chakyaṃ na vānyat prativaktuṃ munīndra |
vinā ca taiḥ paribhūyema nityaṃ |
puṣṭārayaḥ kva prayāmo munīśa ||42|
na martyaloke na tale na nāke |
vāsaḥ surāṇāṃ bhavitādya tāta |
tvaṃ vipravaryas tapasā caiva yukto |
nānyad vaktuṃ yujyate *te purastāt*[6] ||43|
[[7]itīritaṃ devagaṇaiḥ sa vipra |
ākarṇya tān āha kathaṃ viṣaṇṇāḥ |
kurvantu sarve tridaśā yatheṣṭaṃ |
madasthibhis tāni samāyudhāni |
niśamya śakro munibhāṣitaṃ hṛdā |
prakampitas taptamanā manasvī |
yad devadiṣṭaṃ munivarya tan no |
bhavatv aho brāhmaṇadaivatānām |
atho babhāṣe sa mahānubhāvo |
na me 'bhilāṣo 'sti śarīrakasya |]
vipras tadovāca madasthisaṃsthāny |

5 V dviṣantīha **6** A hi dvijeśa **7** D ins.

astrāṇi gṛhṇantu na saṃśayo 'tra |
devās tam apy āhur anena kiṃ no hy |
astrair hīnāḥ strītvam āptāḥ surendrāḥ ||44|
punas tadā cāha munipravīras |
tyakṣye jīvān daihikān yogayuktaḥ |
astrāṇi kurvantu madasthibhūtāny |
anuttamāny uttamarūpavanti ||45|
kuruṣva cety āhur adīnasattvaṃ |
dadhīcim ity uttaram agnikalpam |
tadā tu tasya priyam īrayantī |
na sāṃnidhye prātitheyī munīśa ||46|
te cāpi devās tām adṛṣṭvaiva śīghraṃ |
tasyā bhītā vipram ūcuḥ kuruṣva |
tatyāja jīvān dustyajān prītiyukto |
yathāsukhaṃ deham imaṃ juṣadhvam ||47|
madasthibhiḥ prītimanto bhavantu |
surāḥ sarve kiṃ tu dehena kāryam ||48|
brahmovāca:
ity uktvāsau baddhapadmāsanastho |
nāsāgradattākṣiprakāśaprasannaḥ |
vāyuṃ savahniṃ madhyamodghāṭayogān |
nītvā śanair daharākāśagarbham ||49|
yad aprameyaṃ paramaṃ padaṃ yad |
yad brahmarūpaṃ yad upāsitavyam |
tatraiva vinyasya dhiyaṃ mahātmā |
sāyujyatāṃ brahmaṇo 'sau jagāma ||50|
nirjīvatāṃ prāptam abhīkṣya devāḥ |
kalevaraṃ tasya surāś ca samyak |
tvaṣṭāram apy ūcur atitvarantaḥ |
kuruṣva cāstrāṇi bahūni sadyaḥ ||51|
sa cāpi tān āha kathaṃ nu kāryaṃ |
kalevaraṃ brāhmaṇasyeha devāḥ |
bibhemi kartuṃ dāruṇaṃ cākṣamo 'haṃ |
vidāritāny[8] āyudhāny uttamāni ||52|
tadasthibhūtāni karomi sadyas |
tato devā gāḥ samūcus tvarantaḥ ||53|
devā ūcuḥ:
vajraṃ mukhaṃ vaḥ kriyate hitārthaṃ |
gāvo devair āyudhārthaṃ kṣaṇena |
dadhīcidehaṃ tu vidārya yūyam |
asthīni śuddhāni prayacchatādya ||54|
brahmovāca:
tā devavākyāc ca tathaiva cakruḥ |

8 D vidāryaitāny

saṃlihya cāsthīni daduḥ surāṇām |
surās tvarā jagmur adīnasattvāḥ |
svam ālayaṃ cāpi tathaiva gāvaḥ ||55|
kṛtvā tathāstrāṇi ca devatānāṃ |
tvaṣṭā jagāmātha *surājñayā*[9] tadā |
tataś cirāc chīlavatī subhadrā |
bhartuḥ priyā bālagarbhā tvarantī ||56|
kare gṛhītvā kalaśaṃ vāripūrṇam |
umāṃ natvā phalapuṣpaiḥ sametya |
agniṃ ca bhartāram athāśramaṃ ca |
saṃdraṣṭukāmā hy ājagāmātha śīghram ||57|
[[10]saṃtaptacittā pathi vīkṣya kaṇṭhād |
bhraṣṭāṃ vibhūṣāṃ patitāṃ dharāyām |
papāta hastāt karabhūṣaṇaṃ ca |
netraṃ tathā dakṣiṇam ullalāsa |
hā kiṃ bhaviṣyad yac cireṇa kaṣṭam |
ity antareṇaiva vicintayantī |]
āgacchantīṃ tāṃ prātitheyīṃ tadānīṃ |
nivārayām āsa tadolkapātaḥ |
sā saṃbhramād āgatā cāśramaṃ svaṃ |
naivāpaśyat tatra bhartāram agre ||58|
kva vā gataś ceti savismayā sā |
papraccha cāgniṃ prātitheyī tadānīm |
agnis tadovāca savistaraṃ tāṃ |
devāgamaṃ yācanaṃ *vai śarīre*[11] ||59|
asthnām upādānam atha prayāṇaṃ |
śrutvā sarvaṃ duḥkhitā sā babhūva |
duḥkhodvegāt sā papātātha pṛthvyāṃ |
mandaṃ mandaṃ vahnināśvāsitā ca ||60|
prātitheyy uvāca:
śāpe 'marāṇāṃ tu nāhaṃ samarthā |
agniṃ prāpsye kiṃ nu kāryaṃ bhaven me ||61|
brahmovāca:
kopaṃ ca duḥkhaṃ ca niyamya sādhvī |
tadāvādīd dharmayuktaṃ ca bhartuḥ ||62|
prātitheyy uvāca:
utpadyate yat tu vināśi sarvaṃ |
na śocyam astīti manuṣyaloke |
govipradevārtham iha tyajanti |
prāṇān priyān puṇyabhājo manuṣyāḥ ||63|
saṃsāracakre parivartamāne |
dehaṃ samarthaṃ dharmayuktaṃ tv avāpya |
priyān prāṇān devaviprārthahetos |
te vai dhanyāḥ prāṇino ye tyajanti ||64|

9 V mahāṃs tvarāṃs **10** V ins. **11** D caiva śastram

prāṇāḥ sarve 'syāpi dehānvitasya |
yātāro vai nātra saṃdehaleśaḥ |
evaṃ jñātvā vipragodevadīnādy- |
arthaṃ cainān utsṛjantīśvarās te ||65|
nivāryamāṇo 'pi mayā prapannayā |
cakāra devāstraparigrahaṃ saḥ |
manogataṃ vetty athavā vidhātuḥ |
ko martyalokātigaceṣṭitasya ||66|
brahmovāca:
ity evam uktvāpūjya cāgnīn yathāvad |
bhartus tvacā lomabhiḥ sā viveśa |
garbhasthitaṃ bālakaṃ prātitheyī |
kukṣiṃ vidāryātha kare gṛhītvā ||67|
natvā ca gaṅgāṃ bhuvam āśramaṃ ca |
vanaspatīn oṣadhīr āśramasthān ||68|
prātitheyy uvāca:
pitrā hīno bandhubhir gotrajaiś ca |
mātrā hīno bālakaḥ sarva eva |
rakṣantu sarve 'pi ca bhūtasaṃghās |
tathauṣadhyo bālakaṃ lokapālāḥ ||69|
ye bālakaṃ mātṛpitṛprahīṇaṃ |
sanirviśeṣaṃ svatanuprarūḍhaiḥ |
paśyanti rakṣanti ta eva nūnaṃ |
brahmādikānām api vandanīyāḥ ||70|
brahmovāca:
ity uktvā cātyajad bālaṃ bhartṛcittaparāyaṇā |
pippalānāṃ samīpe tu nyasya bālaṃ namasya *ca*[12] ||71|
agniṃ pradakṣiṇīkṛtya yajñapātrasamanvitā |
viveśāgniṃ prātitheyī bhartrā saha divaṃ yayau ||72|
ruruduś cāśramasthā ye vṛkṣāś ca vanavāsinaḥ |
putravat poṣitā yena ṛṣiṇā ca dadhīcinā ||73|
vinā tena na jīvāmas tayā mātrā vinā tathā |
mṛgāś ca pakṣiṇaḥ sarve vṛkṣāḥ procuḥ parasparam ||74|
vṛkṣā ūcuḥ:
svargam āseduṣoḥ pitros tadapatyeṣv akṛtrimam |
ye kurvanty aniśaṃ snehaṃ ta eva kṛtino narāḥ ||75|
dadhīciḥ prātitheyī vā vīkṣate 'smān yathā purā |
tathā pitā na mātā vā dhig asmān pāpino vayam ||76|
asmākam api sarveṣām ataḥ prabhṛti niścitam |
bālo dadhīciḥ prātitheyī bālo dharmaḥ sanātanaḥ ||77|
brahmovāca:
evam uktvā tadauṣadhyo vanaspatisamanvitāḥ |
somaṃ rājānam abhyetya yācire 'mṛtam uttamam ||78|

12 V tu

sa cāpi dattavāṃs tebhyaḥ somo 'mṛtam anuttamam |
dadur bālāya te cāpi amṛtaṃ suravallabham ||79|
sa tena tṛpto vavṛdhe śuklapakṣe yathā śaśī |
pippalaiḥ pālito yasmāt pippalādaḥ sa bālakaḥ |
pravṛddhaḥ pippalān evam uvāca tv ativismitaḥ ||80|
pippalāda uvāca:
mānuṣebhyo mānuṣās tu jāyante pakṣibhiḥ khagāḥ |
bījebhyo vīrudho loke vaiṣamyaṃ naiva dṛśyate |
vārkṣas tv ahaṃ kathaṃ jāto hastapādādijīvavān ||81|
brahmovāca:
vṛkṣās tadvacanaṃ śrutvā sarvam ūcur yathākramam |
dadhīcer maraṇaṃ sādhvyās tathā cāgnipraveśanam ||82|
asthnāṃ saṃharaṇaṃ devair etat sarvaṃ savistaram |
śrutvā duḥkhasamāviṣṭo nipapāta tadā bhuvi ||83|
āśvāsitaḥ punar vṛkṣair vākyair dharmārthasaṃhitaiḥ |
āśvastaḥ sa punaḥ prāha tadauṣadhivanaspatīn ||84|
pippalāda uvāca:
pitṛhantṝn haniṣye 'haṃ nānyathā jīvituṃ kṣamaḥ |
pitur mitrāṇi śatrūṃś ca tathā putro 'nuvartate ||85|
sa eva putro yo 'nyas tu putrarūpo ripuḥ smṛtaḥ |
vadanti pitṛmitrāṇi tārayanty ahitān api ||86|
brahmovāca:
vṛkṣās taṃ bālam ādāya somāntikam athāyayuḥ |
bālavākyaṃ tu te vṛkṣāḥ somāyātha nyavedayan |
śrutvā somo 'pi taṃ bālaṃ pippalādam abhāṣata ||87|
soma uvāca:
gṛhāṇa vidyāṃ vidhivat samagrāṃ |
tapaḥsamṛddhiṃ ca śubhāṃ ca vācam |
śauryaṃ ca rūpaṃ ca balaṃ ca buddhiṃ |
saṃprāpsyase putra madājñayā tvam ||88|
brahmovāca:
pippalādas tam apy āha oṣadhīśaṃ vinītavat ||89|
pippalāda uvāca:
sarvam etad vṛthā manye pitṛhantṛviniṣkṛtim |
na karomy atra yāvac ca tasmāt tat prathamaṃ vada ||90|
yasmin deśe yatra kāle yasmin deve ca mantrake |
yatra tīrthe ca sidhyeta matsaṃkalpaḥ surottama ||91|
brahmovāca:
candraḥ prāha ciraṃ dhyātvā bhuktir vā muktir eva vā |
sarvaṃ maheśvarād devāj jāyate nātra saṃśayaḥ ||92|
sa somaṃ punar apy āha kathaṃ drakṣye maheśvaram |
bālo 'haṃ bālabuddhiś ca na sāmarthyaṃ tapas tathā ||93|
candra uvāca:
gautamīṃ gaccha bhadra tvaṃ stuhi cakreśvaraṃ haram |
prasannas tu taveśāno hy alpāyāsena vatsaka ||94|

prīto bhaven mahādevaḥ sākṣāt kāruṇikaḥ śivaḥ |
āste sākṣātkṛtaḥ śaṃbhur viṣṇunā prabhaviṣṇunā ||95|
varaṃ ca dattavān viṣṇoś cakraṃ ca tridaśārcitam |
gaccha tatra mahābuddhe daṇḍake gautamīṃ nadīm ||96|
cakreśvaraṃ nāma tīrthaṃ jānanty oṣadhayas tu tat |
taṃ gatvā stuhi deveśaṃ sarvabhāvena śaṃkaram |
sa te prītamanās tāta sarvān kāmān pradāsyati ||97|
brahmovāca:
tad rājavacanād brahman pippalādo mahāmuniḥ |
ājagāma jagannātho yatra rudraḥ sa cakradaḥ ||98|
taṃ bālaṃ kṛpayāviṣṭāḥ pippalāḥ svāśramān yayuḥ |
godāvaryāṃ tataḥ snātvā natvā tribhuvaneśvaram |
tuṣṭāva sarvabhāvena pippalādaḥ śivaṃ śuciḥ ||99|
pippalāda uvāca:
sarvāṇi karmāṇi vihāya dhīrās |
tyaktaiṣaṇā nirjitacittavātāḥ |
yaṃ yānti muktyai śaraṇaṃ prayatnāt |
tam ādidevaṃ praṇamāmi śaṃbhum ||100|
yaḥ sarvasākṣī sakalāntarātmā |
sarveśvaraḥ sarvakalānidhānam |
vijñāya maccittagataṃ samastaṃ |
sa me smarāriḥ karuṇāṃ karotu ||101|
digīśvarāñ jitya surārcitasya |
kailāsam āndolayataḥ purāreḥ |
aṅguṣṭhakṛtyaiva rasātalād adho- |
gatasya tasyaiva daśānanasya ||102|
ālūnakāyasya giraṃ niśamya |
vihasya devyā saha dattam iṣṭam |
tasmai prasannaḥ kupito 'pi tadvad |
ayuktadātāsi maheśvara tvam ||103|
sautrāmaṇīm ṛddhim adhaḥ sa cakre |
yo 'rcāṃ *harau*[13] nityam atīva kṛtvā |
bāṇaḥ praśasyaḥ kṛtavān uccapūjāṃ |
ramyāṃ manojñāṃ śaśikhaṇḍamauleḥ ||104|
jitvā ripūn devagaṇān prapūjya |
guruṃ namaskartum agād viśākhaḥ |
cukopa dṛṣṭvā gaṇanātham ūḍham |
aṅke tam āropya jahāsa somaḥ ||105|
īśāṅkarūḍho 'pi śiśusvabhāvān |
na mātur aṅkaṃ pramumoca bālaḥ |
kruddhaṃ sutaṃ bodhituṃ apy aśaktas |
tato 'rdhanāritvam avāpa somaḥ ||106|

13 ASS corr. like V; V hare

brahmovāca:
tataḥ svayaṃbhūḥ suprītaḥ pippalādam abhāṣata ||107|
śiva uvāca:
varaṃ varaya bhadraṃ te pippalāda yathepsitam ||108|
pippalāda uvāca:
hato devair mahādeva pitā mama mahāyaśāḥ |
adāmbhikaḥ satyavādī tathā mātā pativratā ||109|
devebhyaś ca tayor nāśaṃ śrutvā nātha savistaram |
duḥkhakopasamāviṣṭo nāhaṃ jīvitum utsahe ||110|
tasmān me dehi sāmarthyaṃ nāśayeyaṃ surān yathā |
avadhyasevyas trailokye tvam eva śaśiśekhara ||111|
īśvara uvāca:
tṛtīyaṃ[14] nayanaṃ draṣṭuṃ yadi śaknoṣi me 'nagha |
tataḥ samartho bhavitā *devāṃś chedayituṃ*[15] bhavān ||112|
brahmovāca:
tato draṣṭuṃ manaś cakre tṛtīyaṃ locanaṃ vibhoḥ |
na śaśāka tadovāca na śakto 'smīti śaṃkaram ||113|
īśvara uvāca:
kiṃcit kuru tapo bāla yadā drakṣyasi locanam |
tṛtīyaṃ tvaṃ tadābhīṣṭaṃ prāpsyase nātra saṃśayaḥ ||114|
brahmovāca:
etac chrutveśānavākyaṃ tapase kṛtaniścayaḥ |
dadhīcisūnur dharmātmā tatraiva bahulāḥ samāḥ ||115|
śivadhyānaikanirato bālo 'pi balavān iva |
pratyahaṃ prātar utthāya snātvā natvā gurūn kramāt ||116|
sukhāsīno manaḥ kṛtvā suṣumnāyām ananyadhīḥ |
hastasvastikam āropya nābhau vismṛtasaṃsṛtiḥ ||117|
sthānāt sthānāntarotkarṣān vidadhyau śāṃbhavaṃ mahaḥ |
dadarśa cakṣur devasya tṛtīyaṃ *pippalāśanaḥ*[16] |
kṛtāñjalipuṭo bhūtvā vinīta idam abravīt ||118|
pippalāda uvāca:
śaṃbhunā devadevena varo dattaḥ purā mama |
tārtīyacakṣuṣo jyotir yadā paśyasi tatkṣaṇāt ||119|
sarvaṃ te prārthitaṃ sidhyed ity āha tridaśeśvaraḥ |
tasmād ripuvināśāya hetubhūtāṃ prayaccha me ||120|
tadaiva pippalāḥ procur vaḍavāpi mahādyute |
mātā tava prātitheyī vadanty evaṃ divaṃ gatā ||121|
parābhidrohaniratā vismṛtātmahitā narāḥ |
itas tato bhrāntacittāḥ patanti narakāvaṭe ||122|
tan mātṛvacanaṃ śrutvā kupitaḥ pippalāśanaḥ |
abhimāne jvalaty antaḥ sādhuvādo nirarthakaḥ ||123|
dehi dehīti taṃ prāha kṛtyā netravinirgatā |
vaḍaveti smaran vipraḥ kṛtyāpi vaḍavākṛtiḥ ||124|

14 V tārtīyaṃ **15** V devāñ cchedayituṃ **16** AE prītikāraṇam

sarvasattvavināśāya prabhūtānalagarbhiṇī |
gabhastinī bālagarbhā yā mātā pippalāśinaḥ || 125 |
taddhyānayogāt tu jātā kṛtyā sānalagarbhiṇī |
utpannā sā mahāraudrā mṛtyujihveva bhīṣaṇā || 126 |
avocat pippalādaṃ taṃ kiṃ kṛtyaṃ me vadasva tat |
pippalādo 'pi tāṃ prāha devān khāda ripūn mama || 127 |
jagrāha sā tathety uktvā pippalādaṃ *purasthitam*[17] |
sa prāha kim idaṃ kṛtye sā cāpy āha tvayoditam || 128 |
devaiś ca nirmitaṃ dehaṃ tato bhītaḥ śivaṃ yayau |
tuṣṭāva devaṃ sa muniḥ kṛtyāṃ prāha tadā śivaḥ || 129 |
śiva uvāca:
yojanāntaḥsthitāñ jīvān na gṛhāṇa madājñayā |
tasmād yāhi tato dūraṃ kṛtye kṛtyaṃ tataḥ kuru || 130 |
brahmovāca:
tīrthāt tu pippalāt pūrvaṃ yāvad yojanasaṃkhyayā |
prātiṣṭhad vaḍavārūpā kṛtyā sā ṛṣinirmitā || 131 |
tasyāṃ jāto mahān agnir lokasaṃharaṇakṣamaḥ |
taṃ dṛṣṭvā vibudhāḥ sarve trastāḥ śaṃbhum upāgaman || 132 |
cakreśvaraṃ pippaleśaṃ pippalādena toṣitam |
stuvanto bhītamanasaḥ śaṃbhum ūcur divaukasaḥ || 133 |
devā ūcuḥ:
rakṣasva śaṃbho kṛtyāsmān bādhate tadbhavānalaḥ |
śaraṇaṃ bhava sarveśa *bhītānām*[18] abhayaprada || 134 |
sarvataḥ paribhūtānām ārtānāṃ śrāntacetasām |
sarveṣām eva jantūnāṃ tvam eva śaraṇaṃ śiva || 135 |
ṛṣiṇābhyarthitā kṛtyā tvaccakṣurvahninirgatā |
sā jighāṃsati lokāṃs trīṃs tvaṃ nas trātā na cetaraḥ || 136 |
brahmovāca:
tān abravīj jagannātho yojanāntarnivāsinaḥ |
na bādhate tv asau kṛtyā tasmād yūyam aharniśam |
ihaivāsadhvam amarās tasyā vo na bhayaṃ bhavet || 137 |
brahmovāca:
punar ūcuḥ sureśānaṃ tvayā dattaṃ triviṣṭapam |
tat tyaktvātra kathaṃ nātha vatsyāmas tridaśārcita || 138 |
brahmovāca:
devānāṃ vacanaṃ śrutvā śivo vākyam athābravīt || 140 |
śiva uvāca:
devo 'sau viśvataścakṣur yo devo viśvatomukhaḥ |
yo raśmibhis tu dhamate nityaṃ yo janako mataḥ || 141 |
sa sūrya eka evātra sākṣād rūpeṇa sarvadā |
sthitiṃ karotu tanmūrtau bhaviṣyanty akhilāḥ sthitāḥ || 142 |
brahmovāca:
tatheti śaṃbhuvacanāt pārijātataros tadā |
devā divākaraṃ cakrus tvaṣṭā bhāskaram abravīt || 143 |

17 For *purassthitam*; V puraḥsthitam **18** A bhaktānām

tvaṣṭovāca:
ihaivāssva jagatsvāmin rakṣemān vibudhān svayam |
svāṃśaiś ca vayam apy atra tiṣṭhāmaḥ śaṃbhusaṃnidhau ||144|
cakreśvarasya parito yāvad yojanasaṃkhyayā |
gaṅgāyā ubhayaṃ tīram āsādyāsan surottamāḥ ||145|
aṅgulyardhārdhamātraṃ tu gaṅgātīraṃ samāśritāḥ |
tisraḥ koṭyas tathā pañca śatāni munisattama |
tīrthānāṃ tatra vyuṣṭiṃ ca kaḥ śṛṇoti bravīti vā ||146|
brahmovāca:
tataḥ suragaṇāḥ sarve vinītāḥ śivam abruvan ||147|
devā ūcuḥ:
pippalādaṃ sureśāna śamaṃ naya jaganmaya ||148|
brahmovāca:
om ity uktvā jagannāthaḥ pippalādam avocata ||149|
śiva uvāca:
nāśiteṣv api deveṣu pitā te nāgamiṣyati |
dattāḥ pitrā tava prāṇā devānāṃ kāryasiddhaye ||150|
dīnārtakaruṇābandhuḥ ko hi tādṛgbhave bhavet |
tathā yātā divaṃ tāta tava mātā pativratā ||151|
samā kāpy atra matayā lopāmudrāpy arundhatī |
yad asthibhiḥ surāḥ sarve jayinaḥ sukhinaḥ sadā ||152|
tenāvāptaṃ yaśaḥ sphītaṃ tava mātrākṣayaṃ kṛtam |
tvayā putreṇa sarvatra *nātaḥ*[19] parataraṃ kṛtam ||153|
tvatpratāpabhayāt svargāc cyutāṃs tvaṃ pātum arhasi |
kāṃdiśīkāṃs tava bhayād amarāṃs trātum arhasi |
nārta-*trāṇād abhyadhikaṃ*[20] sukṛtaṃ *kvāpi*[21] vidyate ||154|
yāvad yaśaḥ sphurati cāru manuṣyaloke |
ahāni tāvanti divaṃ gatasya |
dine dine varṣasaṃkhyā[22] parasmiṃl |
loke vāso jāyate nirvikāraḥ ||155|
mṛtās ta evātra yaśo na yeṣām |
andhās ta eva śrutavarjitā ye |
ye dānaśīlā na napuṃsakās te |
ye dharmaśīlā na ta eva śocyāḥ ||156|
brahmovāca:
bhāṣitaṃ deva-*devasya*[23] śrutvā śānto 'bhavan muniḥ |
kṛtāñjalipuṭo bhūtvā natvā nātham athābravīt ||157|
pippalāda uvāca:
vāgbhir manobhiḥ kṛtibhiḥ kadācin |
mamopakurvanti hite ratā ye |
tebhyo hitārthaṃ tv iha cāpareṣāṃ |
somaṃ namasyāmi surādipūjyam ||158|

19 V yaśaḥ **20** V -trāṇāc cābhyadhikam **21** V bhuvi **22** ASS corr. *-saṃkhyaṃ*.
23 D -devena

saṃrakṣito[24] yair abhivardhitaś ca |
samānagotraś ca samānadharmā |
teṣām abhīṣṭāni śivaḥ karotu |
bālendumauliṃ praṇato 'smi nityam ||159|
yair ahaṃ vardhito nityaṃ mātṛvat pitṛvat prabho |
tannāmnā jāyatāṃ tīrthaṃ devadeva jagattraye ||160|
yaśas tu teṣāṃ bhavitā tebhyo 'ham anṛṇas tataḥ |
yāni kṣetrāṇi devānāṃ yāni tīrthāni bhūtale ||161|
tebhyo *yad idam*[25] adhikam anumanyantu devatāḥ |
tataḥ kṣame 'haṃ devānām aparādhaṃ nir-*añjanaḥ*[26] ||162|
brahmovāca:
tataḥ samakṣaṃ surasākṣarāṃ giraṃ |
sahasracakṣuḥpramukhāṃs tathāgrataḥ |
uvāca devā api menire vaco |
dadhīciputroditam ādareṇa ||163|
bālasya buddhiṃ vinayaṃ ca vidyāṃ |
śauryaṃ balaṃ sāhasaṃ satyavācam |
pitror bhaktiṃ bhāvaśuddhiṃ viditvā |
tadāvādīc chaṃkaraḥ pippalādam ||164|
śaṃkara uvāca:
vatsa yad vai priyaṃ kāmaṃ yac cāpi suravallabham |
prāpsyase vada kalyāṇaṃ nānyathā tvaṃ manaḥ kṛthāḥ ||165|
pippalāda uvāca:
ye gaṅgāyām āplutā dharmaniṣṭhāḥ |
saṃpaśyanti tvatpadābjaṃ maheśa |
sarvān kāmān āpnuvantu prasahya |
dehānte te padam āyāntu śaivam ||166|
tātaḥ prāptas tvatpadaṃ cāmbikā me |
nātha prāptā pippalaś cāmarāś ca |
sukhaṃ prāptā nāthanāthaṃ vilokya |
tvāṃ paśyeyus tvatpadaṃ te prayāntu ||167|
brahmovāca:
tathety uktvā pippalādaṃ devadevo maheśvaraḥ |
abhinandya ca taṃ devaiḥ sārdhaṃ vākyam athābravīt ||168|
devā api mudā yuktā *nirbhayās tatkṛtād bhayāt*[27] |
idam ūcuḥ sarva eva dādhīcaṃ śivasaṃnidhau ||169|
devā ūcuḥ:
surāṇāṃ yad abhīṣṭaṃ ca tvayā kṛtam asaṃśayam |
pālitā devadevasya ājñā trailokyamaṇḍanī ||170|
yācitaṃ ca tvayā pūrvaṃ parārthaṃ nātmane dvija |
tasmād anyatamaṃ brūhi kiṃcid dāsyāmahe vayam ||171|
brahmovāca:
punaḥ punas tad evocuḥ surasaṃghā dvijottamam |

24 D utpādito **25** V yadīdam **26** V -antaram **27** D nirbhayāḥ śaṃkarājñayā

kṛtāñjaliputaḥ pūrvaṃ natvā śaṃbhusurān idam |
uvāca pippalādaś ca umāṃ natvā ca pippalān ||172|
pippalāda uvāca:
pitarau draṣṭukāmo 'smi sadā me śabdagocarau |
te dhanyāḥ prāṇino loke mātāpitror vaśe sthitāḥ ||173|
śuśrūṣaṇaparā nityaṃ tatpādājñāpratīkṣakāḥ |
[[28]ye na kurvanti śuśrūṣaṃ mātāpitror anuvratāḥ |
tān ālokya ravidraṣṭuḥ sūryāntaram apekṣyate |]
indriyāṇi śarīraṃ ca kulaṃ śaktiṃ dhiyaṃ vapuḥ ||174|
parilabhya tayoḥ kṛtye *kṛtakṛtyo bhavet svayam*[29] |
paśūnāṃ pakṣiṇāṃ cāpi sulabhaṃ mātṛdarśanam ||175|
durlabhaṃ mama tac cāpi pṛcche pāpaphalaṃ nu kim |
durlabhaṃ ca tathā cet syāt sarveṣāṃ yasya kasyacit ||176|
nopapadyeta sulabhaṃ matto nānyo 'sti pāpakṛt |
tayor darśanamātraṃ ca yadi prāpsye surottamāḥ ||177|
manovākkāyakarmabhyaḥ phalaṃ prāptaṃ bhaviṣyati |
pitarau ye na paśyanti *samutpannā na*[30] saṃsṛtau |
teṣāṃ mahāpātakānāṃ kaḥ saṃkhyāṃ kartum īśvaraḥ ||178|
brahmovāca:
tad ṛṣer vacanaṃ śrutvā mithaḥ saṃmantrya te surāḥ |
vimānavaram ārūḍhau pitarau daṃpatī śubhau ||179|
tava saṃdarśanākāṅkṣau drakṣyase *vādya*[31] niścitam |
viṣādaṃ lobhamohau ca tyaktvā cittaṃ śamaṃ naya ||180|
paśya paśyeti taṃ prāhur dādhīcaṃ surasattamāḥ |
vimānavaram ārūḍhau svargiṇau svarṇabhūṣaṇau ||181|
tava saṃdarśanākāṅkṣau pitarau daṃpatī śubhau |
vījyamānau surastrībhiḥ stūyamānau ca kiṃnaraiḥ ||182|
dṛṣṭvā sa mātāpitarau nanāma *śiva-*[32]saṃnidhau |
harṣabāṣpāśrunayanau sa kathaṃcid uvāca tau ||183|
putra uvāca:
tārayanty eva pitarāv anye putrāḥ kulodvahāḥ |
ahaṃ tu mātur udare kevalaṃ bhedakāraṇam |
evaṃbhūto 'pi tau mohāt paśyeyam atidurmatiḥ ||184|
brahmovāca:
tāv ālokya tato duḥkhād vaktuṃ naiva śaśāka saḥ |
devāś ca mātāpitarau pippalādam athābruvan ||185|
dhanyas tvaṃ putra lokeṣu yasya kīrtir gatā divam |
sākṣātkṛtas tvayā tryakṣo devāś cāśvāsitās tvayā |
tvayā putreṇa sallokā na kṣīyante kadācana ||186|
brahmovāca:
puṣpavṛṣṭis tadā svargāt papāta tasya mūrdhani |
jayaśabdaḥ surair uktaḥ prādurbhūto mahāmune ||187|

28 D ins. **29** D nopayogi nirarthakam **30** ASS corr. like V; V samutpannās tu **31** V tv adya
32 D sura-

āśiṣaṃ tu sute dattvā dadhīciḥ saha bhāryayā |
śaṃbhuṃ gaṅgāṃ surān natvā putraṃ vākyam athābravīt ||188|
dadhīcir uvāca:
prāpya bhāryāṃ śive bhaktiṃ kuru gaṅgāṃ ca sevaya |
putrān utpādya vidhivad yajñān iṣṭvā sadakṣiṇān |
kṛtakṛtyas tato vatsa ākramasva ciraṃ divam ||189|
brahmovāca:
karomy evam iti prāha *dadhīciṃ*[33] pippalāśanaḥ |
dadhīciḥ putram āśvāsya bhāryayā ca punaḥ punaḥ ||190|
anujñātaḥ suragaṇaiḥ punaḥ sa divam ākramat |
devā apy ūcire sarve pippalādaṃ sasaṃbhramāḥ ||191|
devā ūcuḥ:
kṛtyāṃ śamaya bhadraṃ te tad utpannaṃ mahānalam ||192|
brahmovāca:
pippalādas tu tān āha na śakto 'haṃ nivāraṇe |
asatyaṃ naiva vaktāhaṃ yūyaṃ kṛtyāṃ tu brūta tām ||193|
māṃ dṛṣṭvā sā mahāraudrā viparītaṃ kariṣyati |
tām eva gatvā vibudhāḥ procus te śāntikāraṇam ||194|
analaṃ ca yathāprīti te ubhe nety avocatām |
sarveṣāṃ bhakṣaṇāyaiva sṛṣṭā cāhaṃ dvijanmanā ||195|
tathā ca matprasūto 'gnir anyathā tat kathaṃ bhavet |
mahābhūtāni pañcāpi sthāvaraṃ jaṅgamaṃ tathā ||196|
sarvam asmanmukhe vidyād vaktavyaṃ nāvaśiṣyate |
mayā saṃmantrya te devāḥ punar ūcur ubhāv api ||197|
bhakṣayetām ubhau sarvaṃ yathānukramatas tathā |
vaḍavāpi surān evam uvāca śṛṇu nārada ||198|
vaḍavovāca:
bhavatām icchayā sarvaṃ bhakṣyaṃ me surasattamāḥ ||199|
brahmovāca:
vaḍavā sā nadī jātā gaṅgayā saṃgatā mune |
tadbhavas tu mahān agnir ya āsīd atibhīṣaṇaḥ |
tam āhur amarā vahniṃ bhūtānām ādito viduḥ ||200|
surā ūcuḥ:
āpo jyeṣṭhatamā jñeyās tathaiva prathamaṃ bhavān |
tatrāpy apāṃpatiṃ jyeṣṭhaṃ samudram[34] aśanaṃ kuru |
yathaiva[35] tu vayaṃ brūmo gaccha bhuṅkṣva yathāsukham ||201|
brahmovāca:
analas tv amarān āha āpas tatra kathaṃ tv aham |
vrajeyaṃ yadi māṃ tatra prāpayanty udakaṃ mahat ||202|
bhavanta eva te 'py āhuḥ kathaṃ te 'gne gatir bhavet |
agnir apy āha tān devān kanyā māṃ guṇaśālinī ||203|
hiraṇyakalaśe sthāpya nayed yatra gatir mama |
tasya tad vacanaṃ śrutvā kanyām ūcuḥ sarasvatīm ||204|

33 V dādhīciḥ **34** ASS corr. *apāṃpatir jyeṣṭhas tasya tvam* **35** AE tathaiva

devā ūcuḥ:
nayainam[36] analaṃ śīghraṃ śirasā varuṇālayam ||205|
brahmovāca:
sarasvatī surān āha naikā śaktā ca dhāraṇe |
yuktā catasṛbhiḥ śīghraṃ vaheyaṃ varuṇālayam ||206|
sarasvatyā vacaḥ śrutvā gaṅgāṃ ca yamunāṃ tathā |
narmadāṃ tapatīṃ caiva surāḥ procuḥ pṛthak pṛthak ||207|
tābhiḥ *samanvitovāha*[37] hiraṇyakalaśe 'nalam |
[38]saṃsthāpya śirasādhārya tā jagmur varuṇālayam ||208|
[39]saṃsthāpya yatra deveśaḥ somanātho jagatpatiḥ |
adhyāste vibudhaiḥ sārdhaṃ prabhāse śaśibhūṣaṇaḥ ||209|
prāpayām *āsur analaṃ*[40] pañca-*nadyaḥ*[41] sarasvatī |
adhyāste ca mahān agniḥ piban vāri śanaiḥ śanaiḥ ||210|
tataḥ suragaṇāḥ sarve śivam ūcuḥ surottamam ||211|
devā ūcuḥ:
asthnāṃ ca pāvanaṃ brūhi asmākaṃ ca gavāṃ tathā ||212|
brahmovāca:
śivaḥ prāha tadā sarvān gaṅgām āplutya yatnataḥ |
devāś ca gāvas tatpāpān mucyante nātra saṃśayaḥ ||213|
prakṣālitāni cāsthīni ṛṣidehabhavāny atha |
tāni prakṣālanād eva tatra prāptāni pūtatām ||214|
yatra devā muktapāpās tat tīrthaṃ pāpanāśanam |
tatra snānaṃ ca dānaṃ ca brahmahatyāvināśanam ||215|
gavāṃ ca pāvanaṃ yatra gotīrthaṃ tad udāhṛtam |
tatra snānān mahābuddhir gomedhaphalam āpnuyāt ||216|
yatra tadbrāhmaṇāsthīni āsan puṇyāni nārada |
pitṛtīrthaṃ tu vai jñeyaṃ pitṝṇāṃ prītivardhanam ||217|
bhasmāsthinakharomāṇi prāṇino yasya kasyacit |
tatra tīrthe saṃkrameran yāvac candrārkatārakam ||218|
svarge vāso bhavet tasya api duṣkṛtakarmaṇaḥ |
tathā cakreśvarāt tīrthāt trīṇi tīrthāni *nārada*[42] |
tataḥ pūtāḥ suragaṇā gāvaḥ śaṃbhum athābruvan ||219|
gosurā ūcuḥ:
yāmaḥ svaṃ svam adhiṣṭhānam atra sūryaḥ pratiṣṭhitaḥ |
asmin sthite dinakare surāḥ sarve pratiṣṭhitāḥ ||220|
bhaveyur jagatām īśa tad anujñātum arhasi |
sūryo hy ātmāsya jagatas tasthuṣaś ca sanātanaḥ ||221|
divākaro devamayas tatrāsmābhiḥ pratiṣṭhitaḥ |
yatra gaṅgā jagaddhātrī yatra vai tryambakaḥ svayam |
sura-*vāsaṃ*[43] pratiṣṭhānaṃ bhaved yatra ca tryambakam ||222|
brahmovāca:
āpṛcchya pippalādaṃ taṃ surāḥ svaṃ sadanaṃ yayuḥ |
pippalāḥ kālaparyāye svargaṃ jagmur athākṣayam ||223|

36 D naya tvam **37** D samanvitā vācā **38** D om. **39** E om. 110.209–210. **40** D āsa vārīśaṃ
41 D -nadyā **42** D madhyataḥ **43** D -vāsaḥ E -vārāṃ

pādapānāṃ *padaṃ*[44] vipraḥ pippalādaḥ pratāpavān |
kṣetrādhipatye saṃsthāpya pūjayām āsa śaṃkaram ||224|
dadhīcisūnur munir ugratejā |
avāpya bhāryāṃ gautamasyātmajāṃ ca |
putrān athāvāpya śriyaṃ yaśaś ca |
suhṛjjanaiḥ svargam avāpa dhīraḥ ||225|
tataḥ prabhṛti tat tīrthaṃ pippaleśvaram ucyate |
sarvakratuphalaṃ puṇyaṃ smaraṇād aghanāśanam ||226|
kiṃ punaḥ snāna-*dānābhyām ādityasya*[45] tu darśanāt |
cakreśvaraḥ pippaleśo devadevasya nāmanī ||227|
sarahasyaṃ viditvā tu sarvakāmān avāpnuyāt |
sūryasya ca pratiṣṭhānāt suravāse pratiṣṭhite |
pratiṣṭhānaṃ tu tat kṣetraṃ surāṇām api vallabham ||228|
itīdam ākhyānam atīva puṇyaṃ |
paṭheta vā yaḥ śṛṇuyāt smared vā |
sa dīrghajīvī dhanavān dharmayuktaś |
cānte smarañ śaṃbhum upaiti nityam ||229|

iti śrīmahāpurāṇe ādibrāhme cakreśvarapippaleśvarapāpapraṇāśanagotīrthapitṛtīrtha-sūryapratiṣṭhānakoṭyāditīrthavarṇanaṃ nāma daśādhikaśatatamo 'dhyāyaḥ = gautamīmāhātmye ekacatvāriṃśattamo 'dhyāyaḥ

brahmovāca:
nāgatīrtham iti khyātaṃ sarvakāmapradaṃ śubham |
yatra nāgeśvaro devaḥ śṛṇu tasyāpi vistaram ||111.1|
pratiṣṭhānapure rājā śūrasena iti śrutaḥ |
somavaṃśabhavaḥ śrīmān matimān guṇasāgaraḥ ||2|
putrārthaṃ sa mahāyatnam akarot priyayā saha |
tasya putraś cirād āsīt sarpo vai bhīṣaṇākṛtiḥ ||3|
putraṃ taṃ *gopayām*[1] āsa śūraseno mahīpatiḥ |
rājñaḥ putraḥ sarpa iti na kaścid vindate janaḥ ||4|
antarvartī paro vāpi mātaraṃ pitaraṃ vinā |
dhātreyy api[2] na jānāti nāmātyo na purohitaḥ ||5|
taṃ dṛṣṭvā bhīṣaṇaṃ sarpaṃ sabhāryo nṛpasattamaḥ |
saṃtāpaṃ nityam āpnoti[3] sarpād varam aputratā ||6|
etad asti[4] mahāsarpo vakti nityaṃ manuṣyavat |
sa sarpaḥ pitaraṃ prāha kuru *cūḍām api kriyām*[5] ||7|
tathopanayanaṃ cāpi vedādhyayanam eva ca |
yāvad vedaṃ na cādhīte tāvac chūdrasamo dvijaḥ ||8|
brahmovāca:
etac chrutvā putravacaḥ śūraseno 'tiduḥkhitaḥ |

44 D paraṃ **45** D -dānābhyāṃ devadevasya **1** V poṣayām **2** D dhātreyī kāpi
3 E saṃtoṣaṃ nityaṃ nāpnoti **4** V viśeṣojjyaṃ [?] **5** A cūḍāmaṇikriyāḥ D cūḍādikī kriyām

brāhmaṇaṃ kaṃcanānīya *saṃskārādi tadākarot*[6] |
adhītavedaḥ sarpo 'pi pitaraṃ *cābravīd idam*[7] ||9|
[8]sarpa uvāca:
vivāhaṃ kuru me rājan strīkāmo 'haṃ nṛpottama[9] |
anyathāpi ca kṛtyaṃ te[10] na sidhyed iti me matiḥ ||10|
janayitvātmajān vedavidhinākhilasaṃskṛtīḥ |
na kuryād yaḥ pitā tasya narakān nāsti niṣkṛtiḥ ||11|
brahmovāca:
vismitaḥ sa pitā prāha *sutaṃ tam uragākṛtim*[11] ||12|
śūrasena uvāca:
yasya śabdād api trāsaṃ yānti śūrāś ca *pūruṣāḥ*[12] |
tasmai kanyāṃ tu ko dadyād vada putra karomi kim ||13|
brahmovāca:
tat pitur vacanaṃ śrutvā sarpaḥ prāha vicakṣaṇaḥ ||14|
sarpa uvāca:
vivāhā bahavo rājan rājñāṃ santi janeśvara |
prasahyāharaṇaṃ cāpi śastrair vaivāha eva ca ||15|
jāte vivāhe putrasya pitāsau kṛtakṛd bhavet |
no ced atraiva gaṅgāyāṃ mariṣye nātra saṃśayaḥ ||16|
brahmovāca:
tat putraniścayaṃ jñātvā [[13]hy] *aputro*[14] nṛpasattamaḥ |
vivāhārtham amātyāṃs tān āhūyedaṃ vaco 'bravīt ||17|
śūrasena uvāca:
nāgeśvaro mama suto yuvarājo guṇākaraḥ |
guṇavān matimāñ *śūro*[15] durjayaḥ śatrutāpanaḥ ||18|
rathe nāge *sa*[16] dhanuṣi pṛthivyāṃ nopamīyate |
vivāhas tasya kartavyo hy ahaṃ vṛddhas tathaiva ca ||19|
rājyabhāraṃ sute nyasya niścinto 'haṃ bhavāmy ataḥ |
na dārasaṃgraho yāvat tāvat putro mama priyaḥ ||20|
bālabhāvaṃ no jahāti tasmāt sarve 'numanya ca |
vivāhāyātha kurvantu[17] yatnaṃ mama hite ratāḥ ||21|
na me kācit tadā cintā kṛtodvāho yadātmajaḥ |
sute *nyastabharā*[18] yānti kṛtinas tapase vanam ||22|
brahmovāca:
amātyā rājavacanaṃ śrutvā sarve vinītavat |
ūcuḥ prāñjalayo harṣād rājānaṃ bhūritejasam ||23|
amātyā ūcuḥ:
tava putro guṇajyeṣṭhas tvaṃ ca sarvatra viśrutaḥ |
vivāhe tava putrasya kiṃ mantryaṃ kiṃ tu cintyate ||24|
brahmovāca:
amātyeṣu tathokteṣu gambhīro nṛpasattamaḥ |
putraṃ sarpaṃ[19] tv amātyānāṃ na cākhyāti na te viduḥ ||25|

6 E saṃskārāṃś ca tathākarot **7** D hy abravīd rahaḥ **8** D om. **9** D vivāhakarma he tāta mama tvaṃ kuru nirbhayaḥ **10** AE anyathā pitṛkṛtyaṃ me **11** D tvaṃ sarpo hy atibhīṣaṇaḥ **12** E mānavāḥ **13** V ins. **14** E sā putrī **15** V chūro **16** D ca **17** E vivāhārthe prakurvantu **18** D nyasya bhuvo **19** D putrarūpaṃ

rājā punas tān uvāca *kā syāt*[20] kanyā guṇādhikā |
mahāvaṃśa-*bhavaḥ*[21] śrīmān ko rājā syād *guṇāśrayaḥ*[22] ||26|
saṃbandhayogyaḥ śūraś ca yatsaṃbandhaḥ praśasyate |
tad rājavacanaṃ śrutvā [[23]hy] amātyānāṃ mahāmatiḥ ||27|
kulīnaḥ sādhur atyantaṃ rājakāryahite rataḥ |
rājño matiṃ *viditvā tu*[24] iṅgitajño 'bravīd idam ||28|
amātya uvāca:
pūrvadeśe mahārāja vijayo nāma bhūpatiḥ |
vājivāraṇaratnānāṃ yasya saṃkhyā na vidyate ||29|
aṣṭau putrā maheṣvāsā mahārājasya dhīmataḥ |
teṣāṃ svasā bhogavatī sākṣāl lakṣmīr ivāparā |
tava putrasya yogyā sā bhāryā rājan *mayoditā*[25] ||30|
brahmovāca:
vṛddhāmātyavacaḥ śrutvā rājā taṃ pratyabhāṣata ||31|
rājovāca:
sutā tasya kathaṃ me 'sya sutasya syād vadasva tat ||32|
vṛddhāmātya uvāca:
lakṣito 'si *mahārāja*[26] yat te manasi vartate |
yac chūrasena kṛtyaṃ syād[27] *anujānīhi*[28] māṃ tataḥ ||33|
brahmovāca:
vṛddhāmātyavacaḥ śrutvā bhūṣaṇācchādanoktibhiḥ |
saṃpūjya preṣayām āsa mahatyā senayā saha ||34|
sa pūrvadeśam āgatya[29] mahārājaṃ sametya ca |
saṃpūjya vividhair vākyair upāyair nītisaṃbhavaiḥ ||35|
mahārājasutāyāś ca bhogavatyā mahāmatiḥ |
śūrasenasya nṛpateḥ sūnor nāgasya dhīmataḥ ||36|
vivāhāyākarot saṃdhiṃ mithyāmithyāvacoktibhiḥ |
pūjayām āsa nṛpatiṃ bhūṣaṇācchādanādibhiḥ ||37|
avāpya pūjāṃ nṛpatir dadāmīty avadat tadā |
tata āgatya rājñe 'sau vṛddhāmātyo mahāmatiḥ ||38|
śūrasenāya tad vṛttaṃ vaivāhikam avedayat |
tato bahutithe kāle vṛddhāmātyo mahāmatiḥ ||39|
punar balena mahatā vastrālaṃkārabhūṣitaḥ |
jagāma tarasā sarvair anyaiś ca sacivair vṛtaḥ ||40|
vivāhāya[30] mahāmātyo mahārājāya buddhimān |
sarvaṃ provāca vṛddho 'sāv amātyaḥ sacivair vṛtaḥ ||41|
vṛddhāmātya uvāca:
atrāgantuṃ *na cāyāti*[31] śūrasenasya bhūpateḥ |
putro nāga iti khyāto buddhimān *guṇasāgaraḥ*[32] ||42|
kṣatriyāṇāṃ vivāhāś ca bhaveyur bahudhā nṛpa |
tasmāc chastrair alaṃkārair vivāhaḥ syān mahāmate ||43|
kṣatriyā brāhmaṇāś caiva satyāṃ vācaṃ vadanti hi |
tasmāc chastrair alaṃkārair vivāhas tv anumanyatām ||44|

20 A kasya **21** D -dharaḥ **22** D guṇādhikaḥ **23** V ins. **24** D viditvātha **25** AE mayoditam **26** D mayā rājan **27** D kriyate tac chūrasena V yac chūrasenakṛtyaṃ syād **28** D cānujānīhi **29** D so 'gāc chanaiḥ pūrvadeśaṃ **30** D vijayāya **31** ASS corr. like V; V necchati sa **32** E sa guṇākaraḥ

brahmovāca:
vṛddhāmātyavacaḥ śrutvā vijayo rājasattamaḥ |
mene vākyaṃ *tathā satyam*[33] *amātyaṃ bhūpatiṃ tadā*[34] ||45|
vivāham akarod rājā bhogavatyāḥ savistaram |
śastreṇa ca yathāśāstraṃ preṣayām āsa tāṃ punaḥ ||46|
svān amātyāṃs tathā gāś ca hiraṇyaturagādikam |
bahu dattvātha vijayo harṣeṇa mahatā yutaḥ ||47|
tām ādāyātha sacivā vṛddhāmātyapurogamāḥ |
pratiṣṭhānam athābhyetya śūrasenāya tāṃ snuṣām ||48|
nyavedayaṃs tathocus te vijayasya vaco bahu |
bhūṣaṇāni vicitrāṇi dāsyo vastrādikaṃ ca yat ||49|
nivedya śūrasenāya kṛtakṛtyā babhūvire |
vijayasya tu ye 'mātyā bhogavatyā sahāgatāḥ ||50|
tān pūjayitvā rājāsau bahumānapuraḥsaram |
vijayāya yathā prītis tathā kṛtvā vyasarjayat ||51|
vijayasya sutā bālā rūpayauvanaśālinī |
śvaśrūśvaśurayor nityaṃ śuśrūṣantī sumadhyamā ||52|
bhogavatyāś ca yo bhartā mahāsarpo 'tibhīṣaṇaḥ |
ekāntadeśe vijane gṛhe ratnasuśobhite ||53|
sugandhakusumākīrṇe tatrāste sukhaśītale |
sa sarpo mātaraṃ prāha pitaraṃ ca punaḥ punaḥ ||54|
mama bhāryā rājaputrī kiṃ māṃ naivopasarpati |
tat putravacanaṃ śrutvā sarpamātedam abravīt ||55|
rājapatny uvāca:
dhātrike gaccha subhage śīghraṃ bhogavatīṃ vada |
tava bhartā sarpa iti tataḥ sā kiṃ vadiṣyati ||56|
brahmovāca:
dhātrikā ca tathety uktvā gatvā bhogavatīṃ tadā |
rahogatā uvācedaṃ vinītavad apūrvavat ||57|
dhātrikovāca:
jāne 'haṃ subhage bhadre bhartāraṃ tava daivatam |
na cākhyeyaṃ tvayā kvāpi sarpo na puruṣo dhruvam ||58|
brahmovāca:
tasyās tad vacanaṃ śrutvā bhogavaty abravīd idam ||59|
bhogavaty uvāca:
mānuṣīṇāṃ manuṣyo hi bhartā sāmānyato bhavet |
kiṃ punar devajātis tu bhartā puṇyena labhyate ||60|
brahmovāca:
bhogavatyās tu tad vākyaṃ sā ca sarvaṃ nyavedayat |
sarpāya sarpamātre ca rājñe caiva yathākramam ||61|
ruroda rājā tadvākyāt smṛtvā tāṃ karmaṇo gatim |
bhogavaty api tāṃ prāha uktapūrvāṃ punaḥ sakhīm ||62|

33 D tac ca satyaṃ **34** D matvā vṛddhasya bhūpatiḥ E amātyaṃ bhūpatis tadā

bhogavaty uvāca:
kāntaṃ darśaya bhadraṃ te vṛthā yāti vayo mama ||63|
brahmovāca:
tataḥ sā darśayām āsa sarpaṃ tam atibhīṣaṇam |
sugandhakusumākīrṇe śayane sā rahogatā ||64|
taṃ dṛṣṭvā bhīṣaṇaṃ sarpaṃ bhartāraṃ ratnabhūṣitam |
kṛtāñjalipuṭā vākyam *avadat kāntam añjasā*[35] ||65|
bhogavaty uvāca:
dhanyāsmy anugṛhītāsmi yasyā me daivataṃ patiḥ ||66|
brahmovāca:
ity uktvā śayane sthitvā taṃ sarpaṃ *sarpa-*[36]bhāvanaiḥ |
khelayām[37] āsa tanvaṅgī gītaiś caivāṅgasaṃgamaiḥ ||67|
sugandhakusumaiḥ pānais toṣayām āsa taṃ patim |
tasyāś caiva prasādena sarpasyābhūt smṛtir mune |
smṛtvā sarvaṃ daivakṛtaṃ rātrau sarpo 'bravīt priyām ||68|
sarpa uvāca:
rājakanyāpi māṃ dṛṣṭvā na bhītāsi kathaṃ priye |
sovāca daivavihitaṃ ko 'tikramitum īśvaraḥ |
patir eva gatiḥ strīṇāṃ sarvadaiva viśeṣataḥ ||69|
brahmovāca:
śrutveti hṛṣṭas tām āha nāgaḥ prahasitānanaḥ[38] ||70|
sarpa uvāca:
tuṣṭo 'smi tava bhaktyāhaṃ kiṃ dadāmi tavepsitam |
tava prasādāc cārvaṅgi sarvasmṛtir abhūd iyam ||71|
śapto 'haṃ devadevena kupitena pinākinā |
maheśvarakare nāgaḥ śeṣaputro mahābalaḥ ||72|
so 'haṃ *patis*[39] tvaṃ ca bhāryā nāmnā bhogavatī purā |
umāvākyāj jahāsoccaiḥ śaṃbhuḥ prīto rahogataḥ ||73|
mamāpi cāgataṃ *bhadre*[40] *hāsyaṃ taddeva-*[41]saṃnidhau |
tatas tu kupitaḥ śaṃbhuḥ prādāc chāpaṃ mamedṛśam ||74|
śiva uvāca:
manuṣyayonau tvaṃ sarpo bhavitā jñānavān iti ||75|
sarpa uvāca:
tataḥ prasāditaḥ śaṃbhus tvayā *bhadre*[42] mayā saha |
tataś[43] coktaṃ tena bhadre gautamyāṃ mama pūjanam ||76|
kurvato jñānam ādhāsye[44] *yadā sarpākṛtes tava*[45] |
tadā viśāpo bhavitā[46] *bhogavatyāḥ*[47] prasādataḥ ||77|
tasmād idaṃ mamāpannaṃ tava cāpi śubhānane |
tasmān nītvā gautamīṃ māṃ pūjāṃ kuru mayā saha ||78|

35 E avadad vākyakovidā **36** DE sarva- **37** E kṣvelayām **38** AEV tataḥ prasanno nāgendraḥ prāha bhāryāṃ mahāmatiḥ **39** D bhadre **40** D tatra **41** D hasitaṃ deva- **42** D caiva **43** AEV punaś **44** A kurutāṃ jñānam āpadye D kurvatī sarvabhāvena E kurutāṃ jñānam ādhāsye **45** D sahabhaktipuraḥsaram E tadā sarpākṛtes tava **46** AE viśāpo bhavitā vatsa **47** A bhagavatyāḥ

tato viśāpo bhavitā āvāṃ yāvaḥ śivaṃ punaḥ |
sarveṣāṃ sarvadārtānāṃ śiva eva parā gatiḥ ||79|
brahmovāca:
tac chrutvā bhartṛvacanam[48] [49]sā bhartrā gautamīṃ yayau |
tataḥ snātvā tu gautamyāṃ *pūjāṃ cakre śivasya tu*[50] ||80|
tataḥ prasanno bhagavān divyarūpaṃ dadau mune[51] |
āpṛcchya pitarau sarpo[52] bhāryayā *gantum udyataḥ*[53] |
[[54]tridivaṃ ca vrajāmy adya tad anujñātum arhasi |]
śivalokaṃ tato jñātvā[55] pitā prāha mahā-*matiḥ*[56] ||81|
pitovāca:
yuvarājya-[57]dharo jyeṣṭhaḥ putra eko bhavān iti |
tasmād rājyam aśeṣeṇa kṛtvotpādya sutān bahūn |
yāte mayi paraṃ dhāma tato yāhi śivaṃ *puram*[58] ||82|
brahmovāca:
etac chrutvā pitṛvacas tathety āha sa nāgarāṭ |
kāmarūpam avāpyātha bhāryayā saha suvrataḥ ||83|
pitrā mātrā tathā putrai rājyaṃ kṛtvā suvistaram |
yāte pitari svarlokaṃ putrān sthāpya svake pade ||84|
bhāryāmātyādisahitas tataḥ śivapuraṃ yayau |
tataḥ prabhṛti tat tīrthaṃ nāgatīrtham iti śrutam ||85|
yatra[59] nāgeśvaro devo bhogavatyā pratiṣṭhitaḥ |
tatra snānaṃ ca dānaṃ ca sarvakratuphalapradam ||86|

iti śrīmahāpurāṇe ādibrāhme tīrthamāhātmye nāgatīrthavarṇanaṃ nāmaikādaśādhika-śatatamo 'dhyāyaḥ = gautamīmāhātmye dvicatvāriṃśattamo 'dhyāyaḥ

brahmovāca:
mātṛtīrtham iti khyātaṃ sarvasiddhikaraṃ nṛṇām |
ādhibhir mucyate jantus tattīrthasmaraṇād api ||112.1|
devānām asurāṇāṃ ca saṃgaro 'bhūt sudāruṇaḥ |
nāśaknuvaṃs tadā jetuṃ devā dānavasaṃgaram ||2|
tadāham agamaṃ devais tiṣṭhantaṃ[1] śūlapāṇinam |
astavaṃ vividhair vākyaiḥ kṛtāñjalipuṭaḥ śanaiḥ ||3|
[2]saṃmantrya devair asuraiś ca sarvair |
yadāhṛtaṃ[3] saṃmathituṃ samudram |
yat kālakūṭaṃ samabhūn maheśa |
tat tvāṃ vinā ko grasituṃ samarthaḥ ||4|

48 D etac chrutvā bhartṛvākyaṃ **49** D om. 111.80bc. **50** D tathā cakre yathoditam **51** D śūrasenasutaḥ sarpo rūpadharo 'bhavat **52** A [or E or F? For the variants concerning 111.81c-e the siglum is omitted] tata āgatya pitaraṃ **53** A [or E or F? See above] saha suvrataḥ **54** A ins. [or E or F? See above] **55** A [or E or F? See above] tatputravacanaṃ śrutvā **56** D -manāḥ **57** D tvaṃ me rājya- **58** D paraṃ **59** AD tatra **1** D tadāhaṃ daivataiḥ sārdham agamaṃ **2** AE om. 112.4. **3** V yadādṛtaṃ

[[4]kāmo 'py asau yad viṣamākṣibhāsā |
jajvāla sadyo marutāṃ manobhiḥ |
nātho haras tvaṃ ca surā vidanti |
vitāyamānā vilayaṃ prayātāḥ ||]
[5]puṣpa-*prahāreṇa*[6] jagattrayaṃ yaḥ |
svādhīnam āpādayituṃ samarthaḥ |
māro hare 'py anyasurādivandyo |
vitāyamāno vilayaṃ prayātaḥ ||5|
vimathya vārīśam anaṅgaśatro |
yad uttamaṃ tat tu divaukasebhyaḥ |
dattvā viṣaṃ *saṃharan nīlakaṇṭha*[7] |
ko vā dhartuṃ tvāṃ ṛte vai samarthaḥ[8] ||6|
tataś ca tuṣṭo bhagavān ādikartā trilocanaḥ ||7|
śiva uvāca:
dāsye 'haṃ yad abhīṣṭaṃ vo bruvantu surasattamāḥ ||8|
devā ūcuḥ:
dānavebhyo bhayaṃ ghoraṃ tatraihi vṛṣabhadhvaja |
jahi śatrūn surān pāhi nāthavantas tvayā prabho ||9|
[9]niṣkāraṇaḥ suhṛc chaṃbho nābhaviṣyad bhavān yadi |
tadākariṣyan kim iva duḥkhārtāḥ sarvadehinaḥ ||10|
brahmovāca:
ity uktas tatkṣaṇāt prāyād yatra te devaśatravaḥ |
tatra tad yuddham abhavac chaṃkareṇa suradviṣām ||11|
tatas trilocanaḥ *śrāntas*[10] tamorūpadharaḥ śivaḥ |
lalāṭād *vyapataṃs*[11] tasya yudhyataḥ svedabindavaḥ ||12|
sa saṃharan daityagaṇāṃs tāmasīṃ mūrtim āśritaḥ |
tāṃ mūrtim asurā dṛṣṭvā merupṛṣṭhād bhuvaṃ yayuḥ ||13|
sa saṃharan sarva-*daityāṃs tadāgacchad*[12] bhuvaṃ haraḥ |
itaś cetaś ca bhītās te adhāvan sarvāṃ mahīm imām ||14|
tathaiva kopād rudro 'pi śatrūṃs tān anudhāvati |
tathaiva yudhyataḥ śaṃbhoḥ patitāḥ svedabindavaḥ ||15|
yatra yatra bhuvaṃ prāpto bindur māheśvaro mune |
tatra tatra śivākārā mātaro jajñire tataḥ ||16|
procur maheśvaraṃ sarvāḥ khādāmas tv asurān iti |
tataḥ provāca bhagavān sarvaiḥ suragaṇair vṛtaḥ ||17|
śiva uvāca:
svargād bhuvam anuprāptā rākṣasās te rasātalam |
anuprāptās tataḥ sarvāḥ śṛṇvantu mama bhāṣitam ||18|
yatra yatra dviṣo yānti tatra gacchantu mātaraḥ |
rasātalam anuprāptā idānīṃ madbhayād dviṣaḥ |
bhavatyo 'py anugacchantu rasātalam anu dviṣaḥ ||19|

4 D ins. **5** D om. 112.5. **6** E -praṇodena **7** AEV saṃharateti śobhām **8** AEV dhatte mahattvaṃ tvayi niścitaṃ tat **9** AE om. 112.10. **10** A svinnas **11** A agamaṃs E vyagamaṃs **12** DE -daityān athāgacchad

brahmovāca:
tāś ca jagmur bhuvaṃ bhittvā yatra te daityadānavāḥ |
tān hatvā mātaraḥ *sarvān devārīn atibhīṣaṇān*[13] ||20|
punar devān upājagmuḥ[14] pathā tenaiva *mātaraḥ*[15] |
gatāś ca mātaro[16] yāvad yāvac ca punar āgatāḥ ||21|
tāvad devāḥ sthitā āsan gautamītīram āśritāḥ |
prasthānāt tatra mātṝṇāṃ surāṇāṃ ca pratiṣṭhiteḥ ||22|
pratiṣṭhānaṃ tu tat kṣetraṃ puṇyaṃ vijayavardhanam |
mātṝṇāṃ yatra cotpattir mātṛtīrthaṃ pṛthak pṛthak ||23|
tatra tatra bilāny āsan rasātalagatāni ca |
surās tābhyo varān *procur*[17] loke pūjāṃ yathā śivaḥ ||24|
prāpnoti tadvan mātṛbhyaḥ pūjā bhavatu sarvadā |
ity uktvāntardadhur devā āsaṃs tatraiva mātaraḥ ||25|
yatra yatra sthitā devyo mātṛtīrthaṃ *tato viduḥ*[18] |
surāṇām api sevyāni kiṃ punar mānuṣādibhiḥ ||26|
teṣu snānam atho dānaṃ pitṝṇāṃ caiva tarpaṇam |
sarvaṃ tad akṣayaṃ jñeyaṃ śivasya vacanaṃ *yathā*[19] ||27|
yas tv idaṃ śṛṇuyān nityaṃ smared api *paṭhet tathā*[20] |
ākhyānaṃ mātṛtīrthānām āyuṣmān sa sukhī bhavet ||28|

iti śrīmahāpurāṇe ādibrāhme svayaṃbhurṣisaṃvāde devatīrthamātṛtīrthapratiṣṭhānavarṇanaṃ nāma dvādaśādhikaśatatamo 'dhyāyaḥ = gautamīmāhātmye tricatvāriṃśattamo 'dhyāyaḥ

brahmovāca:
idam apy aparaṃ tīrthaṃ devānām api durlabham |
brahmatīrtham iti khyātaṃ bhuktimuktipradaṃ nṛṇām ||113.1|
sthiteṣu devasainyeṣu praviṣṭeṣu rasātalam |
daityeṣu ca muniśreṣṭha tathā mātṛṣu tān anu ||2|
madīyaṃ pañcamaṃ vaktraṃ gardabhākṛti bhīṣaṇam |
tad vaktraṃ devasainyeṣu mayi tiṣṭhaty uvāca ha ||3|
he[1] daityāḥ kiṃ palāyante na bhayaṃ vo 'stu satvaram |
āgacchantu[2] surān sarvān bhakṣayiṣye kṣaṇād *iti*[3] ||4|
nivārayantaṃ mām evaṃ bhakṣaṇāyodyataṃ *tathā*[4] |
taṃ[5] dṛṣṭvā vibudhāḥ sarve vitrastā viṣṇum abruvan ||5|
trāhi viṣṇo jagannātha brahmaṇo 'sya mukhaṃ *luna*[6] |
cakradhṛg[7] vibudhān āha *cchedmi*[8] cakreṇa *vai śiraḥ*[9] ||6|
kiṃ tu tac chinnam evedaṃ saṃharet sacarācaram |
mantraṃ brūmo 'tra vibudhāḥ śrūyatāṃ *sarvam*[10] eva hi ||7|

13 D sarvā nanṛtus tatpalāśanāḥ **14** D upāgamaṃs tato devān **15** D mātṛkāḥ **16** D hatvā daityān raṇe **17** AE dattvā **18** D pṛthak pṛthak **19** D tathā **20** AD paṭheta vā **1** E hā **2** D āgacchata V āgacchanti **3** D iva **4** AD śiraḥ **5** A tad **6** D hara **7** D murārir **8** V chedmi **9** D kasya kam **10** AD sarva

trinetraḥ kaśiraś chettā sa *ca dhatte*[11] na saṃśayaḥ |
mayā ca *śambhuḥ sarvaiś*[12] ca stutaḥ proktas tathaiva ca ||8|
[[13]śambhor ārtaparitrāṇe nodvegas tasya kasyacit |]
yāgaḥ kṣaṇī dṛṣṭaphale 'samarthaḥ |
sa naiva kartuḥ phalatīti matvā |
phalasya dāne pratibhūr jaṭīti |
niścitya lokaḥ pratikarma yātaḥ ||9|
tataḥ sureśaḥ saṃtuṣṭo devānāṃ kāryasiddhaye |
lokānām upakārārthaṃ tathety āha surān prati ||10|
tadvaktraṃ pāparūpaṃ yad bhīṣaṇaṃ lomaharṣaṇam |
nikṛtya nakhaśastraiś ca kva sthāpyaṃ cety athābravīt ||11|
tatrelā vibudhān āha nāhaṃ voḍhuṃ śiraḥ kṣamā |
rasātalam atho yāsye udadhiś cāpy athābravīt ||12|
śoṣaṃ yāsye kṣaṇād eva punaś cocuḥ śivaṃ surāḥ |
tvayaivaitad brahmaśiro dhāryaṃ lokānukampayā ||13|
acchede jagatāṃ nāśaś chede doṣaś ca tādṛśaḥ |
evaṃ vimṛśya someśo dadhāra kaśiras tadā ||14|
tad dṛṣṭvā duṣkaraṃ karma *gautamīṃ prāpya pāvanīm*[14] |
astuvañ jagatām īśaṃ praṇayād bhaktitaḥ surāḥ ||15|
deveṣv amitraṃ kaśiro 'tibhīmaṃ |
tān bhakṣaṇāyopagataṃ nikṛtya |
nakhāgrasūcyā śakalendumaulis |
tyāge 'pi doṣāt kṛpayānudhatte ||16|
tatra te vibudhāḥ sarve sthitā ye brahmaṇo 'ntike |
tuṣṭuvur vibudheśānaṃ karma dṛṣṭvātidaivatam ||17|
tataḥ prabhṛti tat tīrthaṃ brahmatīrtham iti śrutam |
adyāpi brahmaṇo rūpaṃ caturmukham avasthitam ||18|
śiromātraṃ tu yaḥ paśyet sa gacched brahmaṇaḥ padam |
yatra sthitvā svayaṃ rudro lūnavān brahmaṇaḥ śiraḥ ||19|
rudratīrthaṃ tad eva syāt tatra sākṣād divākaraḥ |
devānāṃ ca svarūpeṇa sthito yasmāt tad uttamam ||20|
sauryaṃ *tīrthaṃ tad ākhyātaṃ*[15] sarvakratuphalapradam |
tatra snātvā raviṃ dṛṣṭvā punarjanma na vidyate ||21|
mahādevena yac chinnaṃ brahmaṇaḥ pañcamaṃ śiraḥ |
kṣetre 'vimukte saṃsthāpya devatānāṃ hitaṃ kṛtam ||22|
brahmatīrthe śiromātraṃ yo dṛṣṭvā gautamītaṭe |
kṣetre 'vimukte tasyaiva sthāpitaṃ yo 'nupaśyati |
kapālaṃ brahmaṇaḥ puṇyaṃ brahmahā pūtatāṃ vrajet ||23|

iti śrīmahāpurāṇe ādibrāhme tīrthamāhātmye brahmatīrthabrahmaśiroliṅgaśivatīrthasūryatīrthādiṣaḍaśītitīrthavarṇanaṃ nāma trayodaśādhikaśatatamo 'dhyāyaḥ = gautamīmāhātmye catuścatvāriṃśattamo 'dhyāyaḥ

11 E cchetsyanti **12** D sarvair devaiś **13** D ins. **14** EV gautamītīram āśritam
15 D tīrtham iti khyātaṃ

brahmovāca:
avighnaṃ tīrtham ākhyātaṃ sarvavighnavināśanam |
tatrāpi vṛttam ākhyāsye śṛṇu nārada bhaktitaḥ ||114.1|
devasattre pravṛtte tu gautamyāś cottare taṭe |
samāptir naiva sattrasya saṃjātā vighnadoṣataḥ ||2|
tataḥ suragaṇāḥ sarve mām avocan hariṃ tadā |
tato dhyānagato 'haṃ tān avocaṃ *vīkṣya kāraṇam*[1] ||3|
vināyakakṛtair vighnair naitat sattraṃ samāpyate |
tasmāt stuvantu te sarve ādidevaṃ vināyakam ||4|
tathety uktvā suragaṇāḥ snātvā te gautamītaṭe |
astuvan bhaktito devā ādidevaṃ gaṇeśvaram ||5|
devā ūcuḥ:
yaḥ sarvakāryeṣu sadā surāṇām |
apīśaviṣṇvambujasaṃbhavānām |
pūjyo namasyaḥ paricintanīyas |
taṃ vighnarājaṃ śaraṇaṃ vrajāmaḥ ||6|
na vighnarājena samo 'sti kaścid |
devo manovāñchitasaṃpradātā |
niścitya caitat tripurāntako 'pi |
taṃ pūjayām āsa vadhe purāṇām ||7|
karotu so 'smākam avighnam asmin |
mahākratau satvaram āmbikeyaḥ |
dhyātena yenākhiladehabhājāṃ |
pūrṇā bhaviṣyanti manobhilāṣāḥ ||8|
mahotsavo 'bhūd akhilasya devyā |
jātaḥ sutaś cintitamātra eva |
ato 'vadan surasaṃghāḥ kṛtārthāḥ |
sadyojātaṃ vighnarājaṃ namantaḥ ||9|
yo mātur utsaṅgagato 'tha mātrā |
nivāryamāṇo 'pi balāc ca candram |
saṃgopayām āsa pitur jaṭāsu |
gaṇādhināthasya vinoda eṣaḥ ||10|
papau stanaṃ mātur athāpi tṛpto |
yo bhrātṛmātsaryakaṣāyabuddhiḥ |
lambodaras tvaṃ bhava vighnarājo |
lambodaraṃ nāma cakāra śaṃbhuḥ ||11|
saṃveṣṭito devagaṇair maheśaḥ |
pravartatāṃ nṛtyam itīty uvāca |
saṃtoṣito nūpurarāvamātrād |
gaṇeśvaratve 'bhiṣiṣeca putram ||12|
yo vighnapāśaṃ ca kareṇa bibhrat |
skandhe kuṭhāraṃ ca tathā pareṇa |
apūjito vighnam atho 'pi mātuḥ |
karoti ko vighnapateḥ samo 'nyaḥ ||13|

1 A kāraṇāntare

dharmārthakāmādiṣu pūrvapūjyo |
devāsuraiḥ pūjyata eva nityam |
yasyārcanaṃ[2] naiva *vināśam*[3] asti |
taṃ pūrvapūjyaṃ prathamaṃ namāmi ||14|
yasyārcanāt prārthanayānurūpāṃ |
dṛṣṭvā tu sarvasya phalasya siddhim |
svatantrasāmarthyakṛtātigarvaṃ |
bhrātṛpriyaṃ tv ākhurathaṃ tam īḍe ||15|
yo mātaraṃ sarasair nṛtyagītais |
tathābhilāṣair akhilair vinodaiḥ |
saṃtoṣayām āsa tadātituṣṭaṃ |
taṃ śrīgaṇeśaṃ śaraṇaṃ prapadye ||16|
suropakārair[4] asuraiś ca *yuddhaiḥ*[5] |
stotrair namaskāra-*parais*[6] ca mantraiḥ |
pitṛprasādena[7] sadā samṛddhaṃ |
taṃ śrīgaṇeśaṃ śaraṇaṃ prapadye ||17|
jaye purāṇām akarot pratīpaṃ |
pitrāpi harṣāt pratipūjito yaḥ |
nirvighnatāṃ cāpi punaś cakāra |
tasmai gaṇeśāya namaskaromi ||18|
brahmovāca:
iti stutaḥ suragaṇair vighneśaḥ prāha tān punaḥ ||19|
gaṇeśa uvāca:
ito nirvighnatā sattre mattaḥ syād asurāriṇaḥ ||20|
brahmovāca:
devasattre nivṛtte tu gaṇeśaḥ prāha tān surān ||21|
gaṇeśa uvāca:
stotreṇānena ye bhaktyā māṃ stoṣyanti yatavratāḥ |
teṣāṃ dāridryaduḥkhāni na bhaveyuḥ kadācana ||22|
atra ye bhaktitaḥ snānaṃ dānaṃ kuryur atandritāḥ |
teṣāṃ sarvāṇi kāryāṇi bhaveyur iti manyatām ||23|
brahmovāca:
tadvākyasamakālaṃ tu tathety ūcuḥ surā api |
nivṛtte tu makhe tasmin surā jagmuḥ *svam ālayam*[8] ||24|
tataḥ prabhṛti tat tīrtham avighnam iti gadyate |
sarvakāmapradaṃ puṃsāṃ sarvavighnavināśanam ||25|

iti śrīmahāpurāṇe ādibrāhme tīrthamāhātmye 'vighnatīrthavarṇanaṃ nāma caturdaśādhikaśatatamo 'dhyāyaḥ = gautamīmāhātmye pañcacatvāriṃśo 'dhyāyaḥ

2 D yasyārcane **3** DE vimānam **4** E surāpakārair **5** D sarvaiḥ E yuddhe **6** D -padaiś
7 E tṛptaṃ prasādena **8** V surālayam

brahmovāca:
śeṣatīrtham iti khyātaṃ sarvakāma-*pradāyakam*[1] |
tasya rūpaṃ pravakṣyāmi yan mayā paribhāṣitam ||115.1|
śeṣo nāma mahānāgo rasātalapatiḥ prabhuḥ |
sarvanāgaiḥ parivṛto rasātalam athābhyagāt ||2|
rākṣasā daityadanujāḥ praviṣṭā ye rasātalam |
tair nirasto bhogipatir mām uvācātha vihvalaḥ ||3|
śeṣa uvāca:
rasātalaṃ tvayā dattaṃ rākṣasānāṃ mamāpi ca |
te me sthānaṃ na *dāsyanti*[2] tasmāt tvāṃ śaraṇaṃ gataḥ ||4|
tato 'ham abravaṃ nāgaṃ gautamīṃ yāhi pannaga |
tatra stutvā mahādevaṃ lapsyase tvaṃ manoratham ||5|
nānyo 'sti lokatritaye manorathasamarpakaḥ |
madvākyaprerito nāgo gaṅgām āplutya yatnataḥ |
kṛtāñjalipuṭo bhūtvā tuṣṭāva tridaśeśvaram ||6|
śeṣa uvāca:
namas trailokyanāthāya dakṣayajñavibhedine |
ādikartre namas tubhyaṃ namas trailokyarūpiṇe ||7|
namaḥ sahasraśirase namaḥ saṃhārakāriṇe |
somasūryāgnirūpāya jalarūpāya te namaḥ ||8|
sarvadā sarvarūpāya kālarūpāya te namaḥ |
pāhi śaṃkara sarveśa pāhi someśa sarvaga |
jagannātha namas tubhyaṃ dehi me manasepsitam ||9|
brahmovāca:
tato maheśvaraḥ prītaḥ prādān nāgepsitān varān |
vināśāya surārīṇāṃ daityadānavarakṣasām ||10|
śeṣāya pradadau śūlaṃ jahy anenāripuṃgavān |
tataḥ proktaḥ śivenāsau śeṣaḥ śūlena bhogibhiḥ ||11|
rasātalam atho gatvā nijaghāna ripūn raṇe |
nihatya nāgaḥ śūlena daityadānavarākṣasān ||12|
nyavartata punar devo yatra śeṣeśvaro haraḥ |
pathā yena samāyāto devaṃ draṣṭuṃ sa nāgarāṭ ||13|
rasātalād yatra devo bilaṃ tatra vyajāyata |
tasmād bilatalād yātaṃ gāṅgaṃ vāry atipuṇyadam ||14|
tad vāri gaṅgām agamad *gaṅgāyāḥ*[3] saṃgamas tataḥ |
devasya purataś cāpi kuṇḍaṃ tatra suvistaram ||15|
nāgas tatrākarod dhomaṃ yatra cāgniḥ sadā sthitaḥ |
soṣṇaṃ tad abhavad vāri gaṅgāyās tatra saṃgamaḥ ||16|
devadevaṃ samārādhya nāgaḥ prīto mahāyaśāḥ |
rasātalaṃ tato 'bhīṣṭaṃ śivāt prāpya talaṃ yayau ||17|
tataḥ prabhṛti tat tīrthaṃ *nāga*-[4]tīrtham udāhṛtam |
sarvakāmapradaṃ puṇyaṃ rogadāridryanāśanam ||18|

1 D -phalapradam **2** V dadati **3** D gaṅgayoḥ **4** D [probably, but not well legible] E uṣṇa-

āyurlakṣmīkaraṃ puṇyaṃ snānadānāc ca muktidam |
śṛṇuyād vā paṭhed bhaktyā yo vāpi smarate tu tat ||19|
tīrthaṃ śeṣeśvaro yatra yatra śaktipradaḥ śivaḥ |
ekaviṃśatitīrthānām ubhayos tatra tīrayoḥ |
śatāni muniśārdūla sarvasampatpradāyinām ||20|

iti śrīmahāpurāṇe ādibrāhme tīrthamāhātmya ubhayatīragataśeṣatīrthaśeṣeśvara-śūleśvarāgnikuṇḍarasātalagaṅgāsaṃgamosnatīrthādyekaviṃśatiśatatīrthavarṇanaṃ nāma pañcadaśādhikaśatatamo 'dhyāyaḥ = gautamīmāhātmye ṣaṭcatvāriṃśo 'dhyāyaḥ

brahmovāca:
mahānalam iti khyātaṃ vaḍavānalam ucyate |
mahānalo yatra devo vaḍavā yatra sā nadī ||116.1|
tat tīrthaṃ putra vakṣyāmi mṛtyudoṣajarāpaham |
purāsan naimiṣāraṇye ṛṣayaḥ sattrakāriṇaḥ ||2|
śamitāraṃ ca ṛṣayo mṛtyuṃ cakrus tapasvinaḥ |
vartamāne sattrayāge mṛtyau śamitari sthite ||3|
na mamāra tadā kaścid ubhayaṃ sthāsnu jaṅgamam |
vinā paśūn muniśreṣṭha martyaṃ cāmartyatāṃ gatam ||4|
tatas triviṣṭape śūnye martye caivātisaṃbhṛte |
mṛtyunopekṣite devā rākṣasān ūcire tadā ||5|
[1]devā ūcuḥ:
gacchadhvam ṛṣisattraṃ tan nāśayadhvaṃ mahādhvaram |
[2]brahmovāca:
iti devavacaḥ śrutvā procus te rākṣasāḥ surān ||6|
[3]asurā ūcuḥ:
vidhvaṃsayāmas taṃ yajñam asmākaṃ kiṃ phalaṃ tataḥ |
pravartate vinā hetuṃ na kopi kvāpi jātucit ||7|
brahmovāca:
devā apy asurān ūcur *yajñārdhaṃ*[4] bhavatām api |
bhaved eva tato yāntu ṛṣīṇāṃ sattram uttamam ||8|
te śrutvā tvaritāḥ sarve yatra yajñaḥ pravartate |
jagmus tatra vināśāya devavākyād viśeṣataḥ ||9|
taj jñātvā ṛṣayo mṛtyum āhuḥ kiṃ kurmahe vayam |
āgatā devavacanād rākṣasā yajñanāśinaḥ ||10|
mṛtyunā saha sammantrya naimiṣāraṇyavāsinaḥ |
sarve tyaktvā svāśramaṃ taṃ śamitrā saha nārada ||11|
agnimātram upādāya tyaktvā pātrādikaṃ tu *yat*[5] |
kratu-*niṣpattaye*[6] jagmur gautamīṃ prati satvarāḥ ||12|
tatra snātvā maheśānaṃ rakṣaṇāyopatasthire |
kṛtāñjalipuṭās te tu tuṣṭuvus tridaśeśvaram ||13|
ṛṣaya ūcuḥ:
yo līlayā viśvam idaṃ cakāra |

1 V om. **2** V om. **3** V om. **4** V yajñārthaṃ **5** A tat **6** DE -niṣkṛtaye

dhātā vidhātā bhuvanatrayasya |
yo viśvarūpaḥ sadasatparo yaḥ |
someśvaraṃ taṃ śaraṇaṃ vrajāmaḥ ||14|
mṛtyur uvāca:
icchāmātreṇa yaḥ sarvaṃ hanti pāti karoti ca |
tam ahaṃ tridaśeśānaṃ śaraṇaṃ yāmi śaṃkaram ||15|
mahānalaṃ[7] mahākāyaṃ mahānāgavibhūṣaṇam |
mahāmūrtidharaṃ devaṃ śaraṇaṃ yāmi śaṃkaram ||16|
brahmovāca:
tataḥ provāca bhagavān mṛtyo kā prītir *astu*[8] te ||17|
mṛtyur uvāca:
rākṣasebhyo bhayaṃ ghoram āpannaṃ tridaśeśvara |
yajñam asmāṃś ca rakṣasva yāvat sattraṃ samāpyate ||18|
brahmovāca:
tathā cakāra bhagavāṃs trinetro vṛṣabhadhvajaḥ |
śamitrā mṛtyunā sattram ṛṣīṇāṃ pūrṇatāṃ yayau ||19|
haviṣāṃ bhāgadheyāya ājagmur amarāḥ kramāt |
tān avocan munigaṇāḥ saṃkṣubdhā mṛtyunā saha ||20|
ṛṣaya ūcuḥ:
asmanmakhavināśāya rākṣasāḥ preṣitā yataḥ |
tasmād bhavadbhyaḥ pāpiṣṭhā rākṣasāḥ santu śatravaḥ ||21|
brahmovāca:
tataḥ prabhṛti devānāṃ rākṣasā vairiṇo 'bhavan |
kṛtyāṃ ca vaḍavāṃ tatra devāś ca ṛṣayo 'malāḥ ||22|
mṛtyor bhāryā bhava tvaṃ tām ity uktvā te 'bhyaṣecayan |
abhiṣekodakaṃ yat tu sā nadī vaḍavābhavat ||23|
mṛtyunā sthāpitaṃ liṅgaṃ mahānalam iti śrutam |
tataḥ prabhṛti tat tīrthaṃ vaḍavāsaṃgamaṃ viduḥ ||24|
mahānalo yatra devas tat tīrthaṃ bhuktimuktidam |
sahasraṃ tatra tīrthānāṃ sarvābhīṣṭapradāyinām |
ubhayos tīrayos tatra smaraṇād aghaghātinām ||25|

iti śrīmahāpurāṇe ādibrāhme tīrthamāhātmye vaḍavādisahasratīrthavarṇanaṃ nāma ṣoḍaśādhikaśatatamo 'dhyāyaḥ = gautamīmāhātmye saptacatvāriṃśo 'dhyāyaḥ

brahmovāca:
ātmatīrtham iti khyātaṃ bhuktimuktipradaṃ nṛṇām |
tasya prabhāvaṃ vakṣyāmi yatra jñāneśvaraḥ śivaḥ ||117.1|
datta ity api vikhyātaḥ so 'triputro *hara-*[1]priyaḥ |
durvāsasaḥ priyo bhrātā sarvajñānaviśāradaḥ |
sa gatvā pitaraṃ prāha vinayena praṇamya ca ||2|
datta uvāca:
brahmajñānaṃ kathaṃ me syāt kaṃ pṛcchāmi kva yāmi ca ||3|

7 EV mahābalaṃ **8** V asti **1** A hari-

brahmovāca:
tac chrutvātriḥ putravākyaṃ dhyātvā vacanam abravīt ||4|
atrir uvāca:
gautamīṃ putra gaccha tvaṃ tatra stuhi maheśvaram |
sa tu prīto yadaiva syāt *tadā*[2] jñānam avāpsyasi ||5|
brahmovāca:
tathety uktvā tadātreyo gaṅgāṃ gatvā śucir yataḥ |
kṛtāñjalipuṭo bhūtvā *bhaktyā*[3] tuṣṭāva *śaṃkaram*[4] ||6|
datta uvāca:
saṃsāra-*kūpe*[5] patito 'smi daivān |
mohena gupto bhavaduḥkhapaṅke |
ajñānanāmnā tamasāvṛto 'haṃ |
paraṃ na vindāmi surādhinātha ||7|
bhinnas triśūlena balīyasāhaṃ |
pāpena cintākṣurapāṭitaś ca |
tapto 'smi *pañcendriya-*[6]tīvratāpaiḥ |
śrānto 'smi saṃtāraya somanātha ||8|
baddho 'smi dāridryamayaiś ca *bandhair*[7] |
hato[8] 'smi rogānalatīvratāpaiḥ |
krānto 'smy ahaṃ mṛtyubhujaṃgamena |
bhīto bhṛśaṃ kiṃ karavāṇi śaṃbho ||9|
bhavā-[9]bhavābhyām atipīḍito 'haṃ |
tṛṣṇākṣudhābhyāṃ ca rajastamobhyām |
īdṛkṣayā[10] jarayā *cābhibhūtaḥ*[11] |
paśyāvasthāṃ kṛpayā me 'dya nātha ||10|
kāmena kopena ca matsareṇa |
dambhena darpādibhir apy anekaiḥ |
ekaikaśaḥ *kaṣṭa-*[12]gato 'smi viddhas [[13]tv] |
tvaṃ nāthavad[14] vāraya nātha śatrūn ||11|
kasyāpi kaścit patitasya puṃso |
duḥkhapraṇodī bhavatīti satyam |
vinā bhavantaṃ mama somanātha |
kutrāpi kāruṇyavaco 'pi nāsti ||12|
tāvat sa kopo bhayamohaduḥkhāny |
ajñānadāridryarujas tathaiva |
kāmādayo mṛtyur apīha yāvan |
namaḥ śivāyeti na vacmi vākyam ||13|
na me 'sti dharmo na ca me 'sti bhaktir |
nāhaṃ vivekī karuṇā kuto me |
dātāsi tenāśu śaraṇya citte |
nidhehi someti padaṃ madīye ||14|

2 V tato **3** AE śivaṃ **4** AE bhaktitaḥ **5** E -paṅke **6** D rāgāvali- **7** D pāśair **8** D dṛṣṭo **9** D māyā- **10** D duḥśīlayā **11** D cāpi bhūyaḥ E vāpi bhūyaḥ **12** DE kūpa- **13** E ins. **14** E anāthavad

yāce na cāhaṃ surabhūpatitvaṃ |
hṛtpadmamadhye mama somanātha |
śrīsomapādāmbujasaṃnidhānaṃ |
yāce vicāryaiva ca tat kuruṣva ||15|
yathā tavāhaṃ vidito 'smi pāpas |
tathāpi vijñāpanam āśṛṇuṣva |
saṃśrūyate yatra vacaḥ śiveti |
tatra sthitiḥ syān mama *somanātha*[15] ||16|
gaurīpate śaṃkara somanātha |
viśveśa kāruṇyanidhe 'khilātman |
saṃstūyate yatra sadeti tatra |
keṣām api syāt kṛtināṃ nivāsaḥ ||17|
brahmovāca:
ity ātreyastutiṃ[16] śrutvā tutoṣa bhagavān haraḥ |
varado 'smīti taṃ prāha yoginaṃ viśvakṛd bhavaḥ ||18|
ātreya uvāca:
ātmajñānaṃ ca muktiṃ ca *bhuktiṃ*[17] ca vipulāṃ tvayi |
tīrthasyāpi ca māhātmyaṃ varo 'yaṃ tridaśārcita ||19|
brahmovāca:
evam astv iti taṃ śaṃbhur uktvā cāntaradhīyata |
tataḥ prabhṛti tat tīrtham ātmatīrthaṃ *vidur budhāḥ*[18] |
tatra snānena dānena muktiḥ *syād iha nārada*[19] ||20|

iti śrīmahāpurāṇe ādibrāhme tīrthamāhātmya ātmatīrthavarṇanaṃ nāma saptadaśādhikaśatatamo 'dhyāyaḥ = gautamīmāhātmye 'ṣṭacatvāriṃśo 'dhyāyaḥ

brahmovāca:
aśvatthatīrtham ākhyātaṃ pippalaṃ[1] ca tataḥ param |
uttare mandatīrthaṃ *tu*[2] tatra vyuṣṭim itaḥ śṛṇu ||118.1|
purā tv agastyo bhagavān dakṣiṇāśāpatiḥ prabhuḥ |
devais tu preritaḥ pūrvaṃ vindhyasya prārthanaṃ prati ||2|
sa śanair vindhyam abhyāgāt sahasramunibhir vṛtaḥ |
tam āgatya nagaśreṣṭhaṃ bahuvṛkṣasamākulam ||3|
spardhinaṃ merubhānubhyāṃ vindhyaṃ śṛṅgaśatair vṛtam |
atyunnataṃ nagaṃ dhīro lopāmudrāpatir muniḥ ||4|
kṛtātithyo dvijaiḥ sārdhaṃ praśasya ca nagaṃ punaḥ |
idam āha muniśreṣṭho devakāryārthasiddhaye ||5|
agastya uvāca:
ahaṃ yāmi nagaśreṣṭha munibhis tattvadarśibhiḥ |
tīrthayātrāṃ karomīti dakṣiṇāśāṃ vrajāmy aham ||6|
dehi mārgaṃ nagapate ātithyaṃ dehi yācate |
yāvad āgamanaṃ me syāt sthātavyaṃ tāvad eva hi ||7|

15 V soma nityam **16** V dattātreyastutiṃ **17** E bhaktiṃ **18** D tad ucyate **19** D syāt kiṃtv itaḥ phalam **1** ADE aśvatīrtham iti khyātaṃ aśvatthaṃ **2** D ca

nānyathā bhavitavyaṃ te tathety āha nagottamaḥ |
ākrāman dakṣiṇām āśāṃ tair vṛto munibhir muniḥ ||8|
śanaiḥ sa gautamīm āgāt sattrayāgāya dīkṣitaḥ |
yāvat saṃvatsaraṃ[3] sattram akarod ṛṣibhir vṛtaḥ ||9|
kaiṭabhasya sutau pāpau rākṣasau dharmakaṇṭakau |
aśvatthaḥ pippalaś ceti vikhyātau tridaśālaye ||10|
aśvattho 'śvattharūpeṇa pippalo brahmarūpadhṛk |
tāv ubhāv antaraṃ prepsū yajñavidhvaṃsanāya tu ||11|
kurutāṃ kāṅkṣitaṃ rūpaṃ dānavau pāpacetasau |
aśvattho vṛkṣarūpeṇa pippalo brāhmaṇākṛtiḥ ||12|
ubhau tau brāhmaṇān nityaṃ pīḍayetāṃ tapodhana |
ālabhante ca ye 'śvatthaṃ tāṃs tān aśnāty asau taruḥ ||13|
pippalaḥ sāmago bhūtvā śiṣyān aśnāti rākṣasaḥ |
tasmād adyāpi vipreṣu sāmago 'tīva niṣkṛpaḥ ||14|
kṣīyamāṇān dvijān dṛṣṭvā munayo rākṣasāv imau |
iti buddhvā mahā-*prājñā*[4] dakṣiṇaṃ tīram āśritam ||15|
saurim śanaiścaraṃ mandaṃ tapasyantaṃ dhṛtavratam |
gatvā munigaṇāḥ sarve rakṣaḥkarma nyavedayan ||16|
saurir munigaṇān āha pūrṇe tapasi me dvijāḥ |
rākṣasau hanmy *apūrṇe tu*[5] *tapasy akṣama eva hi*[6] ||17|
punaḥ procur munigaṇā dāsyāmas te tapo mahat |
ity ukto brāhmaṇaiḥ sauriḥ kṛtam ity āha tān api ||18|
saurir brāhmaṇaveṣeṇa prāyād aśvattharūpiṇam |
rākṣasaṃ brāhmaṇo bhūtvā pradakṣiṇam athākarot ||19|
pradakṣiṇaṃ tu kurvāṇaṃ mene brāhmaṇam eva tam |
nityavad rākṣasaḥ pāpo bhakṣayām āsa māyayā ||20|
tasya kāyaṃ samāviśya cakṣuṣāntrāṇy apaśyata |
dṛṣṭaḥ sa rākṣasaḥ pāpo mandena ravisūnunā ||21|
bhasmībhūtaḥ kṣaṇenaiva girir vajrahato yathā |
aśvatthaṃ bhasmasāt kṛtvā anyaṃ brāhmaṇarūpiṇam ||22|
rākṣasaṃ pāpanilayam eka eva tam abhyagāt |
adhīyāno vipra iva śiṣyarūpo vinītavat ||23|
pippalaḥ pūrvavac cāpi bhakṣayām āsa bhānujam |
sa bhakṣitaḥ pūrvavac ca kukṣāv antrāṇy avaikṣata ||24|
tenālokitamātro 'sau rākṣaso bhasmasād abhūt |
ubhau hatvā bhānusutaḥ kiṃ kṛtyaṃ me vadantv atha ||25|
munayo jātasaṃharṣāḥ sarva eva tapasvinaḥ |
tataḥ prasannā hy abhavann ṛṣayo 'gastyapūrvakāḥ ||26|
varān dadur yathākāmaṃ sauraye mandagāmine |
sa prīto brāhmaṇān āha śaniḥ sūryasuto balī ||27|
saurir uvāca:
maddvāre[7] niyatā *ye ca*[8] kurvanty aśvatthalambhanam |
teṣāṃ sarvāṇi kāryāṇi syuḥ pīḍā madbhavā na ca ||28|

3 AE sāṃvatsaraṃ tathā **4** V -prajñā **5** D apūrṇe me EV apūrṇena **6** A tapasi naiva sidhyate V tapasākṣama eva hi **7** V madvāre **8** D ye 'tra

tīrthe cāśvatthasaṃjñe vai snānaṃ kurvanti ye narāḥ |
teṣāṃ sarvāṇi kāryāṇi bhaveyur aparo varaḥ ||29|
[[9]cakṣuṣpandaṃ bhujaspandaṃ duḥsvapnaṃ durvicintanam |
śatrūṇāṃ ca samutthānaṃ śamayāśvattha cāśu me |
mantreṇānena devarṣe śivadhyānaparāyaṇāḥ |]
mandavāre tu ye 'śvatthaṃ prātar utthāya mānavāḥ |
ālabhante ca teṣāṃ vai grahapīḍā vyapohatu ||30|
brahmovāca:
tataḥ prabhṛti tat tīrtham aśvatthaṃ pippalaṃ viduḥ |
tīrthaṃ śanaiścaraṃ tatra tatrāgastyaṃ ca *sāttrikam*[10] ||31|
yājñikaṃ cāpi tat tīrthaṃ sāmagaṃ tīrtham eva ca |
ityādyaṣṭottarāṇy āsan sahasrāṇy atha ṣoḍaśa |
teṣu snānaṃ ca dānaṃ ca *sattra-*[11]yāgaphalapradam ||32|

iti śrīmahāpurāṇe ādibrāhme tīrthamāhātmye 'śvatthādyaṣṭottaraṣoḍaśasahasratīrthavarṇanaṃ nāmāṣṭādhikaśatatamo 'dhyāyaḥ = gautamīmāhātmya ūnapañcāśattamo 'dhyāyaḥ

brahmovāca:
somatīrtham iti khyātaṃ tad apy uktaṃ *mahātmabhiḥ*[1] |
tatra snānena dānena somapānaphalaṃ *labhet*[2] ||119.1|
jagatāṃ mātaraḥ pūrvam oṣadhyo jīvasaṃmatāḥ |
mamāpi mātaro devyaḥ *pūrvāsāṃ*[3] pūrvavattarāḥ ||2|
āsu pratiṣṭhito dharmaḥ svādhyāyo yajñakarma ca |
ābhir eva dhṛtaṃ sarvaṃ trailokyaṃ sacarācaram ||3|
aśeṣarogopaśamo bhavaty ābhir asaṃśayam |
annam etābhir eva syād aśeṣaprāṇarakṣaṇam |
atrauṣadhyo[4] jagadvandyā mām ūcur anahaṃkṛtāḥ ||4|
oṣadhya ūcuḥ:
asmākaṃ tvaṃ patiṃ dehi rājānaṃ surasattama ||5|
brahmovāca:
tac chrutvā vacanaṃ *tāsāṃ*[5] mayoktā oṣadhīr idam |
patiṃ prāpsyatha sarvāś ca rājānaṃ prītivardhanam[6] ||6|
rājānam iti tac chrutvā tā mām ūcuḥ punar mune |
gantavyaṃ kva punaś coktā gautamīṃ yāntu mātaraḥ ||7|
tuṣṭāyām atha tasyāṃ vo rājā syāl lokapūjitaḥ |
tāś ca gatvā muniśreṣṭha tuṣṭuvur gautamīṃ nadīm ||8|
oṣadhya ūcuḥ:
kiṃ *vākariṣyan*[7] bhavavartino janā |
nānāgha-*saṃghābhibhavāc ca duḥkhitāḥ*[8] |

9 V ins. **10** A sāttvikam **11** AEV sarva- **1** D mahāphalam **2** V bhavet **3** A pūrveṣāṃ **4** D tatrauṣadhyo **5** AE tābhyo **6** A [or D or E or F? Siglum is omitted] mamāpi mātaro hy āpas tā gatvā yācathātmanaḥ **7** V vābhaviṣyan **8** V -saṅgābhibhavotthaduḥkhāḥ

na cāgamiṣyad bhavatī bhuvaṃ cet |
puṇyodake gautami śaṃbhukānte ||9|
ko vetti bhāgyaṃ naradehabhājāṃ |
mahīgatānāṃ saritām adhīśe |
eṣāṃ mahāpātakasaṃghahantrī |
tvam amba gaṅge sulabhā sadaiva ||10|
na te vibhūtiṃ nanu vetti ko 'pi |
trailokyavandye jagadamba gaṅge |
gaurīsamāliṅgitavigraho 'pi |
dhatte smarāriḥ śirasāpi yat tvām ||11|
namo 'stu te mātar abhīṣṭadāyini |
namo 'stu te brahmamaye 'ghanāśini |
namo 'stu te viṣṇupadābjaniḥsṛte |
namo 'stu te śaṃbhujaṭāviniḥsṛte ||12|
brahmovāca:
ity evaṃ stuvatām īśā kiṃ *dadāmīty avocata*[9] ||13|
oṣadhya ūcuḥ:
patiṃ dehi jagan-*mātā rājānam atitejasam*[10] ||14|
brahmovāca:
tadovāca nadī gaṅgā oṣadhīs tā idaṃ vacaḥ ||15|
gaṅgovāca:
ahaṃ cāmṛtarūpāsmi oṣadhyo mātaro 'mṛtāḥ |
tādṛśaṃ cāmṛtātmānaṃ patiṃ somaṃ dadāmi vaḥ ||16|
brahmovāca:
devāś ca ṛṣayo vākyaṃ menire soma eva ca |
oṣadhyaś cāpi tad vākyaṃ tato jagmuḥ svam ālayam ||17|
yatra cāpur mahauṣadhyo rājānam amṛtātmakam |
somaṃ samastasaṃtāpapāpasaṃghanivārakam ||18|
somatīrthaṃ tu tat khyātaṃ somapānaphalapradam |
tatra snānena dānena pitaraḥ svargam āpnuyuḥ ||19|
ya idaṃ śṛṇuyān nityaṃ paṭhed vā bhaktitaḥ smaret |
dīrgham āyur avāpnoti sa putrī *dhanavān bhavet*[11] ||20|

iti śrīmahāpurāṇe ādibrāhme tīrthamāhātmye somatīrthavarṇanaṃ nāmonaviṃśatyadhika-śatatamo 'dhyāyaḥ = gautamīmāhātmye pañcāśattamo 'dhyāyaḥ

brahmovāca:
dhānyatīrtham iti khyātaṃ sarvakāmapradaṃ nṛṇām |
subhikṣaṃ kṣemadaṃ puṃsāṃ sarvāpadvinivāraṇam ||120.1|
oṣadhyaḥ somarājānaṃ patiṃ prāpya mudānvitāḥ |
ūcuḥ sarvasya lokasya gaṅgāyāś cepsitaṃ vacaḥ ||2|
oṣadhya ūcuḥ:
vaidikī puṇyagāthāsti yāṃ vai vedavido viduḥ |
bhūmiṃ sasyavatīṃ kaścin mātaraṃ mātṛsaṃmitām ||3|

9 D dadāmīti cābravīt **10** D -mātar asmākam ucitaṃ śive **11** D dhanadhānyavān

gaṅgāsamīpe yo dadyāt sarvakāmān avāpnuyāt |
bhūmiṃ sasyavatīṃ gāś ca oṣadhīś ca mudānvitaḥ ||4|
viṣṇubrahmeśarūpāya yo dadyād bhaktimān naraḥ |
sarvaṃ tad akṣayaṃ vidyāt sarvakāmān avāpnuyāt ||5|
oṣadhyaḥ somarājanyāḥ somaś cāpy oṣadhīpatiḥ |
iti jñātvā brahmavida oṣadhīr yaḥ pradāsyati ||6|
sarvān kāmān avāpnoti brahmaloke mahīyate |
tā eva somarājanyāḥ prītāḥ procuḥ punaḥ punaḥ ||7|
oṣadhya ūcuḥ:
yo 'smān dadāti gaṅgāyāṃ taṃ rājan pārayāmasi |
tvam uttamaś cauṣadhīśa tvadadhīnaṃ carācaram ||8|
oṣadhayaḥ saṃvadante somena saha rājñā |
yo 'smān dadāti viprebhyas taṃ rājan pārayāmasi ||9|
vayaṃ ca brahmarūpiṇyaḥ prāṇarūpiṇya eva ca |
yo 'smān dadāti viprebhyas taṃ rājan pārayāmasi ||10|
asmān dadāti yo nityaṃ brāhmaṇebhyo jitavrataḥ |
upāstir asti sāsmākaṃ taṃ rājan pārayāmasi ||11|
sthāvaraṃ jaṅgamaṃ kiṃcid asmābhir vyāpṛtaṃ jagat |
yo 'smān dadāti viprebhyas taṃ rājan pārayāmasi ||12|
havyaṃ kavyaṃ yad amṛtaṃ yat kiṃcid upabhujyate |
tadgarīyaś ca yo dadyāt taṃ rājan pārayāmasi ||13|
ity etāṃ vaidikīṃ gāthāṃ yaḥ śṛṇoti smareta vā |
paṭhate bhaktim āpannas taṃ rājan pārayāmasi ||14|
brahmovāca:
yatraiṣā paṭhitā gāthā somena saha rājñā |
gaṅgātīre cauṣadhībhir dhānyatīrthaṃ tad ucyate ||15|
tataḥ prabhṛti tat tīrtham auṣadhyaṃ saumyam eva ca |
amṛtaṃ vedagāthaṃ ca mātṛtīrthaṃ tathaiva ca ||16|
eṣu snānaṃ japo homo dānaṃ ca pitṛtarpaṇam |
annadānaṃ tu yaḥ kuryāt tad ānantyāya kalpate ||17|
ṣaṭśatādhikasāhasraṃ tīrthānāṃ tīrayor dvayoḥ |
sarvapāpanihantṝṇāṃ sarvasaṃpadvivardhanam ||18|

iti śrīmahāpurāṇe ādibrāhme tīrthamāhātmye dhānyatīrthādiṣaṭśatādhikasahasratīrtha-varṇanaṃ nāma viṃśatyadhikaśatatamo 'dhyāyaḥ = gautamīmāhātmye ekapañcāśattamo 'dhyāyaḥ

brahmovāca:
vidarbhāsaṃgamaṃ puṇyaṃ revatīsaṃgamaṃ tathā |
tatra yad vṛttam ākhyāsye yat purāṇavido viduḥ ||121.1|
bharadvāja iti khyāta ṛṣir āsīt tapodhikaḥ |
tasya svasā revatīti kurūpā vikṛtasvarā ||2|
tāṃ dṛṣṭvā vikṛtāṃ bhrātā bharadvājaḥ pratāpavān |
cintayā parayā yukto gaṅgāyā dakṣiṇe taṭe ||3|

kasmai dadyām imāṃ kanyāṃ svasāraṃ bhīṣaṇākṛtim |
na kaścit pratigṛhṇāti dātavyā ca svasā tathā ||4|
aho bhūyān na kasyāpi kanyā duḥkhaikakāraṇam |
maraṇaṃ jīvato 'py asya prāṇinas tu pade pade ||5|
evaṃ vimṛśatas tasya svāśrame cātiśobhane |
draṣṭuṃ munivaraḥ prāyād bharadvājaṃ yatavratam ||6|
dvyaṣṭavarṣaḥ śubhavapuḥ śānto dānto guṇākaraḥ |
nāmnā kaṭha iti khyāto bharadvājaṃ nanāma saḥ ||7|
vidhivat pūjya taṃ vipraṃ bharadvājaḥ kaṭhaṃ tadā |
tasyāgamanakāryaṃ ca papraccha purataḥ sthitaḥ ||8|
kaṭho 'py āha bharadvājaṃ vidyārthy aham upāgataḥ |
tathā ca darśanākāṅkṣī yad yuktaṃ tad vidhīyatām ||9|
bharadvājaḥ kaṭhaṃ prāha adhīṣva yad abhīpsitam |
purāṇaṃ smṛtayo vedā dharmasthānāny anekaśaḥ ||10|
sarvaṃ vedmi mahāprājña ruciraṃ vada mā ciram |
kulīno dharmanirato guruśuśrūṣaṇe rataḥ |
abhimānī śrutadharaḥ śiṣyaḥ puṇyair avāpyate ||11|
kaṭha uvāca:
adhyāpayasva bho brahmañ śiṣyaṃ māṃ vītakalmaṣam |
śuśrūṣaṇarataṃ bhaktaṃ kulīnaṃ satyavādinam ||12|
brahmovāca:
tathety uktvā bharadvājaḥ prādād vidyām aśeṣataḥ |
prāptavidyaḥ kaṭhaḥ prīto bharadvājam athābravīt ||13|
kaṭha uvāca:
iccheyaṃ dakṣiṇāṃ dātuṃ guro tava manaḥpriyām |
vadasva durlabhaṃ vāpi guro tubhyaṃ namo 'stu te ||14|
vidyāṃ prāpyāpi ye mohāt svaguroḥ pāritoṣikam |
na prayacchanti nirayaṃ te yānty ācandratārakam ||15|
bharadvāja uvāca:
gṛhāṇa kanyāṃ vidhivad bhāryāṃ kuru mama svasām |
asyāṃ prītyā vartitavyaṃ yāceyaṃ dakṣiṇām imām ||16|
kaṭha uvāca:
bhrātṛvat putravac cāpi śiṣyaḥ syāt tu guroḥ sadā |
guruś ca pitṛvac ca syāt saṃbandho 'tra kathaṃ bhavet ||17|
bharadvāja uvāca:
madvākyaṃ kuru satyaṃ tvaṃ mamājñā tava dakṣiṇā |
sarvaṃ smṛtvā kaṭhādya tvaṃ revatīṃ bhara tanmanāḥ ||18|
brahmovāca:
tathety uktvā guror vākyāt kaṭho jagrāha pāṇinā |
revatīṃ vidhivad dattāṃ tāṃ samīkṣya kaṭhas tv atha ||19|
tatraiva pūjayām āsa deveśaṃ śaṃkaraṃ tadā |
revatyā rūpasaṃpattyai śivaprītyai ca revatī ||20|
surūpā cārusarvāṅgī na rūpeṇopamīyate |
abhiṣekodakaṃ tatra revatyā yad viniḥsṛtam ||21|
sābhavat tatra gaṅgāyāṃ tasmāt tannāmato nadī |
revatīti samākhyātā rūpasaubhāgyadāyinī ||22|

punar darbhaiś ca vividhair abhiṣekaṃ cakāra saḥ |
puṇyarūpatvasaṃsiddhyai vidarbhā tad abhūn nadī ||23|
śraddhayā saṃgame snātvā revatīgaṅgayor naraḥ |
sarvapāpavinirmukto viṣṇuloke mahīyate ||24|
tathā vidarbhāgautamyoḥ saṃgame śraddhayā mune |
snānaṃ karoty asau yāti bhuktiṃ muktiṃ ca tatkṣaṇāt ||25|
ubhayos tīrayos tatra tīrthānāṃ śataṃ uttamam |
sarvapāpakṣayakaraṃ sarvasiddhipradāyakam ||26|

iti śrīmahāpurāṇe ādibrāhme tīrthamāhātmye vidarbhāsaṃgamarevatīsaṃgamāditīrthavarṇanaṃ nāmaikaviṃśatyadhikaśatatamo 'dhyāyaḥ = gautamīmāhātmye dvipañcāśattamo 'dhyāyaḥ

brahmovāca:
pūrṇatīrtham iti khyātaṃ gaṅgāyā uttare taṭe |
tatra snātvā naro 'jñānāt tathāpi śubham āpnuyāt ||122.1|
pūrṇatīrthasya māhātmyaṃ varṇyate kena jantunā |
svayaṃ saṃsthīyate yatra cakriṇā ca pinākinā ||2|
purā dhanvantarir nāma kalpādāv āyuṣaḥ sutaḥ |
iṣṭvā bahuvidhair yajñair aśvamedhapuraḥsaraiḥ ||3|
dattvā dānāny anekāni bhuktvā bhogāṃś ca puṣkalān |
vijñāya bhogavaiṣamyaṃ paraṃ vairāgyam āśritaḥ ||4|
giriśṛṅge 'mbudheḥ pāre tathā gaṅgānadītaṭe |
śivaviṣṇvor gṛhe vāpi viśeṣāt puṇyasaṃgame ||5|
taptaṃ hutaṃ ca japtaṃ ca sarvam akṣayatāṃ vrajet |
dhanvantarir iti jñātvā tatra tepe tapo mahat ||6|
jñānavairāgyasaṃpanno bhīmeśacaraṇāśrayaḥ |
tapaś cakāra vipulaṃ gaṅgāsāgarasaṃgame ||7|
purā ca nikṛto rājñā raṇaṃ hitvā mahāsuraḥ |
sahasram ekaṃ varṣāṇāṃ samudraṃ prāviśad bhayāt ||8|
dhanvantarau vanaṃ prāpte rājyaṃ prāpte tu tatsute |
virāgaṃ ca gate rājñi tataḥ prāyād athārṇavāt ||9|
tapasyantaṃ tamo nāma balavān asuro mune |
gaṅgātīraṃ samāśritya rājā dhanvantarir yataḥ ||10|
japahomarato nityaṃ brahmajñānaparāyaṇaḥ |
taṃ ripuṃ nāśayāmīti tamaḥ prāyād athārṇavāt ||11|
nāśito bahuśo 'nena rājñā balavatā tv aham |
taṃ ripuṃ nāśayāmīti tamaḥ prāyād athārṇavāt ||12|
māyayā pramadārūpaṃ kṛtvā rājānam abhyagāt |
nṛtyagītavatī subhrūr hasantī cārudarśanā ||13|
tāṃ dṛṣṭvā cārusarvāṅgīṃ bahukālaṃ nayānvitām |
śāntām anuvratāṃ bhaktāṃ kṛpayā cābravīn nṛpaḥ ||14|
nṛpa uvāca:
kāsi tvaṃ kasya hetor vā vartase gahane vane |
kaṃ dṛṣṭvā harṣasīva tvaṃ vada kalyāṇi pṛcchate ||15|

brahmovāca:
pramadā cāpi tadvākyaṃ śrutvā rājānam abravīt ||16|
pramadovāca:
tvayi tiṣṭhati ko loke hetur harṣasya me bhavet |
aham indrasya yā lakṣmīs tvāṃ dṛṣṭvā kāmasaṃbhṛtam ||17|
harṣāc carāmi purato rājaṃs tava punaḥ punaḥ |
agaṇyapuṇyavirahād ahaṃ sarvasya durlabhā ||18|
brahmovāca:
etad vaco niśamyāśu tapas tyaktvā suduṣkaram |
tām eva manasā dhyāyaṃs tanniṣṭhas tatparāyaṇaḥ ||19|
tadekaśaraṇo rājā babhūva sa yadā tamaḥ |
antardhānaṃ gato brahman nāśayitvā tapo bṛhat ||20|
etasminn antare 'haṃ vai varān dātuṃ samabhyagām |
taṃ dṛṣṭvā vihvalībhūtaṃ tapobhraṣṭaṃ yathā mṛtam ||21|
tam āśvāsyātha vividhair hetubhir nṛpasattamam |
tava śatrus tamo nāma kṛtvā tāṃ tapasaś cyutim ||22|
caritārtho gato rājan na tvaṃ śocitum arhasi |
ānandayanti pramadās tāpayanti ca mānavam ||23|
sarvā eva viśeṣeṇa kim u māyāmayī tu sā |
tataḥ kṛtāñjalī rājā mām āha vigatabhramaḥ ||24|
rājovāca:
kiṃ karomi kathaṃ brahmaṃs tapasaḥ pāram āpnuyām ||25|
brahmovāca:
tatas tasyottaraṃ prādāṃ devadevaṃ janārdanam |
stuhi sarvaprayatnena tataḥ siddhim avāpsyasi ||26|
sa hy aśeṣajagatsraṣṭā vedavedyaḥ purātanaḥ |
sarvārthasiddhidaḥ puṃsāṃ nānyo 'sti bhuvanatraye ||27|
sa jagāma nagaśreṣṭhaṃ himavantaṃ nṛpottamaḥ |
kṛtāñjalipuṭo bhūtvā viṣṇuṃ tuṣṭāva bhaktitaḥ ||28|
dhanvantarir uvāca:
jaya viṣṇo jayācintya jaya jiṣṇo jayācyuta |
jaya gopāla lakṣmīśa jaya kṛṣṇa jaganmaya ||29|
jaya bhūtapate nātha jaya pannagaśāyine |
jaya sarvaga govinda jaya viśvakṛte namaḥ ||30|
jaya viśvabhuje deva jaya viśvadhṛte namaḥ |
jayeśa sadasat tvaṃ vai jaya mādhava dharmiṇe ||31|
jaya kāmada kāma tvaṃ jaya rāma guṇārṇava |
jaya puṣṭida puṣṭīśa jaya kalyāṇadāyine ||32|
jaya bhūtapa bhūteśa jaya mānavidhāyine |
jaya karmada karma tvaṃ jaya pītāmbaracchada ||33|
jaya sarveśa sarvas tvaṃ jaya maṅgalarūpiṇe |
jaya sattvādhināthāya jaya vedavide namaḥ ||34|
jaya janmada janmistha paramātman namo 'stu te |
jaya muktida muktis tvaṃ jaya bhuktida keśava ||35|
jaya lokada lokeśa jaya pāpavināśana |
jaya vatsala bhaktānāṃ jaya cakradhṛte namaḥ ||36|

jaya mānada mānas tvaṃ jaya lokanamaskṛta |
jaya dharmada dharmas tvaṃ jaya saṃsārapāraga ||37|
jaya annada annaṃ tvaṃ jaya vācaspate namaḥ |
jaya śaktida śaktis tvaṃ jaya jaitravarapradа ||38|
jaya yajñada yajñas tvaṃ jaya padmadalekṣaṇa |
jaya dānada dānaṃ tvaṃ jaya kaiṭabhasūdana ||39|
jaya kīrtida kīrtis tvaṃ jaya mūrtida mūrtidhṛk |
jaya saukhyada saukhyātmañ jaya pāvanapāvana ||40|
jaya śāntida śāntis tvaṃ jaya śaṃkarasaṃbhava |
jaya pānada pānas tvaṃ jaya jyotiḥsvarūpiṇe ||41|
jaya vāmana vitteśa jaya dhūmapatākine |
jaya sarvasya jagato dātṛmūrte namo 'stu te ||42|
tvam eva lokatrayavartijīva- |
nikāyasaṃkleśavināśadakṣa |
śrīpuṇḍarīkākṣa kṛpānidhe tvaṃ |
nidhehi pāṇiṃ mama mūrdhni viṣṇo ||43|
brahmovāca:
evaṃ stuvantaṃ bhagavāñ śaṅkhacakragadādharaḥ |
vareṇa cchandayām āsa sarvakāmasamṛddhidaḥ ||44|
dhanvantariḥ prītamanā varadānena cakriṇaḥ |
varadānāya deveśaṃ govindaṃ saṃsthitaṃ puraḥ ||45|
tam āha nṛpatiḥ prahvaḥ surarājyaṃ mamepsitam |
tac ca dattaṃ tvayā viṣṇo prāpto 'smi kṛtakṛtyatām ||46|
stutaḥ saṃpūjito viṣṇus tatraivāntaradhīyata |
tathaiva tridaśeśatvam avāpa nṛpatiḥ kramāt ||47|
prāgarjitānekakarmaparipākavaśāt tataḥ |
triḥkṛtvo nāśam agamat sahasrākṣaḥ svakāt padāt ||48|
nahuṣād vṛtrahatyāyāḥ sindhusenavadhāt tataḥ |
ahalyāyāṃ ca gamanād yena kena ca hetunā ||49|
smāraṃ smāraṃ tat tad indraś cintāsaṃtāpadurmanāḥ |
tataḥ surapatiḥ prāha vācaspatim idaṃ vacaḥ ||50|
indra uvāca:
hetunā kena vāgīśa bhraṣṭarājyo bhavāmy aham |
madhye madhye padabhraṃśād varaṃ niḥśrīkatā nṛṇām ||51|
gahanāṃ karmaṇāṃ jīvagatiṃ ko vetti tattvataḥ |
rahasyaṃ sarvabhāvānāṃ jñātuṃ nānyaḥ pragalbhate ||52|
brahmovāca:
bṛhaspatir hariṃ prāha brahmāṇaṃ pṛccha gaccha tam |
sa tu jānāti yad bhūtaṃ bhaviṣyac cāpi vartanam ||53|
sa tu vakṣyati yenedaṃ jātaṃ tac ca mahāmate |
tāv āgatya mahāprājñau namaskṛtya mamāntikam |
kṛtāñjalipuṭo bhūtvā mām ūcatur idaṃ vacaḥ ||54|
indrabṛhaspatī ūcatuḥ:
bhagavan kena doṣeṇa śacībhartā udāradhīḥ |
rājyāt prabhraśyate nātha saṃśayaṃ chettum arhasi ||55|

brahmovāca:
tadāham abravaṃ brahmaṃś ciraṃ dhyātvā bṛhaspatim |
khaṇḍadharmākhyadoṣeṇa tena rājyapadāc cyutaḥ ||56|
deśakālādidoṣeṇa śraddhāmantraviparyayāt |
yathāvaddakṣiṇādānād asaddravyapradānataḥ ||57|
devabhūdevatāvajñāpātakāc ca viśeṣataḥ |
yat khaṇḍatvaṃ svadharmasya dehinām upajāyate ||58|
tenātimānasas tāpaḥ padahāniś ca dustyajā |
kṛto 'pi dharmo 'niṣṭāya jāyate kṣubdhacetasā ||59|
kāryasya na bhavet siddhyai tasmād avyākulāya ca |
asaṃpūrṇe svadharme hi kim aniṣṭaṃ na jāyate ||60|
tābhyāṃ yat pūrvavṛttāntaṃ tad apy uktaṃ mayānagha |
āyuṣas tu sutaḥ śrīmān dhanvantarir udāradhīḥ ||61|
tamasā ca kṛtaṃ vighnaṃ viṣṇunā tac ca nāśitam |
pūrvajanmasu vṛttāntam ityādi parikīrtitam ||62|
tac chrutvā vismitau cobhau mām eva punar ūcatuḥ ||63|
indrabṛhaspatī ūcatuḥ:
taddoṣapratibandhas tu kena syāt surasattama ||64|
brahmovāca:
punar dhyātvā tāv avadaṃ śrūyatāṃ doṣakārakam |
kāraṇaṃ sarvasiddhīnāṃ duḥkhasaṃsāratāraṇam ||65|
śaraṇaṃ taptacittānāṃ nirvāṇaṃ jīvatām api |
gatvā tu gautamīṃ devīṃ stūyetāṃ hariśaṃkarau ||66|
nopāyo 'nyo 'sti saṃśuddhyai tau tāṃ hitvā jagattraye |
tadaiva jagmatur ubhau gautamīṃ munisattama |
snātau kṛtakṣaṇau cobhau devau tuṣṭuvatur mudā ||67|
indra uvāca:
namo matsyāya kūrmāya varāhāya namo namaḥ |
narasiṃhāya devāya vāmanāya namo namaḥ ||68|
namo 'stu hayarūpāya trivikrama namo 'stu te |
namo 'stu buddharūpāya rāmarūpāya kalkine ||69|
anantāyācyutāyeśa jāmadagnyāya te namaḥ |
varuṇendrasvarūpāya yamarūpāya te namaḥ ||70|
parameśāya devāya namas trailokyarūpiṇe |
bibhratsarasvatīṃ vaktre sarvajño 'si namo 'stu te ||71|
lakṣmīvān asy ato lakṣmīṃ bibhrad vakṣasi cānagha |
bahubāhūrupādas tvaṃ bahukarṇākṣiśīrṣakaḥ |
tvām eva sukhinaṃ prāpya bahavaḥ sukhino 'bhavan ||72|
tāvan niḥśrīkatā puṃsāṃ mālinyaṃ dainyam eva vā |
yāvan na yānti śaraṇaṃ hare tvāṃ karuṇārṇavam ||73|
bṛhaspatir uvāca:
sūkṣmaṃ paraṃ jotir anantarūpam |
oṃkāramātraṃ prakṛteḥ paraṃ yat |
cidrūpam ānandamayaṃ samastam |
evaṃ vadantīśa mumukṣavas tvām ||74|

ārādhayanty atra bhavantam īśaṃ |
mahāmakhaiḥ pañcabhir apy akāmāḥ |
saṃsārasindhoḥ param āptakāmā |
viśanti divyaṃ bhuvanaṃ vapus te ||75|
sarveṣu sattveṣu samatvabuddhyā |
saṃvīkṣya ṣaṭsūrmiṣu śāntabhāvāḥ |
jñānena te karmaphalāni hitvā |
dhyānena te tvāṃ praviśanti śaṃbho ||76|
na jātidharmāṇi na vedaśāstraṃ |
na dhyānayogo na samādhidharmaḥ |
rudraṃ śivaṃ śaṃkaraṃ śānticittaṃ |
bhaktyā devaṃ somam ahaṃ namasye ||77|
mūrkho 'pi śaṃbho tava pādabhaktyā |
samāpnuyān muktimayīṃ tanuṃ te |
jñāneṣu yajñeṣu tapaḥsu caiva |
dhyāneṣu homeṣu mahāphaleṣu ||78|
saṃpannam etat phalam uttamaṃ yat |
someśvare bhaktir aharniśaṃ yat |
sarvasya jīvasya sadā priyasya |
phalasya dṛṣṭasya tathā śrutasya ||79|
svargasya mokṣasya jagannivāsa |
sopānapaṅktis tava bhaktir eṣā |
tvatpādasaṃprāptiphalāptaye tu |
sopānapaṅktiṃ na vadanti dhīrāḥ ||80|
tasmād dayālo mama bhaktir astu |
naivāsty upāyas tava rūpasevā |
ātmīyam ālokya mahattvam īśa |
pāpeṣu cāsmāsu kuru prasādam ||81|
sthūlaṃ ca sūkṣmaṃ tvam anādi nityaṃ |
pitā ca mātā yad asac ca sac ca |
evaṃ stuto yaḥ śrutibhiḥ purāṇair |
namāmi someśvaram īśitāram ||82|
brahmovāca:
tataḥ prītau hariharāv ūcatus tridaśeśvarau ||83|
hariharāv ūcatuḥ:
vriyatāṃ yan manobhīṣṭaṃ yad varaṃ cātidurlabham ||84|
brahmovāca:
indraḥ prāha sureśānaṃ madrājyaṃ tu punaḥ punaḥ |
jāyate bhraśyate caiva tat pāpam upaśāmyatām ||85|
yathā sthiro 'haṃ rājye syāṃ sarvaṃ syān niścalaṃ mama |
suprītau yadi deveśau sarvaṃ syān niścalaṃ sadā ||86|
tatheti harivākyaṃ tāv abhinandyedam ūcatuḥ |
paraṃ prasādam āpannau tāv ālokya smitānanau ||87|
nirapāyanirādhāranirvikārasvarūpiṇau |
śaraṇyau sarvalokānāṃ bhuktimuktipradāv ubhau ||88|

hariharāv ūcatuḥ:
tridaivatyaṃ mahātīrthaṃ gautamī vāñchitapradā |
tasyām anena mantreṇa kurutāṃ snānam ādarāt ||89|
abhiṣekaṃ mahendrasya maṅgalāya bṛhaspatiḥ |
karotu saṃsmarann āvāṃ saṃpadāṃ sthairyasiddhaye ||90|
iha janmani pūrvasmin yat kiṃcit sukṛtaṃ kṛtam |
tat sarvaṃ pūrṇatām etu godāvari namo 'stu te ||91|
evaṃ smṛtvā tu yaḥ kaścid gautamyāṃ snānam ācaret |
āvābhyāṃ tu prasādena dharmaḥ saṃpūrṇatām iyāt |
pūrvajanmakṛtād doṣāt sa muktaḥ puṇyavān bhavet ||92|
brahmovāca:
tatheti cakratuḥ prītau surendradhiṣaṇau tataḥ |
mahābhiṣekam indrasya cakāra dyusadāṃ guruḥ ||93|
tenābhūd yā nadī puṇyā maṅgalety uditā tu sā |
tayā ca saṃgamaḥ puṇyo gaṅgāyāḥ śubhadas tv asau ||94|
indreṇa saṃstuto viṣṇuḥ pratyakṣo 'bhūj jaganmayaḥ |
trilokasaṃmitāṃ śakro bhūmiṃ lebhe jagatpateḥ ||95|
tannāmnā cāpi vikhyāto govinda iti tatra ca |
trilokasaṃmitā labdhā tena gaur vajradhāriṇā ||96|
dattā ca hariṇā tatra govindas tad abhūd dhariḥ |
trailokyarājyaṃ yat prāptaṃ hariṇā ca harer mune ||97|
niścalaṃ yena saṃjātaṃ devadevān maheśvarāt |
bṛhaspatir devagurur yatrāstauṣīn maheśvaram ||98|
rājyasya sthirabhāvāya devendrasya mahātmanaḥ |
siddheśvaras tatra devo liṅgaṃ tu tridaśārcitam ||99|
tataḥ prabhṛti tat tīrthaṃ govindam iti viśrutam |
maṅgalāsaṃgamaṃ caiva pūrṇatīrthaṃ tataḥ param ||100|
indratīrtham iti khyātaṃ bārhaspatyaṃ ca viśrutam |
yatra siddheśvaro devo viṣṇur govinda eva ca ||101|
teṣu snānaṃ ca dānaṃ ca yat kiṃcit sukṛtārjanam |
sarvaṃ tad akṣayaṃ vidyāt pitṝṇām ativallabham ||102|
śṛṇoti yaś cāpi paṭhed yaś ca smarati nityaśaḥ |
tasya tīrthasya māhātmyaṃ bhraṣṭarājyapradāyakam ||103|
saptatriṃśat sahasrāṇi tīrthānāṃ tīrayor dvayoḥ |
ubhayor muniśārdūla sarvasiddhipradāyinām ||104|
na pūrṇatīrthasadṛśaṃ tīrtham asti mahāphalam |
niṣphalaṃ tasya janmādi yo na seveta tan naraḥ ||105|

iti śrīmahāpurāṇe ādibrāhme tīrthamāhātmya ubhayor tīrayoḥ pūrṇatīrthamaṅgalāsaṃgamagovindasiddheśvarādisaptatriṃśatsahasratīrthavarṇanaṃ nāma dvāviṃśādhikaśatatamo 'dhyāyaḥ = gautamīmāhātmye tripañcāśattamo 'dhyāyaḥ

brahmovāca:
rāmatīrtham iti khyātaṃ bhrūṇahatyāvināśanam |
tasya śravaṇamātreṇa sarvapāpaiḥ pramucyate ||123.1|
ikṣvākuvaṃśaprabhavaḥ kṣatriyo lokaviśrutaḥ |
balavān matimāñ śūro yathā śakraḥ puraṃdaraḥ ||2|
pitṛpaitāmahaṃ rājyaṃ kurvann āste yathā baliḥ |
tasya tisro mahiṣyaḥ syū rājño daśarathasya hi ||3|
kauśalyā ca sumitrā ca kaikeyī ca mahāmate |
etāḥ kulīnāḥ subhagā rūpalakṣaṇasaṃyutāḥ ||4|
tasmin rājani rājye tu sthite 'yodhyāpatau mune |
vasiṣṭhe brahmavicchreṣṭhe purodhasi viśeṣataḥ ||5|
na ca vyādhir na durbhikṣaṃ na cāvṛṣṭir na cādhayaḥ |
brahmakṣatraviśāṃ nityaṃ śūdrāṇāṃ ca viśeṣataḥ ||6|
āśramāṇāṃ tu sarveṣām ānando 'bhūt pṛthak pṛthak |
tasmiñ śāsati rājendra ikṣvākūṇāṃ kulodvahe ||7|
devānāṃ dānavānāṃ tu rājyārthe vigraho 'bhavat |
kvāpi tatra jayaṃ prāpur devāḥ kvāpi tathetare ||8|
evaṃ pravartamāne tu trailokyam atipīḍitam |
abhūn nārada tatrāham avadaṃ daityadānavān ||9|
devāṃś cāpi viśeṣeṇa na kṛtaṃ tair madīritam |
punaś ca saṃgaras teṣāṃ babhūva sumahān mithaḥ ||10|
viṣṇuṃ gatvā surāḥ procus tatheśānaṃ jaganmayam |
tāv ūcatur ubhau devān asurān daityadānavān ||11|
tapasā balino yāntu punaḥ kurvantu saṃgaram |
tathety āhur yayuḥ sarve tapase niyatavratāḥ ||12|
yayus tu rākṣasān devāḥ punas te matsarānvitāḥ |
devānāṃ dānavānāṃ ca saṃgaro 'bhūt sudāruṇaḥ ||13|
na tatra devā jetāro naiva daityāś ca dānavāḥ |
saṃyuge vartamāne tu vāg uvācāśarīriṇī ||14|
ākāśavāg uvāca:
yeṣāṃ daśaratho rājā te jetāro na cetare ||15|
brahmovāca:
iti śrutvā jayāyobhau jagmatur devadānavau |
tatra vāyus tvaran prāpto rājānam avadat tadā ||16|
vāyur uvāca:
āgantavyaṃ tvayā rājan devadānavasaṃgare |
yatra rājā daśaratho jayas tatreti viśrutam ||17|
tasmāt tvaṃ devapakṣe syā bhaveyur jayinaḥ surāḥ ||18|
brahmovāca:
tad vāyuvacanaṃ śrutvā rājā daśaratho nṛpaḥ |
āgamyate mayā satyaṃ gaccha vāyo yathāsukham ||19|
gate vāyau tadā daityā ājagmur bhūpatiṃ prati |
te 'py ūcur bhagavann asmatsāhāyyaṃ kartum arhasi ||20|
rājan daśaratha śrīman vijayas tvayi saṃsthitaḥ |
tasmāt tvaṃ vai daityapateḥ sāhāyyaṃ kartum arhasi ||21|

tataḥ provāca nṛpatir vāyunā prārthitaḥ purā |
pratijñātaṃ mayā tac ca yāntu daityāś ca dānavāḥ ||22|
sa tu rājā tathā cakre gatvā caiva triviṣṭapam |
yuddhaṃ cakre tathā daityair dānavaiḥ saha rākṣasaiḥ ||23|
paśyatsu devasaṃgheṣu namucer bhrātaras tadā |
vividhur niśitair bāṇair athākṣaṃ nṛpates tathā ||24|
bhinnākṣaṃ taṃ rathaṃ rājā na jānāti sa saṃbhramāt |
rājāntike sthitā subhrūḥ kaikeyyājñāyi nārada ||25|
na jñāpitaṃ tayā rājñe svayam ālokya suvratā |
bhagnam akṣaṃ samālakṣya cakre hastaṃ tadā svakam ||26|
akṣavan muniśārdūla tad etan mahad adbhutam |
rathena rathināṃ śreṣṭhas tayā dattakareṇa ca ||27|
jitavān daityadanujān devaiḥ prāpya varān bahūn |
tato devair anujñātas tv ayodhyāṃ punar abhyagāt ||28|
sa tu madhye mahārājo mārge vīkṣya tadā priyām |
kaikeyyāḥ karma tad dṛṣṭvā vismayaṃ paramaṃ gataḥ ||29|
tatas tasyai varān prādāt trīṃs tu nārada sā api |
anumānya nṛpaproktaṃ kaikeyī vākyam abravīt ||30|
kaikeyy uvāca:
tvayi tiṣṭhantu rājendra tvayā dattā varā amī ||31|
brahmovāca:
vibhūṣaṇāni rājendro dattvā sa priyayā saha |
rathena vijayī rājā yayau svanagaraṃ sukhī ||32|
yoṣitāṃ kim adeyaṃ hi priyāṇām ucitāgame |
sa kadācid daśaratho mṛgayāśīlibhir vṛtaḥ ||33|
aṭann araṇye śarvaryāṃ vāribandham athākarot |
saptavyasanahīnena bhavitavyaṃ tu bhūbhujā ||34|
iti jānann api ca tac cakāra tu vidher vaśāt |
gartaṃ praviśya pānārtham āgatān niśitaiḥ śaraiḥ ||35|
mṛgān hanti mahābāhuḥ śṛṇu kālaviparyayam |
gartaṃ praviṣṭe nṛpatau tasminn eva nagottame ||36|
vṛddho vaiśravaṇo nāma na śṛṇoti na paśyati |
tasya bhāryā tathābhūtā tāv abrūtāṃ tadā sutam ||37|
mātāpitarāv ūcatuḥ:
āvāṃ tṛṣārtau rātriś ca kṛṣṇā cāpi pravartate |
vṛddhānāṃ jīvitaṃ kṛtsnaṃ bālas tvam asi putraka ||38|
andhānāṃ badhirāṇāṃ ca vṛddhānāṃ dhik ca jīvitam |
jarājarjaradehānāṃ dhig dhik putraka jīvitam ||39|
tāvat puṃbhir jīvitavyaṃ yāval lakṣmīr dṛḍhaṃ vapuḥ |
yāvad ājñāpratihatā tīrthādāv anyathā mṛtiḥ ||40|
brahmovāca:
ity etad vacanaṃ śrutvā vṛddhayor guruvatsalaḥ |
putraḥ provāca tad duḥkhaṃ girā madhurayā haran ||41|
putra uvāca:
mayi jīvati kiṃ nāma yuvayor duḥkham īdṛśam |
na haraty ātmajaḥ pitror yaś caritrair manorujam ||42|

tena kiṃ tanujeneha kulodvegavidhāyinā ||43|
brahmovāca:
ity uktvā pitarau natvā tāv āśvāsya mahāmanāḥ |
taruskandhe samāropya vṛddhau ca pitarau tadā ||44|
haste gṛhītvā kalaśaṃ jagāma ṛṣiputrakaḥ |
sa ṛṣir na tu rājānaṃ jānāti nṛpatir dvijam ||45|
ubhau sarabhasau tatra dvijo vāri samāviśat |
satvaraṃ kalaśe nyubje vāri gṛhṇantam āśugaiḥ ||46|
dvijaṃ rājā dvipaṃ matvā vivyādha niśitaiḥ śaraiḥ |
vanadvipo 'pi bhūpānām avadhyas tad vidann api ||47|
vivyādha taṃ nṛpaḥ kuryān na kiṃ kiṃ vidhivañcitaḥ |
sa viddho marmadeśe tu duḥkhito vākyam abravīt ||48|
dvija uvāca:
kenedaṃ duḥkhadaṃ karma kṛtaṃ sadbrāhmaṇasya me |
maitro brāhmaṇa ity ukto nāparādho 'sti kaścana ||49|
brahmovāca:
tad etad vacanaṃ śrutvā muner ārtasya bhūpatiḥ |
niśceṣṭaś ca nirutsāho śanais taṃ deśam abhyagāt ||50|
taṃ tu dṛṣṭvā dvijavaraṃ jvalantam iva tejasā |
asāv apy abhavat tatra saśalya iva mūrchitaḥ ||51|
ātmānam ātmanā kṛtvā sthiraṃ rājābravīd idam ||52|
rājovāca:
ko bhavān dvijaśārdūla kimartham iha cāgataḥ |
vada pāpakṛte mahyaṃ vada me niṣkṛtiṃ parām ||53|
brahmahā varṇibhiḥ kiṃtu śvapacair api jātucit |
na spraṣṭavyo mahābuddhe draṣṭavyo na kadācana ||54|
brahmovāca:
tad rājavacanaṃ śrutvā muniputro 'bravīd vacaḥ ||55|
muniputra uvāca:
utkramiṣyanti me prāṇā ato vakṣyāmi kiṃcana |
svacchandavṛttitājñāne viddhi pākaṃ ca karmaṇām ||56|
ātmārthaṃ tu na śocāmi vṛddhau tu pitarau mama |
tayoḥ śuśrūṣakaḥ kaḥ syād andhayor ekaputrayoḥ ||57|
vinā mayā mahāraṇye kathaṃ tau jīvayiṣyataḥ |
mamābhāgyam aho kīdṛk pitṛśuśrūṣaṇe kṣatiḥ ||58|
jātā me 'dya vinā prāṇair hā vidhe kiṃ kṛtaṃ tvayā |
tathāpi gaccha tatra tvaṃ gṛhītakalaśas tvaran ||59|
tābhyāṃ dehy udapānaṃ tvaṃ yathā tau na mariṣyataḥ ||60|
brahmovāca:
ity evaṃ bruvatas tasya gatāḥ prāṇā mahāvane |
visṛjya saśaraṃ cāpam ādāya kalaśaṃ nṛpaḥ ||61|
tatrāgāt sa tu vegena yatra vṛddhau mahāvane |
vṛddhau cāpi tadā rātrau tāv anyonyaṃ samūcatuḥ ||62|
vṛddhāv ūcatuḥ:
udvignaḥ kupito vā syād athavā bhakṣitaḥ katham |
na prāptaś cāvayor yaṣṭiḥ kiṃ kurmaḥ kā gatir bhavet ||63|

na kopi tādṛśaḥ putro vidyate sacarācare |
yaḥ pitror anyathā vākyaṃ na karoty api ninditaḥ ||64|
vajrād api kaṭhoraṃ vā jīvitaṃ tam apaśyatoḥ |
śīghraṃ na yānti yat prāṇās tadekāyattajīvayoḥ ||65|
brahmovāca:
evaṃ bahuvidhā vāco vṛddhayor vadator vane |
tadā daśaratho rājā śanais taṃ deśam abhyagāt ||66|
pādasaṃcāraśabdena menāte sutam āgatam ||67|
vṛddhāv ūcatuḥ:
kuto vatsa cirāt prāptas tvaṃ dṛṣṭis tvaṃ parāyaṇam |
na brūṣe kiṃtu ruṣṭo 'si vṛddhayor andhayoḥ sutaḥ ||68|
brahmovāca:
saśalya iva duḥkhārtaḥ śocan duṣkṛtam ātmanaḥ |
sa bhīta iva rājendras tāv uvācātha nārada ||69|
udapānaṃ ca kurutāṃ tac chrutvā nṛpabhāṣitam |
nāyaṃ vaktā suto 'smākaṃ ko bhavāṃs tat purā vada ||70|
paścāt pibāvaḥ pānīyaṃ tato rājābravīc ca tau ||71|
rājovāca:
tatra tiṣṭhati vāṃ putro yatra vārisamāśrayaḥ ||72|
brahmovāca:
tac chrutvocatur ārtau tau satyaṃ brūhi na cānyathā |
ācacakṣe tato rājā sarvam eva yathātatham ||73|
tatas tu patitau vṛddhau tatrāvāṃ naya mā spṛśa |
brahmaghnasparśanaṃ pāpaṃ na kadācid vinaśyati ||74|
ninye vai śravaṇaṃ vṛddhaṃ sabhāryaṃ nṛpasattamaḥ |
yatrāsau patitaḥ putras taṃ spṛṣṭvā tau vilepatuḥ ||75|
vṛddhāv ūcatuḥ:
yathā putraviyogena mṛtyur nau vihitas tathā |
tvaṃ cāpi pāpa putrasya viyogān mṛtyum āpsyasi ||76|
brahmovāca:
evaṃ tu jalpator brahman gatāḥ prāṇās tato nṛpaḥ |
agninā yojayām āsa vṛddhau ca ṛṣiputrakam ||77|
tato jagāma nagaraṃ duḥkhito nṛpatir mune |
vasiṣṭhāya ca tat sarvaṃ nyavedayad aśeṣataḥ ||78|
nṛpāṇāṃ sūryavaṃśyānāṃ vasiṣṭho hi parā gatiḥ |
vasiṣṭho 'pi dvijaśreṣṭhaiḥ saṃmantryāha ca niṣkṛtim ||79|
vasiṣṭha uvāca:
gālavaṃ vāmadevaṃ ca jābālim atha kaśyapam |
etān anyān samāhūya hayamedhāya yatnataḥ ||80|
yajasva hayamedhaiś ca bahubhir bahudakṣiṇaiḥ ||81|
brahmovāca:
akarod dhayamedhāṃś ca rājā daśaratho dvijaiḥ |
etasminn antare tatra vāg uvācāśarīriṇī ||82|
ākāśavāṇy uvāca:
pūtaṃ śarīram abhavad rājño daśarathasya hi |

vyavahāryaś ca bhavitā bhaviṣyanti tathā sutāḥ |
jyeṣṭhaputraprasādena rājāpāpo bhaviṣyati ||83|
brahmovāca:
tato bahutithe kāle ṛṣyaśṛṅgān munīśvarāt |
devānāṃ kāryasiddhyarthaṃ sutā āsan suropamāḥ ||84|
kauśalyāyāṃ tathā rāmaḥ sumitrāyāṃ ca lakṣmaṇaḥ |
śatrughnaś cāpi kaikeyyāṃ bharato matimattaraḥ ||85|
te sarve matimantaś ca priyā rājño vaśe sthitāḥ |
taṃ rājānam ṛṣiḥ prāpya viśvāmitraḥ prajāpatiḥ ||86|
rāmaṃ ca lakṣmaṇaṃ cāpi ayācata mahāmate |
yajñasaṃrakṣaṇārthāya jñātatanmahimā muniḥ ||87|
cirapräptasuto vṛddho rājā naivety abhāṣata ||88|
rājovāca:
mahatā daivayogena kathaṃcid vārdhake mune |
jātāv ānandasaṃdohadāyakau mama bālakau ||89|
saśarīram idaṃ rājyaṃ dāsye naiva sutāv imau ||90|
brahmovāca:
vasiṣṭhena tadā prokto rājā daśarathas tv iti ||91|
vasiṣṭha uvāca:
raghavaḥ prārthanābhaṅgaṃ na rājan kvāpi śikṣitāḥ ||92|
brahmovāca:
rāmaṃ ca lakṣmaṇaṃ caiva kathaṃcid avadan nṛpaḥ ||93|
rājovāca:
viśvāmitrasya brahmarṣeḥ kurutāṃ yajñarakṣaṇam ||94|
brahmovāca:
vadann iti sutau soṣṇaṃ niśvasan glapitādharaḥ |
putrau samarpayām āsa viśvāmitrasya śāstrakṛt ||95|
tathety uktvā daśarathaṃ namasya ca punaḥ punaḥ |
jagmatū rakṣaṇārthāya viśvāmitreṇa tau mudā ||96|
tataḥ prahṛṣṭaḥ sa munir mudā prādāt tadobhayoḥ |
māheśvarīṃ mahāvidyāṃ dhanurvidyāpuraḥsarām ||97|
śāstrīm āstrīṃ laukikīṃ ca rathavidyāṃ gajodbhavām |
aśvavidyāṃ gadāvidyāṃ mantrāhvānavisarjane ||98|
sarvavidyām athāvāpya ubhau tau rāmalakṣmaṇau |
vanaukasāṃ hitārthāya jaghnatus tāṭakāṃ vane ||99|
ahalyāṃ śāpanirmuktāṃ pādasparśāc ca cakratuḥ |
yajñavidhvaṃsanāyātāñ jaghnatus tatra rākṣasān ||100|
kṛtavidyau dhanuṣpāṇī cakratur yajñarakṣaṇam |
tato mahāmakhe vṛtte viśvāmitro munīśvaraḥ ||101|
putrābhyāṃ sahito rājño janakaṃ draṣṭum abhyagāt |
citrām adarśayat tatra rājamadhye nṛpātmajaḥ ||102|
rāmaḥ saumitrisahito dhanurvidyāṃ guror matām |
tatprīto janakaḥ prādāt sītāṃ lakṣmīm ayonijām ||103|
tathaiva lakṣmaṇasyāpi bharatasyānujasya ca |
śatrughnabharatādīnāṃ vasiṣṭhādimate sthitaḥ ||104|

rājā daśarathaḥ śrīmān vivāham akaron mune |
tato bahutithe kāle rājyaṃ tasya prayacchati ||105|
nṛpatau sarvalokānām anumatyā guror api |
mantharātmakadurdaivapreritā matsarākulā ||106|
kaikeyī vighnam ātasthe vanapravrājanaṃ tathā |
bharatasya ca tad rājyaṃ rājā naiva ca dattavān ||107|
pitaraṃ satyavākyaṃ taṃ kurvan rāmo mahāvanam |
viveśa sītayā sārdhaṃ tathā saumitriṇā saha ||108|
satāṃ ca mānasaṃ śuddhaṃ sa viveśa svakair guṇaiḥ |
tasmin vinirgate rāme vanavāsāya dīkṣite ||109|
samaṃ lakṣmaṇasītābhyāṃ rājyatṛṣṇāvivarjite |
taṃ rāmaṃ cāpi saumitriṃ sītāṃ ca guṇaśālinīṃ ||110|
duḥkhena mahatāviṣṭo brahmaśāpaṃ ca saṃsmaran |
tadā daśaratho rājā prāṇāṃs tatyāja duḥkhitaḥ ||111|
kṛtakarmavipākena rājā nīto yamānugaiḥ |
tasmai rājñe mahāprājña yāvat sthāvarajaṅgame ||112|
yamasadmany anekāni tāmisrādīni nārada |
narakāṇy atha ghorāṇi bhīṣaṇāni bahūni ca ||113|
tatra kṣiptas tadā rājā narakeṣu pṛthak pṛthak |
pacyate chidyate rājā piṣyate cūrṇyate tathā ||114|
śoṣyate daśyate bhūyo dahyate ca nimajjyate |
evamādiṣu ghoreṣu narakeṣu sa pacyate ||115|
rāmo 'pi gacchann adhvānaṃ citrakūṭam athāgamat |
tatraiva trīṇi varṣāṇi vyatītāni mahāmate ||116|
punaḥ sa dakṣiṇām āśām ākrāmad daṇḍakaṃ vanam |
vikhyātaṃ triṣu lokeṣu deśānāṃ tad dhi puṇyadam ||117|
prāviśat tan mahāraṇyaṃ bhīṣaṇaṃ daityasevitam |
tadbhayād ṛṣibhis tyaktaṃ hatvā daityāṃs tu rākṣasān ||118|
vicaran daṇḍakāraṇye ṛṣisevyam athākarot |
tatredaṃ vṛttam ākhyāsye śṛṇu nārada yatnataḥ ||119|
tāvac chanais tv agād rāmo yāvad yojanapañcakam |
gautamīṃ samanuprāpto rājāpi narake sthitaḥ ||120|
yamaḥ svakiṃkarān āha rāmo daśarathātmajaḥ |
gautamīm abhito yāti pitaraṃ tasya dhīmataḥ ||121|
ākarṣantv atha rājānaṃ narakān nātra saṃśayaḥ |
uttīrya gautamīṃ yāti yāvad yojanapañcakam ||122|
rāmas tāvat tasya pitā narake naiva pacyatām |
yad etan madvacaḥ puṇyaṃ na kuryur yadi dūtakāḥ ||123|
tataś ca narake ghore yūyaṃ sarve nimajjatha |
yā kāpy uktā parā śaktiḥ śivasya samavāyinī ||124|
tām eva gautamīṃ santo vadanty ambhaḥsvarūpiṇīm |
haribrahmamaheśānāṃ mānyā vandyā ca saiva yat ||125|
nistīryate na kenāpi tad atikramajaṃ tv agham |
pāpino 'py ātmajaḥ kaścid yaś ca gaṅgām anusmaret ||126|
so 'nekadurganirayān nirgato muktatāṃ vrajet |
kiṃ punas tādṛśaḥ putro gautamīnikaṭe sthitaḥ ||127|

yasyāsau narake paktuṃ na kairapi hi śakyate |
dakṣiṇāśāpater vākyaṃ niśamya yamakiṃkarāḥ || 128 |
narake pacyamānaṃ tam ayodhyādhipatiṃ nṛpam |
uttārya ghoranarakād vacanaṃ cedam abruvan || 129 |
yamakiṃkarā ūcuḥ:
dhanyo 'si nṛpaśārdūla yasya putraḥ sa tādṛśaḥ |
iha cāmutra viśrāntiḥ suputraḥ kena labhyate || 130 |
brahmovāca:
sa viśrāntaḥ śanai rājā kiṃkarān vākyam abravīt || 131 |
rājovāca:
narakeṣv atha ghoreṣu pacyamānaḥ punaḥ punaḥ |
kathaṃ tv ākarṣitaḥ śīghraṃ tan me vaktum ihārhatha || 132 |
brahmovāca:
tatra kaścic chāntamanā rājānam idam abravīt || 133 |
yamadūta uvāca:
vedaśāstrapurāṇādāv etad gopyaṃ prayatnataḥ |
prakāśyate tad api te sāmarthyaṃ putratīrthayoḥ || 134 |
rāmas tava sutaḥ śrīmān gautamītīram āgataḥ |
tasmāt tvaṃ narakād ghorād ākṛṣṭo 'si narottama || 135 |
yadi tvāṃ tatra gautamyāṃ smared rāmaḥ salakṣmaṇaḥ |
snānaṃ kṛtvātha piṇḍādi te dadyāt sa nṛpottama |
tatas tvaṃ sarvapāpebhyo mukto yāsi triviṣṭapam || 136 |
rājovāca:
tatra gatvā bhavadvākyam ākhyāsye svasutau prati |
bhavanta eva śaraṇam anujñāṃ dātum arhatha || 137 |
brahmovāca:
tad rājavacanaṃ śrutvā kṛpayā yamakiṃkarāḥ |
ājñāṃ ca pradadus tasmai rājā prāgāt sutau prati || 138 |
bhīṣaṇaṃ yātanādeham āpanno niḥśvasan muhuḥ |
nirīkṣya svaṃ lajjamānaḥ kṛtaṃ karma ca saṃsmaran || 139 |
svecchayā viharan gaṅgām āsasāda ca rāghavaḥ |
gautamyās taṭam āśritya rāmo lakṣmaṇa eva ca || 140 |
sītayā saha vaidehyā sasnau caiva yathāvidhi |
naiva tatrābhavad bhojyaṃ bhakṣyaṃ vā gautamītaṭe || 141 |
taddine tatra vasatāṃ gautamītīravāsinām |
tad dṛṣṭvā duḥkhito bhrātā lakṣmaṇo rāmam abravīt || 142 |
lakṣmaṇa uvāca:
putrau daśarathasyāvāṃ tavāpi balam īdṛśam |
nāsti bhojyam athāsmākaṃ gaṅgātīranivāsinām || 143 |
rāma uvāca:
bhrātar yad vihitaṃ karma naiva tac cānyathā bhavet |
pṛthivyām annapūrṇāyāṃ vayam annābhilāṣiṇaḥ || 144 |
saumitre nūnam asmābhir na brāhmaṇamukhe hutam |
avajñayā mahīdevāṃs tarpayanty arcayanti na || 145 |
te ye lakṣmaṇa jāyante sarvadaiva bubhukṣitāḥ |
snātvā devān athābhyarcya hotavyaś ca hutāśanaḥ |
tataḥ svasamaye devo vidhāsyaty aśanaṃ tu nau || 146 |

brahmovāca:
bhrātroḥ saṃjalpator evaṃ paśyatoḥ karmaṇo gatim |
śanair daśaratho rājā taṃ deśam upajagmivān ||147|
taṃ dṛṣṭvā lakṣmaṇaḥ śīghraṃ tiṣṭha tiṣṭheti cābravīt |
dhanur ākṛṣya kopena rakṣas tvaṃ dānavo 'thavā ||148|
āsannaṃ ca punar dṛṣṭvā yāhi yāhy atra puṇyabhāk |
rāmo dāśarathī rājā dharmabhāk paśya vartate ||149|
gurubhaktaḥ satyasaṃdho devabrāhmaṇasevakaḥ |
trailokyarakṣādakṣo 'sau vartate yatra rāghavaḥ ||150|
na tatra tvādṛśām asti praveśaḥ pāpakarmaṇām |
yadi praviśase pāpa tato vadham avāpsyasi ||151|
tat putravacanaṃ śrutvā śanair āhūya vācayā |
uvācādhomukho bhūtvā snuṣāṃ putrau kṛtāñjaliḥ |
muhur antar vinidhyāyan gatiṃ duṣkṛtakarmaṇaḥ ||152|
rājovāca:
ahaṃ daśaratho rājā putrau me śṛṇutaṃ vacaḥ |
tisṛbhir brahmahatyābhir vṛto 'haṃ duḥkham āgataḥ |
chinnaṃ paśyata me dehaṃ narakeṣu ca pātitam ||153|
brahmovāca:
tataḥ kṛtāñjalī rāmaḥ sītayā lakṣmaṇena ca |
bhūmau praṇemus te sarve vacanaṃ caitad abruvan ||154|
sītārāmalakṣmaṇā ūcuḥ:
kasyedaṃ karmaṇas tāta phalaṃ nṛpatisattama ||155|
brahmovāca:
sa ca prāha yathāvṛttaṃ brahmahatyātrayaṃ tathā ||156|
rājovāca:
niṣkṛtir brahmahantṝṇāṃ putrau kvāpi na vidyate ||157|
brahmovāca:
tato duḥkhena mahatāvṛtāḥ sarve bhuvaṃ gatāḥ |
rājānaṃ vanavāsaṃ ca mātaraṃ pitaraṃ tathā ||158|
duḥkhāgamaṃ karmagatiṃ narake pātanaṃ tathā |
evamādy atha saṃsmṛtya mumoha nṛpateḥ sutaḥ |
visaṃjñaṃ nṛpatiṃ dṛṣṭvā sītā vākyam athābravīt ||159|
sītovāca:
na śocanti mahātmānas tvādṛśā vyasanāgame |
cintayanti pratīkāraṃ daivyam apy atha mānuṣam ||160|
śocadbhir yugasāhasraṃ vipattir naiva tīryate |
vyāmoham āpnuvantīha na kadācid vicakṣaṇāḥ ||161|
kim anenātra duḥkhena niṣphalena janeśvara |
dehi hatyāṃ prathamato yā jātā hy atibhīṣaṇā ||162|
pitṛbhaktaḥ puṇyaśīlo vedavedāṅgapāragaḥ |
anāgā yo hato vipras tatpāpasyātra niṣkṛtim ||163|
ācarāmi yathāśāstraṃ mā śokaṃ kurutaṃ yuvām |
dvitīyāṃ lakṣmaṇo hatyāṃ gṛhṇātu tv aparāṃ bhavān ||164|
brahmovāca:
etad dharmayutaṃ vākyaṃ sītayā bhāṣitaṃ dṛḍham |
tatheti cāhatur ubhau tato daśaratho 'bravīt ||165|

daśaratha uvāca:
tvaṃ hi brahmavidaḥ kanyā janakasya tv ayonijā |
bhāryā rāmasya kiṃ citraṃ yad yuktam anubhāṣase ||166|
na kopi bhavatāṃ kiṃtu śramaḥ svalpo 'pi vidyate |
gautamyāṃ snānadānena piṇḍanirvapaṇena ca ||167|
tisṛbhir brahmahatyābhir mukto yāmi triviṣṭapam |
tvayā janakasaṃbhūte svakulocitam īritam ||168|
prāpayanti paraṃ pāraṃ bhavābdheḥ kulayoṣitaḥ |
godāvaryāḥ prasādena kiṃ nāmāsty atra durlabham ||169|
brahmovāca:
tatheti kriyamāṇe tu piṇḍadānāya śatruhā |
naivāpaśyad bhakṣyabhojyaṃ tato lakṣmaṇam abravīt ||170|
lakṣmaṇaḥ prāha vinayād iṅgudyāś ca phalāni ca |
santi teṣāṃ ca piṇyākam ānītaṃ tatkṣaṇād iva ||171|
piṇyākenātha gaṅgāyāṃ piṇḍaṃ dātuṃ tathā pituḥ |
manaḥ kurvaṃs tato rāmo mando 'bhūd duḥkhitas tadā ||172|
daivī vāg abhavat tatra duḥkhaṃ tyaja nṛpātmaja |
rājyabhraṣṭo vanaṃ prāptaḥ kiṃ vai niṣkiṃcano bhavān ||173|
aśaṭho dharmanirato na śocitum ihārhasi |
vittaśāṭhyena yo dharmaṃ karoti sa tu pātakī ||174|
śrūyate sarvaśāstreṣu yad rāma śṛṇu yatnataḥ |
yadannaḥ puruṣo rājaṃs tadannās tasya devatāḥ ||175|
piṇḍe nipatite bhūmau nāpaśyat pitaraṃ tadā |
śavaṃ ca patitaṃ yatra śavatīrtham anuttamam ||176|
mahāpātakasaṃghātavighātakṛd anusmṛtiḥ |
tatrāgacchaṃl lokapālā rudrādityās tathāśvinau ||177|
svaṃ svaṃ vimānam ārūḍhās teṣāṃ madhye 'tidīptimān |
vimānavaram ārūḍhaḥ stūyamānaś ca kiṃnaraiḥ ||178|
ādityasadṛśākāras teṣāṃ madhye babhau pitā |
tam adṛṣṭvā svapitaraṃ devān dṛṣṭvā vimāninaḥ ||179|
kṛtāñjalipuṭo rāmaḥ pitā me kvety abhāṣata |
iti divyābhavad vāṇī rāmaṃ saṃbodhya sītayā ||180|
tisṛbhir brahmahatyābhir mukto daśaratho nṛpaḥ |
vṛtaṃ paśya surais tāta devā apy ūcire ca tam ||181|
devā ūcuḥ:
dhanyo 'si kṛtakṛtyo 'si rāma svargaṃ gataḥ pitā |
nānānirayasaṃghātāt pūrvajān uddharet tu yaḥ ||182|
sa dhanyo 'laṃkṛtaṃ tena kṛtinā bhuvanatrayam |
enaṃ paśya mahābāho muktapāpaṃ raviprabham ||183|
sarvasaṃpattiyukto 'pi pāpī dagdhadrumopamaḥ |
niṣkiṃcano 'pi sukṛtī dṛśyate candramaulivat ||184|
brahmovāca:
dṛṣṭvābravīt sutaṃ rājā āśīrbhir abhinandya ca ||185|
rājovāca:
kṛtakṛtyo 'si bhadraṃ te tārito 'haṃ tvayānagha |
dhanyaḥ sa putro loke 'smin pitṝṇāṃ yas tu tārakaḥ ||186|

brahmovāca:
tataḥ suragaṇāḥ procur devānāṃ kāryasiddhaye |
rāmaṃ ca puruṣaśreṣṭhaṃ gaccha tāta yathāsukham |
tatas tadvacanaṃ śrutvā rāmas tān abravīt surān ||187|
rāma uvāca:
gurau pitari me devāḥ kiṃ kṛtyam avaśiṣyate ||188|
devā ūcuḥ:
nadī na gaṅgayā tulyā na tvayā sadṛśaḥ sutaḥ |
na śivena samo devo na tāreṇa samo manuḥ ||189|
tvayā rāma gurūṇāṃ ca kāryaṃ sarvam anuṣṭhitam |
tāritāḥ pitaro rāma tvayā putreṇa mānada |
gacchantu sarve svasthānaṃ tvaṃ ca gaccha yathāsukham ||190|
brahmovāca:
tad devavacanād dhṛṣṭaḥ sītayā lakṣmaṇāgrajaḥ |
tad dṛṣṭvā gaṅgāmāhātmyaṃ vismito vākyam abravīt ||191|
rāma uvāca:
aho gaṅgāprabhāvo 'yaṃ trailokye nopamīyate |
vayaṃ dhanyā yato gaṅgā dṛṣṭāsmābhis tripāvanī ||192|
brahmovāca:
harṣeṇa mahatā yukto devaṃ sthāpya maheśvaram |
taṃ ṣoḍaśabhir īśānam upacāraiḥ prayatnataḥ ||193|
saṃpūjyāvaraṇair yuktaṃ ṣaṭtriṃśatkalam īśvaram |
kṛtāñjalipuṭo bhūtvā rāmas tuṣṭāva śaṃkaram ||194|
rāma uvāca:
namāmi śaṃbhuṃ puruṣaṃ purāṇaṃ |
namāmi sarvajñam apārabhāvam |
namāmi rudraṃ prabhum akṣayaṃ taṃ |
namāmi śarvaṃ śirasā namāmi ||195|
namāmi devaṃ param avyayaṃ tam |
umāpatiṃ lokaguruṃ namāmi |
namāmi dāridryavidāraṇaṃ taṃ |
namāmi rogāpaharaṃ namāmi ||196|
namāmi kalyāṇam acintyarūpaṃ |
namāmi viśvodbhavabījarūpam |
namāmi viśvasthitikāraṇaṃ taṃ |
namāmi saṃhārakaraṃ namāmi ||197|
namāmi gaurīpriyam avyayaṃ taṃ |
namāmi nityaṃ kṣaram akṣaraṃ tam |
namāmi cidrūpam ameyabhāvaṃ |
trilocanaṃ taṃ śirasā namāmi ||198|
namāmi kāruṇyakaraṃ bhavasya |
bhayaṃkaraṃ vāpi sadā namāmi |
namāmi dātāram abhīpsitānāṃ |
namāmi someśam umeśam ādau ||199|
namāmi vedatrayalocanaṃ taṃ |
namāmi mūrtitrayavarjitaṃ tam |

namāmi puṇyaṃ sadasadvyatītaṃ |
namāmi taṃ pāpaharaṃ namāmi ||200|
namāmi viśvasya hite rataṃ taṃ |
namāmi rūpāṇi bahūni dhatte |
yo viśvagoptā sadasatpraṇetā |
namāmi taṃ viśvapatiṃ namāmi ||201|
yajñeśvaraṃ saṃprati havyakavyaṃ |
tathā gatiṃ lokasadāśivo yaḥ |
ārādhito yaś ca dadāti sarvaṃ |
namāmi dānapriyam iṣṭadevam ||202|
namāmi someśvaram asvatantram |
umāpatiṃ taṃ vijayaṃ namāmi |
namāmi vighneśvaranandināthaṃ |
putrapriyaṃ taṃ śirasā namāmi ||203|
namāmi devaṃ bhavaduḥkhaśoka- |
vināśanaṃ candradharaṃ namāmi |
namāmi gaṅgādharam īśam īḍyam |
umādhavaṃ devavaraṃ namāmi ||204|
namāmy ajādīśapuraṃdarādi- |
surāsurair arcitapādapadmam |
namāmi devīmukhavādanānām |
īkṣārtham akṣitritayaṃ ya aicchat ||205|
pañcāmṛtair gandhasudhūpadīpair |
vicitrapuṣpair vividhaiś ca mantraiḥ |
annaprakāraiḥ sakalopacāraiḥ |
saṃpūjitaṃ somam ahaṃ namāmi ||206|
brahmovāca:
tataḥ sa bhagavān āha rāmaṃ śaṃbhuḥ salakṣmaṇam |
varān vṛṇīṣva bhadraṃ te rāmaḥ prāha vṛṣadhvajam ||207|
rāma uvāca:
stotreṇānena ye bhaktyā toṣyanti tvāṃ surottama |
teṣāṃ sarvāṇi kāryāṇi siddhiṃ yāntu maheśvara ||208|
yeṣāṃ ca pitaraḥ śaṃbho patitā narakārṇave |
teṣāṃ piṇḍādidānena pūtā yāntu triviṣṭapam ||209|
janmaprabhṛti pāpāni manovākkāyikaṃ tv agham |
atra tu snānamātreṇa tat sadyo nāśam āpnuyāt ||210|
atra ye bhaktitaḥ śaṃbho dadaty arthibhya aṇv api |
sarvaṃ tad akṣayaṃ śaṃbho dātṝṇāṃ phalakṛd bhavet ||211|
brahmovāca:
evam astv iti taṃ rāmaṃ śaṃkaro hṛṣito 'bravīt |
gate tasmin suraśreṣṭhe rāmo 'py anucaraiḥ saha ||212|
gautamī yatra cotpannā śanais taṃ deśam abhyagāt |
tataḥ prabhṛti tat tīrthaṃ rāmatīrtham udāhṛtam ||213|
dayālor apatat tatra lakṣmaṇasya karāc charaḥ |
tad bāṇatīrtham abhavat sarvāpadvinivāraṇam ||214|

yatra saumitriṇā snānaṃ śaṃkarasyārcanaṃ kṛtam |
tat tīrthaṃ lakṣmaṇaṃ jātaṃ tathā sītāsamudbhavam ||215|
nānāvidhāśeṣapāpasaṃghanirmūlanakṣamam |
yad aṅghrisaṅgād abhavad gaṅgā trailokyapāvanī ||216|
sa yatra snānam akarot tad vaiśiṣṭyaṃ kim ucyate |
tad rāmatīrthasadṛśaṃ tīrthaṃ kvāpi na vidyate ||217|

iti śrīmahāpurāṇe ādibrāhme tīrthamāhātmye rāmatīrthāditīrthavarṇanaṃ nāma trayoviṃśādhikaśatatamo 'dhyāyaḥ = gautamīmāhātmye catuṣpañcāśattamo 'dhyāyaḥ

brahmovāca:
putratīrtham iti khyātaṃ *puṇyatīrthaṃ*[1] tad ucyate |
sarvān kāmān avāpnoti yanmahimnaḥ śruter api ||124.1|
tasya svarūpaṃ vakṣyāmi śṛṇu yatnena nārada |
diteḥ putrāś ca danujāḥ parikṣīṇā yadābhavan |
adites tu sutā jyeṣṭhāḥ sarvabhāvena nārada ||2|
tadā ditiḥ putraviyogaduḥkhāt |
saṃspardhamānā danum *ājagāma*[2] ||3|
ditir uvāca:
kṣīṇāḥ sutā āvayor eva bhadre |
kiṃ kurmahe karma loke garīyaḥ |
paśyāditer vaṃśam abhinnam uttamaṃ |
saurājyayuktaṃ yaśasā jayaśriyā ||4|
jitārim abhyunnatakīrtidharmaṃ |
maccittasaṃharṣavināśadakṣam |
samānabhartṛtvasamānadharme |
samānagotre 'pi samānarūpe ||5|
na jīvayeyaṃ śriyam unnatiṃ ca |
jīrṇāsmi dṛṣṭvā tv aditiprasūtān |
kām apy avasthām anuyāmi duḥsthā- |
'diter vilokyātha parāṃ samṛddhim |
dāvapraveśo 'pi sukhāya nūnaṃ |
svapne 'py avekṣyā na sapatnalakṣmīḥ ||6|
brahmovāca:
evaṃ bruvāṇām atidīnavaktrāṃ |
viniśvasantīṃ parameṣṭhiputraḥ |
kṛtābhipūjo vigataśramas tāṃ |
sa sāntvayann āha manobhirāmām ||7|
parameṣṭhiputra uvāca:
khedo na kāryaḥ samabhīpsitaṃ yat |
tat prāpyate puṇyata eva bhadre |
tatsādhanaṃ vetti mahānubhāvaḥ |
prajāpatis te sa tu vakṣyatīti ||8|

1 DEF samyaktīrthaṃ **2** V āsasāda

[3]sādhvy etat sarvabhāvena praśrayāvanatā satī ||9|
brahmovāca:
evaṃ bruvāṇāṃ ca ditiṃ danuḥ provāca nārada ||10|
danur uvāca:
bhartāraṃ kaśyapaṃ bhadre toṣayasva nijair guṇaiḥ |
tuṣṭo yadi bhaved bhartā tataḥ kāmān avāpsyasi ||11|
brahmovāca:
tathety uktvā sarvabhāvais toṣayām āsa kaśyapam |
ditiṃ provāca bhagavān kaśyapo 'tha prajāpatiḥ ||12|
kaśyapa uvāca:
kiṃ dadāmi *yadābhīṣṭaṃ*[4] dite varaya suvrate ||13|
brahmovāca:
ditir apy āha bhartāraṃ putraṃ bahuguṇānvitam |
jetāraṃ sarva-*lokānāṃ*[5] sarvalokanamaskṛtam ||14|
yena jātena loke 'smin bhaveyaṃ vīraputriṇī |
taṃ vareyaṃ *surapitar*[6] ity āha vinayānvitā ||15|
kaśyapa uvāca:
upadekṣye vrataṃ śreṣṭhaṃ dvādaśābdaphalapradam |
tata āgatya te garbham ādhāsye yan manogatam |
niṣpāpatāyāṃ jātāyāṃ sidhyanti hi manorathāḥ ||16|
brahmovāca:
bhartṛvākyād ditiḥ prītā taṃ namasyāyatekṣaṇā |
upadiṣṭaṃ vrataṃ cakre bhartrādiṣṭaṃ yathāvidhi ||17|
tīrthasevāpātradānavratacaryādivarjitāḥ |
katham āsādayiṣyanti prāṇino 'tra manorathān ||18|
tataś cīrṇe vrate tasyāṃ dityāṃ garbham adhārayat |
punaḥ kāntām athovāca kaśyapas tāṃ ditiṃ rahaḥ ||19|
kaśyapa uvāca:
na prāpnuvanti yatkāmān munayo 'pi *tapas-*[7]sthitāḥ |
yathāvihitakarmāṅgaavajñayā tac chucismite ||20|
ninditaṃ ca na kartavyaṃ saṃdhyayor ubhayor api |
na svaptavyaṃ na gantavyaṃ muktakeśī ca no bhava ||21|
bhoktavyaṃ subhage naiva kṣutaṃ vā jṛmbhaṇaṃ tathā |
saṃdhyākāle na kartavyaṃ bhūtasaṃghasamākule ||22|
sāntardhānaṃ sadā kāryaṃ hasitaṃ tu viśeṣataḥ |
gṛhāntadeśe saṃdhyāsu na sthātavyaṃ kadācana ||23|
muśalolūkhalādīni śūrpapīṭhapidhānakam |
naivātikramaṇīyāni divā rātrau sadā priye ||24|
udakśīrṣaṃ tu śayanaṃ na saṃdhyāsu viśeṣataḥ |
vaktavyaṃ nānṛtaṃ kiṃcin nānyagehāṭanaṃ tathā ||25|
kāntād anyo na vīkṣyas tu prayatnena naraḥ kvacit |
ityādiniyamair yuktā yadi tvam anuvartase |
tatas te bhavitā putras trailokyaiśvaryabhājanam ||26|

3 E om. 124.9–10. **4** V tavābhīṣṭaṃ **5** DEF -sainyānāṃ **6** A sutaṃ brahmann E surapatiṃ
7 V tapaḥ-

brahmovāca:
tatheti pratijajñe sā bhartāraṃ lokapūjitam |
gataś ca kaśyapo brahmann itaś cetaḥ surān prati ||27|
diter garbho 'pi vavṛdhe balavān puṇyasaṃbhavaḥ |
etat sarvaṃ mayo daityo māyayā vetti tattvataḥ ||28|
indrasya sakhyam abhavan *mayena*[8] prītipūrvakam |
mayo gatvā rahaḥ prāha indraṃ sa vinayānvitaḥ ||29|
diter danor abhiprāyaṃ vrataṃ garbhasya vardhanam |
tasya vīryaṃ ca vividhaṃ prītyendrāya nyavedayat ||30|
viśvāsaikagṛhaṃ mitram apāyatrāsavarjitam |
arjitaṃ sukṛtaṃ nānāvidhaṃ cet tad avāpyate ||31|
nārada uvāca:
namuceś ca priyo bhrātā mayo daityo mahābalaḥ |
bhrātṛhantrā kathaṃ maitryaṃ mayasyāsīt sureśvara ||32|
brahmovāca:
daityānām adhipaś cāsīd balavān namuciḥ purā |
indreṇa vairam abhavad bhīṣaṇaṃ lomaharṣaṇam ||33|
yuddhaṃ hitvā kadācid bho gacchantaṃ tu śatakratum |
dṛṣṭvā daityapatiḥ śūro namuciḥ pṛṣṭhato 'nvagāt ||34|
tam āyāntam abhiprekṣya śacībhartā bhayāturaḥ |
airāvataṃ gajaṃ tyaktvā indraḥ phenam athāviśat ||35|
sa vajrapāṇis tarasā phenenaivāhanad ripum |
namucir nāśam agamat tasya bhrātā mayo 'nujaḥ ||36|
bhrātṛ-*hantṛ*-[9]vināśāya tapas tepe mayo mahat |
māyāṃ ca vividhām āpa devānām atibhīṣaṇām ||37|
varāṃś cāvāpya tapasā viṣṇor lokaparāyaṇāt |
dānaśauṇḍaḥ priyālāpī tadābhavad asau mayaḥ ||38|
agnīṃś ca brāhmaṇān pūjya jetum indraṃ kṛtakṣaṇaḥ |
dātāraṃ ca tadārthibhyaḥ stūyamānaṃ ca bandibhiḥ ||39|
viditvā maghavā vāyor mayaṃ māyāvinaṃ ripum |
upakrāntaṃ suyuddhāya vipro bhūtvā tam abhyagāt |
śacībhartā mayaṃ daityaṃ provācedaṃ punaḥ punaḥ ||40|
indra uvāca:
dehi daityapate mahyam arthine 'pekṣitaṃ varam |
tvāṃ śrutvā dātṛtilakam āgato 'haṃ dvijottamaḥ ||41|
brahmovāca:
mayo 'pi brāhmaṇaṃ matvāvadad dattaṃ mayā tava |
vicārayanti kṛtino bahv alpaṃ vā puro 'rthini ||42|
ity ukte tu hariḥ prāha sakhyam icche hy ahaṃ tvayā |
indraṃ mayaḥ punaḥ prāha kim anena dvijottama ||43|
na tvayā mama vairaṃ bhoḥ svastīty āha harir mayam |
tattvaṃ vadeti sa harir daityenoktaḥ svakaṃ vapuḥ ||44|

8 EF maye tu **9** V -hantu-

darśayām āsa daityāya sahasrākṣaṃ yad ucyate |
tataḥ savismayo daityo mayo harim uvāca ha ||45|
maya uvāca:
kim idaṃ vajrapāṇis tvaṃ tavāyogyā kṛtiḥ sakhe ||46|
brahmovāca:
pariṣvajya vihasyātha vṛttam[10] ity abravīd dhariḥ |
kenāpi sādhayanty atra paṇḍitāś ca samīhitam ||47|
tataḥ prabhṛti śakrasya mayena mahatī hy abhūt |
suprītir muniśārdūla mayo harihitaḥ sadā ||48|
indrasya bhavanaṃ gatvā tasmai sarvaṃ nyavedayat |
kiṃ me kṛtyam iti prāha mayaṃ māyāvinaṃ hariḥ ||49|
haraye ca mayo māyāṃ prādāt prītyā tathā hariḥ |
prāptaḥ saṃprītimān āha kiṃ kṛtyaṃ maya tad vada ||50|
maya uvāca:
agastyasyāśramaṃ gaccha tatrāste garbhiṇī ditiḥ |
tasyāḥ śuśrūṣaṇaṃ kurvann āssva tatra kiyanti ca ||51|
ahāni maghavaṃs tasyā garbham āviśya vajradhṛk |
vardhamānaṃ ca taṃ chindhi yāvad vaśyo 'thavā mṛtim |
prāpnoti tāvad vajreṇa tato na bhavitā ripuḥ ||52|
brahmovāca:
tathety uktvā mayaṃ pūjya maghavān eka eva hi |
vinītavat tadā prāyād ditiṃ mātaram añjasā |
śuśrūṣamāṇas tāṃ devīṃ śakro daiteyamātaram |
sā na jānāti tac *cittaṃ śakrasya*[11] dviṣato ditiḥ ||53|
garbhe sthitaṃ tu yad bhūtaṃ devendrasya viceṣṭitam |
amoghaṃ tan munes tejaḥ kaśyapasya durāsadam ||54|
tataḥ pragṛhya kuliśaṃ sahasrākṣaḥ puraṃdaraḥ |
antaḥpraveśa-[12]kāmo 'sau bahukālaṃ samāvasan ||55|
saṃdhyodakśīrṣanidrāṃ tām avekṣya kuliśāyudhaḥ |
idam antaram ity uktvā dityāḥ kukṣiṃ samāviśat ||56|
antarvarti ca yad bhūtam indraṃ dṛṣṭvā dhṛtāyudham |
hantukāmaṃ tadovāca punaḥ punar abhītavat ||57|
garbhastha uvāca:
kiṃ māṃ na rakṣase vajrin bhrātaraṃ tvaṃ jighāṃsasi |
nāraṇe māraṇād anyat pātakaṃ vidyate mahat ||58|
ṛte yuddhān mahābāho śakra yudhyasva nirgate |
mayi tasmān naitad evaṃ tava yuktaṃ bhaviṣyati ||59|
śatakratuḥ sahasrākṣaḥ śacībhartā puraṃdaraḥ |
vajrapāṇiḥ surendras tvaṃ *te na*[13] yuktaṃ bhavet prabho ||60|
athavā yuddhakāmas tvaṃ mama niṣkramaṇaṃ yathā |
tathā kuru mahābāho mārgād asmād apāsara ||61|

10 V vihasyātha pariṣvajya kṛtam **11** EF citram indrasya **12** D garbhavaiśasa-
13 DE naitad

kumārge na pravartante mahānto 'pi vipadgatāḥ |
avidyaś cāpy aśastraś ca naiva cāyudhasaṃgrahaḥ ||62|
tvaṃ vidyāvān vajrapāṇe māṃ nighnan kiṃ na lajjase |
kurvanti garhitaṃ karma na kulīnāḥ kadācana ||63|
hatvā *vā*[14] kiṃ tu jāyeta yaśo vā puṇyam eva vā |
vadhyante bhrātaraḥ kāmād garbhasthāḥ kiṃ nu pauruṣam ||64|
yadi vā yuddhabhaktis te mayi bhrātar asaṃśayam |
tato muṣṭiṃ puraskṛtya vajriṇe 'sau vyavasthitaḥ ||65|
[15]*bāla-*[16]ghātī brahmaghātī tathā viśvāsaghātakaḥ |
evaṃbhūtaṃ phalaṃ śakra kasmān māṃ hantum udyataḥ ||66|
yasyājñayā sarvam idaṃ vartate sacarācaram |
sa hantā bālakaṃ māṃ vai kiṃ yaśaḥ kiṃ tu pauruṣam ||67|
brahmovāca:
evaṃ bruvantaṃ taṃ garbhaṃ ciccheda kuliśena saḥ |
krodhāndhānāṃ lobhināṃ ca na ghṛṇā kvāpi vidyate ||68|
na mamāra tato duḥkhād āhus te bhrātaro vayam |
punaś ciccheda tān khaṇḍān mā vadhīr iti cābruvan ||69|
viśvastān mātṛgarbhasthān nijabhrātṝñ śatakrato |
dveṣavidhvastabuddhīnāṃ na citte karuṇākaṇaḥ ||70|
evaṃ tu khaṇḍitaṃ khaṇḍaṃ hastapādādijīvavat |
nirvikāraṃ tato dṛṣṭvā saptasapta suvismitaḥ ||71|
ekavad[17] bahurūpāṇi garbhasthāni śubhāni ca |
rudanti bahurūpāṇi mā rutety abravīd dhariḥ ||72|
tatas te maruto jātā balavanto mahaujasaḥ |
garbhasthā eva te 'nyonyam ūcuḥ śakraṃ gatabhramāḥ ||73|
agastyaṃ muniśārdūlaṃ mātā yasyāśrame sthitā |
asmatpitā tava bhrātā sakhyaṃ te bahu manyate ||74|
asmān upari sasnehaṃ manas te vidmahe mune |
na yat karoti śvapacaḥ pravṛttas tatra vajradhṛk ||75|
ity etad vacanaṃ śrutvā agastyo 'gāt sasaṃbhramaḥ |
ditiṃ saṃbodhayām āsa vyathitāṃ garbhavedanāt ||76|
tatrāgastyaḥ śacīkāntam aśapat kupito bhṛśam ||77|
agastya uvāca:
saṃgrāme ripavaḥ pṛṣṭhaṃ paśyeyus te sadā hare |
jīvatām eva maraṇam etad eva hi māninām |
pṛṣṭhaṃ palāyamānānāṃ yat paśyanty ahitā raṇe ||78|
brahmovāca:
sāpi taṃ garbhasaṃsthaṃ ca śaśāpendraṃ ruṣā ditiḥ ||79|
ditir uvāca:
na pauruṣaṃ kṛtaṃ tasmāc chāpo 'yaṃ bhavitā tava |
strībhiḥ paribhavaṃ prāpya rājyāt prabhraśyase hare ||80|
brahmovāca:
etasminn antare tatra kaśyapo vai prajāpatiḥ |

14 EF māṃ **15** DF om. 124.66–67. **16** EV bhrātṛ- **17** A ekasya

prāyāc ca vyathito 'gastyāc chrutvā śakraviceṣṭitam |
garbhāntaragataḥ śakraḥ pitaraṃ prāha bhītavat ||81|
śakra uvāca:
agastyāc ca diteś caiva bibhemi kramituṃ bahiḥ ||82|
brahmovāca:
etasminn antare prāpya[18] kaśyapo 'pi prajāpatiḥ |
putrakarma ca tad dṛṣṭvā garbhāntaḥsthitim eva ca |
ditiśāpam agastyasya śrutvāsau duḥkhito 'bhavat ||83|
kaśyapa uvāca:
nirgaccha śakra putraitat pāpaṃ kiṃ kṛtavān asi |
na nirmalakulotpannā manaḥ kurvanti pātake ||84|
brahmovāca:
sa nirgato vajrapāṇiḥ savrīḍo 'dhomukho 'bravīt |
tanmūrtir eva vadati sadasacceṣṭitaṃ nṛṇām ||85|
śakra uvāca:
yad uktam atra śreyaḥ syāt tatkartāham asaṃśayam ||86|
brahmovāca:
tato mamāntikaṃ prāyāl lokapālaiḥ sa kaśyapaḥ |
sarvaṃ vṛttam athovāca punaḥ papraccha māṃ suraiḥ ||87|
ditigarbhasya vai śāntiṃ sahasrākṣaviśāpatām |
garbhasthānāṃ ca sarveṣām indreṇa saha mitratām ||88|
teṣām ārogyatāṃ cāpi śacībhartur adoṣatām |
agastyadattaśāpasya viśāpatvam api kramāt ||89|
tato 'ham abravaṃ vākyaṃ kaśyapaṃ vinayānvitam |
prajāpate kaśyapa tvaṃ vasubhir lokapālakaiḥ ||90|
indreṇa sahitaḥ śīghraṃ gautamīṃ yāhi mānada |
tatra snātvā maheśānaṃ stuhi sarvaiḥ samanvitaḥ ||91|
tataḥ śivaprasādena sarvaṃ śreyo bhaved iti |
tathety uktvā *jagāmāsau*[19] kaśyapo gautamīṃ tadā ||92|
snātvā tuṣṭāva deveśam ebhir eva padakramaiḥ |
sarvaduḥkhāpanodāya dvayam eva prakīrtitam |
gautamī vā puṇyanadī śivo vā karuṇākaraḥ ||93|
kaśyapa uvāca:
pāhi śaṃkara deveśa pāhi lokanamaskṛta |
pāhi pāvana vāgīśa pāhi pannagabhūṣaṇa ||94|
pāhi dharma vṛṣārūḍha pāhi vedatrayekṣaṇa |
pāhi godhara lakṣmīśa pāhi śarva gajāmbara ||95|
pāhi tripurahan nātha pāhi somārdhabhūṣaṇa |
pāhi yajñeśa someśa pāhy abhīṣṭapradāyaka ||96|
pāhi kāruṇyanilaya pāhi maṅgaladāyaka |
pāhi prabhava sarvasya pāhi pālaka vāsava ||97|
pāhi bhāskara vitteśa pāhi brahmanamaskṛta |
pāhi viśveśa siddheśa pāhi pūrṇa namo 'stu te ||98|

18 V bhāryāsamīpam āpannaḥ **19** E tair jagāma

ghorasaṃsārakāntārasaṃcārodvignacetasām |
śarīriṇāṃ kṛpāsindho tvam eva śaraṇaṃ śiva ||99|
brahmovāca:
evaṃ saṃstuvatas tasya purato 'bhūd vṛṣadhvajaḥ |
vareṇa cchandayām āsa kaśyapaṃ taṃ prajāpatim ||100|
kaśyapo 'pi śivaṃ prāha vinītavad idaṃ vacaḥ |
sa prāha vistareṇātha indrasya tu viceṣṭitam ||101|
śāpaṃ nāśaṃ ca putrāṇāṃ parasparam amitratām |
pāpaprāptiṃ tu śakrasya śāpaprāptiṃ tathaiva ca |
tato vṛṣākapiḥ prāha ditiṃ cāgastyam eva ca ||102|
śiva uvāca:
maruto ye bhavatputrāḥ pañcāśac caikavarjitāḥ |
sarve bhaveyuḥ subhagā bhaveyur yajñabhāginaḥ ||103|
indreṇa sahitā nityaṃ vartayeyur mudānvitāḥ ||104|
indrasya tu havirbhāgo yatra yatra makhe bhavet |
ādau tu marutas tatra bhaveyur nātra saṃśayaḥ ||105|
marudbhiḥ sahitaṃ śakraṃ na jayeyuḥ kadācana |
jetā bhavet sarvadaiva sukhaṃ tiṣṭha prajāpate ||106|
adyaprabhṛti ye kuryur anayād bhrātṛghātanam |
vaṃśacchedo vipattiś ca nityaṃ teṣāṃ bhaviṣyati ||107|
brahmovāca:
agastyam ṛṣiśārdūlaṃ śaṃbhur apy āha yatnataḥ ||108|
śaṃbhur uvāca:
na kuryās tvaṃ *ca*[20] kopaṃ ca śacībhartari vai mune |
śamaṃ vraja mahāprājña marutas tv amarā bhavan ||109|
brahmovāca:
ditiṃ cāpi śivaḥ prāha prasanno vṛṣabhadhvajaḥ ||110|
śiva uvāca:
eko bhūyān mama sutas trailokyaiśvaryamaṇḍitaḥ |
ity evaṃ cintayantī tvaṃ tapase niyatābhavaḥ ||111|
tad etat saphalaṃ te 'dya putrā bahuguṇāḥ śubhāḥ |
abhavan balinaḥ śūrās tasmāj jahi manorujam |
anyān api varān subhrūr yācasva gatasaṃbhramā ||112|
brahmovāca:
tad etad vacanaṃ śrutvā devadevasya sā ditiḥ |
kṛtāñjalipuṭā natvā śaṃbhuṃ vākyam athābravīt ||113|
ditir uvāca:
loke yad etat paramaṃ yat pitroḥ putradarśanam |
viśeṣeṇa tu tan mātuḥ priyaṃ syāt surapūjita ||114|
tatrāpi rūpasaṃpattiśauryavikramavān bhavet |
eko 'pi tanayaḥ kiṃtu bahavaś cet kim ucyate ||115|
matputrās te prabhāvāc ca jetāro balino dhruvam |
indrasya bhrātaraḥ satyaṃ putrāś caiva prajāpateḥ ||116|

20 V tu

agastyasya prasādāc ca gaṅgāyāś ca prasādataḥ |
yatra deva prasādas te tac chubhaṃ ko 'tra saṃśayaḥ ||117|
kṛtārthāhaṃ tathāpi tvāṃ bhaktyā vijñāpayāmy aham |
śṛṇuṣva *deva vacanam*[21] kuruṣva ca jagaddhitam ||118|
brahmovāca:
vadety uktā jagaddhātrā ditir namrābravīd idam ||119|
ditir uvāca:
saṃtatiprāpaṇaṃ loke durlabhaṃ suravandita |
viśeṣeṇa priyaṃ mātuḥ putraś cet kiṃ nu varṇyate ||120|
sa cāpi guṇavāñ *śrīmān*[22] āyuṣmān yadi jāyate |
kiṃ tu svargeṇa *deveśa*[23] pārameṣṭhyapadena vā ||121|
sarveṣām api bhūtānām ihāmutra phalaiṣiṇām |
guṇavatputrasaṃprāptir abhīṣṭā sarvadaiva ca |
tasmād āplavanād atra kriyatāṃ samanugrahaḥ ||122|
śaṃkara uvāca:
mahāpāpaphalaṃ cedaṃ yad etad anapatyatā |
striyā vā puruṣasyāpi vandhyatvaṃ yadi jāyate ||123|
tad atra snānamātreṇa taddoṣo nāśam āpnuyāt |
snātvā tatra phalaṃ dadyāt stotram etac ca yaḥ paṭhet ||124|
sa tu putram avāpnoti *trimāsasnāna-*[24]dānataḥ |
aputriṇī tv atra snānaṃ kṛtvā putram avāpnuyāt ||125|
ṛtusnātā tu yā kācit tatra snātā sutāṃl labhet |
trimāsābhyantaraṃ yā tu gurviṇī bhaktitas tv iha ||126|
phalaiḥ[25] snātvā tu māṃ paśyet stotreṇa stauti māṃ tathā |
tasyāḥ śakrasamaḥ putro jāyate nātra saṃśayaḥ ||127|
pitṛdoṣaiś ca ye putraṃ na labhante dite śṛṇu |
dhanāpahāradoṣaiś ca tatraiṣā niṣkṛtiḥ parā ||128|
tatraiṣāṃ piṇḍadānena pitṝṇāṃ prīṇanena ca |
kiṃcit suvarṇadānena tataḥ putro bhaved dhruvam ||129|
ye nyāsādyapahartāro *ratnāpahnava-*[26]kārakāḥ |
śrāddhakarmavihīnāś ca teṣāṃ vaṃśo na vardhate ||130|
doṣiṇāṃ tu paretānāṃ gatir eṣā bhaved iti |
saṃtatir jāyatāṃ ślāghyā jīvatāṃ tīrthasevanāt ||131|
saṃgame ditigaṅgāyāḥ snātvā siddheśvaraṃ prabhum |
anādya-*pāram ajaraṃ*[27] citsadānandavigraham ||132|
devarṣisiddhagandharvayogīśvaraniṣevitam |
liṅgātmakaṃ mahādevaṃ jyotirmayam anāmayam ||133|
pūjayitvopacāraiś ca nityaṃ bhaktyā yatavrataḥ |
stotreṇānena yaḥ stauti caturdaśyaṣṭamīṣu ca ||134|
yathāśaktyā[28] svarṇadānaṃ brāhmaṇānāṃ ca bhojanam |
yaḥ karoty atra gaṅgāyāṃ sa *putraśatam āpnuyāt*[29] ||135|

21 V devavacanaaṃ **22** V chrīmān **23** DEFV mokṣeṇa **24** A māsena snāna- **25** A tilaiḥ
26 EF ratnāpahāra- **27** DEF -pārasahajaṃ **28** ASS corr. *yathāśakti* **29** DEF tu putram avāpnuyāt

saṃprāpya sakalān kāmān ante śivapuraṃ vrajet |
stotreṇānena yaḥ kaścid yatra kvāpi stavīti mām |
ṣaṇmāsāt putram āpnoti api *vandhyāpy aśaṅkitam*[30] ||136|
[31]brahmovāca:
tataḥ prabhṛti tat tīrthaṃ putratīrtham *udāhṛtam*[32] |
tatra tu snānadānādyaiḥ sarvakāmān avāpnuyāt ||137|
marudbhiḥ saha maitryeṇa mitratīrthaṃ tad ucyate |
niṣpāpatvena cendrasya śakratīrthaṃ tad ucyate ||138|
aindrīṃ śriyaṃ yatra lebhe tat tīrthaṃ kamalābhidham |
etāni sarvatīrthāni sarvābhīṣṭapradāni hi ||139|
sarvaṃ bhaviṣyatīty uktvā śivaś cāntaradhīyata |
kṛtakṛtyāś ca te jagmuḥ sarva eva yathāgatam |
tīrthānāṃ puṇyadaṃ tatra lakṣam ekaṃ prakīrtitam ||140|

iti śrīmahāpurāṇe ādibrāhme tīrthamāhātmye putratīrthādilakṣatīrthavarṇanaṃ nāma caturviṃśādhikaśatatamo 'dhyāyaḥ = gautamīmāhātmye pañcapañcāśattamo 'dhyāyaḥ

brahmovāca:
yamatīrtham iti khyātaṃ pitṝṇāṃ *prīti*-[1]vardhanam |
dṛṣṭādṛṣṭeṣṭadaṃ *sarvadevarṣigaṇasevitam*[2] ||125.1|
tasya prabhāvaṃ vakṣyāmi sarvapāpapraṇāśanam |
anuhrāda iti khyātaḥ kapoto balavān abhūt ||2|
tasya bhāryā hetināmnī pakṣiṇī kāmarūpiṇī |
mṛtyoḥ *pautro*[3] hy anuhrādo dauhitrī hetir eva ca ||3|
kālenātha tayoḥ putrāḥ pautrāś caiva babhūvire |
tasya śatruś ca balavān ulūko nāma pakṣirāṭ ||4|
tasya putrāś ca pautrāś ca āgneyās te balotkaṭāḥ |
tayoś ca vairam abhavad bahukālaṃ dvijanmanoḥ ||5|
gaṅgāyā uttare *tīre*[4] kapotasyāśramo 'bhavat |
tasyāś ca[5] dakṣiṇe *kūla*[6] ulūko nāma pakṣirāṭ ||6|
vāsaṃ cakre tatra putraiḥ pautraiś ca dvijasattama |
tayoś ca yuddham abhavad bahukālaṃ viruddhayoḥ ||7|
putraiḥ pautraiś ca vṛtayor balinor balibhiḥ saha |
ulūko vā kapoto vā naivāpnoti jayājayau ||8|
kapoto yamam ārādhya mṛtyuṃ paitāmahaṃ tathā |
yāmyam astram *avāpyātha*[7] sarvebhyo 'py adhiko 'bhavat ||9|
tatholūko 'gnim ārādhya balavān abhavad bhṛśam |
varair unmattayor yuddham abhavac cātibhīṣaṇam ||10|
tatrāgneyam ulūko 'pi kapotāyāstram ākṣipat |
kapoto 'py atha pāśān vai yāmyān ākṣipya śatrave ||11|

30 A vandhyā hi aśītikām **31** A om. **32** DEF iti śrutam **1** V tṛpti- **2** V puṇyaṃ sarvatīrthaniṣevitam **3** A putro **4** V pāre **5** DE gaṅgāyā **6** V pāre **7** V athāvāpya

ulūkāyātha daṇḍaṃ ca mṛtyupāśān avāsṛjat |
punas tad abhavad yuddhaṃ purāḍibakayor yathā ||12|
hetiḥ kapotakī dṛṣṭvā jvalanaṃ prāptam *antike*[8] |
pativratā mahāyuddhe bhartuḥ sā duḥkhavihvalā ||13|
agninā veṣṭyamānāṃś ca putrān dṛṣṭvā viśeṣataḥ |
sā gatvā jvalanaṃ hetis tuṣṭāva vividhoktibhiḥ ||14|
hetir uvāca:
rūpaṃ na dānaṃ na parokṣam asti |
yasyātmabhūtaṃ ca padārthajātam |
aśnanti havyāni ca yena devāḥ |
svāhāpatiṃ yajñabhujaṃ namasye ||15|
mukhabhūtaṃ ca devānāṃ *devānāṃ*[9] havyavāhanam |
hotāraṃ cāpi devānāṃ devānāṃ dūtam eva ca ||16|
taṃ devaṃ śaraṇaṃ yāmi ādidevaṃ vibhāvasum |
antaḥ sthitaḥ prāṇarūpo bahiś cānnaprado hi yaḥ |
yo yajñasādhanaṃ yāmi śaraṇaṃ taṃ dhanaṃjayam ||17|
agnir uvāca:
amogham etad astraṃ me nyastaṃ yuddhe kapotaki |
yatra viśramayed astraṃ tan me brūhi pativrate ||18|
kapoty uvāca:
mayi viśramyatām astraṃ na *putre na ca*[10] bhartari |
satyavāg bhava havyeśa jātavedo namo 'stu te ||19|
jātavedā uvāca:
tuṣṭo 'smi tava vākyena bhartṛbhaktyā pativrate |
tavāpi bhartṛputrāṇāṃ heti kṣemaṃ dadāmy aham ||20|
āgneyam etad astraṃ me na bhartāraṃ sutān api |
na tvāṃ dahet tato yāhi sukhena tvaṃ kapotaki ||21|
brahmovāca:
etasminn antare tatra ulūkī dadṛśe patim |
veṣṭyamānaṃ yāmyapāśair yamadaṇḍena tāḍitam |
ulūkī duḥkhitā bhūtvā yamaṃ prāyād bhayāturā ||22|
ulūky uvāca:
tvadbhītā anudravante janās |
tvadbhītā brahmacaryaṃ caranti |
tvadbhītāḥ sādhu caranti dhīrās |
tvadbhītāḥ karmaniṣṭhā bhavanti ||23|
tvadbhītā anāśakam ācaranti |
grāmād araṇyam abhi yac caranti |
tvadbhītāḥ saumyatām āśrayante |
tvadbhītāḥ somapānaṃ bhajante |
tvadbhītāś cānnagodānaniṣṭhās |
tvadbhītā brahmavādaṃ vadanti ||24|

8 V āntike **9** V sarvajñaṃ **10** V putreṣu na

brahmovāca:
evaṃ *bruvatyām*[11] tasyāṃ tām āha dakṣiṇadikpatiḥ ||25|
yama uvāca:
varaṃ varaya bhadraṃ te dāsye 'haṃ manasaḥ priyam ||26|
brahmovāca:
yamasyeti vacaḥ śrutvā sā tam āha pativratā ||27|
ulūky uvāca:
bhartā me veṣṭitaḥ pāśair daṇḍenābhihatas tava |
tasmād rakṣa suraśreṣṭha putrān bhartāram eva ca ||28|
brahmovāca:
tad-*vākyāt kṛpayā*[12] yukto yamaḥ prāha punaḥ punaḥ ||29|
yama uvāca:
pāśānāṃ cāpi daṇḍasya sthānaṃ vada śubhānane ||30|
brahmovāca:
sā provāca yamaṃ devaṃ mayi pāśās tvayeritāḥ |
āviśantu jagannātha daṇḍo mayy eva saṃviśet |
tataḥ provāca bhagavān yamas tāṃ kṛpayā punaḥ ||31|
yama uvāca:
tava bhartā ca putrāś ca sarve jīvantu vijvarāḥ ||32|
brahmovāca:
nyavārayad yamaḥ pāśān āgneyāstraṃ tu havyavāṭ |
kapotolūkayoś cāpi prītiṃ vai cakratuḥ surau |
āhatuś ca dvijanmānau vriyatāṃ vara īpsitaḥ ||33|
pakṣiṇāv ūcatuḥ:
bhavator darśanaṃ labdhaṃ vairavyājena duṣkaram |
vayaṃ ca pakṣiṇaḥ pāpāḥ kiṃ vareṇa surottamau ||34|
atha deyo varo 'smākaṃ bhavadbhyāṃ prītipūrvakam |
nātmārtham anuyācāvo dīyamānaṃ varaṃ śubham ||35|
ātmārthaṃ yas tu yāceta sa śocyo hi sureśvarau |
jīvitaṃ saphalaṃ tasya yaḥ parārthodyataḥ sadā ||36|
agnir āpo raviḥ pṛthvī dhānyāni vividhāni ca |
parārthaṃ vartanaṃ teṣāṃ satāṃ cāpi viśeṣataḥ ||37|
brahmādayo 'pi hi yato yujyante mṛtyunā saha |
evaṃ jñātvā tu deveśau vṛthā svārthapariśramaḥ ||38|
janmanā saha yat puṃsāṃ vihitaṃ parameṣṭhinā |
kadācin nānyathā tad vai vṛthā kliśyanti jantavaḥ ||39|
tasmād yācāvahe kiṃcid dhitāya jagatāṃ śubham |
guṇadāyi tu sarveṣāṃ tad yuvām[13] anumanyatām ||40|
brahmovāca:
tāv āhatur ubhau devau pakṣiṇau lokaviśrutau |
dharmasya yaśaso *'vāptye*[14] lokānāṃ hitakāmyayā ||41|
pakṣiṇāv ūcatuḥ:
āvābhyām[15] āśramau tīrthe gaṅgāyā ubhaye taṭe |
bhavetāṃ jagatāṃ nāthāv eṣa eva paro varaḥ ||42|

11 DF stuvatyāṃ **12** A -vākyārtatayā **13** ASS corr. *yuvābhyām* **14** V 'vāptyai
15 V āvayor

snānaṃ dānaṃ japo homaḥ pitṝṇāṃ cāpi pūjanam |
sukṛtī duṣkṛtī *vāpi*[16] yaḥ karoti yathā tathā |
sarvaṃ tad akṣayaṃ puṇyaṃ syād ity eṣa paro varaḥ ||43|
devāv ūcatuḥ:
evam astu tathā cānyat suprītau tu bravāvahai ||44|
yama uvāca:
uttare gautamītīre yamastotraṃ paṭhanti ye |
teṣāṃ saptasu vaṃśeṣu nākāle mṛtyum āpnuyāt ||45|
puruṣo bhājanaṃ ca syāt sarvadā sarvasaṃpadām |
yas tv idaṃ paṭhate nityaṃ mṛtyustotraṃ jitātmavān ||46|
aṣṭāśītisahasraiś ca vyādhibhir na sa bādhyate |
asmiṃs tīrthe dvijaśreṣṭhau trimāsād gurviṇī *satī*[17] ||47|
arvāgvandhyā ca ṣaṇmāsāt saptāhaṃ snānam ācaret |
vīrasūḥ sā bhaven nārī śatāyuḥ sa suto bhavet ||48|
lakṣmīvān matimāñ *śūraḥ*[18] putrapautravivardhanaḥ |
tatra piṇḍādidānena pitaro muktim āpnuyuḥ |
manovākkāyajāt pāpāt snānān mukto bhaven naraḥ ||49|
brahmovāca:
yamavākyād anu tathā havyavāḍ āha pakṣiṇau ||50|
agnir uvāca:
matstotraṃ dakṣiṇe tīre ye paṭhanti yatavratāḥ |
teṣām ārogyam aiśvaryaṃ lakṣmīṃ rūpaṃ dadāmy aham ||51|
idaṃ stotraṃ tu yaḥ kaścid yatra kvāpi paṭhen naraḥ |
naivāgnito bhayaṃ tasya likhite 'pi gṛhe sthite ||52|
snānaṃ dānaṃ ca yaḥ kuryād agnitīrthe śucir naraḥ |
agniṣṭomaphalaṃ tasya bhaved eva na saṃśayaḥ ||53|
brahmovāca:
tataḥ prabhṛti tat tīrthaṃ yāmyam āgneyam eva ca |
kapotaṃ ca tatholūkaṃ hetyulūkaṃ vidur budhāḥ ||54|
tatra trīṇi sahasrāṇi tāvanty eva śatāni ca |
punar navatitīrthāni pratyekaṃ muktibhājanam ||55|
teṣu snānena dānena pretībhūtāś ca ye narāḥ |
pūtās te putravittāḍhyā ākrameyur divaṃ śubhāḥ ||56|

iti śrīmahāpurāṇe ādibrāhme tīrthamāhātmye yamāgnyādinavatyuttaratriśatādhikatrisahasratīrthavarṇanaṃ nāma pañcaviṃśādhikaśatatamo 'dhyāyaḥ = gautamīmāhātmye ṣaṭpañcāśattamo 'dhyāyaḥ

brahmovāca:
tapastīrtham iti khyātaṃ tapovṛddhikaraṃ mahat |
sarvakāmapradaṃ puṇyaṃ pitṝṇāṃ prītivardhanam ||126.1|
tasmiṃs tīrthe tu yad vṛttaṃ śṛṇu pāpapraṇāśanam |
apām agneś ca saṃvādam ṛṣīṇāṃ ca parasparam ||2|

16 V cāpi **17** E bhavet **18** V chūraḥ

apo jyeṣṭhatamāḥ kecin menire 'gniṃ tathāpare |
evaṃ bruvanto munayaḥ saṃvādaṃ cāgnivāriṇoḥ ||3|
vināgniṃ jīvanaṃ kva syāj jīvabhūto yato 'nalaḥ |
ātmabhūto havyabhūtaś cāgninā jāyate 'khilam ||4|
agninā dhriyate loko hy agnir jyotirmayaṃ jagat |
tasmād agneḥ paraṃ nāsti pāvanaṃ daivataṃ mahat ||5|
antarjyotiḥ sa evoktaḥ paraṃ jyotiḥ sa eva hi |
vināgninā kiṃcid asti yasya dhāma jagattrayam ||6|
tasmād agneḥ paraṃ nāsti bhūtānāṃ *jyaiṣṭhya-*[1]bhājanam |
yoṣitkṣetre 'rpitaṃ bījaṃ puruṣeṇa yathā tathā ||7|
tasya dehādikā *śaktiḥ*[2] kṛśānor eva nānyathā |
devānāṃ hi mukhaṃ vahnis tasmān nātaḥ paraṃ viduḥ ||8|
apare tu hy apāṃ jyaiṣṭhyaṃ menire vedavādinaḥ |
adbhiḥ saṃpatsyate hy annaṃ śucir adbhiḥ prajāyate ||9|
adbhir eva dhṛtaṃ sarvam āpo vai mātaraḥ smṛtāḥ |
trailokyajīvanaṃ vāri *vadantīti*[3] purāvidaḥ ||10|
utpannam amṛtaṃ hy adbhyas tābhyaś cauṣadhisaṃbhavaḥ |
agnir jyeṣṭha iti prāhur āpo jyeṣṭhatamāḥ pare ||11|
evaṃ mīmāṃsamānās te ṛṣayo vedavādinaḥ |
viruddhavādino māṃ ca samabhyetyedam abruvan ||12|
ṛṣaya ūcuḥ:
agner apāṃ vada jyaiṣṭhyaṃ trailokyasya bhavān prabhuḥ ||13|
brahmovāca:
aham apy abravaṃ prāptān ṛṣīn sarvān yatavratān |
ubhau pūjyatamau loka ubhābhyāṃ jāyate jagat ||14|
ubhābhyāṃ jāyate havyaṃ kavyaṃ cāmṛtam eva ca |
ubhābhyāṃ jīvanaṃ loke ṣarīrasya ca dhāraṇam ||15|
nānayoś ca viśeṣo 'sti tato jyaiṣṭhyaṃ samaṃ matam |
tato madvacanāj jyaiṣṭhyam ubhayor naiva kasyacit ||16|
jyaiṣṭhyam anyatarasyeti menire ṛṣisattamāḥ |
na *tṛptā*[4] mama vākyena jagmur vāyuṃ tapasvinaḥ ||17|
munaya ūcuḥ:
kasya jyaiṣṭhyaṃ bhavān prāṇo vāyo satyaṃ tvayi sthitam ||18|
brahmovāca:
vāyur āhānalo jyeṣṭhaḥ sarvam agnau pratiṣṭhitam |
nety uktvānyonyam ṛṣayo jagmus te 'pi vasuṃdharām ||19|
munaya ūcuḥ:
satyaṃ bhūme vada jyaiṣṭhyam ādhārāsi carācare ||20|
brahmovāca:
bhūmir apy āha vinayād āgatāṃs tān ṛṣīn idam ||21|
bhūmir uvāca:
mamāpy ādhārabhūtāḥ syur āpo devyaḥ sanātanāḥ |
adbhyas tu jāyate sarvaṃ jyaiṣṭhyam apsu pratiṣṭhitam ||22|

1 DE jyeṣṭha- **2** DF vyaktiḥ **3** AE vadantīha **4** A tuṣṭā

brahmovāca:
nety uktvānyonyam ṛṣayo jagmuḥ kṣīrodaśāyinam |
tuṣṭuvur vividhaiḥ stotraiḥ śaṅkhacakragadādharam ||23|
ṛṣaya ūcuḥ:
yo veda sarvaṃ bhuvanaṃ bhaviṣyad |
yaj jāyamānaṃ ca guhāniviṣṭam |
lokatrayaṃ citravicitrarūpam |
ante samastaṃ ca yam āviveśa ||24|
yad akṣaraṃ śāśvatam aprameyaṃ |
yaṃ vedavedyam ṛṣayo vadanti |
yam āśritāḥ svepsitam āpnuvanti |
tad vastu satyaṃ śaraṇaṃ vrajāmaḥ ||25|
bhūtaṃ mahābhūtajagatpradhānaṃ |
na vindate yogino viṣṇurūpam |
tad vaktum ete ṛṣayo 'tra yātāḥ |
satyaṃ vadasveha jagannivāsa ||26|
tvam antarātmākhiladehabhājāṃ |
tvam eva sarvaṃ tvayi sarvam īśa |
tathāpi jānanti na keapi kutrāpi |
aho bhavantaṃ prakṛtiprabhāvāt |
antar bahiḥ sarvata eva santaṃ |
viśvātmanā saṃparivartamānam ||27|
brahmovāca:
tataḥ prāha jagaddhātrī daivī vāg aśarīriṇī ||28|
daivī vāg uvāca:
ubhāv ārādhya tapasā bhaktyā ca niyamena ca |
yasya syāt prathamaṃ siddhis tad bhūtaṃ jyeṣṭham ucyate ||29|
brahmovāca:
tathety tathā yayuḥ sarve ṛṣayo lokapūjitāḥ |
śrāntāḥ khinnāntarātmānaḥ paraṃ vairāgyam āśritāḥ ||30|
sarvalokaikajananīṃ bhuvanatrayapāvanīm |
gautamīm agaman sarve tapas taptuṃ yatavratāḥ ||31|
abdaivataṃ tathāgniṃ ca pūjanāyodyatās tadā |
agneś ca pūjakā ye ca apāṃ vai pūjane sthitāḥ |
tatra vāg abravīd daivī vedamātā sarasvatī ||32|
daivī vāg uvāca:
agner āpas tathā yonir adbhiḥ śaucam avāpyate |
agneś ca pūjakā ye ca vinādbhiḥ pūjanaṃ katham ||33|
apsu jātāsu sarvatra karmaṇy adhikṛto bhavet |
tāvat karmaṇy anarho 'yam aśucir malino *naraḥ*[5] ||34|
na magnaḥ śraddhayā yāvad apsu śītāsu vedavit |
tasmād āpo variṣṭhāḥ syur mātṛ-*bhūtā yataḥ smṛtāḥ*[6] |
tasmāj *jyaiṣṭhyam*[7] apām eva jananyo 'gner viśeṣataḥ ||35|

5 F mataḥ **6** A -bhūtāḥ sanātanāḥ **7** V jeṣṭhyam

brahmovāca:
etad vacaḥ śuśruvus te ṛṣayo vedavādinaḥ |
niścayaṃ ca tataś cakrur bhavej jyaiṣṭhyam apām iti ||36|
yatra tīrthe vṛttam idam ṛṣisattre ca nārada |
tapastīrthaṃ tu tat proktaṃ sattratīrthaṃ tad ucyate ||37|
agnitīrthaṃ ca tat proktaṃ tathā sārasvataṃ viduḥ |
teṣu snānaṃ ca dānaṃ ca sarvakāmapradaṃ śubham ||38|
caturdaśa śatāny atra tīrthānāṃ puṇyadāyinām |
teṣu snānaṃ ca dānaṃ ca svargamokṣapradāyakam ||39|
kṛtaṃ saṃdehaharaṇam ṛṣīṇāṃ yatra bhāṣayā |
sarasvaty abhavat tatra gaṅgayā saṃgatā nadī |
māhātmyaṃ tasya ko vaktuṃ saṃgamasya kṣamo naraḥ ||40|

iti śrīmahāpurāṇe ādibrāhme tīrthamāhātmye tapastīrthādicaturdaśaśatatīrthavarṇanaṃ nāma ṣaḍviṃśādhikaśatatamo 'dhyāyaḥ = gautamīmāhātmye saptapañcāśattamo 'dhyāyaḥ

brahmovāca:
devatīrtham iti khyātaṃ gaṅgāyā uttare taṭe |
tasya prabhāvaṃ vakṣyāmi sarvapāpapraṇāśanam ||127.1|
ārṣṭiṣeṇa iti khyāto rājā sarvaguṇānvitaḥ |
tasya bhāryā jayā nāma sākṣāl lakṣmīr ivāparā ||2|
tasya putro bharo nāma matimān pitṛvatsalaḥ |
dhanurvede ca vede ca niṣṇāto dakṣa eva ca ||3|
tasya bhāryā rūpavatī suprabhety abhiviśrutā |
ārṣṭiṣeṇas tato rājā putre rājyaṃ niveśya saḥ ||4|
purodhasā ca mukhyena dīkṣāṃ cakre *nareśvaraḥ*[1] |
sarasvatyās tatas tīre hayamedhāya yatnavān ||5|
ṛtvigbhir ṛṣimukhyaiś ca vedaśāstraparāyaṇaiḥ |
dīkṣitaṃ taṃ nṛpaśreṣṭhaṃ brāhmaṇāgnisamīpataḥ ||6|
mithur dānavarāṭ śūraḥ pāpabuddhiḥ pratāpavān |
makhaṃ vidhvasya nṛpatiṃ sabhāryaṃ sapurohitam ||7|
ādāya vegāt sa prāgād rasātalatalaṃ mune |
nīte tasmin nṛpavare yajñe naṣṭe tato 'marāḥ ||8|
ṛtvijaś ca yayuḥ sarve svaṃ svaṃ sthānaṃ makhāt tataḥ |
purohitasuto rājño devāpir iti viśrutaḥ ||9|
bālas tāṃ mātaraṃ[2] dṛṣṭvā ātmanaḥ pitaraṃ na ca |
dṛṣṭvā savismayo bhūtvā duḥkhito 'tīva cābhavat ||10|
sa mātaraṃ tu papraccha pitā me kva gato 'mbike |
pitṛhīno na jīveyaṃ mātaḥ satyaṃ vadasva me ||11|
dhig dhik pitṛvihīnānāṃ jīvitaṃ pāpakarmaṇām |
na vakṣi yadi me mātar jalam agnim athāviśe ||12|
putraṃ provāca sā mātā rājño bhāryā purodhasaḥ |
dānavena talaṃ nīto rājñā saha pitā tava ||13|

1 DEFV janeśvaraḥ **2** A bālānāṃ pitaraṃ

devāpir uvāca:
kva nītaḥ kena vā nītaḥ kathaṃ nītaḥ kva karmaṇi |
keṣu paśyatsu kiṃ sthānaṃ dānavasya vadasva me ||14|
mātovāca:
dīkṣitaṃ yajñasadasi sabhāryaṃ sapurodhasam |
rājānaṃ taṃ mithur daityo nītavān sa rasātalam |
paśyatsu devasaṃgheṣu vahnibrāhmaṇasaṃnidhau ||15|
brahmovāca:
tan mātṛvacanaṃ śrutvā devāpiḥ kṛtyam asmarat |
devān paśye 'thavāgniṃ vā ṛtvijo vāsurāṃs tathā ||16|
eteṣv eva pitānveṣyo nānyatreti matir mama |
iti niścitya devāpir bharaṃ prāha nṛpātmajam ||17|
devāpir uvāca:
tapasā brahmacaryeṇa vratena niyamena ca |
ānetavyā mayā sarve nītā ye ca rasātalam ||18|
jāte parābhave ghore yo na kuryāt pratikriyām |
narādhamena kiṃ tena jīvatā vā mṛtena vā ||19|
tvaṃ praśādhi mahīṃ kṛtsnām ārṣṭiṣeṇaḥ pitā yathā |
mātā mama tvayā pālyā rājan yāvan mamāgatiḥ |
bhavec ca kṛtakāryasya anujānīhi māṃ bhara ||20|
brahmovāca:
bhareṇoktaḥ sa devāpiḥ sarvaṃ niścitya yatnataḥ ||21|
bhara uvāca:
siddhiṃ kuru sukhaṃ yāhi mā cintām alpikāṃ bhaja ||22|
brahmovāca:
tato devāpir amararājāṅghridhyānatatparaḥ |
ṛtvijo 'nveṣya yatnena natvā tān ṛtvijaḥ pṛthak |
kṛtāñjalipuṭo bālo devāpir vākyam abravīt ||23|
devāpir uvāca:
bhavadbhiś ca makho rakṣyo yajamānaś ca dīkṣitaḥ |
purodhāś ca tathā rakṣyaḥ patnī yā dīkṣitasya tu ||24|
bhavatsu tatra paśyatsu yajñaṃ vidhvasya *daityarāṭ*[3] |
rājādayas tena nītās tan na yuktatamaṃ bhavet ||25|
athāpy etad ahaṃ manye bhavantas tān aroginaḥ |
dātum arhanti *tān*[4] *sarvān*[5] anyathā śāpam arhatha ||26|
ṛtvija ūcuḥ:
makhe 'gniḥ prathamaṃ pūjyo hy agnir evātra daivatam |
tasmād vayaṃ na jānīmo hy agnīnāṃ paricārakāḥ ||27|
sa eva dātā bhoktā ca hartā kartā ca havyavāṭ ||28|
brahmovāca:
ṛtvijaḥ pṛṣṭhataḥ kṛtvā devāpir jātavedasam |
pūjayitvā yathānyāyam agnaye tan nyavedayat ||29|

3 ASS corr. like V; V ṛtvijaḥ **4** ASS corr. *vai* **5** V viprāgryā hy

agnir uvāca:
yathartvijas tathā cāhaṃ devānāṃ paricārakaḥ |
havyaṃ vahāmi devānāṃ bhoktāro rakṣakāś ca te ||30|
devāpir uvāca:
devān āhūya yatnena havirbhāgān pṛthak pṛthak |
dāsye 'ham eṣa *doṣo me*[6] tasmād yāhi surān prati ||31|
brahmovāca:
devāpiḥ sa surān prāpya natvā tebhyaḥ pṛthak pṛthak |
ṛtvigvākyaṃ cāgnivākyaṃ śāpaṃ cāpi nyavedayat ||32|
devā ūcuḥ:
āhūtā vaidikair mantrair ṛtvigbhiś ca yathākramam |
bhokṣyāmahe havirbhāgān na svatantrā dvijottama ||33|
tasmād vedānugā nityaṃ vayaṃ vedena coditāḥ |
paratantrās tato vipra vedebhyas tan nivedaya ||34|
brahmovāca:
sa devāpiḥ śucir bhūtvā vedān āhūya yatnataḥ |
dhyānena tapasā yukto vedāś cāpi puro 'bhavan ||35|
vedān uvāca devāpir namasya tu punaḥ punaḥ |
ṛtvigvākyaṃ cāgnivākyaṃ devavākyaṃ nyavedayat ||36|
vedā ūcuḥ:
paratantrā vayaṃ tāta īśvarasya vaśānugāḥ |
aśeṣajagadādhāro nirādhāro nirañjanaḥ ||37|
sarvaśaktyaikasadanaṃ nidhānaṃ sarvasaṃpadām |
sa tu kartā mahādevaḥ saṃhartā sa maheśvaraḥ ||38|
vayaṃ śabdamayā brahman vadāmo vidma eva ca |
asmākam etat kṛtyaṃ syād vadāmo yat tu pṛcchasi ||39|
kena nītās tasya nāma tatpuraṃ tadbalaṃ tathā |
bhakṣitāḥ kiṃ tu *no*[7] naṣṭā *etaj*[8] jānīmahe vayam ||40|
yathā ca tava sāmarthyaṃ yam ārādhya ca yatra ca |
syād ity etac ca jānīmo yathā prāpsyasi tān *puraḥ*[9] ||41|
brahmovāca:
etac chrutvāvadad vedān vicārya suciraṃ hṛdi ||42|
devāpir uvāca:
vedā vadantv etad eva sarvam *eva*[10] yathārthataḥ |
sarvān prāpsye talaṃ nītān alaṃ tebhyo namo 'stu vaḥ ||43|
vedā ūcuḥ:
gautamīṃ gaccha devāpe tatra stuhi maheśvaram |
suprasannas tavābhīṣṭaṃ dāsyaty eva kṛpākaraḥ ||44|
bhaved devaḥ śivaḥ prītaḥ stutaḥ satyaṃ mahāmate |
ārṣṭiṣeṇaś ca nṛpatis tasya jāyā jayā satī ||45|
pitā tavāpy upamanyus[11] tale tiṣṭhanty aroginaḥ |
varadānān maheśasya mithuṃ hatvā ca rākṣasam |
yaśaḥ prāpsyasi dharmaṃ ca etac chakyaṃ na cetarat ||46|

6 V śīghraṃ tvaṃ **7** DF te **8** D naitaj **9** V punaḥ **10** V āśu **11** V upamanyus tava pitā

brahmovāca:
tad vedavacanād bālo devāpir gautamīṃ gataḥ |
snātvā kṛtakṣaṇo vipras tuṣṭāva ca maheśvaram ||47|
devāpir uvāca:
bālo 'haṃ devadeveśa gurūṇāṃ tvaṃ gurur *mama*[12] |
na me śaktis tvatstavane tubhyaṃ śaṃbho namo 'stu te ||48|
na tvāṃ jānanti nigamā na devā munayo na ca |
na brahmā nāpi vaikuṇṭho yo 'si so 'si namo 'stu te ||49|
ye 'nāthā ye ca kṛpaṇā ye daridrāś ca rogiṇaḥ |
pāpātmāno ye ca loke tāṃs tvaṃ pāsi maheśvara ||50|
tapasā niyamair mantraiḥ pūjitās tridivaukasaḥ |
tvayā dattaṃ phalaṃ tebhyo dāsyanti jagatāṃ pate ||51|
yācitāraś ca dātāras tebhyo yad yan manīṣitam |
bhavatīti na citraṃ syāt tvaṃ viparyayakārakaḥ ||52|
ye 'jñānino ye ca pāpā ye magnā narakārṇave |
śiveti vacanān nātha tān pāsi tvaṃ jagadguro ||53|
brahmovāca:
evaṃ tu stuvatas tasya puraḥ prāha trilocanaḥ ||54|
śiva uvāca:
varaṃ brūhy atha devāpe alaṃ dainyena bālaka ||55|
devāpir uvāca:
rājānaṃ rājapatnīṃ ca pitaraṃ ca guruṃ mama |
prāptum icche jagannātha nidhanaṃ ca ripor mama ||56|
brahmovāca:
devāpivacanaṃ śrutvā tathety āhākhileśvaraḥ |
devāpeḥ sarvam abhavad ājñayā śaṃkarasya tat ||57|
punar apy āha taṃ[13] śaṃbhur devāpikaruṇākaraḥ |
nandinaṃ preṣayām āsa śaṃbhuḥ śūlena nārada ||58|
rasā-*talaṃ*[14] mithuṃ nandī hatvā cāsurapuṃgavān |
tatpitrādīn samānīya tasmai tān sa nyavedayat ||59|
hayamedhaś ca tatrāsīd ārṣṭiṣeṇasya dhīmataḥ |
agniś ca ṛtvijo devā vedāś ca ṛṣayo 'bruvan ||60|
agnyādaya ūcuḥ:
yatra sākṣād abhūc chaṃbhur devāpe bhaktavatsalaḥ |
devadevo jagannātho devatīrtham abhūc ca tat ||61|
sarvapāpakṣayakaraṃ sarvasiddhipradaṃ nṛṇām |
puṇyadaṃ tīrtham etat syāt tava kīrtiś ca śāśvatī ||62|
brahmovāca:
aśvamedhe nivṛtte tu surās tebhyo varān daduḥ |
snātvā kṛtārthā gaṅgāyāṃ tatas te divam ākraman ||63|
tataḥ prabhṛti tatrāsaṃs tīrthāni daśa pañca ca |
sahasrāṇi śatāny aṣṭāv ubhayor api tīrayoḥ |
teṣu snānaṃ ca dānaṃ ca hy atīva phaladaṃ viduḥ ||64|

iti śrīmahāpurāṇe ādibrāhme tīrthamāhātmya ārṣṭiṣeṇādyaṣṭottaraśatādhikapañcadaśasahasratīrthavarṇanaṃ nāma saptaviṃśādhikaśatatamo 'dhyāyaḥ = gautamīmāhātmye 'ṣṭapañcāśattamo 'dhyāyaḥ

12 D mataḥ **13** ASS corr. like V; V āhūya svagaṇaṃ **14** V -tale

brahmovāca:
tapovanam iti khyātaṃ nandinīsaṃgamaṃ tathā |
siddheśvaraṃ tatra tīrthaṃ gautamyā dakṣiṇe taṭe ||128.1|
śārdūlaṃ ceti vikhyātaṃ teṣāṃ vṛttam idaṃ śṛṇu |
yasyākarṇanamātreṇa[1] sarvapāpaiḥ pramucyate ||2|
agnir hotā purā tv āsīd devānāṃ havyavāhanaḥ |
bhāryāṃ prāpto dakṣasutāṃ *svāhānāmnīṃ*[2] surūpiṇīm ||3|
sānapatyā purā cāsīt putrārthaṃ tapa āviśat |
tapaś carantīṃ vipulaṃ toṣayantīṃ hutāśanam |
sa bhartā hutabhuk prāha bhāryāṃ svāhām aninditām ||4|
agnir uvāca:
apatyāni bhaviṣyanti mā tapaḥ kuru śobhane ||5|
brahmovāca:
etac[3] chrutvā bhartṛvākyaṃ [[4]tu] nivṛttā tapaso 'bhavat |
strīṇām abhīṣṭadaṃ nānyad bhartṛvākyaṃ vinā kvacit ||6|
tataḥ katipaye kāle tārakād bhaya āgate |
anutpanne kārttikeye cirakālarahogate ||7|
maheśvare *bhavānyā*[5] ca trastā devāḥ samāgatāḥ |
devānāṃ kāryasiddhyartham agniṃ procur divaukasaḥ ||8|
devā ūcuḥ:
deva[6] gaccha mahābhāga śaṃbhuṃ trailokyapūjitam |
tārakād bhayam *utpannaṃ*[7] śaṃbhave tvaṃ nivedaya ||9|
agnir uvāca:
na gantavyaṃ tatra deśe daṃpatyoḥ sthitayo rahaḥ |
sāmānyamātrato nyāyaḥ kiṃ punaḥ śūlapāṇini ||10|
ekāntasthitayoḥ svairaṃ *jalpator yaḥ*[8] sarāgayoḥ |
daṃpatyoḥ śṛṇuyād vākyaṃ nirayāt tasya noddhṛtiḥ ||11|
sa svāmy akhilalokānāṃ mahākālas triśūlavān |
nirīkṣaṇīyaḥ kena syād bhavānyā rahasi sthitaḥ ||12|
devā ūcuḥ:
mahābhaye cānugate nyāyaḥ ko 'nv atra varṇyate |
tārakād bhaya *utpanne*[9] gaccha tvaṃ tārako bhavān ||13|
mahābhayābdhau sādhūnāṃ yat parārthāya jīvitam |
rūpeṇānyena vā gaccha vācaṃ vada yathā tathā ||14|
viśrāvya devavacanaṃ śaṃbhum āgaccha satvaraḥ |
tato dāsyāmahe pūjām ubhayor lokayoḥ kave ||15|

1 V yasya śravaṇamātreṇa **2** V svāhāṃ nāma **3** V tac **4** V ins. **5** V bhavānyāṃ
6 V devaṃ **7** V āpannaṃ **8** V jalpatoś ca **9** V āpanne

brahmovāca:
śuko bhūtvā jagāmāśu devavākyād dhutāśanaḥ |
yatrāsīj jagatāṃ nātho ramamāṇas tadomayā ||16|
sa bhītavad atha prāyāc chuko bhūtvā tadānalaḥ |
nāśakad dvāradeśe tu praveṣṭuṃ havyavāhanaḥ ||17|
tato gavākṣadeśe tu tasthau dhunvann adhomukhaḥ |
taṃ dṛṣṭvā prahasañ *śaṃbhur*[10] umāṃ prāha rahogataḥ ||18|
śaṃbhur uvāca:
paśya devi śukaṃ prāptaṃ devavākyād dhutāśanam ||19|
brahmovāca:
lajjitā cāvadad devam alaṃ deveti pārvatī |
puraścarantaṃ deveśo hy agniṃ taṃ dvijarūpiṇam ||20|
āhūya bahuśaś cāpi jñāto 'sy agne 'tra mā vada |
vidārayasva svamukhaṃ gṛhāṇedaṃ nayasva tat ||21|
ity uktvā tasya cāsye 'gne retaḥ sa prākṣipad bahu |
retogarbhas tadā cāgnir gantuṃ *naiva ca śaktavān*[11] ||22|
suranadyās tatas tīraṃ śrānto 'gnir upatasthivān |
kṛttikāsu ca tad retaḥ prakṣepāt kārttiko 'bhavat ||23|
avaśiṣṭaṃ ca yat kiṃcid agner dehe ca śāṃbhavam |
tad eva reto vahnis tu svabhāryāyāṃ dvidhākṣipat ||24|
svāhāyāṃ priyabhūtāyāṃ putrārthinyāṃ viśeṣataḥ |
purā sāśvāsitā tena saṃtatis te bhaviṣyati ||25|
tad vahninātha saṃsmṛtya tat kṣiptaṃ śāṃbhavaṃ mahaḥ |
tad agne retasas tasyāṃ jajñe mithunam uttamam ||26|
suvarṇaś ca suvarṇā ca rūpeṇāpratimaṃ bhuvi |
agneḥ prītikaraṃ nityaṃ lokānāṃ prītivardhanam ||27|
agniḥ prītyā suvarṇāṃ tāṃ prādād dharmāya dhīmate |
suvarṇasyātha putrasya saṃkalpām akarot priyām |
evaṃ putrasya putryāś ca vivāham akarot kaviḥ ||28|
anyonyaretovyatiṣaṅgadoṣād |
agner apatyam ubhayaṃ tathaiva |
putraḥ suvarṇo bahurūparūpī |
rūpāṇi kṛtvā surasattamānām ||29|
indrasya vāyor dhanadasya bhāryāṃ |
jaleśvarasyāpi munīśvarāṇām |
bhāryās tu gacchaty aniśaṃ suvarṇo |
yasyāḥ priyaṃ yac ca vapuḥ sa kṛtvā ||30|
yāti kvacic cāpi kaves tanūjas |
tadbhartṛrūpaṃ ca pativratāsu |
kṛtvāniśaṃ tābhir udārabhāvaḥ |
kurvan kṛtārthaṃ madanaṃ sa reme ||31|
kṛtvā gatā kvāpi caivaṃ suvarṇā[12] |
dharmasya bhāryāpi suvarṇanāmnī |

10 V chaṃbhur **11** DF naivāśakad divam **12** V kṛtyā tadākṛty abhavat suvarṇo

svāhāsutā svairiṇī sā babhūva |
yasyāpi yasyāpi manogatā yā ||32|
bhāryāsvarūpā[13] saiva bhūtvā suvarṇā |
reme patīn mānuṣān āsurāṃś ca |
devān ṛṣīn pitṛrūpāṃs tathānyān |
rūpaudāryasthairyagāmbhīryayuktān ||33|
yābhipretā yasya devasya bhāryā |
tadrūpā sā ramate tena sārdham |
nānābhedaiḥ karaṇaiś cāpy anekair |
ākarṣantī tanmanaḥ kāmasiddhim ||34|
evaṃ suvarṇasya nirīkṣya ceṣṭām |
agneḥ sūnoḥ putrikāyās tathāgneḥ |
sarve ca śepuḥ kupitās tadāgneḥ |
putraṃ ca putrīṃ ca surāsurās te ||35|
surāsurā ūcuḥ:
kṛtaṃ yad etad vyabhicārarūpaṃ |
yac chadmanā vartanaṃ pāparūpam |
tasmāt sutas te vyabhicāravāṃś ca |
sarvatra gāmī[14] jāyatāṃ havyavāha ||36|
tathā suvarṇāpi na caikaniṣṭhā |
bhūyād agne naikatṛptā bahūṃś ca |
nānājātīn ninditān dehabhājo |
bhajitrī syād eṣa doṣaś ca putryāḥ ||37|
brahmovāca:
ity etac chāpavacanaṃ śrutvāgnir atibhītavat |
mām abhyetya tadovāca niṣkṛtiṃ vada putrayoḥ ||38|
tadāham abravaṃ vahne gautamīṃ gaccha śaṃkaram |
stutvā tatra mahābāho nivedaya jagatpateḥ ||39|
māheśvareṇa vīryeṇa tava dehasthitena ca |
evaṃvidhaṃ tv apatyaṃ te jātaṃ vahne tato bhavān ||40|
nivedayasva[15] devāya devānāṃ śāpam īdṛśam |
svāpatyarakṣaṇāyāsau śaṃbhuḥ śreyaḥ kariṣyati ||41|
stuhi devaṃ ca devīṃ ca bhaktyā prīto bhavec chivaḥ |
tatas tv apatyaviṣaye priyān kāmān avāpsyasi ||42|
tato madvacanād agnir gaṅgāṃ gatvā maheśvaram |
tuṣṭāva niyato vākyaiḥ stutibhir vedasaṃmitaiḥ ||43|
agnir uvāca:
viśvasya jagato dhātā viśvamūrtir nirañjanaḥ |
ādikartā svayaṃbhūś ca taṃ namāmi jagatpatim ||44|
yo 'gnir bhūtvā saṃharati sraṣṭā vai jalarūpataḥ |
sūryarūpeṇa yaḥ pāti taṃ namāmi ca tryambakam ||45|
[[16]yajamānasya rūpeṇa surāṇāṃ tṛptihetave |
vāyurūpeṇa jīvānāṃ vyavasthākaraṇena ca |

13 V bhāryā surūpā **14** V sarvatragāmī **15** ASS corr. *nivedayatu* **16** V ins.

śivarūpeṇa yaḥ pāti sukhāya satataṃ hariḥ |
avakāśaṃ prāṇināṃ tu dhatte vyomasvarūpataḥ ||]
brahmovāca:
tataḥ prasanno bhagavān anantaḥ śaṃbhur avyayaḥ |
vareṇa cchandayām āsa pāvakaṃ surapūjitam ||46|
sa vinītaḥ śivaṃ prāha tava vīryaṃ mayi sthitam |
tena jātaḥ suto ramyaḥ suvarṇo lokaviśrutaḥ ||47|
tathā suvarṇā putrī ca tasmād eva jagatprabho |
anyonyavīryasaṅgāc ca taddoṣād ubhayaṃ tv idam ||48|
vyabhicārāt sadoṣaṃ *ca*[17] apatyam abhavac chiva |
śāpaṃ daduḥ surāḥ sarve tayoḥ śāntiṃ kuru prabho ||49|
tadagnivacanāc chaṃbhuḥ provācedaṃ śubhodayam ||50|
śaṃbhur uvāca:
madvīryād abhavat tvattaḥ suvarṇo bhūrivikramaḥ |
samagrā ṛddhayaḥ sarvāḥ suvarṇe 'smin *samāhitāḥ*[18] ||51|
bhaviṣyanti na saṃdeho vahne śṛṇu vaco mama |
trayāṇām api lokānāṃ pāvanaḥ sa bhaviṣyati ||52|
sa eva cāmṛtaṃ loke sa eva suravallabhaḥ |
sa eva bhuktimuktī ca sa eva makhadakṣiṇā ||53|
sa eva rūpaṃ sarvasya gurūṇām apy asau guruḥ |
vīryaṃ śreṣṭhatamaṃ vidyād vīryaṃ matto yad uttamam ||54|
viśeṣatas tvayi kṣiptaṃ tasya kā syād vicāraṇā |
hīnaṃ tena vinā sarvaṃ saṃpūrṇās tena saṃpadaḥ ||55|
jīvanto 'pi mṛtāḥ sarve suvarṇena vinā narāḥ |
nirguṇo 'pi dhanī mānyaḥ saguṇo 'py adhano nahi ||56|
tasmān nātaḥ paraṃ kiṃcit suvarṇād dhi bhaviṣyati |
tathā caiṣā suvarṇāpi syād utkṛṣṭāpi cañcalā ||57|
anayā vīkṣitaṃ sarvaṃ nyūnaṃ pūrṇaṃ bhaviṣyati |
tapasā japahomaiś ca *yeyaṃ*[19] prāpyā jagattraye ||58|
tasyāḥ prabhāvaṃ prāśastyam agne kiṃcic ca kīrtyate |
sarvatra yā tu saṃtiṣṭhed *āyātu*[20] vicariṣyati ||59|
suvarṇā kamalā sākṣāt pavitrā ca bhaviṣyati |
adya prabhṛty ātmajayos tathā svairaṃ viceṣṭatoḥ ||60|
tathāpi caitayoḥ puṇyaṃ na bhūtaṃ na bhaviṣyati ||61|
brahmovāca:
evam uktvā tataḥ śaṃbhuḥ sākṣāt tatrābhavac chivaḥ |
liṅgarūpeṇa sarveṣāṃ lokānāṃ hitakāmyayā ||62|
varān prāpya sutābhyāṃ sa *agnis*[21] tuṣṭo 'bhavat tataḥ |
svabhartrā ca suvarṇā sā dharmeṇāgnisutā mudā ||63|
vartayām āsa putro 'pi vahneḥ saṃkalpayā mudā |
etasminn antare svarṇām agner duhitaraṃ mune ||64|
paribhūya ca dharmaṃ taṃ śārdūlo dānaveśvaraḥ |
aharad bhāgyasaubhāgyavilāsavasatiṃ chalāt ||65|

17 V hy **18** V madāhitaḥ **19** E neyaṃ **20** V āyātā **21** V vahnis

nītā rasātalaṃ tena suvarṇā lokaviśrutā |
jāmātāgneḥ sa dharmaś ca agniś caiva sa havyavāṭ ||66|
viṣṇave lokanāthāya stutvā caiva punaḥ punaḥ |
kāryavijñāpanaṃ cobhau cakratuḥ prabhaviṣṇave ||67|
tataś cakreṇa ciccheda śārdūlasya śiro hariḥ |
sānītā viṣṇunā devī suvarṇā lokasundarī ||68|
maheśvarasutā caiva agneś caiva tathā priyā |
maheśvarāya tāṃ viṣṇur darśayām āsa nārada ||69|
prīto 'bhavan maheśo 'pi sasvaje tāṃ punaḥ punaḥ |
cakraṃ prakṣālitaṃ yatra śārdūlacchedi dīptimat ||70|
cakratīrthaṃ tu vikhyātaṃ śārdūlaṃ ceti tad viduḥ |
yatra nītā suvarṇā sā viṣṇunā śaṃkarāntikam ||71|
tat tīrthaṃ śāṃkaraṃ jñeyaṃ vaiṣṇavaṃ siddham eva tu |
yatrānandam anuprāpto hy agnir dharmaś ca śāśvataḥ ||72|
ānandāśrūṇi nyapatan yatrāgner munisattama |
ānandeti nadī jātā *tathā*[22] vai nandinīti ca ||73|
tasyāś ca saṃgamaḥ puṇyo gaṅgāyāṃ tatra vai śivaḥ |
tatraiva saṃgame sākṣāt suvarṇādyāpi saṃsthitā ||74|
dākṣāyaṇī saiva śivā āgneyī ceti viśrutā |
ambikā jagadādhārā śivā kātyāyanīśvarī ||75|
bhaktābhīṣṭapradā nityam alaṃkṛtyobhayaṃ taṭam |
tapas tepe yatra cāgnis tat tīrthaṃ tu tapovanam ||76|
evamādīni tīrthāni tīrayor ubhayor mune |
teṣu snānaṃ ca dānaṃ ca sarvakāmapradaṃ śubham ||77|
uttare caiva pāre ca sahasrāṇi caturdaśa |
dakṣiṇe ca tathā pāre sahasrāṇy atha ṣoḍaśa ||78|
tatra tatra ca *tīrthāni*[23] sābhijñānāni santi vai |
nāmāni ca pṛthak santi saṃkṣepāt tan mayocyate ||79|
etāni yaś ca śṛṇuyād yaś ca vā paṭhati smaret |
sarveṣu tatra *kāmyeṣu*[24] paripūrṇo bhaven naraḥ ||80|
etad vṛttaṃ tu yo jñātvā tatra snānādikaṃ caret |
lakṣmīvāñ jāyate nityaṃ dharmavāṃś ca viśeṣataḥ ||81|
abjakāt paścime tīrthaṃ tac chārdūlam udāhṛtam |
vārāṇasyāditīrthebhyaḥ sarvebhyo hy adhikaṃ bhavet ||82|
tatra snātvā pitṝn devān vandate tarpayaty api |
sarvapāpavinirmukto viṣṇuloke mahīyate ||83|
tapovanāc ca śārdūlān madhye tīrthāny aśeṣataḥ |
tasyaikaikasya māhātmyaṃ na kenāpy atra varṇyate ||84|

iti śrīmahāpurāṇe ādibrāhme tīrthamāhātmye tapovananandinīsaṃgameśvaradevīdākṣāyaṇīsiddheśvaravaiṣṇavaśārdūlāgnicakratīrthādi triṃsatsahasratīrthavarṇanaṃ nāmāṣṭaviṃśādhikaśatatamo 'dhyāyaḥ = gautamīmāhātmya ekonaṣaṣṭitamo 'dhyāyaḥ

22 DF nandā **23** DF tīrtheṣu **24** A kāryeṣu

brahmovāca:
indratīrtham iti khyātaṃ tatraiva ca vṛṣākapam |
phenāyāḥ saṃgamo yatra *hanūmataṃ*[1] tathaiva ca ||129.1|
abjakaṃ cāpi yat proktaṃ yatra devas trivikramaḥ |
tatra snānaṃ ca dānaṃ ca punarāvṛttidurlabham ||2|
tatra vṛttāny athākhyāsye gaṅgāyā dakṣiṇe taṭe |
indreśvaraṃ cottare ca śṛṇu bhaktyā yatavrataḥ ||3|
namucir balavān āsīd indraśatrur madotkaṭaḥ |
tasyendreṇābhavad yuddhaṃ phenenendro 'harac chiraḥ ||4|
apāṃ ca namuceḥ śatros *tatphenavajra-*[2]rūpadhṛk |
śiraś chittvā tac ca phenaṃ gaṅgāyā dakṣiṇe taṭe ||5|
nyapatad *bhūmiṃ*[3] bhittvā tu rasātalam athāviśat |
rasātalabhavaṃ gāṅgaṃ vāri *yad viśvapāvanam*[4] ||6|
vajrādiṣṭena mārgeṇa vyagamad bhūmimaṇḍalam |
taj jalaṃ phenanāmnā tu nadī pheneti gadyate ||7|
tasyās tu saṃgamaḥ puṇyo gaṅgayā lokaviśrutaḥ |
sarvapāpakṣayakaro gaṅgāyamunayor iva ||8|
hanūmadupamātā vai yatrāplavanamātrataḥ |
mārjāratvād abhūn muktā viṣṇugaṅgāprasādataḥ ||9|
mārjāraṃ ceti tat tīrthaṃ purā proktaṃ mayā tava |
hanūmataṃ[5] ca tat proktaṃ tatrākhyānaṃ puroditam ||10|
vṛṣākapaṃ[6] cābjakaṃ ca tatredaṃ prayataḥ śṛṇu |
hiraṇya iti vikhyāto daityānāṃ pūrvajo balī ||11|
tapas taptvā suraiḥ sarvair ajeyo 'bhūt sudāruṇaḥ |
tasyāpi balavān putro devānāṃ durjayaḥ sadā ||12|
mahāśanir iti khyātas tasya bhāryā parājitā |
tenendrasyābhavad yuddhaṃ bahukālaṃ nirantaram ||13|
mahāśanir mahāvīryaḥ satataṃ raṇamūrdhani |
jitvā nāgena sahitaṃ śakraṃ pitre nyavedayat ||14|
baddhvā hastisamāyuktaṃ svasāraṃ vīkṣya tāṃ tadā |
vihāya krūratāṃ daityo hiraṇyāya nyavedayat ||15|
mahāśanipitā daityaḥ pūrveṣāṃ pūrvavattaraḥ |
śacīkāntaṃ tale sthāpya tasya rakṣām athākarot ||16|
mahāśanir hariṃ jitvā jetuṃ varuṇam abhyagāt |
varuṇo 'pi mahābuddhiḥ prādāt kanyāṃ mahāśaneḥ ||17|
udadhiṃ svālayaṃ prādād varuṇas tu mahāśaneḥ |
tayoś ca sakhyam abhavad varuṇasya mahāśaneḥ ||18|
vāruṇī cāpi yā kanyā sā priyābhūn mahāśaneḥ |
vīryeṇa yaśasā cāpi śauryeṇa *ca balena ca*[7] ||19|
mahāśanir mahādaityas trailokye nopamīyate |
nirindratvaṃ gate loke devāḥ sarve nyamantrayan ||20|

1 V hanūmantaṃ **2** V tatphenaṃ vajra- **3** V bhuvi **4** V pāvanam eva ca
5 V hanūmantaṃ **6** EFV vārṣākapaṃ **7** D tapasā tathā

devā ūcuḥ:
viṣṇur evendradātā syād daityahantā sa eva ca |
mantradṛg vā sa eva syād indraṃ cānyaṃ kariṣyati ||21|
brahmovāca:
evaṃ saṃmantrya te devā viṣṇor mantraṃ nyavedayan |
mamāvadhyo mahādaityo mahāśanir iti bruvan ||22|
prāyād vārīśvaraṃ viṣṇuḥ śvaśuraṃ varuṇaṃ tadā |
keśavo varuṇaṃ gatvā prāhendrasya parābhavam ||23|
tathā tvayaitat kartavyaṃ yathāyāti puraṃdaraḥ |
tadviṣṇuvacanāc chīghraṃ yayau jalapatir mune ||24|
sutāpatiṃ hiraṇyasutaṃ vikrāntaṃ taṃ mahāśanim |
atisaṃmānitas tena jāmātrā varuṇaḥ prabhuḥ ||25|
papracchāgamanaṃ daityo vinayāc chvaśuraṃ tadā |
varuṇaḥ prāha taṃ daityaṃ yad āgamanakāraṇam ||26|
varuṇa uvāca:
indraṃ dehi mahābāho yas tvayā nirjitaḥ purā |
baddhaṃ rasātalasthaṃ taṃ devānām adhipaṃ sakhe ||27|
asmākaṃ sarvadā mānyaṃ dehi tvaṃ mama śatruhan |
baddhvā vimokṣaṇaṃ śatror mahate yaśase satām ||28|
brahmovāca:
tathety uktvā kathaṃcit sa daityeśo varuṇāya tam |
prādād indraṃ śacīkāntaṃ vāraṇena samanvitam ||29|
sa daityamadhye 'tivirājamāno |
hariṃ tadovāca jaleśasaṃnidhau |
saṃpūjya caivātha mahopacārair |
mahāśanir maghavantaṃ babhāṣe ||30|
mahāśanir uvāca:
[[8]dattaṃ padaṃ te vada kena śakra |
tvaṃ vā sṛṣṭaḥ kena jambhāsurāre |]
kena tvam indro 'dya kṛto 'si kena |
vīryaṃ tavedṛg bahu bhāṣase ca |
tvaṃ[9] saṃgare śatrubhir *bādhyase ca*[10] |
tathāpi cendro bhavasīti citram ||31|
athāpi baddhā puruṣeṇa kācit |
tasyāḥ patis tāṃ mocayatīti yuktam |
striyo 'svatantrāḥ puruṣapradhānās |
tvaṃ vai *pumān bhavitā śakra sādho*[11] ||32|
baddho mayā saṃgare vāhanena |
kvāpy astraṃ te vajram uddāmaśakti[12] |
[13]cintāratnaṃ nandanaṃ yoṣitas tā |
yaśo balaṃ deva-*rājopabhogyam*[14] |

8 DF ins. **9** DEF yaḥ **10** DF badhyate 'sau E bādhyate 'sau **11** F pumāñ śakra lokatraye 'pi **12** AE puṣṭo raṇe kṣatradharmeṇa śakra **13** AE om. **14** AE -rājyopabhogyam

sarvaṃ *hi tvā*[15] kiṃ tu mukto jaleśād |
[16]ākāṅkṣase jīvitaṃ dhik tavedam ||33|
taj jīvanaṃ yat tu yaśonidhānaṃ |
sa *eva*[17] mṛtyur yaśaso yad virodhi |
evaṃ jānañ śakra kathaṃ jaleśān |
muktiṃ prāpto naiva lajjāṃ *bhajethāḥ*[18] ||34|
triviṣṭapasthaḥ pariveṣṭitaḥ san |
sarvaiḥ suraiḥ kāntayā vījyamānaḥ |
saṃstūyamānaś ca tathāpsarobhir |
nūnaṃ lajjā te bibhetīti manye ||35|
tvaṃ vṛtrahā namuceś cāpi hantā |
purāṃ bhettā gotrabhid vajrabāhuḥ |
evaṃ surās tvāṃ *paripūjayantīty*[19] |
ato[20] jiṣṇo sarvam etat *tyajasva*[21] ||36|
vikāram āpyāpy ahitodbhavaṃ ye |
jīvanti lokān anusaṃviśanti |
bhavādṛśāṃ duścyavanābjajanmā |
kathaṃ na hṛdbhedam avāpa kartā ||37|
brahmovāca:
evam uktvā tu daityeśo varuṇāya mahātmane |
prādād indraṃ punaś cedaṃ vacanaṃ tad abhāṣata ||38|
mahāśanir uvāca:
adya prabhṛty asau śiṣya indraḥ syād varuṇo guruḥ |
śvaśuro mama yena tvaṃ muktim āpto 'si vāsava ||39|
tathā tvaṃ bhṛtyabhāvena vartethā varuṇaṃ prati |
no ced baddhvā punas tvāṃ vai kṣepsye caiva rasātalam ||40|
brahmovāca:
evaṃ nirbhartsya taṃ śakraṃ hasaṃś cāpi punaḥ punaḥ |
abravīd gaccha gaccheti varuṇaṃ *cānumanya tu*[22] ||41|
sa tu prāptaḥ svanilayaṃ lajjayā kaluṣīkṛtaḥ |
paulomyāṃ[23] prāha tat sarvaṃ yat tac chatruparābhavam ||42|
indra uvāca:
evam uktaḥ kṛtaś caiva śatruṇāhaṃ varānane |
nirvāpayāmi *yena svam ātmānaṃ*[24] subhage vada ||43|
indrāṇy uvāca:
dānavānām athodbhūtiṃ *śakra*[25] māyāṃ parābhavam |
varadānaṃ tathā mṛtyuṃ jāne 'haṃ balasūdana ||44|
tasmād yasmāt tasya mṛtyur athavāpi parābhavaḥ |
jāyeta śṛṇu tat sarvaṃ vakṣye 'haṃ prītaye tava ||45|
hiraṇyasya suto vīraḥ pitṛvyasya suto balī |
tasmān mama syāt sa bhrātā varadānāc ca darpitaḥ ||46|

15 ASS corr. *tvaṃ*; AE hitvā **16** AE om. **17** V eṣa **18** D bhajes tvam **19** F paripūjanti **20** F kuto **21** F tyajes tvam **22** ASS corr. *cānumanyatu*; DF cānumanya ca **23** A paulomyāḥ **24** E yenāśu cātmānaṃ **25** D śaktiṃ

brahmāṇaṃ toṣayām āsa tapasā niyamena ca |
īdṛśaṃ balam āpannaṃ tapasā kiṃ na sidhyati ||47|
tasmāt tvayā *cittarāgo vismayo vā kathaṃcana*[26] |
na kāryaḥ[27] śṛṇu tatredaṃ kāryaṃ yat tu kramāgatam ||48|
brahmovāca:
evam uktvā tu paulomī prāhendraṃ vinayānvitā ||49|
indrāṇy uvāca:
nāsādhyam asti tapaso nāsādhyaṃ yajñakarmaṇaḥ |
nāsādhyaṃ lokanāthasya viṣṇor bhaktyā harasya ca ||50|
punaś cedaṃ mayā kānta śrutam asty atiśobhanam |
strīṇāṃ svabhāvaṃ jānanti striya eva surādhipa ||51|
tasmād bhūmes tathā cāpāṃ nāsādhyaṃ vidyate prabho |
tapo vā yajñakarmādi tābhyām eva yato bhavet ||52|
tatrāpi tīrthabhūtā tu yā bhūmis tāṃ vrajed bhavān |
tatra viṣṇuṃ śivaṃ pūjya sarvān kāmān avāpsyasi ||53|
śrutam asti punaś cedaṃ striyo yāś ca pativratāḥ |
tā eva sarvaṃ jānanti dhṛtaṃ tābhiś carācaram ||54|
pṛthivyāṃ sārabhūtaṃ syāt tanmadhye daṇḍakaṃ vanam |
tatra gaṅgā jagaddhātrī tatreśaṃ pūjaya prabho ||55|
viṣṇuṃ vā jagatām īśaṃ dīnārtārtiharaṃ vibhum |
anāthānām iha nṛṇāṃ majjatāṃ duḥkhasāgare ||56|
haro harir vā gaṅgā vā kvāpy anyac charaṇaṃ nahi |
tasmāt sarvaprayatnena toṣayaitān samāhitaḥ ||57|
bhaktyā stotraiś ca tapasā kuru caiva mayā saha |
tataḥ prāpsyasi kalyāṇam īśaviṣṇuprasādajam ||58|
ajñātvaikaguṇaṃ karma phalaṃ dāsyati karmiṇaḥ |
jñātvā śataguṇaṃ tat syād bhāryayā ca tad akṣayam ||59|
puṃsaḥ sarveṣu kāryeṣu bhāryaiveha sahāyinī |
svalpānām api kāryāṇāṃ nahi siddhis tayā vinā ||60|
ekena yat kṛtaṃ karma tasmād ardhaphalaṃ bhavet |
jāyayā tu kṛtaṃ nātha puṣkalaṃ puruṣo labhet ||61|
tasmād etat su-*viditam*[28] *ardho*[29] jāyā iti śruteḥ |
śrūyate daṇḍakāraṇye saricchreṣṭhāsti gautamī ||62|
aśeṣāghapraśamanī sarvābhīṣṭapradāyinī |
tasmād gaccha mayā tatra kuru puṇyaṃ mahāphalam ||63|
tataḥ śatrūn nihatyājau mahat sukham avāpsyasi ||64|
brahmovāca:
tathety *uktvā*[30] sa guruṇā bhāryayā ca śatakratuḥ |
yayau gaṅgāṃ jagaddhātrīṃ gautamīṃ ceti viśrutām ||65|
daṇḍakāraṇyamadhyasthāṃ yayau sa[31] prītimān hariḥ |
tapaḥ kartuṃ manaś cakre devadevāya śaṃbhave ||66|

26 D na cintātra kāryā śakra kadācana **27** D ekāgraḥ **28** V -vidita- **29** A ardhaṃ V dharmo **30** V uktaḥ **31** ASS corr. *dṛṣṭvā tāṃ*

gaṅgāṃ natvā tu prathamaṃ snātvā ca sa kṛtāñjaliḥ |
śivaikaśaraṇo bhūtvā stotraṃ cedaṃ tato 'bravīt ||67|
indra uvāca:
svamāyayā yo hy akhilaṃ carācaraṃ |
sṛjaty avaty atti na sajjate 'smin |
ekaḥ svatantro 'dvayacit sukhātmakaḥ |
sa naḥ prasanno 'stu pinākapāṇiḥ ||68|
na yasya tattvaṃ sanakādayo 'pi |
jānanti vedāntarahasyavijñāḥ |
sa pārvatīśaḥ sakalābhilāṣa- |
dātā prasanno 'stu mamāndhakāriḥ ||69|
sṛṣṭvā svayaṃbhūr bhagavān viriñciṃ |
bhayaṃkaraṃ cāsya śiro 'nvapaśyat |
chittvā nakhāgrair nakhasaktam etac |
cikṣepa tasmād abhavat trivargaḥ ||70|
pāpaṃ daridraṃ tv atha lobhayācñe |
moho vipac ceti tato 'py anantam |
jātaprabhāvaṃ bhavaduḥkharūpaṃ |
babhūva tair vyāptam idaṃ samastam ||71|
avekṣya sarvaṃ cakitaḥ sureśo |
devīm avocaj jagad astam eti |
tvaṃ pāhi lokeśvari lokamātar |
ume śaraṇye subhage subhadre ||72|
jagatpratiṣṭhe varade jaya tvaṃ |
bhuktiḥ samādhiḥ paramā ca muktiḥ |
svāhā svadhā svastir anādisiddhir |
gīr buddhir āsīr ajarāmare tvam ||73|
vidyādirūpeṇa jagattraye tvaṃ |
rakṣāṃ karoṣy eva *madājñayā*[32] ca |
tvayaiva sṛṣṭaṃ bhuvanatrayaṃ syād |
yataḥ prakṛtyaiva tathaiva citram ||74|
ity evam uktā dayitā hareṇa |
saṃśleṣasaṃlāpaparā babhūva |
śrāntā bhavasyārdhatanau sulagnā |
cikṣepa ca svedajalaṃ karāgraiḥ ||75|
tasmād babhūva prathamaṃ sa dharmo |
lakṣmīr atho dānam atho suvṛṣṭiḥ |
sattvaṃ susaṃpannadharaṃ sarāṃsi |
dhānyāni puṣpāṇi phalāni caiva ||76|
saubhāgyavastūni vapuḥ suveṣaḥ |
śṛṅgārabhājīni mahauṣadhāni |
nṛtyāni gītāny amṛtaṃ purāṇaṃ |
śrutismṛtī nītir athānnapāne ||77|

32 E sadākṣayā

śastrāṇi śāstrāṇi gṛhopayogyāny |
astrāṇi tīrthāni ca kānanāni |
iṣṭāni pūrtāni ca maṅgalāni |
yānāni śubhrābharaṇāsanāni ||78|
bhavāṅgasaṃsargasusaṃprahāsa- |
susvedasaṃlāparahaḥprakāraiḥ |
tathaiva jātaṃ sacarācaraṃ ca |
apāpakaṃ devi tataś ca jātam ||79|
sukhaṃ prabhūtaṃ ca śubhaṃ ca nityaṃ |
virāji caitat tava devi bhāvāt |
tasmāt tu māṃ rakṣa jagajjanitri |
bhītaṃ *bhayebhyo*[33] jagatāṃ pradhāne ||80|
eke tarkair vimuhyanti līyante tatra cāpare |
śivaśaktyos tadādvaitaṃ sundaraṃ naumi vigraham ||81|
brahmovāca:
evaṃ tu stuvatas tasya purastād abhavac chivaḥ ||82|
śiva uvāca:
kim abhīṣṭaṃ varayase hare vada parāyaṇam ||83|
indra uvāca:
balavān me ripuś *cāsīd*[34] *darśanaiś*[35] *ca śanir*[36] yathā |
tena baddhas talaṃ nītaḥ paribhūtas tv anekadhā ||84|
vāksāyakais tathā viddhas tadvadhāya tv iyaṃ kṛtiḥ |
tadarthaṃ jagatām īśa yena jeṣye ripuṃ prabho ||85|
tad eva dehi vīryaṃ me yac cānyad ripunāśanam |
jātaḥ parābhavo yasmāt tadvināśe kṛte sati |
punarjātam ahaṃ manye varaṃ kīrtir jayaśriyoḥ ||86|
brahmovāca:
sa śivaḥ śakram āhedaṃ na mayaikena te ripuḥ |
vadham āpnoti tasmāt tvaṃ viṣṇum apy avyayaṃ harim ||87|
ārādhayasva paulomyā saha devaṃ janārdanam |
lokatrayaikaśaraṇaṃ nārāyaṇam ananyadhīḥ ||88|
tataḥ prāpsyasi tasmāc ca mattaś cāpi priyaṃ hare |
punaś covāca bhagavān ādikartā maheśvaraḥ ||89|
mantrābhyāsas tapo vāpi yogābhyasanam eva ca |
saṃgame yatra kutrāpi siddhidaṃ munayo viduḥ ||90|
kiṃ punaḥ saṃgame vipra gautamīsindhuphenayoḥ |
girīṇāṃ gahvare yad vā saritām atha saṃgame ||91|
vipro dhiyaiva bhavati mukundāṅghriniviṣṭayā |
gaṅgāyā dakṣiṇe tīra āpastambo munīśvaraḥ ||92|
āste tasyāpy ahaṃ toṣam agamaṃ balasūdana |
tena tvaṃ bhāryayā caiva toṣayasva gadādharam ||93|
brahmovāca:
āpastambena sahito gaṅgāyā dakṣiṇe taṭe |
tuṣṭāva devaṃ prayataḥ snātvā puṇye 'tha saṃgame ||94|

33 V bhavebhyo **34** V cāste **35** DF aśaniś V darśane **36** DEFV cāśanir

phenāyāś caiva gaṅgāyās tatra devaṃ janārdanam |
vaidikair vividhair mantrais tapasātoṣayat tadā ||95|
tatas tuṣṭo 'bhavad viṣṇuḥ kiṃ deyaṃ cety abhāṣata |
dehi me śatruhantāram ity āha bhagavān hariḥ ||96|
dattam ity eva jānīhi tam uvāca janārdanaḥ |
tatrābhavac chivasyaiva gaṅgāviṣṇvoḥ prasādataḥ ||97|
ambhasā puruṣo jātaḥ śivaviṣṇusvarūpadhṛk |
cakrapāṇiḥ śūladharaḥ sa gatvā tu rasātalam ||98|
nijaghāna tadā daityam indraśatruṃ mahāśanim |
sakhābhavat sa cendrasya abjakaḥ sa vṛṣākapiḥ ||99|
divistho 'pi sadā cendras tam anveti vṛṣākapim |
kupitā praṇayenābhūd anyāsaktaṃ vilokya tam |
śacīṃ tāṃ sāntvayann āha śatamanyur hasann idam ||100|
indra uvāca:
nāham indrāṇi śaraṇam ṛte sakhyur vṛṣākapeḥ |
vāri vāpi havir yasya agneḥ priyakaraṃ sadā ||101|
nāham anyatra gantāsmi priye cāṅgena te śape |
tasmān nārhasi *māṃ*[37] vaktuṃ śaṅkayānyatra bhāmini ||102|
pativratā priyā me tvaṃ dharme mantre sahāyinī |
sāpatyā ca kulīnā ca tvatto 'nyā kā priyā mama ||103|
tasmāt tavopadeśena gaṅgāṃ prāpya mahānadīm |
prasādād devadevasya viṣṇor vai cakrapāṇinaḥ ||104|
tathā śivasya devasya prasādāc ca vṛṣākapeḥ |
jalodbhavāc ca me mitrād abjakāl lokaviśrutāt ||105|
uttīrṇaduḥkhaḥ subhage ita indro 'ham acyutaḥ |
kiṃ na sādhyaṃ yatra bhāryā bhartṛcittānugāminī ||106|
duṣkarā tatra no muktiḥ kiṃtv arthāditrayaṃ śubhe |
jāyaiva paramaṃ mitraṃ lokadvayahitaiṣiṇī ||107|
sā cet kulīnā priyabhāṣiṇī ca |
pativratā rūpavatī guṇāḍhyā |
saṃpatsu cāpatsu samānarūpā |
tayā hy asādhyaṃ kim iha trilokyām ||108|
tasmāt tava dhiyā kānte mamedaṃ śubham āgatam |
itas tavoditaṃ caiva kartavyaṃ nānyad asti me ||109|
paraloke ca dharme ca satputrasadṛśaṃ na ca |
ārtasya puruṣasyeha bhāryāvad bheṣajaṃ nahi ||110|
niḥśreyasapadaprāptyai tathā pāpasya muktaye |
gaṅgayā sadṛśaṃ nāsti śṛṇu cānyad varānane ||111|
dharmārthakāmamokṣāṇāṃ prāptaye pāpamuktaye |
śivaviṣṇvor ananyatvajñānān nāsty atra muktaye ||112|
tasmāt tava dhiyā sādhvi sarvam etan manogatam |
avāptaṃ ca śivād viṣṇor gaṅgāyāś ca prasādataḥ ||113|

37 V mā

indratvaṃ me sthiraṃ ceto manye mitrabalāt punaḥ |
vṛṣākapir mama sakhā yo jātas tv apsu bhāmini ||114|
tvaṃ ca priyasakhī nityaṃ nānyat priyataraṃ mama |
tīrthānāṃ gautamī gaṅgā devānāṃ hariśaṃkarau ||115|
tasmād ebhyaḥ prasādena sarvaṃ cepsitam āptavān |
mama prītikaraṃ cedaṃ tīrthaṃ trailokyaviśrutam ||116|
tasmād etad dhi yāciṣye devān sarvān anukramāt |
anumanyantu ṛṣayo gaṅgā ca hariśaṃkarau ||117|
indreśvare cābjake ca ubhayos tīrayoḥ surāḥ |
ekatra śaṃkaro devo hy aparatra janārdanaḥ ||118|
pāvayan daṇḍakāraṇyaṃ sākṣād viṣṇus trivikramaḥ |
antare yāni tīrthāni sarvapuṇyapradāni ca ||119|
atra tu snānamātreṇa sarve te muktim āpnuyuḥ |
pāpiṣṭhāḥ pāpato muktim āpnuyur ye ca dharmiṇaḥ ||120|
teṣāṃ tu paramā muktiḥ pitṛbhiḥ pañcapañcabhiḥ |
atra kiṃcic ca ye dadyur arthibhyas tilamātrakam ||121|
dātṛbhyo hy akṣayaṃ tat syāt kāmadaṃ mokṣadaṃ tathā |
dhanyaṃ yaśasyam āyuṣyam ārogyaṃ puṇyavardhanam ||122|
ākhyānaṃ viṣṇuśaṃbhvoś ca jñātvā snānāc ca muktidam |
asya tīrthasya māhātmyaṃ ye śṛṇvanti paṭhanti ca ||123|
puṇyabhājo bhaveyus te tebhyo 'traiva smṛtir bhavet |
śivaviṣṇvor aśeṣāghasaṃghavicchedakāriṇī |
yāṃ prārthayanti munayo vijitendriyamānasāḥ ||124|
brahmovāca:
bhaviṣyaty evam eveti taṃ devā ṛṣayo 'bruvan |
gautamyā uttare pāre tīrthānāṃ mokṣadāyinām ||125|
devarṣisiddhasevyānāṃ sahasrāṇy atha sapta vai |
tathaiva dakṣiṇe tīre tīrthāny ekādaśaiva tu ||126|
abjakaṃ hṛdayaṃ proktaṃ godāvaryā munīśvaraiḥ |
viśrāmasthānam īśasya viṣṇor brahmaṇa eva ca ||127|

iti śrīmahāpurāṇe ādibrāhme tīrthamāhātmye gautamyuttarakūlasthendreśvarādisapta-sahasratīrthadakṣiṇakūlasthāpastambasomeśvaraphenāsaṃgamavṛṣākapābjakavaiṣṇava-hanūmattīrthamārjāretyādyekādaśatīrthavarṇanaṃ nāmaikonatriṃśādhikaśatatamo 'dhyāyaḥ = gautamīmāhātmye ṣaṣṭitamo 'dhyāyaḥ

brahmovāca:
āpastambam iti khyātaṃ tīrthaṃ trailokyaviśrutam |
smaraṇād apy aśeṣāghasaṃghavidhvaṃsanakṣamam ||130.1|
āpastambo mahāprājño munir āsīn mahāyaśāḥ |
tasya bhāryākṣasūtreti patidharmaparāyaṇā ||2|
tasya putro mahāprājñaḥ karkināmātha tattvavit |
tasyāśramam anuprāpto hy agastyo munisattamaḥ ||3|
tam agastyaṃ pūjayitvā āpastambo munīśvaraḥ |
śiṣyair anugato dhīmāṃs taṃ praṣṭum upacakrame ||4|

āpastamba uvāca:
trayāṇāṃ ko nu pūjyaḥ syād devānāṃ munisattama |
bhuktir muktiś ca *kasmād vā syād anādiś*[1] ca ko bhavet ||5|
anantaś cāpi ko vipra devānām api daivatam |
yajñaiḥ ka ijyate devaḥ ko vedeṣv anugīyate |
etaṃ me saṃśayaṃ chettuṃ vadāgastya mahāmune ||6|
agastya uvāca:
dharmārthakāmamokṣāṇāṃ pramāṇaṃ śabda ucyate |
tatrāpi vaidikaḥ śabdaḥ pramāṇaṃ paramaṃ mataḥ ||7|
vedena gīyate yas tu puruṣaḥ sa parāt paraḥ |
mṛto 'paraḥ sa vijñeyo hy amṛtaḥ para ucyate ||8|
yo 'mūrtaḥ sa paro jñeyo hy aparo mūrta ucyate |
guṇābhivyāptibhedena mūrto 'sau trividho bhavet ||9|
brahmā viṣṇuḥ śivaś ceti eka eva tridhocyate |
trayāṇām api devānāṃ vedyam ekaṃ paraṃ hi tat ||10|
ekasya bahudhā vyāptir guṇakarmavibhedataḥ |
lokānām upakārārtham ākṛtitritayaṃ bhavet ||11|
yas tattvaṃ vetti paramaṃ sa ca vidvān na cetaraḥ |
tatra yo bhedam ācaṣṭe liṅgabhedī sa ucyate ||12|
prāyaścittaṃ na tasyāsti yaś caiṣāṃ vyāhared bhidam |
trayāṇām api devānāṃ mūrtibhedaḥ pṛthak pṛthak ||13|
vedāḥ pramāṇaṃ sarvatra sākāreṣu pṛthak pṛthak |
nirākāraṃ ca yat tv ekaṃ tat tebhyaḥ paramaṃ matam ||14|
āpastamba uvāca:
nānena nirṇayaḥ kaścin mayātra vidito bhavet |
tatrāpy atra rahasyaṃ yat tad vimṛśyāśu kīrtyatām |
niḥsaṃśayaṃ nirvikalpaṃ bhājanaṃ sarvasampadām ||15|
brahmovāca:
etad ākarṇya bhagavān agastyo vākyam abravīt ||16|
agastya uvāca:
yadyapy eṣāṃ na bhedo 'sti devānāṃ tu parasparam |
tathāpi sarvasiddhiḥ syāc chivād eva sukhātmanaḥ ||17|
prapañcasya nimittaṃ yat taj jyotiś ca paraṃ śivaḥ |
tam *eva*[2] sādhaya haraṃ bhaktyā paramayā mune |
gautamyāṃ sakalāghaughasaṃhartā daṇḍake vane ||18|
brahmovāca:
etac chrutvā muner vākyaṃ parāṃ prītim upāgataḥ |
bhuktido muktidaḥ puṃsāṃ sākāro 'tha nirākṛtiḥ ||19|
sṛṣṭyākāras tataḥ[3] *śaktaḥ*[4] pālanākāra eva ca |
dātā ca hanti sarvaṃ yo[5] yasmād etat samāpyate ||20|
agastya uvāca:
brahmākṛtiḥ kartṛrūpā vaiṣṇavī pālanī tathā |
rudrākṛtir nihantrī sā sarvavedeṣu paṭhyate ||21|

1 V kasmāt syād annadātā **2** V evaṃ **3** DF sthityākāras tatra **4** EV proktaḥ
5 D dātasyāhantṛśaktir vā F dātasyāhaṃ triśaktir vā

brahmovāca:
āpastambas tadā gaṅgāṃ gatvā snātvā yatavrataḥ |
tuṣṭāva śaṃkaraṃ devaṃ stotreṇānena nārada ||22|
āpastamba uvāca:
kāṣṭheṣu vahniḥ kusumeṣu gandho |
bījeṣu vṛkṣādi dṛṣatsu hema |
bhūteṣu sarveṣu tathāsti yo vai |
taṃ somanāthaṃ śaraṇaṃ *vrajāmi*[6] ||23|
yo līlayā viśvam idaṃ cakāra |
dhātā vidhātā bhuvanatrayasya |
yo viśvarūpaḥ sadasatparo yaḥ |
someśvaraṃ taṃ śaraṇaṃ vrajāmi ||24|
yaṃ smṛtya dāridryamahābhiśāpa- |
rogādibhir na spṛśyate śarīrī |
yam āśritāś cepsitam āpnuvanti |
someśvaraṃ taṃ śaraṇaṃ vrajāmi ||25|
yena trayīdharmam avekṣya pūrvaṃ |
brahmādayas tatra *samīhitāś*[7] ca |
evaṃ dvidhā yena kṛtaṃ śarīraṃ |
someśvaraṃ taṃ śaraṇaṃ vrajāmi ||26|
yasmai namo gacchati mantrapūtaṃ |
hutaṃ havir yā ca kṛtā ca pūjā |
dattaṃ havir yena surā bhajante |
someśvaraṃ taṃ[8] śaraṇaṃ vrajāmi ||27|
yasmāt paraṃ nānyad asti praśastaṃ |
yasmāt paraṃ naiva susūkṣmam anyat |
yasmāt paraṃ no mahatāṃ mahac ca |
someśvaraṃ taṃ śaraṇaṃ vrajāmi ||28|
yasyājñayā viśvam idaṃ vicitram |
acintyarūpaṃ vividhaṃ mahac ca |
ekakriyaṃ yadvad anuprayāti |
someśvaraṃ taṃ śaraṇaṃ vrajāmi ||29|
yasmin vibhūtiḥ sakalādhipatyaṃ |
kartṛtvadātṛtvamahattvam eva |
prītir yaśaḥ saukhyam anādidharmaḥ |
someśvaraṃ taṃ śaraṇaṃ vrajāmi ||30|
nityaṃ śaraṇyaḥ sakalasya pūjyo |
nityaṃ priyo yaḥ śaraṇāgatasya |
nityaṃ śivo *yaḥ sakalasya rūpaṃ*[9] |
someśvaraṃ taṃ śaraṇaṃ vrajāmi ||31|
brahmovāca:
tataḥ prasanno bhagavān āha nārada taṃ munim[10] |
ātmārthaṃ ca parārthaṃ ca āpastambo 'bravīc chivam ||32|

6 DF prapadye **7** F samarpitāś **8** V taṃ somanāthaṃ **9** DF nityam aśeṣarūpaṃ
10 ASS corr. *varaṃ vṛṇv iti cāha tam.*

sarvān kāmān āpnuyus te ye snātvā devam īśvaram |
paśyeyur jagatām īśam astv ity āha śivo munim ||33|
tataḥ prabhṛti tat tīrtham āpastambam udāhṛtam |
anādy avidyātimiravrātanirmūlanakṣamam ||34|

iti śrīmahāpurāṇe ādibrāhme tīrthamāhātmye dakṣiṇakūlasthāpastambasomeśvaratīrthavarṇanaṃ nāma triṃśadadhikaśatatamo 'dhyāyaḥ = gautamīmāhātmya ekaṣaṣṭitamo 'dhyāyaḥ

brahmovāca:
yamatīrtham iti khyātaṃ pitṝṇāṃ prītivardhanam |
aśeṣapāpaśamanaṃ tatra vṛttam idaṃ śṛṇu ||131.1|
tatrākhyānam idaṃ tv āsīd itihāsaṃ purātanam |
sarameti prasiddhāsti nāmnā devaśunī mune ||2|
tasyāḥ putrau mahāśreṣṭhau śvānau nityaṃ janān anu |
gāminau pavanāhārau caturakṣau yamapriyau ||3|
gā rakṣati sma devānāṃ yajñārthaṃ kalpitān paśūn |
rakṣantīm anujagmus te rākṣasā daityadānavāḥ ||4|
rakṣantīṃ tāṃ mahāprājñāḥ śvānayor mātaraṃ śunīm |
pralobhayitvā vividhair vākyair dānaiś ca yatnataḥ ||5|
hṛtā gā rākṣasaiḥ pāpaiḥ paśvarthe kalpitāḥ śubhāḥ |
tata āgatya sā devān idam āha kramāc chunī ||6|
saramovāca:
māṃ baddhvā rākṣasaiḥ pāśais tāḍayitvā prahārakaiḥ |
nītā gā yajñasiddhyarthaṃ kalpitāḥ paśavaḥ surāḥ ||7|
brahmovāca:
tasyā vācaṃ niśamyāśu surān prāha bṛhaspatiḥ ||8|
bṛhaspatir uvāca:
iyaṃ vikṛtarūpāste asyāḥ pāpaṃ ca lakṣaye |
asyā matena tā gāvo nītā nānyena hetunā |
pāpeyaṃ sukṛtīveti lakṣyate dehaceṣṭitaiḥ ||9|
brahmovāca:
tad guror vacanāc chakraḥ padā tāṃ prāharac chunīm |
padāghātāt tadā tasyā mukhāt kṣīraṃ prasusruve ||10|
punaḥ prāha śacībhartā kṣīraṃ pītaṃ tvayā śuni |
rākṣasaiś ca tadā dattaṃ tasmān nītās tu gā mama ||11|
saramovāca:
nāparādho 'sti me nātha na cānyasyāpi kasyacit |
nāparādho na *copekṣā*[1] mamāsti tridaśeśvara |
[[2]gāvo yā rākṣasair nītās tvadāgamanahetave |]
tasmād *ruṣṭo*[3] 'si kiṃ nātha ripavo balinas tu te ||12|
brahmovāca:
tato dhyātvā devagurur jñātvā tasyā viceṣṭitam |
satyaṃ śakra tv iyaṃ duṣṭā ripūṇāṃ pakṣakāriṇī ||13|

1 D cāpekṣā **2** V ins. **3** V duṣṭo

tataḥ śaśāpa tāṃ śakraḥ pāpiṣṭhe tvaṃ śunī bhava |
martyaloke pāpabhūtā ajñānāt pāpakāriṇī ||14|
tadendrasya tu śāpena mānuṣe sā vyajāyata |
yathā śaptā maghavatā pāpāt sā hy atibhīṣaṇā ||15|
gāvo yā rākṣasair nītās tāsām ānayanāya ca |
yatnaṃ kurvan surapatir viṣṇave tan nyavedayat ||16|
viṣṇur daityāṃś ca danujān gohartṝṃś caiva rākṣasān |
hantuṃ prayatnam akaroj jagṛhe ca mahad dhanuḥ ||17|
śārṅgaṃ yal lokavikhyātaṃ daityanāśanam eva ca |
jitāriḥ pūjito devaiḥ svayaṃ sthitvā janārdanaḥ ||18|
yatra vai daṇḍakāraṇye śārṅgapāṇir jagatprabhuḥ |
tatrasthān daityadanujān rākṣasāṃś ca balīyasaḥ ||19|
punar jaghne sa vai viṣṇur gā yair nītāś ca rākṣasaiḥ |
tatra vai daṇḍakāraṇye śārṅgapāṇir iti śrutaḥ ||20|
yudhyamānas tato viṣṇur ditijai rākṣasaiḥ saha |
te jagmur dakṣiṇām āśāṃ viṣṇos trāsān mahāmune ||21|
anvagacchat tato viṣṇus tān eva parameśvaraḥ |
garutmatā tān avāpya śārṅgamuktair manojavaiḥ ||22|
bāṇais tān vyāhanad viṣṇur gaṅgāyā uttare taṭe |
devārayaḥ kṣayaṃ nītā viṣṇunā prabhaviṣṇunā ||23|
śārṅgamuktair mahāvegaiḥ susvanaiś ca sumantritaiḥ |
kṣayaṃ prāptā viṣṇubāṇais tatas te devaśatravaḥ ||24|
gāvo labdhā yatra devair bāṇatīrthaṃ tad ucyate |
vaiṣṇavaṃ lokaviditaṃ gotīrthaṃ ceti viśrutam ||25|
paśvarthe kalpitā gāvo gaṅgāyā dakṣiṇe taṭe |
pradrutās[4] te surāḥ sarve gaṅgāyāṃ saṃnyaveśayan ||26|
tanmadhye kārayām āsur dvīpaṃ caivāśrayaṃ gavām |
tair gobhis tatra gaṅgāyāṃ surayajño vyajāyata ||27|
yajñatīrthaṃ tu tat proktaṃ godvīpaṃ gāṅgamadhyataḥ |
devānāṃ yajanaṃ tac ca sarvakāmapradaṃ śubham ||28|
svayaṃ mūrtimatī bhūtvā gaṅgāśaktir mahādyute |
asārāpārasaṃsārasāgarottaraṇe tariḥ ||29|
viśveśvarī yogamāyā sadbhaktābhayadāyinī |
gorakṣaṃ tu tatas tīrthaṃ gaṅgāyā dakṣiṇe taṭe ||30|
tau śvānau saramāputrau caturakṣau yamapriyau |
mātuḥ śāpaṃ cāparādhaṃ sarvaṃ cāpi savistaram ||31|
nivedya tu yathānyāyaṃ kāryaṃ cāpi sukhapradam |
viśāpakaraṇaṃ cāpi papracchatur ubhau yamam ||32|
sa tābhyāṃ sahitaḥ sauriḥ pitre sūryāya cābravīt |
śrutvā sūryaḥ sutaṃ prāha gaṅgāyāṃ surasattama ||33|
lokatrayaikapāvanyāṃ gautamyāṃ daṇḍake vane |
śraddhayā parayā vatsa susnātaḥ susamāhitaḥ ||34|

4 ADE pradadus

brahmāṇaṃ caiva viṣṇuṃ ca māṃ īśaṃ ca yathākramam |
stuhi tvaṃ sarvabhāvena bhṛtyau prītim avāpsyataḥ ||35|
tat pitur vacanaṃ śrutvā yamaḥ prītamanās tadā |
tayoś ca prītaye prāyād devatarpaṇayor yamaḥ ||36|
gautamyām aghahāriṇyāṃ susamāhitamānasaḥ |
tathaiva toṣayām āsa gaṅgāyāṃ surasattamān ||37|
śvabhyāṃ ca sahitaḥ śrīmān dakṣiṇāśāpatiḥ prabhuḥ |
brahmāṇaṃ toṣayām āsa bhānuṃ vai dakṣiṇe taṭe ||38|
īśānam uttare viṣṇuṃ svayaṃ dharmaḥ pratāpavān |
dattavanto varaṃ śreṣṭhaṃ saramāyā viśāpakam |
varān ayācata bahūṃl lokānām upakārakān ||39|
yama uvāca:
eṣu snānaṃ tu ye kuryur brahmaviṣṇumaheśvarāḥ |
ātmārthaṃ ca parārthaṃ ca te kāmān āpnuyuḥ śubhān ||40|
bāṇatīrthe tu ye snātvā śārṅgapāṇiṃ smaranti vai |
tebhyo dāridryaduḥkhāni na bhaveyur yuge yuge ||41|
gotīrthe brahmatīrthe vā yas tu snātvā yatavrataḥ |
brahmāṇaṃ taṃ namasyātha dvīpasyāpi pradakṣiṇam ||42|
yaḥ kuryāt tena pṛthivī saptadvīpā vasuṃdharā |
pradakṣiṇīkṛtā tatra kiṃcid dattvā vasu dvijam ||43|
tad devayajanaṃ prāpya kiṃcid dhutvā hutāśane |
aśvamedhādiyajñānāṃ phalaṃ prāpnoti puṣkalam ||44|
yaḥ sakṛt tatra paṭhati gāyatrīṃ vedamātaram |
adhītās tena vedā vai niṣkāmo muktibhājanam ||45|
snātvā tu dakṣiṇe kūle śaktiṃ devīṃ tu bhaktitaḥ |
pūjayitvā yathānyāyaṃ sarvān kāmān avāpnuyāt ||46|
brahmaviṣṇumaheśānāṃ śaktir mātā trayīmayī |
sarvān kāmān avāpnoti[5] putravān dhanavān bhavet ||47|
ādityaṃ bhaktito yas tu dakṣiṇe niyato naraḥ |
snātvā paśyeta teneṣṭā yajñā vividhadakṣiṇāḥ ||48|
kūle yaś[6] cottare caiva gaṅgāyā daityasūdanam |
snātvā paśyeta taṃ natvā tasya viṣṇoḥ paraṃ padam ||49|
yameśvaraṃ tato yas tu yamatīrthe tu pūjitam |
snātaḥ paśyati yuktātmā sa karoty acireṇa hi ||50|
pitṝṇām akṣayaṃ puṇyaṃ phaladaṃ kīrtivardhanam |
tatra snānena dānena japena stavanena ca |
api duṣkṛtakarmāṇaḥ pitaro mokṣam āpnuyuḥ ||51|
brahmovāca:
ityādy *aṣṭa*[7] sahasrāṇi tīrthāni trīṇi nārada |
teṣu snānaṃ ca dānaṃ ca sarvam akṣayapuṇyadam ||52|
eteṣāṃ smaraṇaṃ puṇyaṃ nānājanmāghanāśanam |
śravaṇāt pitṛbhiḥ sārdhaṃ paṭhanāt svakulaiḥ saha ||53|

5 ASS corr. *snātvātra pūjayed yas tām* **6** DEF bhaveyuś **7** AF atha

teṣām apy atipāpāni nāśaṃ yānti mamājñayā |
tatra snānādi yaḥ kṛtvā kiṃcid dattvā yatātmavān ||54|
pitṝṇāṃ piṇḍadānādi kṛtvā natvā surān imān |
dhanaṃ dhānyaṃ yaśo vīryam āyur ārogyasaṃpadaḥ ||55|
putrān pautrān priyāṃ bhāryāṃ labdhvā cānyan manīṣitam |
aviyuktaḥ prītamanā bandhubhiś cātimānitaḥ ||56|
narakasthān api pitṝṃs tārayitvā kulāni ca |
pāvayitvā priyair yukto hy ante viṣṇuṃ śivaṃ smaret |
tato muktipadaṃ gacched devānāṃ vacanaṃ yathā ||57|

iti śrīmahāpurāṇe ādibrāhme tīrthamāhātmye bāṇatīrthaśārṅgapāṇīyagodvīpadevayajana-brahmatīrthaśaktiyamādityasuparṇadaityasūdanayameśvarapitṛtīrthāditryadhikāṣṭa-sahasratīrthavarṇanaṃ nāmaikatriṃśadadhikaśatatamo 'dhyāyaḥ = gautamīmāhātmye dviṣaṣṭitamo 'dhyāyaḥ

brahmovāca:
yakṣiṇīsaṃgamaṃ nāma tīrthaṃ sarvaphalapradam |
tatra snānena dānena sarvān kāmān avāpnuyāt ||132.1|
yatra yakṣeśvaro devo darśanād bhuktimuktidaḥ |
tatra ca snānamātreṇa *sattrayāga-*[1]phalaṃ labhet ||2|
viśvāvasoḥ svasā nāmnā pippalā guruhāsinī |
ṛṣīṇāṃ sattram agamad gautamītīravartinām ||3|
[2]dṛṣṭvā tatra ṛṣīn kṣāmān sā jahāsātigarvitā |
yā gatvāśrāvaya vauṣaḍ astu śrauṣaḍ iti sthiram ||4|
visvareṇa *bruvatī*[3] tāṃ te śepuḥ srāviṇī bhava |
tato nady abhavat tatra yakṣiṇīti suviśrutā ||5|
tato viśvāvasuḥ pūjya ṛṣīn devaṃ trilocanam |
[[4]tatra tu snānamātreṇa sattrayāgaphalaṃ labhet |]
saṃgamya caiva gautamyā tāṃ viśāpām athākarot ||6|
tataḥ prabhṛti tat tīrthaṃ yakṣiṇīsaṃgamaṃ smṛtam |
tatra snānādidānena sarvān kāmān avāpnuyāt ||7|
viśvāvasoḥ prasanno 'bhūd yatra śaṃbhuḥ śivānvitaḥ |
śaivaṃ tat paramaṃ tīrthaṃ durgātīrthaṃ ca viśrutam ||8|
sarvapāpaughaharaṇaṃ sarvadurgatināśanam |
sarveṣāṃ tīrthamukhyānāṃ tad dhi sāraṃ mahāmune |
tīrthaṃ munivaraiḥ khyātaṃ sarvasiddhipradaṃ nṛṇām ||9|

iti śrīmahāpurāṇe ādibrāhme tīrthamāhātmye yakṣiṇīsaṃgamadurgāditīrthavarṇanaṃ nāma dvātriṃśadadhikaśatatamo 'dhyāyaḥ = gautamīmāhātmye triṣaṣṭitamo 'dhyāyaḥ

1 AE sarvayajña- **2** DF om. **3** V bruvantīṃ **4** V ins.

brahmovāca:
śuklatīrtham iti khyātaṃ sarvasiddhikaraṃ nṛṇām |
yasya smaraṇamātreṇa sarvakāmān avāpnuyāt ||133.1|
bharadvāja iti khyāto muniḥ paramadhārmikaḥ |
tasya paiṭhīnasī nāma bhāryā su-*kala*-[1]bhūṣaṇā ||2|
gautamītīram adhyāste *pativrata*-[2]parāyaṇā |
agnī-*ṣomīyam*[3] aindrāgnaṃ puroḍāśam akalpayat ||3|
puroḍāśe śrapyamāṇe dhūmāt kaścid ajāyata |
puroḍāśaṃ *bhakṣayitvā*[4] lokatritayabhīṣaṇaḥ ||4|
yajñaṃ me hy atra ko haṃsi kopāt tvam iti taṃ muniḥ |
provāca satvaraṃ kruddho bharadvājo dvijottamaḥ |
tad ṛṣer vacanaṃ śrutvā rākṣasaḥ pratyuvāca tam ||5|
rākṣasa uvāca:
havyaghna iti vikhyātaṃ bharadvāja nibodha mām |
saṃdhyāsuto 'haṃ jyeṣṭhaś ca sutaḥ prācīnabarhiṣaḥ ||6|
brahmaṇā me varo datto yajñān khāda yathāsukham |
mamānujaḥ kaliś cāpi balavān atibhīṣaṇaḥ ||7|
ahaṃ kṛṣṇaḥ pitā kṛṣṇo mātā kṛṣṇā tathānujaḥ |
ahaṃ makhaṃ haniṣyāmi yūpaṃ chedmi kṛtāntakaḥ ||8|
bharadvāja uvāca:
rakṣyatāṃ me tvayā yajñaḥ priyo dharmaḥ sanātanaḥ |
jāne tvāṃ yajñahantāraṃ *sad*-[5]dvijaṃ rakṣa me kratum ||9|
yajñaghna uvāca:
bharadvāja nibodhedaṃ vākyaṃ mama samāsataḥ |
brahmaṇāhaṃ purā śapto devadānavasaṃnidhau ||10|
tataḥ prasādito devo mayā lokapitāmahaḥ |
amṛtaiḥ prokṣayiṣyanti yadā tvāṃ munisattamāḥ ||11|
tadā viśāpo bhavitā havyaghna tvaṃ na cānyathā |
evaṃ kariṣyasi yadā tataḥ sarvaṃ bhaviṣyati ||12|
[[6]yad yad ākāṅkṣitaṃ brahman naitan mithyā kadācana |]
brahmovāca:
bharadvājaḥ punaḥ prāha sakhā me 'si mahāmate |
makhasaṃrakṣaṇaṃ yena syān me vada karomi tat ||13|
saṃbhūya devā daiteyā mamanthuḥ kṣīrasāgaram |
alabhantāmṛtaṃ kaṣṭāt tad asmatsulabhaṃ katham ||14|
prītyā yadi prasanno 'si sulabhaṃ yad vadasva tat |
tad ṛṣer vacanaṃ śrutvā rakṣaḥ prāha tadā mudā ||15|
rakṣa uvāca:
amṛtaṃ gautamīvāri amṛtaṃ svarṇam ucyate |
amṛtaṃ gobhavaṃ cājyam amṛtaṃ soma eva ca ||16|
etair māṃ abhiṣiñcasva *athavaitais*[7] tathā tribhiḥ |
gaṅgāyā vāriṇājyena hiraṇyena tathaiva ca |
sarvebhyo 'py adhikaṃ divyam amṛtaṃ gautamījalam ||17|

1 V -kula- **2** V pātivratya- **3** V -ṣaumīyam **4** AE bhedayitvā **5** Misprint? V sa- **6** V ins. **7** E athavaikāṃ

brahmovāca:
etad ākarṇya sa ṛṣiḥ paraṃ saṃtoṣam āgataḥ |
pāṇāv ādāya gaṅgāyāḥ salilāmṛtam ādarāt ||18|
tenākarod ṛṣī rakṣo hy abhiṣiktaṃ tadā makhe |
punaś ca yūpe ca paśāv ṛtvikṣu makhamaṇḍale ||19|
sarvam evābhavac chuklam abhiṣekān mahātmanaḥ |
tad rakṣo 'pi tadā śuklo bhūtvotpanno mahābalaḥ ||20|
yaḥ purā kṛṣṇarūpo 'bhūt sa tu śuklo 'bhavat kṣaṇāt |
yajñaṃ sarvaṃ samāpyātha bharadvājaḥ pratāpavān ||21|
ṛtvijo 'pi visṛjyātha yūpaṃ gaṅgodake 'kṣipat |
gaṅgāmadhye tad dhi yūpam adyāpy āste mahāmate ||22|
abhiṣiktaṃ cāmṛtena abhijñānaṃ tu tan mahat |
tatra tīrthe punā rakṣo bharadvājam uvāca ha ||23|
rakṣa uvāca:
ahaṃ yāmi bharadvāja kṛtaḥ śuklas tvayā punaḥ |
tasmāt tavātra tīrthe ye snānadānādipūjanam ||24|
kuryus teṣām abhīṣṭāni bhaveyur yat phalaṃ makhe |
smaraṇād api pāpāni nāśaṃ yāntu sadā mune ||25|
tataḥ prabhṛti tat tīrthaṃ śuklatīrtham iti smṛtam |
gautamyāṃ daṇḍakāraṇye svargadvāram apāvṛtam ||26|
ubhayos tīrayoḥ sapta sahasrāṇy aparāṇi ca |
tīrthānāṃ muniśārdūla sarvasiddhipradāyinām ||27|

iti śrīmahāpurāṇe ādibrāhme tīrthamāhātmye śuklatīrthādyubhayatīrasthasaptasahasratīrthavarṇanaṃ nāma trayastriṃśadadhikaśatatamo 'dhyāyaḥ = gautamīmāhātmya catuḥṣaṣṭitamo 'dhyāyaḥ

brahmovāca:
cakratīrtham iti khyātaṃ smaraṇāt pāpanāśanam |
tasya prabhāvaṃ vakṣyāmi śṛṇu yatnena nārada ||134.1|
ṛṣayaḥ sapta[1] vikhyātā vasiṣṭhapramukhā mune |
gautamyās tīram āśritya sattrayajñam upāsate ||2|
tatra vighna upakrānte rakṣobhir atibhīṣaṇe |
mām abhyetyātha munayo rakṣaḥkṛtyaṃ nyavedayan ||3|
tadāhaṃ pramadārūpaṃ māyayāsṛjya nārada |
yasyāś ca darśanād eva nāśaṃ yānty atha rākṣasāḥ ||4|
evam uktvā tu tāṃ prādām ṛṣibhyaḥ pramadāṃ mune |
madvākyād ṛṣayo māyām ādāya punar āgaman ||5|
ajaikā yā samākhyātā kṛṣṇalohitarūpiṇī |
muktakeśīty abhidhayā sāste 'dyāpi svarūpiṇī ||6|
lokatritayasaṃmohadāyinī kāmarūpiṇī |
tadbalāt svasthamanasaḥ sarve ca muni-*puṃgavaḥ*[2] ||7|

1 D ṛṣayas te ca **2** V -sattamāḥ

gautamīṃ saritāṃ śreṣṭhāṃ punar yajñāya dīkṣitāḥ |
punas tanmakhanāśāya rākṣasāḥ samupāgaman ||8|
yakṣa-[3]vāṭāntike māyāṃ dṛṣṭvā rākṣasapuṃgavāḥ |
tato nṛtyanti gāyanti hasanti ca rudanti ca ||9|
māheśvarī mahāmāyā prabhāveṇātidarpitā |
teṣāṃ madhye daityapatiḥ śambaro nāma vīryavān ||10|
māyārūpāṃ tu pramadāṃ bhakṣayām āsa nārada |
tad adbhutam atīvāsīt tanmāyābaladarśinām ||11|
makhe vidhvaṃsyamāne tu te viṣṇuṃ śaraṇaṃ yayuḥ |
prādād viṣṇuś cakram atho munīnāṃ rakṣaṇāya tu ||12|
cakraṃ tad rākṣasān ājau daityāṃś ca danujāṃs tathā |
ciccheda tadbhayād eva mṛtā rākṣasapuṃgavāḥ ||13|
ṛṣibhis tan mahāsattraṃ saṃpūrṇam abhavat tadā |
viṣṇoḥ prakṣālitaṃ cakraṃ gaṅgāmbhobhiḥ sudarśanam ||14|
tataḥ prabhṛti tat tīrthaṃ cakratīrtham udāhṛtam |
tatra snānena dānena sattrayāgaphalaṃ labhet ||15|
tatra pañca śatāny āsaṃs tīrthānāṃ pāpahāriṇām |
teṣu snānaṃ tathā dānaṃ pratyekaṃ muktidāyakam ||16|

iti śrīmahāpurāṇe ādibrāhme tīrthamāhātmye cakratīrthādipañcaśatatīrthavarṇanaṃ nāma catustriṃśadadhikaśatatamo 'dhyāyaḥ = gautamīmāhātmye pañcaṣaṣṭitamo 'dhyāyaḥ

brahmovāca:
vāṇīsaṃgamam ākhyātaṃ[1] yatra vāgīśvaro haraḥ |
tat tīrthaṃ sarvapāpānāṃ mocanaṃ sarvakāmadam ||135.1|
tatra snānena dānena brahmahatyādināśanam |
brahmaviṣṇvoś ca saṃvāde mahattve ca parasparam ||2|
tayor madhye mahādevo jyotirmūrtir abhūt kila |
tatraiva vāg uvācedaṃ daivī putra tayoḥ śubhā ||3|
aham asmi mahāṃs tatra aham asmīti vai mithaḥ |
daivī vāk tāv ubhau prāha yas tv asyāntaṃ tu paśyati ||4|
sa tu jyeṣṭho bhavet tasmān mā vādaṃ kartum arhathaḥ |
tadvākyād viṣṇur agamad adho 'haṃ cordhvam eva ca ||5|
tato viṣṇuḥ śīghram etya jyotiḥpārśva upāviśat |
aprāpyāntam ahaṃ prāyāṃ dūrād dūrataraṃ mune ||6|
tataḥ śrānto nivṛtto 'haṃ draṣṭum īśaṃ tu taṃ prabhum |
tadaivaṃ mama dhīr āsīd dṛṣṭaś cānto mayā bhṛśam ||7|
asya devasya tad viṣṇor mama jyaiṣṭhyaṃ sphuṭaṃ bhavet |
punaś cāpi mama tv evaṃ matir āsīn mahāmate ||8|
satyair vaktraiḥ kathaṃ vakṣye pīḍito 'py anṛtaṃ vacaḥ |
nānāvidheṣu pāpeṣu nānṛtāt pātakaṃ param ||9|
satyair vaktrair asatyāṃ vā vācaṃ vakṣye kathaṃ tv iti |
tato 'haṃ pañcamaṃ vaktraṃ gardabhākṛtibhīṣaṇam ||10|

3 V yajña- **1** DF vākṣaṃgamam iti khyātaṃ

kṛtvā tenānṛtaṃ vakṣya iti dhyātvā ciraṃ tadā |
abravaṃ taṃ hariṃ tatra āsīnaṃ jagatāṃ prabhum ||11|
asya cānto mayā dṛṣṭas tena jyaiṣṭhyaṃ janārdana |
mameti vadataḥ pārśve ubhau tau hariśaṃkarau ||12|
ekarūpatvam āpannau sūryācandramasāv iva |
tau dṛṣṭvā vismito bhītaś cāstavaṃ tāv ubhāv api |
tataḥ kruddhau jagannāthau vācaṃ tām idam ūcatuḥ ||13|
hariharāv ūcatuḥ:
duṣṭe tvaṃ nimnagā bhūyā nānṛtād asti pātakam ||14|
brahmovāca:
tataḥ sā vihvalā bhūtvā nadībhāvam upāgatā |
tad dṛṣṭvā vismito bhītas tām abravam ahaṃ tadā ||15|
yasmād asatyam uktāsi brahmavāci sthitā satī |
tasmād adṛśyā tvaṃ bhūyāḥ pāparūpāsy asaṃśayam ||16|
etac chāpaṃ viditvā tu tau devau praṇatā tadā |
viśāpatvaṃ prārthayantī tuṣṭāva ca punaḥ punaḥ ||17|
tatas tuṣṭau devadevau prārthitau tridaśārcitau |
prītyā hariharāv evaṃ vācaṃ vācam athocatuḥ ||18|
hariharāv ūcatuḥ:
gaṅgayā saṃgatā bhadre yadā tvaṃ lokapāvanī |
tadā punar vapus te syāt pavitraṃ hi suśobhane ||19|
brahmovāca:
tathety uktvā sāpi devī gaṅgayā saṃgatābhavat |
bhāgīrathī gautamī ca tataś cāpi svakaṃ vapuḥ ||20|
devī sā vyagamad brahman devānām api durlabham |
gautamyāṃ saiva vikhyātā nāmnā vāṇīti puṇyadā ||21|
bhāgīrathyāṃ saiva devī sarasvaty abhidhīyate |
ubhayatrāpi vikhyātaḥ saṃgamo lokapūjitaḥ ||22|
sarasvatīsaṃgamaś ca vāṇīsaṃgama eva ca |
gautamyā saṃgatā devī vāṇī vācā sarasvatī ||23|
sarvatra pūjitaṃ tīrthaṃ tatra vācā śivaṃ prabhum |
deveśvaraṃ pūjayitvā viśāpam agamad yataḥ ||24|
brahmā vidhūya vāgdauṣṭyaṃ svaṃ ca dhāmāgamat punaḥ |
tasmāt tatra śucir bhūtvā snātvā tatra ca saṃgame ||25|
vāgīśvaraṃ tato dṛṣṭvā tāvatā muktim āpnuyāt |
dānahomādikaṃ kiṃcid upavāsādikāṃ kriyām ||26|
yaḥ kuryāt saṃgame puṇye saṃsāre na bhavet punaḥ |
ekona-*viṃśatiśataṃ*[2] tīrthānāṃ tīrayor dvayoḥ |
nānājanmārjitāśeṣapāpakṣayavidhāyinām ||27|

iti śrīmahāpurāṇe ādibrāhme tīrthamāhātmye vāṇīsaṃgamavāgīśvarādyubhayataṭasthaikonaviṃśatiśatatīrthavarṇanaṃ nāma pañcatriṃśadadhikaśatatamo 'dhyāyaḥ = gautamīmāhātmye ṣaṭṣaṣṭitamo 'dhyāyaḥ

2 F -viṃśatis tatra

brahmovāca:
viṣṇutīrtham iti khyātaṃ tatra vṛttam idaṃ śṛṇu |
maudgalya iti vikhyāto mudgalasya suto ṛṣiḥ || 136.1 |
tasya bhāryā tu jābālā nāmnā khyātā suputriṇī |
pitā ṛṣis tathā vṛddho mudgalo lokaviśrutaḥ || 2 |
tasya bhāryā tathā khyātā nāmnā bhāgīrathī śubhā |
sa maudgalyaḥ prātar eva gaṅgāṃ snāti yatavrataḥ || 3 |
nityam eva tv idaṃ karma tasyāsīn munisattama |
gaṅgātīre kuśair mṛdbhiḥ śamī-*puṣpair*[1] aharniśam || 4 |
gurūditena mārgeṇa svamānasasaroruhe |
āvāhanaṃ nityam eva viṣṇoś cakre sa maudgaliḥ || 5 |
tenāhūtas tvarann eti lakṣmībhartā jagatpatiḥ |
vainateyam athāruhya śaṅkhacakragadādharaḥ || 6 |
pūjitas tena ṛṣiṇā sa maudgalyena yatnataḥ |
prabrūte ca kathāś citrā maudgalyāya jagatprabhuḥ || 7 |
tato 'parāhṇasamaye viṣṇuḥ prāha sa maudgalim |
yāhi vatsa svabhavanaṃ śrānto 'sīti punaḥ punaḥ || 8 |
evam uktaḥ sa devena viṣṇunā yāti sa dvijaḥ |
jagatprabhus tato yāti devair yuktaḥ svamandiram || 9 |
maudgalyo 'pi tathābhyetya kiṃcid ādāya nityaśaḥ |
svam eva bhavanaṃ vidvān bhāryāyai svārjitaṃ dhanam || 10 |
dadāti sa mahāviṣṇucaraṇābjaparāyaṇaḥ |
maudgalyasya priyā sāpi pativrataparāyaṇā || 11 |
śākaṃ mūlaṃ phalaṃ vāpi bhartrānītaṃ tu yatnataḥ |
su-*saṃskṛtyāpy atithīnāṃ*[2] bālānāṃ [[3]ca] bhartur eva ca || 12 |
dattvā tu bhojanaṃ tebhyaḥ paścād bhuṅkte yatavratā |
bhuktavatsv atha sarveṣu rātrau nityaṃ sa maudgaliḥ || 13 |
viṣṇoḥ śrutāḥ kathāś citrās tebhyo vakty atha harṣitaḥ |
evaṃ bahutithe kāle vyatīte cātivismitā |
maudgalyasya raho bhāryā bhartāraṃ vākyam abravīt || 14 |
jābālovāca:
yadi te viṣṇur abhyeti samīpaṃ tridaśārcitaḥ |
tathāpi kaṣṭam asmākaṃ kasmād iti jagatprabhum || 15 |
tat pṛccha tvaṃ mahāprājña yadāsau viṣṇur eti ca |
yasmiṃś ca smṛtamātre tu jarājanmarujo mṛtiḥ |
nāśaṃ yānti kuto dṛṣṭe tasmāt pṛccha jagatpatim || 16 |
brahmovāca:
tathety uktvā priyāvākyān maudgalyo nityavad dharim |
pūjayitvā vinītaś ca papraccha sa kṛtāñjaliḥ || 17 |
maudgalya uvāca:
tvayi smṛte jagannātha śokadāridryaduṣkṛtam |
nāśaṃ yāti vipattir me tvayi dṛṣṭe kathaṃ sthitā || 18 |

1 D -pattrair **2** V -saṃskṛtyātithīnāṃ ca **3** V ins. [hypermetric].

śrīviṣṇur uvāca:
svakṛtaṃ bhujyate bhūtaiḥ sarvaiḥ sarvatra sarvadā |
na kopi kasyacit kiṃcit karoty atra hitāhite ||19|
yādṛśaṃ copyate bījaṃ phalaṃ bhavati tādṛśam |
rasālaḥ syān na nimbasya bījāj jātv api kutracit ||20|
na kṛtā gautamīsevā nārcitau hariśaṃkarau |
na dattaṃ yaiś ca viprebhyas te kathaṃ bhājanaṃ śriyaḥ ||21|
tvayā na dattaṃ kiṃcic ca brāhmaṇebhyo mamāpi ca |
yad dīyate tad eveha parasmiṃś copatiṣṭhati ||22|
mṛdbhir vārbhiḥ kuśair mantraiḥ śucikarma sadaiva yat |
karoti tasmāt pūtātmā śarīrasya ca śoṣaṇāt ||23|
vinā dānena na kvāpi bhogāvāptir nṛṇāṃ bhavet |
satkarmācaraṇāc chuddho viraktaḥ syāt tato naraḥ ||24|
tato 'pratihatajñāno jīvanmuktas tato bhavet |
sarveṣāṃ sulabhā muktir madbhaktyā ceha pūrtataḥ ||25|
bhuktir dānādinā sarvabhūtaduḥkhanibarhaṇāt |
athavā lapsyase muktiṃ bhaktyā bhuktiṃ na lapsyase ||26|
maudgalya uvāca:
bhaktyā muktiḥ kathaṃ bhūyād bhukter muktiḥ sudurlabhā |
jātā ced dehināṃ muktiḥ kim anyena prayojanam ||27|
bhaktyā muktiḥ sarvapūjyā tām iccheyaṃ jaganmaya ||28|
viṣṇur uvāca:
etad evāntaraṃ brahman dīyate mām anusmaran |
brāhmaṇāyāthavārthibhyas tad evākṣayatāṃ vrajet ||29|
mām adhyātvātha[4] yad dadyāt *tat tan-*[5]mātraphalapradam |
tat punar dattam eveha na bhogāyātra kalpate ||30|
tasmād dehi mahābuddhe bhojyaṃ kiṃcin mama dhruvam |
athavā vipramukhyāya gautamītīram āśritaḥ ||31|
brahmovāca:
maudgalyaḥ prāha taṃ viṣṇuṃ deyaṃ mama na vidyate |
nānyat kiṃcana dehādi yat tat tvayi samarpitam ||32|
tato viṣṇur garutmantaṃ prāha śīghraṃ jagatpatiḥ |
ihānayasva kaṇiśaṃ *mamāyaṃ*[6] cārpayiṣyati ||33|
tato yogyān ayaṃ bhogān prāpsyate manasaḥ priyān |
ākarṇya svāminādiṣṭaṃ tathā cakre sa pakṣirāṭ ||34|
viṣṇuhaste kaṇān prādāt sa maudgalyo yatavrataḥ |
etasminn antare viṣṇur viśvakarmāṇam abravīt ||35|
viṣṇur uvāca:
yāvac cāsya kule sapta puruṣās tāvad eva tu |
bhavitāro mahābuddhe tāvat kāmā manīṣitāḥ |
gāvo hiraṇyaṃ dhānyāni vastrāṇy ābharaṇāni ca ||36|
brahmovāca:
yac ca kiṃcin manaḥprītyai loke bhavati *bhūṣaṇam*[7] |
tat sarvam āpa maudgalyo viṣṇu-*gaṅgā-*[8]prabhāvataḥ ||37|

4 DEF na māṃ dhyātvātha **5** DEF tāvan- **6** V mayāyaṃ **7** DEF śobhanam **8** E -saṅga-

gṛhaṃ gaccheti maudgalyo viṣṇunoktas tato yayau |
āśrame svasya sarvarddhiṃ dṛṣṭvā ṛṣir abhāṣata ||38|
ṛṣir uvāca:
aho dānaprabhāvo 'yam aho viṣṇor *anusmṛtiḥ*[9] |
aho gaṅgāprabhāvaś ca kair vicāryo mahān ayam ||39|
brahmovāca:
maudgalyo bhāryayā sārdhaṃ *putraiḥ pautraiś*[10] ca bandhubhiḥ |
pitṛbhyāṃ bubhuje bhogān bhuktiṃ muktim avāpa ca ||40|
tataḥ prabhṛti tat tīrthaṃ maudgalyaṃ vaiṣṇavaṃ tathā |
tatra snānaṃ ca dānaṃ ca bhuktimuktiphalapradam ||41|
tatra śrutiḥ smṛtir vāpi tīrthasya syāt kathaṃcana |
tasya viṣṇur bhavet prītaḥ pāpair muktaḥ sukhī bhavet ||42|
ekādaśa sahasrāṇi tīrthānāṃ tīrayor dvayoḥ |
sarvārthadāyināṃ tatra snānadānajapādibhiḥ ||43|

iti śrīmahāpurāṇe ādibrāhme tīrthamāhātmye maudgalyaviṣṇutīrthādyekādaśasahasratīrthavarṇanaṃ nāma ṣaṭtriṃśadadhikaśatatamo 'dhyāyaḥ = gautamīmāhātmye saptaṣaṣṭitamo 'dhyāyaḥ

brahmovāca:
lakṣmītīrtham iti khyātaṃ sākṣāl lakṣmīvivardhanam |
alakṣmīnāśanaṃ puṇyam ākhyānaṃ śṛṇu nārada ||137.1|
saṃvādaś ca purā tv āsīl lakṣmyāḥ putra daridrayā |
parasparavirodhinyāv ubhe viśvaṃ samīyatuḥ ||2|
tābhyām avyāpṛtaṃ vastu tan nāsti bhuvanatraye |
mama jyaiṣṭhyaṃ mama jyaiṣṭhyam ity ūcatur ubhe mithaḥ |
ahaṃ pūrvaṃ samudbhūtā ity āha śriyam ojasā ||3|
śrīlakṣmīr uvāca:
kulaṃ śīlaṃ jīvitaṃ vā dehinām aham eva tu |
mayā vinā dehabhājo jīvanto 'pi mṛtā iva ||4|
brahmovāca:
daridrayā ca sā proktā sarvebhyo hy adhikā hy aham |
muktir madāśritā nityaṃ daridraivaṃ vaco 'bravīt ||5|
kāmaḥ krodhaś ca lobhaś ca mado mātsaryam eva ca |
yatrāham asmi tatraite na tiṣṭhanti kadācana ||6|
na bhayodbhūtir unmāda īrṣyā uddhatavṛttitā |
yatrāham asmi tatraite na tiṣṭhanti kadācana ||7|
daridrāyā vacaḥ śrutvā lakṣmīs tāṃ pratyabhāṣata ||8|
lakṣmīr uvāca:
alaṃkṛto mayā jantuḥ sarvo bhavati pūjitaḥ |
nirdhanaḥ śivatulyo 'pi sarvair apy abhibhūyate ||9|
dehīti vacanadvārā dehasthāḥ pañca devatāḥ |
sadyo nirgatya gacchanti dhī-*śrīhrīśānti*-[1]kīrtayaḥ ||10|
tāvad guṇā gurutvaṃ ca yāvan nārthayate param |
arthī cet puruṣo jātaḥ kva guṇāḥ kva ca gauravam ||11|

9 DF anusmṛteḥ **10** DEF putrair iṣṭaiś **1** D -hrīśrīkānti-

tāvat sarvottamo jantus tāvat sarvaguṇālayaḥ |
namasyaḥ sarvalokānāṃ yāvan nārthayate param ||12|
kaṣṭam etan mahāpāpaṃ nirdhanatvaṃ śarīriṇām |
na mānayati no vakti na spṛśaty adhanaṃ janaḥ ||13|
aham eva tataḥ śreṣṭhā daridre śṛṇu me vacaḥ ||14|
brahmovāca:
tal lakṣmīvacanaṃ śrutvā daridrā vākyam abravīt ||15|
daridrovāca:
vaktuṃ na *lakṣmīr*[2] jyeṣṭhāham iti vai lajjase muhuḥ |
pāpeṣu ramase nityaṃ vihāya puruṣottamam ||16|
viśvastavañcakā nityaṃ bhavatī *ślāghase*[3] katham |
sukhaṃ na tādṛk tvatprāptau paścāttāpo yathā guruḥ ||17|
na tathā jāyate puṃsāṃ surayā dāruṇo madaḥ |
tvatsaṃnidhānamātreṇa yathā vai viduṣām api ||18|
sadaiva ramase *lakṣmīḥ*[4] prāyas tvaṃ pāpakāriṣu |
ahaṃ vasāmi yogyeṣu dharmaśīleṣu sarvadā ||19|
śivaviṣṇvanurakteṣu kṛtajñeṣu mahatsu ca |
sadācāreṣu śānteṣu gurusevodyateṣu ca ||20|
satsu vidvatsu śūreṣu kṛtabuddhiṣu sādhuṣu |
nivasāmi sadā *lakṣmīs*[5] tasmāj jyaiṣṭhyaṃ mayi sthitam ||21|
brāhmaṇeṣu śuciṣmatsu vratacāriṣu bhikṣuṣu |
nirbhayeṣu vasiṣyāmi lakṣmīs tvaṃ śṛṇu *te*[6] sthitim ||22|
rājavartiṣu pāpeṣu niṣṭhureṣu khaleṣu ca |
piśuneṣu ca lubdheṣu vikṛteṣu śaṭheṣu ca ||23|
anāryeṣu kṛtaghneṣu dharmaghātiṣu sarvadā |
mitradrohiṣv aniṣṭeṣu bhagnacitteṣu vartase ||24|
brahmovāca:
evaṃ vivadamāne te jagmatur mām ubhe api |
tayor vākyam upaśrutya mayokte te ubhe api ||25|
mattaḥ pūrvatarā pṛthvī āpaḥ pūrvatarās tataḥ |
strīṇāṃ vivādaṃ tā eva striyo jānanti netare ||26|
viśeṣataḥ punas *tābhyaḥ*[7] kamaṇḍalubhavāś ca yāḥ |
tatrāpi gautamī devī niścayaṃ kathayiṣyati ||27|
saiva sarvārtisaṃhartrī saiva saṃdehakartarī |
te madvākyād bhuvaṃ gatvā bhūmyā ca sahite api ||28|
adbhiś ca sahitāḥ sarvā gautamīṃ yayur āpagām |
bhūmir āpas tayor vākyaṃ gautamyai kramaśaḥ sphuṭam ||29|
sarvaṃ nivedayām āsur yathāvṛttaṃ praṇamya tām |
daridrāyāś ca lakṣmyāś ca vākyaṃ madhyasthavat tadā ||30|
śṛṇvatsu lokapāleṣu śṛṇvatyāṃ bhuvi nārada |
śṛṇvatīṣv apsu sā gaṅgā daridrāṃ vākyam abravīt |
saṃpraśasya tathā lakṣmīṃ gautamī vākyam abravīt ||31|

2 V lakṣmī **3** V ślāghate **4** V lakṣmī **5** V lakṣmī **6** ADF me **7** AE tābhyāṃ

gautamy uvāca:
brahmaśrīś ca tapaḥśrīś ca yajñaśrīḥ kīrtisaṃjñitā |
dhanaśrīś ca yaśaḥśrīś ca vidyā prajñā sarasvatī ||32|
bhuktiśrīś cātha muktiś ca smṛtir lajjā dhṛtiḥ kṣamā |
siddhis tuṣṭis tathā puṣṭiḥ śāntir āpas tathā mahī ||33|
ahaṃśaktir athauṣadhyaḥ śrutiḥ śuddhir vibhāvarī |
dyaur jyotsnā āśiṣaḥ svastir vyāptir māyā uṣā śivā ||34|
yat kiṃcid vidyate loke lakṣmyā vyāptaṃ carācaram |
brāhmaṇeṣv atha dhīreṣu kṣamāvatsv atha sādhuṣu ||35|
vidyāyukteṣu cānyeṣu bhuktimuktyanusāriṣu |
yad yad ramyaṃ sundaraṃ vā tat tal lakṣmīvijṛmbhitam ||36|
kim atra bahunoktena sarvaṃ lakṣmīmayaṃ jagat |
yasmin kasmiṃś ca yat kiṃcid utkṛṣṭaṃ paridṛśyate ||37|
lakṣmīmayaṃ tu tat sarvaṃ tayā hīnaṃ na kiṃcana |
atremāṃ sundarīṃ devīṃ spardhayantī na lajjase ||38|
gaccha gaccheti tāṃ gaṅgā daridrāṃ vākyam abravīt |
tataḥ prabhṛti gaṅgāmbho daridrāvairakāry abhūt ||39|
tāvad daridrābhibhavo gaṅgā yāvan na sevyate |
tataḥ prabhṛti tat tīrtham alakṣmīnāśanaṃ śubham ||40|
tatra snānena dānena lakṣmīvān puṇyavān bhavet |
tīrthānāṃ ṣaṭ sahasrāṇi tasmiṃs tīrthe mahāmate |
devarṣimunijuṣṭānāṃ sarvasiddhipradāyinām ||41|

iti śrīmahāpurāṇe ādibrāhme tīrthamāhātmye lakṣmītīrthādiṣaṭsahasratīrthavarṇanaṃ nāma saptatriṃśadadhikaśatatamo 'dhyāyaḥ = gautamīmāhātmye 'ṣṭaṣaṣṭitamo 'dhyāyaḥ

brahmovāca:
bhānutīrtham iti khyātaṃ sarvasiddhikaraṃ nṛṇām |
tatredaṃ vṛttam ākhyāsye mahāpātakanāśanam ||138.1|
śaryātir iti vikhyāto rājā paramadhārmikaḥ |
tasya bhāryā *sthaviṣṭheti*[1] rūpeṇāpratimā bhuvi ||2|
madhucchandā iti khyāto *vaiśvāmitro dvijottamaḥ*[2] |
purodhās tasya nṛpater brahmarṣiḥ śamināṃ prabhuḥ ||3|
diśo vijetuṃ sa jagāma rājā |
purodhasā tena nṛpapravīraḥ |
purodhasaṃ prāha mahānubhāvaṃ |
jitvā diśaś cādhvani saṃniviṣṭaḥ ||4|
papracchedaṃ kena khedaṃ gato 'si |
hetuṃ vadasveti mahānubhāva |
tvam eva rājye mama sarvamānyaḥ |
samastavidyāniravadyabodhaḥ ||5|
vidhūtapāpaḥ *paritāpa-*[3]śūnyaḥ |
kim anyacetā iva lakṣyase tvam |

1 E pratiṣṭheti F chaviś ceti **2** V viśvāmitrakulodbhavaḥ **3** V paritoṣa-

jiteyam urvī vijitā narendrā |
harṣasya hetau mahatīha jāte ||6|
kiṃ tvaṃ kṛśo me vada satyam eva |
dvijātivaryātimahānubhāva |
saṃbodhya śaryātim uvāca *vipraś*[4] |
chandomadhuḥ[5] premamayīṃ priyoktim ||7|
madhucchandā uvāca:
śṛṇu bhūpāla madvākyaṃ bhāryayā yad udīritam |
sthite yāme vayaṃ yāmo yāminī cārdhagāminī ||8|
svāminī cāsya dehasya kāminī māṃ pratīkṣate |
smṛtvā tat kāminīvākyaṃ śoṣaṃ yāti kalevaram |
vikāre smarasaṃjāte jīvātur nalinānanā ||9|
brahmovāca:
vihasya cābravīd rājā purodhasam ariṃdamaḥ ||10|
rājovāca:
tvaṃ gurur mama mitraṃ ca kim ātmānaṃ viḍambase |
kim anena mahāprājña mama vākyena mānada |
kṣaṇavidhvaṃsini sukhe kā nāmāsthā mahātmanām ||11|
brahmovāca:
etad ākarṇya matimān madhucchandā vaco 'bravīt ||12|
madhucchandā uvāca:
yatrānukūlyaṃ daṃpatyos trivargas tatra vardhate |
na cedaṃ[6] dūṣaṇaṃ rājan bhūṣaṇaṃ cātimanyatām ||13|
brahmovāca:
ājagāma svakaṃ deśaṃ mahatyā senayā vṛtaḥ |
parīkṣārthaṃ ca tatprema puryāṃ vārttām adīdiśat ||14|
diśo vijetuṃ śaryātau yāte rākṣasapuṃgavaḥ |
hatvā rasātalaṃ yāto rājānaṃ sapurodhasam ||15|
rājño bhāryā niścayāya pravṛttā munisattama |
vārttāṃ śrutvā dūtamukhān madhucchandaḥpriyā punaḥ ||16|
tadaivābhūd gataprāṇā tad vicitram ivābhavat |
tasyā[7] vṛttaṃ tu te dṛṣṭvā dūtā rājñe nyavedayan ||17|
yat kṛtaṃ rājapatnībhiḥ priyayā ca purodhasaḥ |
vismito duḥkhito rājā punar dūtān abhāṣata ||18|
rājovāca:
śīghraṃ gacchantu he dūtā brāhmaṇyā yat kalevaram |
rakṣantu vārttāṃ kuruta rājāgantā purodhasā ||19|
brahmovāca:
iti *cintāture*[8] rājñi vāg uvācāśarīriṇī ||20|
ākāśavāg uvāca:
vidhāsyaty akhilaṃ gaṅgā rājaṃs tava samīhitam |
sarvābhiṣaṅgaśamanī pāvanī bhuvi gautamī ||21|

4 V vipro **5** V madhucchandāḥ **6** V tatredaṃ **7** AEFV puryāṃ **8** DF cintāpare E cintāyute

brahmovāca:
etac chrutvā sa śaryātir gautamī-*taṭam*[9] āśritaḥ |
brāhmaṇebhyo dhanaṃ dattvā tarpayitvā pitṝn dvijān ||22|
puro-*hitaṃ*[10] dvijaśreṣṭhaṃ preṣayitvā dhanānvitam |
anyatra tīrthe sārtheṣu dānaṃ dehi[11] prayatnataḥ ||23|
etat sarvaṃ na jānāti rājñaḥ kṛtyaṃ purohitaḥ |
gate tasmin gurau rājā vaiśvāmitre mahātmani ||24|
sarvaṃ balaṃ preṣayitvā gaṅgātīre 'gnim āviśat |
ity uktvā sa tu rājendro gaṅgāṃ bhānuṃ surān api ||25|
yadi dattaṃ yadi hutaṃ yadi trātā prajā mayā |
tena satyena sā sādhvī mamāyuṣyeṇa jīvatu ||26|
ity uktvāgnau praviṣṭe tu śaryātau nṛpasattame |
tadaiva *jīvitā*[12] bhāryā rājñas tasya purodhasaḥ ||27|
agnipraviṣṭaṃ rājānaṃ śrutvā vismayakāraṇam |
pativratāṃ tathā bhāryāṃ mṛtāṃ jīvānvitāṃ punaḥ ||28|
tadarthaṃ cāpi rājānaṃ *tyaktātmānaṃ*[13] viśeṣataḥ |
ātmanaś ca punaḥ kṛtyam asmaran nṛpater guruḥ ||29|
aham apy agnim āvekṣya uta yāsye priyāntikam |
athaveha tapas tapsye tato niścayavān dvijaḥ ||30|
etad evātmanaḥ kṛtyaṃ manye sukṛtam eva ca |
jīvayāmi ca rājānaṃ tato yāmi priyāṃ punaḥ ||31|
etad eva śubhaṃ me syāt tatas tuṣṭāva bhāskaram |
na hy anyaḥ kopi devo 'sti sarvābhīṣṭaprado raveḥ ||32|
madhucchandā uvāca:
namo 'stu tasmai sūryāya muktaye 'mitatejase |
chandomayāya devāya oṃkārārthāya te namaḥ ||33|
virūpāya surūpāya triguṇāya trimūrtaye |
sthityutpattivināśānāṃ hetave prabhaviṣṇave ||34|
brahmovāca:
tataḥ prasannaḥ sūryo 'bhūd varayasvety abhāṣata ||35|
madhucchandā uvāca:
rājānaṃ dehi deveśa bhāryāṃ ca priyavādinīm |
ātmanaś ca śubhān putrān rājñaś caiva śubhān varān ||36|
brahmovāca:
tataḥ prādāj jagannāthaḥ śaryātiṃ *ratna-*[14]bhūṣitam |
tāṃ ca bhāryāṃ varān anyān sarvaṃ kṣemamayaṃ tathā ||37|
tato yātaḥ priyāviṣṭaḥ prītena ca purodhasā |
yayau sukhī svakaṃ deśaṃ tat tu tīrthaṃ śubhaṃ smṛtam ||38|
tatra trīṇi sahasrāṇi tīrthāni guṇavanti ca |
tataḥ prabhṛti tat tīrthaṃ bhānutīrtham udāhṛtam ||39|
mṛtasaṃjīvanaṃ caiva *śāryātaṃ*[15] ceti viśrutam |
mādhucchandasamākhyātaṃ smaraṇāt pāpa-*nun mune*[16] ||40|

9 V -tīram **10** DE -dhasaṃ **11** ASS corr. *dadau* **12** DF cotthitā **13** DF tyaktajīvaṃ
14 DEF svarṇa- **15** V śaryātaṃ **16** D -nāśanam EF -haṃ smṛtam

teṣu snānaṃ ca dānaṃ ca sarvakratuphalapradam |
mṛtasaṃjīvanaṃ tat syād āyurārogyavardhanam ||41|

iti śrīmahāpurāṇe ādibrāhme tīrthamāhātmye bhānvāditrisahasratīrthavarṇanaṃ nāmāṣṭatriṃśadadhikaśatatamo 'dhyāyaḥ = gautamīmāhātmya ekonasaptatitamo 'dhyāyaḥ

brahmovāca:
khaḍgatīrtham iti khyātaṃ gautamyā uttare taṭe |
tatra snānena dānena mukti-*bhāgī*[1] bhaven naraḥ ||139.1|
tatra vṛttaṃ pravakṣyāmi śṛṇu nārada yatnataḥ |
pailūṣa iti vikhyātaḥ *kavaṣasya*[2] suto dvijaḥ ||2|
kuṭumbabhārāt parito hy arthārthī paridhāvati |
na kimapy āsasādāsau tato vairāgyam āsthitaḥ ||3|
atyantavimukhe daive vyarthībhūte tu pauruṣe |
na vairāgyād anyad asti *paṇḍitasyāvalambanam*[3] ||4|
iti saṃcintayām āsa tadāsau niḥśvasan muhuḥ |
kramāgataṃ dhanaṃ nāsti poṣyāś ca bahavo mama ||5|
mānī cātmā na kaṣṭārho hā dhig durdaivaceṣṭitam |
sa kadā-*cid*[4]vṛttiyuto vṛttibhiḥ parivartayan ||6|
na lebhe tad[5] dhanaṃ vṛtter virāgam agamat tadā |
sevā niṣiddhā yā kācid gahanā duṣkaraṃ tapaḥ ||7|
balād ākarṣatīyaṃ[6] māṃ tṛṣṇā sarvatra duṣkṛte |
tvayāpakṛtam ajñānāt tasmāt tṛṣṇe namo 'stu te ||8|
evaṃ vicintya medhāvī *tṛṣṇā*-[7]chedāya kiṃ bhavet |
ity ālocya sa pailūṣaḥ pitaraṃ vākyam abravīt ||9|
pailūṣa uvāca:
jñānāsinā krodhalobhau saṃsṛtiṃ cātidustarām |
chedmīmāṃ kena he tāta tam upāyaṃ vada prabho ||10|
kavaṣa uvāca:
īśvarāj jñānam anvicched ity eṣā vaidikī śrutiḥ |
tasmād ārādhayeśānaṃ tato jñānam avāpsyasi ||11|
brahmovāca:
tathety uktvā sa pailūṣo jñānāyeśvaram ārcayat |
tatas tuṣṭo maheśāno jñānaṃ prādād dvijātaye |
prāptajñāno mahābuddhir gāthāḥ provāca muktidāḥ ||12|
pailūṣa uvāca:
krodhas tu prathamaṃ śatrur niṣphalo dehanāśanaḥ |
jñānakhaḍgena taṃ chittvā paramaṃ sukham āpnuyāt ||13|
tṛṣṇā bahuvidhā māyā bandhanī pāpakāriṇī |
chittvaitāṃ jñānakhaḍgena sukhaṃ tiṣṭhati mānavaḥ ||14|
saṅgas tu paramo *'dharmo*[8] devādīnām iti śrutiḥ |
asaṅgasyātmano *hy*[9] asya *saṅgo 'yaṃ paramo ripuḥ*[10] ||15|

1 AE -bhājī **2** V kavayasya **3** D pīḍitasyāvalambanam **4** V -cit [sic] **5** V nālabhac ca **6** V balāt tv ākarṣayantī **7** DEFV bandha- **8** D bandho **9** D 'py **10** D saṃbhogaḥ sa katham bhavet

chittvainaṃ jñānakhaḍgena śivaikatvam avāpnuyāt |
saṃśayaḥ paramo nāśo dharmārthānāṃ vināśakṛt ||16|
chittvainaṃ saṃśayaṃ jantuḥ paramepsitam āpnuyāt |
piśācīva viśaty āśā nirdahaty akhilaṃ sukham |
pūrṇāhantāsinā chittvā jīvan muktim avāpnuyāt ||17|
brahmovāca:
tato jñānam avāpyāsau gaṅgātīraṃ samāśritaḥ |
jñānakhaḍgena nirmohas tato muktim avāpa saḥ ||18|
tataḥ prabhṛti tat tīrthaṃ khaḍgatīrtham iti smṛtam |
jñānatīrthaṃ ca kavaṣaṃ pailūṣaṃ sarvakāmadam ||19|
ityādiṣaṭsahasrāṇi tīrthāny āhur maharṣayaḥ |
aśeṣapāpatāpaughaharāṇīṣṭapradāni ca ||20|

iti śrīmahāpurāṇe ādibrāhme tīrthamāhātmye khaḍgatīrthavarṇanaṃ nāmaikonacatvāriṃśadadhikaśatatamo 'dhyāyaḥ = gautamīmāhātmye saptatitamo 'dhyāyaḥ

brahmovāca:
ātreyam iti vikhyātam anvindraṃ tīrtham uttamam |
tasya prabhāvaṃ vakṣyāmi bhraṣṭarājyapradāyakam ||140.1|
gautamyā uttare tīra ātreyo bhagavān ṛṣiḥ |
anvārebhe 'tha sattrāṇi ṛtvigbhir munibhir vṛtaḥ ||2|
tasya hotābhavat tv agnir havyavāhana eva ca |
evaṃ sattre tu saṃpūrṇa iṣṭiṃ māheśvarīṃ punaḥ ||3|
kṛtvaiśvaryam agād vipraḥ sarvatra gatim eva ca |
indrasya[1] bhavanaṃ ramyaṃ svargalokaṃ rasātalam ||4|
svecchayā yāti viprendraḥ prabhāvāt tapasaḥ śubhāt |
sa kadācid divaṃ gatvā indralokam agāt punaḥ ||5|
tatrāpaśyat sahasrākṣaṃ suraiḥ parivṛtaṃ śubhaiḥ |
stūyamānaṃ siddhasādhyaiḥ prekṣantaṃ nṛtyam uttamam |
śṛṇvānaṃ madhuraṃ gītam apsarobhiś ca vījitam ||6|
upopaviṣṭaiḥ suranāyakais taiḥ |
saṃpūjyamānaṃ mahadāsanastham |
jayantam aṅke vinidhāya sūnuṃ |
śacyā yutaṃ prāptaratiṃ mahiṣṭham ||7|
satāṃ śaraṇyaṃ varadaṃ mahendraṃ |
samīkṣya viprādhipatir mahātmā |
vimohito 'sau munir indralakṣmyā |
samīhayām āsa tad indrarājyam ||8|
saṃpūjito devagaṇair yathāvat |
svam āśramaṃ vai punar ājagāma |
samīkṣya tāṃ śakrapurīṃ suramyāṃ |
ratnair yutāṃ puṇyaguṇaiḥ supūrṇām ||9|

1 DF candrasya

svam āśramaṃ niṣprabhahemavarjyaṃ |
samīkṣya vipro viramaṃ jagāma |
samīhamānaḥ surarājyam āśu |
priyāṃ tadovāca mahātriputraḥ ||10|
ātreya uvāca:
bhoktuṃ na śakto 'smi phalāni mūlāny |
anuttamāny apy atisaṃskṛtāni |
smṛtvāmṛtaṃ puṇyatamaṃ ca tatra |
bhakṣyaṃ ca bhojyaṃ ca varāsanāni |
stutiṃ ca dānaṃ ca sabhāṃ śubhāṃ ca |
astraṃ ca vāsāṃsi purīṃ vanāni ||11|
brahmovāca:
tato mahātmā tapasaḥ prabhāvāt |
tvaṣṭāram āhūya vaco babhāṣe ||12|
ātreya uvāca:
iccheyam indratvam ahaṃ mahātman |
kuruṣva śīghraṃ padam aindram atra |
brūṣe 'nyathā cen madudīritaṃ tvaṃ |
bhasmīkaromy eva na saṃśayo 'tra ||13|
brahmovāca:
tadatrivākyāt tvaritaḥ prajānāṃ |
sraṣṭā vibhur viśvakarmā tadaiva |
cakāra meruṃ ca purīṃ surāṇāṃ |
kalpadrumān kalpalatāṃ ca dhenum ||14|
cakāra vajrādivibhūṣitāni |
gṛhāṇi śubhrāṇy aticitritāni |
cakāra sarvāvayavānavadyāṃ |
śacīṃ smarasyeva vihāraśālām ||15|
sabhāṃ sudharmāṇam aho kṣaṇena |
tathā cakārāpsaraso manojñāḥ |
cakāra coccaiḥśravasaṃ gajaṃ ca |
vajrādi cāstrāṇi surān aśeṣān ||16|
nivāryamāṇaḥ priyayātriputraḥ |
śacīsamām ātmavadhūṃ cakāra |
tadātriputro 'trimukhaiḥ sameto |
vajrādirūpaṃ ca cakāra cāstram ||17|
nṛtyādi gītādi ca sarvam eva |
cakāra śakrasya pure ca dṛṣṭam |
tat sarvam āsādya tadā munīndraḥ |
prahṛṣṭacetāḥ sutarāṃ babhūva ||18|
āpātaramyeṣv api kasya nāma |
bhavaty apekṣā nahi gocareṣu |
śrutvā ca daityā danujāḥ sametā |
rakṣāṃsi kopena yutāni sadyaḥ ||19|
svargaṃ parityajya kuto harir bhuvaṃ |
samāgato nv eṣa mithaḥ sukhāya |

tasmād vayaṃ yāma ito nu yoddhuṃ |
vṛtrasya hantāram adīrgha-*sattram*[2] ||20|
tataḥ samāgatya tadātriputraṃ |
saṃveṣṭayām āsur athāsurās te |
saṃveṣṭayitvā puram atriputra- |
kṛtaṃ tathā cendrapurābhidhānam |
tair vadhyamānaḥ śastrapātair mahadbhis |
tato bhīto *vākyam idaṃ*[3] jagāda ||21|
ātreya uvāca:
yo jāta eva prathamo manasvān |
devo devān kratunā paryabhūṣat |
yasya śuṣmād rodasī abhyasetāṃ |
nṛmṇasya mahnā sa janāsa indraḥ ||22|
brahmovāca:
ityādisūktena ripūn uvāca |
hariṃ ca tuṣṭāva tadātriputraḥ ||23|
ātreya uvāca:
nāhaṃ harir naiva śacī madīyā |
neyaṃ purī naiva vanaṃ tad aindram |
sa eva cendro vṛtrahantā sa vajrī |
sahasrākṣo gotrabhid vajrabāhuḥ ||24|
ahaṃ tu vipro vedavid brahmavṛndaiḥ |
samāviṣṭo gautamītīrasaṃsthaḥ |
yatrāyatyāṃ nādya vā saukhyahetus |
tac cākārṣaṃ karma durdaivayogāt ||25|
asurā ūcuḥ:
saṃharasvedam ātreya yad indrasya viḍambanam |
kṣemas te bhavitā satyaṃ *nānyathā munisattama*[4] ||26|
brahmovāca:
tadātreyo 'bravīd vākyaṃ yathā vakṣyanti mām iha |
karomy eva mahābhāgāḥ satyenāgniṃ samālabhe ||27|
evam uktvā sa daiteyāṃs tvaṣṭāraṃ punar abravīt ||28|
ātreya uvāca:
yat kṛtaṃ tv atra matprītyā aindraṃ tvaṣṭaḥ padaṃ tvayā |
saṃharasva punaḥ śīghraṃ *rakṣa māṃ*[5] brāhmaṇaṃ *munim*[6] ||29|
punar dehi padaṃ mahyam āśramaṃ mṛgapakṣiṇaḥ |
vṛkṣāṃś ca vāri yatrāsīn na *me divyaiḥ*[7] prayojanam |
sarvam akramam āyātaṃ na sukhāya manīṣiṇām ||30|
brahmovāca:
tathety uktvā prajānāthas tvaṣṭā saṃhṛtavāṃs tadā |
daityāś ca jagmuḥ svasthānaṃ kṛtvā deśam akaṇṭakam ||31|

2 DF -sūtram **3** AE harir vākyaṃ **4** V nātra kāryā vicāraṇā **5** V rakṣatāṃ **6** V bhavān
7 V divyena

tvaṣṭā cāpi yayau sthānaṃ svakaṃ saṃprahasann iva |
ātreyo 'pi tadā śiṣyaiḥ saṃvṛtaḥ saha bhāryayā ||32|
gautamītīram āśritya tapo-*niṣṭho 'khilair vṛtaḥ*[8] |
vartamāne mahāyajñe lajjito vākyam abravīt ||33|
ātreya uvāca:
aho mohasya mahimā mamāpi bhrāntacittatā |
kiṃ mahendrapadaṃ labdhaṃ kiṃ mayātra purā kṛtam ||34|
brahmovāca:
evaṃ vadantam ātreyaṃ lajjitaṃ *prābruvan*[9] surāḥ ||35|
surā ūcuḥ:
lajjāṃ jahi mahābāho *bhavitā*[10] khyātir uttamā |
ātreyatīrthe ye snānaṃ prāṇinaḥ kuryur añjasā ||36|
indrās te bhavitāro vai smaraṇāt sukhabhāginaḥ |
tatra pañca sahasrāṇi tīrthāny āhur manīṣiṇaḥ ||37|
anvindrātreyadaiteyanāmabhiḥ kīrtitāni ca |
teṣu snānaṃ ca dānaṃ ca sarvam akṣayapuṇyadam ||38|
brahmovāca:
ity uktvā vibudhā yātāḥ saṃtuṣṭaś cābhavan muniḥ ||39|

iti śrīmahāpurāṇe ādibrāhme tīrthamāhātmye 'nvindrātreyādipañcasahasratīrthavarṇanaṃ nāma catvāriṃśadadhikaśatatamo 'dhyāyaḥ = gautamīmāhātmye ekasaptatitamo 'dhyāyaḥ

brahmovāca:
kapilāsaṃgamaṃ nāma tīrthaṃ trailokyaviśrutam |
tatra[1] nārada vakṣyāmi kathāṃ puṇyām anuttamām ||141.1|
[[2]tilottamāyās tatraiva saṃgamo lokaviśrutaḥ |
smaraṇāt sarvapāpānāṃ nāśanaḥ kiṃ nu darśanāt |]
kapilo nāma tattvajño munir āsīn mahāyaśāḥ |
krūraś cāpi prasannaś ca tapovrataparāyaṇaḥ ||2|
tapasyantaṃ muniśreṣṭhaṃ gautamītīram āśritam |
tam āgatya mahātmānaṃ vāmadevādayo 'bruvan ||3|
hatvā venaṃ brahmaśāpair naṣṭadharme tv arājake |
kapilaṃ siddham ācāryam ūcur munigaṇās tadā ||4|
munigaṇā ūcuḥ:
gate vede gate dharme kiṃ kartavyaṃ munīśvara ||5|
brahmovāca:
tato 'bravīn munir dhyātvā kapilas tv āgatān munīn ||6|
kapila uvāca:
venasyorur *vimathyo 'bhūt*[3] tataḥ kaścid bhaviṣyati ||7|
brahmovāca:
tathaiva cakrur munayo venasyoruṃ vimathya vai |
tatrotpanno mahāpāpaḥ kṛṣṇo raudraparākramaḥ ||8|

8 V -niṣṭhas tu nirvṛtaḥ **9** V prāpnuvan **10** DF bhavitrī **1** V śṛṇu **2** DF ins.
3 DF vimathyāśu V vimathyo vai

taṃ dṛṣṭvā munayo bhītā niṣīdasveti cābruvan |
niṣādaḥ so 'bhavat tasmān niṣādāś cābhavaṃs tataḥ ||9|
venabāhuṃ mamanthus te dakṣiṇaṃ dharmasaṃhitam |
tataḥ pṛthusvaraś caiva sarvalakṣaṇalakṣitaḥ ||10|
rājābhavat pṛthuḥ śrīmān brahmasāmarthyasaṃyutaḥ |
tam āgatya surāḥ sarve abhinandya varāñ śubhān ||11|
tasmai dadus tathāstrāṇi mantrāṇi guṇavanti ca |
tato 'bruvan munigaṇās taṃ pṛthuṃ kapilena ca ||12|
munaya ūcuḥ:
āhāraṃ dehi jīvebhyo bhuvā *grastauṣadhīr api*[4] ||13|
brahmovāca:
tataḥ sa dhanur ādāya bhuvam āha nṛpottamaḥ ||14|
pṛthur uvāca:
oṣadhīr dehi yā grastāḥ prajānāṃ hitakāmyayā ||15|
brahmovāca:
tam uvāca mahī bhītā pṛthuṃ taṃ pṛthulocanam ||16|
mahy uvāca:
mayi jīrṇā mahauṣadhyaḥ kathaṃ dātum ahaṃ kṣamā ||17|
brahmovāca:
tataḥ sakopo nṛpatis tām āha pṛthivīṃ punaḥ ||18|
pṛthur uvāca:
no ced dadāsy adya tvāṃ vai hatvā dāsye mahauṣadhīḥ ||19|
bhūmir uvāca:
kathaṃ haṃsi striyaṃ rājañ jñānī bhūtvā nṛpottama |
vinā mayā kathaṃ cemāḥ prajāḥ saṃdhārayiṣyasi ||20|
pṛthur uvāca:
yatropakāro 'nekānām ekanāśe bhaviṣyati |
na doṣas tatra pṛthivi tapasā dhāraye prajāḥ ||21|
na doṣam atra paśyāmi nācakṣe 'narthakaṃ vacaḥ |
yasmin nipātite saukhyaṃ bahūnām upajāyate |
munayas tadvadhaṃ prāhur aśvamedhaśatādhikam ||22|
brahmovāca:
tato devāś ca ṛṣayaḥ sāntvayitvā nṛpottamam |
mahīṃ ca mātaraṃ devīm ūcuḥ suragaṇās tadā ||23|
devā ūcuḥ:
bhūme gorūpiṇī bhūtvā payorūpā mahauṣadhīḥ |
dehi tvaṃ pṛthave rājñe tataḥ prīto bhaven nṛpaḥ |
prajāsaṃrakṣaṇaṃ ca syāt tataḥ kṣemaṃ bhaviṣyati ||24|
brahmovāca:
tato gorūpam āsthāya *bhūmy āsīt*[5] kapilāntike |
dudoha ca mahauṣadhyo[6] rājā venakarodbhavaḥ ||25|
yatra devāḥ sagandharvā ṛṣayaḥ kapilo muniḥ |
mahīṃ gorūpam āpannāṃ narmadāyāṃ mahāmune ||26|

4 DF grastā mahauṣadhīḥ **5** ADEV kapilā **6** ASS corr. *mahauṣadhī*

sarasvatyāṃ bhāgīrathyāṃ[7] godāvaryāṃ viśeṣataḥ |
mahānadīṣu sarvāsu duduhe 'sau payo mahat ||27|
sā *duhyamānā*[8] pṛthunā puṇyatoyābhavan nadī |
gautamyā saṃgatā cābhūt tad adbhutam ivābhavat ||28|
tataḥ prabhṛti tat tīrthaṃ kapilāsaṃgamaṃ viduḥ |
tatrāṣṭāśītiḥ pūjyāni sahasrāṇi mahāmate ||29|
tīrthāny āhur munigaṇāḥ smaraṇād api nārada |
pāvanāni jagaty asmiṃs tāni sarvāṇy anukramāt ||30|

iti śrīmahāpurāṇe ādibrāhme svayaṃbhvṛṣisaṃvāde tīrthamāhātmye kapilāsaṃgamādyaṣṭāśītisahasratīrthavarṇanaṃ nāmaikacatvāriṃśadadhikaśatatamo 'dhyāyaḥ = gautamīmāhātmye dvisaptatitamo 'dhyāyaḥ

brahmovāca:
devasthānam iti khyātaṃ tīrthaṃ trailokyaviśrutam |
tasya prabhāvaṃ vakṣyāmi śṛṇu yatnena nārada ||142.1|
purā kṛtayugasyādau devadānavasaṃgare |
pravṛtte vā siṃhiketi vikhyātā daityasundarī ||2|
tasyāḥ putro mahādaityo rāhur nāma mahābalaḥ |
amṛte tu samutpanne saiṃhikeye ca bhedite ||3|
tasya putro mahādaityo meghahāsa iti śrutaḥ |
pitaraṃ ghātitaṃ śrutvā tapas tepe 'tiduḥkhitaḥ ||4|
tapasyantaṃ rāhusutaṃ gautamītīram āśritam |
devāś ca ṛṣayaḥ sarve tam ūcur atibhītavat ||5|
devarṣaya ūcuḥ:
tapo jahi mahābāho yat te manasi saṃsthitam |
sarvaṃ bhavatu nāmedaṃ śivagaṅgāprasādataḥ |
śivagaṅgāprasādena kiṃ nāmāsty atra durlabham ||6|
meghahāsa uvāca:
paribhūtaḥ pitā pūjyo yuṣmābhir mama daivatam |
tasyāpi mama cātyantaṃ prītiś ca kriyate yadi ||7|
bhavadbhis tapaso 'smāc ca ahaṃ vairān nivartaye |
vairaniryātanaṃ kāryaṃ putreṇa pitur ādarāt |
prārthayante bhavantaś cet pūrṇās tan me manorathāḥ ||8|
brahmovāca:
tataḥ suragaṇāḥ sarve rāhuṃ cakrur *grahānugam*[1] |
taṃ cāpi meghahāsaṃ te cakrū rākṣasa-*puṃgavam*[2] ||9|
tato 'bhavad rāhusuto nairṛtādhipatiḥ prabhuḥ |
punaś cāha surān daityo mama khyātir yathā bhavet ||10|
tīrthasyāsya prabhāvaś ca dātavya iti me matiḥ |
tathety uktvā dadur devāḥ sarvam eva manogatam ||11|
daityeśvarasya devarṣe tannāmnā tīrtham *ucyate*[3] |
devā yato 'bhavan sarve tatra sthāne mahāmate ||12|

7 V bhāgīrathyāṃ sarasvatyāṃ **8** DF dohyamānā **1** DF grahādhipam **2** V -pūjitam
3 A uttamam

devasthānaṃ tu tat tīrthaṃ devānām api durlabham |
yatra deveśvaro devo devatīrthaṃ tataḥ smṛtam ||13|
tatrāṣṭādaśa tīrthāni daityapūjyāni nārada |
teṣu snānaṃ ca dānaṃ ca mahāpātakanāśanam ||14|

iti śrīmahāpurāṇe ādibrāhme tīrthamāhātmye devasthānādyaṣṭādaśatīrthavarṇanaṃ nāma dvicatvāriṃśadadhikaśatatamo 'dhyāyaḥ = gautamīmāhātmye trisaptatitamo 'dhyāyaḥ

brahmovāca:
siddhatīrtham iti khyātaṃ *yatra*[1] siddheśvaro haraḥ |
tasya prabhāvaṃ vakṣyāmi sarvasiddhikaraṃ nṛṇām ||143.1|
pulastyavaṃśasaṃbhūto rāvaṇo lokarāvaṇaḥ |
diśo vijitya sarvāś ca *soma-*[2]lokam ajīgamat ||2|
somena saha yotsyantaṃ daśāsyam aham abravam |
mantraṃ dāsye nivartasva somayuddhād daśānana ||3|
ity uktvāṣṭottaraṃ mantraṃ śatanāmabhir anvitam |
śivasya rākṣasendrāya prādāṃ nārada śāntaye ||4|
niḥśrīkāṇāṃ vipannānāṃ nānākleśajuṣāṃ nṛṇām |
śaraṇaṃ śiva evātra saṃsāre 'nyo na kaścana ||5|
tato nivṛttaḥ sa ha mantriyuktas |
tat somalokāj jayam āpya rakṣaḥ |
sa puṣpakārūḍhagatiḥ sagarvo |
lokān[3] punaḥ prāpa javād daśāsyaḥ ||6|
sa prekṣamāṇo devam antarikṣaṃ |
bhuvaṃ ca nāgāṃś ca gajāṃś ca *viprān*[4] |
ālokayām āsa nagaṃ mahāntaṃ |
kailāsam āvāsa umāpater yaḥ ||7|
dṛṣṭvā smayotphulla-*dṛg adrirājaṃ*[5] |
sa mantriṇau rāvaṇa ity uvāca[6] ||8|
rāvaṇa uvāca:
ko vā girāv atra vasen mahātmā |
giriṃ nayāmy enam athādhi bhūmeḥ |
laṅkāgato 'yaṃ girir āśu śobhāṃ |
laṅkāpi satyaṃ śriyam ātanoti ||9|
brahmovāca:
itthaṃ vaco rākṣasamantriṇau tau |
niśamya rakṣodhipateś ca bhāvam |
na yuktam ity ūcatur iṣṭabuddhyā |
niśācaras tadvacanaṃ na mene ||10|
saṃsthāpya tat puṣpakam āśu rakṣaḥ |
puplāva kailāsagireś ca mūle |
hindolayām āsa giriṃ daśāsyo |
jñātvā bhavaḥ kṛtyam idaṃ cakāra ||11|

1 V tatra **2** AE deva- **3** E laṅkāṃ **4** DF bhūpān **5** V -manās tu rāvaṇas **6** V tau vai samāgatya tadāha dhīraḥ

jitvā digīśāṃś ca sagarvitasya |
kailāsam āndolayataḥ *surāreḥ*[7] |
aṅguṣṭhakṛtyaiva rasātalādi- |
lokāṃś ca yātasya daśānanasya ||12|
ālūnakāyasya giraṃ niśamya |
vihasya devyā saha dattam iṣṭam |
tasmai prasannaḥ kupito 'pi śaṃbhur |
ayuktadāteti na saṃśayo 'tra ||13|
tato 'yam āvāpya varān suvīro |
bhavaprasādāt kusumaṃ jagāma |
gacchan sa laṅkāṃ bhavapūjanāya |
gaṅgām agāc chaṃbhujaṭāprasūtām ||14|
saṃpūjayitvā vividhaiś ca mantrair |
gaṅgājalaiḥ śaṃbhum adīnasattvaḥ |
asiṃ sa lebhe śaśikhaṇḍabhūṣāt |
siddhiṃ ca sarvarddhim abhīpsitāṃ ca ||15|
maddattamantraṃ śaśirakṣaṇāya |
sa sādhayām āsa bhavaṃ prapūjya |
siddhe tu mantre punar eva laṅkām |
ayāt sa rakṣodhi-*patiḥ sa*[8] tuṣṭaḥ ||16|
tataḥ prabhṛty etad atiprabhāvaṃ |
tīrthaṃ mahāsiddhidam iṣṭadaṃ ca |
samastapāpaughavināśanaṃ ca |
siddhair aśeṣaiḥ parisevitaṃ ca ||17|

iti śrīmahāpurāṇe ādibrāhme tīrthamāhātmye siddhatīrthādyaṣṭottaraśatatīrthavarṇanaṃ nāma tricatvāriṃśadadhikaśatatamo 'dhyāyaḥ = gautamīmāhātmye catuḥsaptatitamo 'dhyāyaḥ

brahmovāca:
paruṣṇīsaṃgamaṃ *ceti*[1] tīrthaṃ *trailokyaviśrutam*[2] |
tasya svarūpaṃ vakṣyāmi *śṛṇu pāpa-*[3]vināśanam ||144.1|
atrir ārādhayām āsa brahmaviṣṇumaheśvarān |
teṣu tuṣṭeṣu sa prāha putrā yūyaṃ bhaviṣyatha ||2|
tathā caikā rūpavatī kanyā mama bhavet surāḥ |
tathā putratvam āpus te brahmaviṣṇumaheśvarāḥ ||3|
kanyāṃ ca janayām āsa śubhātreyīti nāmataḥ |
dattaḥ somo 'tha durvāsāḥ putrās tasya mahātmanaḥ ||4|
agner *aṅgiraso*[4] jāto hy aṅgārair aṅgirā yataḥ |
tasmād aṅgirase *prādād*[5] ātreyīm atirociṣam ||5|
agneḥ prabhāvāt paruṣam ātreyīṃ sarvadāvadat |
ātreyy api ca śuśrūṣāṃ kurvatī sarvadābhavat ||6|

7 DE purāreḥ **8** V -patis tu **1** V nāma **2** DEF vedeṣu viśrutam **3** V sarvapāpa-
4 F āṅgiraso **5** V pradād

tasyām āṅgirasā jātā mahābalaparākramāḥ |
aṅgirāḥ paruṣaṃ vādīd ātreyīṃ nityam eva ca ||7|
putrās tv āṅgirasā nityaṃ pitaraṃ śamayanti te |
sā kadācid bhartṛvākyād udvignā paruṣākṣarāt |
kṛtāñjalipuṭā dīnā prābravīc chvaśuraṃ gurum ||8|
ātreyy uvāca:
atrijāhaṃ havyavāha bhāryā tava sutasya vai |
śuśrūṣaṇaparā nityaṃ putrāṇāṃ bhartur eva ca ||9|
patir māṃ paruṣaṃ vakti vṛthaivodvīkṣate ruṣā |
praśādhi māṃ surajyeṣṭha bhartāraṃ mama daivatam ||10|
jvalana uvāca:
aṅgārebhyaḥ samudbhūto bhartā te hy aṅgirā ṛṣiḥ |
yathā śānto bhaved bhadre tathā nītir vidhīyatām ||11|
āgneyo 'gniṃ samāyāto tava bhartā varānane |
tadā tvaṃ jalarūpeṇa plāvayethā madājñayā ||12|
ātreyy uvāca:
saheyaṃ paruṣaṃ vākyaṃ mā bhartāgniṃ samāviśet |
bhartari pratikūlānāṃ yoṣitāṃ jīvanena kim ||13|
iccheyaṃ śāntivākyāni bhartāraṃ *labhate*[6] tathā ||14|
jvalana uvāca:
agnis tv apsu śarīreṣu sthāvare jaṅgame tathā |
tava bhartur ahaṃ dhāma nityaṃ ca janako mataḥ ||15|
yo 'haṃ so 'ham iti jñātvā na cintāṃ kartum arhasi |
kiṃ cāpo mātaro devyo hy agniḥ śvaśura ity api |
iti buddhyā viniścitya mā viṣaṇṇā bhava snuṣe ||16|
snuṣovāca:[7]
āpo jananya iti yad babhāṣe |
agner ahaṃ tava putrasya bhāryā |
kathaṃ bhūtvā jananī cāpi bhāryā |
viruddham etaj jalarūpeṇa nātha ||17|
jvalana uvāca:
ādau tu patnī bharaṇāt tu bhāryā |
janes tu jāyā *sva-*[8]guṇaiḥ kalatram |
ityādirūpāṇi bibharṣi bhadre |
kuruṣva vākyaṃ madudīritaṃ yat ||18|
yo 'syāṃ prajātaḥ sa tu putra eva |
sā tasya mātaiva na saṃśayo 'tra |
tasmād vadanti śrutitattvavijñāḥ |
sā naiva yoṣit tanaye 'bhijāte ||19|
brahmovāca:
śvaśurasya tu tad vākyaṃ śrutvātreyī tadaiva tat |
āgneyaṃ rūpam āpannam ambhasāplāvayat patim ||20|

6 V ca labhe **7** V ātreyy uvāca: **8** E su-

ubhau tau daṃpatī brahman saṃgatau gāṅgavāriṇā |
śāntarūpadharau cobhau daṃpatī saṃbabhūvatuḥ ||21|
lakṣmyā yukto yathā viṣṇur umayā śaṃkaro yathā |
rohiṇyā ca yathā candras tathābhūn mithunaṃ tadā ||22|
bhartāraṃ plāvayantī sā dadhārāmbumayaṃ vapuḥ |
paruṣṇī ceti vikhyātā gaṅgayā saṃgatā nadī ||23|
gośatārpaṇajaṃ puṇyaṃ paruṣṇīsnānato bhavet |
tatra cāṅgirasāś cakrur yajñāṃś ca bahudakṣiṇān ||24|
tatra trīṇi sahasrāṇi tīrthāny āhuḥ *purāṇagāḥ*[9] |
ubhayos tīrayos tāta pṛthag yāgaphalaṃ viduḥ ||25|
teṣu snānaṃ ca dānaṃ ca vājapeyādhikaṃ matam |
viśeṣatas tu gaṅgāyāḥ paruṣṇyā saha saṃgame ||26|
snānadānādibhiḥ puṇyaṃ yat tad vaktuṃ na śakyate ||27|

iti śrīmahāpurāṇe ādibrāhme tīrthamāhātmye paruṣṇīsaṃgamāditrisahasratīrthavarṇanaṃ nāma catuścatvāriṃśadadhikaśatatamo 'dhyāyaḥ = gautamīmāhātmye pañcasaptatitamo 'dhyāyaḥ

brahmovāca:
mārkaṇḍeyaṃ nāma tīrthaṃ sarvapāpa-[1]vimocanam |
sarvakratuphalaṃ puṇyam aghaughavinivāraṇam ||145.1|
tasya prabhāvaṃ vakṣyāmi śṛṇu nārada yatnataḥ |
mārkaṇḍeyo bharadvājo vasiṣṭho 'triś ca gautamaḥ ||2|
yājñavalkyaś ca jābālir munayo 'nye 'pi nārada |
ete śāstrapraṇetāro vedavedāṅgapāragāḥ ||3|
purāṇanyāyamīmāṃsākathāsu pariniṣṭhitāḥ |
mithaḥ samūcur vidvāṃso muktiṃ prati yathāmati ||4|
kecij jñānaṃ praśaṃsanti kecit karma tathobhayam |
evaṃ vivadamānās te māṃ ūcur ubhayaṃ matam ||5|
madīyaṃ tu mataṃ jñātvā yayuś cakragadādharam |
tasya cāpi mataṃ jñātvā ṛṣayas te mahaujasaḥ ||6|
punar vivadamānās te śaṃkaraṃ praṣṭum udyatāḥ |
gaṅgāyāṃ ca bhavaṃ pūjya tam evārthaṃ śaśaṃsire ||7|
karmaṇas tu pradhānatvam uvāca tripurāntakaḥ |
kriyārūpaṃ ca taj jñānaṃ kriyā *saiva*[2] tad ucyate ||8|
tasmāt sarvāṇi *bhūtāni*[3] karmaṇā siddhim āpnuyuḥ |
karmaiva viśvatovyāpi tadṛte nāsti kiṃcana ||9|
vidyābhyāso[4] yajñakṛtir yogābhyāsaḥ śivārcanam |
sarvaṃ karmaiva nākarmī prāṇī kvāpy atra vidyate ||10|
karmaiva kāraṇaṃ tasmād anyad unmattaceṣṭitam |
ṛṣīṇāṃ yatra saṃvādo yatra devo maheśvaraḥ ||11|

9 D purāvidaḥ **1** V mārkaṇḍeyam iti khyātaṃ V tīrthaṃ pāpa- **2** DE karma **3** AE kāryāṇi **4** D vedābhyāse

cakāra nirṇayaṃ sarvaṃ karmaṇāvāpyate nṛbhiḥ |
mārkaṇḍaṃ mukhyataḥ kṛtvā tato mārkaṇḍam ucyate ||12|
tīrtham ṛṣigaṇākīrṇaṃ gaṅgāyā *uttare*[5] taṭe |
pitṝṇāṃ pāvanaṃ puṇyaṃ smaraṇād api sarvadā ||13|
tatrāṣṭau navatis tāta tīrthāny āha jaganmayaḥ |
vedena[6] cāpi tat proktam ṛṣayo menire ca tat ||14|

iti śrīmahāpurāṇe ādibrāhme tīrthamāhātmye mārkaṇḍeyādyaṣṭanavatitīrthavarṇanaṃ nāma pañcacatvāriṃśadadhikaśatatamo 'dhyāyaḥ = gautamīmāhātmye ṣaṭsaptatitamo 'dhyāyaḥ

brahmovāca:
yāyātam aparaṃ tīrthaṃ yatra kālañjaraḥ śivaḥ |
sarvapāpapraśamanaṃ *tadvṛttam ucyate*[1] mayā ||146.1|
yayātir nāhuṣo rājā sākṣād indra ivāparaḥ |
tasya bhāryādvayaṃ cāsīt kulalakṣaṇabhūṣitam ||2|
jyeṣṭhā tu devayānīti nāmnā śukrasutā śubhā |
śarmiṣṭheti dvitīyā sā sutā syād vṛṣaparvaṇaḥ ||3|
brāhmaṇy api mahāprājñā devayānī sumadhyamā |
yayāter abhavad bhāryā sā tu śukraprasādataḥ ||4|
śarmiṣṭhā cāpi tasyaiva bhāryā yā vṛṣaparvajā |
devayānī śukrasutā dvau putrau samajījanat ||5|
yaduṃ ca turvasuṃ caiva devaputrasamāv ubhau |
śarmiṣṭhā ca nṛpāl lebhe trīn putrān devasaṃnibhān ||6|
druhyuṃ cānuṃ ca pūruṃ ca yayāter nṛpasattamāt |
devayānyāḥ sutau brahman sadṛśau śukrarūpataḥ ||7|
śarmiṣṭhāyās tu tanayāḥ śakrāgnivaruṇaprabhāḥ |
devayānī kadācit tu pitaraṃ prāha duḥkhitā ||8|
devayāny uvāca:
mama tv apatyadvitayam abhāgyāyā bhṛgūdvaha |
mama dāsyāḥ sabhāgyāyā apatyatritayaṃ pitaḥ ||9|
tad etad *anumṛśyāyaṃ*[2] duḥkham atyantam *āgatā*[3] |
mariṣye dānavaguro yayātikṛtavipriyāt |
mānabhaṅgād varaṃ tāta maraṇaṃ hi manasvinām ||10|
brahmovāca:
tad etat putrikāvākyaṃ śrutvā śukraḥ pratāpavān |
kupito 'bhyāyayau śīghraṃ yayātim idam abravīt ||11|
śukra uvāca:
yad idaṃ vipriyaṃ me *tvaṃ sutāyāḥ kṛtavān asi*[4] |
rūponmattena rājendra tasmād vṛddho bhaviṣyasi ||12|
na ca bhoktuṃ na ca tyaktuṃ śaknoti viṣayāturaḥ |
spṛhayan manasaivāste niḥśvāsocchvāsanaṣṭadhīḥ ||13|

5 D dakṣiṇe **6** D devena **1** DEFV vyuṣṭis tatrocyate **2** V anumṛśyāhaṃ **3** AE āgatam
4 V 'dya sutāyām ādṛtaṃ tvayā

vṛddhatvam eva maraṇaṃ jīvatām api dehinām |
tasmāc chīghraṃ prayāhi tvaṃ jarāṃ bhūpātidurdharām ||14|
brahmovāca:
etac chrutvā yayātis tu śāpaṃ śukrasya dhīmataḥ |
kṛtāñjalipuṭo rājā yayātiḥ śukram abravīt ||15|
yayātir uvāca:
nāparādhye na saṃkupye naivādharmaṃ pravartaye |
adharmakāriṇaḥ pāpāḥ śāsyā eva mahātmanām ||16|
dharmam eva carantaṃ vai kathaṃ māṃ *śaptavān asi*[5] |
devayānī dvijaśreṣṭha vṛthā māṃ vakti kiṃcana ||17|
tasmān na mama viprendra śāpaṃ dātuṃ tvam arhasi |
vidvāṃso 'pi hi nirdoṣe yadi kupyanti mohitāḥ |
tadā na doṣo mūrkhāṇāṃ dveṣāgnipluṣṭacetasām ||18|
brahmovāca:
yayātivākyāc chukro 'pi sasmāra sutayā kṛtam |
asakṛd vipriyaṃ tasya divā rātrau pracaṇḍayā ||19|
gatakopo 'ham ity uktvā kāvyo rājānam abravīt ||20|
śukra uvāca:
jñātaṃ mayānayākāri vipriyaṃ[6] na vade 'nṛtam |
śāpasyemaṃ kariṣyāmi śṛṇuṣvānugrahaṃ nṛpa ||21|
yasmai putrāya saṃdātuṃ jarām icchasi mānada |
tasya sā yātv iyaṃ rājañ jarā putrāya madvarāt ||22|
brahmovāca:
punar yayātiḥ śvaśuraṃ śukraṃ prāha vinītavat ||23|
yayātir uvāca:
yo gṛhṇāti mayā dattāṃ jarāṃ bhaktisamanvitaḥ |
sa rājā syād daityaguro tad etad anumanyatām ||24|
yo madvākyaṃ nābhinandet suto daityaguro dṛḍham |
taṃ śapeyam anujñātra dātavyaiva tvayā guro ||25|
brahmovāca:
evam astv iti rājānam uvāca bhṛgunandanaḥ |
tato yayātiḥ svaṃ putram āhūyedaṃ vaco 'bravīt ||26|
yayātir uvāca:
yado gṛhāṇa me śāpāj jarāṃ jātāṃ suto bhavān |
jyeṣṭhaḥ sarvārthavit prauḍhaḥ putrāṇāṃ dhuri saṃsthitaḥ |
putrī tenaiva janako yas tadājñāvaśe sthitaḥ ||27|
brahmovāca:
nety uvāca yadus tātaṃ yayātiṃ bhūridakṣiṇam |
yayātiś ca yaduṃ śaptvā turvasuṃ kāmam abravīt ||28|
nāgṛhṇāt turvasuś cāpi pitrā dattāṃ jarāṃ tadā |
taṃ śaptvā cābravīd druhyuṃ gṛhāṇemāṃ jarāṃ mama ||29|
druhyuś ca naicchat tāṃ dattāṃ jarāṃ rūpavināśinīm |
anum apy abravīd rājā gṛhāṇemāṃ jarāṃ mama ||30|

5 DEF śaptum arhasi **6** V jñānād ajñānato vāpi svaire 'pi

anur neti tadovāca śaptvā taṃ pūrum abravīt |
abhinandya tadā pūrur jarāṃ tāṃ jagṛhe pituḥ ||31|
sahasram ekaṃ varṣāṇāṃ yāvat prīto 'bhavat pitā |
yauvane yāni bhogyāni vastūni vividhāni ca ||32|
putrayauvanasaṃtuṣṭo yayātir bubhuje sukham |
tatas tṛpto 'bhavad rājā sarvabhogeṣu nāhuṣaḥ |
tato harṣāt samāhūya pūruṃ putram athābravīt ||33|
yayātir uvāca:
tṛpto 'smi sarvabhogeṣu yauvanena tavānagha |
gṛhāṇa yauvanaṃ putra jarāṃ me dehi kaśmalām ||34|
brahmovāca:
nety uvāca tadā pūrur jarayā kṣīyate mayā |
vikārās tāta bhāvānāṃ durnivārāḥ śarīriṇām ||35|
balāt kālāgatā sahyā jarāpy akhiladehibhiḥ |
sā ced gurūpakārāya gṛhītā tyajyate katham ||36|
svīkṛtatyāgapāpād dhi dehināṃ maraṇaṃ varam |
athavā tu jarāṃ rājaṃs tapasā nāśayāmy aham ||37|
brahmovāca:
evam uktvā tu pitaraṃ yayau gaṅgām anuttamām |
gautamyā dakṣiṇe pāre tatas tepe tapo mahat ||38|
tataḥ prīto 'bhavad devaḥ kālena mahatā śivaḥ |
lokātītamahodāraguṇasanmaṇibhūṣitam |
kiṃ dadāmīti taṃ prāha pūruṃ sa surasattamaḥ ||39|
pūrur uvāca:
śāpaprāptāṃ jarāṃ nātha pitur mama surādhipa |
tāṃ nāśayasva deveśa pitṛśaptāṃś ca kopataḥ |
madbhrātṝñ śāpato muktān kuruṣva surapūjita ||40|
brahmovāca:
tathety uktvā jagannāthaḥ śāpāj jātāṃ jarāṃ *tathā*[7] |
anāśayaj[8] jagannātho bhrātṝṃś cakre viśāpinaḥ ||41|
tataḥ prabhṛti tat tīrthaṃ jarārogavināśanam |
akālajajarādīnāṃ smaraṇād api nāśanam ||42|
tannāmnā cāpi vikhyātaṃ kālañjaram udāhṛtam |
yāyātaṃ nāhuṣaṃ pauraṃ *śaukraṃ*[9] śārmiṣṭham eva ca ||43|
evamādīni tīrthāni tatrāṣṭottaram eva ca |
śataṃ vidyān mahābuddhe sarvasiddhikaraṃ tathā ||44|
teṣu snānaṃ ca dānaṃ ca śravaṇaṃ paṭhanaṃ tathā |
sarvapāpapraśamanaṃ bhuktimuktipradaṃ bhavet ||45|

iti śrīmahāpurāṇe ādibrāhme tīrthamāhātmye kālañjarādyaṣṭottaraśatatīrthavarṇanaṃ nāma ṣaṭcatvāriṃśadadhikaśatatamo 'dhyāyaḥ = gautamīmāhātmye saptasaptatitamo 'dhyāyaḥ

7 V tadā **8** DEF anīnaśaj **9** A pauruṃ

brahmovāca:
apsaroyugam ākhyātam apsarāsaṃgamaṃ tataḥ |
tīre ca dakṣiṇe puṇyaṃ smaraṇāt subhago bhavet ||147.1|
mukto bhavaty asaṃdehaṃ tatra snānādinā naraḥ |
strī satī saṃgame tasminn ṛtusnātā ca nārada ||2|
vandhyāpi janayet putraṃ trimāsāt patinā saha |
snānadānena vartantī nānyathā madvaco bhavet ||3|
apsaroyugam ākhyātaṃ[1] tīrthaṃ yena ca hetunā |
tatredaṃ kāraṇaṃ vakṣye śṛṇu nārada yatnataḥ ||4|
spardhāsīn mahatī brahman viśvāmitravasiṣṭhayoḥ |
tapasyantaṃ gādhisutaṃ brāhmaṇyārthe yatavratam ||5|
gaṅgādvāre samāsīnaṃ preritendreṇa menakā |
taṃ gatvā tapaso bhraṣṭaṃ kuru bhadre mamājñayā ||6|
tadoktendreṇa sā menā viśvāmitraṃ tapaścyutam |
kṛtvā kanyāṃ tathā dattvā jagāmendrapuraṃ punaḥ ||7|
tasyāṃ gatāyāṃ sasmāra gādhiputro 'khilaṃ kṛtam |
taṃ tu deśaṃ parityajya tīrthaṃ tu suravallabham ||8|
jagāma dakṣiṇāṃ gaṅgāṃ yatra kālañjaro haraḥ |
tapasyantaṃ tadovāca punar indraḥ sahasradṛk ||9|
urvaśīṃ ca tato menāṃ rambhāṃ cāpi tilottamām |
naivety ūcur bhayatrastāḥ punar āha śacīpatiḥ ||10|
gambhīrāṃ cātigambhīrām ubhe ye garvite tadā |
te ūcatur ubhe devaṃ sahasrākṣaṃ puraṃdaram ||11|
gambhīrātigambhīre ūcatuḥ:
āvāṃ gatvā tapasyantaṃ gādhiputraṃ mahādyutim |
cyāvayāvo nṛtyagītai rūpayauvana-*saṃpadā*[2] ||12|
yāsām apāṅge hasite vāci vibhramasaṃpadi |
nityaṃ vasati pañceṣus tābhiḥ ko 'tra na jīyate ||13|
brahmovāca:
tathety ukte sahasrākṣe te āgatya mahānadīm |
dadṛśāte tapasyantaṃ *viśvāmitraṃ mahāmunim*[3] ||14|
mṛtyor api durādharṣaṃ bhūmistham iva dhūrjaṭim |
sahasram ekaṃ varṣāṇām īkṣituṃ na ca śaknutaḥ ||15|
dūre sthite nṛtyagītacāṭukārarate tadā |
vilokya muniśārdūlas tataḥ kopākulo 'bhavat ||16|
pratīpācaraṇaṃ dṛṣṭvā krodhaḥ kasya na jāyate |
nispṛho 'pi mahābāhus tam indraṃ prahasann iva ||17|
ābhyāṃ muktaḥ sahasrākṣo hy apsarobhyāṃ bruvann iva |
śaśāpa te sa gādheyo dravarūpe bhaviṣyathaḥ ||18|
dravituṃ māṃ samāyāte yatas tv iha tato laghu |
tataḥ prasāditas tābhyāṃ śāpamokṣaṃ cakāra saḥ ||19|
bhavetāṃ divyarūpe vāṃ gaṅgayā saṃgate yadā |
tacchāpāt te nadīrūpe tatkṣaṇāt saṃbabhūvatuḥ ||20|

1 D apsarāsaṃgamaṃ khyātaṃ **2** DF -bhāṣaṇaiḥ **3** DEF divākaraṃ ivāparam

apsaroyugam ākhyātaṃ nadīdvayam ato 'bhavat |
tābhyāṃ parasparaṃ cāpi tābhyāṃ gaṅgāsusaṃgamaḥ ||21|
sarvalokeṣu vikhyāto bhuktimuktipradaḥ śivaḥ |
tatrāste dṛṣṭa evāsau sarvasiddhipradāyakaḥ ||22|
tatra snātvā tu taṃ dṛṣṭvā mucyate *sarvabandhanāt*[4] ||23|

iti śrīmahāpurāṇe ādibrāhme tīrthamāhātmye 'psaroyugasaṃgamatīrthavarṇanaṃ nāma saptacatvāriṃśadadhikaśatatamo 'dhyāyaḥ = gautamīmāhātmye 'ṣṭasaptatitamo 'dhyāyaḥ

brahmovāca:
koṭitīrtham iti khyātaṃ gaṅgāyā *dakṣiṇe*[1] taṭe |
yasyānusmaraṇād eva sarvapāpaiḥ pramucyate ||148.1|
yatra koṭīśvaro devaḥ sarvaṃ koṭiguṇaṃ bhavet |
koṭidvayaṃ tatra pūrṇaṃ tīrthānāṃ śubhadāyinām ||2|
tatra vyuṣṭiṃ pravakṣyāmi śṛṇu nārada tanmanāḥ |
kaṇvasya tu suto jyeṣṭho bāhlīka iti viśrutaḥ ||3|
kāṇvaś ceti janaiḥ khyāto vedavedāṅgapāragaḥ |
iṣṭīḥ pārvāyaṇānīr yāḥ sabhāryo vedapāragaḥ ||4|
kurvann āste sa gautamyās tīrastho lokapūjitaḥ |
prātaḥkāle sabhāryo 'sau juhvad agnau samāhitaḥ ||5|
sarvadāste kadācit tu havanāya samudyataḥ |
ekāhutiṃ sa hutvā tu samiddhe havyavāhane ||6|
āhutyantaradānāya havir dravyaṃ kare 'grahīt |
etasminn antare vahnir upaśānto 'bhavat tadā ||7|
tataś cintāparaḥ kāṇvaḥ kartavyaṃ kiṃ bhaved iti |
antar vicārayām āsa viṣādaṃ paramaṃ gataḥ ||8|
āhutyoś ca dvayor madhya upaśānto hutāśanaḥ |
agnyantaram upādeyaṃ vaidikaṃ laukikaṃ tathā ||9|
kva hoṣyaṃ syād dvitīyaṃ tu āhutyantaram eva ca |
evaṃ mīmāṃsamāne tu daivī vāg abravīt tadā ||10|
agnyantaraṃ naiva te 'tra upādeyaṃ bhaviṣyati |
yāni tatra bhaviṣyanti śakalāni samīpataḥ ||11|
ardhadagdheṣu kāṣṭheṣu viprarāja prahūyatām |
nety uvāca tadā kāṇvaḥ saiva vāg abravīt punaḥ ||12|
agneḥ putro hiraṇyas tu pitā putraḥ sa eva tu |
putre dattaṃ priyāyaiva pituḥ prītyai bhaviṣyati ||13|
pitre deyaṃ sute dadyāt koṭiprītiguṇaṃ bhavet |
daivī vāg abravīd evaṃ tataḥ sarve maharṣayaḥ ||14|
niścitya dharmasarvasvaṃ tathā cakrur yathoditam |
etaj jñātvā jagaty atra putre dattaṃ pitur bhavet ||15|
apatyādyupakāreṇa pitroḥ prītir yathā bhavet |
tathā nānyena kenāpi jagaty etad dhi viśrutam ||16|

4 DEF bhavabandhanaiḥ **1** DF uttare

suprasiddhaṃ jagaty etat sarvalokeṣu pūjitam |
tasmin datte bhavet puṇyaṃ sarvaṃ koṭiguṇaṃ suta ||17|
manoglāninivṛttiś ca jāyate ca mahat sukham |
punar apy āha sā vāṇī kāṇve 'smiṃs tīrtha uttame ||18|
abhavat tan mahat tīrthaṃ *kāṇva puṇyaprabhāvataḥ*[2] |
lokatrayāśrayāśeṣatīrthebhyo 'pi mahāphalam ||19|
snānadānādikaṃ kiṃcid bhaktyā kurvan samāhitaḥ |
phalaṃ prāpsyasy aśeṣeṇa sarvaṃ koṭiguṇaṃ mune ||20|
yat kiṃcit kriyate cātra snānadānādikaṃ naraiḥ |
sarvaṃ koṭiguṇaṃ vidyāt koṭitīrthaṃ tato viduḥ ||21|
yatraitad vṛttam āgneyaṃ kāṇvaṃ pautraṃ hiraṇyakam |
vāṇīsaṃjñaṃ koṭitīrthaṃ koṭitīrthaphalaṃ yataḥ ||22|
koṭitīrthasya māhātmyam atra vaktuṃ na śakyate |
vācaspatiprabhṛtibhir athavānyaiḥ surair api ||23|
yatrānuṣṭhīyamānaṃ hi sarvaṃ karma yathā tathā |
godāvaryāḥ prasādena sarvaṃ koṭiguṇaṃ bhavet ||24|
koṭitīrthe dvijāgryāya gām ekāṃ yaḥ prayacchati |
tasya tīrthasya māhātmyād gokoṭiphalam aśnute ||25|
tasmiṃs tīrthe śucir bhūtvā bhūmidānaṃ karoti yaḥ |
śraddhāyuktena manasā syāt tatkoṭiguṇottaram ||26|
sarvatra gautamītīre pitṝṇāṃ dānam uttamam |
viśeṣataḥ koṭitīrthe tad anantaphalapradam |
atraikanyūnapañcāśat tīrthāni munayo viduḥ ||27|

iti śrīmahāpurāṇe ādibrāhme tīrthamāhātmye kāṇvādyekonapañcāśattīrthavarṇanaṃ nāmāṣṭacatvāriṃśadadhikaśatatamo 'dhyāyaḥ = gautamīmāhātmya ūnāśītitamo 'dhyāyaḥ

brahmovāca:
nārasiṃham iti khyātaṃ gaṅgāyā uttare taṭe |
tasyānubhāvaṃ vakṣyāmi sarvarakṣāvidhāyakam ||149.1|
hiraṇyakaśipuḥ pūrvam abhavad balināṃ varaḥ |
tapasā vikrameṇāpi devānām aparājitaḥ ||2|
haribhaktātmajadveṣakaluṣīkṛtamānasaḥ |
āvirbhūya sabhāstambhād viśvātmatvaṃ pradarśayan ||3|
taṃ hatvā narasiṃhas tatsainyam adrāvayat tadā |
sarvān hatvā mahādaityān krameṇājau mahāmṛgaḥ ||4|
rasātalasthāñ śatrūṃś ca jitvā svarlokam īyivān |
tatra jitvā bhuvaṃ gatvā daityān hatvā nagasthitān ||5|
samudrasthān nadīsaṃsthān grāmasthān vanavāsinaḥ |
nānārūpadharān daityān nijaghāna mṛgākṛtiḥ ||6|
ākāśagān vāyusaṃsthāñ jyotirlokam upāgatān |
vajrapātādhikanakhaḥ *samuddhūta-*[1]mahāsaṭaḥ ||7|

2 A kāṇva puṇyatamaṃ tataḥ V kāṇvapuṇyaprabhāvataḥ **1** V samudbhūta-

daityagarbhasrāvigarjī nirjitāśeṣarākṣasaḥ |
mahānādair vīkṣitaiś ca pralayānalasaṃnibhaiḥ ||8|
capeṭair *aṅga*-[2]vikṣepair asurān paryacūrṇayat |
evaṃ hatvā bahuvidhān gautamīm agamad dhariḥ ||9|
svapadāmbujasaṃbhūtāṃ manonayananandinīm |
tatrāmbarya[3] iti khyāto daṇḍakādhi-*pate*[4] ripuḥ ||10|
devānāṃ durjayo yoddhā balena mahatāvṛtaḥ |
tenābhavan mahāraudraṃ bhīṣaṇaṃ lomaharṣaṇam ||11|
śastrāstravarṣaṇaṃ yuddhaṃ hariṇā[5] daityasūnunā |
nijaghāna hariḥ śrīmāṃs taṃ ripuṃ hy uttare taṭe ||12|
gaṅgāyāṃ nārasiṃhaṃ tu tīrthaṃ trailokyaviśrutam |
snānadānādikaṃ tatra sarvapāpagrahārdanam ||13|
sarvarakṣākaraṃ nityaṃ jarāmaraṇavāraṇam |
yathā surāṇāṃ sarveṣāṃ na kopi hariṇā samaḥ ||14|
tīrthānām apy aśeṣāṇāṃ tathā tat tīrtham uttamam |
tatra tīrthe naraḥ snātvā kuryān nṛharipūjanam ||15|
svarge martye tale vāpi tasya kiṃcin na durlabham |
ityādy aṣṭau mune tatra mahātīrthāni nārada ||16|
pṛthak pṛthak tīrthakoṭiphalam āhur manīṣiṇaḥ |
aśraddhayāpi yannāmni smṛte sarvāghasaṃkṣayaḥ ||17|
bhavet sākṣān nṛsiṃho 'sau sarvadā yatra saṃsthitaḥ |
tat tīrthasevāsaṃjātaṃ phalaṃ kair iha varṇyate ||18|
yathā na devo nṛharer adhikaḥ kvāpi vartate |
tathā nṛsiṃhatīrthena samaṃ tīrthaṃ na kutracit ||19|

iti śrīmahāpurāṇe ādibrāhme tīrthamāhātmye nārasiṃhādyaṣṭatīrthavarṇanaṃ nāmaikonapañcāśadadhikaśatatamo 'dhyāyaḥ = gautamīmāhātmye 'śītitamo 'dhyāyaḥ

brahmovāca:
paiśācaṃ tīrtham ākhyātaṃ gaṅgāyā uttare taṭe |
piśācatvāt purā vipro muktim āpa mahāmate ||150.1|
su-*yavasyātmajo*[1] loke jīgartir iti viśrutaḥ |
kuṭumbabhāraduḥkhārto durbhikṣeṇa tu pīḍitaḥ ||2|
madhyamaṃ tu śunaḥśepaṃ putraṃ brahmavidāṃ varam |
vikrītavān kṣatriyāya vadhāya bahulair dhanaiḥ ||3|
kiṃ nāmāpadgataḥ pāpaṃ nācaraty api paṇḍitaḥ |
[2]śamitṛtve dhanaṃ cāpi jagṛhe bahulaṃ muniḥ ||4|
vidāraṇārthaṃ ca dhanaṃ jagṛhe brāhmaṇādhamaḥ |
tato 'pratisamādheyamahāroganipīḍitaḥ ||5|
sa mṛtaḥ kālaparyāye narakeṣv atha pātitaḥ |
bhogād ṛte na kṣayo 'sti prāktanānām ihāṃhasām ||6|

2 V antra- **3** D tatrāvarya F atrāvarja **4** E -patī **5** A yuddhaṃ paramakaṃ caiva harer vai
1 V -suyajñasyātmajo **2** DF om. the following 3 lines.

kiṃkarair yamavākyena bahuyonyantaraṃ gataḥ |
tataḥ piśāco hy abhavad dāruṇo dāruṇākṛtiḥ ||7|
śuṣka-*kāṣṭheṣv athāraṇye*[3] nirjale nirjane tathā |
grīṣme grīṣmadavavyāpte kṣipyate yamakiṃkaraiḥ ||8|
kanyāputramahīvājigavāṃ vikrayakāriṇaḥ |
narakān na nivartante yāvad ābhūtasaṃplavam ||9|
svakṛtāghavipākena dāruṇair yamakiṃkaraiḥ |
saṃghāte pacyamāno 'sau rurodoccaiḥ kṛtaṃ smaran ||10|
pathi gacchan kadācit sa jīgarter madhyamaḥ sutaḥ |
śuśrāva rudato vāṇīṃ piśācasya muhur muhuḥ ||11|
putrakretur brahmahantur jīgartes tu pitus tadā |
pāpinaḥ putravikretur brahmahantuḥ pituś ca tām ||12|
śunaḥśepas tadovāca ko bhavān atiduḥkhitaḥ |
jīgartir abravīd duḥkhāc chunaḥśepapitā hy aham ||13|
pāpīyasīṃ kriyāṃ kṛtvā yoniṃ prāpto 'smi dāruṇām |
narakeṣv atha pakvaś ca punaḥ prāpto 'ntarālakam |
ye ye duṣkṛtakarmāṇas teṣāṃ teṣām iyaṃ gatiḥ ||14|
jīgartiputras tam uvāca duḥkhāt |
so 'haṃ sutas te mama doṣeṇa tāta |
vikrītvā māṃ narakān evam āptas |
tataḥ kariṣye svargataṃ tvām idānīm ||15|
evaṃ pratijñāya sa gādhiputra- |
putratvam āpto 'tha munipravīraḥ |
gaṅgām abhidhyāya pituś ca lokān |
anuttamān īhamāno jagāma ||16|
aśeṣaduḥkhānaladhūpitānāṃ |
nimajjatāṃ mohamahāsamudre |
śarīriṇāṃ nānyad aho trilokyām |
ālambanaṃ viṣṇupadīṃ vihāya ||17|
evaṃ viniścitya munir mahātmā |
samuddidhīrṣuḥ pitaraṃ sa durgateḥ |
śucis tato gautamīm āśu gatvā |
tatra snātvā saṃsmarañ chaṃbhuviṣṇū ||18|
dadau jalaṃ pretarūpāya pitre |
piśācarūpāya suduḥkhitāya |
taddānamātreṇa tadaiva pūto |
jīgartir āvāpa vapuḥ supuṇyam ||19|
vimānayuktaḥ surasaṃghajuṣṭaṃ |
viṣṇoḥ padaṃ prāpa sutaprabhāvāt |
gaṅgāprabhāvāc ca hareś ca śaṃbhor |
vidhātur arkāyutatulyatejāḥ ||20|
tataḥ prabhṛty etad atiprasiddhaṃ |
paiśāca-*nāśaṃ ca*[4] mahāgadaṃ ca |

3 V -kāṣthe tathāraṇye **4** DF -nāśāya

mahānti pāpāni ca nāśam āśu |
prayānti yasya smaraṇena puṃsām ||21|
tīrthasya cedaṃ gaditaṃ tavādya |
māhātmyam etat triśatāni *yatra*[5] |
tīrthāny athānyāni bhavanti bhukti- |
muktipradāyīni kim anyad atra ||22|
sarvasiddhidam ākhyātam ityādy atra śatatrayam |
tīrthānāṃ munijuṣṭānāṃ smaraṇād apy abhīṣṭadam ||23|

iti śrīmahāpurāṇe ādibrāhme tīrthamāhātmye paiśācādiśatatrayatīrthavarṇanaṃ nāma pañcāśadadhikaśatatamo 'dhyāyaḥ = gautamīmāhātmya ekāśītitamo 'dhyāyaḥ

brahmovāca:
nimnabhedam iti khyātaṃ sarvapāpapraṇāśanam |
gaṅgāyā uttare pāre tīrthaṃ trailokyaviśrutam ||151.1|
yasya saṃsmaraṇenāpi sarvapāpakṣayo bhavet |
veda-*dvīpaś ca*[1] tatraiva darśanād vedavid bhavet ||2|
urvaśīṃ cakame rājā ailaḥ paramadhārmikaḥ |
ko na moham upāyāti vilokya madirekṣaṇām ||3|
sā prāyād yatra rājāsau ghṛtaṃ stokaṃ samaśnute |
ānagnadarśanāt kṛtvā tasyāḥ kālāvadhiṃ nṛpaḥ ||4|
tāṃ svīcakāra lalanāṃ yūnāṃ ramyāṃ navāṃ navām |
suptāyāṃ śayane tasyāṃ samuttasthau purūravāḥ ||5|
vilokya taṃ vivasanaṃ tadaivāsau vinirgatā |
vidyuccañcalacittānāṃ kva sthairyaṃ nanu yoṣitām ||6|
[[2]sā prāyād yatra rājāsau ghṛtaṃ stokaṃ samaśnute |]
īkṣāṃ cakre sa śarvaryāṃ vivastro vismito mahān |
etasminn antare rājā yuddhāyāgād ripūn prati ||7|
tāñ jitvā punar apy āgād devalokaṃ supūjitam |
sa cāgatya mahārājo vasiṣṭhāc ca purodhasaḥ ||8|
urvaśyā gamanaṃ śrutvā tato duḥkhasamanvitaḥ |
na juhoti na cāśnāti na śṛṇoti na paśyati ||9|
etasminn antare tatra mṛtāvasthaṃ nṛpottamam |
bodhayām āsa vākyaiś ca hetubhūtaiḥ purohitaḥ ||10|
vasiṣṭha uvāca:
sā mṛtādya mahārāja mā *vyathasva*[3] mahāmate |
evaṃ sthitaṃ tu mā tvāṃ vai aśivāḥ spṛśyur āśugāḥ ||11|
na vai straiṇāni jānīṣe hṛdayāni mahāmate |
śālāvṛkāṇāṃ yādṛṃśi tasmāt tvaṃ bhūpa mā śucaḥ ||12|
ko nāma loke rājendra kāminībhir na vañcitaḥ |
vañcakatvaṃ nṛśaṃsatvaṃ cañcalatvaṃ kuśīlatā ||13|
iti svābhāvikaṃ yāsāṃ tāḥ kathaṃ sukhahetavaḥ |
kālena ko na nihataḥ ko 'rthī gauravam āgataḥ ||14|

5 DEF tatra **1** EV -dvīpasya **2** V ins. **3** V śucas tvaṃ

śriyā na bhrāmitaḥ ko vā yoṣidbhiḥ ko na khaṇḍitaḥ |
svapnamāyopamā rājan madaviplutacetasaḥ ||15|
sukhāya yoṣitaḥ kasya jñātvaitad *vijvaro*[4] bhava |
vihāya śaṃkaraṃ viṣṇuṃ gautamīṃ vā mahāmate |
duḥkhināṃ śaraṇaṃ nānyad vidyate bhuvanatraye ||16|
brahmovāca:
etac chrutvā tato rājā duḥkhaṃ saṃhṛtya yatnataḥ |
gautamyā madhyasaṃstho 'sāv ailaḥ paramadhārmikaḥ ||17|
tatra cārādhayām āsa śivaṃ devaṃ janārdanam |
brahmāṇaṃ bhāskaraṃ gaṅgāṃ devān anyāṃś ca yatnataḥ ||18|
yo vipanno na tīrthāni devatāś ca na sevate |
sa kāla-*vaśago jantuḥ*[5] kāṃ daśām anuyāsyati ||19|
tadīśvaraikaśaraṇo gautamīsevanotsukaḥ |
parāṃ śraddhām upagataḥ saṃsārāsthāparāṅmukhaḥ ||20|
īje yajñāṃś ca bahulān ṛtvigbhir bahudakṣiṇān |
vedadvīpo 'bhavat tena yajñadvīpaḥ sa ucyate ||21|
paurṇamāsyāṃ tu śarvaryāṃ tatrāyāti sadorvaśī |
tasya dīpasya yaḥ kuryāt pradakṣiṇam atho naraḥ ||22|
pradakṣiṇīkṛtā tena pṛthivī sāgarāmbarā |
vedānāṃ smaraṇaṃ tatra yajñānāṃ smaraṇaṃ tathā ||23|
sukṛtī tatra yaḥ kuryād vedayajñaphalaṃ labhet |
ailatīrthaṃ tu taj jñeyaṃ tad eva ca purūravam ||24|
vāsiṣṭhaṃ cāpi tat tu syān nimnabhedaṃ tad ucyate |
aile rājñi na kiṃcit syān nimnaṃ sarveṣu karmasu ||25|
yad etan nimnam urvaśyāṃ sarvabhāvena vartanam |
tac cāpi bheditaṃ nimnaṃ vasiṣṭhena ca gaṅgayā ||26|
nimnabhedam abhūt tena dṛṣṭādṛṣṭeṣṭasiddhidam |
tatra sapta śatāny āhus tīrthāni guṇavanti ca ||27|
teṣu snānaṃ ca dānaṃ ca sarvakratuphalapradam |
snānaṃ kṛtvā nimnabhede yaḥ paśyati surān imān ||28|
iha cāmutra vā nimnaṃ na kiṃcit tasya vidyate |
sarvonnatim avāpyāsau modate divi śakravat ||29|

iti śrīmahāpurāṇe ādibrāhme tīrthamāhātmye nimnabhedādisaptaśatatīrthavarṇanam nāmaikapañcāśadadhikaśatatamo 'dhyāyaḥ = gautamīmāhātmye dvyaśītitamo 'dhyāyaḥ

brahmovāca:
nandītaṭam iti khyātaṃ tīrthaṃ vedavido viduḥ |
tasya prabhāvaṃ vakṣyāmi śṛṇu yatnena nārada ||152.1|
atriputro mahātejāś candramā iti viśrutaḥ |
sarvān vedāṃś ca vidhivad dhanurvedaṃ yathāvidhi ||2|
adhītya jīvāt sarvāś ca vidyāś cānyā mahāmate |
gurupūjāṃ karomīti jīvam āha sa candramāḥ |
bṛhaspatis tadā prāha candraṃ śiṣyaṃ mudānvitaḥ ||3|

4 V dhi sthiro **5** DEF -dūtavaśagaḥ

bṛhaspatir uvāca:
mama priyā tu jānīte tārā ratisamaprabhā ||4|
brahmovāca:
praṣṭuṃ tāṃ ca tadā prāyād antar veśma sa candramāḥ |
tārāṃ tārāmukhīṃ dṛṣṭvā jagṛhe tāṃ kareṇa saḥ ||5|
svaveśma prati tāṃ lobhād balād ākarṣayat tadā |
tāvad dhairyanidhir jñānī matimān vijitendriyaḥ ||6|
yāvan na kāminīnetravāgurābhir nibadhyate |
viśeṣato rahaḥsaṃsthāṃ kāminīm āyatekṣaṇām ||7|
vilokya na mano yāti kasya kāmeṣu vaśyatām |
ata evānyapuruṣadarśanaṃ na kadācana ||8|
kulavadhvā rahaḥ kāryaṃ bhītayā śīlavipluteḥ |
vijñāya tat parijanāt sahasotthāya nirgataḥ ||9|
dṛṣṭvā tad duṣkṛtaṃ karma bṛhaspatir udāradhīḥ |
śaśāpa kopāc cākṣipya vāgbhir vipriyakāribhiḥ ||10|
parābhibhūtām ālokya kāntāṃ kaḥ soḍhum īśvaraḥ |
yuyudhe tena jīvo 'pi *devaś*[1] candramasā ruṣā ||11|
na śāpair hanyate candro nāyudhaiḥ suramantritaiḥ |
bṛhaspatipraṇītaiś ca na mantrair hanyate śaśī ||12|
tadā candras tu tāṃ tārāṃ nītvā saṃsthāpya mandire |
bubhuje bahuvarṣāṇi rohiṇīṃ cākutobhayaḥ ||13|
na *jīyeta*[2] *tadā*[3] devair na kopaiḥ śāpamantrakaiḥ |
na rājabhir na ṛṣibhir na sāmnā bhedadaṇḍanaiḥ ||14|
yadā bhāryāṃ na lebhe 'sau guruḥ sarvaprayatnataḥ |
sarvopāyakṣaye jīvas tadā nītim athāsmarat ||15|
apamānaṃ puraskṛtya mānaṃ kṛtvā tu pṛṣṭhataḥ |
svārtham uddharate prājñaḥ *svārthabhraṃśo hi mūrkhatā*[4] ||16|
sādhyaṃ kenāpy upāyena jānadbhiḥ puruṣaiḥ phalam |
vṛthābhimāninaḥ śīghraṃ vipadyante vimohitāḥ ||17|
evaṃ niścitya medhāvī śukraṃ gatvā nyavedayat |
tam āgataṃ kavir jñātvā saṃmānenābhyanandayat ||18|
upaviṣṭaṃ suviśrāntaṃ pūjitaṃ ca yathāvidhi |
paryapṛcchad daityagurus tadāgamanakāraṇam ||19|
gṛhāgatasya vimukhāḥ śatravo 'py uttamā nahi |
tasmai sa vistareṇāha bhāryāharaṇam āditaḥ ||20|
bṛhaspates tadā vākyaṃ śrutvā kopānvitaḥ kaviḥ |
aparādhaṃ tu candrasya mene śiṣyasya nārada |
atikramam imaṃ śrutvā kopāt kavir athābravīt ||21|
śukra uvāca:
tadā bhokṣye tadā pāsye tadā svapsye tadā vade |
yadānaye priyāṃ bhrātas tava bhāryāṃ parārditām ||22|
tām ānīya bhavaṃ pūjya candraṃ śaptvā gurudruham |
paścād bhokṣye mahābāho *śṛṇu vācaṃ graheśvara*[5] ||23|

1 V devaiś **2** DEF jīvena **3** DF tathā **4** D svārtham abhyuddharet prājñaḥ **5** D yāmi yatra maheśvaraḥ

brahmovāca:
evam uktvā sa *jīvena*[6] daityācāryo jagāma ha |
śivam ārādhya yatnena paraṃ sāmarthyam āptavān ||24|
varān avāpya vividhāñ *śaṃ-*[7]karād bhāvapūjitāt |
śivaprasādāt kiṃ nāma dehinām iha durlabham ||25|
jagāma śukro jīvena tārayā yatra candramāḥ |
vartate taṃ śaśāpoccaiḥ śṛṇu tvaṃ candra me vacaḥ ||26|
yasmāt pāpataraṃ karma tvayā pāpa madāt kṛtam |
kuṣṭhī bhūyās tataś candraṃ śaśāpaivaṃ ruṣā kaviḥ ||27|
kaviśāpapradagdho 'bhūt tadaiva mṛgalāñchanaḥ |
prāpuḥ kṣayaṃ na ke nāma gurusvāmisakhidruhaḥ ||28|
tatyāja tāṃ sa candro 'pi *tāṃ tārāṃ*[8] jagṛhe kaviḥ |
śukro 'pi devān āhūya ṛṣīn pitṛgaṇāṃs tathā ||29|
nadīr nadāṃś ca vividhān oṣadhīś ca pativratāḥ |
tataḥ saṃpraṣṭum ārebhe tārāvṛttaviniṣkrayam ||30|
tataḥ śrutiḥ surān āha gautamyāṃ bhaktitas tv iyam |
snānaṃ karotu jīvena tārā pūtā bhaviṣyati ||31|
rahasyam etat paramaṃ na *kathyaṃ*[9] yasya kasyacit |
sarvāsv api daśāsv *eha*[10] śaraṇaṃ gautamī nṛṇām ||32|
tathākaroc caiva tārā bhartrā snānaṃ yathāvidhi |
puṣpavṛṣṭir abhūt tatra jayaśabdo vyavartata ||33|
punar vai devā adaduḥ punar manuṣyā uta |
rājānaḥ[11] satyaṃ kṛṇvānā brahmajāyāṃ punar daduḥ ||34|
punar dattvā brahmajāyāṃ kṛtāṃ devair akalmaṣām |
sarvaṃ kṣemam abhūt tatra tasmāt tīrthaṃ mahāmune ||35|
[12]punar dattvā brahmajāyāṃ kṛtāṃ devair akalmaṣām |
sarvaṃ kṣemam abhūt tatra tasmāt tīrthaṃ mahāmune |
tad abhūt sakalāghaughadhvaṃsanaṃ sarvakāmadam |
ānandaṃ kṣemam abhavat surāṇām asurāriṇām ||36|
bṛhaspateś ca śukrasya tārāyāś ca viśeṣataḥ |
paramānandam āpanno gurur gaṅgām abhāṣata ||37|
gurur uvāca:
tvaṃ gautami sadā pūjyā sarveṣām api muktidā |
viśeṣatas tu siṃhasthe mayi trailokyapāvanī ||38|
bhaviṣyasi saricchreṣṭhe sarvatīrthaiḥ samanvitā |
yāni kāni ca tīrthāni svargamṛtyurasātale |
tvāṃ snātuṃ tāni yāsyanti mayi siṃhasthite 'mbike ||39|
brahmovāca:
dhanyaṃ yaśasyam āyuṣyam ārogyaśrīvivardhanam |
saubhāgyaiśvaryajananaṃ tīrtham ānandanāmakam ||40|
tatra pañca sahasrāṇi tīrthāny āha sa gautamaḥ |
smaraṇāt paṭhanād vāpi iṣṭaiḥ saṃyujyate sadā ||41|

6 A jīvaṃ taṃ **7** V chaṃ- **8** V tārāṃ tu **9** V vācyaṃ **10** [sic] V eṣā **11** AE rājānaṃ
12 V om. the following 2 lines.

śivasyātra niviṣṭasya nandī gaṅgātaṭe 'niśam |
sākṣāc caraty asau dharmas tasmān nandītaṭaṃ smṛtam |
ānandam api tat tīrthaṃ sarvānandavivardhanāt ||42|

iti śrīmahāpurāṇe ādibrāhme tīrthamāhātmye *ānandatīrthādi*-[13]pañcasahasratīrthavarṇanaṃ nāma dvipañcāśadadhikaśatatamo 'dhyāyaḥ = gautamīmāhātmye tryaśītitamo 'dhyāyaḥ

brahmovāca:
bhāvatīrtham iti proktaṃ yatra sākṣād bhavaḥ sthitaḥ |
aśeṣajagadantaḥstho bhūtātmā saccidākṛtiḥ ||153.1|
tatremāṃ śṛṇu vakṣyāmi kathāṃ puṇyatamāṃ śubhām |
sūryavaṃśakaraḥ śrīmān kṣatriyāṇāṃ dhuraṃdharaḥ ||2|
prācīnabarhir ākhyātaḥ sarvadharmeṣu pāragaḥ |
tisraḥ koṭyo 'rdhakoṭiś ca varṣāṇāṃ rājya āsthitaḥ ||3|
tasyedṛśaṃ vrataṃ cāsīd yad ahaṃ yauvanacyutaḥ |
bhaveyaṃ priyayā vāpi putrair vā priyavastubhiḥ ||4|
viyujyeyaṃ tato rājyaṃ tyakṣye 'haṃ nātra saṃśayaḥ |
vivekināṃ kulīnānām idam evocitaṃ nṛṇām ||5|
sthīyate vijane kvāpi viraktair vibhavakṣaye |
tasmin praśāsati mahīṃ na viyogaḥ priyaiḥ kvacit ||6|
nādhivyādhī na durbhikṣaṃ na bandhukalaho nṛṇām |
tasmiñ śāsati rājyaṃ tu na ca kaścid viyujyate ||7|
tataḥ putrārtham akarod yajñaṃ rājā mahāmatiḥ |
tataḥ prasanno bhagavān varaṃ prādād yathepsitam ||8|
gautamītīrasaṃsthāya rājñe devo maheśvaraḥ |
putraṃ dehīti rājā vai bhavaṃ prāha sa bhāryayā ||9|
bhavaḥ prāha nṛpaṃ prītyā paśya netraṃ tṛtīyakam |
tataḥ paśyati rājendre bhavasyākṣi tu mānada ||10|
cakṣurdīptyābhavat putro mahimā nāma viśrutaḥ |
yenākāri stutiḥ puṇyā mahimna *iti*[1] viśrutā ||11|
kim alabhyaṃ bhagavati prasanne tripurāntake |
yaṃ nityam anuvartante haribrahmādayaḥ surāḥ ||12|
prāptaputraś ca nṛpatis tīrthaśraiṣṭhyam ayācata |
mahāpāpamahārogamahāvyasaninām nṛṇām ||13|
nānāvipadgaṇārtānāṃ sarvābhimatalabdhaye |
prādāj jyaiṣṭhyaṃ bhavaś cāpi bhāvatīrthaṃ tad ucyate ||14|
tatra snānena dānena sarvān kāmān avāpnuyāt |
bhavaprasādād abhavat sutaḥ prācīnabarhiṣaḥ ||15|
mahimā gautamītīre bhāvatīrthaṃ tad ucyate |
tatra saptati tīrthāni puṇyāny akhiladāni ca ||16|

iti śrīmahāpurāṇe ādibrāhme tīrthamāhātmye bhāvatīrthādisaptatitīrthavarṇanaṃ nāma tripañcāśadadhikaśatatamo 'dhyāyaḥ = gautamīmāhātmye caturaśītitamo 'dhyāyaḥ

13 V nandītaṭādi- **1** D iva

brahmovāca:
sahasrakuṇḍam ākhyātaṃ tīrthaṃ vedavido viduḥ |
yasya smaraṇamātreṇa sukhī saṃpadyate naraḥ ||154.1|
purā dāśarathī rāmaḥ setuṃ baddhvā mahārṇave |
laṅkāṃ dagdhvā ripūn hatvā rāvaṇādīn raṇe śaraiḥ ||2|
vaidehīṃ ca samāsādya rāmo vacanam abravīt |
paśyatsu lokapāleṣu tasyācārye puraḥ sthite ||3|
agnau śuddhigatāṃ sītāṃ rāmo lakṣmaṇasaṃnidhau |
ehi vaidehi śuddhāsi aṅkam āroḍhum arhasi ||4|
nety uvāca tadā śrīmān aṅgado hanumāṃs tathā |
ayodhyāyāṃ tu vaidehi sārdhaṃ yāmaḥ suhṛjjanaiḥ ||5|
tatra śuddhim avāpyātha punar bhrātṛṣu mātṛṣu |
laukikeṣv api paśyatsu tataḥ śuddhā nṛpātmajā ||6|
ayodhyāyāṃ supuṇye 'hni aṅkam āroḍhum arhasi |
asyāś caritraviṣaye saṃdehaḥ kasya jāyate ||7|
lokāpavādas tad api nirasyaḥ svajaneṣu hi |
tayor vākyam anādṛtya lakṣmaṇaḥ savibhīṣaṇaḥ ||8|
rāmaś ca jāmbavāṃś caiva tām āhvayan nṛpātmajām |
svastīty uktā devatābhī rājño 'ṅkaṃ cāruroha sā ||9|
muditās te yayuḥ śīghraṃ puṣpakeṇa virājatā |
ayodhyāṃ nagarīṃ prāpya tathā rājyaṃ svakaṃ tu yat ||10|
muditās te 'bhavan sarve sadā rāmānuvartinaḥ |
tataḥ katipayāheṣu anāryebhyo virūpikām ||11|
vācaṃ śrutvā sa tatyāja gurviṇīṃ tām ayonijām |
mithyāpavādam api hi na sahante kulonnatāḥ ||12|
vālmīker munimukhyasya āśramasya samīpataḥ |
tatyāja lakṣmaṇaḥ sītām aduṣṭāṃ rudatīṃ rudan ||13|
nollaṅghyājñā gurūṇām ity asau tad akarod bhiyā |
tataḥ katipayāheṣu vyatīteṣu nṛpātmajaḥ ||14|
rāmaḥ saumitriṇā sārdhaṃ hayamedhāya dīkṣitaḥ |
tatraivājagmatur ubhau rāmaputrau yaśasvinau ||15|
lavaḥ kuśaś ca vikhyātau nāradāv iva gāyakau |
rāmāyaṇaṃ samagraṃ tad gandharvāv iva susvarau ||16|
rāmasya caritaṃ sarvaṃ gāyamānau samīyatuḥ |
yajñavāṭaṃ rājasutau hetubhir lakṣitau tadā ||17|
rāmaputrāv ubhau śūrau vaidehyās tanayāv iti |
tāv ānīya tataḥ putrāv abhiṣicya yathākramam ||18|
aṅkārūḍhau tataḥ kṛtvā sasvaje tau punaḥ punaḥ |
saṃsāraduḥkhakhinnānām agatīnāṃ śarīriṇām ||19|
putrāliṅganam evātra paraṃ viśrāntikāraṇam |
muhur āliṅgya tau putrau muhuḥ svajati cumbati ||20|
kim apy antar dhyāyati ca niḥśvasaty api vai muhuḥ |
etasminn antare prāptā rākṣasā laṅkavāsinaḥ[1] ||21|

1 V prāptā laṅkāvāsinas tu rākṣasā etad antare

sugrīvo hanumāṃś caiva aṅgado jāmbavāṃs tathā |
anye ca vānarāḥ sarve vibhīṣaṇapuraḥsarāḥ ||22|
te cāgatya nṛpaṃ prāptāḥ siṃhāsanam upasthitam |
sītām adṛṣṭvā hanumān aṅgadaḥ kanakāṅgadaḥ ||23|
kva gatāyonijā mātā eko rāmo 'tra dṛśyate |
rāmeṇa sā parityaktā ity ūcur dvārapālakāḥ ||24|
paśyatsu lokapāleṣu ārye tatra pravādini |
agnau *śuddhigatāṃ sītāṃ*[2] kiṃ tu rājā niraṅkuśaḥ ||25|
utpannair laukikair vākyai rāmas tyajati tāṃ priyām |
mariṣyāva iti hy uktvā gautamīṃ punar īyatuḥ ||26|
rāmas tau pṛṣṭhato 'bhyetya ayodhyāvāsibhiḥ saha |
āgatya gautamīṃ tatrākurvaṃs te paramaṃ tapaḥ ||27|
smāraṃ smāraṃ niśvasantas tāṃ sītāṃ lokamātaram |
saṃsārāsthāvirahitā gautamīsevanotsukāḥ ||28|
lokatrayapatiḥ sākṣād rāmo 'nujasamanvitaḥ |
prāptaḥ snātvā ca gautamyāṃ śivārādhanatatparaḥ ||29|
paritāpaṃ jahau sarvaṃ sahasraparivāritaḥ |
yatra cāsīt *sa vṛttāntaḥ*[3] sahasrakuṇḍam ucyate ||30|
daśāparāṇi tīrthāni tatra sarvārthadāni ca |
tatra snānaṃ ca dānaṃ ca sahasraphaladāyakam ||31|
yatra śrīgautamītīre vasiṣṭhādimunīśvaraiḥ |
sarvāpattārakaṃ homam akārayad aghāntakam ||32|
sahasrasaṃkhyāyukteṣu kuṇḍeṣu vasudhārayā |
sarvān apekṣitān kāmān avāpāsau mahātapāḥ ||33|
gautamyāḥ saridambāyāḥ prasādād rākṣasāntakaḥ |
sahasra-*kuṇḍābhidhaṃ*[4] tad abhūt tīrthaṃ mahāphalam ||34|

iti śrīmahāpurāṇe ādibrāhme tīrthamāhātmye sahasrakuṇḍādidaśatīrthavarṇanaṃ nāma catuṣpañcāśadadhikaśatatamo 'dhyāyaḥ = gautamīmāhātmye pañcāśītitamo 'dhyāyaḥ

brahmovāca:
kapilatīrtham ākhyātaṃ tad evāṅgirasaṃ smṛtam |
tad evādityam ākhyātaṃ saiṃhikeyaṃ tad ucyate ||155.1|
gautamyā dakṣiṇe pāre ādityān munisattama |
ayājayann aṅgiraso *dakṣiṇāṃ te*[1] bhuvaṃ daduḥ ||2|
aṅgirobhyas tadādityās tapase 'ṅgiraso yayuḥ |
sā bhūmiḥ saiṃhikī bhūtvā janān sarvān abhakṣayat ||3|
tatrasus te janāḥ sarve aṅgirobhyo nyavedayan |
vibhītā jñānato jñātvā bhuvaṃ tāṃ saiṃhikīm iti ||4|
ādityān anugatvātha vācam aṅgiraso 'bruvan |
bhuvaṃ gṛhṇantu yā dattā nety ādityās tadābruvan ||5|

2 ASS corr. *śuddhigatā sītā*; V śuddhiṃ gatā sītā **3** DE sarvavṛtaḥ **4** V -kuṇḍābhijñaṃ
1 DF dakṣiṇārthe

nivṛttāṃ dakṣiṇāṃ naiva pratigṛhṇanti sūrayaḥ |
svadattāṃ paradattāṃ vā yo hareta vasuṃdharām ||6|
ṣaṣṭir varṣa-[2]sahasrāṇi viṣṭhāyāṃ jāyate kṛmiḥ |
bhūmeḥ svaparadattāyā haraṇān nādhikaṃ kvacit ||7|
pāpam asti mahāraudraṃ na svīkurmaḥ punas tu tām |
evaṃ yadā svadattāyā haraṇe kiṃ tadā bhavet ||8|
tathāpi krayarūpeṇa gṛhṇīmo dakṣiṇāṃ bhuvam |
tathety ukte tu te devāḥ kapilāṃ śubhalakṣaṇām ||9|
gaṅgāyā dakṣiṇe pāre bhuvaḥ sthāne tu tāṃ daduḥ |
bhuktimuktipradaḥ sākṣād viṣṇus tiṣṭhati mūrtimān ||10|
kapilāsaṃgamaṃ tac ca sarvāghaughavināśanam |
tatrābhavad dānatoyād āpagā kapilābhidhā ||11|
sasyavatyā api bhuvo dānād godānam uttamam |
lokarakṣāṃ cakārāsau kṛtvā vinimayaṃ muniḥ ||12|
yatra tīrthe ca tad vṛttaṃ gotīrthaṃ tad udāhṛtam |
puṇyadaṃ tatra tīrthānāṃ śatam uktaṃ manīṣibhiḥ ||13|
tatra snānena dānena bhūmidānaphalaṃ *labhet*[3] |
saṃgatā gaṅgayā tac ca kapilāsaṃgamaṃ viduḥ ||14|

iti śrīmahāpurāṇe ādibrāhme tīrthamāhātmye kapilāsaṃgamādiśatatīrthavarṇanaṃ nāma pañcapañcāśadadhikaśatatamo 'dhyāyaḥ = gautamīmāhātmye ṣaḍaśītitamo 'dhyāyaḥ

brahmovāca:
śaṅkhahradaṃ nāma tīrthaṃ yatra śaṅkhagadādharaḥ |
tatra snātvā ca taṃ dṛṣṭvā mucyate bhavabandhanāt ||156.1|
tatredaṃ vṛttam ākhyāsye bhuktimuktipradāyakam |
purā kṛtayugasyādau brahmaṇaḥ sāmagāyinaḥ ||2|
brahmāṇḍāgārasaṃbhūtā rākṣasā bahurūpiṇaḥ |
brahmāṇaṃ khāditum prāptā balonmattā dhṛtāyudhāḥ ||3|
tadāham abravaṃ viṣṇuṃ rakṣaṇāya jagadgurum |
sa viṣṇus tāni rakṣāṃsi hantuṃ cakreṇa codyataḥ ||4|
chittvā cakreṇa rakṣāṃsi śaṅkham āpūrayat tadā |
niṣkaṇṭakaṃ talaṃ[1] kṛtvā svargaṃ nirvairam eva ca ||5|
tato harṣaprakarṣeṇa śaṅkham āpūrayad dhariḥ |
tato rakṣāṃsi sarvāṇi hy anīnaśur aśeṣataḥ ||6|
yatraitad vṛttam akhilaṃ viṣṇuśaṅkhaprabhāvataḥ |
śaṅkhatīrthaṃ tu tat proktaṃ sarvakṣemakaraṃ nṛṇām ||7|
sarvābhīṣṭapradaṃ puṇyaṃ smaraṇān maṅgalapradam |
āyurārogyajananaṃ lakṣmīputrapravardhanam ||8|
smaraṇāt paṭhanād vāpi sarvakāmān avāpnuyāt |
tīrthānām ayutaṃ tatra sarvapāpanudaṃ mune ||9|

2 V ṣaṣṭivarṣa- **3** V bhavet **1** D rājyaṃ niṣkaṇṭakaṃ F niṣkaṇṭakaṃ taṭaṃ

tīrthāny ayutasaṃkhyāni sarvapāpaharāṇi ca |
yeṣāṃ prabhāvaṃ jānāti vaktuṃ *devo*[2] maheśvaraḥ ||10|
pāpakṣayapratinidhir naitebhyo 'sty aparaḥ kvacit ||11|

iti śrīmahāpurāṇe ādibrāhme tīrthamāhātmye śaṅkhatīrthādyayutatīrthavarṇanaṃ nāma ṣaṭpañcāśadadhikaśatatamo 'dhyāyaḥ = gautamīmāhātmye saptāśītitamo 'dhyāyaḥ

brahmovāca:
kiṣkindhātīrtham ākhyātaṃ sarvakāmapradaṃ nṛṇām |
sarvapāpapraśamanaṃ yatra saṃnihito bhavaḥ ||157.1|
tasya svarūpaṃ vakṣyāmi yatnena śṛṇu nārada |
purā dāśarathī rāmo rāvaṇaṃ lokarāvaṇam ||2|
kiṣkindhāvāsibhiḥ sārdhaṃ jaghāna raṇamūrdhani |
saputraṃ sabalaṃ hatvā sītām ādāya śatruhā ||3|
bhrātrā saumitriṇā sārdhaṃ vānaraiś ca mahābalaiḥ |
vibhīṣaṇena balinā devaiḥ pratyāgato nṛpaḥ ||4|
kṛtasvastyayanaḥ śrīmān puṣpakeṇa virājitaḥ |
yad āsīd dhanarājasya kāmagenāśugāminā ||5|
ayodhyām agaman sarve gacchan gaṅgām apaśyata |
rāmo virāmaḥ śatrūṇāṃ śaraṇyaḥ śaraṇārthinām ||6|
gautamīṃ tu jagat-*puṇyāṃ*[1] sarvakāmapradāyinīm |
manonayanasaṃtāpanivāraṇaparāyaṇām ||7|
tāṃ dṛṣṭvā nṛpatiḥ śrīmān gaṅgātīram athāviśat |
tāṃ dṛṣṭvā prāha nṛpatir harṣagadgadayā girā |
harīn sarvān athāmantrya hanumatpramukhān mune ||8|
rāma uvāca:
asyāḥ prabhāvād dharayo yo 'sau mama pitā prabhuḥ |
sarvapāpavinirmuktas tato yātas triviṣṭapam ||9|
iyaṃ janitrī sakalasya jantor |
bhuktipradā muktim athāpi dadyāt |
pāpāni hanyād api dāruṇāni |
kānyānayāsty atra nadī samānā ||10|
hatāni śaśvad duritāni caiva |
asyāḥ prabhāvād arayaḥ sakhāyaḥ |
vibhīṣaṇo maitram upaiti nityaṃ |
sītā ca labdhā hanumāṃś ca bandhuḥ ||11|
laṅkā ca bhagnā sagaṇaṃ hi rakṣo |
hataṃ hi yasyāḥ parisevanena |
yāṃ gautamo devavaraṃ prapūjya |
śivaṃ śaraṇyaṃ sajaṭām avāpa ||12|
seyaṃ janitrī sakalepsitānām |
amaṅgalānām api saṃnihantrī |
jagatpavitrīkaraṇaikadakṣā |
dṛṣṭādya sākṣāt saritāṃ savitrī ||13|

2 V nāpi **1** D -pūjyāṃ

kāyena vācā manasā sadainām |
vrajāmi gaṅgāṃ śaraṇaṃ śaraṇyām ||14|
[[2]vande satāṃ mātaraṃ sarvabhāvāc |
chaṃbhor jaṭajūṭakṛtādhivāsām |]
brahmovāca:
etat samākarṇya vaco nṛpasya |
tatrāplavan harayaḥ sarva eva |
pūjāṃ cakrur vidhivat te pṛthak ca |
puṣpair anekaiḥ *sarva-*[3]lokopahāraiḥ ||15|
saṃpūjya śarvaṃ nṛpatir yathāvat |
stutvā vākyaiḥ sarvabhāvopayuktaiḥ |
te vānarā muditāḥ sarva eva |
nṛtyaṃ ca gītaṃ ca tathaiva cakruḥ ||16|
sukhoṣitas tāṃ rajanīṃ mahātmā |
priyānuyuktaḥ saṃvṛtaḥ premavadbhiḥ |
duḥkhaṃ jahau sarvam amitrasaṃbhavaṃ |
kiṃ nāpyate gautamīsevanena ||17|
savismayaḥ paśyati bhṛtyavargaṃ |
godāvarīṃ stauti ca saṃprahṛṣṭaḥ |
saṃmānayan bhṛtyagaṇaṃ samagram |
avāpa rāmaḥ kamapi pramodam |
punaḥ prabhāte vimale tu sūrye |
vibhīṣaṇo dāśarathiṃ babhāṣe ||18|
vibhīṣaṇa uvāca:
nādyāpi tṛptās tu bhavāma tīrthe |
kaṃcic ca kālaṃ nivasāma cātra |
vatsyāma[4] cātraiva parāś catasro |
rātrīr atho yāma vṛtās tv ayodhyām ||19|
brahmovāca:
tasyātha vākyaṃ harayo 'numenire |
tathaiva rātrīr aparāś catasraḥ |
saṃpūjya devaṃ sakaleśvaraṃ taṃ |
bhrātṛpriyaṃ tīrtham atho jagāma ||20|
siddheśvaraṃ nāma jagatprasiddhaṃ |
yasya *prabhāvāt*[5] prabalo daśāsyaḥ |
evaṃ tu pañcāham athoṣire te |
svaṃ svaṃ pratiṣṭhāpitaliṅgam arcya ||21|
śuśrūṣaṇaṃ tatra karoti vāyoḥ |
suto 'nugāmī hanumān nṛpasya |
gacchan nṛpendro hanumantam āha |
liṅgāni sarvāṇi visarjayasva ||22|
matsthāpitāny uttamamantravidbhis |
tathetaraiḥ śaṃkarakiṃkaraiś ca |

2 V ins. **3** F śakra- **4** ASS corr. *vatsāma* **5** V prasādāt

nodvāsya pūjāṃ paraśaṃkareṇa |
bāhyaṃ[6] samāyojyam aho bhavasya ||23|
tiṣṭhanti susthās tadanādareṇa |
te khaḍgapattrādiṣu saṃbhavanti |
ye 'śraddadhānāḥ śivaliṅgapūjāṃ |
vidhāya kṛtyaṃ na samācaranti ||24|
yathocitaṃ te yamakiṃkarair hi |
pacyanta evākhiladurgatīṣu |
rāmājñayā vāyusuto jagāma |
dorbhyāṃ na cotpāṭayituṃ śaśāka ||25|
tataḥ svapucchena grahītukāmaḥ |
saṃveṣṭya liṅgaṃ tu visṛṣṭakāmaḥ |
naivāśakat tan mahad adbhutaṃ syāt |
kapīśvarāṇāṃ nṛpates tathaiva ||26|
kaś cālayel labdhamahānubhāvaṃ |
maheśaliṅgaṃ puruṣo manasvī |
tan niścalaṃ prekṣya mahānubhāvo |
nṛpapravīraḥ sahasā jagāma ||27|
viprān athāmantrya vidhāya pūjāṃ |
pradakṣiṇīkṛtya ca rāmacandraḥ |
śuddhātiśuddhena hṛdākhilais tair |
liṅgāni sarvāṇi nanāma rāmaḥ ||28|
kiṣkindhavāsipravarair aśeṣaiḥ |
saṃsevitaṃ tīrtham ato babhūva |
atrāplavād eva mahānti pāpāny |
api kṣayaṃ yānti na saṃśayo 'tra ||29|
punaś ca gaṅgāṃ praṇanāma bhaktyā |
prasīda mātar mama gautamīti |
jalpan muhur vismitacittavṛttir |
vilokayan praṇaman gautamīṃ tām ||30|
tataḥ prabhṛty etad atīva puṇyaṃ |
kiṣkindhatīrthaṃ vibudhā vadanti |
paṭhet smared vāpi śṛṇoti bhaktyā |
pāpāpahaṃ kiṃ punaḥ snānadānaiḥ ||31|

iti śrīmahāpurāṇe ādibrāhme tīrthamāhātmye kiṣkindhātīrthavarṇanaṃ nāma saptapañcāśadadhikaśatatamo 'dhyāyaḥ = gautamīmāhātmye'ṣṭāśītitamo 'dhyāyaḥ

brahmovāca:
vyāsatīrtham iti khyātaṃ prācetasam ataḥ param |
nātaḥ parataraṃ kiṃcit pāvanaṃ sarvasiddhidam ||158.1|
daśa me mānasāḥ putrāḥ sraṣṭāro jagatām api |
antaṃ jijñāsavas te vai pṛthivyā jagmur ojasā ||2|

6 F bāhyāṃ

punaḥ sṛṣṭāḥ punas te 'pi yātās tān samavekṣitum |
naiva te 'pi samāyātā ye gatās te gatā gatāḥ ||3|
tadotpannā mahāprājñā divyā āṅgiraso[1] mune |
vedavedāṅgatattvajñāḥ sarvaśāstraviśāradāḥ ||4|
te 'nujñātā aṅgirasā gurum natvā tapodhanāḥ |
tapase niścitāḥ sarve naiva pṛṣṭvā tu mātaram ||5|
sarvebhyo hy adhikā mātā gurubhyo gauraveṇa hi |
tadā nārada kopena sā śaśāpa *tadātmajān*[2] ||6|
mātovāca:
mām anādṛtya ye putrāḥ pravṛttāś caritum tapaḥ |
sarvair api prakārais *tan na teṣāṃ siddhim eṣyati*[3] ||7|
brahmovāca:
nānādeśāṃś ca cinvānās tapaḥsiddhiṃ na yānti ca |
vighnam anveti tān sarvān itaś cetaś ca dhāvataḥ ||8|
kvāpi tad rākṣasair vighnaṃ kvāpi tan mānuṣair abhūt |
pramadābhiḥ kvacic cāpi kvāpi taddehadoṣataḥ ||9|
evaṃ tu bhramamāṇās te yayuḥ sarve taponidhim |
agastyaṃ tapatāṃ śreṣṭhaṃ kumbhayoniṃ jagadgurum ||10|
namaskṛtvā hy āṅgirasā hy agnivaṃśasamudbhavāḥ |
dakṣiṇāśāpatiṃ śāntaṃ vinītāḥ praṣṭum udyatāḥ ||11|
āṅgirasā ūcuḥ:
bhagavan kena doṣeṇa tapo 'smākaṃ na sidhyati |
nānāvidhair apy upāyaiḥ kurvatāṃ ca punaḥ punaḥ ||12|
kiṃ kurmaḥ kaḥ prakāro 'tra tapasy eva bhavāma kim |
upāyaṃ brūhi viprendra jyeṣṭho 'si tapasā dhruvam ||13|
jñātāsi jñāninām brahman vaktāsi vadatāṃ varaḥ |
śānto 'si yaminām nityaṃ dayāvān priyakṛt tathā ||14|
akrodhanaś ca na dveṣṭā tasmād brūhi vivakṣitam |
sāhaṃkārā dayāhīnā gurusevāvivarjitāḥ |
asatyavādinaḥ krūrā na te tattvaṃ vijānate ||15|
brahmovāca:
agastyaḥ prāha tān sarvān kṣaṇaṃ dhyātvā śanaiḥ śanaiḥ ||16|
agastya uvāca:
śāntātmāno bhavanto vai sraṣṭāro brahmaṇā kṛtāḥ |
na paryāptaṃ tapaś *cābhūt smaradhvaṃ*[4] smayakāraṇam ||17|
brahmaṇā nirmitāḥ pūrvaṃ ye gatāḥ sukham edhate |
ye gatāḥ punar anveṣṭuṃ te ca tv āṅgiraso 'bhavan ||18|
te yūyaṃ ca punaḥ kāle yātā yātāḥ śanaiḥ śanaiḥ |
prajāpater apy adhikā bhavitāro na saṃśayaḥ ||19|
ito yāntu tapas taptuṃ gaṅgāṃ trailokyapāvanīm |
nopāyo 'nyo 'sti saṃsāre vinā gaṅgāṃ śivapriyām ||20|

1 ASS corr. *aṅgiraso* 2 V nijātmajān 3 V te siddhiṃ neṣyanti tattvataḥ 4 DF cābhūc chṛṇudhvaṃ

tatrāśrame puṇyadeśe jñānadaṃ pūjayiṣyatha |
sa cchedayiṣyaty akhilaṃ saṃśayaṃ vo mahāmatiḥ |
na siddhiḥ kvāpi keṣāṃcid vinā sadguruṇā yataḥ ||21|
brahmovāca:
te tam ūcur munivaraṃ jñānadaḥ ko 'bhidhīyate |
brahmā viṣṇur maheśo vā ādityo vāpi candramāḥ ||22|
agniś ca varuṇaḥ kaḥ syāj jñānado munisattama |
agastyaḥ punar apy āha jñānadaḥ śrūyatām ayam ||23|
yā āpaḥ so 'gnir ity ukto yo 'gniḥ sūryaḥ sa ucyate |
yaś ca sūryaḥ sa vai viṣṇur yaś ca viṣṇuḥ sa bhāskaraḥ ||24|
yaś ca brahmā sa vai rudro yo rudraḥ sarvam eva tat |
yasya sarvaṃ tu taj jñānaṃ jñānadaḥ so 'tra kīrtyate ||25|
deśikaprerakavyākhyākṛdupādhyāyadehadāḥ |
guravaḥ santi bahavas teṣāṃ jñānaprado mahān ||26|
tad eva jñānam atroktaṃ yena bhedo vihanyate |
eka evādvayaḥ śaṃbhur indramitrāgnināmabhiḥ |
vadanti bahudhā viprā bhrāntopakṛtihetave ||27|
brahmovāca:
etac chrutvā muner vākyaṃ gāthā gāyanta eva te |
jagmuḥ pañcottarāṃ gaṅgāṃ pañca jagmuś ca dakṣiṇām ||28|
agastyenoditān devān pūjayanto yathāvidhi |
āsaneṣu viśeṣeṇa hy āsīnās tattvacintakāḥ ||29|
teṣāṃ sarve suragaṇāḥ prītimanto 'bhavan mune |
sraṣṭṛtvaṃ tu yugādau yat kalpitaṃ viśvayoninā ||30|
adharmāṇāṃ nivṛttyarthaṃ vedānāṃ sthāpanāya ca |
lokānām upakārārthaṃ dharmakāmārthasiddhaye ||31|
purāṇasmṛtivedārthadharmaśāstrārthaniścaye |
sraṣṭṛtvaṃ jagatāṃ iṣṭaṃ tādṛgrūpā bhaviṣyatha ||32|
prajāpatitvaṃ teṣāṃ vai bhaviṣyati śanaiḥ kramāt |
yadā hy adharmo bhavitā vedānāṃ ca parābhavaḥ ||33|
vedānāṃ[5] vyasanaṃ tebhyo bhāvivyāsās tatas tu te |
yadā yadā tu dharmasya glānir vedasya dṛśyate ||34|
tadā tadā tu te vyāsā bhaviṣyanty upakāriṇaḥ |
teṣāṃ yat tapasaḥ sthānaṃ gaṅgāyās tīram uttamam ||35|
tatra tatra śivo viṣṇur aham āditya eva ca |
agnir āpaḥ sarvam iti tatra saṃnihitaṃ sadā ||36|
naitebhyaḥ pāvanaṃ kiṃcin naitebhyas tv adhikaṃ kvacit |
tattadākāratāṃ prāptaṃ paraṃ brahmaiva kevalam ||37|
sarvātmakaḥ śivo vyāpī sarvabhāvasvarūpadhṛk |
viśeṣatas tatra tīrthe sarvaprāṇyanukampayā ||38|
sarvair devair anuvṛtas tadanugrahakārakaḥ |
dharmavyāsās tu te jñeyā vedavyāsās tathaiva ca ||39|

5 D devānāṃ

teṣāṃ tīrthaṃ tena nāmnā vyapadiṣṭaṃ jagattraye |
pāpapaṅkakṣālanāmbho mohadhvāntamadāpaham |
sarvasiddhipradaṃ puṃsāṃ vyāsatīrtham anuttamam ||40|

iti śrīmahāpurāṇe ādibrāhme tīrthamāhātmye vyāsatīrthavarṇanaṃ nāmāṣṭapañcāśad-adhikaśatatamo 'dhyāyaḥ = gautamīmāhātmya ekonanavatitamo 'dhyāyaḥ

brahmovāca:
vañjarāsaṃgamaṃ nāma tīrthaṃ trailokyaviśrutam |
ṛṣibhiḥ sevitaṃ nityaṃ siddhai rājarṣibhis tathā ||159.1|
dāsatvam agamat pūrvaṃ nāgānāṃ garuḍaḥ khagaḥ |
mātṛdāsyāt *tadā*[1] duḥkhaparisaṃtaptamānasaḥ |
kadācic cintayām āsa rahaḥ sthitvā viniśvasan ||2|
garuḍa uvāca:
ta eva dhanyā loke 'smin kṛtapuṇyās ta eva hi |
nānyasevā kṛtā yais tu na yeṣāṃ vyasanāgamaḥ ||3|
sukhaṃ tiṣṭhanti gāyanti svapanti ca hasanti ca |
svadehaprabhavo dhanyā dhig dhig anyavaśe sthitān ||4|
brahmovāca:
iti cintāsamāviṣṭo jananīm etya duḥkhitaḥ |
paryapṛcchad ameyātmā vainateyo 'tha mātaram ||5|
garuḍa uvāca:
kasyāparādhān mātas tvaṃ pitur vā mama vānyataḥ |
dāsītvam āptā vada tatkāraṇaṃ mama pṛcchataḥ ||6|
brahmovāca:
sābravīt putram ātmīyam aruṇasyānujaṃ priyam ||7|
vinatovāca:
naiva kasyāparādho 'sti svāparādho mayoditaḥ |
yasyā vākyaṃ viparyeti sā dāsī syān mayoditam ||8|
kadrūś cāpi tathaivāhaṃ sā mayā saṃyutā yayau |
kadrvā mamābhavad vādaś chadmanāhaṃ tayā jitā ||9|
vidhir hi balavāṃs tāta kāṃ kāṃ ceṣṭāṃ na ceṣṭate |
evaṃ dāsītvam agamaṃ kadrvāḥ kaśyapanandana |
yadā dāsī tu jātāhaṃ dāso 'bhūs tvaṃ dvijanmaja ||10|
brahmovāca:
tūṣṇīṃ tadā babhūvāsau garuḍo 'tīva duḥkhitaḥ |
na kiṃcid ūce jananīṃ *cintayan bhavitavyatām*[2] ||11|
kadrūḥ kadācit sā prāha putrāṇāṃ hitam icchatī |
ātmano bhūtim icchantī vinatāṃ khagamātaram ||12|
kadrūr uvāca:
putraḥ sūryaṃ namaskartuṃ tava yāty anivāritaḥ |
aho lokatraye 'py asmin dhanyāsi bata dāsy api ||13|

1 AE tathā **2** D cintayann iva tathyatām

brahmovāca:
svaduḥkhaṃ gūhamānā sā kadrūṃ prāha suvismitā ||14|
vinatovāca:
tava putrās tu kim iti raviṃ draṣṭuṃ na yānti ca ||15|
kadrūr uvāca:
putrān madīyān subhage naya nāgālayaṃ prati |
samudrasya samīpe tu tad āste śītalaṃ saraḥ ||16|
brahmovāca:
suparṇas tv avahan nāgān kadrūṃ ca vinatā tathā |
tataḥ provāca muditā vainateyasya mātaram ||17|
surāṇāṃ netu nilayaṃ garuḍo matsutān iti |
punaḥ prāha sarpamātā[3] garuḍaṃ vinayānvitam ||18|
sarpamātovāca:
putrā me draṣṭum icchanti haṃsaṃ trijagatāṃ gurum |
namaskṛtvā tataḥ sūryam eṣyanti nilayaṃ mama |
haṇḍe tvaṃ[4] naya putrān me sūryamaṇḍalam anvaham ||19|
brahmovāca:
sā vepamānā vinatā dīnā kadrūm abhāṣata ||20|
vinatovāca:
nāhaṃ kṣamā sarpamātaḥ putro me neṣyate sutān |
dṛṣṭvā dinakaraṃ devaṃ punar eva prayāntu te ||21|
brahmovāca:
vinatā svasutaṃ prāha vihagānām adhīśvaram |
namaskartum athecchanti nāgāḥ svāmitvam āgatāḥ ||22|
bhāsvantam ity uvāceyaṃ māṃ sarpajananī haṭhāt |
tathety uktvā sa garuḍo mām ārohantu pannagāḥ ||23|
tadārūḍhaṃ sarpasainyaṃ garuḍaṃ vihagādhipam |
śanaiḥ śanair upagamad yatra devo divākaraḥ |
te dahyamānās tīkṣṇena bhānutāpena vivyathuḥ ||24|
sarpā ūcuḥ:
nivartasva mahāprājña pataṃgāya namo namaḥ |
alaṃ sūryasya sadanaṃ dagdhāḥ sūryasya tejasā |
yāmas tvayā vā garuḍa vihāya tvām athāpi vā ||25|
brahmovāca:
evaṃ nāgair ucyamāna ādityaṃ darśayāmi vaḥ |
ity uktvā gaganaṃ śīghraṃ jagāmādityasaṃmukhaḥ ||26|
dagdha-*bhogā nipetus te dvīpaṃ taṃ vīraṇaṃ*[5] prati |
bahavaḥ śatasāhasrāḥ pīḍitā dagdhavigrahāḥ ||27|
putrāṇām ārtasaṃnādaṃ patitānāṃ mahītale[6] |
āśvāsituṃ samāyātā tān sā kadrūḥ suvihvalā ||28|
uvāca vinatāṃ kadrūs tava putro 'tiduṣkṛtam |
kṛtavān atidurmedhā yeṣāṃ śāntir na vidyate ||29|

3 V sarpamātā punaḥ prāha 4 V vinate 5 DEF -bhogās tato nāgā nipetur dharaṇīṃ
6 V śrutvārtanādaṃ putrāṇāṃ pratitānāṃ bhuvas tale

nānyathā kartum āyāti svāmivākyaṃ phaṇīśvaraḥ |
sa kāśyapo bṛhattejā yady atra syād anāmayam ||30|
bhavec caivaṃ kathaṃ śāntiḥ putrāṇāṃ mama bhāmini |
kadrvās tad vacanaṃ śrutvā vinatā hy atibhītavat ||31|
putram āha mahātmānaṃ garuḍaṃ vihagādhipam ||32|
vinatovāca:
nedaṃ yuktataraṃ putra bhūṣaṇaṃ vinayena hi |
vartituṃ[7] yuktam ity uktaṃ vaiparītyaṃ na yujyate ||33|
nāmitreṣv api kartavyaṃ sadbhir jihmaṃ kadācana |
śrotriye cāntyaje vāpi samaṃ candraḥ prakāśate ||34|
kurvanty aniṣṭaṃ kapaṭais ta eva mama putraka |
prasahya kartuṃ ye sākṣād aśaktāḥ puruṣādhamāḥ ||35|
brahmovāca:
vinatā ca tataḥ prāha *kadrūṃ*[8] tāṃ sarpamātaram ||36|
vinatovāca:
kiṃ kṛtvā śāntir abhyeti putrāṇāṃ te karomi tat |
jarayā tu gṛhītās te vada śāntiṃ karomi tat ||37|
brahmovāca:
kadrūr apy āha vinatāṃ rasātalagataṃ payaḥ |
tenābhiṣecitānāṃ me putrāṇāṃ śāntir eṣyati ||38|
kadrvās tad vacanaṃ śrutvā rasātalagataṃ payaḥ |
kṣaṇenaiva samānīya nāgāṃs tān abhyaṣecayat |
tataḥ provāca garuḍo maghavānaṃ śatakratum ||39|
garuḍa uvāca:
meghāś cāpy atra varṣantu trailokyasyopakāriṇaḥ ||40|
brahmovāca:
tathā[9] vavarṣa parjanyo nāgānām abhavac chivam |
rasātalabhavaṃ gāṅgaṃ nāgasaṃjīvanaṃ payaḥ ||41|
jarāśokavināśārtham ānītaṃ garuḍena yat |
yatrābhiṣecitā nāgās tan nāgālayam ucyate ||42|
garuḍena yato vāri ānītaṃ tad rasātalāt |
tad gāṅgaṃ vāri sarveṣāṃ *sarvapāpapraṇāśanam*[10] ||43|
jarāyā vāraṇaṃ yasmān nāgānām abhavac chivam |
rasātalabhavaṃ gāṅgaṃ nāgasaṃjīvanaṃ yataḥ ||44|
jarāśokavināśārthaṃ gaṅgāyā dakṣiṇe taṭe |
sākṣād amṛtasaṃvāhā vañjarā sābhavan nadī ||45|
jarādāridryasaṃtāpahāriṇī kleśavāriṇī |
rasātalabhavā gaṅgā martyalokabhavā tu yā ||46|
tayoś ca saṃgamo yaḥ syāt kiṃ punas tatra varṇyate |
yasyānusmaraṇād eva nāśaṃ yānty aghasaṃcayāḥ ||47|
tatra ca snānadānānāṃ phalaṃ ko vaktum īśvaraḥ |
sapādaṃ tatra tīrthānāṃ lakṣam āhur manīṣiṇaḥ ||48|

7 DEF vartanaṃ **8** V kathaṃ **9** D tato **10** DEV sarvāghaughavināśanam

sarvasaṃpattidātr̄ṇāṃ sarvapāpaughahāriṇām |
vañjarāsaṃgamasamaṃ tīrthaṃ kvāpi na vidyate |
yadanusmaraṇenāpi vipadyante vipattayaḥ ||49|

iti śrīmahāpurāṇe ādibrāhme tīrthamāhātmye vañjarāsaṃgamādisapādalakṣatīrthavarṇanaṃ nāmaikonaṣaṣṭyadhikaśatatamo 'dhyāyaḥ = gautamīmāhātmye navatitamo 'dhyāyaḥ

brahmovāca:
devāgamaṃ nāma tīrthaṃ sarvakāmapradaṃ śivam |
bhuktimuktipradaṃ nr̄ṇāṃ pitr̄ṇāṃ tr̥ptikārakam ||160.1|
tatra vr̥ttaṃ samākhyāsye tava yatnena nārada |
devānām asurāṇāṃ ca spardhābhūd dhanahetave ||2|
svargaḥ surāṇām abhavad asurāṇām ilābhavat |
karmabhūmim avaṣṭabhya [[1]hy] asurāḥ sarvato 'bhavan ||3|
devānāṃ yajñabhāgāṃś ca dātr̄n ghnanty asurās tataḥ |
tataḥ suragaṇāḥ sarve yajñabhāgair vinā kr̥tāḥ ||4|
vyathitā mām upājagmuḥ kiṃ kr̥tyam iti cābruvan |
mayā coktāḥ suragaṇā yuddhe jitvāsurān balāt ||5|
bhuvaṃ prāpsyatha karmāṇi havīṃṣi ca yaśāṃsi ca |
tathety uktvā gatā devā bhūmiṃ te samarārthinaḥ ||6|
daityāś ca dānavāś caiva rākṣasā baladarpitāḥ |
ekībhūtvā yayus te 'pi jayino yuddhakāṅkṣiṇaḥ ||7|
ahir vr̥tro balis tvāṣṭrir namuciḥ śambaro mayaḥ |
ete cānye ca bahavo yoddhāro baladarpitāḥ ||8|
agnir indro 'tha varuṇas tvaṣṭā pūṣā tathāśvinau |
maruto lokapālāś ca nānāyuddhaviśāradāḥ ||9|
te dānavāḥ sarva eva yāmyāṃ vai diśi saṃgare |
akurvanta mahāyatnaṃ dakṣiṇārṇavasaṃsthitāḥ ||10|
trikūṭaḥ parvataśreṣṭho rākṣasānāṃ purābhavat |
tadvanena yayuḥ sarve taiḥ sārdhaṃ dakṣiṇārṇavam ||11|
sarveṣāṃ melanaṃ yatra parvato malayas tu saḥ |
malayasyāpi[2] deśo 'sau devārīṇām abhūt tadā ||12|
devānāṃ gautamītīre tatra saṃnihitaḥ śivaḥ |
iti teṣāṃ samāyogo devānām abhavat kila ||13|
devāḥ svaratham ārūḍhās tatra tatra samāgaman |
gautamyāḥ saridambāyāḥ puline vimalāśayāḥ ||14|
prasannābhīṣṭadā yā syāt pitr̄ṇām akhilasya tu |
tato devagaṇāḥ sarve stutvā *devaṃ maheśvaram*[3] |
abhayaṃ cintayām āsus te sarve 'tha parasparam ||15|
devā ūcuḥ:
atrāpy upāyaḥ ko 'smākaṃ nirjitānāṃ parair *haṭhāt*[4] |
ekam evātra naḥ śreyo vijayo vāthavā mr̥tiḥ |
sapatnair abhibhūtānāṃ jīvitaṃ dhiṅ manasvinām ||16|

1 V ins. **2** DE malayaś cāpi **3** DF viṣṇumaheśvarau **4** V hi yat

brahmovāca:
etasminn antare putra vāg uvācāśarīriṇī ||17|
ākāśavāg uvāca:
kleśenālaṃ suragaṇā gautamīm āśu gacchata |
bhaktyā hariharau tatra samārādhayateśvarau ||18|
godāvaryās tayoś caiva prasādāt kiṃ tu duṣkaram ||19|
brahmovāca:
prasannābhyāṃ harīśābhyāṃ[5] devā jayam abhīpsitam |
avāpya sarvato jagmuḥ pālayanto divaukasaḥ ||20|
yatra devāgamo jātas tat tīrthaṃ tena viśrutam |
devāgamaṃ praśaṃsanti munayas tattvadarśinaḥ ||21|
tatrāśītisahasrāṇi śivaliṅgāni nārada |
devāgamaḥ parvato 'sau *priya ity api*[6] kathyate |
tataḥ prabhṛti tat tīrthaṃ devapriyam ato viduḥ ||22|

iti śrīmahāpurāṇe ādibrāhme tīrthamāhātmye devāgamatīrthavarṇanaṃ nāma ṣaṣṭyadhika-śatatamo 'dhyāyaḥ = gautamīmāhātmya ekanavatitamo 'dhyāyaḥ

brahmovāca:
kuśatarpaṇam ākhyātaṃ praṇītāsaṃgamaṃ tathā |
tīrthaṃ sarveṣu lokeṣu bhuktimuktipradāyakam ||161.1|
tasya svarūpaṃ vakṣyāmi śṛṇu pāpaharaṃ śubham |
vindhyasya dakṣiṇe pārśve sahyo nāma mahāgiriḥ ||2|
yadaṅghribhyo 'bhavan nadyo godābhīmarathīmukhāḥ |
yatrābhavat tad virajam ekavīrā ca yatra sā ||3|
na tasya mahimā kaiścid api śakyo 'nuvarṇitum |
tasmin girau puṇyadeśe śṛṇu nārada yatnataḥ ||4|
guhyād guhyataraṃ vakṣye sākṣād veditaṃ śubham |
yan na jānanti munayo devāś ca pitaro 'surāḥ ||5|
tad ahaṃ prītaye vakṣye śravaṇāt sarvakāmadam |
paraḥ sa puruṣo jñeyo hy avyakto 'kṣara eva tu ||6|
aparaś ca kṣaras tasmāt prakṛtyanvita eva ca |
nirākārāt sāvayavaḥ puruṣaḥ samajāyata ||7|
tasmād āpaḥ samudbhūtā adbhyaś ca puruṣas *tathā*[1] |
tābhyām abjaṃ samudbhūtaṃ tatrāham abhavaṃ mune ||8|
pṛthivī vāyur ākāśa āpo jyotis tathaiva ca |
ete mattaḥ pūrvatarā ekadaivābhavan mune ||9|
etān eva prapaśyāmi nānyat sthāvarajaṅgamam |
naiva vedās tadā cāsan nāhaṃ draṣṭāsmi kiṃcana ||10|
yasmād ahaṃ samudbhūto na paśyeyaṃ tam apy atha |
tūṣṇīṃ sthite mayi tadā aśrauṣaṃ vācam uttamām ||11|
ākāśavāg uvāca:
brahman kuru jagatsṛṣṭiṃ sthāvarasya carasya ca ||12|

5 V harīśābhyāṃ prasannābhyāṃ **6** D priyakṛc cāpi **1** V tataḥ

brahmovāca:
tato 'ham abravaṃ vācaṃ *paruṣāṃ*[2] tatra nārada |
kathaṃ srakṣye kva vā srakṣye kena srakṣya idaṃ jagat ||13|
saiva vāg abravīd daivī prakṛtir yābhidhīyate |
viṣṇunā preritā mātā jagadīśā jaganmayī ||14|
ākāśavāg uvāca:
yajñaṃ kuru tataḥ śaktis te bhavitrī na saṃśayaḥ |
yajño vai viṣṇur ity eṣā śrutir brahman sanātanī ||15|
kiṃ yajvanām asādhyaṃ syād iha loke paratra ca ||16|
brahmovāca:
punas tām abravaṃ devīṃ kva vā keneti tad vada |
yajñaḥ kāryo mahābhāge tataḥ sovāca māṃ prati ||17|
ākāśavāg uvāca:
oṃkārabhūtā yā devī mātṛkalpā jaganmayī |
karmabhūmau yajasveha yajñeśaṃ yajñapūruṣam ||18|
sa eva sādhanaṃ te syāt tena taṃ yaja suvrata |
yajñaḥ svāhā svadhā mantrā brāhmaṇā havirādikam ||19|
harir evākhilaṃ tena sarvaṃ viṣṇor avāpyate ||20|
brahmovāca:
punas tām abravaṃ devīṃ karmabhūḥ kva vidhīyate |
tadā nārada naivāsīd bhāgīrathy atha narmadā ||21|
yamunā naiva tāpī sā sarasvaty atha gautamī |
samudro vā nadaḥ kaścin na saraḥ sarito 'malāḥ |
sā śaktiḥ punar apy evaṃ mām uvāca punaḥ punaḥ ||22|
daivī vāg uvāca:
sumeror dakṣiṇe pārśve tathā himavato gireḥ |
dakṣiṇe cāpi vindhyasya sahyāc caivātha dakṣiṇe |
sarvasya sarvakāle tu karmabhūmiḥ śubhodayā ||23|
brahmovāca:
tat tu vākyam atho śrutvā tyaktvā meruṃ mahāgirim |
taṃ pradeśam athāgatya sthātavyaṃ kvety acintayam |
tato mām abravīt saiva viṣṇor vāṇy aśarīriṇī ||24|
ākāśavāg uvāca:
ito gaccha itas tiṣṭha tathopaviśa cātra hi |
saṃkalpaṃ kuru yajñasya sa te yajñaḥ samāpyate ||25|
kṛte caivātha saṃkalpe yajñārthe surasattama |
yad vadanty akhilā vedā *vidhe tat*[3] tat samācara ||26|
brahmovāca:
itihāsapurāṇāni yad anyac chabdagocaram |
svato *mukhe*[4] mama prāyād abhūc ca smṛtigocaram ||27|
vedārthaś ca mayā sarvo jñāto 'sau tatkṣaṇena ca |
tataḥ puruṣasūktaṃ tad asmaraṃ lokaviśrutam ||28|

2 FV pauruṣīṃ **3** D vidhinā **4** DF mukhaṃ

yajñopakaraṇaṃ sarvaṃ tad uktaṃ ca tv akalpayam |
[5]taduktena prakāreṇa yajñapātrāṇy akalpayam ||29|
ahaṃ sthitvā yatra deśe śucir bhūtvā yatātmavān |
dīkṣito vipradeśo 'sau mannāmnā tu prakīrtitaḥ ||30|
maddevayajanaṃ puṇyaṃ nāmnā brahmagiriḥ smṛtaḥ |
catur-*aśīti-*[6]paryantaṃ yojanāni mahāmune ||31|
maddevayajanaṃ puṇyaṃ pūrvato *brahmaṇo*[7] gireḥ |
tatra madhye *vedikā syād*[8] *gārhapatyo 'sya*[9] *dakṣiṇe*[10] ||32|
tatra cāhavanīyasya evam agnīṃs tv[11] akalpayam |
vinā patnyā na sidhyeta yajñaḥ śrutinidarśanāt ||33|
śarīram ātmano 'haṃ vai dvedhā cākaravaṃ mune |
pūrvārdhena tataḥ patnī mamābhūd yajñasiddhaye ||34|
uttareṇa tv ahaṃ tadvad *ardho*[12] jāyā iti śruteḥ |
kālaṃ vasantam utkṛṣṭam ājyarūpeṇa nārada ||35|
akalpayaṃ tathā cedhmaṃ grīṣmaṃ cāpi śarad dhaviḥ |
ṛtuṃ ca prāvṛṣaṃ putra tadā barhir akalpayam ||36|
chandāṃsi sapta vai tatra tadā paridhayo 'bhavan |
kalākāṣṭhānimeṣā hi samitpātrakuśāḥ smṛtāḥ ||37|
yo 'nādiś ca tv anantaś ca svayaṃ kālo 'bhavat tadā |
yūparūpeṇa devarṣe yoktraṃ ca paśubandhanam ||38|
sattvāditri-*guṇāḥ pāśā naiva*[13] tatrābhavat paśuḥ |
tato 'ham abravaṃ vācaṃ vaiṣṇavīm aśarīriṇīm ||39|
vinaiva paśunā nāyaṃ yajñaḥ parisamāpyate |
tato mām avadad devī saiva nityāśarīriṇī ||40|
ākāśavāg uvāca:
pauruṣeṇātha sūktena stuhi taṃ puruṣaṃ param ||41|
brahmovāca:
tathety uktvā stūyamāne devadeve janārdane |
mama cotpādake bhaktyā sūktena puruṣasya hi ||42|
sā ca mām abravīd devī brahman māṃ tvaṃ paśuṃ kuru |
tadā vijñāya puruṣaṃ janakaṃ mama cāvyayam ||43|
kālayūpasya pārśve taṃ guṇapāśair niveśitam |
barhi-[14]sthitam ahaṃ praukṣaṃ puruṣaṃ jātam agrataḥ ||44|
etasminn antare tatra tasmāt sarvam abhūd idam |
brāhmaṇās tu mukhāt tasyābhavan bāhvoś ca kṣatriyāḥ ||45|
mukhād indras tathāgniś ca śvasanaḥ prāṇato 'bhavat |
diśaḥ śrotrāt tathā śīrṣṇaḥ sarvaḥ svargo 'bhavat tadā ||46|
manasaś candramā jātaḥ sūryo 'bhūc cakṣuṣas tathā |
antarikṣaṃ tathā nābher ūrubhyāṃ viśa eva ca ||47|
padbhyāṃ śūdraś ca saṃjātas tathā bhūmir ajāyata |
ṛṣayo romakūpebhya oṣadhyaḥ keśato 'bhavan ||48|

5 DF om. **6** DEFV -viṃśati- **7** V brāhmaṇo **8** V vedikāyā **9** DEF gārhapatyasya V gārhapatyo 'tha **10** V dakṣiṇaḥ **11** V tathā cāhavanīyaś ca vahnīn evam **12** A ardhaṃ **13** DF -guṇā cāsīt saiva **14** V bahiḥ-

grāmyāraṇyāś ca paśavo *nakhebhyaḥ*[15] sarvato 'bhavan |
kṛmikīṭapatamgādi pāyūpasthād ajāyata ||49|
sthāvaraṃ jaṅgamaṃ kiṃcid dṛśyā-*dṛśyaṃ ca*[16] kiṃcana |
tasmāt sarvam abhūd devā mattaś cāpy abhavan punaḥ |
etasminn antare saiva viṣṇor vāg abravīc ca mām ||50|
ākāśavāg uvāca:
sarvaṃ saṃpūrṇam abhavat sṛṣṭir jātā tathepsitā |
idānīṃ juhudhi hy agnau pātrāṇi ca samāni ca ||51|
visarjaya tathā yūpaṃ praṇītāṃ ca kuśāṃs tathā |
ṛtvigrūpaṃ yajñarūpam uddeśyaṃ dhyeyam eva ca ||52|
sruvaṃ ca puruṣaṃ pāśān sarvaṃ brahman visarjaya ||53|
brahmovāca:
tadvākyasamakālaṃ tu kramaśo yajñayoniṣu |
gārhapatye dakṣiṇāgnau tathā caiva mahāmune ||54|
pūrvasminn api caivāgnau kramaśo juhvatas tadā |
tatra tatra jagadyonim anusaṃdhāya pūruṣam ||55|
mantrapūtaṃ śuciḥ samyag yajñadevo jaganmayaḥ |
lokanātho viśvakartā kuṇḍānāṃ tatra saṃnidhau ||56|
śuklarūpadharo viṣṇur bhaved āhavanīyake |
śyāmo viṣṇur dakṣiṇāgneḥ pīto gṛhapateḥ kaveḥ ||57|
sarvakālaṃ teṣu viṣṇur ato deśeṣu saṃsthitaḥ |
na tena rahitaṃ kiṃcid viṣṇunā viśvayoninā ||58|
praṇītāyāḥ praṇayanaṃ mantraiś cākaravaṃ tataḥ |
praṇītodakam apy etat praṇīteti nadī śubhā ||59|
vyasarjayaṃ praṇītāṃ tāṃ mārjayitvā kuśair atha |
mārjane kriyamāṇe tu praṇītodakabindavaḥ ||60|
patitās tatra tīrthāni jātāni guṇavanti ca |
saṃjātā muniśārdūla snānāt kratuphalapradā ||61|
yālaṃkṛtā sarvakālaṃ devadevena śārṅgiṇā |
sopānapaṅktiḥ sarveṣāṃ vaikuṇṭhārohaṇāya sā ||62|
saṃmārjitāḥ kuśā yatra patitā bhūtale śubhe |
kuśatarpaṇam ākhyātaṃ bahupuṇyaphalapradam ||63|
kuśaiś ca tarpitāḥ sarve kuśatarpaṇam ucyate |
paścāc ca saṃgatā tatra gautamī kāraṇāntarāt ||64|
praṇītāyāṃ[17] mahābuddhe praṇītāsaṃgamo 'bhavat |
kuśatarpaṇadeśe tu tat tīrthaṃ kuśatarpaṇam ||65|
tatraiva kalpito *yūpo*[18] mayā vindhyasya cottare |
visṛṣṭo lokapūjyo 'sau viṣṇor āsīt samāśrayaḥ ||66|
akṣayaś cābhavac chrīmān akṣayo 'sau vaṭo 'bhavat |
nityaś ca kāla-*rūpo*[19] 'sau smaraṇāt kratupuṇyadaḥ ||67|
maddevayajanaṃ cedaṃ daṇḍakāraṇyam ucyate |
saṃpūrṇe tu kratau viṣṇur mayā bhaktyā prasāditaḥ ||68|

15 A tatkhebhyaḥ D makhebhyaḥ **16** DE -dṛśyādi **17** F praṇītayā **18** A yajño
19 DF -yūpo

yo virāḍ ucyate vede *yasmān mūrtam*[20] ajāyata |
yasmāc ca mama cotpattir yasyedaṃ vikṛtaṃ jagat ||69|
tam ahaṃ devadeveśam abhivandya vyasarjayam |
yojanāni caturviṃśan maddevayajanaṃ śubham ||70|
tasmād adyāpi kuṇḍāni santi ca trīṇi nārada |
yajñeśvarasvarūpāṇi viṣṇor vai cakrapāṇinaḥ ||71|
tataḥ prabhṛti cākhyātaṃ maddevayajanaṃ ca tat |
tatrasthaḥ kṛmikīṭādiḥ so 'py ante muktibhājanam ||72|
dharmabījaṃ muktibījaṃ daṇḍakāraṇyam ucyate |
viśeṣād gautamīśliṣṭo deśaḥ puṇyatamo 'bhavat ||73|
praṇītāsaṃgame cāpi kuśatarpaṇa eva vā |
snānadānādi yaḥ kuryāt sa gacchet paramaṃ padam ||74|
smaraṇaṃ paṭhanaṃ vāpi śravaṇaṃ cāpi bhaktitaḥ |
sarvakāmapradaṃ puṃsāṃ bhuktimuktipradaṃ viduḥ ||75|
ubhayos tīrayos tatra tīrthāny āhur manīṣiṇaḥ |
ṣaḍaśītisahasrāṇi teṣu puṇyaṃ puroditam ||76|
vārāṇasyā api mune kuśatarpaṇam uttamam |
nānena sadṛśaṃ tīrthaṃ vidyate sacarācare ||77|
brahmahatyādipāpānāṃ smaraṇād api nāśanam |
tīrtham etan mune proktaṃ svargadvāraṃ mahītale ||78|

iti śrīmahāpurāṇe ādibrāhme tīrthamāhātmye praṇītāsaṃgamakuśatarpaṇādiṣaḍaśītisahasratīrthavarṇanaṃ nāmaikaṣaṣṭyadhikaśatatamo 'dhyāyaḥ = gautamīmāhātmye dvinavatitamo 'dhyāyaḥ

brahmovāca:
manyutīrtham iti khyātaṃ sarvapāpapraṇāśanam |
sarvakāmapradaṃ *nṛṇāṃ*[1] smaraṇād aghanāśanam ||162.1|
tasya prabhāvaṃ vakṣyāmi śṛṇuṣvāvahito mune |
devānāṃ dānavānāṃ ca saṃgaro 'bhūn mithaḥ purā ||2|
tatrājayan naiva surā dānavā jayino 'bhavan |
parāṅmukhāḥ suragaṇāḥ saṃgarād gatacetasaḥ ||3|
mām abhyetya samūcus te dehi no 'bhayakāraṇam |
tān ahaṃ pratyavocaṃ vai gaṅgāṃ gacchata sarvaśaḥ ||4|
tatra vai gautamītīre stutvā devaṃ maheśvaram |
anapāyanirāyāsasahajānandasundaram ||5|
lapsyate sarvavibudhā jayahetur maheśvarāt |
tathety uktvā suragaṇāḥ stuvanti sma maheśvaram ||6|
tapo 'tapyanta kecid vai nanṛtuś ca tathāpare |
asnāpayaṃś ca kecic cāpūjayaṃś ca tathāpare ||7|
tataḥ prasanno bhagavāñ *śūla*-[2]pāṇir maheśvaraḥ |
devān athābravīt tuṣṭo vriyatāṃ yad abhīpsitam ||8|

20 V yasmāt pūrtam **1** DEF puṃsāṃ **2** V chūla-

devā ūcuḥ surapatiṃ vijayāya dadasva naḥ |
puruṣaṃ paramaślāghyaṃ raṇeṣu purataḥ sthitam ||9|
yadbāhubalam āśritya bhavāmaḥ sukhino vayam |
tathety uvāca bhagavān devān prati maheśvaraḥ ||10|
ātmanas tejasā kaścin nirmitaḥ parameṣṭhinā |
manyunāmānam atyugraṃ devasainyapurogamam ||11|
taṃ *natvā*[3] tridaśāḥ sarve śivaṃ natvā svam ālayam |
manyunā saha cābhyetya punar yuddhāya tasthire ||12|
yuddhe sthitvā tu danujair daiteyaiś ca mahābalaiḥ |
vibudhā jātasaṃnaddhā manyum ūcuḥ puraḥ sthitāḥ ||13|
devā ūcuḥ:
sāmarthyaṃ tava paśyāmaḥ paścād yotsyāmahe paraiḥ |
tasmād darśaya cātmānaṃ manyo 'smākaṃ yuyutsatām ||14|
brahmovāca:
tad devavacanaṃ śrutvā manyur āha smayann iva ||15|
manyur uvāca:
janitā mama deveśaḥ sarvajñaḥ sarvadṛk prabhuḥ |
yaḥ sarvaṃ vetti sarveṣāṃ *dhāmanāma*[4] *manaḥsthitam*[5] ||16|
naiva kaścic ca taṃ vetti yaḥ sarvaṃ vetti sarvadā |
amūrtaṃ mūrtam apy etad vetti kartā jaganmayaḥ ||17|
paro 'sau bhagavān sākṣāt tathā divy antarikṣagaḥ |
kas tasya rūpaṃ yo veda *kasya*[6] kartā jaganmayaḥ ||18|
evaṃvidhād ahaṃ jāto māṃ kathaṃ vettum arhatha |
athavā draṣṭukāmā vai bhavanto mānupaśyata ||19|
brahmovāca:
ity uktvā darśayām āsa manyū rūpaṃ svakaṃ mahat |
tārtīyacakṣuṣodbhūtaṃ bhavasya parameṣṭhinaḥ ||20|
tejasā saṃbhṛtaṃ rūpaṃ yataḥ sarvaṃ tad ucyate |
pauruṣaṃ puruṣeṣv eva ahaṃkāraś ca jantuṣu ||21|
krodhaḥ sarvasya yo bhīma upasaṃhārakṛd bhavet |
taṃ śaṃkarapratinidhiṃ jvalantaṃ nijatejasā ||22|
sarvāyudhadharaṃ dṛṣṭvā praṇemuḥ sarvadevatāḥ |
vitresur daityadanujāḥ kṛtāñjaliputāḥ surāḥ ||23|
bhūtvā manyum athocus te tvaṃ senānīḥ prabho bhava |
tvayā dattam idaṃ rājyaṃ manyo bhokṣyāmahe vayam ||24|
tasmāt sarveṣu kāryeṣu *jetā*[7] tvaṃ jayavardhanaḥ |
tvam indras tvaṃ ca varuṇo lokapālās tvam eva ca ||25|
asmāsu sarvadeveṣu praviśa tvaṃ jayāya vai |
manyuḥ provāca tān sarvān vinā matto na kiṃcana ||26|
sarveṣv antaḥ praviṣṭo 'haṃ na māṃ jānāti kaścana |
sa eva bhagavān manyus tato jātaḥ pṛthak pṛthak ||27|
sa eva rudrarūpī syād rudro manyuḥ śivo 'bhavat |
sthāvaraṃ jaṅgamaṃ caiva sarvaṃ vyāptaṃ hi manyunā ||28|

3 V labdhvā **4** V dhāma nāma **5** D janasthitam EF janasthitim **6** E nāsya **7** DF netā

tam avāpya surāḥ sarve jayam āpuś ca saṃgare |
jayo manyuś ca śauryaṃ ca īśatejaḥsamudbhavam ||29|
manyunā jayam āpyātha kṛtvā daityaiś ca saṃgamam |
yathāgataṃ yayuḥ sarve manyunā parirakṣitāḥ ||30|
yatra vai gautamītīre śivam ārādhya te surāḥ |
manyum āpur jayaṃ caiva manyutīrthaṃ tad ucyate ||31|
utpattiṃ ca tathā manyor yo naraḥ prayataḥ smaret |
vijayo jāyate *tasya*[8] na kaiścit paribhūyate ||32|
na manyutīrthasadṛśaṃ *pāvanaṃ hi mahāmune*[9] |
yatra sākṣān manyurūpī sarvadā śaṃkaraḥ sthitaḥ |
tatra snānaṃ ca dānaṃ ca smaraṇaṃ sarvakāmadam ||33|

iti śrīmahāpurāṇe ādibrāhme tīrthamāhātmye manyutīrthavarṇanaṃ nāma dviṣaṣṭyadhika-śatatamo 'dhyāyaḥ = gautamīmāhātmye trinavatitamo 'dhyāyaḥ

brahmovāca:
sārasvataṃ nāma tīrthaṃ sarvakāma-*pradaṃ śubham*[1] |
bhuktimuktipradaṃ nṝṇāṃ sarvapāpapraṇāśanam ||163.1|
sarva-*rogapraśamanaṃ*[2] sarvasiddhipradāyakam |
tatremaṃ śṛṇu vṛttāntaṃ vistareṇātha nārada ||2|
puṣpotkaṭāt pūrvabhāge parvato lokaviśrutaḥ |
śubhro nāma giriśreṣṭho gautamyā dakṣiṇe taṭe ||3|
śākalya iti vikhyāto muniḥ paramanaiṣṭhikaḥ |
tasmiñ śubhre puṇyagirau tapas tepe hy anuttamam ||4|
tapasyantaṃ dvijaśreṣṭhaṃ gautamītīram āśritam |
sarve bhūtagaṇā nityaṃ praṇamanti stuvanti tam ||5|
agniśuśrūṣaṇaparaṃ vedādhyayanatatparam |
ṛṣigandharvasumanaḥsevite tatra parvate ||6|
tasmin girau mahāpuṇye devadvijabhayaṃkaraḥ |
yajñadveṣī brahmahantā paraśur nāma rākṣasaḥ ||7|
kāmarūpī vicarati nānārūpadharo vane |
kṣaṇaṃ ca brahmarūpeṇa kadācid vyāghrarūpadhṛk ||8|
kadācid devarūpeṇa kadācit paśurūpadhṛk |
kadācit pramadārūpaḥ kadācin mṛgarūpataḥ ||9|
kadācid bālarūpeṇa evaṃ carati pāpakṛt |
yatrāste brāhmaṇo vidvāñ śākalyo munisattamaḥ ||10|
tam āyāti mahāpāpī paraśū rākṣasādhamaḥ |
śuciṣmantaṃ dvijaśreṣṭhaṃ paraśur nityam eva ca ||11|
netuṃ hantuṃ pravṛtto 'pi na śaśāka sa pāpakṛt |
sa kadācid dvijaśreṣṭho devān abhyarcya yatnataḥ ||12|
bhoktukāmaḥ kilāyātas tatrāyāt paraśur mune |
brahmarūpadharo bhūtvā śithilaḥ palito 'balī |
kanyām ādāya kāṃcic ca śākalyaṃ vākyam abravīt ||13|

8 DF nityaṃ **9** DF tīrthaṃ kutrāpi vidyate **1** V -phalapradam **2** V -rogāpaśamanaṃ

paraśur uvāca:
bhojanasyārthinaṃ viddhi māṃ ca kanyām imāṃ dvija |
ātithyakāle samprāptaṃ kṛtakṛtyo 'si mānada ||14|
ta eva dhanyā loke 'smin yeṣām atithayo gṛhāt |
pūrṇābhilāṣā niryānti jīvanto 'pi mṛtāḥ pare ||15|
bhojane tūpaviṣṭe *tu*[3] ātmārthaṃ kalpitaṃ tu yat |
atithibhyas tu yo dadyād dattā tena vasuṃdharā ||16|
brahmovāca:
etac chrutvā tu śākalyo dadāmīty evam abravīt |
āsane copaveśyāthājñānāt taṃ paraśuṃ dvijam ||17|
yathānyāyaṃ pūjayitvā śākalyo bhojanaṃ dadau |
āpośanaṃ kare kṛtvā paraśur vākyam abravīt ||18|
paraśur uvāca:
dūrād abhyāgataṃ śrāntam anugacchanti devatāḥ |
tasmiṃs tṛpte tu tṛptāḥ syur atṛpte tu viparyayaḥ ||19|
atithiś cāpavādī ca dvāv etau viśvabāndhavau |
apavādī haret pāpam atithiḥ svarga-*saṃkramaḥ*[4] ||20|
abhyāgataṃ pathi śrāntaṃ sāvajñaṃ yo 'bhivīkṣate |
tatkṣaṇād eva naśyanti tasya dharmayaśaḥśriyaḥ ||21|
tasmād abhyāgataḥ śrānto yāce 'haṃ tvāṃ dvijottama |
dāsyase yadi me kāmaṃ tad bhokṣye 'haṃ na cānyathā ||22|
brahmovāca:
dattam ity eva śākalyo bhuṅkṣvety evāha rākṣasam |
tataḥ provāca paraśur ahaṃ rākṣasasattamaḥ ||23|
nāhaṃ dvijas tava ripur na vṛddhaḥ palitaḥ kṛśaḥ |
bahūni me vyatītāni varṣāṇi tvāṃ prapaśyataḥ ||24|
śuṣyanti mama gātrāṇi grīṣme svalpodakaṃ yathā |
tasmān neṣye sānugaṃ tvāṃ bhakṣayiṣye dvijottama ||25|
brahmovāca:
śrutvā paraśuvākyaṃ tac chākalyo vākyam abravīt ||26|
śākalya uvāca:
ye mahākulasaṃbhūtā vijñātasakalāgamāḥ |
tat pratiśrutam abhyeti na jātv atra viparyayam ||27|
yathocitaṃ[5] kuru sakhe tathāpi śṛṇu me vacaḥ |
nihantum apy udyateṣu vaktavyaṃ hitam *uttamaiḥ*[6] ||28|
brāhmaṇo 'haṃ vajratanuḥ sarvato rakṣako hariḥ |
pādau rakṣatu me viṣṇuḥ śiro devo janārdanaḥ ||29|
bāhū rakṣatu vārāhaḥ pṛṣṭhaṃ rakṣatu *kūrma-*[7]rāṭ |
hṛdayaṃ rakṣatāt kṛṣṇo hy aṅgulī rakṣatān *mṛgaḥ*[8] ||30|
[9]mukhaṃ rakṣatu vāgīśo netre rakṣatu pakṣigaḥ |
śrotraṃ rakṣatu *vitteśaḥ*[10] sarvato rakṣatād bhavaḥ |
nānāpatsv ekaśaraṇaṃ devo nārāyaṇaḥ svayam ||31|

3 V ca **4** EV -dāyakaḥ **5** DEF kuru vā mā **6** V uttamam **7** V dharma- **8** A mṛdaḥ
9 A om. the following 2 lines. **10** D citteśaḥ

brahmovāca:
evam uktvā tu śākalyo naya vā bhakṣa vā sukham |
māṃ rākṣasendra paraśo tvam idānīm atandritaḥ ||32|
rākṣasas tasya vacanād bhakṣaṇāya samudyataḥ |
nāsty eva hṛdaye nūnaṃ pāpināṃ karuṇākaṇaḥ ||33|
daṃṣṭrākarālavadano gatvā tasyāntikaṃ *tadā*[11] |
brāhmaṇaṃ taṃ nirīkṣyaivaṃ paraśur vākyam abravīt ||34|
paraśur uvāca:
śaṅkhacakragadāpāṇiṃ tvāṃ paśye 'haṃ dvijottama |
sahasrapādaśirasaṃ sahasrākṣakaraṃ vibhum ||35|
sarva-*bhūtaika*-[12]nilayaṃ chandorūpaṃ jaganmayam |
tvām adya vipra paśyāmi nāsti te pūrvakaṃ vapuḥ ||36|
tasmāt prasādaye vipra tvam eva śaraṇaṃ bhava |
jñānaṃ dehi mahābuddhe tīrthaṃ brūhy *aghaniṣkṛtim*[13] ||37|
mahatāṃ darśanaṃ brahmañ jāyate nahi niṣphalam |
dveṣād ajñānato vāpi prasaṅgād vā pramādataḥ ||38|
ayasaḥ sparśasaṃsparśo rukmatvāyaiva jāyate ||39|
brahmovāca:
etad vākyaṃ samākarṇya rākṣasena samīritam |
śākalyaḥ kṛpayā prāha varadā sā sarasvatī ||40|
tavācirād daityapate tataḥ stuhi janārdanam |
manorathaphalaprāptau nānyan nārāyaṇastuteḥ ||41|
kiṃcid apy asti loke 'smin kāraṇaṃ śṛṇu rākṣasa |
prasannā tava sā devī madvākyāc ca bhaviṣyati ||42|
brahmovāca:
tathety uktvā sa paraśur gaṅgāṃ trailokyapāvanīm |
snātvā śucir yatamanā gaṅgām abhimukhaḥ sthitaḥ ||43|
tatrāpaśyad divyarūpāṃ divyagandhānulepanām |
sarasvatīṃ jagaddhātrīṃ śākalyavacane sthitām ||44|
jagajjāḍyaharāṃ viśvajananīṃ bhuvaneśvarīm |
tām uvāca vinītātmā paraśur gatakalmaṣaḥ ||45|
paraśur uvāca:
guruḥ śākalya ity āha mākāntaṃ stuhi vidhvajam |
tava prasādāt sā śaktir yathā me syāt tathā kuru ||46|
brahmovāca:
tathāstv iti ca sā prāha paraśuṃ śrīsarasvatī |
sarasvatyāḥ prasādena paraśus taṃ janārdanam ||47|
tuṣṭāva vividhair vākyais tatas tuṣṭo 'bhavad dhariḥ |
varaṃ prādād rākṣasāya kṛpāsindhur janārdanaḥ ||48|
janārdana uvāca:
yad yan manogataṃ rakṣas tat tat sarvaṃ bhaviṣyati ||49|
brahmovāca:
śākalyasya prasādena gautamyāś ca prasādataḥ |
sarasvatyāḥ prasādena narasiṃhaprasādataḥ ||50|

11 D śanaiḥ **12** DF -devaika- **13** DEF atha niṣkṛtim

pāpiṣṭho 'pi tadā rakṣaḥ paraśur divam *eyivān*[14] |
sarvatīrthāṅghripadmasya prasādāc chārṅgadhanvanaḥ ||51|
tataḥ prabhṛti tat tīrthaṃ sārasvatam iti śrutam |
tatra snānena dānena viṣṇuloke mahīyate ||52|
vāgjavaiṣṇavaśākalyaparaśuprabhavāṇi hi |
bahūny abhūvaṃs tīrthāni *tasmin vai*[15] śvetaparvate ||53|

iti śrīmahāpurāṇe ādibrāhme tīrthamāhātmye śvetaparvatasthaśākalyāditīrthavarṇanaṃ nāma triṣaṣṭyadhikaśatatamo 'dhyāyaḥ = gautamīmāhātmye caturnavatitamo 'dhyāyaḥ

brahmovāca:
ciccikā-[1]tīrtham ity uktaṃ sarvarogavināśanam |
sarvacintāprahāraṇaṃ sarvaśāntikaraṃ nṛṇām ||164.1|
tasya svarūpaṃ vakṣyāmi śubhre tasmin nagottame |
gaṅgāyā uttare pāre yatra devo gadādharaḥ ||2|
ciccikaḥ[2] pakṣirāṭ tatra bheruṇḍo yo 'bhidhīyate |
sadā vasati tatraiva *māṃsāśī śveta-*[3]parvate ||3|
nānāpuṣpaphalākīrṇaiḥ sarvartukusumair nagaiḥ |
sevite dvijamukhyaiś ca gautamyā copaśobhite ||4|
siddhacāraṇagandharvakiṃnarāmarasaṃkule |
tatsamīpe nagaḥ kaścid dvipadāṃ ca catuṣpadām ||5|
rogārtikṣuttṛṣācintāmaraṇānāṃ na bhājanam |
evaṃ guṇānvite śaile nānāmunigaṇāvṛte ||6|
pūrvadeśādhipaḥ kaścit pavamāna iti śrutaḥ |
kṣatradharmarataḥ śrīmān devabrāhmaṇapālakaḥ ||7|
balena mahatā yuktaḥ sapurodhā vanaṃ yayau |
reme strībhir manojñābhir nṛtyavāditrajaiḥ sukhaiḥ ||8|
sa ca evaṃ dhanuṣpāṇir mṛgayāśīlibhir vṛtaḥ |
evaṃ bhraman kadācit sa śrānto drumam upāgataḥ ||9|
gautamītīrasaṃbhūtaṃ nānāpakṣigaṇair vṛtam |
āśramāṇāṃ gṛhapatiṃ dharmajñam iva sevitam ||10|
tam āśritya nagaśreṣṭhaṃ pavamāno nṛpottamaḥ |
sa viśrānto janavṛta īkṣāṃ cakre nagottamam ||11|
tatrāpaśyad dvijaṃ sthūlaṃ dvimukhaṃ śobhanākṛtim |
cintāviṣṭaṃ tathā śrāntaṃ tam apṛcchan nṛpottamaḥ ||12|
rājovāca:
ko bhavān dvimukhaḥ pakṣī cintāvān iva *lakṣyase*[4] |
naivātra kaścid duḥkhārtaḥ kasmāt *tvaṃ duḥkham āgataḥ*[5] ||13|
brahmovāca:
tataḥ provāca nṛpatiṃ pavamānaṃ śanaiḥ śanaiḥ |
samāśvastamanāḥ pakṣī *cicciko*[6] niḥśvasan muhuḥ ||14|

14 V īyivān **15** D śreṣṭhāni EF puṇyāni **1** ASS corr. *ciccika-*; A carcikā- **2** A carcikaḥ
3 DEF sārvakāmika- **4** V lakṣyate **5** V te duḥkham āgatam **6** A carciko

ciccika uvāca:
matto bhayaṃ na cānyeṣāṃ mama vānyopapāditam |
nānāpuṣpaphalākīrṇaṃ munibhiḥ parisevitam ||15|
paśyeyaṃ śūnyam evādriṃ tataḥ śocāmi mām aham |
na labhāmi sukhaṃ kiṃcin na tṛpyāmi kadācana |
nidrāṃ prāpnomi na kvāpi na viśrāntiṃ na nirvṛtim ||16|
brahmovāca:
dvimukhasya dvijasyoktaṃ śrutvā rājātivismitaḥ ||17|
rājovāca:
ko bhavān kiṃ kṛtaṃ pāpaṃ kasmāc chūnyaś ca parvataḥ |
ekenāsyena tṛpyanti prāṇino 'tra nagottame ||18|
kim utāsyadvayena tvaṃ na tṛptim upayāsyasi |
kiṃ vā te duṣkṛtaṃ prāptam iha janmany atho purā ||19|
tat sarvaṃ śaṃsa me satyaṃ trāsye tvāṃ mahato bhayāt ||20|
brahmovāca:
rājānaṃ taṃ dvijaḥ prāha niḥśvasann atha *ciccikaḥ*[7] ||21|
ciccika uvāca:
vakṣye 'haṃ tvāṃ pūrvavṛttaṃ pavamāna śṛṇuṣva tat |
ahaṃ dvijātipravaro vedavedāṅgapāragaḥ ||22|
kulīno *viditaprājñaḥ*[8] kāryahantā kalipriyaḥ |
vade puras tathā pṛṣṭhe anyad anyac ca jantuṣu ||23|
paravṛddhyā sadā duḥkhī māyayā viśvavañcakaḥ |
kṛtaghnaḥ satyarahitaḥ paranindāvicakṣaṇaḥ ||24|
mitrasvāmigurudrohī dambhācāro 'tinirghṛṇaḥ |
manasā karmaṇā vācā tāpayāmi janān bahūn ||25|
ayam eva vinodo me sadā yat parahiṃsanam |
yugmabhedaṃ gaṇocchedaṃ maryādābhedanaṃ sadā ||26|
karomi nirvicāro 'haṃ vidvatsevāparāṅmukhaḥ |
na mayā sadṛśaḥ kaścit pātakī bhavanatraye ||27|
tenāhaṃ dvimukho jātas tāpanād duḥkhabhāgy aham |
tasmād duḥkhena saṃtaptaḥ śūnyo 'yaṃ parvato mama ||28|
anyac ca śṛṇu bhūpāla vākyaṃ dharmārthasaṃhitam |
brahmahatyāsamaṃ pāpaṃ tad vinā tad avāpyate ||29|
kṣatriyaḥ saṃgaraṃ gatvā athavānyatra saṃgarāt |
palāyantaṃ nyastaśastraṃ viśvastaṃ ca parāṅmukham ||30|
avijñātaṃ copaviṣṭaṃ bibhemīti ca vādinam |
taṃ yadi kṣatriyo hanyāt sa tu syād brahmaghātakaḥ ||31|
adhītaṃ vismarati yas tvaṃ karoti tathottamam |
anādaraṃ ca guruṣu tam āhur brahmaghātakam ||32|
pratyakṣe ca priyaṃ vakti parokṣe paruṣāṇi ca |
anyad dhṛdi vacasy anyat karoty anyat sadaiva yaḥ ||33|
gurūṇāṃ śapathaṃ kartā dveṣṭā brāhmaṇanindakaḥ |
mithyā vinītaḥ pāpātmā sa tu syād brahmaghātakaḥ ||34|

7 A carcikaḥ **8** V viditaḥ prājñaḥ

devaṃ vedam athādhyātmaṃ dharmabrāhmaṇasaṃgatim |
etān nindati yo dveṣāt sa tu syād brahmaghātakaḥ ||35|
evaṃ bhūto 'py ahaṃ rājan dambhārthaṃ lajjayā tathā |
sadvṛtta iva varte 'haṃ tasmād rājan dvijo 'bhavam ||36|
evaṃ bhūto 'pi satkarma kiṃcit kartāsmi kutracit |
tenāhaṃ karmaṇā rājan svataḥ smartā purā kṛtam ||37|
brahmovāca:
tac *ciccika-*[9]vacaḥ śrutvā *pavamānaḥ*[10] suvismitaḥ |
karmaṇā kena te muktir ity āha nṛpatir dvijam ||38|
iti tasya vacaḥ śrutvā nṛpatiṃ prāha pakṣirāṭ ||39|
ciccika uvāca:
asminn eva nagaśreṣṭhe gautamyā uttare taṭe |
gadādharaṃ nāma tīrthaṃ *tatra māṃ naya suvrata*[11] ||40|
tad dhi tīrthaṃ puṇyatamaṃ *sarvapāpapraṇāśanam*[12] |
sarvakāmapradaṃ ceti mahadbhir munibhiḥ śrutam ||41|
na gautamyās tathā viṣṇor aparaṃ kleśanāśanam |
sarvabhāvena tat tīrthaṃ paśyeyam iti me matiḥ ||42|
matkṛtena prayatnena naitac chakyaṃ kadācana |
katham ākāṅkṣitaprāptir bhaved duṣkṛtakarmaṇām ||43|
saprayatno 'py ahaṃ vīra na paśye tat suduṣkaram |
tasmāt tava prasādāc ca paśyeyaṃ hi gadādharam ||44|
avijñāpitaduḥkhajñaṃ karuṇāvaruṇālayam |
yasmin dṛṣṭe bhavakleśā na dṛśyante punar naraiḥ ||45|
dṛṣṭvaiva taṃ divaṃ yāsye prasādāt tava suvrata ||46|
brahmovāca:
evam uktaḥ sa nṛpatiś *ciccikena*[13] dvijanmanā |
darśayām āsa taṃ devaṃ tāṃ ca gaṅgāṃ dvijanmane ||47|
tataḥ sa *ciccikaḥ*[14] *snātvā*[15] gaṅgāṃ trailokyapāvanīm ||48|
ciccika uvāca:
gaṅge gautami yāvat tvāṃ trijagatpāvanīṃ naraḥ |
na paśyaty ucyate tāvad ihāmutrāpi pātakī ||49|
tasmāt sarvāgasam api mām uddhara saridvare |
saṃsāre dehinām anyā na gatiḥ kāpi kutracit |
tvāṃ vinā viṣṇucaraṇasaroruhasamudbhave ||50|
brahmovāca:
iti śraddhāviśuddhātmā gaṅgaikaśaraṇo dvijaḥ |
snānaṃ cakre smarann antar gaṅge trāyasva mām iti ||51|
gadādharaṃ tato natvā paśyatsu nagavāsiṣu |
pavamānābhyanujñātas tadaiva divam ākramat ||52|
pavamānaḥ svanagaraṃ prayayau sānugas tataḥ |
tataḥ prabhṛti tat tīrthaṃ pāvamānaṃ sa-*ciccikam*[16] ||53|

9 A carcika- **10** V pāvamānaḥ **11** V sarvapāpapraṇāśanam **12** V tatra māṃ naya suvrata
13 A carcikena **14** A carcikaḥ **15** ASS corr. like V; V prāha **16** A -carcikam

gadādharaṃ koṭitīrtham iti vedavido viduḥ |
koṭikoṭiguṇaṃ karma kṛtaṃ tatra bhaven nṛṇām ||54|

iti śrīmahāpurāṇe ādibrāhme tīrthamāhātmye pāvamānaciccikagadādharakoṭitīrthavarṇanaṃ nāma catuḥṣaṣṭyadhikaśatatamo 'dhyāyaḥ = gautamīmāhātmye pañcanavatitamo 'dhyāyaḥ

brahmovāca:
bhadratīrtham iti proktaṃ *sarvāniṣṭa-*[1]nivāraṇam |
sarvapāpapraśamanaṃ mahāśāntipradāyakam ||165.1|
ādityasya priyā bhāryā uṣā tvāṣṭrī pativratā |
chāyāpi bhāryā savitus tasyāḥ putraḥ śanaiścaraḥ ||2|
tasya svasā viṣṭir iti bhīṣaṇā pāparūpiṇī |
tāṃ kanyāṃ savitā kasmai dadāmīti matiṃ dadhe ||3|
yasmai yasmai dātukāmaḥ sūryo lokaguruḥ prabhuḥ |
tac chrutvā bhīṣaṇā ceti kiṃ kurmo bhāryayānayā |
evaṃ tu vartamāne sā pitaraṃ prāha duḥkhitā ||4|
viṣṭir uvāca:
bālām eva pitā yas tu dadyāt kanyāṃ surūpiṇe |
sa kṛtārtho bhavel loke na ced duṣkṛtavān pitā ||6|
caturthād vatsarād ūrdhvaṃ yāvan na daśamātyayaḥ |
tāvad vivāhaḥ kanyāyāḥ pitrā kāryaḥ prayatnataḥ ||7|
śrīmate viduṣe yūne kulīnāya yaśasvine |
udārāya sanāthāya kanyā deyā varāya vai ||8|
etac ced anyathā kuryāt pitā sa nirayī sadā |
dharmasya sādhanaṃ kanyā viduṣām api bhāskara ||9|
narakasyeva[2] mūrkhāṇāṃ kāmopahatacetasām |
ekataḥ pṛthivī kṛtsnā saśailavanakānanā ||10|
svalaṃkṛtopādhihīnā sukanyā caikataḥ smṛtā |
vikrīṇīte yaś ca kanyām aśvaṃ vā gāṃ tilān api ||11|
na tasya rauravādibhyaḥ kadācin niṣkṛtir bhavet |
vivāhātikramaḥ kāryo na kanyāyāḥ kadācana ||12|
tasmin kṛte yat pituḥ syāt pāpaṃ tat kena kathyate |
yāval lajjāṃ na jānāti yāvat krīḍati pāṃśubhiḥ ||13|
tāvat kanyā pradātavyā no cet pitror adhogatiḥ |
pituḥ svarūpaṃ putraḥ syād yaḥ pitā putra eva saḥ ||14|
ātmanaḥ sukhitāṃ loke ko na kuryāt karoti ca |
yat *kanyāyāṃ*[3] pitā kuryād dānaṃ pūjanam īkṣaṇam ||15|
yat kṛtaṃ tat kṛtaṃ vidyāt tāsu dattaṃ tad akṣayam |
[4]yad dattaṃ tāsu kanyāsu *tad ānantyāya kalpate*[5] ||16|
putreṣu caiva pautreṣu ko na kuryāt sukhaṃ rave |
karoti yaḥ kanyakānāṃ sa saṃpadbhājanaṃ bhavet ||17|

1 V sarvāriṣṭa- **2** DF narakasyaiva **3** D kanyārthe E kanyāyāḥ **4** D om. **5** E tad dānaṃ kupyam ucyate F tad dānaṃ puṇyam ucyate

brahmovāca:
evaṃ tāṃ vādinīṃ kanyāṃ viṣṭiṃ provāca bhāskaraḥ ||18|
sūrya uvāca:
kiṃ karomi na gṛhṇāti tvāṃ kaścid bhīṣaṇākṛtim |
kulaṃ rūpaṃ vayo vittaṃ vidyāṃ vṛttaṃ suśīlatām ||19|
mithaḥ paśyanti saṃbandhe vivāhe strīṣu puṃsu ca |
asmāsu sarvam apy asti vinā tava guṇaiḥ śubhe |
kiṃ karomi kva dāsyāmi vṛthā māṃ dhik karoṣi kim ||20|
brahmovāca:
evam uktvā punas tāṃ ca viṣṭiṃ provāca bhāskaraḥ ||21|
sūrya uvāca:
yasmai kasmai ca dātavyā tvaṃ vai yady anumanyase |
dīyase 'dya mayā viṣṭe anujānīhi māṃ tataḥ ||22|
brahmovāca:
pitaraṃ prāha sā viṣṭir bhartā putrā dhanaṃ sukham |
āyū rūpaṃ ca saṃprītir jāyate prāktanānugam ||23|
yat purā vihitaṃ karma prāṇinā sādhv asādhu vā |
phalaṃ tadanurodhena prāpyate 'pi bhavāntare ||24|
svadoṣa eva tat pitrā parihartavya ādarāt |
tādṛg eva phalaṃ tu syād yādṛg ācaritaṃ purā ||25|
tasmāt taddānasaṃbandhaṃ svavaṃśānugataṃ pitā |
karoti śeṣaṃ daivena yad bhāvyaṃ tad bhaviṣyati ||26|
brahmovāca:
tac chrutvā duhitur vākyaṃ tvaṣṭuḥ putrāya bhīṣaṇām |
viśvarūpāya tāṃ prādād viṣṭiṃ lokabhayaṃkarīm ||27|
viśvarūpo 'pi tadvac ca bhīṣaṇo bhīṣaṇākṛtiḥ |
evaṃ mithaḥ saṃcaratoḥ śīlarūpasamānayoḥ ||28|
prītiḥ kadācid vaiṣamyaṃ daṃpatyor abhavan mithaḥ |
gaṇḍo nāmābhavat putro hy atigaṇḍas tathaiva ca ||29|
raktākṣaḥ[6] krodhanaś caiva vyayo durmukha eva ca |
tebhyaḥ kanīyān abhavad dharṣaṇo nāma puṇyabhāk ||30|
sutaḥ suśīlaḥ subhagaḥ śāntaḥ śuddhamatiḥ śuciḥ |
sa kadācid yamagṛhaṃ draṣṭuṃ mātulam abhyagāt ||31|
sa dadarśa bahūñ jantūn svargasthān iva duḥkhinaḥ |
sa mātulaṃ tu papraccha natvā dharmaṃ sanātanam ||32|
harṣaṇa uvāca:
ka ime sukhinas tāta pacyante narake ca ke ||33|
brahmovāca:
evaṃ pṛṣṭo dharmarājaḥ sarvaṃ prāha yathārthavat |
tatkarmaṇāṃ gatiṃ sarvām aśeṣeṇa nyavedayat ||34|
yama uvāca:
vihitasya na kurvanti ye kadācid atikramam |
na te paśyanti nirayaṃ kadācid api mānavāḥ ||35|

6 DEF raktākṣī

na mānayanti ye śāstraṃ nācāraṃ na bahuśrutān |
vihitātikramaṃ kuryur ye te naraka-*gāminaḥ*[7] ||36|
brahmovāca:
sa tu śrutvā dharmavākyaṃ harṣaṇaḥ punar abravīt ||37|
harṣaṇa uvāca:
pitā tvāṣṭro bhīṣaṇaś ca mātā viṣṭiś ca bhīṣaṇā |
bhrātaraś ca mahātmāno yena te śāntabuddhayaḥ ||38|
surūpāś ca bhaviṣyanti nirdoṣā maṅgalapradāḥ |
tan me karma vadasvādya tatkartāsmi surottama ||39|
anyathā tān na gaccheyam ity uktaḥ prāha dharmarāṭ |
harṣaṇaṃ śuddhabuddhiṃ taṃ harṣaṇo 'si na saṃśayaḥ ||40|
bahavaḥ syuḥ sutāḥ kecin naiva te kulatantavaḥ[8] |
eka eva sutaḥ kaścid yena tad dhriyate kulam ||41|
kulasyādhārabhūto yo yaḥ pitroḥ priyakārakaḥ |
yaḥ pūrvajān uddharati sa putras tv itaro gadaḥ ||42|
yasmāt tvayānurūpaṃ me proktaṃ mātā-*maha priyam*[9] |
tasmāt tvaṃ gautamīṃ gaccha snātvā niyatamānasaḥ ||43|
stuhi viṣṇuṃ jagadyoniṃ śāntaṃ prītena cetasā |
sa tu prīto yadi bhavet sarvam iṣṭaṃ pradāsyati ||44|
brahmovāca:
iti śrutvā dharmavākyaṃ harṣaṇo gautamīṃ yayau |
śucis tuṣṭāva deveśaṃ hariṃ prīto 'bhavad dhariḥ ||45|
harṣaṇāya tataḥ[10] prādāt kulabhadraṃ tatas tu saḥ |
sarvābhadrapraśamanapūrvakaṃ bhadram astu te ||46|
tad bhadrā procyate viṣṭiḥ pitā bhadras tathā sutāḥ |
tataḥ prabhṛti tat tīrthaṃ bhadratīrthaṃ tad ucyate ||47|
sarvamaṅgaladaṃ puṃsāṃ tatra bhadrapatir hariḥ |
tattīrthasevināṃ puṃsāṃ sarvasiddhipradāyakam |
maṅgalaikanidhiḥ sākṣād devadevo janārdanaḥ ||48|

iti śrīmahāpurāṇe ādibrāhme tīrthamāhātmye bhadratīrthavarṇanaṃ nāma pañcaṣaṣṭy-adhikaśatatamo 'dhyāyaḥ = gautamīmāhātmye ṣaṇṇavatitamo 'dhyāyaḥ

brahmovāca:
patatritīrtham ākhyātaṃ rogaghnaṃ pāpanāśanam |
tasya śravaṇamātreṇa kṛtakṛtyo bhaven naraḥ ||166.1|
babhūvatuḥ kaśyapasya sutāv aruṇāv īśvarau |
saṃpātiś ca jaṭāyuś ca saṃbhavetāṃ tadanvaye ||2|
tārkṣyaprajāpateḥ putrāv aruṇo garuḍas tathā |
tadanvaye *saṃbhūtaḥ ca*[1] saṃpātiḥ patagottamaḥ ||3|
jaṭāyur iti vikhyāto hy aparaḥ sodaro 'nujaḥ |
anyonyaspardhayā yuktāv unmattau svabalena tau ||4|

7 V -vāsinaḥ **8** DF kim anyair bahubhiḥ putraiḥ śokasaṃtāpakārakaiḥ **9** V -mahapriyam
10 DEF harṣaṇāvagataṃ **1** V ca saṃbhūtaḥ

saṃjagmatur dinakaraṃ namaskartuṃ vihāyasi |
yāvat sūryasya sāmīpyaṃ prāptau tau vihagottamau ||5|
dagdhapakṣāv ubhau śrāntau patitau girimūrdhani |
bāndhavau patitau dṛṣṭvā niśceṣṭau gata-*cetasau*[2] ||6|
tāvad duḥkhābhibhūto 'sāv aruṇaḥ prāha bhāskaram |
tau dṛṣṭvā tv aruṇaḥ sūryam prāhedaṃ patitau bhuvi[3] |
āśvāsayaitau[4] tigmāṃśo yāvan naitau mariṣyataḥ ||7|
brahmovāca:
tathety uktvā dinakaro jīvayām āsa tau khagau |
garuḍo 'pi tayoḥ śrutvā avasthāṃ saha viṣṇunā ||8|
āgatyāśvāsayām āsa sukhaṃ cakre ca nārada |
sarva eva tadā jagmur gaṅgāṃ tāpāpanuttaye ||9|
jaṭāyuś cāruṇaś caiva saṃpātir garuḍas tathā |
sūryo viṣṇus *tat prayayau*[5] tat tīrthaṃ bahupuṇyadam ||10|
patatritīrtham ākhyātaṃ viṣaghnaṃ sarvakāmadam |
svayaṃ sūryas tathā viṣṇuḥ suparṇenāruṇena ca ||11|
āsate gautamītīre tathaiva vṛṣabhadhvajaḥ |
trayāṇām api devānāṃ sthites tat tīrtham uttamam ||12|
tatra snātvā śucir bhūtvā namaskuryāt surān imān |
ādhivyādhivinirmuktaḥ sa paraṃ saukhyam āpnuyāt ||13|

iti śrīmahāpurāṇe ādibrāhme tīrthamāhātmye patatritīrthavarṇanaṃ nāma ṣaṭṣaṣṭyadhikaśatatamo 'dhyāyaḥ = gautamīmāhātmye saptaṇavatitamo 'dhyāyaḥ

brahmovāca:
vipratīrtham iti khyātaṃ tathā nārāyaṇaṃ viduḥ |
tasyākhyānaṃ pravakṣyāmi śṛṇu vismayakārakam ||167.1|
antarvedyāṃ dvijaḥ kaścid brāhmaṇo vedapāragaḥ |
tasya putrā mahāprājñā guṇarūpadayānvitāḥ ||2|
teṣāṃ kanīyān yo bhrātā śānto guṇagaṇair vṛtaḥ |
āsandiva iti khyātaḥ sarvajñāno mahāmatiḥ ||3|
vivāhāya pitā tasmā āsandivāya yatnavān[1] |
etasminn antare rātrau suptaṃ taṃ dvijaputrakam ||4|
aviṣṇusmaraṇaṃ saumyaśiraskam asamāhitam |
āsandivaṃ krūrarūpā rākṣasī kāmarūpiṇī ||5|
tam ādāyāgamac chīghraṃ gautamyā dakṣiṇe taṭe |
śrīgirer uttare *pāre*[2] bahubrāhmaṇasevitam ||6|
nagaraṃ dharmanilayaṃ lakṣmyā nilayam eva ca |
tatra rājā bṛhatkīrtiḥ sarvakṣatraguṇānvitaḥ ||7|
tasyāmitakṣemasubhikṣayuktaṃ |
niśāvasāne dvijaputrayuktā |

2 V -cetanau **3** V asmadvaṃśasamutpannau dagdhapakṣau bhuvaṃ gatau **4** V āśvāsaya tvaṃ **5** V tatpriyāya **1** V āsandivavivāhārthaṃ pitā yatnam athākarot **2** F pāde

sā rākṣasī tat puram āsasāda |
manojñarūpāṇi bibharti nityam ||8|
sā kāmarūpeṇa caraty aśeṣāṃ |
mahīm imāṃ tena samaṃ dvijena |
godāvarīdakṣiṇatīrabhāge |
vṛddhākṛtis taṃ dvijam āha bhīmā ||9|
rākṣasy uvāca:
eṣā tu gaṅgā dvijamukhya saṃdhyā |
upāsyatāṃ vipravaraiḥ sametya |
yathocitaṃ vipravarās tu kāle |
nopāsate yatnata eva saṃdhyām ||10|
nīcās ta evābhihitāḥ sureśair[3] |
antyāvasāyipravarās ta ete |
ahaṃ janitrī tava ceti vācyaṃ |
no ced idānīṃ tvam upaiṣi nāśam ||11|
madvākyakartāsi yadi dvijendra |
sukhaṃ kariṣye tava yat priyaṃ ca |
punaś ca deśaṃ nilayaṃ gurūṃś ca |
saṃprāpayiṣye nanu satyam etat ||12|
brahmovāca:
sa prāha kā tvaṃ dvijapuṃgavo 'pi |
sovāca taṃ rākṣasī kāmarūpā |
viśvāsayantī śapathair anekais |
taṃ bhrāntacittaṃ munirājaputram ||13|
kaṅkālinī nāma jagatprasiddhā |
vipro 'pi tām āha niveditaṃ yat |
tad eva kartāsmi na saṃśayo 'tra |
yat tat priyaṃ vacmi karomi caiva ||14|
brahmovāca:
tad vipravacanaṃ śrutvā rākṣasī kāmarūpiṇī |
vṛddhā tathāpi cārvaṅgī divyālaṃkārabhūṣaṇā ||15|
dvijam ādāya sarvatra matsuto 'yaṃ guṇākaraḥ |
evaṃ vadantī sarvatra yāti vakti karoti ca ||16|
taṃ vipraṃ rūpasaubhāgyavayovidyāvibhūṣitam |
tāṃ ca vṛddhāṃ guṇopetām asya māteti menire ||17|
tatra dvijavaraḥ kaścit svāṃ kanyāṃ bhūṣaṇānvitām |
rākṣasīṃ tāṃ puraskṛtya prādāt tasmai dvi-*jātaye*[4] ||18|
sā kanyā taṃ patiṃ prāpya kṛtārthāsmīty acintayat |
sa dvijo 'pi guṇair yuktāṃ patnīṃ dṛṣṭvā suduḥkhitaḥ ||19|
dvija uvāca:
māṃ iyaṃ bhakṣayed eva rākṣasī pāparūpiṇī |
kiṃ karomi kva gacchāmi kasyaitat kathayāmi vā ||20|

3 V jīvanta evābhihitā munīśvarair **4** V -janmane

mahat saṃkaṭam āpannaṃ rakṣayiṣyati ko 'tra mām |
bhāryā mameyaṃ kalyāṇī guṇarūpavayoyutā |
enām apy aśubhākasmād bhakṣayiṣyati rākṣasī ||21|
brahmovāca:
etasminn antare tatra bhāryā sā guṇaśālinī |
vṛddhāpy atidurādharṣā sā gatā kutracit tadā ||22|
praśrayāvanatā bhūtvā bālā cāpi pativratā |
bhartāraṃ duḥkhitaṃ jñātvā patiṃ prāha rahaḥ śanaiḥ ||23|
bhāryovāca:
kasmāt te duḥkham āpannaṃ svāmiṃs tattvaṃ vadasva me ||24|
brahmovāca:
śanaiḥ provāca tāṃ bhāryāṃ yathāvat pūrvavistaram |
kim akathyaṃ priye mitre kulīnāyāṃ ca yoṣiti ||25|
bhartṛvākyaṃ niśamyedaṃ provāca vadatāṃ varā ||26|
bhāryovāca:
anātmanaḥ sarvato 'pi bhayam asti gṛheṣv api |
kuto bhayaṃ hy ātmavatāṃ kiṃ punar gautamītaṭe ||27|
vasatāṃ viṣṇubhaktānāṃ viraktānāṃ vivekinām |
atra snātvā śucir bhūtvā stuhi devam anāmayam ||28|
brahmovāca:
etad ākarṇya gaṅgāyāṃ snātvā vigatakalmaṣaḥ |
tuṣṭāva gautamītīre dvijo nārāyaṇaṃ tathā ||29|
dvija uvāca:
tvam antarātmā jagato 'sya nātha |
tvam eva kartāsya mukunda hartā |
tvaṃ pālakaḥ pālayase na dīnam |
anāthabandho narasiṃha kasmāt ||30|
śrutvaitat prārthanaṃ tasya *jagacchokanivāraṇaḥ*[5] |
nārāyaṇo 'pi tāṃ pāpāṃ nijaghāna sa rākṣasīm ||31|
sudarśanena cakreṇa sahasrāreṇa bhāsvatā |
tasmai prādād varān iṣṭān *prāpayac*[6] ca guruṃ prabhuḥ ||32|
tataḥ prabhṛti tat tīrthaṃ vipraṃ nārāyaṇaṃ viduḥ |
snānadānena pūjādyair yatra sidhyati vāñchitam ||33|

iti śrīmahāpurāṇe ādibrāhme tīrthamāhātmye vipranārāyaṇatīrthavarṇanaṃ nāma saptaṣaṣṭyadhikaśatatamo 'dhyāyaḥ = gautamīmāhātmye 'ṣṭanavatitamo 'dhyāyaḥ

brahmovāca:
bhānutīrtham iti khyātaṃ tvāṣṭraṃ māheśvaraṃ tathā |
aindraṃ yāmyaṃ tathāgneyaṃ sarvapāpapraṇāśanam ||168.1|
abhiṣṭuta iti khyāto rājāsīt priyadarśanaḥ |
hayamedhena puṇyena yaṣṭum ārabdhavān surān ||2|

5 DF jagadekaparāyaṇam E jagadekaparāyaṇaḥ **6** DF prāhiṇoc

tatrartvijaḥ *ṣoḍaśa syur*[1] vasiṣṭhātripurogamāḥ |
kṣatriye yajamāne tu yajñabhūmiḥ katham bhavet ||3|
brāhmaṇe dīkṣite rājā bhuvaṃ dāsyati yajñiyām |
bhūpatau dīkṣite dātā ko bhavet ko nu yācate ||4|
yācñeyam akhilāśarmajananī pāparūpiṇī |
kenāpy ato na kāryaiva kṣatriyeṇa viśeṣataḥ ||5|
evaṃ mīmāṃsamāneṣu brāhmaṇeṣu parasparam |
tatra prāha mahāprājño vasiṣṭho dharmavittamaḥ ||6|
vasiṣṭha uvāca:
rājñi dīkṣāyamāṇe tu sūryo yācyo bhuvaṃ prati |
dehi me deva savitar yajanaṃ devatocitam ||7|
daivaṃ kṣatram asi brahman bhūtanātha namo 'stu te |
yācitaḥ savitā rājñā devānāṃ yajanaṃ śubham ||8|
dadāty eva tato rājan prārthayeśaṃ divākaram ||9|
brahmovāca:
tathety uktvābhiṣṭuto *'pi*[2] devadevaṃ divākaram |
śraddhayā prārthayām āsa harīśājātmakaṃ ravim ||10|
rājovāca:
devānāṃ yajanaṃ dehi savitas te namo 'stu te ||11|
brahmovāca:
kṣatraṃ daivaṃ yataḥ sūryo dattā bhūr bhūpates tataḥ |
savitā devadeveśo dadāmīty abhyabhāṣata ||12|
evaṃ karoti yo yajñaṃ tasya riṣṭir na kācana |
tathā vājimakhe sattre brāhmaṇair vedapāragaiḥ ||13|
prārabdhe 'bhiṣṭutā rājñā yatrāgād bhūpatiṃ raviḥ |
devānāṃ yajanaṃ dātuṃ bhānutīrthaṃ tad ucyate ||14|
taṃ devakratum utkṛṣṭaṃ hayamedhaṃ surair yutam |
daityāś ca danujāś caiva tathānye yajñaghātakāḥ ||15|
brahmaveṣadharāḥ sarve gāyantaḥ sāmagā iva |
te 'pi tatra mahāprājñāḥ prāviśann anivāritāḥ ||16|
camasāni ca pātrāṇi *somaṃ caṣālam*[3] eva ca |
somapānaṃ havis tyāgam ṛtvijo bhūpatiṃ tathā ||17|
nindanti nikṣipanty anye hasanty anye tathāsurāḥ |
teṣāṃ ceṣṭāṃ na jānanti viśvarūpaṃ vinā mune ||18|
viśvarūpo 'pi pitaraṃ prāha daityā ime iti |
tat putravacanaṃ śrutvā tvaṣṭā prāha surān idam ||19|
tvaṣṭovāca:
gṛhītvā vāridarbhāṃś ca prokṣayadhvaṃ samantataḥ |
ye nindanti makhaṃ puṇyaṃ camasaṃ somam eva ca ||20|
mayā tv apahatāḥ sarva ity uktvā pariṣiñcata ||21|
brahmovāca:
tathā cakruḥ suragaṇās tvaṣṭā cāpi tathākarot |
bhasmībhūtās tataḥ sarve kāṃdiśīkās tato 'bhavan ||22|

1 V ṣoḍaśāsan **2** V 'tha **3** V caṣālaṃ sāmaṃ

hatā mayā mahāpāpā ity uktvā vāry avākṣipat |
tataḥ kṣīṇāyuṣo daityāḥ prātiṣṭhan kupitās tataḥ ||23|
yatraitat prākṣipad vāri tvaṣṭā lokaprajāpatiḥ |
tvāṣṭraṃ tīrthaṃ tad ākhyātaṃ sarvapāpapraṇāśanam ||24|
tvaṣṭur vākyāc cyutān daityān nijaghāna yamas tadā |
kāladaṇḍena cakreṇa kālapāśena *manyunā*[4] ||25|
yatra te nihatā daityās tat tīrthaṃ yāmyam ucyate |
yatrābhavat kratuḥ pūrṇo hutvāgnau cāmṛtaṃ bahu ||26|
dhārābhiḥ śaramānābhir akhaṇḍābhir mahādhvare |
yatrābhavad dhavyavāhas tṛptas tasya hy abhiṣṭutaḥ ||27|
agnitīrthaṃ tad ākhyātam aśvamedhaphalapradam |
indro marudbhir nṛpatiṃ prāhedaṃ vacanaṃ śubham ||28|
tvaṃ samrāḍ bhavitā rājann ubhayor api lokayoḥ |
sakhā mama priyo nityaṃ bhavitā nātra saṃśayaḥ ||29|
sa kṛtārtho martyaloka indratīrthe ca tarpaṇam |
kuryāt pitṝṇāṃ prītyarthaṃ yamatīrthe viśeṣataḥ ||30|
māheśvaraṃ tu tat tīrthaṃ pūjito 'bhiṣṭutaḥ śivaḥ |
bhaktiyuktena vipraiś ca sarvakarmaviśāradaiḥ ||31|
vaidikair laukikaiś caiva mantraiḥ pūjyaṃ maheśvaram |
nṛtyair gītais tathā vādyair amṛtaiḥ pañcasaṃbhavaiḥ ||32|
upacāraiś ca bahubhir daṇḍapātapradakṣiṇaiḥ |
dhūpair dīpaiś ca naivedyaiḥ puṣpair gandhaiḥ sugandhibhiḥ ||33|
pūjayām āsa deveśaṃ viṣṇuṃ śaṃbhuṃ dhiyaikayā |
tataḥ prasannau deveśau varān dadatur ojasā ||34|
abhiṣṭute narendrāya bhuktimuktī ubhe api |
māhātmyam asya tīrthasya tathā dadatur uttamam ||35|
tataḥprabhṛti tat tīrthaṃ śaivaṃ vaiṣṇavam ucyate |
tatra snānaṃ ca dānaṃ ca sarvakāmapradaṃ viduḥ ||36|
imāni sarvatīrthāni smared api paṭheta vā |
vimuktaḥ sarvapāpebhyaḥ śivaviṣṇupuraṃ vrajet ||37|
bhānutīrthe viśeṣeṇa snānaṃ sarvārthasiddhidam |
tatra tīrthe mahāpuṇyaṃ tīrthānāṃ śatam atra hi ||38|

iti śrīmahāpurāṇe ādibrāhme tīrthamāhātmye bhānvādiśatatīrthavarṇanaṃ nāmāṣṭaṣaṣṭy-adhikaśatatamo 'dhyāyaḥ = gautamīmāhātmye navanavatitamo 'dhyāyaḥ

brahmovāca:
bhillatīrtham iti khyātaṃ rogaghnaṃ pāpanāśanam |
mahādevapadāmbhojayugabhaktipradāyakam ||169.1|
tatrāpy evaṃvidhāṃ puṇyāṃ kathāṃ śṛṇu mahāmate |
gaṅgāyā dakṣiṇe tīre śrīgirer uttare taṭe ||2|
ādikeśa iti khyāta ṛṣibhiḥ paripūjitaḥ |
mahādevo liṅgarūpī sadāste sarvakāmadaḥ ||3|

4 E mṛtyunā

sindhudvīpa iti khyāto muniḥ paramadhārmikaḥ |
tasya bhrātā veda iti sa cāpi paramo ṛṣiḥ ||4|
tam ādikeśaṃ vai devaṃ tripurāriṃ trilocanam |
nityaṃ pūjayate bhaktyā prāpte madhyaṃdine ravau ||5|
bhikṣāṭanāya vedo 'pi yāti grāmaṃ vicakṣaṇaḥ |
yāte tasmin dvijavare vyādhaḥ paramadhārmikaḥ ||6|
tasmin girivare puṇye mṛgayāṃ yāti nityaśaḥ |
aṭitvā vividhān deśān mṛgān hatvā yathāsukham ||7|
[1]mukhe gṛhītvā pānīyam abhiṣekāya śūlinaḥ |
nyasya māṃsaṃ dhanuṣkoṭyāṃ śrānto vyādhaḥ śivaṃ prabhum ||8|
ādikeśaṃ samāgatya nyasya māṃsaṃ tato bahiḥ |
gaṅgāṃ gatvā mukhe vāri gṛhītvāgatya taṃ śivam ||9|
yasya kasyāpi pattrāṇi kareṇādāya bhaktitaḥ |
apareṇa ca māṃsāni naivedyārthaṃ ca tanmanāḥ ||10|
ādikeśaṃ samāgatya vedenārcitam ojasā |
pādenāhatya tāṃ pūjāṃ mukhānītena vāriṇā ||11|
snāpayitvā śivaṃ devam arcayitvā tu pattrakaiḥ |
kalpayitvā tu[2] tan māṃsaṃ śivo me prīyatām iti ||12|
naiva kiṃcit sa jānāti śivabhaktiṃ vinā śubhām |
tato yāti svakaṃ sthānaṃ māṃsena tu yathāgatam ||13|
karoty etādṛg āgatyāgatya pratyaham eva saḥ |
tathāpīśas tutoṣāsya vicitrā hīśvarasthitiḥ ||14|
yāvan nāyāty asau bhillaḥ śivas tāvan na saukhyabhāk |
bhaktānukampitāṃ śambhor mānātītāṃ tu vetti kaḥ ||15|
saṃpūjayaty ādikeśam umayā pratyahaṃ śivam |
evaṃ bahutithe kāle yāte vedaś cukopa ha ||16|
pūjāṃ mantravatīṃ citrāṃ śivabhaktisamanvitām |
ko nu vidhvaṃsate pāpo mattaḥ sa vadham āpnuyāt ||17|
gurudevadvijasvāmidrohī vadhyo muner api |
sarvasyāpi vadhārho 'sau śivasya drohakṛn naraḥ ||18|
evaṃ niścitya medhāvī vedaḥ sindhos tathānujaḥ |
kasyeyaṃ pāpaceṣṭā syāt pāpiṣṭhasya durātmanaḥ ||19|
puṣpair vanyabhavair divyaiḥ kandair mūlaphalaiḥ śubhaiḥ |
kṛtāṃ pūjāṃ sa vidhvasya hy anyāṃ pūjāṃ karoti yaḥ ||20|
māṃsena tarupattraiś ca sa ca vadhyo bhaven mama |
evaṃ saṃcintya medhāvī gopayitvā tanuṃ tadā ||21|
taṃ paśyeyam ahaṃ pāpaṃ pūjākartāram īśvare |
etasminn antare prāyād vyādho devaṃ yathā purā ||22|
nityavat pūjayantaṃ tam ādikeśas tadābravīt ||23|
ādikeśa uvāca:
bho bho vyādha mahābuddhe śrānto 'sīti punaḥ punaḥ |
cirāya katham āyātas tvāṃ vinā tāta duḥkhitaḥ |
na vindāmi sukhaṃ kiṃcit samāśvasihi putraka ||24|

1 V om. **2** ASS corr. *samarpayati*

brahmovāca:
tam evaṃvādinaṃ devaṃ vedaḥ śrutvā vilokya tu |
cukopa vismayāviṣṭo na ca kiṃcid uvāca ha ||25|
vyādhaś ca nityavat pūjāṃ kṛtvā svabhavanaṃ yayau |
vedaś ca kupito bhūtvā āgatyeśam uvāca ha ||26|
veda uvāca:
ayaṃ vyādhaḥ pāparataḥ kriyājñānavivarjitaḥ |
prāṇihiṃsārataḥ krūro nirdayaḥ sarvajantuṣu ||27|
hīnajātir akiṃcijjño gurukramavivarjitaḥ |
sadānucitakārī cānirjitākhilagogaṇaḥ ||28|
tasyātmānaṃ darśitavān na māṃ kiṃcana vakṣyasi |
pūjāṃ mantravidhānena karomīśa yatavrataḥ ||29|
tvadekaśaraṇo nityaṃ bhāryāputravivarjitaḥ |
vyādho māṃsena duṣṭena pūjāṃ tava karoty asau ||30|
tasya prasanno bhagavān na mameti mahādbhutam |
śāstim asya kariṣyāmi bhillasya hy apakāriṇaḥ ||31|
mṛdoḥ kopi bhavet prītaḥ kopi tadvad durātmanaḥ |
tasmād ahaṃ mūrdhni śilāṃ pātayeyam asaṃśayam ||32|
brahmovāca:
ity uktavati vai vede vihasyeśo 'bravīd idam ||33|
ādikeśa uvāca:
śvaḥ pratīkṣasva paścān me śilāṃ pātaya mūrdhani ||34|
brahmovāca:
tathety uktvā sa vedo 'pi śilāṃ saṃtyajya bāhunā |
upasaṃhṛtya taṃ kopaṃ śvaḥ karomīty uvāca ha ||35|
tataḥ prātaḥ samāgatya kṛtvā snānādikarma ca |
vedo 'pi nityavat pūjāṃ kurvan paśyati mastake ||36|
liṅgasya savraṇāṃ bhīmāṃ dhārāṃ ca rudhiraplutām |
vedaḥ sa vismito bhūtvā kim idaṃ liṅgamūrdhani ||37|
mahotpāto bhavet kasya sūcayed ity acintayat |
mṛdbhiś ca gomayenāpi kuśais taṃ gāṅgavāribhiḥ ||38|
prakṣālayitvā tāṃ pūjāṃ kṛtavān nityavat tadā |
etasminn antare prāyād vyādho vigatakalmaṣaḥ ||39|
mūrdhānaṃ vraṇasaṃyuktaṃ saraktaṃ liṅgamastake |
śaṃkarasyādikeśasya dadṛśe 'ntargatas tadā ||40|
dṛṣṭvaiva kim idaṃ citram ity uktvā niśitaiḥ śaraiḥ |
ātmānaṃ bhedayām āsa śatadhā ca sahasradhā ||41|
svāmino vaikṛtaṃ dṛṣṭvā kaḥ kṣametottamāśayaḥ |
muhur nininda cātmānaṃ mayi jīvaty abhūd idam ||42|
kaṣṭam āpatitaṃ kīdṛg aho durvidhivaiśasāt |
tat karma tasya saṃvīkṣya[3] mahādevo 'tivismitaḥ |
tataḥ provāca bhagavān vedaṃ vedavidāṃ varam ||43|

3 DF niścayaṃ tasya taṃ vīkṣya

ādikeśa uvāca:
paśya vyādhaṃ mahābuddhe bhaktaṃ bhāvena saṃyutam |
tvaṃ tu mṛdbhiḥ kuśair vārbhir mūrdhānaṃ spṛṣṭavān asi ||44|
anena sahasā brahman mamātmāpi niveditaḥ |
bhaktiḥ premāthavā śaktir vicāro yatra vidyate |
tasmād asmai varān dāsye paścāt tubhyaṃ dvijottama ||45|
brahmovāca:
vareṇa cchandayām āsa vyādhaṃ devo maheśvaraḥ |
vyādhaḥ provāca deveśaṃ nirmālyaṃ tava yad bhavet ||46|
tad asmākaṃ bhaven nātha mannāmnā tīrtham ucyatām |
sarvakratuphalaṃ tīrthaṃ smaraṇād eva jāyatām ||47|
brahmovāca:
tathety uvāca deveśas tatas tat tīrtham uttamam |
bhillatīrthaṃ samastāghasaṃghavicchedakāraṇam ||48|
śrīmahādevacaraṇamahābhaktividhāyakam |
abhavat snānadānādyair bhuktimuktipradāyakam |
vedasyāpi varān prādāc chivo nānāvidhān bahūn ||49|

iti śrīmahāpurāṇe ādibrāhme tīrthamāhātmye bhillatīrthamahimavarṇanaṃ nāmaikonasaptatyadhikaśatatamo 'dhyāyaḥ = gautamīmāhātmye śatatamo 'dhyāyaḥ

brahmovāca:
cakṣustīrtham iti khyātaṃ rūpasaubhāgyadāyakam |
yatra yogeśvaro devo gautamyā dakṣiṇe taṭe ||170.1|
puraṃ bhauvanam ākhyātaṃ girimūrdhny abhidhīyate |
yatrāsau bhauvano rājā kṣatradharmaparāyaṇaḥ ||2|
tasmin puravare kaścid brāhmaṇo vṛddhakauśikaḥ |
tatputro gautama iti khyāto vedaviduttamaḥ ||3|
tasya mātur manodoṣād viparīto 'bhavad dvijaḥ |
sakhā tasya vaṇik kaścin maṇikuṇḍala ucyate ||4|
tena sakhyaṃ dvijasyāsīd viṣamaṃ dvijavaiśyayoḥ |
śrīmaddaridrayor nityaṃ parasparahitaiṣiṇoḥ ||5|
kadācid gautamo vaiśyaṃ vitteśaṃ maṇikuṇḍalam |
prāhedaṃ vacanaṃ prītyā rahaḥ sthitvā punaḥ punaḥ ||6|
gautama uvāca:
gacchāmo dhanam ādātuṃ parvatān udadhīn api |
yauvanaṃ tad vṛthā jñeyaṃ vinā *saukhyānukūlyataḥ*[1] |
dhanaṃ vinā tat kathaṃ syād aho dhiṅ nirdhanaṃ naram ||7|
brahmovāca:
kuṇḍalo dvijam āhedaṃ matpitropārjitaṃ dhanam |
bahv asti kiṃ dhanenādya kariṣye dvijasattama |
dvijaḥ punar uvācedaṃ maṇikuṇḍalam ojasā ||8|

1 DF saukhyaṃ kutaḥ kulam

gautama uvāca:
dharmārthajñānakāmānāṃ ko nu tṛptaḥ *praśasyate*[2] |
utkarṣaprāptir *evaiṣāṃ*[3] sakhe ślāghyā śarīriṇām ||9|
svenaiva vyavasāyena dhanyā jīvanti jantavaḥ |
paradattārthasaṃtuṣṭāḥ kaṣṭajīvina eva te ||10|
sa putraḥ śasyate loke pitṛbhiś cābhinandyate |
yaḥ paitryam abhilipseta na vācāpi tu kuṇḍala ||11|
svabāhubalam āśritya yo 'rthān arjayate sutaḥ |
sa kṛtārtho bhavel loke paitryaṃ vittaṃ na tu spṛśet ||12|
svayam ārjya suto vittaṃ pitre dāsyati bandhave |
taṃ tu putraṃ vijānīyād itaro yonikīṭakaḥ ||13|
brahmovāca:
etac chrutvā tu tad vākyaṃ brāhmaṇasyābhilāṣiṇaḥ |
tatheti matvā tadvākyaṃ ratnāny ādāya satvaraḥ ||14|
ātmakīyāni vittāni gautamāya nyavedayat |
dhanenaitena deśāṃś ca paribhramya yathāsukham ||15|
dhanāny ādāya vittāni punar *eṣyāmahe*[4] gṛham |
satyam eva vaṇig vakti sa tu vipraḥ pratārakaḥ ||16|
pāpātmā pāpacittaṃ ca na bubodha vaṇig dvijam |
tau parasparam āmantrya mātāpitror ajānatoḥ ||17|
deśād deśāntaraṃ yātau dhanārthaṃ tau vaṇigdvijau |
vaṇigghastasthitaṃ vittaṃ brāhmaṇo hartum icchati ||18|
brāhmaṇa uvāca:
yena kenāpy upāyena tad dhanaṃ hi samāhare |
aho pṛthivyāṃ *ramyāṇi nagarāṇi*[5] sahasraśaḥ ||19|
[[6]nagarāṇi ca ramyāṇi guṇayuktāni sarvaśaḥ |]
iṣṭapradātryaḥ kāmasya devatā iva yoṣitaḥ |
manoharās tatra tatra santi kiṃ kriyate mayā ||20|
dhanam āhṛtya yatnena yoṣidbhyo yadi dīyate |
bhujyante tās tato nityaṃ saphalaṃ jīvitaṃ hi tat ||21|
nṛtyagītarato nityaṃ paṇyastrībhir alaṃkṛtaḥ |
bhokṣye kathaṃ tu tad vittaṃ vaiśyān maddhastam āgatam ||22|
brahmovāca:
evaṃ cintayamāno 'sau gautamaḥ prahasann iva |
maṇikuṇḍalam āhedam adharmād eva jantavaḥ ||23|
vṛddhiṃ sukham abhīṣṭāni prāpnuvanti na saṃśayaḥ |
dharmiṣṭhāḥ prāṇino loke dṛśyante duḥkhabhāginaḥ ||24|
tasmād dharmeṇa kiṃ tena duḥkhaikaphalahetunā ||25|
brahmovāca:
nety uvāca tato vaiśyaḥ sukhaṃ dharme pratiṣṭhitam |
pāpe duḥkhaṃ bhayaṃ śoko dāridryaṃ kleśa eva ca |
yato dharmas tato muktiḥ svadharmaḥ kiṃ vinaśyati ||26|

2 DF pradṛśyate **3** AE evaiṣā **4** DF eṣyāvahe **5** DF ratnāni ramyāṇi ca **6** DF ins.

brahmovāca:
evaṃ vivadatos tatra saṃparāyas tayor abhūt |
yasya pakṣo bhavej jyāyān sa parārtham avāpnuyāt ||27|
pṛcchāvaḥ kasya prābalyaṃ dharmiṇo vāpy adharmiṇaḥ |
vedāt tu laukikaṃ jyeṣṭhaṃ loke dharmāt sukhaṃ bhavet ||28|
evaṃ vivadamānau tāv ūcatuḥ sakalāñ janān |
dharmasya vāpy adharmasya prābalyam anayor bhuvi ||29|
tad vadantu yathāvṛttam evam ūcatur ojasā |
evaṃ tatrocire kecid ye dharmeṇānuvartinaḥ ||30|
tair duḥkham anubhūyate[7] pāpiṣṭhāḥ sukhino janāḥ |
saṃparāye dhanaṃ sarvaṃ jitaṃ vipre nyavedayat ||31|
maṇimān dharmavicchreṣṭhaḥ punar dharmaṃ praśaṃsati |
maṇimantaṃ dvijaḥ prāha kiṃ dharmam anuśaṃsasi |
brahmovāca:
tatheti cety āha vaiśyo brāhmaṇaḥ punar abravīt ||32|
brāhmaṇa uvāca:
jitaṃ mayā dhanaṃ vaiśya nirlajjaḥ kiṃ nu bhāṣase |
mayaiva vijito dharmo *yatheṣṭacaraṇātmanā*[8] ||33|
brahmovāca:
tad brāhmaṇavacaḥ śrutvā vaiśyaḥ sasmita ūcivān ||34|
vaiśya uvāca:
pulākā iva dhānyeṣu puttikā iva pakṣiṣu |
tathaiva tān sakhe manye yeṣāṃ dharmo na vidyate ||35|
caturṇāṃ puruṣārthānāṃ dharmaḥ *prathama*[9] ucyate |
paścād arthaś ca kāmaś ca sa dharmo mayi tiṣṭhati |
kathaṃ brūṣe dvijaśreṣṭha mayā vijitam ity adaḥ ||36|
brahmovāca:
dvijo vaiśyaṃ punaḥ prāha hastābhyāṃ jāyatāṃ paṇaḥ |
tatheti manyate vaiśyas tau gatvā punar ūcatuḥ ||37|
pūrvaval laukikān gatvā jitam ity abravīd dvijaḥ |
karau chittvā tataḥ prāha kathaṃ dharmaṃ tu manyase |
ākṣipto brāhmaṇenaivaṃ vaiśyo vacanam abravīt ||38|
vaiśya uvāca:
dharmam eva paraṃ manye prāṇaiḥ kaṇṭhagatair api |
mātā pitā suhṛd bandhur dharma eva śarīriṇām ||39|
brahmovāca:
evaṃ vivadamānau tāv arthavān brāhmaṇo 'bhavat |
vimukto vaiśyakas tatra bāhubhyāṃ ca dhanena ca ||40|
evaṃ bhramantau saṃprāptau gaṅgāṃ yogeśvaraṃ harim |
yadṛcchayā muniśreṣṭha mithas tāv ūcatuḥ punaḥ ||41|
vaiśyo gaṅgāṃ tu yogeśaṃ dharmam eva praśaṃsati |
atikopād dvijo vaiśyam ākṣipan punar abravīt ||42|

7 V anubhūyate ca tair duḥkhaṃ **8** V yatheṣṭācaraṇātmakaḥ **9** D prathamam

brāhmaṇa uvāca:
gataṃ dhanaṃ karau chinnāv avaśiṣṭo 'subhir bhavān |
tvam anyathā yadi brūṣa āhariṣye 'sinā śiraḥ ||43|
brahmovāca:
vihasya punar āhedaṃ vaiśyo gautamam añjasā ||44|
vaiśya uvāca:
dharmam eva paraṃ manye yathecchasi tathā kuru |
brāhmaṇāṃś ca gurūn devān vedān dharmaṃ janārdanam ||45|
yas tu nindayate pāpo nāsau spṛśyo 'tha pāpakṛt |
upekṣaṇīyo durvṛttaḥ pāpātmā dharmadūṣakaḥ ||46|
brahmovāca:
tataḥ prāha sa kopena dharmaṃ yady anuśaṃsasi |
āvayoḥ prāṇayor atra paṇaḥ syād iti vai mune ||47|
evam ukte gautamena tathety āha vaṇik tadā |
punar apy ūcatur ubhau lokāṃl lokās tathocire ||48|
yogeśvarasya purato gautamyā dakṣiṇe taṭe |
taṃ nipātya viśaṃ vipraś cakṣur utpāṭya cābravīt ||49|
vipra uvāca:
gato 'sīmāṃ daśāṃ vaiśya nityaṃ dharmapraśaṃsayā |
gataṃ dhanaṃ gataṃ cakṣuś cheditau karapallavau |
pṛṣṭo 'si mitra gacchāmi maivaṃ brūyāḥ kathāntare ||50|
brahmovāca:
tasmin prayāte vaiśyo 'sau cintayām āsa cetasi |
hā kaṣṭaṃ me kim abhavad dharmaikamanaso hare ||51|
sa kuṇḍalo vaṇikśreṣṭho nirdhano gatabāhukaḥ |
gata-*netraḥ śucaṃ*[10] prāpto dharmam evānusaṃsmaran ||52|
evaṃ bahuvidhāṃ cintāṃ kurvann āste mahītale |
niśceṣṭo 'tha nirutsāhaḥ patitaḥ śokasāgare ||53|
dināvasāne śarvaryām udite candramaṇḍale |
ekādaśyāṃ śuklapakṣe tatrāyāti vibhīṣaṇaḥ ||54|
sa tu yogeśvaraṃ devaṃ pūjayitvā yathāvidhi |
snātvā tu gautamīṃ gaṅgāṃ saputro rākṣasair vṛtaḥ ||55|
vibhīṣaṇasya hi suto vibhīṣaṇa ivāparaḥ |
vaibhīṣaṇir iti khyātas tam apaśyad uvāca ha ||56|
vaiśyasya vacanaṃ śrutvā yathāvṛttaṃ sa dharmavit |
pitre nivedayām āsa laṅkeśāya mahātmane |
sa tu laṅkeśvaraḥ prāha putraṃ prītyā guṇākaram ||57|
vibhīṣaṇa uvāca:
śrīmān rāmo mama gurus *tasya mānyaḥ*[11] sakhā mama |
hanumān iti vikhyātas tenānīto girir mahān ||58|
purā kāryāntare prāpte sarvauṣadhyāśrayo 'calaḥ |
jāte kārye tam ādāya himavantam athāgamat ||59|

10 DEF -netro bhuvaṃ **11** DEF tasyāmātyaḥ

viśalyakaraṇī ceti mṛtasaṃjīvanīti ca |
tadānīya mahābuddhī rāmāyākliṣṭakarmaṇe ||60|
nivedayitvā *tat*[12] sādhyaṃ tasmin vṛtte samāgataḥ |
punar giriṃ samādāya āgacchad devaparvatam ||61|
tām ānīyāsya hṛdaye niveśaya hariṃ smaran |
tataḥ prāpsyaty ayaṃ sarvam apekṣitam udāradhīḥ ||62|
gacchatas tasya vegena viśalyakaraṇī punaḥ |
apatad gautamītīre yatra yogeśvaro hariḥ ||63|
vaibhīṣaṇir uvāca:
tām oṣadhīṃ mama pitar darśayāśu vilamba mā |
parārtiśamanād anyac chreyo na bhuvanatraye ||64|
brahmovāca:
vibhīṣaṇas tathety uktvā tāṃ putrasyāpy adarśayat |
iṣe tvety asya vṛkṣasya śākhāṃ ciccheda tatsutaḥ |
vaiśyasya cāpi vai prītyā santaḥ parahite ratāḥ ||65|
vibhīṣaṇa uvāca:
yatrāpatan nage cāsmin sa vṛkṣas tu pratāpavān |
tasya śākhāṃ samādāya hṛdaye 'sya niveśaya |
tatspṛṣṭamātra evāsau *svakaṃ*[13] rūpam avāpnuyāt ||66|
brahmovāca:
etac chrutvā pitur vākyaṃ vaibhīṣaṇir udāradhīḥ |
tathā cakāra vai samyak kāṣṭhakhaṇḍaṃ nyaveśayat ||67|
hṛdaye sa tu vaiśyo 'pi sacakṣuḥ sakaro 'bhavat |
maṇimantrauṣadhīnāṃ hi vīryaṃ ko 'pi na budhyate ||68|
tad eva kāṣṭham ādāya dharmam evānusaṃsmaran |
snātvā tu gautamīṃ gaṅgāṃ tathā yogeśvaraṃ harim ||69|
namaskṛtvā punar agāt kāṣṭhakhaṇḍena vaiśyakaḥ |
paribhraman nṛpapuraṃ mahāpuram iti śrutam ||70|
mahārāja iti khyātas tatra rājā mahābalaḥ |
tasya nāsti sutaḥ kaścit *putrikā naṣṭalocanā*[14] ||71|
saiva tasya sutā putras tasyāpi vratam īdṛśam |
devo vā dānavo vāpi brāhmaṇaḥ kṣatriyo bhavet ||72|
vaiśyo vā śūdrayonir vā saguṇo nirguṇo 'pi vā |
tasmai deyā iyaṃ putrī yo netre āhariṣyati ||73|
rājyena saha deyeyam iti rājā hy aghoṣayat |
aharniśam asau vaiśyaḥ śrutvā ghoṣam athābravīt ||74|
vaiśya uvāca:
ahaṃ netre āhariṣye rājaputryā asaṃśayam ||75|
brahmovāca:
taṃ vaiśyaṃ tarasādāya mahārājñe nyavedayat |
tatkāṣṭhasparśamātreṇa sanetrābhūn nṛpātmajā ||76|
tataḥ savismayo rājā ko bhavān iti cābravīt |
vaiśyo rājñe yathāvṛttaṃ nyavedayad aśeṣataḥ ||77|

12 DF yat **13** E svīyaṃ **14** AE putrikāsty andhalocanā

vaiśya uvāca:
brāhmaṇānāṃ prasādena dharmasya tapasas tathā |
dānaprabhāvād yajñaiś ca vividhair bhūridakṣiṇaiḥ |
divyauṣadhiprabhāvena mama sāmarthyam īdṛśam ||78|
brahmovāca:
etad vaiśyavacaḥ śrutvā vismito 'bhūn mahīpatiḥ ||79|
rājovāca:
aho mahānubhāvo 'yaṃ prāyo vṛndārako bhavet |
anyathaitādṛg anyasya sāmarthyaṃ dṛśyate katham |
tasmād asmai tu tāṃ kanyāṃ pradāsye rājyapūrvikām ||80|
brahmovāca:
iti saṃkalpya manasi kanyāṃ rājyaṃ ca dattavān |
vihārārthaṃ gataḥ svairaṃ paraṃ khedam upāgataḥ ||81|
na mitreṇa vinā rājyaṃ na mitreṇa vinā sukham |
tam eva satataṃ vipraṃ cintayan vaiśyanandanaḥ ||82|
etad eva *sujātānāṃ*[15] lakṣaṇaṃ bhuvi dehinām |
kṛpārdraṃ yan mano nityaṃ teṣām apy ahiteṣu hi ||83|
mahānṛpo vanaṃ prāyāt sa rājā maṇikuṇḍalaḥ |
tasmiñ śāsati rājyaṃ tu kadācid gautamaṃ dvijam ||84|
hṛtasvaṃ dyūtakaiḥ pāpair apaśyan maṇikuṇḍalaḥ |
tam ādāya dvijaṃ mitraṃ pūjayām āsa dharmavit ||85|
dharmāṇāṃ tu prabhāvaṃ taṃ tasmai sarvaṃ nyavedayat |
snāpayām āsa gaṅgāyāṃ taṃ sarvāghanivṛttaye ||86|
tena vipreṇa sarvais taiḥ svakīyair gotrajair vṛtaḥ |
vaiśyaiḥ svadeśasaṃbhūtair brāhmaṇasya tu bāndhavaiḥ ||87|
vṛddhakauśikamukhyaiś ca tasmin yogeśvarāntike |
yajñān iṣṭvā *surān*[16] pūjya tataḥ svargam upeyivān ||88|
tataḥ prabhṛti tat tīrthaṃ mṛtasaṃjīvanaṃ viduḥ |
cakṣustīrthaṃ *sayogeśaṃ*[17] smaraṇād api puṇyadam |
manaḥprasādajananaṃ sarva-*durbhāvanāśanam*[18] ||89|

iti śrīmahāpurāṇe ādibrāhme tīrthamāhātmye cakṣustīrthādivarṇanaṃ nāma saptaty-adhikaśatatamo 'dhyāyaḥ = gautamīmāhātmya ekādhikaśatatamo 'dhyāyaḥ

brahmovāca:
urvaśītīrtham ākhyātam aśvamedhaphalapradam |
snānadānamahādevavāsudevārcanādibhiḥ ||171.1|
maheśvaro[1] yatra devo yatra śārṅgadharo hariḥ |
pramatir nāma rājāsīt sārvabhaumaḥ pratāpavān ||2|
ripūñ jitvā jagāmāśu indralokaṃ surair vṛtam |
tatrāpaśyat surapatiṃ marudbhiḥ saha nārada ||3|

15 D sajjanānāṃ **16** DF prajāḥ **17** D ca yogeśaṃ **18** EV -duḥkhavināśanam
1 DF mṛgeśvaro E mṛddheśvaro

jahāsendraṃ pāśahastaṃ pramatiḥ kṣatriyarṣabhaḥ |
taṃ hasantam athālakṣya hariḥ pramatim abravīt ||4|
indra uvāca:
devālaye mahābuddhe marudbhiḥ krīḍitair alam |
diśo jitvā divaṃ prāptaḥ kuru krīḍāṃ mayā saha ||5|
brahmovāca:
sakaṣāyaṃ harivaco niśamya pramatir nṛpaḥ |
tathety uvāca devendraṃ niṣkṛtiṃ kāṃ tu manyase |
tac chrutvā pramater vākyaṃ surarāṇ nṛpam abravīt ||6|
indra uvāca:
urvaśy eva paṇo 'smākaṃ prāpyā yā nikhilair makhaiḥ ||7|
[2]brahmovāca:
etac chrutvendravacanaṃ pramatiḥ prāha garvitaḥ |
urvaśīṃ niṣkṛtiṃ manye tvaṃ rājan kiṃ *nu*[3] manyase ||8|
[[4]brahmovāca:
etac chrutvendravacanaṃ pramatiḥ prāha garvitaḥ |]
yad bravīṣi sureśāna tan manye 'haṃ śatakrato |
prāhendraṃ[5] *pramatis*[6] tadvan niṣkṛtyai dakṣiṇaṃ karam |
savarma saśaraṃ dharmyaṃ *dehi*[7] dīvyāmahe *vayam*[8] ||9|
brahmovāca:
tāv evaṃ saṃvidaṃ kṛtvā devanāyopatasthatuḥ |
pramatir jitavāṃs tatra urvaśīṃ daivatastriyam |
tāṃ jitvā pramatiḥ prāha saṃrambhāt taṃ śatakratum ||10|
pramatir uvāca:
niṣkṛtyai punar anyan me paścād dīvye tvayā vibho ||11|
indra uvāca:
devayogyam atho vajraṃ jaitraṃ saratham uttamam |
dīvye 'haṃ tena nṛpate kareṇāpy avicārayan ||12|
brahmovāca:
sa gṛhītvā tadā pāśān anyāṃś ca maṇibhūṣitān |
jitam ity abravīc chakraṃ pramatiḥ prahasaṃs tadā ||13|
etasminn antare prāyād akṣajñas tatra nārada |
viśvāvasur iti khyāto gandharvāṇāṃ maheśvaraḥ ||14|
viśvāvasur uvāca:
gandharvavidyayā rājaṃs tayā dīvyāmahe tvayā |
tathety uktvā sa nṛpatir jitam ity abravīt tadā ||15|
tau jitvā nṛpatir maurkhyād devendraṃ prāha *kaśmalam*[9] ||16|
pramatir uvāca:
raṇe vā devane vāpi na tvaṃ jetā kathaṃcana |
mahendra satataṃ tasmād asmadārādhako bhava |
vada kena prakāreṇa jātā devendratā tava ||17|

2 V om. **3** A na **4** V ins. **5** E prāyacchat V prāhendraḥ **6** V pramatiṃ **7** ASS corr. *manye*; D deva **8** ADF tava **9** A kāśyapam

brahmovāca:
tathā prāhorvaśīṃ garvād gaccha karmakarī bhava |
urvaśī prāha deveṣu yathā varte tathā tvayi |
varteya sarvabhāvena na māṃ dhikkartum arhasi ||18|
brahmovāca:
tatas tāṃ pramatiḥ prāha tvādṛśyaḥ santi cārikāḥ |
tvaṃ kiṃ vilajjase bhadre *gaccha*[10] karmakarī bhava ||19|
etac chrutvā nṛpeṇoktaṃ gandharvādhipatis tadā |
citrasena iti khyātaḥ[11] suto viśvāvasor balī ||20|
citrasena uvāca:
dīvye 'haṃ vai tvayā rājan sarveṇānena bhūpate |
rājyena jīvitenāpi madīyena tavāpi ca ||21|
brahmovāca:
tathety uktvā punar ubhau citrasenanṛpottamau |
dīvyetām abhisaṃrabdhau citraseno 'jayat tadā ||22|
gāndharvais taṃ mahāpāśair babandha nṛpatiṃ tadā |
citraseno 'jayat sarvam urvaśī-*mukhyataḥ paṇaiḥ*[12] ||23|
rājyaṃ kośaṃ balaṃ caiva yad anyad vasu kiṃcana |
citrasenasya taj jātaṃ yad āsīt pramater dhanam ||24|
tasya putro bāla eva purodhasam uvāca ha |
vaiśvāmitraṃ mahāprājñaṃ madhucchandasam ojasā ||25|
pramatiputra uvāca:
kiṃ me pitrā kṛtaṃ pāpaṃ kva vā baddho mahāmatiḥ |
katham eṣyati svaṃ sthānaṃ kathaṃ pāśair vimokṣyate ||26|
brahmovāca:
sumater vacanaṃ śrutvā dhyātvā sa munisattamaḥ |
madhucchandā jagādedaṃ *pramater vartanaṃ*[13] tadā ||27|
madhucchandā uvāca:
devaloke tava pitā baddha āste mahāmate |
kaitavair bahudoṣaiś ca bhraṣṭarājyo babhūva ha ||28|
yo yāti kaitavasabhāṃ sa cāpi kleśabhāg bhavet |
dyūtamadyāmiṣādīni vyasanāni nṛpātmaja ||29|
pāpinām *eva*[14] jāyante sadā pāpātmakāni hi |
ekaikam apy anarthāya pāpāya narakāya ca ||30|
yānāsanābhilāpādyaiḥ[15] kṛtaiḥ kaitavavartibhiḥ |
kulīnāḥ *kaluṣībhūtāḥ*[16] kiṃ punaḥ kitavo janaḥ ||31|
kitavasya tu yā jāyā tapyate nityam eva sā |
sa cāpi kitavaḥ pāpo yoṣitaṃ vīkṣya tapyate ||32|
tāṃ dṛṣṭvā vigatānando nityaṃ vadati pāpakṛt |
aho saṃsāracakre 'smin mayā tulyo na pātakī ||33|
na kiṃcid api yasyāste loke viṣayajaṃ sukham |
lokadvaye 'pi na sukhī kitavaḥ kopi dṛśyate ||34|

10 E tvaṃ tu **11** ASS corr. *prāha* **12** V -mukhyam āditaḥ **13** DF sumatiṃ vacanaṃ
14 V iha **15** V yānāsanābhilāṣādyaiḥ **16** V kalahaprītāḥ

vibhāti ca tathā nityaṃ lajjayā dagdhamānasaḥ |
gatadharmo nirānando grastagarvas tathāṭati ||35|
akaitavī ca yā vṛttiḥ sā praśastā dvijanmanām |
kṛṣigorakṣyavāṇijyam api kuryān na kaitavam ||36|
yas tu kaitavavṛttyā hi dhanam āhartum icchati |
dharmārthakāmābhijanaiḥ sa vimucyeta pauruṣāt ||37|
vede 'pi dūṣitaṃ karma tava pitrā tadādṛtam |
tasmāt kiṃ kurmahe vatsa yad uktaṃ te vidhīyate ||38|
vidhātṛvihitaṃ mārgaṃ ko nu vātyeti paṇḍitaḥ ||39|
brahmovāca:
etat purodhaso vākyaṃ śrutvā sumatir abravīt ||40|
sumatir uvāca:
kiṃ kṛtvā pramatis tātaḥ punā rājyam avāpnuyāt ||41|
brahmovāca:
punar dhyātvā madhucchandāḥ sumatiṃ cedam abravīt ||42|
[17]madhucchandā uvāca:
gautamīṃ[18] yāhi vatsa tvaṃ tatra pūjaya śaṃkaram |
aditiṃ[19] varuṇaṃ viṣṇuṃ tataḥ pāśād vimokṣyate ||43|
brahmovāca:
tathety uktvā jagāmāśu gaṅgāṃ natvā janārdanam |
pūjayām āsa śaṃbhuṃ ca tapas tepe yatavrataḥ ||44|
sahasram ekaṃ varṣāṇāṃ baddhaṃ pitaram ātmanaḥ |
mocayām āsa devebhyaḥ punā rājyam avāpa saḥ ||45|
śiveśābhyāṃ[20] muktapāśo rājyaṃ prāpa sutāt svakāt |
avāpya vidyāṃ gāndharvīṃ priyaś cāsīc chatakratoḥ ||46|
śāṃbhavaṃ vaiṣṇavaṃ caiva urvaśītīrtham eva ca |
tataḥprabhṛti tat tīrthaṃ kaitavaṃ ceti viśrutam ||47|
śivaviṣṇusarin-*mātu*-[21]prasādād āpyate na kim |
tatra snānaṃ ca dānaṃ ca bahupuṇyaphalapradam |
pāpapāśavimokṣaṃ tu sarvadurgatināśanam ||48|

iti śrīmahāpurāṇe ādibrāhme tīrthamāhātmye urvaśyāditīrthavarṇanaṃ nāmaikasaptatyadhikaśatatamo 'dhyāyaḥ = gautamīmāhātmye dvyadhikaśatatamo 'dhyāyaḥ

brahmovāca:
sāmudraṃ tīrtham ākhyātaṃ sarvatīrthaphalapradam |
tasya svarūpaṃ vakṣyāmi śṛṇu nārada tanmanāḥ ||172.1|
visṛṣṭā gautamenāsau gaṅgā pāpa-*praṇāśanī*[1] |
lokānām upakārārthaṃ prāyāt pūrvārṇavaṃ prati ||2|
āgacchantī devanadī kamaṇḍaludhṛtā mayā |
śirasā ca dhṛtā devī śaṃbhunā paramātmanā ||3|

17 V om. **18** V gautamī [misprint?] **19** D ādityaṃ **20** ASS corr. *harīśābhyāṃ*; D diveśābhyāṃ **21** V -mātṛ- **1** V -praṇāśinī

viṣṇu-*pādāt prasūtāṃ*[2] tāṃ brāhmaṇena mahātmanā |
ānītāṃ martyabhavanaṃ smaraṇād agha-*nāśanīṃ*[3] ||4|
guror gurutamāṃ sindhur dṛṣṭvā kṛtyam acintayat |
yā vandyā jagatām īśā brahmeśādyair namaskṛtā ||5|
tām ahaṃ pratigaccheyaṃ no cet syād dharmadūṣaṇam |
āgacchantaṃ mahātmānaṃ yo mohān nopatiṣṭhate ||6|
na tasya kopi trātāsti pāpino lokayor dvayoḥ |
evaṃ vimṛśya ratneśo mūrtimān vinayānvitaḥ |
kṛtāñjalipuṭo gaṅgām āhedaṃ saritāṃpatiḥ ||7|
sindhur uvāca:
rasātala-*gataṃ*[4] vāri pṛthivyāṃ yan nabhastale |
tan mām evātra viśatu nāhaṃ vakṣyāmi kiṃcana ||8|
mayi ratnāni pīyūṣaṃ parvatā *rākṣasāsurāḥ*[5] |
etān apy akhilān anyān bhīmān saṃdhārayāmy aham ||9|
mamāntaḥ kamalāyukto viṣṇuḥ svapiti nityadā |
mamāśakyaṃ na kimapi vidyate sacarācare ||10|
mahaty abhyāgate kuryāt pratyutthānaṃ na yo madāt |
sa dharmādiparibhraṣṭo nirayaṃ tu samāpnuyāt ||11|
na tān[6] me bibhrataḥ khedo vināgastyaparābhavāt |
kiṃ tu tvaṃ gauraveṇaiṣām atiriktā tatas tv aham ||12|
bravīmi devi gaṅge *māṃ*[7] tvaṃ sāmyāt saṃgatā bhava |
naikarūpām ahaṃ śaktaḥ saṃgantuṃ bahudhā yadi ||13|
saṅgam eṣyasi devi tvaṃ saṃgacche 'haṃ na cānyathā |
gaṅge sameṣyasi yadi bahudhā tad *vicāraye*[8] ||14|
brahmovāca:
tam evaṃvādinaṃ sindhum apām īśaṃ tadābravīt |
gaṅgā sā gautamī devī kuru caitad vaco mama ||15|
saptarṣīṇāṃ ca yā bhāryā arundhatipurogamāḥ |
bhartṛbhiḥ sahitāḥ sarvā ānaya tvaṃ tadā tv aham ||16|
alpabhūtā bhaviṣyāmi tataḥ syāṃ tava saṃgatā |
tathety uktvā saptarṣīṇāṃ[9] bhāryābhir[10] ṛṣibhir *vṛtaḥ*[11] ||17|
ānayām āsa tāṃ[12] *devī*[13] saptadhā sā vyabhajyata |
sā ceyaṃ gautamī gaṅgā saptadhā sāgaraṃ gatā ||18|
saptarṣīṇāṃ tu *nāmnā tu*[14] sapta gaṅgās tato 'bhavan |
tatra snānaṃ ca dānaṃ ca śravaṇaṃ paṭhanaṃ tathā ||19|
smaraṇaṃ cāpi yad bhaktyā sarvakāmapradaṃ *bhavet*[15] |
nāsmād anyat paraṃ tīrthaṃ samudrād bhuvanatraye |
pāpahānau bhuktimuktiprāptau ca manaso mude ||20|

iti śrīmahāpurāṇe ādibrāhme tīrthamāhātmye saptadhāgodāvarīsamudrāgamanavarṇanaṃ nāma dvisaptatyadhikaśatatamo 'dhyāyaḥ = gautamīmāhātmye tryadhikaśatatamo 'dhyāyaḥ

2 V -pādaprasūtāṃ **3** V -nāśinīm **4** DEF -bhavaṃ **5** V rākṣasāḥ surāḥ **6** V naitān **7** V vā **8** DEF vicāraya **9** V saptarṣīṇāṃ tathety uktvā **10** ASS corr. *bhāryāś ca* **11** ASS corr. *vṛtāḥ*; A vṛtām D vṛtam **12** ASS corr. *tā* **13** V devīṃ **14** V nāmnaitā **15** V śubham

brahmovāca:
ṛṣisattram iti khyātam ṛṣayaḥ sapta nārada |
niṣedus tapase yatra yatra bhīmeśvaraḥ śivaḥ ||173.1|
tatredaṃ vṛttam ākhyāsye devarṣipitṛbṛṃhitam |
śṛṇu yatnena vakṣyāmi sarvakāmapradaṃ śubham ||2|
saptadhā vyabhajan gaṅgām ṛṣayaḥ sapta nārada |
vāsiṣṭhī dākṣiṇeyī syād vaiśvāmitrī taduttarā ||3|
vāmadevy aparā jñeyā gautamī madhyataḥ śubhā |
bhāradvājī smṛtā cānyā ātreyī cety athāparā ||4|
jāmadagnī tathā cānyā vyapadiṣṭā tu saptadhā |
taiḥ sarvair ṛṣibhis tatra yaṣṭum iṣṭair mahātmabhiḥ ||5|
niṣpāditaṃ mahāsattram ṛṣibhiḥ pāradarśibhiḥ |
etasminn antare tatra devānāṃ prabalo ripuḥ ||6|
viśvarūpa iti khyāto munīnāṃ sattram abhyagāt |
brahmacaryeṇa tapasā tān ārādhya yathāvidhi |
vinayenātha papraccha ṛṣīn sarvān anukramāt ||7|
viśvarūpa uvāca:
dhruvaṃ sarve yathākāmaṃ mama svāsthyena hetunā |
yathā syād balavān putro devānām api durdharaḥ |
yajñair vā tapasā vāpi munayo vaktum arhatha ||8|
brahmovāca:
tatra prāha mahābuddhir viśvāmitro mahāmanāḥ ||9|
viśvāmitra uvāca:
karmaṇā tāta labhyante phalāni vividhāni ca |
trayāṇāṃ kāraṇānāṃ ca karma prathamakāraṇam ||10|
tataś ca kāraṇaṃ kartā tataś cānyat prakīrtitam |
upādānaṃ tathā bījaṃ na ca karma vidur budhāḥ ||11|
karmaṇāṃ kāraṇatvaṃ ca kāraṇe puṣkale sati |
bhāvābhāvau phale dṛṣṭau tasmāt karmāśritaṃ phalam ||12|
karmāpi dvividhaṃ jñeyaṃ kriyamāṇaṃ tathā kṛtam |
kartavyaṃ kriyamāṇasya sādhanaṃ yad yad ucyate ||13|
tadbhāvāḥ karmasiddhau ca ubhayatrāpi kāraṇam |
yad yad bhāvayate jantuḥ karma kurvan vicakṣaṇaḥ ||14|
tadbhāvanānurūpeṇa phalaniṣpattir ucyate |
karoti karma vidhivad vinā bhāvanayā yadi ||15|
anyathā syāt phalaṃ sarvaṃ tasya bhāvānurūpataḥ |
tasmāt tapo vrataṃ dānaṃ japayajñādikāḥ kriyāḥ ||16|
karmaṇas tv anurūpeṇa phalaṃ dāsyanti bhāvataḥ |
tasmād bhāvānurūpeṇa karma vai dāsyate phalam ||17|
bhāvas tu trividho jñeyaḥ sāttviko rājasas tathā |
tāmasas tu tathā jñeyaḥ phalaṃ karmānusārataḥ ||18|

bhāvanānuguṇaṃ ceti vicitrā karmaṇāṃ sthitiḥ |
tasmād icchānusāreṇa bhāvaṃ kuryād vicakṣaṇaḥ ||19|
paścāt karmāpi kartavyaṃ *phaladātāpi*[1] tadvidham |
phalaṃ dadāti phalināṃ *phale yadi*[2] pravartate ||20|
karmakāro na tatrāsti kuryāt karma svabhāvataḥ |
tad eva copadānādi sattvādiguṇabhedataḥ ||21|
bhāvāt prārabhate tadvad bhāvaiḥ phalam avāpyate |
dharmārthakāmamokṣāṇāṃ karma caiva hi kāraṇam ||22|
bhāvasthitaṃ bhavet karma muktidaṃ bandhakāraṇam |
svabhāvānuguṇaṃ karma svasyaiveha paratra ca ||23|
phalāni vividhāny *āśu*[3] karoti *samatānugam*[4] |
eka eva padārtho 'sau bhāvair bhedaḥ pradṛśyate ||24|
kriyate bhujyate vāpi tasmād bhāvo viśiṣyate |
yathābhāvaṃ karma kuru yathepsitam avāpsyasi ||25|
brahmovāca:
etac chrutvā ṛṣer vākyaṃ viśvāmitrasya dhīmataḥ |
tapas taptvā bahukālaṃ[5] tāmasaṃ bhāvam āśritaḥ ||26|
viśvarūpaḥ karma bhīmaṃ cakāra surabhīṣaṇam |
paśyatsu ṛṣimukhyeṣu vāryamāṇo 'pi nityaśaḥ ||27|
ātmakopānusāreṇa bhīmaṃ karma tathākarot |
bhīṣaṇe kuṇḍakhāte tu bhīṣaṇe jātavedasi ||28|
[6]bhīṣaṇaṃ raudrapuruṣaṃ dhyātvātmānaṃ guhāśayam |
evaṃ tapantam ālakṣya[7] vāg uvācāśarīriṇī ||29|
jaṭājūṭaṃ vinātmānaṃ *na ca vṛtro*[8] *vyajīyata*[9] |
vṛthātmānaṃ[10] viśva-*rūpo*[11] juhuyāj jātavedasi ||30|
sa evendraḥ sa varuṇaḥ sa ca syāt sarvam eva ca |
tyaktvātmānaṃ[12] jaṭā-*mātraṃ*[13] *hutavān*[14] *vṛjinodbhavaḥ*[15] ||31|
vṛtra ity ucyate *vede*[16] sa cāpi *vṛjino*[17] 'bhavat |
bhīmasya mahimānaṃ ko jānāti jagadīśituḥ ||32|
sṛjaty aśeṣam api yo na ca saṅgena lipyate |
virarāmeti saṃkīrtya sā vāṇy enaṃ munīśvarāḥ ||33|
bhīmeśvaraṃ namaskṛtya jagmuḥ svaṃ svam athāśramam |
viśvarūpo mahābhīmo bhīmakarmā tathākṛtiḥ ||34|
bhīmabhāvo bhīmatanuṃ dhyātvātmānaṃ juhāva ha |
tasmād bhīmeśvaro devaḥ purāṇe paripaṭhyate |
tatra snānaṃ ca dānaṃ ca muktidaṃ nātra saṃśayaḥ ||35|
iti paṭhati śṛṇoti yaś ca bhaktyā |
vibudhapatiṃ śivam atra bhīmarūpam |

1 D phalaṃ tatrāpi **2** AE phalecchaiva F phalecchīva **3** ADF āhuḥ **4** A mamatāturam **5** V bahukālaṃ tapas taptvā **6** DF om. the following 4 lines. **7** V tapantaṃ taṃ samālakṣya **8** EV tava putro **9** V bhaviṣyati E 'bhyajāyata **10** EV tathātmānam **11** V -rūpa **12** DF tyaktvātmano **13** A -mauliṃ **14** ADF havanād **15** A vṛjino 'bhavat D vrajino bhavān F vṛjinodbhava **16** A vedaiḥ E devaiḥ **17** D vrajito F vrajino

jagati[18] viditam aśeṣapāpahāri- |
smṛtipada-*śaraṇena muktidaś ca*[19] ||36|
godāvarī tāvad aśeṣapāpa- |
samūhahantrī paramārthadātrī |
sadaiva sarvatra viśeṣatas tu |
yatrāmburāśiṃ samanupraviṣṭā ||37|
snātvā tu tasmin sukṛtī śarīrī |
godāvarīvāridhisaṃgame yaḥ |
uddhṛtya tīvrān nirayād aśeṣāt |
sa pūrvajān yāti *puraṃ purāreḥ*[20] ||38|
vedāntavedyaṃ yad upāsitavyaṃ |
tad brahma sākṣāt khalu bhīmanāthaḥ |
dṛṣṭe hi tasmin na punar viśanti |
śarīriṇaḥ saṃsmṛtim ugraduḥkhām ||39|

iti śrīmahāpurāṇe ādibrāhme tīrthamāhātmye ṛṣisattrabhīmeśvaratīrthavarṇanaṃ nāma trisaptatyadhikaśatatamo 'dhyāyaḥ = gautamīmāhātmye caturadhikaśatatamo 'dhyāyaḥ

brahmovāca:
sā saṃgatā pūrvam apāṃpatiṃ taṃ |
gaṅgā surāṇām api vandanīyā |
devaiś ca sarvair anugamyamānā |
saṃstūyamānā munibhir marudbhiḥ ||174.1|
vasiṣṭhajābālisayājñavalkya- |
kratvaṅgirodakṣamarīci-*vaiṣṇavāḥ*[1] |
śātātapaḥ śaunakadevarāta- |
bhṛgvagniveśyātrimarīci-*mukhyāḥ*[2] ||2|
sudhūtapāpā manugautamādayaḥ |
sakauśikās tumbaruparvatādyāḥ |
agastyamārkaṇḍasapippalādyāḥ |
sagālavā yogaparāyaṇāś ca ||3|
savāmadevāṅgiraso 'tha bhārgavāḥ |
smṛtipravīṇāḥ śrutibhir manojñāḥ |
sarve purāṇārthavido bahujñās |
te gautamīṃ devanadīṃ tu gatvā ||4|
stoṣyanti mantraiḥ śrutibhiḥ prabhūtair |
hṛdyaiś ca tuṣṭair muditair manobhiḥ |
tāṃ saṃgatāṃ vīkṣya śivo hariś ca |
ātmānam ādarśayatāṃ munibhyaḥ ||5|
tathāmarās tau pitṛbhiś ca dṛṣṭau |
stuvanti devau sakalārtihāriṇau ||6|

18 V namati **19** A -śaraṇamuktidaś ca puṃsām V -śaraṇaṃ ca muktidaṃ ca **20** DE padaṃ murāreḥ **1** ADF -viṣṇavaḥ **2** V -dakṣāḥ

ādityā vasavo rudrā maruto lokapālakāḥ |
kṛtāñjalipuṭāḥ sarve stuvanti hariśaṃkarau ||7|
saṃgameṣu prasiddheṣu nityaṃ saptasu nārada |
samudrasya ca gaṅgāyā nityaṃ devau pratiṣṭhitau ||8|
gautameśvara ākhyāto yatra devo maheśvaraḥ |
nityaṃ saṃnihitas tatra mādhavo *ramayā*[3] saha ||9|
brahmeśvara iti khyāto mayaiva sthāpitaḥ śivaḥ |
lokānām upakārārtham ātmanaḥ kāraṇāntare ||10|
cakrapāṇir iti khyātaḥ stuto devair mayā saha |
tatra saṃnihito viṣṇur devaiḥ saha marudgaṇaiḥ ||11|
aindratīrtham iti khyātaṃ tad eva hayamūrdhakam |
hayamūrdhā tatra viṣṇus tanmūrdhani surā api |
somatīrtham iti khyātaṃ yatra someśvaraḥ śivaḥ ||12|
indrasya somaśravaso devaiś ca ṛṣibhis tathā |
prārthitaḥ soma evādāv indrāyendo parisrava ||13|
sapta diśo nānāsūryāḥ sapta hotāra ṛtvijaḥ |
devā ādityā ye sapta tebhiḥ somābhirakṣa na |
indrāyendo parisrava ||14|
yat te rājañ chṛtaṃ havis tena somābhirakṣa naḥ |
arātīvā mā nas tārīn mo ca naḥ kiṃcanāmamad |
indrāyendo parisrava ||15|
ṛṣe mantrakṛtāṃ stomaiḥ kaśyapodvardhayan giraḥ |
somaṃ namasya rājānaṃ yo *jajñe*[4] vīrudhāṃ patir |
indrāyendo parisrava ||16|
kārur ahaṃ tato bhiṣag upalaprakṣiṇī nanā |
nānādhiyo vasūyavo 'nu gā iva tasthima- |
indrāyendo parisrava ||17|
evam uktvā ca ṛṣibhiḥ somaṃ prāpya ca vajriṇe |
tebhyo dattvā tato yajñaḥ pūrṇo jātaḥ śatakratoḥ ||18|
tat somatīrtham ākhyātam āgneyaṃ puratas tu *tat*[5] |
agnir iṣṭvā mahāyajñair mām ārādhya manīṣitam ||19|
saṃprāptavān matprasādād ahaṃ tatraiva nityaśaḥ |
sthito lokopakārārthaṃ tatra viṣṇuḥ śivas tathā ||20|
tasmād āgneyam ākhyātam ādityaṃ tadanantaram |
yatrāditye vedamayo nityam eti [[6]hy] upāsitum ||21|
rūpāntareṇa madhyāhne draṣṭuṃ māṃ śaṃkaraṃ harim |
namaskāryas tatra sadā madhyāhne sakalo janaḥ ||22|
rūpeṇa kena savitā samāyātīty aniścayāt |
tasmād ādityam ākhyātaṃ bārhaspatyam anantaram ||23|
bṛhaspatiḥ *suraiḥ*[7] pūjāṃ tasmāt tīrthād avāpa ha |
īje ca yajñān vividhān bārhaspatyaṃ tato viduḥ ||24|
tattīrthasmaraṇād eva grahaśāntir bhaviṣyati |
tasmād apy aparaṃ tīrtham indragope nagottame ||25|

3 ADF māyayā **4** V yajñe **5** A yat **6** V ins. **7** E sūrya-

pratiṣṭhitaṃ mahāliṅgaṃ kasmiṃścit kāraṇāntare |
himālayena tat tīrtham adritīrthaṃ tad ucyate ||26|
tatra snānaṃ ca dānaṃ ca sarvakāmapradaṃ śubham |
evaṃ sā gautamī gaṅgā brahmādreś ca viniḥsṛtā ||27|
yāvat sāgaragā devī tatra tīrthāni kānicit |
saṃkṣepeṇa mayoktāni rahasyāni śubhāni ca ||28|
vede purāṇe ṛṣibhiḥ prasiddhā |
yā gautamī lokanamaskṛtā ca |
vaktuṃ kathaṃ tām atisuprabhāvām |
aśeṣato nārada kasya śaktiḥ ||29|
bhaktyā pravṛttasya yathākathaṃcin |
naivāparādho 'sti na saṃśayo 'tra |
tasmāc ca diṅmātramatiprayāsāt |
saṃsūcitaṃ lokahitāya tasyāḥ ||30|
kas tasyāḥ pratitīrthaṃ tu prabhāvaṃ vaktum īśvaraḥ |
api lakṣmīpatir viṣṇur alaṃ someśvaraḥ śivaḥ ||31|
kvacit kasmiṃś ca tīrthāni kālayoge bhavanti hi |
guṇavanti mahāprājña gautamī tu sadā nṛṇām ||32|
sarvatra sarvadā puṇyā ko nv asyā guṇakīrtanam |
vaktuṃ śaktas tatas tasyai nama ity *eva yujyate*[8] ||33|

iti śrīmahāpurāṇe ādibrāhme tīrthamāhātmye gaṅgāsāgarasaṃgamavarṇanaṃ nāma catuḥsaptatyadhikaśatatamo 'dhyāyaḥ = gautamīmāhātmye pañcādhikaśatatamo 'dhyāyaḥ

nārada uvāca:
tridaivatyāṃ sureśāna gaṅgāṃ brūṣe sureśvara |
brāhmaṇenāhṛtāṃ puṇyāṃ jagataḥ pāvanīṃ śubhām ||175.1|
ādi-*madhyāvasāne ca*[1] ubhayos tīrayor api |
yā vyāptā viṣṇuneśena tvayā ca surasattama |
punaḥ saṃkṣepato brūhi na me tṛptiḥ prajāyate ||2|
brahmovāca:
kamaṇḍalusthitā pūrvaṃ tato viṣṇupadānugā |
maheśvarajaṭājūṭe sthitā saiva namaskṛtā ||3|
brahmatejaḥprabhāveṇa śivam ārādhya yatnataḥ |
tataḥ prāptā giriṃ puṇyaṃ tataḥ pūrvārṇavaṃ prati ||4|
āgatya saṃgatā devī sarvatīrthamayī nṛṇām |
īpsitānāṃ tathā dātrī prabhāvo 'syā viśiṣyate ||5|
etasyā nādhikaṃ manye kiṃcit tīrthaṃ jagattraye |
asyāś caiva prabhāveṇa bhāvyaṃ yac ca manaḥsthitam ||6|
adyāpy asyā hi māhātmyaṃ vaktuṃ kaiścin na śakyate |
bhaktito *vakṣyate*[2] nityaṃ yā brahma *paramārthataḥ*[3] ||7|
tasyāḥ parataraṃ tīrthaṃ na syād iti matir mama |
anyatīrthena sādharmyaṃ na yujyeta *kathaṃcana*[4] ||8|

8 AE evam ucyate **1** V -madhyāvasāneṣu hy **2** DEF vandyate **3** DEF paramārthibhiḥ
4 A kadācana

śrutvā madvākyapīyūṣair gaṅgāyā guṇakīrtanam |
sarveṣāṃ na matiḥ kasmāt tatraivoparatiṃ gatā |
iti bhāti vicitraṃ me mune khalu jagattraye ||9|
nārada uvāca:
dharmārthakāmamokṣāṇāṃ tvaṃ vettā copadeśakaḥ |
chandāṃsi sarahasyāni purāṇasmṛtayo 'pi ca ||10|
dharmaśāstrāṇi yac cānyat tava vākye pratiṣṭhitam |
tīrthānām atha dānānāṃ yajñānāṃ tapasāṃ tathā ||11|
devatāmantrasevānām adhikaṃ kiṃ vada prabho |
yad brūṣe bhagavan bhaktyā tathā bhāvyaṃ na cānyathā ||12|
etaṃ[5] me saṃśayaṃ brahman vākyāt tvaṃ chettum arhasi |
iṣṭaṃ manogataṃ śrutvā tasmād vismayam āgataḥ ||13|
brahmovāca:
śṛṇu nārada vakṣyāmi rahasyaṃ dharmam uttamam |
caturvidhāni tīrthāni tāvanty eva yugāni ca ||14|
guṇās trayaś ca puruṣās trayo devāḥ sanātanāḥ |
vedāś ca smṛtibhir yuktāś catvāras te prakīrtitāḥ ||15|
puruṣārthāś ca catvāro vāṇī cāpi caturvidhā |
guṇā hy api tu catvāraḥ samatveneti nārada ||16|
sarvatra dharmaḥ sāmānyo yato dharmaḥ sanātanaḥ |
sādhyasādhanabhāvena sa eva bahudhā mataḥ ||17|
tasyāśrayaś ca dvividho deśaḥ kālaś ca sarvadā |
kālāśrayaś ca yo dharmo hīyate vardhate sadā ||18|
yugānām anurūpeṇa pādaḥ pādo 'sya hīyate |
dharmasyeti[6] mahāprājña *deśāpekṣā*[7] tathobhayam ||19|
kālena cāśrito dharmo deśe nityaṃ pratiṣṭhitaḥ |
yugeṣu kṣīyamāṇeṣu na deśeṣu *sa hīyate*[8] ||20|
ubhayatra vihīne ca dharmasya syād abhāvatā |
tasmād deśāśrito dharmaś catuṣpāt supratiṣṭhitaḥ ||21|
sa cāpi dharmo deśeṣu tīrtharūpeṇa tiṣṭhati |
kṛte deśaṃ ca kālaṃ ca dharmo 'vaṣṭabhya tiṣṭhati ||22|
tretāyāṃ pādahīnena sa tu *pādaḥ*[9] pradeśataḥ |
dvāpare cārdhataḥ kāle dharmo *deśe samāsthitaḥ*[10] ||23|
kalau pādena caikena dharmaś calati saṃkaṭam |
evaṃvidhaṃ tu yo dharmaṃ vetti tasya na hīyate ||24|
yugānām anubhāvena *jātibhedāś ca saṃsthitāḥ*[11] |
guṇebhyo guṇakartṛbhyo vicitrā dharmasaṃsthitiḥ ||25|
guṇānām anubhāvena udbhavābhibhavau tathā |
tīrthānām api varṇānāṃ *vedānāṃ*[12] svargamokṣayoḥ ||26|
tādṛgrūpapravṛttyā tu tad eva ca viśiṣyate |
kālo 'bhivyañjakaḥ prokto deśo 'bhivyaṅgya ucyate ||27|

5 V evaṃ **6** AE dharmasyaiva **7** AE deśe naiva **8** AE mahīyate **9** AE pāda- **10** AE hīyet samagrataḥ **11** A yāti bhedāṃś ca saṃsthitim D jātivedā samāsthitiḥ **12** E devānāṃ

yadā yadā *abhivyaktiṃ*[13] kālo *dhatte*[14] tadā tadā |
tad eva *vyañjanaṃ*[15] brahmaṃs *tasmān nāsty*[16] atra *saṃśayaḥ*[17] ||28|
yugānurūpā mūrtiḥ syād devānāṃ vaidikī tathā |
karmaṇām api tīrthānāṃ jātīnām āśramasya tu ||29|
tridaivatyaṃ *satya-*[18] yuge [19]tīrthaṃ lokeṣu pūjyate |
dvidaivatyaṃ yuge 'nyasmin dvāpare caikadaivikam ||30|
kalau na kiṃcid vijñeyam athānyad api tac chṛṇu |
daivaṃ kṛtayuge tīrthaṃ tretāyām āsuraṃ viduḥ ||31|
ārṣaṃ ca dvāpare proktaṃ kalau mānuṣam ucyate |
athānyad api vakṣyāmi śṛṇu nārada kāraṇam ||32|
gautamyāṃ yat tvayā pṛṣṭaṃ tat te vakṣyāmi vistarāt |
yadā ceyaṃ haraśiraḥ prāptā gaṅgā mahāmune ||33|
tadā prabhṛti sā gaṅgā śaṃbhoḥ priyatarābhavat |
tad devasya mataṃ jñātvā gajavaktram uvāca sā ||34|
umā lokatrayeśānā mātā ca jagato hitā |
śāntā śrutir iti khyātā bhuktimuktipradāyinī ||35|
brahmovāca:
tan mātur vacanaṃ śrutvā gajavaktro 'bhyabhāṣata ||36|
gajavaktra uvāca:
kiṃ kṛtyaṃ śādhi māṃ mātas tatkartāham asaṃśayam ||37|
brahmovāca:
umā sutam uvācedaṃ maheśvarajaṭāsthitā |
tvayāvatāryatāṃ gaṅgā satyam īśapriyā satī ||38|
punaś ceśas tatra citram adhyāste sarvadā suta |
śivo yatra surās tatra tatra vedāḥ sanātanāḥ ||39|
tatraiva ṛṣayaḥ sarve manuṣyāḥ pitaras tathā |
tasmān nivartayeśānaṃ devadevaṃ maheśvaram ||40|
tasyā nivartite deve gaṅgāyāḥ sarva eva hi |
nivṛttās te bhaviṣyanti śṛṇu cedaṃ vaco mama |
nivartaya tatas tasyāḥ sarvabhāvena śaṃkaram ||41|
brahmovāca:
mātus tad vacanaṃ śrutvā punar āha gaṇeśvaraḥ ||42|
gaṇeśvara uvāca:
naiva śakyaḥ śivo devo mayā tasyā nivartitum |
anivṛtte śive tasyā devā api nivartitum ||43|
na śakyā jagatāṃ mātar athānyac cāpi kāraṇam |
gaṅgāvatāritā pūrvaṃ gautamena mahātmanā ||44|
ṛṣiṇā lokapūjyena trailokyahitakāriṇā |
sāmopāyena tad-[20] vākyāt pūjyena brahmatejasā ||45|
ārādhayitvā deveśaṃ tapobhiḥ stutibhir bhavam |
tuṣṭena śaṃkareṇedam ukto 'sau gautamas tadā ||46|

13 A abhivyaktiḥ DEF abhivyakti- **14** AE dharmaṃ F dharmas **15** AEF vyajyate **16** D tasmād asty **17** DF vismayaḥ **18** E treta- **19** E om. 175.30bc **20** V mamopāyena tvad-

śaṃkara uvāca:
varān varaya puṇyāṃś ca priyāṃś ca manasepsitān |
yad yad icchasi tat sarvaṃ dātā te 'dya mahāmate ||47|
brahmovāca:
evam uktaḥ śivenāsau gautamo mayi śṛṇvati |
idam eva tadovāca sajaṭāṃ dehi śaṃkara |
gaṅgāṃ me yācate puṇyāṃ kim anyena vareṇa me ||48|
brahmovāca:
punaḥ provāca taṃ śaṃbhuḥ sarvalokopakārakaḥ ||49|
śaṃbhur uvāca:
uktaṃ *na cātmanaḥ*[21] kiṃcit tasmād yācasva duṣkaram ||50|
brahmovāca:
gautamo 'dīnasattvas taṃ bhavam āha kṛtāñjaliḥ ||51|
gautama uvāca:
etad eva ca sarveṣāṃ duṣkaraṃ tava darśanam |
mayā tad adya saṃprāptaṃ kṛpayā tava śaṃkara ||52|
smaraṇād eva te padbhyāṃ kṛtakṛtyā manīṣiṇaḥ |
bhavanti kiṃ punaḥ sākṣāt tvayi dṛṣṭe maheśvare ||53|
brahmovāca:
evam ukte gautamena bhavo harṣasamanvitaḥ |
trayāṇām upakārārthaṃ lokānāṃ yācitaṃ tvayā ||54|
na cātmano mahābuddhe yācety āha śivo dvijam |
evaṃ proktaḥ punar vipro dhyātvā prāha śivaṃ tathā ||55|
vinītavad adīnātmā śivabhaktisamanvitaḥ |
sarvalokopakārāya punar yācitavān idam |
śṛṇvatsu lokapāleṣu jagādedaṃ sa gautamaḥ ||56|
gautama uvāca:
yāvat sāgaragā devī nisṛṣṭā brahmaṇo gireḥ |
sarvatra sarvadā tasyāṃ sthātavyaṃ vṛṣabhadhvaja ||57|
phalepsūnāṃ phalaṃ dātā tvam eva jagataḥ prabho |
tīrthāny anyāni deveśa kvāpi kvāpi śubhāni ca ||58|
yatra te saṃnidhir nityaṃ tad eva śubhadaṃ viduḥ |
yatra gaṅgā tvayā dattā jaṭāmukuṭasaṃsthitā |
sarvatra tava[22] *sāṃnidhyāt*[23] sarva-*tīrthāni*[24] śaṃkara ||59|
brahmovāca:
tad gautamavacaḥ śrutvā punar harṣāc chivo 'bravīt ||60|
śiva uvāca:
yatra kvāpi ca yat kiṃcid yo vā *bhavati bhaktitaḥ*[25] |
yātrāṃ snānam atho dānaṃ pitṝṇāṃ vāpi tarpaṇam ||61|
śravaṇaṃ paṭhanaṃ vāpi smaraṇaṃ vāpi gautama |
yaḥ karoti naro bhaktyā godāvaryā yatavrataḥ ||62|

21 E tavātmanaḥ **22** DF sarve ca tatra **23** EF sāṃnidhyaṃ **24** DF -tīrthe 'stu
25 V bhaktisamanvitaḥ

saptadvīpavatī pṛthvī saśailavanakānanā |
saratnā sauṣadhī ramyā sārṇavā dharmabhūṣitā ||63|
dattvā *bhavati yo*[26] dharmaḥ sa bhaved gautamīsmṛteḥ |
evaṃvidhā ilā vipra godānād yābhidhīyate ||64|
candrasūryagrahe kāle matsāṃnidhye yatavrataḥ |
bhūbhṛte viṣṇave bhaktyā sarvakālaṃ kṛtā sudhīḥ ||65|
gāḥ sundarāḥ savatsāś ca saṃgame lokaviśrute |
yo dadāti dvijaśreṣṭha tatra yat puṇyam āpnuyāt ||66|
tasmād varaṃ puṇyam eti snānadānādinā naraḥ |
gautamyāṃ viśvavandyāyāṃ mahānadyāṃ tu bhaktitaḥ ||67|
tasmād godāvarī gaṅgā tvayā nītā bhaviṣyati |
sarvapāpakṣayakarī sarvābhīṣṭapradāyinī ||68|
gaṇeśvara uvāca:
etac chrutaṃ mayā mātar vadato gautamaṃ śivāt |
etasmāt kāraṇāc chaṃbhur gaṅgāyāṃ niyataḥ sthitaḥ ||69|
ko nivartayituṃ śaktas tam amba karuṇodadhim |
athāpi mātar etat syān mānuṣā vighnapāśakaiḥ ||70|
vinibaddhā na gacchanti godām apy antikasthitām |
na namanti śivaṃ devaṃ na smaranti stuvanti na ||71|
tathā mātaḥ kariṣyāmi tava saṃtoṣahetave |
saṃniroddhum atho *kleśas*[27] tava *vākyaṃ*[28] kṣamasva me ||72|
brahmovāca:
tataḥ prabhṛti vighneśo mānuṣān prati kiṃcana |
vighnam ācarate yas tu tam upāsya pravartate ||73|
atho vighnam anādṛtya gautamīṃ yāti bhaktitaḥ |
sa kṛtārtho bhavel loke na kṛtyam avaśiṣyate ||74|
vighnāny anekāni bhavanti gehān |
nirgantukāmasya narādhamasya |
nidhāya tanmūrdhni padaṃ prayāti |
gaṅgāṃ na kiṃ tena phalaṃ pralabdham ||75|
asyāḥ prabhāvaṃ ko brūyād api sākṣāt sadāśivaḥ |
saṃkṣepeṇa mayā proktam itihāsapadānugam ||76|
dharmārthakāmamokṣāṇāṃ sādhanaṃ yac carācare |
tad atra vidyate sarvam itihāse savistare ||77|
vedoditaṃ śruti-*sakalarahasyam uktaṃ*[29] |
satkāraṇaṃ samabhidhānam idaṃ sadaiva |
samyak ca dṛṣṭaṃ jagatāṃ hitāya |
proktaṃ purāṇaṃ bahudharmayuktam ||78|
asya ślokaṃ padaṃ vāpi bhaktitaḥ śṛṇuyāt paṭhet |
gaṅgā gaṅgeti vā vākyaṃ sa tu puṇyam avāpnuyāt ||79|
kalikalaṅka-*vināśanadakṣam*[30] idaṃ |
sakalasiddhikaraṃ śubhadaṃ śivam |

26 V tāṃ yo bhaved **27** AEF 'śaktas **28** AEF vākyād **29** V -samagrasahasrayuktam
30 V -vināśapaṭu tv

jagati pūjyam abhīṣṭaphalapradaṃ |
gāṅgam etad[31] udīritam uttamam ||80|
[32]sādhu gautama bhadraṃ te ko 'nyo 'sti sadṛśas tvayā |
ya *enāṃ gautamīṃ*[33] gaṅgāṃ daṇḍakāraṇyam *āpnuyāt*[34] ||81|
gaṅgā gaṅgeti yo brūyād yojanānāṃ śatair api |
mucyate sarvapāpebhyo viṣṇulokaṃ sa gacchati ||82|
tisraḥ koṭyo 'rdhakoṭī ca tīrthāni bhuvanatraye |
tāni snātuṃ samāyānti gaṅgāyāṃ siṃhage gurau ||83|
ṣaṣṭir varṣa-[35]sahasrāṇi bhāgīrathyavagāhanam |
sakṛd godāvarīsnānaṃ siṃhayukte bṛhaspatau ||84|
iyaṃ tu gautamī putra yatra kvāpi *mamājñayā*[36] |
sarveṣāṃ sarvadā nṝṇāṃ snānān muktiṃ pradāsyati ||85|
aśvamedhasahasrāṇi vājapeyaśatāni ca |
kṛtvā yat phalam āpnoti tad asya śravaṇād bhavet ||86|
yasyaitat tiṣṭhati gṛhe purāṇaṃ brahmaṇoditam |
na bhayaṃ vidyate tasya kalikālasya nārada ||87|
yasya kasyāpi nākhyeyaṃ purāṇam idam uttamam |
śraddadhānāya śāntāya vaiṣṇavāya mahātmane ||88|
idaṃ kīrtyaṃ bhuktimuktidāyakaṃ pāpanāśakam |
etacchravaṇamātreṇa kṛtakṛtyo bhaven naraḥ ||89|
[37]likhitvā *pustakam idaṃ*[38] brāhmaṇāya prayacchati |
sarvapāpavinirmuktaḥ *punar garbhaṃ na saṃviśet*[39] ||90|

iti śrīmahāpurāṇe ādibrāhme tīrthamāhātmye brahmanāradasaṃvāde gaṅgāmāhātmya-śravaṇādiphalavarṇanaṃ nāma pañcasaptatyadhikaśatatamo 'dhyāyaḥ = gautamīmāhātmye ṣaḍadhikaśatatamo 'dhyāyaḥ = samāptaṃ gautamīmāhātmyam

munaya ūcuḥ:
nahi nas tṛptir astīha śṛṇvatāṃ bhagavatkathām |
punar eva paraṃ guhyaṃ vaktum arhasy aśeṣataḥ ||176.1|
anantavāsudevasya na samyag varṇitaṃ tvayā |
śrotum icchāmahe deva vistareṇa vadasva naḥ ||2|
brahmovāca:
pravakṣyāmi muniśreṣṭhāḥ sārāt sārataraṃ param |
anantavāsudevasya māhātmyaṃ *bhuvi*[1] durlabham ||3|
ādikalpe purā viprās tv aham avyaktajanmavān |
viśvakarmāṇam āhūya vacanaṃ proktavān idam ||4|
variṣṭhaṃ devaśilpīndraṃ viśva-*karmāgrakarmiṇam*[2] |
pratimāṃ vāsudevasya kuru śailamayīṃ bhuvi ||5|

31 V bhavati gāṅgam **32** DF om. 175.81-85. **33** V enam ānayad **34** V ādārāt **35** V ṣaṣṭi-varṣa- **36** V śivājñayā **37** The following śloka only in D and V. **38** V pustakaṃ yas tu **39** V sa garbhaṃ na punar viśet **1** V triṣu **2** B -karman sukarmakṛt

yāṃ prekṣya vidhivad bhaktāḥ sendrā vai mānuṣādayaḥ |
yena dānavarakṣobhyo vijñāya sumahad bhayam ||6|
tri-*divaṃ samanuprāpya*[3] sumeruśikharaṃ *ciram*[4] |
vāsudevaṃ samārādhya nirātaṅkā vasanti te ||7|
mama tad vacanaṃ śrutvā viśvakarmā tu tatkṣaṇāt |
cakāra pratimāṃ *śuddhāṃ*[5] śaṅkhacakragadādharām ||8|
sarvalakṣaṇasaṃyuktāṃ puṇḍarīkāyatekṣaṇām |
śrīvatsalakṣmasaṃyuktām atyugrāṃ pratimottamām ||9|
vanamālāvṛtoraskāṃ mukuṭāṅgadadhāriṇīm |
pītavastrāṃ supīnāṃsāṃ kuṇḍalābhyām alaṃkṛtām ||10|
evaṃ sā pratimā divyā guhyamantrais tadā svayam |
pratiṣṭhākālam āsādya mayāsau nirmitā purā ||11|
tasmin kāle tadā śakro devarāṭ khe-*caraiḥ saha*[6] |
jagāma brahmasadanam āruhya gajam uttamam ||12|
prasādya pratimāṃ śakraḥ snānadānaiḥ punaḥ punaḥ |
pratimāṃ tāṃ *samārādhya*[7] svapuraṃ punar āgamat ||13|
tāṃ samārādhya suciraṃ yatavākkāyamānasaḥ |
vṛtrādyān asurān krūrān namucipra-*mukhān sa ca*[8] ||14|
nihatya dānavān bhīmān bhuktavān *bhuvanatrayam*[9] |
dvitīye ca yuge prāpte tretāyāṃ rākṣasādhipaḥ ||15|
babhūva sumahāvīryo daśagrīvaḥ pratāpavān |
daśa varṣasahasrāṇi nirāhāro jitendriyaḥ ||16|
cacāra vratam atyugraṃ tapaḥ parama-*duścaram*[10] |
tapasā tena tuṣṭo 'haṃ varaṃ tasmai pradattavān ||17|
avadhyaḥ sarvadevānāṃ sa daityoraga-*rakṣasām*[11] |
śāpapraharaṇair ugrair avadhyo yamakiṃkaraiḥ ||18|
varaṃ prāpya tadā rakṣo yakṣān sarvagaṇān imān |
dhanādhyakṣaṃ vinirjitya śakraṃ jetuṃ samudyataḥ ||19|
saṃgrāmaṃ sumahāghoraṃ kṛtvā devaiḥ sa rākṣasaḥ |
devarājaṃ vinirjitya tadā indrajiteti vai ||20|
rākṣasas *tatsuto*[12] nāma meghanādaḥ pralabdhavān |
amarāvatīṃ tataḥ prāpya devarājagṛhe śubhe ||21|
dadarśāñjana-[13]saṃkāśāṃ rāvaṇas tu balānvitaḥ |
pratimāṃ vāsudevasya sarvalakṣaṇasaṃyutām ||22|
śrīvatsalakṣmasaṃyuktāṃ padmapattrāyatekṣaṇām |
vanamālāvṛtoraskāṃ mukuṭāṅgadabhūṣitām ||23|
śaṅkhacakragadāhastāṃ pītavastrāṃ caturbhujām |
sarvābharaṇasaṃyuktāṃ sarvakāmaphalapradām ||24|
vihāya ratnasaṃghāṃś ca pratimāṃ śubhalakṣaṇām |
puṣpakeṇa vimānena laṅkāṃ prāsthāpayad drutam ||25|

3 B -diveśam anuprāpya **4** B gireḥ **5** AC śubhāṃ **6** ABV -carair vṛtaḥ **7** ASS corr. like V; V samādāya **8** V -mukhāṃs tathā **9** V bhūrbhuvādikam **10** B -duṣkaram **11** V -rākṣasān **12** BC tu tato **13** B dadarśādbhuta-

purādhyakṣaḥ sthitaḥ śrīmān dharmātmā sa vibhīṣaṇaḥ |
rāvaṇasyānujo mantrī nārāyaṇaparāyaṇaḥ ||26|
dṛṣṭvā tāṃ pratimāṃ divyāṃ devendrabhavanacyutām |
romāñcitatanur bhūtvā vismayaṃ samapadyata ||27|
praṇamya śirasā devaṃ prahṛṣṭenāntarātmanā |
adya me saphalaṃ janma adya me saphalaṃ tapaḥ ||28|
ity uktvā sa tu dharmātmā praṇipatya muhur muhuḥ |
jyeṣṭhaṃ bhrātaram āsādya kṛtāñjalir abhāṣata ||29|
rājan pratimayā tvaṃ me prasādaṃ kartum arhasi |
yām ārādhya jagannātha nistareyaṃ bhavārṇavam ||30|
bhrātur vacanam ākarṇya rāvaṇas *taṃ*[14] tadābravīt |
gṛhāṇa pratimāṃ vīra tv anayā kiṃ karomy aham ||31|
svayaṃbhuvaṃ samārādhya trailokyaṃ vijaye tv aham |
nānāścaryamayaṃ devaṃ[15] sarvabhūtabhavodbhavam ||32|
vibhīṣaṇo mahābuddhis tadā tāṃ[16] pratimāṃ śubhām |
śatam aṣṭottaraṃ cābdaṃ samārādhya janārdanam ||33|
ajarāmaraṇaṃ prāptam aṇimādiguṇair yutam |
rājyaṃ laṅkādhipatyaṃ ca bhogān bhuṅkte yathepsitān ||34|
munaya ūcuḥ:
aho no vismayo jātaḥ śrutvedaṃ paramāmṛtam |
anantavāsudevasya saṃbhavaṃ bhuvi durlabham ||35|
śrotum icchāmahe deva vistareṇa yathātatham |
tasya devasya māhātmyaṃ vaktum arhasy aśeṣataḥ ||36|
brahmovāca:
tadā sa rākṣasaḥ krūro devagandharvakiṃnarān |
lokapālān samanujān munisiddhāṃś ca pāpakṛt ||37|
vijitya samare sarvān ājahāra *tadaṅganāḥ*[17] |
saṃsthāpya nagarīṃ laṅkāṃ punaḥ *sītārthamohitaḥ*[18] ||38|
śaṅkito[19] mṛgarūpeṇa sauvarṇena ca *rāvaṇaḥ*[20] |
tataḥ kruddhena rāmeṇa raṇe saumitriṇā saha ||39|
rāvaṇasya vadhārthāya hatvā vāliṃ *manojavam*[21] |
abhiṣiktaś ca sugrīvo yuvarājo 'ṅgadas tathā ||40|
hanumān nala-*nīlaś*[22] ca jāmbavān *panasas*[23] tathā |
gavayaś *ca gavākṣaś*[24] ca *pāṭhīnaḥ paramaujasaḥ*[25] ||41|
etaiś cānyaiś ca bahubhir vānaraiḥ *samahā*-[26]balaiḥ |
samāvṛto *mahāghorai*[27] rāmo rājīvalocanaḥ ||42|
girīṇāṃ sarva-[28]saṃghātaiḥ setuṃ baddhvā mahodadhau |
balena mahatā rāmaḥ samuttīrya mahodadhim ||43|
saṃgrāmam atulaṃ cakre rakṣogaṇa-*samanvitaḥ*[29] |
yamahastaṃ[30] prahastaṃ ca nikumbhaṃ kumbham eva ca ||44|

14 BV tu **15** V nānāścaryamahādevaṃ **16** ASS corr. *mahābuddhir āsādya* **17** V varāṅganāḥ **18** ASS corr. *sītāṃ ca mohitaḥ*; ABV sītārtham udyataḥ **19** A calito V chalitvā **20** V rāghavam **21** A plavaṃgamam **22** V -nīlau **23** B [or A or C? Siglum as in ASS ed. not poss.] pavanas **24** B caiva maindaś **25** B vānareśā mahaujasaḥ V pāvanāḥ paramaujasaḥ **26** V sa mahā- **27** B mahātmāsau **28** C śataśaḥ śālva- **29** V -samanvitān **30** A mahodaraṃ

narāntakaṃ mahāvīryaṃ tathā caiva yamāntakam |
mālāḍhyaṃ mālikāḍhyaṃ[31] ca hatvā rāmas tu vīryavān ||45|
punar indrajitaṃ hatvā kumbhakarṇaṃ sarāvaṇam |
vaidehīṃ cāgnināśodhya dattvā rājyaṃ vibhīṣaṇe ||46|
vāsudevaṃ samādāya yānaṃ puṣpakam āruhat |
līlayā samanuprāpad ayodhyāṃ pūrvapālitām ||47|
kaniṣṭhaṃ bharataṃ snehāc chatrughnaṃ bhakta-*vatsalaḥ*[32] |
abhiṣicya tadā rāmaḥ sarvarājye 'dhirājavat ||48|
purātanīṃ svamūrtiṃ ca samārādhya tato hariḥ |
daśa varṣasahasrāṇi daśa varṣaśatāni ca ||49|
bhuktvā sāgaraparyantāṃ medinīṃ sa tu rāghavaḥ |
rājyam *āsādya*[33] *su-*[34]gatiṃ vaiṣṇavaṃ padam āviśat ||50|
tāṃ cāpi pratimāṃ *rāmaḥ*[35] samudreśāya dattavān |
dhanyo rakṣayitāsi tvaṃ *toyaratnasamanvitaḥ*[36] ||51|
dvāparaṃ yugam āsādya yadā devo *jagatpatiḥ*[37] |
dharaṇyāś cānurodhena bhāvaśaithilyakāraṇāt ||52|
avatīrṇaḥ sa bhagavān vasudevakule prabhuḥ |
kaṃsādīnāṃ vadhārthāya saṃkarṣaṇasahāyavān ||53|
tadā tāṃ[38] pratimāṃ viprāḥ sarvavāñchāphalapradām |
sarvalokahitārthāya *kasya-*[39]cit kāraṇāntare ||54|
tasmin kṣetravare puṇye durlabhe puruṣottame |
ujjahāra svayaṃ toyāt *samudraḥ saritāṃ patiḥ*[40] ||55|
tadā prabhṛti tatraiva kṣetre muktiprade dvijāḥ |
āste sa devo *devānāṃ sarvakāmaphalapradaḥ*[41] ||56|
ye saṃśrayanti cānantaṃ bhaktyā sarveśvaraṃ prabhum |
vāṅmanaḥkarmabhir nityaṃ te yānti paramaṃ padam ||57|
dṛṣṭvānantaṃ sakṛd bhaktyā saṃpūjya praṇipatya ca |
rājasūyāśvamedhābhyāṃ phalaṃ daśaguṇaṃ labhet ||58|
sarvakāmasamṛddhena kāmagena suvarcasā |
vimānenārkavarṇena kiṅkiṇījālamālinā ||59|
triḥsaptakulam uddhṛtya divyastrīgaṇasevitaḥ |
upagīyamāno gandharvair naro viṣṇupuraṃ vrajet ||60|
tatra bhuktvā varān bhogāñ jarāmaraṇavarjitaḥ |
divyarūpadharaḥ śrīmān yāvad ābhūtasaṃplavam ||61|
puṇyakṣayād ihāyātaś caturvedī dvi-*jottamaḥ*[42] |
vaiṣṇavaṃ yogam āsthāya tato mokṣam avāpnuyāt ||62|
evaṃ mayā tv ananto 'sau kīrtito munisattamāḥ |
kaḥ śaknoti guṇān vaktuṃ *tasya*[43] varṣaśatair api ||63|

iti śrīmahāpurāṇe ādibrāhme svayaṃbhvṛṣisaṃvāde 'nantavāsudevamāhātmyanirūpaṇaṃ nāma ṣaṭsaptatyadhikaśatatamo 'dhyāyaḥ[44]

31 A mālinaṃ mālyavantaṃ **32** V -vatsalam **33** C ādāya **34** V sva- **35** B rājñe **36** V toye cātra susaṃhitaḥ **37** V jagadguruḥ **38** B taddattāṃ **39** V kasmiṃś- **40** V sāmudrāt saritāṃ pateḥ **41** BV devānām ārtihā sarvakāmadaḥ **42** V -jo bhavet **43** V sarvān **44** V continues the first book, by counting this chapter no. 67, i.e. 109 chapters less than ASS.

brahmovāca:
evaṃ vo 'nantamāhātmyaṃ kṣetraṃ ca puruṣottamam |
bhuktimuktipradaṃ nṝṇāṃ mayā proktaṃ sudurlabham || 177.1 |
yatrāste puṇḍarīkākṣaḥ śaṅkhacakragadādharaḥ |
pītāmbaradharaḥ *kṛṣṇaḥ*[1] kaṃsakeśiniṣūdanaḥ || 2 |
ye tatra kṛṣṇaṃ paśyanti surāsuranamaskṛtam |
saṃkarṣaṇaṃ subhadrāṃ ca dhanyās te nātra saṃśayaḥ || 3 |
trailokyādhipatiṃ devaṃ sarvakāmaphalapradam |
ye dhyāyanti sadā kṛṣṇaṃ *muktās*[2] te nātra saṃśayaḥ || 4 |
kṛṣṇe ratāḥ kṛṣṇam anusmaranti |
rātrau ca kṛṣṇaṃ punar utthitā ye |
te bhinnadehāḥ praviśanti *kṛṣṇaṃ*[3] |
havir yathā mantrahutaṃ hutāśam || 5 |
tasmāt sadā muniśreṣṭhāḥ kṛṣṇaḥ kamalalocanaḥ |
tasmin kṣetre prayatnena draṣṭavyo mokṣakāṅkṣibhiḥ || 6 |
śayanotthāpane[4] kṛṣṇaṃ ye paśyanti manīṣiṇaḥ |
halāyudhaṃ subhadrāṃ ca *hareḥ sthānaṃ*[5] vrajanti te || 7 |
sarvakāle 'pi ye bhaktyā paśyanti puruṣottamam |
rauhiṇeyaṃ subhadrāṃ ca viṣṇulokaṃ *vrajanti*[6] te || 8 |
āste yaś caturo māsān vārṣikān puruṣottame |
pṛthivyās tīrthayātrāyāḥ phalaṃ prāpnoti cādhikam || 9 |
ye sarvakālaṃ tatraiva nivasanti manīṣiṇaḥ |
jitendriyā jitakrodhā labhante tapasaḥ phalam || 10 |
tapas taptvānyatīrtheṣu varṣāṇām ayutaṃ naraḥ |
yad āpnoti tad āpnoti māsena puruṣottame || 11 |
tapasā brahmacaryeṇa saṅgatyāgena yat phalam |
tat phalaṃ satataṃ *tatra*[7] prāpnuvanti manīṣiṇaḥ || 12 |
sarvatīrtheṣu yat puṇyaṃ snānadānena kīrtitam |
tat phalaṃ satataṃ *tatra*[8] prāpnuvanti manīṣiṇaḥ || 13 |
samyak tīrthena[9] yat proktaṃ vratena niyamena ca |
tat phalaṃ labhate tatra pratyahaṃ *prayataḥ*[10] śuciḥ || 14 |
yas tu[11] nānāvidhair yajñair yat phalaṃ labhate naraḥ |
tat phalaṃ labhate *tatra*[12] pratyahaṃ saṃyatendriyaḥ || 15 |
dehaṃ tyajanti *puruṣās*[13] tatra ye puruṣottame |
kalpavṛkṣaṃ samāsādya muktās te nātra saṃśayaḥ || 16 |
vaṭasāgarayor madhye ye tyajanti kalevaram |
te durlabhaṃ paraṃ mokṣaṃ prāpnuvanti na saṃśayaḥ || 17 |

1 V śrīmān **2** A dhanyās **3** A viṣṇuṃ **4** B śayane bodhane **5** AB haristhānaṃ **6** A ca yānti **7** AC viprāḥ **8** C viprāḥ **9** B saṃyag dhiyāṃ ca **10** V puruṣaḥ **11** V iṣṭvā **12** C viprāḥ **13** V manujās

anicchann api yas tatra prāṇāṃs tyajati mānavaḥ |
so 'pi duḥkhavinirmukto muktiṃ prāpnoti durlabhām || 18 |
kṛmikīṭapataṃgādyās tiryagyonigatāś ca ye |
tatra dehaṃ parityajya te *yānti paramāṃ*[14] gatim || 19 |
bhrāntiṃ lokasya paśyadhvam anyatīrthaṃ prati dvijāḥ |
puruṣākhyena yat prāptam anyatīrthaphalādikam || 20 |
sakṛt paśyati yo martyaḥ śraddhayā puruṣottamam |
puruṣāṇāṃ sahasreṣu sa bhaved uttamaḥ pumān || 21 |
prakṛteḥ sa paro yasmāt puruṣād api cottamaḥ |
tasmād vede purāṇe ca loke 'smin puruṣottamaḥ || 22 |
yo 'sau purāṇe vedānte paramātmety udāhṛtaḥ |
āste *viśvopakārāya tenāsau*[15] puruṣottamaḥ || 23 |
pāthe[16] śmaśāne gṛhamaṇḍape vā |
rathyāpradeśeṣv api yatra kutra |
icchann anicchann api tatra dehaṃ |
saṃtyajya mokṣaṃ labhate manuṣyaḥ || 24 |
tasmāt sarvaprayatnena tasmin kṣetre dvijottamāḥ |
dehatyāgo naraiḥ kāryaḥ samyaṅ mokṣābhikāṅkṣibhiḥ || 25 |
puruṣākhyasya māhātmyaṃ *na bhūtaṃ na bhaviṣyati*[17] |
tyaktvā yatra naro dehaṃ muktiṃ prāpnoti durlabhām[18] || 26 |
guṇānām ekadeśo 'yaṃ mayā kṣetrasya kīrtitaḥ |
kaḥ samastān guṇān vaktuṃ śakto varṣaśatair api || 27 |
yadi yūyaṃ muniśreṣṭhā mokṣam icchatha śāśvatam |
tasmin kṣetravare puṇye nivasadhvam atandritāḥ || 28 |
vyāsa uvāca:
te tasya vacanaṃ śrutvā brahmaṇo 'vyaktajanmanaḥ |
nivāsaṃ cakrire tatra avāpuḥ paramaṃ padam || 29 |
tasmād yūyaṃ prayatnena nivasadhvaṃ dvijottamāḥ |
puruṣākhye vare kṣetre yadi muktim abhīpsatha || 30 |

iti śrīmahāpurāṇe ādibrāhme brahmarṣisaṃvāde *kṣetra*-[19]māhātmyavarṇanaṃ nāma saptasaptatyadhikaśatatamo 'dhyāyaḥ

vyāsa uvāca:
tasmin kṣetre muniśreṣṭhāḥ sarvasattvasukhāvahe |
dharmārthakāmamokṣāṇāṃ phalade puruṣottame || 178.1 |
kaṇḍur nāma mahātejā ṛṣiḥ paramadhārmikaḥ |
satyavādī śucir dāntaḥ sarvabhūtahite rataḥ || 2 |
jitendriyo jitakrodho vedavedāṅgapāragaḥ |
avāpa paramāṃ siddhim *ārādhya*[1] puruṣottamam || 3 |

14 V 'pi yānti parāṃ **15** AB tatropakārāya pradeśe **16** V pathi **17** V vaktuṃ śaknoti kaḥ pumān **18** V naro yatra vaṭaṃ dṛṣṭvā brahmahatyāṃ vyapohati **19** V puruṣottamakṣetra-
1 AB avāpya

anye 'pi tatra saṃsiddhā munayaḥ *saṃśitavratāḥ*[2] |
sarvabhūtahitā dāntā jitakrodhā vimatsarāḥ ||4|
munaya ūcuḥ:
ko 'sau kaṇḍuḥ kathaṃ tatra jagāma *paramāṃ*[3] gatim |
śrotum icchāmahe tasya caritaṃ brūhi sattama ||5|
vyāsa uvāca:
śṛṇudhvaṃ muniśārdūlāḥ kathāṃ tasya manoharām |
pravakṣyāmi samāsena munes tasya viceṣṭitam ||6|
pavitre[4] *gomatī-*[5]tīre vijane sumanohare |
kandamūla-*phalaiḥ pūrṇe*[6] samitpuṣpa-*kuśānvitaiḥ*[7] ||7|
nānādrumalatākīrṇe nānāpuṣpopaśobhite |
nānāpakṣirute ramye nānāmṛgagaṇānvite ||8|
tatrāśramapadaṃ kaṇḍor babhūva munisattamāḥ |
sarvartuphalapuṣpāḍhyaṃ kadalīkhaṇḍamaṇḍitam ||9|
tapas tepe munis tatra sumahat paramādbhutam |
vratopavāsair niyamaiḥ snānamaunasusaṃyamaiḥ ||10|
grīṣme pañcatapā bhūtvā varṣāsu sthaṇḍileśayaḥ |
ārdravāsās tu[8] hemante sa tepe sumahat tapaḥ ||11|
dṛṣṭvā *tu*[9] tapaso vīryaṃ munes tasya suvismitāḥ |
babhūvur devagandharvāḥ siddhavidyādharās tathā ||12|
bhūmiṃ tathāntarikṣaṃ ca divaṃ ca munisattamāḥ |
kaṇḍuḥ saṃtāpayām āsa trailokyaṃ tapaso balāt ||13|
aho 'sya paramaṃ dhairyam aho 'sya paramaṃ tapaḥ |
ity abruvaṃs tadā dṛṣṭvā devās taṃ tapasi sthitam ||14|
mantrayām āsur avyagrāḥ śakreṇa sahitās tadā |
bhayāt tasya samudvignās tapovighnam abhīpsavaḥ ||15|
jñātvā teṣām abhiprāyaṃ śakras tribhuvaneśvaraḥ |
pramlocākhyāṃ varārohāṃ rūpayauvanagarvitām ||16|
sumadhyāṃ cāru-*jaṅghāṃ tāṃ*[10] pīnaśroṇipayodharām |
sarvalakṣaṇasaṃpannāṃ provāca *phala-*[11]sūdanaḥ ||17|
śakra uvāca:
pramloce gaccha śīghraṃ tvaṃ *yadāsau*[12] tapyate muniḥ |
vighnārthaṃ tasya tapasaḥ *kṣobhayasvāṃśu suprabhe*[13] ||18|
pramlocovāca:
tava vākyaṃ suraśreṣṭha karomi satataṃ prabho |
kiṃtu śaṅkā mamaivātra jīvitasya ca saṃśayaḥ ||19|
bibhemi taṃ munivaraṃ brahmacaryavrate sthitam |
atyugraṃ dīptatapasaṃ jvalanārkasamaprabham ||20|
jñātvā māṃ sa muniḥ krodhād vighnārthaṃ samupāgatām |
kaṇḍuḥ paramatejasvī śāpaṃ dāsyati duḥsaham ||21|

2 AB saṃyatendriyāḥ **3** B yad imāṃ **4** A prasiddhe **5** V gaumatī- **6** AC -phalair medhyaiḥ **7** B -jalaiḥ kuśaiḥ V -kuśānvite **8** V ākaṇṭhamagno **9** V tat **10** V -daśanāṃ **11** V bala- **12** V yatrāsau **13** ASS corr. *kṣobhayasvāśu*; V kṣobhayasva manaḥ śubhe

urvaśī menakā rambhā ghṛtācī puñjikasthalā |
viśvācī sahajanyā ca pūrvacittis tilottamā ||22|
alambuṣā miśrakeśī śaśilekhā ca vāmanā |
anyāś cāpsarasaḥ santi rūpayauvanagarvitāḥ ||23|
sumadhyāś cāruvadanāḥ pīnonnatapayodharāḥ |
kāma-*pradhāna*-[14]kuśalās tās tatra *saṃniyojaya*[15] ||24|
brahmovāca:
tasyās tad vacanaṃ śrutvā punaḥ prāha śacīpatiḥ |
tiṣṭhantu nāma cānyās tās tvaṃ cātra kuśalā śubhe ||25|
kāmaṃ vasantaṃ vāyuṃ ca sahāyārthe dadāmi te |
taiḥ sārdhaṃ gaccha suśroṇi yatrāste sa mahāmuniḥ ||26|
śakrasya vacanaṃ śrutvā tadā sā cārulocanā |
jagāmākāśamārgeṇa taiḥ sārdhaṃ *cāśramaṃ muneḥ*[16] ||27|
gatvā sā tatra ruciraṃ dadarśa vanam uttamam |
muniṃ ca dīptatapasam āśramastham akalmaṣam ||28|
apaśyat sā vanaṃ ramyaṃ taiḥ sārdhaṃ nandanopamam |
sarvartuvarapuṣpāḍhyaṃ śākhāmṛgagaṇākulam ||29|
puṇyaṃ padma-*balopetaṃ*[17] sapallava-*mahābalam*[18] |
śrotraramyān sumadhurāñ śabdān khagamukheritān ||30|
sarvartuphalabhārāḍhyān sarvartukusumojjvalān |
apaśyat pādapāṃś caiva vihaṃgair anunāditān ||31|
āmrān āmrātakān bhavyān nārikerān satindukān |
atha bilvāṃs tathā jīvān dāḍimān bījapūrakān ||32|
panasāṃl lakucān nīpāñ śirīṣān sumanoharān |
pārāvatāṃs tathā kolān arimedāmlavetasān ||33|
bhallātakān āmalakāñ *śata*-[19]parṇāṃś ca kiṃśukān |
iṅgudān karavīrāṃś ca harītakīvibhītakān ||34|
etān anyāṃś ca sā vṛkṣān dadarśa pṛthulocanā |
tathaivāśokapuṃnāgaketakī-*bakulān atha*[20] ||35|
pārijātān kovidārān mandārendīvarāṃs tathā |
pāṭalāḥ puṣpitā ramyā[21] devadārudrumāṃs tathā ||36|
śālāṃs tālāṃs tamālāṃś ca niculāṃl lomakāṃs tathā |
anyāṃś ca pādapaśreṣṭhān apaśyat phalapuṣpitān ||37|
cakoraiḥ śatapattraiś ca bhṛṅgarājais tathā śukaiḥ |
kokilaiḥ kalaviṅkaiś ca hārītair jīvajīvakaiḥ ||38|
priyaputraiś cātakaiś ca tathānyair vividhaiḥ khagaiḥ |
śrotraramyaṃ sumadhuraṃ kūjadbhiś cāpy adhiṣṭhitam ||39|
sarāṃsi ca manojñāni prasannasalilāni ca |
kumudaiḥ puṇḍarīkaiś ca tathā nīlotpalaiḥ śubhaiḥ ||40|
kahlāraiḥ kamalaiś caiva ācitāni samantataḥ |
kādambaiś cakravākaiś ca tathaiva jalakukkuṭaiḥ ||41|

14 V -pracāra- **15** V viniyojaya **16** V ca varāṅganā **17** V -vanopetaṃ **18** V -nagākulam
19 V chata- **20** V -bakulāṃs tathā **21** V pāṭalān puṣpitān ramyān

kāraṇḍavair bakair haṃsaiḥ kūrmair madgubhir eva ca |
etaiś cānyaiś ca kīrṇāni samantāj jalacāribhiḥ ||42|
krameṇaiva tathā sā tu vanaṃ babhrāma taiḥ saha |
evaṃ dṛṣṭvā vanaṃ ramyaṃ taiḥ sārdhaṃ paramādbhutam ||43|
vismayotphullanayanā sā babhūva varāṅganā |
provāca vāyuṃ kāmaṃ ca vasantaṃ ca dvijottamāḥ ||44|
pramlocovāca:
kurudhvaṃ mama sāhāyyaṃ *yūyaṃ*[22] sarve pṛthak pṛthak ||45|
brahmovāca:
evam uktvā tadā sā tu *tathety uktā surair dvijāḥ*[23] |
pratyuvācādya yāsyāmi yatrāsau saṃsthito muniḥ ||46|
adya taṃ *deha-*[24]yantāraṃ prayuktendriyavājinam |
smaraśastragaladraśmiṃ kariṣyāmi kusārathim ||47|
brahmā janārdano vāpi yadi vā nīlalohitaḥ |
tathāpy adya kariṣyāmi kāmabāṇakṣatāntaram ||48|
ity uktvā *prayayau sātha*[25] yatrāsau tiṣṭhate muniḥ |
munes tapaḥprabhāveṇa praśāntaśvāpadāśramam ||49|
sā puṃskokila-*mādhurye*[26] nadītīre vyavasthitā |
stokamātraṃ sthitā[27] tasmād agāyata varāpsarāḥ ||50|
tato vasantaḥ sahasā *balaṃ samakarot*[28] tadā |
kokilārāvamadhuram akālikamanoharam ||51|
vavau gandhavahaś caiva malayādriniketanaḥ |
puṣpān uccāvacān medhyān pātayaṃś ca śanaiḥ śanaiḥ ||52|
puṣpabāṇadharaś caiva gatvā tasya samīpataḥ |
muneś ca kṣobhayām āsa kāmas tasyāpi mānasam ||53|
tato gītadhvaniṃ śrutvā munir vismitamānasaḥ |
jagāma *yatra sā subhrūḥ*[29] kāmabāṇaprapīḍitaḥ ||54|
dṛṣṭvā tām āha saṃdṛṣṭo vismayotphullalocanaḥ |
bhraṣṭottarīyo vikalaḥ pulakāñcitavigrahaḥ ||55|
ṛṣir uvāca:
kāsi kasyāsi suśroṇi subhage cāruhāsini |
mano harasi me subhru brūhi satyaṃ sumadhyame ||56|
pramlocovāca:
tava karmakarā cāhaṃ *puṣpārtham aham*[30] āgatā |
ādeśaṃ dehi me kṣipraṃ kiṃ karomi tavājñayā ||57|
vyāsa uvāca:
śrutvaivaṃ vacanaṃ tasyās tyaktvā dhairyaṃ vimohitaḥ |
ādāya haste tāṃ bālāṃ praviveśa svam āśramam ||58|
tataḥ kāmaś ca vāyuś ca vasantaś ca dvijottamāḥ |
jagmur yathāgataṃ sarve kṛtakṛtyās triviṣṭapam ||59|

22 V sajjāḥ **23** V śaktikṣobheṇa garvitā **24** C deva- **25** BV prajagāmātha
26 V -mādhuryā **27** A stomasaṃtrāsitā **28** C vasantam akarot **29** B tatra caivāśu
30 B puṣpakāmāham

śaśaṃsuś ca hariṃ gatvā tasyās tasya *ca ceṣṭitam*[31] |
śrutvā śakras tadā devāḥ prītāḥ sumanaso 'bhavan ||60|
sa ca kaṇḍus tayā sārdhaṃ praviśann eva cāśramam |
ātmanaḥ paramaṃ rūpaṃ cakāra *madanākṛti*[32] ||61|
rūpayauvanasaṃpannam atīva sumanoharam |
divyālaṃkārasaṃyuktaṃ ṣoḍaśavatsarākṛti ||62|
divyavastradharaṃ kāntaṃ divyasraggandhabhūṣitam |
sarvopabhogasaṃpannaṃ sahasā tapaso balāt ||63|
dṛṣṭvā sā tasya tad vīryaṃ paraṃ vismayam āgatā |
aho 'sya tapaso vīryam ity uktvā muditābhavat ||64|
snānaṃ saṃdhyāṃ japaṃ homaṃ svādhyāyaṃ devatārcanam |
vratopavāsaniyamaṃ dhyānaṃ ca muniṣattamāḥ ||65|
tyaktvā sa reme muditas tayā sārdham aharniśam |
manmathāviṣṭahṛdayo na bubodha tapaḥkṣayam ||66|
saṃdhyārātridivāpakṣamāsartvayanahāyanam |
na bubodha gataṃ kālaṃ viṣayāsaktamānasaḥ ||67|
sā ca taṃ kāmajair bhāvair vidagdhā rahasi dvijāḥ |
varayām[33] āsa suśroṇiḥ *pralāpa*-[34]kuśalā tadā ||68|
evaṃ kaṇḍus tayā sārdhaṃ varṣāṇām adhikaṃ śatam |
atiṣṭhan mandaradroṇyāṃ grāmyadharmarato muniḥ ||69|
sā taṃ prāha mahābhāgaṃ gantum icchāmy ahaṃ divam |
prasādasumukho brahmann anujñātuṃ tvam arhasi ||70|
tayaivam uktaḥ sa munis tasyām āsaktamānasaḥ |
dināni katicid bhadre sthīyatām ity abhāṣata ||71|
evam uktā tatas tena sāgraṃ varṣaśataṃ punaḥ |
bubhuje viṣayāṃs tanvī tena sārdhaṃ mahātmanā ||72|
anujñāṃ dehi bhagavan vrajāmi tridaśālayam |
uktas tayeti sa punaḥ sthīyatām ity abhāṣata ||73|
punar gate varṣaśate sādhike sā śubhānanā |
yāmy ahaṃ tridivaṃ brahman praṇayasmitaśobhanam ||74|
uktas tayaivaṃ sa muniḥ punar āhāyatekṣaṇām |
ihāsyatāṃ mayā subhru ciraṃ kālaṃ gamiṣyasi ||75|
tacchāpabhītā suśroṇī saha tenarṣiṇā punaḥ |
śatadvayaṃ kiṃcid ūnaṃ *varṣāṇāṃ samatiṣṭhata*[35] ||76|
gamanāya mahābhāgo devarājaniveśanam |
proktaḥ proktas tayā tanvyā sthīyatām ity abhāṣata ||77|
tasya śāpabhayād bhīrur dākṣiṇyena ca dakṣiṇā |
proktā praṇayabhaṅgārtivedinī na jahau munim ||78|
tayā ca *ramatas*[36] tasya paramarṣer aharniśam |
navaṃ navam abhūt prema manmathāsaktacetasaḥ ||79|
ekadā tu tvarāyukto niścakrāmoṭajān muniḥ |
niṣkrāmantaṃ ca kutreti gamyate prāha sā śubhā ||80|

31 V viceṣṭitam **32** B manmathākṛti **33** V ramayām **34** C pracāra- **35** V varṣāṇām anvatiṣṭhata **36** C vasatas

ity uktaḥ sa tayā prāha parivṛttam ahaḥ śubhe |
saṃdhyopāstiṃ kariṣyāmi kriyālopo 'nyathā bhavet ||81|
tataḥ prahasya muditā sā taṃ prāha mahāmunim |
kim adya sarvadharmajña parivṛttam ahas tava |
gatam etan na kurute vismayaṃ kasya kathyate ||82|
munir uvāca:
prātas tvam āgatā bhadre nadītīram idaṃ śubham |
mayā dṛṣṭāsi suśroṇi praviṣṭā ca mamāśramam ||83|
iyaṃ ca vartate saṃdhyā pariṇāmam aho gatam |
avahāsaḥ kimartho 'yaṃ sadbhāvaḥ kathyatāṃ mama ||84|
pramlocovāca:
pratyūṣasy āgatā brahman satyam etan na me mṛṣā |
kiṃtv adya tasya kālasya gatāny abdaśatāni te ||85|
tataḥ sasādhvaso vipras tāṃ papracchāyatekṣaṇām |
kathyatāṃ bhīru kaḥ kālas tvayā me ramataḥ sadā ||86|
pramlocovāca:
saptottarāṇy[37] atītāni navavarṣaśatāni *ca*[38] |
māsāś ca *ṣaṭ tathaivānyat*[39] samatītaṃ dinatrayam ||87|
ṛṣir uvāca:
satyaṃ bhīru vadasy etat parihāso 'thavā śubhe |
dinam ekam ahaṃ manye tvayā sārdham *ihoṣitam*[40] ||88|
pramlocovāca:
vadiṣyāmy anṛtaṃ brahman katham atra tavāntike |
viśeṣād adya bhavatā pṛṣṭā mārgānugāminā ||89|
vyāsa uvāca:
niśamya tad vacas tasyāḥ sa munir dvijasattamāḥ |
dhig dhiṅ mām[41] ity anācāraṃ vinindyātmānam ātmanā ||90|
munir uvāca:
tapāṃsi mama naṣṭāni hataṃ brahmavidāṃ dhanam |
hṛto vivekaḥ kenāpi *yoṣin*[42] mohāya nirmitā ||91|
ūrmiṣaṭkātigaṃ brahma jñeyam ātmajayena me |
gatir eṣā kṛtā yena dhik taṃ kāmamahāgraham ||92|
vratāni *sarvavedāś ca*[43] kāraṇāny akhilāni ca |
narakagrāmamārgeṇa *kāmenādya hatāni*[44] me ||93|
vinindyettham sa dharma-[45]jñaḥ svayam ātmānam ātmanā |
tām apsarasam āsīnām idaṃ vacanam abravīt |
ṛṣir uvāca:
gaccha pāpe yathākāmaṃ yat kāryaṃ tat tvayā kṛtam |
devarājasya *yat kṣobhaṃ*[46] kurvantyā bhāvaceṣṭitaiḥ ||94|
na tvāṃ karomy ahaṃ bhasma krodhatīvreṇa vahninā |
satāṃ *sāptapadaṃ maitryam*[47] uṣito 'haṃ tvayā saha ||95|

37 B saptanyūnāny **38** V vai **39** B ṣoḍaśaivātra V ṣaṭ tathaivādya **40** V ihāsthitaḥ
41 A viditvā **42** A yā me **43** B ca samastāni V sarve vedāś ca **44** C kāmenāpakṛtāni
45 B vinindyātyantadharma- **46** A tu kṣemaṃ V matkṣobhaṃ **47** B sāptapadī maitrī hy

athavā tava doṣaḥ kaḥ kiṃ vā *kuryām*[48] ahaṃ tava |
mamaiva doṣo nitarāṃ yenāham ajitendriyaḥ ||96|
yathā śakrapriyārthinyā kṛto mattapaso vyayaḥ |
tvayā *dṛṣṭimahāmohamanunāhaṃ jugupsitaḥ*[49] ||97|
vyāsa uvāca:
yāvad itthaṃ sa viprarṣis tāṃ bravīti sumadhyamām |
tāvat skhalatsvedajalā sā babhūvātivepathuḥ ||98|
pravepamānāṃ sa ca tāṃ svinnagātralatāṃ satīm |
gaccha gaccheti sakrodham uvāca munisattamaḥ ||99|
sā tu nirbhartsitā tena viniṣkramya tadāśramāt |
ākāśagāminī svedaṃ mamārja tarupallavaiḥ ||100|
vṛkṣād vṛkṣaṃ yayau bālā udagrāruṇapallavaiḥ |
nirmamārja ca gātrāṇi galatsvedajalāni vai ||101|
ṛṣiṇā yas tadā garbhas tasyā dehe samāhitaḥ |
nirjagāma *saromāñca-*[50]svedarūpī tadaṅgataḥ ||102|
taṃ vṛkṣā jagṛhur garbham ekaṃ cakre ca *mārutaḥ*[51] |
somenāpyāyito gobhiḥ sa tadā vavṛdhe śanaiḥ ||103|
māriṣā nāma kanyābhūd vṛkṣāṇāṃ cārulocanā |
prācetasānāṃ sā bhāryā dakṣasya jananī dvijāḥ ||104|
sa cāpi bhagavān kaṇḍuḥ kṣīṇe tapasi sattamaḥ |
puruṣottamākhyaṃ bho viprā viṣṇor āyatanaṃ yayau ||105|
dadarśa paramaṃ kṣetraṃ muktidaṃ bhuvi durlabham |
dakṣiṇasyodadhes tīre sarvakāmaphalapradam ||106|
suramyaṃ vālukākīrṇaṃ ketakīvanaśobhitam |
nānādrumalatākīrṇaṃ nānāpakṣirutaṃ śivam ||107|
sarvatra sukhasaṃcāraṃ sarvartukusumānvitam |
sarvasaukhyapradaṃ nṛṇāṃ dhanyaṃ sarvaguṇākaram ||108|
bhṛgvādyaiḥ sevitaṃ pūrvaṃ munisiddhavarais tathā |
gandharvaiḥ kiṃnarair yakṣais tathānyair mokṣakāṅkṣibhiḥ ||109|
dadarśa *ca*[52] hariṃ tatra devaiḥ sarvair alaṃkṛtam |
brāhmaṇādyais tathā varṇair āśramasthair niṣevitam ||110|
dṛṣṭvaiva sa tadā *kṣetraṃ devaṃ ca puruṣottamam*[53] |
kṛtakṛtyam ivātmānaṃ mene sa munisattamaḥ ||111|
tatraikāgra-*manā*[54] bhūtvā cakārārādhanaṃ hareḥ |
brahmapāramayaṃ kurvañ japam ekāgramānasaḥ |
ūrdhvabāhur mahāyogī sthitvāsau munisattamaḥ ||112|
munaya ūcuḥ:
brahmapāraṃ *mune*[55] śrotum icchāmaḥ paramaṃ *śubham*[56] |
japatā kaṇḍunā devo yenārādhyata keśavaḥ ||113|
vyāsa uvāca:
pāraṃ paraṃ viṣṇur apārapāraḥ |

48 C kupyāmy **49** V dhik tvāṃ mahāmohakāriṇīṃ tu jugupsitām **50** V sa romāñca- **51** V mātrataḥ **52** V sa **53** B devaṃ kṣetre vai puruṣottame **54** AB -matir **55** C muneḥ **56** AB stavam

paraḥ parebhyaḥ *paramātmarūpaḥ*[57] |
sa brahmapāraḥ parapārabhūtaḥ |
paraḥ parāṇām api pārapāraḥ ||114|
sa kāraṇaṃ *kāraṇasaṃśrito*[58] 'pi |
tasyāpi hetuḥ para-*hetu*-[59]hetuḥ |
kāryo 'pi caiṣa[60] saha karmakartṛ- |
rūpair *anekair*[61] avatīha *sarvam*[62] ||115|
brahma prabhur brahma sa sarvabhūto |
brahma prajānāṃ patir acyuto 'sau |
brahmāvyayaṃ nityam ajaṃ sa viṣṇur |
apakṣayādyair akhilair asaṅgaḥ ||116|
brahmākṣaram ajaṃ nityaṃ yathāsau puruṣottamaḥ |
tathā rāgādayo doṣāḥ prayāntu praśamaṃ mama ||117|
vyāsa uvāca:
śrutvā tasya muner *jāpyaṃ*[63] brahmapāraṃ dvijottamāḥ |
bhaktiṃ ca paramāṃ jñātvā sudṛḍhāṃ puruṣottamaḥ ||118|
prītyā sa parayā devas tadāsau bhaktavatsalaḥ |
gatvā tasya *samīpaṃ*[64] tu provāca madhusūdanaḥ ||119|
meghagambhīrayā vācā diśaḥ saṃnādayann iva |
āruhya garuḍaṃ viprā vinatākulanandanam ||120|
śrībhagavān uvāca:
mune brūhi paraṃ kāryaṃ yat te manasi vartate |
varado 'ham anuprāpto varaṃ varaya suvrata ||121|
śrutvaivaṃ[65] vacanaṃ tasya devadevasya cakriṇaḥ |
cakṣur unmīlya sahasā dadarśa purato harim ||122|
atasīpuṣpasaṃkāśaṃ padmapattrāyatekṣaṇam |
śaṅkhacakragadāpāṇiṃ mukuṭāṅgadadhāriṇam ||123|
caturbāhum udārāṅgaṃ pītavastradharaṃ *śubham*[66] |
śrīvatsalakṣmasaṃyuktaṃ vanamālāvibhūṣitam ||124|
[67]sarvalakṣaṇasaṃyuktaṃ sarvaratnavibhūṣitam |
divyacandanaliptāṅgaṃ divyamālyavibhūṣitam ||125|
tataḥ sa vismayāviṣṭo romāñcitatanūruhaḥ |
daṇḍavat praṇipatyorvyāṃ praṇāmam akarot tadā ||126|
adya me saphalaṃ janma adya me saphalaṃ tapaḥ |
ity uktvā muni-*śārdūlās*[68] *taṃ stotum*[69] upacakrame ||127|
kaṇḍur uvāca:
nārāyaṇa hare kṛṣṇa śrīvatsāṅka jagatpate |
jagad-*bīja*[70] jagaddhāma jagatsākṣin namo 'stu te ||128|
avyakta *jiṣṇo*[71] prabhava pradhānapuruṣottama |
puṇḍarīkākṣa govinda *lokanātha namo 'stu te*[72] ||129|

57 C paramārtharūpi **58** A kāraṇatas tato **59** B -pāra- **60** ACV kāryeṣu caivaṃ **61** AB a-śeṣair **62** A viṣṇu **63** A vākyaṃ B japyaṃ **64** B samīpe **65** V śrutvaitad **66** V prabhum **67** V prints v. 125 as footnote. **68** AB -śārdūlāḥ V -śārdūlas **69** AB saṃstotum **70** B -dhātar **71** A viṣṇo **72** A jagannātha jagatpate

hiraṇyagarbha śrī-*nātha*[73] padma-*nātha*[74] sanātana |
bhūgarbha dhruva īśāna hṛṣīkeśa namo 'stu te ||130|
anādyantāmṛtājeya jaya tvaṃ jayatāṃ vara |
a-*jitākhaṇḍa śrīkṛṣṇa*[75] śrīnivāsa namo 'stu te ||131|
[[76]yogātmann aprameyātmaṃl lokātmaṃs tvaṃ sanātanaḥ |
kūṭasthācala durjñeya kuśeśāya namo 'stu te |
vareṇya varadānanta brahmayone guṇākara |
pralayotpattiyogeśa vāsudeva namo 'stu te |]
parjanyadharmakartā ca duṣpāra duradhiṣṭhita |
duḥkhārtināśana hare jalaśāyin namo 'stu te ||132|
bhūtapāvyakta bhūteśa bhūtatattvair anākula |
bhūtādhivāsa bhūtātman bhūtagarbha namo 'stu te ||133|
yajñayajvan yajñadhara yajñadhātābhayaprada |
yajñagarbha hiraṇyāṅga *pṛśni*-[77]garbha namo 'stu te ||134|
kṣetrajñaḥ kṣetrabhṛt kṣetrī kṣetrahā kṣetrakṛd vaśī |
kṣetrātman kṣetrarahita kṣetrasraṣṭre namo 'stu te ||135|
guṇālaya guṇāvāsa guṇāśraya guṇāvaha |
guṇabhoktṛ guṇārāma guṇatyāgin namo 'stu te ||136|
tvaṃ viṣṇus tvaṃ hariś cakrī tvaṃ jiṣṇus tvaṃ janārdanaḥ |
tvaṃ bhūtas tvaṃ vaṣaṭkāras tvaṃ bhavyas tvaṃ bhavatprabhuḥ ||137|
tvaṃ bhūtakṛt tvam avyaktas tvaṃ bhavo bhūtabhṛd bhavān |
tvaṃ bhūtabhāvano devas tvām āhur ajam īśvaram ||138|
tvam anantaḥ kṛtajñas tvaṃ prakṛtis tvaṃ vṛṣākapiḥ |
tvaṃ rudras tvaṃ durādharṣas tvam amoghas tvam īśvaraḥ ||139|
tvaṃ viśvakarmā jiṣṇus *tvaṃ tvaṃ śaṃbhus tvaṃ vṛṣākṛtiḥ*[78] |
tvaṃ śaṃkaras tvam uśanā tvaṃ satyaṃ tvaṃ tapo *janaḥ*[79] ||140|
tvaṃ viśva-*jetā*[80] tvaṃ śarma tvaṃ śaraṇyas tvam akṣaram |
tvaṃ śaṃbhus tvaṃ svayaṃbhūś ca tvaṃ jyeṣṭhas tvaṃ parāyaṇaḥ ||141|
tvam ādityas tvam *oṃkāras*[81] tvaṃ prāṇas tvaṃ tamisrahā |
tvaṃ parjanyas tvaṃ prathitas tvaṃ vedhās tvaṃ sureśvaraḥ ||142|
tvam ṛg yajuḥ sāma caiva tvam ātmā saṃmato bhavān |
tvam agnis tvaṃ ca *pavanas tvam āpo vasudhā bhavān*[82] ||143|
tvaṃ sraṣṭā tvaṃ tathā bhoktā hotā tvaṃ ca haviḥ kratuḥ |
tvaṃ *prabhus*[83] tvaṃ *vibhuḥ*[84] śreṣṭhas tvaṃ lokapatir acyutaḥ ||144|
tvaṃ sarvadarśanaḥ śrīmāṃs tvaṃ sarvadamano 'rihā |
tvam ahas tvaṃ tathā rātris tvām āhur vatsaraṃ *budhāḥ*[85] ||145|
tvaṃ kālas tvaṃ kalā kāṣṭhā tvaṃ muhūrtaḥ kṣaṇā lavāḥ |
tvaṃ bālas tvaṃ tathā vṛddhas tvaṃ pumān strī napuṃsakaḥ ||146|
tvaṃ viśvayonis tvaṃ cakṣus tvaṃ sthāṇus tvaṃ śuciśravāḥ |
tvaṃ śāśvatas tvam ajitas tvam upendras tvam uttamaḥ ||147|

73 V -dhāma **74** V -nābha **75** V -jitākhaṇḍala kṛṣṇa **76** V ins. **77** B pṛthvī- **78** A tvam aśvinau tvaṃ janārdanaḥ **79** V janāḥ **80** AB -retās **81** B ākāśas **82** V pavanaḥ kuberas tvaṃ havis tathā **83** V kavis **84** V hariḥ **85** B dvijāḥ

tvaṃ sarvaviśvasukhadas tvaṃ *vedāṅgaṃ*[86] tvam avyayaḥ |
tvaṃ vedavedas tvaṃ dhātā vidhātā tvaṃ samāhitaḥ ||148|
tvaṃ jalanidhir āmūlaṃ tvaṃ dhātā tvaṃ[87] punar vasuḥ |
tvaṃ vaidyas tvaṃ dhṛtātmā ca tvam atīndriyagocaraḥ ||149|
tvam agraṇīr grāmaṇīs tvaṃ tvaṃ suparṇas tvam ādimān |
tvaṃ saṃgrahas tvaṃ sumahat tvaṃ dhṛtātmā tvam acyutaḥ ||150|
tvaṃ yamas tvaṃ ca niyamas tvaṃ *prāṃśus*[88] tvaṃ caturbhujaḥ |
tvam evānnāntarātmā tvaṃ paramātmā tvam *ucyate*[89] ||151|
tvaṃ gurus tvaṃ gurutamas tvaṃ *vāmas*[90] tvaṃ pradakṣiṇaḥ |
tvaṃ pippalas tvam agamas tvaṃ vyaktas tvaṃ prajāpatiḥ ||152|
hiraṇyanābhas tvaṃ devas tvaṃ śaśī tvaṃ prajāpatiḥ |
anirdeśyavapus tvaṃ vai tvaṃ yamas tvaṃ surārihā ||153|
tvaṃ ca saṃkarṣaṇo devas tvaṃ kartā tvaṃ sanātanaḥ |
tvaṃ vāsudevo 'meyātmā tvam eva guṇavarjitaḥ ||154|
tvaṃ jyeṣṭhas tvaṃ variṣṭhas tvaṃ tvaṃ sahiṣṇuś ca mādhavaḥ |
sahasraśīrṣā tvaṃ devas tvam avyaktaḥ sahasradṛk ||155|
sahasrapādas tvaṃ devas tvaṃ virāṭ tvaṃ suraprabhuḥ |
tvam eva tiṣṭhase bhūyo devadeva daśāṅgulaḥ ||156|
yad bhūtaṃ tat tvam evoktaḥ puruṣaḥ śakra uttamaḥ |
yad bhāvyaṃ tat tvam īśānas tvam ṛtas tvaṃ tathāmṛtaḥ ||157|
tvatto rohaty ayaṃ loko mahīyāṃs tvam anuttamaḥ |
tvaṃ jyāyān puruṣas tvaṃ ca tvaṃ deva daśadhā sthitaḥ ||158|
viśvabhūtaś caturbhāgo navabhāgo 'mṛto divi |
nava-*bhāgo 'ntarikṣa-*[91]*sthaḥ pauruṣeyaḥ sanātanaḥ*[92] ||159|
bhāgadvayaṃ ca bhūsaṃsthaṃ caturbhāgo 'py abhūd iha |
tvatto yajñāḥ saṃbhavanti jagato *vṛṣṭi-*[93]kāraṇam ||160|
tvatto virāṭ samutpanno jagato hṛdi yaḥ pumān |
so 'tiricyata bhūtebhyas tejasā yaśasā śriyā ||161|
tvattaḥ surāṇām āhāraḥ pṛṣadājyam ajāyata |
grāmyāraṇyāś cauṣadhayas tvattaḥ paśumṛgādayaḥ ||162|
dhyeyadhyānaparas tvaṃ ca kṛtavān *asi*[94] cauṣadhīḥ |
tvaṃ devadeva saptāsya kālākhyo dīptavigrahaḥ ||163|
jaṅgamājaṅgamaṃ sarvaṃ jagad etac carācaram |
tvattaḥ sarvam idaṃ jātaṃ tvayi sarvaṃ pratiṣṭhitam ||164|
aniruddhas tvaṃ mādhavas tvaṃ pradyumnaḥ surārihā |
deva sarvasuraśreṣṭha sarvalokaparāyaṇa ||165|
trāhi māṃ aravindākṣa nārāyaṇa namo 'stu te |
namas te bhagavan viṣṇo namas te puruṣottama ||166|
namas te sarvalokeśa namas te kamalālaya |
guṇālaya namas te 'stu namas te 'stu guṇākara ||167|

86 C vedāntas **87** V jagadyonir amūlas tvaṃ dhātā tvaṃ ca **88** B paśus **89** V ucyase
90 AB bālas **91** A -bhāgāntarikṣa- **92** AC sthāḥ pauruṣeyāḥ sanātanāḥ **93** B vyuṣṭi-
94 V api

vāsudeva namas te 'stu namas te 'stu surottama |
janārdana namas te 'stu namas te 'stu sanātana || 168 |
namas te yogināṃ gamya yogāvāsa namo 'stu te |
gopate[95] śrīpate *viṣṇo*[96] namas te 'stu *marut-*[97]pate || 169 |
jagatpate jagatsūte namas te jñānināṃ pate |
divaspate namas te 'stu namas te 'stu mahīpate || 170 |
namas te madhuhantre ca namas te *puṣkarekṣaṇa*[98] |
kaiṭabhaghna namas te 'stu subrahmaṇya namo 'stu te || 171 |
namo 'stu te mahāmīna śrutipṛṣṭhadharācyuta |
samudrasalilakṣobha padmajāhlādakāriṇe || 172 |
aśvaśīrṣa mahāghoṇa mahāpuruṣavigraha |
madhukaiṭabhahantre ca namas te turagānana || 173 |
mahākamaṭhabhogāya pṛthivyuddharaṇāya ca |
vidhṛtādrisvarūpāya mahākūrmāya te namaḥ || 174 |
namo mahāvarāhāya pṛthivyuddhārakāriṇe |
namaś cādivarāhāya viśvarūpāya vedhase || 175 |
namo 'nantāya[99] sūkṣmāya mukhyāya ca varāya ca |
paramāṇusvarūpāya yogigamyāya te namaḥ || 176 |
tasmai namaḥ *kāraṇa-*[100]kāraṇāya |
yogīndravṛttanilayāya sudurvidāya |
kṣīrārṇavāśritamahāhisutalpagāya |
tubhyaṃ namaḥ kanakaratnasukuṇḍalāya || 177 |
vyāsa uvāca:
itthaṃ stutas tadā tena prītaḥ provāca mādhavaḥ |
kṣipraṃ brūhi muniśreṣṭha matto yad abhivāñchasi || 178 |
kaṇḍur uvāca:
saṃsāre 'smiñ jagannātha dustare lomaharṣaṇe |
anitye duḥkhabahule kadalīdalasaṃnibhe || 179 |
nirāśraye nirālambe jalabudbuda-*cañcale*[101] |
sarvopadravasaṃyukte dustare cātibhairave || 180 |
bhramāmi suciraṃ kālaṃ māyayā mohitas tava |
na *cāntam*[102] abhigacchāmi viṣayāsaktamānasaḥ || 181 |
tvām ahaṃ cādya deveśa saṃsārabhayapīḍitaḥ |
gato 'smi śaraṇaṃ kṛṣṇa māṃ uddhara bhavārṇavāt || 182 |
gantum icchāmi paramaṃ padaṃ yat te sanātanam |
prasādāt tava deveśa[103] punarāvṛttidurlabham || 183 |
śrībhagavān uvāca:
bhakto 'si me muniśreṣṭha māṃ ārādhaya nityaśaḥ |
matprasādād dhruvaṃ mokṣaṃ prāpyasi tvaṃ samīhitam || 184 |
madbhaktāḥ kṣatriyā vaiśyāḥ striyaḥ *śūdrāntyajātijāḥ*[104] |
prāpnuvanti parāṃ siddhiṃ kiṃ punas tvaṃ dvijottama || 185 |

95 V māpate **96** V nityaṃ **97** V jagat- **98** A turagānana **99** B jagannāthāya
100 V paramakāraṇa- **101** A -saṃnibha **102** A śāntim **103** V daityadānavadeveśa
104 V śūdrās tathāntyajāḥ

śvapāko 'pi ca madbhaktaḥ samyak śraddhāsamanvitaḥ |
prāpnoty abhimatāṃ siddhim *anyeṣāṃ tatra*[105] kā kathā ||186|
vyāsa uvāca:
evam uktvā tu taṃ viprāḥ sa devo bhaktavatsalaḥ |
durvijñeyagatir viṣṇus tatraivāntaradhīyata ||187|
gate tasmin muniśreṣṭhāḥ kaṇḍuḥ saṃhṛṣṭamānasaḥ |
sarvān kāmān parityajya svasthacitto *bhavat punaḥ*[106] ||188|
sarvendriyāṇi saṃyamya nirmamo nirahaṃkṛtiḥ |
ekāgramānasaḥ samyag *dhyātvā*[107] taṃ puruṣottamam ||189|
nirlepaṃ nirguṇaṃ śāntaṃ sattāmātravyavasthitam |
avāpa paramaṃ mokṣaṃ surāṇām api durlabham ||190|
yaḥ paṭhec chṛṇuyād vāpi kathāṃ kaṇḍor mahātmanaḥ |
vimuktaḥ sarvapāpebhyaḥ svargalokaṃ sa gacchati ||191|
evaṃ mayā muniśreṣṭhāḥ karmabhūmir udāhṛtā |
mokṣakṣetraṃ ca paramaṃ devaṃ ca puruṣottamam ||192|
ye paśyanti vibhuṃ stuvanti *varadaṃ*[108] dhyāyanti muktipradaṃ |
bhaktyā śrīpuruṣottamākhyam ajaraṃ saṃsāraduḥkhāpaham ||193|
te bhuktvā manujendrabhogam amalāḥ svarge ca divyaṃ sukhaṃ |
paścād yānti samastadoṣarahitāḥ sthānaṃ harer avyayam ||194|

iti śrīmahāpurāṇe ādibrāhme svayaṃbhvṛṣisaṃvāde kaṇḍor upākhyānanirūpaṇaṃ nāmāṣṭasaptatyadhikaśatatamo 'dhyāyaḥ

lomaharṣaṇa uvāca:
vyāsasya vacanaṃ śrutvā munayaḥ *saṃyatendriyāḥ*[1] |
prītā babhūvuḥ saṃhṛṣṭā vismitāś ca punaḥ punaḥ ||179.1|
munaya ūcuḥ:
aho bhāratavarṣasya tvayā saṃkīrtitā guṇāḥ |
tadvac chrīpuruṣākhyasya kṣetrasya puruṣottama ||2|
vismayo[2] *hi na caikasya*[3] śrutvā māhātmyam uttamam |
puruṣākhyasya kṣetrasya prītiś ca vadatāṃ vara ||3|
cirāt prabhṛti cāsmākaṃ saṃśayo hṛdi vartate |
tvadṛte saṃśayasyāsya cchettā nānyo 'sti bhūtale ||4|
utpattiṃ baladevasya kṛṣṇasya ca mahītale |
bhadrāyāś caiva[4] kārtsnyena pṛcchāmas tvāṃ mahāmune ||5|
kimarthaṃ tau samutpannau kṛṣṇasaṃkarṣaṇāv ubhau |
vasudeva-*sutau*[5] vīrau *sthitau nandagṛhe*[6] mune ||6|
niḥsāre mṛtyuloke 'smin *duḥkhaprāye*[7] 'ticañcale |
jalabudbudasaṃkāśe bhairave lomaharṣaṇe ||7|
viṇmūtrapicchalaṃ kaṣṭaṃ saṃkaṭaṃ duḥkhadāyakam |
kathaṃ ghorataraṃ teṣāṃ garbhavāsam[8] arocata ||8|

105 CV anyeṣām atra **106** C jitendriyaḥ **107** AB jñātvā **108** A suciraṃ
1 C saṃjitendriyāḥ **2** C vismaye **3** V na bhavet kasya **4** V subhadrāyāś ca **5** V -gṛhe
6 BV sā ca tatra gṛhe **7** B duḥkhe pāpe **8** ASS corr. *garbhasthānam*

yāni karmāṇi cakrus te samutpannā mahītale |
vistareṇa mune tāni brūhi *no*[9] vadatāṃ vara ||9|
samagraṃ[10] caritaṃ teṣām adbhutaṃ cātimānuṣam |
kathaṃ sa bhagavān devaḥ sureśaḥ surasattamaḥ ||10|
vasudeva-*kule*[11] dhīmān vāsudevatvam āgataḥ |
amaraiś cāvṛtaṃ puṇyaṃ puṇyakṛdbhir alaṃkṛtam ||11|
devalokaṃ *kim utsṛjya*[12] martyaloka ihāgataḥ |
devamānuṣayor netā *dyor bhuvaḥ*[13] prabhavo 'vyayaḥ ||12|
kimarthaṃ divyam ātmānaṃ mānuṣeṣu nyayojayat |
yaś cakraṃ vartayaty eko mānuṣāṇām anāmayam ||13|
sa mānuṣye[14] kathaṃ buddhiṃ cakre cakragadādharaḥ |
gopāyanaṃ yaḥ kurute jagataḥ sārvabhautikam ||14|
sa kathaṃ gāṃ gato viṣṇur gopatvam akarot prabhuḥ |
mahābhūtāni bhūtātmā yo dadhāra cakāra ca ||15|
śrīgarbhaḥ sa kathaṃ garbhe striyā bhū-*carayā*[15] dhṛtaḥ |
yena lokān kramair jitvā tribhir vai tridaśepsayā ||16|
sthāpitā *jagato*[16] mārgās tri-*vargāś cābhavaṃs*[17] trayaḥ |
yo 'ntakāle jagat pītvā kṛtvā toyamayaṃ vapuḥ ||17|
lokam ekārṇavaṃ cakre dṛśyādṛśyena *cātmanā*[18] |
yaḥ purāṇaḥ purāṇātmā vārāhaṃ rūpam āsthitaḥ ||18|
viṣāṇāgreṇa vasudhām ujjahārārisūdanaḥ |
yaḥ purā puruhūtārthe trailokyam idam avyayam ||19|
dadau jitvā vasumatīṃ surāṇāṃ surasattamaḥ |
yena *saiṃha*-[19]vapuḥ kṛtvā dvidhā kṛtvā ca tat punaḥ ||20|
pūrvadaityo mahāvīryo hiraṇyakaśipur hataḥ |
yaḥ purā hy analo bhūtvā aurvaḥ saṃvartako vibhuḥ ||21|
pātālastho 'rṇavarasaṃ papau toyamayaṃ hariḥ |
sahasracaraṇaṃ brahma sahasrāṃśusahasradam ||22|
sahasraśirasaṃ devaṃ yam āhur vai yuge yuge |
nābhyāṃ padmaṃ samudbhūtaṃ yasya paitāmahaṃ gṛham ||23|
ekārṇave nāgaloke *saddhiraṇmaya*-[20]paṅkajam |
yena te nihatā daityāḥ saṃgrāme tārakāmaye ||24|
yena devamayaṃ[21] kṛtvā sarvāyudhadharaṃ vapuḥ |
guhāsaṃsthena[22] *cotsiktaḥ*[23] kālanemir nipātitaḥ ||25|
uttarānte samudrasya kṣīrodasyāmṛtodadhau |
yaḥ śete śāśvataṃ yogam āsthāya timiraṃ mahat ||26|
surāraṇī[24] garbham adhatta divyaṃ |
tapaḥ-*prakarṣād*[25] aditiḥ *purāṇam*[26] |
śakraṃ ca yo daitya-*gaṇāvaruddhaṃ*[27] |
garbhāvadhānena kṛtaṃ cakāra ||27|

9 A tvaṃ **10** V vadasva **11** V -gṛhe **12** V samutsṛjya **13** V dyābhuvaḥ **14** V mānuṣye sa **15** B -varayā **16** V javato **17** V -vargapravarās **18** C vartmanā **19** V siṃha- **20** V tapta-kāñcana- **21** V sarvadevamayaṃ **22** V garuḍasthena **23** A codriktaḥ **24** C surāvalī **25** C -praharṣād **26** A surāṇām **27** A -gaṇāvabuddhau

padāni yo yogamayāni kṛtvā |
cakāra daityān salileśayasthān |
kṛtvā ca devāṃs tridaśeśvarāṃs tu |
cakre sureśaṃ puruhūtam eva ||28|
gārhapatyena vidhinā anvāhāryeṇa karmaṇā |
agnim āhavanīyaṃ ca vedaṃ dīkṣāṃ samid dhruvam ||29|
prokṣaṇīyaṃ sruvaṃ caiva āvabhṛthyaṃ tathaiva ca |
avākpāṇis tu yaś cakre havyabhāgabhujas tathā ||30|
havyādāṃś ca surāṃś cakre kavyādāṃś ca pitṝn *atha*[28] |
bhogārthe[29] yajñavidhināyojayad yajñakarmaṇi ||31|
pātrāṇi dakṣiṇāṃ dīkṣāṃ carūṃś colūkhalāni ca |
yūpaṃ samit sruvaṃ somaṃ pavitrān paridhīn api ||32|
yajñiyāni ca dravyāṇi camasāṃś ca tathāparān |
sadasyān yajamānāṃś ca medhādīṃś ca kratūttamān ||33|
vibabhāja purā yas tu pārameṣṭhyena karmaṇā |
yugānurūpaṃ yaḥ kṛtvā lokān anuparākramāt ||34|
kṣaṇā nimeṣāḥ kāṣṭhāś ca kalās traikālyam eva ca |
muhūrtās tithayo māsā dinaṃ saṃvatsaras tathā ||35|
ṛtavaḥ kālayogāś ca pramāṇaṃ *tri-*[30]vidhaṃ triṣu |
āyuḥkṣetrāṇy upacayo lakṣaṇaṃ rūpasauṣṭhavam ||36|
trayo lokās trayo devās traividyaṃ pāvakās trayaḥ |
traikālyaṃ trīṇi karmāṇi trayo varṇās trayo guṇāḥ ||37|
sṛṣṭā lokāḥ purā sarve yenānantena karmaṇā |
sarvabhūtagataḥ sraṣṭā sarvabhūta-*guṇātmakaḥ*[31] ||38|
nṛṇām indriyapūrveṇa yogena ramate ca yaḥ |
gatāgatābhyāṃ *yogena*[32] *ya*[33] eva vidhir īśvaraḥ ||39|
yo gatir dharmayuktānām agatiḥ pāpakarmaṇām |
cāturvarṇyasya prabhavaś cāturvarṇyasya rakṣitā ||40|
cāturvidyasya yo vettā cāturāśramyasaṃśrayaḥ |
digantaraṃ nabho bhūmir vāyur *vāpi*[34] vibhāvasuḥ ||41|
candrasūryamayaṃ jyotir yugeśaḥ kṣaṇadācaraḥ |
yaḥ paraṃ śrūyate jyotir yaḥ paraṃ śrūyate tapaḥ ||42|
yaṃ paraṃ prāhur aparaṃ yaḥ paraḥ paramātmavān |
ādityānāṃ tu yo devo yaś ca daityāntako vibhuḥ ||43|
yugānteṣv antako yaś ca yaś ca lokāntakāntakaḥ |
setur yo lokasetūnāṃ medhyo yo medhyakarmaṇām ||44|
vedyo yo vedaviduṣāṃ prabhur yaḥ prabhavātmanām |
soma-*bhūtaś ca*[35] saumyānām agnibhūto 'gnivarcasām ||45|
yaḥ śakrāṇām īśabhūtas tapobhūtas tapasvinām |
vinayo nayavṛttīnāṃ tejas tejasvinām api ||46|
vigraho vigrahārhāṇāṃ gatir gatimatām api |
ākāśaprabhavo vāyur vāyoḥ *prāṇād dhutāśanaḥ*[36] ||47|

28 V api **29** V bhāgārthe **30** A vi- **31** V -guṇātmanā **32** BV yo netā **33** B sa
34 V vātha **35** V -bhūtas tu **36** BC prāṇo hutāśanaḥ

divo hutāśanaḥ prāṇaḥ prāṇo 'gnir madhusūdanaḥ
rasāc choṇitasaṃbhūtiḥ śoṇitān māṃsam ucyate ||48|
māṃsāt tu medaso janma medaso 'sthi nirucyate
asthno majjā samabhavan majjātaḥ śukrasaṃbhavaḥ ||49|
śukrād garbhaḥ samabhavad rasamūlena karmaṇā |
tatrāpāṃ[37] prathamo *bhāgaḥ*[38] sa saumyo rāśir ucyate ||50|
garbhoṣmasaṃbhavo jñeyo dvitīyo rāśir ucyate |
śukraṃ somātmakaṃ vidyād ārtavaṃ pāvakātmakam ||51|
bhāvā rasānugāś caiṣāṃ bīje[39] ca śaśipāvakau |
kaphavarge bhavec chukraṃ pittavarge ca śoṇitam ||52|
kaphasya hṛdayaṃ sthānaṃ nābhyāṃ pittaṃ pratiṣṭhitam |
dehasya madhye hṛdayaṃ sthānaṃ tan manasaḥ smṛtam ||53|
nābhikoṣṭhāntaraṃ *yat tu*[40] tatra devo hutāśanaḥ |
manaḥ prajāpatir jñeyaḥ kaphaḥ somo vibhāvyate ||54|
pittam agniḥ smṛtaṃ tv evam agnisomātmakaṃ jagat |
evaṃ pravartite garbhe vardhite 'rbudasaṃnibhe ||55|
vāyuḥ praveśaṃ saṃcakre saṃgataḥ *paramātmanaḥ*[41] |
sa pañcadhā śarīrastho bhidyate *vartate*[42] punaḥ ||56|
prāṇāpānau samānaś ca udāno vyāna eva ca |
prāṇo 'sya paramātmānaṃ vardhayan parivartate ||57|
apānaḥ paścimaṃ kāyam udāno 'rdhaṃ śarīriṇaḥ |
vyānas tu vyāpyate yena samānaḥ saṃnivartate ||58|
bhūtāvāptis tatas tasya jāyetendriyagocarā |
pṛthivī vāyur ākāśam āpo jyotiś ca pañcamam ||59|
tasyendriyaniviṣṭāni svaṃ svaṃ *bhāgaṃ*[43] pracakrire |
pārthivaṃ *deham*[44] āhus tu prāṇātmānaṃ ca mārutam ||60|
chidrāṇy ākāśayonīni jalāt srāvaḥ pravartate |
jyotiś cakṣūṃṣi tejaś ca *ātmā*[45] teṣāṃ manaḥ smṛtam ||61|
grāmāś ca viṣayāś caiva yasya vīryāt pravartitāḥ |
ity etān puruṣaḥ sarvān sṛjaṃl lokān *sanātanaḥ*[46] ||62|
naidhane 'smin kathaṃ loke naratvaṃ viṣṇur āgataḥ |
eṣa naḥ saṃśayo brahmann eṣa no vismayo mahān ||63|
kathaṃ gatir gatimatām āpanno mānuṣīṃ tanum |
āścaryaṃ paramaṃ viṣṇur devair daityaiś ca kathyate ||64|
viṣṇor utpattim *āścaryaṃ*[47] kathayasva mahāmune |
prakhyātabalavīryasya viṣṇor amitatejasaḥ ||65|
karmaṇāścaryabhūtasya viṣṇos tattvam ihocyatām |
kathaṃ sa devo devānām ārtihā puruṣottamaḥ ||66|
sarvavyāpī jagannāthaḥ sarvalokamaheśvaraḥ |
sargasthityantakṛd devaḥ sarvalokasukhāvahaḥ ||67|

37 B tatra yaḥ **38** B garbhaḥ **39** B bhāvau rasānugau jñeyau vīrye **40** V sthānaṃ **41** V paramātmanā **42** BV vardhate **43** B yogaṃ **44** C devam **45** CV yantā **46** CV sanātanān **47** V āścaryāṃ

akṣayaḥ śāśvato 'nantaḥ kṣayavṛddhivivarjitaḥ |
nirlepo nirguṇaḥ sūkṣmo nirvikāro nirañjanaḥ ||68|
sarvopādhivinirmuktaḥ sattāmātravyavasthitaḥ |
avikārī vibhur nityaḥ paramātmā sanātanaḥ ||69|
acalo nirmalo vyāpī nityatṛpto nirāśrayaḥ |
viśuddhaṃ[48] śrūyate yasya haritvaṃ ca kṛte yuge ||70|
vaikuṇṭhatvaṃ ca deveṣu kṛṣṇatvaṃ mānuṣeṣu ca |
īśvarasya *hi tasyemāṃ*[49] gahanāṃ karmaṇo gatim ||71|
samatītāṃ bhaviṣyaṃ ca śrotum icchā pravartate |
avyakto vyaktaliṅgastho ya eṣa bhagavān prabhuḥ ||72|
nārāyaṇo hy anantātmā prabhavo 'vyaya eva ca |
eṣa nārāyaṇo bhūtvā harir āsīt sanātanaḥ ||73|
brahmā śakraś ca rudraś ca dharmaḥ śukro bṛhaspatiḥ |
pradhānātmā purā hy eṣa brahmāṇam asṛjat prabhuḥ ||74|
so 'sṛjat pūrvapuruṣaḥ purā kalpe prajāpatīn |
evaṃ sa bhagavān viṣṇuḥ sarva-*lokamaheśvaraḥ*[50] |
kimarthaṃ martyaloke 'smin yāto yadukule hariḥ ||75|

iti śrīmahāpurāṇe ādibrāhme *svayaṃbhuṛṣi*-[51]saṃvāde ṛṣipraśnanirūpaṇaṃ nāmonāśīty-adhikaśatatamo 'dhyāyaḥ

vyāsa uvāca:
namaskṛtvā sureśāya viṣṇave prabhaviṣṇave |
puruṣāya purāṇāya śāśvatāyāvyayāya ca ||180.1|
caturvyūhātmane tasmai nirguṇāya guṇāya ca |
variṣṭhāya gariṣṭhāya *vareṇyāyāmitāya*[1] ca ||2|
yajñāṅgāyākhilāṅgāya *devādyair*[2] īpsitāya ca |
yasmād *aṇutaraṃ*[3] nāsti yasmān nāsti bṛhattaram ||3|
yena viśvam idaṃ vyāptam ajena sacarācaram |
āvirbhāvatirobhāvadṛṣṭādṛṣṭavilakṣaṇam ||4|
vadanti yat sṛṣṭam iti tathaivāpy upasaṃhṛtam |
brahmaṇe cādidevāya namaskṛtya samādhinā ||5|
avikārāya śuddhāya nityāya paramātmane |
sadaikarūparūpāya *jiṣṇave viṣṇave namaḥ*[4] ||6|
namo hiraṇyagarbhāya haraye śaṃkarāya ca |
vāsudevāya *tārāya*[5] sargasthityanta-*kāriṇe*[6] ||7|
ekānekasvarūpāya sthūlasūkṣmātmane namaḥ |
avyaktavyakta-*bhūtāya*[7] viṣṇave muktihetave ||8|
sargasthitivināśānāṃ jagato yo jaganmayaḥ |
mūlabhūto namas tasmai viṣṇave paramātmane ||9|

48 BV viṣṇutvaṃ **49** V sadaivāsya **50** V -lokeśvareśvaraḥ **51** V vyāsarṣi-
1 A vareṇyāyāmṛtāya **2** V vedādyair **3** V alpataraṃ **4** V viṣṇave sarvajiṣṇave **5** V sārāya
6 B -karmaṇe **7** V -rūpāya

ādhārabhūtaṃ viśvasyāpy aṇīyāṃsam aṇīyasām |
praṇamya sarvabhūtastham acyutaṃ puruṣottamam ||10|
jñānasva-[8]rūpam atyantaṃ nirmalaṃ paramārthataḥ |
tam evārthasvarūpeṇa bhrāntidarśanataḥ sthitam ||11|
viṣṇuṃ grasiṣṇuṃ viśvasya sthitisarge tathā prabhum |
anādiṃ jagatām īśam ajam akṣayam avyayam ||12|
kathayāmi yathā pūrvaṃ yakṣādyair munisattamaiḥ |
pṛṣṭaḥ provāca bhagavān abjayoniḥ pitāmahaḥ ||13|
ṛksāmāny udgiran vaktrair yaḥ punāti jagattrayam |
praṇipatya tatheśānam ekārṇavavinirgatam ||14|
yasyāsura-*gaṇā yajñān vilumpanti na yājinām*[9] |
pravakṣyāmi mataṃ kṛtsnaṃ brahmaṇo 'vyaktajanmanaḥ ||15|
yena sṛṣṭiṃ samuddiśya dharmādyāḥ prakaṭīkṛtāḥ |
āpo nārā iti *proktā*[10] munibhis tattvadarśibhiḥ ||16|
ayanaṃ tasya tāḥ pūrvaṃ tena nārāyaṇaḥ smṛtaḥ |
sa devo bhagavān sarvaṃ vyāpya nārāyaṇo vibhuḥ ||17|
caturdhā saṃsthito brahmā saguṇo nirguṇas tathā |
ekā mūrtir anuddeśyā śuklāṃ paśyanti tāṃ budhāḥ ||18|
jvālā-*mālāvanaddhāṅgī*[11] niṣṭhā sā yogināṃ parā |
dūrasthā cāntikasthā ca vijñeyā sā *guṇātigā*[12] ||19|
vāsudevābhidhānāsau[13] nirmamatvena dṛśyate |
rūpavarṇādayas tasyā na bhāvāḥ *kalpanāmayāḥ*[14] ||20|
āste ca sā sadā śuddhā supratiṣṭhaikarūpiṇī |
dvitīyā pṛthivīṃ mūrdhnā śeṣākhyā dhārayaty adhaḥ ||21|
tāmasī sā samākhyātā tiryaktvaṃ samupāgatā |
tṛtīyā karma kurute prajāpālanatatparā ||22|
sattvodriktā tu sā jñeyā dharmasaṃsthānakāriṇī |
caturthī jalamadhyasthā śete pannaga-*talpa-*[15]gā ||23|
rajas tasyā guṇaḥ sargaṃ sā karoti sadaiva hi |
yā tṛtīyā harer mūrtiḥ prajāpālanatatparā ||24|
sā tu dharmavyavasthānaṃ karoti niyataṃ bhuvi |
proddhatān asurān hanti dharmavyucchittikāriṇaḥ ||25|
pāti devān *sagandharvān*[16] dharmarakṣāparāyaṇān |
yadā yadā ca dharmasya glāniḥ samupajāyate ||26|
abhyutthānam adharmasya tadātmānaṃ sṛjaty asau |
bhūtvā purā varāheṇa tuṇḍenāpo nirasya ca ||27|
ekayā daṃṣṭrayotkhātā nalinīva vasuṃdharā |
kṛtvā nṛsiṃharūpaṃ ca hiraṇyakaśipur hataḥ ||28|
vipracittimukhāś cānye dānavā vinipātitāḥ |
vāmanaṃ rūpam āsthāya baliṃ *saṃyamya*[17] māyayā ||29|

8 B jñānādya- **9** V -gaṇair martyaiḥ pālyate śāsanaṃ dhruvam **10** B khyātā **11** B -mālājvaladdehā **12** A guṇānugā **13** B vāsudevābhidhānā sā **14** AB kalpitā mayā **15** AB -madhya- **16** B sataś cānyān **17** A saṃyācya

trailokyaṃ *krāntavān eva vinirjitya diteḥ sutān*[18] |
bhṛgor vaṃśe samutpanno jāmadagnyaḥ pratāpavān ||30|
jaghāna kṣatriyān rāmaḥ pitur vadham anusmaran |
tathātritanayo bhūtvā dattātreyaḥ pratāpavān ||31|
yogam aṣṭāṅgam ācakhyāv alarkāya mahātmane |
rāmo dāśarathir bhūtvā sa tu devaḥ pratāpavān ||32|
jaghāna rāvaṇaṃ saṃkhye trailokyasya bhayaṃkaram |
yadā caikārṇave supto devadevo jagatpatiḥ ||33|
sahasrayugaparyantaṃ nāgaparyaṅkago vibhuḥ |
yoganidrāṃ samāsthāya sve mahimni vyavasthitaḥ ||34|
trailokyam udare kṛtvā jagat sthāvarajaṅgamam |
janaloka-*gataiḥ*[19] *siddhaiḥ*[20] stūyamāno maharṣibhiḥ ||35|
tasya nābhau samutpannaṃ padmaṃ *dikpattramaṇḍitam*[21] |
[[22]jvalanārkapratīkāśaṃ śaila-*keśara*-[23]maṇḍitam |]
marut-[24]kiñjalkasaṃyuktaṃ gṛhaṃ paitāmahaṃ *varam*[25] ||36|
yatra brahmā samutpanno devadevaś caturmukhaḥ |
tadā karṇamalodbhūtau dānavau madhukaiṭabhau ||37|
mahābalau mahāvīryau brahmāṇaṃ hantum udyatau |
jaghāna tau durādharṣau utthāya *śayanodadheḥ*[26] ||38|
evamādīṃs tathaivānyān *asaṃkhyātum*[27] ihotsahe |
avatāro hy ajasyeha māthuraḥ sāṃpratas tv ayam ||39|
iti sā sāttvikī mūrtir avatāraṃ karoti *ca*[28] |
pradyumneti samākhyātā rakṣākarmaṇy avasthitā ||40|
devatve 'tha manuṣyatve tiryagyonau ca saṃsthitā |
gṛhṇāti tatsvabhāvaś ca vāsudevecchayā sadā ||41|
dadāty abhimatān kāmān pūjitā sā dvijottamāḥ |
evaṃ mayā samākhyātaḥ kṛtakṛtyo 'pi yaḥ prabhuḥ |
mānuṣatvaṃ gato viṣṇuḥ śṛṇudhvaṃ cottaraṃ punaḥ ||42|

iti śrīmahāpurāṇe ādibrāhme vyāsarṣisaṃvāde caturvyūhavarṇanaṃ nāmāśītyadhikaśatatamo 'dhyāyaḥ

vyāsa uvāca:
śṛṇudhvaṃ muniśārdūlāḥ pravakṣyāmi samāsataḥ |
avatāraṃ hareś cātra bhārāvataraṇecchayā ||181.1|
yadā yadā tv adharmasya vṛddhir bhavati bho dvijāḥ |
dharmaś ca hrāsam abhyeti tadā devo janārdanaḥ ||2|
avatāraṃ karoty atra dvidhā kṛtvātmanas tanum |
sādhūnāṃ rakṣaṇārthāya dharmasaṃsthāpanāya ca ||3|

18 A kramatā tena nirjitāś ca diteḥ sutāḥ **19** B -gaṇaiḥ **20** V siddhai **21** A divyam akhaṇḍitam **22** CV ins. **23** V -kesara- **24** C [read *ga* for *ya* as siglum; also in preceding insertion] meru- **25** A śubham **26** B sa mahodadhau **27** V na saṃkhyātum **28** AB vai

duṣṭānāṃ *nigrahārthāya*[1] anyeṣāṃ ca suradviṣām |
prajānāṃ rakṣaṇārthāya jāyate 'sau yuge yuge ||4|
purā kila mahī viprā bhūribhārāvapīḍitā |
jagāma dharaṇī merau samāje tridivaukasām ||5|
sabrahmakān surān sarvān praṇipatyātha medinī |
kathayām āsa tat sarvaṃ *khedāt*[2] karuṇabhāṣiṇī ||6|
dharaṇy uvāca:
agniḥ suvarṇasya gurur gavāṃ sūryo 'paro guruḥ |
mamāpy akhilalokānāṃ vandyo nārāyaṇo guruḥ ||7|
tatsāṃpratam ime daityāḥ kālanemipurogamāḥ |
martyalokaṃ samāgamya *bādhante*[3] 'harniśaṃ prajāḥ ||8|
kālanemir hato yo 'sau viṣṇunā prabhaviṣṇunā |
ugrasenasutaḥ kaṃsaḥ saṃbhūtaḥ *sumahāsuraḥ*[4] ||9|
ariṣṭo dhenukaḥ keśī pralambo narakas tathā |
sundo 'suras tathātyugro bāṇaś cāpi baleḥ sutaḥ ||10|
tathānye ca mahāvīryā nṛpāṇāṃ bhavaneṣu ye |
samutpannā durātmānas tān na saṃkhyātum utsahe ||11|
akṣauhiṇyo hi bahulā divyamūrti-*dhṛtāḥ*[5] surāḥ |
mahābalānāṃ dṛptānāṃ daityendrāṇāṃ mamopari ||12|
tadbhūribhārapīḍārtā na śaknomy amareśvarāḥ |
vibhartum[6] ātmānam aham iti vijñāpayāmi vaḥ ||13|
kriyatāṃ tan mahābhāgā mama bhārāvatāraṇam |
yathā rasātalaṃ nāhaṃ gaccheyam ativihvalā ||14|
vyāsa uvāca:
ity ākarṇya dharāvākyam aśeṣais tri-*daśais tataḥ*[7] |
bhuvo bhārāvatārārthaṃ brahmā prāha ca coditaḥ ||15|
brahmovāca:
yad āha vasudhā sarvaṃ satyam etad divaukasaḥ |
ahaṃ bhavo bhavantaś ca sarvaṃ nārāyaṇātmakam ||16|
vibhūtayas tu yās tasya tāsām eva parasparam |
ādhikyaṃ nyūnatā bādhyabādhakatvena vartate ||17|
tad āgacchata gacchāmaḥ kṣīrābdhes taṭam uttamam |
tatrārādhya hariṃ tasmai sarvaṃ vijñāpayāma vai ||18|
sarvadaiva jagatyarthe sa sarvātmā jaganmayaḥ |
svalpāṃśenāvatīryorvyāṃ dharmasya kurute sthitim ||19|
vyāsa uvāca:
ity uktvā prayayau tatra saha devaiḥ pitāmahaḥ |
samāhita-*manā*[8] *bhūtvā*[9] tuṣṭāva garuḍadhvajam ||20|
brahmovāca:
namo namas te 'stu sahasramūrte |
sahasrabāho bahuvaktrapāda |
namo namas te jagataḥ *pravṛtti-*[10] |
vināśa-[11]saṃsthānaparāprameya ||21|

1 V nigrahārthāya hy **2** A tebhyaḥ **3** A lumpante **4** V sa mahāsuraḥ **5** V -dharāḥ
6 V bibhartum **7** V -daśaiḥ smṛtaḥ **8** BV -matiś **9** B caiva V cainaṃ **10** V pravṛttir
11 V vināśa-

sūkṣmātisūkṣmaṃ ca bṛhatpramāṇaṃ |
garīyasām apy atigauravātman |
pradhāna-*buddhīndriyavākpradhāna-*[12] |
mūlāparātman[13] bhagavan prasīda ||22|
eṣā mahī deva mahīprasūtair |
mahāsuraiḥ pīḍitaśailabandhā |
parāyaṇaṃ tvāṃ jagatām upaiti |
bhārāvatārārtham apārapāram ||23|
ete vayaṃ vṛtraripus tathāyaṃ |
nāsatyadasrau varuṇas tathaiṣaḥ |
ime ca rudrā vasavaḥ sasūryāḥ |
samīraṇāgnipramukhās tathānye ||24|
surāḥ samastāḥ suranātha kāryam |
ebhir mayā yac ca tad īśa sarvam |
ājñāpayājñāṃ pratipālayantas |
tavaiva tiṣṭhāma sadāstadoṣāḥ ||25|
vyāsa uvāca:
evaṃ saṃstūyamānas tu bhagavān parameśvaraḥ |
ujjahārātmanaḥ keśau sitakṛṣṇau dvijottamāḥ ||26|
uvāca *ca*[14] surān etau matkeśau vasudhātale |
avatīrya bhuvo bhārakleśahāniṃ kariṣyataḥ ||27|
surāś ca sakalāḥ svāṃśair avatīrya mahītale |
kurvantu yuddham unmattaiḥ pūrvotpannair mahāsuraiḥ ||28|
tataḥ kṣayam aśeṣās te daiteyā dharaṇītale |
prayāsyanti na saṃdeho *nānāyudhavicūrṇitāḥ*[15] ||29|
vasudevasya yā patnī devakī devatopamā |
tasyā garbho 'ṣṭamo 'yaṃ tu matkeśo *bhavitā surāḥ*[16] ||30|
avatīrya ca tatrāyaṃ kaṃsaṃ ghātayitā bhuvi |
kālanemisamudbhūtam ity uktvāntardadhe hariḥ ||31|
adṛśyāya tatas te 'pi praṇipatya mahātmane |
merupṛṣṭhaṃ surā jagmur *avateruś ca bhū-*[17]tale ||32|
kaṃsāya cāṣṭamo garbho devakyā dharaṇī-*tale*[18] |
bhaviṣyatīty[19] ācacakṣe bhagavān nārado muniḥ ||33|
kaṃso 'pi tad upaśrutya nāradāt kupitas tataḥ |
devakīṃ vasudevaṃ ca gṛhe guptāv adhārayat ||34|
jātaṃ jātaṃ ca kaṃsāya tenaivoktaṃ yathā purā |
tathaiva vasudevo 'pi putram arpitavān dvijāḥ ||35|
hiraṇyakaśipoḥ putrāḥ ṣaḍgarbhā iti viśrutāḥ |
viṣṇuprayuktā tān nidrā kramād garbhe nyayojayat ||36|
yoganidrā mahāmāyā vaiṣṇavī mohitaṃ yayā |
avidyayā jagat sarvaṃ tām āha bhagavān hariḥ ||37|
viṣṇur uvāca:
gaccha nidre mamādeśāt pātālatalasaṃśrayān |
ekaikaśyena[20] ṣaḍgarbhān devakījaṭhare naya ||38|

12 V -buddhīndriyavān pradhāna **13** V lokātmakātman **14** V sa **15** C maddṛkpātavivarṇitāḥ **16** V bhavitāmarāḥ **17** AB avaterur mahī- **18** AC -dharaḥ **19** V haniṣyatīty **20** V ekaikaśaś ca

hateṣu teṣu kaṃsena śeṣākhyo 'ṃśas tato *'naghaḥ*[21] |
aṃśāṃśenodare tasyāḥ saptamaḥ saṃbhaviṣyati ||39|
gokule vasudevasya *bhāryā vai*[22] rohiṇī sthitā |
tasyāḥ prasūtisamaye garbho neyas tvayodaram ||40|
saptamo bhojarājasya bhayād rodhoparodhataḥ |
devakyāḥ patito garbha iti loko vadiṣyati ||41|
garbhasaṃkarṣaṇāt so 'tha loke saṃkarṣaṇeti vai |
saṃjñām avāpsyate vīraḥ śvetādriśikharopamaḥ ||42|
tato 'haṃ saṃbhaviṣyāmi devakījaṭhare śubhe |
garbhe tvayā yaśodāyā gantavyam avilambitam ||43|
prāvṛṭkāle ca nabhasi kṛṣṇāṣṭamyām *ahaṃ niśi*[23] |
utpatsyāmi navamyāṃ ca prasūtiṃ tvam avāpsyasi ||44|
yaśodāśayane māṃ tu devakyās tvām anindite |
macchaktipreritamatir vasudevo nayiṣyati ||45|
kaṃsaś ca tvām upādāya devi śailaśilātale |
prakṣepsyaty antarikṣe ca tvaṃ sthānaṃ samavāpsyasi ||46|
tatas tvāṃ *śatadhā*[24] śakraḥ praṇamya mama gauravāt |
praṇipātānataśirā bhaginītve grahīṣyati ||47|
tataḥ śumbhaniśumbhādīn hatvā daityān sahasraśaḥ |
sthānair anekaiḥ pṛthivīm aśeṣāṃ maṇḍayiṣyasi ||48|
tvaṃ bhūtiḥ saṃnatiḥ kīrtiḥ kāntir vai pṛthivī dhṛtiḥ |
lajjā puṣṭir *uṣā*[25] yā ca kācid anyā tvam eva sā ||49|
ye tvām āryeti durgeti vedagarbhe 'mbiketi ca |
bhadreti bhadrakālīti *kṣemyā*[26] *kṣemaṃkarīti*[27] ca ||50|
prātaś caivāparāhṇe ca stoṣyanty ānamramūrtayaḥ |
teṣāṃ hi *vāñchitaṃ*[28] sarvaṃ matprasādād bhaviṣyati ||51|
surāmāṃsopahārais tu bhakṣyabhojyaiś ca pūjitā |
nṛṇām aśeṣakāmāṃs tvaṃ *prasannāyāṃ pradāsyasi*[29] ||52|
te sarve sarvadā bhadrā matprasādād asaṃśayam |
asaṃdigdhaṃ bhaviṣyanti gaccha devi yathoditam ||53|

iti śrīmahāpurāṇe ādibrāhme harer aṃśāvatāranirūpaṇaṃ nāmaikāśītyadhikaśatatamo 'dhyāyaḥ

vyāsa uvāca:
yathoktaṃ sā jagaddhātrī devadevena vai purā |
ṣaḍgarbha-[1]garbhavinyāsaṃ cakre cānyasya karṣaṇam ||182.1|
saptame rohiṇīṃ prāpte garbhe garbhe tato hariḥ |
lokatrayopakārāya devakyāḥ praviveśa vai ||2|
yoganidrā yaśo-*dāyās*[2] tasminn eva tato dine |
saṃbhūtā jaṭhare tadvad yathoktaṃ parameṣṭhinā ||3|

21 C mama **22** V bhāryānyā **23** B mahāniśi **24** B śatadṛk **25** V umā **26** B kṣemā **27** V kṣemakarīti **28** AB prārthitaṃ **29** V prasannā pūrayiṣyasi **1** C cakre ṣaḍ- **2** V -dāyāṃ

tato grahagaṇaḥ samyak pracacāra divi dvijāḥ |
viṣṇor aṃśe mahīṃ yāta ṛtavo 'py abhavañ *śubhāḥ*[3] ||4|
notsehe devakīṃ draṣṭuṃ kaścid apy atitejasā |
jājvalyamānāṃ tāṃ dṛṣṭvā manāṃsi kṣobham āyayuḥ ||5|
adṛṣṭāṃ puruṣaiḥ strībhir devakīṃ devatāgaṇāḥ |
bibhrāṇāṃ vapuṣā[4] viṣṇuṃ tuṣṭuvus tām aharniśam ||6|
devā ūcuḥ:
tvaṃ svāhā tvaṃ svadhā vidyā sudhā tvaṃ jyotir eva ca |
tvaṃ sarvalokarakṣārtham avatīrṇā mahītale ||7|
prasīda devi sarvasya jagatas tvaṃ śubhaṃ kuru |
prītyarthaṃ dhārayeśānaṃ dhṛtaṃ yenākhilaṃ jagat ||8|
vyāsa uvāca:
evaṃ saṃstūyamānā sā *devair devam*[5] adhārayat |
garbheṇa puṇḍarīkākṣaṃ *jagatāṃ trāṇa-*[6]kāraṇam ||9|
tato 'khilajagatpadmabodhāyācyutabhānunā |
devakyāḥ pūrvasaṃdhyāyām āvirbhūtaṃ mahātmanā ||10|
madhyarātre 'khilādhāre jāyamāne janārdane |
mandaṃ jagarjur jaladāḥ puṣpavṛṣṭimucaḥ surāḥ ||11|
phullendīvarapattrābhaṃ caturbāhum udīkṣya tam |
śrīvatsavakṣasaṃ jātaṃ tuṣṭāvānakadundubhiḥ ||12|
abhiṣṭūya ca taṃ vāgbhiḥ prasannābhir mahāmatiḥ |
vijñāpayām āsa tadā kaṃsād[7] bhīto dvijottamāḥ ||13|
vasudeva uvāca:
jñāto[8] 'si devadeveśa śaṅkhacakragadādhara |
divyaṃ rūpam idaṃ deva prasādenopasaṃhara ||14|
adyaiva deva kaṃso 'yaṃ kurute mama *yātanām*[9] |
avatīrṇam iti jñātvā tvām asmin mandire mama ||15|
devaky uvāca:
yo 'nantarūpo 'khilaviśvarūpo |
garbhe *'pi*[10] lokān vapuṣā bibharti |
prasīdatām eṣa sa devadevaḥ |
svamāyayāviṣkṛtabālarūpaḥ ||16|
upasaṃhara sarvātman rūpam etac caturbhujam |
jānātu māvatāraṃ te kaṃso 'yaṃ ditijāntaka ||17|
śrībhagavān uvāca:
stuto 'haṃ yat tvayā pūrvaṃ putrārthinyā tad adya te |
saphalaṃ devi saṃjātaṃ jāto 'haṃ yat tavodarāt ||18|
vyāsa uvāca:
ity uktvā bhagavāṃs tūṣṇīṃ babhūva munisattamāḥ |
vasudevo 'pi taṃ rātrāv ādāya prayayau bahiḥ ||19|
mohitāś cābhavaṃs tatra rakṣiṇo yoga-*nidrayā*[11] |
mathurādvāra-[12]pālāś ca vrajaty ānakadundubhau ||20|

3 V chubhāḥ **4** A citrābhiḥ stutibhir **5** B devadevam **6** AB jagadrakṣaṇa- **7** B cintayām āsa kaṃsāya tadā **8** B jāto **9** V yātanam **10** V ca **11** A -māyayā **12** C māthurā dvāra-

varṣatāṃ jaladānāṃ ca tat toyam ulbaṇaṃ niśi |
saṃchādya taṃ yayau śeṣaḥ phaṇair ānakadundubhim ||21|
yamunāṃ cātigambhīrāṃ nānāvartaśatākulām |
vasudevo vahan viṣṇuṃ jānumātravahāṃ yayau ||22|
kaṃsasya karam ādāya tatraivābhyāgatāṃs taṭe |
nandādīn gopavṛddhāṃś ca yamunāyāṃ dadarśa saḥ ||23|
tasmin kāle yaśodāpi mohitā yoganidrayā |
tām eva kanyāṃ munayaḥ prāsūta mohite jane ||24|
vasudevo 'pi vinyasya bālam ādāya dārikām |
yaśodāśayane tūrṇam ājagāmāmitadyutiḥ ||25|
dadarśa ca vibuddhvā sā yaśodā jātam ātmajam |
nīlotpaladalaśyāmaṃ tato 'tyarthaṃ mudaṃ yayau ||26|
ādāya vasudevo 'pi dārikāṃ nijamandiram |
devakīśayane nyasya yathāpūrvam atiṣṭhata ||27|
tato bāladhvaniṃ śrutvā rakṣiṇaḥ sahasotthitāḥ |
kaṃsam āvedayām āsur devakīprasavaṃ dvijāḥ ||28|
kaṃsas tūrṇam upetyaināṃ tato jagrāha *bālikām*[13] |
muñca muñceti devakyāsannakaṇṭhaṃ nivāritaḥ ||29|
cikṣepa ca śilāpṛṣṭhe sā kṣiptā viyati *sthitim*[14] |
avāpa rūpaṃ ca mahat sāyudhāṣṭamahābhujam |
prajahāsa tathaivoccaiḥ kaṃsaṃ ca ruṣitābravīt ||30|
yogamāyovāca:
kiṃ mayākṣiptayā kaṃsa jāto yas tvāṃ haniṣyati |
sarvasvabhūto devānām āsīn mṛtyuḥ purā *sa te*[15] |
tad etat saṃpradhāryāśu kriyatāṃ hitam ātmanaḥ ||31|
vyāsa uvāca:
ity uktvā prayayau devī divyasraggandhabhūṣaṇā |
paśyato bhojarājasya stutā siddhair vihāyasā ||32|

iti śrīmahāpurāṇe ādibrāhme śrīkṛṣṇotpattikathānirūpaṇaṃ nāma dvyaśītyadhikaśatatamo 'dhyāyaḥ

vyāsa uvāca:
kaṃsas tv athodvignamanāḥ prāha sarvān mahāsurān |
pralambakeśipramukhān āhūyāsurapuṃgavān ||183.1|
kaṃsa uvāca:
he pralamba mahābāho keśin dhenuka pūtane |
ariṣṭādyais tathā cānyaiḥ śrūyatāṃ vacanaṃ mama ||2|
[[1]dharāvākyena devaiś ca prerito vāsavānujaḥ |]
māṃ hantum amarair yatnaḥ kṛtaḥ kila durātmabhiḥ |
madvīrya-*tāpitān vīrān na tv*[2] etān gaṇayāmy aham ||3|
āścaryaṃ kanyayā coktaṃ[3] jāyate daityapuṃgavāḥ |
hāsyaṃ me jāyate vīrās teṣu yatnapareṣv api ||4|

13 A dārikām **14** AB sthitā **15** A tava **1** B ins. **2** B -tāpitair virā nanv **3** C amareṣu mamāvajñā

tathāpi khalu duṣṭānāṃ teṣām *apy adhikaṃ mayā*[4] |
apakārāya daityendrā yatanīyaṃ durātmanām ||5|
utpannaś cāpi mṛtyur me bhūta-*bhavyabhavatprabhuḥ*[5] |
ity etad bālikā prāha devakīgarbhasaṃbhavā ||6|
tasmād bāleṣu paramo yatnaḥ kāryo mahītale |
yatrodriktaṃ balaṃ bāle sa hantavyaḥ prayatnataḥ ||7|
vyāsa uvāca:
ity ājñāpyāsurān kaṃsaḥ praviśyātmagṛhaṃ *tataḥ*[6] |
uvāca vasudevaṃ ca devakīm avirodhataḥ ||8|
kaṃsa uvāca:
yuvayor ghātitā garbhā vṛthaivaite mayādhunā |
ko 'py anya eva nāśāya bālo mama *samudgataḥ*[7] ||9|
tad alaṃ paritāpena nūnaṃ yad bhāvino hi te |
arbhakā yuvayoḥ ko vā āyuṣo 'nte na hanyate ||10|
vyāsa uvāca:
ity āśvāsya vimucyaiva kaṃsas tau paritoṣya ca |
antargṛhaṃ dvijaśreṣṭhāḥ praviveśa punaḥ svakam ||11|

iti śrīmahāpurāṇe ādibrāhme śrīkṛṣṇabālacarite kaṃsavicārakathanaṃ nāma tryaśīty-adhikaśatatamo 'dhyāyaḥ

vyāsa uvāca:
vimukto vasudevo 'pi nandasya śakaṭaṃ gataḥ |
prahṛṣṭaṃ dṛṣṭavān nandaṃ putro jāto mameti vai ||184.1|
vasudevo 'pi taṃ prāha diṣṭyā diṣṭyeti sādaram |
vārdhake 'pi samutpannas tanayo 'yaṃ tavādhunā ||2|
datto hi vārṣikaḥ sarvo bhavadbhir nṛpateḥ karaḥ |
yadartham āgatas tasmān nātra stheyaṃ mahātmanā ||3|
yadartham āgataḥ kāryaṃ tan niṣpannaṃ kim āsyate |
bhavadbhir gamyatāṃ nanda tac chīghraṃ nijagokulam ||4|
mamāpi bālakas tatra rohiṇīprasavo hi yaḥ |
sa rakṣaṇīyo[1] bhavatā *yathāyaṃ*[2] tanayo nijaḥ ||5|
vyāsa uvāca:
ity uktāḥ prayayur gopā nandagopapurogamāḥ |
śakaṭāropitair bhāṇḍaiḥ karaṃ dattvā mahābalāḥ ||6|
vasatāṃ gokule teṣāṃ pūtanā bālaghātinī |
suptaṃ kṛṣṇam upādāya rātrau ca pradadau stanam ||7|
yasmai yasmai stanaṃ rātrau pūtanā saṃprayacchati |
tasya tasya kṣaṇenāṅgaṃ bālakasyopahanyate ||8|
kṛṣṇas tasyāḥ stanaṃ gāḍhaṃ karābhyām atipīḍitam |
gṛhītvā prāṇasahitaṃ papau krodhasamanvitaḥ ||9|

4 B abhyadhikaṃ dhiyā **5** BC -pūrvaś ca vai kila **6** B tadā **7** B samudyataḥ
1 V saṃrakṣaṇīyo **2** A yathā te

sā vimuktamahārāvā vicchinnasnāyubandhanā |
papāta pūtanā bhūmau mriyamāṇātibhīṣaṇā ||10|
tannādaśrutisaṃtrāsād vibuddhās te vrajaukasaḥ |
dadṛśuḥ pūtanotsaṅge kṛṣṇaṃ tāṃ ca nipātitām ||11|
ādāya kṛṣṇaṃ saṃtrastā yaśodā ca tato dvijāḥ |
gopucchabhrāmaṇādyaiś ca bāladoṣam apākarot ||12|
gopurīṣam upādāya nandagopo 'pi mastake |
kṛṣṇasya pradadau rakṣāṃ kurvann idam udairayat ||13|
nandagopa[3] uvāca:
rakṣatu tvām aśeṣāṇāṃ bhūtānāṃ prabhavo hariḥ |
yasya nābhisamudbhūtāt paṅkajād abhavaj jagat ||14|
yena daṃṣṭrāgravidhṛtā dhārayaty avanī jagat |
varāharūpadhṛg devaḥ sa tvāṃ rakṣatu keśavaḥ ||15|
[[4]nakhāṅkuravinirbhinnavairivakṣaḥsthalo vibhuḥ |
nṛsiṃharūpī sarvatra sa tvāṃ rakṣatu keśavaḥ |]
guhyaṃ sa jaṭharaṃ viṣṇur jaṅghāpādau janārdanaḥ |
vāmano rakṣatu sadā bhavantaṃ yaḥ kṣaṇād abhūt ||16|
trivikramakramākrāntatrailokyasphuradāyudhaḥ |
śiras te pātu govindaḥ kaṇṭhaṃ rakṣatu keśavaḥ ||17|
mukhabāhū prabāhū ca manaḥ sarvendriyāṇi ca |
rakṣatv avyāhataiśvaryas tava nārāyaṇo 'vyayaḥ ||18|
tvāṃ dikṣu pātu *vaikuṇṭho*[5] vidikṣu madhusūdanaḥ |
hṛṣīkeśo 'mbare bhūmau rakṣatu tvāṃ mahīdharaḥ ||19|
vyāsa uvāca:
evaṃ kṛtasvastyayano nandagopena bālakaḥ |
śāyitaḥ śakaṭasyādho bālaparyaṅkikātale ||20|
te ca gopā mahad dṛṣṭvā pūtanāyāḥ kalevaram |
mṛtāyāḥ paramaṃ trāsaṃ vismayaṃ ca *tadā*[6] yayuḥ ||21|
kadācic chakaṭasyādhaḥ śayāno madhusūdanaḥ |
cikṣepa caraṇāv ūrdhvaṃ stanārthī praruroda *ca*[7] ||22|
tasya pādaprahāreṇa śakaṭaṃ parivartitam |
vidhvastabhāṇḍakumbhaṃ tad viparītaṃ papāta vai ||23|
tato hāhākṛtaḥ sarvo gopagopījano dvijāḥ |
ājagāma tadā jñātvā[8] bālam uttānaśāyinam ||24|
gopāḥ keneti jagaduḥ śakaṭaṃ parivartitam |
tatraiva bālakāḥ procur bālenānena pātitam ||25|
rudatā dṛṣṭam asmābhiḥ pādavikṣepatāḍitam |
śakaṭaṃ parivṛttaṃ vai naitad anyasya ceṣṭitam ||26|
tataḥ punar atīvāsan gopā vismitacetasaḥ |
nandagopo 'pi jagrāha bālam atyantavismitaḥ ||27|
yaśodā vismayārūḍhā bhagnabhāṇḍakapālakam |
śakaṭaṃ *cārcayām*[9] āsa *dadhipuṣpaphalākṣataiḥ*[10] ||28|

[[11]iti śrībrahmapurāṇe vyāsarṣisaṃvāde pūtanāśakaṭavadho nāma pañcasaptatimo adhyāyaḥ]

3 ABV nanda **4** V ins. **5** V govindo **6** V paraṃ **7** A ha **8** C ājagāmātha dadṛśe **9** A prārthayām **10** A tadā sā vepatī muhuḥ **11** V ins. [and starts a new chapter]

[[12]vyāsa uvāca:]
gargaś ca gokule tatra vasudeva-*pracoditaḥ*[13] |
pracchanna eva gopānāṃ[14] saṃskāram akarot tayoḥ ||29|
jyeṣṭhaṃ ca rāmam ity āha kṛṣṇaṃ caiva tathāparam |
gargo matimatāṃ śreṣṭho nāma kurvan mahāmatiḥ ||30|
alpenaiva hi kālena vijñātau tau mahābalau |
ghṛṣṭajānukarau viprā babhūvatur ubhāv api ||31|
karīṣabhasmadigdhāṅgau bhramamāṇāv itas tataḥ |
na *nivārayituṃ śaktā*[15] yaśodā tau na rohiṇī ||32|
govāṭamadhye krīḍantau vatsavāṭagatau punaḥ |
tadaharjātagovatsapucchākarṣaṇatatparau ||33|
yadā yaśodā tau bālāv ekasthānacarāv ubhau |
śaśāka no vārayituṃ krīḍantāv aticañcalau ||34|
dāmnā baddhvā tadā madhye nibabandha ulūkhale |
kṛṣṇam akliṣṭakarmāṇam āha *cedam amarṣitā*[16] ||35|
yaśodovāca:
yadi śakto 'si gaccha tvam aticañcalaceṣṭita ||36|
vyāsa uvāca:
ity uktvā ca nijaṃ karma sā cakāra *kuṭumbinī*[17] |
vyagrāyām atha tasyāṃ sa karṣamāṇa ulūkhalam ||37|
yamalārjunayor madhye jagāma kamalekṣaṇaḥ |
karṣatā vṛkṣayor madhye tiryag evam ulūkhalam ||38|
bhagnāv uttuṅgaśākhāgrau tena tau yamalārjunau |
tataḥ[18] kaṭakaṭāśabdasamākarṇanakātaraḥ ||39|
ājagāma vrajajano dadṛśe ca mahādrumau |
bhagnaskandhau nipātitau bhagnaśākhau mahītale ||40|
dadarśa cālpadantāsyaṃ smitahāsaṃ ca bālakam |
tayor madhyagataṃ baddhaṃ dāmnā gāḍhaṃ tathodare ||41|
tataś ca dāmodaratāṃ sa yayau dāmabandhanāt |
gopa-*vṛddhās*[19] tataḥ sarve nandagopapurogamāḥ ||42|
mantrayām āsur udvignā mahotpātāti-*bhīravaḥ*[20] |
sthāneneha na naḥ kāryaṃ vrajāmo 'nyan mahāvanam ||43|
utpātā bahavo hy atra dṛśyante nāśahetavaḥ |
pūtanāyā vināśaś ca śakaṭasya viparyayaḥ ||44|
vinā vātādidoṣeṇa drumayoḥ patanaṃ tathā |
vṛndāvanam itaḥ sthānāt tasmād gacchāma mā ciram ||45|

12 V ins. **13** A -praṇoditaḥ **14** A pracchannarūpo munayaḥ **15** C nivārayituṃ sehe V vārayitum utsehe **16** B caivaṃ praharṣitā **17** B nitambinī **18** B tayoḥ **19** A -mukhyās **20** B -śaṅkhitāḥ

yāvad bhaumamahotpātadoṣo *nābhibhaved vrajam*[21] |
iti kṛtvā matiṃ sarve gamane te vrajaukasaḥ ||46|
ūcuḥ svaṃ svaṃ kulaṃ śīghraṃ gamyatāṃ mā vilambyatām |
tataḥ kṣaṇena prayayuḥ śakaṭair godhanais tathā ||47|
yūthaśo vatsapālīś ca kālayanto vrajaukasaḥ |
sarvāvayava-[22]nirdhūtaṃ kṣaṇamātreṇa tat tadā ||48|
kākakākīsamākīrṇaṃ vrajasthānam abhūd dvijāḥ |
vṛndāvanaṃ bhagavatā kṛṣṇenākliṣṭakarmaṇā ||49|
śubhena manasā *dhyātaṃ*[23] gavāṃ vṛddhim abhīpsatā |
tatas tatrāti-*rukṣe 'pi dharma-*[24]kāle dvijottamāḥ ||50|
prāvṛṭkāla ivābhūc ca navaśaṣpaṃ samantataḥ |
sa samāvāsitaḥ sarvo vrajo vṛndāvane tataḥ ||51|
śakaṭīvāṭaparyantacandrārdhākārasaṃsthitiḥ |
vatsa-*bālau*[25] ca saṃvṛttau rāmadāmodarau *tataḥ*[26] ||52|
tatra *sthitau tau ca*[27] goṣṭhe ceratur bālalīlayā |
barhi-*pattra-*[28]kṛtāpīḍau *vanyapuṣpāvataṃsakau*[29] ||53|
gopaveṇu-*kṛtātodyapattravādyakṛtasvanau*[30] |
kākapakṣadharau bālau kumārāv iva pāvakau ||54|
hasantau ca ramantau ca ceratus tan mahad vanam |
kvacid dhasantāv anyonyaṃ krīḍamānau tathā paraiḥ ||55|
gopaputraiḥ samaṃ vatsāṃś cārayantau viceratuḥ |
kālena gacchatā tau tu saptavarṣau babhūvatuḥ ||56|
sarvasya jagataḥ pālau vatsapālau mahāvraje |
prāvṛṭkālas tato 'tīva meghaughasthagitāmbaraḥ ||57|
babhūva vāridhārābhir aikyaṃ kurvan diśām iva |
prarūḍha-[31]nava-*puṣpāḍhyā*[32] śakragopavṛtā mahī ||58|
yathā mārakate vāsīt padmarāgavibhūṣitā |
ūhur unmārgagāmīni nimnagāmbhāṃsi sarvataḥ ||59|
manāṃsi durvinītānāṃ prāpya lakṣmīṃ navām iva |
vikāle ca yathākāmaṃ vrajam etya mahābalau |
gopaiḥ samānaiḥ sahitau cikrīḍāte 'marāv iva ||60|

iti śrīmahāpurāṇe ādibrāhme bālacarite vṛndāvanapraveśavarṇanaṃ nāma caturaśīty-adhikaśatatamo 'dhyāyaḥ

vyāsa uvāca:
ekadā tu vinā rāmaṃ kṛṣṇo vṛndāvanaṃ yayau |
vicacāra vṛto gopair vanyapuṣpasragujjvalaḥ ||185.1|
sa jagāmātha kālindīṃ lolakallola-*śālinīm*[1] |
tīrasaṃlagnaphenaughair hasantīm iva sarvataḥ ||2|

21 B gargavacodbhavaḥ **22** ABV dravyāvayava- **23** AB vyāptaṃ **24** V -rūkṣe 'pi gharma- **25** V -pālau **26** V tadā **27** C stānāplutau **28** V -puccha- **29** A guñjahāravibhūṣitau **30** A -kṛtābhyāsau nānāvādyaviśāradau **31** A prabhūta- **32** AB -śaṣpāḍhyā **1** A -mālinīm

tasyāṃ cātimahābhīmaṃ viṣāgnikaṇadūṣitam |
hradaṃ kālīyanāgasya dadarśātivibhīṣaṇam ||3|
viṣāgninā visaratā dagdhatīramahātarum |
vātāhatāmbuvikṣepasparśadagdhavihaṃgamam ||4|
tam atīva mahāraudraṃ mṛtyuvaktram ivāparam |
vilokya cintayām āsa bhagavān madhusūdanaḥ ||5|
asmin vasati duṣṭātmā kālīyo 'sau viṣāyudhaḥ |
yo mayā nirjitas tyaktvā duṣṭo naṣṭaḥ payonidhau ||6|
teneyaṃ dūṣitā sarvā yamunā *sāgaraṃgamā*[2] |
na narair godhanair vāpi tṛṣārtair upabhujyate ||7|
tad asya *nāga-*[3]rājasya kartavyo nigraho mayā |
nityatrastāḥ[4] sukhaṃ yena careyur vrajavāsinaḥ ||8|
etadarthaṃ nṛloke 'sminn avatāro mayā kṛtaḥ |
yad eṣām utpathasthānāṃ kāryā *śāstir*[5] durātmanām ||9|
tad etan nātidūrasthaṃ kadambam uruśākhinam |
adhiruhyotpatiṣyāmi hrade 'smiñ jīvanāśinaḥ ||10|
vyāsa uvāca:
itthaṃ vicintya baddhvā *ca*[6] gāḍhaṃ parikaraṃ tataḥ |
nipapāta hrade tatra sarparājasya vegataḥ ||11|
tenāpi patatā tatra kṣobhitaḥ sa mahāhradaḥ |
atyarthadūrajātāṃś ca tāṃś cāsiñcan mahīruhān ||12|
te 'hiduṣṭaviṣajvālātaptāmbutapanokṣitāḥ |
jajvaluḥ pādapāḥ sadyo jvālāvyāptadigantarāḥ ||13|
āsphoṭayām āsa tadā *kṛṣṇo*[7] nāga-*hradaṃ bhujaiḥ*[8] |
tacchabdaśravaṇāc cātha nāgarājo 'bhyupāgamat ||14|
ātāmranayanaḥ kopād viṣajvālākulaiḥ phaṇaiḥ |
vṛto mahāviṣaiś cānyair aruṇair anilāśanaiḥ ||15|
nāgapatnyaś ca śataśo hārihāropaśobhitāḥ |
prakampitatanūtkṣepa-[9]calatkuṇḍala-*kāntayaḥ*[10] ||16|
tataḥ praveṣṭitaḥ sarpaiḥ sa kṛṣṇo bhogabandhanaiḥ |
dadaṃśuś cāpi te kṛṣṇaṃ viṣajvālāvilair mukhaiḥ ||17|
taṃ tatra patitaṃ dṛṣṭvā nāgabhoganipīḍitam |
gopā vrajam upāgatya cukruśuḥ śokalālasāḥ ||18|
gopā ūcuḥ:
eṣa kṛṣṇo gato *moha-*[11]*magno*[12] vai kāliye hrade |
bhakṣyate sarparājena tad āgacchata mā ciram ||19|
vyāsa uvāca:
etac chrutvā tato gopā vajrapātopamaṃ vacaḥ |
gopyaś ca tvaritā jagmur yaśodāpramukhā *hradam*[13] ||20|
hā hā kvāsāv iti jano gopīnām ativihvalaḥ |
yaśodayā samaṃ bhrānto drutaḥ praskhalito yayau ||21|

2 B sāgarāṅganā **3** A sarga- **4** C nityātrasthāḥ **5** C śāntir **6** B sa **7** V kṛṣṇe **8** C -hrade bhujam **9** B yayuḥ prakampitās tatra **10** B -jātayaḥ **11** B moham V mohān **12** B ugre **13** A drutam

nandagopaś ca gopāś ca rāmaś cādbhutavikramaḥ |
tvaritaṃ yamunāṃ jagmuḥ kṛṣṇadarśanalālasāḥ ||22|
dadṛśuś cāpi te tatra sarparājavaśaṃgatam |
niṣprayatnaṃ kṛtaṃ kṛṣṇaṃ sarpabhogena veṣṭitam ||23|
nandagopaś ca niśceṣṭaḥ paśyan putramukhaṃ *bhṛśam*[14] |
yaśodā ca mahābhāgā babhūva munisattamāḥ ||24|
go-*pyas tv anyā rudatyaś*[15] ca dadṛśuḥ śokakātarāḥ |
procuś ca keśavaṃ prītyā bhayakātara-*gadgadam*[16] ||25|
sarvā yaśodayā sārdhaṃ viśāmo 'tra mahāhrade |
nāgarājasya no gantum asmākaṃ yujyate vraje ||26|
divasaḥ ko vinā sūryaṃ vinā candreṇa kā niśā |
vinā *dugdhena*[17] kā gāvo vinā kṛṣṇena ko vrajaḥ |
vinākṛtā na yāsyāmaḥ kṛṣṇenānena gokulam ||27|
vyāsa uvāca:
iti gopīvacaḥ śrutvā rauhiṇeyo mahābalaḥ |
uvāca gopān vidhurān vilokya *stimitekṣaṇaḥ*[18] ||28|
nandaṃ ca dīnam atyarthaṃ nyastadṛṣṭiṃ sutānane |
mūrchākulāṃ yaśodāṃ ca kṛṣṇamāhātmyasaṃjñayā ||29|
balarāma uvāca:
kim ayaṃ devadeveśa bhāvo 'yaṃ mānuṣas tvayā |
vyajyate *svaṃ tam*[19] ātmānaṃ *kim anyaṃ*[20] tvaṃ na vetsi *yat*[21] ||30|
tvam asya jagato *nābhiḥ surāṇām eva cāśrayaḥ*[22] |
kartāpahartā pātā ca *trailokyaṃ*[23] tvaṃ trayīmayaḥ ||31|
atrāvatīrṇayoḥ kṛṣṇa gopā eva hi bāndhavāḥ |
gopyaś ca sīdataḥ kasmāt tvaṃ bandhūn samupekṣase ||32|
darśito mānuṣo bhāvo darśitaṃ bāla-*ceṣṭitam*[24] |
tad ayaṃ damyatāṃ kṛṣṇa durātmā daśanāyudhaḥ ||33|
vyāsa uvāca:
iti saṃsmāritaḥ kṛṣṇaḥ smitabhinnauṣṭhasaṃpuṭaḥ |
āsphālya[25] mocayām āsa svaṃ dehaṃ bhogabandhanāt ||34|
ānāmya[26] cāpi hastābhyām ubhābhyāṃ madhyamaṃ phaṇam |
āruhya *bhugna-*[27]śirasaḥ prananartoruvikramaḥ ||35|
vraṇāḥ phaṇe 'bhavaṃs tasya kṛṣṇasyāṅghrivikuṭṭanaiḥ |
yatronnatiṃ ca kurute nanāmāsya tataḥ śiraḥ ||36|
mūrchām upāyayau[28] bhrāntyā nāgaḥ kṛṣṇasya *kuṭṭanaiḥ*[29] |
daṇḍa-[30]pātanipātena vavāma rudhiraṃ bahu ||37|
taṃ nirbhugnaśirogrīvam āsyaprasrutaśoṇitam |
vilokya śaraṇaṃ jagmus tatpatnyo madhusūdanam ||38|
nāgapatnya ūcuḥ:
jñāto 'si devadeveśa sarveśas tvam an-*uttama*[31] |
paraṃ jyotir acintyaṃ yat tadaṃśaḥ parameśvaraḥ ||39|

14 A tadā **15** V -pyaś cānyā rudantyaś **16** V -mānasāḥ **17** C vṛṣeṇa **18** B stimitekṣaṇān
19 V 'tyantam **20** V svakīyaṃ **21** V kim **22** A yoniś carāṇāṃ api saṃśrayaḥ
23 A trailokye **24** V -cāpalam **25** BCV āsphoṭya **26** V ānamya **27** BC bhagna-
28 V mūrchāṃ parāṃ yayau **29** C recakaiḥ **30** V caṇḍa- **31** V -uttamaḥ

na samarthāḥ *sura*[32] stotuṃ yam ananyabhavaṃ prabhum |
svarūpavarṇanaṃ tasya kathaṃ yoṣit kariṣyati ||40|
yasyākhilamahīvyomajalāgnipavanātmakam |
brahmāṇḍam alpakāṃśāṃśaḥ stoṣyāmas taṃ kathaṃ vayam ||41|
tataḥ kuru *jagatsvāmin prasādam avasīdataḥ*[33] |
prāṇāṃs tyajati nāgo 'yaṃ bhartṛbhikṣā pradīyatām ||42|
vyāsa uvāca:
ity ukte *tābhir āśvāsya*[34] klāntadeho 'pi pannagaḥ |
prasīda devadeveti prāha vākyaṃ śanaiḥ śanaiḥ ||43|
[35]kālīya uvāca:
tavāṣṭaguṇam aiśvaryaṃ nātha svābhāvikaṃ param |
nirastātiśayaṃ yasya tasya stoṣyāmi kiṃ nv aham ||44|
tvaṃ paras tvaṃ parasyādyaḥ paraṃ tvaṃ tatparātmakam |
parasmāt *paramo yas*[36] tvaṃ tasya stoṣyāmi kiṃ nv aham ||45|
yathāhaṃ bhavatā sṛṣṭo jātyā rūpeṇa *ceśvaraḥ*[37] |
svabhāvena ca saṃyuktas tathedaṃ ceṣṭitaṃ mayā ||46|
yady anyathā *pravarteya*[38] devadeva tato mayi |
nyāyyo daṇḍanipātas te tavaiva vacanaṃ yathā ||47|
tathāpi yaṃ jagatsvāmī daṇḍaṃ pātitavān mayi |
sa soḍho 'yaṃ varo daṇḍas tvatto nānyo 'stu me varaḥ ||48|
hatavīryo hataviṣo damito 'haṃ tvayācyuta |
jīvitaṃ[39] dīyatām ekam ājñāpaya karomi kim ||49|
śrībhagavān uvāca:
nātra stheyaṃ tvayā sarpa kadācid yamunājale |
sa-*bhṛtya*-[40]parivāras tvaṃ samudrasalilaṃ vraja ||50|
matpadāni ca te sarpa dṛṣṭvā mūrdhani *sāgare*[41] |
garuḍaḥ pannagaripus tvayi na prahariṣyati ||51|
vyāsa uvāca:
ity uktvā sarparājānaṃ mumoca bhagavān hariḥ |
praṇamya so 'pi kṛṣṇāya jagāma payasāṃ nidhim ||52|
paśyatāṃ sarvabhūtānāṃ sabhṛtyāpatya-*bandhavaḥ*[42] |
samastabhāryāsahitaḥ parityajya svakaṃ hradam ||53|
gate sarpe pariṣvajya mṛtaṃ punar ivāgatam |
gopā mūrdhani go-*vindaṃ siṣicur*[43] netrajair jalaiḥ ||54|
kṛṣṇam akliṣṭakarmāṇam anye vismitacetasaḥ |
tuṣṭuvur muditā gopā dṛṣṭvā *śiva*-[44]jalāṃ nadīm ||55|
gīyamāno 'tha gopībhiś caritaiś cāruceṣṭitaiḥ |
saṃstūyamāno gopālaiḥ kṛṣṇo vrajam upāgamat ||56|

iti śrīmahāpurāṇe ādibrāhme bālacarite kālīyadamananirūpaṇaṃ nāma pañcāśītyadhika-śatatamo 'dhyāyaḥ

32 V surā **33** A kṛpāṃ nātha prasīda śaraṇaṃ bhava **34** B kāntayā tasya V kātarākṣaś ca **35** V om. **36** B param ojas **37** V ceśvara **38** V pravarteyaṃ **39** V jīvanaṃ **40** BV -putra- **41** B nāgahā **42** V -bāndhavaḥ **43** V -vindam asiñjan **44** B kṣubdha-

vyāsa uvāca:
gāḥ pālayantau ca punaḥ sahitau *rāma-*[1]keśavau |
bhramamāṇau vane tatra ramyaṃ tālavanaṃ gatau ||186.1|
tac ca tālavanaṃ nityaṃ dhenuko nāma dānavaḥ |
nṛgomāṃsakṛtāhāraḥ sadādhyāste kharākṛtiḥ ||2|
tatra tālavanaṃ ramyaṃ phalasaṃpatsamanvitam |
dṛṣṭvā spṛhānvitā gopāḥ phalādāne 'bruvan vacaḥ ||3|
gopā ūcuḥ:
he rāma he kṛṣṇa sadā dhenukenaiva rakṣyate |
bhūpradeśo yatas tasmāt *tyaktānīmāni*[2] santi vai ||4|
phalāni paśya tālānāṃ gandhamodayutāni vai |
vayam etāny abhīpsāmaḥ pātyantāṃ yadi rocate ||5|
iti gopakumārāṇāṃ śrutvā saṃkarṣaṇo vacaḥ |
kṛṣṇaś ca pātayām āsa bhuvi tālaphalāni vai ||6|
tālānāṃ patatāṃ śabdam ākarṇyāsurarāṭ tataḥ |
ājagāma sa duṣṭātmā kopād daiteyagardabhaḥ ||7|
padbhyām ubhābhyāṃ sa tadā paścimābhyāṃ *ca taṃ balī*[3] |
jaghānorasi tābhyāṃ ca sa ca tenāpy agṛhyata ||8|
gṛhītvā bhrāmaṇenaiva cāmbare gatajīvitam |
tasminn eva prācikṣepa vegena tṛṇarājani ||9|
tataḥ phalāny anekāni tālāgrān nipatan kharaḥ |
pṛthivyāṃ pātayām āsa mahāvāto 'mbudān iva ||10|
anyān apy asya vai jñātīn āgatān daityagardabhān |
kṛṣṇaś cikṣepa tālāgre balabhadraś ca līlayā ||11|
kṣaṇenālaṃkṛtā pṛthvī pakvais tālaphalais tadā |
daityagardabhadehaiś ca munayaḥ śuśubhe 'dhikam ||12|
tato gāvo nirābādhās tasmiṃs tālavane dvijāḥ |
nava-*śaṣpaṃ*[4] sukhaṃ cerur yatra bhuktam abhūt purā ||13|

iti śrīmahāpurāṇe ādibrāhme bālacarite *dhenuka-*[5]vadhavarṇanaṃ nāma ṣaḍaśītyadhika-śatatamo 'dhyāyaḥ

[1]vyāsa uvāca:
tasmin rāsabhadaiteye sānuje vinipātite |
sarvagopālagopīnāṃ ramyaṃ tālavanaṃ babhau ||187.1|
tatas tau jātaharṣau tu vasudevasutāv ubhau |
[[2]hatvā dhenukadaiteyaṃ bhāṇḍīraṃ vanam āgatau |
kṣvelamānau pragāyantau vicinvantau ca pādapān |]
śuśubhāte mahātmānau bālaśṛṅgāv ivarṣabhau ||2|

1 ABV bala- **2** AC pakvānīmāni **3** V balī balāt **4** B -sasyaṃ **5** V dhenukapralambāsura-
1 V om. **2** V ins.

cārayantau ca gā dūre vyāharantau ca nāmabhiḥ |
niyogapāśaskandhau tau vanamālāvibhūṣitau ||3|
suvarṇāñjana-*cūrṇābhyāṃ*[3] tadā tau bhūṣitāmbarau |
mahendrāyudhasaṃkāśau śvetakṛṣṇāv ivāmbudau ||4|
ceratur lokasiddhābhiḥ krīḍābhir itaretaram |
samastalokanāthānāṃ nāthabhūtau bhuvaṃ gatau ||5|
manuṣyadharmābhiratau mānayantau manuṣyatām |
tajjāti-[4]guṇayuktābhiḥ krīḍābhiś ceratur vanam ||6|
tatas tv āndolikābhiś ca niyuddhaiś ca mahābalau |
vyāyāmaṃ cakratus tatra kṣepaṇīyais tathāśmabhiḥ ||7|
tallipsur asuras tatra ubhayo ramamāṇayoḥ |
ājagāma pralambākhyo *gopa-*[5]veṣatirohitaḥ ||8|
so 'vagāhata niḥśaṅkaṃ teṣāṃ *madhyamamānuṣaḥ*[6] |
mānuṣaṃ rūpam āsthāya pralambo dānavottamaḥ ||9|
tayoś chidrāntaraprepsur atiśīghram amanyata |
kṛṣṇaṃ tato rauhiṇeyaṃ hantuṃ cakre manoratham ||10|
hariṇā krīḍanaṃ nāma bālakrīḍanakaṃ tataḥ |
prakrīḍitās tu te sarve dvau dvau yugapad utpatan ||11|
śrīdāmnā saha govindaḥ pralambena tathā balaḥ |
gopālair aparaiś cānye gopālāḥ saha pupluvuḥ ||12|
śrīdāmānaṃ tataḥ kṛṣṇaḥ pralambaṃ rohiṇīsutaḥ |
jitavān kṛṣṇapakṣīyair gopair anyaiḥ parājitāḥ ||13|
te vāhayantas tv anyonyaṃ bhāṇḍīraskandham etya vai |
punar nivṛttās te sarve *ye*[7] ye tatra parājitāḥ ||14|
saṃkarṣaṇaṃ tu skandhena śīghram utkṣipya dānavaḥ |
na tasthau prajagāmaiva sacandra iva vāridaḥ ||15|
a-*śakto vahane tasya saṃrambhād*[8] dānavottamaḥ |
vavṛdhe *sumahā-*[9]kāyaḥ prāvṛṣīva balāhakaḥ ||16|
saṃkarṣaṇas tu taṃ dṛṣṭvā dagdhaśailopamākṛtim |
sragdāmalambābharaṇaṃ mukuṭāṭopamastakam ||17|
raudraṃ śakaṭacakrākṣaṃ pādanyāsa-*calat-*[10]kṣitim |
hriyamāṇas tataḥ kṛṣṇam idaṃ vacanam abravīt ||18|
balarāma uvāca:
kṛṣṇa kṛṣṇa hriye tv eṣa parvatodagramūrtinā |
kenāpi paśya daityena gopālacchadmarūpiṇā ||19|
yad atra sāmpratam kāryaṃ mayā madhuniṣūdana |
tat kathyatāṃ prayāty eṣa durātmātitvarānvitaḥ ||20|
vyāsa uvāca:
tam āha rāmaṃ govindaḥ smitabhinnauṣṭhasaṃpuṭaḥ |
mahātmā rauhiṇeyasya balavīryapramāṇavit ||21|
kṛṣṇa uvāca:
kim ayaṃ mānuṣo bhāvo vyaktam evāvalambyate |
sarvātman sarvaguhyānāṃ guhyād guhyātmanā tvayā ||22|

3 V -varṇābhyāṃ **4** B tau jāti- **5** A nara- **6** A madhyagato ruṣā **7** A na **8** V -sahan rauhiṇeyasya bhāraṃ vai **9** V sa mahā- **10** A -hata-

smarāśeṣajagadīśa kāraṇaṃ kāraṇāgraja |
ātmānam ekaṃ tadvac ca jagaty ekārṇave ca yaḥ ||23|
bhavān ahaṃ ca viśvātmann ekam eva hi kāraṇam |
jagato 'sya jagaty arthe bhedenāvāṃ vyavasthitau ||24|
tat smaryatām ameyātmaṃs tvayātmā jahi dānavam |
mānuṣyam evam ālambya bandhūnāṃ kriyatāṃ hitam ||25|
vyāsa uvāca:
iti saṃsmārito viprāḥ kṛṣṇena sumahātmanā |
vihasya pīḍayām āsa pralambaṃ balavān balaḥ ||26|
muṣṭinā *cāhan*[11] mūrdhni *kopa-*[12]saṃraktalocanaḥ |
tena cāsya prahāreṇa bahir yāte vilocane ||27|
sa niṣkāsitamastiṣko mukhāc choṇitam udvaman |
nipapāta mahīpṛṣṭhe daityavaryo mamāra ca ||28|
pralambaṃ nihataṃ dṛṣṭvā balenādbhutakarmaṇā |
prahṛṣṭās tuṣṭuvur gopāḥ sādhu sādhv iti cābruvan ||29|
saṃstūyamāno *rāmas tu*[13] gopair daitye nipātite |
pralambe saha kṛṣṇena punar gokulam āyayau ||30|
vyāsa uvāca:
tayor viharator evaṃ rāmakeśavayor vraje |
prāvṛḍvyatītā vikasatsarojā cābhavac charat ||31|
vimalāmbaranakṣatre kāle cābhyāgate vrajam |
dadarśendrotsavārambhapravṛttān[14] vrajavāsinaḥ ||32|
kṛṣṇas tān utsukān dṛṣṭvā gopān utsavalālasān |
kautūhalād idaṃ vākyaṃ prāha vṛddhān mahāmatiḥ ||33|
kṛṣṇa uvāca:
ko 'yaṃ śakramaho nāma yena vo harṣa āgataḥ |
prāha taṃ nandagopaś ca pṛcchantam atisādaram ||34|
nanda uvāca:
meghānāṃ payasām *īśo*[15] devarājaḥ śatakratuḥ |
yena saṃcoditā meghā varṣanty ambumayaṃ rasam ||35|
tadvṛṣṭijanitaṃ sasyaṃ vayam anye ca dehinaḥ |
vartayāmopabhuñjānās tarpayāmaś ca devatāḥ ||36|
kṣīravatya imā gāvo vatsavatyaś ca nirvṛtāḥ |
tena saṃvardhitaiḥ *sasyaiḥ puṣṭās tuṣṭā*[16] bhavanti vai ||37|
nāsasyā nānṛṇā bhūmir na bubhukṣārdito janaḥ |
dṛśyate yatra dṛśyante vṛṣṭimanto balāhakāḥ ||38|
bhaumam etat payo gobhir dhatte sūryasya vāridaḥ |
parjanyaḥ sarvalokasya bhavāya bhuvi varṣati ||39|
tasmāt prāvṛṣi rājānaḥ śakraṃ sarve mudānvitāḥ |
mahe sureśam *arghanti*[17] vayam anye ca dehinaḥ ||40|

11 Sic, haplographic for *cāhanan*? cf. V; V cāhanan **12** V krodha- **13** A rāmo 'tha
14 C dadarśendramahārambhāyaudyatān **15** A svāmī **16** A sasyair hṛṣṭapuṣṭā
17 V arcanti

vyāsa uvāca:
nandagopasya vacanaṃ śrutvetthaṃ śakrapūjane |
kopāya tridaśendrasya prāha dāmodaras tadā ||41|
kṛṣṇa uvāca:
na vayaṃ kṛṣikartāro vaṇijyājīvino na ca |
gāvo 'smaddaivataṃ tāta vayaṃ vanacarā yataḥ ||42|
ānvīkṣikī trayī vārttā daṇḍanītis tathāparā |
vidyācatuṣṭayaṃ tv etad vārttām atra śṛṇuṣva me ||43|
kṛṣir vaṇijyā tadvac ca tṛtīyaṃ paśupālanam |
vidyā hy *etā*[18] mahābhāgā vārttā vṛttitrayāśrayā ||44|
karṣakāṇāṃ kṛṣir vṛttiḥ paṇyaṃ *tu paṇajīvinām*[19] |
asmākaṃ gāḥ parā vṛttir vārttā bhedair iyaṃ tribhiḥ ||45|
vidyayā yo yayā yuktas tasya sā daivataṃ mahat |
saiva pūjyārcanīyā ca saiva tasyopakārikā ||46|
yo 'nyasyāḥ phalam aśnan vai pūjayaty aparāṃ naraḥ |
iha ca pretya caivāsau tāta nāpnoti śobhanam ||47|
pūjyantāṃ prathitāḥ *sīmāḥ sīmāntaṃ ca punar vanam*[20] |
vanāntā girayaḥ sarve sā cāsmākaṃ parā[21] gatiḥ ||48|
giriyajñas tv ayaṃ tasmād goyajñaś ca *pravartyatām*[22] |
kim asmākaṃ mahendreṇa gāvaḥ śailāś ca devatāḥ ||49|
mantrayajñaparā viprāḥ sīrayajñāś ca karṣakāḥ |
girigoyajñaśīlāś ca vayam adri-*vanāśrayāḥ*[23] ||50|
tasmād govardhanaḥ śailo bhavadbhir vividhārhaṇaiḥ |
arcyatāṃ pūjyatāṃ medhyaṃ paśuṃ hatvā vidhānataḥ ||51|
sarvaghoṣasya saṃdohā gṛhyantāṃ mā vicāryatām |
bhojyantāṃ tena vai viprās tathānye cāpi vāñchakāḥ ||52|
tam arcitaṃ kṛte home bhojiteṣu dvijātiṣu |
śaratpuṣpakṛtāpīḍāḥ parigacchantu gogaṇāḥ ||53|
etan mama mataṃ gopāḥ saṃprītyā kriyate yadi |
tataḥ kṛtā bhavet prītir gavām adres tathā mama ||54|
vyāsa uvāca:
iti tasya vacaḥ śrutvā nandādyās te vrajaukasaḥ |
prītyutphullamukhā viprāḥ sādhu sādhv ity athābruvan ||55|
śobhanaṃ te mataṃ vatsa yad etad bhavatoditam |
tat *kariṣyāmy ahaṃ sarvaṃ*[24] giriyajñaḥ *pravartyatām*[25] ||56|
tathā ca kṛtavantas te giriyajñaṃ vrajaukasaḥ |
dadhipāyasamāṃsādyair daduḥ śailabaliṃ tataḥ ||57|
dvijāṃś ca bhojayām āsuḥ śataśo 'tha sahasraśaḥ |
gāvaḥ śailaṃ tataś cakrur arcitās taṃ pradakṣiṇam ||58|
vṛṣabhāś cābhinardantaḥ satoyā jaladā iva |
girimūrdhani govindaḥ śailo 'ham iti mūrtimān ||59|

18 ASS corr. like V; V eṣā **19** V paṇyāyajīvinām **20** A sīmā girayo dhenukās tathā
21 A yenāsmākaṃ hi girayo dhenuś ca paramā **22** V pravartatām **23** C -balāśrayāḥ
24 V kariṣyāmahe sarve **25** V pravartatām

bubhuje 'nnaṃ bahuvidhaṃ gopavaryāhṛtaṃ dvijāḥ |
kṛṣṇas tenaiva rūpeṇa gopaiḥ saha gireḥ śiraḥ ||60|
adhiruhyārcayām āsa dvitīyām ātmanas tanum |
antardhānaṃ gate tasmin gopā labdhvā tato varān |
kṛtvā girimahaṃ goṣṭhaṃ nijam abhyāyayuḥ punaḥ ||61|

iti śrīmahāpurāṇe ādibrāhme bālacarite govardhanagiriyajñapravartanaṃ nāma saptāśītyadhikaśatatamo 'dhyāyaḥ

vyāsa uvāca:
mahe pratihate[1] śakro bhṛśaṃ kopasamanvitaḥ |
saṃvartakaṃ nāma gaṇaṃ toyadānām athābravīt ||188.1|
indra uvāca:
bho bho meghā niśamyaitad vadato vacanaṃ mama |
ājñānantaram evāśu[2] kriyatām avicāritam ||2|
nandagopaḥ sudurbuddhir gopair anyaiḥ sahāyavān |
kṛṣṇāśraya-*balādhmāto*[3] mahabhaṅgam acīkarat ||3|
ājīvo yaḥ paraṃ teṣāṃ gopatvasya ca kāraṇam |
tā gāvo vṛṣṭipātena pīḍyantāṃ vacanān mama ||4|
aham apy adriśṛṅgābhaṃ tuṅgam āruhya vāraṇam |
sāhāyyaṃ vaḥ kariṣyāmi *vāyūnāṃ saṃgamena ca*[4] ||5|
vyāsa uvāca:
ity ājñaptāḥ surendreṇa mumucus te balāhakāḥ |
vātavarṣaṃ mahābhīmam abhāvāya gavāṃ dvijāḥ ||6|
tataḥ kṣaṇena dharaṇī kakubho 'mbaram eva ca |
ekaṃ dhārāmahāsārapūraṇenābhavad dvijāḥ ||7|
gāvas tu tena patatā varṣavātena *veginā*[5] |
dhutāḥ prāṇāñ jahuḥ[6] sarvās tiryaṅmukhaśirodharāḥ ||8|
kroḍena vatsān ākramya tasthur anyā dvijottamāḥ |
gāvo vivatsāś ca kṛtā vāripūreṇa cāparāḥ ||9|
vatsāś ca dīna-*vadanāḥ pavanākampikaṃdharāḥ*[7] |
trāhi trāhīty alpaśabdāḥ kṛṣṇam ūcur ivārtakāḥ ||10|
tatas tad gokulaṃ sarvaṃ *gogopīgopasaṃkulam*[8] |
atīvārtaṃ harir dṛṣṭvā trāṇāyācintayat tadā ||11|
etat kṛtaṃ mahendreṇa mahabhaṅgavirodhinā |
tad etad akhilaṃ goṣṭhaṃ trātavyam adhunā mayā ||12|
imam adrim ahaṃ vīryād utpāṭyoruśilātalam |
dhārayiṣyāmi goṣṭhasya pṛthucchattram ivopari ||13|
vyāsa uvāca:
iti kṛtvā matiṃ kṛṣṇo govardhanamahīdharam |
utpāṭyaikakareṇaiva dhārayām āsa līlayā ||14|

1 B yajñe ca prahate **2** A ājñā paraṃ mamaivāśu **3** B -balonmatto V -balādhmātau **4** C vāyum utsargayojitam **5** V vepitāḥ **6** V prāṇāṃs tu prajahuḥ **7** B -vadanā babhūvur varṣapīḍitāḥ **8** A gopagopīsamākulam

go-*pāṃś cāha*[9] jagannāthaḥ samutpāṭitabhūdharaḥ |
viśadhvam atra sahitāḥ kṛtaṃ varṣanivāraṇam || 15 |
sunirvāteṣu deśeṣu yathāyogyam ihāsyatām |
praviśya nātra bhetavyaṃ giripātasya nirbhayaiḥ || 16 |
ity uktās tena te gopā viviśur godhanaiḥ saha |
śakaṭāropitair bhāṇḍair gopyaś cāsārapīḍitāḥ || 17 |
kṛṣṇo 'pi taṃ dadhāraivaṃ śailam atyantaniścalam |
vrajaukovāsibhir harṣavismitākṣair nirīkṣitaḥ || 18 |
gopagopījanair hṛṣṭaiḥ prītivistāritekṣaṇaiḥ |
saṃstūyamānacaritaḥ kṛṣṇaḥ śailam adhārayat || 19 |
saptarātraṃ mahāmeghā vavarṣur nandagokule |
indreṇa coditā meghā gopānāṃ nāśakāriṇā || 20 |
tato dhṛte mahāśaile paritrāte ca gokule |
mithyāpratijño balabhid vārayām āsa tān ghanān || 21 |
vyabhre nabhasi devendre vitathe śakramantrite |
niṣkramya gokulaṃ hṛṣṭaḥ svasthānaṃ punar *āgamat*[10] || 22 |
mumoca kṛṣṇo 'pi tadā govardhanamahāgirim |
svasthāne vismitamukhair dṛṣṭas tair vrajavāsibhiḥ || 23 |
vyāsa uvāca:
dhṛte govardhane śaile paritrāte ca gokule |
rocayām āsa kṛṣṇasya darśanaṃ pākaśāsanaḥ || 24 |
so 'dhiruhya mahānāgam airāvatam amitrajit |
govardhanagirau kṛṣṇaṃ dadarśa tridaśādhipaḥ || 25 |
cārayantaṃ mahāvīryaṃ *gāś ca gopavapurdharam*[11] |
kṛtsnasya jagato gopaṃ vṛtaṃ gopakumārakaiḥ || 26 |
garuḍaṃ ca dadarśoccair antardhānagataṃ dvijāḥ |
kṛtacchāyaṃ harer mūrdhni pakṣābhyāṃ pakṣipuṃgavam || 27 |
avaruhya sa nāgendrād ekānte madhusūdanam |
śakraḥ sasmitam āhedaṃ prīti-*visphāritekṣaṇaḥ*[12] || 28 |
indra uvāca:
kṛṣṇa kṛṣṇa śṛṇuṣvedaṃ yadartham aham āgataḥ |
tvatsamīpaṃ mahābāho naitac cintyaṃ tvayānyathā || 29 |
bhārāvataraṇārdhāya[13] pṛthivyāḥ pṛthivītalam |
avatīrṇo 'khilādhāras tvam eva parameśvara || 30 |
mahabhaṅgaviruddhena mayā gokulanāśakāḥ |
samādiṣṭā mahāmeghās taiś caitat kadanaṃ kṛtam || 31 |
trātās tāpāt tvayā gāvaḥ samutpāṭya mahāgirim |
tenāhaṃ toṣito *vīra*[14] karmaṇātyadbhutena te || 32 |
sādhitaṃ kṛṣṇa devānām adya manye prayojanam |
tvayāyam adripravaraḥ kareṇaikena coddhṛtaḥ || 33 |
gobhiś ca noditaḥ kṛṣṇa tvatsamīpam ihāgataḥ |
tvayā trātābhir atyarthaṃ yuṣmatkāraṇakāraṇāt || 34 |

9 V -pān āha **10** V āviśat **11** A gā gopaiḥ sahitaṃ tadā **12** A -visphāritekṣaṇam
13 V bhārāvataraṇārthāya **14** B deva

sa tvāṃ kṛṣṇābhiṣekṣyāmi gavāṃ vākyapracoditaḥ |
upendratve gavām indro govindas tvaṃ bhaviṣyasi ||35|
athopavāhyād ādāya ghaṇṭām airāvatād gajāt |
abhiṣekaṃ tayā cakre pavitrajalapūrṇayā ||36|
kriyamāṇe 'bhiṣeke tu gāvaḥ kṛṣṇasya tatkṣaṇāt |
prasravodbhūtadugdhārdrāṃ sadyaś cakrur vasuṃdharām ||37|
abhiṣicya gavāṃ vākyād devendro vai janārdanam |
prītyā sapraśrayaṃ kṛṣṇaṃ punar āha śacīpatiḥ ||38|
indra uvāca:
gavām etat kṛtaṃ vākyāt tathānyad api me śṛṇu |
yad bravīmi mahābhāga bhārāvataraṇecchayā ||39|
mamāṃśaḥ puruṣavyāghraḥ pṛthivyāṃ pṛthivīdhara |
avatīrṇo 'rjuno nāma sa rakṣyo bhavatā sadā ||40|
bhārāvataraṇe sakhyaṃ sa te vīraḥ kariṣyati |
sa rakṣaṇīyo[15] bhavatā yathātmā madhusūdana ||41|
śrībhagavān uvāca:
jānāmi bhārate vaṃśe jātaṃ *pārthaṃ*[16] tavāṃśataḥ
tam ahaṃ pālayiṣyāmi yāvad asmi mahītale ||42|
yāvan mahītale śakra sthāsyāmy aham ariṃdama |
na tāvad arjunaṃ kaścid devendra yudhi jeṣyati ||43|
kaṃso nāma mahābāhur daityo 'riṣṭas tathā paraḥ |
keśī kuvalayāpīḍo narakādyās tathāpare ||44|
hateṣu teṣu[17] devendra bhaviṣyati mahāhavaḥ |
tatra viddhi[18] sahasrākṣa bhārāvataraṇaṃ kṛtam ||45|
sa tvaṃ gaccha na saṃtāpaṃ putrārthe kartum arhasi |
nārjunasya ripuḥ kaś-*cin mamāgre prabhaviṣyati*[19] ||46|
arjunārthe[20] tv ahaṃ sarvān yudhiṣṭhirapurogamān |
nivṛtte bhārate yuddhe kuntyai dāsyāmi vikṣatān ||47|
vyāsa uvāca:
ity uktaḥ saṃpariṣvajya devarājo janārdanam |
āruhyairāvataṃ nāgaṃ *punar eva*[21] divaṃ yayau ||48|
kṛṣṇo 'pi sahito gobhir gopālaiś ca punar vrajam |
ājagāmātha gopīnāṃ dṛṣṭapūtena vartmanā ||49|

iti śrīmahāpurāṇe ādibrāhme bālacarite govindābhiṣekavarṇanaṃ nāmāṣṭāśītyadhika-śatatamo 'dhyāyaḥ

15 V saṃrakṣaṇīyo **16** A putraṃ **17** V hateṣv eteṣu **18** A bhaviṣyati **19** B -cit saṃgrāme saṃbhaviṣyati **20** B arjunārthaṃ **21** B [or A, or C; siglum omitted] tvaritaṃ sa

vyāsa uvāca:
gate śakre tu gopālāḥ kṛṣṇam akliṣṭakāriṇam |
ūcuḥ prītyā dhṛtaṃ dṛṣṭvā tena govardhanācalam || 189.1 |
gopā ūcuḥ:
vayam asmān mahābhāga bhavatā mahato bhayāt |
gāvaś ca bhavatā trātā giridhāraṇakarmaṇā || 2 |
bālakrīḍeyam atulā gopālatvaṃ jugupsitam |
divyaṃ ca karma bhavataḥ kim etat tāta kathyatām || 3 |
kāliyo damitas toye pralambo vinipātitaḥ |
dhṛto govardhanaś cāyaṃ śaṅkitāni manāṃsi naḥ || 4 |
satyaṃ satyaṃ hareḥ pādau *śrayāmo*[1] 'mitavikrama |
yathā tvadvīryam ālokya na tvāṃ manyāmahe naram || 5 |
devo vā dānavo vā tvaṃ yakṣo gandharva eva vā |
kiṃ cāsmākaṃ vicāreṇa bāndhavo *'sti*[2] namo 'stu te || 6 |
prītiḥ sastrīkumārasya vrajasya tava keśava |
karma cedam aśakyaṃ yat samastais tridaśair api || 7 |
bālatvaṃ cātivīryaṃ ca janma cāsmāsv aśobhanam |
cintyamānam ameyātmañ *śaṅkāṃ*[3] kṛṣṇa prayacchati || 8 |
vyāsa uvāca:
kṣaṇaṃ bhūtvā tv asau tūṣṇīṃ kiṃcit praṇayakopavān |
ity evam uktas tair gopair āha kṛṣṇo dvijottamāḥ || 9 |
śrīkṛṣṇa uvāca:
matsaṃbandhena vo gopā yadi lajjā na jāyate |
ślāghyo vāhaṃ tataḥ kiṃ vo vicāreṇa prayojanam || 10 |
yadi vo 'sti mayi prītiḥ ślāghyo 'haṃ bhavatāṃ yadi |
tad arghā[4] bandhusadṛśī bāndhavāḥ kriyatāṃ mayi || 11 |
nāhaṃ devo na gandharvo na yakṣo na ca dānavaḥ |
ahaṃ vo bāndhavo jāto nātaś cintyam ato 'nyathā || 12 |
vyāsa uvāca:
iti śrutvā harer vākyaṃ baddhamaunās tato balam |
yayur gopā mahābhāgās tasmin praṇayakopini || 13 |
kṛṣṇas tu vimalaṃ vyoma śaraccandrasya candrikām |
tathā kumudinīṃ phullām āmoditadigantarām || 14 |
vanarājīṃ tathā kūjadbhṛṅgamālāmanoramām |
vilokya saha gopībhir manaś cakre ratiṃ prati || 15 |
saha rāmeṇa madhuram atīva vanitāpriyam |
jagau *kamalapādo 'sau*[5] nāma tatra *kṛtavrataḥ*[6] || 16 |
ramyaṃ gītadhvaniṃ śrutvā saṃtyajyāvasathāṃs tadā |
ājagmus tvaritā gopyo yatrāste madhusūdanaḥ || 17 |
śanaiḥ śanair jagau gopī kācit tasya padānugā |
dattāvadhānā kācic ca tam eva manasāsmarat || 18 |

1 V śapāmo **2** V 'si **3** V chaṅkāṃ **4** V tadarghā **5** C kalapadaṃ śaurir **6** C kṛtaṃ vraje

kācit kṛṣṇeti kṛṣṇeti coktvā lajjām upāyayau |
yayau ca kācit premāndhā tat-*pārśvam a-*[7]vilajjitā ||19|
kācid āvasathasyāntaḥ sthitvā dṛṣṭvā bahir gurum |
tanmayatvena govindaṃ dadhyau mīlitalocanā ||20|
gopīparivṛto rātriṃ śaraccandramanoramām |
mānayām āsa govindo rāsārambharasotsukaḥ ||21|
gopyaś ca vṛndaśaḥ kṛṣṇa-*ceṣṭābhyāyatta-*[8]mūrtayaḥ |
anyadeśagate kṛṣṇe cerur vṛndāvanāntaram ||22|
babhramus tās tato gopyaḥ kṛṣṇadarśanalālasāḥ |
kṛṣṇasya caraṇaṃ rātrau dṛṣṭvā vṛndāvane dvijāḥ ||23|
evaṃ nānāprakārāsu kṛṣṇaceṣṭāsu tāsu ca |
gopyo vyagrāḥ samaṃ cerū ramyaṃ vṛndāvanaṃ vanam ||24|
nivṛttās tās tato gopyo nirāśāḥ kṛṣṇadarśane |
yamunātīram āgamya jagus taccaritaṃ *dvijāḥ*[9] ||25|
tato dadṛśur āyāntaṃ vikāśimukhapaṅka-*jam*[10] |
gopyas trailokya-*goptāraṃ*[11] kṛṣṇam akliṣṭakāriṇam ||26|
kācid ālokya govindam āyāntam atiharṣitā |
kṛṣṇa kṛṣṇeti kṛṣṇeti prāhotphullavilocanā ||27|
kācid bhrūbhaṅguraṃ kṛtvā lalāṭaphalakaṃ harim |
vilokya netrabhṛṅgābhyāṃ papau tanmukhapaṅkajam ||28|
kācid ālokya govindaṃ nimīlitavilocanā |
tasyaiva rūpaṃ dhyāyantī yogārūḍheva sā babhau ||29|
tataḥ *kāṃ-*[12]cit priyālāpaiḥ *kāṃ-*[13]cid bhrūbhaṅgavīkṣitaiḥ |
ninye 'nunayam anyāś ca kara-[14]sparśena *mādhavaḥ*[15] ||30|
tābhiḥ prasannacittābhir gopībhiḥ saha sādaram |
rarāma rāsagoṣṭhībhir udāracarito hariḥ ||31|
[16]rāsamaṇḍalabaddho 'pi kṛṣṇapārśvam *anūdgatā*[17] |
gopījano na caivābhūd ekasthānasthirātmanā ||32|
haste pragṛhya caikaikāṃ gopikāṃ rāsamaṇḍalam |
cakāra ca karasparśanimīlitadṛśaṃ hariḥ ||33|
tataḥ *pravavṛte ramyā*[18] caladvalayanisvanaiḥ |
anuyātaśaratkāvyageyagītir[19] anukramām ||34|
kṛṣṇaḥ[20] śaraccandra-*masaṃ*[21] kaumudī-*kumudākaram*[22] |
jagau gopījanas tv *ekaṃ kṛṣṇanāma*[23] punaḥ punaḥ ||35|
parivṛttā śrameṇaikā[24] *caladvalaya-*[25]tāpinī |
dadau bāhulatāṃ skandhe gopī madhu-*vighātinaḥ*[26] ||36|
kācit pravilasadbāhuḥ parirabhya cucumba tam |
gopī gītastutivyājanipuṇā madhusūdanam ||37|

7 A -prārthana- **8** V -ceṣṭāsv āyatta- **9** V tadā **10** A -jāḥ **11** A -bhartāraṃ **12** A kā- **13** A kā- **14** A triyāmamaṃ gamayām āsa rasa- **15** A māninī **16** V prints v. 32–33 in footnote. **17** V anūdgataḥ **18** A prasannacittābhiś **19** A anupāttaśirākāvyaṃ gāyantībhir **20** A kṛṣṇaṃ **21** A -nibhaṃ **22** A -kusumākaram **23** A evaṃ rāmaṃ kṛṣṇaṃ **24** A parivṛttā śrameṇaiva C parivartaśrameṇaikā **25** A kācid valaya- **26** A -nipātinaḥ

gopīkapolasaṃśleṣam *abhipadya*[27] harer bhujau |
pulakodgamaśasyāya svedāmbughanatāṃ gatau ||38|
rāsageyaṃ jagau kṛṣṇo yāvat tārataradhvaniḥ |
sādhu kṛṣṇeti kṛṣṇeti tāvat tā dviguṇaṃ jaguḥ ||39|
gate 'nugamanaṃ *cakrur valane*[28] saṃmukhaṃ yayuḥ |
prati-*lomānulomena bhejur*[29] gopāṅganā harim ||40|
sa tadā saha gopībhī rarāma madhusūdanaḥ |
sa varṣakoṭipratimaḥ kṣaṇas tena vinābhavat ||41|
tā vāryamāṇāḥ pitṛbhiḥ patibhir bhrātṛbhis tathā |
kṛṣṇaṃ gopāṅganā rātrau ramayanti ratipriyāḥ ||42|
so 'pi kaiśorakavayā mānayan madhusūdanaḥ |
reme tābhir ameyātmā kṣapāsu kṣapitāhitaḥ ||43|
tadbhartṛṣu tathā tāsu sarvabhūteṣu ceśvaraḥ |
ātmasvarūparūpo 'sau vyāpya *sarvam*[30] avasthitaḥ ||44|
yathā samastabhūteṣu nabho 'gniḥ pṛthivī jalam |
vāyuś cātmā tathaivāsau vyāpya sarvam avasthitaḥ ||45|
vyāsa uvāca:
pradoṣārdhe[31] kadācit tu rāsāsakte janārdane |
trāsayan samado goṣṭhān ariṣṭaḥ samupāgataḥ ||46|
satoyatoyadākāras tīkṣṇaśṛṅgo 'rkalocanaḥ |
khurāgrapātair aty-[32]arthaṃ dārayan dharaṇītalam ||47|
lelihānaḥ *saniṣpeṣaṃ*[33] jihvayauṣṭhau punaḥ punaḥ |
saṃrambhākṣiptalāṅgūlaḥ *kaṭhina-*[34]skandha-*bandhanaḥ*[35] ||48|
udagrakakudābhogaḥ pramāṇād duratikramaḥ |
viṇmūtrāliptapṛṣṭhāṅgo gavāṃ udvegakārakaḥ ||49|
pralambakaṇṭho 'bhimukhas taru-*ghātāṅkitānanaḥ*[36] |
pātayan sa gavāṃ garbhān daityo vṛṣabharūpadhṛk ||50|
sūdayaṃs tarasā sarvān vanāny aṭati yaḥ sadā |
tatas tam atighorākṣam avekṣyātibhayāturāḥ ||51|
gopā gopastriyaś caiva kṛṣṇa kṛṣṇeti cukruśuḥ |
siṃhanādaṃ tataś cakre *tala-*[37]śabdaṃ ca keśavaḥ ||52|
tacchabdaśravaṇāc cāsau dāmodaramukhaṃ yayau |
agranyastaviṣāṇāgraḥ kṛṣṇakukṣikṛtekṣaṇaḥ ||53|
abhyadhāvata duṣṭātmā daityo vṛṣabharūpadhṛk |
āyāntaṃ *daityavṛṣabhaṃ*[38] dṛṣṭvā kṛṣṇo mahābalam ||54|
na cacāla tataḥ sthānād avajñāsmitalīlayā |
āsannaṃ caiva jagrāha grāhavan madhusūdanaḥ ||55|
jaghāna jānunā kukṣau viṣāṇagrahaṇācalam |
tasya darpabalaṃ hatvā gṛhītasya viṣāṇayoḥ ||56|
āpīḍayad ariṣṭasya kaṇṭhaṃ *klinnam*[39] ivāmbaram |
utpāṭya śṛṅgam ekaṃ ca tenaivātāḍayat tataḥ ||57|

27 V abhipretya **28** AC cakruś calane **29** B -lomena mārgeṇa yayur **30** B cātmany
31 B pare 'hni ca **32** V khurāpātair athāty- **33** A sa niṣkampo **34** A kapila-
35 AB -bandhuraḥ **36** A -pātāṅkitānanaḥ **37** C tāla- **38** A tam atho daityaṃ
39 A svinnam

mamāra sa mahādaityo mukhāc choṇitam udvaman |
tuṣṭuvur nihate tasmin gopā daitye janārdanam |
jambhe[40] hate sahasrākṣaṃ purā devagaṇā yathā ||58|

iti śrīmahāpurāṇe ādibrāhme bālacarite 'riṣṭavadhanirūpaṇaṃ nāmonanavatyadhika-śatatamo 'dhyāyaḥ

vyāsa uvāca:
kakudmini hate[1] 'riṣṭe dhenuke ca nipātite |
pralambe nidhanaṃ nīte dhṛte govardhanācale ||190.1|
damite kāliye nāge bhagne tuṅgadrumadvaye |
hatāyāṃ pūtanāyāṃ ca śakaṭe parivartite ||2|
kaṃsāya nāradaḥ prāha yathāvṛttam anukramāt |
yaśodādevakīgarbha-*parivartādy*[2] aśeṣataḥ ||3|
śrutvā tat sakalaṃ kaṃso nāradād devadarśanāt |
vasudevaṃ prati tadā kopaṃ cakre *sa dur-*[3]matiḥ ||4|
so 'tikopād upālabhya *sarvayādavasaṃsadi*[4] |
jagarhe yādavāṃś cāpi kāryaṃ caitad acintayat ||5|
yāvan na balam ārūḍhau balakṛṣṇau subālakau |
tāvad eva mayā vadhyāv asādhyau rūḍhayauvanau ||6|
cāṇūro 'tra mahāvīryo muṣṭikaś ca mahābalaḥ |
etābhyāṃ mallayuddhe tau ghātayiṣyāmi durmadau ||7|
dhanur-*maha-*[5]mahāyāgavyājenānīya tau vrajāt |
tathā tathā *kariṣyāmi*[6] yāsyataḥ saṃkṣayaṃ yathā ||8|
vyāsa uvāca:
ity ālocya sa duṣṭātmā kaṃso rāmajanārdanau |
hantuṃ kṛtamatir vīram akrūraṃ vākyam abravīt ||9|
kaṃsa uvāca:
bho bho dānapate vākyaṃ kriyatāṃ prītaye mama |
itaḥ syandanam āruhya gamyatāṃ *nanda-*[7]gokulam ||10|
vasudevasutau tatra viṣṇor aṃśasamudbhavau |
nāśāya kila saṃbhūtau mama duṣṭau pravardhataḥ ||11|
dhanur-*mahamahāyāgaś*[8] *catur-*[9]daśyāṃ bhaviṣyati |
āneyau bhavatā tau tu mallayuddhāya tatra vai ||12|
cāṇūramuṣṭikau mallau niyuddhakuśalau mama |
tābhyāṃ sahānayor yuddhaṃ sarvaloko 'tra paśyatu ||13|
nāgaḥ kuvalayāpīḍo mahāmātrapracoditaḥ |
sa tau nihaṃsyate pāpau vasudevātmajau śiśū ||14|
tau hatvā vasudevaṃ ca nandagopaṃ ca durmatim |
haniṣye pitaraṃ caiva ugrasenaṃ ca durmatim ||15|

40 V vṛtre **1** V evaṃ vinihate **2** A -parivṛttim **3** A sudur- **4** V sarvaṃ yādavasaṃsadi
5 B -makha- **6** V yatiṣyāmi **7** BC gopa- **8** A -mahamahāyāgas C -maho mamāpy atra
9 A trayo-

tataḥ samastagopānāṃ godhanāny akhilāny aham |
vittaṃ *cāpahariṣyāmi*[10] duṣṭānāṃ madvadhaiṣiṇām ||16|
tvām ṛte *yādavāś ceme*[11] duṣṭā dānapate mama |
eteṣāṃ ca vadhāyāhaṃ prayatiṣyāmy anukramāt ||17|
tato niṣkaṇṭakaṃ sarvaṃ rājyam etad ayādavam |
prasādhiṣye tvayā tasmān matprītyā vīra gamyatām ||18|
yathā ca māhiṣaṃ sarpir dadhi cāpy upahārya vai |
gopāḥ samānayanty āśu tvayā vācyās tathā tathā ||19|
vyāsa uvāca:
ity ājñaptas tadākrūro mahābhāgavato dvijāḥ |
prītimān abhavat kṛṣṇaṃ śvo drakṣyāmīti satvaraḥ ||20|
tathety uktvā tu rājānaṃ ratham āruhya *satvaraḥ*[12] |
niścakrāma tadā puryā mathurāyā madhupriyaḥ ||21|
vyāsa uvāca:
keśī cāpi balodagraḥ kaṃsadūtaḥ pracoditaḥ |
kṛṣṇasya nidhanākāṅkṣī vṛndāvanam upāgamat ||22|
sa khurakṣatabhūpṛṣṭhaḥ saṭākṣepadhutāmbudaḥ |
punar vikrāntacandrārkamārgo gopāntam āgamat ||23|
tasya hreṣitaśabdena gopālā daityavājinaḥ |
gopyaś ca bhayasaṃvignā govindaṃ śaraṇaṃ yayuḥ ||24|
trāhi trāhīti govindas teṣāṃ śrutvā *tu tadvacaḥ*[13] |
satoyajaladadhvānagambhīram idam uktavān ||25|
govinda uvāca:
alaṃ trāsena gopālāḥ keśinaḥ kiṃ bhayāturaiḥ |
bhavadbhir gopajātīyair vīravīryaṃ vilopyate ||26|
kim anenālpasāreṇa *hreṣitāropa-*[14]kāriṇā |
daiteyabala-*vāhyena valgatā*[15] duṣṭavājinā ||27|
ehy ehi duṣṭa kṛṣṇo 'haṃ pūṣṇas tv iva pinākadhṛk |
pātayiṣyāmi daśanān vadanād akhilāṃs tava ||28|
vyāsa uvāca:
ity uktvā sa tu govindaḥ keśinaḥ saṃmukhaṃ yayau |
vivṛtāsyaś ca so 'py enaṃ daiteyaś ca upādravat ||29|
bāhum ābhoginaṃ kṛtvā mukhe tasya janārdanaḥ |
praveśayām āsa tadā keśino duṣṭavājinaḥ ||30|
keśino vadanaṃ tena viśatā kṛṣṇabāhunā |
śātitā daśanās tasya sitābhrāvayavā iva ||31|
kṛṣṇasya vavṛdhe bāhuḥ keśidehagato dvijāḥ |
vināśāya yathā vyādhir āptabhūtair upekṣitaḥ ||32|
vipāṭitauṣṭho bahulaṃ saphenaṃ rudhiraṃ vaman |
sṛkkaṇī vivṛte cakre viśliṣṭe muktabandhane ||33|
jagāma dharaṇīṃ pādaiḥ śakṛnmūtraṃ samutsṛjan |
svedārdragātraḥ śrāntaś ca *niryatnaḥ*[16] so 'bhavat tataḥ ||34|

10 V cāpi hariṣyāmi **11** A yādavāḥ sarve **12** A tatkṣaṇam **13** V tadā vacaḥ
14 V hreṣitāṭopa- **15** A -vākyena vallabhā **16** A niṣaṇṇaḥ

vyāditāsyo mahāraudraḥ so 'suraḥ kṛṣṇabāhunā |
nipapāta dvidhābhūto vaidyutena yathā drumaḥ ||35|
dvipādapṛṣṭhapucchārdhaśravaṇaikākṣanāsike |
keśinas te dvidhā bhūte śakale ca virejatuḥ ||36|
hatvā tu keśinaṃ kṛṣṇo *muditair*[17] *gopakair*[18] vṛtaḥ |
anāyastatanuḥ svastho hasaṃs tatraiva *saṃsthitaḥ*[19] ||37|
tato gopāś ca gopyaś ca hate keśini vismitāḥ |
tuṣṭuvuḥ puṇḍarīkākṣam anurāgamanoramam ||38|
āyayau[20] tvarito vipro nārado jala-*dasthitaḥ*[21] |
keśinaṃ nihataṃ dṛṣṭvā harṣanirbharamānasaḥ ||39|
nārada uvāca:
sādhu sādhu jagannātha līlayaiva yad acyuta |
nihato 'yaṃ tvayā keśī kleśadas tridivaukasām ||40|
[[22]samutsuko hi yan mṛtyuṃ naravājina āhave |
āhataḥ sa tvayā cātra duṣṭaḥ svargam upāgataḥ |]
sukarmāṇy avatāre tu kṛtāni madhusūdana |
yāni vai vismitaṃ cetas toṣam etena me gatam ||41|
turagasyāsya śakro 'pi kṛṣṇa devāś ca bibhyati |
dhutakesarajālasya hreṣato 'bhrāvalokinaḥ ||42|
yasmāt tvayaiṣa duṣṭātmā hataḥ keśī janārdana |
tasmāt keśavanāmnā tvaṃ loke geyo bhaviṣyasi ||43|
svasty astu te gamiṣyāmi kaṃsayuddhe 'dhunā punaḥ |
paraśvo 'haṃ sameṣyāmi tvayā keśiniṣūdana ||44|
ugrasenasute kaṃse sānuge vinipātite |
bhārāvatārakartā tvaṃ pṛthivyā dharaṇīdhara ||45|
tatrānekaprakāreṇa yuddhāni pṛthivīkṣitām |
draṣṭavyāni mayā yuṣmatpraṇītāni janārdana ||46|
so 'haṃ yāsyāmi govinda devakāryaṃ mahat kṛtam |
tvayā sabhājitaś cāhaṃ svasti te 'stu vrajāmy aham ||47|
vyāsa uvāca:
nārade tu gate kṛṣṇaḥ saha gopair avismitaḥ |
viveśa gokulaṃ gopīnetrapānaikabhājanam ||48|

iti śrīmahāpurāṇe ādibrāhme kṛṣṇabālacarite keśivadhanirūpaṇaṃ nāma navatyadhikaśatatamo 'dhyāyaḥ

vyāsa uvāca:
akrūro 'pi viniṣkramya syandanenāśugāminā |
kṛṣṇasaṃdarśanāsaktaḥ prayayau nandagokule ||191.1|
cintayām āsa cākrūro nāsti dhanyataro mayā |
yo 'ham aṃśāvatīrṇasya mukhaṃ drakṣyāmi cakriṇaḥ ||2|

17 AV gopālair **18** A bahubhir V muditair **19** B tasthivān **20** AC athāha **21** C -de sthitaḥ **22** V ins.

adya me saphalaṃ janma suprabhātā ca *me niśā*[1] |
yad unnidrābjapattrākṣaṃ viṣṇor drakṣyāmy aham mukham ||3|
pāpaṃ harati yat puṃsāṃ smṛtaṃ saṃkalpanāmayam |
tat puṇḍarīkanayanaṃ viṣṇor drakṣyāmy ahaṃ mukham ||4|
nirjagmuś ca yato vedā vedāṅgāny akhilāni ca |
drakṣyāmi yat paraṃ dhāma devānāṃ bhagavanmukham ||5|
yajñeṣu yajñapuruṣaḥ puruṣaiḥ puruṣottamaḥ |
ijyate yo 'khilādhāras taṃ drakṣyāmi jagatpatim ||6|
iṣṭvā yam indro yajñānāṃ śatenāmararājatām |
avāpa tam anantādim ahaṃ drakṣyāmi keśavam ||7|
na brahmā nendrarudrāśvivasvādityamarudgaṇāḥ |
yasya svarūpaṃ jānanti *spṛśaty adya sa me hariḥ*[2] ||8|
sarvātmā sarvagaḥ sarvaḥ sarvabhūteṣu saṃsthitaḥ |
yo bhavaty avyayo vyāpī *sa vīkṣyate mayādya ha*[3] ||9|
matsyakūrmavarāhādyaiḥ siṃharūpādibhiḥ sthitam |
cakāra yogato yogaṃ sa māṃ ālāpayiṣyati ||10|
sāṃprataṃ ca jagatsvāmī kāryajāte vraje sthitim |
kartuṃ manuṣyatāṃ prāptaḥ svecchādehadhṛg avyayaḥ ||11|
yo 'nantaḥ pṛthivīṃ dhatte śikharasthitisaṃsthitām |
so 'vatīrṇo jagatyarthe mām akrūreti vakṣyati ||12|
pitṛbandhusuhṛdbhrātṛmātṛbandhumayīm imām |
yanmāyāṃ nālam uddhartuṃ jagat tasmai namo namaḥ ||13|
taranty avidyāṃ vitatāṃ hṛdi yasmin niveśite |
yogamāyām imāṃ martyās tasmai vidyātmane namaḥ ||14|
yajvabhir yajñapuruṣo vāsudevaś ca śāśvataiḥ |
vedāntavedibhir viṣṇuḥ procyate yo nato 'smi tam ||15|
tathā yatra jagad dhāmni dhāryate ca pratiṣṭhitam |
sadasattvaṃ sa sattvena mayy asau yātu saumyatām ||16|
smṛte sakalakalyāṇabhājanaṃ yatra jāyate |
puruṣapravaraṃ nityaṃ vrajāmi śaraṇaṃ harim ||17|
vyāsa uvāca:
itthaṃ sa cintayan viṣṇuṃ bhaktinamrātmamānasaḥ |
akrūro gokulaṃ prāptaḥ *kiṃcit*[4] sūrye virājati ||18|
sa dadarśa tadā *tatra*[5] kṛṣṇam ādohane gavām |
vatsamadhyagataṃ phullanīlotpaladalacchavim ||19|
praphulla-[6]padmapattrākṣaṃ śrīvatsāṅkitavakṣasam |
pralambabāhum āyāmatuṅgorasthalam unnasam ||20|
savilāsasmitādhāraṃ bibhrāṇaṃ mukhapaṅkajam |
tuṅgaraktanakhaṃ padbhyāṃ dharaṇyāṃ supratiṣṭhitam ||21|
bibhrāṇaṃ vāsasī pīte vanya-*puṣpa-*[7]vibhūṣitam |
sāndranīlalatāhastaṃ sitāmbhojāvataṃsakam ||22|

1 A śarvarī **2** V taṃ drakṣyāmi jagatpatim **3** V sattāmātraḥ svayaṃ prabhuḥ **4** A kiyat
5 AB dakṣaḥ **6** C praspaṣṭa- **7** V -piccha-

haṃsendukundadhavalaṃ nīlāmbaradharaṃ dvijāḥ |
tasyānu balabhadraṃ ca dadarśa yadunandanam ||23|
prāṃśum uttuṅgabāhuṃ ca vikāśimukhapaṅkajam |
meghamālāparivṛtaṃ kailāsādrim ivāparam ||24|
tau dṛṣṭvā vikasadvaktrasarojaḥ sa mahāmatiḥ |
pulakāñcita-[8]*sarvāṅgas*[9] tadākrūro 'bhavad dvijāḥ ||25|
ya etat paramaṃ dhāma etat tat paramaṃ padam |
abhavad vāsudevo 'sau dvidhā yo 'yaṃ vyavasthitaḥ ||26|
sāphalyam akṣṇor yugapan mamāstu |
dṛṣṭe jagaddhātari *hāsam uccaiḥ*[10] |
apy aṅgam etad bhagavatprasādād |
dattāṅgasaṅge phalavartma tat syāt ||27|
adyaiva spṛṣṭvā mama hastapadmaṃ |
kariṣyati śrīmadanantamūrtiḥ |
yasyāṅgulisparśahatākhilāghair |
avāpyate siddhir anuttamā naraiḥ ||28|
[[11]suhṛttamaṃ jñātim ananyadaivatam |
dorbhyāṃ bṛhadbhyāṃ parirapsyate 'tha mām |
ātmā hi tīrthīkriyate tadaiva me |
bandhaś ca karmātmaka ucchvasity ataḥ |
labdhvāṅgasaṅgaṃ praṇataṃ kṛtāñjaliṃ |
māṃ vakṣyate 'krūra tathety uruśravāḥ |
tadā vayaṃ janmabhṛto mahīyasā |
naivādṛto yo dhig amuṣya janma tat |
na tasya kaścid dayitaḥ suhṛttamo |
na cāpriyo dveṣya upekṣya eva vā |
tathāpi bhaktān bhajate yathā tathā |
suradrumo yadvad upāśrito 'rthadaḥ |]
tathāśvirudrendravasupraṇītā |
devāḥ prayacchanti varaṃ prahṛṣṭāḥ |
cakraṃ ghnatā daityapater hṛtāni |
daityāṅganānāṃ nayanāntarāṇi ||29|
yatrāmbu[12] vinyasya balir *manobhyām*[13] |
avāpa bhogān vasudhātalasthaḥ |
tathāmareśas tridaśādhipatyaṃ |
manvantaraṃ pūrṇam avāpa śakraḥ ||30|
atheśa[14] māṃ kaṃsaparigraheṇa |
doṣāspadībhūtam adoṣayuktam |
kartā na mānopahitaṃ dhig astu |
yasmān manaḥ *sādhubahiṣ-*[15]kṛto yaḥ ||31|

8 A pulakāṅkita- **9** A gātro 'sau B romāsau **10** V kṛṣṇarūpe **11** V ins. **12** ASS corr. *yato 'mbu* **13** ASS corr. like V; V manojñān **14** ASS corr. like V; V athāpi **15** V sādhu bahiṣ-

jñānātmakasyākhilasattvarāśer |
vyāvṛttadoṣasya sadāsphuṭasya |
kiṃ vā jagaty atra samastapuṃsām |
ajñātam asyāsti hṛdi sthitasya ||32|
tasmād ahaṃ bhaktivinamragātro |
vrajāmi viśveśvaram īśvarāṇām |
aṃśāvatāraṃ puruṣottamasya |
anādimadhyāntam ajasya viṣṇoḥ ||33|

iti śrīmahāpurāṇe ādibrāhme kṛṣṇakrīḍāyām akrūrāgamanavarṇanaṃ nāmaikanavatyadhikaśatatamo 'dhyāyaḥ

vyāsa uvāca:
cintayann iti[1] govindam upagamya sa yādavaḥ |
akrūro 'smīti *caraṇau*[2] nanāma śirasā hareḥ ||192.1|
so 'py enaṃ dhvajavajrābjakṛtacihnena pāṇinā |
saṃspṛśyākṛṣya ca prītyā sugāḍhaṃ pariṣasvaje ||2|
kṛta-*saṃvadanau*[3] tena yathāvad balakeśavau |
tataḥ praviṣṭau *sahasā*[4] tam ādāyātmamandiram ||3|
saha[5] tābhyāṃ tadākrūraḥ kṛtasaṃvandanādikaḥ |
bhuktabhojyo yathānyāyam ācacakṣe tatas tayoḥ ||4|
yathā nirbhartsitas tena kaṃsenānakadundubhiḥ |
yathā ca devakī devī dānavena durātmanā ||5|
ugrasene yathā kaṃsaḥ sa durātmā ca vartate |
yaṃ caivārthaṃ samuddiśya kaṃsena sa visarjitaḥ ||6|
tat sarvaṃ vistarāc chrutvā bhagavān keśisūdanaḥ |
uvācākhilam *etat tu*[6] jñātaṃ dānapate mayā ||7|
kariṣye ca mahābhāga yad atraupāyikaṃ matam |
vicintyaṃ nānyathaitat te viddhi kaṃsaṃ hataṃ mayā ||8|
ahaṃ rāmaś ca mathurāṃ śvo yāsyāvaḥ samaṃ tvayā |
gopavṛddhāś ca yāsyanti ādāyopāyanaṃ bahu ||9|
niśeyaṃ nīyatāṃ vīra na cintāṃ kartum arhasi |
trirātrābhyantare kaṃsaṃ haniṣyāmi sahānugam ||10|
vyāsa uvāca:
samādiśya tato gopān a-*krūro 'pi sakeśavaḥ*[7] |
suṣvāpa balabhadraś ca nandagopagṛhe gataḥ ||11|
tataḥ prabhāte vimale rāmakṛṣṇau mahābalau |
akrūreṇa samaṃ gantum udyatau mathurāṃ purīm ||12|
dṛṣṭvā gopījanaḥ sāsraḥ ślathadvalayabāhukaḥ |
niśvasaṃś cātiduḥkhārtaḥ prāha cedaṃ parasparam ||13|
mathurāṃ prāpya govindaḥ kathaṃ gokulam eṣyati |
nāgarastrīkalālāpamadhu śrotreṇa pāsyati ||14|

1 V cintayan pathi **2** B sahasā **3** BV -saṃvandanau **4** V saṃhṛṣṭau **5** V sa ca **6** A apy etaj **7** V -krūre 'pi sa keśavaḥ

vilāsivākya-*jāteṣu*[8] nāgarīṇāṃ kṛtāspadam |
cittam asya kathaṃ *grāmyagopa*-[9]gopīṣu yāsyati ||15|
sāraṃ samastagoṣṭhasya vidhinā haratā harim |
prahṛtaṃ gopayoṣitsu *nighṛṇena*[10] durātmanā ||16|
bhāvagarbhasmitaṃ vākyaṃ vilāsalalitā gatiḥ |
nāgarīṇām atīvaitat kaṭākṣekṣitam eva *tu*[11] ||17|
grāmyo harir ayaṃ tāsāṃ vilāsanigaḍair *yataḥ*[12] |
bhavatīnāṃ punaḥ pārśvaṃ kayā yuktyā sameṣyati ||18|
eṣo hi ratham āruhya mathurāṃ yāti keśavaḥ |
akrūrakrūrakeṇāpi *hatāśena*[13] pratāritaḥ ||19|
kiṃ na vetti nṛśaṃso 'yam anurāgaparaṃ janam |
yenemam akṣarāhlādaṃ nayaty anyatra no harim[14] ||20|
eṣa rāmeṇa sahitaḥ prayāty atyantanirghṛṇaḥ |
ratham āruhya govindas tvaryatām asya vāraṇe ||21|
gurūṇām agrato vaktuṃ kiṃ bravīṣi na naḥ kṣamam |
guravaḥ kiṃ kariṣyanti dagdhānāṃ *virahāgninā*[15] ||22|
nandagopamukhā gopā gantum ete samudyatāḥ |
nodyamaṃ kurute kaścid govindavinivartane ||23|
suprabhātādya rajanī mathurāvāsiyoṣitām |
yāsām acyutavaktrāb-*je*[16] yāti netrālibhogyatām ||24|
dhanyās te pathi ye kṛṣṇam ito yāntam avāritāḥ |
udvahiṣyanti paśyantaḥ svadehaṃ pulakāñcitam ||25|
mathurānagarīpauranayanānāṃ mahotsavaḥ |
govindavadanālokād atīvādya bhaviṣyati ||26|
ko nu svapnaḥ sabhāgyābhir dṛṣṭas tābhir adhokṣajam |
vistārikāntanayanā yā drakṣyanty anivāritam ||27|
aho gopījanasyāsya darśayitvā mahānidhim |
uddhṛtāny adya netrāṇi vidhātrākaruṇātmanā ||28|
anurāgeṇa śaithilyam asmāsu vrajato hareḥ |
śaithilyam upayānty āśu kareṣu valayāny api ||29|
akrūraḥ krūrahṛdayaḥ śīghraṃ prerayate hayān |
evam ārtāsu yoṣitsu ghṛṇā kasya na jāyate ||30|
he he kṛṣṇa rathasyoccaiś[17] cakrareṇur nirīkṣyatām |
dūrīkṛto harir yena so 'pi reṇur na lakṣyate ||31|
ity evam atihārdena gopījananirīkṣitaḥ |
tatyāja vrajabhūbhāgaṃ saha rāmeṇa keśavaḥ ||32|
gacchanto javanāśvena rathena yamunātaṭam |
prāptā madhyāhnasamaye rāmākrūrajanārdanāḥ ||33|
athāha kṛṣṇam akrūro bhavadbhyāṃ tāvad āsyatām |
yāvat karomi kālindyām āhnikārhaṇam ambhasi ||34|

8 A -pāneṣu V -jāleṣu **9** A bhūyo grāmya- **10** V nirghṛṇena **11** V ca **12** V dhṛtaḥ
13 BC nirāśena **14** A yo 'yaṃ yāti kṣaṇenaivam uktvā sarvaṃ sakhījanam
15 B madanāgninā **16** V -jaṃ **17** V eṣa kṛṣṇarathasyoccaiś

tathety ukte tataḥ snātaḥ svācāntaḥ sa mahā-*matiḥ*[18] |
dadhyau brahma paraṃ viprāḥ praviśya yamunājale ||35|
phaṇāsahasramālāḍhyaṃ balabhadraṃ dadarśa saḥ |
kundāmalāṅgam unnidrapadmapattrāyatekṣaṇam ||36|
vṛtaṃ vāsuki-*ḍimbhaughair*[19] mahadbhiḥ pavanāśibhiḥ |
saṃstūyamānam udgandhi-[20]vanamālāvibhūṣitam ||37|
dadhānam asite vastre cārurūpāvataṃsakam |
cārukuṇḍalinaṃ mattam antarjalatale sthitam ||38|
tasyotsaṅge ghanaśyāmam ātāmrāyatalocanam |
caturbāhum udārāṅgaṃ cakrādyāyudhabhūṣaṇam ||39|
pīte vasānaṃ vasane citramālyavibhūṣitam |
śakra-[21]cāpataḍinmālāvicitram iva toyadam ||40|
śrīvatsavakṣasaṃ cārukeyūramukuṭojjvalam |
dadarśa kṛṣṇam akliṣṭaṃ puṇḍarīkāvataṃsakam ||41|
sanandanādyair munibhiḥ siddhayogair akalmaṣaiḥ |
saṃcintyamānaṃ *manasā*[22] nāsāgranyastalocanaiḥ ||42|
balakṛṣṇau tadākrūraḥ pratyabhijñāya vismitaḥ |
acintayad atho śīghraṃ katham atrāgatāv iti ||43|
vivakṣoḥ stambhayām āsa vācaṃ *tasya*[23] janārdanaḥ |
tato niṣkramya salilād ratham abhyāgataḥ punaḥ ||44|
dadarśa tatra caivobhau rathasyopari saṃsthitau |
rāmakṛṣṇau yathā pūrvaṃ manuṣyavapuṣānvitau ||45|
nimagnaś ca punas toye dadṛśe sa tathaiva tau |
saṃstūyamānau gandharvair munisiddhamahoragaiḥ ||46|
tato vijñātasadbhāvaḥ sa tu dānapatis tadā |
tuṣṭāva sarvavijñānamayam acyutam īśvaram ||47|
akrūra uvāca:
tan-[24]mātrarūpiṇe 'cintyamahimne paramātmane |
vyāpine naikarūpaikasvarūpāya namo namaḥ ||48|
śabdarūpāya te 'cintyahavirbhūtāya te namaḥ |
namo vijñānarūpāya parāya prakṛteḥ prabho ||49|
bhūtātmā cendriyātmā ca pradhānātmā tathā bhavān |
ātmā ca paramātmā ca tvam ekaḥ pañcadhā sthitaḥ ||50|
prasīda sarvadharmātman kṣarā-*kṣara maheśvara*[25] |
brahmaviṣṇuśivādyābhiḥ kalpanābhir *udīritaḥ*[26] ||51|
anākhyeyasvarūpātmann anākhyeyaprayojana |
anākhyeyābhidhāna tvāṃ nato 'smi parameśvaram ||52|
na yatra nātha vidyante nāmajātyādikalpanāḥ |
tad brahma paramaṃ nityam avikāri bhavān ajaḥ ||53|
na kalpanām ṛte 'rthasya sarvasyādhigamo yataḥ |
tataḥ *kṛṣṇācyutānanta viṣṇu*-[27]saṃjñābhir īḍyase ||54|

18 V -dyutiḥ **19** B -rambhādyair **20** C saṃstūyamānaṃ bahubhir **21** V cakra- **22** A satataṃ CV tatrasthair **23** C tatra **24** V cin- **25** C -kṣaramayeśvara **26** B udāhṛtaḥ **27** V kṛṣṇācyutānantaviṣṇu- [the difference is one of segmentation of words; acc. to ASS *kṛṣṇa* etc. should be vocatives, acc. to V members of the compounds ending with *saṃjñābhir*]

sarvātmaṃs tvam aja vikalpanābhir etair |
devās tvaṃ jagad akhilaṃ tvam eva viśvam |
viśvātmaṃs tvam ativikārabhedahīnaḥ |
sarvasmin nahi bhavato 'sti kiṃcid anyat ||55|
tvaṃ brahmā paśupatir aryamā vidhātā |
tvaṃ dhātā tridaśapatiḥ samīraṇo 'gniḥ |
toyeśo dhanapatir antakas tvam eko |
bhinnātmā jagad api pāsi śaktibhedaiḥ ||56|
viśvaṃ bhavān sṛjati hanti gabhastirūpo |
viśvaṃ ca te guṇamayo 'yam aja prapañcaḥ |
rūpaṃ paraṃ saditivācakam akṣaraṃ yaj |
jñānātmane sadasate praṇato 'smi tasmai ||57|
oṃ namo vāsudevāya namaḥ saṃkarṣaṇāya ca |
pradyumnāya namas tubhyam aniruddhāya te namaḥ ||58|
vyāsa uvāca:
evam antar jale kṛṣṇam abhiṣṭūya sa yādavaḥ |
arghayām[28] āsa sarveśaṃ dhūpapuṣpair manomayaiḥ ||59|
parityajyānyaviṣayaṃ manas tatra niveśya saḥ |
brahma-*bhūte*[29] ciraṃ sthitvā virarāma samādhitaḥ ||60|
kṛtakṛtyam ivātmānaṃ manyamāno dvijottamāḥ |
ājagāma rathaṃ bhūyo *nirgamya*[30] yamunāmbhasaḥ ||61|
rāmakṛṣṇau dadarśātha yathāpūrvam avasthitau |
vismitākṣaṃ tadākrūraṃ taṃ ca kṛṣṇo 'bhyabhāṣata ||62|
śrīkṛṣṇa uvāca:
kiṃ tvayā dṛṣṭam āścaryam akrūra yamunājale |
vismayotphullanayano bhavān saṃlakṣyate yataḥ ||63|
akrūra uvāca:
antar jale yad āścaryaṃ dṛṣṭaṃ tatra mayācyuta |
tad atraiva hi paśyāmi mūrtimat purataḥ sthitam ||64|
jagad etan mahāścaryarūpaṃ yasya mahātmanaḥ |
tenāścaryapareṇāhaṃ bhavatā kṛṣṇa saṃgataḥ ||65|
tat kim etena mathurāṃ prayāmo madhusūdana |
bibhemi kaṃsād *dhig janma parapiṇḍopajīvinaḥ*[31] ||66|
vyāsa uvāca:
ity uktvā codayām āsa tān hayān vātaraṃhasaḥ |
saṃprāptaś cāpi sāyāhne so 'krūro mathurāṃ purīm |
vilokya mathurāṃ kṛṣṇaṃ rāmaṃ cāha sa yādavaḥ ||67|
akrūra uvāca:
padbhyāṃ yātaṃ mahāvīryau rathenaiko *viśāmy*[32] aham |
gantavyaṃ vasudevasya no bhavadbhyāṃ tathā gṛhe |
yuvayor hi kṛte *vṛddhaḥ*[33] kaṃsena sa nirasyate ||68|

28 V arcayām **29** A -bhūtiś **30** B niṣkramya **31** B udvignaḥ parapiṇḍopajīvanaḥ
32 A vrajāmy **33** A śuddhaḥ

vyāsa uvāca:
ity uktvā praviveśāsāv akrūro mathurāṃ purīm |
praviṣṭau rāmakṛṣṇau ca rājamārgam upāgatau ||69|
strībhir naraiś ca sānandalocanair abhivikṣitau |
jagmatur līlayā vīrau prāptau bālagajāv iva ||70|
bhramamāṇau *tu tau*[34] dṛṣṭvā rajakaṃ raṅgakārakam |
ayācetāṃ *sva-*[35]rūpāṇi vāsāṃsi rucirāṇi tau ||71|
kaṃsasya rajakaḥ so 'tha prasādārūḍhavismayaḥ |
bahūny ākṣepavākyāni prāhoccai rāmakeśavau ||72|
tatas talaprahāreṇa kṛṣṇas tasya durātmanaḥ |
pātayām āsa kopena rajakasya śiro bhuvi ||73|
hatvādāya ca[36] vastrāṇi pītanīlāmbarau tataḥ |
kṛṣṇarāmau mudāyuktau mālākāragṛhaṃ gatau ||74|
vikāsinetra-*yugalo*[37] mālākāro 'tivismitaḥ |
etau kasya *kuto yātau*[38] manasācintayat tataḥ ||75|
pītanīlāmbaradharau dṛṣṭvātisumanoharau |
sa tarkayām āsa tadā bhuvaṃ devāv upāgatau ||76|
vikāśimukhapadmābhyāṃ tābhyāṃ puṣpāṇi yācitaḥ |
bhuvaṃ viṣṭabhya hastābhyāṃ pasparśa śirasā mahīm ||77|
prasādasumukhau nāthau mama geham upāgatau |
dhanyo 'ham arcayiṣyāmīty āha tau mālya-*jīvikaḥ*[39] ||78|
tataḥ prahṛṣṭa-*vadanas tayoḥ*[40] puṣpāṇi kāmataḥ |
cārūṇy etāni *caitāni*[41] pradadau sa vilobhayan ||79|
punaḥ punaḥ praṇamyāsau mālākārottamo dadau |
puṣpāṇi tābhyāṃ cārūṇi gandhavanty amalāni ca ||80|
mālākārāya kṛṣṇo 'pi prasannaḥ pradadau varam |
śrīs tvāṃ matsaṃśrayā bhadra na kadācit tyajiṣyati ||81|
balahānir na te saumya dhanahānir athāpi vā |
yāvad dharaṇisūryau ca saṃtatiḥ putrapautrikī ||82|
bhuktvā ca vipulān bhogāṃs tvam ante matprasādataḥ |
mamānusmaraṇaṃ prāpya divyalokam avāpsyasi ||83|
dharme *manaś*[42] ca te bhadra sarvakālaṃ bhaviṣyati |
yuṣmatsaṃtatijātānāṃ *dīrgham āyur*[43] bhaviṣyati ||84|
nopasargādikaṃ doṣaṃ yuṣmatsaṃtatisaṃbhavaḥ |
avāpsyati mahābhāga yāvat sūryo bhaviṣyati ||85|
vyāsa uvāca:
ity uktvā tadgṛhāt kṛṣṇo baladevasahāyavān |
nirjagāma muniśreṣṭhā mālākāreṇa pūjitaḥ ||86|

iti śrīmahāpurāṇe ādibrāhme [[44]vyāsarṣisaṃvāde] 'krūrapratyāgamanaṃ nāma dvinavatyadhikaśatatamo 'dhyāyaḥ

34 A tato **35** CV su- **36** V hatvā cādāya **37** BC -yugalau **38** V kulotpannau
39 AB -jīvanaḥ **40** B -vadanaḥ svayaṃ **41** B hṛṣṭātmā **42** B matiś **43** A mahāvīryaṃ
44 V ins.

vyāsa uvāca:
rājamārge tataḥ kṛṣṇaḥ sānulepanabhājanām |
dadarśa kubjām āyāntīṃ navayauvanagocarām ||193.1|
tām āha lalitaṃ kṛṣṇaḥ kasyedam anulepanam |
bhavatyā nīyate satyaṃ *vadendīvara-*[1]locane ||2|
sakāmenaiva sā proktā sānurāgā hariṃ prati |
prāha sā lalitaṃ kubjā dadarśa ca balāt tataḥ ||3|
kubjovāca:
kānta kasmān na jānāsi kaṃsenāpi *niyojitā*[2] |
naikavakreti vikhyātām anulepanakarmaṇi ||4|
nānyapiṣṭaṃ hi kaṃsasya prītaye hy anulepanam |
bhavaty aham atīvāsya prasādadhanabhājanam ||5|
śrīkṛṣṇa uvāca:
sugandham etad rājārhaṃ ruciraṃ rucirānane |
āvayor gātrasadṛśaṃ dīyatām anulepanam ||6|
vyāsa uvāca:
śrutvā tam āha sā kṛṣṇaṃ gṛhyatām iti sādaram |
anulepaṃ ca pradadau[3] gātrayogyam athobhayoḥ ||7|
bhakticchedānuliptāṅgau tatas tau puruṣarṣabhau |
sendracāpau *virājantau*[4] sitakṛṣṇāv ivāmbudau ||8|
tatas tāṃ cibuke *śaurir ullāpanavidhāna-*[5]vit |
ullāpya tolayām āsa *dvyaṅgulenāgra-*[6]pāṇinā ||9|
cakarṣa padbhyāṃ ca tadā ṛjutvaṃ keśavo 'nayat |
tataḥ sā ṛjutāṃ prāptā yoṣitām abhavad varā ||10|
vilāsalalitaṃ prāha premagarbhabharālasam |
vastre pragṛhya govindaṃ vraja gehaṃ mameti vai ||11|
āyāsye bhavatīgeham iti tāṃ prāha keśavaḥ |
visasarja jahāsoccai rāmasyālokya cānanam ||12|
bhakticchedānuliptāṅgau nīlapītāmbarāv ubhau |
dhanuḥśālāṃ tato yātau citra-*mālyopaśobhitau*[7] ||13|
adhyāsya ca dhanūratnaṃ tābhyāṃ pṛṣṭais tu rakṣibhiḥ |
ākhyātaṃ sahasā kṛṣṇo gṛhītvāpūrayad dhanuḥ ||14|
tataḥ pūrayatā tena bhajyamānaṃ *balād*[8] dhanuḥ |
cakārātimahāśabdaṃ mathurā tena pūritā ||15|
anuyuktau tatas tau ca bhagne dhanuṣi rakṣibhiḥ |
rakṣisainyaṃ *nikṛtyobhau*[9] niṣkrāntau kārmukālayāt ||16|
akrūrāgamavṛttāntam upalabhya *tathā*[10] dhanuḥ |
bhagnaṃ śrutvātha kaṃso 'pi prāha cāṇūramuṣṭikau ||17|
kaṃsa uvāca:
gopāladārakau prāptau bhavadbhyāṃ tau mamāgrataḥ |
mallayuddhena hantavyau mama prāṇaharau hi tau ||18|

1 A nīlendīvara- **2** V niyojitām **3** V pradadāv anulepaṃ ca **4** V virājetām **5** A śauriḥ praṇayena vidhāna- **6** B prāṅgulenāgra- **7** A -citrānulepanau **8** ABV mahad **9** V nikṛtyāśu **10** V tato

niyuddhe tadvināśena bhavadbhyāṃ toṣito hy aham |
dāsyāmy abhimatān kāmān *nānyathaitan*[11] mahābalau ||19|
nyāyato 'nyāyato vāpi bhavadbhyāṃ tau mamāhitau |
hantavyau tadvadhād rājyaṃ sāmānyaṃ vo bhaviṣyati ||20|
vyāsa uvāca:
ity ādiśya sa tau mallau tataś cāhūya hastipam |
provācoccais tvayā *mattaḥ*[12] samājadvāri kuñjaraḥ ||21|
sthāpyaḥ kuvalayāpīḍas tena tau gopadārakau |
ghātanīyau niyuddhāya raṅgadvāram upāgatau ||22|
tam ājñāpyātha dṛṣṭvā ca mañcān sarvān upāhṛtān |
āsannamaraṇaḥ kaṃsaḥ sūryodayam udaikṣata ||23|
tataḥ samastamañceṣu *nāgaraḥ sa tadā janaḥ*[13] |
rājamañceṣu cārūḍhāḥ saha bhṛtyair mahībhṛtaḥ ||24|
mallaprāśnikavargaś ca raṅgamadhye samīpagaḥ |
kṛtaḥ kaṃsena kaṃso 'pi tuṅgamañce vyavasthitaḥ ||25|
antaḥpurāṇāṃ mañcāś ca yathānye parikalpitāḥ |
anye ca vāramukhyānām anye nagarayoṣitām ||26|
nandagopādayo gopā mañceṣv anyeṣv avasthitāḥ |
akrūravasudevau ca mañcaprānte vyavasthitau ||27|
nagarī-[14]yoṣitāṃ madhye devakī putragardhinī |
antakāle *'pi*[15] putrasya drakṣyāmīti mukhaṃ sthitā ||28|
vādyamāneṣu tūryeṣu cāṇūre cātivalgati |
hāhākārapare loka āsphoṭayati muṣṭike ||29|
hatvā kuvalayāpīḍaṃ hastyārohapracoditam |
madāsṛganuliptāṅgau gajadantavarāyudhau ||30|
mṛgamadhye yathā siṃhau garvalīlāvalokinau |
praviṣṭau sumahāraṅgaṃ baladevajanārdanau ||31|
hāhākāro mahāñ jajñe sarvaraṅgeṣv anantaram |
kṛṣṇo 'yaṃ balabhadro 'yam iti lokasya vismayāt ||32|
so 'yaṃ yena hatā ghorā pūtanā sā *niśācarī*[16] |
prakṣiptaṃ[17] śakaṭaṃ yena bhagnau ca yamalārjunau ||33|
so 'yaṃ yaḥ kāliyaṃ nāgaṃ nanartāruhya bālakaḥ |
dhṛto govardhano yena saptarātraṃ mahāgiriḥ ||34|
ariṣṭo dhenukaḥ keśī līlayaiva mahātmanā |
hato[18] yena ca dur-*vṛtto*[19] dṛśyate so 'yam acyutaḥ ||35|
ayaṃ cāsya mahābāhur baladevo 'grajo 'grataḥ |
prayāti līlayā yoṣinmanonayana-*nandanaḥ*[20] ||36|
ayaṃ *sa*[21] kathyate prājñaiḥ purāṇārthāvalokibhiḥ |
gopālo yādavaṃ vaṃśaṃ *magnam abhyuddhariṣyati*[22] ||37|
ayaṃ sa sarvabhūtasya viṣṇor akhilajanmanaḥ |
avatīrṇo *mahīm aṃśo nūnaṃ*[23] bhāraharo bhuvaḥ ||38|

11 B rājyaṃ caitan **12** C malla **13** V nāgarās tu tadā janāḥ **14** V nāgarī- **15** C ca
16 A bālaghātini **17** V ākṣiptaṃ **18** V hatā **19** V -vṛttā **20** A -mandiraḥ **21** B sat
22 V sakalaṃ coddhariṣyati **23** A 'yam aṃśena bhavo

ity evaṃ varṇite paurai rāme kṛṣṇe ca tatkṣaṇāt |
uras *tatāpa*[24] devakyāḥ snehasnutapayodharam ||39|
mahotsavam *ivālokya putrāv eva vilokayan*[25] |
yuveva[26] vasudevo *'bhūd vihāyābhyāgatāṃ*[27] jarām ||40|
vistāritākṣiyugalā rājāntaḥpurayoṣitaḥ |
nāgarastrīsamūhaś ca draṣṭuṃ na virarāma tau ||41|
striya ūcuḥ:
sakhyaḥ paśyata kṛṣṇasya mukham apy ambujekṣaṇam |
gajayuddhakṛtāyāsasvedāmbukaṇikāñcitam ||42|
vikāsīva sarombho-[28]jam avaśyāyajalokṣitam |
paribhūtākṣaraṃ janma saphalaṃ kriyatāṃ dṛśaḥ ||43|
śrīvatsāṅkaṃ jagaddhāma bālasyaitad vilokyatām |
vipakṣakṣapaṇaṃ vakṣo bhujayugmaṃ ca bhāmini ||44|
[[29]kiṃ na paśyasi mugdhe tvaṃ mṛṇāladhavalānanam |
balabhadram imaṃ nīlaparidhānam ihāgatam |]
valgatā[30] muṣṭikenaiva cāṇūreṇa tathā *paraiḥ*[31] |
kriyate balabhadrasya *hāsyam*[32] īṣad vilokyatām ||45|
sakhyaḥ paśyata cāṇūraṃ niyuddhārtham ayaṃ hariḥ |
samupaiti na santy atra kiṃ vṛddhā yuktakāriṇaḥ ||46|
kva yauvanonmukhībhūtaḥ sukumāratanur hariḥ |
kva vajrakaṭhinābhoga-*śarīro 'yaṃ*[33] mahāsuraḥ ||47|
imau sulalitau raṅge vartete navayauvanau |
daiteyamallāś cāṇūrapramukhās tv atidāruṇāḥ ||48|
niyuddhaprāśnikānāṃ tu mahān eṣa vyatikramaḥ |
yad bālabalinor yuddhaṃ madhyasthaiḥ samupekṣyate ||49|
vyāsa uvāca:
itthaṃ purastrīlokasya vadataś cālayan bhuvam |
vavarṣa harṣotkarṣaṃ ca janasya[34] bhagavān hariḥ ||50|
balabhadro 'pi cāsphoṭya vavalga lalitaṃ yadā |
pade pade tadā bhūmir na śīrṇā yat tad adbhutam ||51|
cāṇūreṇa tataḥ kṛṣṇo yuyudhe 'mitavikramaḥ |
niyuddhakuśalo daityo baladevena muṣṭikaḥ ||52|
saṃnipātāvadhūtaiś ca cāṇūreṇa samaṃ hariḥ |
kṣepaṇair muṣṭibhiś caiva kīlāvajranipātanaiḥ ||53|
pādodbhūtaiḥ pramṛṣṭābhis tayor yuddham abhūn mahat |
aśastram atighoraṃ tat tayor yuddhaṃ sudāruṇam ||54|
svabalaprāṇaniṣpādyaṃ samājotsavasaṃnidhau |
yāvad yāvac ca cāṇūro yuyudhe hariṇā saha ||55|
prāṇahānim avāpāgryāṃ tāvat tāvan na bāndhavam |
kṛṣṇo 'pi yuyudhe tena līlayaiva jaganmayaḥ ||56|

24 V tato 'syā **25** A ivāsādya putrānanavilokanam **26** AV tatyāja **27** AV 'pi harṣād abhyāgatāṃ **28** V vikāsiśaradambho- **29** V ins. **30** V jalpatā **31** V sakhi **32** V sāmyam **33** V -śarīraḥ sa **34** V atipraharṣotkarṣaṃ ca janayan

khedāc cālayatā kopān nijaśeṣakare karam |
balakṣayaṃ vivṛddhiṃ ca dṛṣṭvā cāṇūrakṛṣṇayoḥ ||57|
vārayām āsa tūryāṇi kaṃsaḥ kopaparāyaṇaḥ |
mṛdaṅgādiṣu vādyeṣu pratiṣiddheṣu tatkṣaṇāt ||58|
khasaṃgatāny avādyanta *daiva-*[35]tūryāṇy anekaśaḥ |
jaya govinda cāṇūraṃ *jahi keśava dānavam*[36] ||59|
ity antardhigatā devās tuṣṭuvus te praharṣitāḥ |
cāṇūreṇa ciraṃ kālaṃ krīḍitvā madhusūdanaḥ ||60|
utpāṭya bhrāmayām āsa tadvadhāya kṛtodyamaḥ |
bhrāmayitvā *śata-*[37]guṇaṃ daityamallam amitrajit ||61|
bhūmāv āsphoṭayām āsa gagane gatajīvitam |
bhūmāv āsphoṭitas tena cāṇūraḥ *śatadhā bhavan*[38] ||62|
raktasrāvamahāpaṅkāṃ cakāra sa tadā bhuvam |
bala-*devas tu*[39] tatkālaṃ muṣṭikena mahābalaḥ ||63|
yuyudhe daityamallena cāṇūreṇa yathā hariḥ |
so 'py enaṃ muṣṭinā mūrdhni vakṣasy āhatya jānunā ||64|
pātayitvā dharāpṛṣṭhe niṣpipeṣa gatāyuṣam |
kṛṣṇas tośalakaṃ bhūyo mallarājaṃ mahābalam ||65|
vāmamuṣṭiprahāreṇa pātayām āsa bhūtale |
cāṇūre nihate malle muṣṭike ca nipātite ||66|
nīte kṣayaṃ tośalake sarve mallāḥ pradudruvuḥ |
vavalgatus tadā raṅge kṛṣṇasaṃkarṣaṇāv ubhau ||67|
samāna-*vayaso*[40] gopān balād ākṛṣya harṣitau |
kaṃso 'pi koparaktākṣaḥ prāhoccair *vyāyatān narān*[41] ||68|
gopāv *etau*[42] *samājaughān*[43] *niṣkramyetāṃ balād itaḥ*[44] |
nando 'pi gṛhyatāṃ pāpo nigaḍair āśu badhyatām ||69|
avṛddhārheṇa daṇḍena vasudevo 'pi *vadhyatām*[45] |
valganti gopāḥ kṛṣṇena ye ceme sahitāḥ *punaḥ*[46] ||70|
gāvo hriyantām eṣāṃ ca yac cāsti vasu kiṃcana |
evam ājñāpayantaṃ taṃ prahasya madhusūdanaḥ ||71|
utpatyāruhya tanmañcaṃ kaṃsaṃ jagrāha *vegitaḥ*[47] |
keśeṣv ākṛṣya vigalatkirīṭam avanītale ||72|
sa kaṃsaṃ pātayām āsa tasyopari papāta ca |
niḥśeṣajagadādhāraguruṇā patatopari ||73|
kṛṣṇena tyājitaḥ prāṇānn ugrasenātmajo nṛpaḥ |
mṛtasya keśeṣu tadā gṛhītvā madhusūdanaḥ ||74|
cakarṣa dehaṃ kaṃsasya raṅgamadhye mahābalaḥ |
gauraveṇātimahatā *paripātena*[48] kṛṣyatā ||75|
kṛtā kaṃsasya dehena vegitena mahātmanā |
kaṃse gṛhīte kṛṣṇena tadbhrātābhyāgato ruṣā ||76|

35 V deva- **36** AB jaya mādhava keśava **37** A daśa- **38** V śatadhābhavat **39** AB -devo 'pi **40** C -vayasau **41** B vyāyatāntarān C vyāvṛtān narān **42** B imau **43** A drutataram B drutaṃ rājyād **44** AB nigaḍair āyasair iha **45** B badhyatām **46** C puraḥ **47** A keśavaḥ B vegataḥ **48** A pariśvāsena B parivātena

sunāmā balabhadreṇa līlayaiva nipātitaḥ |
tato hāhākṛtaṃ sarvam āsīt tad raṅgamaṇḍalam ||77|
avajñayā hataṃ[49] dṛṣṭvā kṛṣṇena mathureśvaram |
kṛṣṇo 'pi vasudevasya pādau jagrāha satvaram ||78|
devakyāś ca mahābāhur baladevasahāyavān |
utthāpya vasudevas tu devakī ca janārdanam |
smṛtajanmoktavacanau tāv eva praṇatau sthitau ||79|
vasudeva uvāca:
prasīda devadeveśa devānāṃ pravara prabho |
tathāvayoḥ prasādena kṛtābhyuddhāra keśava ||80|
ārādhito *yad*[50] bhagavān avatīrṇo gṛhe mama |
durvṛttanidhanārthāya tena naḥ pāvitaṃ kulam ||81|
tvam antaḥ sarvabhūtānāṃ sarvabhūteṣv avasthitaḥ |
vartate[51] ca samastātmaṃs tvatto bhūtabhaviṣyatī ||82|
yajñe tvam ijyase 'cintya sarvadevamayācyuta |
tvam eva *yajño*[52] *yajvā*[53] ca yajñānāṃ parameśvara ||83|
sāpahnavaṃ mama mano yad etat tvayi jāyate |
devakyāś cātmaja prītyā tad atyantaviḍambanā ||84|
tvaṃ kartā sarvabhūtānām anādinidhano bhavān |
kva ca me mānuṣasyaiṣā jihvā putreti vakṣyati ||85|
jagad etaj jagannātha saṃbhūtam akhilaṃ *yataḥ*[54] |
kayā yuktyā vinā māyāṃ *so 'smattaḥ*[55] saṃbhaviṣyati ||86|
yasmin pratiṣṭhitaṃ sarvaṃ jagat sthāvarajaṅgamam |
sa koṣṭhotsaṅgaśayano *manuṣyāj jāyate*[56] katham ||87|
sa tvaṃ prasīda parameśvara pāhi viśvam |
aṃśāvatārakaraṇair na mamāsi putraḥ |
ābrahmapādapamayaṃ jagad īśa sarvaṃ |
citte vimohayasi kiṃ parameśvarātman ||88|
māyāvimohitadṛśā tanayo mameti |
kaṃsād bhayaṃ kṛtavatā tu mayātitīvram |
nīto 'si gokulam arātibhayākulasya |
vṛddhiṃ[57] gato 'si mama caiva gavām adhīśa ||89|
karmāṇi rudramarudaśviśatakratūnāṃ |
sādhyāni yāni na bhavanti nirīkṣitāni |
tvaṃ viṣṇur īśajagatām upakāra-*hetoḥ*[58] |
prāpto 'si naḥ parigataḥ paramo vimohaḥ ||90|

iti śrīmahāpurāṇe ādibrāhme bālacarite kaṃsavadhakathanaṃ nāma trinavatyadhika-śatatamo 'dhyāyaḥ

49 C avajñapyāhataṃ **50** AB 'pi **51** V vartase **52** C yajñe **53** AB yaṣṭā **54** A bhavet **55** A sādṛśyaṃ **56** V mānuṣyā dhāryate **57** V buddhiṃ **58** B -hetuḥ

vyāsa uvāca:
tau samutpannavijñānau *bhagavatkarmadarśanāt*[1] |
devakīvasudevau tu dṛṣṭvā māyāṃ punar hariḥ ||194.1|
mohāya *yaducakrasya*[2] vitatāna sa vaiṣṇavīm |
uvāca cāmba bhos tāta cirād utkaṇṭhitena *tu*[3] ||2|
bhavantau[4] kaṃsabhītena *dṛṣṭau saṃkarṣaṇena ca*[5] |
kurvatāṃ yāti yaḥ kālo mātāpitror apūjanam ||3|
sa vṛthā kleśakārī vai[6] sādhūnām upajāyate |
gurudevadvijātīnāṃ mātāpitroś ca pūjanam ||4|
kurvataḥ saphalaṃ janma dehinas tāta jāyate |
tat kṣantavyam idaṃ sarvam atikramakṛtaṃ pitaḥ |
kaṃsa-*vīryapratāpābhyām*[7] āvayoḥ paravaśyayoḥ ||5|
vyāsa uvāca:
ity uktvātha praṇamyobhau yaduvṛddhān anukramāt |
pādānatibhiḥ sasneham[8] cakratuḥ *pauramānasam*[9] ||6|
kaṃsapatnyas tataḥ kaṃsaṃ parivārya hataṃ bhuvi |
vilepur mātaraś cāsya śokaduḥkhapariplutāḥ ||7|
bahuprakāram asvasthāḥ paścāttāpāturā hariḥ |
tāḥ samāśvāsayām āsa svayam asrāvilekṣaṇaḥ ||8|
ugrasenaṃ tato bandhān mumoca madhusūdanaḥ |
abhyaṣiñcat tathaivainaṃ nijarājye hatātmajam ||9|
rājye ’bhiṣiktaḥ kṛṣṇena yadusiṃhaḥ sutasya saḥ |
cakāra pretakāryāṇi ye cānye tatra ghātitāḥ ||10|
kṛtordhvadaihikaṃ cainaṃ siṃhāsanagataṃ hariḥ |
uvācājñāpaya vibho yat kāryam aviśaṅkayā ||11|
yayātiśāpād vaṃśo ’yam arājyārho ’pi sāṃpratam |
mayi bhṛtye sthite devān ājñāpayatu kiṃ nṛpaiḥ ||12|
ity uktvā cograsenaṃ tu vāyuṃ prati jagāda ha |
nṛvācā caiva bhagavān keśavaḥ kāryamānuṣaḥ ||13|
śrīkṛṣṇa uvāca:
gacchendraṃ brūhi vāyo tvam alaṃ garveṇa vāsava |
dīyatām ugrasenāya sudharmā bhavatā sabhā ||14|
kṛṣṇo bravīti rājārham etad ratnam anuttamam |
sudharmākhyā sabhā yuktam asyāṃ yadubhir *āsitum*[10] ||15|
vyāsa uvāca:
ity uktaḥ pavano gatvā sarvam āha śacīpatim |
dadau so ’pi sudharmākhyāṃ sabhāṃ vāyoḥ puraṃdaraḥ ||16|
vāyunā *cāhṛtām*[11] divyāṃ *te*[12] sabhāṃ yadu-*puṃgavāḥ*[13] |
bubhujuḥ sarvaratnāḍhyāṃ govindabhujasaṃśrayāḥ ||17|
viditākhilavijñānau sarvajñānamayāv api |
śiṣyācāryakramaṃ vīrau[14] khyāpayantau yadūttamau ||18|

1 V sarvakarmapradarśanāt **2** B vasudevasya **3** AC me **4** B bhavatoḥ **5** B na kṛtaṃ sevanaṃ mayā **6** B sa tu duratyayo atyarthaṃ V tat khaṇḍam āyuṣo vyarthaṃ **7** B -vīryāt pravasator **8** V yathāvad abhipūjyātha **9** V pūrṇamānasān **10** V āsitam **11** B vāhitāṃ **12** AB tāṃ **13** A -nandanāḥ **14** A śiṣṭācāryakramācāryo

tataḥ sāṃdīpaniṃ kāśyam avantipuravāsinam |
astrārthaṃ[15] jagmatur vīrau baladevajanārdanau ||19|
tasya śiṣyatvam abhyetya guruvṛttiparau hi tau |
darśayāṃ cakratur vīrāv ācāram akhile jane ||20|
sarahasyaṃ dhanurvedaṃ sasaṃgraham adhīyatām |
ahorātraiś catuḥṣaṣṭyā tad adbhutam abhūd dvijāḥ ||21|
sāṃdīpanir asaṃbhāvyaṃ tayoḥ karmātimānuṣam |
vicintya tau tadā mene prāptau candradivākarau ||22|
astragrāmam aśeṣaṃ ca proktamātram avāpya tau |
ūcatur vriyatāṃ yā te dātavyā gurudakṣiṇā ||23|
so 'py atīndriyam[16] ālokya tayoḥ karma mahāmatiḥ |
ayācata mṛtaṃ putraṃ prabhāse lavaṇārṇave ||24|
gṛhītāstrau tatas tau tu *gatvā taṃ lavaṇoda-*[17]dhim |
[18]ūcatuś ca guroḥ putro dīyatām iti sāgaram ||25|
kṛtāñjali-*putaś cābdhis tāv atha dvijasattamāḥ*[19] |
uvāca na mayā putro hṛtaḥ sāṃdīpaner iti ||26|
daityaḥ pañcajano nāma *śaṅkharūpaḥ*[20] sa bālakam |
jagrāha so 'sti salile mamaivāsurasūdana ||27|
ity ukto 'ntar jalaṃ gatvā hatvā pañcajanaṃ *tathā*[21] |
kṛṣṇo jagrāha *tasyāsthi-*[22]prabhavaṃ śaṅkham uttamam ||28|
yasya nādena daityānāṃ balahāniḥ prajāyate |
devānāṃ vardhate tejo yāty adharmaś ca saṃkṣayam ||29|
taṃ pāñcajanyam āpūrya gatvā yamapurīṃ hariḥ |
baladevaś ca balavāñ jitvā vaivasvataṃ yamam ||30|
taṃ bālaṃ yātanāsaṃsthaṃ yathāpūrvaśarīriṇam |
pitre pradattavān kṛṣṇo balaś ca balināṃ varaḥ ||31|
mathurāṃ ca punaḥ prāptāv ugrasenena pālitām |
prahṛṣṭapuruṣastrīkāv ubhau rāmajanārdanau ||32|

iti śrīmahāpurāṇe ādibrāhme bālacarite [[23]sāṃdīpaneḥ putrānayanaṃ nāma] caturnavatyadhikaśatatamo adhyāyaḥ

vyāsa uvāca:
jarāsaṃdhasute kaṃsa upayeme mahābalaḥ |
astiḥ prāptiś ca bho viprās tayor bhartṛhaṇaṃ harim ||195.1|
mahābalaparīvāro māgadhādhipatir balī |
hantum abhyāyayau kopāj jarāsaṃdhaḥ sayādavam ||2|
upetya mathurāṃ so 'tha rurodha magadheśvaraḥ |
akṣauhiṇībhiḥ sainyasya trayoviṃśatibhir vṛtaḥ ||3|
niṣkramyālpaparīvārāv ubhau rāmajanārdanau |
yuyudhāte samaṃ tasya balinau balisainikaiḥ ||4|

15 A śastrārthaṃ B śikṣārthaṃ **16** B asādhāraṇam **17** B ūcatuś ca mahoda- **18** B om. the following 2 lines. **19** V -puṭas tāvat sārghyapātro mahodadhiḥ **20** B bahurūpī **21** A ca tam **22** B tasyāṅga- **23** V ins.

tato balaś ca kṛṣṇaś ca matiṃ cakre mahābalaḥ |
āyudhānāṃ purāṇānām ādāne munisattamāḥ ||5|
anantaraṃ cakraśārṅge tūṇau cāpy akṣayau śaraiḥ |
ākāśād āgatau vīrau tadā kaumodakī gadā ||6|
halaṃ ca balabhadrasya gaganād āgamat karam |
balasyābhimataṃ[1] viprāḥ sunandaṃ muśalaṃ tathā ||7|
tato *yuddhe parājitya*[2] *svasainyaṃ*[3] *magadhādhipam*[4] |
purīṃ viviśatur vīrāv ubhau rāmajanārdanau ||8|
jite tasmin sudurvṛtte jarāsaṃdhe dvijottamāḥ |
jīvamāne gate *tatra kṛṣṇo mene na taṃ*[5] jitam ||9|
punar apy ājagāmātha jarāsaṃdho *balānvitaḥ*[6] |
jitaś ca rāmakṛṣṇābhyām *apakṛtya*[7] dvijottamāḥ ||10|
daśa cāṣṭau ca saṃgrāmān evam atyantadurmadaḥ |
yadubhir māgadho rājā cakre kṛṣṇapurogamaiḥ ||11|
sarveṣv eva ca yuddheṣu yadubhiḥ sa parājitaḥ |
apakrānto jarāsaṃdhaḥ svalpasainyair balādhikaḥ ||12|
[8]tad balaṃ yādavānāṃ vai rakṣitaṃ yad anekaśaḥ |
tat tu saṃnidhimāhātmyaṃ viṣṇor aṃśasya cakriṇaḥ ||13|
manuṣyadharmaśīlasya līlā sā jagataḥ pateḥ |
astrāṇy anekarūpāṇi yad arātiṣu muñcati ||14|
manasaiva jagatsṛṣṭisaṃhāraṃ tu karoti yaḥ |
tasyāripakṣakṣapaṇe kiyān udyamavistaraḥ ||15|
tathāpi *ca*[9] manuṣyāṇāṃ *dharmas*[10] tadanuvartanam |
kurvan balavatā saṃdhiṃ hīnair yuddhaṃ karoty asau ||16|
sāma copapradānaṃ ca tathā bhedaṃ ca darśayan |
[11]karoti daṇḍapātaṃ ca kvacid eva palāyanam ||17|
manuṣyadehināṃ ceṣṭām ity evam *anuvartate*[12] |
līlā jagatpates tasya cchandataḥ saṃpravartate ||18|

iti śrīmahāpurāṇe ādibrāhme śrīkṛṣṇacarite [[13]jarāsaṃdhoparodho nāma] pañcanavatyadhikaśatatamo 'dhyāyaḥ

vyāsa uvāca:
gārgyaṃ goṣṭhe dvijo[1]*śyālaḥ*[2] *ṣaṇḍha*[3] ity uktavān dvijāḥ |
yadūnāṃ saṃnidhau sarve jahasur *yādavās tadā*[4] ||196.1|
tataḥ kopasamāviṣṭo dakṣiṇāpatham etya saḥ |
sutam icchaṃs tapas tepe yaducakra-*bhayāvaham*[5] ||2|

1 V saṃvartāgnisamaṃ **2** A yuddhāt parāvṛttaḥ **3** A sasainyo V sasainyaṃ
4 A magadhādhipaḥ **5** A kṛṣṇas tam amanyata no **6** B balād bahiḥ **7** CV apakrānto
8 C om. 195.13–17. **9** V ye **10** V dharmās **11** B om. **12** V anukurvataḥ **13** V ins.
1 ASS corr. *dvijaṃ*. **2** A śālo 'yaṃ dvijaśārdūlaṃ V gārgyaṃ goṣṭhe dvijaṃ śyālaḥ
3 ASS corr. *ṣaṇḍa*; A ṣaṇḍham **4** B yādavāḥ sthitāḥ **5** C -sukhāvaham

ārādhayan mahā-*devaṃ*[6] *so 'yaś cūrṇam abhakṣayat*[7] |
dadau varaṃ ca tuṣṭo 'sau varṣe dvādaśake haraḥ ||3|
saṃbhāvayām[8] āsa sa taṃ yavaneśo *hy anātma-*[9]*jam*[10] |
tadyoṣitsaṃgamāc *cāsya*[11] putro 'bhūd *alisaprabhaḥ*[12] ||4|
taṃ kālayavanaṃ nāma *rājye sve*[13] yavaneśvaraḥ |
abhiṣicya vanaṃ yāto *vajrāgra-*[14]kaṭhinorasam ||5|
sa tu vīryamadonmattaḥ pṛthivyāṃ balino nṛpān |
papraccha nāradaś cāsmai kathayām āsa yādavān ||6|
mlecchakoṭisahasrāṇāṃ *sahasraiḥ*[15] *so 'pi saṃvṛtaḥ*[16] |
gajāśvarathasaṃpannaiś cakāra paramodyamam ||7|
prayayau *cātava-*[17]*cchinnaiḥ prayāṇaiḥ sa*[18] dine dine |
yādavān prati sāmarṣo munayo mathurāṃ purīm ||8|
kṛṣṇo 'pi cintayām āsa kṣapitaṃ yādavaṃ *balam*[19] |
yavanena samālokya[20] *māgadhaḥ saṃprayāsyati*[21] ||9|
[[22]na] māgadhasya balaṃ kṣīṇaṃ sa kālayavano balī |
hantā tad idam āyātaṃ[23] *yadūnāṃ*[24] vyasanaṃ dvidhā ||10|
tasmād durgaṃ kariṣyāmi yadūnām atidurjayam |
striyo 'pi yatra yudhyeyuḥ kiṃ punar vṛṣṇi-*yādavāḥ*[25] ||11|
mayi matte pramatte vā supte pravasite 'pi vā |
yādavābhibhavaṃ duṣṭā mā *kurvan*[26] vairiṇo 'dhikam ||12|
iti saṃcintya govindo yojanāni mahodadhim |
yayāce dvādaśa purīṃ dvārakāṃ tatra nirmame ||13|
mahodyānāṃ[27] mahāvaprāṃ taḍāgaśataśobhitām |
prākāraśatasaṃbādhām indrasyevāmarāvatīm ||14|
mathurāvāsinaṃ lokaṃ *tatrānīya janārdanaḥ*[28] |
āsanne[29] kāla-*yavane mathurāṃ ca*[30] svayaṃ yayau ||15|
bahir āvāsite sainye mathurāyā nirāyudhaḥ |
nirjagāma sa govindo dadarśa yavanaś ca tam ||16|
sa jñātvā vāsudevaṃ taṃ bāhupraharaṇo nṛpaḥ |
anuyāto mahāyogicetobhiḥ prāpyate na yaḥ ||17|
tenānuyātaḥ kṛṣṇo 'pi praviveśa mahāguhām |
yatra śete mahāvīryo mucukundo nareśvaraḥ ||18|
so 'pi praviṣṭo yavano dṛṣṭvā śayyāgataṃ naram |
pādena *tāḍayām*[31] āsa kṛṣṇaṃ matvā sa durmatiḥ ||19|
dṛṣṭamātraś ca tenāsau jajvāla yavano 'gninā |
tatkrodhajena munayo bhasmībhūtaś ca tatkṣaṇāt ||20|

6 B -devam **7** A so 'tha pratyakṣatāṃ gataḥ B ojas tīkṣṇam abhūt tadā **8** C saṃbhojayām **9** A janātma- **10** V jaḥ **11** B tasya **12** B asamañjasaḥ V analaprabhaḥ **13** B cakre sa **14** B vajravat- **15** AB sahasraiś **16** AB cāpi saṃvṛtaḥ V so 'bhisaṃvṛtaḥ **17** ASS corr. *ātāpa*. **18** V cāvyavacchinnaṃ cintayāno **19** C kulam **20** A parvate nagare ramye **21** AC māgadhasya bhaviṣyati V māgadhaḥ prahariṣyati **22** C ins. [hypermetric] **23** C hantātra susamāyātaṃ **24** B bahūnāṃ **25** V -puṃgavāḥ **26** ASS. corr. like V; V kuryur **27** B mahonnatāṃ **28** B dvārakām ānayad dhariḥ **29** B unmattaḥ **30** B -yavano māthurāyāḥ **31** A ghātayām

sa hi devāsure yuddhe gatvā jitvā mahāsurān |
nidrārtaḥ sumahākālaṃ nidrāṃ vavre varaṃ surān ||21|
proktaś ca devaiḥ saṃsuptaṃ yas tvām utthāpayiṣyati |
dehajenāgninā sadyaḥ sa tu bhasmībhaviṣyati ||22|
evaṃ dagdhvā sa taṃ pāpaṃ dṛṣṭvā ca madhusūdanam |
kas tvam ity āha so 'py āha jāto 'haṃ śaśinaḥ kule ||23|
vasudevasya tanayo yaduvaṃśasamudbhavaḥ |
mucukundo 'pi tac chrutvā vṛddha-*gārgyavacaḥ smaran*[32] ||24|
saṃsmṛtya praṇipatyainaṃ sarvaṃ sarveśvaraṃ harim |
prāha jñāto[33] bhavān viṣṇor *aṃśas tvaṃ*[34] parameśvaraḥ ||25|
purā *gārgyeṇa*[35] kathitam aṣṭāviṃśatime yuge |
dvāparānte harer janma yaduvaṃśe bhaviṣyati ||26|
sa tvaṃ prāpto na saṃdeho *martyānām*[36] upakārakṛt |
tathā[37] hi sumahat tejo nālaṃ soḍhum ahaṃ tava ||27|
tathā hi *sumahāmbhoda-*[38]dhvanidhīrataraṃ tataḥ |
vākyaṃ tam iti hovāca yuṣmatpādasulālitam ||28|
devāsure mahāyuddhe daityāś ca sumahābhaṭāḥ |
na *śekus te mahat*[39] tejas tat tejo na sahāmy aham ||29|
saṃsārapatitasyaiko jantos tvaṃ śaraṇaṃ param |
saṃprasīda prapannārtihartā hara mamāśubham ||30|
tvaṃ payonidhayaḥ śailāḥ saritaś ca vanāni ca |
medinī gaganaṃ *vāyur āpo 'gnis tvaṃ*[40] tathā pumān ||31|
puṃsaḥ parataraṃ[41] sarvaṃ *vyāpya*[42] janma vikalpavat |
śabdādi-[43]hīnam ajaraṃ *vṛddhi-*[44]kṣayavivarjitam ||32|
tvatto 'marās tu pitaro yakṣagandharva-*rākṣasāḥ*[45] |
siddhāś cāpsarasas tvatto manuṣyāḥ paśavaḥ khagāḥ ||33|
sarīsṛpā mṛgāḥ sarve *tvattaś caiva*[46] mahīruhāḥ |
yac ca bhūtaṃ bhaviṣyad vā kiṃcid atra carācare ||34|
amūrtaṃ mūrtam athavā sthūlaṃ sūkṣmataraṃ tathā |
tat sarvaṃ tvaṃ jagatkartar nāsti kiṃcit tvayā vinā ||35|
mayā saṃsāracakre 'smin bhramatā bhagavan sadā |
tāpatrayābhibhūtena na prāptā nirvṛtiḥ kvacit ||36|
duḥkhāny eva sukhānīti mṛgatṛṣṇājalāśayaḥ |
mayā nātha gṛhītāni *tāni tāpāya me 'bhavan*[47] ||37|
rājyam urvī balaṃ kośo mitrapakṣas tathātmajāḥ |
bhāryā bhṛtyajanā ye ca śabdādyā viṣayāḥ prabho ||38|
sukhabuddhyā mayā sarvaṃ gṛhītam idam avyaya |
pariṇāme ca deveśa tāpātmakam abhūn mama ||39|
devalokagatiṃ prāpto nātha devagaṇo 'pi hi |
mattaḥ sāhāyyakāmo 'bhūc chāśvatī kutra nirvṛtiḥ ||40|

32 A -vākyam anusmaran **33** V āha jāto **34** V aṃśāt tu **35** B gargeṇa **36** C yādavān **37** V yathā **38** V sajalāmbhoda- **39** B śekur mama yat **40** B vāyuḥ payo 'gniś ca **41** B tvayāpi yugapat **42** B vyāptaṃ **43** B sṛṣṭyādi- **44** BV janma- **45** B -kiṃnarāḥ **46** V tvattaḥ sarve **47** B tāpatrayayutena bhoḥ

tvām anārādhya jagatāṃ sarveṣāṃ prabhavāspadam |
śāśvatī prāpyate kena parameśvara nirvṛtiḥ ||41|
tvanmāyāmūḍhamanaso janmamṛtyu-*jarādikān*[48] |
avāpya pāpān paśyanti pretarājānam antarā[49] ||42|
tataḥ pāśaśatair baddhā narakeṣv atidāruṇam |
prāpnuvanti *mahad*[50] duḥkhaṃ *viśvarūpam idaṃ*[51] tava ||43|
aham atyantaviṣayī mohitas tava māyayā |
mamatvāgādhagartānte bhramāmi parameśvara ||44|
so 'haṃ tvāṃ śaraṇam apāram īśam *īḍyaṃ*[52] |
saṃprāptaḥ paramapadaṃ yato na kiṃcit |
saṃsāraśramaparitāpataptacetā |
nirviṇṇe pariṇatadhāmni sābhilāṣaḥ ||45|

iti śrīmahāpurāṇe ādibrāhme kālayavanavadhe mucukundastutinirūpaṇaṃ nāma ṣaṇṇavatyadhikaśatatamo 'dhyāyaḥ

vyāsa uvāca:[1]
itthaṃ stutas tadā tena mucukundena dhīmatā |
prāheśaḥ sarvabhūtānām anādinidhano hariḥ ||197.1|
śrīkṛṣṇa uvāca:
yathābhivāñchitāṃl lokān divyān gaccha nareśvara |
avyāhata-*paraiśvaryo*[2] matprasādopabṛṃhitaḥ ||2|
bhuktvā divyān mahābhogān bhaviṣyasi mahākule |
jātismaro matprasādāt tato mokṣam avāpsyasi ||3|
vyāsa uvāca:
ity uktaḥ praṇipatyeśaṃ jagatām *acyutaṃ*[3] nṛpaḥ |
guhāmukhād viniṣkrānto dadṛśe so 'lpakān narān ||4|
tataḥ kaliyugaṃ jñātvā prāptaṃ taptuṃ tato nṛpaḥ |
naranārāyaṇasthānaṃ prayayau gandhamādanam ||5|
kṛṣṇo 'pi ghātayitvārim upāyena hi tadbalam |
jagrāha mathurām etya hastyaśvasyandana-*ujjvalam*[4] ||6|
ānīya cograsenāya dvāravatyāṃ nyavedayat |
parābhibhavaniḥśaṅkaṃ babhūva ca *yadoḥ kulam*[5] ||7|
baladevo 'pi *viprendrāḥ*[6] praśāntākhilavigrahaḥ |
jñātidarśanasotkaṇṭhaḥ prayayau nandagokulam ||8|
tato gopāś ca go-*pyaś*[7] ca yathāpūrvam amitrajit |
tathaivābhyavadat premṇā bahumānapuraḥsaram ||9|
kaiś cāpi saṃpariṣvaktaḥ kāṃścit sa pariṣasvaje |
hāsaṃ cakre samaṃ kaiścid gopagopījanais tathā ||10|

48 B -jarādikaiḥ **49** B śastravāpyaṃ prapaśyanti pretarājānanaṃ tadā **50** V narā **51** B [or A or C? Siglum omitted] svarūpaṃ nindatas **52** V ādyaṃ **1** B brahmovāca: **2** A -balaiśvaryo B -varaiśvaryo **3** A īśvaraṃ **4** C -ujjvalāṃ **5** ABV yador balam **6** A munayaḥ B munibhiḥ **7** V -pīś

priyāṇy anekāny *avadan gopās tatra halāyudham*[8] |
gopyaś ca premamuditāḥ procuḥ serṣyam athāparāḥ ||11|
gopyaḥ papracchur aparā nāgarījanavallabhaḥ |
kaccid āste sukhaṃ kṛṣṇaś calatpremarasākulaḥ ||12|
asmacceṣṭopahasanaṃ na kaccit purayoṣitām |
saubhāgyamānam adhikaṃ karoti kṣaṇasauhṛdaḥ ||13|
kaccit smarati naḥ kṛṣṇo gītānugamanaṃ *kṛtam*[9] |
apy asau mātaraṃ draṣṭuṃ sakṛd apy āgamiṣyati ||14|
athavā kiṃ tadālāpaiḥ kriyantām aparāḥ kathāḥ |
yad asmābhir vinā *tena*[10] vināsmākaṃ bhaviṣyati ||15|
pitā mātā tathā bhrātā bhartā bandhujanaś ca *kaḥ*[11] |
na tyaktas tatkṛte 'smābhir akṛtajñas tato hi saḥ ||16|
tathāpi kaccid *ātmīyam*[12] ihāgamanasaṃśrayam |
karoti kṛṣṇo vaktavyaṃ bhavatā *vacanāmṛtam*[13] ||17|
dāmodaro 'sau govindaḥ purastrīsaktamānasaḥ |
apetaprītir asmāsu dur-*darśaḥ pratibhāti naḥ*[14] ||18|
vyāsa uvāca:
āmantritaḥ sa kṛṣṇeti punar dāmodareti ca |
jahasuḥ susvaraṃ gopyo *hariṇā kṛṣṭa-*[15]cetasaḥ ||19|
saṃdeśaiḥ *saumya-*[16]madhuraiḥ premagarbhair agarvitaiḥ |
rāmeṇāśvāsitā gopyaḥ kṛṣṇasyātimadhusvaraiḥ ||20|
gopaiś ca pūrvavad *rāmaḥ parihāsamanoharaiḥ*[17] |
kathāś cakāra premṇā ca[18] saha tair vraja-*bhūmiṣu*[19] ||21|

iti śrīmahāpurāṇe ādibrāhme gokule balapratyāgamanavarṇanaṃ nāma saptanavatyadhikaśatatamo 'dhyāyaḥ

vyāsa uvāca:
vane *viharatas*[1] tasya saha gopair *mahātmanaḥ*[2] |
mānuṣacchadmarūpasya śeṣasya dharaṇībhṛtaḥ ||198.1|
niṣpāditorukāryasya kāryeṇaivāvatāriṇaḥ |
upabhogārtham atyarthaṃ varuṇaḥ prāha vāruṇīm ||2|
varuṇa uvāca:
abhīṣṭāṃ[3] sarvadā hy asya madire tvaṃ mahaujasaḥ |
anantasyopabhogāya tasya gaccha mude śubhe ||3|
vyāsa uvāca:
ity uktā vāruṇī tena saṃnidhānam athākarot |
vṛndāvanataṭotpannakadambatarukoṭare ||4|

8 A avadad gopāṃs tatra halāyudhaḥ **9** A kalam **10** ASS corr. like V; V tasya **11** A kim **12** AB ālāpam **13** A kṛṣṇa hṛdgatam **14** A -darśo mandabhāginām **15** V hariṇākṛṣṭa- **16** C sāma- **17** V rāmo hariṇākṛṣṭacetasaiḥ **18** V parihāsakathāś cakre **19** V -vāsibhiḥ
1 V vicaratas **2** B mahātmabhiḥ **3** V abhīṣṭā

vicaran[4] baladevo 'pi madirāgandham uddhatam |
āghrāya[5] madirā-*harṣam*[6] avāpātha purātanam ||5|
tataḥ kadambāt sahasā madyadhārāṃ sa lāṅgalī |
patantīṃ vīkṣya munayaḥ prayayau paramāṃ mudam ||6|
papau ca gopagopībhiḥ samaveto mudānvitaḥ |
upagīyamāno lalitaṃ gītavādyaviśāradaiḥ ||7|
śramato[7] 'tyantagharmāmbhaḥkaṇikāmauktikojjvalaḥ |
āgaccha yamune snātum icchāmīty āha vihvalaḥ ||8|
tasya *vācaṃ*[8] nadī sā tu *mattoktām*[9] avamanya vai |
nājagāma tataḥ kruddho halaṃ jagrāha lāṅgalī ||9|
gṛhītvā tāṃ *taṭenaiva*[10] cakarṣa madavihvalaḥ |
pāpe nāyāsi nāyāsi gamyatām *icchayānyataḥ*[11] ||10|
sā kṛṣṭā tena sahasā mārgaṃ saṃtyajya nimnagā |
yatrāste baladevo 'sau plāvayām āsa tad vanam ||11|
śarīriṇī tathopetya trāsavihvalalocanā |
prasīdety abravīd rāmaṃ muñca māṃ muśalāyudha ||12|
so 'bravīd avajānāsi mama śauryabalaṃ yadi |
so 'haṃ tvāṃ halapātena nayiṣyāmi sahasradhā ||13|
vyāsa uvāca:
ity uktayāti-*saṃtrastas*[12] tayā nadyā prasāditaḥ |
bhūbhāge plāvite tatra mumoca yamunāṃ balaḥ ||14|
tataḥ *snātasya*[13] vai kāntir ājagāma mahāvane |
avataṃsotpalaṃ cāru gṛhītvaikaṃ ca kuṇḍalam ||15|
varuṇaprahitāṃ cāsmai mālām amlānapaṅkajām |
samudrārhe[14] tathā vastre nīle lakṣmīr ayacchata ||16|
kṛtāvataṃsaḥ sa tadā cārukuṇḍalabhūṣitaḥ |
nīlāmbaradharaḥ *sragvī śuśubhe*[15] kāntisaṃyutaḥ ||17|
itthaṃ vibhūṣito reme tatra rāmas tadā vraje |
māsadvayena yātaś ca punaḥ sa *mathurāṃ*[16] purīm ||18|
revatīṃ caiva tanayāṃ raivatasya mahīpateḥ |
upayeme balas tasyāṃ jajñāte niśaṭholmukau ||19|

iti śrīmahāpurāṇe ādibrāhme halakrīḍāvarṇanaṃ nāmāṣṭanavatyadhikaśatatamo 'dhyāyaḥ

vyāsa uvāca:
bhīṣmakaḥ kuṇḍine rājā vidarbhaviṣaye 'bhavat |
rukmiṇī tasya duhitā rukmī caiva suto dvijāḥ[1] ||199.1|
rukmiṇīṃ cakame kṛṣṇaḥ sā ca taṃ cāruhāsinī |
na dadau yācate caināṃ rukmī dveṣeṇa cakriṇe ||2|

4 A vicinvan **5** B sasmāra **6** B -varṣam **7** A sa matto **8** V vākyaṃ **9** V mattoktam **10** V halāgreṇa **11** V icchāyānyataḥ **12** V -saṃtrāsāt **13** A [or B, or C; siglum omitted] kāntasya **14** A samudras tu V samudrābhe **15** V śrīmāñ chuśubhe **16** V dvārakāṃ **1** V rukmī tasyābhavat putro rukmiṇī ca tadātmajā

dadau sa śiśupālāya jarā-*saṃdhapracoditaḥ*[2] |
bhīṣmako rukmiṇā sārdhaṃ rukmiṇīm uruvikramaḥ ||3|
vivāhārthaṃ tataḥ sarve jarāsaṃdhamukhā nṛpāḥ |
bhīṣmakasya puraṃ jagmuḥ śiśupālaś ca kuṇḍinam ||4|
kṛṣṇo 'pi balabhadrādyair yadubhiḥ parivāritaḥ |
prayayau kuṇḍinaṃ draṣṭuṃ vivāhaṃ caidyabhūpateḥ ||5|
śvobhāvini vivāhe tu tāṃ kanyāṃ hṛtavān hariḥ |
vipakṣabhāvam āsādya rāmādyeṣv eva bandhuṣu ||6|
tataś ca pauṇḍrakaḥ śrīmān dantavaktro vidūrathaḥ |
śiśupālo jarāsaṃdhaḥ śālvādyāś ca mahībhṛtaḥ ||7|
kupitās te hariṃ hantuṃ cakrur udyogam uttamam |
nirjitāś ca samāgamya rāmādyair yadupuṃgavaiḥ ||8|
kuṇḍinaṃ na pravekṣyāmi ahatvā yudhi keśavam |
kṛtvā pratijñāṃ rukmī ca hantuṃ kṛṣṇam abhidrutaḥ ||9|
hatvā balaṃ sa nāgāśvapattisyandanasaṃkulam |
nirjitaḥ pātitaś corvyāṃ līlayaiva sa cakriṇā ||10|
nirjitya rukmiṇaṃ *samyag upayeme sa rukmiṇīm*[3] |
rākṣasena *vidhānena*[4] saṃprāpto madhusūdanaḥ ||11|
tasyāṃ jajñe ca pradyumno *madanāṃśaḥ sa vīryavān*[5] |
jahāra śambaro yaṃ vai yo jaghāna ca *śambaram*[6] ||12|

iti śrīmahāpurāṇe ādibrāhme śrīkṛṣṇacarite navanavatyadhikaśatatamo 'dhyāyaḥ[7]

munaya ūcuḥ:
śambareṇa[1] hṛto vīraḥ *pradyumnaḥ sa kathaṃ punaḥ*[2] |
śambaraś ca mahāvīryaḥ[3] *pradyumnena kathaṃ hataḥ*[4] ||200.1|
vyāsa uvāca:
ṣaṣṭhe 'hni jātamātre tu pradyumnaṃ sūtikāgṛhāt |
mamaiṣa hanteti dvijā hṛtavān kāla-*śambaraḥ*[5] ||2|
nītvā cikṣepa *caivainaṃ grāho*[6] 'gre lavaṇārṇave |
kallolajanitāvarte sughore makarālaye ||3|
patitaṃ caiva tatraiko matsyo jagrāha bālakam |
na mamāra ca tasyāpi *jaṭharānala-*[7]*dīpitaḥ*[8] ||4|
matsyabandhaiś ca matsyo 'sau matsyair anyaiḥ saha dvijāḥ |
ghātito 'suravaryāya śambarāya niveditaḥ ||5|
tasya māyāvatī nāma patnī sarvagṛheśvarī |
kārayām āsa sūdānām ādhipatyam aninditā ||6|
dārite matsyajaṭhare dadṛśe sātiśobhanam |
kumāraṃ manmathataror dagdhasya prathamāṅkuram ||7|

2 V -saṃdhena coditaḥ **3** AB kṛṣṇo rukmiṇīṃ varakanyakām **4** AB vivāhena **5** B madanaś cātivīryavān **6** C sambaram **7** V om. this colophon and continues the chapter.
1 C sambareṇa **2** V sa kathaṃ tena saṃhataḥ **3** C sambaraś ca mahāvīryaḥ V etat kathānakaṃ divyaṃ **4** V kathayasva mahāmate **5** C -sambaraḥ **6** A jaladhau matsyo **7** C jaṭhare 'nala- **8** B pīḍitaḥ C dīpite

ko 'yaṃ katham ayaṃ matsyajaṭhare samupāgataḥ |
ity evaṃ kautukāviṣṭāṃ tāṃ tanvīṃ prāha nāradaḥ ||8|
nārada uvāca:
ayaṃ samastajagatāṃ sṛṣṭisaṃhārakāriṇā |
śambareṇa[9] hṛtaḥ kṛṣṇatanayaḥ sūtikāgṛhāt ||9|
kṣiptaḥ samudre matsyena nigīrṇas te vaśaṃ gataḥ |
nararatnam idaṃ subhru viśrabdhā paripālaya ||10|
vyāsa uvāca:
nāradenaivam uktā sā pālayām āsa taṃ śiśum |
bālyād evātirāgeṇa rūpātiśayamohitā ||11|
sa yadā yauvanābhogabhūṣito 'bhūd dvijottamāḥ |
sābhilāṣā tadā sā tu babhūva gajagāminī ||12|
māyāvatī dadau cāsmai *māyā*[10] sarvā mahātmane |
pradyumnāyātmabhūtāya[11] tannyastahṛdayekṣaṇā |
prasajjantīṃ tu tām āha *sa kārṣṇiḥ*[12] *kamalalocanaḥ*[13] ||13|
pradyumna uvāca:
mātṛbhāvaṃ vihāyaiva kimarthaṃ vartase 'nyathā ||14|
vyāsa uvāca:
sā cāsmai kathayām āsa na putras tvaṃ mameti vai |
tanayaṃ tvām ayaṃ viṣṇor hṛtavān kāla-*śambaraḥ*[14] ||15|
kṣiptaḥ samudre matsyasya saṃprāpto jaṭharān mayā |
sā tu roditi te mātā *kāntādyāpy*[15] ativatsalā ||16|
vyāsa uvāca:
ity uktaḥ *śambaraṃ*[16] yuddhe pradyumnaḥ sa samāhvayat |
krodhākulīkṛtamanā yuyudhe *ca*[17] mahābalaḥ ||17|
hatvā sainyam aśeṣaṃ tu tasya daityasya mādhaviḥ |
sapta māyā vyatikramya māyāṃ saṃyuyuje 'ṣṭamīm ||18|
tayā jaghāna taṃ daityaṃ māyayā kāla-*śambaram*[18] |
utpatya ca[19] tayā sārdham ājagāma pituḥ puram ||19|
antaḥpure *ca patitaṃ*[20] māyāvatyā samanvitam |
taṃ dṛṣṭvā *hṛṣṭa*-[21]saṃkalpā babhūvuḥ kṛṣṇayoṣitaḥ |
rukmiṇī cābravīt premṇāsaktadṛṣṭir aninditā ||20|
rukmiṇy uvāca:
dhanyāyāḥ khalv ayaṃ putro vartate navayauvane |
asmin vayasi putro me pradyumno yadi jīvati ||21|
sabhāgyā jananī vatsa tvayā kāpi vibhūṣitā |
athavā yādṛśaḥ sneho mama yādṛg vapuś ca te |
harer apatyaṃ suvyaktaṃ bhavān vatsa bhaviṣyati ||22|
vyāsa uvāca:
etasminn antare prāptaḥ saha kṛṣṇena nāradaḥ |
antaḥpura-*varāṃ*[22] devīṃ rukmiṇīṃ prāha harṣitaḥ ||23|

9 C sambareṇa **10** V māyāḥ **11** V pradyumnāyānurūpāya **12** Hypermetric; V kārṣṇiḥ
13 C kamalekṣaṇām **14** C -sambaraḥ **15** V kāntādyāpy **16** C sambaraṃ **17** AV 'tha
18 C -sambaram **19** B tathānyāṃś ca V tataś ca sa **20** C nipatitaṃ **21** C kṛta-
22 V -carāṃ

śrīkṛṣṇa uvāca:
eṣa te tanayaḥ subhru hatvā śambaram āgataḥ |
hṛto *yenābhavat pūrvaṃ putras te*[23] sūtikāgṛhāt ||24|
iyaṃ māyāvatī bhāryā tanayasyāsya te satī |
śambarasya na bhāryeyaṃ śrūyatām atra kāraṇam ||25|
manmathe tu gate nāśaṃ tadudbhavaparāyaṇā |
śambaraṃ[24] mohayām āsa māyārūpeṇa *rukmiṇi*[25] ||26|
vivāhādyupabhogeṣu rūpaṃ *māyāmayaṃ*[26] śubham |
darśayām āsa daityasya tasyeyaṃ madirekṣaṇā ||27|
kāmo 'vatīrṇaḥ putras te tasyeyaṃ dayitā ratiḥ |
viśaṅkā nātra[27] kartavyā snuṣeyaṃ tava *śobhanā*[28] ||28|
vyāsa uvāca:
tato harṣasamāviṣṭau rukmiṇīkeśavau tadā |
nagarī ca samastā sā sādhu sādhv ity abhāṣata ||29|
ciraṃ[29] naṣṭena putreṇa saṃgatāṃ prekṣya rukmiṇīm |
avāpa vismayaṃ sarvo dvāravatyāṃ janas tadā ||30|

iti śrīmahāpurāṇe ādibrāhme śambarahṛtapradyumāgamanavarṇanaṃ nāma dviśatatamo 'dhyāyaḥ

vyāsa uvāca:
cārudeṣṇaṃ sudeṣṇaṃ ca cārudehaṃ ca śobhanam |
suṣeṇaṃ[1]cāruguptaṃ ca bhadracāruṃ tathāparam ||201.1|
cāruvindaṃ[2]sucāruṃ ca cāruṃ ca balināṃ varam |
rukmiṇy ajanayat putrān kanyāṃ cārumatīṃ tathā ||2|
anyāś ca bhāryāḥ kṛṣṇasya babhūvuḥ sapta śobhanāḥ |
kālindī mitravindā ca satyā nāgnajitī tathā ||3|
devī jāmbavatī cāpi *sadā tuṣṭā tu rohiṇī*[3] |
madra-[4]rājasutā cānyā suśīlā śīlamaṇḍalā ||4|
sātrājitī satyabhāmā lakṣmaṇā cāruhāsinī |
ṣoḍaśātra[5] sahasrāṇi strīṇām anyāni cakriṇaḥ ||5|
pradyumno 'pi mahāvīryo rukmiṇas tanayāṃ śubhām |
svayaṃvarasthāṃ jagrāha sāpi taṃ tanayaṃ hareḥ ||6|
tasyām *asyābhavat*[6] putro mahābalaparākramaḥ |
aniruddho raṇe ruddho vīryodadhir ariṃdamaḥ ||7|
tasyāpi rukmiṇaḥ pautrīṃ varayām āsa keśavaḥ |
dauhitrāya dadau rukmī spardhayann api śauriṇā ||8|
tasyā vivāhe rāmādyā yādavā hariṇā saha |
rukmiṇo nagaraṃ jagmur nāmnā bhojakaṭaṃ dvijāḥ ||9|
vivāhe tatra nirvṛtte prādyumneḥ sumahātmanaḥ |
kaliṅgarājapramukhā rukmiṇaṃ vākyam abruvan ||10|
kaliṅgādaya ūcuḥ:
anakṣajño halī dyūte tathāsya vyasanaṃ mahat |
tan nayāmo[7] balaṃ tasmād dyūtenaiva mahādyute ||11|

23 V yenābhavad bālo bhavatyāḥ **24** C sambaraṃ **25** C rūpiṇī **26** AB māyāvahaṃ **27** V śaṅkā cātra na **28** A śobhane **29** B purā **1** ASS corr. *vicāruṃ*. **2** ASS corr. *cārucandraṃ*. **3** AB rohiṇī kāmarūpiṇī **4** B mantra- C bhadra- **5** A tathā ṣoḍaśa **6** V evābhavat **7** ASS corr. *taj jayāmo*; V taṃ jayāmo

vyāsa uvāca:
tatheti tān āha nṛpān rukmī balasamanvitaḥ |
sabhāyāṃ saha rāmeṇa cakre dyūtaṃ ca vai tadā ||12|
sahasram ekaṃ niṣkāṇāṃ rukmiṇā *vijito*[8] balaḥ |
dvitīye *divase*[9] cānyat sahasraṃ rukmiṇā jitaḥ ||13|
tato daśa sahasrāṇi niṣkāṇāṃ *paṇam*[10] ādade |
bala-*bhadraprapannāni*[11] rukmī dyūtavidāṃ varaḥ ||14|
tato jahāsātha balaṃ kaliṅgādhipatir dvijāḥ |
dantān vidarśayan mūḍho rukmī cāha madoddhataḥ ||15|
rukmy uvāca:
avidyo 'yaṃ *mahādyūte*[12] balabhadraḥ parājitaḥ |
mṛṣaivākṣāvalepatvād yo 'yaṃ mene 'kṣakovidam[13] ||16|
dṛṣṭvā kaliṅgarājaṃ tu prakāśadaśanānanam |
rukmiṇaṃ cāpi durvākyaṃ kopaṃ cakre halāyudhaḥ ||17|
vyāsa uvāca:
tataḥ kopaparītātmā niṣkakoṭiṃ halāyudhaḥ |
glahaṃ jagrāha rukmī ca *tatas tv akṣān*[14] apātayat ||18|
ajayad baladevo 'tha prāhoccais taṃ jitaṃ mayā |
mameti rukmī prāhoccair alīkoktair alaṃ balam ||19|
tvayokto 'yaṃ glahaḥ satyaṃ na mamaiṣo 'numoditaḥ |
evaṃ tvayā ced vijitaṃ na mayā vijitaṃ katham ||20|
tato 'ntarikṣe vāg uccaiḥ prāha gambhīranādinī |
baladevasya taṃ kopaṃ vardhayantī mahātmanaḥ ||21|
ākāśavāg uvāca:
jitaṃ tu baladevena rukmiṇā bhāṣitaṃ mṛṣā |
an-*uktvā vacanaṃ*[15] kiṃcit kṛtaṃ bhavati karmaṇā ||22|
vyāsa uvāca:
tato balaḥ samutthāya krodhasaṃraktalocanaḥ |
jaghānāṣṭāpadenaiva rukmiṇaṃ sa mahābalaḥ ||23|
kaliṅgarājaṃ cādāya visphurantaṃ balād balaḥ |
babhañja dantān kupito yaiḥ prakāśaṃ jahāsa saḥ ||24|
ākṛṣya ca mahāstambhaṃ jātarūpamayaṃ balaḥ |
jaghāna ye tatpakṣās tān bhūbhṛtaḥ kupito balaḥ ||25|
tato hāhākṛtaṃ sarvaṃ palāyanaparaṃ dvijāḥ |
tad rājamaṇḍalaṃ sarvaṃ babhūva kupite bale ||26|
balena nihataṃ śrutvā rukmiṇaṃ madhusūdanaḥ |
novāca vacanaṃ kiṃcid rukmiṇībalayor bhayāt ||27|
tato 'niruddham ādāya kṛtodvāhaṃ dvijottamāḥ |
dvārakām ājagāmātha yaducakraṃ sakeśavam ||28|

iti śrīmahāpurāṇe ādibrāhme 'niruddhavivāhe rukmivadhanirūpaṇaṃ nāmaikādhikadviśatatamo 'dhyāyaḥ

8 V nirjito **9** C 'pi paṇaṃ **10** A glaham **11** V -devena jayatā **12** V mayā dyūte **13** V yuddhe vā cākṣavidyāyāṃ tv anabhijñaḥ sabhāsadaḥ **14** V tadarthe 'kṣān **15** BV -uktvāpi vacaḥ

vyāsa uvāca:
dvāravatyāṃ tataḥ śauriṃ śakras tribhuvaneśvaraḥ |
ājagāmātha munayo *mattairāvata-*[1]pṛṣṭhagaḥ ||202.1|
praviśya dvārakāṃ so 'tha samīpe ca hares tadā |
kathayām āsa daityasya narakasya viceṣṭitam ||2|
indra uvāca:
tvayā nāthena devānāṃ manuṣyatve 'pi tiṣṭhatā |
praśamaṃ sarvaduḥkhāni nītāni madhusūdana ||3|
tapasvijana-*rakṣāyai*[2] so 'riṣṭo dhenukas tathā |
pralambādyās tathā keśī te sarve nihatās tvayā ||4|
kaṃsaḥ kuvalayāpīḍaḥ pūtanā bālaghātinī |
nāśaṃ nītās tvayā sarve ye 'nye jagadupadravāḥ ||5|
yuṣmaddordaṇḍasaṃbuddhiparitrāte jagattraye |
yajñe yajñahaviḥ prāśya tṛptiṃ yānti divaukasaḥ ||6|
so 'haṃ sāṃpratam āyāto yannimittaṃ janārdana |
tac chrutvā tatpratīkāraprayatnaṃ kartum arhasi ||7|
bhaumo 'yaṃ narako nāma prāgjyotiṣapureśvaraḥ |
karoti sarvabhūtānām *apaghātam*[3] ariṃdama ||8|
devasiddhasurādīnāṃ nṛpāṇāṃ ca janārdana |
hatvā *tu*[4] so 'suraḥ kanyā rurodha nijamandire ||9|
chattraṃ yat salilasrāvi taj jahāra pracetasaḥ |
mandarasya tathā śṛṅgaṃ hṛtavān maṇiparvatam ||10|
amṛtasrāviṇī divye mātur me 'mṛtakuṇḍale |
jahāra so 'suro 'dityā vāñchaty airāvataṃ dvipam ||11|
dur-*nītam*[5] etad govinda mayā tasya tavoditam |
yad atra *pratikartavyaṃ*[6] tat svayaṃ parimṛśyatām ||12|
vyāsa uvāca:
iti śrutvā smitaṃ kṛtvā bhagavān devakīsutaḥ |
gṛhītvā vāsavaṃ haste samuttasthau varāsanāt ||13|
saṃcintitam upāruhya garuḍaṃ *gaganecaram*[7] |
satyabhāmāṃ samāropya yayau prāgjyotiṣaṃ puram ||14|
āruhyairāvataṃ nāgaṃ śakro 'pi tridaśālayam |
tato jagāma sumanāḥ paśyatāṃ dvārakaukasām ||15|
prāgjyotiṣapurasyāsya samantāc chatayojanam |
ācitaṃ *bhairavaiḥ*[8] pāśaiḥ parasainyanivāraṇe ||16|
tāṃś ciccheda[9] hariḥ pāśān kṣiptvā cakraṃ sudarśanam |
tato muraḥ samuttasthau taṃ jaghāna ca keśavaḥ ||17|
muros tu[10] tanayān sapta *sahasrās*[11] *tāṃs*[12] tato hariḥ |
cakradhārāgninirdagdhāṃś cakāra *śalabhān iva*[13] ||18|
hatvā muraṃ hayagrīvaṃ tathā pañcajanaṃ dvijāḥ |
prāgjyotiṣapuraṃ dhīmāṃs tvarāvān samupādravat ||19|

1 A mattairāvaṇa- **2** AB -nāśāya **3** A upadravam **4** V hi **5** B -vṛttam **6** C pratipattavyaṃ **7** B ca khageśvaram **8** C mauravaiḥ **9** V ciccheda tān **10** ASS corr. like V; V murasya **11** ASS corr. *sahasā*. **12** V sahasrāṇi **13** A sa tu līlayā

narakenāsya[14] tatrābhūn mahāsainyena saṃyugaḥ |
kṛṣṇasya yatra govindo jaghne daityān sahasraśaḥ ||20|
śastrāstravarṣaṃ muñcantaṃ sa bhaumaṃ narakaṃ balī |
kṣiptvā cakraṃ dvidhā cakre cakrī daiteyacakrahā ||21|
hate tu narake bhūmir gṛhītvāditikuṇḍale |
upatasthe jagannāthaṃ vākyaṃ cedam athābravīt ||22|
dharaṇy uvāca:
yadāham uddhṛtā nātha tvayā *śūkara-*[15]mūrtinā |
tvatsaṃsparśabhavaḥ putras tadāyaṃ mayy ajāyata ||23|
so 'yaṃ tvayaiva datto me tvayaiva vinipātitaḥ |
gṛhāṇa kuṇḍale ceme pālayāsya ca saṃtatim ||24|
bhārāvataraṇārthāya mamaiva bhagavān imam |
aṃśena lokam āyātaḥ prasādasumukha prabho ||25|
tvaṃ kartā ca *vikartā ca*[16] saṃhartā prabhavo 'vyayaḥ |
jagatsvarūpo yaś ca tvaṃ stūyase 'cyuta kiṃ mayā ||26|
vyāpī vyāpyaḥ kriyā kartā kāryaṃ ca bhagavān sadā |
sarvabhūtātmabhūtātmā stūyase 'cyuta kiṃ mayā ||27|
paramātmā tvam ātmā ca bhūtātmā cāvyayo bhavān |
yadā tadā stutir nāsti kimarthaṃ te pravartatām ||28|
prasīda sarvabhūtātman *narakena*[17] kṛtaṃ ca yat |
tat kṣamyatām adoṣāya matsutaḥ sa nipātitaḥ[18] ||29|
vyāsa uvāca:
tatheti coktvā dharaṇīṃ bhagavān bhūtabhāvanaḥ |
ratnāni *narakāvāsāj*[19] *jagrāha*[20] munisattamāḥ ||30|
kanyāpure sa kanyānāṃ ṣoḍaśātulavikramaḥ |
śatādhikāni dadṛśe sahasrāṇi *dvijottamāḥ*[21] ||31|
caturdaṃṣṭrān gajāṃś cogrān ṣaṭ sahasrāṇi dṛṣṭavān |
kāmbojānāṃ tathāśvānāṃ niyutāny ekaviṃśatim ||32|
kanyās tāś ca tathā nāgāṃs tān aśvān dvārakāṃ purīm |
prāpayām āsa govindaḥ sadyo narakakiṃkaraiḥ ||33|
dadṛśe vāruṇaṃ chattraṃ tathaiva maṇiparvatam |
āropayām āsa harir garuḍe patageśvare ||34|
āruhya ca svayaṃ kṛṣṇaḥ satyabhāmāsahāyavān |
adityāḥ kuṇḍale dātuṃ jagāma tridaśālayam ||35|

iti śrīmahāpurāṇe ādibrāhme kṛṣṇacarite narakavadho nāma dvyadhikadviśatatamo 'dhyāyaḥ

14 V narakeṇāsya **15** V sūkara- **16** V ca vikartā **17** V narakeṇa **18** A kṣamyatām sa ca me doṣaḥ sa tvayā vinipātitaḥ **19** B narakīyāṇī **20** A jahāra **21** AB mahāmatiḥ

vyāsa uvāca:
garuḍo vāruṇaṃ chattraṃ tathaiva maṇiparvatam |
sabhāryaṃ ca hṛṣīkeśaṃ līlayaiva vahan yayau ||203.1|
tataḥ śaṅkham upādhmāya svargadvāraṃ gato hariḥ |
upatasthus tato devāḥ sārghapātrā janārdanam ||2|
sa devair arcitaḥ kṛṣṇo devamātur niveśanam |
sitābhra-[1]śikharākāraṃ praviśya dadṛśe 'ditim ||3|
sa tāṃ praṇamya śakreṇa sahitaḥ kuṇḍalottame |
dadau narakanāśaṃ ca śaśaṃsāsyai janārdanaḥ ||4|
tataḥ *prītā*[2] jaganmātā dhātāraṃ jagatāṃ harim |
tuṣṭāvāditir avy-*agraṃ*[3] kṛtvā tatpravaṇaṃ manaḥ ||5|
aditir uvāca:
namas te puṇḍarīkākṣa bhaktānām abhayaṃkara |
sanātanātman bhūtātman sarvātman bhūtabhāvana ||6|
praṇetar manaso[4] buddher indriyāṇāṃ guṇātmaka |
[[5]triguṇātīta nirdvandva śuddha sarvahṛdi sthita |]
sitadīrghādi-[6]niḥśeṣakalpanāparivarjita ||7|
janmādibhir a-*saṃspṛṣṭasvapnādivārivarjitaḥ*[7] |
saṃdhyā rātrir ahar bhūmir gaganaṃ vāyur ambu ca ||8|
hutāśano mano buddhir bhūtādis tvaṃ tathā-*cyuta*[8] |
sṛṣṭisthitivināśānāṃ kartā kartṛpatir bhavān ||9|
brahmaviṣṇu-*śivākhyābhir*[9] ātmamūrtibhir īśvaraḥ |
māyābhir etad vyāptaṃ te jagat sthāvarajaṅgamam ||10|
anātmany ātmavijñānaṃ sā te māyā janārdana |
ahaṃ mameti bhāvo 'tra yayā samupajāyate ||11|
saṃsāramadhye māyāyās tavaitan nātha ceṣṭitam |
yaiḥ svadharmaparair nātha narair ārādhito bhavān ||12|
te taranty akhilām etāṃ māyām ātmavimuktaye |
brahmādyāḥ sakalā devā manuṣyāḥ paśavas tathā ||13|
viṣṇumāyāmahāvarte mohāndhatamasāvṛtāḥ |
ārādhya tvām abhīpsante kāmān ātmabhavakṣaye ||14|
pade te[10] puruṣā baddhā māyayā bhagavaṃs tava |
mayā tvaṃ putrakāminyā vairipakṣakṣayāya ca ||15|
ārādhito na mokṣāya māyāvilasitaṃ hi tat |
kaupīnācchādanaprāyā vāñchā kalpadrumād api ||16|
jāyate *yad apuṇyānāṃ*[11] so 'parādhaḥ svadoṣajaḥ |
tat prasīdākhilajaganmāyāmohakarāvyaya ||17|
ajñānaṃ jñānasadbhāva bhūtabhūteśa nāśaya |
namas te cakrahastāya *śārṅga-*[12]hastāya te namaḥ ||18|
gadāhastāya te viṣṇo *śaṅkha-*[13]hastāya te namaḥ |
etat paśyāmi te rūpaṃ sthūlacihnopaśobhitam |
na jānāmi paraṃ *yat te*[14] prasīda parameśvara ||19|

1 A śailāgra- V sitādri- **2** A prāha **3** V -agrā **4** V prāṇātmamanasām **5** V ins. **6** A śataśīrṣādi- **7** V -saṃspṛṣṭa svapnādiparivarjita **8** V -cyutaḥ **9** A -śivādyābhir **10** BV yad ete **11** V kṛtapuṇyānāṃ **12** ABV śaṅkha- **13** ABV padma- **14** BV tattvaṃ

vyāsa uvāca:
adityaivaṃ stuto viṣṇuḥ *prahasyāha*[15] surāraṇim ||20|
śrīkṛṣṇa uvāca:
mātā devi tvam asmākaṃ prasīda varadā bhava ||21|
aditir uvāca:
evam astu yathecchā te tvam aśeṣasurāsuraiḥ |
ajeyaḥ puruṣavyāghra martyaloke bhaviṣyasi ||22|
vyāsa uvāca:
tato 'nantaram evāsya śakrāṇīsahitāṃ ditim |
satyabhāmā praṇamyāha prasīdeti punaḥ punaḥ ||23|
aditir uvāca:
matprasādān na te subhru jarā vairūpyam eva ca |
bhaviṣyaty anavadyāṅgi sarva-*kāmā*[16] *bhaviṣyasi*[17] ||24|
vyāsa uvāca:
adityā tu kṛtānujño devarājo janārdanam |
yathāvat pūjayām āsa bahumānapuraḥsaram ||25|
tato dadarśa kṛṣṇo 'pi satyabhāmāsahāyavān |
devodyānāni sarvāṇi nandanādīni sattamāḥ ||26|
dadarśa ca *sugandhāḍhyaṃ*[18] mañjarīpuñjadhāriṇam |
śaityāhlādakaraṃ divyaṃ *tāmra-*[19]pallavaśobhitam ||27|
mathyamāne 'mṛte jātaṃ jātarūpasamaprabham |
pārijātaṃ jagannāthaḥ keśavaḥ keśisūdanaḥ |
taṃ dṛṣṭvā prāha govindaṃ satyabhāmā dvijottamāḥ ||28|
satyabhāmovāca:
kasmān na dvārakām eṣa nīyate kṛṣṇa *pādapaḥ*[20] |
yadi te tad vacaḥ satyaṃ satyātyarthaṃ priyeti me ||29|
madgṛhe niṣkuṭārthāya tad ayaṃ nīyatāṃ taruḥ |
na me jāmbavatī tādṛg abhīṣṭā na ca rukmiṇī ||30|
satye yathā tvam ity uktaṃ tvayā kṛṣṇāsakṛt priyam |
satyaṃ tad yadi govinda nopacārakṛtaṃ *vacaḥ*[21] ||31|
tad astu pārijāto 'yaṃ mama gehavibhūṣaṇam |
bibhratī pārijātasya keśapāśena mañjarīm |
sapatnīnām ahaṃ madhye śobheyam iti kāmaye ||32|
vyāsa uvāca:
ity uktaḥ sa *prahasyainaṃ*[22] pārijātaṃ garutmati |
āropayām āsa haris tam *ūcur vana-*[23]rakṣiṇaḥ ||33|
vanapālā ūcuḥ:
bhoḥ[24] *śacī*[25] devarājasya mahiṣī tatparigraham |
pārijātaṃ na govinda hartum arhasi pādapam ||34|
śacīvibhūṣaṇārthāya devair amṛtamanthane |
utpādito 'yaṃ na kṣemī gṛhītvainaṃ gamiṣyasi ||35|
mauḍhyāt[26] *prārthayase*[27] kṣemī gṛhītvainaṃ ca ko vrajet |
avaśyam asya[28] devendro *vikṛtiṃ*[29] kṛṣṇa yāsyati ||36|

15 C praṇamyāha **16** B -saukhyaṃ V -bhogā **17** B gamiṣyasi **18** A [or B or C? Siglum omitted] sugandhīni **19** ABV bāla- **20** B bhūruhaḥ **21** C tava **22** V prahasyaivaṃ **23** A ūcus tanu- **24** V bho **25** B kṛṣṇa **26** A mohāt B ko vā **27** AB prārthayate **28** B śravaṇenāsya **29** AB niṣkṛtiṃ

vajrodyatakaraṃ śakram anuyāsyanti cāmarāḥ |
tad alaṃ sakalair devair vigraheṇa tavācyuta |
vipākakaṭu yat karma na tac chaṃsanti paṇḍitāḥ ||37|
vyāsa uvāca:
ity ukte tair uvācaitān satyabhāmāti-*kopinī*[30] ||38|
satyabhāmovāca:
kā śacī pārijātasya ko *vā*[31] śakraḥ surādhipaḥ |
sāmānyaḥ sarvalokānāṃ *yady eṣo 'mṛtamanthane*[32] ||39|
samutpannaḥ purā kasmād eko gṛhṇāti vāsavaḥ |
yathā surā yathā cendur yathā śrīr vanarakṣiṇaḥ ||40|
sāmānyaḥ sarvalokasya *pārijātas tathā drumaḥ*[33] |
bhartṛbāhumahāgarvād ruṇaddhy enam atho śacī ||41|
tat kathyatāṃ drutaṃ gatvā paulomyā vacanaṃ mama |
satyabhāmā vadaty evaṃ bhartṛgarvoddhatākṣaram ||42|
yadi tvaṃ dayitā bhartur yadi tasya priyā hy asi |
madbhartur harato vṛkṣaṃ tat kāraya nivāraṇam ||43|
jānāmi te patiṃ śakraṃ jānāmi tridaśeśvaram |
pārijātaṃ tathāpy enaṃ mānuṣī hārayāmi te ||44|
vyāsa uvāca:
ity *uktā*[34] rakṣiṇo gatvā *proccaiḥ procur yathoditam*[35] |
śacī cotsāhayām āsa tridaśādhipatiṃ patim ||45|
tataḥ samastadevānāṃ sainyaiḥ parivṛto harim |
pravṛktaḥ pārijātārtham indro yodhayituṃ dvijāḥ ||46|
tataḥ parighanistriṃśagadāśūladharāyudhāḥ |
babhūvus tridaśāḥ sajjāḥ śakre vajrakare sthite ||47|
tato nirīkṣya govindo nāgarājopari sthitam |
śakraṃ devaparīvāraṃ yuddhāya samupasthitam ||48|
cakāra śaṅkhanirghoṣaṃ diśaḥ śabdena pūrayan |
mumoca *ca śaravrātaṃ*[36] sahasrāyutasaṃmitam ||49|
tato diśo nabhaś caiva dṛṣṭvā śara-*śatācitam*[37] |
mumucus tridaśāḥ sarve śastrāṇy astrāṇy anekaśaḥ ||50|
ekaikam astraṃ śastraṃ ca devair muktaṃ sahasradhā |
ciccheda līlayaiveśo jagatāṃ madhusūdanaḥ ||51|
pāśaṃ salilarājasya samākṛṣyoragāśanaḥ |
cacāla khaṇḍaśaḥ *kṛttvā*[38] bālapannagadehavat ||52|
yamena prahitaṃ daṇḍaṃ gadāprakṣepakhaṇḍitam |
pṛthivyāṃ pātayām āsa bhagavān devakīsutaḥ ||53|
śibikāṃ ca dhaneśasya cakreṇa tilaśo *vibhuḥ*[39] |
cakāra śaurir arkendū dṛṣṭipātahataujasau ||54|
nīto 'gniḥ śataśo bāṇair drāvitā vasavo diśaḥ |
cakravicchinnaśūlāgrā rudrā bhuvi nipātitāḥ ||55|

30 V -kopanā **31** A 'yaṃ **32** CV pārijātadrumo hy ayam **33** V drumo 'yaṃ sindhusaṃbhavaḥ **34** V uktvā **35** A satyayoditam añjasā V śacyai procur yathoditam **36** B suśarāṃs tīvrān **37** V -śatānvitam **38** V kṛtvā **39** A bhuvi

sādhyā viśve ca maruto gandharvāś caiva sāyakaiḥ |
śārṅgiṇā preritāḥ sarve vyomni śālmalitūlavat ||56|
garuḍaś cāpi[40] vaktreṇa pakṣābhyāṃ ca nakhāṅkuraiḥ |
bhakṣayann ahanad devān *dānavāṃś ca sadā*[41] khagaḥ ||57|
tataḥ śarasahasreṇa devendramadhusūdanau |
parasparaṃ vavarṣāte dhārābhir iva toyadau ||58|
airāvatena garuḍo yuyudhe tatra saṃkule |
devaiḥ sametair yuyudhe śakreṇa ca janārdanaḥ ||59|
chinneṣu śīryamāṇeṣu śastreṣv astreṣu satvaram |
jagrāha vāsavo vajraṃ kṛṣṇaś cakraṃ sudarśanam ||60|
tato hāhākṛtaṃ sarvaṃ trailokyaṃ sacarācaram |
vajracakradharau dṛṣṭvā devarājajanārdanau ||61|
kṣiptaṃ vajram athendreṇa jagrāha bhagavān hariḥ |
na mumoca tadā cakraṃ tiṣṭha tiṣṭheti cābravīt ||62|
pranaṣṭavajraṃ devendraṃ garuḍakṣatavāhanam |
satyabhāmābravīd *vākyaṃ*[42] palāyanaparāyaṇam ||63|
satyabhāmovāca:
trailokyeśvara no yuktaṃ śacī-*bhartuḥ*[43] palāyanam |
pārijātasragābhogāt tvām upasthāsyate śacī ||64|
kīdṛśaṃ *deva rājyaṃ*[44] te pārijātasragujjvalām |
apaśyato yathāpūrvaṃ praṇayābhyāgatāṃ śacīm ||65|
alaṃ śakra *prayāsena*[45] na vrīḍāṃ yātum arhasi |
nīyatāṃ pārijāto 'yaṃ devāḥ santu gatavyathāḥ ||66|
pati-[46]garvāvalepena bahumānapuraḥsaram |
na dadarśa gṛhāyātām upacāreṇa māṃ śacī ||67|
strītvād agurucittāhaṃ svabhartuḥ ślāghanāparā |
tataḥ kṛtavatī śakra bhavatā saha vigraham ||68|
tad alaṃ pārijātena parasvena hṛtena vā |
rūpeṇa *yaśasā caiva bhavet*[47] strī *kā na garvitā*[48] ||69|
vyāsa uvāca:
ity ukte vai nivavṛte devarājas *tayā dvijāḥ*[49] |
prāha caināṃ alaṃ caṇḍi sakhi *khedātivistaraiḥ*[50] ||70|
na cāpi sargasaṃhārasthitikartākhilasya yaḥ |
jitasya tena me vrīḍā jāyate viśvarūpiṇā ||71|
yasmiñ jagat sakalam etad anādimadhye |
yasmād yataś ca na bhaviṣyati sarvabhūtāt |
tenodbhavapralayapālana-*kāraṇena*[51] |
vrīḍā kathaṃ bhavati devi nirākṛtasya ||72|
sakalabhuvanamūrtir alpā susūkṣmā |
viditasakalavedair jñāyate yasya nānyaiḥ |

40 AB garutmān api **41** V upadevāṃs tathā **42** AC vīraṃ **43** AB -bhartaḥ **44** V devarājyaṃ **45** AB pratāpena **46** V ati- **47** C garvitā sā tu bhartrā **48** C kālagarvitā **49** A trapāyutaḥ V tathā dvijāḥ **50** A vaireṇa kevalam **51** A -kāriṇā me

tam ajam akṛtam īśaṃ śāśvataṃ svecchayainaṃ |
jagad-*upakṛtim*[52] ādyaṃ ko vijetuṃ samarthaḥ ||73|

iti śrīmahāpurāṇe ādibrāhme pārijātaharaṇe śakrastavanirūpaṇaṃ nāma tryadhikadviśatatamo 'dhyāyaḥ

vyāsa uvāca:
saṃstuto bhagavān itthaṃ devarājena keśavaḥ |
prahasya bhāvagambhīram *uvācedaṃ*[1] dvijottamāḥ ||204.1|
śrībhagavān uvāca:
devarājo bhavān indro vayaṃ martyā jagatpate |
kṣantavyaṃ bhavataivaitad aparādhakṛtaṃ mama ||2|
pārijātataruś cāyaṃ nīyatām ucitāspadam |
gṛhīto 'yaṃ mayā śakra satyāvacanakāraṇāt ||3|
vajraṃ cedaṃ gṛhāṇa tvaṃ *yaṣṭavyaṃ*[2] prahitaṃ tvayā |
tavaivaitat praharaṇaṃ śakra vairividāraṇam ||4|
śakra uvāca:
vimohayasi mām īśa martyo 'ham iti kiṃ vadan |
jānīmas tvāṃ bhagavato *anantasaukhya-*[3]vido vayam ||5|
yo 'si so 'si jagannātha pravṛttau nātha saṃsthitaḥ |
jagataḥ śalyaniṣkarṣaṃ karoṣy asurasūdana ||6|
nīyatāṃ pārijāto 'yaṃ kṛṣṇa dvāravatīṃ purīm |
martyaloke tvayā mukte nāyaṃ saṃsthāsyate bhuvi ||7|
vyāsa uvāca:
tathety uktvā tu devendram ājagāma bhuvaṃ hariḥ |
prayuktaiḥ siddhagandharvaiḥ stūyamānas tv atharṣibhiḥ ||8|
jagāma kṛṣṇaḥ sahasā gṛhītvā pādapottamam |
tataḥ śaṅkham upādhmāya dvārakopari saṃsthitaḥ ||9|
harṣam utpādayām āsa dvārakāvāsināṃ dvijāḥ |
avatīryātha garuḍāt satyabhāmāsahāyavān ||10|
niṣkuṭe sthāpayām āsa pārijātaṃ mahātarum |
yam abhyetya janaḥ sarvo jātiṃ smarati paurvikīm ||11|
vāsyate yasya puṣpāṇāṃ gandhenorvī triyojanam |
tatas te yādavāḥ sarve *devagandhān amānuṣān*[4] ||12|
dadṛśuḥ pādape tasmin *kurvato*[5] mukha-*darśanam*[6] |
kiṃkaraiḥ samupānītaṃ hastyaśvādi tato dhanam ||13|
striyaś ca kṛṣṇo jagrāha narakasya *parigrahāt*[7] |
tataḥ kāle śubhe prāpta upayeme janārdanaḥ ||14|
tāḥ kanyā *narakāvāsāt*[8] sarvato yāḥ samāhṛtāḥ |
ekasminn eva govindaḥ kālenāsāṃ dvijottamāḥ ||15|

52 V -apakṛtim **1** C uvācendraṃ **2** B yad vaitat V yan mayi **3** C manusūkṣma- **4** A dehabandhāny upānayan **5** A kurvanto **6** AB -bandhanam **7** A parigrahāḥ **8** AB narakeṇāsan

jagrāha vidhivat pāṇīn pṛthagdehe svadharmataḥ |
ṣoḍaśa strīsahasrāṇi śatam ekaṃ tathādhikam ||16|
tāvanti cakre rūpāṇi bhagavān madhusūdanaḥ |
ekaikaśaś ca tāḥ kanyā menire madhusūdanam ||17|
mamaiva pāṇigrahaṇaṃ govindaḥ kṛtavān iti |
niśāsu jagataḥ sraṣṭā tāsāṃ geheṣu keśavaḥ |
uvāsa viprāḥ sarvāsāṃ viśvarūpadharo hariḥ ||18|

iti śrīmahāpurāṇe ādibrāhme śrīkṛṣṇacarite [[9]ṣoḍaśasahasraikaśatastrīvivāhakaraṇaṃ nāma] caturadhikadviśatatamo 'dhyāyaḥ

vyāsa uvāca:
pradyumnādyā hareḥ putrā rukmiṇyāṃ kathitā *dvijāḥ*[1] |
bhānvādikāṃś ca vai putrān satyabhāmā vyajāyata ||205.1|
dīptimantaḥ prapakṣādyā rohiṇyās tanayā hareḥ |
babhūvur jāmbavatyāś ca sāmbādyā *bāhu-*[2]śālinaḥ ||2|
tanayā bhadravindādyā nāgnajityāṃ mahābalāḥ |
saṃgrāmajitpradhānās tu śaibyāyāṃ cābhavan sutāḥ ||3|
vṛkādyās tu sutā mādrī *gātravat-*[3]pramukhān sutān |
avāpa lakṣmaṇā putrān kālindyāś ca śrutādayaḥ ||4|
anyāsāṃ caiva bhāryāṇāṃ samutpannāni cakriṇaḥ |
aṣṭāyutāni putrāṇāṃ sahasrāṇi śataṃ tathā ||5|
pradyumnaḥ *pramukhas*[4] teṣāṃ *rukmiṇyās tu sutas tataḥ*[5] |
pradyumnād aniruddho 'bhūd vajras tasmād ajāyata ||6|
aniruddho raṇe ruddho baleḥ pautrīṃ mahābalaḥ |
bāṇasya tanayām ūṣām[6]upayeme dvijottamāḥ ||7|
yatra yuddham abhūd ghoraṃ hariśaṃkarayor mahat |
chinnaṃ sahasraṃ bāhūnāṃ yatra bāṇasya cakriṇā ||8|
munaya ūcuḥ:
kathaṃ yuddham abhūd brahmann uṣārthe harakṛṣṇayoḥ |
kathaṃ kṣayaṃ ca bāṇasya bāhūnāṃ kṛtavān hariḥ ||9|
etat sarvaṃ mahābhāga *vaktum arhasi no 'khilam*[7] |
mahat kautūhalaṃ jātaṃ śrotum etāṃ kathāṃ śubhām ||10|
vyāsa uvāca:
uṣā bāṇasutā viprāḥ pārvatīṃ śaṃbhunā saha |
krīḍantīm upalakṣyoccaiḥ spṛhāṃ cakre *tadā svayam*[8] |
tataḥ sakalacittajñā gaurī tām āha bhāminīm ||11|
[9]gaury uvāca:
alam *ity anutāpena*[10] bhartrā tvam api raṃsyase ||12|
vyāsa uvāca:
ity uktā sā tadā cakre kadeti matim ātmanaḥ |
ko vā bhartā mamety enāṃ punar apy āha pārvatī ||13|

9 V ins. **1** A hi vaḥ **2** BC bahu- **3** A sugātra- **4** ABV prathamas **5** V sarveṣāṃ rukmiṇīsutaḥ **6** ASS corr. *uṣām.* **7** AB samākhyātuṃ tvaṃ arhasi **8** BC tadāśrayām **9** V om. **10** V atyanutāpena

pārvaty uvāca:
vaiśākhe śukladvādaśyāṃ svapne yo 'bhibhavaṃ tava |
kariṣyati sa te bhartā rājaputri bhaviṣyati ||14|
vyāsa uvāca:
tasyāṃ tithau pumān svapne yathā devyā udīritaḥ |
tathaivābhibhavaṃ cakre rāgaṃ cakre ca tatra sā |
tataḥ[11] prabuddhā *puruṣaṃ apaśyantī*[12] tam utsukā ||15|
uṣovāca:
kva gato 'sīti nirlajjā dvijāś coktavatī sakhīm |
bāṇasya mantrī kumbhāṇḍaś citralekhā tu tatsutā ||16|
tasyāḥ sakhy abhavat sā ca prāha ko 'yaṃ tvayocyate |
yadā lajjākulā *nāsya*[13] kathayām āsa sā sakhī ||17|
tadā viśvāsam ānīya sarvam *evānvavedayat*[14] |
viditāyāṃ tu tām āha punar ūṣā yathoditam |
devyā tathaiva tatprāptau yo 'bhyupāyaḥ *kuruṣva tam*[15] ||18|
vyāsa uvāca:
tataḥ paṭe surān daityān gandharvāṃś ca pradhānataḥ |
manuṣyāṃś cābhilikhyāsau citralekhāpy adarśayat ||19|
apāsya sā tu gandharvāṃs tathoragasurāsurān |
manuṣyeṣu dadau dṛṣṭiṃ teṣv apy andhakavṛṣṇiṣu ||20|
kṛṣṇarāmau vilokyāsīt subhrūr *lajjāyatekṣaṇā*[16] |
pradyumnadarśane vrīḍādṛṣṭiṃ ninye tato dvijāḥ ||21|
dṛṣṭvāniruddhaṃ ca tato lajjā kvāpi nirākṛtā[17] |
so 'yaṃ so 'yaṃ mamety ukte tayā sā yogagāminī |
yayau dvāravatīm ūṣāṃ[18]samāśvāsya tataḥ *sakhī*[19] ||22|

iti śrīmahāpurāṇe ādibrāhme bāṇa-*yuddhe*[20] pañcādhikadviśatatamo 'dhyāyaḥ

vyāsa uvāca:
bāṇo 'pi praṇipatyāgre tataś cāha trilocanam ||206.1|
[1]bāṇa uvāca:
deva bāhusahasreṇa nirviṇṇo 'haṃ vināhavam |
kac-[2]cin mamaiṣāṃ bāhūnāṃ sāphalyakaraṇo raṇaḥ |
bhaviṣyati vinā yuddhaṃ bhārāya mama kiṃ bhujaiḥ ||2|
śaṃkara uvāca:
mayūra-[3]dhvajabhaṅgas te yadā bāṇa bhaviṣyati |
piśitāśijanānandaṃ prāpsyasi tvaṃ tadā raṇam ||3|
vyāsa uvāca:
tataḥ praṇamya muditaḥ śaṃbhum abhyāgato *gṛhāt*[4] |
bhagnaṃ dhvajam athālokya hṛṣṭo harṣaṃ paraṃ yayau ||4|

11 A uṣā **12** V puruṣaṃ nāpaśyat sā **13** V nāsyai **14** V evāśṛṇod vacaḥ **15** V kuru drutam **16** V lajjāvatī tadā **17** V dṛṣṭamātre tataḥ kānte pradyumnatanaye tadā **18** ASS corr. *uṣāṃ*. **19** V sakhīm **20** V -yuddhopākhyānaṃ nāma **1** V om. **2** V kva- **3** C māyūra- V apūrva- **4** V gṛhān

etasminn eva kāle tu yogavidyābalena tam |
aniruddham athāninye citralekhā varā sakhī ||5|
kanyāntaḥpuramadhye taṃ ramamāṇaṃ sahoṣayā |
vijñāya rakṣiṇo gatvā śaśaṃsur daityabhūpateḥ ||6|
vyādiṣṭaṃ kiṃkarāṇāṃ tu sainyaṃ tena mahātmanā |
jaghāna parighaṃ lauham ādāya paravīrahā ||7|
hateṣu teṣu bāṇo 'pi rathasthas tadvadhodyataḥ |
yudhyamāno yathāśakti yadā vīreṇa nirjitaḥ ||8|
māyayā yuyudhe tena sa tadā mantracoditaḥ |
tataś ca pannagāstreṇa babandha yadunandanam ||9|
dvāravatyāṃ kva yāto 'sāv aniruddheti jalpatām |
yadūnām ācacakṣe taṃ baddhaṃ bāṇena nāradaḥ ||10|
taṃ śoṇitapure śrutvā nītaṃ vidyāvidagdhayā |
yoṣitā pratyayaṃ jagmur *yādavā nāma vairiti*[5] ||11|
tato garuḍam āruhya smṛta-*mātrāgataṃ*[6] hariḥ |
balapradyumnasahito bāṇasya prayayau puram ||12|
purīpraveśe pramathair yuddham āsīn mahābalaiḥ |
yayau bāṇapurābhyāśaṃ nītvā tān saṃkṣayaṃ hariḥ ||13|
tatas tripādas triśirā jvaro māheśvaro mahān |
bāṇarakṣārtham atyarthaṃ yuyudhe śārṅgadhanvanā ||14|
tadbhasmasparśa-[7]*saṃbhūtatāpaṃ kṛṣṇāṅga-*[8]saṃgamāt |
avāpa[9] baladevo 'pi *samaṃ saṃmīlitekṣaṇaḥ*[10] ||15|
tataḥ saṃyudhyamānas tu saha devena śārṅgiṇā |
vaiṣṇavena jvareṇāśu kṛṣṇadehān nirākṛtaḥ ||16|
nārāyaṇabhujāghātaparipīḍanavihvalam |
taṃ vīkṣya kṣamyatām asyety āha devaḥ pitāmahaḥ ||17|
tataś ca kṣāntam eveti procya taṃ vaiṣṇavaṃ jvaram |
ātmany eva layaṃ ninye bhagavān madhusūdanaḥ ||18|
mama tvayā samaṃ yuddhaṃ ye smariṣyanti mānavāḥ |
vijvarās te bhaviṣyantīty uktvā cainaṃ yayau *hariḥ*[11] ||19|
tato 'gnīn bhagavān pañca jitvā nītvā kṣayaṃ tathā |
dānavānāṃ balaṃ viṣṇuś cūrṇayām āsa līlayā ||20|
tataḥ samastasainyena daiteyānāṃ baleḥ sutaḥ |
yuyudhe śaṃkaraś caiva kārttikeyaś ca śauriṇā ||21|
hariśaṃkarayor yuddham atīvāsīt sudāruṇam |
cukṣubhuḥ sakalā lokāḥ śastrāstrair bahudhārditāḥ ||22|
pralayo 'yam aśeṣasya jagato nūnam āgataḥ |
menire tridaśā yatra vartamāne *mahāhave*[12] ||23|
jṛmbhaṇāstreṇa govindo jṛmbhayām āsa śaṃkaram |
tataḥ praṇeśur daiteyāḥ pramathāś ca samantataḥ ||24|

5 ASS corr. *vairiṇi*; B yādavā nāma tair iti V yādavānāṃ matair iti **6** C -mātraṃ gataṃ
7 A tadvac ca kṛṣṇa- **8** A saṃbhūtaḥ pāpakṛṣṇāṅga- C saṃbhūtas tāpaḥ kṛṣṇāṅga-
9 C atyajad **10** C śramam unmīlitekṣaṇaḥ **11** C jvaraḥ **12** A mahāraṇe

jṛmbhābhibhūtaś ca haro rathopastham upāviśat |
na śaśāka tadā yoddhuṃ kṛṣṇenākliṣṭakarmaṇā ||25|
garuḍakṣata-*bāhuś*[13] ca pradyumnāstreṇa pīḍitaḥ |
kṛṣṇahuṃkāranirdhūtaśaktiś cāpayayau guhaḥ ||26|
jṛmbhite śaṃkare naṣṭe daityasainye guhe jite |
nīte pramathasainye ca saṃkṣayaṃ śārṅgadhanvanā ||27|
nandīśasaṃgṛhītāśvam adhirūḍho mahāratham |
bāṇas tatrāyayau yoddhuṃ kṛṣṇakārṣṇibalaiḥ saha ||28|
balabhadro mahāvīryo bāṇasainyam anekadhā |
vivyādha bāṇaiḥ pradyumno dharmataś cāpalāyataḥ ||29|
ākṛṣya lāṅgalāgreṇa muśalena ca pothitam |
balaṃ balena dadṛśe bāṇo bāṇaiś ca cakriṇaḥ ||30|
tataḥ kṛṣṇasya bāṇena yuddham āsīt samāsataḥ |
parasparaṃ tu saṃdīptān kāyatrāṇavibhedinaḥ ||31|
kṛṣṇaś ciccheda bāṇāṃs tān bāṇena prahitāñ *śaraiḥ*[14] |
bibheda keśavaṃ bāṇo bāṇaṃ vivyādha cakradhṛk ||32|
mumucāte tathāstrāṇi bāṇakṛṣṇau jigīṣayā |
parasparakṣatiparau parighāṃś ca tato dvijāḥ ||33|
chidyamāneṣv aśeṣeṣu śastreṣv astre ca sīdati |
prācuryeṇa harir bāṇaṃ hantuṃ cakre tato manaḥ ||34|
tato 'rkaśatasaṃbhūtatejasā sadṛśa-*dyuti*[15] |
jagrāha daityacakrārir hariś cakraṃ sudarśanam ||35|
muñcato bāṇanāśāya tac cakraṃ madhuvidviṣaḥ |
nagnā daiteyavidyābhūt koṭarī purato hareḥ ||36|
tām agrato harir dṛṣṭvā mīlitākṣaḥ sudarśanam |
mumoca bāṇam uddiśya chettuṃ bāhuvanaṃ ripoḥ ||37|
krameṇāsya tu bāhūnāṃ bāṇasyācyutacoditam |
chedaṃ cakre 'surasyāśu śastrāstrakṣepaṇād drutam ||38|
chinne bāhuvane tat tu karasthaṃ madhusūdanaḥ |
mumukṣur bāṇanāśāya vijñātas tripuradviṣā ||39|
sa utpatyāha govindaṃ sāmapūrvam umāpatiḥ |
vilokya bāṇaṃ dordaṇḍacchedāsṛksrāvavarṣiṇam ||40|
rudra uvāca:
kṛṣṇa kṛṣṇa jagannātha jāne tvāṃ puruṣottamam |
pareśaṃ paramātmānam anādinidhanaṃ param ||41|
devatiryaṅmanuṣyeṣu śarīragrahaṇātmikā |
līleyaṃ tava ceṣṭā hi daityānāṃ vadhalakṣaṇā ||42|
tat prasīdābhayaṃ dattaṃ bāṇasyāsya mayā prabho |
tat tvayā nānṛtaṃ kāryaṃ yan mayā vyāhṛtaṃ vacaḥ ||43|
asmatsaṃśrayavṛddho 'yaṃ nāparādhas tavāvyaya |
mayā dattavaro daityas tatas tvāṃ kṣamayāmy aham ||44|
vyāsa uvāca:
ity uktaḥ prāha govindaḥ śūlapāṇim umāpatim |
prasannavadano bhūtvā gatāmarṣo 'suraṃ prati ||45|

13 V -vāhaś **14** V charaiḥ **15** V -dyutiḥ

śrībhagavān uvāca:
yuṣmaddattavaro bāṇo jīvatād eṣa śaṃkara |
tvadvākyagauravād etan mayā cakraṃ nivartitam ||46|
tvayā yad abhayaṃ dattaṃ tad dattam abhayaṃ mayā |
matto 'vibhinnam ātmānaṃ draṣṭum arhasi śaṃkara ||47|
yo 'haṃ sa tvaṃ jagac cedaṃ sadevāsuramānuṣam |
avidyāmohitātmānaḥ puruṣā bhinna-*darśinaḥ*[16] ||48|
vyāsa uvāca:
ity uktvā prayayau kṛṣṇaḥ prādyumnir yatra tiṣṭhati |
tadbandhaphaṇino neśur garuḍānilaśoṣitāḥ ||49|
tato 'niruddham āropya sapatnīkaṃ garutmati |
ājagmur dvārakāṃ rāmakārṣṇidāmodarāḥ purīm ||50|

iti śrīmahāpurāṇe ādibrāhme bāṇayuddhe [[17]uṣāniruddhānayanaṃ nāma] ṣaḍadhikadviśatatamo 'dhyāyaḥ

munaya ūcuḥ:
cakre karma mahac chaurir bibhrad yo mānuṣīṃ tanum |
jigāya śakraṃ śarvaṃ ca sarvadevāṃś ca līlayā ||207.1|
yac cānyad akarot karma divya-*ceṣṭāvighāta*-[1]kṛt |
kathyatāṃ tan *muniśreṣṭha paraṃ*[2] kautūhalaṃ hi naḥ ||2|
vyāsa uvāca:
gadato me muniśreṣṭhāḥ śrūyatām idam ādarāt |
narāvatāre kṛṣṇena dagdhā vārāṇasī yathā ||3|
pauṇḍrako vāsudevaś ca vāsudevo 'bhavad bhuvi |
avatīrṇas tvam ity ukto janair ajñānamohitaiḥ ||4|
sa mene vāsudevo 'ham avatīrṇo mahītale |
naṣṭasmṛtis tataḥ sarvaṃ viṣṇucihnam acīkarat |
dūtaṃ ca preṣayām āsa *sa kṛṣṇāya dvijottamāḥ*[3] ||5|
[4]dūta uvāca:
tyaktvā cakrādikaṃ cihnaṃ madīyaṃ nāma *mātmanaḥ*[5] |
vāsudevātmakaṃ mūḍha muktvā sarvam aśeṣataḥ ||6|
ātmano *jīvitārthaṃ ca*[6] tathā me praṇatiṃ vraja ||7|
[7]vyāsa uvāca:
ity uktaḥ sa prahasyaiva dūtaṃ prāha janārdanaḥ ||8|
śrībhagavān uvāca:
nijacihnam ahaṃ cakraṃ samutsrakṣye tvayīti vai |
vācyaś ca pauṇḍrako gatvā tvayā dūta vaco mama ||9|
jñātas tvadvākyasadbhāvo yat kāryaṃ tad vidhīyatām |
gṛhītacihna evāham āgamiṣyāmi te *puram*[8] ||10|

16 B -darśanāḥ **17** V ins. **1** AB -ceṣṭābhighāta- **2** V mahat karma hareḥ **3** AB kṛṣṇāya sumahātmane **4** V om. **5** V tattvataḥ **6** V jīvitārthāya **7** V om. **8** V purīm

utsrakṣyāmi ca te cakraṃ nijacihnam asaṃśayam |
ājñāpūrvaṃ ca yad idam āgaccheti tvayoditam ||11|
saṃpādayiṣye śvas tubhyaṃ tad apy eṣo 'vilambitam |
śaraṇaṃ te samabhyetya kartāsmi nṛpate tathā |
yathā tvatto bhayaṃ bhūyo naiva kiṃcid bhaviṣyati ||12|
vyāsa uvāca:
ity ukte 'pagate dūte saṃsmṛtyābhyāgataṃ hariḥ |
garutmantaṃ samāruhya tvaritaṃ tatpuraṃ yayau ||13|
tasyāpi keśavodyogaṃ śrutvā kāśipatis tadā |
sarvasainyaparīvārapārṣṇigrāham upāyayau ||14|
tato balena mahatā kāśirājabalena ca |
pauṇḍrako vāsudevo 'sau keśavābhimukhaṃ yayau ||15|
taṃ dadarśa harir dūrād udārasyandane sthitam |
cakraśaṅkhagadāpāṇiṃ pāṇinā vidhṛtāmbujam ||16|
sragdharaṃ dhṛtaśārṅgaṃ ca suparṇaracanādhvajam |
vakṣaḥsthalakṛtaṃ cāsya śrīvatsaṃ dadṛśe hariḥ ||17|
kirīṭakuṇḍaladharaṃ pītavāsaḥsamanvitam |
dṛṣṭvā taṃ bhāvagambhīraṃ jahāsa *madhusūdanaḥ*[9] ||18|
yuyudhe ca balenāsya hastyaśvabalinā dvijāḥ |
nistriṃśarṣṭigadāśūlaśaktikārmukaśālinā ||19|
kṣaṇena śārṅganirmuktaiḥ śarair agnividāraṇaiḥ |
gadācakrātipātaiś ca sūdayām āsa tadbalam ||20|
kāśirājabalaṃ caiva kṣayaṃ nītvā janārdanaḥ |
uvāca pauṇḍrakaṃ mūḍham ātmacihnopalakṣaṇam ||21|
śrībhagavān uvāca:
pauṇḍrakoktaṃ tvayā yat tad dūtavaktreṇa māṃ prati |
samutsṛjeti cihnāni tat te saṃpādayāmy aham ||22|
cakram etat samutsṛṣṭaṃ gadeyaṃ te visarjitā |
garutmān eṣa nirdiṣṭaḥ samārohatu te dhvajam ||23|
ity uccārya vimuktena cakreṇāsau vidāritaḥ |
pothito[10] gadayā bhagno garutmāṃś ca garutmatā ||24|
tato hāhākṛte loke kāśīnām *adhipas tadā*[11] |
yuyudhe vāsudevena mitrasyāpacitau sthitaḥ ||25|
tataḥ śārṅgavinirmuktaiś chittvā tasya śaraiḥ śiraḥ |
kāśipuryāṃ sa cikṣepa kurvaṃl lokasya vismayam ||26|
hatvā tu pauṇḍrakaṃ śauriḥ kāśirājaṃ ca sānugam |
reme dvāravatīṃ prāpto 'maraḥ svargagato yathā ||27|
tacchiraḥ patitaṃ tatra dṛṣṭvā kāśipateḥ pure |
janaḥ kim etad ity āha *kenety atyantavismitaḥ*[12] ||28|
jñātvā taṃ vāsudevena hataṃ tasya sutas tataḥ |
purohitena sahitas toṣayām āsa śaṃkaram ||29|
avimukte mahākṣetre toṣitas tena śaṃkaraḥ |
varaṃ vṛṇīṣveti tadā taṃ provāca nṛpātmajam ||30|

9 AV garuḍadhvajaḥ **10** C pātito **11** C aripur balī **12** V kena keneti vismitaḥ

sa vavre bhagavan kṛtyā *pitur hantur*[13] vadhāya me |
samuttiṣṭhatu kṛṣṇasya tvatprasādān maheśvara ||31|
vyāsa uvāca:
evaṃ bhaviṣyatīty ukte dakṣiṇāgner anantaram |
mahākṛtyā samuttasthau *tasyaivāgni-*[14]niveśanāt ||32|
tato jvālākarālāsyā jvalatkeśa-*kalāpikā*[15] |
kṛṣṇa kṛṣṇeti kupitā *kṛtvā*[16] dvāravatīṃ yayau ||33|
tām avekṣya janaḥ sarvo raudrāṃ vikṛtalocanām |
yayau śaraṇyaṃ jagatāṃ śaraṇaṃ madhusūdanam ||34|
janā ūcuḥ:
kāśirājasuteneyam ārādhya vṛṣabhadhvajam |
utpāditā mahākṛtyā vadhāya tava cakriṇaḥ |
jahi kṛtyām imām ugrāṃ vahnijvālājaṭākulām ||35|
vyāsa uvāca:
cakram utsṛṣṭam akṣeṣu krīḍāsaktena līlayā |
tad agnimālājaṭilaṃ jvālodgārātibhīṣaṇam ||36|
kṛtyām anujagāmāśu viṣṇucakraṃ sudarśanam |
tataḥ sā cakravidhvastā kṛtyā māheśvarī tadā ||37|
jagāma veginī vegāt tad apy anujagāma tām |
kṛtyā vārāṇasīm eva praviveśa tvarānvitā ||38|
viṣṇucakrapratihataprabhāvā munisattamāḥ |
tataḥ kāśibalaṃ bhūri pramathānāṃ tathā balam ||39|
samastaśastrāstrayutaṃ cakrasyābhimukhaṃ yayau |
śastrāstramokṣabahulaṃ dagdhvā tad balam ojasā ||40|
kṛtvākṣemām aśeṣāṃ tāṃ purīṃ vārāṇasīṃ yayau |
prabhūtabhṛtyapaurāṃ tāṃ sāśvamātaṅgamānavām ||41|
aśeṣadurgakoṣṭhāṃ tāṃ durnirīkṣyāṃ surair api |
jvālāparivṛtāśeṣagṛhaprākāratoraṇām ||42|
dadāha *tāṃ purīṃ*[17] cakraṃ sakalām eva satvaram |
akṣīṇāmarṣam atyalpa-[18]sādhyasādhana-*nispṛham*[19] |
tac cakraṃ prasphuraddīpti viṣṇor abhyāyayau karam ||43|

iti śrīmahāpurāṇe ādibrāhme śrīkṛṣṇacarite pauṇḍrakavāsudevavadhe kāśidāhavarṇanaṃ nāma saptādhikadviśatatamo 'dhyāyaḥ

munaya ūcuḥ:
śrotum icchāmahe bhūyo balabhadrasya dhīmataḥ |
mune parākramaṃ śauryaṃ tan no vyākhyātum arhasi ||208.1|
yamunākarṣaṇādīni śrutāny asmābhir atra vai |
tat kathyatāṃ mahābhāga yad anyat kṛtavān balaḥ ||2|
vyāsa uvāca:
śṛṇudhvaṃ munayaḥ karma yad rāmeṇābhavat kṛtam |
anantenā-*prameyena*[1] śeṣeṇa dharaṇībhṛtā ||3|

13 V pitṛhantur **14** V tasmād agni- **15** ABV -kalāpinī **16** B kṛtyā **17** C tad dhareś
18 B sukṣīṇasārāṃ kṛtvemāṃ **19** B -kārakam **1** V -prameyeṇa

duryodhanasya tanayāṃ svayaṃvarakṛtekṣaṇām |
balād ādattavān vīraḥ sāmbo jāmbavatīsutaḥ ||4|
tataḥ kruddhā mahāvīryāḥ karṇaduryodhanādayaḥ |
bhīṣmadroṇādayaś *caiva*[2] babandhur yudhi nirjitam ||5|
tac chrutvā yādavāḥ sarve krodhaṃ duryodhanādiṣu |
munayaḥ praticakruś ca tān vihantuṃ mahodyamam ||6|
tān nivārya balaḥ prāha madalolākulākṣaram |
mokṣyanti te madvacanād yāsyāmy eko hi kauravān ||7|
baladevas tato gatvā nagaraṃ *nāga-*[3]sāhvayam |
bāhyopavanamadhye *'bhūn na viveśa ca tat*[4] puram ||8|
balam āgatam ājñāya tadā duryodhanādayaḥ |
gām argham udakaṃ caiva rāmāya pratyavedayan |
gṛhītvā vidhivat sarvaṃ tatas tān āha kauravān ||9|
[5]baladeva uvāca:
ājñāpayaty ugrasenaḥ sāmbam āśu vimuñcata ||10|
vyāsa uvāca:
tatas tadvacanaṃ śrutvā bhīṣmadroṇādayo dvijāḥ |
karṇaduryodhanādyāś ca cukrudhur dvijasattamāḥ ||11|
ūcuś ca kupitāḥ sarve bāhlikādyāś ca bhūmipāḥ |
a-*rājārhaṃ*[6] yador vaṃśam avekṣya muśalāyudham ||12|
kauravā ūcuḥ:
bho bhoḥ kim etad bhavatā balabhadreritaṃ vacaḥ |
ājñāṃ kurukulotthānāṃ yādavaḥ kaḥ pradāsyati ||13|
ugraseno 'pi yady ājñāṃ kauravāṇāṃ pradāsyati |
tad alaṃ pāṇḍuraiś chattrair nṛpayogyair alaṃkṛtaiḥ ||14|
tad gaccha bala-*bhadra*[7] tvaṃ sāmbam anyāyaceṣṭitam |
vimokṣyāmo na bhavato nograsenasya śāsanāt ||15|
praṇatir yā kṛtāsmākaṃ mānyānāṃ kukurāndhakaiḥ |
na nāma sā kṛtā keyam ājñā svāmini bhṛtyataḥ ||16|
garvam āropitā yūyaṃ samānāsanabhojanaiḥ |
ko doṣo bhavatāṃ nītir yat prīṇāty anapekṣitā ||17|
asmābhir arcyo bhavatā yo 'yaṃ bala niveditaḥ |
premṇaiva na tad asmākaṃ kulād yuṣmatkulocitam ||18|
vyāsa uvāca:
ity uktvā kuravaḥ sarve nāmuñcanta hareḥ sutam |
kṛtaikaniścayāḥ sarve viviśur gajasāhvayam ||19|
mattaḥ kopena *cāghūrṇaṃ*[8] tato 'dhikṣepajanmanā |
utthāya pārṣṇyā vasudhāṃ jaghāna sa halāyudhaḥ[9] ||20|
tato vidāritā pṛthvī pārṣṇighātān mahātmanaḥ |
āsphoṭayām āsa tadā diśaḥ śabdena pūrayan |
uvāca cātitāmrākṣo bhrukuṭīkuṭilānanaḥ ||21|
baladeva uvāca:
aho *mahāvalepo 'yam*[10] asārāṇāṃ durātmanām |
kauravāṇām ādhipatyam asmākaṃ kila kālajam ||22|

2 AB cainaṃ **3** V gaja- **4** B 'bhūd viveśa ca tataḥ **5** V om. **6** V -rājyārhaṃ **7** V -deva
8 V cāghūrṇaṃs **9** V utthāpayām āsa halaṃ viṣamaṃ sahalāyudhaḥ **10** V madāvaliptānām

ugrasenasya ye nājñāṃ manyante cāpy alaṅghanām |
ājñāṃ pratīcched dharmeṇa saha devaiḥ śacīpatiḥ ||23|
sadādhyāste sudharmāṃ tām ugrasenaḥ śacīpateḥ |
dhiṅ manuṣyaśatocchiṣṭe tuṣṭir eṣāṃ nṛpāsane ||24|
pārijātataroḥ puṣpamañjarīr vanitājanaḥ |
bibharti yasya bhṛtyānāṃ so 'py eṣāṃ na mahīpatiḥ ||25|
samastabhūbhujāṃ nātha ugrasenaḥ sa tiṣṭhatu |
adya niṣkauravām urvīṃ kṛtvā yāsyāmi tāṃ purīm ||26|
karṇaṃ duryodhanaṃ droṇam adya bhīṣmaṃ sabāhlikam |
duḥśāsanādīn bhūriṃ ca bhūriśravasam eva ca ||27|
somadattaṃ śalaṃ bhīmam arjunaṃ sayudhiṣṭhiram |
yamajau kauravāṃś cānyān *hanyāṃ*[11] sāśvarathadvipān ||28|
vīram ādāya taṃ sāmbaṃ sapatnīkaṃ tataḥ purīm |
dvārakām ugrasenādīn gatvā *drakṣyāmi*[12] bāndhavān ||29|
athavā kauravādīnāṃ samastaiḥ kurubhiḥ saha |
bhārāvataraṇe śīghraṃ devarājena coditaḥ ||30|
bhāgīrathyāṃ kṣipāmy āśu nagaraṃ nāgasāhvayam ||31|
vyāsa uvāca:
ity uktvā *krodha-*[13]*raktākṣas tālāṅko 'dhomukhaṃ*[14] halam |
prākāravapre vinyasya[15] cakarṣa muśalāyudhaḥ ||32|
āghūrṇitaṃ tat sahasā tato vai hastināpuram |
dṛṣṭvā saṃkṣubdhahṛdayāś cukruśuḥ sarvakauravāḥ ||33|
kauravā ūcuḥ:
rāma rāma mahābāho kṣamyatāṃ kṣamyatāṃ tvayā |
upasaṃhriyatāṃ kopaḥ prasīda muśalāyudha ||34|
eṣa[16] sāmbaḥ sapatnīkas tava *niryātito*[17] bala |
avijñātaprabhāvāṇāṃ kṣamyatām aparādhinām ||35|
vyāsa uvāca:
tato niryātayām āsuḥ sāmbaṃ patnyā samanvitam |
niṣkramya svapurīṃ tūrṇaṃ kauravā muni-*sattamāḥ*[18] ||36|
bhīṣmadroṇakṛpādīnāṃ praṇamya vadatāṃ priyam |
kṣāntam eva mayety āha balo balavatāṃ varaḥ ||37|
adyāpy āghūrṇitākāraṃ lakṣyate tat puraṃ dvijāḥ |
eṣa prabhāvo rāmasya bala-*śauryavato dvijāḥ*[19] ||38|
tatas tu kauravāḥ sāmbaṃ saṃpūjya halinā saha |
preṣayām āsur udvāhadhanabhāryāsamanvitam ||39|

iti śrīmahāpurāṇe ādibrāhme śrīkṛṣṇacarite baladevamāhātmyanirūpaṇaṃ nāmāṣṭādhika-dviśatatamo 'dhyāyaḥ

11 V hatvā **12** V vakṣyāmi **13** BC mada- **14** B raktākṣaḥ kurvan adhomukhaṃ **15** B saprākārāṃ ca nagarīṃ **16** V muktaḥ **17** V jñātaṃ balaṃ **18** V -puṃgavāḥ **19** V -śauryopalakṣitaḥ

vyāsa uvāca:
śṛṇudhvaṃ munayaḥ sarve balasya balaśālinaḥ |
kṛtaṃ yad anyad evābhūt tad api śrūyatāṃ dvijāḥ ||209.1|
narakasyāsurendrasya devapakṣavirodhinaḥ |
sakhābhavan mahā-*vīryo*[1] dvivido nāma vānaraḥ ||2|
vairānubandhaṃ balavān sa cakāra surān prati ||3|
dvivida uvāca:
narakaṃ hatavān kṛṣṇo baladarpa-*samanvitam*[2] |
kariṣye sarvadevānāṃ tasmād eṣa pratikriyām ||4|
vyāsa uvāca:
yajñavidhvaṃsanaṃ kurvan martyalokakṣayaṃ tathā |
tato vidhvaṃsayām āsa yajñān ajñānamohitaḥ ||5|
bibheda sādhumaryādāṃ kṣayaṃ cakre ca dehinām |
dadāha *capalo deśaṃ*[3] puragrāmāntarāṇi ca ||6|
kvacic ca parvatakṣepād grāmādīn samacūrṇayat |
śailān utpāṭya toyeṣu mumocāmbunidhau *tathā*[4] ||7|
punaś cārṇavamadhyasthaḥ kṣobhayām āsa sāgaram |
tenātikṣobhitaś cābdhir udvelo jāyate dvijāḥ ||8|
plāvayaṃs tīrajān *grāmān purādīn*[5] ativegavān |
kāmarūpaṃ mahārūpaṃ kṛtvā sasyāny anekaśaḥ ||9|
luṭhan bhramaṇasaṃmardaiḥ saṃcūrṇayati vānaraḥ |
tena viprakṛtaṃ sarvaṃ jagad etad durātmanā ||10|
niḥsvādhyāyavaṣaṭkāraṃ dvijāś cāsīt suduḥkhitam |
kadācid raivatodyāne papau pānaṃ[6] halāyudhaḥ ||11|
revatī ca mahābhāgā tathaivānyā varastriyaḥ |
udgīyamāno vilasallalanāmaulimadhyagaḥ ||12|
reme yaduvaraśreṣṭhaḥ kubera iva *mandare*[7] |
tataḥ sa vānaro 'bhyetya gṛhītvā sīriṇo halam ||13|
muśalaṃ ca cakārāsya saṃmukhaḥ sa viḍambanām |
tathaiva yoṣitāṃ tāsāṃ jahāsābhimukhaṃ kapiḥ ||14|
pānapūrṇāṃś ca karakāṃś cikṣepāhatya vai tadā |
tataḥ kopaparītātmā bhartsayām āsa taṃ balam ||15|
tathāpi tam avajñāya cakre kilakilādhvanim |
tataḥ samutthāya balo jagṛhe muśalaṃ ruṣā ||16|
so 'pi śailaśilāṃ bhīmāṃ jagrāha plavagottamaḥ |
cikṣepa ca sa tāṃ kṣiptāṃ muśalena sahasradhā ||17|
bibheda yādavaśreṣṭhaḥ sā papāta mahītale |
apatan muśalaṃ cāsau samullaṅghya plavaṃgamaḥ ||18|
vegenāyamya[8] roṣeṇa *balenorasy*[9] atāḍayat |
tato balena kopena muṣṭinā mūrdhni tāḍitaḥ ||19|

1 A -māyo **2** A -samanvitaḥ **3** A ca puroddeśaṃ **4** A tadā **5** A vṛkṣān narādīn
6 A ekadā raivatodyānaṃ yayau krīḍan **7** A mandire **8** A vegenāgamya **9** C talenorasy

papāta rudhirodgārī dvividaḥ kṣīṇajīvitaḥ |
patatā taccharīreṇa gireḥ śṛṅgam aśīryata ||20|
munayaḥ śatadhā vajrivajreṇeva hi tāḍitam |
puṣpavṛṣṭiṃ tato devā rāmasyopari cikṣipuḥ ||21|
praśaśaṃsus tadābhyetya *sādhv etat te*[10] mahat kṛtam |
anena duṣṭakapinā daityapakṣopakāriṇā |
jagan nirākṛtaṃ vīra diṣṭyā sa kṣayam āgataḥ ||22|
vyāsa uvāca:
evaṃvidhāny anekāni baladevasya dhīmataḥ |
karmāṇy aparimeyāni śeṣasya dharaṇībhṛtaḥ ||23|

iti śrīmahāpurāṇe ādibrāhme baladevamāhātmye dvividavānaravadhavarṇanaṃ nāma navādhikadviśatatamo 'dhyāyaḥ

vyāsa uvāca:
evaṃ daityavadhaṃ kṛṣṇo baladevasahāyavān |
cakre duṣṭakṣitīśānāṃ tathaiva jagataḥ kṛte ||210.1|
kṣiteś ca bhāraṃ bhagavān *phālgunena*[1] samaṃ vibhuḥ |
avatārayām āsa hariḥ samastākṣauhiṇīvadhāt ||2|
kṛtvā bhārāvataraṇaṃ bhuvo hatvākhilān nṛpān |
śāpavyājena viprāṇām upasaṃhṛtavān kulam ||3|
utsṛjya dvārakāṃ kṛṣṇas tyaktvā mānuṣyam ātmabhūḥ |
svāṃśo viṣṇumayaṃ sthānaṃ praviveśa punar nijam ||4|
munaya ūcuḥ:
sa vipraśāpavyājena saṃjahre svakulaṃ katham |
kathaṃ ca mānuṣaṃ deham utsasarja janārdanaḥ ||5|
vyāsa uvāca:
viśvāmitras tathā kaṇvo nāradaś ca mahāmuniḥ |
piṇḍārake mahātīrthe dṛṣṭā yadukumārakaiḥ ||6|
tatas te yauvanonmattā bhāvikārya-*pracoditāḥ*[2] |
sāmbaṃ jāmbavatīputraṃ bhūṣayitvā *striyaṃ yathā*[3] |
prasṛtās tān munīn ūcuḥ praṇipātapuraḥsaram ||7|
kumārā ūcuḥ:
iyaṃ strī putra-*kāmā tu prabho*[4] kiṃ janayiṣyati ||8|
vyāsa uvāca:
divyajñānopapannās te vipralabdhā kumārakaiḥ |
śāpaṃ dadus tadā viprās teṣāṃ nāśāya suvratāḥ ||9|
munayaḥ kupitāḥ procur muśalaṃ janayiṣyati |
yenākhila-*kulotsādo*[5] yādavānāṃ bhaviṣyati ||10|
ity uktās taiḥ kumārās ta ācacakṣur yathātatham |
ugrasenāya muśalaṃ jajñe sāmbasya codarāt ||11|

10 A sāntvair etan **1** A sa balena **2** A -praṇoditāḥ **3** A svayaṃ tadā **4** C -kāmasya babhro **5** A -kulocchedo

tad ugraseno muśalam ayaścūrṇam akārayat |
jajñe tac cairakā cūrṇaṃ prakṣiptaṃ vai mahodadhau ||12|
musalasyātha[6] lauhasya cūrṇitasyāndhakair dvijāḥ |
khaṇḍaṃ cūrṇayituṃ śekur naiva te tomarākṛti ||13|
tad apy ambunidhau kṣiptaṃ matsyo jagrāha jālibhiḥ |
ghātitasyodarāt[7] tasya lubdho jagrāha taj jarā ||14|
vijñātaparamārtho 'pi *bhagavān madhusūdanaḥ*[8] |
naicchat tad anyathā kartuṃ vidhinā yat *samāhṛtam*[9] ||15|
devaiś ca prahito dūtaḥ praṇipatyāha keśavam |
rahasy evam ahaṃ dūtaḥ prahito bhagavan suraiḥ ||16|
vasvaśvimarudādityarudrasādhyādibhiḥ saha |
vijñāpayati vaḥ śakras tad idaṃ śrūyatāṃ *prabho*[10] ||17|
devā ūcuḥ:
bhārāvataraṇārthāya varṣāṇām adhikaṃ śatam |
bhagavān avatīrṇo 'tra tridaśaiḥ saṃprasāditaḥ ||18|
durvṛttā nihatā daityā bhuvo bhāro 'vatāritaḥ |
tvayā sanāthās tridaśā vrajantu tri-*diveśatām*[11] ||19|
tad atītaṃ[12] jagannātha varṣāṇām adhikaṃ śatam |
idānīṃ gamyatāṃ svargo bhavatā yadi rocate ||20|
devair vijñāpito devo 'py athātraiva ratis tava |
tat *sthīyatāṃ*[13] yathākālam *ākhyeyam*[14] anujīvibhiḥ ||21|
śrībhagavān uvāca:
yat tvam ātthākhilaṃ dūta vedmi caitad ahaṃ punaḥ |
prārabdha eva hi mayā yādavānām api kṣayaḥ ||22|
bhuvo *nāmātibhāro*[15] 'yaṃ yādavair *anibarhitaiḥ*[16] |
avatāraṃ karomy asya saptarātreṇa satvaraḥ ||23|
yathāgṛhītaṃ cāmbhodhau hṛtvāhaṃ *dvārakāṃ punaḥ*[17] |
yādavān upasaṃhṛtya yāsyāmi tridaśālayam ||24|
manuṣyadeham utsṛjya saṃkarṣaṇasahāyavān |
prāpta evāsmi mantavyo devendreṇa tathā suraiḥ ||25|
jarāsaṃdhādayo ye 'nye nihatā bhārahetavaḥ |
kṣites tebhyaḥ *sa bhāro hi*[18] *yadūnāṃ samadhīyata*[19] ||26|
tad *etat*[20] sumahābhāram avatārya kṣiter aham |
yāsyāmy amaralokasya pālanāya bravīhi tān ||27|
vyāsa uvāca:
ity ukto vāsudevena devadūtaḥ praṇamya tam |
dvijāḥ sa divyayā gatyā[21] devarājāntikaṃ yayau ||28|
bhagavān apy athotpātān divyān bhaumāntarikṣagān |
dadarśa dvārakāpuryāṃ vināśāya divāniśam ||29|

6 V muśalasyātha **7** B pātitaṃ codarāt **8** A sarvaśaktis tadā hariḥ V sarvaśaktimayo hariḥ
9 B samavṛtaḥ **10** B vibho **11** V -daśālayām **12** V tavātītaṃ **13** V sāṃprataṃ
14 V āstheyam **15** BC nādyāpi bhāro **16** A atibarhitaiḥ C anivāhitaiḥ
17 C dvārakābhuvam **18** C kumāro 'pi **19** B yadūnām avadhīyata C yadūnāṃ nāpacīyate
20 V etaṃ **21** V munayo divam āgatya

tān dṛṣṭvā yādavān āha paśyadhvam atidāruṇān |
mahotpātāñ śamāyaiṣāṃ prabhāsaṃ yāma mā ciram ||30|
[22]vyāsa uvāca:
mahābhāgavataḥ prāha praṇipatyoddhavo harim ||31|
[23]uddhava uvāca:
bhagavan *yan*[24] mayā kāryaṃ tad ājñāpaya sāṃpratam |
manye kulam idaṃ sarvaṃ bhagavān saṃhariṣyati |
nāśāyāsya nimittāni kulasyācyuta lakṣaye ||32|
śrībhagavān uvāca:
gaccha tvaṃ divyayā gatyā matprasādasamutthayā |
badarīm āśramaṃ puṇyaṃ gandhamādanaparvate ||33|
naranārāyaṇasthāne pavitritamahītale |
manmanā matprasādena tatra siddhim avāpsyasi ||34|
ahaṃ svargaṃ gamiṣyāmi upasaṃhṛtya vai kulam |
dvārakāṃ ca mayā tyaktāṃ samudraḥ plāvayiṣyati ||35|
vyāsa uvāca:
ity uktaḥ praṇipatyainaṃ jagāma sa tadoddhavaḥ |
naranārāyaṇasthānaṃ *keśavenānumoditaḥ*[25] ||36|
tatas te yādavāḥ sarve *rathān*[26] āruhya śīghragān |
prabhāsaṃ prayayuḥ sārdhaṃ kṛṣṇarāmādibhir dvijāḥ ||37|
prāpya prabhāsaṃ prayatā prītās te *kukkurāndhakāḥ*[27] |
cakrus tatra *surāpānaṃ*[28] vāsudevānumoditāḥ ||38|
pibatāṃ tatra vai teṣāṃ saṃgharṣeṇa parasparam |
yādavānāṃ tato jajñe kalahāgniḥ kṣayāvahaḥ ||39|
jaghnuḥ parasparaṃ te tu śastrair daivabalāt kṛtāḥ |
kṣīṇaśastrās tu jagṛhuḥ pratyāsannām athairakām ||40|
erakā tu gṛhītā tair vajrabhūteva lakṣyate |
tayā parasparaṃ jaghnuḥ saṃprahāraiḥ sudāruṇaiḥ ||41|
pradyumnasāmbapramukhāḥ kṛtavarmātha sātyakiḥ |
aniruddhādayaś cānye pṛthur vipṛthur eva ca ||42|
cāru-*varmā sucāruś*[29] ca tathākrūrādayo dvijāḥ |
erakārūpibhir vajrais te *nijaghnuḥ*[30] parasparam ||43|
nivārayām āsa harir yādavās te ca keśavam |
sahāyaṃ menire prāptaṃ te *nijaghnuḥ*[31] parasparam ||44|
kṛṣṇo 'pi kupitas teṣām erakāmuṣṭim ādade |
vadhāya *teṣāṃ*[32] muśalaṃ muṣṭiloham abhūt tadā ||45|
jaghāna tena niḥ-*śeṣān ātatāyī*[33] sa yādavān |
jaghnuś ca sahasābhyetya tathānye *tu*[34] parasparam ||46|
tataś cārṇavamadhyena jaitro 'sau cakriṇo rathaḥ |
paśyato dārukasyāśu *hṛto 'śvair*[35] dvijasattamāḥ ||47|

22 V om. **23** V om. **24** A kiṃ **25** B keśavena tu coditaḥ V keśavena pracoditaḥ **26** A hayān **27** V kukurāndhakāḥ **28** BC mudā pānaṃ **29** C -dharmā cārukaś V -deṣṇaḥ subāhuś **30** V nirjaghnuḥ **31** V nirjaghnuḥ **32** A sā tu **33** A -śeṣāñ jātivargān **34** V vai **35** B tataḥ svargam

cakraṃ gadā tathā śārṅgaṃ tūṇau śaṅkho 'sir eva ca |
pradakṣiṇaṃ tataḥ kṛtvā jagmur ādityavartmanā ||48|
kṣaṇamātreṇa vai tatra yādavānām abhūt kṣayaḥ |
ṛte kṛṣṇaṃ mahābāhuṃ dārukaṃ ca dvijottamāḥ ||49|
caṅkramyamāṇau tau rāmaṃ vṛkṣamūlakṛtāsanam |
dadṛśāte mukhāc cāsya niṣkrāmantaṃ mahoragam ||50|
niṣkramya sa mukhāt tasya mahābhogo bhujaṃgamaḥ |
prayātaś cārṇavaṃ siddhaiḥ *pūjyamānas tathoragaiḥ*[36] ||51|
tam arghyam ādāya tadā jaladhiḥ saṃmukhaṃ yayau |
praviveśa ca tattoyaṃ pūjitaḥ pannagottamaiḥ |
dṛṣṭvā balasya niryāṇaṃ dārukaṃ prāha keśavaḥ ||52|
śrībhagavān uvāca:
idaṃ sarvaṃ tvam ācakṣva vasudevograsenayoḥ |
niryāṇaṃ baladevasya yādavānāṃ tathā kṣayam ||53|
yoge sthitvāham apy etat parityajya kalevaram |
vācyaś ca dvārakāvāsī janaḥ sarvas tathāhukaḥ ||54|
yathemāṃ nagarīṃ sarvāṃ samudraḥ plāvayiṣyati |
tasmād rathaiḥ susajjais tu pratīkṣyo hy arjunāgamaḥ ||55|
na stheyaṃ dvārakāmadhye niṣkrānte tatra pāṇḍave |
tenaiva saha gantavyaṃ yatra yāti sa kauravaḥ ||56|
gatvā ca brūhi kaunteyam arjunaṃ vacanaṃ mama |
pālanīyas tvayā śaktyā jano 'yaṃ matparigrahaḥ ||57|
ity arjunena sahito dvāravatyāṃ *bhavāñ janam*[37] |
gṛhītvā yātu *vajraś*[38] ca yadurājo bhaviṣyati ||58|

iti śrīmahāpurāṇe ādibrāhme śrīkṛṣṇacarite śrīkṛṣṇanijadhāmagamananirūpaṇaṃ nāma daśādhikadviśatatamo 'dhyāyaḥ

vyāsa uvāca:
ity ukto dārukaḥ kṛṣṇaṃ praṇipatya punaḥ punaḥ |
pradakṣiṇaṃ ca bahuśaḥ kṛtvā prāyād yathoditam ||211.1|
sa ca gatvā tathā cakre dvārakāyāṃ tathārjunam |
ānināya mahābuddhiṃ vajraṃ cakre tathā nṛpam ||2|
bhagavān api govindo vāsudevātmakaṃ param |
brahmātmani samāropya sarvabhūteṣv *adhārayat*[1] ||3|
sa mānayan dvijavaco[2] durvāsā yad uvāca ha |
yogayukto 'bhavat pādaṃ kṛtvā jānuni sattamāḥ ||4|
saṃprāpto vai jarā nāma tadā tatra sa lubdhakaḥ |
muśalaśeṣa-[3]*lohasya*[4] *sāyakaṃ dhārayan param*[5] ||5|
sa tatpādaṃ mṛgākāraṃ samavekṣya *vyavasthitaḥ*[6] |
tato[7] vivyādha tenaiva tomareṇa dvijottamāḥ ||6|

36 B pūjyamāno mahoragaiḥ **37** A bhava kṣaṇam **38** A vajraṃ **1** B akārayat **2** B cakāra bhagavān sarvaṃ **3** V muśalāvaśeṣa- [hypermetric] **4** A lokena C lohaika-**5** AC sāyakanyastatomaraḥ **6** B hy avasthitaḥ **7** AC tale

gataś ca dadṛśe tatra caturbāhudharaṃ *naram*[8] |
praṇipatyāha caivainaṃ prasīdeti punaḥ punaḥ ||7|
ajānatā kṛtam idaṃ mayā hariṇaśaṅkayā |
kṣamyatām ātmapāpena dagdhaṃ mā dagdhum arhasi ||8|
vyāsa uvāca:
tatas taṃ bhagavān āha nāsti te bhayam aṇv api |
gaccha tvaṃ matprasādena lubdha *svargeśvarāspadam*[9] ||9|
vyāsa uvāca:
vimānam āgataṃ sadyas tadvākyasamanantaram |
āruhya prayayau svargaṃ lubdhakas tatprasādataḥ ||10|
gate tasmin sa bhagavān saṃyojyātmānam ātmani |
brahmabhūte 'vyaye 'cintye vāsudevamaye 'male ||11|
ajanmany ajare 'nāśiny aprameye 'khilātmani |
tyaktvā sa mānuṣaṃ deham avāpa tri-*vidhāṃ*[10] *gatim*[11] ||12|

iti śrīmahāpurāṇe ādibrāhme vyāsarṣisaṃvāde śrīkṛṣṇacarite *kṛṣṇamānuṣotsarga-kathanaṃ*[12] nāmaikādaśādhikadviśatatamo 'dhyāyaḥ

vyāsa uvāca:
arjuno 'pi tadānviṣya kṛṣṇarāmakalevare |
saṃskāraṃ lambhayām āsa tathānyeṣām anukramāt ||212.1|
aṣṭau mahiṣyaḥ kathitā rukmiṇīpramukhās tu yāḥ |
upagṛhya harer dehaṃ viviśus tā hutāśanam ||2|
revatī caiva rāmasya deham āśliṣya *sattamāḥ*[1] |
viveśa jvalitaṃ vahniṃ tatsaṅgāhlādaśītalam ||3|
ugrasenas tu tac chrutvā tathaivānakadundubhiḥ |
devakī rohiṇī caiva viviśur jātavedasam ||4|
tato 'rjunaḥ pretakāryaṃ kṛtvā teṣāṃ yathāvidhi |
niścakrāma janaṃ sarvaṃ gṛhītvā vajram eva ca ||5|
dvāravatyā viniṣkrāntāḥ kṛṣṇapatnyaḥ sahasraśaḥ |
vajraṃ janaṃ ca kaunteyaḥ pālayañ śanakair yayau ||6|
sabhā sudharmā kṛṣṇena martyaloke samāhṛtā |
svargaṃ jagāma bho viprāḥ pārijātaś ca pādapaḥ ||7|
yasmin dine harir yāto divaṃ saṃtyajya medinīm |
tasmin dine 'vatīrṇo 'yaṃ kālakāyaḥ kaliḥ kila ||8|
plāvayām āsa tāṃ śūnyāṃ dvārakāṃ ca mahodadhiḥ |
yaduśreṣṭhagṛhaṃ tv ekaṃ nāplāvayata sāgaraḥ ||9|
nātikrāmati bho viprās tad adyāpi mahodadhiḥ |
nityaṃ saṃnihitas tatra bhagavān keśavo yataḥ ||10|
tad atīva mahāpuṇyaṃ sarvapātakanāśanam |
viṣṇukrīḍānvitaṃ sthānaṃ dṛṣṭvā pāpāt pramucyate ||11|

8 B harim **9** B sarvāmarāspadam V svargaṃ sukhāspadam **10** A -daśāṃ BV -divaṃ
11 BV tadā **12** V bhagavatsvargārohaṇaṃ **1** V sattamā

pārthaḥ pañcanade deśe[2] bahudhānyadhanānvite |
cakāra vāsaṃ sarvasya janasya munisattamāḥ || 12 |
tato lobhaḥ samabhavat pārthenaikena dhanvinā |
dṛṣṭvā striyo nīyamānā dasyūnāṃ nihateśvarāḥ || 13 |
tatas te pāpakarmāṇo lobhopahatacetasaḥ |
ābhīrā mantrayām āsuḥ sametyātyantadurmadāḥ || 14 |
ābhīrā ūcuḥ:
ayam eko 'rjuno dhanvī strījanaṃ nihateśvaram |
nayaty asmān atikramya dhig etat kriyatāṃ balam || 15 |
hatvā garvasamārūḍho bhīṣmadroṇajayadrathān |
karṇādīṃś ca na jānāti balaṃ grāmanivāsinām || 16 |
balajyeṣṭhān narān anyān grāmyāṃś caiva viśeṣataḥ[3] |
sarvān evāvajānāti kiṃ vo bahubhir uttaraiḥ || 17 |
vyāsa uvāca:
tato yaṣṭipraharaṇā dasyavo loṣṭahāriṇaḥ |
sahasraśo 'bhyadhāvanta taṃ janaṃ nihateśvaram |
tato nivṛttaḥ kaunteyaḥ prāhābhīrān hasann iva || 18 |
arjuna uvāca:
nivartadhvam adharmajñā yadīto na mumūrṣavaḥ || 19 |
vyāsa uvāca:
avajñāya vacas tasya jagṛhus te tadā dhanam |
strījanaṃ cāpi kaunteyād viṣvaksenaparigraham || 20 |
tato 'rjuno dhanur divyaṃ gāṇḍīvam ajaraṃ yudhi |
āropayitum ārebhe na śaśāka sa vīryavān || 21 |
cakāra sajjaṃ kṛcchrāt tu tad abhūc chithilaṃ punaḥ |
na sasmāra tathāstrāṇi cintayann api pāṇḍavaḥ || 22 |
śarān mumoca caiteṣu pārthaḥ śeṣān sa harṣitaḥ |
na bhedaṃ te paraṃ cakrur astā gāṇḍīvadhanvanā || 23 |
vahninā cākṣayā dattāḥ śarās te 'pi kṣayaṃ yayuḥ |
yudhyataḥ saha gopālair arjunasyābhavat kṣayaḥ || 24 |
acintayat tu kaunteyaḥ kṛṣṇasyaiva hi tad balam |
yan mayā śarasaṃghātaiḥ sa-*balā*[4] bhūbhṛto jitāḥ || 25 |
miṣataḥ pāṇḍuputrasya tatas tāḥ pramadottamāḥ |
apākṛṣyanta *cābhīraiḥ kāmāc cānyāḥ pravavrajuḥ*[5] || 26 |
tataḥ śareṣu kṣīṇeṣu dhanuṣkoṭyā dhanaṃjayaḥ |
jaghāna dasyūṃs te cāsya *prahārāñ*[6] jahasur dvijāḥ || 27 |
paśyatas tv eva pārthasya vṛṣṇyandhakavarastriyaḥ |
jagmur ādāya te mlecchāḥ *samantān*[7] munisattamāḥ || 28 |
tataḥ sa duḥkhito jiṣṇuḥ kaṣṭaṃ kaṣṭam iti bruvan |
aho bhagavatā tena mukto 'smīti ruroda *vai*[8] || 29 |

2 A pārthaś ca vijanoddeśe B pārthaś ca sukhade deśe **3** BC dehayaṣṭiṃ mahāyāsād gṛhītvāyaṃ sudurmatiḥ **4** V -kalā **5** A cābhīrais te śarāḥ prayayuḥ kṣayam **6** V prahārāj **7** A samastā **8** B ha

arjuna uvāca:
tad dhanus tāni cāstrāṇi sa rathas te ca vājinaḥ |
sarvam ekapade *naṣṭaṃ*[9] dānam aśrotriye yathā ||30|
aho *cāti balaṃ*[10] daivaṃ vinā tena mahātmanā |
yad asāmarthya-*yukto 'haṃ nīcair nītaḥ parābhavam*[11] ||31|
tau bāhū sa ca me muṣṭiḥ *sthānaṃ tat so 'smi cārjunaḥ*[12] |
puṇyeneva[13] vinā tena gataṃ sarvam asāratām ||32|
mamārjunatvaṃ bhīmasya bhīmatvaṃ tatkṛtaṃ dhruvam |
vinā tena yad ābhīrair jito 'haṃ katham anyathā ||33|
vyāsa uvāca:
itthaṃ vadan yayau jiṣṇur indraprasthaṃ purottamam |
cakāra tatra rājānaṃ vajraṃ yādavanandanam ||34|
sa dadarśa tato vyāsaṃ phālgunaḥ kānanāśrayam |
tam upetya mahā-*bhāgaṃ*[14] vinayenābhyavādayat ||35|
taṃ *vandamānaṃ caraṇāv avalokya suniścitam*[15] |
uvāca pārthaṃ[16] vicchāyaḥ katham atyantam īdṛśaḥ ||36|
ajārajonugamanaṃ[17]brahmahatyāthavā kṛtā |
jayāśābhaṅgaduḥkhī vā bhraṣṭacchāyo 'si sāṃpratam ||37|
sāṃtānikādayo vā te yācamānā nirākṛtāḥ |
agamyastrīratir vāpi tenāsi vigataprabhaḥ ||38|
bhuṅkte *pradāya*[18] viprebhyo miṣṭam ekam atho bhavān |
kiṃ vā kṛpaṇavittāni hṛtāni bhavatārjuna ||39|
kaccin na sūryavātasya gocaratvaṃ gato 'rjuna |
duṣṭacakṣur hato vāpi niḥśrīkaḥ katham anyathā ||40|
spṛṣṭo nakhāmbhasā vāpi ghaṭāmbhaḥprokṣito 'pi vā |
tenātīvāsi vicchāyo *nyūnair*[19] vā yudhi nirjitaḥ ||41|
vyāsa uvāca:
tataḥ pārtho viniḥśvasya śrūyatāṃ bhagavann iti |
prokto yathāvad ācaṣṭa *viprā ātma-*[20]parābhavam ||42|
arjuna uvāca:
yad balaṃ yac ca nas tejo yad vīryaṃ yat parākramaḥ |
yā śrīś chāyā ca naḥ so 'smān parityajya harir gataḥ ||43|
itareṇeva mahatā smitapūrvābhibhāṣiṇā |
hīnā vayaṃ mune tena *jātās tṛṇamayā*[21] iva ||44|
astrāṇāṃ sāyakānāṃ ca gāṇḍīvasya tathā mama |
sāratā yābhavan mūrtā sa gataḥ puruṣottamaḥ ||45|
yasyāvalokanād asmāñ śrīr jayaḥ sampad unnatiḥ |
na tatyāja sa govindas tyaktvāsmān bhagavān gataḥ ||46|
bhīṣmadroṇāṅgarājādyās tathā duryodhanādayaḥ |
yat-*prabhāvena*[22] nirdagdhāḥ sa kṛṣṇas tyaktavān bhuvam ||47|

9 A bhraṣṭaṃ **10** BC 'tibalavad **11** BC -yukte 'pi nīcavarge jayapradam **12** A so 'smi cāhaṃ tathārjunaḥ **13** V puṇyenaiva **14** C -bhāgo **15** C dṛṣṭvā vai muniśreṣṭhāḥ pṛṣṭavān aham arjunam **16** C aho vipārtha **17** B nujarañjonugamanaṃ [sic] **18** V 'pradāya **19** ABV nīcair **20** AB viprāyātma- **21** V jātāḥ sthāṇumayā **22** V -prabhāveṇa

niryauvanā hataśrīkā bhraṣṭacchāyeva me mahī |
vibhāti tāta naiko 'haṃ virahe tasya cakriṇaḥ ||48|
yasyānubhāvād bhīṣmādyair mayy agnau śalabhāyitam |
vinā tenādya kṛṣṇena gopālair asmi nirjitaḥ ||49|
gāṇḍīvaṃ triṣu lokeṣu khyātaṃ yad anubhāvataḥ |
mama tena vinābhīrair laguḍais tu tiraskṛtam ||50|
strīsahasrāṇy anekāni hy anāthāni mahāmune |
yatato mama nītāni dasyubhir laguḍāyudhaiḥ ||51|
ānīyamānam ābhīraiḥ sarvaṃ kṛṣṇāvarodhanam |
hṛtaṃ yaṣṭipraharaṇaiḥ paribhūya balaṃ mama ||52|
niḥśrīkatā na me citraṃ yaj jīvāmi tad adbhutam |
nīcāvamānapaṅkāṅkī[23] nirlajjo 'smi pitāmaha ||53|
vyāsa uvāca:
śrutvāhaṃ tasya tad vākyam abravaṃ dvijasattamāḥ |
duḥkhitasya ca dīnasya pāṇḍavasya mahātmanaḥ ||54|
alaṃ te vrīḍayā pārtha na tvaṃ śocitum arhasi |
avehi[24] sarvabhūteṣu kālasya gatir īdṛśī ||55|
kālo bhavāya bhūtānām abhavāya ca pāṇḍava |
kālamūlam idaṃ jñātvā kuru sthairyam ato 'rjuna ||56|
nadyaḥ samudrā *girayaḥ*[25] sakalā ca vasuṃdharā |
devā manuṣyāḥ paśavas taravaś ca sarīsṛpāḥ ||57|
sṛṣṭāḥ kālena kālena punar yāsyanti saṃkṣayam |
kālātmakam idaṃ sarvaṃ jñātvā śamam avāpnuhi ||58|
yathāttha kṛṣṇamāhātmyaṃ tat tathaiva dhanaṃjaya |
bhārāvatārakāryārtham avatīrṇaḥ sa medinīm ||59|
bhārākrāntā dharā yātā devānāṃ saṃnidhau purā |
tadartham avatīrṇo 'sau kāmarūpī janārdanaḥ ||60|
tac ca niṣpāditaṃ kāryam aśeṣā bhūbhṛto hatāḥ |
vṛṣṇyandhakakulaṃ sarvaṃ *tathā pārthopasaṃhṛtam*[26] ||61|
na kiṃcid anyat kartavyam asya bhūmitale 'rjuna |
tato gataḥ sa bhagavān kṛtakṛtyo yathecchayā ||62|
sṛṣṭiṃ sarge karoty eṣa devadevaḥ sthitiṃ sthitau |
ante *tāpa*[27]*samartho 'yaṃ*[28] sāṃprataṃ vai yathā kṛtam ||63|
tasmāt pārtha na saṃtāpas tvayā kāryaḥ *parābhavāt*[29] |
bhavanti bhavakāleṣu puruṣāṇāṃ parākramāḥ ||64|
yatas tvayaikena hatā bhīṣmadroṇādayo nṛpāḥ |
teṣām arjuna kālotthaḥ kiṃ nyūnābhibhavo na saḥ ||65|
viṣṇos tasyānubhāvena yathā teṣāṃ parābhavaḥ |
tvattas tathaiva bhavato dasyubhyo 'nte tadudbhavaḥ ||66|
sa devo 'nyaśarīrāṇi samāviśya jagat-*sthitim*[30] |
karoti sarvabhūtānāṃ nāśaṃ cānte *jagatpatiḥ*[31] ||67|

23 A ekākī jīvamānas tu **24** BC avaihi **25** A munayaḥ **26** V yathāvad upasaṃhṛtam **27** ASS corr. *layaṃ*. **28** A tāṃ ca samāpyātha B ca hy asamartho 'yaṃ V cātha samartho 'yaṃ **29** B parābhave **30** V -patiḥ **31** V vyavasthitaḥ

bhavodbhave ca kaunteya sahāyas te janārdanaḥ |
bhavānte tvadvipakṣās te keśavenāvalokitāḥ ||68|
kaḥ śraddadhyāt sagāṅgeyān hanyās tvaṃ sarvakauravān |
ābhīrebhyaś ca bhavataḥ kaḥ śraddadhyāt parābhavam ||69|
pārthaitat sarvabhūteṣu harer līlāviceṣṭitam |
tvayā yat *kauravā dhvastā yad ābhīrair bhavāñ jitaḥ*[32] ||70|
gṛhītā dasyubhir yac ca rakṣitā bhavatā striyaḥ |
tad apy ahaṃ yathāvṛttaṃ kathayāmi tavārjuna ||71|
aṣṭāvakraḥ purā vipra udavāsarato 'bhavat |
bahūn varṣagaṇān pārtha gṛṇan *brahma*[33] sanātanam ||72|
jiteṣv asurasaṃgheṣu merupṛṣṭhe mahotsavaḥ |
babhūva tatra gacchantyo dadṛśus taṃ surastriyaḥ ||73|
rambhātilottamādyāś ca śataśo 'tha sahasraśaḥ |
tuṣṭuvus taṃ mahātmānaṃ *praśaśaṃsuś ca pāṇḍava*[34] ||74|
ā-*kaṇṭha*-[35]magnaṃ salile jaṭā-*bhāra*-[36]dharaṃ munim |
vinayāvanatāś caiva praṇemuḥ stotratatparāḥ ||75|
yathā yathā prasanno 'bhūt tuṣṭuvus taṃ tathā tathā |
sarvās tāḥ kauravaśreṣṭha variṣṭhaṃ taṃ dvijanmanām ||76|
aṣṭāvakra uvāca:
prasanno 'haṃ mahābhāgā bhavatīnāṃ yad iṣyate |
mattas tad vriyatāṃ sarvaṃ pradāsyāmy api durlabham ||77|
vyāsa uvāca:
rambhātilottamādyāś ca *divyāś cāpsaraso*[37] 'bruvan ||78|
apsarasa ūcuḥ:
prasanne tvayy asaṃprāptaṃ kim asmākam iti dvi-*jāḥ*[38] ||79|
itarās tv abruvan vipra prasanno bhagavan yadi |
tad icchāmaḥ patiṃ prāptuṃ viprendra puruṣottamam ||80|
vyāsa uvāca:
evaṃ bhaviṣyatīty uktvā uttatāra jalān muniḥ |
tam uttīrṇaṃ ca dadṛśur virūpaṃ vakram aṣṭadhā ||81|
taṃ dṛṣṭvā gūhamānānāṃ yāsāṃ hāsaḥ sphuṭo 'bhavat |
tāḥ śaśāpa muniḥ kopam avāpya kurunandana ||82|
aṣṭāvakra uvāca:
yasmād virūparūpaṃ māṃ matvā hāsāvamānanā |
bhavatībhiḥ kṛtā tasmād eṣa śāpaṃ dadāmi vaḥ ||83|
matprasādena bhartāraṃ labdhvā tu puruṣottamam |
macchāpopahatāḥ sarvā dasyuhastaṃ gamiṣyatha ||84|
vyāsa uvāca:
ity udīritam ākarṇya munis tābhiḥ prasāditaḥ |
punaḥ surendralokaṃ vai prāha bhūyo gamiṣyatha ||85|
evaṃ tasya muneḥ śāpād aṣṭāvakrasya keśavam |
bhartāraṃ prāpya tāḥ prāptā dasyuhastaṃ varāṅganāḥ ||86|

32 V kauravādyās tu saṃgrāme vai parājitāḥ **33** V devaṃ **34** B prasannamukhapaṅkajam
35 A -karṇa- **36** AB -cīra- **37** AC vaidikyo 'psaraso **38** BC -ja

tat tvayā nātra kartavyaḥ śoko 'lpo 'pi hi pāṇḍava |
tenaivākhilanāthena[39] sarvaṃ tad upasaṃhṛtam ||87|
bhavatāṃ copasaṃhāram āsannaṃ tena kurvatā |
balaṃ tejas tathā vīryaṃ māhātmyaṃ copasaṃhṛtam ||88|
jātasya niyato mṛtyuḥ patanaṃ ca tathonnateḥ |
viprayogāvasānaṃ[40] tu saṃyogaḥ *saṃcayaḥ kṣayaḥ*[41] ||89|
vijñāya na budhāḥ śokaṃ na harṣam upayānti ye |
teṣām evetare ceṣṭāṃ śikṣantaḥ santi tādṛśāḥ ||90|
tasmāt tvayā naraśreṣṭha jñātvaitad bhrātṛbhiḥ saha |
parityajyākhilaṃ rājyaṃ gantavyaṃ tapase vanam ||91|
tad gaccha dharmarājāya nivedyaitad vaco mama |
paraśvo bhrātṛbhiḥ sārdhaṃ gatiṃ vīra yathā kuru ||92|
vyāsa uvāca:
ity ukto *dharmarājaṃ tu samabhyetya tathoktavān*[42] |
dṛṣṭaṃ caivānubhūtaṃ vā kathitaṃ tad aśeṣataḥ ||93|
vyāsavākyaṃ[43] ca te sarve śrutvārjunasamīritam |
rājye parīkṣitaṃ kṛtvā yayuḥ pāṇḍusutā vanam ||94|
ity *evaṃ*[44] vo muniśreṣṭhā vistareṇa mayoditam |
jātasya ca yador vaṃśe vāsudevasya ceṣṭitam ||95|

iti śrīmahāpurāṇe ādibrāhme śrīkṛṣṇacaritasamāptikathanaṃ nāma dvādaśādhikadviśatatamo 'dhyāyaḥ

munaya ūcuḥ:
aho kṛṣṇasya māhātmyam adbhutaṃ cātimānuṣam[1] |
rāmasya ca muniśreṣṭha tvayoktaṃ bhuvi durlabham ||213.1|
na tṛptim adhigacchāmaḥ śṛṇvanto bhagavatkathām |
tasmād brūhi mahābhāga bhūyo devasya ceṣṭitam[2] ||2|
prādurbhāvaḥ purāṇeṣu viṣṇor amitatejasaḥ |
satāṃ kathayatām eva varāha iti naḥ śrutam ||3|
na jānīmo 'sya caritaṃ na vidhiṃ na ca vistaram |
na karmaguṇasadbhāvaṃ na hetutvamanīṣitam ||4|
kimātmako varāho 'sau kā mūrtiḥ kā ca devatā |
kimācāraprabhāvo vā kiṃ vā tena tadā kṛtam ||5|
yajñārthe samavetānāṃ miṣatāṃ ca dvijanmanām |
mahāvarāhacaritaṃ sarvalokasukhāvaham ||6|
yathā nārāyaṇo brahman vārāhaṃ rūpam āsthitaḥ |
daṃṣṭrayā gāṃ samudrasthām ujjahārārimardanaḥ ||7|
vistareṇaiva karmāṇi sarvāṇi ripughātinaḥ |
śrotuṃ no vartate buddhir hareḥ kṛṣṇasya dhīmataḥ ||8|

39 B tenāribalanāśena **40** V viprayogāvasānas **41** ASS corr. *kṣayāt*; A saṃbhavakṣayaḥ **42** V 'bhyetya pārthāya yamābhyāṃ ca sahārjunaḥ **43** C mama vākyaṃ **44** V etad
1 V prādurbhāvaṃ sureśasya devasya ca viceṣṭitam **2** V aparaṃ śrotum icchāmaḥ prādurbhāvaṃ jagatpateḥ

karmaṇām ānupūrvyā ca prādurbhāvāś ca ye vibho |
yā vāsya prakṛtir brahmaṃs tāś cākhyātuṃ tvam arhasi ||9|
vyāsa uvāca:
praśnabhāro mahān eṣa bhavadbhiḥ samudāhṛtaḥ |
yathāśaktyā tu vakṣyāmi śrūyatāṃ vaiṣṇavaṃ yaśaḥ ||10|
viṣṇoḥ prabhāvaśravaṇe diṣṭyā vo matir utthitā |
tasmād[3] viṣṇoḥ *samastā vai śṛṇudhvaṃ yāḥ pravṛttayaḥ*[4] ||11|
sahasrāsyaṃ sahasrākṣaṃ sahasracaraṇaṃ ca yam |
sahasraśirasaṃ devaṃ sahasrakaram avyayam ||12|
sahasrajihvaṃ bhāsvantaṃ sahasramukuṭaṃ prabhum |
sahasradaṃ *sahasrādiṃ*[5] sahasrabhujam avyayam ||13|
havanaṃ savanaṃ caiva hotāraṃ havyam eva ca |
pātrāṇi ca pavitrāṇi vediṃ dīkṣāṃ samit sruvam ||14|
sruksoma-*sūrya*-[6]muśalaṃ prokṣaṇīṃ dakṣiṇāyanam |
adhvaryuṃ sāmagaṃ vipraṃ sadasyaṃ sadanaṃ sadaḥ ||15|
yūpaṃ *cakraṃ*[7] dhruvāṃ darvīṃ carūṃś colūkhalāni ca |
prāgvaṃśaṃ yajñabhūmiṃ ca hotāraṃ ca paraṃ ca yat ||16|
hrasvāṇy atipramāṇāni sthāvarāṇi carāṇi ca |
prāyaścittāni vārghyaṃ ca sthaṇḍilāni kuśās tathā ||17|
mantra-*yajñavahaṃ vahniṃ*[8] bhāgaṃ bhāgavahaṃ ca yat |
agrāsinaṃ[9] somabhujaṃ hutārciṣam udāyudham ||18|
āhur vedavido viprā yaṃ yajñe śāśvataṃ prabhum |
tasya viṣṇoḥ sureśasya śrīvatsāṅkasya dhīmataḥ ||19|
prādurbhāvasahasrāṇi samatītāny anekaśaḥ |
bhūyaś caiva bhaviṣyanti hy evam āha pitāmahaḥ ||20|
yat pṛcchadhvaṃ mahābhāgā divyāṃ puṇyām imāṃ kathām |
prādurbhāvāśritāṃ viṣṇoḥ sarvapāpaharāṃ śivām ||21|
śṛṇudhvaṃ tāṃ mahābhāgās tadgatenāntarātmanā |
pravakṣyāmy ānupūrvyeṇa yat pṛcchadhvaṃ *mamānaghāḥ*[10] ||22|
vāsudevasya māhātmyaṃ caritaṃ ca mahāmateḥ |
hitārthaṃ suramartyānāṃ lokānāṃ prabhavāya ca ||23|
bahuśaḥ sarvabhūtātmā prādurbhavati *vīryavān*[11] |
prādurbhāvāṃś ca vakṣyāmi *puṇyān divyān guṇānvitān*[12] ||24|
supto yugasahasraṃ yaḥ prādurbhavati *kāryataḥ*[13] |
pūrṇe yugasahasre 'tha devadevo jagatpatiḥ ||25|
brahmā ca kapilaś caiva tryambakas tridaśās tathā |
devāḥ saptarṣayaś caiva nāgāś cāpsarasas tathā ||26|
sanatkumāraś ca mahānubhāvo |
manur mahātmā bhagavān *prajā*-[14]karaḥ |
purāṇadevo 'tha purāṇi cakre |
pradīptavaiśvānara-[15]*tulya*-[16]tejāḥ ||27|

3 V hanta **4** V pravakṣyāmi prādurbhāvaṃ dvijottamāḥ **5** V sahasrādi **6** V -śūrpa- **7** A dhruvaṃ **8** A -yajñaṃ bahiryajñaṃ **9** A annāśinaṃ **10** A munīśvarāḥ **11** C kāryavān **12** A asaṃkhyeyaguṇānvitān **13** AB vīryavān **14** A prabhā- **15** A rāṣṭrāṇi vaiśvānara- **16** V dīpta-

yo 'sau cārṇavamadhyastho naṣṭe sthāvarajaṅgame |
naṣṭe devāsuranare pranaṣṭoragarākṣase ||28|
yoddhukāmau durādharṣau tāv ubhau madhukaiṭabhau |
hatau *bhagavatā tena*[17] tayor *dattvāmitaṃ varam*[18] ||29|
purā kamalanābhasya svapataḥ sāgarāmbhasi |
puṣkare *tatra*[19] saṃbhūtā devāḥ sarṣigaṇās tathā ||30|
eṣa pauṣkarako nāma prādurbhāvo *mahātmanaḥ*[20] |
purāṇaṃ kathyate yatra *devaśruti-*[21]samāhitam ||31|
vārāhas tu *śrutimukhaḥ*[22] prādurbhāvo mahātmanaḥ |
yatra viṣṇuḥ suraśreṣṭho vārāhaṃ rūpam āsthitaḥ ||32|
[23]vedapādo yūpadaṃṣṭraḥ *kratudantaś citī-*[24]mukhaḥ |
agnijihvo darbharomā brahmaśīrṣo mahā-*tapāḥ*[25] ||33|
ahorātrekṣaṇo divyo vedāṅgaḥ śrutibhūṣaṇaḥ |
ājyanāsaḥ sruvatuṇḍaḥ sāmaghoṣasvaro mahān ||34|
satyadharmamayaḥ śrīmān kramavikramasatkṛtaḥ |
prāyaścitta-*nakho*[26] ghoraḥ paśu-*jānur*[27] mukhākṛtiḥ ||35|
udgatāntro homa-*liṅgo bījauṣadhimahāphalaḥ*[28] |
vādyantarātmā *mantrasphig vikṛtaḥ*[29] somaśoṇitaḥ ||36|
vediskandho havirgandho havyakavyātivegavān |
prāgvaṃśakāyo dyutimān nānādīkṣābhir anvitaḥ ||37|
dakṣiṇāhṛdayo yogī mahā-*sattramayo*[30] mahān |
upākarmāṣṭa-[31]rucakaḥ *pravargāvarta-*[32]bhūṣaṇaḥ ||38|
nānācchandogatipatho guhyopaniṣadāsanaḥ |
chāyāpatnīsahāyo 'sau maṇiśṛṅga ivotthitaḥ ||39|
mahīṃ sāgaraparyantāṃ saśailavanakānanām |
ekārṇavajalabhraṣṭām ekārṇavagataḥ prabhuḥ ||40|
daṃṣṭrayā yaḥ samuddhṛtya lokānāṃ hitakāmyayā |
sahasraśīrṣo lokādiś cakāra jagatīṃ punaḥ ||41|
evaṃ yajñavarāheṇa bhūtvā bhūtahitārthinā |
uddhṛtā pṛthivī devī sāgarāmbudharā purā ||42|
vārāha[33] eṣa kathito nārasiṃhas tato dvijāḥ |
yatra bhūtvā mṛgendreṇa hiraṇyakaśipur hataḥ ||43|
purā kṛtayuge *nāma*[34] surārir baladarpitaḥ |
daityānām ādipuruṣaś cakāra sumahat tapaḥ ||44|
daśa varṣasahasrāṇi śatāni daśa pañca ca |
japopavāsa-[35]*niratas tasthau maunavratasthitaḥ*[36] ||45|
tataḥ śamadamābhyāṃ ca brahmacaryeṇa caiva hi |
prīto 'bhavat tatas[37] tasya tapasā niyamena ca ||46|

17 C prabhavatānena **18** C dattvā varaṃ tataḥ **19** C yatra **20** V jagatpateḥ **21** AC vedastuti- **22** A tato jātaḥ **23** V. 213.33ab–213.39cd are printed as footnote in V. **24** C hastāśvinī- **25** A -bhayaḥ **26** A -mukho **27** A -vāyur **28** A -liṅgaḥ phalajīvamahauṣadhiḥ **29** A mastikyavikṛtaḥ **30** A -sattramaho **31** A upākarmo 'ṣṭa- C uvākarmāṣṭa- **32** A pravargyābala- **33** V varāha **34** V viprāḥ **35** AB jalopavāsa- **36** B niratas tasthau vābhojanaḥ śuciḥ C nirataḥ snānamaunadṛḍhavrataḥ **37** V brahmā prīto 'bhavat

taṃ vai svayaṃbhūr bhagavān svayam āgamya bho dvijāḥ |
vimānenārkavarṇena haṃsayuktena bhāsvatā ||47|
ādityair vasubhiḥ sārdhaṃ marudbhir daivatais tathā |
rudrair viśvasahāyaiś ca yakṣarākṣasakiṃnaraiḥ ||48|
diśābhiḥ pradiśābhiś ca nadībhiḥ sāgarais tathā |
nakṣatraiś ca muhūrtaiś ca khecaraiś ca mahāgrahaiḥ ||49|
devarṣibhis tapovṛddhaiḥ siddhair vidvadbhir eva ca |
rājarṣibhiḥ puṇyatamair gandharvair apsarogaṇaiḥ ||50|
carācaraguruḥ śrīmān vṛtaḥ sarvaiḥ surais tathā |
brahmā brahmavidāṃ śreṣṭho daityaṃ vacanam abravīt ||51|
brahmovāca:
prīto 'smi tava bhaktasya tapasānena suvrata |
varaṃ varaya bhadraṃ te yatheṣṭaṃ kāmam āpnuhi ||52|
hiraṇyakaśipur uvāca:
na devāsuragandharvā na yakṣoragarākṣasāḥ |
ṛṣayo vātha māṃ śāpaiḥ kruddhā lokapitāmaha ||53|
śapeyus tapasā yuktā vara eṣa vṛto mayā |
na śastreṇa na vāstreṇa giriṇā pādapena vā ||54|
na śuṣkeṇa na cārdreṇa na caivordhvaṃ na cāpy adhaḥ |
pāṇiprahāreṇaikena sabhṛtyabalavāhanam ||55|
yo māṃ nāśayituṃ śaktaḥ sa me mṛtyur bhaviṣyati |
bhaveyam aham evārkaḥ somo vāyur hutāśanaḥ ||56|
salilaṃ cāntarikṣaṃ ca ākāśaṃ caiva sarvaśaḥ |
ahaṃ krodhaś ca kāmaś ca varuṇo vāsavo yamaḥ |
dhanadaś ca dhanādhyakṣo yakṣaḥ kiṃpuruṣādhipaḥ ||57|
brahmovāca:
ete divyā varās tāta mayā dattās tavādbhutāḥ |
sarvān kāmān imāṃs tāta prāpsyasi tvaṃ na saṃśayaḥ ||58|
vyāsa uvāca:
evam uktvā tu bhagavāñ jagāmāśu pitāmahaḥ |
vairājaṃ brahmasadanaṃ brahmarṣigaṇasevitam ||59|
tato devāś ca nāgāś ca gandharvā munayas tathā |
varapradānaṃ *śrutvaiva*[38] pitāmaham upasthitāḥ ||60|
devā ūcuḥ:
vareṇānena bhagavan bādhiṣyati sa no 'suraḥ |
tat prasīdāśu bhagavan vadho 'py asya vicintyatām ||61|
bhagavan sarvabhūtānāṃ svayaṃbhūr ādikṛt prabhuḥ |
sraṣṭā ca havyakavyānām avyaktaṃ prakṛtir dhruvam ||62|
vyāsa uvāca:
tato lokahitaṃ vākyaṃ śrutvā devaḥ prajāpatiḥ |
provāca bhagavān vākyaṃ sarvadevagaṇāṃs tathā ||63|
brahmovāca:
avaśyaṃ tridaśās tena prāptavyaṃ tapasaḥ phalam |
tapaso 'nte ca bhagavān vadhaṃ viṣṇuḥ kariṣyati ||64|

38 A śrutvedaṃ

vyāsa uvāca:
etac chrutvā surāḥ sarve vākyaṃ paṅkajajanmanaḥ |
svāni sthānāni divyāni jagmus te vai mudānvitāḥ ||65|
labdhamātre vare cāpi sarvāḥ so 'bādhata prajāḥ |
hiraṇyakaśipur daityo varadānena darpitaḥ ||66|
āśrameṣu mahābhāgān munīn vai *saṃśita-*[39]vratān |
satyadharmaratān dāntāṃs tadā dharṣitavāṃs tathā ||67|
tridivasthāṃs tathā devān parājitya *mahābalaḥ*[40] |
trailokyaṃ vaśam ānīya svarge vasati so 'suraḥ ||68|
yadā varamadonmatto vicaran dānavo *bhuvi*[41] |
yajñīyān akarod daityān ayajñīyāś ca devatāḥ ||69|
ādityā vasavaḥ sādhyā viśve ca marutas *tathā*[42] |
śaraṇyaṃ śaraṇaṃ viṣṇum upatasthur mahābalam ||70|
devabrahmamayaṃ yajñaṃ brahmadevaṃ sanātanam |
bhūtaṃ bhavyaṃ bhaviṣyaṃ ca prabhuṃ lokanamaskṛtam |
nārāyaṇaṃ vibhuṃ devaṃ śaraṇyaṃ śaraṇaṃ gatāḥ ||71|
devā ūcuḥ:
trāyasva no 'dya deveśa hiraṇyakaśipor bhayāt |
tvaṃ hi naḥ paramo devas tvaṃ hi naḥ paramo guruḥ ||72|
tvaṃ hi naḥ paramo dhātā brahmādīnāṃ surottama |
utphullāmalapattrākṣa śatrupakṣakṣayaṃkara |
kṣayāya[43] ditivaṃśasya śaraṇaṃ tvaṃ bhavasva naḥ ||73|
vāsudeva uvāca:
bhayaṃ tyajadhvam amarā abhayaṃ vo dadāmy aham |
tathaiva tridivaṃ devāḥ *pratilapsyatha*[44] mā ciram ||74|
eṣo 'haṃ sagaṇaṃ daityaṃ varadānena darpitam |
a-*vadhyam*[45] amarendrāṇāṃ dānavendraṃ nihanmi tam ||75|
vyāsa uvāca:
evam uktvā tu bhagavān visṛjya tri-*daśeśvarān*[46] |
hiraṇyakaśipoḥ sthānam ājagāma mahābalaḥ ||76|
narasyārdhatanuṃ kṛtvā siṃhasyārdhatanuṃ *prabhuḥ*[47] |
nārasiṃhena vapuṣā pāṇiṃ saṃspṛśya pāṇinā ||77|
ghanajīmūtasaṃkāśo ghanajīmūtanisvanaḥ |
ghanajīmūtadīptaujā jīmūta iva vegavān ||78|
daityaṃ so 'tibalaṃ dṛṣṭvā dṛptaśārdūlavikramaḥ |
dṛptair daityagaṇair guptaṃ hatavān ekapāṇinā ||79|
nṛsiṃha eṣa kathito bhūyo *'yaṃ vāmanaḥ paraḥ*[48] |
yatra vāmanam āsthāya rūpaṃ daityavināśanam ||80|
baler balavato yajñe balinā viṣṇunā purā |
vikramais tribhir akṣobhyāḥ kṣobhitās te mahāsurāḥ ||81|

39 V śaṃsita- **40** V mahāsuraḥ **41** C divi **42** V tadā **43** A jayāya **44** C pratipadyata
45 C -vaśyam **46** B -diveśvarān **47** AB hariḥ **48** A 'sau vāmanas tataḥ

vipracittiḥ śivaḥ śaṅkur ayaḥśaṅkus tathaiva ca |
ayaḥśirā aśvaśirā hayagrīvaś ca vīryavān ||82|
vegavān ketumān ugraḥ *sogravyagro*[49] mahāsuraḥ |
puṣkaraḥ puṣkalaś caiva *śāśvo*[50] 'śvapatir eva ca ||83|
prahlādo 'śva-[51]patiḥ kumbhaḥ saṃhrādo *gamana-*[52]priyaḥ |
anuhrādo hari-*hayo*[53] *vārāhaḥ saṃharo 'nujaḥ*[54] ||84|
śarabhaḥ śalabhaś caiva *kupathaḥ*[55] krodhanaḥ krathaḥ |
bṛhatkīrtir mahājihvaḥ śaṅkukarṇo mahāsvanaḥ ||85|
dīptajihvo 'rkanayano *mṛga-*[56]pādo *mṛga-*[57]priyaḥ |
vāyur gariṣṭho namuciḥ *sambaro viskaro*[58] mahān ||86|
candrahantā krodhahantā krodhavardhana eva ca |
kālakaḥ kālakopaś ca vṛtraḥ krodho virocanaḥ ||87|
gariṣṭhaś ca variṣṭhaś ca pralambanarakāv ubhau |
indratāpanavātāpī ketumān baladarpitaḥ ||88|
asilomā pulomā ca bāṣkalaḥ pramado madaḥ |
svamiśraḥ[59] kāla-*vadanaḥ*[60] karālaḥ keśir eva ca ||89|
ekākṣaś candra-*mā*[61] rāhuḥ *saṃhrādaḥ sambaraḥ svanaḥ*[62] |
śataghnīcakrahastāś ca tathā muśalapāṇayaḥ ||90|
aśvayantrāyudhopetā bhindipālāyudhās tathā |
śūlolūkhalahastāś ca paraśvadhadharās tathā ||91|
pāśamudgarahastāś ca tathā parighapāṇayaḥ |
mahāśilāpraharaṇāḥ śūlahastāś ca dānavāḥ ||92|
nānāpraharaṇā ghorā nānā-*veśā*[63] mahābalāḥ |
kūrmakukkuṭavaktrāś ca śaśolūkamukhās tathā ||93|
kharoṣṭravadanāś caiva varāhavadanās tathā |
mārjāraśikhivaktrāś ca mahāvaktrās tathā pare ||94|
nakrameṣānanāḥ *śūrā*[64] gojāvimahiṣānanāḥ |
godhāśallakivaktrāś ca *kroṣṭu-*[65]vaktrāś ca dānavāḥ ||95|
ākhudarduravaktrāś ca ghorā vṛkamukhās tathā |
bhīmā makaravaktrāś ca krauñcavaktrāś ca dānavāḥ ||96|
aśvānanāḥ[66]kharamukhā mayūravadanās tathā |
gajendracarmavasanās tathā kṛṣṇājināmbarāḥ ||97|
cīrasaṃvṛtagātrāś ca tathā *nīlaka-*[67]vāsasaḥ |
uṣṇīṣiṇo mukuṭinas tathā kuṇḍalino 'surāḥ ||98|
kirīṭino lambaśikhāḥ kambu-*grīvāḥ*[68] suvarcasaḥ |
nānā-*veśa-*[69]dharā daityā nānāmālyānulepanāḥ ||99|
svāny āyudhāni saṃgṛhya *pradīptāni ca*[70] tejasā |
kramamāṇaṃ hṛṣīkeśam[71] upāvartanta sarvaśaḥ ||100|

49 A so vyagro hi **50** ASS corr. like V; V sāśvo **51** A prahlādaḥ sva- **52** A gagana- **53** A -harau **54** C varāhaḥ saṃhano rajaḥ **55** A kuśapaḥ **56** A mṛdu- **57** A mṛdu- **58** ABV śambaro vikṣaro **59** B svaśriyaḥ C khasṛmaḥ **60** A -damanaḥ B -nābhaś ca **61** C -hā **62** A saṃhrādo hrāda eva ca C saṃhrādaḥ śramaraḥ svamaḥ **63** V -deśā **64** V krūrā **65** AB krauṣṭu- **66** BCV garuḍānanāḥ [hypermetric] **67** AB phalaka- **68** A -kaṇṭhāḥ **69** V -veṣa- **70** A pradīptānīva **71** A kramamāṇe hṛṣīkeśa

pramathya sarvān daiteyān pādahastatalair vibhuḥ |
rūpaṃ kṛtvā mahābhīmaṃ *jahārāśu sa*[72] medinīm ||101|
tasya vikramato bhūmiṃ candrādityau stanāntare |
nabhaḥ prakramamāṇasya nābhyāṃ kila tathā sthitau ||102|
param ākramamāṇasya[73] jānudeśe vyavasthitau |
viṣṇor amitavīryasya vadanty evaṃ dvijātayaḥ ||103|
hṛtvā sa medinīṃ kṛtsnāṃ hatvā cāsurapuṃgavān |
dadau śakrāya vasudhāṃ *viṣṇur*[74] balavatāṃ varaḥ ||104|
eṣa vo vāmano nāma prādurbhāvo mahātmanaḥ |
vedavidbhir dvijair etat kathyate vaiṣṇavaṃ yaśaḥ ||105|
bhūyo *bhūtātmano*[75] viṣṇoḥ prādurbhāvo mahātmanaḥ |
dattātreya iti khyātaḥ kṣamayā parayā yutaḥ ||106|
tena naṣṭeṣu *vedeṣu*[76] *prakriyāsu*[77] makheṣu ca |
cāturvarṇye ca saṃkīrṇe dharme śithilatāṃ gate ||107|
ativardhati[78] cādharme satye naṣṭe 'nṛte sthite |
prajāsu śīryamāṇāsu dharme cākulatāṃ gate ||108|
sayajñāḥ sakriyā vedāḥ pratyānītā hi tena vai |
cāturvarṇyam asaṃkīrṇaṃ kṛtaṃ tena mahātmanā ||109|
tena haihayarājasya kārtavīryasya dhīmataḥ |
varadena varo datto dattātreyeṇa dhīmatā ||110|
etad bāhudvayaṃ yat te tat te mama *kṛte nṛpa*[79] |
śatāni daśa bāhūnāṃ bhaviṣyanti na saṃśayaḥ ||111|
pālayiṣyasi kṛtsnāṃ ca vasudhāṃ vasudheśvara |
durnirīkṣyo 'rivṛndānāṃ yuddhasthaś ca bhaviṣyasi ||112|
eṣa vo vaiṣṇavaḥ śrīmān prādurbhāvo 'dbhutaḥ śubhaḥ |
bhūyaś ca jāmadagnyo 'yaṃ prādurbhāvo mahātmanaḥ ||113|
yatra bāhusahasreṇa dviṣatāṃ durjayaṃ raṇe |
rāmo 'rjunam anīkasthaṃ jaghāna nṛpatiṃ prabhuḥ ||114|
rathasthaṃ pārthivaṃ rāmaḥ pātayitvārjunaṃ bhuvi |
dharṣayitvārjunaṃ rāmaḥ krośamānaṃ ca meghavat ||115|
kṛtsnaṃ bāhusahasraṃ ca ciccheda bhṛgunandanaḥ |
paraśvadhena dīptena *jñātibhiḥ sahitasya*[80] vai ||116|
kīrṇā kṣatriyakoṭībhir merumandarabhūṣaṇā |
triḥ saptakṛtvaḥ pṛthivī tena niḥ-*kṣatriyā*[81] kṛtā ||117|
kṛtvā niḥkṣatriyāṃ *caināṃ*[82] bhārgavaḥ sumahāyaśāḥ |
sarvapāpavināśāya vājimedhena ceṣṭavān ||118|
yasmin yajñe mahādāne dakṣiṇāṃ bhṛgunandanaḥ |
mārīcāya dadau prītaḥ kaśyapāya vasuṃdharām ||119|
vāraṇāṃs[83] turagāñ śubhrān rathāṃś ca rathināṃ varaḥ |
hiraṇyam akṣayaṃ dhenur gajendrāṃś ca *mahīpatiḥ*[84] ||120|

72 A jahārāsya tu **73** AB paramaṃ kramamāṇasya **74** A divaṃ **75** ABV bhūtātmako **76** C deveṣu **77** B prayāteṣu **78** B abhivardhati **79** A kṛto varaḥ **80** A jñātibhiḥ cārditasya **81** C -kṣatriyī **82** C caiva **83** C vāruṇāṃs **84** C mahāmatiḥ

dadau tasmin mahāyajñe vājimedhe mahāyaśāḥ |
adyāpi *ca*[85] hitārthāya lokānāṃ bhṛgunandanaḥ ||121|
caramāṇas tapo ghoraṃ jāmadagnyaḥ punaḥ prabhuḥ |
āste vai *devavac*[86] chrīmān mahendre parvatottame ||122|
eṣa viṣṇoḥ sureśasya śāśvatasyāvyayasya ca |
jāmadagnya iti khyātaḥ prādurbhāvo mahātmanaḥ ||123|
caturviṃśe yuge vāpi viśvāmitrapuraḥsaraḥ |
jajñe daśarathasyātha putraḥ padmāyatekṣaṇaḥ ||124|
kṛtvātmānaṃ mahābāhuś caturdhā prabhur īśvaraḥ |
loke rāma iti khyātas tejasā bhāskaropamaḥ ||125|
prasādanārthaṃ[87] lokasya rakṣasāṃ nigrahāya ca |
dharmasya ca vivṛddhyarthaṃ *jajñe*[88] tatra mahāyaśāḥ ||126|
tam apy āhur manuṣyendraṃ sarvabhūtahite ratam |
yaḥ samāḥ sarvadharmajñaś caturdaśa vane 'vasat ||127|
lakṣmaṇānucaro rāmaḥ *sarvabhūtahite rataḥ*[89] |
caturdaśa vane taptvā tapo varṣāṇi rāghavaḥ ||128|
rūpiṇī[90] tasya *pārśvasthā*[91] sīteti prathitā *jane*[92] |
pūrvoditā tu yā lakṣmīr bhartāram anugacchati ||129|
janasthāne vasan kāryaṃ tridaśānāṃ cakāra saḥ |
tasyāpakāriṇaṃ krūraṃ paulastyaṃ *manujarṣabhaḥ*[93] ||130|
sītāyāḥ padam anvicchan nijaghāna mahāyaśāḥ |
devāsuragaṇānāṃ ca yakṣarākṣasabhoginām ||131|
yatrāvadhyaṃ rākṣasendraṃ rāvaṇaṃ *yudhi*[94] durjayam |
yuktaṃ rākṣasakoṭībhir nīlāñjanacayopamam ||132|
trailokyadrāvaṇaṃ krūraṃ rāvaṇaṃ rākṣaseśvaram |
durjayaṃ dur-*dharaṃ*[95] dṛptaṃ śārdūlasamavikramam ||133|
durnirīkṣyaṃ suragaṇair varadānena darpitam |
jaghāna sacivaiḥ sārdhaṃ sasainyaṃ rāvaṇaṃ yudhi ||134|
mahābhragaṇasaṃkāśaṃ mahākāyaṃ mahābalam |
rāvaṇaṃ nijaghānāśu rāmo bhūtapatiḥ *purā*[96] ||135|
sugrīvasya kṛte yena vānarendro mahābalaḥ |
vālī vinihataḥ saṃkhye sugrīvaś cābhiṣecitaḥ ||136|
madhoś ca tanayo dṛpto lavaṇo nāma dānavaḥ |
hato madhuvane vīro varamatto mahāsuraḥ ||137|
yajñavighnakarau yena munīnāṃ bhāvitātmanām |
mārīcaś ca subāhuś ca balena balināṃ varau ||138|
nihatau ca nirāśau ca kṛtau tena mahātmanā |
samare yuddhaśauṇḍena tathānye cāpi rākṣasāḥ ||139|
virādhaś ca kabandhaś ca rākṣasau bhīmavikramau |
jaghāna puruṣavyāghro gandharvau śāpa-*mohitau*[97] ||140|

85 A tu **86** A vedavic **87** B prasādāyātha **88** AB jātas **89** A pitur ājñāparo dvijāḥ
90 B gṛhiṇī **91** B rāmasya **92** BC janaiḥ **93** A puruṣarṣabhāḥ B manujarṣabhāḥ
94 A bhuvi **95** A -modaṃ **96** V paraḥ **97** A -vikṣatau B -vīkṣitau

hutāśanārkāṃśutaḍidguṇābhaiḥ |
prataptajāmbūnadacitrapuṅkhaiḥ |
mahendravajrāśanitulyasārai |
ripūn sa rāmaḥ samare nijaghne[98] || 141 |
tasmai dattāni *śastrāṇi*[99] viśvāmitreṇa dhīmatā |
vadhārthaṃ devaśatrūṇāṃ durdharṣāṇāṃ surair api || 142 |
vartamāne makhe yena janakasya mahātmanaḥ |
bhagnaṃ māheśvaraṃ cāpaṃ krīḍatā līlayā purā || 143 |
etāni kṛtvā karmāṇi rāmo dharmabhṛtāṃ varaḥ |
daśāśvamedhāñ jārūthyān ājahāra nirargalān || 144 |
nāśrūyantāśubhā[100] vāco *nākulaṃ māruto vavau*[101] |
na vittaharaṇaṃ cāsīd rāme rājyaṃ praśāsati || 145 |
paridevanti vidhavā nānarthāś ca kadācana |
sarvam *āsīc chubhaṃ tatra*[102] rāme rājyaṃ praśāsati || 146 |
na prāṇināṃ bhayaṃ cāsīj jalāgnyanilaghātajam |
na cāpi vṛddhā bālānāṃ pretakāryāṇi cakrire || 147 |
brahmacaryaparaṃ[103] kṣatraṃ *viśas tu kṣatriye ratāḥ*[104] |
śūdrāś caiva hi varṇāṃs trīñ śuśrūṣanty anahaṃkṛtāḥ || 148 |
nāryo nātyacaran bhartṝn bhāryāṃ nātyacarat patiḥ |
sarvam āsīj jagad dāntaṃ *nirdasyur abhavan mahī*[105] || 149 |
rāma eko 'bhavad bhartā rāmaḥ pālayitābhavat |
āsan varṣasahasrāṇi tathā putrasahasriṇaḥ || 150 |
arogāḥ prāṇinaś cāsan rāme rājyaṃ praśāsati |
devatānām ṛṣīṇāṃ ca manuṣyāṇāṃ ca sarvaśaḥ || 151 |
pṛthivyāṃ *samavāyo*[106] 'bhūd rāme rājyaṃ praśāsati |
gāthām apy atra gāyanti ye purāṇavido janāḥ || 152 |
rāme nibaddhatattvārthā māhātmyaṃ tasya dhīmataḥ |
śyāmo[107] yuvā lohitākṣo dīptāsyo mitabhāṣitaḥ || 153 |
ājānubāhuḥ sumukhaḥ siṃhaskandho mahābhujaḥ |
daśa varṣasahasrāṇi rāmo rājyam akārayat || 154 |
ṛksāmayajuṣāṃ ghoṣo jyāghoṣaś ca mahātmanaḥ |
avyucchinno 'bhavad rāṣṭre dīyatāṃ bhujyatām iti || 155 |
sattvavān guṇasaṃpanno dīpyamānaḥ svatejasā |
ati candraṃ ca sūryaṃ ca rāmo dāśarathir babhau || 156 |
īje kratuśataiḥ puṇyaiḥ samāptavaradakṣiṇaiḥ |
hitvāyodhyāṃ divaṃ yāto rāghavo hi mahābalaḥ || 157 |
evam eva mahābāhur ikṣvākukulanandanaḥ |
rāvaṇaṃ sagaṇaṃ hatvā divam ācakrame vibhuḥ || 158 |
aparaḥ keśavasyāyaṃ prādurbhāvo mahātmanaḥ |
vikhyāto māthure kalpe sarvalokahitāya vai || 159 |

98 C śaraiḥ śarīreṇa viyojito balāt **99** A śāstrāṇi **100** V nāsūyantāśubhā **101** A maruto nāsukhā vavuḥ **102** C āsīj jagad dāntaṃ **103** A brahma paryacarat **104** C viśaḥ kṣatram anuvratāḥ **105** AB rāme rājyaṃ praśasati **106** A saha vāso **107** V rāmo

yatra śālvaṃ ca caidyaṃ ca kaṃsaṃ dvividam eva ca |
ariṣṭaṃ vṛṣabhaṃ keśiṃ pūtanāṃ daityadārikām || 160 |
nāgaṃ kuvalayāpīḍaṃ cāṇūraṃ muṣṭikaṃ tathā |
daityān mānuṣa-*dehena*[108] sūdayām āsa vīryavān || 161 |
chinnaṃ bāhusahasraṃ ca bāṇasyādbhutakarmaṇaḥ |
narakaś ca hataḥ saṃkhye yavanaś ca mahābalaḥ || 162 |
hṛtāni ca mahīpānāṃ sarvaratnāni tejasā |
dur-*ācārāś*[109] ca nihitāḥ pārthivā ye mahītale || 163 |
eṣa lokahitārthāya prādurbhāvo mahātmanaḥ |
kalkī viṣṇuyaśā nāma *śambhala*-[110]grāmasaṃbhavaḥ || 164 |
sarvalokahitārthāya bhūyo devo mahāyaśāḥ |
ete cānye ca bahavo divyā devagaṇair vṛtāḥ || 165 |
prādurbhāvāḥ purāṇeṣu gīyante brahmavādibhiḥ |
yatra devā vimuhyanti prādurbhāvānukīrtane || 166 |
purāṇaṃ vartate yatra *veda*-[111]śrutisamāhitam |
etad uddeśamātreṇa prādurbhāvānukīrtanam || 167 |
kīrtitaṃ kīrtanīyasya sarvalokaguror vibhoḥ |
prīyante pitaras tasya prādurbhāvānukīrtanāt || 168 |
viṣṇor amitavīryasya yaḥ śṛṇoti kṛtāñjaliḥ || 169 |
etāś ca yogeśvarayogamāyāḥ |
śrutvā naro mucyati sarvapāpaiḥ |
ṛddhiṃ samṛddhiṃ vipulāṃś ca bhogān |
prāpnoti śīghraṃ bhagavatprasādāt || 170 |
evaṃ mayā muniśreṣṭhā viṣṇor amitatejasaḥ |
sarvapāpaharāḥ puṇyāḥ prādurbhāvāḥ prakīrtitāḥ || 171 |

iti śrīmahāpurāṇe ādibrāhme viṣṇoḥ prādurbhāvānukīrtanaṃ nāma trayodaśādhikadviśatatamo 'dhyāyaḥ

munaya ūcuḥ:
na tṛptim adhigacchāmaḥ puṇyadharmāmṛtasya *ca*[1] |
mune tvanmukhagītasya tathā kautūhalaṃ hi naḥ || 214.1 |
utpattiṃ pralayaṃ caiva bhūtānāṃ karmaṇo gatim |
vetsi sarvaṃ mune tena pṛcchāmas tvāṃ mahā-*matim*[2] || 2 |
śrūyate yamalokasya mārgaḥ parama-*durgamaḥ*[3] |
duḥkhakleśakaraḥ śaśvat sarvabhūtabhayāvahaḥ || 3 |
kathaṃ tena narā yānti mārgeṇa yamasādanam |
pramāṇaṃ caiva mārgasya brūhi no vadatāṃ vara || 4 |
mune pṛcchāma sarvajña brūhi sarvam aśeṣataḥ |
kathaṃ narakaduḥkhāni nāpnuvanti *narān*[4] mune || 5 |
kenopāyena dānena dharmeṇa niyamena ca |
mānuṣasya ca yāmyasya lokasya kiyad antaram || 6 |

108 C -dehasthān **109** A -ādharṣāś **110** C sambhala- **111** A deva- **1** V tu **2** V -mune
3 AB -dustaraḥ **4** V narā

kathaṃ ca svargatiṃ yānti narakaṃ kena karmaṇā[5] |
svargasthānāni kiyanti[6] kiyanti narakāṇi ca ||7|
kathaṃ sukṛtino yānti kathaṃ duṣkṛtakāriṇaḥ |
kiṃ rūpaṃ kiṃ pramāṇaṃ vā ko varṇas tūbhayor api |
jīvasya *nīyamānasya yamalokaṃ*[7]bravīhi naḥ ||8|
vyāsa uvāca:
śṛṇudhvaṃ muniśārdūlā vadato mama suvratāḥ |
saṃsāracakram ajaraṃ sthitir yasya na vidyate ||9|
so 'haṃ vadāmi vaḥ sarvaṃ yamamārgasya nirṇayam |
utkrāntikālād ārabhya yathā nānyo vadiṣyati ||10|
svarūpaṃ caiva mārgasya yan māṃ pṛcchatha sattamāḥ |
yamalokasya cādhvānam antaraṃ mānuṣasya ca ||11|
yojanānāṃ sahasrāṇi ṣaḍaśītis tad antaram |
taptatāmram ivātaptaṃ *tad adhvānam udāhṛtam*[8] ||12|
tad avaśyaṃ hi gantavyaṃ prāṇibhir jīva-*saṃjñakaiḥ*[9] |
puṇyān puṇyakṛto yānti pāpān pāpakṛto *'dhamāḥ*[10] ||13|
dvāviṃśatiś ca narakā yamasya viṣaye sthitāḥ |
yeṣu duṣkṛtakarmāṇo vipacyante pṛthak pṛthak ||14|
narako rauravo raudraḥ śūkaras tāla eva ca |
kumbhīpāko mahāghoraḥ śālmalo 'tha vimohanaḥ ||15|
kīṭādaḥ kṛmibhakṣaś ca *nālābhakṣo*[11] bhramas tathā |
nadyaḥ pūyavahāś cānyā rudhirāmbhas tathaiva ca ||16|
agnijvālo mahā-*ghoraḥ*[12] saṃdaṃśaḥ śunabhojanaḥ |
ghorā vaitaraṇī caiva asipattravanaṃ tathā ||17|
na tatra vṛkṣacchāyā *vā*[13] na taḍāgāḥ sarāṃsi ca |
na vāpyo dīrghikā vāpi na kūpo na *prapā sabhā*[14] ||18|
na maṇḍapo nāyatanaṃ na *nadyo na ca*[15] parvatāḥ |
na kiṃcid āśramasthānaṃ vidyate tatra vartmani ||19|
yatra viśramate śrāntaḥ puruṣo *atīvakarṣitaḥ*[16] |
avaśyam eva gantavyaḥ sa sarvais tu mahāpathaḥ ||20|
prāpte kāle tu saṃtyajya suhṛdbandhudhanādikam |
jarāyujāṇḍajāś caiva svedajāś codbhijās tathā ||21|
jaṅgamājaṅgamāś caiva gamiṣyanti mahāpatham |
devāsuramanuṣyaiś ca vaivasvatavaśānugaiḥ ||22|
strīpuṃnapuṃsakaiś caiva pṛthivyāṃ jīvasaṃjñitaiḥ |
pūrvāhṇe cāparāhṇe vā madhyāhne vā tathā punaḥ ||23|
saṃdhyākāle 'rdharātre vā pratyūṣe vāpy upasthite |
vṛddhair vā *madhyamair vāpi*[17] yauvanasthais tathaiva ca ||24|
garbhavāse 'tha bālye vā gantavyaḥ sa mahāpathaḥ |
pravāsasthair[18] gṛhasthair vā *parvatasthaiḥ*[19] sthale 'pi vā ||25|

5 C karmaṇā kena narakaṃ svargaṃ vā manujā mune **6** V kiyanti svargasthānāni **7** B niyamāṃs tasya yamaloke **8** A etan mārga udāhṛtaḥ **9** C -saṃkṣaye **10** V narāḥ **11** Ass corr. like V; V lālābhakṣo **12** A -raudraḥ **13** V ca **14** A nadī plavāḥ **15** A codyānaṃ na **16** B vātakarṣitaḥ V 'dhvani karṣitaḥ **17** V madhyamaiś cāpi **18** A vānaprasthair **19** V vanasthair vā

kṣetrasthair vā jalasthair vā gṛhamadhyagatais tathā |
āsīnaiś cāsthitair vāpi śayanīyagatais tathā ||26|
jāgradbhir vā prasuptair vā gantavyaḥ sa mahāpathaḥ |
ihānubhūya nirdiṣṭam āyur jantuḥ svayaṃ tadā ||27|
tasyānte ca svayaṃ prāṇair anicchann api mucyate |
jalam agnir viṣaṃ śastraṃ kṣud vyādhiḥ patanaṃ gireḥ ||28|
nimittaṃ kiṃcid āsādya dehī prāṇair vimucyate |
vihāya sumahat kṛtsnaṃ śarīraṃ pāñcabhautikam ||29|
anyac charīram ādatte yātanīyaṃ svakarmajam |
[[20]tanmātraguṇasaṃyuktam ātmadehapramāṇataḥ |]
dṛḍhaṃ[21] śarīram āpnoti sukha-*duḥkhopabhuktaye*[22] ||30|
tena bhuṅkte sa kṛcchrāṇi pāpakartā naro bhṛśam |
sukhāni dhārmiko hṛṣṭa iha nīto *yamakṣaye*[23] ||31|
ūṣmā prakupitaḥ kāye tīvra-*vāyu*-[24]samīritaḥ |
bhinatti marmasthānāni dīpyamāno nir-*andhanaḥ*[25] ||32|
udāno nāma pavanas tataś cordhvaṃ pravartate |
bhujyatām[26] ambubhakṣyāṇām adhogatinirodhakṛt ||33|
tato yenāmbudānāni kṛtāny annarasās tathā |
dattāḥ sa tasyām āhlādam āpadi pratipadyate[27] ||34|
annāni yena dattāni śraddhāpūtena cetasā |
so 'pi tṛptim avāpnoti vināpy annena vai tadā ||35|
yenānṛtāni noktāni prītibhedaḥ kṛto na ca |
āstikaḥ śraddadhānaś ca sukhamṛtyuṃ *sa gacchati*[28] ||36|
devabrāhmaṇapūjāyāṃ *niratāś*[29] cānasūyakāḥ |
śuklā vadānyā hrīmantas te narāḥ sukhamṛtyavaḥ ||37|
yaḥ kāmān nāpi saṃrambhān na dveṣād dharmam utsṛjet |
yathoktakārī saumyaś ca sa sukhaṃ mṛtyum ṛcchati ||38|
vāridās tṛṣitānāṃ ye kṣudhitānnapradāyinaḥ |
prāpnuvanti narāḥ kāle mṛtyuṃ sukhasamanvitam ||39|
śītaṃ jayanti dhanadās tāpaṃ *candana*-[30]dāyinaḥ |
prāṇaghnīṃ[31] vedanāṃ kaṣṭāṃ ye *cānyodvega*-[32]*dhāriṇaḥ*[33] ||40|
mohaṃ[34] jñānapradātāras tathā dīpapradās tamaḥ |
kūṭasākṣī mṛṣāvādī *yo gurur nānuśāsti vai*[35] ||41|
te mohamṛtyavaḥ sarve tathā ye vedanindakāḥ |
vibhīṣaṇāḥ pūtigandhāḥ kūṭamudgarapāṇayaḥ ||42|
āgacchanti[36] durātmāno yamasya puruṣās *tathā*[37] |
prāpteṣu dṛkpathaṃ teṣu jāyate tasya vepathuḥ ||43|
krandaty aviratāḥ so 'tha bhrātṛmātṛ-*pitṝṃs*[38] tathā |
sā tu vāg asphuṭā viprā ekavarṇā vibhāvyate ||44|

20 A ins. **21** A iṣṭaṃ **22** A -duḥkhānubhūtaye **23** A yamālaye **24** A -vāta- **25** V -indhanaḥ **26** V bhuktānām [ASS corr. like V] **27** V dāraiḥ putrais tathā cānyais teṣu vipratipadyate **28** C samṛcchati **29** V ye ratāś **30** A pavana- **31** A prāṇito B prāṇino **32** A cānye 'droha- **33** AC kāriṇaḥ **34** V mohe **35** A yo 'dharmam anuśāsti vai V ye ca prāṇaharās tathā **36** C āgacchanto **37** A tadā **38** V -pitṝṃs

dṛṣṭir *vibhrāmyate trāsāt*[39] *kāsāvṛṣṭy aty*[40]*athānanam*[41] |
tataḥ sa[42] vedanāviṣṭaṃ tac charīraṃ vimuñcati ||45|
vāyvagrasārī[43] tadrūpadeham anyat prapadyate |
tatkarmayātanārthe ca na mātṛpitṛsaṃbhavam ||46|
tat-*pramāṇavayovasthāsaṃsthānaiḥ*[44] prāpyate vyathā |
tato dūto yamasyātha pāśair badhnāti dāruṇaiḥ ||47|
jantoḥ saṃprāptakālasya *vedanārtasya*[45] vai bhṛśam |
bhūtaiḥ saṃtyaktadehasya kaṇṭhaprāptānilasya ca ||48|
śarīrāc cyāvito jīvo roravīti[46] tatholbaṇam |
nirgato vāyubhūtas tu *ṣāṭkauśika*-[47]kalevare ||49|
mātṛbhiḥ pitṛbhiś caiva bhrātṛbhir *mātulais tathā*[48] |
dāraiḥ putrair vayasyaiś ca *gurubhis*[49] tyajyate bhuvi ||50|
dṛśyamānaś ca tair dīnair aśrupūrṇekṣaṇair bhṛśam |
svaśarīraṃ samutsṛjya vāyubhūtas tu gacchati ||51|
andhakāram apāraṃ *ca*[50] mahāghoraṃ tamovṛtam |
sukhaduḥkhapradātāraṃ durgamaṃ pāpakarmaṇām ||52|
duḥsahaṃ ca *durantaṃ*[51] ca durnirīkṣaṃ durāsadam |
durāpam atidurgaṃ ca pāpiṣṭhānāṃ sadāhitam ||53|
kṛṣyamāṇāś ca tair *bhūtair*[52] yāmyaiḥ pāśais tu saṃyatāḥ |
mudgarais tāḍyamānāś ca nīyante *taṃ mahāpatham*[53] ||54|
kṣīṇāyuṣaṃ samālokya prāṇinaṃ *cāyuṣakṣaye*[54] |
ninīṣavaḥ samāyānti yamadūtā bhayaṃkarāḥ ||55|
ārūḍhā yānakāle tu ṛkṣavyāghrakhareṣu ca |
uṣṭreṣu vānareṣv anye vṛścikeṣu vṛkeṣu ca ||56|
ulūkasarpa-*mārjāraṃ tathānye*[55] gṛdhravāhanāḥ |
śyenaśṛgālam ārūḍhāḥ *saraghā*-[56]kaṅkavāhanāḥ ||57|
varāhapaśuvetālamahiṣāsyās tathā pare |
nānārūpadharā ghorāḥ sarvaprāṇibhayaṃkarāḥ ||58|
dīrghamuṣkāḥ[57] karālāsyā vakranāsās trilocanāḥ |
mahāhanu-*kapolāsyāḥ*[58] pralambadaśanacchadāḥ ||59|
nirgatair vikṛtākārair daśanair aṅkuropamaiḥ |
māṃsaśoṇitadigdhāṅgā daṃṣṭrābhir bhṛśam ulbaṇaiḥ ||60|
mukhaiḥ pātālasadṛśair jvalajjihvair bhayaṃkaraiḥ |
netraiḥ suvikṛtākārair jvalatpiṅgalacañcalaiḥ ||61|
mārjārolūkakhadyotaśakra-*gopavad uddhataiḥ*[59] |
kekaraiḥ[60] saṃkulais stabdhair locanaiḥ pāvakopamaiḥ ||62|
bhṛśam ābharaṇair bhīmair ābaddhair bhujagopamaiḥ |
śoṇāsaralagātraiś ca muṇḍamālā-*vibhūṣitaiḥ*[61] ||63|

39 A vibhrāntanetrā sā **40** ASS corr. *kāsāviṣṭam.* **41** A kāsocchvāsena vepitam V kāsocchvāsaviceṣṭitaḥ **42** A antaś ca **43** V bāhyaprasārī **44** A -pramāṇā vayovasthāśarīraiḥ **45** AB vedanās tasya **46** AB śarīrād apanīto 'sau jīvo rauti **47** C ṣāṭkauṣika- **48** AB mātulādibhiḥ **49** A rudadbhis **50** C taṃ **51** AB sudūraṃ **52** B hṛṣṭair **53** A yamasādanam **54** V cāyuṣaḥ kṣaye **55** V -mārjāravāhanā **56** C khañjarī- **57** V dīrghānanāḥ **58** A -kapālāsyāḥ **59** AB -cāpair ivodgataiḥ **60** V cikuraiḥ **61** A -vibhūṣaṇaiḥ

kaṇṭhasthakṛṣṇasarpaiś ca phūtkāraravabhīṣaṇaiḥ |
vahnijvālopamaiḥ keśaiḥ stabdha-*rukṣair*[62] bhayaṃkaraiḥ ||64|
babhrupiṅgala-*lolaiś*[63] ca kadruśmaśrubhir āvṛtāḥ |
bhujadaṇḍair mahāghoraiḥ pralambaiḥ parighopamaiḥ ||65|
kecid dvibāhavas tatra tathānye ca caturbhujāḥ |
dviraṣṭabāhavaś cānye daśaviṃśabhujās tathā ||66|
asaṃkhyātabhujāś cānye kecid bāhusahasriṇaḥ |
āyudhair *vikṛtākāraiḥ*[64] prajvaladbhir bhayānakaiḥ ||67|
śaktitomaracakrādyaiḥ sudīptair vividhāyudhaiḥ |
pāśaśṛṅkhaladaṇḍaiś ca *bhīṣayanto*[65] mahābalāḥ ||68|
āgacchanti mahāraudrā martyānām āyuṣaḥ kṣaye |
grahītuṃ[66] prāṇinaḥ sarve yamasyājñākarās tathā ||69|
yat tac charīram ādatte yātanīyaṃ svakarmajam |
tad asya[67] nīyate jantor yamasya sadanaṃ prati ||70|
baddhvā tat kālapāśaiś ca nigaḍair vajraśṛṅkhalaiḥ |
tāḍayitvā bhṛśaṃ kruddhair nīyate yamakiṃkaraiḥ ||71|
praskhalantaṃ rudantaṃ ca[68] ākrośantaṃ muhur muhuḥ |
hā tāta *mātaḥ putreti vadantaṃ karmadūṣitam*[69] ||72|
āhatya niśitaiḥ śūlair mudgarair niśitair ghanaiḥ |
khaḍgaśaktiprahāraiś ca vajradaṇḍaiḥ sudāruṇaiḥ ||73|
bhartsyamāno mahārāvair vajraśaktisamanvitaiḥ |
ekaikaśo bhṛśaṃ kruddhais tāḍayadbhiḥ samantataḥ ||74|
sa muhyamāno duḥkhārtaḥ pratapaṃś ca itas tataḥ |
ākṛṣya nīyate jantur adhvānaṃ subhayaṃkaraiḥ ||75|
kuśakaṇṭakavalmīkaśaṅkupāṣāṇaśarkare |
[70]tathā pradīptajvalane kṣāra-*vajra*-[71]śatotkaṭe ||76|
pradīptādityataptena dahyamānas tadaṃśubhiḥ |
kṛṣyate yamadūtaiś ca śivāsaṃnādabhīṣaṇaiḥ ||77|
vikṛṣyamāṇas tair ghorair bhakṣyamāṇaḥ śivāśataiḥ |
prayāti dāruṇe mārge pāpakarmā yamālayam ||78|
kvacid bhītaiḥ kvacit trastaiḥ praskhaladbhiḥ kvacit kvacit |
duḥkhenākrandamānaiś[72] ca gantavyaḥ sa mahāpathaḥ ||79|
nirbhartsyamānair udvignair vidrutair bhayavihvalaiḥ |
kampamāna-[73]śarīrais tu gantavyaṃ jīvasaṃjñakaiḥ ||80|
kaṇṭakākīrṇamārgeṇa saṃtaptasikatena *ca*[74] |
dahyamānais tu gantavyaṃ narair dānavivarjitaiḥ ||81|
medaḥśoṇitadurgandhair *bastagātraiś ca pūgaśaḥ*[75] |
dagdhasphuṭa-*tvacākīrṇair*[76] gantavyaṃ jīvaghātakaiḥ ||82|
[77]kūjadbhiḥ krandamānaiś ca vikrośadbhiś ca visvaram |
vedanārtaiś ca sadbhiś ca gantavyaṃ jīvaghātakaiḥ ||83|

62 V -rūkṣair **63** V -lomaiś **64** V vividhākāraiḥ **65** AB cāpahastā **66** AB gṛhītvā
67 AB tadāsya **68** A kṛtvā vajramayaṃ kāyam **69** C putra māteti hā kalatreti cāsakṛt
70 V om. **71** C -darśa- **72** A duḥkhenākramyamāṇaiś **73** V kvathyamāna- **74** V vā
75 AV viṣṭhāmūtrānulepanaiḥ **76** BC -rujākīrṇair **77** AB om. 214.83–84.

śaktibhir bhindipālaiś ca khaḍgatomarasāyakaiḥ |
bhidyadbhis tīkṣṇaśūlāgrair gantavyaṃ jīvaghātakaiḥ ||84|
śvānair[78] vyāghrair vṛkaiḥ kaṅkair *bhakṣyamāṇaiś*[79] ca pāpibhiḥ ||85|
[[80]sa hi pāṣāṇasaṃkīrṇair bhidyamānaḥ samantataḥ |]
kṛntadbhiḥ krakacāghātair gantavyaṃ māṃsakhādibhiḥ |
mahiṣarṣabhaśṛṅgāgrair bhidyamānaiḥ samantataḥ ||86|
ullikhadbhiḥ[81] śūkaraiś ca gantavyaṃ māṃsakhādakaiḥ |
sūcībhramara-*kākola-*[82]*makṣikābhiś ca saṃghaśaḥ*[83] ||87|
bhujyamānaiś ca gantavyaṃ pāpiṣṭhair *madhu-*[84]ghātakaiḥ |
viśvastaṃ svāminaṃ mitraṃ striyaṃ vā yas tu ghātayet ||88|
śastrair nikṛtyamānaiś ca gantavyaṃ cāturair naraiḥ |
ghātayanti ca ye jantūṃs tāḍayanti nirāgasaḥ ||89|
rākṣasair bhakṣyamāṇās te yānti yāmyapathaṃ narāḥ |
ye haranti *parastrīṇāṃ*[85] *varaprāvaraṇāni*[86] ca ||90|
te yānti vidrutā *nagnāḥ*[87] pretībhūtā yamālayam |
vāso dhānyaṃ hiraṇyaṃ vā gṛhakṣetram athāpi vā ||91|
ye haranti durātmānaḥ pāpiṣṭhāḥ pāpakarmiṇaḥ |
pāṣāṇair laguḍair daṇḍais tāḍyamānais tu jarjaraiḥ ||92|
vahadbhiḥ śoṇitaṃ bhūri gantavyaṃ tu yamālayam |
brahmasvaṃ ye[88] harantīha *narā narakanirbhayāḥ*[89] ||93|
tāḍayanti tathā viprān ākrośanti narādhamāḥ |
śuṣkakāṣṭhanibaddhās te chinnakarṇākṣināsikāḥ ||94|
pūyaśoṇitadigdhās te kālagṛdhraiś ca jambukaiḥ |
kiṃkarair bhīṣaṇaiś caṇḍais tāḍyamānāś ca dāruṇaiḥ ||95|
vikrośamānā gacchanti pāpinas te yamālayam |
evaṃ paramadurdharṣam adhvānaṃ jvalanaprabham ||96|
rauravaṃ durgaviṣamaṃ nirdiṣṭaṃ mānuṣasya ca |
prataptatāmravarṇābhaṃ vahnijvālā-*sphuliṅgavat*[90] ||97|
kuraṇṭakaṇṭakākīrṇaṃ *pṛthuvikaṭa-*[91]*tāḍanaiḥ*[92] |
śaktivajraiś ca saṃkīrṇam ujjvalaṃ tīvrakaṇṭakam ||98|
aṅgāravālukāmiśraṃ vahnikīṭakadurgamam |
jvālāmālākulaṃ raudraṃ *sūryaraśmi-*[93]pratāpitam ||99|
adhvānaṃ nīyate dehī kṛṣyamāṇaḥ suniṣṭhuraiḥ |
yadaiva krandate jantur duḥkhārtaḥ *patitaḥ*[94] kvacit ||100|
tadaivāhanyate sarvair āyudhair yamakiṃkaraiḥ |
evaṃ saṃtāḍyamānaś ca lubdhaḥ pāpeṣu yo 'nayaḥ ||101|
avaśo nīyate jantur durdharair yamakiṃkaraiḥ |
sarvair eva hi gantavyam adhvānaṃ tat sudurgamam ||102|
nīyate vividhair ghorair yamadūtair avajñayā |
nītvā su-*dāruṇaṃ*[95] mārgaṃ prāṇinaṃ yamakiṃkaraiḥ ||103|

78 A śvabhir **79** V bhakṣyamāṇaś **80** V ins. **81** AB uttiṣṭhadbhiḥ **82** V -kālola- **83** AB makṣikābhiḥ sahasraśaḥ **84** C madya- **85** A dhanaṃ strīṇāṃ **86** V vastraprāvaraṇāni **87** A bhagnāḥ **88** A devadravyaṃ **89** AB gurubhūmiṃ tathaiva ca **90** V -sphuliṅgakam **91** A vṛthā vikaṭa- C vṛṣāvikaṭa- V vikaṭapṛthu- **92** B raṅkuraiḥ C maṅkuraiḥ **93** AB dīptasūrya- **94** AC patate **95** V -durgamaṃ

praveśyate purīṃ ghorāṃ tāmrāyasamayīṃ dvijāḥ |
sā purī *vipulākārā*[96] lakṣayojanam āyatā ||104|
caturasrā vinirdiṣṭā[97] caturdvāravatī śubhā |
prākārāḥ kāñcanās *tasyā*[98] yojanāyutam ucchritāḥ ||105|
indranīlamahānīlapadmarāgopaśobhitā |
sā purī vividhaiḥ saṃghair ghorā ghoraiḥ samākulā ||106|
devadānavagandharvair yakṣarākṣasapannagaiḥ |
pūrvadvāraṃ śubhaṃ tasyāḥ patākāśataśobhitam ||107|
vajrendranīlavaidūryamuktāphalavibhūṣitam |
gītanṛtyaiḥ samākīrṇaṃ gandharvāpsarasāṃ gaṇaiḥ ||108|
praveśas tena devānām ṛṣīṇāṃ yogināṃ tathā |
gandharvasiddhayakṣāṇāṃ vidyādharavisarpiṇām ||109|
uttaraṃ *nagaradvāraṃ*[99] ghaṇṭācāmarabhūṣitam |
chattracāmaravinyāsaṃ nānāratnair alaṃkṛtam ||110|
vīṇā-*reṇu*-[100]ravai ramyair gītamaṅgala-*nāditaiḥ*[101] |
ṛgyajuḥsāmanirghoṣair[102] munivṛndasamākulam ||111|
viśanti yena dharmajñāḥ satyavrataparāyaṇāḥ |
grīṣme vāripradā ye ca śīte cāgnipradā narāḥ ||112|
śrāntasaṃvāhakā ye ca priyavādaratāś ca ye |
ye ca dānaratāḥ śūrā *mātāpitṛparāś ca ye*[103] ||113|
dvijaśuśrūṣaṇe yuktā nityaṃ ye 'tithipūjakāḥ |
paścimaṃ tu mahādvāraṃ puryā ratnair vibhūṣitam ||114|
vicitramaṇi-*sopānaṃ tomaraiḥ*[104] samalaṃkṛtam |
bherīmṛdaṅgasaṃnādaiḥ śaṅkhakāhalanāditam ||115|
siddhavṛndaiḥ sadā hṛṣṭair maṅgalaiḥ praṇināditam |
praveśas tena hṛṣṭānāṃ śivabhaktimatāṃ nṛṇām ||116|
sarvatīrthaplutā ye ca pañcāgner ye ca sevakāḥ |
prasthāne ye mṛtā vīrā *mṛtāḥ kālañjare*[105] girau ||117|
agnau[106] vipannā ye vīrāḥ sādhitaṃ yair anāśakam |
ye svāmimitralokārthe gograhe saṃkule hatāḥ ||118|
te viśanti narāḥ śūrāḥ paścimena tapodhanāḥ |
puryāṃ *tasyā*[107] mahāghoraṃ sarvasattvabhayaṃkaram ||119|
hāhākārasamākruṣṭaṃ dakṣiṇaṃ dvāram īdṛśam |
andha-*kārasamāyuktaṃ*[108] tīkṣṇaśṛṅgaiḥ samanvitam ||120|
kaṇṭakair vṛścikaiḥ sarpair vajrakīṭaiḥ sudurgamaiḥ |
vilumpadbhir vṛkair vyāghrair ṛkṣaiḥ siṃhaiḥ sajambukaiḥ ||121|
śvānamārjāragṛdhraiś ca sajvālakavalair mukhaiḥ |
praveśas tena vai nityaṃ *sarveṣām*[109] *apakāriṇām*[110] ||122|
ye ghātayanti viprān gā bālaṃ vṛddhaṃ tathāturam |
śaraṇāgataṃ *viśvastaṃ*[111]striyaṃ mitraṃ nirāyudham ||123|

96 C vividhākārā **97** C catuṣpathavinirdiṣṭā **98** V tasyāṃ **99** AB tu varadvāraṃ V tu varaṃ dvāraṃ **100** V -veṇu- **101** V -nāditam **102** B yajuḥsāmātharvaghoṣair **103** A mātṛbhaktiparāyaṇāḥ V mātāpitṛvarāś ca ye **104** B -sopānam amaraiḥ **105** AB mṛtā ye patane **106** B jale **107** V tasyāṃ **108** C -kāraṃ nirālokaṃ **109** ABV sarveṣāṃ **110** AB pāpakāriṇām V pāpakarmaṇām **111** V suviśvastaṃ [hypermetric]

ye 'gamyāgāmino mūḍhāḥ paradravyāpahāriṇaḥ |
nikṣepasyāpahartāro viṣavahnipradāś ca ye ||124|
parabhūmiṃ gṛhaṃ śayyāṃ vastrālaṃkārahāriṇaḥ |
pararandhreṣu ye krūrā ye sadānṛtavādinaḥ ||125|
grāmarāṣṭrapurasthāne[112] mahāduḥkha-*pradā hi ye*[113] |
kūṭasākṣipradātāraḥ kanyā-*vikrayakārakāḥ*[114] ||126|
abhakṣyabhakṣaṇaratā ye gacchanti sutāṃ snuṣām |
mātaraṃ *pitaraṃ*[115] caiva ye *vadanti ca pauruṣam*[116] ||127|
anye ye caiva nirdiṣṭā mahāpātakakāriṇaḥ |
dakṣiṇena tu te sarve dvāreṇa praviśanti vai ||128|

iti śrīmahāpurāṇe ādibrāhme vyāsarṣisaṃvāde yamalokasya mārgasvarūpākhyāna-[117] nirūpaṇaṃ nāma caturdaśādhikadviśatatamo 'dhyāyaḥ

munaya ūcuḥ:
kathaṃ dakṣiṇamārgeṇa *viśanti pāpinaḥ*[1] puram |
śrotum icchāma tad brūhi vistareṇa tapodhana ||215.1|
vyāsa uvāca:
sughoraṃ[2] tan mahāghoraṃ dvāraṃ vakṣyāmi bhīṣaṇam |
nānāśvāpadasaṃkīrṇaṃ śivāśatanināditam ||2|
phetkāraravasaṃyuktam agamyaṃ lomaharṣaṇam |
bhūtapretapiśācaiś ca vṛtaṃ cānyaiś ca rākṣasaiḥ ||3|
evaṃ dṛṣṭvā *sudūrānte*[3] dvāraṃ duṣkṛtakāriṇaḥ |
mohaṃ gacchanti sahasā *trāsād*[4] vipralapanti ca ||4|
tatas tāñ *śṛṅkhalaiḥ*[5] pāśair baddhvā karṣanti nir-*bhayāḥ*[6] |
tāḍayanti ca daṇḍaiś ca bhartsayanti punaḥ punaḥ ||5|
labdhasaṃjñās tatas te vai rudhireṇa pariplutāḥ |
vrajanti dakṣiṇaṃ dvāraṃ praskhalantaḥ pade pade ||6|
tīvrakaṇṭakayuktena śarkarānicitena ca |
kṣuradhārānibhais tīkṣṇaiḥ pāṣāṇair *nicitena*[7] ca ||7|
kvacit paṅkena nicitā niruttāraiś ca khātakaiḥ |
lohasūcīnibhair dantaiḥ saṃchannena kvacit kvacit ||8|
taṭaprapātaviṣamaiḥ parvatair *vṛkṣa*-[8]saṃkulaiḥ |
prataptāṅgārayuktena yānti mārgeṇa duḥkhitāḥ ||9|
kvacid viṣamagartābhiḥ kvacil loṣṭaiḥ su-*picchalaiḥ*[9] |
sutaptavālukābhiś ca tathā tīkṣṇaiś ca śaṅkubhiḥ ||10|
ayaḥśṛṅgāṭakais taptaiḥ kvacid dāvāgninā yutam |
kvacit taptaśilābhiś ca kvacid vyāptaṃ himena ca ||11|

112 A grāmarāṣṭrapuratrāsa- B grāme pure nivasatāṃ **113** A -pravardhakāḥ **114** AC -vāde ca ye 'nṛtāḥ **115** C duhitaraṃ [hypermetric] **116** C gacchanti svasām api **117** V om. *svarūpākhyāna-* **1** V pāpino yānti tat **2** A dakṣiṇam **3** V mahāghoraṃ **4** AB duḥkhād **5** V chṛṅkhalaiḥ **6** V -dayam **7** V anvitena **8** B vṛka- **9** V -picchilaiḥ

kvacid vālukayā vyāptam ākaṇṭhāntaḥpraveśayā |
kvacid duṣṭāmbunā vyāptaṃ kvacit karṣāgninā punaḥ ||12|
kvacit siṃhair vṛkair vyāghrair daśakīṭaiś ca dāruṇaiḥ |
kvacin mahājalaukābhiḥ kva-*cid aja*-[10]garaiḥ punaḥ ||13|
makṣikābhiś ca raudrābhiḥ kvacit sarpaviṣolbaṇaiḥ |
kvacid duṣṭagajaiś caiva[11] balonmattaiḥ *pramāthibhiḥ*[12] ||14|
panthānam[13] ullikhadbhiś ca tīkṣṇaśṛṅgair mahāvṛṣaiḥ |
mahāśṛṅgaiś ca mahiṣair *uṣṭrair mattaiś ca khādanaiḥ*[14] ||15|
ḍākinībhiś ca raudrābhir vikarālaiś ca rākṣasaiḥ |
vyādhibhiś ca mahāraudraiḥ pīḍyamānā vrajanti te ||16|
mahādhūlivimiśreṇa mahācaṇḍena vāyunā |
mahāpāṣāṇavarṣeṇa hanyamānā nirāśrayāḥ ||17|
kvacid vidyunnipātena dīryamāṇā vrajanti te |
mahatā bāṇavarṣeṇa *bhidyamānāś*[15] ca sarvaśaḥ ||18|
patadbhir vajra-*nirghātair*[16] *ulkāpātaiḥ*[17] sudāruṇaiḥ |
pradīptāṅgāravarṣeṇa dahyamānā viśanti ca ||19|
mahatā pāṃśuvarṣeṇa pūryamāṇā *rudanti*[18] ca |
meghāravaiḥ[19] sughoraiś ca vitrāsyante muhur muhuḥ ||20|
niḥśeṣāḥ śaravarṣeṇa cūrṇyamāṇāś ca sarvataḥ |
mahākṣārāmbudhārābhiḥ sicyamānā vrajanti ca ||21|
mahāśītena marutā rūkṣeṇa paruṣeṇa *ca*[20] |
samantād dīryamāṇāś ca śuṣyante saṃkucanti ca ||22|
itthaṃ mārgeṇa *puruṣāḥ*[21] pātheyarahitena ca |
nirālambena durgeṇa nirjalena samantataḥ ||23|
atiśrameṇa mahatā *nirgatenāśramāya vai*[22] |
nīyante dehinaḥ sarve ye mūḍhāḥ pāpakarmiṇaḥ ||24|
yamadūtair mahāghorais tadājñākāribhir balāt |
ekākinaḥ parādhīnā mitrabandhuvivarjitāḥ ||25|
śocantaḥ svāni karmāṇi rudanti ca muhur muhuḥ |
pretībhūtā niṣiddhās te śuṣkakaṇṭhauṣṭhatālukāḥ ||26|
kṛśāṅgā bhītabhītāś ca dahyamānāḥ kṣudhāgninā |
baddhāḥ *śṛṅkhalayā*[23] ke-*cit kecid uttānapādayoḥ*[24] ||27|
ākṛṣyante śuṣyamāṇā yamadūtair balotkaṭaiḥ |
narā adhomukhāś cānye kṛṣyamāṇāḥ suduḥkhitāḥ ||28|
annapānīyarahitā yācamānāḥ punaḥ punaḥ |
dehi dehīti bhāṣantaḥ sāśrugadgadayā girā ||29|
kṛtāñjalipuṭā dīnāḥ kṣuttṛṣṇāparipīḍitāḥ |
bhakṣyān uccāvacān dṛṣṭvā *bhojyān peyāṃś*[25] ca puṣkalān ||30|
sugandhadravyasaṃyuktān yācamānāḥ punaḥ punaḥ |
dadhi-*kṣīra*-[26]ghṛtonmiśraṃ dṛṣṭvā śālyodanaṃ tathā ||31|

10 V -cic cāja- **11** C mahāgajendraghṛṣṭaiś ca **12** A prahāribhiḥ **13** A ākāśam
14 A unmattaiś caiva sādibhiḥ **15** V chidyamānāś **16** AV -saṃghātair **17** A gadāghātaiḥ
18 A viśanti **19** V meghārāvaiḥ **20** V vā **21** C durgeṇa **22** B nirgatā ye yamālayam
23 B [or A or C? Siglum omitted] śṛṅkhalakaiḥ **24** A -cid uttānāḥ pādacāriṇaḥ
25 B bhojyarāśīṃś **26** AB -khaṇḍa-

pānāni ca sugandhīni śītalāny udakāni ca |
tān yācamānāṃs te yāmyā *bhartsayantas*[27] tadābruvan |
vacobhiḥ paruṣair bhīmāḥ krodharaktāntalocanāḥ ||32|
yāmyā ūcuḥ:
na bhavadbhir hutaṃ kāle na dattaṃ brāhmaṇeṣu ca |
prasabhaṃ dīyamānaṃ ca vāritaṃ ca dvijātiṣu ||33|
tasya pāpasya ca phalaṃ *bhavatāṃ samupāgatam*[28] |
nāgnau dagdhaṃ jale naṣṭaṃ na hṛtaṃ nṛpataskaraiḥ ||34|
kuto vā sāmprataṃ *vipre*[29] yan na dattaṃ purādhamāḥ |
yair dattāni tu dānāni sādhubhiḥ sāttvikāni tu ||35|
teṣām ete pradṛśyante kalpitā hy annaparvatāḥ |
bhakṣyabhojyāś[30] ca peyāś ca lehyāś coṣyāś ca saṃvṛtāḥ ||36|
na yūyam abhilapsyadhve na dattaṃ ca kathaṃcana |
yais tu dattaṃ hutaṃ ceṣṭaṃ brāhmaṇāś caiva pūjitāḥ ||37|
teṣām annaṃ samānīya iha nikṣipyate sadā |
parasvaṃ katham asmābhir dātuṃ śakyeta nārakāḥ ||38|
vyāsa uvāca:
kiṃkarāṇāṃ vacaḥ śrutvā niḥspṛhāḥ kṣuttṛṣārditāḥ |
tatas te dāruṇaiś cāstraiḥ pīḍyante yamakiṃkaraiḥ ||39|
mudgarair lohadaṇḍaiś ca śaktitomarapaṭṭiśaiḥ |
parighair bhindipālaiś ca gadāparaśubhiḥ śaraiḥ ||40|
pṛṣṭhato *hanyamānyāś*[31] ca yamadūtaiḥ sunirdayaiḥ |
agrataḥ siṃhavyāghrādyair bhakṣyante pāpakāriṇaḥ ||41|
na praveṣṭuṃ na nirgantuṃ labhante duḥkhitā bhṛśam |
svakarmopahatāḥ pāpāḥ krandamānāḥ sudāruṇāḥ ||42|
tatra saṃpīḍya subhṛśaṃ praveśaṃ yamakiṃkaraiḥ |
nīyante pāpinas tatra yatra tiṣṭhet svayaṃ yamaḥ ||43|
dharmātmā dharmakṛd devaḥ sarvasaṃyamano yamaḥ |
evaṃ pathātikaṣṭena prāptāḥ pretapuraṃ narāḥ ||44|
prajñāpitās tadā dūtair niveśyante yamāgrataḥ |
tatas te pāpakarmāṇas taṃ paśyanti *bhayānakam*[32] ||45|
pāpāpaviddhanayanā[33] viparītātmabuddhayaḥ |
daṃṣṭrākarālavadanaṃ bhru-*kūṭī*-[34]kuṭilekṣaṇam ||46|
ūrdhvakeśaṃ mahāśmaśruṃ prasphuradadharottaram |
aṣṭādaśabhujaṃ kruddhaṃ nīlāñjanacayopamam ||47|
sarvāyudhodyatakaraṃ tīvradaṇḍena saṃyutam |
mahāmahiṣam ārūḍhaṃ dīptāgnisamalocanam ||48|
raktamālyāmbaradharaṃ mahāmegham ivocchritam |
pralayāmbudanirghoṣaṃ *pibann iva*[35] mahodadhim ||49|
grasantam iva trailokyam udgirantam ivānalam |
mṛtyuṃ ca tatsamīpasthaṃ kālānalasamaprabham ||50|

27 B niṣedhantas **28** C sāṃprataṃ pratibhokṣyatha **29** B viprāḥ **30** V bhakṣyā bhojyāś
31 V hanyamānāś **32** B bhayaṃkaram **33** A pāpātibaddhahṛdayā **34** V -kuṭī-
35 V pibantaṃ ca

pralayānalasaṃkāśaṃ kṛtāntaṃ ca bhayānakam |
mārīcogrā mahāmārī kālarātrī ca dāruṇā ||51|
vividhā vyādhayaḥ kaṣṭā nānārūpā bhayāvahāḥ |
śaktiśūlāṅkuśadharāḥ pāśacakrāsidhāriṇaḥ ||52|
vajradaṇḍadharā raudrāḥ kṣuratūṇadhanurdharāḥ |
asaṃkhyātā mahāvīryāḥ krūrāś cāñjanasaprabhāḥ ||53|
sarvāyudhodyatakarā yamadūtā bhayānakāḥ |
anena parivāreṇa mahāghoreṇa saṃvṛtam ||54|
yamaṃ paśyanti pāpiṣṭhāś citraguptaṃ vibhīṣaṇam |
nirbhartsayati cātyarthaṃ yamas tān pāpakāriṇaḥ ||55|
citraguptas tu bhagavān dharmavākyaiḥ prabodhayan ||56|
citragupta uvāca:
bho bho duṣkṛtakarmāṇaḥ paradravyāpahāriṇaḥ |
garvitā rūpavīryeṇa paradāravimardakāḥ ||57|
yat svayaṃ kriyate karma tat svayaṃ bhujyate punaḥ |
tat kim *ātmopaghātārthaṃ*[36] bhavadbhir duṣkṛtaṃ kṛtam ||58|
idānīṃ kiṃ nu śocadhvaṃ pīḍyamānāḥ svakarmabhiḥ |
bhuñjadhvaṃ svāni duḥkhāni nahi doṣo 'sti kasyacit ||59|
ya ete pṛthivīpālāḥ saṃprāptā matsamīpataḥ |
svakīyaiḥ karmabhir ghorair duṣprajñā balagarvitāḥ ||60|
bho bho nṛpā durācārāḥ prajāvidhvaṃsakāriṇaḥ |
alpakālasya rājyasya kṛte kiṃ duṣkṛtaṃ kṛtam ||61|
rājyalobhena mohena balād anyāyataḥ prajāḥ |
yad daṇḍitāḥ[37] phalaṃ tasya bhuñjadhvam adhunā nṛpāḥ ||62|
kuto rājyaṃ kalatraṃ ca yadartham aśubhaṃ kṛtam |
tat sarvaṃ saṃparityajya yūyam ekākinaḥ sthitāḥ ||63|
paśyāmo[38] na balaṃ sarvaṃ yena vidhvaṃsitāḥ prajāḥ |
yamadūtaiḥ pāṭyamānā adhunā kīdṛśaṃ phalam ||64|
vyāsa uvāca:
evaṃ bahuvidhair vākyair upālabdhā yamena te |
śocantaḥ *svāni karmāṇi*[39] tūṣṇīṃ tiṣṭhanti pārthivāḥ ||65|
iti karma samādiśya nṛpāṇāṃ dharmarāṭ svayam |
tatpātaka-[40]viśuddhyartham idaṃ vacanam abravīt ||66|
yama uvāca:
bho bhoś caṇḍa mahācaṇḍa gṛhītvā nṛpatīn imān |
viśodhayadhvaṃ pāpebhyaḥ krameṇa narakāgniṣu ||67|
vyāsa uvāca:
tataḥ śīghraṃ samutthāya nṛpān saṃgṛhya pādayoḥ |
bhrāmayitvā tu vegena kṣiptvā cordhvaṃ pragṛhya ca ||68|
tattatpāpapramāṇena yamadūtāḥ[41] śilātale |
āsphoṭayanti[42] tarasā vajreṇeva mahādrumam ||69|

36 C ātmopakārārthaṃ **37** B yat pīḍitāḥ **38** A paśyata **39** V pāpakarmāṇi **40** AB sarvapāpa- **41** AC sarvapāpena mahatā supratapte **42** A āsphālayanti B āpothayanti

tatas tu raktaṃ srotobhiḥ sravate jarjarīkṛtaḥ |
niḥ-*saṃjñaḥ*[43] sa tadā dehī niśceṣṭaś ca prajāyate ||70|
tataḥ sa vāyunā spṛṣṭaḥ śanair ujjīvate punaḥ |
tataḥ[44] pāpaviśuddhyarthaṃ kṣipanti narakārṇave ||71|
anyāṃś ca te tadā dūtāḥ pāpakarmaratān narān |
nivedayanti viprendrā yamāya bhṛśaduḥkhitān ||72|
yamadūtā ūcuḥ:
eṣa deva tavādeśād asmābhir mohito bhṛśam |
ānīto dharmavimukhaḥ sadā pāparataḥ paraḥ ||73|
eṣa lubdho durācāro mahāpātakasaṃyutaḥ |
upapātakakartā ca sadā hiṃsā-*rato*[45] *śuciḥ*[46] ||74|
a-*gamyā*-[47]gāmī duṣṭātmā paradravyāpahārakaḥ |
kanyākrayī[48] kūṭasākṣī kṛtaghno mitravañcakaḥ ||75|
anena madamattena sadā dharmo *vininditaḥ*[49] |
pāpam ācaritaṃ karma martyaloke durātmanā ||76|
idānīm asya[50] deveśa nigrahānugrahau *vada*[51] |
prabhur asya kriyā-[52]yoge vayaṃ vā paripanthinaḥ ||77|
vyāsa uvāca:
iti vijñāpya deveśaṃ nyasyāgre pāpakāriṇam |
narakāṇāṃ *sahasreṣu*[53] lakṣakoṭi-*śateṣu*[54] ca ||78|
kiṃkarās te tato yānti *grahītum a*-[55]parān narān |
pratipanne kṛte doṣe yamo vai pāpakāriṇām ||79|
samādiśati tān ghorān nigrahāya svakiṃkarān |
yathā yasya vinirdiṣṭo vasiṣṭhādyair vinigrahaḥ ||80|
pāpasya *tad bhṛśaṃ*[56] kruddhāḥ kurvanti yamakiṃkarāḥ |
aṅkuśair mudgarair daṇḍaiḥ krakacaiḥ śaktitomaraiḥ ||81|
khaḍgaśūla-*nipātaiś*[57] ca bhidyante pāpakāriṇaḥ |
narakāṇāṃ sahasreṣu lakṣakoṭiśateṣu ca ||82|
svakarmopārjitair doṣaiḥ pīḍyante yamakiṃkaraiḥ |
śṛṇudhvaṃ narakāṇāṃ ca svarūpaṃ ca bhayaṃkaram ||83|
nāmāni ca pramāṇaṃ ca yena yānti narāś ca tān |
mahāvācīti[58] vikhyātaṃ narakaṃ śoṇita-*plutam*[59] ||84|
vajrakaṇṭakasaṃmiśraṃ yojanāyutavistṛtam |
tatra saṃpīḍyate magno bhidyate vajra-*kaṇṭake*[60] ||85|
varṣalakṣaṃ mahāghoraṃ goghātī narake naraḥ |
yojanānāṃ *śataṃ*[61] lakṣaṃ kumbhīpākaṃ sudāruṇam ||86|
tāmrakumbhavatī dīptā vālukāṅgārasaṃvṛtā |
brahmahā bhūmi-*hartā*[62] ca nikṣepasyāpahārakaḥ ||87|
dahyante *tatra*[63] saṃkṣiptā yāvad ābhūtasaṃplavam |
rauravo vajranārācaiḥ prajvaladbhiḥ samāvṛtaḥ ||88|

43 C -saṅgaḥ **44** V naraṃ **45** B -paro **46** BV 'śuciḥ **47** AC -gamya- **48** AC kanyānṛtī **49** B vināśitaḥ **50** AB idānīṃ tasya **51** BC tava **52** B antaraṃ prakriyā- **53** A sahasreṇa **54** A -śatena **55** A gṛhītvā cā- **56** ASS corr. *taṃ bhṛśam*; CV saṃkṣayaṃ **57** A -prapātaiś **58** V mahāvīcīti **59** A -plavam **60** A -kaṇṭakaiḥ **61** B smṛtaṃ **62** A -hārī **63** V yatra

yojanānāṃ sahasrāṇi ṣaṣṭir āyāmavistaraiḥ |
bhidyante tatra nārācaiḥ sajvālair narake narāḥ ||89|
ikṣuvat tatra pīḍyante ye narāḥ kūṭasākṣiṇaḥ |
ayomayaṃ prajvalitaṃ mañjūṣaṃ narakaṃ smṛtam ||90|
nikṣiptās tatra dahyante bandigrāhakṛtāś ca ye |
apratiṣṭheti narakaṃ pūyamūtrapurīṣakam ||91|
adhomukhaḥ patet tatra brāhmaṇasyopapīḍakaḥ |
lākṣāprajvalitaṃ ghoraṃ narakaṃ tu vilepakam ||92|
nimagnās tatra dahyante madya-*pāne*[64] dvijottamāḥ |
mahāprabheti narakaṃ dīptaśūlamahocchrayam ||93|
tatra śūlena bhidyante patibhāryopabhedinaḥ |
narakaṃ ca mahāghoraṃ jayantī cāyasī śilā ||94|
tayā cākramyate pāpaḥ paradāropasevakaḥ |
narakaṃ śālmalākhyaṃ tu pradīptadṛḍhakaṇṭakam ||95|
tayā[65] liṅgati duḥkhārtā nārī bahunaraṃgamā |
ye vadanti sadāsatyaṃ paramarmāvakartanam ||96|
jihvā cocchriyate[66]teṣāṃ sadasyair yamakiṃkaraiḥ |
ye tu rāgaiḥ kaṭākṣaiś ca vīkṣante parayoṣitam ||97|
teṣāṃ cakṣūṃṣi nārācair vidhyante yamakiṃkaraiḥ ||98|
mātaraṃ ye 'pi gacchanti bhaginīṃ duhitaraṃ snuṣām |
strībālavṛddhahantāro yāvad indrāś caturdaśa |
jvālā-*mālākulaṃ*[67] raudraṃ mahārauravasaṃjñitam ||99|
narakaṃ yojanānāṃ ca sahasrāṇi *caturdaśa*[68] |
puraṃ kṣetraṃ gṛhaṃ grāmaṃ yo dīpayati vahninā ||100|
sa tatra dahyate mūḍho yāvat kalpasthitir naraḥ |
tāmisram iti vikhyātaṃ lakṣayojanavistṛtam ||101|
nipatadbhiḥ sadā raudraḥ khaḍgapaṭṭiśamudgaraiḥ |
tatra caurā narāḥ kṣiptās tāḍyante *yamakiṃkaraiḥ*[69] ||102|
śūlaśaktigadākhaḍgair yāvat kalpaśatatrayam |
tāmisrād dviguṇaṃ proktaṃ mahātāmisrasaṃjñitam ||103|
jalaukāsarpa-*saṃpūrṇāṃ*[70] nirālokaṃ suduḥkhadam |
mātṛhā pitṛhā caiva mitravisrambhaghātakaḥ ||104|
tiṣṭhanti *takṣyamāṇāś*[71] ca yāvat tiṣṭhati medinī |
asipattravanaṃ nāma narakaṃ bhūriduḥkhadam ||105|
yojanāyutavistāraṃ jvalatkhaḍgaiḥ samākulam |
pātitas tatra taiḥ khaḍgaiḥ śatadhā tu samāhataḥ ||106|
mitraghnaḥ kṛtyate tāvad yāvad ābhūtasaṃplavam |
karambhavālukā nāma narakaṃ yojanāyutam ||107|
kūpākāraṃ vṛtaṃ dīptair vālukāṅgārakaṇṭakaiḥ |
dahyate bhidyate *varṣalakṣāyuta-*[72]*śatatrayam*[73] ||108|

64 V -pā ye **65** ASS corr. *tadā* **66** ASS corr. *ucchidyate*. **67** C -dhūmākulaṃ **68** C ca saptatiḥ **69** C vāyudhair bhṛśam **70** V -saṃpūrṇaṃ **71** C bhakṣyamāṇāś **72** A tatra varṣāyuta- **73** AB trayam punaḥ

yena dagdho jano nityaṃ mithyopāyaiḥ sudāruṇaiḥ |
kākolaṃ nāma narakaṃ kṛmi-*pūya-*[74]pariplutam || 109 |
kṣipyate tatra duṣṭātmā ekākī miṣṭa-*bhuṅ naraḥ*[75] |
kuḍmalaṃ nāma narakaṃ pūrṇaṃ viṇmūtraśoṇitaiḥ || 110 |
pañcayajñakriyāhīnāḥ kṣipyante tatra vai narāḥ |
sudurgandhaṃ mahābhīmaṃ māṃsaśoṇita-*saṃkulam*[76] || 111 |
a-*bhakṣyānne ratās*[77] te 'tra nipatanti narādhamāḥ |
krimi-[78]kīṭasamākīrṇaṃ śavapūrṇaṃ mahāvaṭam || 112 |
adhomukhaḥ patet tatra kanyāvikrayakṛn naraḥ |
nāmnā vai tilapāketi narakaṃ *dāruṇaṃ smṛtam*[79] || 113 |
tilavat tatra pīḍyante parapīḍāratāś ca ye |
narakaṃ tailapāketi jvalattailamahīplavam || 114 |
pacyate tatra mitraghno hantā ca śaraṇāgatam |
nāmnā vajrakapāṭeti vajraśṛṅkhalayānvitam || 115 |
pīḍyante nirdayaṃ tatra yaiḥ kṛtaḥ kṣīravikrayaḥ |
nirucchvāsa iti proktaṃ tamondhaṃ vātavarjitam || 116 |
niśceṣṭaṃ kṣipyate tatra vipradānanirodhakṛt |
aṅgāropacayaṃ nāma dīptāṅgārasamujjvalam || 117 |
dahyate tatra yenoktaṃ dānaṃ viprāya nārpitam |
mahā-*pāyīti*[80] narakaṃ lakṣayojanam āyatam || 118 |
pātyante[81] 'dhomukhās tatra ye jalpanti sadānṛtam |
mahājvāleti narakaṃ jvālābhāsvarabhīṣaṇam || 119 |
dahyate tatra suciraṃ yaḥ pāpe buddhikṛn naraḥ |
narakaṃ krakacākhyātaṃ pīḍyante tatra vai narāḥ || 120 |
krakacair vajradhārograir agamyāgamane ratāḥ |
narakaṃ guḍapāketi jvaladguḍahradair vṛtam || 121 |
nikṣipto dahyate tasmin varṇasaṃkarakṛn naraḥ |
kṣuradhāreti narakaṃ *tīkṣṇakṣura-*[82]samāvṛtam || 122 |
chidyante tatra kalpāntaṃ viprabhūmiharā narāḥ |
narakaṃ *cāmbarīṣākhyaṃ*[83] pralayānaladīpitam || 123 |
kalpakoṭiśataṃ tatra dahyate svarṇahārakaḥ |
nāmnā vajrakuṭhāreti narakaṃ vajrasaṃkulam || 124 |
chidyante *tatra chettāro*[84] drumāṇāṃ pāpakāriṇaḥ |
narakaṃ *paritāpākhyaṃ*[85] pralayānaladīpitam || 125 |
garado madhuhartā ca pacyate tatra pāpakṛt |
narakaṃ kālasūtraṃ ca vajrasūtravinirmitam || 126 |
bhramantas tatra *cchidyante*[86] para-*sasyopaluṇṭhakāḥ*[87] |
narakaṃ kaśmalaṃ nāma śleṣmaśiṅghāṇakāvṛtam || 127 |
tatra saṃkṣipyate kalpaṃ *sadā māṃsa-*[88]rucir naraḥ |
narakaṃ cogragandheti lālāmūtrapurīṣavat || 128 |

74 A -kīṭa- **75** V -bhojanaḥ **76** AB -kardamam **77** AB -bhakṣyaniratās **78** V kṛmi- **79** V bhṛśadāruṇam **80** B -pātīti C -pāteti **81** A yānti te C pāṭyante **82** C vajrasūci- **83** B cāmbarī khyātaṃ **84** V chattrachettāro **85** A cātitāpākhyaṃ **86** V chidyante **87** A -svasyopaluṇṭhakāḥ **88** AV madyamāṃsa-

kṣipyante tatra narake pitṛpiṇḍāprayacchakāḥ |
narakaṃ durdharaṃ nāma jalaukāvṛścikākulam || 129 |
utkoca-*bhakṣakas*[89] tatra tiṣṭhate varṣakāyutam |
yac ca vajramahā-*pīḍā*[90] narakaṃ vajranirmitam || 130 |
tatra prakṣipya dahyante pīḍyante yamakiṃkaraiḥ |
dhanaṃ dhānyaṃ hiraṇyaṃ vā parakīyaṃ haranti ye || 131 |
yamadūtaiś ca *caurās te*[91] chidyante lavaśaḥ kṣuraiḥ |
ye hatvā prāṇinaṃ mūḍhāḥ khādante kākagṛdhravat || 132 |
bhojyante ca svamāṃsaṃ te kalpāntaṃ yamakiṃkaraiḥ |
āsanaṃ śayanaṃ vastraṃ parakīyaṃ haranti ye || 133 |
[[92]ikṣuvat tatra pīḍyante ye narāḥ kūṭasākṣiṇaḥ |
ayomayaṃ prajvalitam āyāsaṃ narakaṃ smṛtam |
nikṣiptās tatra dahyante bandigrāharatāś ca ye |
atratiṣṭheti narakaṃ pūyamūtrapurīṣadhṛk |
adhomukhaḥ patet tatra smṛtivedavinindakaḥ |
narakaṃ pārilumpākhyaṃ gṛdhraśvānavṛkākulam |
tapyante tatra vai ghore bālakruddhajanāpahāḥ |
narakaṃ tu karālākhyaṃ karālaṃ pretasaṃkulam |
rākṣasair bhakṣyate tatra brāhmaṇasyopapīḍakaḥ |
lākṣāprajvalitaṃ ghoraṃ narakaṃ tu vilepanam |
nimagnās tatra dahyante madyapās tu dvijottamāḥ |
mahāpreteti narakaṃ dīptaśūlaṃ mahocchrayam |
tatra śūlena bhidyante patibhāryopabhedakāḥ |
narakaṃ ca mahāghoraṃ jvalantī tv āyasī śilā |
tayā cākṛṣyate pāpaḥ paradāropasevakaḥ |
narakaṃ śālmalīkhyātaṃ pradīptaṃ dṛḍhakaṇṭakam |
tam āliṅgati duḥkhārto parachidrarato naraḥ |
ye vadanti mṛṣā satyaṃ paramarmavikṛntanam |
jihvā tu hriyate teṣāṃ sadasyair yamakiṃkaraiḥ |
mātaraṃ ye 'bhigacchanti bhaginīṃ kanyakāṃ snuṣām |
aṅgārarāśau prakṣiptā dahyante yamasevakaiḥ |
dharmaṃ dhāma hiraṇyaṃ vā parakīyaṃ haranti ye |]
yamadūtaiś ca te mūḍhā bhidyante śaktitomaraiḥ |
phalaṃ pattraṃ nṛṇāṃ vāpi hṛtaṃ yais tu kubuddhibhiḥ || 134 |
yamadūtaiś ca te kruddhair dahyante tṛṇavahnibhiḥ |
paradravye kalatre ca yaḥ sadā duṣṭadhīr naraḥ || 135 |
yamadūtair jvalat tasya hṛdi śūlaṃ nikhanyate |
karmaṇā manasā vācā ye dharmavimukhā narāḥ || 136 |
yamaloke tu te ghorā labhante *pari-*[93]yātanāḥ |
evaṃ śatasahasrāṇi lakṣakoṭiśatāni ca || 137 |
narakāṇi[94] narais tatra *bhujyante*[95] pāpakāribhiḥ |
iha kṛtvā svalpam api naraḥ karmāśubhātmakam || 138 |

89 A -bhakṣaṇas **90** V -pīḍaṃ **91** B te mūḍhāḥ **92** V ins. **93** V guru- **94** V narakāni
95 ABV sevyante

prāpnoti narake ghore yamalokeṣu yātanām |
na śṛṇvanti narā mūḍhā dharmoktaṃ sādhu bhāṣitam ||139|
dṛṣṭaṃ keneti pratyakṣaṃ *pratyuktyaivaṃ*[96] vadanti te |
divā rātrau prayatnena pāpaṃ kurvanti ye narāḥ ||140|
nācaranti hi te dharmaṃ pramādenāpi mohitāḥ |
ihaiva phalabhoktāraḥ paratra vimukhāś ca ye ||141|
te patanti sughoreṣu narakeṣu narādhamāḥ |
dāruṇo narake vāsaḥ svargavāsaḥ sukhapradaḥ |
naraiḥ saṃprāpyate tatra karma kṛtvā śubhāśubham ||142|

iti śrīmahāpurāṇe ādibrāhme vyāsarṣisaṃvāde narakagatapṛrthagyātanākīrtanaṃ nāma pañcadaśādhikadviśatatamo 'dhyāyaḥ

munaya[1] ūcuḥ:
aho 'tiduḥkhaṃ ghoraṃ ca yamamārge tvayoditam |
narakāṇi ca ghorāṇi dvāraṃ yāmyaṃ ca sattama ||216.1|
asty upāyo na vā brahman yamamārge 'tibhīṣaṇe |
brūhi yena narā yānti sukhena yamasādanam ||2|
vyāsa uvāca:
iha ye dharmasaṃyuktās tv ahiṃsāniratā narāḥ |
guruśuśrūṣaṇe yuktā devabrāhmaṇapūjakāḥ ||3|
yasmin manuṣyalokās te sabhāryāḥ sasutās tathā |
tam adhvānaṃ ca gacchanti yathā tat kathayāmi vaḥ ||4|
vimānair vividhair *divyaiḥ kāñcanadhvaja-*[2]śobhitaiḥ |
dharmarājapuraṃ yānti sevamānāpsaroganaiḥ ||5|
brāhmaṇebhyas tu dānāni nānārūpāṇi bhaktitaḥ |
ye prayacchanti te yānti sukhenaiva mahāpathe ||6|
annaṃ ye tu prayacchanti brāhmaṇebhyaḥ su-*saṃkṛtam*[3] |
śrotriyebhyo viśeṣeṇa bhaktyā paramayā yutāḥ ||7|
taruṇībhir varastrībhiḥ sevyamānāḥ prayatnataḥ |
dharmarājapuraṃ yānti vimānair abhyalaṃkṛtaiḥ ||8|
ye ca satyaṃ prabhāṣante *bahir antaś*[4] ca nirmalāḥ |
te 'pi yānty amaraprakhyā vimānair yamamandiram ||9|
godānāni pavitrāṇi viṣṇum uddiśya sādhuṣu |
ye prayacchanti dharmajñāḥ kṛśeṣu kṛśavṛttiṣu ||10|
te yānti divyavarṇābhair vimānair maṇicitritaiḥ |
dharmarājapuraṃ *śrīmān*[5] sevyamānāpsaroganaiḥ[6] ||11|
upānadyugalaṃ chattraṃ śayyāsanam athāpi vā |
ye prayacchanti vastrāṇi tathaivābharaṇāni ca ||12|
te yānty aśvai rathaiś caiva kuñjaraiś cāpy alaṃkṛtāḥ |
dharmarājapuraṃ divyaṃ chattraiḥ sauvarṇarājataiḥ ||13|

96 AB pratyakṣeṇa V pratyuktyaiva **1** V ṛṣaya **2** V divyair vajrakāñcana- **3** V -saṃskṛtam
4 A dharmayuktāś **5** V śrīmat **6** ASS corr. *sevamāna-*.

ye ca bhaktyā prayacchanti guḍapānakam arcitam |
odanaṃ[7] ca dvijāgryebhyo viśuddhenāntarātmanā ||14|
te yānti kāñcanair yānair *vividhais tu yamālayam*[8] |
varastrībhir yathākāmaṃ sevyamānāḥ punaḥ punaḥ ||15|
ye ca kṣīraṃ prayacchanti ghṛtaṃ dadhi *guḍaṃ*[9] madhu |
brāhmaṇebhyaḥ *prayatnena*[10] *śuddhyopetaṃ*[11] susaṃskṛtam ||16|
cakravākaprayuktaiś ca vimānais tu hiraṇmayaiḥ |
yānti gandharvavāditraiḥ sevyamānā yamālayam ||17|
ye phalāni prayacchanti puṣpāṇi surabhīṇi ca |
haṃsayuktair *vimānais tu*[12] yānti dharma-*puraṃ*[13] narāḥ ||18|
ye tilāṃs tiladhenuṃ ca ghṛtadhenum athāpi vā |
śrotriyebhyaḥ prayacchanti viprebhyaḥ śraddhayānvitāḥ ||19|
somamaṇḍalasaṃkāśair yānais te yānti nir-*malaiḥ*[14] |
gandharvair upagīyante pure vaivasvatasya te ||20|
yeṣāṃ vāpyaś ca kūpāś ca taḍāgāni sarāṃsi ca |
dīrghikāḥ puṣkariṇyaś ca śītalāś ca jalāśayāḥ ||21|
yānais te hemacandrābhair divyaghaṇṭānināditaiḥ |
vyajanais tālavṛntaiś ca vījyamānā mahāprabhāḥ ||22|
yeṣāṃ devakulāny atra citrāṇy[15] āyatanāni ca |
ratnaiḥ prasphuramāṇāni manojñāni śubhāni ca ||23|
te yānti lokapālais tu vimānair vātaraṃhasaiḥ |
dharmarājapuraṃ *divyaṃ*[16] nānājanasamākulam ||24|
[17]pānīyaṃ ye prayacchanti sarva-*prāṇyupajīvitam*[18] |
te *vitṛṣṇāḥ*[19] sukhaṃ yānti *vimānais taṃ mahāpatham*[20] ||25|
kāṣṭhapādukayānāni pīṭhakāny āsanāni ca |
yair dattāni dvijātibhyas te 'dhvānaṃ yānti vai sukham ||26|
sauvarṇamaṇipīṭheṣu pādau kṛtvottameṣu ca |
te prayānti vimānais tu apsarogaṇamaṇḍitaiḥ ||27|
ārāmāṇi vicitrāṇi puṣpāḍhyānīha mānavāḥ |
ropayanti phalāḍhyāni narāṇām upakāriṇaḥ ||28|
vṛkṣacchāyāsu ramyāsu śītalāsu svalaṃkṛtāḥ |
varastrīgītavādyaiś ca sevyamānā vrajanti te ||29|
suvarṇaṃ rajataṃ vāpi vidrumaṃ mauktikaṃ tathā |
ye prayacchanti te yānti vimānaiḥ kanakojjvalaiḥ ||30|
bhūmidā dīpyamānāś ca sarvakāmais tu tarpitāḥ |
uditādityasaṃkāśair vimānair *bhṛśanāditaiḥ*[21] ||31|
kanyāṃ tu ye prayacchanti brahmadeyām alaṃkṛtām |
divyakanyāvṛtā yānti vimānais te yamālayam ||32|
su-*gandhāguru*-[22]karpūrān puṣpadhūpān dvijottamāḥ |
prayacchanti dvijātibhyo bhaktyā paramayānvitāḥ ||33|

7 A dakṣiṇāṃ B ayane **8** B vimānair yāmyam ālayam **9** AB tathā **10** B puṇyadine **11** A śuddhopetaṃ **12** V vimānaiś ca **13** A -purīṃ **14** AB -malāḥ **15** B ye ca kurvanti bhūloke divyāny **16** ABV ramyaṃ **17** B om. 216.25. **18** A -prāṇiṣu jīvanam V -prāṇy-upajīvanam **19** C 'pi tṛptāḥ **20** V vimānair atiraṃhasaiḥ **21** C vṛṣayojitaiḥ **22** V -gandhāgaru-

te sugandhāḥ su-*veśāś*[23] ca suprabhāḥ suvibhūṣitāḥ |
yānti dharmapuram yānair vicitrair abhyalaṃkṛtāḥ ||34|
dīpadā yānti yānaiś ca dīpayanto diśo daśa |
ādityasadṛśair yānair dīpyamānā yathāgnayaḥ ||35|
gṛhāvasathadātāro gṛhaiḥ kāñcanamaṇḍitaiḥ |
vrajanti bālārkanibhair dharmarājagṛhaṃ narāḥ ||36|
jalabhājanadātāraḥ kuṇḍikākarakapradāḥ |
pūjamānāpsarobhiś ca yānti *dṛptā*[24] mahāgajaiḥ ||37|
pādābhyaṅgaṃ śirobhyaṅgaṃ snānapānodakaṃ tathā |
ye prayacchanti viprebhyas te yānty aśvair yamālayam ||38|
viśrāmayanti ye viprāñ *śrāntān*[25] adhvani karśitān |
cakravākaprayuktena yānti yānena te sukham ||39|
svāgatena ca yo vipraṃ pūjayed āsanena[26] ca |
sa gacchati tam adhvānaṃ[27] sukhaṃ parama-*nirvṛtaḥ*[28] ||40|
namo brahmaṇya-[29]deveti yo hariṃ cābhivādayet |
gāṃ ca pāpaharety[30] uktvā sukhaṃ yānti ca tat *patham*[31] ||41|
anantarāśino ye ca dambhānṛtavivarjitāḥ |
te 'pi *sārasayuktais tu yānti yānaiś ca*[32] tat *patham*[33] ||42|
vartante hy ekabhaktena *śāṭhyadambha-*[34]vivarjitāḥ |
haṃsayuktair vimānais tu sukhaṃ yānti yamālayam ||43|
caturthenaikabhaktena vartante ye jitendriyāḥ |
te yānti dharmanagaraṃ yānair barhiṇayojitaiḥ ||44|
tṛtīye divase ye tu bhuñjate niyatavratāḥ |
te 'pi hastirathair divyair yānti yānaiś ca tat padam ||45|
ṣaṣṭhe 'nnabhakṣako yas tu śaucanityo jitendriyaḥ |
sa yāti kuñjarasthas tu śacīpatir iva svayam ||46|
dharmarājapuraṃ *divyaṃ*[35] nānāmaṇivibhūṣitam |
nānāsvarasamāyuktaṃ jaya-*śabdaravair yutam*[36] ||47|
pakṣopavāsino yānti yānaiḥ śārdūlayojitaiḥ |
puraṃ tad dharmarājasya *sevyamānāḥ*[37] surāsuraiḥ ||48|
ye ca māsopavāsaṃ tu kurvate *saṃyatendriyāḥ*[38] |
te 'pi sūryapradīptais tu yānti yānair yamālayam ||49|
mahā-*prasthānam ekāgro yaḥ prayāti dṛḍhavrataḥ*[39] |
sevyamānas tu gandharvair yāti *yānair yamālayam*[40] ||50|
śarīraṃ *sādhayed*[41] yas tu vaiṣṇavenāntarātmanā |
sa rathenāgnivarṇena yātīha tridaśālayam ||51|
agnipraveśaṃ yaḥ kuryān nārāyaṇaparāyaṇaḥ |
sa yāty agniprakāśena vimānena yamālayam ||52|

23 V -veṣāś **24** V dṛptair **25** V chrāntān **26** A ye toṣayanti pathikān āsanaiḥ svāgatena **27** A te gacchanti mahādhvānaṃ **28** A -nirvṛtāḥ **29** A parabrahmaṇya- **30** C gāvaḥ sarve sahety **31** A puram **32** A haṃsasamāyuktair vimānair yānti **33** AB padam **34** A śāka-bhakṣya- **35** V ramyaṃ **36** V -śabdena saṃyutam **37** A sevyamānaṃ **38** AB susamāhitāḥ **39** B -prasthānasamaye hariṃ smarati mānavaḥ **40** V yānai raviprabhaiḥ **41** A śodhayed

prāṇāṃs tyajati yo martyaḥ smaran viṣṇuṃ *sanātanam*[42] |
yānenārkaprakāśena yāti dharmapuraṃ naraḥ ||53|
praviṣṭo 'ntar jalaṃ yas tu prāṇāṃs tyajati mānavaḥ |
somamaṇḍalakalpena yāti yānena vai sukham ||54|
svaśarīraṃ hi gṛdhrebhyo vaiṣṇavo yaḥ[43] prayacchati |
sa yāti rathamukhyena kāñcanena yamālayam ||55|
strīgrahe gograhe vāpi yuddhe mṛtyum upaiti yaḥ |
sa yāty amarakanyābhiḥ sevyamāno raviprabhaḥ ||56|
vaiṣṇavā ye ca kurvanti tīrthayātrāṃ jitendriyāḥ |
tat pathaṃ yānti te ghoraṃ sukhayānair alaṃkṛtāḥ ||57|
ye yajanti dvijaśreṣṭhāḥ kratubhir bhūridakṣiṇaiḥ |
taptahāṭakasaṃkāśair vimānair yānti te sukham ||58|
parapīḍām akurvanto bhṛtyānāṃ bharaṇādikam |
kurvanti te sukhaṃ yānti vimānaiḥ kanakojjvalaiḥ ||59|
ye kṣāntāḥ sarvabhūteṣu prāṇinām abhayapradāḥ |
krodhamohavinirmuktā nir-*madāḥ*[44] saṃyatendriyāḥ ||60|
pūrṇacandraprakāśena vimānena mahāprabhāḥ |
yānti vaivasvatapuraṃ devagandharvasevitāḥ ||61|
ekabhāvena ye viṣṇuṃ brahmāṇaṃ tryambakaṃ *ravim*[45] |
pūjayanti hi te yānti *vimānair bhāskaraprabhaiḥ*[46] ||62|
ye ca māṃsaṃ na khādanti satyaśauca-*samanvitāḥ*[47] |
te 'pi yānti sukhenaiva dharmarājapuraṃ narāḥ ||63|
māṃsān miṣṭataraṃ nāsti bhakṣyabhojyādikeṣu *ca*[48] |
tasmān māṃsaṃ na bhuñjīta nāsti miṣṭaiḥ sukhodayaḥ ||64|
gosahasraṃ tu yo dadyād yas tu māṃsaṃ na bhakṣayet |
samāv etau purā prāha brahmā vedavidāṃ varaḥ ||65|
sarvatīrtheṣu yat puṇyaṃ sarvayajñeṣu yat phalam |
amāṃsabhakṣaṇe viprās tac ca tac ca ca tatsamam ||66|
evaṃ sukhena te yānti yamalokaṃ ca dhārmikāḥ |
dānavrataparā yānair yatra devo raveḥ sutaḥ ||67|
dṛṣṭvā tān dhārmikān devaḥ svayaṃ saṃmānayed yamaḥ |
svāgatāsanadānena pādyārghyeṇa priyeṇa tu ||68|
dhanyā yūyaṃ *mahātmāna ātmano*[49] hitakāriṇaḥ |
yena divyasukhārthāya bhavadbhiḥ sukṛtaṃ kṛtam ||69|
idaṃ vimānam āruhya divyastrībhogabhūṣitāḥ |
svargaṃ gacchadhvam atulaṃ sarvakāmasamanvitam ||70|
tatra bhuktvā mahābhogān ante puṇyaparikṣayāt |
yat kiṃcid alpam aśubhaṃ phalaṃ tad iha bhokṣyatha ||71|
ye tu taṃ dharmarājānaṃ narāḥ puṇyānubhāvataḥ |
paśyanti saumyamanasaṃ pitṛbhūtam ivātmanaḥ ||72|

42 V hy anāśanaiḥ **43** A miṣṭānnabhojanaṃ yas tu vaiṣṇavebhyaḥ **44** A -malāḥ **45** B gurum **46** V sadyaḥ śaucasamanvitāḥ **47** V -dayāparāḥ **48** V vai **49** V mahātmānaḥ svātmano

tasmād *dharmaḥ sevitavyaḥ*[50] sadā muktiphalapradaḥ |
dharmād arthas tathā kāmo mokṣaś ca parikīrtyate ||73|
dharmo mātā pitā bhrātā dharmo nāthaḥ suhṛt tathā |
dharmaḥ svāmī sakhā goptā *tathā*[51] dhātā ca poṣakaḥ ||74|
dharmād artho 'rthataḥ kāmaḥ kāmād bhogaḥ sukhāni ca |
dharmād aiśvaryam *ekāgryam*[52] dharmāt svargagatiḥ parā ||75|
dharmas tu sevito viprās trāyate mahato bhayāt |
devatvaṃ ca dvijatvaṃ ca dharmāt prāpnoty asaṃśayam ||76|
yadā ca kṣīyate pāpaṃ narāṇāṃ pūrvasaṃcitam |
tadaiṣāṃ bhajate buddhir dharmaṃ cātra dvijottamāḥ ||77|
janmāntarasahasreṣu mānuṣyaṃ prāpya durlabham |
yo hi nācarate dharmaṃ bhavet sa khalu vañcitaḥ ||78|
kutsitā ye daridrāś ca virūpā *vyādhitās*[53] tathā |
parapreṣyāś ca mūrkhāś ca jñeyā dharmavivarjitāḥ ||79|
ye hi dīrghāyuṣaḥ śūrāḥ paṇḍitā *bhogino*[54] 'rthinaḥ |
arogā rūpavantaś ca tais tu dharmaḥ purā kṛtaḥ ||80|
evaṃ dharmaratā viprā gacchanti gatim uttamām |
adharmaṃ sevamānās tu tiryagyonim vrajanti te ||81|
ye narā narakadhvaṃsivāsudevam anuvratāḥ |
te svapne 'pi na paśyanti yamaṃ vā narakāṇi vā[55] ||82|
anādinidhanaṃ devaṃ daityadānavadāraṇam |
ye namanti narā nityaṃ nahi paśyanti te yamam ||83|
karmaṇā manasā vācā ye 'cyutaṃ śaraṇaṃ gatāḥ |
na samartho yamas teṣāṃ te muktiphalabhāginaḥ ||84|
ye janā jagatāṃ nāthaṃ nityaṃ nārāyaṇaṃ dvijāḥ |
namanti nahi te viṣṇoḥ sthānād anyatra gāminaḥ ||85|
na te dūtān na tan mārgaṃ na yamaṃ na ca tāṃ purīm |
praṇamya viṣṇuṃ paśyanti narakāṇi *kathaṃ-*[56]cana ||86|
kṛtvāpi bahuśaḥ pāpaṃ narā mohasamanvitāḥ |
na yānti narakaṃ natvā sarvapāpaharaṃ harim ||87|
śāṭhyenāpi[57] narā nityaṃ ye smaranti janārdanam |
te 'pi yānti *tanuṃ*[58] tyaktvā viṣṇulokam anāmayam ||88|
atyantakrodhasakto 'pi kadācit kīrtayed dharim |
so 'pi doṣakṣayān muktiṃ *labhec cedipatir yathā*[59] ||89|

iti śrīmahāpurāṇe ādibrāhme vyāsarṣisaṃvāde dhārmikāṇāṃ sugatinirūpaṇaṃ nāma ṣoḍaśādhikadviśatatamo 'dhyāyaḥ

50 B dharmaś cintanīyaḥ **51** AB trātā **52** V aikāgryaṃ **53** C vyādhinas **54** B bhāgino **55** V na samartho yamas teṣāṃ tān svapne 'pi na paśyati **56** B kadā- **57** A sukhenāpi **58** B yamaṃ **59** A labhed iti matir mama

lomaharṣaṇa uvāca:
śrutvaivaṃ yamamārgaṃ te narakeṣu ca *yātanām*[1] |
papracchuś ca punar vyāsaṃ saṃśayaṃ munisattamāḥ ||217.1|
munaya ūcuḥ:
bhagavan sarvadharmajña sarvaśāstraviśārada |
martyasya kaḥ sahāyo vai pitā mātā suto guruḥ ||2|
jñātisaṃbandhivargaś ca mitravargas tathaiva ca |
gṛhaṃ[2] śarīram utsṛjya kāṣṭhaloṣṭasamaṃ janāḥ |
gacchanty amutra loke vai kaś ca tān anugacchati ||3|
vyāsa uvāca:
ekaḥ prasūyate viprā eka eva hi naśyati |
ekas tarati durgāṇi gacchaty ekas tu *dur-*[3]gatim ||4|
asahāyaḥ pitā mātā tathā bhrātā suto guruḥ |
jñātisaṃbandhivargaś ca mitravargas tathaiva ca ||5|
mṛtaṃ śarīram utsṛjya kāṣṭhaloṣṭasamaṃ janāḥ |
muhūrtam *iva*[4] roditvā tato yānti parāṅmukhāḥ ||6|
tais tac charīram utsṛṣṭaṃ dharma *eko 'nugacchati*[5] |
tasmād dharmaḥ sahāyaś ca sevitavyaḥ sadā nṛbhiḥ ||7|
prāṇī dharmasamāyukto gacchet svargagatiṃ parām |
tathaivādharmasaṃyukto narakaṃ copapadyate ||8|
tasmāt pāpāgatair[6] arthair *nānurajyeta paṇḍitaḥ*[7] |
dharma *eko*[8] manuṣyāṇāṃ sahāyaḥ parikīrtitaḥ ||9|
lobhān mohād anukrośād bhayād *vātha bahu-*[9]śrutaḥ |
naraḥ karoty akāryāṇi parārthe lobhamohitaḥ ||10|
dharmaś cārthaś ca kāmaś ca tritayaṃ *jīvataḥ*[10] phalam |
etat *trayam avāptavyam*[11] adharmaparivarjitam ||11|
munaya ūcuḥ:
śrutaṃ bhagavato vākyaṃ dharmayuktaṃ paraṃ hitam |
śarīranicayaṃ jñātuṃ buddhir no 'tra prajāyate ||12|
mṛtaṃ śarīraṃ hi nṛṇāṃ sūkṣmam avyaktatāṃ gatam |
acakṣur-[12]viṣayaṃ prāptaṃ kathaṃ dharmo 'nugacchati ||13|
vyāsa uvāca:
pṛthivī vāyur ākāśam āpo jyotir manontaram |
buddhir ātmā ca sahitā dharmaṃ paśyanti nityadā ||14|
prāṇinām[13] iha sarveṣāṃ sākṣi-*bhūtā divāniśam*[14] |
etaiś ca saha dharmo hi taṃ jīvam anugacchati ||15|
tvag asthi māṃsaṃ[15] śukraṃ ca śoṇitaṃ ca dvijottamāḥ |
śarīraṃ[16] *varjayanty*[17] *ete jīvitena vivarjitam*[18] ||16|
tato dharmasamāyuktaḥ sa jīvaḥ sukham edhate |
ihaloke pare caiva kiṃ bhūyaḥ kathayāmi vaḥ ||17|

1 B pātanam **2** C mṛtaṃ **3** A svar- **4** B api **5** AB evānugacchati **6** B tasmān nyāgatair [haplographic for *nyāyagatair*? cf. MBh 13,112.15] **7** B dharmaḥ sevyas tu paṇḍitaiḥ **8** B eṣa **9** C vāpy abahu- **10** AC jīvite **11** A tu dharmavākyaṃ me **12** B atinir- **13** AB sarvathā tv **14** C -bhūtāni cāniśam **15** V tvagasthimāṃsaṃ **16** B śarīre **17** A vartayanty B vartate **18** B sarvaṃ jīvitenāvṛte punaḥ

munaya ūcuḥ:
tad darśitaṃ bhagavatā yathā dharmo 'nugacchati |
etat tu jñātum icchāmaḥ kathaṃ retaḥ pravartate ||18|
vyāsa uvāca:
annam aśnanti ye devāḥ śarīrasthā dvijottamāḥ |
pṛthivī vāyur ākāśam āpo jyotir manas tathā ||19|
tatas tṛpteṣu bho viprās teṣu bhūteṣu pañcasu |
manaḥṣaṣṭheṣu śuddhātmā retaḥ saṃpadyate mahat ||20|
tato garbhaḥ saṃbhavati śleṣmā strīpuṃsayor dvijāḥ |
etad vaḥ sarvam ākhyātaṃ kiṃ bhūyaḥ śrotum icchatha ||21|
munaya ūcuḥ:
ākhyātaṃ no bhagavatā garbhaḥ saṃjāyate yathā |
yathā jātas tu puruṣaḥ *prapadyate*[19] tad ucyatām ||22|
vyāsa uvāca:
āsannamātrapuruṣas[20] *tair bhūtair abhibhūyate*[21] |
viprayuktas tu *tair bhūtaiḥ*[22] punar yāty aparāṃ gatim ||23|
sa ca bhūtasamāyuktaḥ prāpnoti jīvam eva hi |
tato 'sya karma paśyanti śubhaṃ vā yadi vāśubham |
devatāḥ *pañcabhūtasthāḥ kiṃ bhūyaḥ*[23] śrotum icchatha ||24|
munaya ūcuḥ:
tvag asthi māṃsam[24] utsṛjya tais tu bhūtair vivarjitaḥ |
jīvaḥ sa bhagavan kvasthaḥ sukhaduḥkhe samaśnute ||25|
vyāsa uvāca:
jīvaḥ karmasamāyuktaḥ śīghraṃ *retaḥsamāgataḥ*[25] |
strīṇāṃ puṣpaṃ samāsādya tataḥ kālena bho dvijāḥ ||26|
yamasya puruṣaiḥ kleśo yamasya puruṣair vadhaḥ |
duḥkhaṃ saṃsāracakraṃ ca naraḥ kleśaṃ ca vindati ||27|
iha loke sa tu prāṇī janmaprabhṛti bho dvijāḥ |
sukṛtaṃ karma vai bhuṅkte dharmasya phalam *āśritaḥ*[26] ||28|
yadi dharmaṃ samāyujya janmaprabhṛti sevate |
tataḥ sa puruṣo bhūtvā sevate nityadā sukham ||29|
athāntarāntaraṃ dharmam adharmam upasevate |
sukhasyānantaraṃ duḥkhaṃ sa jīvo 'py adhigacchati ||30|
adharmeṇa samāyukto yamasya viṣayaṃ gataḥ |
mahāduḥkhaṃ samāsādya tiryagyonau prajāyate ||31|
karmaṇā yena yeneha yasyāṃ yonau prajāyate |
jīvo mohasamāyuktas tan me śṛṇuta sāṃpratam ||32|
yad etad ucyate śāstraiḥ setihāsaiś ca chandasi |
yamasya viṣayaṃ ghoraṃ *martyalokaṃ pravartate*[27] ||33|
iha sthānāni puṇyāni devatulyāni bho dvijāḥ |
tiryagyonyatiriktāni gatimanti ca sarvaśaḥ ||34|

19 V prapadyeta **20** A āsaptamāt tu puruṣaḥ B āsannam ātmā puruṣaḥ **21** AB svair garbhair anubhūyate **22** AB taiḥ sarvaiḥ **23** AB pañca kiṃ bhūyo munayaḥ **24** V tvag-asthimāṃsam **25** AB retaḥ pravartate **26** B āsthitaḥ **27** C martyo lokaḥ prajāyate

yamasya bhavane *divye*[28] brahmalokasame guṇaiḥ |
karmabhir *niyatair*[29] baddho jantur duḥkhāny upāśnute ||35|
yena yena hi bhāvena yena vai karmaṇā gatim |
prayāti puruṣo ghorāṃ tathā vakṣyāmy ataḥ param ||36|
adhītya caturo vedān dvijo mohasamanvitaḥ |
patitāt[30] pratigṛhyātha kharayonau prajāyate ||37|
kharo jīvati varṣāṇi daśa pañca ca bho dvijāḥ |
kharo mṛto balīvardaḥ sapta varṣāṇi jīvati ||38|
balīvardo mṛtaś cāpi jāyate brahmarākṣasaḥ |
brahmarakṣas tu māsāṃs trīṃs[31] tato jāyeta *brāhmaṇaḥ*[32] ||39|
patitaṃ yājayitvā tu kṛmiyonau prajāyate |
tatra jīvati varṣāṇi daśa pañca ca bho dvijāḥ ||40|
krimi-[33]bhāvād vinirmuktas tato jāyeta gardabhaḥ |
gardabhaḥ pañca varṣāṇi pañca varṣāṇi *śūkaraḥ*[34] ||41|
kukkuṭaḥ pañca varṣāṇi pañca varṣāṇi jambukaḥ |
śvā varṣam ekaṃ bhavati tato jāyeta mānavaḥ ||42|
[35]upādhyāyasya yaḥ pāpaṃ śiṣyaḥ kuryād abuddhimān |
sa janmānīha saṃsāre *trīn*[36] āpnoti na saṃśayaḥ ||43|
prāk śvā bhavati bho viprās tataḥ kravyāt tataḥ kharaḥ |
pretya ca parikliṣṭeṣu[37] paścāj jāyeta brāhmaṇaḥ ||44|
manasāpi guror bhāryāṃ yaḥ śiṣyo yāti pāpakṛt |
udagrān praiti saṃsārān adharmeṇeha cetasā ||45|
śvayonau tu sa saṃbhūtas trīṇi varṣāṇi jīvati |
tatrāpi nidhanaṃ prāptaḥ *krimi-*[38]yonau prajāyate ||46|
kṛmibhāvam anuprāpto varṣam ekaṃ tu jīvati |
tatas tu nidhanaṃ prāpya brahmayonau prajāyate ||47|
yadi putrasamaṃ śiṣyaṃ gurur hanyād akāraṇam |
ātmanaḥ kāmakāreṇa so 'pi hiṃsraḥ prajāyate ||48|
pitaraṃ mātaraṃ caiva yas tu putro 'vamanyate |
so 'pi viprā mṛto jantuḥ pūrvaṃ jāyeta gardabhaḥ ||49|
gardabhatvaṃ tu saṃprāpya daśa varṣāṇi jīvati |
saṃvatsaraṃ tu kumbhīras tato jāyeta mānavaḥ ||50|
putrasya mātāpitarau yasya ruṣṭāv ubhāv api |
gurvapadhyānataḥ so 'pi mṛto jāyeta gardabhaḥ ||51|
kharo jīvati māsāṃś ca daśa cāpi caturdaśa |
biḍālaḥ sapta māsāṃs tu tato jāyeta mānavaḥ ||52|
mātāpitarāv ākruśya sārīkaḥ saṃprajāyate |
tāḍayitvā tu tāv eva jāyate kacchapo dvijāḥ ||53|
kacchapo daśa varṣāṇi trīṇi varṣāṇi śalyakaḥ |
vyālo bhūtvā tu ṣaṇ māsāṃs tato jāyeta mānuṣaḥ ||54|

28 V viprā **29** B mriyate **30** C patitān **31** A brahmarākṣasamāṃsāśī B rākṣasatvaṃ samāsādya **32** AB rākṣasaḥ **33** V kṛmi- **34** V sūkaraḥ **35** V reads v. 43–55 after v. 58, i.e. corresponding to v. 59–71. **36** V trīṇy **37** V parikliṣṭeṣu ca pretya **38** V kṛmi-

bhartṛpiṇḍam *upāśnīno*[39] rājadviṣṭāni sevate |
so 'pi mohasamāpanno mṛto jāyeta vānaraḥ ||55|
vānaro daśa varṣāṇi sapta varṣāṇi mūṣakaḥ |
śvā ca bhūtvā tu ṣaṇ māsāṃs tato jāyeta mānavaḥ ||56|
nyāsāpahartā tu naro yamasya viṣayaṃ gataḥ |
saṃsārāṇāṃ śataṃ gatvā kṛmiyonau prajāyate ||57|
tatra jīvati varṣāṇi daśa pañca ca bho dvijāḥ |
duṣkṛtasya kṣayaṃ kṛtvā tato jāyeta *mānuṣaḥ*[40] ||58|
[41]asūyako naraś cāpi mṛto jāyeta śārṅgakaḥ |
viśvāsa-*hartā*[42] ca naro mīno jāyeta durmatiḥ ||59|
bhūtvā mīno 'ṣṭa varṣāṇi mṛgo jāyeta bho dvijāḥ |
mṛgas tu caturo māsāṃs tataś chāgaḥ prajāyate ||60|
chāgas tu nidhanaṃ prāpya pūrṇe saṃvatsare tataḥ |
kīṭaḥ saṃjāyate jantus tato jāyeta mānuṣaḥ ||61|
dhānyān yavāṃs tilān māṣān kulitthān sarṣapāṃś caṇān |
kalāyān atha mudgāṃś ca godhūmān atasīs tathā ||62|
sasyāny anyāni hartā ca martyo mohād acetanaḥ |
saṃjāyate muniśreṣṭhā mūṣiko nirapatrapaḥ ||63|
tataḥ pretya muniśreṣṭhā mṛto jāyeta *śūkaraḥ*[43] |
śūkaro[44] jātamātras tu rogeṇa mriyate punaḥ ||64|
śvā tato jāyate mūkaḥ *karmaṇā tena mānavaḥ*[45] |
bhūtvā śvā pañca varṣāṇi *tato jāyeta*[46] mānavaḥ ||65|
paradārābhimarśaṃ tu kṛtvā jāyeta vai vṛkaḥ |
śvā śṛgālas tato gṛdhro vyālaḥ kaṅko bakas tathā ||66|
bhrātur bhāryāṃ tu pāpātmā yo dharṣayati mohitaḥ |
puṃskokilatvam āpnoti so 'pi saṃvatsaraṃ dvijāḥ ||67|
sakhibhāryāṃ *guror bhāryāṃ rāja*-[47]bhāryāṃ tathaiva ca |
pradharṣayitvā kāmātmā mṛto jāyeta *śūkaraḥ*[48] ||68|
śūkaraḥ[49] pañca varṣāṇi daśa varṣāṇi vai bakaḥ |
pipīlikas tu māsāṃs trīn kīṭaḥ syān māsam eva ca ||69|
etān āsādya saṃsārān kṛmiyonau prajāyate |
tatra jīvati māsāṃs tu kṛmiyonau caturdaśa ||70|
naro 'dharma-[50]kṣayaṃ kṛtvā tato jāyeta mānuṣaḥ |
pūrvaṃ dattvā tu yaḥ kanyāṃ dvitīye dātum icchati ||71|
so 'pi viprā mṛto jantuḥ *krimi*-[51]yonau prajāyate |
tatra jīvati varṣāṇi trayodaśa dvijottamāḥ ||72|
adharmasaṃkṣaye muktas tato jāyeta mānuṣaḥ |
devakāryam akṛtvā tu pitṛkāryam athāpi vā ||73|
anirvāpya pitṝn devān mṛto jāyeta vāyasaḥ |
vāyasaḥ śatavarṣāṇi tato jāyeta kukkuṭaḥ ||74|

39 ASS corr. like V; V upādatte **40** AB mānavaḥ **41** V. 59–71 correspond to v. 43–55 in ed. V. **42** B -ghātī **43** V sūkaraḥ **44** V sūkaro **45** V kālasyānte ca mānusaḥ **46** V jāyate vā sa **47** A putrabhāryāṃ guru- **48** V sūkaraḥ **49** V sūkaraḥ **50** B tataḥ pāpa- **51** V kṛmi-

jāyate vyālakaś cāpi māsaṃ tasmāt tu mānuṣaḥ |
jyeṣṭhaṃ pitṛsamaṃ cāpi bhrātaraṃ yo 'vamanyate ||75|
so 'pi mṛtyum upāgamya krauñcayonau prajāyate |
krauñco jīvati varṣāṇi *daśa*[52] jāyeta *jīvakaḥ*[53] ||76|
tato nidhanam āpnoti mānuṣatvam avāpnuyāt |
vṛṣalo brāhmaṇīṃ gatvā kṛmiyonau prajāyate ||77|
tataḥ saṃprāpya nidhanaṃ jāyate *śūkaraḥ*[54] punaḥ |
śūkaro[55] jātamātras tu rogeṇa mriyate dvijāḥ ||78|
śvā ca vai jāyate mūḍhaḥ karmaṇā tena bho dvijāḥ |
śvā bhūtvā kṛtakarmāsau jāyate mānuṣas tataḥ ||79|
tatrāpatyaṃ samutpādya mṛto jāyeta mūṣikaḥ |
kṛtaghnas tu mṛto viprā yamasya viṣayaṃ gataḥ ||80|
yamasya viṣaye krūrair baddhaḥ prāpnoti vedanām |
daṇḍakaṃ mudgaraṃ śūlam agnidaṇḍaṃ ca dāruṇam ||81|
asipattravanaṃ ghoraṃ vālukāṃ kūṭaśālmalīm |
etāś cānyāś ca bahavo yamasya viṣayaṃ gatāḥ ||82|
yātanāḥ prāpya ghorās tu tato yāti ca bho dvijāḥ |
saṃsāracakram āsādya *krimi-*[56]yonau prajāyate ||83|
krimir[57] bhavati varṣāṇi daśa pañca ca bho dvijāḥ |
tato garbhaṃ samāsādya tatraiva mriyate *naraḥ*[58] ||84|
tato garbhaśatair jantur bahuśaḥ saṃprapadyate |
saṃsārān subahūn gatvā tatas tiryak prajāyate ||85|
tato duḥkham anuprāpya bahuvarṣagaṇāni vai |
sa punarbhavasaṃyuktas tataḥ kūrmaḥ prajāyate ||86|
dadhi hṛtvā[59] bakaś cāpi *plavo matsyān asaṃskṛtān*[60] |
corayitvā tu *durbuddhir madhudaṃśaḥ*[61] prajāyate ||87|
phalaṃ vā mūlakaṃ hṛtvā pūpaṃ vāpi pipīlikaḥ |
corayitvā tu niṣpāvaṃ jāyate phala-*mūṣakaḥ*[62] ||88|
pāyasaṃ corayitvā tu *tittiratvam*[63] avāpnuyāt |
hṛtvā *piṣṭamayaṃ pūpaṃ*[64] *kumbholūkaḥ*[65] prajāyate ||89|
apo hṛtvā tu durbuddhir *vāyaso jāyate naraḥ*[66] |
kāṃsyaṃ hṛtvā tu durbuddhir hārīto jāyate naraḥ ||90|
rājataṃ bhājanaṃ hṛtvā kapotaḥ saṃprajāyate |
hṛtvā tu kāñcanaṃ bhāṇḍaṃ kṛmiyonau prajāyate ||91|
pattrorṇaṃ corayitvā tu *kuraratvaṃ*[67] niyacchati |
kośa-[68]kāraṃ tato hṛtvā naro jāyeta *nartakaḥ*[69] ||92|
aṃśukaṃ corayitvā tu śuko jāyeta mānavaḥ |
corayitvā dukūlaṃ tu mṛto haṃsaḥ prajāyate ||93|
krauñcaḥ kārpāsikaṃ hṛtvā mṛto jāyeta mānavaḥ |
corayitvā naraḥ paṭṭaṃ tv āvikaṃ caiva bho dvijāḥ ||94|

52 C tato **53** C vārikaḥ **54** V sūkaraḥ **55** V sūkaro **56** V kṛmi- **57** V kṛmir **58** C śiśuḥ **59** A āḍir bhūtvā B āhir bhūtvā **60** A tato jāyeta mānavaḥ **61** A vai matsyāñ śuṣkadantaḥ **62** A -poṣakaḥ **63** V tittiritvam **64** A puṣpaṃ ca pattraṃ ca B puṣpamayaṃ kūpaṃ **65** B kūpolūkaḥ **66** A bakayonau prajāyate **67** AB kukkuṭatvaṃ **68** C kośi- **69** B markaṭaḥ

kṣaumaṃ ca vastram āhṛtya *śaśo*[70] jantuḥ prajāyate |
cūrṇaṃ[71] tu hṛtvā puruṣo mṛto jāyeta barhiṇaḥ ||95|
hṛtvā raktāni vastrāṇi jāyate jīvajīvakaḥ |
varṇakādīṃs tathā gandhāṃś corayitveha mānavaḥ ||96|
cucchundaritvam āpnoti vipro lobhaparāyaṇaḥ |
tatra jīvati varṣāṇi tato daśa ca pañca ca ||97|
adharmasya kṣayaṃ kṛtvā tato jāyeta mānavaḥ |
corayitvā payaś cāpi balākā saṃprajāyate ||98|
yas tu corayate tailaṃ naro mohasamanvitaḥ |
so 'pi viprā mṛto jantus tailapāyī prajāyate ||99|
aśastraṃ puruṣaṃ hatvā saśastraḥ puruṣādhamaḥ |
arthārthaṃ yadi vā vairī mṛto jāyeta vai kharaḥ ||100|
kharo jīvati varṣe dve tataḥ śastreṇa vadhyate |
sa mṛto mṛgayonau tu nityodvigno 'bhijāyate ||101|
mṛgo vidhyeta śastreṇa gate saṃvatsare tataḥ |
hato mṛgas tato mīnaḥ so 'pi jālena badhyate ||102|
māse caturthe saṃprāpte śvāpadaḥ saṃprajāyate |
śvāpado daśa varṣāṇi dvīpī varṣāṇi pañca ca ||103|
tatas tu nidhanaṃ prāptaḥ kālaparyāya-*coditaḥ*[72] |
adharmasya kṣayaṃ kṛtvā mānuṣatvam avāpnuyāt ||104|
vādyaṃ hṛtvā tu puruṣo lomaśaḥ saṃprajāyate |
tathā piṇyākasaṃmiśram *annaṃ yaś*[73] corayen naraḥ ||105|
sa jāyate babhru-*saṭo*[74] dāruṇo mūṣiko naraḥ |
daśan vai mānuṣān[75] nityaṃ pāpātmā sa dvijottamāḥ ||106|
ghṛtaṃ hṛtvā tu durbuddhiḥ kāko madguḥ prajāyate |
matsyamāṃsam atho hṛtvā kāko jāyeta mānavaḥ ||107|
lavaṇaṃ corayitvā tu cirikākaḥ prajāyate |
viśvāsena tu nikṣiptaṃ yo 'panihnoti mānavaḥ ||108|
sa gatāyur naras tena matsyayonau prajāyate |
matsyayonim anuprāpya mṛto jāyeta mānuṣaḥ ||109|
mānuṣatvam anuprāpya *kṣīṇāyur upajāyate*[76] |
pāpāni[77] tu *naraḥ kṛtvā*[78] *tiryag jāyeta*[79] bho dvijāḥ ||110|
na cātmanaḥ pramāṇaṃ tu dharmaṃ jānāti kiṃcana |
ye pāpāni narāḥ kṛtvā nirasyanti vrataiḥ sadā ||111|
sukhaduḥkhasamāyuktā vyādhimanto bhavanty uta |
asaṃvītāḥ[80] prajāyante *mlecchāś cāpi na saṃśayaḥ*[81] ||112|
narāḥ pāpasamācārā lobhamohasamanvitāḥ |
varjayanti hi pāpāni janmaprabhṛti ye narāḥ ||113|
arogā rūpavantaś ca dhaninas te bhavanty uta |
striyo 'py etena kalpena kṛtvā pāpam avāpnuyuḥ ||114|

70 A kośo **71** C vṛkṣaṃ **72** V -bodhitaḥ **73** C aśanaṃ **74** C -samo **75** A daṃśako maśako **76** A kṣīṇadravyaḥ prajāyate **77** A pānīyaṃ **78** A naro hṛtvā **79** B nijatāpāya **80** B asaṃvāsāḥ C svayaṃ vākṣāḥ **81** A svecchāyānaradharmiṇaḥ

eteṣām eva *pāpānāṃ*[82] bhāryātvam upayānti tāḥ |
prāyeṇa haraṇe doṣāḥ sarva eva prakīrtitāḥ ||115|
etad vai leśamātreṇa kathitaṃ vo dvijarṣabhāḥ |
aparasmin kathāyoge bhūyaḥ śroṣyatha bho dvijāḥ ||116|
etan mayā mahābhāgā brahmaṇo vadataḥ purā |
surarṣīṇāṃ śrutaṃ madhye pṛṣṭaṃ cāpi yathā tathā ||117|
mayāpi tubhyaṃ kārtsnyena yathāvad anuvarṇitam |
etac chrutvā muniśreṣṭhā dharme kuruta mānasam ||118|

iti śrīmahāpurāṇe ādibrāhme vyāsarṣisaṃvāde saṃsāracakranirūpaṇaṃ nāma saptadaśādhikadviśatatamo 'dhyāyaḥ

munaya ūcuḥ:
adharmasya gatir brahman kathitā nas tvayānagha |
dharmasya ca gatiṃ śrotum icchāmo vadatāṃ vara ||218.1|
kṛtvā pāpāni karmāṇi kathaṃ yānty aśubhāṃ gatim |
karmaṇā ca kṛteneha kena yānti śubhāṃ gatim ||2|
vyāsa uvāca:
kṛtvā pāpāni karmāṇi *tv adharma-*[1]vaśam āgataḥ |
manasā viparītena nirayaṃ pratipadyate ||3|
mohād adharmaṃ yaḥ kṛtvā punaḥ samanutapyate |
manaḥsamādhisaṃyukto na sa seveta duṣkṛtam ||4|
[2]yadi *viprāḥ kathayate*[3] viprāṇāṃ dharmavādinām |
tato 'dharmakṛtāt kṣipram aparādhāt pramucyate ||5|
yathā yathā naraḥ *samyag a-*[4]dharmam anubhāṣate |
samāhitena manasā vimuñcati tathā tathā ||6|
[5]yathā yathā manas tasya duṣkṛtaṃ karma garhate |
tathā tathā śarīraṃ tu tenādharmeṇa mucyate ||7|
bhujaṃga iva nirmokān pūrvabhuktāñ jahāti tān |
dattvā viprasya dānāni vividhāni samāhitaḥ ||8|
manaḥsamādhisaṃyuktaḥ *svar-*[6]gatiṃ pratipadyate |
dānāni tu[7] pravakṣyāmi yāni dattvā dvijottamāḥ ||9|
naraḥ kṛtvāpy a-*kāryāṇi*[8] *tato dharmeṇa*[9] yujyate |
sarveṣām eva dānānām annaṃ śreṣṭham udāhṛtam ||10|
sarvam annaṃ pradātavyam ṛjunā dharmam icchatā |
prāṇā hy annaṃ manuṣyāṇāṃ tasmāj jantuḥ prajāyate ||11|
anne pratiṣṭhitā lokās tasmād annaṃ praśasyate |
annam eva[10] praśaṃsanti devarṣipitṛmānavāḥ ||12|
annasya hi pradānena svargam āpnoti mānavaḥ |
nyāyalabdhaṃ[11] pradātavyaṃ dvijātibhyo 'nnam uttamam ||13|

82 A jantūnāṃ **1** C svakarma- **2** Ed. V. inserts v. 7 here. **3** C vākyaṃ cared viprā **4** AB samyak su- **5** This verse corresponds to v. 4 in V. **6** AB su- **7** AB pradhānāni **8** AB -karmāṇi **9** A nahi pāpena **10** A annadānaṃ B annaṃ caiva **11** AB yāval labhyaṃ

svādhyāyasamupetebhyaḥ prahṛṣṭenāntarātmanā |
yasya tv annam upāśnanti *brāhmaṇāś ca sakṛd*[12] daśa ||14|
hṛṣṭena manasā *dattaṃ na sa tiryaggatir*[13] bhavet |
brāhmaṇānāṃ sahasrāṇi daśābhojya dvijottamāḥ ||15|
naro 'dharmāt pramucyeta pāpeṣv abhirataḥ sadā |
bhaikṣeṇānnaṃ[14] samāhṛtya vipro vedapuraskṛtaḥ ||16|
svādhyāya-*nirate*[15] vipre dattveha sukham edhate |
a-*hiṃsan brāhmaṇasvāni nyāyena paripālya ca*[16] ||17|
kṣatriyas tarasā prāptam annaṃ yo vai prayacchati |
dvijebhyo vedamukhyebhyaḥ prayataḥ susamāhitaḥ ||18|
tenāpohati dharmātmā duṣkṛtaṃ karma bho dvijāḥ |
ṣaḍbhāgapariśuddhaṃ ca kṛṣer bhāgam upārjitam ||19|
vaiśyo dadad dvijātibhyaḥ pāpebhyaḥ parimucyate |
avāpya prāṇasaṃdehaṃ *kārkaśyena samārjitam*[17] ||20|
annaṃ dattvā dvijātibhyaḥ śūdraḥ pāpāt pramucyate |
aurasena balenānnam[18] *arjayitvā vihiṃsakaḥ*[19] ||21|
yaḥ prayacchati[20] viprebhyo na sa durgāṇi sevate |
nyāyenāvāptam annaṃ tu naro harṣasamanvitaḥ ||22|
dvijebhyo vedavṛddhebhyo dattvā pāpāt pramucyate |
annam ūrjaskaraṃ loke dattvorjasvī bhaven naraḥ ||23|
satāṃ panthānam āvṛtya sarvapāpaiḥ pramucyate |
dānavidbhiḥ *kṛtaḥ panthā yena yānti manīṣiṇaḥ*[21] ||24|
teṣv apy annasya dātāras tebhyo dharmaḥ sanātanaḥ |
sarvāvasthaṃ manuṣyeṇa nyāyenānnam upārjitam ||25|
kāryān nyāyāgataṃ nityam annaṃ hi paramā gatiḥ |
annasya hi pradānena naro *yāti parāṃ gatim*[22] ||26|
sarvakāmasamāyuktaḥ pretya cāpy aśnute sukham |
evaṃ puṇyasamāyukto naraḥ pāpaiḥ pramucyate ||27|
tasmād annaṃ pradātavyam a-*nyāyaparivarjitam*[23] |
yas tu *prāṇāhutīpūrvam annaṃ bhuṅkte*[24] gṛhī sadā ||28|
avandhyaṃ divasaṃ kuryād annadānena mānavaḥ |
bhojayitvā śataṃ nityaṃ naro vedavidāṃ varam ||29|
nyāyaviddharmaviduṣām itihāsavidāṃ tathā |
na yāti narakaṃ ghoraṃ saṃsāraṃ na ca sevate ||30|
sarvakāmasamāyuktaḥ pretya cāpy aśnute sukham |
evaṃ *karmasamāyukto*[25] ramate vigatajvaraḥ ||31|
rūpavān kīrtimāṃś caiva dhanavāṃś *copajāyate*[26] |
etad vaḥ sarvam ākhyātam annadānaphalaṃ mahat |
mūlam etat tu dharmāṇāṃ pradānānāṃ ca bho dvijāḥ ||32|

12 AC brāhmaṇānāṃ śataṃ **13** B tasya pavitraṃ ca kulaṃ **14** A bhaikṣād annaṃ B bhaikṣyānnaṃ ca **15** C -nirato **16** B -hiṃsāyā brāhmaṇebhyo 'py annaṃ dadyāc ca brāhmaṇaḥ **17** A yad dhanaṃ samupārjitam B kāryeṣv eva samārjitam C kārkaśyena samāhitam **18** A tenānnena vipāpmā sa **19** A svargaloke mahīyate V arjayitvāvihiṃsakaḥ **20** A yo 'nnaṃ yacchati **21** B kṛtaṃ puṇyaṃ yathā yogyaṃ bhavaty uta **22** A 'dharmān na sevate **23** AB -nyāyena vivarjitam **24** C brāhmaṇapūrvaṃ hi bhoktum annaṃ **25** A naraḥ samāyukto C khalu samāyukto **26** C copapadyate iti śrīmahāpurāṇe ādibrāhme vyāsarṣisaṃvāde saṃsāracakre 'nnadānapraśaṃsāvarṇanaṃ nāmāṣṭādaśādhikadviśatatamo 'dhyāyaḥ

munaya ūcuḥ:
paralokagatānāṃ tu svakarmasthānavāsinām |
teṣāṃ śrāddhaṃ kathaṃ *jñeyaṃ*[1] putraiś cānyaiś ca bandhubhiḥ ||219.1|
[2]vyāsa uvāca:
namaskṛtya jagannāthaṃ vārāhaṃ lokabhāvanam |
śṛṇudhvaṃ saṃpravakṣyāmi śrāddhakalpaṃ yathoditam ||2|
purā kokājale magnān *pitṝn uddhṛtavān vibhuḥ*[3] |
śrāddhaṃ kṛtvā tadā devo yathā tatra dvijottamāḥ ||3|
munaya ūcuḥ:
kimarthaṃ te tu kokāyāṃ nimagnāḥ pitaro 'mbhasi |
kathaṃ tenoddhṛtās te vai vārāheṇa dvijottama ||4|
tasmin kokāmukhe tīrthe bhuktimuktiphalaprade |
śrotum icchāmahe brūhi paraṃ kautūhalaṃ hi naḥ ||5|
vyāsa uvāca:
tretādvāparayoḥ saṃdhau pitaro divyamānuṣāḥ |
purā merugireḥ pṛṣṭhe *viśvair devaiḥ*[4] saha sthitāḥ ||6|
teṣāṃ samupaviṣṭānāṃ pitṝṇāṃ somasaṃbhavā |
kanyā kāntimatī *divyā*[5] purataḥ prāñjaliḥ sthitā |
tām ūcuḥ pitaro divyā ye tatrāsan samāgatāḥ ||7|
pitara ūcuḥ:
kāsi bhadre prabhuḥ ko vā bhavatyā vaktum arhasi ||8|
vyāsa uvāca:
sā provāca pitṝn devān *kalā*[6] cāndramasīti ha |
prabhutve bhavatām eva varayāmi yadīcchatha ||9|
ūrjā *nāmāsti*[7] prathamaṃ svadhā ca tadanantaram |
bhavadbhiś cādyaiva[8] kṛtaṃ nāma koketi bhāvitam ||10|
te hi tasyā vacaḥ śrutvā pitaro divyamānuṣāḥ |
tasyā mukhaṃ nirīkṣanto na tṛptim adhijagmire ||11|
viśvedevāś ca tāñ jñātvā kanyāmukhanirīkṣakān |
yogacyutān[9] nirīkṣyaiva vihāya tridivaṃ gatāḥ ||12|
bhagavān api śītāṃśur ūrjāṃ nāpaśyad ātmajām |
samākulamanā dadhyau kva gateti mahāyaśāḥ ||13|
sa viveda tadā somaḥ prāptāṃ pitṝṃś ca kāmataḥ |
taiś cāvalokitāṃ hārdāt svīkṛtāṃ ca tapobalāt ||14|
tataḥ *krodha*-[10]parītātmā pitṝñ *śaśa*-[11]dharo dvijāḥ |
śaśāpa nipatiṣyadhvaṃ yogabhraṣṭā vicetasaḥ ||15|
yasmād adattāṃ matkanyāṃ kāmayadhvaṃ subāliśāḥ |
yasmād dhṛtavatī ceyaṃ patīn pitṛmatī satī ||16|

1 ASS corr. like V; V deyaṃ **2** AB begin the chapter here. **3** C uddhṛtya śūkaraḥ
4 V viśvedevaiḥ **5** C devā **6** A kule **7** AB nāmāsmi **8** V bhavadbhir adyaiva
9 A yogyatāṃ [hypometric] B ayogyāṃ tāṃ **10** V kopa- **11** V chaśa-

svatantrā dharmam utsṛjya tasmād bhavatu nimnagā |
koketi prathitā loke śiśirādrisamāśritā ||17|
ittham̐ śaptāś candramasā pitaro divyamānuṣāḥ |
yogabhraṣṭā nipatitā himavatpādabhūtale ||18|
ūrjā tatraiva patitā girirājasya *vistṛte*[12] |
prasthe tīrtham̐ samāsādya saptasāmudram uttamam ||19|
kokā nāma tato vegān nadī tīrthaśatākulā |
plāvayantī gireḥ śṛṅgam̐ sarpaṇāt tu sarit smṛtā ||20|
atha te pitaro viprā yogahīnā mahānadīm |
dadṛśuḥ śītasalilām̐ na vidus tām̐ sulocanām ||21|
tatas tu girirāḍ dṛṣṭvā pitṝm̐s tām̐s tu kṣudhārditān |
badarīm ādideśātha dhenum̐ caikām̐ madhusravām ||22|
kṣīram̐ madhu ca tad divyam̐ kokāmbho badarīphalam |
idam̐ girivareṇaiṣām̐ poṣaṇāya nirūpitam ||23|
tayā vṛttyā tu vasatām̐ pitṝṇām̐ munisattamāḥ |
daśa varṣasahasrāṇi yayur ekam aho yathā ||24|
evam̐ loke vipitari tathaiva vigatasvadhe |
daityā babhūvur balino yātudhānāś ca rākṣasāḥ ||25|
te tān pitṛgaṇān daityā yātudhānāś ca vegitāḥ |
viśvair devair[13] virahitān sarvataḥ samupādravan ||26|
daiteyān yātudhānām̐ś ca dṛṣṭvaivāpatato dvijāḥ |
kokātaṭasthām uttuṅgām̐ śilām̐ te jagṛhū ruṣā ||27|
gṛhītāyām̐ śilāyām̐ tu kokā vegavatī pitṝn |
chādayām āsa toyena plāvayantī himācalam ||28|
pitṝn antarhitān dṛṣṭvā daiteyā rākṣasās tathā |
vibhītakam̐ samāruhya nirāhārās tirohitāḥ ||29|
salilena viṣīdantaḥ pitaraḥ *kṣudbhramāturāḥ*[14] |
viṣīdamānam ātmānam̐ samīkṣya salilāśayāḥ |
jagur[15] janārdanam̐ devam̐ pitaraḥ śaraṇam̐ harim ||30|
pitara ūcuḥ:
jayasva govinda jagannivāsa |
jayo 'stu *naḥ*[16] keśava *te prasādāt*[17] |
janārdanāsmān salilāntarasthān |
uddhartum arhasy anagha-*pratāpa*[18] ||31|
niśācarair dāruṇadarśanaiḥ prabho |
vareṇya vaikuṇṭha varāha viṣṇo |
nārāyaṇāśeṣamaheśvareśa |
prayāhi bhītāñ jaya[19] padmanābha ||32|
upendra yogin madhu-*kaiṭabhaghna*[20] |
viṣṇo anantācyuta vāsudeva |
śrīśārṅgacakrāmbujaśaṅkhapāṇe |
rakṣasva deveśvara rākṣasebhyaḥ ||33|

12 C viplute **13** V viśvedevair **14** V kṣuttṛṣārditāḥ **15** AC jagmur **16** B te
17 B sam̐prasīda **18** AV -prabhāva **19** AB prajāhitārtham̐ caya **20** A -kaiṭabhāre

tvaṃ *pitā*[21] jagataḥ śaṃbho *nānyaḥ*[22] śaktaḥ prabādhitum |
niśācara-*gaṇaṃ bhīmam atas*[23] tvāṃ śaraṇaṃ gatāḥ ||34|
tvannāmasaṃkīrtanato niśācarā |
dravanti bhūtāny *apayānti*[24] cārayaḥ |
nāśaṃ tathā saṃprati yānti viṣṇo |
dharmādi *satyaṃ*[25] bhavatīha mukhyam ||35|
vyāsa uvāca:
itthaṃ stutaḥ sa pitṛbhir dharaṇīdharas tu |
tuṣṭas *tadāviṣkṛtadivyamūrtiḥ*[26] |
kokāmukhe pitṛgaṇaṃ salile nimagnaṃ |
devo dadarśa śirasātha śilāṃ vahantam ||36|
taṃ dṛṣṭvā salile magnaṃ kroḍarūpī janārdanaḥ |
bhītaṃ pitṛgaṇaṃ viṣṇur *uddhartuṃ matir ādadhe*[27] ||37|
daṃṣṭrāgreṇa samāhatya śilāṃ cikṣepa *śūkaraḥ*[28] |
pitṝn ādāya ca vibhur ujjahāra *śilā-*[29]talāt ||38|
varāha-*daṃṣṭrā-*[30]saṃlagnāḥ pitaraḥ kanakojjvalāḥ |
kokāmukhe gatabhayāḥ *kṛtā*[31] devena viṣṇunā ||39|
uddhṛtya ca pitṝn devo viṣṇu-*tīrthe tu*[32] *śūkaraḥ*[33] |
dadau samāhitas *tebhyo viṣṇur lohārgale*[34] jalam ||40|
tataḥ svaromasaṃbhūtān kuśān ādāya keśavaḥ |
svedodbhavāṃs tilāṃś caiva cakre *colmukam*[35] uttamam ||41|
jyotiḥ sūryaprabhaṃ kṛtvā pātraṃ tīrthaṃ ca kāmikam |
sthitaḥ koṭi-*vaṭasyādho*[36] vāri gaṅgādharaṃ śuci ||42|
tuṅgakūṭāt[37] samādāya yajñīyān oṣadhīrasān |
madhukṣīrarasān gandhān puṣpadhūpānulepanān ||43|
ādāya dhenuṃ saraso ratnāny ādāya cārṇavāt |
daṃṣṭrayollikhya dharaṇīm abhyukṣya salilena ca ||44|
gharmodbhavenopalipya kuśair ullikhya tāṃ punaḥ |
pariṇīyolmukenaināṃ[38]abhyukṣya ca punaḥ punaḥ ||45|
kuśān ādāya prāgagrāṃl lomakūpāntarasthitān |
ṛṣīn āhūya papraccha kariṣye pitṛtarpaṇam ||46|
tair apy ukte kuruṣveti viśvān devāṃs tato vibhuḥ |
āhūya mantratas teṣāṃ viṣṭarāṇi dadau prabhuḥ ||47|
āhūya mantratas teṣāṃ vedoktavidhinā hariḥ |
akṣatair daivatārakṣāṃ cakre cakragadādharaḥ ||48|
akṣatās *tu yavauṣadhyaḥ*[39] sarva-*devāṃśa-*[40]saṃbhavāḥ |
rakṣanti *sarvatra diśo*[41] rakṣārthaṃ nirmitā hi te ||49|

21 C dhātā **22** V na tvāṃ **23** V -gaṇo bhīmas tatas **24** AB api yānti **25** C sarve **26** V tadā vidhṛtasūkaradivyamūrtiḥ **27** A uddhartum upacakrame V uddhartuṃ matim ādadhe **28** V sūkaraḥ **29** BC rasā- **30** CV -deha- **31** C hṛtā **32** C -tīrthena **33** V sūkaraḥ **34** B tebhyas tilalomāgarte [corrected for *-ārgate* in print] C tebhyo viṣṇur lohākulaṃ **35** B trailokam **36** A -taṭasyādho **37** AB ugrakūṭe **38** A pariṇīyolmukenaiva tān [hypermetric] **39** A tv athauṣadhyaḥ **40** A -devāsthi- **41** B sarve tridaśā

devadānavadaityeṣu yakṣarakṣaḥsu caiva hi |
nahi kaścit kṣayaṃ teṣāṃ kartuṃ śaktaś carācare ||50|
na kenacit kṛtaṃ[42] yasmāt tasmāt te hy akṣatāḥ kṛtāḥ |
devānāṃ te hi rakṣārthaṃ niyuktā viṣṇunā purā ||51|
kuśa-*gandhayavaiḥ*[43] puṣpair arghyaṃ kṛtvā ca *śūkaraḥ*[44] |
viśvebhyo devebhya iti tatas tān paryapṛcchata ||52|
pitṝn āvāhayiṣyāmi ye divyā ye ca mānuṣāḥ |
āvāhayasveti ca tair uktas tv *āvāhayec*[45] chuciḥ ||53|
śliṣṭa-[46]mūlāgradarbhāṃs tu *satilān veda vedavit*[47] |
jānāv āropya hastaṃ tu dadau *savyena cāsanam*[48] ||54|
tathaiva jānusaṃsthena kareṇaikena tān pitṝn |
[[49]āpyāyayantu pitaraḥ sayavāṃs tilabarhiṣā |]
vārāhaḥ pitṛviprāṇām[50] *āyāntu na*[51] itīrayan ||55|
apahatety uvācaiva rakṣaṇaṃ cāpasavyataḥ[52] |
kṛtvā cāvāhanaṃ cakre pitṝṇāṃ nāmagotrataḥ ||56|
tat pitaro manojarān āgacchata[53] itīrayan |
saṃvatsarair ity udīrya tato 'rghyaṃ teṣu vinyaset ||57|
yās tiṣṭhanty amṛtā vāco yan *maiti ca pituḥ pituḥ*[54] |
yan[55] me pitā-*mahety evaṃ dadāv arghyaṃ*[56] *pitāmaha*[57] ||58|
[58]yan me prapitā-*maheti*[59] dadau ca prapitā-*mahe*[60] |
kuśagandhatilonmiśraṃ sapuṣpam apasavyataḥ ||59|
tadvan mātāmahebhyas tu vidhiṃ cakre janārdanaḥ |
tān arcya bhūyo gandhādyair dhūpaṃ dattvā tu *bhaktitaḥ*[61] ||60|
ādityā vasavo rudrā ity uccārya jagatprabhuḥ |
tataś cānnaṃ samādāya sarpistila-*kuśākulam*[62] ||61|
vidhāya[63] *pātre tac caiva*[64] paryapṛcchat tato munīn |
agnau kariṣya iti taiḥ kuruṣveti ca coditaḥ ||62|
āhutitritayaṃ[65] dadyāt *somāyāgner*[66] yamāya ca |
ye māmaketi ca japed yajuḥsaptakam acyutam ||63|
hutāvaśiṣṭaṃ ca dadau nāmagotrasamanvitam |
trir āhutikam ekaikaṃ pitaraṃ tu prati dvijāḥ ||64|
ato 'vaśiṣṭam annādyaṃ piṇḍa-*pātre tu*[67] nikṣipet |
tato 'nnaṃ sarasaṃ svādu dadau pāyasapūrvakam ||65|
pratyagram *ekadā svinnam aparyuṣitam uttamam*[68] |
alpaśākaṃ bahuphalaṃ ṣaḍrasam amṛtopamam ||66|

42 ASS corr. like V; A na tenākṣitaṃ B na tena vākṣataṃ V na kenacit kṣatā **43** C -gandhamayaiḥ **44** V sūkaraḥ **45** ASS corr. like V; V āvāhayac **46** A śiṣṭa- **47** A salilād vedavācinaḥ B salilād yena kenacit **48** A cāvāhanāsanam B kavyaṃ sanātanam **49** AB ins. **50** C varāho 'pi triviprāṇām **51** AB āpyāyayantv **52** A saṃvatsareti dattvārghaṃ tato 'rghaṃ cāpasavyataḥ B saṃvatsare tato dīrghaṃ teṣu teṣu ca sarvataḥ **53** ASS corr. *pitaro 'tra manojavā*; V vārāhaḥ pitṛviprāṇām āpyāyayatv **54** A me pitus tatpituś ca tat C maiti pitṛtatpituḥ **55** A tan **56** A -mahe 'py evaṃ dadyād arghyaṃ **57** A samāhitaḥ V pitāmahaḥ **58** A oṃ. **59** C -mahīti **60** B -maham **61** AB śaktitaḥ **62** A -kuśānvitam **63** C pidhāya **64** BC pātreṇānyena **65** B āhutibhis caruṃ **66** B somāyeti **67** AB -pātreṣu **68** A ekadāpy annamāṃsādyaṃ tan madhūkṣitam

yad brāhmaṇeṣu pradadau piṇḍapātre pitṝṃs tathā |
veda-[69]pūrvaṃ *pitṛsvannam*[70] ājyaplutaṃ madhūkṣitam ||67|
mantritaṃ pṛthivīty evaṃ madhu-*vātātṛcaṃ*[71] jagau |
bhuñjāneṣu *tu*[72] vipreṣu japan vai mantrapañcakam ||68|
yat te[73] prakāram ārabhya *nādhikaṃ te*[74] tato jagau |
trimadhu trisuparṇaṃ ca bṛhadāraṇyakaṃ tathā ||69|
jajāpa vaiṣāṃ jāpyaṃ tu sūktaṃ sauraṃ sapauruṣam |
bhuktavatsu ca vipreṣu pṛṣṭvā tṛptā stha ity *uta*[75] ||70|
tṛptāḥ smeti *sakṛt toyaṃ*[76] dadau maunavimocanam |
piṇḍapātraṃ samādāya *cchāyāyai pradadau*[77] tataḥ ||71|
sā[78] tad annaṃ dvidhā kṛtvā tridhaikaikam athākarot |
vārāho bhūm athollikhya *samācchādya*[79] kuśair api ||72|
dakṣiṇāgrān kuśān *kṛtvā*[80] teṣām upari cāsanam |
satileṣu samūleṣu kuśeṣv eva tu saṃśrayaḥ ||73|
gandhapuṣpādikaṃ kṛtvā tataḥ piṇḍaṃ tu bhaktitaḥ |
pṛthivī *dadhīr*[81] ity uktvā tataḥ piṇḍaṃ[82]pradattavān ||74|
pitāmahāḥ prapitāmahās *tatheti cāntarikṣataḥ*[83] |
mātāmahānām apy evaṃ dadau piṇḍān sa *śūkaraḥ*[84] ||75|
piṇḍanirvāpaṇocchiṣṭam annaṃ lepabhujeṣv adāt |
etad vaḥ pitar ity uktvā dadau vāsāṃsi bhaktitaḥ ||76|
dvyaṅgulajāni[85] śuklāni dhautāny *abhinavāni*[86] ca |
gandhapuṣpādikaṃ dattvā kṛtvā caiṣāṃ pradakṣiṇām ||77|
ācamyācāmayed viprān paitrān ādau tataḥ surān |
tatas tv abhyukṣya tāṃ[87] bhūmiṃ dattvāpaḥ sumanokṣatān ||78|
satilāmbu pitṛṣv ādau dattvā deveṣu sākṣatam |
akṣayyaṃ nas tv iti pitṝn[88] prīyatām iti devatāḥ ||79|
prīṇayitvā parāvṛtya trir japec cāghamarṣaṇam |
tato nivṛtya tu japed *yan me nāma*[89] itīrayan ||80|
gṛhān naḥ pitaro datta dhanadhānyaprapūritān[90] |
arghyapātrāṇi piṇḍānām *antare*[91] *sa pavitrakān*[92] ||81|
[93]nikṣipyorjaṃ vahantīti kokātoyam atho 'japat |
himakṣīraṃ madhutilān pitṝṇāṃ tarpaṇaṃ dadau ||82|
svastīty ukte paitṛkais tu *sorāhne pnāvatarpayan*[94] |
rajataṃ[95] dakṣiṇāṃ dattvā viprān devo gadādharaḥ ||83|
saṃvibhāgaṃ manuṣyebhyo dadau *svad iti cābruvan*[96] |
kaścit[97] sampannam ity uktvā pratyuktas tair dvijottamāḥ ||84|

69 ASS corr. like V; V deva- **70** ASS corr. like V; V pitṛṣv annam **71** C -vātaṃ tato **72** V ca **73** C yataḥ **74** B nādhikānte C nāciketaṃ **75** C apaḥ **76** BC sakṛd devo **77** A madhuvātā jagau **78** AB sa **79** BC samutsṛjya **80** C dattvā **81** B dasyur **82** ASS corr. *pitre.* **83** B tṛptye cāntararakṣitaḥ **84** V sūkaraḥ **85** AB dviguṇeyāni **86** B ajināni **87** A tataḥ suprokṣitāṃ **88** AB ākṣiptam iti pitṝn vai **89** A yena menām **90** B dhārānnapitaro dattadhārān na pradadau tataḥ C vīrādhaḥ pitaro dvāvīrān pradadau tataḥ [sic] **91** A itare **92** B samavinnakām **93** AB om. the following 3 lines. **94** V saurāhṇe tās tu tarpayan **95** AB rājataṃ **96** A svaditam īrayan **97** ASS corr. like V; V kaccit

abhiramyatām ity uvāca procus te 'bhiratāḥ sma vai |
śiṣṭam annaṃ ca papraccha tair iṣṭaiḥ saha coditaḥ ||85|
pāṇāv ādāya tān viprān kuryād *anugatas*[98] tadā |
vāje vāje iti paṭhan *bahir*[99] vedi vinirgataḥ ||86|
koṭitīrthajalenāsāv apasavyaṃ samutkṣipan |
alagnān vipulān *vālān*[100] prārthayām āsa cāśiṣam ||87|
dātāro no 'bhivardhantāṃ tais tatheti samīritaḥ |
pradakṣiṇam upāvṛtya kṛtvā pādābhivādanam ||88|
āsanāni dadau caiṣāṃ chādayām āsa *śūkaraḥ*[101] |
viśrāmyatāṃ[102] praviśyātha piṇḍaṃ jagrāha madhyamam ||89|
chāyāmayī mahī patnī tasyai piṇḍam adāt prabhuḥ |
ādhatta pitaro garbham ity uktvā sāpi rūpiṇī ||90|
piṇḍaṃ gṛhītvā viprāṇāṃ cakre pādābhivandanam |
visarjanaṃ pitṝṇāṃ sa kartukāmaś ca *śūkaraḥ*[103] ||91|
kokā ca pitaraś caiva procuḥ svārthakaraṃ vacaḥ |
śaptāś ca bhagavan pūrvaṃ divasthā himabhānunā ||92|
yogabhraṣṭā bhaviṣyadhvaṃ sarva eva divaś cyutāḥ |
tad evaṃ bhavatā trātāḥ praviśanto rasātalam ||93|
yogabhraṣṭāṃś ca viśveśās tatyajur *yogarakṣiṇaḥ*[104] |
tat te bhūyo 'bhirakṣantu *viśve devā*[105] hi naḥ sadā ||94|
svargaṃ yāsyāmaś ca vibho prasādāt tava *śūkara*[106] |
somo[107] 'dhidevo 'smākaṃ ca bhavatv acyuta yogadhṛk ||95|
yogādhāras tathā somas trāyate na kadācana |
divi bhūmau *sadā vāso*[108] bhavatv asmāsu yogataḥ ||96|
antarikṣe ca *keṣāṃcin māsaṃ*[109] puṣṭis tathāstu naḥ |
ūrjā ceyaṃ hi naḥ patnī svadhānāmnā tu viśrutā ||97|
bhavatv eṣaiva yogāḍhyā yogamātā ca khecarī |
ity evam uktaḥ pitṛbhir vārāho bhūtabhāvanaḥ ||98|
provācātha pitṝn viṣṇus tāṃ ca kokāṃ mahānadīm |
yad uktaṃ tu bhavadbhir me sarvam etad bhaviṣyati ||99|
yamo 'dhidevo bhavatāṃ somaḥ svādhyāya īritaḥ |
adhiyajñas tathaivāgnir bhavatāṃ kalpanā tv iyam ||100|
agnir vāyuś ca sūryaś ca sthānaṃ hi bhavatām iti |
brahmā viṣṇuś ca rudraś ca bhavatām adhipūruṣāḥ ||101|
ādityā vasavo rudrā bhavatāṃ mūrtayas tv imāḥ |
yogino yogadehāś ca yogadhārāś ca suvratāḥ ||102|
kāmato vicariṣyadhvaṃ phaladāḥ sarvajantuṣu |
svargasthān narakasthāṃś ca bhūmisthāṃś ca carācarān ||103|
nijayogabalenaivāpyāyayiṣyadhvam uttamāḥ |
iyam ūrjā śaśisutā kīlālamadhuvigrahā ||104|

98 ASS corr. *anugataṃ*; AB anumatas **99** C antar **100** C dhānān V bālān **101** V sūkaraḥ **102** AV viśramyatāṃ **103** V sūkaraḥ **104** C yena rakṣiṇaḥ **105** V viśvedevā **106** V sūkara **107** ASS corr. *yamo* **108** AB sadādhyāso **109** A kenāpi sā sā

bhaviṣyati mahābhāgā dakṣasya duhitā svadhā |
tatreyaṃ bhavatāṃ[110] patnī bhaviṣyati varānanā || 105 |
kokānadīti[111] vikhyātā girirājasamāśritā |
tīrthakoṭi-*mahā-*[112]puṇyā madrūpaparipālitā || 106 |
asyām adya prabhṛti vai nivatsyāmy aghanāśakṛt |
varāhadarśanaṃ puṇyaṃ *pūjanaṃ*[113] *bhuktimukti-*[114]dam || 107 |
kokāsalilapānaṃ ca mahāpātakanāśanam |
tīrtheṣv *āplavanaṃ puṇyam*[115] upavāsaś ca svargadaḥ || 108 |
dānam akṣayyam uditaṃ janmamṛtyujarāpaham |
māghe *māsy asite*[116] pakṣe bhavadbhir uḍupakṣaye || 109 |
kokāmukham upāgamya sthātavyaṃ dinapañcakam |
tasmin kāle tu yaḥ śrāddhaṃ pitṝṇāṃ nirvapiṣyati || 110 |
prāguktaphalabhāgī sa bhaviṣyati *na saṃśayaḥ*[117] |
ekādaśīṃ dvādaśīṃ ca stheyam atra mayā sadā || 111 |
yas tatropavased dhīmān sa prāguktaphalaṃ labhet |
tad vrajadhvaṃ mahābhāgāḥ sthānam iṣṭaṃ yatheṣṭataḥ || 112 |
aham apy atra vatsyāmīty uktvā so 'ntaradhīyata |
gate varāhe pitaraḥ kokām āmantrya te yayuḥ || 113 |
kokāpi tīrthasahitā saṃsthitā girirājani |
chāyā mahīmayī kroḍī piṇḍaprāśanabṛṃhitā || 114 |
garbham ādāya *saśraddhā*[118] vārāhasyaiva sundarī |
tato *'syāḥ prābhavat*[119] putro bhaumas tu *narakāsuraḥ*[120] |
prāgjyotiṣaṃ ca nagaram asya dattaṃ ca viṣṇunā || 115 |
evaṃ mayoktaṃ varadasya viṣṇoḥ |
kokāmukhe divyavarāharūpam |
śrutvā naras tyaktamalo vipāpmā |
daśāśvamedheṣṭiphalaṃ labheta || 116 |

iti śrīmahāpurāṇe ādibrāhme vyāsarṣisaṃvāde śrāddhavidhinirūpaṇaṃ nāmaikonaviṃśādhikadviśatatamo 'dhyāyaḥ

munaya ūcuḥ:
bhūyaḥ prabrūhi bhagavañ śrāddhakalpaṃ suvistarāt |
kathaṃ kva ca kadā keṣu kais *tad*[1]brūhi tapodhana || 220.1 |
vyāsa uvāca:
śṛṇudhvaṃ muniśārdūlāḥ śrāddhakalpaṃ suvistarāt |
yathā yatra yadā *yeṣu*[2] yair dravyais tad vadāmy aham || 2 |
brāhmaṇaiḥ kṣatriyair vaiśyaiḥ śrāddhaṃ *svavarāṇoditam*[3] |
kuladharmam anutiṣṭhadbhir[4] dātavyaṃ mantrapūrvakam || 3 |

110 A ātreyaduhitā B tatreyaṃ duhitā **111** B kokā nāmnā ca **112** A -vahā **113** A pūjayā B pūjāyāṃ **114** B tu vimukti- **115** A alpaṃ tathā dānaṃ **116** A māse 'site B māsi site **117** AB narottamaḥ **118** C saṃsparśād **119** C 'syāṃ abhavat **120** C narako 'suraḥ **1** A tu **2** A yena **3** A kāryaṃ yathoditam **4** Hypermetric; C kuladharmāṇam anujair V svadharmam anutiṣṭhadbhir

strībhir varṇāvaraiḥ śūdrair *viprāṇām anuśāsanāt*[5] |
amantrakaṃ vidhipūrvaṃ[6] vahni-*yāga*-[7]vivarjitam ||4|
puṣkarādiṣu tīrtheṣu puṇyeṣv āyataneṣu *ca*[8] |
śikhareṣu girīndrāṇāṃ puṇyadeśeṣu bho dvijāḥ ||5|
saritsu puṇyatoyāsu nadeṣu ca sarahsu ca |
saṃgameṣu nadīnāṃ ca samudreṣu ca saptasu ||6|
svanulipteṣu[9] geheṣu sveṣv anujñāpiteṣu ca |
divyapādapamūleṣu yajñiyeṣu hradeṣu ca ||7|
śrāddham eteṣu dātavyaṃ varjyam eteṣu cocyate |
kirāteṣu kaliṅgeṣu koṅkaṇeṣu *kṛmiṣv*[10] api ||8|
daśārṇeṣu kumāryeṣu taṅgaṇeṣu *kratheṣv*[11] api |
sindhor uttarakūleṣu narmadāyāś ca dakṣiṇe ||9|
pūrveṣu kara-*toyāyā*[12] na deyaṃ śrāddham ucyate |
śrāddhaṃ deyam uśantīha *māsi māsy uḍupakṣaye*[13] ||10|
paurṇamāseṣu śrāddhaṃ ca kartavyam *ṛkṣa*-[14]gocare |
nityaśrāddham adaivaṃ ca *manuṣyaiḥ saha gīyate*[15] ||11|
naimittikaṃ suraiḥ sārdhaṃ nityaṃ naimittikaṃ tathā |
kāmyāny *anyāni*[16] śrāddhāni pratisaṃvatsaraṃ dvi-*jaiḥ*[17] ||12|
vṛddhiśrāddhaṃ ca kartavyaṃ jātakarmādikeṣu *ca*[18] |
tatra yugmān dvijān āhur *mantra*-[19]pūrvaṃ tu vai dvijāḥ ||13|
kanyāṃ gate[20] savitari dināni daśa pañca ca |
pūrveṇaiveha[21] vidhinā śrāddhaṃ tatra vidhīyate ||14|
pratipaddhanalābhāya dvitīyā dvipadapradā |
putrārthinī tṛtīyā tu caturthī śatrunāśinī ||15|
śriyaṃ[22] prāpnoti pañcamyāṃ ṣaṣṭhyāṃ *pūjyo*[23] bhaven naraḥ |
gaṇādhipatyaṃ saptamyāṃ aṣṭamyāṃ buddhim uttamām ||16|
[[24]saptamyāṃ śriyam āpnoti kāryapradāṣṭamī matā |]
striyo navamyāṃ *prāpnoti*[25]daśamyāṃ pūrṇakāmatām |
vedāṃs tathāpnuyāt sarvān ekādaśyāṃ kriyāparaḥ ||17|
dvādaśyāṃ *jaya*-[26]lābhaṃ ca prāpnoti pitṛpūjakaḥ |
prajāvṛddhiṃ paśuṃ medhāṃ svātantryaṃ puṣṭim uttamām ||18|
dīrghāyur athavaiśvaryaṃ kurvāṇas tu trayodaśīm |
avāpnoti na saṃdehaḥ *śrāddhaṃ*[27] śraddhā-*samanvitaḥ*[28] ||19|
yathāsaṃbhavinānnena śrāddhaṃ śraddhāsamanvitaḥ |
yuvānaḥ pitaro yasya mṛtāḥ śastreṇa vā hatāḥ ||20|
tena kāryaṃ caturdaśyāṃ teṣāṃ tṛptim abhīpsatā |
śrāddhaṃ kurvann amāvāsyāṃ yatnena puruṣaḥ śuciḥ ||21|
sarvān kāmān avāpnoti svargaṃ cānantam aśnute |
ataḥparaṃ muniśreṣṭhāḥ śṛṇudhvaṃ vadato mama ||22|

5 AC deyaṃ viprānuśāsanāt **6** A samantrakavidhiṃ vāpi C vahnivarjaṃ tu pūrvavad
7 AC -pāka- **8** C vā **9** C anulipteṣu **10** B kramiṣv **11** C kuśeṣv **12** AB -toyāyāṃ
13 AB māse māse ca pakṣayoḥ **14** B cakṣu- **15** B manunā parigīyate **16** C etāni **17** V -jāḥ
18 AB vai **19** BV mātṛ- **20** V kanyāgate **21** C pārvaṇeneha **22** B striyaṃ **23** A śreṣṭho
24 B ins. **25** B paśuṃ āpnoti [hypermetric, or om. *striyo*?] **26** B putra- **27** AB śrāddhe
28 AB -paro naraḥ

pitṝṇāṃ prītaye *yatra*[29] yad *deyaṃ*[30] prīti-*kāriṇā*[31] |
māsaṃ tṛptiḥ pitṝṇāṃ tu haviṣyānnena jāyate ||23|
māsadvayaṃ matsyamāṃsais tṛptiṃ yānti pitāmahāḥ |
trīn māsān hāriṇaṃ māṃsaṃ vijñeyaṃ pitṛtṛptaye ||24|
puṣṇāti caturo māsāñ śaśasya piśitaṃ pitṝn |
śākunaṃ[32] pañca vai māsān ṣaṇ māsāñ śūkarāmiṣam ||25|
chāgalaṃ sapta vai māsān aiṇeyaṃ cāṣṭamāsakān |
karoti tṛptiṃ nava vai rurumāṃsaṃ na saṃśayaḥ ||26|
gavyaṃ māṃsaṃ pitṛtṛptiṃ[33] karoti daśamāsikīm |
tathaikādaśa māsāṃs tu aurabhraṃ pitṛtṛptidam ||27|
saṃvatsaraṃ tathā gavyaṃ payaḥ pāyasam eva ca |
vādhrīnam āmiṣaṃ lohaṃ[34] kālaśākaṃ tathā madhu ||28|
rohitāmiṣam[35] annaṃ ca dattāny ātmakulodbhavaiḥ |
anantaṃ vai prayacchanti tṛptiyogaṃ sutāṃs tathā ||29|
pitṝṇāṃ nātra saṃdeho gayāśrāddhaṃ ca bho dvijāḥ |
yo dadāti guḍonmiśrāṃs tilān vā śrāddhakarmaṇi ||30|
madhu vā madhumiśraṃ vā akṣayaṃ sarvam eva *tat*[36] |
api naḥ *sa kule*[37] *bhūyād*[38] yo no *dadyāj jalāñjalim*[39] ||31|
pāyasaṃ madhusaṃyuktaṃ varṣāsu ca maghāsu ca |
eṣṭavyā bahavaḥ putrā yady eko 'pi gayāṃ vrajet ||32|
gaurīṃ *vāpy udvahet*[40] *kanyāṃ*[41] nīlaṃ vā vṛṣam utsṛjet |
kṛttikāsu pitṝn arcya svargam āpnoti mānavaḥ ||33|
apatyakāmo rohiṇyāṃ saumye tejasvitāṃ labhet |
śauryam ārdrāsu cāpnoti kṣetrāṇi ca punarvasau ||34|
puṣye[42] tu dhanam akṣayyam āśleṣe *cāyur uttamam*[43] |
maghāsu ca prajāṃ puṣṭiṃ saubhāgyaṃ phālgunīṣu ca ||35|
pradhāna-[44]śīlo bhavati sāpatyaś cottarāsu ca |
prayāti śreṣṭhatāṃ śāstre haste śrāddhaprado naraḥ ||36|
rūpaṃ tejaś ca citrāsu tathāpatyam avāpnuyāt |
vāṇijyalābhadā *svātī*[45] viśākhā putra-*kāmadā*[46] ||37|
kurvantāṃ cānurādhāsu tā dadyuś cakravartitām |
ādhipatyaṃ ca jyeṣṭhāsu mūle cārogyam uttamam ||38|
āṣāḍhāsu yaśaḥprāptir uttarāsu *viśokatā*[47] |
śravaṇena[48] *śubhāṃl lokān*[49] dhaniṣṭhāsu dhanaṃ mahat ||39|
vedavittvam abhijiti bhiṣaksiddhiṃ ca vāruṇe |
ajāvikaṃ prauṣṭhapadyāṃ *vinded gāvas*[50] tathottare ||40|
revatīṣu tathā kupyam aśvinīṣu turaṃgamān |
śrāddhaṃ kurvaṃs tathāpnoti bharaṇīṣv āyur uttamam ||41|

29 AC yac ca **30** V deśaṃ **31** AC -kāraṇam **32** A śākuntaṃ **33** C gavayasya māṃsaṃ tṛptiṃ **34** ASS corr. *vārdhīṇasāmiṣaṃ*; V vārdhrīṇamāṃsaṃ sallohaṃ **35** A dauhitrāmiṣam **36** C ca **37** A svakule **38** C jāyād **39** C dadyāt trayodaśām **40** V samudvahet **41** A bhāryāṃ **42** B tiṣye **43** AB puruṣottamam **44** V pradāna- **45** A svātir **46** V -dā sadā **47** BV viśeṣataḥ **48** V śravaṇe ca **49** ABV śubhān kāmān **50** ASS corr. *gāvaś ca tathottare*; hypermetric; A vidviṣas tu B vidveṣas tu

evaṃ phalam avāpnoti ṛkṣeṣv eteṣu tattvavit |
tasmāt kāmyāni śrāddhāni *deyāni vidhivad dvijāḥ*[51] ||42|
kanyārāśigate sūrye phalam atyantam icchatā |
yān yān kāmān abhidhyāyan kanyārāśigate ravau ||43|
śrāddhaṃ kurvanti manujās tāṃs tān kāmāṃl labhanti te |
nāndīmukhānāṃ kartavyaṃ kanyārāśigate ravau ||44|
paurṇamāsyāṃ tu kartavyaṃ vārāhavacanaṃ yathā |
divyabhaumāntarikṣāṇi sthāvarāṇi carāṇi ca ||45|
piṇḍam icchanti pitaraḥ kanyārāśigate ravau |
kanyāṃ gate savitari yāny ahāni tu ṣoḍaśa ||46|
kratubhis tāni tulyāni devo nārāyaṇo 'bravīt |
rājasūyāśvamedhābhyāṃ ya icched durlabhaṃ phalam ||47|
apy ambuśākamūlādyaiḥ pitṝn kanyāgate 'rcayet |
uttarāhastanakṣatragate tīkṣṇāṃśumālini ||48|
yo *'rcayet svapitṝn*[52] bhaktyā tasya vāsas triviṣṭape |
hastarkṣage dinakare pitṛrājānuśāsanāt ||49|
tāvat pitṛpurī śūnyā yāvad vṛścikadarśanam |
vṛścike samatikrānte pitaro daivataiḥ saha ||50|
niḥśvasya[53] pratigacchanti śāpaṃ dattvā su-*duḥsaham*[54] |
aṣṭakāsu ca kartavyaṃ śrāddhaṃ manvantarāsu vai ||51|
anvaṣṭakāsu kramaśo mātṛpūrvaṃ tad iṣyate |
grahaṇe ca vyatīpāte *ravicandrasamāgame*[55] ||52|
janmarkṣe grahapīḍāyāṃ śrāddhaṃ pārvaṇam ucyate |
ayanadvitaye śrāddhaṃ viṣuvadvitaye tathā ||53|
saṃkrāntiṣu ca kartavyaṃ śrāddhaṃ vidhivad uttamam |
eṣu kāryaṃ dvijāḥ śrāddhaṃ[56] piṇḍanirvāpaṇād ṛte ||54|
vaiśākhasya tṛtīyāyāṃ *navamyāṃ kārttikasya ca*[57] |
[58]śrāddhaṃ kāryaṃ tu śuklāyāṃ *saṃkrāntividhinā naraiḥ*[59] ||55|
trayodaśyāṃ bhādrapade māghe *candrakṣaye*[60] 'hani |
śrāddhaṃ kāryaṃ pāyasena [[61]pitṝṇāṃ tṛptim icchatā |]
[[62]dakṣiṇāyanasaṃpattir] [63]*dakṣiṇāyanavac ca tat*[64] ||56|
yadā ca śrotriyo 'bhyeti gehaṃ *vedavid agnimān*[65] |
tenaikena ca kartavyaṃ śrāddhaṃ vidhivad uttamam ||57|
śrāddhīyadravya-*saṃprāptir*[66] yadā syāt sādhusaṃmatā |
pārvaṇena vidhānena śrāddhaṃ kāryaṃ *tathā dvijaiḥ*[67] ||58|
pratisaṃvatsaraṃ kāryaṃ mātā-*pitror mṛte*[68] 'hani |
pitṛvyasyāpy aputrasya bhrātur jyeṣṭhasya caiva hi ||59|
pārvaṇaṃ devapūrvaṃ syād ekoddiṣṭaṃ surair vinā |
dvau daive pitṛ-*kārye*[69] trīn ekaikam ubhayatra vā ||60|

51 AB kartavyāni dvijottamāḥ **52** B 'rcayec ca pitṝn **53** B nirāsāḥ **54** B -dāruṇam **55** C navasasyasamāgate **56** V śrāddham eteṣu kartavyaṃ **57** AB śrāddhaṃ kāryaṃ dvijottamaiḥ **58** AB seem to read this half śloka after 220.56ab. **59** AB navamyāṃ kārttikasya tu **60** B māsi kṣaye **61** A ins. **62** A ins. **63** A seems to omit the following pāda. **64** B dakṣiṇābhimukhas tataḥ **65** B vedāṅgavedavit **66** B -saṃpattir **67** V dvijottamaiḥ **68** AB -pitroḥ kṣaye **69** B -kṛtye

mātāmahānām apy evaṃ *sarvam ūhena*[70] kīrtitam |
pretībhūtasya satataṃ bhuvi piṇḍaṃ jalaṃ tathā ||61|
satilaṃ sakuśaṃ dadyād bahir jalasamīpataḥ |
tṛtīye 'hni ca kartavyaṃ *pretāsthicayanaṃ*[71] dvijaiḥ ||62|
daśāhe *brāhmaṇaḥ śuddho*[72] dvādaśāhena *kṣatriyaḥ*[73] |
vaiśyaḥ[74] pañcadaśāhena śūdro māsena śudhyati ||63|
sūtakānte *gṛhe śrāddham*[75] ekoddiṣṭaṃ *pracakṣate*[76] |
dvādaśe *'hani māse*[77] ca tripakṣe ca tataḥ param ||64|
māsi māsi ca kartavyaṃ yāvat saṃvatsaraṃ dvijāḥ |
tata[78] parataraṃ kāryaṃ sapiṇḍīkaraṇaṃ *kramāt*[79] ||65|
kṛte sapiṇḍīkaraṇe pārvaṇaṃ *procyate*[80] punaḥ |
tataḥ prabhṛti nirmuktāḥ pretatvāt pitṛtāṃ gatāḥ ||66|
amūrtā mūrtimantaś ca pitaro dvividhāḥ smṛtāḥ |
nāndīmukhās tv amūrtāḥ syur mūrtimanto 'tha *pārvaṇāḥ*[81] |
ekoddiṣṭāśinaḥ pretāḥ *pitṝṇāṃ nirṇayas tridhā*[82] ||67|

[[83]iti śrībrahmapurāṇe vyāsarṣisaṃvāde śrāddhakalpe ekādaśādhikaśatatamo 'dhyāyaḥ]

[84]munaya ūcuḥ:
kathaṃ sapiṇḍīkaraṇaṃ kartavyaṃ dvijasattama |
pretībhūtasya vidhivad brūhi no vadatāṃ vara ||68|
vyāsa uvāca:
sapiṇḍīkaraṇaṃ viprāḥ śṛṇudhvaṃ vadato mama |
tac cāpi devarahitam ekārghaikapavitrakam ||69|
naivāgnau karaṇaṃ tatra tac cāvāhanavarjitam |
apasavyaṃ ca tatrāpi bhojayed ayujo dvijān ||70|
viśeṣas tatra cānyo 'sti pratimāsakriyādikaḥ |
taṃ kathyamānam ekāgrāḥ śṛṇudhvaṃ me dvijottamāḥ ||71|
tila-*gandhodakair*[85] yuktaṃ *tatra pātra-*[86]catuṣṭayam |
kuryāt pitṝṇāṃ[87] tritayam ekaṃ pretasya ca dvijāḥ ||72|
pātratraye pretapātrād arghaṃ caiva prasecayet |
ye samānā iti japan pūrvavac cheṣam ācaret ||73|
strīṇām apy evam eva syād ekoddiṣṭam udāhṛtam |
sapiṇḍīkaraṇaṃ tāsāṃ putrābhāve na vidyate ||74|
pratisaṃvatsaraṃ kāryam ekoddiṣṭaṃ naraiḥ striyāḥ |
mṛtāhani ca tat kāryaṃ *pitṝṇāṃ*[88]vidhicoditam ||75|
putrābhāve sapiṇḍās tu tadabhāve sahodarāḥ |
kuryur etaṃ vidhiṃ samyak putrasya ca sutāḥ sutāḥ ||76|

70 AB sarvabhṛtena **71** A pratyagāvāhanaṃ B pratyagāhavanī **72** V brāhmaṇāḥ śuddhā **73** A bhūmipaḥ V kṣatriyāḥ **74** V vaiśyāḥ **75** C mṛtaśrāddham **76** A praśaryate **77** AB caiva māse C [probably, since B, as in text, is impossible] caikamāse **78** V tataḥ **79** AB tadā **80** AB prārabhet **81** C pārvaṇe **82** B pretatvāt pitṛtāṃ gatāḥ **83** V ins. **84** V starts a new chapter. **85** A -darbhodakair **86** A kuryād anna- **87** A pitṝṇāṃ tatra **88** C strīṇāṃ tad

kuryān mātāmahānāṃ tu putrikātanayas tathā |
dvyāmuṣyāyaṇa-[89]saṃjñās tu mātāmahapitāmahān ||77|
pūjayeyur yathānyāyaṃ śrāddhair naimittikair api |
sarvābhāve striyaḥ kuryuḥ svabhartṝṇām amantrakam ||78|
tadabhāve ca nṛpatiḥ kārayet tv akuṭumbinām |
tajjātīyair naraiḥ samyag *vāhādyāḥ*[90] sakalāḥ kriyāḥ ||79|
sarveṣām eva varṇānāṃ bāndhavo nṛpatir yataḥ |
etā vaḥ kathitā viprā nityā naimittikās tathā ||80|
vakṣye śrāddhāśrayām anyāṃ nitya-*naimittikāṃ*[91] kriyām |
darśas[92]tatra nimittaṃ tu vidyād indukṣayānvitaḥ[93] ||81|
nityas tu niyataḥ kālas tasmin kuryād yathoditam |
sapiṇḍīkaraṇād ūrdhvaṃ pitur yaḥ prapitāmahaḥ ||82|
sa tu lepabhujaṃ yāti *praluptaḥ*[94] pitṛpiṇḍataḥ |
teṣāṃ hi yaś caturtho 'nyaḥ sa tu lepabhujo bhavet ||83|
so 'pi saṃbandhato hīnam upabhogaṃ prapadyate |
pitā pitāmahaś caiva tathaiva prapitāmahaḥ ||84|
piṇḍasaṃbandhino hy ete vijñeyāḥ puruṣās trayaḥ |
lepasaṃbandhinaś cānye pitāmahapitāmahāt ||85|
prabhṛtyuktās trayas teṣāṃ yajamānaś ca saptamaḥ |
ity eṣa munibhiḥ proktaḥ saṃbandhaḥ sāptapauruṣaḥ ||86|
yajamānāt prabhṛty ūrdhvam *anulepa-*[95]bhujas tathā |
tato 'nye *pūrvajāḥ*[96] sarve ye cānye narakaukasaḥ ||87|
ye 'pi tiryaktvam āpannā ye ca bhūtādisaṃsthitāḥ |
tān sarvān yajamāno vai śrāddhaṃ kurvan yathāvidhi ||88|
sa samāpyāyate viprā yena yena vadāmi tat |
annaprakiraṇaṃ yat tu manuṣyaiḥ kriyate bhuvi ||89|
tena tṛptim upāyānti ye piśācatvam āgatāḥ |
yad ambu snānavastrotthaṃ bhūmau patati bho dvijāḥ ||90|
tena ye tarutāṃ prāptās teṣāṃ tṛptiḥ prajāyate |
yās tu gandhāmbukaṇikāḥ patanti dharaṇītale ||91|
tābhir āpyāyanaṃ teṣāṃ devatvaṃ ye kule gatāḥ |
uddhṛteṣv atha piṇḍeṣu yāś cāmbukaṇikā bhuvi ||92|
tābhir āpyāyanaṃ teṣāṃ ye tiryaktvaṃ kule gatāḥ |
ye cādantāḥ kule bālāḥ kriyā-*yogād bahiṣkṛtāḥ*[97] ||93|
vipannās tv anadhikārāḥ *saṃmārjitajalāśinaḥ*[98] |
bhuktvā cācāmatāṃ yac ca yaj jalaṃ cāṅghriśaucajam ||94|
brāhmaṇānāṃ *tathaivānyat*[99] tena tṛptiṃ prayānti vai |
evaṃ yo yajamānasya yaś ca teṣāṃ dvijanmanām ||95|
kaś-*cij jalānna-*[100]vikṣepaḥ śucir ucchiṣṭa eva vā |
tenānnena[101] kule tatra ye ca yonyantaraṃ gatāḥ ||96|

89 A āmuṣyāyaṇa- **90** C dāyādyāḥ **91** V -naimittikīṃ **92** ASS corr. *darśaṃ*. **93** ASS corr. *anvitam*. **94** A saṃprāpte **95** A ante lepa- **96** A bāndhavāḥ **97** C -yogapathāsthitāḥ **98** A saṃmārjanāndhasāśinaḥ **99** C tathaivānye **100** A -cit tilānna- C -cij jalārtha- **101** A tena tena

prayānty *āpyāyanaṃ*[102] viprāḥ samyak śrāddhakriyāvatām |
anyāyopārjitair arthair yac chrāddhaṃ kriyate naraiḥ ||97|
tṛpyante *te na*[103] cāṇḍālapulkasādyāsu yoniṣu |
evam āpyāyanaṃ viprā bahūnām *eva*[104] bāndhavaiḥ ||98|
śrāddhaṃ kurvadbhir atrāmbuvikṣepaiḥ saṃprajāyate |
tasmāc chrāddhaṃ naro bhaktyā śākenāpi yathāvidhi ||99|
kurvīta kurvataḥ śrāddhaṃ kule kaścin na sīdati |
śrāddhaṃ deyaṃ tu vipreṣu saṃyateṣv agnihotriṣu ||100|
avadāteṣu vidvatsu śrotriyeṣu viśeṣataḥ |
triṇāciketas trimadhus trisuparṇaḥ ṣaḍaṅgavit ||101|
mātāpitṛparaś caiva svasrīyaḥ sāmavedavit |
ṛtvikpurohitācāryam upādhyāyaṃ ca bhojayet ||102|
mātulaḥ śvaśuraḥ śyālaḥ saṃbandhī droṇapāṭhakaḥ |
maṇḍalabrāhmaṇo yas tu purāṇārthaviśāradaḥ ||103|
akalpaḥ kalpasaṃtuṣṭaḥ pratigrahavivarjitaḥ |
ete śrāddhe niyoktavyā brāhmaṇāḥ paṅktipāvanāḥ ||104|
nimantrayeta[105] pūrvedyuḥ pūrvoktān dvijasattamān |
daive niyoge pitrye ca tāṃs tathaivopakalpayet ||105|
taiś ca saṃyamibhir bhāvyaṃ yas tu śrāddhaṃ kariṣyati |
śrāddhaṃ dattvā ca bhuktvā ca maithunaṃ yo 'dhigacchati ||106|
pitaras tasya vai māsaṃ tasmin retasi śerate |
gatvā ca yoṣitaṃ śrāddhe yo bhuṅkte yas tu gacchati[106] ||107|
retomūtrakṛtāhārās taṃ māsaṃ pitaras tayoḥ |
tasmāt tv aprathamaṃ[107] kāryaṃ prājñenopanimantraṇam ||108|
aprāptau taddine vāpi varjyā yoṣitprasaṅginaḥ |
bhikṣārtham āgatāṃś cāpi kālena saṃyatān yatīn ||109|
bhojayet praṇipātādyaiḥ prasādya yatamānasaḥ |
yoginaś ca tadā śrāddhe bhojanīyā vipaścitā ||110|
yogādhārā hi pitaras tasmāt tān pūjayet sadā |
brāhmaṇānāṃ sahasrāṇi eko yogī bhaved yadi ||111|
yajamānaṃ ca bhoktṝṃś ca[108] naur ivāmbhasi tārayet |
pitṛgāthā tathaivātra gīyate brahmavādibhiḥ ||112|
yā gītā pitṛbhiḥ *pūrvam ailasyāsīn mahī-*[109]pateḥ |
kadā naḥ saṃtatāv agryaḥ kasyacid bhavitā sutaḥ ||113|
yo yogibhuktaśeṣān no[110]bhuvi piṇḍān pradāsyati |
gayāyām athavā piṇḍaṃ khaḍgamāṃsaṃ tathā haviḥ ||114|
kālaśākaṃ tilājyaṃ ca tṛptaye kṛsaraṃ ca naḥ |
vaiśvadevaṃ ca saumyaṃ ca khaḍgamāṃsaṃ paraṃ haviḥ ||115|
viṣāṇa-*varjaṃ*[111] *śirasa ā pādād āśiṣāmahe*[112] |
dadyāc chrāddhaṃ trayodaśyāṃ maghāsu ca yathāvidhi ||116|

102 V āpyayanaṃ **103** V tena **104** A api **105** V nimantrayet tu **106** ASS corr. *yacchati*. **107** ASS corr. like V; A tasmān na prathamaṃ B tasmāt taṃ prathamaṃ V tasmāt tu prathamaṃ **108** B yogī ca bhojitaś cet syān **109** AB sārdhaṃ pūrvam ailasya bhū- **110** Or: *śeṣānno*? **111** C -varjyā V -varṇaṃ **112** C garhyāś ca āmadānāśaśān ṛte [or: āmadān āśaśān ṛte?]

madhusarpiḥsamāyuktaṃ pāyasaṃ dakṣiṇāyane |
tasmāt saṃpūjayed bhaktyā svapitṝn vidhivan naraḥ ||117|
kāmān abhīpsan sakalān *pāpād ātmavimocanam*[113] |
vasūn rudrāṃs tathādityān nakṣatragrahatārakāḥ ||118|
prīṇayanti manuṣyāṇāṃ pitaraḥ śrāddhatarpitāḥ |
[114]āyuḥ prajāṃ dhanaṃ vidyāṃ svargaṃ mokṣaṃ sukhāni ca ||119|
prayacchanti tathā rājyaṃ pitaraḥ śrāddhatarpitāḥ |
tathāparāhṇaḥ pūrvāhṇāt pitṝṇām atiricyate ||120|
saṃpūjya svāgatenaitān sadane 'bhyāgatān dvijān |
pavitrapāṇir ācāntān āsaneṣūpaveśayet ||121|
śrāddhaṃ kṛtvā vidhānena saṃbhojya ca dvijottamān |
visarjayet priyāṇy uktvā praṇipatya ca bhaktitaḥ ||122|
ādvāram anugacchec ca āgacched anumoditaḥ |
tato nityakriyāṃ kuryād bhojayec ca tathātithīn ||123|
nityakriyāṃ pitṝṇāṃ *ca*[115] kecid icchanti sattamāḥ |
na pitṝṇāṃ tathaivānye śeṣaṃ pūrvavad ācaret ||124|
pṛthaktvena *vadanty anye*[116] kecit pūrvaṃ ca pūrvavat |
[117]tatas tad annaṃ bhuñjīta saha bhṛtyādibhir naraḥ ||125|
evaṃ kurvīta dharmajñaḥ śrāddhaṃ pitryaṃ samāhitaḥ |
yathā ca vipramukhyānāṃ paritoṣo 'bhijāyate ||126|
idānīṃ saṃpravakṣyāmi varjanīyān dvijādhamān |
mitradhruk kunakhī klībaḥ kṣayī *śuklī*[118] vaṇikpathaḥ ||127|
śyāvadanto 'tha khalvāṭaḥ kāṇo 'ndho badhiro jaḍaḥ |
mūkaḥ paṅguḥ kuṇiḥ *ṣaṇḍho duścarmā*[119] vyaṅgakekarau ||128|
kuṣṭhī raktekṣaṇaḥ kubjo vāmano[120] vikaṭo 'lasaḥ |
mitraśatrur *duṣkulīnaḥ*[121] paśupālo nirākṛtiḥ ||129|
parivittiḥ parivettā parivedanikāsutaḥ |
vṛṣalīpatis tat-*sutaś ca na bhavec chrāddha-*[122]bhug dvijaḥ ||130|
vṛṣalīputra-*saṃskartā anūḍho*[123] didhiṣūpatiḥ |
bhṛtakādhyāpako yas tu bhṛtakādhyāpitaś ca yaḥ ||131|
sūtakānnopajīvī[124] ca mṛgayuḥ somavikrayī |
abhiśastas tathā stenaḥ patito vārddhuṣiḥ śaṭhaḥ ||132|
piśuno vedasaṃtyāgī *dānāgni-*[125]tyāganiṣṭhuraḥ |
rājñaḥ purohito bhṛtyo vidyāhīno 'tha matsarī ||133|
vṛddha-*dviḍ durdharaḥ krūro mūḍho devalakas tathā*[126] |
nakṣatrasūcakaś caiva parvakāraś ca garhitaḥ ||134|
ayājyayājakaḥ ṣaṇḍho garhitā ye ca ye 'dhamāḥ |
na te śrāddhe niyoktavyā *dṛṣṭvāmī*[127] paṅktidūṣakāḥ ||135|

113 A ye divyā ye ca mānuṣāḥ **114** A om. **115** AB prāk **116** C ca nityatve **117** AB om. the following 3 lines. **118** C svinnī **119** A ṣaṇḍhaḥ kukarmā **120** A kukṣikuṣṭo raktadṛṣṭir ghātano B kukṣikuṣṭo raktadṛṣṭir vāmano **121** A duḥkhaśīlaḥ **122** C -sūnuś ca tathā tacchrāddha- **123** A -saṃskartānṛtavāg **124** B sūtikān iṣṭakartā **125** A hotāgni- **126** B -dviṇ mithunaś caiva patitasyaiva poṣakaḥ **127** V dṛṣṭāmī

asatāṃ pragraho yatra satāṃ caivāvamānanā |
daṇḍo *deva-*[128]kṛtas tatra sadyaḥ patati dāruṇaḥ || 136 |
hitvāgamaṃ suvihitaṃ bāliśaṃ yas tu bhojayet |
ādidharmaṃ samutsṛjya dātā tatra vinaśyati || 137 |
[129]yas tv āśritaṃ dvijaṃ tyaktvā anyam ānīya bhojayet |
tanniḥśvāsāgninirdagdhas tatra dātā vinaśyati || 138 |
vastrābhāve kriyā nāsti *yajñā vedās*[130] tapāṃsi ca |
tasmād vāsāṃsi deyāni śrāddhakāle viśeṣataḥ || 139 |
kauśeyaṃ kṣaumakārpāsaṃ dukūlam ahataṃ tathā |
śrāddhe tv etāni yo dadyāt kāmān āpnoti cottamān || 140 |
yathā goṣu prabhūtāsu vatso vindati mātaram |
tathānnaṃ *tatra viprāṇāṃ*[131] jantur yatrāvatiṣṭhate || 141 |
nāmagotraṃ ca mantrāṃś ca dattam annaṃ *na yanti*[132] te |
api ye nidhanaṃ prāptās tṛptis tān upatiṣṭhate || 142 |
devatābhyaḥ pitṛbhyaś ca mahāyogibhya eva ca |
namaḥ *svāhāyai svadhāyai*[133] nityam eva *bhavantv iti*[134] || 143 |
ādyāvasāne śrāddhasya trir *āvṛttyā*[135] japet tadā |
piṇḍanirvapaṇe *vāpi*[136] japed evaṃ samāhitaḥ || 144 |
kṣipram āyānti pitaro rākṣasāḥ pradravanti ca |
prīyante[137] triṣu lokeṣu *mantro 'yaṃ*[138] tārayaty uta || 145 |
kṣaumasūtraṃ navaṃ dadyāc chāṇaṃ[139]kārpāsikaṃ tathā |
pattrorṇaṃ[140] paṭṭasūtraṃ ca kauśeyaṃ ca vivarjayet || 146 |
varjayec cādaśaṃ [?][141] prājño yadyapy avyāhataṃ bhavet |
na prīṇayanty athaitāni dātuś cāpy anayo bhavet || 147 |
na nivedyo bhavet piṇḍaḥ pitṝṇāṃ yas tu jīvati |
iṣṭenānnena bhakṣyeṇa bhojayet taṃ yathāvidhi || 148 |
piṇḍam agnau sadā *dadyād bhogārthī satataṃ*[142] naraḥ |
patnyai dadyāt prajārthī ca madhyamaṃ mantrapūrvakam || 149 |
uttamāṃ *dyutim*[143] anvicchan piṇḍaṃ goṣu prayacchati |
prajñāṃ caiva yaśaḥ kīrtim apsu[144] *caiva*[145] nivedayet || 150 |
prārthayan dīrgham āyuś ca vāyasebhyaḥ prayacchati |
kumāraśālām anvicchan kukkuṭebhyaḥ prayacchati || 151 |
eke viprāḥ punaḥ prāhuḥ piṇḍoddharaṇam agrataḥ |
anujñātas tu viprais taiḥ kāmam uddhriyatām iti || 152 |
tasmāc chrāddhaṃ *tathā*[146] kāryaṃ yathoktam ṛṣibhiḥ purā |
anyathā tu bhaved doṣaḥ pitṝṇāṃ nopatiṣṭhati || 153 |
yavair vrīhitilair māṣair godhūmaiś caṇakais tathā |
saṃtarpayet pitṝn mudgaiḥ śyāmākaiḥ sarṣapadravaiḥ || 154 |

128 BV daiva- C daitya- **129** AB om. 220.138. **130** A japavedās **131** A eti tatraiva C nayate vipro **132** B na yānti V nayanti **133** C svadhāyai svāhāyai **134** A bhavantu naḥ BV namo namaḥ **135** V āvṛtyā **136** A cāpi **137** B prayante **138** B mantrās tāṃs **139** ASS corr. *choṇaṃ*. **140** A pitṝṇāṃ **141** AB varjayed īdṛśaṃ **142** V dadyāc chraddhābhaktiyuto **143** A gatim **144** A āpnoti ca yaśaḥ kīrtiṃ yas tu **145** AB nityaṃ **146** C sadā

nīvārair hastiśyāmākaiḥ priyaṅgubhis *tathārghayet*[147] |
prasātikāṃ[148]sa-*tūlikāṃ*[149] dadyāc chrāddhe vicakṣaṇaḥ || 155 |
āmram āmrātakaṃ bilvaṃ dāḍimaṃ bījapūrakam |
[[150]vīṇākaṃ sakucaṃ jambu bhavyaṃ bhūtaṃ tathārukam |]
prācīnāmalakaṃ *kṣīraṃ*[151] nārikelaṃ parūṣakam || 156 |
nāraṅgaṃ[152] ca sakharjūraṃ drākṣānīlakapitthakam |
paṭolaṃ ca priyālaṃ ca karkandhūbadarāṇi ca || 157 |
vikaṅkataṃ[153] *vatsakaṃ ca*[154] *kastvārur vārakān api*[155] |
etāni phalajātāni śrāddhe deyāni yatnataḥ || 158 |
guḍaśarkara-*matsyaṇḍī*[156] deyaṃ phāṇitamūrmuram |
gavyaṃ payo dadhi ghṛtaṃ tailaṃ ca tilasaṃbhavam || 159 |
saindhavaṃ sāgarotthaṃ ca lavaṇaṃ sārasaṃ tathā |
nivedayec[157] chucīn gandhāṃś candanāgurukuṅkumān || 160 |
kālaśākaṃ tandulīyaṃ vāstukaṃ mūlakaṃ tathā |
śākam āraṇyakaṃ cāpi dadyāt puṣpāṇy amūni ca || 161 |
[158]jāticampakalodhrāś ca mallikābāṇabarbarī |
vṛntāśokāṭarūṣaṃ ca tulasī tilakaṃ tathā || 162 |
pāvantīṃ[159] śatapattrāṃ ca gandhaśephālikām api |
kubjakaṃ tagaraṃ caiva mṛgam āraṇyaketakīm || 163 |
yūthikām atimuktaṃ ca śrāddhayogyāni bho dvijāḥ |
kamalaṃ kumudaṃ padmaṃ puṇḍarīkaṃ ca yatnataḥ || 164 |
indīvaraṃ kokanadaṃ kahlāraṃ ca niyojayet |
kuṣṭhaṃ māṃsī vālakaṃ ca kukkuṭī jātipattrakam || 165 |
nalikośīramustaṃ ca granthiparṇī ca *sundarī*[160] |
punar apy evamādīni gandhayogyāni cakṣate || 166 |
guggulum candanaṃ caiva śrīvāsam agurum tathā |
dhūpāni *pitṛyogyāni*[161] ṛṣiguggulam eva ca || 167 |
rāja-*māṣāṃś ca caṇakān*[162] masūrān koradūṣakān |
vipruṣān markaṭāṃś *caiva*[163] kodravāṃś caiva varjayet || 168 |
māhiṣaṃ cāmaraṃ mārgam āvikaikaśaphodbhavam |
straiṇam auṣṭram *āvikaṃ ca*[164] dadhi kṣīraṃ ghṛtaṃ tyajet || 169 |
tālaṃ varuṇakākolau bahupattrārjunīphalam |
jambīraṃ raktabilvaṃ ca śālasyāpi phalaṃ tyajet || 170 |
matsyasūkarakūrmāś ca gāvo varjyā viśeṣataḥ |
pūtikaṃ mṛganābhiṃ ca rocanāṃ padmacandanam || 171 |
kāleyakaṃ tūgragandhaṃ turuṣkaṃ cāpi varjayet |
pālaṅkaṃ ca kumārīṃ ca *kirātaṃ*[165] piṇḍamūlakam || 172 |

147 V tathārcayet **148** ASS corr. *asatikāḥ*. **149** ASS corr. *satīlakān*; V -tṛṇikāṃ **150** C ins. **151** B tīkṣṇaṃ **152** V vatsakaṃ **153** V vaikaṅkataṃ **154** B bījapūraṃ V ca nāriṅgaṃ **155** ASS corr. *karkārūr vārakān api*. A kharvārurucakān api B vai kāmapi ca pūrakam V bījapūram athāpi vā **156** V -matsyaṇḍīr **157** C niyojayec **158** AB om. 220.162. **159** A pāradhiṃ B pāratrīṃ **160** B sukṣatā **161** A gandhayogyāni B śrāddhayogyāni V yāni yogyāni **162** B -māṣaṃ panaṃ caiva C -māṣān alūṃs caiva **163** A cogrān **164** A ajāvīkaṃ B ajo 'dbhutaṃ **165** A karambhaṃ C karaṇḍaṃ

gṛñjanaṃ cukrikāṃ cukraṃ *varumāṃ canapattrikām*[166] |
jīvaṃ ca[167] śatapuṣpāṃ ca nālikāṃ gandha-*śūkaram*[168] ||173|
halabhṛtyaṃ sarṣapaṃ ca palāṇḍuṃ laśunaṃ tyajet |
māna-*kandaṃ*[169] viṣa-*kandaṃ*[170] *vajra*-[171]kandaṃ gadāsthikam ||174|
puruṣālvaṃ[172] sapiṇḍāluṃ śrāddhakarmaṇi varjayet |
alābuṃ *tiktaparṇāṃ*[173] ca kūṣmāṇḍaṃ *kaṭukatrayam*[174] ||175|
vārtākaṃ śivajātaṃ ca lomaśāni vaṭāni ca |
kālīyaṃ[175] rakta-*vāṇāṃ*[176] ca *balākā lakucaṃ tathā*[177] ||176|
śrāddhakarmaṇi varjyāni vibhītakaphalaṃ tathā |
āranālaṃ ca śuktaṃ ca śīrṇaṃ paryuṣitaṃ tathā ||177|
nogragandhaṃ ca dātavyaṃ kovidāraka-*śigrukau*[178] |
atyamlaṃ picchilaṃ *sūkṣmaṃ*[179] yātayāmaṃ ca sattamāḥ ||178|
na ca deyaṃ gatarasaṃ madyagandhaṃ *ca yad bhavet*[180] |
hiṅgūgragandhaṃ phaṇiśaṃ[181] bhūnimbaṃ nimbarājike ||179|
kustumburuṃ kaliṅgotthaṃ varjayed amlavetasam |
dāḍimaṃ māgadhīṃ caiva nāgarārdrakatittiḍīḥ ||180|
āmrātakaṃ jīvakaṃ ca tumburuṃ ca niyojayet |
pāyasaṃ śālmalīmudgān modakādīṃś ca bhaktitaḥ ||181|
pānakaṃ ca rasālaṃ ca gokṣīraṃ ca nivedayet |
yāni cābhyavahāryāṇi svādusnigdhāni bho dvijāḥ ||182|
īṣadamlakaṭūny eva deyāni śrāddhakarmaṇi |
atyamlaṃ cātilavaṇam *atirikta*-[182]kaṭūni ca ||183|
āsurāṇīha bhojyāni *tāny ato dūratas tyajet*[183] |
mṛṣṭa-[184]snigdhāni yāni syur īṣatkaṭvamlakāni ca ||184|
svādūni devabhojyāni tāni śrāddhe niyojayet |
chāgamāṃsaṃ *vārtikaṃ ca*[185] taittiraṃ śaśakāmiṣam ||185|
śivālāvakarājīvamāṃsaṃ śrāddhe niyojayet |
vāghrīṇasaṃ rakta-[186]*śivaṃ lohaṃ śalka*-[187]samanvitam ||186|
siṃhatuṇḍaṃ ca khaḍgaṃ[188] ca śrāddhe yojyaṃ tathocyate |
yad apy[189] uktaṃ hi manunā rohitaṃ pratiyojayet ||187|
yoktavyaṃ havyakavyeṣu *tathā na viprayojayet*[190] |
evam uktaṃ *mayā*[191] viprā *vārāheṇāvalokitam*[192] ||188|
mayā niṣiddhaṃ bhuñjāno rauravaṃ narakaṃ vrajet |
etāni[193] ca niṣiddhāni vārāheṇa tapodhanāḥ ||189|

166 C bubukāvarapotikām **167** C jīvakaṃ **168** A -sūtakīm B -sūcakam **169** BV -skandaṃ **170** BV -skandaṃ **171** A śaka- **172** A purapālaṃ B paruṣālaṃ **173** A tiktakaṇaṃ B tyaktakarṇaṃ [allocation of variant to *alābuṃ* in the basic text is most probably wrong] **174** C kaṭupattrikām **175** A kāliṅgaṃ C kālindam **176** A -vāṇuṃ C -dāruṃ V -varṇā **177** A vīṇākātiṃ kubālukam C vīṇākā vṛttavārukam **178** A -kiṃśukau B -pitthakau **179** V rūkṣaṃ **180** V vivarjayet **181** C hiṅgugandhāṃ phāṇiśaṃ ca **182** AV atitikta- **183** V tāni śrāddhe na yojayet **184** V miṣṭa- **185** A ca vārtākaṃ **186** A vādinakraśilā- V vārdhrīṇasaṃ rakta- **187** A lohaśaśaśalka- **188** A siṃhatuṇḍika-khaḍgaṃ C siṃhaṃ tuṇḍaṃ ca khaḍgaṃ **189** B yad yad C yady apy **190** C kāpilaṃ na viyojayet **191** B priyaṃ C purā **192** C vārāheṇāvalokinā **193** C śrāddhāni

abhakṣyāṇi dvijātīnāṃ na deyāni pitṛṣv api |
rohitaṃ śūkaraṃ kūrmaṃ godhā-*haṃsaṃ*[194] ca *varjayet*[195] || 190 |
cakravākaṃ ca madguṃ ca śalkahīnāṃś ca matsyakān |
kuraraṃ ca nirasthiṃ ca *vāsahātaṃ*[196] ca kukkuṭān || 191 |
kalaviṅkamayūrāṃś ca bhāradvājāṃś ca śārṅgakān |
nakulolūka-*mārjārāṃl lopān anyān sudurgrahān*[197] || 192 |
ṭiṭṭibhān *sārdha-*[198]jambūkān vyāghra-*ṛkṣatarakṣukān*[199] |
etān anyāṃś ca *saṃduṣṭān*[200] yo bhakṣayati durmatiḥ || 193 |
sa mahāpāpakārī tu rauravaṃ narakaṃ vrajet |
pitṛṣv etāṃs tu yo dadyāt pāpātmā garhitāmiṣān || 194 |
sa svargasthān api pitṝn narake pātayiṣyati |
kusumbhaśākaṃ jambīraṃ *sigrukaṃ*[201] kovidārakam || 195 |
piṇyākaṃ *vipruṣaṃ*[202] caiva masūraṃ *gṛñjanaṃ śaṇam*[203] |
kodravaṃ kokilākṣaṃ ca cukraṃ *kambuka-*[204]padmakam || 196 |
cakoraśyenamāṃsaṃ ca vartulālābutālinīm |
phalaṃ tālatarūṇāṃ ca *bhuktyā*[205] narakam ṛcchati || 197 |
dattvā pitṛṣu taiḥ sārdhaṃ vrajet pūyavahaṃ naraḥ |
tasmāt sarvaprayatnena nāharet tu vicakṣaṇaḥ || 198 |
niṣiddhāni varāheṇa svayaṃ pitrartham ādarāt |
varam evātmamāṃsasya bhakṣaṇaṃ munayaḥ kṛtam || 199 |
na tv eva hi niṣiddhānām ādānaṃ puṃbhir ādarāt |
ajñānād vā pramādād vā sakṛd etāni ca dvijāḥ || 200 |
bhakṣitāni niṣiddhāni prāyaścittaṃ tataś caret |
phalamūladadhikṣīratakragomūtrayāvakaiḥ || 201 |
bhojyānnabhojya-[206]*saṃbhukte*[207] pratyekaṃ dinasaptakam |
evaṃ niṣiddhācaraṇe kṛte sakṛd api dvijaiḥ || 202 |
śuddhiṃ neyaṃ śarīraṃ tu viṣṇubhaktair viśeṣataḥ |
niṣiddhaṃ varjayed dravyaṃ yathoktaṃ ca *dvijottamāḥ*[208] || 203 |
samāhṛtya tataḥ śrāddhaṃ kartavyaṃ nijaśaktitaḥ |
evaṃ vidhānataḥ śrāddhaṃ kṛtvā svavibhavocitam |
ābrahmastambaparyantaṃ jagat prīṇāti mānavaḥ || 204 |
munaya ūcuḥ:
pitā jīvati yasyātha mṛtau dvau pitarau pituḥ |
kathaṃ śrāddhaṃ hi kartavyam etad *vistaraśo*[209] vada || 205 |
vyāsa uvāca:
yasmai dadyāt pitā śrāddhaṃ tasmai dadyāt sutaḥ svayam |
evaṃ na hīyate dharmo laukiko vaidikas tathā || 206 |
munaya ūcuḥ:
mṛtaḥ pitā jīvati ca yasya brahman pitāmahaḥ |
sa hi śrāddhaṃ kathaṃ kuryād etat tvaṃ vaktum arhasi || 207 |

194 B -māṃsaṃ **195** AB [or AC; siglum *ka* twice] candrakam **196** V vāsahāriṃ **197** C -mārjāraṃ nopakāryāṃś ca vartavān **198** A gardha- **199** A -gopucchamarkaṭān **200** A saṃdūṣyān **201** V śigrukaṃ **202** AB gṛñjanaṃ **203** A vituṣaṃ matam **204** C kañcuka- **205** V bhuktvā **206** AB bhojyānnaṃ bhojya- **207** A saṃyukte **208** V tapodhanāḥ **209** V vistarato

vyāsa uvāca:
pituḥ piṇḍaṃ pradadyāc ca bhojayec ca pitāmaham |
prapitāmahasya piṇḍaṃ vai *hy ayaṃ śāstreṣu nirṇayaḥ*[210] ||208|
mṛteṣu piṇḍaṃ dātavyaṃ jīvantaṃ cāpi bhojayet |
sapiṇḍīkaraṇaṃ nāsti na ca pārvaṇam iṣyate ||209|
ācāram ācared yas tu pitṛmedhāśritaṃ naraḥ[211] |
āyuṣā dhanaputraiś ca vardhaty āśu na saṃśayaḥ ||210|
pitṛ-*medhādhyāyam imaṃ*[212] *śrāddha-*[213]kāleṣu yaḥ paṭhet |
tad annam asya pitaro 'śnanti ca triyugaṃ dvijāḥ ||211|
evaṃ mayoktaḥ pitṛmedhakalpaḥ |
pāpāpahaḥ[214] puṇyavivardhanaś ca |
śrotavya eṣa prayatair naraiś ca |
śrāddheṣu caivāpy anukīrtayeta ||212|

iti śrīmahāpurāṇe ādibrāhme vyāsarṣisaṃvāde śrāddha-*kalpa-*[215]nirūpaṇaṃ nāma viṃśatyadhikadviśatatamo 'dhyāyaḥ

vyāsa uvāca:
evaṃ samyag gṛhasthena devatāḥ pitaras tathā |
saṃpūjyā havyakavyābhyām annenātithibāndhavāḥ ||221.1|
bhūtāni bhṛtyāḥ sakalāḥ paśupakṣipipīlikāḥ |
bhikṣavo yācamānāś ca ye cānye pānthakā gṛhe ||2|
sadācāraratā viprāḥ sādhunā gṛhamedhinā |
pāpaṃ bhuṅkte samullaṅghya nityanaimittikīḥ kriyāḥ ||3|
munaya ūcuḥ:
kathitaṃ bhavatā vipra nityanaimittikaṃ ca yat |
nityaṃ naimittikaṃ kāmyaṃ trividhaṃ karma pauruṣam ||4|
sadācāraṃ mune śrotum icchāmo vadatas tava |
yaṃ kurvan sukham āpnoti paratreha ca mānavaḥ ||5|
vyāsa uvāca:
gṛhasthena sadā kāryam ācāra-*parirakṣaṇam*[1] |
na hy ācāravihīnasya bhadram atra paratra vā ||6|
yajñadānatapāṃsīha puruṣasya na bhūtaye |
bhavanti yaḥ sadācāraṃ samullaṅghya pravartate ||7|
durācāro hi[2] puruṣo *nehāyur*[3] vindate mahat |
kāryo dharmaḥ sad-*ācāra*[4] *ācārasyaiva lakṣaṇam*[5] ||8|
tasya svarūpaṃ vakṣyāmi[6] sad-*ācārasya*[7] bho dvijāḥ |
ātmanaikamanā bhūtvā *tathaiva*[8] paripālayet ||9|

210 C śrāddheṣu nirṇayaḥ kṛtaḥ **211** B ācāravāṃs tu putraḥ syāt pitṝn prīṇāti śraddhataḥ **212** A -medhāmṛtaṃ puṇyaṃ V -medhāmṛtam idaṃ **213** A prātaḥ- **214** V pāpāpahā **215** V -kalpe sapiṇḍīkaraṇādi- **1** AB -paripālanam **2** B sadācāraḥ sa V sadācāro hi **3** B brahmedaṃ V brahmāyur **4** V -ācāraḥ **5** AC ācāro hanty alakṣaṇam **6** A tathā ca vaḥ pravakṣyāmi B tathā svapakṣaṃ vakṣyāmi **7** A -ācāraṃ tu **8** B tāṃ caiva

trivargasādhane yatnaḥ kartavyo gṛhamedhinā |
tatsaṃsiddhau gṛhasthasya siddhir atra paratra ca ||10|
pādenāpy asya *pāratryaṃ*[9] kuryāc chreyaḥ svam ātmavān |
ardhena cātmabharaṇaṃ nityanaimittikāni ca ||11|
pādenaiva tathāpy asya mūlabhūtaṃ vivardhayet |
evam ācarato viprā arthaḥ sāphalyam ṛcchati ||12|
tadvat pāpaniṣedhārthaṃ dharmaḥ kāryo vipaścitā |
paratrārthas tathaivānyaḥ *kāryo*[10] 'traiva phalapradaḥ ||13|
pratyavāyabhayāt kāmas tathānyaś cāvirodhavān |
dvidhā kāmo 'pi racitas trivargāyāvirodhakṛt ||14|
parasparānubandhāṃś ca[11] sarvān etān vicintayet |
viparītānubandhāṃś ca budhyadhvaṃ tān dvijottamāḥ ||15|
dharmo dharmānubandhārtho dharmo *nātmārthapīḍakaḥ*[12] |
ubhābhyāṃ ca dvidhā kāmaṃ tena tau ca dvidhā punaḥ ||16|
brāhme muhūrte budhyeta dharmārthāv anucintayet |
samutthāya tathācamya *prasnāto*[13] niyataḥ śuciḥ ||17|
pūrvāṃ saṃdhyāṃ sanakṣatrāṃ paścimāṃ sadivākarām |
upāsīta yathānyāyaṃ naināṃ jahyād anāpadi ||18|
asatpralāpam *anṛtaṃ*[14] vākpāruṣyaṃ ca varjayet |
asacchāstram asadvādam asatsevāṃ ca vai dvijāḥ ||19|
sāyaṃprātas tathā homaṃ kurvīta niyatātmavān |
nodayāstamane caivam udīkṣeta vivasvataḥ ||20|
keśaprasādhanādarśadantadhāvanam añjanam |
pūrvāhṇa eva kāryāṇi devatānāṃ ca *tarpaṇam*[15] ||21|
grāmāvasathatīrthānāṃ[16] kṣetrāṇāṃ caiva vartmani |
na viṇmūtram anuṣṭheyaṃ[17] na ca kṛṣṭe na govraje ||22|
nagnāṃ parastriyaṃ nekṣen na paśyed ātmanaḥ śakṛt |
udakyā-*darśanasparśam*[18] *evaṃ saṃbhāṣaṇaṃ*[19] tathā ||23|
nāpsu mūtraṃ purīṣaṃ vā maithunaṃ vā samācaret |
nādhitiṣṭhec chakṛnmūtre keśabhasmasapālikāḥ ||24|
tuṣāṅgāraviśīrṇāni rajjuvastrādikāni ca |
nādhitiṣṭhet tathā prājñaḥ *pathi vastrāṇi*[20] vā bhuvi ||25|
pitṛdevamanuṣyāṇāṃ bhūtānāṃ ca tathārcanam |
kṛtvā vibhavataḥ paścād gṛhastho bhoktum arhati ||26|
prāṅmukhodaṅmukho vāpi *svācānto vāgyataḥ*[21] śuciḥ |
bhuñjīta cānnaṃ taccitto hy antarjānuḥ sadā naraḥ ||27|
upaghātam ṛte[22] doṣān *nānnasyodīrayed*[23] budhaḥ |
pratyakṣalavaṇaṃ varjyam *annam ucchiṣṭam eva ca*[24] ||28|

9 B pāvitryaṃ **10** AC kāmyo **11** A parasya cānubandhārthaṃ B parasya cānubandhāṃś ca C parasparānubandhāc ca **12** A vārthārthapādakaḥ V 'nātmārthapīḍakaḥ **13** C prāṅmukhe **14** AB atyarthaṃ **15** A pūjanam **16** A grāmāvāse ca tīrthānāṃ **17** B viṣṭhāmūtraṃ na kartavyaṃ **18** A -darśanasparśaṃ V -darśanaṃ sparśam **19** A sahasaṃbhāṣaṇaṃ **20** A parayantrāṇi B pathi pattrāṇi **21** B kuryād vārghyaṃ ca vā **22** B uccārayet sadā **23** B nānnasya bhojane **24** B aśuddhaṃ tat prakīrtitam

na gacchan na ca tiṣṭhan vai viṇmūtrotsargam ātmavān |
kurvīta *caivam ucchiṣṭam*[25] na kiṃcid api bhakṣayet ||29|
ucchiṣṭo *nālapet*[26] kiṃcit svādhyāyaṃ ca vivarjayet |
na paśyec ca raviṃ cenduṃ nakṣatrāṇi ca kāmataḥ ||30|
bhinnāsanaṃ ca śayyāṃ ca bhājanaṃ ca vivarjayet |
gurūṇām āsanaṃ deyam *abhyutthānādi-*[27]satkṛtam ||31|
anukūlaṃ tathālāpam abhikurvīta buddhimān |
tatrānugamanaṃ kuryāt pratikūlaṃ na saṃcaret ||32|
naikavastraś ca bhuñjīta na kuryād devatārcanam |
nāvāhayed dvijān agnau homaṃ kurvīta buddhimān ||33|
na snāyīta naro nagno na śayīta kadācana |
na pāṇibhyām ubhābhyāṃ tu kaṇḍūyeta śiras tathā ||34|
na cābhīkṣṇaṃ śiraḥsnānaṃ kāryaṃ niṣkāraṇaṃ budhaiḥ |
śiraḥsnātaś ca tailena nāṅgaṃ kiṃcid upaspṛśet ||35|
anadhyāyeṣu sarveṣu svādhyāyaṃ ca vivarjayet |
brāhmaṇānalagosūryān nāvamanyet kadācana[28] ||36|
udaṅmukho divā rātrāv utsargaṃ dakṣiṇāmukhaḥ |
ābādhāsu yathākāmaṃ kuryān mūtrapurīṣayoḥ ||37|
duṣkṛtaṃ na guror brūyāt kruddhaṃ cainaṃ prasādayet |
parivādaṃ na śṛṇuyād anyeṣām api kurvatām ||38|
panthā deyo brāhmaṇānāṃ rājño *duḥkhāturasya*[29] ca |
vidyādhikasya garbhiṇyā rogārtasya *mahīyataḥ*[30] ||39|
mūkāndhabadhirāṇāṃ ca mattasyonmattakasya ca |
devālayaṃ caidyatаruṃ tathaiva ca catuṣpatham ||40|
vidyādhikaṃ guruṃ caiva budhaḥ kuryāt pradakṣiṇam |
upānadvastra-*mālyādi*[31] dhṛtam anyair na dhārayet ||41|
caturdaśyāṃ tathāṣṭamyāṃ pañcadaśyāṃ ca parvasu |
tailābhyaṅgaṃ tathā bhogaṃ yoṣitaś ca vivarjayet ||42|
[32]notkṣiptabāhujaṅghaś ca prājñas tiṣṭhet kadācana |
na cāpi vikṣipet[33] pādau pādaṃ pādena nākramet ||43|
puṃścalyāḥ kṛtakāryasya bālasya patitasya ca |
marmābhighātam ākrośaṃ paiśunyaṃ ca vivarjayet ||44|
dambhābhimānaṃ taikṣṇyaṃ ca na kurvīta vicakṣaṇaḥ |
mūrkhonmattavyasanino virūpān api vā tathā ||45|
nyūnāṅgāṃś *cādhanāṃś caiva*[34] nopahāsena dūṣayet |
parasya daṇḍaṃ *nodyacchec chikṣārthaṃ śiṣya-*[35]putrayoḥ ||46|
tadvan nopaviśet prājñaḥ pādenākṛṣya cāsanam |
saṃyāvaṃ kṛśaraṃ māṃsaṃ nātmārtham upasādhayet ||47|
sāyaṃ prātaś ca bhoktavyaṃ kṛtvā cātithipūjanam |
prāṅmukhodaṅmukho vāpi vāgyato dantadhāvanam ||48|

25 C caivācamanaṃ **26** AB nālabhet **27** A atyuccaṃ cāti- **28** B bhikṣāṭanaṃ sadā kuryād brāhmaṇānāṃ ca sa su [sic; hypometric] **29** A duḥkhārditasya **30** V mahīyasaḥ **31** A -mālyaṃ tu **32** B om. 221.43–44. **33** A nāpi saṃkṣipayet **34** A cādhikāṅgāṃś ca **35** C nodyacched anyatra mitra-

kurvīta[36] satataṃ viprā varjayed *varjya-*[37]vīrudham |
nodakśirāḥ svapej jātu na ca pratyakśirā naraḥ ||49|
śiras tv āgastyām[38] ādhāya śayītātha puraṃdarīm |
na tu *gandhavatīṣv*[39] apsu *śayīta*[40] na tathoṣasi ||50|
uparāge paraṃ snānam ṛte dinam udāhṛtam |
apamṛjyān na vastrāntair gātrāṇy ambarapāṇibhiḥ ||51|
na cāvadhūnayet keśān vāsasī na ca nirdhunet |
anulepanam ādadyān nāsnātaḥ karhicid budhaḥ ||52|
na cāpi raktavāsāḥ syāc citrāsitadharo 'pi vā |
na ca kuryād viparyāsaṃ vāsasor nāpi bhūṣayoḥ ||53|
varjyaṃ ca vidaśaṃ vastram atyantopahataṃ ca yat |
kīṭakeśāvapannaṃ ca tathā śvabhir avekṣitam ||54|
avalīḍhaṃ śunā caiva sāroddharaṇadūṣitam |
pṛṣṭhamāṃsaṃ vṛthāmāṃsaṃ varjyamāṃsaṃ ca varjayet ||55|
na bhakṣayec ca satataṃ pratyakṣaṃ lavaṇaṃ naraḥ |
varjyaṃ ciroṣitaṃ viprāḥ śuṣkaṃ paryuṣitaṃ ca yat ||56|
piṣṭaśākekṣupayasāṃ vikārā dvijasattamāḥ |
tathā *māṃsa-*[41]vikārāś ca naiva varjyāś ciroṣitāḥ ||57|
udayāstamane bhānoḥ śayanaṃ ca vivarjayet |
nāsnāto naiva saṃviṣṭo na caivānyamanā naraḥ ||58|
na caiva śayane norvyām upaviṣṭo na śabdakṛt |
preṣyāṇām apradāyātha na bhuñjīta kadācana[42] ||59|
bhuñjīta puruṣaḥ snātaḥ sāyaṃprātar yathāvidhi |
paradārā na gantavyāḥ puruṣeṇa vipaścitā ||60|
iṣṭāpūrtāyuṣāṃ hantrī paradāragatir nṛṇām |
nahīdṛśam anāyuṣyaṃ loke kiṃcana vidyate ||61|
yādṛśaṃ puruṣasyeha para-*dārābhimarśanam*[43] |
devāgnipitṛkāryāṇi tathā gurvabhivādanam ||62|
kurvīta samyag ācamya tadvad annabhujikriyām |
aphenaśabdagandhābhir adbhir acchābhir ādarāt ||63|
ācāmec *caiva tadvac*[44] ca prāṅmukhodaṅmukho 'pi vā |
antarjalād āvasathād valmīkān *mūṣikā-*[45]sthalāt ||64|
kṛtaśaucāvaśiṣṭāś ca varjayet pañca vai mṛdaḥ |
prakṣālya hastau pādau ca samabhyukṣya samāhitaḥ ||65|
antarjānus tathācāmet triś catur *vāpi vai naraḥ*[46] |
parimṛjya dvir āvartya khāni mūrdhānam eva ca ||66|
samyag ācamya toyena kriyāṃ kurvīta vai śuciḥ |
kṣute 'valīḍhe *vāte*[47] ca tathā niṣṭhīvanādiṣu ||67|
kuryād ācamanaṃ sparśe vāspṛṣṭasyārkadarśanam |
kurvītālambhanaṃ cāpi dakṣiṇaśravaṇasya *ca*[48] ||68|

36 B śayanaṃ **37** B vṛkṣa- **38** V āgastyāṃ śira **39** V gandhavatīsv **40** V snāyīta **41** B mātsya- **42** C na naikavastro na rudan prekṣatām apradāya ca **43** A -dāropasevanam **44** B caivam adbhis **45** V muṣikā- **46** A vā piben naraḥ C vāpi vedapaḥ **47** A vānte **48** V nā

yathāvibhavato hy etat pūrvābhāve tataḥ param |
na vidyamāne pūrvokta uttaraprāptir iṣyate ||69|
na kuryād dantasaṃgharṣaṃ nātmano dehatāḍanam |
svāpe 'dhvani tathā bhuñjan[49] svādhyāyaṃ ca vivarjayet ||70|
[50]saṃdhyāyāṃ maithunaṃ cāpi tathā prasthānam eva ca |
tathāparāhṇe kurvīta śraddhayā pitṛtarpaṇam ||71|
śiraḥsnānaṃ ca kurvīta daivaṃ pitryam athāpi ca |
prāṅmukhodaṅmukho vāpi śmaśrukarma ca kārayet ||72|
vyaṅginīṃ varjayet kanyāṃ *kulajāṃ*[51] *vāpy a-*[52]rogiṇīm |
udvahet pitṛmātroś ca *saptamīṃ pañcamīṃ tathā*[53] ||73|
rakṣed dārāṃs tyajed īrṣyāṃ tathāhni svapnamaithune |
paropatāpakaṃ karma jantupīḍāṃ ca sarvadā ||74|
udakyā sarvavarṇānāṃ varjyā rātricatuṣṭayam |
strījanmaparihārārthaṃ pañcamīṃ cāpi varjayet ||75|
tataḥ ṣaṣṭhyāṃ vrajed rātryāṃ *jyeṣṭha-*[54]yugmāsu rātriṣu |
yugmāsu putrā jāyante striyo 'yugmāsu rātriṣu ||76|
vidharmiṇo vai *parvādau*[55] saṃdhyākāleṣu *ṣaṇḍhakāḥ*[56] |
[57]*kṣurakarmaṇi riktāṃ*[58] vai varjayīta vicakṣaṇaḥ ||77|
bruvatām avinītānāṃ[59] na *śrotavyaṃ*[60] kadācana |
na cotkṛṣṭāsanaṃ deyam anutkṛṣṭasya cādarāt ||78|
kṣurakarmaṇi *cānte*[61] ca strīsaṃbhoge ca bho dvijāḥ |
snāyīta cailavān prājñaḥ kaṭabhūmim upetya ca ||79|
devavedadvijātīnāṃ sādhusatyamahātmanām |
guroḥ pativratānāṃ ca brahma-*yajña-*[62]tapasvinām ||80|
parivādaṃ na kurvīta parihāsaṃ ca bho dvijāḥ |
dhavalāmbarasaṃvītaḥ sitapuṣpavibhūṣitaḥ ||81|
sadā māṅgalyaveṣaḥ syān na vāmāṅgalyavān bhavet |
noddhatonmattamūḍhaiś ca nāvinītaiś[63] ca paṇḍitaḥ ||82|
gacchen *maitrīm aśīlena na vayojāti-*[64]dūṣitaiḥ |
na cātivyayaśīlaiś ca puruṣair naiva vairibhiḥ ||83|
kāryākṣamair ninditair na na caiva *viṭa-*[65]saṅgibhiḥ |
nisvair na vādaikaparair naraiś cānyais tathādhamaiḥ[66] ||84|
suhṛddīkṣitabhūpālasnātakaśvaśuraiḥ saha |
uttiṣṭhed vibhavāc cainān arcayed gṛham āgatān ||85|
yathāvibhavato viprāḥ pratisaṃvatsaroṣitān |
samyag gṛhe 'rcanaṃ kṛtvā yathāsthānam anukramāt ||86|
saṃpūjayet tathā vahnau pradadyāc cāhutīḥ kramāt |
prathamāṃ brahmaṇe dadyāt prajānāṃ pataye tataḥ ||87|

49 C svapnādhyayanabhojyāni V svapan dhyāyaṃs tathā bhuñjan **50** AB om. the following 3 lines. **51** A kulaṭāṃ **52** AC cāti- **53** A saptamī pañcamī tu yā **54** B jyeṣṭhā- **55** AB pūrvādau **56** A kaṇṭakāḥ C khaṇḍakāḥ **57** B om. **58** C sthānaṃ caivāviriktāṃ **59** B apavādo 'vinītānāṃ **60** B śrotavyaḥ **61** ASS corr. like V; V vānte **62** A -cāri- **63** A noddhatair na ca nīcaiś ca na ca mūḍhaiś **64** A maitrīṃ na śailūṣair na ca vā jāti- **65** C sarva- **66** AB na nisvair na samudvignair na ca daivaparaiḥ saha

tṛtīyāṃ caiva *gṛhyebhyaḥ*[67] kaśyapāya tathāparām |
tato 'numataye *dadyād*[68] dadyād *bahu*-[69]baliṃ tataḥ ||88|
pūrvaṃ khyātā mayā yā tu nityakramavidhau kriyā |
vaiśvadevaṃ tataḥ kuryād *vadata*[70] śṛṇuta dvijāḥ ||89|
yathāsthānavibhāgaṃ tu devān uddiśya vai pṛthak |
parjanyāpodharitrīṇāṃ[71] *dadyāt*[72] tu *maṇike*[73] trayam ||90|
vāyave[74] ca pratidiśaṃ digbhyaḥ prācyādiṣu kramāt |
brahmaṇe cāntarikṣāya sūryāya ca yathākramāt ||91|
viśvebhyaś caiva devebhyo viśvabhūtebhya eva ca |
uṣase[75] bhūtapataye dadyād vottarataḥ śuciḥ ||92|
svadhā ca nama ity uktvā pitṛbhyaś caiva dakṣiṇe |
kṛtvāpasavyaṃ vāyavyāṃ *yakṣmaitat taiti saṃvadan*[76] ||93|
annāvaśeṣamiśraṃ vai toyaṃ dadyād yathāvidhi |
devānāṃ ca tataḥ kuryād brāhmaṇānāṃ namaskriyām ||94|
aṅguṣṭhottarato[77] rekhā pāṇer yā dakṣiṇasya ca |
etad brāhmam iti khyātaṃ tīrtham ācamanāya vai ||95|
tarjanyaṅguṣṭhayor antaḥ pitryaṃ tīrtham udāhṛtam |
pitṝṇāṃ tena toyāni dadyān nāndīmukhād ṛte ||96|
aṅgulyagre tathā daivaṃ tena divyakriyāvidhiḥ |
tīrthaṃ kaniṣṭhikāmūle kāyaṃ tatra *prajāpateḥ*[78] ||97|
evam ebhiḥ sadā *tīrthair vidhānaṃ pitṛbhiḥ saha*[79] |
[80]sadā kāryāṇi kurvīta nānyatīrthaḥ kadācana ||98|
brāhmeṇācamanaṃ śastaṃ paitryaṃ pitryeṇa sarvadā |
devatīrthena devānāṃ prājāpatyaṃ jitena[81]ca ||99|
nāndīmukhānāṃ kurvīta prājñaḥ piṇḍodakakriyām |
prājāpatyena tīrthena yac ca kiṃcit prajāpateḥ ||100|
yugapaj jalam agniṃ ca bibhṛyān na vicakṣaṇaḥ |
gurudevapitṝn *viprān*[82] na ca pādau prasārayet ||101|
nācakṣīta *dhayantīṃ gāṃ*[83] jalaṃ nāñjalinā pibet |
śaucakāleṣu sarveṣu guruṣv alpeṣu vā punaḥ |
na *vilambeta medhāvī*[84] na mukhenānalaṃ dhamet ||102|
tatra viprā na vastavyaṃ yatra nāsti catuṣṭayam |
ṛṇapradātā vaidyaś ca śrotriyaḥ *sa*-[85]jalā nadī ||103|
jitabhṛtyo nṛpo yatra balavān dharmatatparaḥ |
tatra nityaṃ vaset prājñaḥ kutaḥ kunṛpatau sukham ||104|
paurāḥ susaṃhatā yatra satataṃ nyāyavartinaḥ |
śāntāmatsariṇo lokās tatra vāsaḥ sukhodayaḥ ||105|
yasmin kṛṣīvalā rāṣṭre prāyaśo nātimāninaḥ |
yatrauṣadhāny aśeṣāṇi vaset tatra vicakṣaṇaḥ ||106|

67 C guhyebhyaḥ **68** V dattvā **69** ASS corr. like V; V gṛha- **70** BC balayaḥ V vadataḥ **71** B parjanyāyodharitrīṇāṃ C parjanyāya dharitrīṇāṃ **72** B kuryāt **73** A dinake **74** C dīyate **75** C tapase **76** B yan me taṃ te vibhojanāt C yasmai tat te 'bhibhojayet **77** B aṅguṣṭho 'ntarato **78** AB prajāyate **79** A tīrthaiḥ kuryāt karma yathocitam **80** A om. the following 3 lines. **81** ASS corr. *prājāpatyajalena*. **82** A agre **83** B vayo jantor **84** C vilaṅgheta vātaṃ ca **85** C saj-

tatra viprā na vastavyaṃ yatraitat tritayaṃ sadā |
jigīṣuḥ pūrvavairaś ca *janaś ca*[86] satatotsavaḥ ||107|
vasen nityaṃ suśīleṣu saha-*cāriṣu*[87] paṇḍitaḥ |
yatrāpradhṛṣyo nṛpatir yatra sasyapradā mahī ||108|
ity etat kathitaṃ viprā mayā vo hitakāmyayā |
ataḥparaṃ pravakṣyāmi bhakṣyabhojyavidhikriyām ||109|
bhojyam annaṃ paryuṣitaṃ snehāktaṃ cira-*saṃbhṛtam*[88] |
asnehā api godhūmayavagorasavikriyāḥ ||110|
śaśakaḥ kacchapo godhā śvāvin matsyo 'tha śalyakaḥ |
bhakṣyāś caite tathā varjyau grāma-*śūkara*-[89]kukkuṭau ||111|
pitṛdevādiśeṣaṃ ca *śrāddhe*[90] brāhmaṇakāmyayā |
prokṣitaṃ *cauṣadhārthaṃ*[91] ca khādan māṃsaṃ na duṣyati ||112|
śaṅkhāśmasvarṇarūpyāṇāṃ *rajjūnām atha*[92] vāsasām |
śākamūlaphalānāṃ ca tathā vidalacarmaṇām ||113|
maṇivastrapravālānāṃ tathā muktāphalasya ca |
pātrāṇāṃ *camasānāṃ*[93] ca ambunā śaucam iṣyate ||114|
tathāśmakānāṃ toyena aśmasaṃgharṣaṇena ca |
sasnehānāṃ ca pātrāṇāṃ śuddhir uṣṇena vāriṇā ||115|
śūrpāṇām ajinānāṃ ca muśalolūkhalasya ca |
saṃhatānāṃ ca vastrāṇāṃ prokṣaṇāt *saṃcayasya*[94] ca ||116|
valkalānām[95] aśeṣāṇām *ambumṛcchaucam*[96] iṣyate |
āvikānāṃ samastānāṃ keśānāṃ *caivam iṣyate*[97] ||117|
siddhārthakānāṃ kalkena tilakalkena vā punaḥ |
śodhanaṃ[98] caiva bhavati upaghātavatāṃ sadā ||118|
tathā kārpāsikānāṃ ca śuddhiḥ syāj jalabhasmanā |
dārudantāsthiśṛṅgāṇāṃ takṣaṇāc chuddhir iṣyate ||119|
punaḥ pākena bhāṇḍānāṃ pārthivānām amedhyatā |
śuddhaṃ bhaikṣyaṃ kāru-*hastaḥ paṇyaṃ yoṣin*-[99]mukhaṃ tathā ||120|
rathyāgamanavijñānaṃ[100] dāsa-*vargeṇa saṃskṛtam*[101] |
prākpraśastaṃ[102] cirātītam anekāntaritaṃ laghu ||121|
antaḥ prabhūtaṃ bālaṃ ca *vṛddhāntara*-[103]viceṣṭitam |
karmāntāgāraśālāś ca stanadvayaṃ śuci striyāḥ ||122|
śucayaś ca tathaivāpaḥ sravantyo gandha-*varjitāḥ*[104] |
bhūmir viśudhyate kālād dāhamārjanago-*kulaiḥ*[105] ||123|
lepād ullekhanāt sekād *veśma saṃmārjanādinā*[106] |
keśakīṭāvapanne ca goghrāte makṣikānvite ||124|
mṛdambu bhasma cāpy anne[107] prakṣeptavyaṃ viśuddhaye |
audumbarāṇām[108] amlena vāriṇā trapusīsayoḥ ||125|

86 B tathā na **87** C -vāsiṣu **88** A -saṃcitam **89** V -sūkara- **90** AC śrāddhaṃ **91** A devatānāṃ **92** B rañjitānāṃ ca **93** B ca phalānāṃ C vasanānāṃ **94** A saṃhatasya **95** B kalkānām apy **96** B ambumac chaucam **97** C cāpy amedhyatā **98** AB sādhūnāṃ **99** B -hastāt paṇyayoṣin- **100** B yathā gatam avijñātaṃ C rathyāgatam avijñātaṃ **101** C -vargo 'tha tatkṛtam **102** A bāhyaśastaṃ **103** C vṛddhātura- **104** C [or a or B? Siglum omitted] -budbudāḥ **105** A -kramaiḥ **106** B bhasmanā mārjanādinā **107** A bhasma cātra tu vidvadbhiḥ **108** A udumbarāṇām

bhasmāmbubhiś ca kāṃsyānāṃ[109] śuddhiḥ plāvo dravasya ca |
amedhyāktasya mṛt-*toyair gandhāpaharaṇena ca*[110] || 126 |
anyeṣāṃ caiva dravyāṇāṃ varṇagandhāṃś ca hārayet |
śuci māṃsaṃ tu cāṇḍālakravyādair vinipātitam || 127 |
rathyāgataṃ ca tailādi śuci gotṛptidaṃ payaḥ |
rajo 'gnir aśva-[111]gochāyā raśmayaḥ pavano mahī || 128 |
vipluṣo makṣikādyāś ca duṣṭasaṅgād adoṣiṇaḥ |
ajāśvaṃ mukhato medhyaṃ na gor vatsasya cānanam || 129 |
mātuḥ *prasravaṇe*[112] medhyaṃ śakuniḥ phalapātane |
āsanaṃ śayanaṃ *yānaṃ*[113] taṭau nadyās tṛṇāni ca || 130 |
soma-*sūryāṃśu-*[114]pavanaiḥ *śudhyante tāni*[115] paṇyavat |
rathyāpasarpaṇe snāne *kṣutpānānāṃ ca karmasu*[116] || 131 |
ācāmeta yathānyāyaṃ vāsasaḥ paridhāpane |
spṛṣṭānām[117] atha *saṃsparśair*[118] dvirathyā-*kardamāmbhasi*[119] || 132 |
pakveṣṭakacitānāṃ ca medhyatā vāyusaṃśrayāt |
prabhūtopahatād annād agram uddhṛtya saṃtyajet || 133 |
śeṣasya prokṣaṇaṃ kuryād ācamyādbhis tathā mṛdā |
upavāsas trirātraṃ tu duṣṭabhaktāśino bhavet || 134 |
ajñāne jñānapūrve tu taddoṣopaśame na tu |
udakyāṃ vāvalagnāṃ ca[120] sūtikāntyāvasāyinaḥ || 135 |
spṛṣṭvā snāyīta śaucārthaṃ tathaiva mṛtahāriṇaḥ |
nāraṃ spṛṣṭvāsthi sasnehaṃ snātvā vipro viśudhyati || 136 |
ācamyaiva tu niḥsnehaṃ gām ālabhyārkam īkṣya vā |
na laṅghayet tathaivātha ṣṭhīvanodvartanāni ca || 137 |
gṛhād ucchiṣṭaviṇmūtraṃ pādāmbhas tat kṣiped bahiḥ |
pañcapiṇḍān anuddhṛtya na snāyāt paravāriṇi || 138 |
snāyīta devakhāteṣu gaṅgāhradasaritsu ca |
nodyānādau[121] vikāleṣu *prājñas tiṣṭhet*[122] kadācana || 139 |
nālapej janavidviṣṭān vīrahīnās tathā striyaḥ |
devatāpitṛsacchāstrayajvisaṃnyāsinindakaiḥ || 140 |
kṛtvā tu sparśanālāpaṃ śudhyaty arkāvalokanāt |
avalokya tathodakyāṃ saṃnyastaṃ patitaṃ śavam || 141 |
vidharmisūtikā-*saṇḍha-*[123]vivastrāntyāvasāyinaḥ |
mṛta-*niryātakāṃś*[124] caiva paradārāratāś ca ye || 142 |
etad eva hi kartavyaṃ prājñaiḥ śodhanam ātmanaḥ |
abhojyabhikṣupākhaṇḍamārjārakharakukkuṭān || 143 |
patitāpaviddhacāṇḍālamṛtāhārāṃś ca dharmavit |
saṃspṛśya śudhyate snānād udakyāgrāmaśūkarau || 144 |

109 A tasmāt tu makṣikānnānāṃ **110** A -toyaiḥ śudbhir [sic, for *śuddhir*?] gandhāpakarṣaṇāt **111** AB rājāgniratha- **112** ASS corr. like V; V prasravaṇam **113** B pānaṃ **114** C -sūryāmbu- **115** A śudhyanty annāni **116** A kṣutvā vātādikarmasu **117** C ghṛṣṭānām **118** B saṃsparśo **119** C -kardamāmbhasām **120** A udakyāsnānam apy āmbu B udakyāṃ svāṃ anagnāṃ ca **121** A nodvāhādau B notkhātādau **122** A prājño gacchet **123** C -khaṇḍa- **124** A -niryāsakāṃś

tadvac ca sūtikāśauca-*dūṣitau puruṣāv api*[125] |
yasya cānudinaṃ hānir gṛhe nityasya karmaṇaḥ ||145|
yaś ca[126] brāhmaṇasaṃtyaktaḥ kilbiṣāśī narādhamaḥ |
nityasya karmaṇo hāniṃ na kurvīta kadācana ||146|
tasya tv akaraṇaṃ vakṣye kevalaṃ mṛtajanmasu |
daśāhaṃ brāhmaṇas tiṣṭhed dāna-*homavivarjitaḥ*[127] ||147|
kṣatriyo dvādaśāhaṃ ca vaiśyo māsārdham eva ca |
śūdraś ca māsam āsīta *nija*-[128]karmavivarjitaḥ ||148|
tataḥ paraṃ nijaṃ karma kuryuḥ sarve yathocitam |
pretāya salilaṃ deyaṃ bahir gatvā tu gotrakaiḥ ||149|
prathame 'hni caturthe ca saptame navame tathā |
tasyāsthisaṃcayaḥ kāryaś caturthe 'hani gotrakaiḥ ||150|
ūrdhvaṃ saṃcayanāt teṣām aṅgasparśo vidhīyate |
gotrakais tu[129] kriyāḥ sarvāḥ kāryāḥ saṃcayanāt param ||151|
sparśa[130] eva sapiṇḍānāṃ mṛtāhani tathobhayoḥ |
anv-*artham*[131] icchayā śastra-*rajjubandhana*-[132]vahniṣu ||152|
viṣapratāpādimṛte[133] prāyānāśakayor api |
bāle deśāntarasthe ca tathā pravrajite mṛte ||153|
sadyaḥ śaucaṃ *manuṣyāṇāṃ*[134] tryaham uktam aśaucakam |
sapiṇḍānāṃ sapiṇḍas tu mṛte 'nyasmin mṛto yadi ||154|
pūrvaśaucaṃ samākhyātaṃ kāryās tatra dinakriyāḥ |
eṣa eva vidhir dṛṣṭo janmany api hi sūtake ||155|
sapiṇḍānāṃ sapiṇḍeṣu yathāvat sodakeṣu ca |
putre jāte pituḥ snānaṃ sacailasya vidhīyate ||156|
tatrāpi yadi *vānyasminn anuyātas tataḥ param*[135] |
tatrāpi śuddhir uditā pūrvajanmavato dinaiḥ ||157|
daśadvādaśamāsārdhamāsasaṃkhyair dinair gataiḥ |
svāḥ svāḥ karmakriyāḥ kuryuḥ sarve varṇā *yathāvidhi*[136] ||158|
pretam uddiśya kartavyam ekoddiṣṭam ataḥ param |
dānāni caiva deyāni brāhmaṇebhyo manīṣibhiḥ ||159|
yad yad iṣṭatamaṃ loke yac cāsya dayitaṃ gṛhe |
tat tad guṇavate deyaṃ tad evākṣayam icchatā ||160|
pūrṇais tu divasaiḥ spṛṣṭvā *salilaṃ*[137] *vāhanāyudhaiḥ*[138] |
dattapretodapiṇḍāś ca[139] sarve varṇāḥ kṛtakriyāḥ ||161|
kuryuḥ samagrāḥ śucinaḥ paratreha ca bhūtaye |
adhyetavyā trayī nityaṃ bhavitavyaṃ vipaścitā ||162|
dharmato dhanam āhāryaṃ yaṣṭavyaṃ cāpi yatnataḥ |
yena prakupito nātmā jugupsām eti bho dvijāḥ ||163|

125 A -dūṣitaṃ pāpakarmabhiḥ **126** V yas tu **127** V -homādivarjitaḥ **128** V nitya- **129** A sodarais C sodakais **130** C sarva **131** A -iccham **132** C -tejodvartana- **133** AB viṣayaprayatāsūte **134** B manuṣyasya C manuṣyaiś ca **135** C vānyasmiñ jāte jāyed athāparam **136** AB dvijātayaḥ **137** B śālinaṃ **138** B vāhanaṃ budhaiḥ C vā halāyudham **139** B vṛtoccadaṇḍau [incomplete?] C prātodadaṇḍau ca tathā [*tathā* is missing, but cf. MkP, with which C is often parallel, v. 35.54]

tat kartavyam aśaṅkena yan na gopyaṃ mahājanaiḥ |
evam ācarato viprāḥ puruṣasya gṛhe sataḥ ||164|
dharmārthakāmaṃ saṃprāpya paratreha ca śobhanam |
idaṃ rahasyam āyuṣyaṃ dhanyaṃ buddhivivardhanam ||165|
sarvapāpaharaṃ puṇyaṃ śrīpuṣṭyārogyadaṃ śivam |
yaśaḥkīrtipradaṃ nṝṇāṃ tejobalavivardhanam ||166|
anuṣṭheyaṃ sadā *puṃbhiḥ*[140] svargasādhanam uttamam |
brāhmaṇaiḥ kṣatriyair vaiśyaiḥ śūdraiś ca munisattamāḥ ||167|
jñātavyaṃ suprayatnena samyak śreyobhikāṅkṣibhiḥ |
jñātvaiva yaḥ sadā kālam anuṣṭhānaṃ karoti vai ||168|
sarvapāpavinirmuktaḥ svargaloke mahīyate |
sārāt sārataraṃ cedam ākhyātaṃ dvijasattamāḥ ||169|
śrutismṛtyuditaṃ dharmaṃ na deyaṃ yasya kasyacit |
na nāstikāya dātavyaṃ na duṣṭamataye dvijāḥ |
na dāmbhikāya mūrkhāya na kutarkapralāpine ||170|

iti śrīmahāpurāṇe ādibrāhme vyāsarṣisaṃvāde sadācāranirūpaṇaṃ nāmaikaviṃśādhikadviśatatamo 'dhyāyaḥ

munaya ūcuḥ:
śrotum icchāmahe brahman varṇadharmān viśeṣataḥ |
caturāśramadharmāṃś ca dvijavarya bravīhi tān ||222.1|
vyāsa uvāca:
brāhmaṇakṣatriyaviśāṃ śūdrāṇāṃ ca yathākramam |
śṛṇudhvaṃ *saṃyatā*[1] bhūtvā varṇadharmān mayoditān ||2|
dānadayātapodeva-[2]yajñasvādhyāyatatparaḥ |
nityodakī bhaved vipraḥ kuryāc *cāgniparigraham*[3] ||3|
vṛttyarthaṃ *yājayet*[4] tv anyān dvijān adhyāpayet tathā |
kuryāt *pratigrahādānaṃ*[5] *yajñārthaṃ jñānato*[6] dvijāḥ ||4|
sarvalokahitaṃ kuryān nāhitaṃ kasyacid dvijāḥ |
maitrī samastasattveṣu brāhmaṇasyottamaṃ dhanam ||5|
gavi ratne ca pārakye samabuddhir bhaved dvijāḥ |
ṛtāv abhigamaḥ patnyāṃ śasyate vāsya bho dvijāḥ ||6|
dānāni dadyād icchāto dvijebhyaḥ kṣatriyo 'pi hi |
yajec ca vividhair yajñair adhīyīta ca bho dvijāḥ ||7|
śastrājīvo mahīrakṣā pravarā tasya jīvikā |
tasyāpi prathame *kalpe*[7] pṛthivīparipālanam ||8|
dharitrīpālanenaiva kṛtakṛtyā narādhipāḥ |
bhavanti nṛ-*pate rakṣā yato yajñādikarmaṇām*[8] ||9|
duṣṭānāṃ śāsanād rājā śiṣṭānāṃ paripālanāt |
prāpnoty abhimatāṃl lokān varṇasaṃsthāpako nṛpaḥ ||10|

140 B sadbhiḥ **1** A prayatā **2** C dānaṃ dadyād yajed devān V dayādānatapodeva- **3** B ca prayataṃ gṛham **4** B sevayet **5** B pratigrahaṃ dānaṃ **6** B satyarthe nyāyato C śuklārthaṃ nyāyato **7** B kāle **8** A -pates tasya dānayajñādisiddhayaḥ

pāśupālyaṃ vaṇijyāṃ ca kṛṣiṃ ca munisattamāḥ |
vaiśyāya jīvikāṃ brahmā dadau lokapitāmahaḥ ||11|
tasyāpy adhyayanaṃ yajño dānaṃ dharmaś ca śasyate |
nityanaimittikādīnām anuṣṭhānaṃ ca karmaṇām ||12|
dvijātisaṃśrayaṃ karma *tadarthaṃ*[9] tena poṣaṇam |
krayavikrayajair vāpi dhanaiḥ kārubhavais tu vā ||13|
dānaṃ dadyāc ca śūdro 'pi pākayajñair yajeta ca |
pitryādikaṃ ca vai sarvaṃ śūdraḥ kurvīta tena vai ||14|
bhṛtyādibharaṇārthāya sarveṣāṃ ca parigrahāḥ |
ṛtukālābhigamanaṃ svadāreṣu dvijottamāḥ ||15|
dayā samastabhūteṣu titikṣā nābhimānitā |
satyaṃ śaucam anāyāso maṅgalaṃ priyavāditā ||16|
maitrī caivāspṛhā tadvad akārpaṇyaṃ dvijottamāḥ |
anasūyā ca sāmānyā varṇānāṃ kathitā guṇāḥ ||17|
āśramāṇāṃ ca sarveṣām ete sāmānyalakṣaṇāḥ |
guṇās tathopadharmāś ca viprādīnām ime dvijāḥ ||18|
kṣātraṃ karma dvijasyoktaṃ[10] vaiśyakarma tathāpadi |
rājanyasya ca vaiśyoktaṃ śūdrakarmāṇi caitayoḥ ||19|
sa-[11]sāmarthye sati tyājyam ubhābhyām api ca dvijāḥ |
tad evāpadi kartavyaṃ na kuryāt karmasaṃkaram ||20|
ity ete kathitā viprā varṇadharmā mayādya vai |
dharmam āśramiṇāṃ samyag bruvato 'pi nibodhata ||21|
bālaḥ kṛtopanayano vedāharaṇatatparaḥ |
guror gehe vasan viprā brahmacārī samāhitaḥ ||22|
śaucācāraratas tatra kāryaṃ śuśrūṣaṇaṃ guroḥ |
vratāni caratā *grāhyo vedaś ca kṛtabuddhinā*[12] ||23|
ubhe saṃdhye raviṃ viprās tathaivāgniṃ samāhitaḥ |
upatiṣṭhet tathā kuryād guror apy abhivādanam ||24|
sthite tiṣṭhed vrajed yāti nīcair āsīta cāsite |
śiṣyo gurau dvijaśreṣṭhāḥ pratikūlaṃ ca saṃtyajet ||25|
tenaivoktaṃ paṭhed vedaṃ nānyacittaḥ *purasthitaḥ*[13] |
anujñātaṃ ca bhikṣānnam aśnīyād guruṇā tataḥ ||26|
avagāhed apaḥ pūrvam ācāryeṇāvagāhitāḥ |
samijjalādikaṃ cāsya kalyakalyam upānayet ||27|
gṛhītagrāhya-*vedaś*[14] ca tato 'nujñām avāpya vai |
gārhasthyam āvaset prājño niṣpannaguruniṣkṛtiḥ ||28|
vidhināvāptadāras tu dhanaṃ prāpya svakarmaṇā |
gṛhasthakāryam akhilaṃ kuryād *viprāḥ*[15] svaśaktitaḥ ||29|
nirvāpeṇa pitṝn arcya yajñair devāṃs tathātithīn |
annair munīṃś ca svādhyāyair apatyena prajāpatim ||30|
balikarmaṇā bhūtāni vāksatyenākhilaṃ jagat |
prāpnoti lokān *puruṣo*[16] nijakarmasamārjitān ||31|

9 C dātavyaṃ **10** A etad eva ca kartavyaṃ **11** ASS corr. like V; V a- **12** AB grāhyā vedabuddhiḥ sanātanī **13** V puraḥ sthitaḥ **14** B -vedaṃ **15** B vipraḥ **16** C putraś ca

bhikṣābhujaś ca ye kecit parivrāḍ brahmacāriṇaḥ |
te 'py *atra pratitiṣṭhanti*[17] gārhasthyaṃ tena vai param ||32|
vedāharaṇakāryeṇa tīrthasnānāya ca dvijāḥ |
aṭanti vasudhāṃ viprāḥ pṛthivīdarśanāya ca ||33|
aniketā hy *an-*[18]*āhārā ye tu sāyaṃgṛhās tu te*[19] |
teṣāṃ[20] gṛhasthaḥ satataṃ pratiṣṭhā yonir ucyate ||34|
teṣāṃ svāgatadānāni vaktavyaṃ madhuraṃ sadā |
gṛhāgatānāṃ dadyāc ca śayanāsanabhojanam ||35|
atithir yasya bhagnāśo gṛhāt pratinivartate |
sa dattvā duṣkṛtaṃ tasmai puṇyam ādāya gacchati ||36|
avajñānam ahaṃkāro dambhaś cāpi gṛhe sataḥ |
parivādopaghātau ca pāruṣyaṃ ca na śasyate ||37|
yaś ca samyak karoty evaṃ gṛhasthaḥ *paramaṃ*[21] vidhim |
sarvabandhavinirmukto lokān āpnoti cottamān ||38|
vayaḥ-*pariṇatau*[22] viprāḥ kṛtakṛtyo gṛhāśramī |
putreṣu bhāryāṃ nikṣipya vanaṃ gacchet sahaiva vā ||39|
parṇa-[23]mūlaphalāhāraḥ keśaśmaśrujaṭādharaḥ |
bhūmiśāyī bhavet tatra muniḥ sarvātithir dvijāḥ ||40|
carmakāśakuśaiḥ kuryāt paridhānottarīyake |
tadvat triṣavaṇaṃ snānaṃ śastam asya dvijottamāḥ ||41|
devatābhyarcanaṃ homaḥ sarvābhyāgatapūjanam |
bhikṣā balipradānaṃ tu śastam asya praśasyate ||42|
vanyasnehena gātrāṇām abhyaṅgaś cāpi śasyate |
tapasyā tasya[24] viprendrāḥ śītoṣṇādisahiṣṇutā ||43|
yas tv etā niyataś caryā[25] vānaprasthaś caren muniḥ |
sa dahaty agnivad doṣāñ jayel lokāṃś ca śāśvatān ||44|
caturthaś cāśramo bhikṣoḥ procyate yo manīṣibhiḥ |
tasya svarūpaṃ gadato budhyadhvaṃ mama sattamāḥ ||45|
putradravyakalatreṣu tyajet snehaṃ dvijottamāḥ |
caturtham āśramasthānaṃ[26] gacchen nirdhūtamatsaraḥ ||46|
traivarṇikāṃs tyajet sarvān ārambhān dvijasattamāḥ |
mitrādiṣu samo maitraḥ samasteṣv eva jantuṣu ||47|
jarāyujāṇḍajādīnāṃ vāṅmanaḥkarmabhiḥ kvacit |
yuktaḥ kurvīta na drohaṃ *sarvasaṅgāṃś*[27] ca varjayet ||48|
ekarātrasthitir grāme pañcarātrasthitiḥ pure |
tathā *prītir na tiryakṣu*[28] dveṣo vā nāsya jāyate ||49|
prāṇayātrānimittaṃ ca vyaṅgāre 'bhuktavajjane |
kāle praśasta-*varṇānāṃ*[29] bhikṣārthī paryaṭed gṛhān ||50|
alābhe na viṣādī syāl lābhe naiva ca harṣayet |
prāṇayātrikamātraḥ syān mātrāsaṅgād vinirgataḥ ||51|

17 C atraivāvatiṣṭhante **18** A nir- **19** C ācārā ye tu sāyaṃ gṛhaṃ gatāḥ **20** C tridhā **21** A samaye **22** A -pariṇato **23** B kanda- **24** A tapasyataś ca C tapas tasya ca **25** B ya evaṃ niyatācāro **26** AB caturthāśramasaṃsthānaṃ **27** B duṣṭasaṅgaṃ **28** C tiṣṭhet tathā prītir **29** B -grāmeṣu

[30]atipūjitalābhāṃs tu *jugupsaṃ*[31] caiva sarvataḥ |
atipūjitalābhais tu yatir *mukto*[32] 'pi badhyate ||52|
kāmaḥ krodhas tathā darpo lobhamohādayaś ca ye |
tāṃs tu doṣān parityajya *parivrāṇ nirmamo*[33] bhavet ||53|
abhayaṃ sarvasattvebhyo dattvā yaś carate mahīm |
tasya dehād vimuktasya bhayaṃ notpadyate kvacit ||54|
kṛtvāgni-*hotraṃ*[34] svaśarīrasaṃsthaṃ |
śārīram agniṃ svamukhe juhoti |
vipras tu bhikṣopagatair havirbhiś |
citāgninā sa vrajati sma lokān ||55|
mokṣāśramaṃ yaś carate *yathoktaṃ*[35] |
śuciś ca saṃkalpitabuddhiyuktaḥ |
anindhanaṃ jyotir iva praśāntaṃ |
sa brahmalokaṃ vrajati dvijātiḥ ||56|

iti śrīmahāpurāṇe ādibrāhme vyāsarṣisaṃvāde varṇāśramadharmavarṇanaṃ nāma dvāviṃśādhikadviśatatamo 'dhyāyaḥ

munaya ūcuḥ:
sarvajñas tvaṃ mahābhāga sarvabhūtahite rataḥ |
bhūtaṃ bhavyaṃ bhaviṣyaṃ ca na te 'sty aviditaṃ mune ||223.1|
karmaṇā kena varṇānām adhamā jāyate gatiḥ |
uttamā ca bhavet kena *brūhi*[1] teṣāṃ mahāmate ||2|
śūdras tu karmaṇā kena brāhmaṇatvaṃ ca gacchati |
śrotum icchāmahe kena brāhmaṇaḥ śūdratām iyāt ||3|
vyāsa uvāca:
himavacchikhare[2] ramye nānādhātu-*vibhūṣite*[3] |
nānādrumalatākīrṇe *nānāścarya-*[4]samanvite ||4|
tatra sthitaṃ mahādevaṃ tripuraghnaṃ trilocanam |
śailarājasutā devī praṇipatya sureśvaram ||5|
imaṃ praśnaṃ purā viprā apṛcchac cārulocanā |
tad ahaṃ saṃpravakṣyāmi śṛṇudhvaṃ *mama sattamāḥ*[5] ||6|
umovāca:
bhagavan bhaganetraghna pūṣṇo dantavināśana |
dakṣakratuhara tryakṣa saṃśayo me mahān ayam ||7|
cāturvarṇyaṃ bhagavatā pūrvaṃ sṛṣṭaṃ svayaṃbhuvā |
kena karmavipākena vaiśyo gacchati śūdratām ||8|
vaiśyo vā kṣatriyaḥ kena dvijo vā kṣatriyo bhavet |
pratilome kathaṃ deva *śakyo dharmo nivartitum*[6] ||9|
kena vā karmaṇā vipraḥ śūdrayonau prajāyate |
kṣatriyaḥ śūdratām eti kena vā karmaṇā vibho ||10|

30 AB om. **31** ASS corr. *jugupsec*; V jugupsaṃś **32** A yukto **33** B parabrahmamanā
34 A -hotraiḥ **35** A svaśaktyā **1** A kathaṃ **2** A himālayagirau **3** A -vicitrite
4 A nānāsattva- **5** V munisattamāḥ **6** A varṇadharmavivarjite

etaṃ me saṃśayaṃ deva vada bhūtapate *'nagha*[7] |
trayo varṇāḥ prakṛtyeha kathaṃ brāhmaṇyam āpnuyuḥ ||11|
śiva[8] uvāca:
brāhmaṇyaṃ devi duṣprāpaṃ nisargād *brāhmaṇaḥ*[9] *śubhe*[10] |
kṣatriyo vaiśyaśūdrau[11] vā nisargād iti me matiḥ ||12|
karmaṇā duṣkṛteneha sthānād *bhraśyati sa dvijaḥ*[12] |
śreṣṭhaṃ[13] varṇam anuprāpya tasmād ākṣipyate punaḥ ||13|
sthito brāhmaṇadharmeṇa brāhmaṇyam upajīvati |
kṣatriyo vātha *vaiśyo*[14] vā brahma-*bhūyaṃ*[15] sa gacchati ||14|
yaś ca vipratvam utsṛjya *kṣatradharmān*[16] niṣevate |
brāhmaṇyāt sa paribhraṣṭaḥ[17] kṣatra-*yonau*[18] prajāyate ||15|
vaiśyakarma ca yo vipro lobhamohavyapāśrayaḥ |
brāhmaṇyaṃ durlabhaṃ prāpya karoty alpamatiḥ sadā ||16|
sa dvijo vaiśyatām eti vaiśyo vā śūdratām iyāt |
svadharmāt pracyuto vipras tataḥ śūdratvam āpnuyāt ||17|
tatrāsau nirayaṃ prāpto *varṇabhraṣṭo bahiṣ-*[19]kṛtaḥ |
brahmalokāt paribhraṣṭaḥ *śūdrayonau prajāyate*[20] ||18|
kṣatriyo vā mahābhāge vaiśyo vā dharmacāriṇi |
svāni karmāṇy apākṛtya śūdrakarma niṣevate ||19|
svasthānāt sa paribhraṣṭo varṇasaṃkaratāṃ gataḥ |
brāhmaṇaḥ kṣatriyo vaiśyaḥ śūdratvaṃ *yāti tādṛśaḥ*[21] ||20|
yas tu *śūdraḥ*[22] svadharmeṇa jñānavijñānavāñ *śuciḥ*[23] |
dharmajño dharmaniratah *sa dharma-*[24]phalam aśnute ||21|
idaṃ caivāparaṃ devi *brahmaṇā*[25] samudāhṛtam |
adhyātmaṃ *naiṣṭhikī siddhir dharmakāmair niṣevyate*[26] ||22|
ugrānnaṃ garhitaṃ devi gaṇānnaṃ śrāddhasūtakam |
ghuṣṭānnaṃ[27] naiva bhoktavyaṃ śūdrānnaṃ naiva vā kvacit ||23|
śūdrānnaṃ garhitaṃ devi sadā *devair*[28] *mahātmabhiḥ*[29] |
pitāmahamukhotsṛṣṭaṃ pramāṇam iti me matiḥ ||24|
śūdrānnenāvaśeṣeṇa jaṭhare mriyate dvijaḥ |
āhitāgnis tathā yajvā *sa śūdragatibhāg bhavet*[30] ||25|
tena śūdrānnaśeṣeṇa brahmasthānād *apākṛtaḥ*[31] |
brāhmaṇaḥ śūdratām eti nāsti tatra vicāraṇā ||26|
yasyānnenāvaśeṣeṇa jaṭhare mriyate dvijaḥ |
tāṃ tāṃ[32] yoniṃ vrajed vipro yasyānnam upajīvati ||27|
brāhmaṇatvaṃ sukhaṃ prāpya durlabhaṃ yo 'vamanyate |
abhojyānnāni *vāśnāti*[33] sa dvijatvāt pateta vai ||28|

7 V tathā **8** V maheśvara **9** V brāhmaṇāḥ **10** B śubhaḥ V śubhāḥ **11** V kṣatriyā vaiśya-śūdrā **12** V bhraśyanti vai dvijāḥ **13** C jyeṣṭhaṃ **14** C śūdro **15** A -bhūtaṃ **16** AB kṣātraṃ dharmaṃ V kṣātradharmaṃ **17** AB tasya kṣatratvaṃ āpannaṃ **18** AB -yogaḥ **19** A varṇācārabahiṣ- **20** BC śūdratvaṃ upajāyate **21** V ca niṣevate **22** C buddhaḥ **23** V chuciḥ **24** B svadharma- **25** B brāhmaṇyaṃ **26** A naiṣṭhikīṃ buddhiṃ dharmakāme nibodha me **27** A pṛṣṭānnaṃ B piṣṭānnaṃ **28** AB proktaṃ **29** A manīṣibhiḥ **30** A śūdrayonau prajāyate **31** C apāhṛtaḥ **32** V tasya **33** V yo 'śnāti

surāpo *brahmahā*[34] steyī *cauro bhagna-*[35]vrato 'śuciḥ |
svādhyāyavarjitaḥ pāpo lubdho naikṛtikaḥ śaṭhaḥ ||29|
avratī vṛṣalībhartā *kuṇḍāśī*[36] somavikrayī |
vihīnasevī vipro hi[37] patate brahmayonitaḥ ||30|
gurutalpī gurudveṣī gurukutsā-*ratiś*[38] ca yaḥ |
brahmadviḍ vāpi patati brāhmaṇo brahmayonitaḥ ||31|
ebhis tu karmabhir devi śubhair ācaritais tathā |
śūdro brāhmaṇatāṃ gacched vaiśyaḥ kṣatriyatāṃ vrajet ||32|
śūdraḥ karmāṇi sarvāṇi yathānyāyaṃ yathāvidhi |
sarvātithyam upātiṣṭhañ *śeṣānna-*[39]kṛtabhojanaḥ ||33|
śuśrūṣāṃ paricaryāṃ yo jyeṣṭhavarṇe prayatnataḥ |
kuryād avimanāḥ śreṣṭhaḥ satataṃ satpathe sthitaḥ ||34|
devadvijātisatkartā sarvātithyakṛtavrataḥ |
ṛtukālābhigāmī ca niyato niyatāśanaḥ ||35|
dakṣaḥ śiṣṭajanānveṣī śeṣānnakṛtabhojanaḥ |
vṛthā māṃsaṃ na bhuñjīta śūdro vaiśyatvam ṛcchati ||36|
ṛtavāg an-[40]ahaṃvādī nirdvaṃdvaḥ *sāma-*[41]kovidaḥ |
yajate nityayajñaiś ca svādhyāyaparamaḥ śuciḥ ||37|
dānto[42] brāhmaṇasatkartā sarva-*varṇānasūyakaḥ*[43] |
gṛhasthavratam *ātiṣṭhan*[44] dvikālakṛtabhojanaḥ ||38|
śeṣāśī vijitāhāro niṣkāmo nirahaṃvadaḥ |
agnihotram upāsīno juhvānaś ca yathāvidhi ||39|
sarvātithyam upātiṣṭhañ *śeṣānna-*[45]kṛtabhojanaḥ |
tretāgnimātra-[46]vihitaṃ vaiśyo bhavati ca dvijaḥ ||40|
[47]sa vaiśyaḥ kṣatriyakule śucir mahati jāyate |
sa vaiśyaḥ kṣatriyo jāto janmaprabhṛti saṃskṛtaḥ ||41|
upanīto vrataparo dvijo bhavati saṃskṛtaḥ |
dadāti[48] yajate yajñaiḥ samṛddhair āptadakṣiṇaiḥ ||42|
adhītya svargam anvicchaṃs tretāgniśaraṇaḥ sadā |
ārdra-[49]hastaprado nityaṃ prajā dharmeṇa pālayan ||43|
satyaḥ satyāni kurute nityaṃ yaḥ śuddhidarśanaḥ |
dharmadaṇḍena nirdagdho dharma-*kāmārthasādhakaḥ*[50] ||44|
yantritaḥ kāryakaraṇaiḥ ṣaḍbhāgakṛtalakṣaṇaḥ |
grāmyadharmān na seveta sva-*cchandenārtha-*[51]kovidaḥ ||45|
ṛtukāle tu dharmātmā *patnīm upāśrayet*[52] sadā |
sadopavāsī niyataḥ svādhyāyanirataḥ śuciḥ ||46|
[53]vahiskāntarite nityaṃ śayāno 'sti sadā gṛhe |
sarvātithyaṃ trivargasya kurvāṇaḥ sumanāḥ sadā ||47|
śūdrāṇāṃ *cānna-*[54]kāmānāṃ nityaṃ *siddham*[55] iti bruvan |
svārthād vā yadi vā *kāmān*[56] na kiṃcid *upalakṣayet*[57] ||48|

34 C [or A or B? Siglum omitted] brāhmaṇaḥ **35** A cauras tyakta- **36** A krūrāśī **37** A hīnācāro 'śucir nityaṃ **38** A -ratas **39** V cheṣānna- **40** A subhāvaś cān- **41** C śama- **42** A dīno **43** BC -varṇabubhūṣakaḥ **44** A anvicchan **45** V cheṣānna- **46** A tretāgni-mantra- C tretāgnim atrā- **47** AB om. **48** A tadāpi **49** B ārta- **50** C -kāryānuśāsakaḥ **51** B -cchandaś cārtha- **52** V svapatnīm āśrayet **53** AB om. **54** C cārtha- **55** BC siddhim **56** A lābhān **57** A upahīyate

pitṛdevātithikṛte sādhanaṃ kurute ca *yat*[58] |
svaveśmani yathānyāyam upāste bhaikṣyam eva ca ||49|
dvikālam agnihotraṃ ca juhvāno vai yathāvidhi |
gobrāhmaṇahitārthāya raṇe cābhimukho hataḥ ||50|
tretāgnimantrapūtena samāviśya dvijo bhavet |
jñānavijñānasaṃpannaḥ saṃskṛto vedapāragaḥ ||51|
vaiśyo bhavati dharmātmā kṣatriyaḥ svena karmaṇā |
etaiḥ karmaphalair devi nyūnajāti-*kulodbhavaḥ*[59] ||52|
śūdro 'py āgamasaṃpanno dvijo bhavati saṃskṛtaḥ |
brāhmaṇo vāpy asadvṛttaḥ sarva-*saṃkara-*[60]bhojanaḥ ||53|
sa brāhmaṇyaṃ samutsṛjya śūdro bhavati tādṛśaḥ |
karmabhiḥ śucibhir *devi*[61] śuddhātmā vijitendriyaḥ ||54|
śūdro 'pi dvijavat sevya iti brahmābravīt svayam |
sva-*bhāvakarmaṇā caiva*[62] *yatra*[63] śūdro *'dhitiṣṭhati*[64] ||55|
viśuddhaḥ sa dvijātibhyo vijñeya iti me matiḥ |
na yonir nāpi saṃskāro na śrutir na ca *saṃtatiḥ*[65] ||56|
kāraṇāni dvijatvasya vṛttam eva tu kāraṇam |
sarvo 'yaṃ brāhmaṇo loke vṛttena tu vidhīyate ||57|
vṛtte sthitaś ca śūdro 'pi brāhmaṇatvaṃ ca gacchati |
brahmasvabhāvaḥ suśroṇi samaḥ sarvatra[66] me mataḥ ||58|
nirguṇaṃ nirmalaṃ brahma yatra tiṣṭhati sa dvijaḥ |
ete ye vimalā devi sthāna-*bhāvanidarśakāḥ*[67] ||59|
svayaṃ ca varadenoktā brahmaṇā sṛjatā *prajāḥ*[68] |
brahmaṇo[69] hi mahat kṣetraṃ loke carati *pādavat*[70] ||60|
yat[71] tatra bījaṃ *patati*[72] sā kṛṣiḥ pretya bhāvinī |
saṃtuṣṭena sadā bhāvyaṃ satpathālambinā sadā ||61|
brāhmaṃ hi mārgam ākramya vartitavyaṃ *bubhūṣatā*[73] |
saṃhitādhyāyinā bhāvyaṃ gṛhe vai gṛhamedhinā ||62|
nityaṃ svādhyāyayuktena na cādhyayanajīvinā |
evaṃbhūto hi yo vipraḥ satataṃ satpathe sthitaḥ ||63|
āhitāgnir adhīyāno brahmabhūyāya kalpate |
brāhmaṇyaṃ devi saṃprāpya rakṣitavyaṃ yatātmanā ||64|
yonipratigrahādānaiḥ[74] karmabhiś ca śucismite |
etat te guhyam ākhyātaṃ yathā śūdro bhaved dvijaḥ |
brāhmaṇo vā cyuto dharmād yathā śūdratvam āpnuyāt ||65|

iti śrīmahāpurāṇe ādibrāhme umāmaheśvarasaṃvāde saṃkarajātilakṣaṇavarṇanaṃ nāma trayoviṃśādhikadviśatatamo 'dhyāyaḥ

58 V tat **59** V -kulodbhavaiḥ **60** V -saṃskāra- **61** V devi **62** C -bhāvaṃ karma ca śubhaṃ **63** ASS corr. like V; V -yaś ca **64** C hi tiṣṭhati **65** A sadgatiḥ **66** AB brāhmaṇaś ca bhavec chūdro 'py evaṃvṛttaś ca **67** A -bhāvā nirarthakāḥ **68** A purā **69** V brāhmaṇo **70** A dāvavat **71** V yas **72** V vapati **73** B bubhūṣaṇā **74** B yoniḥ pratigrahādānaiḥ

umovāca:
bhagavan sarvabhūteśa surāsuranamaskṛta |
dharmā-*dharme*[1] nṛṇāṃ deva brūhi me saṃśayaṃ vibho ||224.1|
karmaṇā manasā vācā trividhair dehinaḥ sadā |
badhyante bandhanaiḥ kair vā mucyante *vā kathaṃ vada*[2] ||2|
kena śīlena vai deva karmaṇā kīdṛśena vā |
samācārair guṇaiḥ kair vā svargaṃ yāntīha mānavāḥ ||3|
śiva[3] uvāca:
devi dharmārthatattvajñe dharmanitye ume sadā |
sarvaprāṇihitaḥ praśnaḥ śrūyatāṃ buddhi-*vardhanaḥ*[4] ||4|
satyadharmaratāḥ śāntāḥ sarvaliṅgavivarjitāḥ |
nādharmeṇa na dharmeṇa *badhyante*[5] chinnasaṃśayāḥ ||5|
pralayotpattitattvajñāḥ sarvajñāḥ sarvadarśinaḥ |
vītarāgā vimucyante puruṣāḥ karmabandhanaiḥ ||6|
karmaṇā manasā vācā ye na hiṃsanti kiṃcana |
ye na *majjanti*[6] kasmiṃścit te na *badhnanti*[7] karmabhiḥ ||7|
prāṇātipātād viratāḥ[8] śīlavanto dayānvitāḥ |
tulyadveṣyapriyā dāntā mucyante karmabandhanaiḥ ||8|
sarvabhūtadayāvanto viśvāsyāḥ sarvajantuṣu |
tyakta-*hiṃsra*-[9]samācārās te narāḥ svargagāminaḥ ||9|
parasvanirmamā nityaṃ paradāra-*vivarjikāḥ*[10] |
dharmalabdhārthabhoktāras te narāḥ svargagāminaḥ ||10|
mātṛvat svasṛvac caiva nityaṃ duhitṛvac ca ye |
paradāreṣu vartante te narāḥ svargagāminaḥ ||11|
svadāraniratā ye ca ṛtukālābhigāminaḥ |
agrāmyasukhabhogāś ca te narāḥ svargagāminaḥ ||12|
stainyān nivṛttāḥ satataṃ saṃtuṣṭāḥ svadhanena ca |
svabhāgyāny upajīvanti te narāḥ svargagāminaḥ ||13|
paradāreṣu ye nityaṃ cāritrāvṛtalocanāḥ |
jitendriyāḥ *śīla*-[11]parās te narāḥ svargagāminaḥ ||14|
eṣa daivakṛto mārgaḥ sevitavyaḥ sadā *naraiḥ*[12] |
akaṣāyakṛtaś caiva mārgaḥ sevyaḥ sadā budhaiḥ ||15|
avṛthāpakṛtaś caiva mārgaḥ sevyaḥ sadā budhaiḥ |
dānakarmatapoyuktaḥ śīlaśaucadayātmakaḥ |
svargamārgam abhīpsadbhir na sevyas tv ata uttaraḥ ||16|
umovāca:
vācā tu badhyate yena mucyate hy athavā punaḥ[13] |
tāni karmāṇi me deva vada bhūtapate 'nagha ||17|
śiva[14] uvāca:
ātmahetoḥ parārthe vā *adharmāśritam eva ca*[15] |
ye mṛṣā na vadantīha te narāḥ svargagāminaḥ ||18|

1 C -dharmau **2** V ca yathā punaḥ **3** V maheśvara **4** A -vardhini **5** AB vartante **6** AB sarpanti **7** AB badhyanti **8** B prāṇanigrahakuśalāḥ C prāṇābhipātād viratāḥ **9** AB -hiṃsā- **10** V -vivarjitāḥ **11** A śauca- **12** C budhaiḥ **13** A vācā tu vadate ye tu muhyate hy athavā punaḥ B karmabhir yaiś ca badhyeta yair vā mucyeta puruṣaḥ **14** V maheśvara **15** C māhātmyaśravaṇāt tathā

vṛttyartham dharmahetor vā kāmakārāt tathaiva ca |
anṛtaṃ ye na bhāṣante te narāḥ svargagāminaḥ ||19|
ślakṣṇāṃ vāṇīṃ *svacchavarṇāṃ*[16] madhurāṃ pāpavarjitām |
svagatenābhibhāṣante[17] te narāḥ svargagāminaḥ ||20|
paruṣaṃ ye na bhāṣante kaṭukaṃ niṣṭhuraṃ tathā |
na paiśunya-[18]ratāḥ santas te narāḥ svargagāminaḥ ||21|
piśunaṃ na prabhāṣante mitrabheda-*karaṃ tathā*[19] |
parapīḍā-*karam*[20] caiva te narāḥ svargagāminaḥ ||22|
ye varjayanti *paruṣaṃ*[21] paradrohaṃ ca mānavāḥ |
sarvabhūta-*samā dāntās*[22] te narāḥ svargagāminaḥ ||23|
śaṭhapralāpād viratā viruddhaparivarjakāḥ |
saumyapralāpino nityaṃ te narāḥ svargagāminaḥ ||24|
na kopād vyāharante ye vācaṃ hṛdayadāriṇīm |
śāntiṃ vindanti ye *kruddhās*[23] te narāḥ svargagāminaḥ ||25|
eṣa vāṇīkṛto devi dharmaḥ sevyaḥ sadā naraiḥ |
śubhasatyaguṇair nityaṃ varjanīyā mṛṣā budhaiḥ ||26|
umovāca:
manasā *badhyate*[24] yena karmaṇā puruṣaḥ sadā |
tan me brūhi mahābhāga devadeva pinākadhṛk ||27|
maheśvara uvāca:
mānaseneha dharmeṇa saṃyuktāḥ puruṣāḥ sadā |
svargaṃ gacchanti kalyāṇi tan me kīrtayataḥ śṛṇu ||28|
duṣpraṇītena manasā duṣpraṇītāntarākṛtiḥ |
naro badhyeta yeneha śṛṇu vā taṃ śubhānane ||29|
araṇye vijane nyastaṃ parasvaṃ dṛśyate yadā |
manasāpi na gṛhṇanti te narāḥ svargagāminaḥ ||30|
[[25]grāme gṛhe vā yad dravyaṃ pārakyaṃ vijane sthitam |
nābhinandanti vai nityaṃ te narāḥ svargagāminaḥ |]
tathaiva paradārān ye kāmavṛttā rahogatāḥ |
manasāpi na *hiṃsanti*[26] te narāḥ svargagāminaḥ ||31|
śatruṃ mitraṃ ca[27] ye nityaṃ tulyena manasā narāḥ |
bhajanti *maitryaṃ*[28] saṃgamya te narāḥ svargagāminaḥ ||32|
śrutavanto dayāvantaḥ śucayaḥ satyasaṃgarāḥ |
svair arthaiḥ[29] parisaṃtuṣṭās te narāḥ svargagāminaḥ ||33|
avairā ye tv anāyāsā *maitracitta-*[30]ratāḥ sadā |
sarvabhūtadayāvantas te narāḥ svargagāminaḥ ||34|
jñātavantaḥ[31] *kriyāvantaḥ kṣamāvantaḥ suhṛt-*[32]priyāḥ |
dharmādharmavido nityaṃ te narāḥ svargagāminaḥ ||35|
śubhānām aśubhānāṃ ca karmaṇāṃ phala-*saṃcaye*[33] |
nirākāṅkṣāś[34] ca ye devi te narāḥ svargagāminaḥ ||36|

16 A nirālambāṃ C nirādhārāṃ **17** V svāgatenābhibhāṣante **18** V apaiśunya- **19** B -karīṃ giram V -karīr giraḥ **20** V -karāś **21** A satataṃ **22** ABV -samāḥ śāntās **23** V 'kruddhās **24** C bādhyate **25** V ins. **26** V gṛhṇanti **27** A śraddhāvanto na B śraddhāvantaś ca **28** A maitrīṃ **29** V svadhanaiḥ **30** B maitrīcintā- **31** C śraddhāvanto V jñānavantaḥ **32** C dayāvantaḥ saukhyāḥ saukhyajana- **33** BC -saṃcayam **34** BC vipākajñāś

pāpopetān varjayanti[35] devadvijaparāḥ sadā |
samutthānam anuprāptās[36] te narāḥ svargagāminaḥ ||37|
śubhaiḥ karmaphalair devi mayaite parikīrtitāḥ |
svargamārgaparā bhūyaḥ kiṃ tvaṃ śrotum ihecchasi ||38|
umovāca:
mahān me saṃśayaḥ kaś-*cin martyān*[37] prati maheśvara |
tasmāt tvaṃ nipuṇenādya mama vyākhyātum arhasi ||39|
kenāyur labhate dīrghaṃ karmaṇā *puruṣaḥ*[38] prabho |
tapasā vāpi[39] deveśa kenāyur labhate mahat ||40|
kṣīṇāyuḥ kena bhavati karmaṇā bhuvi mānavaḥ |
vipākaṃ karmaṇāṃ deva vaktum arhasy *anindita*[40] ||41|
apare ca mahābhāgyā mandabhāgyās tathā pare |
akulīnāḥ kulīnāś ca saṃbhavanti tathā pare ||42|
durdarśāḥ kecid ābhānti *narāḥ kāṣṭhamayā iva*[41] |
priyadarśās tathā cānye darśanād eva mānavāḥ ||43|
duṣprajñāḥ kecid ābhānti kecid ābhānti paṇḍitāḥ |
mahāprajñās tathā cānye jñānavijñānabhāvinaḥ ||44|
alpa-*vācās*[42] tathā kecin mahāvācās tathā pare |
dṛśyante puruṣā deva tato vyākhyātum arhasi ||45|
śiva[43] uvāca:
hanta te 'haṃ pravakṣyāmi devi karmaphalodayam |
[[44]naraḥ kṛtvā kriyā sarvā yena prīṇāti devatāḥ |
caturvidhāni bhūtāni krūrakarmā naraḥ tadā |]
[45]martyaloke naraḥ sarvo yena svaṃ phalam aśnute ||46|
prāṇātipātī yogīndro daṇḍahasto naraḥ sadā |
nityam *udyataśastraś*[46] ca hanti bhūtagaṇān naraḥ ||47|
nirdayaḥ sarvabhūtebhyo nityam udvegakārakaḥ |
api kīṭa-*pataṃgānām*[47] aśaraṇyaḥ sunirghṛṇaḥ ||48|
evaṃbhūto naro devi nirayaṃ pratipadyate |
viparītas tu dharmātmā svarūpeṇābhijāyate ||49|
nirayaṃ yāti hiṃsātmā yāti svargam ahiṃsakaḥ |
yātanāṃ niraye raudrāṃ *sakṛcchrāṃ*[48] labhate naraḥ ||50|
yaḥ kaścin nirayāt tasmāt samuttarati karhicit |
mānuṣyaṃ labhate vāpi hīnāyus tatra jāyate ||51|
[49]pāpena karmaṇā devi yukto hiṃsādibhir yataḥ |
ahitaḥ sarvabhūtānāṃ hīnāyur upajāyate ||52|
śubhena karmaṇā devi prāṇighātavivarjitaḥ[50] |
śubhena karmaṇā devi prāṇi-[51]ghāta-*vivarjitaḥ*[52] |
nikṣiptaśastro nir-*daṇḍo*[53] na hiṃsati kadācana ||53|

35 AB pāpād apetā ye devi **36** B samutthānaparā ye vai **37** A -cit sattvān **38** V mānuṣaḥ
39 A gatāyur api **40** A aśeṣataḥ **41** A kaṣṭameyās tathāpare **42** AB -bādhās
43 V maheśvara **44** A ins. **45** A om. the following 2 lines. **46** B ullaṅghya śāstraṃ
47 AB -pipīlānām **48** A sukṛcchrāṃ V sa kṛcchrāṃ **49** C om. 224.52.
50 C śuklābhijātīyaḥ prāṇaghātavivarjakaḥ **51** C śuklābhijātīyaḥ prāṇa- **52** C -vivarjakaḥ
53 C -dambho

na ghātayati no hanti ghnantaṃ naivānumodate |
sarvabhūteṣu sasneho yathātmani tathā pare ||54|
īdṛśaḥ puruṣo nityaṃ devi devatvam aśnute |
upapannān sukhān bhogān sadāśnāti mudā yutaḥ ||55|
atha cen mānuṣe loke kadācid upapadyate |
eṣa dīrghāyuṣāṃ mārgaḥ suvṛttānāṃ sukarmaṇām |
prāṇihiṃsāvimokṣeṇa brahmaṇā samudīritaḥ ||56|

iti śrīmahāpurāṇe ādibrāhme umāmaheśvarasaṃvāde dharmanirūpaṇaṃ nāma caturviṃśādhikadviśatatamo 'dhyāyaḥ

umovāca:
kiṃśīlaḥ kiṃsamācāraḥ puruṣaḥ kaiś ca karmabhiḥ |
svargaṃ samabhipadyeta saṃpradānena kena vā ||225.1|
maheśvara uvāca:
dātā brāhmaṇasatkartā *dīnārta-*[1]kṛpaṇādiṣu |
bhakṣa-[2]bhojyānnapānānāṃ vāsasāṃ ca mahāmatiḥ ||2|
pratiśrayān sabhāḥ kuryāt prapāḥ puṣkariṇīs tathā |
nityakādīni karmāṇi karoti prayataḥ śuciḥ ||3|
āsanaṃ śayanaṃ yānaṃ gṛhaṃ ratnaṃ dhanaṃ tathā |
sasyajātāni sarvāṇi *sa-*[3]kṣetrāṇy atha yoṣitaḥ ||4|
supraśāntamanā nityaṃ yaḥ prayacchati mānavaḥ |
evaṃbhūto naro devi devaloke 'bhijāyate ||5|
tatroṣya[4] suciraṃ kālaṃ bhuktvā bhogān anuttamān |
sahāpsarobhir mudito ramitvā nandanādiṣu ||6|
tasmāc[5] cyuto maheśāni mānuṣeṣūpajāyate |
mahābhāgakule devi dhanadhānya-*samācite*[6] ||7|
tatra kāmaguṇaiḥ sarvaiḥ samupeto mudānvitaḥ |
mahā-*kāryo*[7] mahābhogo dhanī bhavati mānavaḥ ||8|
ete devi mahābhāgāḥ prāṇino *dāna-*[8]*śālinaḥ*[9] |
brahmaṇā vai purā proktāḥ sarvasya priyadarśanāḥ ||9|
apare mānavā devi pradānakṛpaṇā dvijāḥ |
ye 'nnāni na prayacchanti vidyamāne 'py abuddhayaḥ ||10|
dīnāndhakṛpaṇān dṛṣṭvā bhikṣukān atithīn api |
yācyamānā nivartante jihvālobhasamanvitāḥ ||11|
na dhanāni na vāsāṃsi na bhogān na ca kāñcanam |
na gāś ca nānnavikṛtiṃ prayacchanti kadācana ||12|
a-*pralubdhāś*[10] ca ye lubdhā nāstikā dānavarjitaḥ |
evaṃbhūtā narā devi nirayaṃ yānty abuddhayaḥ ||13|
te vai manuṣyatāṃ yānti yadā kālasya paryayāt |
dhanarikte kule janma labhante *svalpa-*[11]buddhayaḥ ||14|
kṣutpipāsāparītāś ca sarvalokabahiṣkṛtāḥ |
nirāśāḥ sarvabhogebhyo jīvanty adharmajīvikāḥ ||15|

1 A dīnāndha- **2** V bhakṣya- **3** BV su- **4** B tatrānte **5** V svargāc **6** AB -samanvitaḥ V -samanvite **7** C -kāyo **8** C deva- **9** CV śīlinaḥ **10** A -pralabhyāś **11** V te 'lpa-

alpabhogakule jātā alpabhogaratā narāḥ |
anena karmaṇā devi bhavanty adhanino narāḥ ||16|
apare dambhino nityaṃ māninaḥ parato ratāḥ |
āsanārhasya ye pīṭhaṃ na yacchanty alpacetasaḥ ||17|
mārgārhasya ca ye mārgaṃ na prayacchanty abuddhayaḥ |
arghārhān na ca saṃskārair arcayanti yathāvidhi ||18|
pādyam ācamanīyaṃ vā *prayacchanty abhibuddhayaḥ*[12] |
śubhaṃ cābhimataṃ premṇā guruṃ nābhivadanti ye ||19|
abhimānapravṛddhena lobhena *samam āsthitāḥ*[13] |
saṃmānyāṃś cāvamanyante *vṛddhān*[14] paribhavanti ca ||20|
evaṃvidhā narā devi sarve nirayagāminaḥ |
te ced yadi narās tasmān nirayād uttaranti ca ||21|
varṣa-*pūgais*[15] tato janma labhante kutsite kule |
śvapākapulkasādīnāṃ kutsitānām acetasām ||22|
kuleṣu te 'bhijāyante guru-*vṛddhopatāpinaḥ*[16] |
na *dambhī*[17] na ca mānī yo devatātithipūjakaḥ ||23|
lokapūjyo namaskartā prasūto madhuraṃ vacaḥ |
sarvakarmapriyakaraḥ sarvabhūtapriyaḥ sadā ||24|
adveṣī sumukhaḥ ślakṣṇaḥ snigdhavāṇīpradaḥ sadā |
svāgatenaiva sarveṣāṃ bhūtānām avihiṃsakaḥ ||25|
yathārthaṃ satkriyāpūrvam arcayann avatiṣṭhate |
mārgārhāya dadan mārgaṃ gurum abhyarcayan sadā ||26|
atithipragraharatas tathābhyāgatapūjakaḥ |
evaṃbhūto naro devi svargatiṃ pratipadyate ||27|
tato mānuṣyam *āsādya*[18] viśiṣṭakulajo bhavet |
tatrāsau vipulair bhogaiḥ sarvaratnasamāyutaḥ ||28|
yathārhadātā cārheṣu dharmacaryā-[19]paro bhavet |
saṃmataḥ sarvabhūtānāṃ sarvalokanamaskṛtaḥ ||29|
svakarmaphalam āpnoti svayam eva naraḥ sadā |
eṣa dharmo mayā prokto vidhātrā *svayam īritaḥ*[20] ||30|
yas tu raudrasamācāraḥ sarvasattvabhayaṃkaraḥ |
hastābhyāṃ yadi vā padbhyāṃ rajjvā daṇḍena vā punaḥ ||31|
loṣṭaiḥ stambhair upāyair vā jantūn bādheta śobhane |
hiṃsārthaṃ niṣkṛtiprajñaḥ prodvejayati caiva hi ||32|
upakrāmati jantūṃś ca *udvegajananaḥ*[21] sadā |
evaṃ śīlasamācāro nirayaṃ pratipadyate ||33|
sa cen manuṣyatāṃ *gacched yadi kālasya*[22] paryayāt |
bahvābādhāparikliṣṭe kule *jayati*[23] so 'dhame ||34|
loka-*dviṣṭo*[24] 'dhamaḥ puṃsāṃ svayaṃ karmakṛtaiḥ phalaiḥ |
eṣa devi manuṣyeṣu boddhavyo jñātibandhuṣu ||35|

12 V na prayacchanty abuddhayaḥ **13** A susamanvitāḥ **14** B viprān [corr. for *vinprān*] **15** A -pūgāṃs **16** V -vṛddhāvamāninaḥ **17** AB stambhī **18** AB āviśya **19** A yathārhaṃ sarvavarṇeṣu brahmacarya- **20** B ca yamādibhiḥ **21** A udvejanaparaḥ **22** A gacchet kadācit kāla-**23** V bhavati **24** A -dveṣyo

aparaḥ sarvabhūtāni dayāvān anupaśyati |
maitrī dṛṣṭiḥ[25] pitṛsamo nirvairo *niyatendriyaḥ*[26] ||36|
nodvejayati bhūtāni na *ca hanti dayāparaḥ*[27] |
hastapādaiś ca niyatair viśvāsyaḥ sarvajantuṣu ||37|
na rajjvā na ca daṇḍena na loṣṭair nāyudhena ca |
udvejayati bhūtāni śubhakarmā *dayāparaḥ*[28] ||38|
evaṃ śīlasamācāraḥ svarge samupajāyate |
tatrāsau bhavane divye mudā vasati devavat ||39|
sa *cet svargakṣayān*[29]martyo manuṣyeṣūpajāyate |
alpāyāso nirātaṅkaḥ sa jātaḥ sukham edhate ||40|
sukhabhāgī nirāyāso nirudvegaḥ sadā naraḥ |
eṣa devi satāṃ mārgo *bādhā*[30] yatra na vidyate ||41|
umovāca:
ime manuṣyā dṛśyante *ūhāpohaviśāradāḥ*[31] |
[32]jñānavijñānasampannāḥ prajñāvanto 'rthakovidāḥ ||42|
duṣprajñāś cāpare deva jñānavijñānavarjitāḥ |
kena karmavipākena prajñāvān puruṣo bhavet ||43|
alpaprajño virūpākṣa kathaṃ bhavati mānavaḥ |
evaṃ tvaṃ saṃśayaṃ chindhi sarvadharmabhṛtāṃ vara ||44|
jātyandhāś cāpare deva rogārtāś cāpare tathā |
narāḥ klībāś ca dṛśyante kāraṇaṃ brūhi tatra vai ||45|
maheśvara uvāca:
brāhmaṇān vedaviduṣaḥ siddhān dharmavidas tathā |
paripṛcchanty aharahaḥ kuśalākuśalaṃ sadā ||46|
varjayanto 'śubhaṃ karma sevamānāḥ śubhaṃ tathā |
labhante svargatiṃ nityam iha loke yathāsukham ||47|
sa cen *manuṣyatāṃ*[33] yāti medhāvī tatra jāyate |
śrutaṃ *yajñānugaṃ*[34] yasya kalyāṇam upajāyate ||48|
paradāreṣu ye cāpi cakṣur *duṣṭaṃ*[35] prayuñjate |
tena duṣṭasvabhāvena jātyandhās te bhavanti hi ||49|
manasāpi praduṣṭena nagnāṃ paśyanti ye striyam |
rogārtās te *bhavantīha narā duṣkṛtakāriṇaḥ*[36] ||50|
ye tu mūḍhā durācārā viyonau maithune ratāḥ |
puruṣeṣu suduṣprajñāḥ klībatvam upayānti te ||51|
paśūṃś ca ye vai badhnanti ye caiva gurutalpagāḥ |
prakīrṇamaithunā ye ca klībā jāyanti vai narāḥ ||52|
umovāca:
avadyaṃ kiṃ *tu*[37] vai karma niravadyaṃ tathaiva ca |
śreyaḥ kurvann avāpnoti mānavo devasattama ||53|
maheśvara uvāca:
śreyāṃsaṃ mārgam anvicchan sadā yaḥ pṛcchati dvijān |
dharmānveṣī guṇākāṅkṣī sa svargaṃ samupāśnute ||54|

25 V maitrīdṛṣṭiḥ **26** A vijitendriyaḥ **27** C vai heṭhayate sadā **28** V sadā naraḥ **29** B cecchayā martyaloke [hypermetric] **30** C bandho **31** A mahotsāhā mahābalāḥ V mahotsāhā viśāradāḥ **32** A om. **33** V mānuṣyatāṃ **34** C praśnānugaṃ **35** C draṣṭuṃ **36** B bhavanty eva paradārapradarśanāt **37** V nu

yadi mānuṣyatāṃ devi kadācit saṃniyacchati |
medhāvī dhāraṇāyuktaḥ prājñas tatrāpi jāyate ||55|
eṣa devi satāṃ dharmo gantavyo bhūtikārakaḥ |
nṛṇāṃ hitārthāya sadā mayā caivam udāhṛtaḥ ||56|
umovāca:
apare svalpavijñānā dharmavidveṣiṇo narāḥ |
brāhmaṇān vedaviduṣo necchanti parisarpitum ||57|
vratavanto narāḥ kecic chraddhādamaparāyaṇāḥ |
avratā bhraṣṭaniyamās tathānye rākṣasopamāḥ ||58|
yajvānaś ca tathaivānye nirmohāś ca tathā pare |
kena karmavipākena bhavantīha vadasva me ||59|
maheśvara uvāca:
āgamālokadharmāṇāṃ maryādāḥ pūrvanirmitāḥ |
pramāṇenānuvartante dṛśyante *ha*[38] dṛḍhavratāḥ ||60|
adharmaṃ dharmam ity āhur ye ca mohavaśaṃ gatāḥ |
avratā naṣṭamaryādās te *narā*[39] brahmarākṣasāḥ ||61|
ye vai[40] kālakṛtodyogāt saṃbhavantīha mānavāḥ |
nirhomā nirvaṣaṭkārās te bhavanti narādhamāḥ ||62|
eṣa devi mayā sarvasaṃśayacchedanāya te |
kuśalākuśalo nṝṇāṃ vyākhyāto dharmasāgaraḥ ||63|

iti śrīmahāpurāṇe ādibrāhme umāmaheśvarasaṃvāde dharmanirūpaṇaṃ nāma pañcaviṃśādhikadviśatatamo 'dhyāyaḥ

vyāsa uvāca:
śrutvaivaṃ sā jaganmātā bhartur vacanam āditaḥ |
hṛṣṭā babhūva suprītā vismitā ca tadā dvijāḥ ||226.1|
ye tatrāsan munivarās tripurāreḥ samīpataḥ |
tīrthayātrāprasaṅgena gatās tasmin girau dvijāḥ ||2|
te 'pi saṃpūjya taṃ devaṃ śūlapāṇiṃ praṇamya ca |
papracchuḥ saṃśayaṃ caiva lokānāṃ hitakāmyayā ||3|
munaya ūcuḥ:
trilocana namas te 'stu dakṣakratuvināśana |
pṛcchāmas tvāṃ jagannātha saṃśayaṃ hṛdi saṃsthitam ||4|
saṃsāre 'smin mahāghore bhairave lomaharṣaṇe |
bhramanti suciraṃ kālaṃ puruṣāś cālpamedhasaḥ ||5|
yenopāyena mucyante *janmasaṃsāra-*[1]bandhanāt |
brūhi tac chrotum icchāmaḥ paraṃ kautūhalaṃ hi naḥ ||6|
maheśvara uvāca:
karmapāśanibaddhānāṃ narāṇāṃ duḥkhabhāginām |
nānyopāyaṃ prapaśyāmi vāsudevāt paraṃ dvijāḥ ||7|
ye pūjayanti taṃ devaṃ śaṅkhacakragadādharam |
vāṅmanaḥkarmabhiḥ samyak te yānti *paramāṃ gatim*[2] ||8|

38 V ca **39** V proktā **40** V te cet **1** A tataḥ saṃsāra- **2** AV paramaṃ padam

kiṃ teṣāṃ jīviteneha paśuvac ceṣṭitena ca |
yeṣāṃ na pravaṇaṃ cittaṃ vāsudeve jaganmaye ||9|
ṛṣaya ūcuḥ:
pinākin bhaganetraghna sarvalokanamaskṛta |
māhātmyaṃ vāsudevasya śrotum icchāma śaṃkara ||10|
maheśvara uvāca:
pitāmahād api varaḥ śāśvataḥ puruṣo hariḥ |
kṛṣṇo jāmbūnadābhāso vyabhre sūrya ivoditaḥ ||11|
daśabāhur mahātejā *devatāriniṣūdanaḥ*[3] |
śrīvatsāṅko hṛṣīkeśaḥ sarvadaivata-*yūthapaḥ*[4] ||12|
brahmā tasyodarabhavas tasyāhaṃ ca śirobhavaḥ |
śiroruhebhyo jyotīṃṣi romabhyaś ca surāsurāḥ ||13|
ṛṣayo dehasaṃbhūtās tasya lokāś ca śāśvatāḥ |
pitāmahagṛhaṃ sākṣāt sarvadevagṛhaṃ ca saḥ ||14|
so 'syāḥ pṛthivyāḥ kṛtsnāyāḥ sraṣṭā tribhuvaneśvaraḥ |
saṃhartā caiva bhūtānāṃ sthāvarasya carasya ca ||15|
sa hi *devadevaḥ*[5] sākṣād devanāthaḥ paraṃ-*tapaḥ*[6] |
sarvajñaḥ sarvasaṃsraṣṭā sarvagaḥ sarvatomukhaḥ ||16|
na tasmāt paramaṃ bhūtaṃ triṣu lokeṣu kiṃcana |
sanātano mahābhāgo govinda iti viśrutaḥ ||17|
sa sarvān pārthivān saṃkhye ghātayiṣyati mānadaḥ |
surakāryārtham utpanno mānuṣyaṃ vapur āsthitaḥ ||18|
nahi devagaṇāḥ śaktās trivikramavinākṛtāḥ |
bhuvane devakāryāṇi kartuṃ nāyakavarjitaḥ ||19|
nāyakaḥ sarvabhūtānāṃ sarvabhūtanamaskṛtaḥ |
etasya devanāthasya kāryasya ca parasya ca ||20|
brahmabhūtasya satataṃ brahmarṣiśaraṇasya ca |
brahmā vasati nābhisthaḥ śarīre 'haṃ ca saṃsthitaḥ ||21|
sarvāḥ sukhaṃ saṃsthitāś ca śarīre tasya devatāḥ |
sa devaḥ puṇḍarīkākṣaḥ śrīgarbhaḥ śrīsahoṣitaḥ ||22|
śārṅgacakrāyudhaḥ khaḍgī sarvanāgaripudhvajaḥ |
uttamena suśīlena śaucena ca damena ca ||23|
parākrameṇa vīryeṇa vapuṣā darśanena ca |
ārohaṇapramāṇena vīryeṇārjavasaṃpadā ||24|
ā-[7]nṛśaṃsyena rūpeṇa balena ca samanvitaḥ |
astraiḥ samuditaḥ sarvair divyair adbhutadarśanaiḥ ||25|
yogamāyāsahasrākṣo virūpākṣo mahāmanāḥ |
vācā[8] mitrajanaślāghī jñātibandhujanapriyaḥ ||26|
kṣamāvāṃś cānahaṃvādī sa devo brahma-*dāyakaḥ*[9] |
bhayahartā bhayārtānāṃ *mitrānandavivardhanaḥ*[10] ||27|
śaraṇyaḥ sarvabhūtānāṃ dīnānāṃ pālane rataḥ |
śrutavān *atha saṃpannaḥ*[11] sarvabhūtanamaskṛtaḥ ||28|

3 A devānām arisūdanaḥ **4** C -pūjakaḥ **5** A devaḥ paraḥ V devavaraḥ **6** V -tapa **7** C a-
8 A vaco **9** BC -nāyakaḥ **10** B mitrāṇāṃ tadvināśanaḥ **11** V arthasaṃpannaḥ

samāśritānām upakṛc *chatrūṇāṃ bhayakṛt tathā*[12] |
nītijño nītisaṃpanno brahmavādī jitendriyaḥ ||29|
bhavārtham eva devānāṃ[13] buddhyā paramayā yutaḥ |
prājāpatye śubhe mārge mānave dharmasaṃskṛte ||30|
samutpatsyati govindo manor vaṃśe mahātmanaḥ |
aṃśo[14] nāma manoḥ putro hy antardhāmā tataḥ param ||31|
antardhāmno havirdhāmā prajāpatir aninditaḥ |
prācīnabarhir bhavitā havirdhāmnaḥ suto dvijāḥ ||32|
tasya pracetaḥpramukhā bhaviṣyanti daśātmajāḥ |
prācetasas[15] tathā dakṣo bhaviteha prajāpatiḥ ||33|
dākṣāyaṇyas tathādityo manur ādityatas tataḥ |
manoś ca vaṃśaja ilā sudyumnaś ca bhaviṣyati ||34|
budhāt purūravāś cāpi tasmād āyur bhaviṣyati |
nahuṣo bhavitā tasmād yayātis tasya cātmajaḥ ||35|
yadus tasmān mahāsattvaḥ kroṣṭā tasmād bhaviṣyati |
kroṣṭuś[16] caiva mahān putro vṛjinīvān bhaviṣyati ||36|
vṛjinīvataś ca bhavitā *uṣaṅgur*[17] aparājitaḥ |
uṣaṅgor[18] bhavitā putraḥ śūraś citrarathas tathā ||37|
tasya tv avarajaḥ putraḥ śūro nāma bhaviṣyati |
teṣāṃ vikhyātavīryāṇāṃ cāritraguṇaśālinām ||38|
yajvināṃ ca viśuddhānāṃ vaṃśe brāhmaṇasattamāḥ |
sa śūraḥ kṣatriyaśreṣṭho mahāvīryo mahāyaśāḥ ||39|
svavaṃśavistārakaraṃ janayiṣyati mānadam |
vasudevam iti khyātaṃ putram ānakadundubhim ||40|
tasya putraś caturbāhur vāsudevo bhaviṣyati |
dātā[19] brāhmaṇasatkartā brahmabhūto dvijapriyaḥ ||41|
rājño baddhān sa sarvān vai mokṣayiṣyati yādavaḥ |
jarāsaṃdhaṃ tu rājānaṃ nirjitya girigahvare ||42|
sarvapārthivaratnāḍhyo bhaviṣyati sa vīryavān |
pṛthivyām apratihato vīryeṇāpi bhaviṣyati ||43|
vikrameṇa ca saṃpannaḥ sarvapārthivapārthivaḥ |
śūraḥ saṃhanano[20] *bhūto*[21] dvārakāyāṃ vasan prabhuḥ ||44|
pālayiṣyati gāṃ devīṃ vinirjitya durāśayān |
taṃ bhavantaḥ samāsādya brāhmaṇair arhaṇair varaiḥ ||45|
arcayantu yathānyāyaṃ brahmāṇam iva śāśvatam |
yo hi māṃ draṣṭum iccheta brahmāṇaṃ ca pitāmaham ||46|
draṣṭavyas tena bhagavān vāsudevaḥ pratāpavān |
dṛṣṭe tasminn ahaṃ dṛṣṭo na me 'trāsti vicāraṇā ||47|
pitāmaho vāsudeva iti vitta tapodhanāḥ |
sa yasya puṇḍarīkākṣaḥ prītiyukto bhaviṣyati ||48|

12 A chatrūṇām api dharmavit **13** B bhavanāśakaraḥ śrīmān **14** B aṃśur C aṅgo
15 A pracetasas **16** AB kroṣṭoś **17** A ṛsaṅgur C uṣadgur **18** A ṛsaṅgor C uṣadgor
19 C dhātā **20** B śūraḥ saṃnahano C surasaṃhanano **21** A bhūyān

tasya devagaṇaḥ prīto brahmapūrvo bhaviṣyati |
yas tu taṃ mānavo loke saṃśrayiṣyati keśavam ||49|
tasya kīrtir yaśaś caiva svargaś caiva bhaviṣyati |
dharmāṇāṃ *deśikaḥ*[22] sākṣād bhaviṣyati sa *dharmavān*[23] ||50|
dharmavidbhiḥ sa deveśo namaskāryaḥ sadācyutaḥ |
dharma eva sadā hi syād asminn abhyarcite vibhau ||51|
sa hi devo mahātejāḥ prajāhitacikīrṣayā |
dharmārthaṃ puruṣavyāghra ṛṣikoṭīḥ sasarja ca ||52|
tāḥ sṛṣṭās tena vidhinā parvate gandhamādane |
sanatkumārapramukhās tiṣṭhanti tapasānvitāḥ ||53|
tasmāt sa vāgmī dharmajño namasyo dvijapuṃgavāḥ |
vandito hi sa vandeta mānito mānayīta ca ||54|
dṛṣṭaḥ paśyed aharahaḥ saṃśritaḥ pratisaṃśrayet |
arcitaś cārcayen nityaṃ sa devo dvijasattamāḥ ||55|
evaṃ tasyānavadyasya viṣṇor vai paramaṃ tapaḥ |
ādidevasya mahataḥ sajjanācaritaṃ sadā ||56|
bhuvane 'bhyarcito nityaṃ devair api sanātanaḥ |
abhayenānurūpeṇa prapadya tam anuvratāḥ ||57|
karmaṇā manasā vācā sa namasyo dvijaiḥ sadā |
yatnavadbhir *upasthāya*[24] draṣṭavyo devakīsutaḥ ||58|
eṣa vai vihito mārgo mayā vai munisattamāḥ |
taṃ dṛṣṭvā sarvadeveśaṃ dṛṣṭāḥ syuḥ surasattamāḥ ||59|
mahāvarāhaṃ taṃ devaṃ sarvalokapitāmaham |
ahaṃ caiva namasyāmi nityam eva jagatpatim ||60|
tatra ca tritayaṃ dṛṣṭaṃ bhaviṣyati na saṃśayaḥ |
samastā hi vayaṃ devās tasya dehe vasāmahe ||61|
tasyaiva cāgrajo bhrātā sitādrinicayaprabhaḥ |
halī bala[25] iti khyāto bhaviṣyati dharā-*dharaḥ*[26] ||62|
triśirās tasya devasya dṛṣṭo 'nanta iti prabhoḥ |
suparṇo yasya vīryeṇa kaśyapasyātmajo balī ||63|
antaṃ naivāśakad draṣṭuṃ devasya paramātmanaḥ |
sa ca śeṣo vicarate parayā vai mudā yutaḥ ||64|
antarvasati bhogena parirabhya vasuṃdharām |
ya eṣa viṣṇuḥ so 'nanto bhagavān vasudhādharaḥ ||65|
yo rāmaḥ sa hṛṣīkeśo 'cyutaḥ sarvadharādharaḥ |
tāv ubhau puruṣavyāghrau divyau divyaparākramau ||66|
draṣṭavyau mānanīyau ca cakralāṅgaladhāriṇau |
eṣa vo 'nugrahaḥ prokto mayā puṇyas tapodhanāḥ |
tad bhavanto yaduśreṣṭhaṃ pūjayeyuḥ prayatnataḥ ||67|

iti śrīmahāpurāṇe ādibrāhme vyāsarṣisaṃvāde pañcaviṃśatyadhikadviśatatamo 'dhyāyaḥ[27]

22 B yaṣakaḥ **23** C dharmabhāk **24** V avaśyo 'yaṃ **25** A balabhadra **26** A -tale **27** This chapter was obviously inserted later in the version of the ASS ed., for it is counted by the same number as the preceding one, whereas ed. V continues counting.

munaya ūcuḥ:
aho kṛṣṇasya māhātmyaṃ śrutam asmābhir adbhutam |
sarvapāpaharaṃ puṇyaṃ dhanyaṃ saṃsāranāśanam ||227.1|
saṃpūjya vidhivad bhaktyā vāsudevaṃ *mahāmune*[1] |
kāṃ gatiṃ yānti manujā vāsudevārcane ratāḥ ||2|
kiṃ prāpnuvanti te mokṣaṃ kiṃ vā svargaṃ mahāmune |
athavā kiṃ muniśreṣṭha prāpnuvanty ubhayaṃ phalam ||3|
chettum arhasi sarvajña saṃśayaṃ no hṛdi sthitam |
chettā nānyo 'sti loke 'smiṃs tvadṛte munisattama ||4|
vyāsa uvāca:
sādhu sādhu muniśreṣṭhā bhavadbhir yad udāhṛtam |
śṛṇudhvam ānupūrvyeṇa vaiṣṇavānāṃ sukhāvaham ||5|
dīkṣāmātreṇa kṛṣṇasya narā mokṣaṃ vrajanti vai |
kiṃ punar ye sadā bhaktyā pūjayanty acyutaṃ dvijāḥ ||6|
na teṣāṃ durlabhaḥ svargo mokṣaś ca munisattamāḥ |
labhante vaiṣṇavāḥ kāmān yān yān vāñchanti *durlabhān*[2] ||7|
ratnaparvatam āruhya naro ratnaṃ yathādadet |
svecchayā muniśārdūlās tathā kṛṣṇān manorathān ||8|
kalpavṛkṣaṃ samāsādya phalāni svecchayā yathā |
gṛhṇāti puruṣo viprās tathā kṛṣṇān manorathān ||9|
śraddhayā vidhivat pūjya vāsudevaṃ jagadgurum |
dharmārthakāmamokṣāṇāṃ prāpnuvanti narāḥ phalam ||10|
ārādhya taṃ jagannāthaṃ viśuddhenāntarātmanā |
prāpnuvanti narāḥ kāmān surāṇām api durlabhān ||11|
ye 'rcayanti sadā bhaktyā vāsudevākhyam avyayam |
na teṣāṃ durlabhaṃ kiṃcid vidyate bhuvanatraye ||12|
dhanyās te puruṣā loke ye 'rcayanti sadā harim |
sarvapāpaharaṃ devaṃ sarvakāmaphalapradam ||13|
brāhmaṇāḥ kṣatriyā vaiśyāḥ striyaḥ *śūdrāntyajātayaḥ*[3] |
saṃpūjya taṃ suravaraṃ prāpnuvanti parāṃ gatim ||14|
tasmāc chṛṇudhvaṃ munayo yat pṛcchata mamānaghāḥ |
pravakṣyāmi samāsena gatiṃ teṣāṃ mahātmanām ||15|
tyaktvā mānuṣyakaṃ dehaṃ rogāyatanam adhruvam |
jarāmaraṇasaṃyuktaṃ jalabudbudasaṃnibham ||16|
māṃsaśoṇitadurgandhaṃ viṣṭhā-*mūtrādibhir yutam*[4] |
asthisthūṇam amedhyaṃ ca snāyucarmaśirānvitam ||17|
kāmagena vimānena divyagandharvanādinā |
taruṇādityavarṇena kiṅkiṇījālamālinā ||18|
upagīyamānā gandharvair apsarobhir alaṃkṛtāḥ |
vrajanti lokapālānāṃ bhavanaṃ *tu*[5] pṛthak pṛthak ||19|

1 C sadāmune **2** B cetasā **3** A śūdrās tathāntyajāḥ **4** V -mūtrādisaṃyutam **5** V te

manvantarapramāṇaṃ tu bhuktvā kālaṃ pṛthak pṛthak |
bhuvanāni[6] pṛthak teṣāṃ sarvabhogair alaṃkṛtāḥ ||20|
tato 'ntarikṣaṃ lokaṃ te yānti sarvasukhapradam |
tatra bhuktvā *varān*[7] bhogān daśamanvantaraṃ dvijāḥ ||21|
tasmād gandharvalokaṃ tu yānti vai vaiṣṇavā dvijāḥ |
viṃśanmanvantaraṃ kālaṃ tatra bhuktvā manoramān ||22|
bhogān ādityalokaṃ tu tasmād yānti supūjitāḥ |
triṃśanmanvantaraṃ tatra bhogān bhuktvātidaivatān ||23|
tasmād vrajanti te *viprāś*[8] candralokaṃ sukhapradam |
manvantarāṇāṃ te tatra catvāriṃśad guṇānvitam ||24|
kālaṃ bhuktvā śubhān bhogāñ jarāmaraṇavarjitāḥ |
tasmān nakṣatralokaṃ tu vimānaiḥ samalaṃkṛtam ||25|
vrajanti te muniśreṣṭhā guṇaiḥ sarvair alaṃkṛtāḥ |
manvantarāṇāṃ pañcāśad bhuktvā bhogān yathepsitān ||26|
tasmād vrajanti te viprā devalokaṃ sudurlabham |
ṣaṣṭimanvantaraṃ yāvat tatra bhuktvā sudurlabhān ||27|
bhogān nānāvidhān viprā *ṛgdvy-*[9]aṣṭakasamanvitān |
śakralokaṃ *punas tasmād gacchanti surapūjitāḥ*[10] ||28|
manvantarāṇāṃ tatraiva bhuktvā kālaṃ ca saptatim |
bhogān uccāvacān divyān manasaḥ prītivardhanān ||29|
tasmād vrajanti te lokaṃ prājāpatyam anuttamam |
bhuktvā tatrepsitān bhogān sarvakāmaguṇānvitān ||30|
manvantaram aśītiṃ ca kālaṃ sarvasukhapradam |
tasmāt paitāmahaṃ lokaṃ yānti te vaiṣṇavā dvijāḥ ||31|
manvantarāṇāṃ navati krīḍitvā tatra vai sukham |
ihāgatya[11] punas tasmād viprāṇāṃ pravare kule ||32|
jāyante yogino viprā vedaśāstrārthapāragāḥ |
evaṃ sarveṣu lokeṣu bhuktvā bhogān *yathepsitān*[12] ||33|
ihāgatya punar yānti upary upari ca kramāt |
saṃbhave saṃbhave te tu *śata-*[13]varṣaṃ dvijottamāḥ ||34|
bhuktvā yathepsitān bhogān yānti lokāntaraṃ tataḥ |
daśajanma yadā teṣāṃ krameṇaivaṃ prapūryate ||35|
tadā lokaṃ harer divyaṃ brahmalokād vrajanti te |
gatvā tatrākṣayān bhogān bhuktvā sarvaguṇānvitān ||36|
manvantaraśataṃ yāvaj janmamṛtyuvivarjitāḥ |
gacchanti bhuvanaṃ paścād vārāhasya dvijottamāḥ ||37|
divyadehāḥ kuṇḍalino mahākāyā mahābalāḥ |
krīḍanti tatra viprendrāḥ kṛtvā rūpaṃ caturbhujam ||38|
daśa koṭisahasrāṇi varṣāṇāṃ dvijasattamāḥ |
tiṣṭhanti śāśvate bhāve *sarvair devair namas-*[14]kṛtāḥ ||39|

6 A bhavanāni **7** B śubhān **8** B vīrāś **9** V siddhy- **10** AB mudā yuktās tasmād gacchanti pūjitāḥ **11** A ihāgatāḥ **12** AB yathāsukham **13** B ṣaṣṭi- **14** A sarvalokanamas-

tato yānti tu te dhīrā narasiṃhagṛhaṃ dvijāḥ |
krīḍante tatra muditā varṣakoṭyayutāni ca ||40|
tadante vaiṣṇavaṃ yānti puraṃ siddhaniṣevitam |
krīḍante tatra saukhyena varṣāṇām ayutāni ca ||41|
brahmaloke punar viprā gacchanti sādhakottamāḥ |
tatra sthitvā ciraṃ kālaṃ varṣakoṭiśatān bahūn ||42|
nārāyaṇapuraṃ yānti tatas te *sādhakeśvarāḥ*[15] |
bhuktvā bhogāṃś ca vividhān varṣakoṭyarbudāni ca ||43|
aniruddhapuraṃ paścād divyarūpā mahābalāḥ |
gacchanti sādhakavarāḥ stūyamānāḥ surāsuraiḥ ||44|
tatra koṭisahasrāṇi varṣāṇāṃ ca caturdaśa |
tiṣṭhanti vaiṣṇavās tatra jarāmaraṇavarjitāḥ ||45|
pradyumnasya[16] puraṃ paścād gacchanti vigatajvarāḥ |
tatra tiṣṭhanti *te viprā*[17] lakṣakoṭiśata-*trayam*[18] ||46|
svacchandagāmino *hṛṣṭā*[19] balaśaktisamanvitāḥ[20] |
gacchanti yoginaḥ paścād yatra saṃkarṣaṇaḥ prabhuḥ ||47|
tatroṣitvā ciraṃ kālaṃ bhuktvā bhogān sahasraśaḥ |
viśanti vāsudevaiti virūpākhye nirañjane ||48|
vinirmuktāḥ pare tattve jarāmaraṇavarjite |
tatra gatvā vimuktās te bhaveyur nātra saṃśayaḥ ||49|
evaṃ krameṇa bhuktiṃ te prāpnuvanti manīṣiṇaḥ |
muktiṃ ca muniśārdūlā vāsudevārcane ratāḥ ||50|

iti śrīmahāpurāṇe ādibrāhme vaiṣṇavānāṃ gatikhyāpanaṃ nāma ṣaḍviṃśatyadhikadviśatatamo 'dhyāyaḥ

vyāsa uvāca:
ekādaśyām ubhe pakṣe nir-*āhāraḥ samāhitaḥ*[1] |
snātvā samyag vidhānena dhautavāsā jitendriyaḥ ||228.1|
saṃpūjya vidhivad viṣṇuṃ śraddhayā susamāhitaḥ |
puṣpair gandhais tathā dīpair dhūpair naivedyakais tathā ||2|
upahārair bahuvidhair japyair homapradakṣiṇaiḥ |
stotrair nānāvidhair divyair gītavādyair manoharaiḥ ||3|
daṇḍavatpraṇipātaiś ca jayaśabdais tathottamaiḥ |
evaṃ saṃpūjya vidhivad rātrau kṛtvā prajāgaram ||4|
kathāṃ vā gītikāṃ viṣṇor gāyan viṣṇuparāyaṇaḥ |
yāti viṣṇoḥ paraṃ sthānaṃ naro nāsty atra saṃśayaḥ ||5|
munaya ūcuḥ:
prajāgare *gītikāyāḥ*[2] phalaṃ viṣṇor mahāmune |
brūhi tac chrotum icchāmaḥ paraṃ kautūhalaṃ hi naḥ ||6|
vyāsa uvāca:
śṛṇudhvaṃ muni-*śārdūlāḥ*[3] pravakṣyāmy anupūrvaśaḥ |
gītikāyāḥ phalaṃ viṣṇor jāgare yad udāhṛtam ||7|

15 A sādhakottamāḥ **16** AB prādyumneyam **17** A varṣāṇi **18** AB -dvayam **19** A viprā
20 In A and B the chapter ends here. **1** A -āhārasamanvitaḥ **2** B gītikāyām **3** V -śārdūlā

avantī nāma nagarī babhūva bhuvi viśrutā |
tatrāste bhagavān viṣṇuḥ śaṅkhacakragadādharaḥ ||8|
tasyā nagaryāḥ paryante cāṇḍālo *gīti-*[4]kovidaḥ |
sadvṛttyotpāditadhano bhṛtyānāṃ bharaṇe rataḥ ||9|
viṣṇubhaktaḥ *sa cāṇḍālo*[5] māsi māsi dṛḍhavrataḥ |
ekādaśyāṃ samāgamya sopavāso 'tha gāyati ||10|
gītikā viṣṇunāmāṅkāḥ prādurbhāvasamāśritāḥ |
gāndhāraṣaḍjanaiṣādasvarapañcamadhaivataiḥ ||11|
rātrijāgaraṇe viṣṇuṃ gāthābhir upagāyati |
prabhāte ca praṇamyeśaṃ dvādaśyāṃ gṛham etya ca ||12|
jāmātṛbhāgineyāṃś ca bhojayitvā *sa-*[6]kanyakāḥ |
tataḥ saparivāras tu paścād bhuṅkte dvijottamāḥ ||13|
evaṃ tasyāsatas tatra kurvato viṣṇuprīṇanam |
gītikābhir vicitrābhir vayaḥ pratigataṃ bahu ||14|
ekadā caitramāse tu kṛṣṇaikādaśigo-*care*[7] |
viṣṇuśuśrūṣaṇārthāya yayau vanam anuttamam ||15|
vanajātāni puṣpāṇi grahītuṃ bhaktitatparaḥ |
kṣiprātaṭe mahāraṇye vibhītakataror adhaḥ ||16|
dṛṣṭaḥ sa rākṣasenātha gṛhītaś cāpi bhakṣitum |
cāṇḍālas tam athovāca nādya bhakṣyas tvayā hy aham ||17|
prātar bhokṣyasi kalyāṇa satyam eṣyāmy ahaṃ punaḥ |
adya kāryaṃ mama mahat tasmān muñcasva rākṣasa ||18|
śvaḥ satyena sameṣyāmi tataḥ *khādasi*[8] mām iti |
viṣṇuśuśrūṣaṇārthāya rātrijāgaraṇaṃ mayā |
kāryaṃ na vratavighnaṃ me kartum arhasi rākṣasa ||19|
vyāsa uvāca:
taṃ rākṣasaḥ pratyuvāca daśarātram abhojanam |
mamābhūd adya ca bhavān mayā labdho mataṅgaja ||20|
na mokṣye bhakṣayiṣyāmi kṣudhayā pīḍito bhṛśam |
niśācaravacaḥ śrutvā mātaṅgas tam uvāca ha |
sāntvayañ ślakṣṇayā vācā sa satyavacanair dṛḍhaiḥ ||21|
mātaṅga uvāca:
satyamūlaṃ[9] jagat sarvaṃ brahmarākṣasa tac chṛṇu |
satyenāhaṃ śapiṣyāmi punarāgamanāya ca ||22|
ādityaś candramā vahnir vāyur bhūr dyaur jalaṃ manaḥ |
ahorātraṃ yamaḥ saṃdhye dve vidur naraceṣṭitam ||23|
paradāreṣu yat pāpaṃ yat paradravyahāriṣu |
yac ca brahmahanaḥ pāpaṃ surāpe gurutalpage ||24|
vandhyāpateś[10] ca yat pāpaṃ yat pāpaṃ vṛṣalīpateḥ |
yac ca devalake pāpaṃ matsyamāṃsāśinaś ca yat ||25|
kroḍamāṃsāśino yac ca *kūrma-*[11]māṃsāśinaś ca yat |
vṛthā[12] māṃsāśino yac ca pṛṣṭhamāṃsāśinaś ca yat ||26|

4 AB gīta- **5** B sadā so 'pi **6** C sva- **7** A -caraiḥ **8** V khādasva **9** A satyādhāraṃ
10 C sāṃdhyāpātāc **11** A vṛṣa- **12** A kṛthā

kṛtaghne mitraghātake yat pāpaṃ[13] didhiṣūpatau |
sūtakasya[14] ca yat pāpaṃ yat pāpaṃ krūrakarmaṇaḥ ||27|
kṛpaṇasya ca yat pāpaṃ *yac ca vandhyātither api*[15] |
amāvāsyāṣṭamī ṣaṣṭhī kṛṣṇaśukla-*catur-*[16]daśī ||28|
tāsu yad gamanāt[17] pāpaṃ yad *vipro vrajati*[18] striyam |
rajasvalāṃ tathā paścāc chrāddhaṃ kṛtvā striyaṃ vrajet ||29|
sarva-*svasnāta-*[19]bhojyānāṃ yat pāpaṃ *malabhojane*[20] |
mitrabhāryāṃ gacchatāṃ ca yat pāpaṃ piśunasya ca ||30|
dambhamāyānurakte ca yat pāpaṃ madhu-*ghātinaḥ*[21] |
[22]brāhmaṇasya pratiśrutya yat pāpaṃ tadayacchataḥ ||31|
yac ca kanyānṛte pāpaṃ yac ca *gośvatarān-*[23]ṛte |
strībālahantur yat pāpaṃ yac ca mithyābhibhāṣiṇaḥ ||32|
devavedadvijanṛpa-*putramitra-*[24]satīstriyaḥ |
yac ca *nindayatāṃ*[25] pāpaṃ *gurumithyāpacārataḥ*[26] ||33|
agni-*tyāgiṣu*[27] yat pāpam agnidāyiṣu yad vane |
gṛheṣṭyā pātake yac ca yad goghne yad[28] dvijādhame ||34|
yat pāpaṃ parivitte ca yat pāpaṃ parivedinaḥ |
tayor dātṛgrahītroś ca yat pāpaṃ bhrūṇaghātinaḥ ||35|
kiṃ cātra bahubhiḥ proktaiḥ śapathais tava rākṣasa |
śrūyatāṃ śapathaṃ bhīmaṃ durvācyam api kathyate ||36|
svakanyājīvinaḥ pāpaṃ *gūḍhasatyena*[29] sākṣiṇaḥ |
ayājyayājake ṣaṇḍhe yat pāpaṃ *śravaṇe 'dhame*[30] ||37|
pravrajyāvasite yac ca brahmacāriṇi kāmuke |
etais tu pāpair lipye 'haṃ yadi naiṣyāmi te 'ntikam ||38|
vyāsa uvāca:
mātaṅgavacanaṃ śrutvā vismito brahmarākṣasaḥ |
prāha gacchasva satyena samayaṃ caiva pālaya ||39|
ity uktaḥ kuṇapāśena śvapākaḥ kusumāni tu |
samādāyāgamac caiva viṣṇoḥ sa nilayaṃ gataḥ ||40|
tāni prādād brāhmaṇāya so 'pi prakṣālya cāmbhasā |
viṣṇum abhyarcya nilayaṃ jagāma sa tapodhanāḥ ||41|
so 'pi mātaṅgadāyādaḥ sopavāsas tu tāṃ niśām |
gāyan hi bāhyabhūmiṣṭhaḥ prajāgaram upākarot ||42|
prabhātāyāṃ *tu*[31] śarvaryāṃ *snātvā*[32] devaṃ namasya ca |
satyaṃ sa samayaṃ kartuṃ pratasthe yatra rākṣasaḥ ||43|
taṃ vrajantaṃ pathi naraḥ[33] prāha bhadra kva *gacchasi*[34] |
sa tathākathayat sarvaṃ so 'py enaṃ punar abravīt ||44|

13 V mitraghātini yat pāpaṃ kṛtaghne **14** B śūlikasya **15** A yat pāpaṃ grāmayājake **16** C -trayo- **17** A teṣu yac caraṇāt **18** A viprā dhyāyataḥ **19** B -svapnāntar- **20** A śalyabhojinām **21** A -gandhinaḥ **22** AB om. **23** BC gośvanarān- **24** A -yajña-saṃdhi- **25** V nidrayatāṃ **26** B gurumithyoparetataḥ C surāṃ mithyāpacaryataḥ **27** V -dāyiṣu **28** B gūḍhaceṣṭeṣu yat pāpāṃ yac ca goghne **29** CV kūṭasatyena **30** B śravaṇādhame **31** V ca **32** V stutvā **33** A tatra yāntaṃ tu pathikaḥ **34** A yāsyasi

dharmārthakāmamokṣāṇāṃ śarīraṃ sādhanaṃ *yataḥ*[35] |
mahatā tu prayatnena śarīraṃ pālayed budhaḥ ||45|
[36]jīvadharmārthasukhaṃ |
naras tathāpnoti mokṣagatim agryām |
jīvan kīrtim upaiti ca |
bhavati mṛtasya kā kathā loke ||46|
[[37]dharmam artham tathā saukhyaṃ mokṣaṃ prāpnoti vai naraḥ |
jīvan kīrtim avāpnoti viparītam ato 'nyathā |]
mātaṅgas tad vacaḥ śrutvā pratyuvācātha hetumat ||47|
mātaṅga uvāca:
bhadra satyaṃ puraskṛtya gacchāmi śapathāḥ kṛtāḥ ||48|
vyāsa uvāca:
taṃ bhūyaḥ *pratyuvācātha*[38] kim evaṃ mūḍhadhīr bhavān |
kiṃ na śrutaṃ tvayā sādho manunā yad *udīritam*[39] ||49|
gostrīdvijānāṃ parirakṣaṇārthaṃ |
vivāhakāle *surataprasaṅge*[40] |
prāṇātyaye sarva-*dhanāpahāre*[41] |
pañcānṛtāny āhur apātakāni ||50|
dharmavākyaṃ na ca strīṣu na vivāhe tathā ripau |
vañcane cārthahānau ca svanāśe *'nṛtake tathā*[42] |
evaṃ tad vākyam ākarṇya mātaṅgaḥ pratyuvāca ha ||51|
mātaṅga uvāca:
maivaṃ vadasva bhadraṃ te satyaṃ lokeṣu pūjyate |
satyenāvāpyate saukhyaṃ yat kiṃcij jagatīgatam ||52|
satyenārkaḥ pratapati satyenāpo rasātmikāḥ |
jvalaty agniś ca satyena vāti satyena mārutaḥ ||53|
dharmārthakāmasaṃprāptir mokṣaprāptiś ca durlabhā |
satyena jāyate puṃsāṃ tasmāt satyaṃ na saṃtyajet ||54|
satyaṃ brahma paraṃ loke satyaṃ yajñeṣu cottamam |
satyaṃ svarga-*samāyātaṃ*[43] tasmāt satyaṃ na saṃtyajet ||55|
vyāsa uvāca:
ity uktvā so 'tha mātaṅgas taṃ prakṣipya narottamam |
jagāma tatra yatrāste prāṇihā brahmarākṣasaḥ ||56|
tam āgataṃ samīkṣyāsau cāṇḍālaṃ brahmarākṣasaḥ |
vismayotphullanayanaḥ śiraḥkampaṃ tam abravīt ||57|
brahmarākṣasa uvāca:
sādhu sādhu mahābhāga satyavākyānupālaka |
na mātaṅgam ahaṃ manye bhavantaṃ satyalakṣaṇam ||58|
karmaṇānena *manye tvāṃ brāhmaṇaṃ śucim avyayam*[44] |
yat kiṃcit tvāṃ bhadramukhaṃ pravakṣye dharmasaṃśrayam |
kiṃ tatra bhavatā rātrau kṛtaṃ viṣṇugṛhe vada ||59|

35 AB tu yat **36** A om. 228.46. **37** A ins. **38** AB pratyuvācāsau **39** AB udāhṛtam
40 B sukhade ca dharma C suhṛdāṃ ca dharme V suhṛdāṃ prasaṅge **41** C -janopahāre
42 C kṛtakaṃ bhavet **43** B -samas tāta **44** A puṇyena manye tvāṃ brāhmaṇaṃ śucim

vyāsa uvāca:
tam abhyuvāca mātaṅgaḥ śṛṇu viṣṇugṛhe mayā |
yat kṛtaṃ rajanībhāge yathātathyaṃ vadāmi te ||60|
viṣṇor devakulasyādhaḥ sthitenānamramūrtinā |
prajāgaraḥ kṛto rātrau gāyatā viṣṇugītikām ||61|
taṃ brahmarākṣasaḥ prāha kiyantaṃ kālam ucyatām |
prajāgaro viṣṇugṛhe *kṛtaṃ*[45] bhaktimatā vada ||62|
tam abhyuvāca prahasan viṃśaty abdāni rākṣasa |
ekādaśyāṃ māsi māsi kṛtas tatra prajāgaraḥ |
mātaṅgavacanaṃ śrutvā provāca brahmarākṣasaḥ ||63|
brahmarākṣasa uvāca:
yad adya tvāṃ pravakṣyāmi tad bhavān *vaktum*[46] arhati |
ekarātrikṛtaṃ sādho mama dehi prajāgaram ||64|
evaṃ tvāṃ mokṣayiṣyāmi mokṣayiṣyāmi nānyathā |
triḥ satyena mahābhāga ity uktvā virarāma ha ||65|
vyāsa uvāca:
mātaṅgas tam uvācātha mayātmā te niśācara |
niveditaḥ kim uktena khādasva svecchayāpi mām ||66|
tam āha rākṣaso bhūyo yāmadvayaprajāgaram |
sagītaṃ me prayacchasva kṛpāṃ kartuṃ tvam arhasi ||67|
mātaṅgo rākṣasaṃ prāha kim asaṃbaddham ucyate |
khādasva svecchayā māṃ tvaṃ na pradāsye prajāgaram |
mātaṅgavacanaṃ śrutvā prāha taṃ brahmarākṣasaḥ ||68|
brahmarākṣasa uvāca:
ko hi duṣṭamatir mando bhavantaṃ draṣṭum utsahet |
dharṣayituṃ pīḍayituṃ[47] rakṣitaṃ dharmakarmaṇā ||69|
dīnasya pāpagrastasya viṣayair mohitasya ca |
narakārtasya mūḍhasya sādhavaḥ syur dayānvitāḥ ||70|
tan mama tvaṃ mahābhāga kṛpāṃ kṛtvā prajāgaram |
yāmasyaikasya me dehi gaccha vā nilayaṃ svakam ||71|
vyāsa uvāca:
taṃ punaḥ prāha cāṇḍālo na yāsyāmi nijaṃ gṛham |
na cāpi tava dāsyāmi kathaṃcid yāmajāgaram |
taṃ *prahasyātha*[48] cāṇḍālaṃ provāca brahmarākṣasaḥ ||72|
brahmarākṣasa uvāca:
rātryavasāne yā gītā gītikā kautukāśrayā |
tasyāḥ phalaṃ prayacchasva trāhi pāpāt samuddhara ||73|
vyāsa uvāca:
evam uccārite tena mātaṅgas tam uvāca ha ||74|
mātaṅga uvāca:
kiṃ pūrvaṃ bhavatā karma vikṛtaṃ kṛtam añjasā |
yena tvaṃ doṣajātena *saṃbhūto brahmarākṣasaḥ*[49] ||75|

45 ASS corr. like V; V kṛto **46** V kartum **47** V prabādhituṃ pīḍituṃ vā **48** V vihasyātha
49 A prāpto rākṣasayonitām

vyāsa uvāca:
tasya tad vākyam ākarṇya mātaṅgaṃ brahmarākṣasaḥ |
provāca duḥkhasaṃtaptaḥ saṃsmṛtya svakṛtaṃ kṛtam ||76|
brahmarākṣasa uvāca:
śrūyatāṃ *yo 'ham āsaṃ vai*[50] pūrvaṃ yac ca mayā kṛtam |
yasmin kṛte pāpayoniṃ gatavān asmi rākṣasīm ||77|
soma-*śarma iti khyātaḥ*[51] pūrvam āsam ahaṃ dvijaḥ |
putro 'dhyayanaśīlasya devaśarmasya yajvanaḥ ||78|
kasyacid[52] yajamānasya *sūtramantra-*[53]bahiṣkṛtaḥ |
nṛpasya *karmasaktena*[54] *yūpa-*[55]karma-*suniṣṭhitaḥ*[56] ||79|
āgnīdhraṃ cākarod yajñe lobhamohaprapīḍitaḥ |
tasmin parisamāpte tu maurkhyād dambham anuṣṭhitaḥ ||80|
yaṣṭum ārabdhavān asmi dvādaśāhaṃ mahākratum |
pravartamāne *tasmiṃs tu*[57] kukṣiśūlo 'bhavan mama ||81|
saṃpūrṇe[58] daśarātre tu na samāpte tathā kratau |
virūpākṣasya dīyantyām āhutyāṃ rākṣase kṣaṇe ||82|
mṛto 'haṃ tena doṣeṇa saṃbhūto brahmarākṣasaḥ |
mūrkheṇa[59] mantrahīnena sūtrasvaravivarjitam ||83|
ajānatā yajñavidyāṃ yad iṣṭaṃ yājitaṃ ca yat |
tena karmavipākena saṃbhūto brahmarākṣasaḥ ||84|
tan māṃ pāpamahāmbhodhau nimagnaṃ tvaṃ samuddhara |
prajāgare *gītikaikāṃ*[60] paścimāṃ dātum arhasi ||85|
vyāsa uvāca:
tam uvācātha cāṇḍālo yadi prāṇivadhād bhavān |
nivṛttiṃ kurute dadyāṃ tataḥ paścimagītikām ||86|
bāḍham ity avadat so 'pi mātaṅgo 'pi dadau tadā |
gītikāphalam āmantrya muhūrtārdhaprajāgaram ||87|
tasmin gītiphale datte mātaṅgaṃ brahmarākṣasaḥ |
praṇamya prayayau hṛṣṭas tīrthavaryaṃ pṛthūdakam ||88|
tatrānaśanasaṃkalpaṃ kṛtvā prāṇāñ jahau dvijāḥ |
rākṣasatvād vinirmukto gītikāphalabṛṃhitaḥ ||89|
pṛthūdakaprabhāvāc ca brahmalokaṃ ca durlabham |
daśa varṣasahasrāṇi nirātaṅko 'vasat tataḥ ||90|
tasyānte brāhmaṇo jāto babhūva smṛtimān vaśī |
tasyāhaṃ caritaṃ bhūyaḥ kathayiṣyāmi bho dvijāḥ ||91|
mātaṅgasya kathāśeṣaṃ śṛṇudhvaṃ gadato mama |
rākṣase tu gate dhīmān gṛham etya yatātmavān ||92|
tadvipracaritaṃ smṛtvā nirviṇṇaḥ śucir apy asau |
putreṣu bhāryāṃ nikṣipya dadau bhūmyāḥ pradakṣiṇām ||93|
kokāmukhāt samārabhya yāvad vai skandadarśanam |
dṛṣṭvā skandaṃ yayau *dhārācakre*[61] cāpi pradakṣiṇam ||94|

50 A hi mahābuddhe **51** V -śarmeti vikhyātaḥ **52** C kiṃvitto **53** A śūdram antar- B śūdrasyānna- **54** B karmaśaktena C sūryaśāktas tu **55** B pūrva- **56** AB -svanuṣṭhitaḥ **57** C karmaṇi **58** BC apūrṇe **59** B mukhena **60** V gītikāṃ vai **61** AC dhārāṃ cakre

tato 'drivaram āgamya vindhyam uccaśiloccayam |
pāpapramocanaṃ tīrtham āsasāda sa tu dvijāḥ ||95|
snānaṃ[62] pāpaharaṃ cakre sa tu cāṇḍālavaṃśajaḥ |
vimuktapāpaḥ sasmāra pūrvajātīr anekaśaḥ ||96|
sa pūrvajanmany abhavad bhikṣuḥ saṃyatavāṅmanāḥ |
yata-[63]kāyaś ca matimān vedavedāṅgapāragaḥ ||97|
ekadā goṣu nagarād dhriyamāṇāsu taskaraiḥ |
bhikṣāvadhūtā[64] rajasā *muktā*[65] tenātha bhikṣuṇā ||98|
sa *tenādharma-*[66]doṣeṇa cāṇḍālīṃ yonim āgataḥ |
pāpapramocane snātaḥ sa *mṛto*[67] narmadātaṭe ||99|
mūrkho[68] 'bhūd brāhmaṇavaro vārāṇasyāṃ ca bho dvijāḥ |
tatrāsya vasato 'bdais tu *triṃśadbhiḥ*[69] siddhapūruṣaḥ ||100|
virūparūpī *babhrāma*[70] yoga-*mālā-*[71]balānvitaḥ |
taṃ dṛṣṭvā sopahāsārtham abhivādyābhyuvāca ha ||101|
kuśalaṃ siddha-*puruṣaṃ*[72] kutas tv āgamyate *tvayā*[73] ||102|
vyāsa uvāca:
evaṃ saṃbhāṣitas tena jñāto 'ham iti cintya tu |
pratyuvācātha *vandyas*[74] taṃ svargalokād upāgataḥ ||103|
taṃ siddhaṃ prāha mūrkho 'sau kiṃ tvaṃ vetsi triviṣṭape |
nārāyaṇoruprabhavām urvaśīm apsarovarām ||104|
siddhas tam āha tāṃ vedmi śakracāmaradhāriṇīm |
svargasyābharaṇaṃ mukhyam urvaśīṃ sādhusaṃbhavām ||105|
vipraḥ siddham uvācātha ṛjumārga-*vivarjitaḥ*[75] |
tan mitra matkṛte *vārttām urvaśyā*[76] bhavatādarāt ||106|
kathanīyā yac ca sā te brūyād ākhyāsyate bhavān |
bāḍham ity abravīt siddhaḥ so 'pi vipro mudānvitaḥ ||107|
babhūva siddho 'pi yayau merupṛṣṭhaṃ surālayam |
sametya corvaśīṃ prāha yad ukto 'sau dvijena tu ||108|
sā prāha taṃ siddhavaraṃ nāhaṃ kāśipatiṃ dvijam |
jānāmi satyam uktaṃ te na cetasi mama sthitam ||109|
ity uktaḥ prayayau so 'pi kālena bahunā punaḥ |
vārāṇasīṃ yayau siddho dṛṣṭo mūrkheṇa vai punaḥ ||110|
dṛṣṭaḥ *pṛṣṭaḥ kila*[77] bhūyaḥ kim āhorubhavā tava |
siddho 'bravīn na jānāmi mām uvācorvaśī svayam ||111|
siddhavākyaṃ tataḥ śrutvā smitabhinnauṣṭhasaṃpuṭaḥ |
punaḥ prāha kathaṃ vetsīty evaṃ vācyā tvayorvaśī ||112|
bāḍham evaṃ kariṣyāmīty uktvā siddho divaṃ gataḥ |
dadarśa śakra-*bhavanān niṣkrāmantīm*[78] athorvaśīm ||113|
provāca tāṃ siddhavaraḥ sā ca taṃ siddham abravīt |
niyamaṃ kaṃcid api hi karotu dvijasattamaḥ ||114|

62 C sthānaṃ **63** A jita- **64** C bhikṣāvabhūtā **65** B bhuktā **66** A tena brahma- B tena bhrama- **67** C mūḍho **68** A mukhyo B mukto **69** AB viṃśadbhiḥ **70** AB balavān **71** V -māyā- **72** AV -puruṣa **73** BC cirāt **74** B vandyaṃ **75** C -pradharṣitam **76** V vārttā corvaśyā **77** V pṛṣṭas tadā **78** B -bhavanād viniṣkrāntām

yenāhaṃ karmaṇā siddha taṃ jānāmi na cānyathā |
tad urvaśīvaco 'bhyetya tasmai mūrkhadvijāya tu || 115 |
kathayām āsa siddhas tu so 'pīmaṃ niyamaṃ jagau |
tavāgre siddhapuruṣa niyamo 'yaṃ kṛto mayā || 116 |
na bhokṣye 'dyaprabhṛti vai *śakaṭaṃ*[79] satyam īritam |
ity uktaḥ prayayau siddhaḥ svarge dṛṣṭvorvaśīm atha || 117 |
prāhāsau śakaṭaṃ bhokṣye nādyaprabhṛti karhicit |
taṃ siddham urvaśī prāha jñāto 'sau sāṃprataṃ mayā || 118 |
niyamagrahaṇād eva *mūrkho mām upahāsakaḥ*[80] |
ity uktvā prayayau śīghraṃ vāsaṃ nārāyaṇātmajā || 119 |
siddho 'pi vicacārāsau kāmacārī mahītalam |
urvaśy api varārohā gatvā vārāṇasīṃ purīm || 120 |
matsyodarījale snānaṃ cakre divyavapurdharā |
athāsāv api mūrkhas tu nadīṃ matsyodarīṃ *mune*[81] || 121 |
jagāmātha dadarśāsau snāyamānām athorvaśīm |
tāṃ dṛṣṭvā vavṛdhe 'thāsya manmathaḥ kṣobhakṛd dṛḍham || 122 |
cakāra mūrkhaś ceṣṭāś ca taṃ vivedorvaśī svayam |
taṃ mūrkhaṃ siddhagaditaṃ jñātvā sasmitam āha tam || 123 |
urvaśy uvāca:
kim icchasi mahābhāga mattaḥ śīghram ihocyatām |
kariṣyāmi vacas tubhyaṃ tvaṃ viśrabdhaṃ kariṣyasi || 124 |
mūrkhabrāhmaṇa uvāca:
ātmapradānena mama prāṇān rakṣa śucismite || 125 |
vyāsa uvāca:
taṃ prāhāthorvaśī vipraṃ niyamasthāsmi sāṃpratam |
tvaṃ tiṣṭhasva kṣaṇam atha pratīkṣasvāgataṃ mama || 126 |
sthito 'smīty abravīd vipraḥ sāpi svargaṃ jagāma ha |
māsamātreṇa sāyātā dadarśa taṃ kṛśaṃ dvijam || 127 |
sthitaṃ māsaṃ nadītīre nirāhāraṃ surāṅganā |
taṃ dṛṣṭvā niścayayutaṃ bhūtvā vṛddhavapus tataḥ || 128 |
sā cakāra nadītīre[82] śakaṭaṃ śarkarāvṛtam |
ghṛtena madhunā caiva nadīṃ matsyodarīṃ gatā || 129 |
snātvātha bhūmau vasantī[83] śakaṭaṃ ca yathārthataḥ |
taṃ brāhmaṇaṃ samāhūya vākyam āha sulocanā || 130 |
urvaśy uvāca:
mayā tīvraṃ vrataṃ vipra cīrṇaṃ saubhāgyakāraṇāt |
vratānte niṣkṛtiṃ dadyāṃ pratigṛhṇīṣva bho dvija || 131 |
vyāsa uvāca:
sa prāha kim idaṃ loke dīyate *śarkarāvṛtam*[84] |
kṣutkṣāmakaṇṭhaḥ pṛcchāmi sādhu bhadre samīraya || 132 |

79 B saṃkaṭaṃ **80** ASS corr. like V; B mūrkhaḥ sādhuprahārakaḥ V mūrkho 'yam upahāsakaḥ **81** A śubham **82** C vratānte piṣṭakakṛtaṃ **83** V bhūmau vasantī snātvātha **84** A śarkarāyutam

sā prāha śakaṭo vipra śarkarāpiṣṭasaṃyutaḥ |
imaṃ tvaṃ samupādāya prāṇaṃ tarpaya mā ciram ||133|
sa tac chrutvātha saṃsmṛtya kṣudhayā pīḍito 'pi san |
prāha bhadre na *gṛhṇāmi*[85] niyamo hi kṛto mayā ||134|
purataḥ siddha-*vargasya*[86] na bhokṣye śakaṭaṃ tv iti |
parijñānārtham urvaśyā dadasvānyasya kasyacit ||135|
sābravīn niyamo bhadra kṛtaḥ kāṣṭhamaye tvayā |
nāsau kāṣṭhamayo bhuṅkṣva kṣudhayā cātipīḍitaḥ ||136|
tāṃ brāhmaṇaḥ pratyuvāca na mayā tad viśeṣaṇam |
kṛtaṃ bhadre 'tha niyamaḥ sāmānyenaiva me kṛtaḥ ||137|
taṃ bhūyaḥ prāha sā tanvī na ced bhokṣyasi brāhmaṇa |
gṛhaṃ gṛhītvā gacchasva kuṭumbaṃ tava bhokṣyati ||138|
sa tām uvāca sudati na tāvad yāmi mandiram |
ihāyātā varārohā trailokye 'py adhikā guṇaiḥ ||139|
sā mayā madanārtena prārthitāśvāsitas tayā |
sthīyatāṃ kṣaṇam ity evaṃ sthāsyāmīti mayoditam ||140|
māsamātraṃ gatāyās tu tasyā bhadre sthitasya ca |
mama satyānuraktasya saṃgamāya dhṛtavrate ||141|
tasya sā vacanaṃ śrutvā kṛtvā svaṃ rūpam uttamam |
vihasya bhāvagambhīram urvaśī prāha taṃ dvijam ||142|
urvaśy uvāca:
sādhu satyaṃ tvayā vipra vrataṃ niṣṭhitacetasā |
niṣpāditaṃ haṭhād eva mama darśanam icchatā ||143|
aham evorvaśī vipra *tvāṃ jijñāsārtham āgatā*[87] |
parīkṣito niścitavān bhavān satyatapā ṛṣiḥ ||144|
gaccha *śūkaravoddeśaṃ*[88] rūpatīrtheti viśrutam |
siddhiṃ yāsyasi viprendra tatas tvaṃ mām avāpsyasi ||145|
vyāsa uvāca:
ity uktvā divam utpatya sā jagāmorvaśī dvijāḥ |
sa ca satyatapā vipro rūpatīrthaṃ jagāma ha ||146|
tatra śāntiparo bhūtvā niyamavratadhṛk śuciḥ |
dehotsarge jagāmāsau gāndharvaṃ lokam uttamam ||147|
tatra manvantaraśataṃ bhogān bhuktvā yathārthataḥ |
babhūva sukule rājā prajārañjanatatparaḥ ||148|
sa yajvā vividhair yajñaiḥ samāptavaradakṣiṇaiḥ |
putreṣu rājyaṃ nikṣipya yayau *śaukaravaṃ*[89] punaḥ ||149|
rūpatīrthe mṛto bhūyaḥ śakralokam upāgataḥ |
tatra manvantaraśataṃ bhogān bhuktvā tataś cyutaḥ ||150|
pratiṣṭhāne pura-*vare budha*-[90]putraḥ purūravāḥ |
babhūva tatra corvaśyāḥ saṃgamāya tapodhanāḥ ||151|

85 AB grahīṣye **86** V -varyasya **87** A jijñāsārtham upāgatā BV tvajjijñāsārtham āgatā
88 A tvaṃ śūkaroddeśaṃ V sūkaravoddeśaṃ **89** A śūkarakaṃ **90** B -vara ilā-

evaṃ purā satyatapā dvijātis |
tīrthe prasiddhe sa hi rūpasaṃjñe |
ārādhya janmany atha cārcya viṣṇum |
avāpya bhogān atha muktim eti ||152|

iti śrīmahāpurāṇe ādibrāhme vyāsarṣisaṃvāde prajāgare gītikāyāḥ praśaṃsānirūpaṇaṃ nāma saptaviṃśatyadhikadviśatatamo 'dhyāyaḥ

munaya ūcuḥ:
śrutaṃ phalaṃ gītikāyā asmābhiḥ suprajāgare |
kṛṣṇasya yena cāṇḍālo gato 'sau paramāṃ gatim ||229.1|
yathā viṣṇau bhaved bhaktis tan no brūhi mahāmate |
tapasā karmaṇā yena śrotum icchāma sāṃpratam ||2|
vyāsa uvāca:
śṛṇudhvaṃ muniśārdūlāḥ pravakṣyāmy anupūrvaśaḥ |
yathā kṛṣṇe bhaved bhaktiḥ puruṣasya mahāphalā ||3|
saṃsāre 'smin mahāghore sarvabhūtabhayāvahe |
mahāmoha-[1]kare nṝṇāṃ nānāduḥkhaśatākule ||4|
tiryag-[2]yonisahasreṣu jāyamānaḥ punaḥ punaḥ |
kathaṃcil labhate janma dehī mānuṣyakaṃ dvijāḥ ||5|
mānuṣatve 'pi vipratvaṃ vipratve 'pi vivekitā |
vivekād dharmabuddhis tu buddhyā tu śreyasāṃ grahaḥ ||6|
yāvat pāpa-*kṣayaṃ*[3] puṃsāṃ na bhavej *janma saṃcitam*[4] |
tāvan na jāyate bhaktir vāsudeve jaganmaye ||7|
tasmād vakṣyāmi bho viprā bhaktiḥ kṛṣṇe yathā bhavet |
anyadeveṣu yā bhaktiḥ puruṣasyeha jāyate ||8|
karmaṇā manasā vācā tadgatenāntarātmanā |
tena tasya bhaved bhaktir yajane munisattamāḥ ||9|
sa karoti tato viprā bhaktiṃ *cāgneḥ*[5] samāhitaḥ |
tuṣṭe hutāśane tasya bhaktir bhavati bhāskare ||10|
pūjāṃ karoti satatam ādityasya tato dvijāḥ |
prasanne bhāskare tasya bhaktir bhavati śaṃkare ||11|
pūjāṃ karoti vidhivat sa tu śaṃbhoḥ prayatnataḥ |
tuṣṭe trilocane tasya bhaktir bhavati keśave ||12|
saṃpūjya taṃ jagannāthaṃ vāsudevākhyam avyayam |
tato bhuktiṃ ca muktiṃ ca sa prāpnoti dvijottamāḥ ||13|
munaya ūcuḥ:
avaiṣṇavā narā ye tu dṛśyante ca mahāmune |
kiṃ te viṣṇuṃ nārcayanti brūhi tatkāraṇaṃ dvija ||14|
vyāsa uvāca:
dvau bhūtasargau vikhyātau loke 'smin munisattamāḥ |
āsuraś ca tathā daivaḥ purā sṛṣṭaḥ svayaṃbhuvā ||15|

1 A mahābhaya- V mahadduḥkha- **2** AB nindya- **3** V -kṣayaḥ **4** V janmasaṃcitaḥ
5 B cāgnau

daivīṃ prakṛtim āsādya pūjayanti tato 'cyutam |
āsurīṃ yonim āpannā dūṣayanti narā harim ||16|
māyayā hatavijñānā viṣṇos te tu narādhamāḥ |
aprāpya taṃ hariṃ viprās tato yānty adhamāṃ gatim ||17|
tasya yā gahvarī māyā[6] durvijñeyā surāsuraiḥ |
mahāmohakarī nṛṇāṃ dustarā cākṛtātmabhiḥ ||18|
munaya ūcuḥ:
icchāmas tāṃ *mahāmāyāṃ jñātuṃ viṣṇoḥ*[7] sudustarām |
vaktum arhasi dharmajña paraṃ kautūhalaṃ hi naḥ ||19|
vyāsa uvāca:
svapnendrajālasaṃkāśā māyā sā loka-*karṣaṇī*[8] |
kaḥ śaknoti harer māyāṃ *jñātuṃ tāṃ*[9] keśavād ṛte ||20|
yā vṛttā *brāhmaṇasyāsīn*[10] māyārthe nāradasya ca |
viḍambanāṃ tu tāṃ viprāḥ śṛṇudhvaṃ gadato mama ||21|
prāg āsīn nṛpatiḥ śrīmān āgnīdhra iti viśrutaḥ |
nagare kāmadamanas tasyātha tanayaḥ śuciḥ ||22|
dharmārāmaḥ kṣamāśīlaḥ pitṛśuśrūṣaṇe rataḥ |
prajānurañjako dakṣaḥ śrutiśāstrakṛtaśramaḥ ||23|
pitāsya tv akarod yatnaṃ vivāhāya na caicchata |
taṃ pitā prāha kim iti necchase dārasaṃgraham ||24|
sarvam etat sukhārthaṃ hi vāñchanti manujāḥ kila |
sukhamūlā hi dārāś ca tasmāt taṃ tvaṃ samācara ||25|
sa pitur vacanaṃ śrutvā tūṣṇīm āste ca gauravāt |
muhur muhus taṃ ca pitā codayām āsa bho dvijāḥ ||26|
athāsau pitaraṃ prāha tāta nāmānu-*rūpatā*[11] |
mayā samāśritā *vyaktā vaiṣṇavī paripālinī*[12] ||27|
taṃ pitā prāha *saṃgamya naiṣa dharmo 'sti*[13] putraka |
na *vidhārayitavyā*[14] syāt puruṣeṇa vipaścitā ||28|
kuru madvacanaṃ putra prabhur asmi pitā tava |
mā nimajja kulaṃ mahyaṃ narake saṃtatikṣayāt ||29|
sa hi taṃ pitur ādeśaṃ[15]*śrutvā*[16] prāha suto vaśī |
prītaḥ saṃsmṛtya paurāṇīṃ saṃsārasya vicitratām ||30|
putra uvāca:
śṛṇu tāta vaco mahyaṃ tattvavākyaṃ sahetukam |
nāmānurūpaṃ kartavyaṃ satyaṃ bhavati pārthiva ||31|
mayā janmasahasrāṇi jarāmṛtyuśatāni ca |
prāptāni dārasaṃyogaviyogāni ca sarvaśaḥ ||32|
tṛṇagulmalatāvallīsarīsṛpamṛgadvijāḥ |
paśustrīpuruṣādyāni prāptāni śataśo mayā ||33|
gaṇakiṃnaragandharvavidyādharamahoragāḥ |
yakṣaguhyakarakṣāṃsi dānavāpsarasaḥ surāḥ ||34|

6 A tasyaivaiṣā mahāmāyā **7** V samājñātuṃ viṣṇor māyāṃ **8** V -karṣiṇī **9** V vijñātuṃ **10** A brāhmaṇaśreṣṭhā B brāhmaṇasyārthe **11** C -rūpataḥ **12** C vyaktaṃ tvadājñāparipālinī **13** C prahasan grāmyaṃ nāma ca **14** C vicārayitavyaṃ **15** A pitur ādeśanaṃ [sic; verse incomplete] **16** C kṛtvā

nadīśvarasahasraṃ ca prāptaṃ tāta punaḥ punaḥ |
sṛṣṭas tu bahuśaḥ sṛṣṭau saṃhāre cāpi saṃhṛtaḥ ||35|
dārasaṃyogayuktasya tātedṛṅ me viḍambanā |
itas tṛtīye yad vṛttaṃ mama janmani tac chṛṇu |
kathayāmi samāsena tīrthamāhātmyasaṃbhavam ||36|
atītya janmāni bahūni tāta |
nṛdevagandharvamahoragāṇām |
vidyādharāṇāṃ khagakiṃnarāṇāṃ |
jāto hi vaṃśe sutapā maharṣiḥ ||37|
tato *mahābhūd*[17] acalā hi bhaktir |
janārdane lokapatau madhughne |
vratopavāsair vividhaiś ca bhaktyā |
saṃtoṣitaś cakragadāstradhārī ||38|
tuṣṭo 'bhyagāt pakṣipatiṃ mahātmā |
viṣṇuḥ samāruhya varaprado me |
prāhoccaśabdaṃ vriyatāṃ dvijāte |
varo hi yaṃ vāñchasi taṃ pradāsye ||39|
tato 'ham ūce harim īśitāraṃ |
tuṣṭo 'si cet keśava tad vṛṇomi |
[18]yā sā tvadīyā paramā hi māyā |
tāṃ vettum icchāmi *janārdano 'ham*[19] ||40|
athābravīn me madhukaiṭabhāriḥ |
kiṃ te tayā brahman māyayā vai |
dharmārthakāmāni dadāni tubhyaṃ |
putrāṇi mukhyāni nirāmayatvam ||41|
tato murāriṃ punar uktavān ahaṃ |
bhūyo 'rthadharmārthajigīṣitaiva yat |
māyā[20] tavemām iha vettum icche |
mamādya tāṃ darśaya puṣkarākṣa ||42|
tato 'bhyuvācātha nṛsiṃhamukhyaḥ |
śrīśaḥ prabhur viṣṇur idaṃ vaco me |
[21]viṣṇur uvāca:
māyāṃ madīyāṃ nahi vetti kaścin |
na cāpi vā vetsyati kaścid eva ||43|
pūrvaṃ surarṣir dvija nāradākhyo |
brahmātmajo 'bhūn mama bhaktiyuktaḥ |
tenāpi pūrvaṃ bhavatā yathaiva |
saṃtoṣito bhaktimatā hi tadvat ||44|
varaṃ ca *dattaṃ*[22] gatavān ahaṃ ca |
sa cāpi vavre varam *etad*[23] eva |
nivārito mām atimūḍhabhāvād |
bhavān yathaivaṃ vṛtavān varaṃ ca ||45|

17 V mamābhūd **18** AB om. 229.40cd–69ab. **19** V janārdanāham **20** V māyāṃ **21** V om. **22** ASS corr. like V; V dātuṃ **23** V etam

tato mayokto 'mbhasi nārada tvaṃ |
māyāṃ hi me vetsyasi saṃnimagnaḥ |
tato nimagno 'mbhasi nārado 'sau |
kanyā babhau kāśipateḥ suśīlā ||46|
tāṃ yauvanāḍhyām atha cārudharmiṇe |
vidarbharājñas tanayāya vai dadau |
sva-[24]dharmaṇe so 'pi tayā sametaḥ |
siṣeva kāmān atulān maharṣiḥ ||47|
svarge gate 'sau pitari pratāpavān |
rājyaṃ kramāyātam avāpya hṛṣṭaḥ |
vidarbharāṣṭraṃ paripālayānaḥ |
putraiḥ sapautrair bahubhir vṛto 'bhūt ||48|
athābhavad bhūmipateḥ sudharmaṇaḥ |
kāśīśvareṇātha samaṃ suyuddham |
tatra kṣayaṃ *prāpya*[25] saputra-*pautraṃ*[26] |
vidarbharāṭ kāśipatiś ca yuddhe ||49|
tataḥ suśīlā pitaraṃ saputraṃ |
jñātvā patiṃ cāpi saputrapautram |
purād viniḥsṛtya raṇāvaniṃ gatā |
dṛṣṭvā suśīlā kadanaṃ *mahāntam*[27] ||50|
bhartur bale tatra pitur bale ca |
duḥkhānvitā sā suciraṃ vilapya |
jagāma sā mātaram ārtarūpā |
bhrātṝn sutān bhrātṛsutān sapautrān ||51|
bhartāram eṣā pitaraṃ ca gṛhya |
mahāśmaśāne ca mahācitiṃ sā |
kṛtvā hutāśaṃ pradadau svayaṃ ca |
yadā samiddho hutabhug babhūva ||52|
tadā suśīlā praviveśa vegād |
dhā putra hā putra iti bruvāṇā |
tadā punaḥ sā munir nārado 'bhūt |
sa cāpi vahniḥ sphaṭikāmalābhaḥ ||53|
pūrṇaṃ saro 'bhūd atha cottatāra |
tasyāgrato devavaras tu keśavaḥ |
....[28] |
prahasya devarṣim uvāca nāradam ||54|
kas te tu putro vada me maharṣe |
mṛtaṃ ca kaṃ śocasi naṣṭabuddhiḥ |
vrīḍānvito 'bhūd atha nārado 'sau |
tato 'ham enaṃ punar eva cāha ||55|
itī-*dṛśā*[29] nārada kaṣṭarūpā |
māyā madīyā kamalāsanādyaiḥ |

24 ASS corr. like V; V su- **25** ASS corr. like V; V -prāpa **26** V -pautro **27** V mahat tat
28 Dots as printed in ASS; V caturbhujaḥ śaṅkhagadārihastaḥ **29** V -dṛśī

śakyā na vettuṃ samahendrarudraiḥ |
kathaṃ bhavān vetsyati durvibhāvyām ||56|
sa vākyam ākarṇya mahāmaharṣir |
uvāca bhaktiṃ mama dehi viṣṇo |
prāpte 'tha kāle smaraṇaṃ tathaiva |
sadā ca saṃdarśanam īśa te 'stu ||57|
yatrāham ārtaś citim adya rūḍhas |
tat tīrtham astv a-*cyutapāpa-*[30]hantrā |
adhiṣṭhitaṃ keśava nityam eva |
tvayā sahāsaṃ[31]kamalodbhavena ||58|
tato mayokto dvija nārado 'sau |
tīrthaṃ[32] sitode[33]hi citis tavāstu |
sthāsyāmy ahaṃ cātra sadaiva viṣṇur |
maheśvaraḥ sthāsyati cottareṇa ||59|
yadā virañcer vadanaṃ trinetraḥ |
sa *cchetsyateyaṃ ca mamogravācam*[34] |
tadā kapālasya tu mocanāya |
sameṣyate tīrtham idaṃ tvadīyam ||60|
snātasya tīrthe tripurāntakasya |
patiṣyate bhūmitale kapālam |
tatas tu tīrtheti kapālamocanaṃ |
khyātaṃ pṛthivyāṃ ca bhaviṣyate tat ||61|
tadā prabhṛty ambudavāhano 'sau |
na mokṣyate tīrthavaraṃ supuṇyam |
na caiva tasmin dvija saṃpracakṣate |
tat kṣetram ugraṃ tv atha brahmavadhyā ||62|
yadā na mokṣaty amarārihantā |
tat kṣetramukhyaṃ mahad āptapuṇyam |
tadā vimukteti surai rahasyaṃ |
tīrthaṃ stutaṃ puṇyadam avyayākhyam ||63|
kṛtvā tu pāpāni naro mahānti |
tasmin praviṣṭaḥ śucir apramādī |
yadā tu māṃ cintayate sa śuddhaḥ |
prayāti mokṣaṃ bhagavatprasādāt ||64|
bhūtvā tasmin rudrapiśācasaṃjño |
yonyantare duḥkham upāśnute 'sau |
vimuktapāpo bahuvarṣapūgair |
utpattim āyāsyati vipragehe ||65|
śucir yatātmāsya tato 'ntakāle |
rudro hitaṃ tārakam asya kīrtayet |
ity evam uktvā dvijavarya nāradaṃ |
gato 'smi dugdhārṇavam ātmageham ||66|

30 V -cyuta pāpa- **31** ASS corr. *sahedaṃ.* **32** V tīrthe **33** ASS corr. *sitodaṃ.*
34 ASS corr. like V; V cchetsyate 'yaṃ tv atha cogravācam

sa cāpi vipras tridivaṃ cacāra |
gandharvarājena samarcyamānaḥ |
etat tavoktaṃ nanu bodhanāya |
māyā madīyā nahi śakyate sā ||67|
jñātuṃ bhavān icchati cet tato 'dya |
evaṃ viśasvāpsu ca vetsi yena |
evaṃ dvijātir hariṇā prabodhito |
bhāvyarthayogān nimamajja toye ||68|
kokāmukhe tāta tato hi kanyā |
cāṇḍālaveśmany abhavad dvijaḥ saḥ |
rūpānvitā śīlaguṇopapannā |
avāpa sā yauvanam āsasāda ||69|
cāṇḍālaputreṇa subāhunāpi |
vivāhitā rūpavivarjitena |
patir na tasyā hi mato babhūva |
sā tasya caivābhimatā babhūva ||70|
putradvayaṃ netrahīnaṃ babhūva |
kanyā ca paścād badhirā tathānyā |
patir daridras tv atha sāpi mugdhā |
nadī-*gatā*[35] roditi tatra nityam ||71|
gatā kadācit kalaśaṃ gṛhītvā |
sāntar jalaṃ snātum atha praviṣṭā |
yāvad dvijo 'sau punar eva tāvaj |
jātaḥ kriyāyogarataḥ suśīlaḥ ||72|
tasyāḥ sa bhartātha ciraṃgateti |
draṣṭuṃ jagāmātha nadīṃ supuṇyām |
dadarśa kumbhaṃ na ca tāṃ taṭasthāṃ |
tato 'tiduḥkhāt praruroda nādayan ||73|
tato 'ndhayugmaṃ badhirā ca kanyā |
duḥkhānvitāsau samupājagāma |
te vai rudantaṃ pitaraṃ ca dṛṣṭvā |
duḥkhānvitā vai rurudur bhṛśārtāḥ ||74|
tataḥ sa papraccha nadītaṭasthān |
dvijān bhavadbhir yadi yoṣid ekā |
dṛṣṭā tu toyārtham upādravantī |
ākhyāta te procur imāṃ praviṣṭā ||75|
nadīṃ na bhūyas tu samuttatāra |
etāvad eveha samīhitaṃ naḥ |
sa tadvaco ghorataraṃ niśamya |
ruroda śokāśrupariplutākṣaḥ ||76|
taṃ vai rudantaṃ sasutaṃ sakanyaṃ |
dṛṣṭvāham ārtaḥ sutarāṃ babhūva |
ārtiś ca me 'bhūd atha saṃsmṛtiś ca |
cāṇḍālayoṣāham iti kṣitīśa ||77|

35 C -gato

tato 'bravaṃ taṃ nṛpate mataṅgaṃ |
kimartham ārtena hi rudyate tvayā |
tasyā na lābho bhavitātimaurkhyād |
ākranditeneha vṛthā hi kiṃ te ||78|
sa māṃ uvācātmajayugmam andhaṃ |
kanyā caikā badhireyaṃ tathaiva |
kathaṃ dvijāte adhunārtam etam |
āśvāsayiṣye 'py atha poṣayiṣye ||79|
ity evam uktvā sa sutaiś ca sārdhaṃ |
phūtkṛtya phūtkṛtya ca roditi sma |
yathā yathā roditi sa śvapākas |
tathā tathā *me hy abhavat*[36] *kṛtāpi*[37] ||80|
tato 'ham ārtaṃ tu nivārya taṃ vai |
svavaṃśavṛttāntam athācacakṣe |
tataḥ sa duḥkhāt saha putrakaiḥ |
saṃviveśa kokāmukham *ārta-*[38]rūpaḥ ||81|
praviṣṭamātre salile mataṅgas |
tīrthaprabhāvāc ca vimuktapāpaḥ |
vimānam āruhya śaśiprakāśaṃ |
yayau divaṃ tāta mamopapaśyataḥ ||82|
tasmin praviṣṭe salile mṛte ca |
mamārtir āsīd atimohakartrī |
tato 'tipuṇye nṛpavarya kokā- |
jale praviṣṭas tridivaṃ gataś ca ||83|
bhūyo 'bhavaṃ vaiśyakule vyathārto |
jātismaras tīrthavara-[39]prasādāt |
tato *'tinirviṇṇa-*[40]manā gato 'haṃ |
kokāmukhaṃ *saṃyatavākyacittaḥ*[41] ||84|
vrataṃ samāsthāya kalevaraṃ svaṃ |
saṃśoṣayitvā divam āruroha |
tasmāc cyutas tvadbhavane ca jāto |
jātismaras tāta hariprasādāt ||85|
so 'haṃ samārādhya *murāri-*[42]devaṃ |
kokāmukhe tyaktaśubhāśubhecchaḥ |
ity evam uktvā pitaraṃ praṇamya |
gatvā ca kokāmukham *agra-*[43]tīrtham |
viṣṇuṃ samārādhya varāharūpam |
avāpa siddhiṃ manujarṣabho 'sau ||86|
itthaṃ sa kāmadamanaḥ *sahaputrapautraḥ*[44] |
kokāmukhe tīrthavare supuṇye |
tyaktvā tanuṃ doṣamayīṃ tatas tu |
gato divaṃ sūryasamair vimānaiḥ ||87|

36 C mūrtir anyā **37** C babhūva V kṛpāpi **38** C ātma- **39** A jātaś ca tīrthapravara- **40** BC hi nirviṇṇa- **41** A tīrthavaraṃ vicintya **42** B varāha- **43** AV agrya- **44** A sabalaḥ saputraḥ

evaṃ mayoktā parameśvarasya |
māyā surāṇām api durvicintyā |
svapnendrajālapratimā murārer |
yayā jagan moham upaiti viprāḥ ||88|

iti śrīmahāpurāṇe ādibrāhme viṣṇudharmānukīrtane māyāprādurbhāvanirūpaṇaṃ nāmāṣṭāviṃśatyadhikadviśatatamo 'dhyāyaḥ

munaya ūcuḥ:
asmābhis tu śrutaṃ vyāsa yat tvayā samudāhṛtam |
prādurbhāvāśritaṃ puṇyaṃ *māyā*[1] viṣṇoś ca dur-*vidā*[2] ||230.1|
śrotum icchāmahe tvatto yathāvad upasaṃhṛtim |
mahāpralayasaṃjñāṃ ca kalpānte ca mahāmune ||2|
vyāsa uvāca:
śrūyatāṃ bho muniśreṣṭhā yathāvad *anusaṃhṛtiḥ*[3] |
kalpānte prākṛte caiva pralaye jāyate yathā ||3|
ahorātraṃ pitṝṇāṃ tu māso 'bdaṃ tridivaukasām |
caturyugasahasre tu brahmaṇo 'har dvijottamāḥ ||4|
kṛtaṃ tretā dvāparaṃ ca kaliś ceti caturyugam |
daivair varṣasahasrais tu tad dvādaśābhir ucyate ||5|
caturyugāṇy aśeṣāṇi sadṛśāni svarūpataḥ |
ādyaṃ kṛtayugaṃ proktaṃ munayo 'ntyaṃ tathā kalim ||6|
ādye kṛtayuge sargo brahmaṇā kriyate yataḥ |
kriyate copasaṃhāras tathānte 'pi kalau yuge ||7|
munaya ūcuḥ:
kaleḥ svarūpaṃ bhagavan vistarād vaktum arhasi |
dharmaś *catuṣpād*[4] bhagavān yasmin vaikalyam ṛcchati ||8|
vyāsa uvāca:
kalisvarūpaṃ bho viprā yat pṛcchadhvaṃ mamānaghāḥ |
nibodhadhvaṃ samāsena vartate yan mahattaram ||9|
varṇāśramācāravatī pravṛttir na kalau nṛṇām |
na sāma-ṛgyajurvedaviniṣpādana-*haitukī*[5] ||10|
vivāhā na kalau dharmā na śiṣyā gurusaṃsthitāḥ |
na *putrā dhārmikāś caiva*[6] na ca vahnikriyākramaḥ ||11|
yatra tatra kule jāto balī sarveśvaraḥ kalau |
sarvebhya eva varṇebhyo *naraḥ kanyopajīvanaḥ*[7] ||12|
yena tenaiva yogena dvijātir dīkṣitaḥ kalau |
yaiva saiva ca viprendrāḥ prāyaścittakriyā kalau ||13|
sarvam eva kalau śāstraṃ yasya yad vacanaṃ dvijāḥ |
devatāś ca kalau sarvāḥ sarvaḥ sarvasya cāśramaḥ ||14|

1 V māyāṃ **2** A -madā V -vidām **3** V upasaṃhṛtiḥ **4** A ca yasmād **5** C -hetukī **6** C dāsyatikrameṇaiva **7** B jyeṣṭhaḥ nyādharodhanī [one syllable is obviously missing, probably *ka* to make *kanyā*]

upavāsas *tathāyāso*[8] vittotsargas tathā kalau |
dharmo yathābhirucitair anuṣṭhānair anuṣṭhitaḥ ||15|
vittena bhavitā puṃsāṃ sv-*alpenaiva madaḥ*[9] kalau |
strīṇāṃ rūpamadaś caiva keśair eva bhaviṣyati ||16|
suvarṇamaṇiratnādau vastre copakṣayaṃ gate |
kalau[10] striyo bhaviṣyanti tadā keśair alaṃkṛtāḥ ||17|
parityakṣyanti bhartāraṃ *vitta*-[11]hīnaṃ tathā striyaḥ |
bhartā bhaviṣyati kalau *vittavān eva*[12] yoṣitām ||18|
yo yo dadāti bahulaṃ sa sa svāmī *tadā*[13] nṛṇām |
svāmitvahetusaṃbandho bhavitābhijanas tadā ||19|
gṛhāntā dravyasaṃghātā dravyāntā ca tathā matiḥ |
arthāś cāthopabhogāntā bhaviṣyanti tadā kalau ||20|
striyaḥ kalau bhaviṣyanti svairiṇyo lalitaspṛhāḥ |
anyāyāvāptavitteṣu puruṣeṣu spṛhālavaḥ ||21|
abhyarthito 'pi suhṛdā svārthahāniṃ tu mānavaḥ |
paṇasyārdhārdhamātre 'pi kariṣyati tadā dvijāḥ ||22|
sadā sapauruṣaṃ[14] ceto bhāvi vipra tadā kalau |
kṣīrapradānasaṃbandhi *bhāti*[15] goṣu ca gauravam ||23|
anāvṛṣṭi-*bhayāt*[16] prāyaḥ prajāḥ kṣudbhayakātarāḥ |
bhaviṣyanti tadā sarvā gaganāsaktadṛṣṭayaḥ ||24|
mūla-*parṇa*-[17]phalāhārās tāpasā iva mānavāḥ |
ātmānaṃ *ghātayiṣyanti*[18] *tadāvṛṣṭyābhiduḥkhitāḥ*[19] ||25|
durbhikṣam eva satataṃ *sadā*[20] kleśam anīśvarāḥ |
prāpsyanti vyāhatasukhaṃ *pramādān*[21] mānavāḥ kalau ||26|
asnātabhojino nāgnidevatātithipūjanam |
kariṣyanti kalau *prāpte*[22] na ca *piṇḍodaka*-[23]kriyām ||27|
lolupā hrasvadehāś ca bahvannādanatatparāḥ |
bahuprajālpabhāgyāś ca bhaviṣyanti kalau striyaḥ ||28|
ubhābhyām atha pāṇibhyāṃ śiraḥkaṇḍūyanaṃ striyaḥ |
kurvatyo gurubhartṝṇām ājñāṃ bhetsyanty anāvṛtāḥ ||29|
svapoṣaṇaparāḥ kruddhā dehasaṃskāravarjitāḥ |
paruṣānṛtabhāṣiṇyo bhaviṣyanti kalau striyaḥ ||30|
duḥśīlā duṣṭaśīleṣu kurvatyaḥ satataṃ spṛhām |
asadvṛttā bhaviṣyanti puruṣeṣu kulāṅganāḥ ||31|
vedādānaṃ kariṣyanti *vaḍavāś*[24] ca tathāvratāḥ |
gṛhasthāś ca na hoṣyanti na dāsyanty ucitāny api ||32|
bhaveyur vanavāsā vai[25]grāmyāhāraparigrahāḥ |
bhikṣavaś cāpi *putrā hi sneha*-[26]*saṃbandha*-[27]*yantrakāḥ*[28] ||33|

8 A tathā yajño **9** AC -alpenāḍhyamadaḥ **10** A kāścit **11** V dhana- **12** A cintitaś caiva **13** A sadā **14** B na sadā pauruṣaṃ **15** C bhāvi **16** A -bhayāḥ **17** AB -kanda- **18** AB pātayiṣyanti **19** A abhakṣāc cāpi duḥkhitāḥ **20** A tadā **21** C pramodā **22** A kecin **23** A pretodaka- **24** V vāḍavāś **25** C vanavāsino bhaviṣyanti [hypermetric] **26** A putrādisneha- C mitrā hi sneha- **27** V sabandha- **28** A pāṇayaḥ

arakṣitāro hartāraḥ śulkavyājena pārthivāḥ |
hāriṇo janavittānāṃ samprāpte ca kalau yuge ||34|
yo yo 'śvarathanāgāḍhyaḥ sa sa rājā bhaviṣyati |
yaś ca yaś cābalaḥ sarvaḥ sa sa bhṛtyaḥ kalau yuge ||35|
vaiśyāḥ kṛṣivaṇijyādi saṃtyajya nijakarma yat |
śūdravṛttyā *bhaviṣyanti*[29] kārukarmopajīvinaḥ ||36|
bhaikṣyavratās tathā śūdrāḥ pravrajyāliṅgino 'dhamāḥ |
pākhaṇḍasaṃśrayāṃ vṛttim āśrayiṣyanty asaṃskṛtāḥ ||37|
durbhikṣakarapīḍābhir atīvopadrutā janāḥ |
godhūmānnayavānnādyān deśān yāsyanti duḥkhitāḥ ||38|
vedamārge pralīne ca *pākhaṇḍāḍhye tato*[30] jane |
adharmavṛddhyā lokānām alpam āyur bhaviṣyati ||39|
[31]aśāstravihitaṃ ghoraṃ tapyamāneṣu vai tapaḥ |
nareṣu nṛpadoṣeṇa bālamṛtyur bhaviṣyati ||40|
bhavitrī yoṣitāṃ sūtiḥ pañca-*ṣaṭsapta*-[32]vārṣikī |
navāṣṭadaśavarṣāṇāṃ manuṣyāṇāṃ tathā kalau ||41|
palitodgamaś ca bhavitā tadā dvādaśavārṣikaḥ |
na jīviṣyati[33] vai kaścit kalau varṣāṇi viṃśatim ||42|
alpa-*prajñā*[34] vṛthāliṅgā duṣṭāntaḥkaraṇāḥ kalau |
yatas tato vinaśyanti kālenālpena mānavāḥ ||43|
yadā yadā hi pākhaṇḍavṛttir atropalakṣyate |
tadā tadā kaler vṛddhir anumeyā vicakṣaṇaiḥ ||44|
yadā yadā satāṃ hānir vedamārgānusāriṇām |
tadā tadā kaler vṛddhir anumeyā vicakṣaṇaiḥ ||45|
[35]prārambhāś cāvasīdanti yadā dharmakṛtāṃ nṛṇām |
[36]tadānumeyaṃ prādhānyaṃ kaler viprā vicakṣaṇaiḥ ||46|
yadā yadā na yajñānām īśvaraḥ puruṣottamaḥ |
ijyate puruṣair yajñais tadā jñeyaṃ kaler balam ||47|
na prītir vedavādeṣu pākhaṇḍeṣu yadā ratiḥ |
kaler vṛddhis tadā prājñair anumeyā *dvijottamāḥ*[37] ||48|
kalau jagatpatiṃ viṣṇuṃ sarvasraṣṭāram īśvaram |
nārcayiṣyanti bho viprāḥ pākhaṇḍopahatā narāḥ ||49|
[38]kiṃ devaiḥ kiṃ dvijair vedaiḥ kiṃ śaucenāmbu-*jalpanā*[39] |
ity evaṃ pralapiṣyanti pākhaṇḍopahatā narāḥ ||50|
alpavṛṣṭiś ca parjanyaḥ svalpaṃ sasyaphalaṃ tathā |
phalaṃ tathālpasāraṃ ca viprāḥ prāpte kalau yuge ||51|
[40]jānuprāyāṇi vastrāṇi śamīprāyā mahīruhāḥ |
śūdraprāyās tathā varṇā bhaviṣyanti kalau yuge ||52|
aṇu-[41]prāyāṇi dhānyāni *āja*-[42]prāyaṃ tathā payaḥ |
bhaviṣyati kalau prāpta auśīraṃ cānulepanam ||53|

29 C pravatsyanti **30** A pākhaṇḍoddyotite **31** AB om. 230.40. **32** A -ṣaṣṭhāṣṭa- **33** B na tu jīvati C nātijīvati **34** AB -prajā **35** A om. 230.46. **36** A om. **37** BV vicakṣaṇaiḥ **38** AC om. 230.50. **39** ASS corr. like V; V -janmanā **40** B om. 230.52. **41** V hy aṇu- **42** AB aja-

śvaśrūśvaśurabhūyiṣṭhā guravaś ca nṛṇāṃ kalau |
śālādy-[43]āhāribhāryāś ca suhṛdo munisattamāḥ ||54|
kasya mātā pitā kasya yadā karmātmakaḥ pumān |
iti *codāhariṣyanti śvaśurānugatā*[44] narāḥ ||55|
vāṅmanaḥ-*kāyajair*[45] doṣair abhibhūtāḥ punaḥ punaḥ |
narāḥ pāpāny anudinaṃ kariṣyanty alpamedhasaḥ ||56|
niḥ-*satyānām*[46] aśaucānāṃ nirhrīkāṇāṃ tathā dvijāḥ |
yad yad duḥkhāya tat sarvaṃ kalikāle bhaviṣyati ||57|
niḥsvādhyāyavaṣaṭ-*kāre*[47] svadhāsvāhā-*vivarjite*[48] |
tadā praviralo vipraḥ kaścil[49] loke bhaviṣyati ||58|
tatrālpenaiva kālena[50] puṇyaskandham anuttamam |
karoti yaḥ kṛtayuge *kriyate*[51] tapasā hi *yaḥ*[52] ||59|
munaya ūcuḥ:
kasmin kāle 'lpako dharmo dadāti su-*mahāphalam*[53] |
vaktum arhasy aśeṣeṇa śrotuṃ vāñchā pravartate ||60|
vyāsa uvāca:
dhanye kalau bhaved viprās tv alpakleśair mahat phalam |
tathā bhavetāṃ strīśūdrau dhanyau cānyan nibodhata ||61|
yat kṛte daśabhir varṣais tretāyāṃ hāyanena tat |
dvāpare tac ca māsena ahorātreṇa tat kalau ||62|
tapaso brahmacaryasya japādeś ca phalaṃ dvijāḥ |
prāpnoti puruṣas tena *kalau*[54] sādhv iti *bhāṣitum*[55] ||63|
dhyāyan kṛte yajan yajñais tretāyāṃ dvāpare 'rcayan |
yad āpnoti tad āpnoti kalau saṃkīrtya keśavam ||64|
dharmotkarṣam atīvātra prāpnoti puruṣaḥ kalau |
svalpāyāsena dharmajñās tena tuṣṭo 'smy ahaṃ kalau ||65|
vratacaryāparair grāhyā vedāḥ pūrvaṃ dvijātibhiḥ |
tatas tu dharmasaṃprāptair yaṣṭavyaṃ *vidhivad dhanaiḥ*[56] ||66|
vṛthā kathā vṛthā bhojyaṃ vṛthā svaṃ ca dvijanmanām |
patanāya tathā bhāvyaṃ tais tu *saṃyatibhiḥ*[57] *saha*[58] ||67|
asamyakkaraṇe doṣās teṣāṃ sarveṣu vastuṣu |
bhojyapeyādikaṃ caiṣāṃ necchāprāptikaraṃ dvijāḥ ||68|
pāratantryāt samasteṣu teṣāṃ kāryeṣu vai tataḥ |
lokān kleśena mahatā yajanti vinayānvitāḥ[59] ||69|
dvijaśuśrūṣaṇenaiva pākayajñādhikāravān |
[60]nijaṃ jayati vai lokaṃ śūdro dhanyataras tataḥ ||70|
bhakṣyābhakṣyeṣu *nāśāsti*[61] *yeṣāṃ pāpeṣu*[62] vā yataḥ |
niyamo muniśārdūlās tenāsau sādhv itīritam ||71|

43 C śīlādy- **44** A codāharantīha ye 'surānugatā **45** BC -kāyikair **46** A -sattvānām **47** A -kāraḥ **48** A -vivarjitaḥ **49** A tathā cāparaparo yas tu viṣṇor B tathā pāpapravṛttiś ca kvacil **50** AB tadālpena ca yatnena **51** A vriyate **52** AB saḥ **53** AB -mahat phalam **54** AB kāla C kaliḥ **55** A bhāṣaṇāt **56** C vidhivardhanaiḥ **57** B saṃpavibhiḥ **58** A sadā **59** C yajanti ye dvijā lokān kleśena mahatā dvijāḥ **60** B om. 230.70–74. **61** ASS corr. like V; V nātrāsti **62** C ye pāpe yeṣu

svadharmasyāvirodhena narair labhyaṃ dhanaṃ sadā |
pratipādanīyaṃ pātreṣu yaṣṭavyaṃ ca yathāvidhi ||72|
tasyārjane mahān kleśaḥ pālanena dvijottamāḥ |
tathā sad-[63]viniyogāya vijñeyaṃ gahanaṃ nṛṇām ||73|
ebhir anyais tathā kleśaiḥ puruṣā dvijasattamāḥ |
nijāñ jayanti vai lokān prājāpatyādikān kramāt ||74|
yoṣic chuśrūṣaṇād bhartuḥ karmaṇā manasā girā |
etad *viṣayam āpnoti tatsālokyaṃ yato*[64] dvijāḥ ||75|
nātikleśena mahatā tān eva puruṣo yathā |
tṛtīyaṃ vyāhṛtaṃ tena mayā sādhv iti *yoṣitaḥ*[65] ||76|
etad vaḥ kathitaṃ viprā yannimittam ihāgatāḥ |
tat pṛcchadhvaṃ yathākāmam ahaṃ vakṣyāmi vaḥ sphuṭam ||77|
alpenaiva prayatnena dharmaḥ sidhyati vai kalau |
narair ātmaguṇāmbhobhiḥ kṣālitākhilakilbiṣaiḥ ||78|
śūdraiś ca dvijaśuśrūṣātatparair munisattamāḥ |
tathā strībhir anāyāsāt patiśuśrūṣayaiva hi ||79|
tatas tritayam apy etan mama dhanyatamaṃ matam |
dharma-[66]saṃrādhane kleśo dvijātīnāṃ kṛtādiṣu ||80|
tathā svalpena tapasā siddhiṃ yāsyanti mānavāḥ |
dhanyā dharmaṃ cariṣyanti yugānte munisattamāḥ ||81|
bhavadbhir yad abhipretaṃ tad etat kathitaṃ mayā |
apṛṣṭenāpi dharmajñāḥ kim anyat kriyatāṃ dvijāḥ ||82|

iti śrīmahāpurāṇe ādibrāhme vyāsarṣisaṃvāde bhaviṣyakathanaṃ nāmaikonatriṃśad-adhikadviśatatamo 'dhyāyaḥ

munaya ūcuḥ:
āsannaṃ viprakṛṣṭaṃ vā yadi kālaṃ na vidmahe |
tato dvāparavidhvaṃsaṃ yugāntaṃ spṛhayāmahe ||231.1|
prāptā vayaṃ hi tat kālam anayā dharmatṛṣṇayā |
ādadyāma paraṃ dharmaṃ[1] sukham alpena karmaṇā ||2|
saṃtrāsodvegajananaṃ yugāntaṃ samupasthitam |
pranaṣṭa-[2]*dharmaṃ*[3]dharmajña *nimittair*[4] vaktum arhasi ||3|
vyāsa uvāca:
arakṣitāro hartāro balibhāgasya pārthivāḥ |
yugānte prabhaviṣyanti svarakṣaṇaparāyaṇāḥ ||4|
[5]*akṣatriyāś*[6] ca rājāno viprāḥ śūdropajīvinaḥ |
śūdrāś ca brāhmaṇācārā bhaviṣyanti yugakṣaye ||5|
śrotriyāḥ kāṇḍa-*pṛṣṭhāś*[7] ca niṣkarmāṇi havīṃṣi ca |
ekapaṅktyām aśiṣyanti yugānte munisattamāḥ ||6|

63 C tac cāsad- **64** C dhi samavāpnoti bhartṛlokaṃ tato **65** C yoṣitām **66** A karma-
1 A ādadyād aparaṃ sargaṃ **2** V praṇaṣṭa- **3** C dharma- **4** C nimittaṃ **5** A om. 231.5-7.
6 B kṛtapāpāś **7** B -spṛhāś C -spṛṣṭāś

aśiṣṭavanto 'rtha-[8]parā narā madyāmiṣapriyāḥ |
mitrabhāryāṃ *bhajiṣyanti*[9] yugānte puruṣādhamāḥ ||7|
rājavṛttisthitāś caurā rājānaś caura-*śīlinaḥ*[10] |
bhṛtyā hy anirdiṣṭabhujo bhaviṣyanti *yugakṣaye*[11] ||8|
dhanāni ślāghanīyāni satāṃ vṛttam apūjitam |
akutsanā ca patite bhaviṣyati yugakṣaye ||9|
pranaṣṭa-[12]*nāsāḥ puruṣā*[13] muktakeśā virūpiṇaḥ |
ūnaṣoḍaśavarṣāś ca prasoṣyanti tathā striyaḥ ||10|
aṭṭaśūlā janapadāḥ śivaśūlāś catuṣpathāḥ |
pramadāḥ keśa-*śūlāś ca*[14] bhaviṣyanti yugakṣaye ||11|
sarve brahma vadiṣyanti dvijā vājasaneyikāḥ |
śūdrābhā vādinaś caiva brāhmaṇāś *cāntya-*[15]vāsinaḥ ||12|
śukla-*dantā jitākṣāś*[16]ca muṇḍāḥ kāṣāyavāsasaḥ |
śūdrā dharmaṃ vadiṣyanti śāṭhya-*buddhyopajīvinaḥ*[17] ||13|
śvāpadapracuratvaṃ ca gavāṃ caiva parikṣayaḥ |
sādhūnāṃ *parivṛttiś*[18] ca vidyād antagate yuge ||14|
antyā madhye nivatsyanti madhyāś cāntanivāsinaḥ |
nirhrīkāś ca prajāḥ sarvā naṣṭās tatra yugakṣaye ||15|
tapoyajñaphalānāṃ ca vikretāro dvijottamāḥ |
ṛtavo viparītāś ca bhaviṣyanti yugakṣaye ||16|
tathā dvihāyanā *damyāḥ kalau*[19] lāṅgala-*dhāriṇaḥ*[20] |
citravarṣī ca parjanyo yuge kṣīṇe bhaviṣyati ||17|
sarve *śūra-*[21]kule jātāḥ *kṣamānāthā*[22] bhavanti hi |
yathā nimnāḥ prajāḥ sarvā[23] bhaviṣyanti yugakṣaye ||18|
pitṛdeyāni dattāni bhaviṣyanti tathā sutāḥ |
na ca dharmaṃ cariṣyanti mānavā nirgate yuge ||19|
[24]ūṣarā bahulā bhūmiḥ panthānas taskarāvṛtāḥ |
sarve .....[25] *vāṇikāś*[26] caiva bhaviṣyanti yugakṣaye ||20|
pitṛdāyādadattāni *vibhajanti*[27] tathā sutāḥ |
haraṇe yatnavanto 'pi[28] lobhādibhir *virodhinaḥ*[29] ||21|
saukumārye tathā rūpe ratne copakṣayaṃ gate |
bhaviṣyanti yugasyānte nāryaḥ keśair alaṃkṛtāḥ ||22|
nirvīryasya ratis tatra gṛhasthasya bhaviṣyati |
yugānte samanuprāpte nānyā bhāryāsamā ratiḥ ||23|
kuśīlānāryabhūyiṣṭhā vṛthārūpasamanvitāḥ |
puruṣālpaṃ bahustrīkaṃ tad yugāntasya lakṣaṇam ||24|
bahuyācanako loko na dāsyati parasparam |
rājacaurāgni-*daṇḍādikṣīṇaḥ*[30] kṣayam upaiṣyati ||25|

8 B sadā sādhudroha- **9** AB hariṣyanti **10** A -rūpiṇaḥ **11** A kalau yuge **12** V praṇaṣṭa- **13** C cetanāḥ puṃso **14** A -śūlinyo **15** B caitya- **16** A -dantādināsā B -dīkṣāñ jitīṣyāś [sic] **17** A -dharmopajīvinaḥ **18** C vinivṛttiś **19** A vatsāḥ tathā B damyās tathā **20** C -karṣakāḥ **21** BC caura- **22** B svalpenādyā **23** A janā yathācārayutā **24** AB om. 231.20 **25** Dots as in ASS **26** V 'pi vāṇijāś **27** BC bhajiṣyanti **28** C haraṇāya bhajiṣyanti **29** BC virodhitāḥ **30** A -daṇḍānāṃ taikṣṇyāt

aphalāni ca sasyāni taruṇā vṛddhaśīlinaḥ |
aśīlāḥ sukhino loke bhaviṣyanti yugakṣaye ||26|
varṣāsu paruṣā vātā *nīcāḥ*[31] śarkaravarṣiṇaḥ |
saṃdigdhaḥ paralokaś ca bhaviṣyati yugakṣaye ||27|
vaiśyā iva ca rājanyā dhanadhānyopajīvinaḥ |
yugāpakramaṇe pūrvaṃ bhaviṣyanti na bāndhavāḥ ||28|
apravṛttāḥ *prapaśyanti*[32] samayāḥ śapathās tathā |
ṛṇaṃ savinayabhraṃśaṃ yuge kṣīṇe bhaviṣyati ||29|
bhaviṣyaty aphalo harṣaḥ krodhaś ca saphalo nṛṇām |
ajāś cāpi nirotsyanti payaso 'rthe yugakṣaye ||30|
aśāstravihito yajña evam eva bhaviṣyati |
apramāṇaṃ kariṣyanti narāḥ paṇḍitamāninaḥ ||31|
śāstroktasyāpravaktāro bhaviṣyanti na saṃśayaḥ |
sarvaḥ sarvaṃ *vijānāti vṛddhān anupasevya*[33] vai ||32|
na kaścid akavir nāma yugānte samupasthite |
nakṣatrāṇi viyogāni na karmasthā dvijātayaḥ ||33|
caura-*prāyāś*[34] ca rājāno yugānte samupasthite |
kuṇḍīvṛṣā naikṛtikāḥ surāpā brahmavādinaḥ ||34|
aśvamedhena yakṣyante yugānte dvijasattamāḥ |
yājayiṣyanty ayājyāṃs tu *tathā-*[35]bhakṣyasya bhakṣiṇaḥ ||35|
brāhmaṇā *dhana-*[36]tṛṣṇārtā yugānte samupasthite |
bhoḥśabdam abhidhāsyanti na ca kaścit paṭhiṣyati ||36|
ekaśaṅkhās tathā nāryo gavedhukapinaddhakāḥ |
nakṣatrāṇi vivarṇāni viparītā diśo daśa ||37|
saṃdhyārāgo *vidagdhāṅgo*[37] bhaviṣyati yugakṣaye |
preṣayanti pitṝn putrā vadhūḥ śvaśrūḥ svakarmasu ||38|
yugeṣv[38] evaṃ nivatsyanti pramadāś ca narās tathā |
a-*kṛtvāgrāṇi*[39] bhokṣyanti dvijāś caivāhutāgnayaḥ ||39|
bhikṣāṃ balim adattvā ca bhokṣyanti puruṣāḥ svayam |
vañcayitvā patīn suptān gamiṣyanti striyo 'nyataḥ ||40|
na vyādhitān nāpy arūpān nodyatān nāpy asūyakān |
kṛte na pratikartā ca yuge kṣīṇe bhaviṣyati ||41|
munaya ūcuḥ:
evaṃ vilambite dharme mānuṣāḥ *kara-*[40]pīḍitāḥ |
kutra deśe nivatsyanti kimāhāravihāriṇaḥ ||42|
kiṃkarmāṇaḥ kimīhantaḥ kiṃpramāṇāḥ kimāyuṣaḥ |
kāṃ ca kāṣṭhāṃ samāsādya *prapatsyanti*[41] kṛtaṃ yugam ||43|
vyāsa uvāca:
ata ūrdhvaṃ cyute dharme guṇahīnāḥ prajās tathā |
śīlavyasanam āsādya prāpsyanti hrāsam āyuṣaḥ ||44|

31 B nīrāḥ **32** C pravitsyanti **33** A na jānāti vṛddhān atra prasevya **34** C -priyās **35** C tadā- **36** B ṛṇa- **37** C diśādāho **38** C [or A, or B; siglum omitted] yuge 'py **39** BC -kṛtāgrāṇi V -kṛtvāgryāṇi **40** A kaṣṭa- **41** B prapaśyanti

āyurhānyā balagnānir balagnānyā vivarṇatā |
vaivarṇyād vyādhisaṃpīḍā nirvedo vyādhipīḍanāt ||45|
nirvedād ātmasaṃbodhaḥ saṃbodhād dharmaśīlatā |
evaṃ gatvā parāṃ kāṣṭhāṃ prapatsyanti kṛtaṃ yugam ||46|
uddeśato[42] dharmaśīlāḥ kecin madhyasthatāṃ gatāḥ |
kiṃ-*dharma-*[43]śīlāḥ kecit tu ke-*cid atra kutūhalāḥ*[44] ||47|
pratyakṣam anumānaṃ ca pramāṇam iti niścitāḥ |
apramāṇaṃ *kariṣyanti*[45] sarvam ity a-*pare janāḥ*[46] ||48|
nāstikyaparatāś[47] cāpi kecid dharmavilopakāḥ |
bhaviṣyanti narā mūḍhā dvijāḥ paṇḍitamāninaḥ ||49|
tadātvamātra-*śraddheyā*[48] śāstrajñānabahiṣkṛtāḥ |
dāmbhikās te bhaviṣyanti narā jñānavilopitāḥ ||50|
tathā vilulite[49] dharme janāḥ śreṣṭhapuraskṛtāḥ |
śubhān samācariṣyanti dānaśīlaparāyaṇāḥ ||51|
sarvabhakṣāḥ svayaṃguptā nirghṛṇā nirapatrapāḥ |
bhaviṣyanti tadā loke tat kaṣāyasya lakṣaṇam ||52|
kaṣāyopaplave kāle jñāna-*niṣṭhā-*[50]praṇāśane |
siddhim alpena kālena prāpsyanti nirupaskṛtāḥ ||53|
viprāṇāṃ śāśvatīṃ vṛttiṃ yadā varṇāvare janāḥ |
saṃśrayiṣyanti bho viprās[51] *tat kaṣāyasya lakṣaṇam*[52] ||54|
mahāyuddhaṃ mahāvarṣaṃ mahāvātaṃ mahā-*tapaḥ*[53] |
bhaviṣyati yuge kṣīṇe tat kaṣāyasya lakṣaṇam ||55|
viprarūpeṇa *yakṣāṃsi*[54] rājānaḥ *karṇavedinaḥ*[55] |
pṛthivīm upabhokṣyanti yugānte samupasthite ||56|
niḥsvādhyāyavaṣaṭkārāḥ *kunetāro 'bhimāninaḥ*[56] |
kravyādā brahmarūpeṇa sarvabhakṣyā vṛthāvratāḥ ||57|
mūrkhāś cārtha-[57]parā lubdhāḥ kṣudrāḥ kṣudraparicchadāḥ |
vyavahāropavṛttāś ca cyutā *dharmāś*[58] ca śāśvatāt ||58|
hartāraḥ para-*ratnānāṃ*[59] paradārapradharṣakāḥ |
kāmātmāno durātmānaḥ sopadhāḥ priyasāhasāḥ ||59|
teṣu prabhavamāneṣu janeṣv api ca sarvaśaḥ |
abhāvino[60] bhaviṣyanti munayo bahurūpiṇaḥ ||60|
kalau[61] yuge samutpannāḥ pradhānapuruṣāś ca ye |
kathāyogena tān sarvān pūjayiṣyanti mānavāḥ ||61|
sasyacaurā bhaviṣyanti tathā cailāpahāriṇaḥ |
bhokṣyabhojyaharāś caiva karaṇḍānāṃ ca hāriṇaḥ ||62|
caurāś caurasya hartāro hantā hantur bhaviṣyati |
cauraiś caurakṣaye cāpi kṛte kṣemaṃ bhaviṣyati ||63|

42 A uddeśino **43** A -[or B or C? Siglum omitted] marma- **44** A -cit tatra kutūhalāḥ B -cit kautūhalāḥ [sic; hypometric] **45** A cariṣyanti **46** B -parāḥ prajāḥ **47** V nāstikyābhiparatāś [hypermetric] **48** V -śraddheyāḥ **49** A tathākhile gate **50** AB -vidyā- **51** C nikhilena grahīṣyanti **52** B tadā niṣṭhā kaleḥ smṛtā **53** C -bhayam **54** V rakṣāṃsi **55** B karmavādinaḥ **56** A narā lobhamāninaḥ **57** AB mūrkhāḥ svārtha- **58** ASS corr. like V; V dharmāc **59** A -dhānyānāṃ **60** B abhimānino [hypermetric] **61** A kṛte

niḥsāre kṣubhite *kāle*[62] niṣkriye saṃvyavasthite |
narā vanaṃ śrayiṣyanti karabhāraprapīḍitāḥ ||64|
yajñakarmaṇy uparate rakṣāṃsi śvāpadāni ca |
kīṭamūṣikasarpāś ca dharṣayiṣyanti mānavān ||65|
kṣemaṃ subhikṣam ārogyaṃ sāmagryaṃ caiva bandhuṣu |
uddeśeṣu *narāḥ śreṣṭhā*[63] bhaviṣyanti yugakṣaye ||66|
svayaṃpālāḥ svayaṃ *caurāḥ plavasaṃbhāra-*[64]*saṃbhṛtāḥ*[65] |
maṇḍalaiḥ saṃbhaviṣyanti deśe deśe pṛthak pṛthak ||67|
svadeśebhyaḥ paribhraṣṭā niḥsārāḥ saha bandhubhiḥ |
narāḥ sarve bhaviṣyanti tadā kālaparikṣayāt ||68|
tataḥ sarve samādāya kumārān pradrutā bhayāt |
kauśikīṃ *saṃtariṣyanti*[66] narāḥ kṣudbhayapīḍitāḥ ||69|
aṅgān vaṅgān kaliṅgāṃś ca *kāśmīrān atha kośalān*[67] |
ṛṣikāntagiri-[68]droṇīḥ saṃśrayiṣyanti mānavāḥ ||70|
kṛtsnaṃ ca himavatpārśvaṃ kūlaṃ ca lavaṇāmbhasaḥ |
vividhaṃ jīrṇapattraṃ ca valkalāny ajināni ca ||71|
svayaṃ kṛtvā nivatsyanti tasmin bhūte yugakṣaye |
araṇyeṣu ca vatsyanti narā *mleccha-*[69]gaṇaiḥ saha ||72|
naiva śūnyā *navāraṇyā*[70] bhaviṣyati vasuṃdharā |
agoptāraś ca goptāro bhaviṣyanti *narādhipāḥ*[71] ||73|
mṛgair[72] matsyair vihaṃgaiś ca śvāpadaiḥ sarpakīṭakaiḥ |
madhuśākaphalair mūlair vartayiṣyanti mānavāḥ ||74|
śīrṇaparṇaphalāhārā valkalāny ajināni ca |
svayaṃ kṛtvā nivatsyanti yathā muni-*janas*[73] tathā ||75|
bījānām akṛtasnehā[74] āhatāḥ kāṣṭha-*śaṅkubhiḥ*[75] |
ajaiḍakaṃ[76] kharoṣṭraṃ ca pālayiṣyanti nityaśaḥ ||76|
nadīsrotāṃsi rotsyanti toyārthaṃ kūlam āśritāḥ |
pakvānnavyavahāreṇa *vipaṇantaḥ*[77] parasparam ||77|
tanūruhair *yathājātaiḥ sa-*[78]*malāntara-*[79]saṃbhṛtaiḥ |
bahvapatyāḥ prajāhīnāḥ kulaśīlavivarjitāḥ ||78|
evaṃ bhaviṣyanti tadā narāś cādharmajīvinaḥ |
hīnā hīnaṃ[80] tathā dharmaṃ prajā samanuvatsyati ||79|
āyus tatra ca martyānāṃ paraṃ triṃśad bhaviṣyati |
durbalā viṣayaglānā jarā-*śokair*[81] abhiplutāḥ ||80|
bhaviṣyanti tadā teṣāṃ rogair indriyasaṃkṣayaḥ |
āyuḥpratyayasaṃrodhād viṣayād[82]uparaṃsyate ||81|
śuśrūṣavo bhaviṣyanti sādhūnāṃ darśane ratāḥ |
satyaṃ ca *pratipatsyanti*[83] vyavahāropasaṃkṣayāt ||82|

62 B loke **63** AB naraśreṣṭhā **64** A caurā yugasaṃbhāra- B caurāḥ sugandhabhāra- **65** A saṃyutāḥ **66** C saṃśrayiṣyanti **67** A tathā magadhamekalān B kāśmīrān atha mekalān **68** A ṛṣīkaṃ te giri- B ṛṣīsattvāṃ giri- V ṛṣikāntagiri- **69** A bhikṣu- **70** A na cāraṇyā **71** C narā vṛtāḥ **72** B narair **73** V -janās **74** A bījanāmākṛtinimneṣv B bījānām ākṛtisnehā C bījānām ākṛtir nimneṣv **75** A -jantubhiḥ **76** A ajāṇḍajān **77** V viṣaṇantaḥ **78** A yathāyātam a- **79** C mūlottara- **80** A hīnādhīnaṃ **81** A -kleśair **82** ASS corr. *viṣayair.* **83** B pratipaśyanti

bhaviṣyanti ca kāmānām alābhād dharmaśīlinaḥ |
kariṣyanti *ca saṃskāraṃ*[84] *svayaṃ ca kṣaya-*[85]pīḍitāḥ ||83|
evaṃ śuśrūṣavo dāne *satye prāṇyabhirakṣaṇe*[86] |
tataḥ pādapravṛtte[87] tu dharme śreyo *nipatsyate*[88] ||84|
teṣāṃ labdhānumānānāṃ guṇeṣu parivartatām |
svādu kiṃ tv iti vijñāya dharma eva ca dṛśyate ||85|
yathā hānikramaṃ prāptās tathā ṛddhikramaṃ gatāḥ |
pragṛhīte tato dharme *prapaśyanti*[89] kṛtaṃ yugam ||86|
sādhuvṛttiḥ kṛtayuge kaṣāye hānir ucyate |
eka eva *tu kālo 'yaṃ*[90] hīnavarṇo yathā śaśī ||87|
channaś ca tamasā somo yathā kaliyugaṃ tathā |
muktaś ca tamasā soma evaṃ kṛtayugaṃ ca tat ||88|
arthavādaḥ paraṃ brahma vedārtha iti taṃ viduḥ |
a-*viviktam*[91] avijñātaṃ *dāyādyam*[92] *iha*[93] dhāryate ||89|
iṣṭavādas tapo nāma tapo hi sthavirīkṛtaḥ |
guṇaiḥ karmābhinirvṛttir *guṇāḥ śudhyanti*[94] karmaṇā ||90|
āśīs tu puruṣaṃ dṛṣṭvā deśakālānuvartinī |
yuge yuge yathākālam ṛṣibhiḥ *samudāhṛtā*[95] ||91|
dharmārthakāmamokṣāṇāṃ *devānāṃ*[96] ca pratikriyā |
āśiṣaś ca śivāḥ puṇyās tathaivāyur yuge yuge ||92|
tathā yugānāṃ parivartanāni |
cirapravṛttāni vidhi-[97]svabhāvāt |
kṣaṇaṃ na saṃtiṣṭhati jīvalokaḥ |
kṣayodayābhyāṃ parivartamānaḥ ||93|

iti śrīmahāpurāṇe ādibrāhme vyāsarṣisaṃvāde bhaviṣyakathanaṃ nāma triṃśadadhikadviśatatamo 'dhyāyaḥ

vyāsa uvāca:
sarveṣām eva *bhūtānāṃ*[1] trividhaḥ pratisaṃcaraḥ |
naimittikaḥ prākṛtikas tathaivātyantiko mataḥ ||232.1|
brāhmo naimittikas teṣāṃ kalpānte pratisaṃcaraḥ |
ātyantiko vai mokṣaś ca prākṛto dvi-*parārdhikaḥ*[2] ||2|
munaya ūcuḥ:
parārdha-*saṃkhyāṃ*[3] bhagavaṃs tvam ācakṣva yathoditām |
dviguṇī-*kṛtayajjñeyaḥ*[4] prākṛtaḥ pratisaṃcaraḥ ||3|
vyāsa uvāca:
sthānāt sthānaṃ daśaguṇam *ekaikaṃ*[5] gaṇyate dvijāḥ |
tato 'ṣṭādaśame bhāge parārdham abhidhīyate ||4|

84 C na saṃkocaṃ **85** A svapakṣabhaya- B svapakṣakṣaya- **86** A satyaprāṇyabhirakṣiṇaḥ **87** C catuṣpade pravṛtte **88** A vipatsyati **89** B prapatsyanti **90** AB catuṣkālo **91** AB -vimuktam V -vivittam **92** C dāyādam **93** B iva **94** C guṇais tathyena **95** C samudāhṛtam **96** C vedānāṃ **97** A yathā yathā vai prakṛti- **1** AB varṇānāṃ **2** V -parārdhakaḥ **3** C -saṃjñāṃ **4** V -kṛto yathājñeyaḥ **5** C ekasmād

parārdhaṃ dviguṇaṃ yat tu prākṛtaḥ sa layo dvijāḥ |
tadāvyakte 'khilaṃ vyaktaṃ sahetau layam eti vai ||5|
nimeṣo mānuṣo yo 'yaṃ mātrāmātrapramāṇataḥ |
taiḥ pañcadaśabhiḥ kāṣṭhā triṃśat kāṣṭhās tathā *kalā*[6] ||6|
nāḍikā tu pramāṇena *kalā*[7] ca daśa pañca ca |
unmānenāmbhasaḥ[8] sā tu palāny ardhatrayodaśa ||7|
hemamāṣaiḥ kṛta-*cchidrā*[9] caturbhiś caturaṅgulaiḥ |
māgadhena pramāṇena jalaprasthas tu sa smṛtaḥ ||8|
nāḍikābhyām atha dvābhyāṃ muhūrto dvijasattamāḥ |
ahorātraṃ muhūrtās tu triṃśan māso dinais tathā ||9|
māsair dvādaśabhir varṣam *ahorātraṃ tu tad divi*[10] |
tribhir varṣaśatair varṣaṃ ṣaṣṭyā caivāsuradviṣām[11] ||10|
tais tu dvādaśasāhasraiś caturyugam udāhṛtam |
caturyugasahasraṃ tu kathyate brahmaṇo dinam ||11|
sa kalpas tatra manavaś caturdaśa dvijottamāḥ |
tadante caiva bho viprā brahmanaimittiko layaḥ ||12|
tasya svarūpam atyugraṃ dvijendrā gadato mama |
śṛṇudhvaṃ prākṛtaṃ bhūyas tato vakṣyāmy ahaṃ layam ||13|
caturyugasahasrānte kṣīṇaprāye mahītale |
anāvṛṣṭir atīvogrā jāyate *śatavārṣikī*[12] ||14|
tato yāny alpasārāṇi tāni *sattvāny*[13] anekaśaḥ |
kṣayaṃ yānti muniśreṣṭhāḥ pārthivāny atipīḍanāt[14] ||15|
tataḥ sa bhagavān kṛṣṇo rudra-*rūpī tathāvyayaḥ*[15] |
kṣayāya yatate kartum ātmasthāḥ sakalāḥ prajāḥ ||16|
tataḥ sa bhagavān *viṣṇur*[16] bhānoḥ saptasu raśmiṣu |
sthitaḥ pibaty aśeṣāṇi jalāni munisattamāḥ ||17|
pītvāmbhāṃsi samastāni prāṇibhūta-*gatāni*[17] vai |
śoṣaṃ nayati bho viprāḥ samastaṃ pṛthivītalam ||18|
samudrān saritaḥ śailāñ śailaprasravaṇāni ca |
pātāleṣu ca yat toyaṃ tat sarvaṃ nayati kṣayam ||19|
tatas *tasyāpy abhāvena*[18] toyāhāropabṛṃhitāḥ |
sahasraraśmayaḥ sapta jāyante tatra bhāskarāḥ ||20|
adhaś cordhvaṃ ca te dīptās tataḥ sapta divākarāḥ |
dahanty aśeṣaṃ trailokyaṃ sapātālatalaṃ dvijāḥ ||21|
dahyamānaṃ tu tair dīptais trailokyaṃ dīptabhāskaraiḥ |
sādri-*nagārṇavābhogaṃ*[19] niḥsneham abhijāyate ||22|
tato nirdagdhavṛkṣāmbu trailokyam akhilaṃ dvijāḥ |
bhavaty eṣā ca vasudhā kūrmapṛṣṭhopamākṛtiḥ ||23|

6 V kalāḥ **7** ASS corr. like V; V kalāś **8** C tanmānenāmbhasaḥ **9** A -cchidraś **10** A tanmānaṃ parikīrtitam **11** A śatais tais tu catuḥṣaṣṭyā varṣaṃ vai tridivaukasām **12** A daśavārṣikī B vārṣikī tadā **13** C sargāṇy **14** A kṣīyante munayaḥ śreṣṭhāḥ annābhāve tu jantavaḥ **15** ABV -rūpadharo 'vyayaḥ **16** A kṛṣṇo **17** AC -gaṇāni **18** B tasya tu bījena C tasyānubhāvena **19** V -vṛkṣārṇavābhogam

tataḥ kālāgnirudro 'sau bhūtasargaharo *haraḥ*[20] |
śeṣāhiśvāsasaṃtāpāt pātālāni dahaty adhaḥ ||24|
pātālāni samastāni sa dagdhvā jvalano mahān |
bhūmim abhyetya sakalaṃ dagdhvā tu vasudhātalam ||25|
bhuvo lokaṃ tataḥ sarvaṃ svargalokaṃ ca dāruṇaḥ |
jvālāmālāmahāvartas tatraiva parivartate ||26|
ambarīṣam ivābhāti trailokyam akhilaṃ tadā |
jvālāvartaparīvāram upakṣīṇabalās tataḥ ||27|
tatas tāpaparītās tu lokadvayanivāsinaḥ |
hṛtāvakāśā gacchanti maharlokaṃ dvijās tadā ||28|
tasmād api mahātāpataptā lokās tataḥ param |
gacchanti janalokaṃ te *daśāvṛtyā*[21] paraiṣiṇaḥ ||29|
tato dagdhvā jagat sarvaṃ rudrarūpī janārdanaḥ |
mukhaniḥśvāsa-[22]jān meghān karoti munisattamāḥ ||30|
tato gajakulaprakhyās taḍidvanto ninādinaḥ |
uttiṣṭhanti tadā vyomni ghorāḥ saṃvartakā ghanāḥ ||31|
kecid añjanasaṃkāśāḥ kecit kumudasaṃnibhāḥ |
dhūmavarṇā ghanāḥ kecit kecit pītāḥ payodharāḥ ||32|
kecid dharidrāvarṇābhā lākṣārasanibhās tathā |
kecid vaidūryasaṃkāśā indranīlanibhās tathā ||33|
śaṅkhakundanibhāś cānye *jātīkunda*-[23]nibhās tathā |
indragopanibhāḥ kecin manaḥśilānibhās tathā ||34|
padmapattranibhāḥ kecid uttiṣṭhanti ghanāghanāḥ |
kecit puravarākārāḥ kecit parvatasaṃnibhāḥ ||35|
kūṭāgāra-[24]nibhāś cānye kecit sthalanibhā ghanāḥ |
mahākāyā mahā-*rāvā*[25] *pūrayanti*[26] nabhastalam ||36|
varṣantas te mahāsārās tam agnim atibhairavam |
śamayanty akhilaṃ viprās trailokyāntaravistṛtam ||37|
naṣṭe cāgnau śataṃ te 'pi varṣāṇām adhikaṃ ghanāḥ |
plāvayanto jagat sarvaṃ varṣanti munisattamāḥ ||38|
dhārābhir akṣamātrābhiḥ plāvayitvākhilāṃ bhuvam |
bhuvo lokaṃ tathaivordhvaṃ plāvayanti divaṃ dvijāḥ ||39|
andhakārīkṛte loke naṣṭe sthāvarajaṅgame |
varṣanti te mahā-*meghā*[27] varṣāṇām adhikaṃ śatam ||40|

iti śrīmahāpurāṇe ādibrāhme vyāsarṣisaṃvāde saṃhāralakṣaṇakathanaṃ nāmaikatriṃśad-adhikadviśatatamo 'dhyāyaḥ

20 C hariḥ **21** A deśā bhṛtyā **22** C atha niḥśvāsa- **23** V jātīḥ kunda- **24** B kūpāgāra- C kūṭāṅgāra- **25** V -rāvāḥ **26** B pūrayanto **27** C -bhāgā

vyāsa uvāca:
saptarṣisthānam ākramya sthite 'mbhasi dvijottamāḥ |
ekārṇavaṃ bhavaty etat trailokyam akhilaṃ tataḥ ||233.1|
atha niḥśvāsajo[1] viṣṇor vāyus tāñ jaladāṃs tataḥ |
nāśaṃ nayati bho viprā varṣāṇām adhikaṃ śatam ||2|
sarvabhūtamayo 'cintyo bhagavān bhūtabhāvanaḥ |
anādir ādir viśvasya pītvā vāyum aśeṣataḥ ||3|
ekārṇave *tatas*[2] tasmiñ śeṣaśayyāsthitaḥ prabhuḥ |
brahmarūpadharaḥ *śete*[3] bhagavān ādikṛd dhariḥ ||4|
janalokagataiḥ siddhaiḥ sanakādyair abhiṣṭutaḥ |
brahmalokagataiś caiva cintyamāno mumukṣubhiḥ ||5|
ātmamāyāmayīṃ divyāṃ yoganidrāṃ samāsthitaḥ |
ātmānaṃ vāsudevākhyaṃ cintayan parameśvaraḥ ||6|
eṣa naimittiko nāma viprendrāḥ pratisaṃcaraḥ |
nimittaṃ tatra yac chete brahma-*rūpadharo*[4] hariḥ ||7|
yadā jāgarti sarvātmā sa tadā ceṣṭate jagat |
nimīlaty etad akhilaṃ māyāśayyāśaye 'cyute ||8|
padmayoner dinaṃ yat tu caturyuga-*sahasravat*[5] |
ekārṇavakṛte loke tāvatī rātrir ucyate ||9|
tataḥ prabuddho rātryante punaḥ sṛṣṭiṃ karoty ajaḥ |
brahmasvarūpadhṛg viṣṇur yathā vaḥ kathitaṃ purā ||10|
ity *eṣa*[6] kalpasaṃhāro antarapralayo dvijāḥ |
naimittiko vaḥ[7] kathitaḥ śṛṇudhvaṃ prākṛtaṃ param ||11|
avṛṣṭyagnyādibhiḥ samyak kṛte *śayyālaye*[8] dvijāḥ |
samasteṣv eva lokeṣu pātāleṣv akhileṣu ca ||12|
mahadāder vikārasya viśeṣāt *tatra*[9] *saṃkṣaye*[10] |
kṛṣṇecchākārite tasmin *pravṛtte*[11] pratisaṃcare ||13|
āpo grasanti vai pūrvaṃ bhūmer *gandhādikaṃ guṇam*[12] |
ātta-[13]gandhā tato bhūmiḥ *pralayāya prakalpate*[14] ||14|
pranaṣṭe gandhatanmātre bhavaty urvī jalātmikā |
āpas tadā pravṛttās tu vegavatyo mahāsvanāḥ ||15|
sarvam āpūrayantīdaṃ tiṣṭhanti *vicaranti*[15] ca |
salilenaivormimatā lokālokaḥ samantataḥ ||16|
apām api guṇo yas tu *jyotiṣā pīyate*[16] tu saḥ |
naśyanty āpaḥ sutaptāś ca rasatanmātrasaṃkṣayāt ||17|
tataś cāpo *'mṛta-*[17]rasā jyotiṣṭvaṃ prāpnuvanti vai |
agnyavasthe tu salile tejasā sarvato vṛte ||18|
sa cāgniḥ sarvato vyāpya ādatte taj jalaṃ tadā |
sarvam *āpūryato cābhis*[18] tadā jagad idaṃ śanaiḥ ||19|

1 A mukhaniḥśvāsajo C atha niḥśvāsato **2** ABV punas **3** A śānto **4** A -rūpamayo **5** ABV -sahasrakam **6** A evaṃ **7** B naimittikaś ca C naimittiko yaḥ **8** C saṃskānale **9** C tasya **10** B saṃkule **11** A prakṛte **12** C gandhātmakaṃ rasam **13** A śānta- **14** AC pralayatvāya kalpate **15** C ca ramanti **16** A jyotiṣi līyate **17** C hṛta- **18** ASS corr. like V; V āpūrayaty agnis

arcibhiḥ saṃtate tasmiṃs tiryag ūrdhvam adhas tathā |
jyotiṣo 'pi paraṃ rūpaṃ vāyur atti prabhākaram ||20|
pralīne ca tatas tasmin vāyubhūte 'khilātmake |
pranaṣṭe rūpatanmātre kṛtarūpo vibhāvasuḥ ||21|
praśāmyati tadā jyotir vāyur dodhūyate mahān |
nirāloke tadā loke vāyusaṃsthe ca tejasi ||22|
tataḥ pralayam āsādya *vāyusaṃbhavam*[19] ātmanaḥ |
ūrdhvaṃ *ca vāyus*[20] tiryak ca dodhavīti diśo daśa ||23|
vāyos tv[21] api guṇaṃ sparśam ākāśaṃ grasate tataḥ |
praśāmyati tadā vāyuḥ khaṃ tu tiṣṭhaty anāvṛtam ||24|
arūpam arasasparśam agandhavad amūrtimat |
sarvam āpūrayac caiva sumahat tat prakāśate ||25|
pari-*maṇḍalatas tat tu*[22]ākāśaṃ śabdalakṣaṇam |
śabdamātraṃ tathākāśaṃ sarvam āvṛtya tiṣṭhati ||26|
tataḥ śabdaguṇaṃ tasya bhūtādir grasate punaḥ |
bhūtendriyeṣu yugapad bhūtādau saṃsthiteṣu vai ||27|
abhimānātmako hy eṣa bhūtādis tāmasaḥ smṛtaḥ |
[23]bhūtādiṃ grasate cāpi mahābuddhir *vicakṣaṇā*[24] ||28|
urvī mahāṃś ca jagataḥ prānte 'ntar bāhyatas tathā |
evaṃ *sapta mahābuddhiḥ*[25] kramāt prakṛtayas tathā ||29|
pratyāhārais tu tāḥ sarvāḥ praviśanti parasparam |
yenedam āvṛtaṃ sarvam aṇḍam apsu pralīyate ||30|
saptadvīpasamudrāntaṃ saptalokaṃ saparvatam |
udakāvaraṇaṃ hy atra jyotiṣā pīyate tu tat ||31|
jyotir vāyau layaṃ yāti yāty ākāśe samīraṇaḥ |
ākāśaṃ caiva bhūtādir grasate taṃ tathā mahān ||32|
mahāntam ebhiḥ sahitaṃ prakṛtir grasate dvijāḥ |
guṇasāmyam anudriktam[26] anyūnaṃ ca dvijottamāḥ ||33|
procyate prakṛtir hetuḥ pradhānaṃ kāraṇaṃ param |
ity eṣā prakṛtiḥ sarvā vyaktāvyaktasvarūpiṇī ||34|
vyaktasvarūpam avyakte tasyāṃ viprāḥ pralīyate |
ekaḥ śuddho '-*kṣaro*[27] nityaḥ sarvavyāpī tathā punaḥ ||35|
so 'py aṃśaḥ sarvabhūtasya dvijendrāḥ paramātmanaḥ |
naśyanti sarvā yatrāpi nāmajātyādikalpanāḥ ||36|
sattāmātrātmake jñeye jñānātmany ātmanaḥ pare |
sa *brahma tat*[28] *paraṃ dhāma*[29] paramātmā *pareśvaraḥ*[30] ||37|
sa viṣṇuḥ sarvam evedaṃ yato nāvartate *punaḥ*[31] |
prakṛtir yā mayākhyātā vyaktāvyaktasvarūpiṇī ||38|
puruṣaś cāpy ubhāv etau līyete paramātmani |
paramātmā ca sarveṣām ādhāraḥ parameśvaraḥ ||39|

19 C vāyuḥ saṃbhavam **20** AC cādhaś ca **21** V vāyor **22** C -maṇḍalaṃ tac chuṣiram [hypermetric] **23** A om. the following 3 lines. **24** C vicakṣaṇaḥ **25** B supte mahāyuddhe **26** A svaguṇe sāmyam udriktam **27** A -kṣayo **28** A brahmaṇaḥ **29** A paro vāsaḥ B paraṃ vāsaḥ **30** AB sa ceśvaraḥ **31** C yatiḥ

viṣṇunāmnā sa vedeṣu *vedānteṣu ca*[32] gīyate |
pravṛttaṃ[33] ca nivṛttaṃ ca dvividhaṃ karma vaidikam ||40|
tābhyām ubhābhyāṃ puruṣair yajñamūrtiḥ sa ijyate |
ṛgyajuḥsāmabhir mārgaiḥ pravṛttair ijyate hy asau ||41|
yajñeśvaro yajñapumān *puruṣaiḥ*[34] puruṣottamaḥ |
jñānātmā jñānayogena jñānamūrtiḥ sa ijyate ||42|
nivṛttair yogamārgaiś ca[35] viṣṇur muktiphalapradaḥ |
hrasvadīrghaplutair yat tu kiṃcid vastv abhidhīyate ||43|
yac ca vācām a-*viṣayas*[36] tat sarvaṃ viṣṇur avyayaḥ |
vyaktaḥ sa evam avyaktaḥ sa eva puruṣo 'vyayaḥ ||44|
paramātmā ca viśvātmā viśvarūpadharo hariḥ |
vyaktāvyaktātmikā tasmin prakṛtiḥ sā *vilīyate*[37] ||45|
puruṣaś cāpi bho viprā yas tad avyākṛtātmani |
dviparārdhātmakaḥ kālaḥ kathito yo mayā dvijāḥ ||46|
tad ahas tasya viprendrā viṣṇor īśasya kathyate |
vyakte tu prakṛtau līne prakṛtyāṃ puruṣe tathā ||47|
tatrāsthite[38] niśā tasya tatpramāṇā *tapodhanāḥ*[39] |
naivāhas tasya ca niśā nityasya paramātmanaḥ ||48|
upacārāt tathāpy etat tasyeśasya tu kathyate |
ity eṣa muniśārdūlāḥ kathitaḥ prākṛto layaḥ ||49|

iti śrīmahāpurāṇe ādibrāhme prākṛtalayanirūpaṇaṃ nāma dvātriṃśadadhikadviśatatamo 'dhyāyaḥ

vyāsa uvāca:
ādhyātmikādi bho viprā jñātvā tāpatrayaṃ budhaḥ |
utpannajñānavairāgyaḥ prāpnoty ātyantikaṃ layam ||234.1|
ādhyātmiko *'pi*[1] dvividhaḥ śārīro mānasas tathā |
śārīro bahubhir bhedair bhidyate śrūyatāṃ ca saḥ ||2|
śirorogapratiśyāyajvara-*śūla*-[2]bhagaṃdaraiḥ |
gulmārśaḥśvayathuśvāsacchardyādibhir anekadhā ||3|
tathākṣirogātīsāra-*kuṣṭhāṅgāmaya*-[3]saṃjñakaiḥ |
bhidyate dehajas tāpo mānasaṃ śrotum arhatha ||4|
kāmakrodhabhayadveṣalobhamohaviṣādajaḥ |
śokāsūyāvamānerṣyāmātsaryābhibhavas tathā ||5|
mānaso 'pi dvijaśreṣṭhās tāpo bhavati naikadhā |
ity evamādibhir *bhedais tāpo hy ādhyātmikaḥ smṛtaḥ*[4] ||6|
mṛgapakṣi-*manuṣyādyaiḥ*[5] piśācoragarākṣasaiḥ |
sarīsṛpādyaiś ca nṛṇāṃ *janyate*[6] cādhibhautikaḥ ||7|

32 A vedārambheṣu **33** C pravṛttiṃ **34** B yajñabhuk **35** A nivṛtte yogamārge tu **36** V -viṣayaṃ **37** V pralīyate **38** A tataḥ sthite **39** A dvijottamāḥ **1** C vai **2** A -roga- **3** A -kuṭyāṅgāmaya- **4** V bhedair bhidyate munisattamāḥ **5** A -manuṣyaughaiḥ **6** V jāyate

śītoṣṇavātavarṣāmbuvaidyutādisamudbhavaḥ |
tāpo dvijavaraśreṣṭhāḥ kathyate cādhidaivikaḥ ||8|
garbhajanmajarājñānamṛtyunārakajaṃ tathā |
duḥkhaṃ sahasraśo bhedair bhidyate munisattamāḥ ||9|
sukumāratanur garbhe jantur bahumalāvṛte |
ulbasaṃveṣṭito[7] *bhagnapṛṣṭhagrīvāsthi-*[8]saṃhatiḥ ||10|
atyamlakaṭutīkṣṇoṣṇalavaṇair mātṛbhojanaiḥ |
atitāpibhir atyarthaṃ bādhyamāno 'tivedanaḥ ||11|
prasāraṇākuñcanādau *nāgānāṃ*[9] prabhur ātmanaḥ |
śakṛnmūtramahāpaṅkaśāyī sarvatra pīḍitaḥ ||12|
nirucchvāsaḥ sacaitanyaḥ smarañ janmaśatāny atha |
āste garbhe 'tiduḥkhena nijakarmanibandhanaḥ ||13|
jāyamānaḥ purīṣāsṛṅmūtraśukrāvilānanaḥ |
prājāpatyena vātena pīḍyamānāsthibandhanaḥ ||14|
adhomukhas taiḥ kriyate prabalaiḥ sūtimārutaiḥ |
kleśair niṣkrāntim āpnoti jaṭharān mātur āturaḥ ||15|
mūrchām avāpya mahatīṃ saṃspṛṣṭo bāhyavāyunā |
vijñānabhraṃśam āpnoti *jātas tu*[10] munisattamāḥ ||16|
kaṇṭakair iva tunnāṅgaḥ krakacair iva dāritaḥ |
pūtivraṇān nipatito dharaṇyāṃ *krimiko*[11] yathā ||17|
kaṇḍūyane 'pi cāśaktaḥ parivarte 'py anīśvaraḥ |
stanapānādikāhāram avāpnoti parecchayā ||18|
aśuci-*srastare*[12] suptaḥ kīṭadaṃśādibhis tathā |
bhakṣyamāṇo 'pi naivaiṣāṃ samartho vinivāraṇe ||19|
janmaduḥkhāny anekāni janmano *'n-*[13]antarāṇi ca |
bālabhāve yadāpnoti ādhibhūtādikāni ca ||20|
ajñānatamasā channo mūḍhāntaḥkaraṇo naraḥ |
na jānāti kutaḥ ko 'haṃ kutra gantā kimātmakaḥ ||21|
kena bandhena baddho 'haṃ kāraṇaṃ kim akāraṇam |
kiṃ kāryaṃ kim akāryaṃ vā kiṃ vācyaṃ kiṃ na cocyate ||22|
ko dharmaḥ kaś ca vādharmaḥ kasmin varteta vai katham |
kiṃ kartavyam akartavyaṃ kiṃ vā kiṃ guṇadoṣavat ||23|
evaṃ paśusamair mūḍhair ajñānaprabhavaṃ mahat |
avāpyate narair duḥkhaṃ śiśnodaraparāyaṇaiḥ ||24|
ajñānaṃ tāmaso bhāvaḥ kāryārambhapravṛttayaḥ |
ajñāninām pravartante karmalopas tato dvijāḥ ||25|
narakaṃ karmaṇāṃ lopāt phalam āhur maharṣayaḥ |
tasmād ajñānināṃ duḥkham iha cāmutra *cottamam*[14] ||26|
jarājarjaradehaś ca śithilāvayavaḥ pumān |
vicalacchīrṇa-*daśano valisnāyu-*[15]śirāvṛtaḥ ||27|

7 B vasate veṣṭito **8** A bhugnapṛṣṭhagrīvāsya- **9** ASS corr. like V; V nāṅgānāṃ **10** V jātaś ca **11** V kṛmiko **12** V -svāstare **13** B 'bhy- **14** A cocyate **15** A -daśanas tvacā snāyu- V -daśano balisnāyu-

dūra-*pranaṣṭa-*[16]nayano vyomāntargatatārakaḥ |
nāsāvivaraniryātaromapuñjaś caladvapuḥ ||28|
prakaṭībhūtasarvāsthir natapṛṣṭhāsthisaṃhatiḥ |
utsannajaṭharāgnitvād alpāhāro 'lpaceṣṭitaḥ ||29|
kṛcchracaṅkramaṇotthānaśayanāsanaceṣṭitaḥ |
mandībhavacchrotranetragalallālāvilānanaḥ ||30|
anāyattaiḥ samastaiś ca karaṇair maraṇonmukhaḥ |
tatkṣaṇe 'py anubhūtānām asmartākhilavastunām ||31|
sakṛd uccārite vākye *samudbhūta-*[17]mahāśramaḥ |
śvāsa-*kāsāmayāyāsa-*[18]samudbhūtaprajāgaraḥ ||32|
anyenotthāpyate 'nyena tathā saṃveśyate jarī |
bhṛtyātmaputradārāṇām *apamāna-*[19]*parākṛtaḥ*[20] ||33|
prakṣīṇākhilaśaucaś ca vihārāhārasaṃspṛhaḥ |
hāsyaḥ parijanasyāpi nirviṇṇāśeṣabāndhavaḥ ||34|
anubhūtam ivānyasmiñ janmany ātmaviceṣṭitam |
saṃsmaran yauvane dīrghaṃ niśvasity atitāpitaḥ ||35|
evamādīni duḥkhāni jarāyām anubhūya ca |
maraṇe yāni duḥkhāni prāpnoti śṛṇu tāny api ||36|
ślatha-[21]grīvāṅghrihasto 'tha *prāpto vepathunā naraḥ*[22] |
muhur glāniparaś cāsau muhur jñānabalānvitaḥ ||37|
hiraṇyadhānyatanaya-*bhāryā-*[23]bhṛtyagṛhādiṣu |
ete kathaṃ bhaviṣyantīty atīva mamatākulaḥ ||38|
marmavidbhir mahārogaiḥ krakacair iva dāruṇaiḥ |
śarair ivāntakasyograiś chidyamānāsthibandhanaḥ ||39|
parivartamānatārākṣi hastapādaṃ muhuḥ kṣipan |
saṃśuṣyamāṇatālvoṣṭhakaṇṭho ghuraghurāyate ||40|
niruddhakaṇṭhadeśo 'pi udānaśvāsapīḍitaḥ |
tāpena mahatā vyāptas *tṛṣā vyāptas tathā kṣudhā*[24] ||41|
kleśād utkrāntim āpnoti yāmyakiṃkarapīḍitaḥ |
tataś ca yātanādehaṃ kleśena pratipadyate ||42|
etāny anyāni cogrāṇi duḥkhāni maraṇe nṛṇām |
śṛṇudhvaṃ narake yāni prāpyante puruṣair mṛtaiḥ ||43|
yāmyakiṃkarapāśādigrahaṇaṃ daṇḍatāḍanam |
yamasya darśanaṃ cogram ugramārgavilokanam ||44|
karambhavālukāvahniyantraśastrādi-*bhīṣaṇe*[25] |
pratyekaṃ yātanāyāś ca *yātanādi*[26] dvijottamāḥ ||45|
krakacaiḥ pīḍyamānānāṃ *mṛṣāyāṃ*[27] cāpi dhmāpyatām |
kuṭhāraiḥ pāṭyamānānāṃ bhūmau cāpi nikhanyatām ||46|
śūleṣv[28] āropyamāṇānāṃ vyāghravaktre praveśyatām |
gṛdhraiḥ saṃbhakṣyamāṇānāṃ dvīpibhiś copabhujyatām ||47|

16 V -praṇaṣṭa- **17** A samudgata- **18** C -kāsamahāyāsa- **19** AB avamāna- **20** A parikṣataḥ **21** V ślathad- **22** B prāpnoti yātanāṃ tataḥ **23** B -tāta- **24** V tṛṣārtaś ca kṣudhāturaḥ **25** A -bhīṣaṇaiḥ **26** C pātānāṃ hi **27** ASS corr. like V; V mūṣāyāṃ **28** A yantreṣv

kvathyatāṃ tailamadhye ca klidyatāṃ kṣārakardame |
uccān nipātyamānānāṃ kṣipyatāṃ kṣepayantrakaiḥ ||48|
narake yāni duḥkhāni pāpahetūdbhavāni vai |
prāpyante nārakair viprās teṣāṃ saṃkhyā na vidyate ||49|
na kevalaṃ dvijaśreṣṭhā narake duḥkhapaddhatiḥ |
svarge 'pi pātabhītasya kṣayiṣṇor nāsti nirvṛtiḥ ||50|
punaś ca garbho bhavati jāyate ca punar naraḥ |
garbhe vilīyate bhūyo jāyamāno 'stam eti ca ||51|
jātamātraś ca mriyate bālabhāve ca yauvane |
yad yat prītikaraṃ puṃsāṃ vastu viprāḥ prajāyate ||52|
tad eva duḥkhavṛkṣasya bījatvam upagacchati |
kalatraputra-*mitrādi*-[29]gṛhakṣetradhanādikaiḥ ||53|
kriyate na tathā bhūri sukhaṃ puṃsāṃ yathāsukham |
iti saṃsāraduḥkhārkatāpatāpitacetasām ||54|
vimuktipādapacchāyām ṛte kutra sukhaṃ nṛṇām |
tad asya trividhasyāpi duḥkhajātasya paṇḍitaiḥ ||55|
garbhajanmajarādyeṣu sthāneṣu prabhaviṣyataḥ |
nirastātiśayāhlādaṃ sukha-[30]bhāvaikalakṣaṇam ||56|
bheṣajaṃ bhagavatprāptir ekā cātyantikī matā |
tasmāt tatprāptaye yatnaḥ kartavyaḥ paṇḍitair naraiḥ ||57|
tatprāptihetur jñānaṃ ca karma coktaṃ dvijottamāḥ |
āgamotthaṃ *vivekāc ca*[31] dvidhā jñānaṃ tathocyate ||58|
śabdabrahmāgamamayaṃ paraṃ brahma vivekajam |
andhaṃ tama ivājñānaṃ dīpavac cendriyodbhavam ||59|
yathā sūryas tathā jñānaṃ yad vai viprā vivekajam |
manur apy āha vedārthaṃ smṛtvā yan munisattamāḥ ||60|
tad etac chrūyatām atra *saṃbandhe*[32] gadato mama |
dve brahmaṇī veditavye śabdabrahma paraṃ ca yat ||61|
śabdabrahmaṇi niṣṇātaḥ paraṃ brahmādhigacchati |
dve vidye vai veditavye iti cātharvaṇī śrutiḥ ||62|
parayā *hy akṣara*-[33]prāptir ṛgvedādimayāparā |
yat tad avyaktam ajaram acintyam ajam avyayam ||63|
anirdeśyam arūpaṃ ca pāṇipādādyasaṃyutam |
vittaṃ sarvagataṃ nityaṃ bhūtayonim akāraṇam ||64|
vyāpyaṃ vyāptaṃ yataḥ sarvaṃ tad vai paśyanti sūrayaḥ |
tad brahma *paramaṃ*[34] dhāma tad *dheyaṃ*[35] mokṣakāṅkṣibhiḥ ||65|
śruti-*vākyoditaṃ*[36] sūkṣmaṃ tad viṣṇoḥ paramaṃ padam |
utpattiṃ *pralayaṃ caiva*[37] bhūtānām āgatiṃ gatim ||66|
vetti vidyām avidyāṃ ca sa vācyo bhagavān iti |
jñānaśaktibalaiśvaryavīryatejāṃsy aśeṣataḥ ||67|

29 BC -mitrārtha- **30** A nirastātapapārādisukha- B nirastātiśayāhlādisukha-
31 B vivekotthaṃ **32** B saṃbhramo **33** C duṣkara- **34** V tat paraṃ **35** V dhyeyaṃ
36 A -bāhyocitaṃ **37** A ca vipattiṃ ca

bhagavacchabdavācyāni vinā heyair guṇādibhiḥ |
sarvāṇi tatra bhūtāni *nivasanti parātmani*[38] ||68|
bhūteṣu ca sa sarvātmā vāsudevas tataḥ smṛtaḥ |
uvācedaṃ maharṣibhyaḥ purā pṛṣṭaḥ prajāpatiḥ ||69|
nāmavyākhyām anantasya vāsudevasya tattvataḥ |
bhūteṣu vasate yo 'ntar vasanty atra ca tāni yat |
dhātā vidhātā jagatāṃ vāsudevas tataḥ prabhuḥ ||70|
sa sarvabhūta-*prakṛtir guṇāṃś ca*[39] |
doṣāṃś ca sarvān saguṇo hy atītaḥ[40] |
atītasarvāvaraṇo 'khilātmā |
tenāvṛtaṃ *yad bhuvanāntar-*[41]ālam ||71|
samastakalyāṇaguṇātmako hi |
svaśaktileśādṛtabhūtasargaḥ |
icchāgṛhītābhimatorudehaḥ |
saṃsādhitāśeṣajagaddhito 'sau ||72|
tejobalaiśvaryamahāvarodhaḥ |
svavīryaśaktyādiguṇaikarāśiḥ |
paraḥ parāṇāṃ[42] sakalā na yatra |
kleśādayaḥ santi *parāpareśe*[43] ||73|
sa īśvaro *vyaṣṭisamaṣṭi-*[44]rūpo |
'vyaktasvarūpaḥ prakaṭasvarūpaḥ |
sarveśvaraḥ sarva-*dṛk sarvavettā*[45] |
samastaśaktiḥ parameśvarākhyaḥ ||74|
saṃjñāyate yena tad astadoṣaṃ |
śuddhaṃ paraṃ nirmalam ekarūpam |
saṃdṛśyate vāpy atha gamyate vā |
taj jñānam ajñānam ato 'nyad uktam ||75|

iti śrīmahāpurāṇe ādibrāhme vyāsarṣisaṃvāda ātyantikalayanirūpaṇaṃ nāma trayastriṃśadadhikadviśatatamo 'dhyāyaḥ

munaya ūcuḥ:
idānīṃ brūhi yogaṃ ca duḥkhasaṃyogabheṣajam |
yaṃ viditvāvyayaṃ tatra yuñjāmaḥ puruṣottamam ||235.1|
[[1]sūta uvāca:]
śrutvā sa vacanaṃ teṣāṃ kṛṣṇadvaipāyanas tadā |
abravīt parama-*prīto yogī*[2] yogavidāṃ varaḥ ||2|
vyāsa uvāca:
yogaṃ vakṣyāmi bho viprāḥ śṛṇudhvaṃ bhavanāśanam |
yam abhyasyāpnuyād yogī mokṣaṃ paramadurlabham ||3|

38 A vasanti paramātmani **39** B -prakṛtir vikārān C -prakṛter vikāram **40** B guṇāṃś ca doṣāṃś ca sa guṇesv atītaḥ C guṇāṃś ca doṣāṃś ca sa vatsyate tataḥ **41** B yajñavanāntar- **42** AB parāvarāṇāṃ **43** B parāvareśe **44** A vyastasamasta- **45** B -janapradraṣṭā **1** V ins. **2** B -prītas tadā C -prīto yogaṃ

śrutvādau yogaśāstrāṇi gurum ārādhya bhaktitaḥ |
itihāsaṃ purāṇaṃ ca vedāṃś caiva vicakṣaṇaḥ ||4|
āhāraṃ yogadoṣāṃś ca deśakālaṃ ca buddhimān |
jñātvā samabhyased *yogaṃ*[3] nirdvaṃdvo niṣparigrahaḥ ||5|
bhuñjan[4] saktuṃ yavāgūṃ ca *takramūlaphalaṃ*[5] payaḥ |
yāvakaṃ kaṇapiṇyākam āhāraṃ yogasādhanam ||6|
na manovikale dhmāte na śrānte kṣudhite tathā |
na dvaṃdve na ca śīte ca na coṣṇe nānilātmake ||7|
saśabde na *jalābhyāse*[6] jīrṇagoṣṭhe catuṣpathe |
sarīsṛpe śmaśāne ca na nadyante 'gnisaṃnidhau ||8|
na caitye na ca valmīke sabhaye kūpasaṃnidhau |
na śuṣkaparṇanicaye yogaṃ yuñjīta karhicit ||9|
deśān etān anādṛtya mūḍhatvād yo yunakti vai |
pravakṣye tasya ye doṣā jāyante vighnakārakāḥ ||10|
bādhiryaṃ jaḍatā lopaḥ smṛter mūkatvam andhatā |
jvaraś ca jāyate *sadyas tadvad ajñānasaṃbhavaḥ*[7] ||11|
tasmāt sarvātmanā kāryā rakṣā yogavidā sadā |
dharmārthakāmamokṣāṇāṃ śarīraṃ sādhanaṃ yataḥ ||12|
āśrame vijane guhye niḥśabde nirbhaye nage |
śūnyāgāre śucau ramye caikānte devatālaye ||13|
rajanyāḥ paścime *yāme*[8] pūrve ca susamāhitaḥ |
pūrvāhṇe madhyame *cāhni*[9] yuktāhāro jitendriyaḥ ||14|
āsīnaḥ prāṅ-*mukho ramya*[10] āsane sukhaniścale |
nātinīce na cocchrite[11] niḥspṛhaḥ satyavāk śuciḥ ||15|
yukta-[12]nidro jitakrodhaḥ sarvabhūtahite rataḥ |
sarvadvaṃdvasaho dhīraḥ samakāyāṅghrimastakaḥ ||16|
nābhau nidhāya hastau dvau śāntaḥ padmāsane sthitaḥ |
saṃsthāpya dṛṣṭiṃ nāsāgre prāṇān āyamya vāgyataḥ ||17|
samāhṛtyendriyagrāmaṃ manasā hṛdaye muniḥ |
praṇavaṃ dīrgham *udyamya*[13] *saṃvṛtāsyaḥ*[14] suniścalaḥ ||18|
[[15]somapā yogayuktasya yuñjantaḥ paramaṃ padam |
bāhyātmā saṃparityajya yo 'ntardhyānarataḥ sadā |
antaḥsukho 'ntarārāmaḥ sa mokṣaṃ labhate dhruvam |
jāgratsvapnasuṣuptaṃ ca tyaktvā sthānatrayaṃ budhaḥ |
turīyaṃ padam āsādya na śocati na kāṅkṣati |]
[16]rajasā tamaso vṛttiṃ sattvena rajasas tathā |
saṃchādya nirmale śānte sthitaḥ saṃvṛtalocanaḥ ||19|
hṛtpadmakoṭare līnaṃ sarvavyāpi nirañjanam |
yuñjīta satataṃ yogī muktidaṃ puruṣottamam ||20|
karaṇendriyabhūtāni kṣetrajñe prathamaṃ nyaset |
kṣetrajñaś ca pare yojyas tato yuñjati yogavit ||21|

3 C yogī **4** B bhaikṣaṃ **5** A pattraṃ mūlaphalaṃ V takramūlaṃ phalaṃ **6** V jalābhyāśe **7** C sadyaḥ śuddhavijñānayoginaḥ **8** AB bhāge **9** A vāhni **10** A -mukhe deśa C -mukhodag vā **11** V na cocchrite nātinīce **12** C mukta- **13** V uddiśya **14** B saṃyatāsyaḥ **15** C ins. **16** C om. 235.19–21.

[[17]bālāgraśatadhābhāgalakṣaṇaṃ paramaṃ padam |
manodīpena paśyanti yogino dhyānatatparāḥ |
indriyāṇi samāhṛtya kūrmo 'ṅgānīva yogavit |]
mano yasyāntam abhyeti paramātmani *cañcalam*[18] |
saṃtyajya viṣayāṃs tasya yogasiddhiḥ prakāśitā ||22|
yadā nirviṣayaṃ cittaṃ pare brahmaṇi līyate |
samādhau yogayuktasya tadābhyeti paraṃ padam ||23|
a-*saṃsaktaṃ*[19] yadā cittaṃ yoginaḥ sarvakarmasu |
bhavaty ānandam[20] āsādya tadā nirvāṇam ṛcchati ||24|
śuddhaṃ *dhāmatrayātītaṃ turyākhyaṃ*[21] puruṣottamam |
prāpya yogabalād yogī mucyate nātra saṃśayaḥ ||25|
[22]niḥspṛhaḥ sarvakāmebhyaḥ sarvatra priyadarśanaḥ |
sarvatrānityabuddhis tu yogī mucyeta nānyathā ||26|
indriyāṇi na seveta vairāgyeṇa ca yogavit |
sadā cābhyāsayogena mucyate nātra saṃśayaḥ ||27|
na ca padmāsanād yogo na nāsāgra-[23]nirīkṣaṇāt |
manasaś cendriyāṇāṃ ca saṃyogo yoga ucyate ||28|
evaṃ mayā muniśreṣṭhā yogaḥ prokto vimuktidaḥ |
saṃsāramokṣahetuś ca kim anyac chrotum icchatha ||29|
lomaharṣaṇa uvāca:
śrutvā te vacanaṃ tasya sādhu sādhv iti cābruvan |
vyāsaṃ *praśasya saṃpūjya*[24] punaḥ praṣṭuṃ samudyatāḥ ||30|

iti śrīmahāpurāṇe ādibrāhme vyāsarṣisaṃvāde yogābhyāsanirūpaṇaṃ nāma catustriṃśad-adhikadviśatatamo 'dhyāyaḥ

munaya ūcuḥ:
tava vaktrābdhisaṃbhūtam amṛtaṃ vāṅmayaṃ mune |
pibatāṃ no dvijaśreṣṭha na tṛptir iha dṛśyate ||236.1|
tasmād yogaṃ mune brūhi vistareṇa *vimuktidam*[1] |
sāṃkhyaṃ ca dvipadāṃ śreṣṭha śrotum icchāmahe vayam ||2|
prajñāvāñ[2] śrotriyo yajvā *khyātaḥ prājño*[3] 'nasūyakaḥ |
satyadharmamatir[4] brahman kathaṃ brahmādhigacchati ||3|
tapasā brahmacaryeṇa sarvatyāgena medhayā |
sāṃkhye vā yadi vā yoga etat pṛṣṭo vadasva naḥ ||4|
manasaś cendriyāṇāṃ ca yathaikāgryam avāpyate |
yenopāyena puruṣas tat tvaṃ vyākhyātum arhasi ||5|
vyāsa uvāca:
nānyatra jñānatapasor nānyatrendriyanigrahāt |
nānyatra sarvasaṃtyāgāt siddhiṃ vindati kaścana ||6|

17 BV ins. **18** B kevalam **19** AB -saṃśayaṃ **20** B bhagavatpādam **21** AB sūkṣmaṃ guṇātītaṃ sattvākhyaṃ **22** A om. 235.26–27. **23** A baddhapadmāsano yogī svanāsāgra- **24** AB saṃpūjya munayaḥ **1** V ca muktidam **2** A prajāvāñ **3** C khyātaprajño **4** B abhyāsena sadā C anāgatagatir

mahābhūtāni sarvāṇi pūrvasṛṣṭiḥ svayaṃbhuvaḥ |
bhūyiṣṭhaṃ prāṇabhṛdgrāme niviṣṭāni śarīriṣu ||7|
bhūmer deho jalāt sneho jyotiṣaś cakṣuṣī smṛte |
prāṇāpānāśrayo *vāyuḥ koṣṭhākāśaṃ*[5] śarīriṇām ||8|
krāntau viṣṇur bale *śakraḥ*[6] koṣṭhe 'gnir bhoktum icchati |
karṇayoḥ pradiśaḥ śrotre jihvāyāṃ vāk sarasvatī ||9|
karṇau tvak cakṣuṣī jihvā nāsikā caiva pañcamī |
daśa tānīndriyoktāni dvārāṇy āhārasiddhaye ||10|
śabdasparśau tathā rūpaṃ rasaṃ gandhaṃ ca pañcamam |
[7]indriyārthān pṛthag vidyād indriyebhyas tu nityadā ||11|
indriyāṇi mano yuṅkte [8]avaśyān[9] iva *rājinaḥ*[10] |
manaś cāpi sadā yuṅkte bhūtātmā hṛdayāśritaḥ ||12|
indriyāṇāṃ tathaivaiṣāṃ sarveṣām īśvaraṃ manaḥ |
niyame ca visarge ca bhūtātmā manasas tathā ||13|
indriyāṇīndriyārthāś ca[11] svabhāvaś *cetanā manaḥ*[12] |
prāṇāpānau ca jīvaś ca nityaṃ deheṣu dehinām ||14|
āśrayo nāsti sattvasya guṇaśabdo na cetanāḥ |
sattvaṃ hi tejaḥ sṛjati na guṇān vai kathaṃcana ||15|
evaṃ saptadaśaṃ dehaṃ *vṛtaṃ*[13] ṣoḍaśabhir guṇaiḥ |
manīṣī manasā viprāḥ paśyaty ātmānam *ātmani*[14] ||16|
na hy ayaṃ cakṣuṣā dṛśyo na ca sarvair apīndriyaiḥ |
manasā tu pradīptena mahān ātmā prakāśate ||17|
aśabdasparśarūpaṃ *tac*[15] *cā-*[16]*rasāgandham avyayam*[17] |
aśarīraṃ *śarīre sve*[18] nirīkṣeta nirindriyam ||18|
[19]avyaktaṃ sarvadeheṣu martyeṣu paramārcitam |
yo 'nupaśyati *sa pretya kalpate brahmabhūyataḥ*[20] ||19|
vidyāvinaya-[21]*saṃpannabrāhmaṇe*[22] gavi hastini |
śuni caiva śvapāke ca paṇḍitāḥ samadarśinaḥ ||20|
sa hi sarveṣu bhūteṣu jaṅgameṣu dhruveṣu ca |
vasaty eko mahān ātmā yena sarvam idaṃ tatam ||21|
sarvabhūteṣu cātmānaṃ sarvabhūtāni cātmani |
[23]yadā paśyati *bhūtātmā*[24] brahma saṃpadyate tadā ||22|
yāvān ātmani vedātmā tāvān ātmā parātmani |
ya evaṃ[25] satataṃ veda so 'mṛtatvāya kalpate ||23|
sarvabhūtātmabhūtasya sarva-*bhūtahitasya ca*[26] |
devāpi mārge muhyanti apadasya padaiṣiṇaḥ ||24|
śakuntānām ivākāśe matsyānām iva codake |
yathā gatir *na dṛśyeta*[27] tathā *jñānavidāṃ gatiḥ*[28] ||25|

5 B vāyuś ceṣṭākāśaḥ **6** A śaktaḥ B śaktyā **7** B om. 236.11–15. **8** A om. 236.12bc. **9** ASS corr. *avaśān* **10** ASS corr. like V; V rājilaḥ **11** A indriyāṇīndriyārthāya **12** A cetanāśrayaḥ **13** A kṛtaṃ **14** A ātmanā **15** V tu **16** Corrected as suggested by ASS, for *ca rasa-*. **17** V rasagandhavivarjitam **18** AB śarīreṣu **19** B om. 236.19. **20** A sarvebhyaḥ kalpānte na tu bhūyate **21** C vidyābhijana- **22** V saṃpanne brāhmaṇe **23** A om. the following 2 lines. **24** C samātmā **25** A evaṃ ca **26** B -bhūtasya dehinaḥ **27** B vinaśyeta **28** B jñānasyodayaḥ

kālaḥ pacati bhūtāni sarvāṇy evātmanātmani |
yasmiṃs tu pacyate kālas tan na vedeha kaścana ||26|
na tad ūrdhvaṃ na tiryak ca nādho na ca[29] punaḥ punaḥ |
na *madhye pratigṛhṇīte*[30] naiva kiṃcin na kaścana ||27|
sarve tatsthā ime lokā bāhyam eṣāṃ na kiṃcana |
yady apy agre samāgacched yathā bāṇo guṇacyutaḥ ||28|
naivāntaṃ kāraṇasyeyād yady api syān manojavaḥ |
tasmāt sūkṣmataraṃ nāsti nāsti sthūlataraṃ tathā ||29|
sarvataḥpāṇipādaṃ tat sarvatokṣiśiromukham |
sarvataḥśrutimal loke sarvam āvṛtya tiṣṭhati ||30|
tad evāṇor aṇutaraṃ tan mahadbhyo mahattaram |
tad antaḥ sarvabhūtānāṃ dhruvaṃ tiṣṭhan na dṛśyate ||31|
akṣaraṃ ca kṣaraṃ caiva dvedhā bhāvo 'yam ātmanaḥ |
kṣaraḥ sarveṣu bhūteṣu divyaṃ tv amṛtam akṣaram ||32|
navadvāraṃ puraṃ kṛtvā *haṃso hi niyato vaśī*[31] |
īdṛśaḥ sarvabhūtasya sthāvarasya carasya ca ||33|
hānenābhivikalpānāṃ[32] narāṇāṃ saṃcayena ca |
śarīrāṇām ajasyāhur haṃsatvaṃ[33] pāradarśinaḥ ||34|
haṃsoktaṃ ca kṣaraṃ caiva kūṭasthaṃ yat tad akṣaram |
tad vidvān akṣaraṃ prāpya jahāti prāṇajanmanī ||35|
vyāsa uvāca:
bhavatāṃ pṛcchatāṃ viprā yathāvad iha tattvataḥ |
sāṃkhyaṃ jñānena saṃyuktaṃ yad etat kīrtitaṃ mayā ||36|
yogakṛtyaṃ tu bho *viprāḥ kīrtayiṣyāmy*[34] ataḥ param |
ekatvaṃ buddhimanasor indriyāṇāṃ ca sarvaśaḥ ||37|
ātmano vyāpino jñānaṃ jñānam etad anuttamam |
tad etad upaśāntena dāntenādhyātmaśīlinā ||38|
ātmārāmeṇa[35] buddhena boddhavyaṃ śucikarmaṇā |
yogadoṣān samucchidya pañca *yān*[36] kavayo viduḥ ||39|
kāmaṃ krodhaṃ ca lobhaṃ ca bhayaṃ svapnaṃ ca pañcamam |
krodhaṃ śamena jayati kāmaṃ saṃkalpavarjanāt ||40|
sattvasaṃsevanād dhīro nidrām ucchettum arhati |
dhṛtyā śiśnodaraṃ rakṣet pāṇipādaṃ ca cakṣuṣā ||41|
cakṣuḥ śrotraṃ ca manasā mano vācaṃ ca karmaṇā |
apramādād bhayaṃ jahyād dambhaṃ prājñopasevanāt ||42|
evam etān yogadoṣāñ jayen nityam atandritaḥ |
agnīṃś ca brāhmaṇāṃś cātha devatāḥ praṇamet sadā ||43|
varjayed uddhatāṃ[37] vācaṃ hiṃsāyuktāṃ *manonugām*[38] |
brahmatejomayaṃ[39] *śukraṃ*[40] yasya sarvam idaṃ *jagat*[41] ||44|

29 A naivordhvaṃ na tiryag adho na ca bhāti **30** C manye pratigṛṇīto **31** A so 'tra vai niyataṃ vaset **32** A hīnenāgatakalpānāṃ **33** A śarīraṃ hi narasyeha niḥsarvaṃ **34** BC viprā vartayiṣyāmy **35** C ātmārāgeṇa **36** AB tān **37** B varjayed duḥkhadāṃ C varjayet kuśritāṃ **38** A manojavām **39** B brāhmaṃ tejomayaṃ **40** A śuklaṃ **41** C rasaḥ

etasya bhūtabhūtasya dṛṣṭaṃ sthāvarajaṅgamam |
dhyānam adhyayanaṃ dānaṃ satyaṃ *hrīr ārjavaṃ*[42] kṣamā ||45|
śaucaṃ caivātmanaḥ śuddhir indriyāṇāṃ ca nigrahaḥ |
etair vivardhate tejaḥ pāpmānaṃ cāpakarṣati ||46|
samaḥ[43] sarveṣu bhūteṣu *labhyālabhyena*[44] vartayan |
dhūtapāpmā tu tejasvī laghvāhāro jitendriyaḥ ||47|
kāmakrodhau vaśe kṛtvā niṣeved brahmaṇaḥ padam |
manasaś cendriyāṇāṃ ca *kṛtvaikāgryaṃ*[45] samāhitaḥ ||48|
pūrvarātre parārdhe ca dhārayen mana *ātmanaḥ*[46] |
jantoḥ pañcendriyasyāsya yady ekaṃ klinnam indriyam ||49|
tato 'sya *sravati*[47] prajñā gireḥ pādād ivodakam |
manasaḥ[48] pūrvam ādadyāt *kūrmāṇām*[49] iva matsyahā ||50|
tataḥ śrotraṃ tataś cakṣur jihvā ghrāṇaṃ ca yogavit |
tata etāni saṃyamya manasi sthāpayed yadi ||51|
tathaivāpohya saṃkalpān mano hy ātmani dhārayet |
pañcendriyāṇi manasi hṛdi saṃsthāpayed yadi ||52|
yadaitāny avatiṣṭhante manaḥṣaṣṭhāni cātmani |
prasīdanti ca *saṃsthāyāṃ*[50] tadā brahma prakāśate ||53|
vidhūma iva *dīptārcir*[51] āditya iva dīptimān |
vaidyuto 'gnir ivākāśe *paśyanty*[52] ātmānam ātmani ||54|
sarvaṃ tatra tu[53] sarvatra vyāpakatvāc ca dṛśyate |
taṃ paśyanti mahātmāno brāhmaṇā ye manīṣiṇaḥ ||55|
dhṛtimanto mahāprājñāḥ sarvabhūtahite ratāḥ |
evaṃ parimitaṃ kālam ācaran saṃśitavrataḥ ||56|
āsīno hi rahasy eko gacched akṣarasāmyatām |
pramoho bhrama āvarto ghrāṇaṃ śravaṇadarśane ||57|
adbhutāni *rasaḥ sparśaḥ*[54] śītoṣṇamārutākṛtiḥ |
pratibhān upasargāś ca pratisaṃgṛhya yogataḥ ||58|
tāṃs tattvavid anādṛtya sāmyenaiva nivartayet |
kuryāt paricayaṃ yoge trailokye niyato muniḥ ||59|
giriśṛṅge tathā caitye vṛkṣamūleṣu yojayet |
saṃniyamyendriyagrāmaṃ *koṣṭhe bhāṇḍa-*[55]manā iva ||60|
ekāgraṃ[56] cintayen nityaṃ *yogān nodvijate manaḥ*[57] |
yenopāyena śakyeta niyantuṃ cañcalaṃ manaḥ ||61|
tatra[58] yukto niṣeveta na caiva vicalet tataḥ |
śūnyāgārāṇi caikāgro nivāsārtham upakramet ||62|
nātivrajet paraṃ vācā[59] karmaṇā *manasāpi vā*[60] |
upekṣako *yatāhāro labdhālabdha-*[61]samo bhavet ||63|
yaś cainam abhinandeta yaś cainam abhivādayet |
samas tayoś cāpy ubhayor nābhidhyāyec chubhāśubham ||64|

42 A krīḍārjavaṃ **43** C samyak **44** BC labdhvā labdhena **45** B tattvaikāgryaṃ **46** V ātmani **47** B kṣarati **48** AB manasā **49** A karmaṇām **50** A sacchāyāṃ **51** B dīptāgnir **52** C dṛśyanty **53** B sarvatantraṃ ca **54** V ca saṃsparśaḥ **55** A kāṣṭe tādṛṅ- **56** B ekānte **57** A yogātmā cintayan paraḥ **58** AB taṃ ca **59** A nābhiṣvajyeta bālaṃ vā **60** A manasā girā **61** A jitāhāro labhyālabhya-

na prahṛṣyeta lābheṣu nālābheṣu ca cintayet |
samaḥ sarveṣu bhūteṣu sa-*dharmā mātariśvanaḥ*[62] ||65|
evaṃ svasthātmanaḥ sādhoḥ sarvatra samadarśinaḥ |
ṣaṇ māsān nityayuktasya śabdabrahmābhivartate ||66|
vedanārtān parān[63] dṛṣṭvā samaloṣṭāśmakāñcanaḥ |
evaṃ tu nirato mārgaṃ viramen na vimohitaḥ ||67|
api varṇāvakṛṣṭas tu nārī vā dharmakāṅkṣiṇī |
tāv apy etena mārgeṇa gacchetāṃ paramāṃ gatim ||68|
ajaṃ purāṇam ajaraṃ sanātanaṃ |
yam indriyātigam agocaraṃ dvijāḥ |
avekṣya cemāṃ parameṣṭhisāmyatāṃ |
prayānty anāvṛtti-*gatiṃ*[64] manīṣiṇaḥ ||69|

iti śrīmahāpurāṇe ādibrāhme vyāsarṣisaṃvāde sāṃkhyayoganirūpaṇaṃ nāma pañcatriṃśadadhikadviśatatamo 'dhyāyaḥ

munaya ūcuḥ:
yady evaṃ[1] vedavacanaṃ kuru karma tyajeti ca |
kāṃ *diśaṃ*[2] vidyayā yānti kāṃ ca gacchanti karmaṇā ||237.1|
etad vai śrotum icchāmas tad bhavān prabravītu naḥ |
etad anyonyavairūpyaṃ vartate pratikūlataḥ ||2|
vyāsa uvāca:
śṛṇudhvaṃ muniśārdūlā yat pṛcchadhvaṃ samāsataḥ |
karma-*vidyāmayau*[3] cobhau vyākhyāsyāmi *kṣarākṣarau*[4] ||3|
yāṃ diśaṃ[5] vidyayā yānti yāṃ *gacchanti ca*[6] karmaṇā |
śṛṇudhvaṃ sāmpratаṃ viprā gahanaṃ hy etad uttaram ||4|
asti dharma iti yuktaṃ nāsti tatraiva yo vadet |
yakṣasya sādṛśyam idaṃ yakṣasyedaṃ bhaved atha ||5|
[7]dvāv imāv atha panthānau yatra vedāḥ pratiṣṭhitāḥ |
pravṛttilakṣaṇo dharmo nivṛtto vā vibhāṣitaḥ ||6|
karmaṇā badhyate jantur vidyayā ca vimucyate |
tasmāt karma na kurvanti yatayaḥ pāradarśinaḥ ||7|
karmaṇā jāyate pretya mūrtimān ṣoḍaśātmakaḥ |
vidyayā jāyate nityam avyaktaṃ hy akṣarātmakam ||8|
karma tv eke praśaṃsanti svalpabuddhiratā narāḥ |
tena te deha-*jālena*[8] ramayanta upāsate ||9|
ye tu buddhiṃ parāṃ prāptā dharma-*naipuṇya*-[9]darśinaḥ |
na te karma praśaṃsanti kūpaṃ nadyāṃ pibann iva ||10|
karmaṇāṃ phalam āpnoti sukhaduḥkhe bhavābhavau |
vidyayā tad avāpnoti yatra gatvā na śocati ||11|

62 B -dharmātmā munīśvaraḥ **63** C vedanārtāḥ prajā **64** C -pathaṃ **1** BC yad idaṃ **2** A gatiṃ **3** A -vidyāv etau **4** C carācarau **5** C dvādiśaṃ **6** V ca gacchanti **7** A om. the following 3 lines. **8** B -jālāni C -jātāni **9** A -jñāḥ puṇya-

na mriyate yatra gatvā[10] yatra gatvā na jāyate |
na jīryate yatra gatvā yatra gatvā na vardhate ||12|
yatra tad brahma paramam avyaktam acalaṃ dhruvam |
avyākṛtam anāyāmam amṛtaṃ *cādhiyogavit*[11] ||13|
dvaṃdvair na yatra bādhyante mānasena ca karmaṇā |
samāḥ sarvatra maitrāś ca sarvabhūtahite ratāḥ ||14|
vidyāmayo 'nyaḥ puruṣo dvijāḥ karmamayo 'paraḥ |
viprāś[12] candra-*samasparśaḥ sūkṣmayā kalayā sthitaḥ*[13] ||15|
tad etad ṛṣiṇā proktaṃ vistareṇānugīyate |
na *vaktuṃ śakyate draṣṭuṃ*[14] *cakratantum ivāmbare*[15] ||16|
ekādaśavikārātmā kalāsaṃbhārasaṃbhṛtaḥ |
mūrtimān iti taṃ vidyād viprāḥ karmaguṇātmakam ||17|
devo yaḥ saṃśritas *tasmin buddhīndur*[16] iva puṣkare |
kṣetrajñaṃ taṃ vijānīyān nityaṃ yogajitātmakam ||18|
tamo rajaś ca sattvaṃ ca jñeyaṃ *jīvaguṇātmakam*[17] |
jīvam ātmaguṇaṃ vidyād ātmānaṃ paramātmanaḥ ||19|
sacetanaṃ jīvaguṇaṃ vadanti |
sa *ceṣṭate jīvaguṇaṃ ca*[18] sarvam |
tataḥ paraṃ kṣetravido vadanti |
prakalpayanto[19] bhuvanāni sapta ||20|
vyāsa uvāca:
prakṛtyās tu vikārā ye kṣetra-*jñās te*[20] pariśrutāḥ |
te cainaṃ na prajānanti na jānāti sa tān api ||21|
taiś caiva kurute kāryaṃ *manaḥṣaṣṭhair ihendriyaiḥ*[21] |
sudāntair iva saṃyantā *dṛḍhaḥ*[22] paramavājibhiḥ ||22|
indriyebhyaḥ[23] parā hy arthā arthebhyaḥ paramaṃ manaḥ |
manasas tu parā buddhir buddher ātmā mahān paraḥ ||23|
mahataḥ param avyaktam avyaktāt parato 'mṛtam |
a-*mṛtān na*[24] paraṃ kiṃcit sā kāṣṭhā paramā gatiḥ ||24|
evaṃ sarveṣu bhūteṣu gūḍhātmā na prakāśate |
dṛśyate tv agryayā buddhyā sūkṣmayā sūkṣmadarśibhiḥ ||25|
antarātmani saṃlīya manaḥṣaṣṭhāni medhayā |
indriyair indriyārthāṃś ca bahucittam acintayan ||26|
dhyāne 'pi paramaṃ[25] kṛtvā vidyāsaṃpāditaṃ manaḥ |
anīśvaraḥ praśāntātmā tato gacchet paraṃ padam ||27|
indriyāṇāṃ tu sarveṣāṃ vaśyātmā calita-*smṛtiḥ*[26] |
ātmanaḥ saṃpradānena martyo mṛtyum upāśnute ||28|

10 V yatra gatvā na mriyate **11** A bādhayogataḥ **12** B vipraś **13** A -samasparśaṃ tat-sūkṣmakalayā sthitam B -masaḥ sparśāt sa sūkṣmo lokasaṃsthitaḥ C -masaṃ sparśasūkṣmayā kalayā sthitaḥ **14** B cakraṃ śaśinaṃ dṛṣṭvā **15** A cakrus tarum ivāpare **16** A tasminn abdhīndur **17** B jīvātmakaṃ guṇam **18** A ceṣṭate cintayantīha B tiṣṭhate cetayate tu **19** C prāk kalpayan yo **20** A -jñe te B -jñāś ca **21** C manasaś cendriyaiḥ saha **22** B dṛḍhaiḥ **23** AB anarthebhyaḥ **24** AB -mṛtāc ca **25** A dhyānenoparamaṃ **26** B -smṛtaḥ

vihatya sarvasaṃkalpān sattve cittaṃ niveśayet |
sattve cittaṃ samāveśya tataḥ *kālañjaro*[27] bhavet ||29|
cittaprasādena yatir jahātīha śubhāśubham |
prasannātmātmani sthitvā sukham atyantam aśnute ||30|
lakṣaṇaṃ tu prasādasya yathā svapne sukhaṃ *bhavet*[28] |
nirvāte vā[29] yathā dīpo dīpyamāno na kampate ||31|
evaṃ pūrvāpare rātre yuñjann ātmānam ātmanā |
laghvāhāro viśuddhātmā paśyaty ātmānam ātmani ||32|
rahasyaṃ sarvavedānām an-*aitihyam anāgamam*[30] |
ātmapratyāyakaṃ śāstram idaṃ putrānuśāsanam ||33|
dharmākhyāneṣu sarveṣu satyākhyāneṣu *yad vasu*[31] |
daśavarṣa-[32]sahasrāṇi nirmathyāmṛtam uddhṛtam ||34|
navanītaṃ yathā *dadhnaḥ*[33] kāṣṭhād agnir yathaiva ca |
tathaiva viduṣāṃ jñānaṃ mukti-*hetoḥ*[34] samuddhṛtam ||35|
snātakānām idaṃ śāstraṃ vācyaṃ putrānuśāsanam |
tad idaṃ nāpraśāntāya nādāntāya tapasvine ||36|
nāvedaviduṣe vācyaṃ tathā nānugatāya[35] ca |
nāsūyakāyānṛjave na cānirdiṣṭakāriṇe ||37|
na tarkaśāstradagdhāya tathaiva piśunāya ca |
ślāghine ślāghanīyāya praśāntāya tapasvine ||38|
[36]idaṃ priyāya putrāya śiṣyāyānugatāya tu |
rahasyadharmaṃ vaktavyaṃ nānyasmai tu kathaṃcana ||39|
yad apy asya mahīṃ dadyād ratnapūrṇām imāṃ naraḥ |
idam eva tataḥ śreya *iti*[37] manyeta tattvavit ||40|
ato[38] guhyatarārthaṃ tad adhyātmam atimānuṣam |
yat tan maharṣibhir dṛṣṭaṃ[39] vedānteṣu ca gīyate ||41|
tad yuṣmabhyaṃ *prayacchāmi*[40] yan māṃ pṛcchata sattamāḥ |
yan me manasi varteta yas tu vo hṛdi saṃśayaḥ |
śrutaṃ bhavadbhis tat sarvaṃ kim anyat kathayāmi vaḥ ||42|
munaya ūcuḥ:
adhyātmaṃ vistareṇeha punar eva vadasva naḥ |
yad adhyātmaṃ yathā *vidmo*[41] bhagavann ṛṣisattama ||43|
vyāsa uvāca:
adhyātmaṃ yad idaṃ viprāḥ puruṣasyeha *paṭhyate*[42] |
yuṣmabhyaṃ kathayiṣyāmi *tasya vyākhyāvadhāryatām*[43] ||44|
bhūmir āpas tathā jyotir vāyur ākāśam eva ca |
mahābhūtāni *yaś caiva*[44] sarvabhūteṣu bhūtakṛt ||45|
munaya ūcuḥ:
ākāraṃ tu bhaved[45] yasya yasmin dehaṃ na paśyati |

27 B kālaṃcaro **28** B svayam **29** B śanair vāti **30** BV -aupamyam anāmayam **31** A yad v anu B vastuṣu **32** C darśe daśa- **33** A dugdhāt **34** B -hetau **35** C idaṃ priyāya putrāya śiṣyāyānugatāya **36** C om. **37** C idam **38** AB tato **39** A yatra gāḍhaṃ samuddiṣṭaṃ **40** AB pravakṣyāmi **41** AB vipra **42** B iṣyate **43** C tac chṛṇudhvam atandritāḥ **44** BC pañcaiva **45** B ākāśas tu bhaved C ākārāt tāta vai

ākāśādyaṃ śarīreṣu kathaṃ tad *upavarṇayet*[46] |
indriyāṇāṃ[47] *guṇāḥ kecit*[48] kathaṃ tān upalakṣayet ||46|
vyāsa uvāca:
etad vo varṇayiṣyāmi *yathāvad anudarśanam*[49] |
śṛṇudhvaṃ tad *ihaikāgryā*[50] yathātattvaṃ yathā ca tat ||47|
śabdaḥ śrotraṃ tathā khāni trayam ākāśalakṣaṇam |
prāṇaś ceṣṭā tathā sparśa ete vāyuguṇās trayaḥ ||48|
rūpaṃ cakṣur vipākaś ca tridhā jyotir vidhīyate |
raso *'tha rasanaṃ*[51] svedo guṇās tv ete trayo 'mbhasām ||49|
ghreyaṃ ghrāṇaṃ śarīraṃ ca bhūmer ete guṇās trayaḥ |
etāvān indriyagrāmo vyākhyātaḥ pāñcabhautikaḥ ||50|
vāyoḥ sparśo raso 'dbhyaś ca jyotiṣo rūpam ucyate |
ākāśaprabhavaḥ śabdo gandho bhūmiguṇaḥ smṛtaḥ ||51|
mano buddhiḥ svabhāvaś ca guṇā ete svayonijāḥ |
te guṇān[52] *ativartante*[53] guṇebhyaḥ paramā matāḥ ||52|
yathā kūrma ivāṅgāni prasārya saṃniyacchati |
evam evendriyagrāmaṃ buddhiśreṣṭho niyacchati ||53|
yad ūrdhvaṃ[54] pādatalayor *avārkordhvaṃ*[55] ca paśyati |
etasminn eva kṛtye sā vartate buddhir uttamā ||54|
guṇais tu nīyate[56] buddhir buddhir evendriyāṇy api |
manaḥṣaṣṭhāni sarvāṇi *buddhyā bhāvāt kuto*[57] guṇāḥ ||55|
indriyāṇi naraiḥ pañca ṣaṣṭhaṃ tan mana ucyate |
saptamīṃ buddhim evāhuḥ kṣetrajñaṃ viddhi cāṣṭamam ||56|
cakṣur *ālokanāyaiva*[58] saṃśayaṃ kurute manaḥ |
buddhir adhyavasānāya sākṣī kṣetrajña ucyate ||57|
rajas tamaś ca sattvaṃ ca traya ete svayonijāḥ |
samāḥ[59] sarveṣu bhūteṣu tān guṇān upalakṣayet ||58|
tatra yat prītisaṃyuktaṃ kiṃcid ātmani lakṣayet |
praśāntam iva saṃyuktaṃ sattvaṃ tad upadhārayet ||59|
yat tu saṃtāpasaṃyuktaṃ kāye manasi vā bhavet |
pravṛttaṃ raja ity *evaṃ*[60] tatra cāpy upalakṣayet ||60|
yat tu *saṃmoha-*[61]saṃyuktam a-*vyaktaṃ viṣamaṃ*[62] bhavet |
apratarkyam avijñeyaṃ tamas tad upadhārayet ||61|
praharṣaḥ prītir *ānandaṃ*[63] svāmyaṃ svasthātmacittatā |
akasmād[64] yadi vā kasmād vadanti sāttvikān guṇān ||62|
abhimāno *mṛṣāvādo*[65] lobho mohas tathākṣamā |
liṅgāni rajasas tāni vartante *hetu-*[66]tattvataḥ ||63|
tathā mohaḥ pramādaś ca tandrī nidrāprabodhitā |
kathaṃcid abhivartante vijñeyās tāmasā guṇāḥ ||64|

46 A upavarṇanam **47** C indriyāṇi **48** AB vicaratāṃ **49** AB yathāvat tadupāsanam
50 V ihaikāgryād **51** A dravas tathā **52** A ete trayo B na guṇān **53** A 'bhivartante
54 B na tūrdhvaṃ **55** ASS corr. like V; V arvāg adhaś **56** A guṇānte nīyate B guṇāguṇāyate
57 A buddhibhājaḥ kṛtā C buddhyā bhāve tato V buddhyabhāvāt kuto **58** C ālocanāyaiva
59 AB samaḥ **60** V eva **61** BV vyāmoha- **62** BC -vyaktaviṣayaṃ **63** V ānandaḥ
64 A asmākaṃ **65** B vivādo vā **66** C deha-

manaḥ prasṛjate bhāvaṃ buddhir adhyavasāyinī |
hṛdayaṃ priyam eveha[67] trividhā karmacodanā ||65|
indriyebhyaḥ parā hy arthā arthebhyaś ca paraṃ manaḥ |
manasas tu parā buddhir buddher ātmā *paraḥ smṛtaḥ*[68] ||66|
buddhir ātmā manuṣyasya buddhir evātmanāyikā |
yadā vikurute *bhāvaṃ*[69] tadā bhavati sā manaḥ ||67|
indriyāṇāṃ pṛthagbhāvād buddhir vikurute *hy anu*[70] |
śṛṇvatī bhavati śrotraṃ spṛśatī sparśa ucyate ||68|
paśyantī ca bhaved dṛṣṭī rasantī rasanā bhavet |
jighrantī bhavati ghrāṇaṃ buddhir vikurute pṛthak ||69|
indriyāṇi tu tāny āhus *teṣāṃ vṛttyā vitiṣṭhati*[71] |
tiṣṭhati[72] puruṣe *buddhir buddhibhāva-*[73]vyavasthitā ||70|
kadācil labhate prītiṃ kadācid api śocati |
na sukhena ca duḥkhena kadācid iha muhyate ||71|
svayaṃ bhāvātmikā bhāvāṃs trīn etān *ativartate*[74] |
saritāṃ sāgaro bhartā mahāvelām ivormimān ||72|
yadā prārthayate kiṃcit tadā bhavati *sā manaḥ*[75] |
adhiṣṭhāne ca vai buddhyā[76] pṛthag etāni *saṃsmaret*[77] ||73|
indriyāṇi ca medhyāni vicetavyāni kṛtsnaśaḥ |
sarvāṇy[78] evānu-*pūrveṇa*[79] *yad yadā ca vidhīyate*[80] ||74|
avibhāga-*manā*[81] buddhir bhāvo manasi vartate |
pravartamānas tu rajaḥ[82] sattvam apy ativartate ||75|
ye vai bhāvena[83] vartante *sarveṣv eteṣu te triṣu*[84] |
anv arthān saṃpravartante rathanemim arā iva ||76|
pradīpārthaṃ[85] manaḥ kuryād indriyair buddhisattamaiḥ |
niścaradbhir[86] yathāyogam udāsīnair yadṛcchayā ||77|
evaṃsvabhāvam evedam iti *buddhvā*[87] na muhyati |
aśocan saṃprahṛṣyaṃś ca nityaṃ vigatamatsaraḥ ||78|
na hy ātmā śakyate draṣṭum indriyaiḥ kāmagocaraiḥ |
pravartamānair anekair durdharair akṛtātmabhiḥ ||79|
teṣāṃ *tu manasā*[88] raśmīn yadā samyaṅ niyacchati |
tadā prakāśate *'syātmā*[89] dīpadīptā yathākṛtiḥ ||80|
sarveṣām eva bhūtānāṃ tamasy upagate yathā |
prakāśaṃ bhavate sarvaṃ tathaivam upadhāryatām ||81|
yathā vāricaraḥ pakṣī na lipyati jale caran |
vimuktātmā tathā yogī guṇadoṣair na lipyate ||82|

67 C kṛtyaṃ priyāpriye caiva **68** B paro mataḥ **69** B vācaṃ **70** A manaḥ **71** B teṣu dṛśyo 'vatiṣṭhati C teṣu dṛśye ca tiṣṭhati **72** V tiṣṭhatī **73** A buddhiḥ sadā bhāva- **74** CV abhivartate **75** AB sāgaraḥ **76** A viṣṭāvinidya vai bhartrā [?] B āviṣṭām iva vai buddhyā **77** V vai smaret **78** A bhūtāny **79** V -pūrvyeṇa **80** A yathāvad abhidhīyate **81** B -mato **82** A pravartamānorurajaḥ B pravartamānaṃ tu rajaḥ **83** C yair eva bhāvā **84** C bhāvā sarveṣu teṣu ca **85** A pradīptyarthaṃ **86** A niśvasadbhir **87** BC buddhyā **88** B sumanasā **89** V hy ātmā

evam eva kṛtaprajño na doṣair viṣayāṃś caran |
asajjamānaḥ sarveṣu na kathaṃcit pralipyate ||83|
tyaktvā pūrvakṛtaṃ karma ratir yasya *sadātmani*[90] |
sarvabhūtātmabhūtasya guṇasaṅgena sajjataḥ ||84|
svayam[91] ātmā *prasavati guṇesv*[92] api *kadā-*[93]cana |
na guṇā vidur ātmānaṃ guṇān veda sa sarvadā ||85|
paridadhyād guṇānāṃ sa draṣṭā caiva yathātatham |
sattvakṣetrajñayor evam antaraṃ lakṣayen naraḥ ||86|
sṛjate tu guṇān eka eko na sṛjate guṇān |
pṛthagbhūtau prakṛtyaitau saṃprayuktau ca sarvadā ||87|
yathāśmanā hiraṇyasya saṃprayuktau tathaiva tau |
maśakodumbarau vāpi saṃprayuktau yathā saha ||88|
iṣikā vā yathā muñje pṛthak ca saha caiva *ha*[94] |
tathaiva[95] sahitāv *etau*[96] anyonyasmin pratiṣṭhitau ||89|

iti śrīmahāpurāṇe ādibrāhme vyāsarṣisaṃvāde [[97]sāṃkhyayoganirupaṇaṃ nāma] ṣaṭ-triṃśadadhikadviśatatamo 'dhyāyaḥ

vyāsa uvāca:
sṛjate tu guṇān sattvaṃ kṣetrajñas tv adhitiṣṭhati |
guṇān *vikriyataḥ*[1] sarvān udāsīnavad īśvaraḥ ||238.1|
svabhāvayuktaṃ tat sarvaṃ yad *imān*[2] sṛjate guṇān |
ūrṇanābhir yathā sūtraṃ sṛjate tad guṇāṃs tathā ||2|
pravṛttā[3] na nivartante pravṛttir nopalabhyate |
evam eke[4] vyavasyanti nivṛttim iti cāpare ||3|
ubhayaṃ saṃpradhāryaitad adhyavasyed yathāmati |
anenaiva[5] vidhānena bhaved vai saṃśayo mahān ||4|
anādinidhano hy ātmā taṃ buddhvā *viharen*[6] naraḥ |
akrudhyann aprahṛṣyaṃś ca nityaṃ vigatamatsaraḥ ||5|
ity evaṃ hṛdaye sarvo *buddhicintāmayaṃ dṛḍham*[7] |
anityaṃ sukham āsīnam *a-śocyaṃ*[8] chinnasaṃśayaḥ ||6|
tarayet[9] pracyutāṃ pṛthvīṃ yathā pūrṇāṃ nadīṃ narāḥ |
avagāhya ca vidvāṃso viprā lolam imaṃ tathā ||7|
na tu tapyati[10] vai vidvān sthale carati tattvavit |
evaṃ vicintya cātmānaṃ kevalaṃ jñānam ātmanaḥ ||8|
[11]tāṃ[12] *tu*[13] buddhvā naraḥ sargaṃ bhūtānām āgatiṃ gatim |
samaceṣṭaś[14] ca vai samyag labhate śamam uttamam ||9|
etad dvijanmasāmagryaṃ brāhmaṇasya viśeṣataḥ |
ātmajñānasamasnehaparyāptaṃ tatparāyaṇam ||10|

90 V mahātmani **91** C mūrtim **92** C prasarati guṇān **93** AB kathaṃ- **94** V hi
95 AB tadvac ca **96** V etāv **97** V ins. **1** B vikriyate **2** A ātmā **3** C pradhvastā
4 A ekam eva **5** V anena ca **6** C virahen **7** A buddhiṃ cintāmayāṃ dṛḍhām
8 B -sādhyaṃ **9** V tārayet **10** A nānulipyeta **11** C om. 238.9–10. **12** ASS corr. *taṃ*
13 V ca **14** V samavekṣya

tattvaṃ[15] buddhvā bhaved buddhaḥ kim anyad *buddha*-[16]lakṣaṇam |
vijñāyaitad vimucyante kṛtakṛtyā manīṣiṇaḥ ||11|
na bhavati viduṣāṃ mahad bhayaṃ |
yad aviduṣāṃ sumahad bhayaṃ paratra |
nahi gatir adhikāsti kasyacid |
bhavati hi yā viduṣaḥ sanātanī ||12|
loke mātaram[17] asūyate naras |
tatra devam anirīkṣya[18] śocate |
tatra cet *kuśalo*[19] na śocate |
ye vidus tad ubhayaṃ kṛtākṛtam ||13|
yat karoty anabhisaṃdhipūrvakaṃ |
tac ca *nindayati*[20] yat purā kṛtam |
yat priyaṃ tad ubhayaṃ na vāpriyaṃ |
tasya taj janayatīha kurvataḥ ||14|
munaya ūcuḥ:
yasmād dharmāt paro dharmo vidyate neha kaścana |
yo viśiṣṭaś ca bhūtebhyas tad bhavān prabravītu naḥ ||15|
vyāsa uvāca:
dharmaṃ ca saṃpravakṣyāmi purāṇam ṛṣibhiḥ stutam |
viśiṣṭaṃ sarvadharmebhyaḥ śṛṇudhvaṃ munisattamāḥ ||16|
indriyāṇi pramāthīni buddhyā saṃyamya tattvataḥ |
sarvataḥ prasṛtānīha pitā bālān ivātmajān ||17|
manasaś cendriyāṇāṃ cāpy aikāgryaṃ paramaṃ tapaḥ |
vijñeyaḥ[21] sarvadharmebhyaḥ sa dharmaḥ para ucyate ||18|
tāni sarvāṇi saṃdhāya manaḥṣaṣṭhāni *medhayā*[22] |
ātmatṛptaḥ sa evāsīd bahucintyam acintayan ||19|
gocarebhyo nivṛttāni yadā sthāsyanti veśmani |
tadā caivātmanātmānaṃ paraṃ drakṣyatha śāśvatam ||20|
sarvātmānaṃ mahātmānaṃ vidhūmam iva pāvakam |
prapaśyanti mahātmānaṃ brāhmaṇā ye manīṣiṇaḥ ||21|
yathā puṣpaphalopeto bahuśākho mahādrumaḥ |
ātmano nābhijānīte kva me puṣpaṃ kva me phalam ||22|
evam ātmā na jānīte kva gamiṣye kuto 'nv aham |
anyo hy asyāntarātmāsti yaḥ sarvam anupaśyati ||23|
jñānadīpena dīptena[23] paśyaty ātmānam ātmanā |
dṛṣṭvātmānaṃ tathā yūyaṃ virāgā bhavata dvijāḥ ||24|
vimuktāḥ sarvapāpebhyo muktatvaca ivoragāḥ |
parāṃ buddhim avāpyehāpy acintā vigatajvarāḥ ||25|
sarvataḥsrotasaṃ ghorāṃ nadīṃ lokapravāhiṇīm |
pañcendriyagrāhavatīṃ manaḥsaṃkalparodhasam ||26|

15 AB etad **16** A bodha- C buddhi- **17** AV lokamātaram **18** C tat tam eva ca nirīkṣya **19** V kuśalatā **20** V nirdahati **21** V tac chreṣṭhaṃ **22** V vidyayā **23** V jñānadīptena manasā

lobhamoha-*tṛṇacchannāṃ*[24] kāmakrodhasarīsṛpām |
satyatīrthānṛtakṣobhāṃ krodhapaṅkāṃ saridvarām ||27|
avyaktaprabhavāṃ śīghrāṃ kāmakrodhasamākulām |
prataradhvaṃ nadīṃ *buddhyā*[25] dustarām akṛtātmabhiḥ ||28|
saṃsārasāgaragamāṃ yonipātāladustarām |
ātmajanmodbhavāṃ tāṃ tu *jihvāvartadurāsadām*[26] ||29|
yāṃ taranti kṛtaprajñā dhṛtimanto manīṣiṇaḥ |
tāṃ tīrṇaḥ sarvato mukto vidhūtātmātmavāñ śuciḥ ||30|
uttamāṃ buddhim āsthāya brahmabhūyāya kalpate |
uttīrṇaḥ sarvasaṃkleśān prasannātmā vikalmaṣaḥ ||31|
bhūyiṣṭhānīva bhūtāni *sarvasthānān*[27] nirīkṣya ca |
akrudhyann aprasīdaṃś ca nanṛśaṃsamatis tathā ||32|
tato drakṣyatha sarveṣāṃ bhūtānāṃ prabhavāpyayam |
etad dhi sarvadharmebhyo viśiṣṭaṃ menire budhāḥ ||33|
dharmaṃ dharmabhṛtāṃ śreṣṭhā munayaḥ satya-*darśinaḥ*[28] |
ātmāno vyāpino viprā *iti putrānuśāsanam*[29] ||34|
prayatāya pravaktavyaṃ hitāyānugatāya ca |
ātmajñānam idaṃ guhyaṃ sarvaguhyatamaṃ mahat ||35|
abravaṃ yad ahaṃ viprā ātma-*sākṣikam añjasā*[30] |
naiva strī na pumān evaṃ na caivedaṃ napuṃsakam ||36|
aduḥkham asukhaṃ brahma bhūtabhavyabhavātmakam |
naitaj jñātvā pumān strī vā punarbhavam avāpnuyāt ||37|
yathā *matāni*[31] sarvāṇi tathaitāni yathā tathā |
kathitāni mayā viprā bhavanti na bhavanti ca ||38|
tatprītiyuktena guṇānvitena |
putreṇa satputradayānvitena |
dṛṣṭvā hitaṃ prītamanā yadarthaṃ |
brūyāt sutasyeha yad uktam etat ||39|
munaya ūcuḥ:
mokṣaḥ pitāmahenokta upāyān nānupāyataḥ |
tam upāyaṃ yathānyāyaṃ śrotum icchāmahe mune ||40|
vyāsa uvāca:
asmāsu tan mahāprājñā *yuktaṃ*[32] nipuṇadarśanam |
yadupāyena sarvārthān *mṛgayadhvaṃ*[33] sadānaghāḥ ||41|
ghaṭopakaraṇe buddhir *ghaṭotpattau*[34] na sā matā |
evaṃ dharmādyupāyārthe *nānya-*[35]dharmeṣu kāraṇam ||42|
pūrve samudre yaḥ panthā na sa gacchati paścimam |
ekaḥ panthā hi mokṣasya tac chṛṇudhvaṃ mamānaghāḥ ||43|
kṣamayā krodham ucchindyāt kāmaṃ saṃkalpavarjanāt |
sattvasaṃsevanād dhīro nidrām ucchettum arhati ||44|

24 V -tṛṇācchannāṃ **25** A buddhvā **26** V jihvāvartāṃ durāsadām **27** AB parvatastho **28** ABV -vādinaḥ **29** C idaṃ viprānuśāsanam **30** A -śāntikaraṃ param **31** C gatāni **32** C muktaṃ **33** A prāpnuvadhvaṃ **34** A ghaṭety ukte **35** B nānā-

apramādād bhayaṃ rakṣed rakṣet kṣetraṃ ca saṃvidam |
icchāṃ dveṣaṃ ca kāmaṃ ca dhairyeṇa vinivartayet ||45|
nidrāṃ ca pratibhāṃ caiva jñānābhyāsena tattvavit |
upadravāṃs tathā yogī hitajīrṇamitāśanāt ||46|
lobhaṃ mohaṃ ca saṃtoṣād viṣayāṃs tattvadarśanāt |
anukrośād adharmaṃ ca jayed dharmam *upekṣayā*[36] ||47|
āyatyā[37] ca jayed *āśāṃ sāmarthyaṃ saṅgavarjanāt*[38] |
anityatvena ca snehaṃ kṣudhāṃ yogena paṇḍitaḥ ||48|
kāruṇyenātmanātmānaṃ tṛṣṇāṃ ca paritoṣataḥ |
utthānena[39] jayet tandrāṃ *vitarkaṃ niścayāj jayet*[40] ||49|
maunena bahubhāṣāṃ ca śauryeṇa ca bhayaṃ jayet |
yacched vāṅmanasī buddhyā tāṃ yacchej jñānacakṣuṣā ||50|
jñānam ātmā mahān yacchet taṃ yacchec chāntir ātmanaḥ |
tad etad upaśāntena boddhavyaṃ śucikarmaṇā ||51|
yogadoṣān samucchidya pañca yān kavayo viduḥ |
kāmaṃ krodhaṃ ca lobhaṃ ca bhayaṃ svapnaṃ ca pañcamam ||52|
parityajya niṣeveta yathāvad yoga-*sādhanāt*[41] |
dhyānam adhyayanaṃ dānaṃ satyaṃ hrīr ārjavaṃ kṣamā ||53|
śaucam ācārataḥ śuddhir indriyāṇāṃ ca saṃyamaḥ |
etair vivardhate tejaḥ pāpmānam upahanti ca ||54|
sidhyanti cāsya saṃkalpā vijñānaṃ ca pravartate |
dhūtapāpaḥ sa tejasvī laghvāhāro jitendriyaḥ ||55|
kāmakrodhau vaśe kṛtvā nirviśed brahmaṇaḥ padam |
amūḍhatvam asaṅgitvaṃ kāmakrodhavivarjanam ||56|
adainyam anudīrṇatvam anudvego hy avasthitiḥ |
eṣa mārgo hi mokṣasya prasanno vimalaḥ śuciḥ |
tathā vākkāyamanasāṃ niyamāḥ kāmato 'vyayāḥ ||57|

iti śrīmahāpurāṇe ādibrāhme vyāsarṣisaṃvāde[42] sāṃkhyayoganirūpaṇaṃ nāma saptatriṃśadadhikadviśatatamo 'dhyāyaḥ

munaya ūcuḥ:
sāṃkhyaṃ yogasya no vipra viśeṣaṃ vaktum arhasi |
tava dharmajña sarvaṃ hi viditaṃ munisattama ||239.1|
vyāsa uvāca:
sāṃkhyāḥ sāṃkhyaṃ praśaṃsanti *yogān yogaviduttamāḥ*[1] |
[2]vadanti kāraṇaiḥ śreṣṭhaiḥ svapakṣodbhavanāya vai ||2|
anīśvaraḥ kathaṃ mucyed ity evaṃ munisattamāḥ |
vadanti kāraṇaiḥ śreṣṭhaṃ yogaṃ samyaṅ manīṣiṇaḥ ||3|

36 A upekṣaṇāt **37** A āpattyā **38** BC [probably, for misprinted siglum?] āśām arthaṃ saṅgavivarjanāt **39** C uttānena **40** A dvāparaṃ dharmanirṇayāt **41** B -sādhanam **42** V om. *vyāsarṣisaṃvāde* **1** C yogā yogaṃ dvijātayaḥ **2** C om. the following 4 lines.

[3]vadanti kāraṇaṃ *vedaṃ*[4] sāṃkhyaṃ samyag dvijātayaḥ |
vijñāyeha gatīḥ sarvā *virakto*[5] viṣayeṣu yaḥ ||4|
ūrdhvaṃ sa dehāt suvyaktaṃ vimucyed iti nānyathā |
etad āhur mahāprājñāḥ sāṃkhyaṃ vai mokṣadarśanam ||5|
svapakṣe kāraṇaṃ grāhyaṃ samarthaṃ vacanaṃ hitam |
[6]*śiṣṭānāṃ*[7] hi mataṃ grāhyaṃ bhavadbhiḥ śiṣṭasaṃmataiḥ ||6|
praty-*akṣaṃ hetavo*[8] yogāḥ sāṃkhyāḥ śāstra-*viniścayāḥ*[9] |
ubhe caite mate tattve samavete dvijottamāḥ ||7|
ubhe caite mate jñāte *munīndrāḥ*[10] śiṣṭasaṃmate |
anuṣṭhite yathāśāstraṃ nayetāṃ paramāṃ gatim ||8|
tulyaṃ śaucaṃ tayor yuktaṃ *dayā*[11] bhūteṣu *cānaghāḥ*[12] |
vratānāṃ dhāraṇaṃ tulyaṃ darśanaṃ *tv asamaṃ*[13] tayoḥ ||9|
munaya ūcuḥ:
yadi tulyaṃ vrataṃ śaucaṃ dayā cātra mahāmune |
tulyaṃ taddarśanaṃ kasmāt tan no brūhi dvijottama ||10|
vyāsa uvāca:
rāgaṃ mohaṃ tathā snehaṃ kāmaṃ krodhaṃ ca kevalam |
yogāsthiroditān doṣān pañcaitān prāpnuvanti tān ||11|
yathā vānimiṣāḥ sthūlaṃ jālaṃ chittvā punar jalam |
prāpnuvanti tathā yogāt tat padaṃ vītakalmaṣāḥ ||12|
tathaiva vāgurāṃ chittvā balavanto yathā mṛgāḥ |
prāpnuyur vimalaṃ mārgaṃ vimuktāḥ sarvabandhanaiḥ ||13|
lobhajāni tathā viprā bandhanāni *balānvitaḥ*[14] |
chittvā *yogāt paraṃ*[15] mārgaṃ gacchanti vimalaṃ śubham ||14|
a-*calās*[16] tv āvilā viprā vāgurāsu tathāpare |
vinaśyanti na saṃdehas tadvad yogabalād ṛte ||15|
balahīnāś ca viprendrā yathā jālaṃ gatā dvijāḥ |
bandhaṃ na gacchanty anaghā yogās te tu sudurlabhāḥ ||16|
yathā ca śakunāḥ sūkṣmaṃ prāpya jālam ariṃdamāḥ |
tatrāśaktā vipadyante mucyante tu balānvitāḥ ||17|
karmajair bandhanair baddhās tadvad yogaparā dvijāḥ |
abalā *na vimucyante*[17] mucyante *ca*[18] balānvitāḥ ||18|
alpakaś ca yathā viprā vahniḥ śāmyati durbalaḥ |
ākrānta indhanaiḥ sthūlais tadvad yogabalaḥ smṛtaḥ ||19|
sa eva ca tadā viprā vahnir jātabalaḥ punaḥ |
samīraṇagataḥ kṛtsnāṃ dahet kṣipraṃ mahīm imām ||20|
tattvajñāna-[19]balo yogī dīptatejā mahābalaḥ |
antakāla ivādityaḥ kṛtsnaṃ saṃśoṣayej jagat ||21|
durbalaś ca yathā viprāḥ srotasā *hriyate*[20] naraḥ |
balahīnas tathā yogī viṣayair *hriyate*[21] ca saḥ ||22|

3 A om. **4** V cedaṃ **5** B caritvā **6** A om. **7** V śreṣṭhānāṃ **8** C -akṣahetukā **9** A -viniścaye **10** BV munibhiḥ **11** C yadā **12** AB mānavāḥ **13** V na samaṃ **14** V balānvitāḥ **15** B yogaparaṃ **16** AB -balās **17** V vai vinaśyanti **18** V tu **19** A tadvaj jñāna- **20** C hīyate **21** C hīyate

tad eva tu yathā sroto viṣkambhayati vāraṇaḥ |
tadvad yogabalaṃ labdhvā na bhaved viṣayair hṛtaḥ ||23|
viśanti vā *vaśād vātha*[22] yogād yogabalānvitāḥ |
prajāpatīn manūn sarvān mahābhūtāni ceśvarāḥ ||24|
na yamo nāntakaḥ *kruddho*[23] na mṛtyur bhīmavikramaḥ |
viśante tad[24] dvijāḥ sarve yogasyāmitatejasaḥ ||25|
ātmanāṃ[25] ca sahasrāṇi bahūni dvijasattamāḥ |
yogaṃ kuryād balaṃ prāpya taiś ca sarvair mahīṃ caret ||26|
prāpnuyād viṣayān kaścit punaś cograṃ tapaś caret |
saṃkṣipyec[26] ca punar viprāḥ sūryas tejoguṇān iva ||27|
balasthasya hi yogasya *balārthaṃ munisattamāḥ*[27] |
vimokṣaprabhavaṃ viṣṇum upapannam a-*saṃśayam*[28] ||28|
balāni yogaproktāni mayaitāni dvijottamāḥ |
nidarśanārthaṃ sūkṣmāṇi vakṣyāmi ca punar dvijāḥ ||29|
ātmanaś ca samādhāne dhāraṇāṃ prati vā dvijāḥ |
nidarśanāni sūkṣmāṇi śṛṇudhvaṃ munisattamāḥ ||30|
apramatto yathā dhanvī lakṣyaṃ hanti samāhitaḥ |
yuktaḥ samyak tathā yogī mokṣaṃ prāpnoty asaṃśayam ||31|
snehapātre yathā pūrṇe mana ādhāya niścalam |
puruṣo *yukta*[29] ārohet sopānaṃ yuktamānasaḥ ||32|
muktas tathāyam ātmānaṃ yogaṃ tadvat suniścalam |
karoty amalam ātmānaṃ bhāskaropamadarśane ||33|
yathā ca nāvaṃ viprendrāḥ karṇadhāraḥ samāhitaḥ |
mahārṇavagatāṃ śīghraṃ nayed viprāṃs tu pattanam ||34|
tadvad ātmasamādhānaṃ yukto *yogena*[30] yogavit |
durgamaṃ sthānam āpnoti hitvā deham imaṃ dvijāḥ ||35|
sārathiś ca yathā *yuktaḥ*[31] sadaśvān susamāhitaḥ |
deśam iṣṭaṃ nayaty āśu dhanvinaṃ puruṣarṣabham ||36|
tathaiva ca dvijā yogī *dhāraṇāsu*[32] samāhitaḥ |
prāpnoty āśu paraṃ sthānaṃ lakṣyamukta ivāśugaḥ ||37|
āviśyātmani[33] cātmānaṃ yo 'vatiṣṭhati so 'calaḥ |
pāśaṃ hatveva mīnānāṃ padam āpnoti so 'jaram ||38|
nābhyāṃ[34] śīrṣe ca kukṣau ca hṛdi vakṣasi pārśvayoḥ |
darśane śravaṇe vāpi *ghrāṇe*[35] cāmitavikramaḥ ||39|
sthāneṣv eteṣu yo yogī mahāvratasamāhitaḥ |
ātmanā sūkṣmam ātmānaṃ yuṅkte samyag dvijottamāḥ ||40|
suśīghram acalaprakhyaṃ karma dagdhvā śubhāśubham |
uttamaṃ yogam āsthāya yadīcchati vimucyate ||41|
munaya ūcuḥ:
āhārān kīdṛśān kṛtvā kāni jitvā ca sattama |
yogī balam avāpnoti[36] tad bhavān vaktum arhati ||42|

22 A vaśā nāryo **23** A krūro **24** B īśatas tu **25** B ātmanā **26** V saṃkṣipec
27 C bandhane yasya sattamāḥ **28** AB -saṃśayaḥ **29** C mukta **30** BC yuktena
31 V viprāḥ **32** A dhāraṇāyāṃ **33** AB avekṣyātmani **34** C nāḍyāṃ **35** C prāṇe
36 A yogasya balam āpnoti

vyāsa uvāca:
[37]kaṇānāṃ bhakṣaṇe yuktaḥ piṇyākasya ca bho dvijāḥ |
snehānāṃ varjane yukto yogī balam avāpnuyāt ||43|
bhuñjāno yāvakaṃ rūkṣaṃ dīrghakālaṃ dvijottamāḥ |
ekāhārī viśuddhātmā yogī balam avāpnuyāt ||44|
pakṣān māsān ṛtūṃś citrān saṃcaraṃś ca guhās tathā |
apaḥ pītvā payomiśrā yogī balam avāpnuyāt ||45|
akhaṇḍam api vā māsaṃ satataṃ munisattamāḥ |
upoṣya samyak śuddhātmā yogī balam avāpnuyāt ||46|
kāmaṃ jitvā tathā krodhaṃ śītoṣṇaṃ varṣam eva ca |
bhayaṃ śokaṃ tathā svāpaṃ pauruṣān viṣayāṃs tathā ||47|
aratiṃ durjayāṃ caiva ghorāṃ dṛṣṭvā ca bho dvijāḥ |
sparśaṃ[38] nidrāṃ *tathā*[39] tandrāṃ durjayāṃ munisattamāḥ ||48|
dīpayanti *mahātmānaṃ*[40] sūkṣmam ātmānam ātmanā |
vītarāgā mahāprājñā dhyānādhyayana-*saṃpadā*[41] ||49|
durgas tv eṣa mataḥ panthā brāhmaṇānāṃ vipaścitām |
yaḥ kaścid vrajati kṣipraṃ kṣemeṇa muni-*puṃgavāḥ*[42] ||50|
yathā kaścid vanaṃ ghoraṃ bahusarpasarīsṛpam |
śvabhravat toyahīnaṃ ca durgamaṃ bahukaṇṭakam ||51|
abhaktam aṭavīprāyaṃ dāvadagdhamahīruham |
panthānaṃ taskarākīrṇaṃ kṣemeṇābhipatet tathā ||52|
yogamārgaṃ samāsādya yaḥ kaścid vrajate dvijaḥ |
kṣemeṇoparamen mārgād *bahu-*[43]*doṣo 'pi*[44] saṃmataḥ ||53|
āstheyaṃ kṣuradhārāsu niśitāsu dvijottamāḥ |
dhāraṇā sā tu yogasya durgeyam akṛtātmabhiḥ ||54|
viṣamā dhāraṇā viprā yānti vai na śubhāṃ gatim |
netṛhīnā yathā nāvaḥ puruṣāṇāṃ tu vai dvijāḥ ||55|
yas tu tiṣṭhati *yogādhau*[45] *dhāraṇāsu*[46] yathāvidhi |
maraṇaṃ *janmaduḥkhitvaṃ*[47] sukhitvaṃ sa viśiṣyate ||56|
nānāśāstreṣu *niyataṃ nānāmuniniṣevitam*[48] |
paraṃ yogasya panthānaṃ niścitaṃ *taṃ*[49] dvijātiṣu ||57|
paraṃ *hi tad*[50] brahmamayaṃ munīndrā |
brahmāṇam īśaṃ vara-*daṃ ca viṣṇum*[51] |
bhavaṃ ca dharmaṃ ca *mahānubhāvaṃ*[52] |
yad brahmaputrān sumahānubhāvān ||58|
tamaś ca kaṣṭaṃ sumahad rajaś ca |
sattvaṃ ca śuddhaṃ prakṛtiṃ parāṃ ca |
siddhiṃ ca devīṃ varuṇasya patnīṃ |
tejaś ca kṛtsnaṃ sumahac ca dhairyam ||59|
tārādhipaṃ khe vi-*malaṃ sutāraṃ*[53] |
viśvāṃś ca devān uragān pitṝṃś ca |

37 V. 43 is printed as footnote in V. **38** B śvāsaṃ **39** B bhayaṃ **40** A tathātmānaṃ **41** AB -saṃyutāḥ **42** V -sattamāḥ **43** B dvaṃdva- **44** A poṣyo hi **45** AV yogān vai **46** A dhāraṇaṃ tu **47** A duścikitsyaṃ ca **48** AB niṣpannaṃ yogeṣv evam udāhṛtam **49** B tad **50** B hitaṃ **51** A -davariṣṭham **52** C mahānaraṃ [sic; hypometric] **53** A -malaṃ subhāvaṃ V -malasvabhāvaṃ

śailāṃś ca kṛtsnān udadhīṃś ca *vācalān*[54] |
nadīś ca sarvāḥ sanagāṃś ca nāgān ||60|
sādhyāṃs tathā yakṣagaṇān diśaś ca |
gandharvasiddhān *puruṣān*[55] striyaś ca |
parasparaṃ prāpya mahān mahātmā |
viśeta yogī nacirād vimuktaḥ ||61|
kathā ca yā vipravarāḥ prasaktā |
daive mahāvīryamatau śubheyam |
yogān sa sarvān *anubhūya*[56] martyā |
nārāyaṇaṃ taṃ drutam āpnuvanti ||62|

iti śrīmahāpurāṇe ādibrāhme vyāsarṣisaṃvāde yogavidhinirūpaṇaṃ nāmāṣṭātriṃśad-adhikadviśatatamo 'dhyāyaḥ

munaya ūcuḥ:
samyak kriyeyaṃ viprendra varṇitā śiṣṭasaṃmatā |
yogamārgo yathānyāyaṃ śiṣyāyeha hitaiṣiṇā ||240.1|
sāṃkhye[1] tv idānīṃ dharmasya vidhiṃ prabrūhi tattvataḥ |
triṣu lokeṣu yaj jñānaṃ sarvaṃ tad viditaṃ hi te ||2|
vyāsa uvāca:
śṛṇudhvaṃ munayaḥ *sarvam ākhyānaṃ*[2] viditātmanām |
vihitaṃ *yatibhir vṛddhaiḥ*[3] kapilādibhir īśvaraiḥ ||3|
yasmin suvibhramāḥ kecid dṛśyante munisattamāḥ |
guṇāś ca yasmin bahavo doṣahāniś ca kevalā ||4|
jñānena parisaṃkhyāya sadoṣān viṣayān dvijāḥ |
mānuṣān durjayān kṛtsnān paiśācān viṣayāṃs tathā ||5|
viṣayān auragāñ jñātvā gandharvaviṣayāṃs tathā |
pitṝṇāṃ viṣayāñ jñātvā tiryaktvaṃ caratāṃ dvijāḥ ||6|
suparṇaviṣayāñ jñātvā marutāṃ viṣayāṃs tathā |
maharṣiviṣayāṃś caiva rājarṣiviṣayāṃs tathā ||7|
āsurān viṣayāñ jñātvā vaiśvadevāṃs tathaiva ca |
devarṣiviṣayāñ jñātvā yogānām api *vai parān*[4] ||8|
viṣayāṃś *ca pramāṇasya*[5] brahmaṇo *viṣayāṃs*[6] tathā |
āyuṣaś ca paraṃ kālaṃ lokair vijñāya tattvataḥ ||9|
sukhasya ca paraṃ kālaṃ vijñāya munisattamāḥ |
prāptakāle ca yad duḥkhaṃ patatāṃ viṣayaiṣiṇām ||10|
tiryaktve patatāṃ viprās tathaiva narakeṣu yat |
svargasya ca guṇāñ jñātvā doṣān sarvāṃś ca bho dvijāḥ ||11|
vedavāde ca ye doṣā guṇā ye cāpi vaidikāḥ |
jñānayoge ca ye doṣā *jñāna-*[7]yoge ca ye guṇāḥ ||12|

54 V ghorān **55** V puruṣāṃs **56** C abhibhūya **1** C sāṃkhyaṃ **2** B sarvasāṃkhyānāṃ V sarve sāṃkhyānāṃ **3** A yatibhiḥ pūrvaiḥ **4** AC ceśvarāt **5** V cādyamānasya **6** V viṣayaṃ **7** A guṇa-

sāṃkhyajñāne ca ye *doṣāṃs*[8] tathaiva ca guṇā dvijāḥ |
sattvaṃ daśaguṇaṃ jñātvā rajo navaguṇaṃ tathā ||13|
tamaś cāṣṭaguṇaṃ jñātvā buddhiṃ saptaguṇāṃ tathā |
ṣaḍguṇaṃ ca nabho jñātvā tamaś ca triguṇaṃ mahat ||14|
dviguṇaṃ ca rajo jñātvā sattvaṃ caikaguṇaṃ punaḥ |
mārgaṃ vijñāya tattvena *pralayaprekṣaṇena tu*[9] ||15|
jñānavijñānasaṃpannāḥ kāraṇair bhāvitātmabhiḥ |
prāpnuvanti śubhaṃ mokṣaṃ sūkṣmā iva nabhaḥ param ||16|
rūpeṇa dṛṣṭiṃ saṃyuktāṃ ghrāṇaṃ gandhaguṇena ca |
śabda-*grāhyaṃ*[10] tathā śrotraṃ jihvāṃ rasaguṇena ca ||17|
tvacaṃ sparśaṃ tathā śakyaṃ vāyuṃ caiva tadāśritam |
mohaṃ tamasi saṃyuktaṃ lobhaṃ *moheṣu*[11] saṃśritam ||18|
viṣṇuṃ krānte bale śakraṃ koṣṭhe[12] saktaṃ tathānalam |
apsu devīṃ samāyuktām āpas tejasi saṃśritāḥ ||19|
tejo vāyau tu saṃyuktaṃ vāyuṃ nabhasi cāśritam |
nabho mahati saṃyuktaṃ *tamo*[13] mahasi saṃsthitam ||20|
rajaḥ sattvaṃ tathā saktaṃ sattvaṃ saktaṃ tathātmani |
saktam ātmānam īśe ca deve nārāyaṇe tathā ||21|
devaṃ mokṣe ca saṃyuktaṃ tato mokṣaṃ ca na kvacit |
jñātvā sattvaguṇaṃ dehaṃ vṛtaṃ ṣoḍaśabhir guṇaiḥ ||22|
svabhāvaṃ bhāvanāṃ caiva jñātvā dehasamāśritām |
madhyastham iva cātmānaṃ pāpaṃ yasmin na vidyate ||23|
dvitīyaṃ karma vai jñātvā viprendrā viṣayaiṣiṇām |
indriyāṇīndriyārthāṃś ca sarvān ātmani *saṃśritān*[14] ||24|
durlabhatvaṃ ca mokṣasya vijñāya śrutipūrvakam |
prāṇāpānau samānaṃ ca vyānodānau ca tattvataḥ ||25|
ādyaṃ caivānilaṃ jñātvā prabhavaṃ cānilaṃ punaḥ |
saptadhā tāṃs tathā śeṣān saptadhā vidhivat punaḥ ||26|
prajāpatīn ṛṣīṃś caiva *sargāṃś ca subahūn varān*[15] |
saptarṣīṃś ca bahūñ jñātvā rājarṣīṃś ca paraṃtapān ||27|
surarṣīn marutaś cānyān brahmarṣīn sūryasaṃnibhān |
aiśvaryāc cyāvitān dṛṣṭvā kālena mahatā dvijāḥ ||28|
mahatāṃ bhūtasaṃghānāṃ śrutvā nāśaṃ ca bho dvijāḥ |
gatiṃ vācāṃ śubhāṃ *jñātvā arcārhāḥ pāpakarmaṇām*[16] ||29|
vaitaraṇyāṃ ca yad duḥkhaṃ patitānāṃ yamakṣaye |
yoniṣu ca vicitrāsu saṃcārān aśubhāṃs tathā ||30|
jaṭhare cāśubhe vāsaṃ śoṇitodakabhājane |
śleṣmamūtrapurīṣe ca tīvragandhasamanvite ||31|
śukraśoṇitasaṃghāte majjāsnāyuparigrahe |
śirāśatasamākīrṇe navadvāre pure 'tha vai ||32|

8 V doṣās **9** B pralaye prekṣaṇaṃ tathā C pralaye pralayaṃ tathā **10** AB -śaktyā
11 C sattveṣu **12** A mohe 'nalaṃ tathā krāntaṃ bale **13** B tato C tathā **14** BV saṃsthitān
15 AB mārgāṃś caiva vasuṃdharām **16** AB prāptāḥ pāpāś ca karmaṇām [sic; line deficient]

vijñāya hitam[17] ātmānaṃ yogāṃś ca vividhān dvijāḥ |
tāmasānāṃ ca jantūnāṃ ramaṇīyānṛtātmanām ||33|
sāttvikānāṃ ca jantūnāṃ kutsitaṃ munisattamāḥ |
garhitaṃ mahatām arthe sāṃkhyānāṃ viditātmanām ||34|
upaplavāṃs[18] tathā ghorāñ śaśinas tejasas tathā |
tārāṇāṃ patanaṃ dṛṣṭvā nakṣatrāṇāṃ ca paryayam ||35|
dvaṃdvānāṃ[19] viprayogaṃ ca vijñāya kṛpaṇaṃ dvijāḥ |
anyonya-*bhakṣaṇaṃ*[20] dṛṣṭvā bhūtānām api cāśubham ||36|
bālye mohaṃ ca vijñāya pakṣadehasya cāśubham |
rāgaṃ mohaṃ ca saṃprāptaṃ kvacit sattvaṃ samāśritam ||37|
sahasreṣu naraḥ kaścin mokṣabuddhiṃ samāśritaḥ |
durlabhatvaṃ ca mokṣasya vijñānaṃ śrutipūrvakam ||38|
bahumānam a-*labdheṣu*[21] labdhe madhyasthatāṃ punaḥ |
viṣayāṇāṃ ca daurātmyaṃ vijñāya ca punar dvijāḥ ||39|
gatāsūnāṃ ca sattvānāṃ dehān bhittvā tathā śubhān |
vāsaṃ kuleṣu jantūnāṃ *maraṇāya dhṛtātmanām*[22] ||40|
sāttvikānāṃ ca jantūnāṃ duḥkhaṃ vijñāya bho dvijāḥ |
brahmaghnānāṃ gatiṃ jñātvā patitānāṃ sudāruṇām ||41|
surāpāne ca saktānāṃ brāhmaṇānāṃ durātmanām |
gurudāraprasaktānāṃ gatiṃ vijñāya cāśubhām ||42|
jananīṣu[23] ca vartante yena[24] samyag dvijottamāḥ |
sa-*devakeṣu*[25] lokeṣu yena vartanti mānavāḥ ||43|
tena jñānena vijñāya gatiṃ cāśubhakarmaṇām |
tiryagyonigatānāṃ ca vijñāya ca gatīḥ pṛthak ||44|
veda-*vādāṃs*[26] tathā *citrān ṛtūnāṃ*[27] paryayāṃs tathā |
kṣayaṃ saṃvatsarāṇāṃ ca māsānāṃ ca kṣayaṃ tathā ||45|
pakṣakṣayaṃ tathā dṛṣṭvā divasānāṃ ca saṃkṣayam |
kṣayaṃ vṛddhiṃ ca candrasya dṛṣṭvā pratyakṣatas tathā ||46|
vṛddhiṃ dṛṣṭvā samudrāṇāṃ kṣayaṃ teṣāṃ tathā punaḥ |
kṣayaṃ dhanānāṃ dṛṣṭvā ca punar vṛddhiṃ tathaiva ca ||47|
saṃyogānāṃ tathā dṛṣṭvā yugānāṃ ca viśeṣataḥ |
dehavaiklavyatāṃ[28] caiva samyag vijñāya tattvataḥ ||48|
ātmadoṣāṃś ca vijñāya sarvān ātmani saṃsthitān |
svadehād utthitān *gandhāṃs*[29] tathā vijñāya cāśubhān ||49|
munaya ūcuḥ:
kān utpātabhavān doṣān paśyasi brahmavittama |
etaṃ naḥ saṃśayaṃ kṛtsnaṃ vaktum arhasy aśeṣataḥ ||50|
vyāsa uvāca:
pañca doṣān dvijā dehe pravadanti manīṣiṇaḥ |
mārgajñāḥ kāpilāḥ sāṃkhyāḥ śṛṇudhvaṃ munisattamāḥ ||51|

17 B vijñāyāhitam **18** V upadravāṃs **19** B baddhānāṃ **20** B -rakṣaṇāṃ **21** A -labhye tu
22 BC ramaṇīyān ṛtātmanām **23** AB rajanīṣu **24** Read *ye na*? **25** V -daivakeṣu
26 B -vidyās **27** B citrā bhūtānāṃ **28** AB ahaṃvaktavyatāṃ V ahaṃvaiklavyatāṃ
29 V doṣāṃs

kāmakrodhau bhayaṃ nidrā pañcamaḥ śvāsa ucyate |
ete doṣāḥ śarīreṣu dṛśyante[30] sarvadehinām ||52|
chindanti kṣamayā krodhaṃ kāmaṃ saṃkalpavarjanāt |
sattvasaṃsevanān nidrām apramādād bhayaṃ tathā ||53|
chindanti pañcamaṃ śvāsam alpāhāratayā dvijāḥ |
guṇān guṇaśatair jñātvā doṣān doṣaśatair api ||54|
hetūn hetuśataiś citraiś citrān vijñāya tattvataḥ |
apāṃ *phenopamaṃ*[31] lokaṃ viṣṇor māyāśataiḥ kṛtam ||55|
[32]*citra*-[33]bhittipratīkāśaṃ nalasāram anarthakam |
tamaḥsaṃbhramitaṃ dṛṣṭvā varṣabudbudasaṃnibham ||56|
nāśaprāyaṃ *sukhādhānaṃ*[34] nāśottaramahābhayam |
rajas tamasi saṃmagnaṃ paṅke dvipam ivāvaśam ||57|
sāṃkhyā[35] viprā mahā-*prājñās tyaktvā snehaṃ prajākṛtam*[36] |
jñānajñeyena[37] sāṃkhyena vyāpinā mahatā dvijāḥ ||58|
rājasān aśubhān gandhāṃs tāmasāṃś ca tathāvidhān |
puṇyāṃś ca sāttvikān gandhān sparśajān dehasaṃśritān ||59|
chittvātmajñānaśastreṇa tapodaṇḍena sattamāḥ |
tato *duḥkhādikaṃ*[38] ghoraṃ cintāśokamahāhradam ||60|
vyādhimṛtyumahāghoraṃ mahābhayamahoragam |
tamaḥkūrmaṃ rajomīnaṃ prajñayā saṃtaranty uta ||61|
snehapaṅkaṃ jarādurgaṃ sparśadvīpaṃ dvijottamāḥ |
karmāgādhaṃ satyatīraṃ *sthitaṃ vrata*-[39]manīṣiṇaḥ ||62|
harṣasaṃgha-[40]mahāvegaṃ nānārasasamākulam |
nānāprītimahāratnaṃ duḥkhajvarasamīritam ||63|
śokatṛṣṇāmahāvartaṃ tīkṣṇavyādhimahārujam |
asthisaṃghātasaṃghaṭṭaṃ śleṣmayogaṃ dvijottamāḥ ||64|
dānamuktākaraṃ ghoraṃ śoṇitodgāravidrumam |
hasitotkruṣṭanirghoṣaṃ nānājñānasuduṣkaram ||65|
rodanāśrumalakṣāraṃ saṅgayogaparāyaṇam |
pralabdhvā[41] janmaloko yaṃ putra-*bāndhavapattanam*[42] ||66|
[43]ahiṃsāsatyamaryādaṃ prāṇayogamayormilam |
vṛndānugāminaṃ kṣīraṃ[44] sarvabhūtapayodadhim ||67|
mokṣadurlabhaviṣayaṃ vāḍavā-[45]sukhasāgaram |
taranti yatayaḥ siddhā jñānayogena cānaghāḥ ||68|
tīrtvā[46] ca dustaraṃ janma viśanti vimalaṃ *nabhaḥ*[47] |
tatas tān *sukṛtīñ jñātvā*[48] sūryo vahati raśmibhiḥ ||69|
padmatantuvad āviśya pravahan viṣayān dvijāḥ |
tatra tān pravaho vāyuḥ pratigṛhṇāti cānaghāḥ ||70|

30 A pañca vidhvaṃsakartāro vartante B yogavidhvaṃsakartāro vartante **31** A vyomaparaṃ **32** A om. **33** B cintā- **34** B sukhāsīnaṃ **35** AB sāṃkhyān **36** AB -prājñān sa tān āha prajāpatiḥ **37** AB anena doṣān **38** V duḥkhodakaṃ **39** AB satyavrata- **40** V hiṃsāśīghra- **41** AB punar vā **42** AB -vadhūcayatparam **43** A om. **44** A vedānupāyinakṣīraṃ **45** C mahokṣadurlabhaviṣaṃ vaḍavā- **46** B bhittvā **47** A tamaḥ B tataḥ **48** V āgatān dṛṣṭvā

vītarāgān yatīn siddhān vīryayuktāṃs tapodhanān |
sūkṣmaḥ śītaḥ sugandhaś ca sukhasparśaś ca bho dvijāḥ ||71|
saptānāṃ marutāṃ śreṣṭho lokān gacchati yaḥ śubhān |
sa tān vahati viprendrā nabhasaḥ paramāṃ gatim ||72|
nabho[49] vahati lokeśān rajasaḥ paramāṃ gatim |
rajo vahati viprendrāḥ sattvasya paramāṃ gatim ||73|
sattvaṃ vahati śuddhātmā paraṃ nārāyaṇaṃ *prabhum*[50] |
prabhur vahati śuddhātmā paramātmānam ātmanā ||74|
paramātmānam āsādya *tadbhūtā yatayo 'malāḥ*[51] |
amṛtatvāya kalpante na nivartanti ca dvijāḥ ||75|
paramā sā gatir viprā nirdvaṃdvānāṃ mahātmanām |
satyārjavaratānāṃ *vai*[52] sarvabhūtadayāvatām ||76|
munaya ūcuḥ:
sthānam uttamam āsādya bhagavantaṃ sthiravratāḥ |
ājanmamaraṇaṃ vā te *ramante tatra vā na vā*[53] ||77|
yad atra tathyaṃ tattvaṃ no yathāvad vaktum arhasi |
tvadṛte mānavaṃ nānyaṃ praṣṭum arhāma sattama ||78|
mokṣa-*doṣo*[54] mahān eṣa prāpya siddhiṃ gatān ṛṣīn |
yadi tatraiva vijñāne vartante yatayaḥ pare ||79|
pravṛttilakṣaṇaṃ dharmaṃ paśyāma paramaṃ dvija |
magnasya hi pare jñāne[55] kiṃtu duḥkhāntaraṃ bhavet ||80|
vyāsa uvāca:
yathānyāyaṃ muniśreṣṭhāḥ praśnaḥ pṛṣṭaś ca saṃkaṭaḥ |
budhānām api saṃmohaḥ praśne 'smin munisattamāḥ ||81|
atrāpi tattvaṃ paramaṃ śṛṇudhvaṃ vacanaṃ mama |
buddhiś ca paramā yatra *kapilānāṃ*[56] mahātmanām ||82|
indriyāṇy api budhyante sva-*dehaṃ dehināṃ*[57] dvijāḥ |
karaṇāny ātmanas tāni *sūkṣmaṃ*[58] paśyanti tais tu saḥ ||83|
ātmanā viprahīṇāni *kāṣṭhakuḍyasamāni*[59] *tu*[60] |
vinaśyanti na saṃdeho velā iva mahārṇave ||84|
indriyaiḥ saha suptasya dehino *dvijasattamāḥ*[61] |
sūkṣmaś carati[62] sarvatra nabhasīva samīraṇaḥ ||85|
sa paśyati yathānyāyaṃ *smṛtvā*[63] spṛśati cānaghāḥ |
budhyamāno yathāpūrvam akhileneha bho dvijāḥ ||86|
indriyāṇi ha sarvāṇi sve sve sthāne yathāvidhi |
anīśatvāt pralīyante sarpā viṣahatā iva ||87|
indriyāṇāṃ tu sarveṣāṃ svasthāneṣv eva sarvaśaḥ |
ākramya gatayaḥ *sūkṣmā varaty*[64] ātmā na saṃśayaḥ ||88|
sattvasya ca *guṇān kṛtsnān*[65] rajasaś ca guṇān punaḥ |
guṇāṃś ca tamasaḥ sarvān guṇān buddheś ca sattamāḥ ||89|

49 B tamo **50** V śubham **51** V gatadoṣāḥ sadāmalāḥ **52** V ca **53** C smaranty atra sadānaghāḥ **54** C -lābho **55** B yasya hiṃsāparaṃ jñānaṃ **56** AB jāyate hi **57** A -dehe dehināṃ B -dehasthāni bho **58** B sūkṣmaḥ **59** ABV pāpakarmakṛtāni **60** V ca **61** V vyākulasya vā **62** A mano bhramati **63** C sparśan **64** ASS corr. like V; V sūkṣmāś caraty **65** V guṇās tāṃs tān

guṇāṃś ca manasaś cāpi nabhasaś ca guṇāṃs tathā |
guṇān vāyoś ca sarvajñāḥ snehajāṃś ca guṇān punaḥ ||90|
apāṃ *guṇās*[66] tathā viprāḥ pārthivāṃś ca guṇān api |
sarvān eva *guṇair*[67] vyāpya kṣetrajñeṣu dvijottamāḥ ||91|
ātmā *carati*[68] kṣetrajñaḥ karmaṇā ca *śubhāśubhe*[69] |
śiṣyā iva mahātmānam indriyāṇi ca taṃ dvijāḥ ||92|
[70]prakṛtiṃ cāpy atikramya śuddhaṃ sūkṣmaṃ *parāt param*[71] |
nārāyaṇaṃ mahātmānaṃ nirvikāraṃ parāt param ||93|
vimuktaṃ sarvapāpebhyaḥ praviṣṭaṃ ca hy anāmayam |
paramātmānam aguṇaṃ nirvṛtaṃ taṃ ca sattamāḥ ||94|
śreṣṭhaṃ tatra mano viprā indriyāṇi ca bho dvijāḥ |
āgacchanti yathākālaṃ guroḥ *saṃdeśa-*[72]kāriṇaḥ ||95|
śakyaṃ *vālpena*[73] kālena *śāntiṃ prāptuṃ guṇāṃs tathā*[74] |
evam uktena viprendrāḥ sāṃkhyayogena mokṣiṇīm ||96|
sāṃkhyā viprā mahāprājñā[75] gacchanti paramāṃ gatim |
jñānenānena viprendrās tulyaṃ jñānaṃ na vidyate ||97|
atra vaḥ saṃśayo mā bhūj jñānaṃ sāṃkhyaṃ paraṃ matam |
akṣaraṃ dhruvam evoktaṃ pūrvaṃ brahma sanātanam ||98|
anādimadhyanidhanaṃ nirdvaṃdvaṃ kartṛ śāśvatam |
kūṭasthaṃ caiva nityaṃ ca yad vadanti śamātmakāḥ ||99|
yataḥ sarvāḥ pravartante sargapralayavikriyāḥ |
evaṃ śaṃsanti śāstreṣu pravaktāro maharṣayaḥ ||100|
sarve viprāś ca vedāś ca tathā sāmavido janāḥ |
brahmaṇyaṃ paramaṃ devam anantaṃ paramācyutam ||101|
prārthayantaś ca taṃ viprā vadanti guṇabuddhayaḥ |
samyag uktās[76] tathā *yogāḥ*[77] sāṃkhyāś *cāmita-*[78]darśanāḥ ||102|
amūrtis tasya viprendrāḥ sāṃkhyaṃ mūrtir iti śrutiḥ |
abhijñānāni tasyāhur *mahānti*[79] munisattamāḥ ||103|
dvividhāni hi bhūtāni pṛthivyāṃ dvijasattamāḥ |
agamyagamyasaṃjñāni *gamyaṃ tatra*[80] viśiṣyate ||104|
jñānaṃ mahad vai mahataś ca viprā |
vedeṣu sāṃkhyeṣu tathaiva yoge |
yac cāpi dṛṣṭaṃ vidhivat purāṇe |
sāṃkhyāgataṃ tan nikhilaṃ munīndrāḥ ||105|
yac cetihāseṣu mahatsu dṛṣṭaṃ |
yathārthaśāstreṣu viśiṣṭadṛṣṭam |
jñānaṃ ca loke yad ihāsti kiṃcit |
sāṃkhyāgataṃ tac ca mahāmunīndrāḥ ||106|
samastadṛṣṭaṃ paramaṃ balaṃ ca |
jñānaṃ ca mokṣaś ca yathāvad uktam |

66 V guṇāṃs **67** A guṇān **68** C ca yāti **69** A śubhāśubham B śubhān guṇān **70** C om. 240.93–94. **71** V parāyaṇam **72** AB saṃdeha- **73** V cālpena **74** A prāptaś cāptaguṇāṃs tathā B prāptuṃ prāptā guṇātmanām C śāntiṃ prāptiṃ guṇārthinā **75** AB śītoṣṇādi parityajya **76** A śamayuktās V parayuktās **77** A yoge **78** A ca jāta- **79** AB mataṃ hi **80** V jaṅgamaṃ tu

tapāṃsi sūkṣmāṇi ca yāni caiva |
sāṃkhye yathāvad vihitāni viprāḥ ||107|
viparyayaṃ tasya hitaṃ sadaiva |
gacchanti sāṃkhyāḥ satataṃ sukhena |
tāṃś cāpi saṃdhārya tataḥ kṛtārthāḥ |
patanti *viprāyataneṣu*[81] bhūyaḥ ||108|
hitvā[82] ca dehaṃ praviśanti mokṣaṃ |
divaukasaś cāpi ca yogasāṃkhyāḥ |
ato 'dhikaṃ te 'bhiratā mahārhe |
sāṃkhye dvijā bho iha śiṣṭajuṣṭe ||109|
teṣāṃ tu tiryaggamanaṃ hi dṛṣṭaṃ |
nādho gatiḥ pāpakṛtāṃ nivāsaḥ |
na vā pradhānā api te dvijātayo |
ye jñānam etan munayo na saktāḥ ||110|
sāṃkhyaṃ[83] viśālaṃ paramaṃ purāṇaṃ |
mahārṇavaṃ vimalam udārakāntam |
kṛtsnaṃ hi sāṃkhyā munayo *mahātma-*[84] |
nārāyaṇe dhārayatāprameyam ||111|
etan mayoktaṃ paramaṃ hi tattvaṃ |
nārāyaṇād viśvam idaṃ purāṇam |
sa sargakāle ca karoti sargaṃ |
saṃhārakāle ca *hareta*[85] bhūyaḥ ||112|

iti śrīmahāpurāṇe ādibrāhme vyāsarṣisaṃvāde sāṃkhyavidhinirūpaṇaṃ nāmaikonacatvāriṃśadadhikadviśatatamo 'dhyāyaḥ

munaya ūcuḥ:
kiṃ tad akṣaram ity uktaṃ yasmān nāvartate punaḥ |
[1]kiṃsvit tat kṣaram ity uktaṃ yasmād āvartate punaḥ ||241.1|
akṣarākṣarayor vyaktiṃ pṛcchāmas tvāṃ mahāmune |
upalabdhuṃ muniśreṣṭha tattvena munipuṃgava ||2|
tvaṃ hi jñānavidāṃ śreṣṭhaḥ procyase vedapāragaiḥ |
ṛṣibhiś ca mahābhāgair yatibhiś ca mahātmabhiḥ ||3|
tad etac chrotum icchāmas tvattaḥ sarvaṃ mahāmate |
na tṛptim adhigacchāmaḥ śṛṇvanto 'mṛtam uttamam ||4|
vyāsa uvāca:
atra vo varṇayiṣyāmi itihāsaṃ purātanam |
vasiṣṭhasya ca saṃvādaṃ karālajanakasya ca ||5|
vasiṣṭhaṃ śreṣṭham āsīnam ṛṣīṇāṃ bhās-*karadyutim*[2] |
papraccha janako rājā jñānaṃ naiḥśreyasaṃ param ||6|
paramātmani kuśalam adhyātmagatiniścayam |
maitrāvaruṇim āsīnam abhivādya kṛtāñjaliḥ ||7|

81 B vipreṣu yatanti **82** V bhittvā **83** C sāṃkhyā **84** V mahātmanā **85** C tad atti **1** V om. **2** V -karākṛtim

svacchandaṃ sukṛtaṃ[3] caiva madhuraṃ cāpy anulbaṇam |
papraccharṣivaraṃ rājā karālajanakaḥ purā ||8|
karālajanaka[4] uvāca:
bhagavañ śrotum icchāmi paraṃ brahma sanātanam |
yasmin na punarāvṛttiṃ prāpnuvanti manīṣiṇaḥ ||9|
yac ca tat kṣaram ity uktaṃ yatredaṃ kṣarate jagat |
yac cākṣaram iti proktaṃ śivaṃ kṣemam anāmayam ||10|
vasiṣṭha uvāca:
śrūyatāṃ pṛthivīpāla kṣaratīdaṃ yathā jagat |
yatra kṣarati pūrveṇa yāvatkālena cāpy atha ||11|
yugaṃ dvādaśa-*sāhasryaṃ*[5] kalpaṃ viddhi caturyugam |
daśa-[6]kalpaśatāvartam ahas tad brāhmam ucyate ||12|
rātriś caitāvatī rājan yasyānte pratibudhyate |
sṛjaty anantakarmāṇi mahāntaṃ bhūtam agrajam ||13|
mūrtimantam amūrtātmā viśvaṃ śaṃbhuḥ svayaṃbhuvaḥ |
[7]yatrotpattiṃ pravakṣyāmi mūlato nṛpasattama ||14|
aṇimā laghimā prāptir īśānaṃ jyotir avyayam |
sarvataḥpāṇipādāntaṃ sarvatokṣiśiromukham ||15|
sarvataḥśrutimal loke sarvam āvṛtya tiṣṭhati |
hiraṇyagarbho bhagavān eṣa buddhir iti *smṛtiḥ*[8] ||16|
mahān iti ca yogeṣu *viriñcir*[9] iti cāpy atha |
sāṃkhye ca paṭhyate śāstre nāmabhir bahudhātmakaḥ ||17|
vicitrarūpo viśvātmā ekākṣara iti smṛtaḥ |
dhṛtam ekātmakaṃ yena kṛtsnaṃ trailokyam ātmanā ||18|
tathaiva bahurūpatvād viśvarūpa iti śrutaḥ |
eṣa vai *vikriyāpannaḥ*[10] sṛjaty ātmānam ātmanā ||19|
[11]pradhānaṃ tasya saṃyogād utpannaṃ sumahat puram |
ahaṃkāraṃ *mahātejāḥ prajāpatinamaskṛtam*[12] ||20|
a-*vyaktād vyaktim*[13] āpannaṃ vidyāsargaṃ vadanti tam |
mahāntaṃ cāpy ahaṃkāram avidyāsarga eva ca ||21|
acaraś ca caraś caiva samutpannau *tathaikataḥ*[14] |
vidyāvidyeti vikhyāte śrutiśāstrānucintakaiḥ ||22|
bhūtasargam ahaṃkārāt tṛtīyaṃ viddhi pārthiva |
ahaṃkāreṣu nṛpate caturthaṃ viddhi vaikṛtam ||23|
vāyur jyotir athākāśam āpo 'tha pṛthivī tathā |
śabdasparśau ca rūpaṃ ca raso gandhas tathaiva ca ||24|
evaṃ yugapad utpannaṃ daśavargam asaṃśayam |
pañcamaṃ viddhi rājendra bhautikaṃ sargam *arthakṛt*[15] ||25|
śrotraṃ tvak cakṣuṣī jihvā ghrāṇam eva ca pañcamam |
vāg *hastau*[16] caiva pādau ca pāyur meḍhraṃ tathaiva ca ||26|

3 C sukṣetraṃ prasṛtaṃ **4** V janaka **5** V -sāhasraṃ **6** V catuḥ- **7** C om. **8** AV smṛtaḥ **9** C virañca **10** B vikriyāyatnaḥ **11** AC om. **12** B tejā jātas tatra prajāpatiḥ C tejāḥ prajāpatimahatkṛtam **13** AC -vyaktāvyaktam **14** B tathaiva ca **15** V arthavat **16** V ghastau

buddhīndriyāṇi caitāni tathā karmendriyāṇi ca |
saṃbhūtānīha yugapan manasā saha pārthiva ||27|
eṣā tattvacaturviṃśā *sarvākṛtiḥ pravartate*[17] |
yāṃ jñātvā nābhiśocanti brāhmaṇās tattvadarśinaḥ ||28|
evam etat samutpannaṃ trailokyam idam uttamam |
veditavyaṃ naraśreṣṭha sadaiva *narakārṇave*[18] ||29|
sayakṣabhūtagandharve sakiṃnaramahorage |
[19]sacāraṇapiśāce vai sadevarṣiniśācare ||30|
sadaṃśakīṭamaśake sapūtikṛmimūṣake |
śuni śvapāke *caiṇeye sacāṇḍāle sa-*[20]pulkase ||31|
hastyaśvakharaśārdūle savṛke gavi caiva ha |
yā ca mūrtiś[21] ca yat kiṃcit sarvatraitan nidarśanam ||32|
jale bhuvi tathākāśe nānyatreti viniścayaḥ |
sthānaṃ dehavatām āsīd ity evam anuśuśruma ||33|
kṛtsnam etāvatas tāta kṣarate *vyakta-*[22]*saṃjñakaḥ*[23] |
ahany ahani bhūtātmā *yac cākṣara*[24] iti smṛtam ||34|
tatas tat kṣaram[25] ity uktaṃ kṣaratīdaṃ yathā jagat |
jagan mohātmakaṃ cāhur a-*vyaktād vyakta-*[26]saṃjñakam ||35|
mahāṃś *caivākṣaro*[27] nityam etat kṣara-*vivarjanam*[28] |
kathitaṃ te mahārāja yasmān nāvartate punaḥ ||36|
pañca-*viṃśatiko*[29] *'mūrtaḥ*[30] sa nityas tattvasaṃjñakaḥ |
sattvasaṃśrayaṇāt tattvaṃ sattvam āhur manīṣiṇaḥ ||37|
yad amūrtiḥ sṛjad vyaktaṃ tan mūrtim adhitiṣṭhati |
catur-*viṃśatimo*[31] vyakto hy amūrtiḥ pañcaviṃśakaḥ ||38|
sa eva hṛdi sarvāsu mūrtiṣv ātiṣṭhatātmavān |
cetayaṃś[32] cetano nityaṃ sarvamūrtir amūrtimān ||39|
sargapralayadharmeṇa sa sargapralayātmakaḥ |
gocare vartate nityaṃ nirguṇo guṇasaṃjñitaḥ ||40|
evam eṣa[33] mahātmā ca sargapralayakoṭiśaḥ |
vikurvāṇaḥ prakṛtimān nābhimanyeta buddhimān ||41|
tamaḥsattvarajoyuktas tāsu tāsv iha yoniṣu |
līyate pratibuddhatvād abuddhajanasevanāt ||42|
sahavāsa-*nivāsatvād bālo 'ham*[34] iti manyate |
yo 'haṃ na so 'ham ity ukto guṇān evānuvartate ||43|
tamasā tāmasān bhāvān vividhān pratipadyate |
rajasā rājasāṃś caiva sāttvikān sattvasaṃśrayāt ||44|
śuklalohitakṛṣṇāni rūpāṇy etāni trīṇi tu |
sarvāṇy etāni rūpāṇi jānīhi *prākṛtāni*[35] tu ||45|

17 A sarvā prakṛtir vartate C sarvākṛtiṣu vartate **18** B narakārṇavāt **19** B om. the following 4 lines. **20** A kṛpaṇe paśucāṇḍāla- **21** A yac ca mūrtaṃ **22** V 'vyakta- **23** A saṃjñitam **24** B tad akṣaram **25** C etad akṣaram **26** C -vyaktāvyakta- **27** AC caivāgraja **28** BC -nidarśanam **29** B -viṃśatimo **30** C viṣṇoḥ **31** A -viṃśatiko **32** B acetāś **33** A eṣa eva **34** A -nivāsatvāt tenāham BV -nivāsatvān nānyo 'ham **35** C prakṛtāni

tāmasā nirayaṃ yānti rājasā *mānuṣān atha*[36] |
sāttvikā devalokāya gacchanti sukhabhāginaḥ ||46|
niṣkevalena[37] pāpena tiryagyonim avāpnuyāt |
puṇyapāpeṣu mānuṣyaṃ puṇyamātreṇa devatāḥ ||47|
evam avyaktaviṣayaṃ *mokṣam*[38] āhur manīṣiṇaḥ |
pañcaviṃśatimo yo 'yaṃ jñānād eva pravartate ||48|

iti śrīmahāpurāṇe ādibrāhme vasiṣṭhakarālajanakasaṃvāde kṣarākṣaranirūpaṇaṃ nāma catvāriṃśadadhikadviśatatamo 'dhyāyaḥ

vasiṣṭha uvāca:
evam apratibuddhatvād a-*buddham anuvartate*[1] |
dehād dehasahasrāṇi tathā ca na sa bhidyate ||242.1|
tiryagyonisahasreṣu kadācid devatāsv api |
utpadyati tapoyogād guṇaiḥ saha *guṇa*-[2]kṣayāt ||2|
manuṣyatvād divaṃ yāti devo mānuṣyam eti ca |
mānuṣyān nirayasthānam *ālayaṃ*[3] pratipadyate ||3|
kośakāro yathātmānaṃ kīṭaḥ samabhirundhati |
sūtratantuguṇair nityaṃ tathāyam aguṇo guṇaiḥ ||4|
dvaṃdvam eti ca nirdvaṃdvas tāsu tāsv iha yoniṣu |
śīrṣaroge 'kṣiroge ca dantaśūle galagrahe ||5|
jalodare 'tisāre ca gaṇḍamālāvicarcike |
śvitrakuṣṭhe 'gnidagdhe ca sidhmāpasmārayor api ||6|
yāni cānyāni dvaṃdvāni prākṛtāni śarīriṇām |
utpadyante vicitrāṇi tāny *evātmābhimanyate*[4] ||7|
abhimānātimānānāṃ tathaiva sukṛtāny api |
ekavāsāś *catur*-[5]vāsāḥ śāyī nityam adhas tathā ||8|
maṇḍūkaśāyī ca tathā vīrāsanagatas tathā |
vīram āsanam ākāśe tathā śayanam eva ca ||9|
iṣṭakāprastare caiva *cakrakaprastare*[6] tathā |
bhasmaprastaraśāyī ca bhūmiśayyānulepanaḥ ||10|
vīrasthānāmbupāke ca śayanaṃ phalakeṣu ca |
vividhāsu ca śayyāsu phalagṛhyānvitāsu ca ||11|
udyāne khalalagne *tu kṣauma*-[7]kṛṣṇājinānvitaḥ |
maṇivāla-[8]parīdhāno vyāghracarmaparicchadaḥ ||12|
siṃhacarmaparīdhānaḥ *paṭṭa*-[9]vāsās tathaiva ca |
phalakaṃ *paridhānaś*[10] ca *tathā kaṭaka*-[11]vastradhṛk ||13|
kaṭaikavasanaś caiva cīravāsās tathaiva ca |
vastrāṇi cānyāni bahūny abhimatya ca buddhimān ||14|

36 V mānuṣās tathā **37** V āmuṣmikeṇa **38** C kṣaram **1** B -buddhir eva pravartate [hypermetric] **2** A yuga- **3** C mānuṣyaṃ **4** B evātmābhigacchati **5** B ca dur- **6** A kuśasya prastare **7** V tvakkṣauma- **8** C śālivāna- **9** B paṭa- **10** V paridhānaṃ **11** B tathodakasu-

bhojanāni vicitrāṇi ratnāni vividhāni ca |
ekarātrāntarāśitvam ekakālikabhojanam ||15|
caturthāṣṭama-*kālaṃ*[12] ca ṣaṣṭhakālikam eva ca |
ṣaḍrātrabhojanaś caiva tathā cāṣṭāhabhojanaḥ ||16|
māsopavāsī mūlāśī phalāhāras tathaiva ca |
vāyu-*bhakṣaś ca piṇyāka-*[13]dadhigomayabhojanaḥ ||17|
gomūtrabhojanaś caiva kāśapuṣpāśanas tathā |
śaivālabhojanaś caiva tathā cānyena vartayan ||18|
vartayañ śīrṇaparṇaiś ca prakīrṇaphalabhojanaḥ |
vividhāni ca kṛcchrāṇi sevate siddhikāṅkṣayā ||19|
cāndrāyaṇāni vidhival liṅgāni vividhāni ca |
cāturāśramyayuktāni *dharma-*[14]adharmāśrayāṇy api ||20|
upāśrayān apy aparān pākhaṇḍān vividhān api |
viviktāś ca śilāchāyās tathā prasravaṇāni ca ||21|
pulināni viviktāni vividhāni vanāni ca |
kānaneṣu viviktāś ca śailānāṃ mahatīr guhāḥ ||22|
niyamān vividhāṃś cāpi vividhāni tapāṃsi ca |
yajñāṃś ca vividhākārān vidyāś ca vividhās tathā ||23|
vaṇikpathaṃ dvijakṣatravaiśyaśūdrāṃs tathaiva ca |
dānaṃ ca vividhākāraṃ dīnāndhakṛpaṇādiṣu ||24|
abhimanyeta[15] saṃdhātuṃ tathaiva vividhān guṇān |
sattvaṃ rajas tamaś caiva dharmārthau kāma eva ca ||25|
prakṛtyātmānam[16] evātmā evaṃ *pravibhajaty uta*[17] |
svāhākāravaṣaṭkārau svadhākāranamaskriye ||26|
yajanādhyayane dānaṃ tathaivāhuḥ pratigraham |
yājanādhyāpane caiva tathānyad api kiṃcana ||27|
janmamṛtyuvidhānena tathā viśasanena ca |
śubhāśubhabhayaṃ sarvam etad āhuḥ *sanātanam*[18] ||28|
prakṛtiḥ kurute devī bhayaṃ pralayam eva ca |
divasānte guṇān etān atītyaiko 'vatiṣṭhate ||29|
raśmijālam *ivādityas tatkālaṃ saṃniyacchati*[19] |
evam evaiṣa tat sarvaṃ krīḍārtham abhimanyate ||30|
ātmarūpaguṇān etān vividhān hṛdayapriyān |
evam etāṃ prakurvāṇaḥ sargapralayadharmiṇīm ||31|
kriyāṃ kriyāpathe raktas triguṇas triguṇādhipaḥ |
kriyākriyāpathopetas tathā tad iti manyate ||32|
prakṛtyā sarvam evedaṃ jagad andhīkṛtaṃ vibho |
rajasā tamasā caiva vyāptaṃ sarvam anekadhā ||33|
evaṃ dvaṃdvāny atītāni mama vartanti nityaśaḥ |
matta etāni jāyante pralaye yānti mām api ||34|

12 B -kālaś **13** B -bhakṣo 'mbupiṇyāka- V -bhakṣo 'tha piṇyāka- **14** A varṇa-
15 A abhimanya tu B abhimanyava **16** A sa kṛtvātmānam V satkṛtyātmānam
17 AB pravibhajat punaḥ **18** BC kriyāpatham **19** V ivādityo yathākālaṃ niyacchati

nistartavyāṇy athaitāni sarvāṇīti narādhipa |
manyate pakṣabuddhitvāt tathaiva sukṛtāny api ||35|
bhoktavyāni mamaitāni devalokagatena vai |
ihaiva cainaṃ bhokṣyāmi *śubhāśubha-*[20]phalodayam ||36|
sukham evaṃ tu kartavyaṃ sakṛt kṛtvā sukhaṃ mama |
yāvad eva tu me saukhyaṃ jātyāṃ jātyāṃ bhaviṣyati ||37|
bhaviṣyati na me duḥkhaṃ kṛtenehāpy anantakam |
sukha-[21]*duḥkhaṃ*[22] hi mānuṣyaṃ niraye cāpi majjanam ||38|
nirayāc cāpi mānuṣyaṃ kālenaiṣyāmy ahaṃ punaḥ |
manuṣyatvāc ca devatvaṃ devatvāt pauruṣaṃ punaḥ ||39|
manuṣyatvāc ca *nirayaṃ*[23] paryāyeṇopagacchati |
eṣa evaṃ dvijātīnām ātmā vai sa guṇair[24] vṛtaḥ ||40|
tena devamanuṣyeṣu nirayaṃ copapadyate |
mamatvenāvṛto nityaṃ tatraiva parivartate ||41|
sargakoṭisahasrāṇi maraṇāntāsu mūrtiṣu |
ya evaṃ kurute karma śubhāśubhaphalātmakam ||42|
sa evaṃ phalam *āpnoti*[25] triṣu lokeṣu mūrtimān |
prakṛtiḥ kurute karma śubhāśubhaphalātmakam ||43|
prakṛtiś ca tathāpnoti triṣu lokeṣu kāmagā |
tiryagyonimanuṣyatve devaloke tathaiva ca ||44|
trīṇi sthānāni caitāni jānīyāt prākṛtāni ha |
aliṅgaprakṛtitvāc ca liṅgair apy anumīyate ||45|
tathaiva pauruṣaṃ liṅgam anumānād dhi manyate |
sa liṅgāntaram āsādya prākṛtaṃ liṅgam a-*vraṇam*[26] ||46|
vraṇa-[27]dvārāṇy adhiṣṭhāya *karmāṇy ātmani*[28] manyate |
śrotrādīni tu sarvāṇi pañca karmendriyāṇy atha ||47|
rāgādīni pravartante guṇeṣv iha guṇaiḥ saha |
aham etāni vai kurvan mamaitānīndriyāṇi *ha*[29] ||48|
nirindriyo hi manyeta vraṇavān asmi nirvraṇaḥ |
aliṅgo liṅgam ātmānam akālaṃ kālam ātmanaḥ ||49|
asattvaṃ sattvam ātmānam amṛtaṃ mṛtam ātmanaḥ |
amṛtyuṃ mṛtyum ātmānam acaraṃ caram ātmanaḥ ||50|
akṣetraṃ kṣetram ātmānam asaṅgaṃ saṅgam ātmanaḥ |
atattvaṃ tattvam ātmānam abhavaṃ bhavam ātmanaḥ ||51|
akṣaraṃ kṣaram ātmānam abuddhatvād dhi manyate |
evam apratibuddhatvād abuddhajanasevanāt ||52|
sargakoṭisahasrāṇi patanāntāni gacchati |
janmāntara-[30]sahasrāṇi maraṇāntāni gacchati ||53|
tiryagyonimanuṣyatve devaloke tathaiva ca |
candramā iva *kośānāṃ*[31] punas tatra sahasraśaḥ ||54|

20 A pāpapuṇya- **21** V sarva- **22** C duḥkhe **23** A narakaṃ **24** C ya evaṃ vetti nityaṃ vai nirātmātmaguṇair **25** V aśnāti **26** V -cyutam **27** BV prāṇa- **28** AC karmaṇātmani **29** V ca **30** C dhāmnā dhāma- **31** A lokānāṃ

nīyate 'pratibuddhatvād evam eva kubuddhimān |
kalā[32] pañcadaśī yonis tad dhāma *iti*[33] *paṭhyate*[34] ||55|
nityam *eva*[35] vijānīhi somaṃ vai ṣo-*ḍaśāṃśakaiḥ*[36] |
kalayā jāyate 'jasraṃ punaḥ punar a-[37]buddhimān ||56|
dhīmāṃś cāyaṃ na bhavati nṛpa evaṃ hi[38] jāyate |
ṣoḍaśī tu kalā sūkṣmā sa soma upadhāryatām ||57|
na *tūpayujyate*[39] devair devān api yunakti saḥ |
mamatvaṃ kṣapayitvā tu jāyate nṛpasattama |
prakṛtes triguṇāyās tu sa eva *tri-*[40]guṇo bhavet ||58|

iti śrīmahāpurāṇe ādibrāhme vasiṣṭhakarālajanakasaṃvāda ekacatvāriṃśadadhikadviśatatamo 'dhyāyaḥ

janaka uvāca:
akṣarakṣarayor eṣa dvayoḥ saṃbandha iṣyate |
strīpuṃsayor *vā saṃbandhaḥ sa vai puruṣa*[1] ucyate ||243.1|
ṛte tu puruṣaṃ neha strī garbhān dhārayaty uta |
ṛte striyaṃ na puruṣo rūpaṃ *nirvartate tathā*[2] ||2|
anyonyasyābhisaṃbandhād anyonyaguṇasaṃśrayāt |
rūpaṃ nirvartayed etad evaṃ sarvāsu yoniṣu ||3|
ratyartham atisaṃyogād[3] anyonyaguṇasaṃśrayāt |
ṛtau nirvartate rūpaṃ tad vakṣyāmi nidarśanam ||4|
ye guṇāḥ puruṣasyeha ye ca mātur guṇās tathā |
asthi snāyu ca majjā ca *jānīmaḥ*[4] pitṛto dvija ||5|
tvaṅmāṃsaśoṇitaṃ ceti mātṛjāny anuśuśruma |
evam etad dvijaśreṣṭha vedaśāstreṣu paṭhyate ||6|
pramāṇaṃ yac ca vedoktaṃ śāstroktaṃ yac ca paṭhyate |
vedaśāstrapramāṇaṃ ca pramāṇaṃ tat sanātanam ||7|
evam evābhisaṃbandhau nityaṃ prakṛtipūruṣau |
yac cāpi bhagavaṃs tasmān mokṣa-*dharmo*[5] na vidyate ||8|
athavānantara-[6]kṛtaṃ kiṃcid eva nidarśanam |
tan mamācakṣva tattvena pratyakṣo hy asi sarvadā ||9|
mokṣakāmā vayaṃ cāpi kāṅkṣāmo yad anāmayam |
ajeyam ajaraṃ nityam atīndriyam anīśvaram ||10|
vasiṣṭha uvāca:
yad etad uktaṃ bhavatā vedaśāstranidarśanam |
evam etad yathā *vakṣye tattvagrāhī yathā bhavān*[7] ||11|

32 C kalāḥ **33** BC iva **34** B padyate **35** BC etad **36** A -dṛśātmakam **37** A kalā pañcadaśī tejas te punaś ca ku- **38** C dhāma tasyopayuñjanti bhūya eva tu **39** A bhūyaś cejyate **40** C dvi- **1** C bhagavan saṃbandhas tu tad [hypometric] **2** A pratinivartate **3** B gatyarthānabhisaṃyogād **4** A yāti naḥ **5** C -dharmān **6** A anyad vānantara- **7** A tad vai janma gṛhṇāti cetanaḥ C tad vai tattvaṃ gṛhṇād yathā bhavān

dhāryate hi tvayā *grantha*[8] ubhayor vedaśāstrayoḥ |
na ca[9] granthasya tattvajño *yathātattvaṃ nareśvara*[10] || 12 |
yo hi vede ca śāstre ca granthadhāraṇatatparaḥ |
na ca granthārthatattvajñas tasya taddhāraṇaṃ vṛthā || 13 |
bhāraṃ sa vahate tasya granthasyārthaṃ na vetti yaḥ |
yas tu granthārthatattvajño nāsya granthāgamo vṛthā || 14 |
granthasyārthaṃ sa pṛṣṭas tu mādṛśo vaktum arhati |
yathātattvābhigamanād arthaṃ tasya sa vindati || 15 |
na yaḥ samutsukaḥ kaścid granthārthaṃ sthūlabuddhimān |
sa kathaṃ mandavijñāno granthaṃ vakṣyati nirṇayāt || 16 |
[11]ajñātvā granthatattvāni *vādaṃ*[12] yaḥ kurute naraḥ |
lobhād vāpy athavā dambhāt sa pāpī *narakaṃ*[13] vrajet || 17 |
nirṇayaṃ cāpi *cchidrātmā*[14] na tad vakṣyati tattvataḥ |
so 'pīhāsyārthatattvajño yasmān naivātmavān api || 18 |
tasmāt tvaṃ śṛṇu rājendra yathaitad anudṛśyate |
yathā tattvena[15] sāṃkhyeṣu yogeṣu ca mahātmasu || 19 |
yad eva yogāḥ paśyanti *sāṃkhyaṃ tad anugamyate*[16] |
ekaṃ sāṃkhyaṃ ca yogaṃ ca yaḥ paśyati sa buddhimān || 20 |
tvaṅ māṃsaṃ rudhiraṃ medaḥ pittaṃ majjāsthi snāyu ca |
etad aindriyakaṃ tāta yad bhavān ittham āttha mām || 21 |
dravyād dravyasya nirvṛttir indriyād indriyaṃ tathā |
dehād deham avāpnoti bījād bījaṃ tathaiva ca || 22 |
nirindriyasya bījasya nirdravyasyāpi dehinaḥ |
kathaṃ guṇā bhaviṣyanti nirguṇatvān mahātmanaḥ || 23 |
guṇā guṇeṣu jāyante tatraiva viramanti ca |
evaṃ guṇāḥ prakṛtijā jāyante na ca yānti ca || 24 |
tvaṅ māṃsaṃ rudhiraṃ medaḥ pittaṃ majjāsthi snāyu ca |
aṣṭau tāny atha śukreṇa *jānīhi*[17] prākṛtena vai || 25 |
pumāṃś caivāpumāṃś caiva strīliṅgaṃ prākṛtaṃ *smṛtam*[18] |
vāyur eṣa pumāṃś caiva *rasa*[19] ity abhidhīyate || 26 |
aliṅgā prakṛtir *liṅgair*[20] upalabhyati *sātma-*[21]jaiḥ |
yathā puṣpaphalair nityaṃ [22]*mūrtaṃ*[23] cāmūrtayas tathā || 27 |
evam apy anumānena sa liṅgam upalabhyate |
pañcaviṃśatikas tāta liṅgeṣu *niyatātmakaḥ*[24] || 28 |
anādinidhano 'nantaḥ sarvadarśana-*kevalaḥ*[25] |
kevalaṃ tv abhimānitvād guṇeṣu guṇa ucyate || 29 |
guṇā guṇavataḥ santi nir-*guṇasya*[26] kuto guṇāḥ |
tasmād evaṃ vijānanti ye janā guṇadarśinaḥ || 30 |
yadā tv eṣa guṇān etān prākṛtān abhimanyate |
tadā sa guṇavān eva *guṇabhedān prapaśyati*[27] || 31 |

8 A dvyartha **9** V bhava **10** V yathātathyena bhūmipa **11** C om. 243.17. **12** V vyākhyāṃ **13** V nirayaṃ **14** V chidrātmā **15** A yathātathyena **16** C sāṃkhyais tad abhikathyate **17** A jāyante **18** AB śubham **19** A reta **20** A liṅga **21** A cātma- **22** B »broken«, *truṭitam*, up to 243.76ab. **23** V mūrte **24** C niyatātmakam **25** C -kevalam **26** A -guṇeṣu **27** C paramenāvapaśyati [or *parame nāvapaśyati*?]

yat tad buddheḥ paraṃ prāhuḥ sāṃkhyayogaṃ ca sarvaśaḥ |
budhyamānaṃ[28] mahā-*prājñāḥ*[29] prabuddhaparivarjanāt ||32|
aprabuddhaṃ yathā vyaktaṃ svaguṇaiḥ prāhur īśvaram |
nirguṇaṃ ceśvaraṃ nityam adhiṣṭhātāram eva ca ||33|
prakṛteś ca guṇānāṃ ca pañcaviṃśatikaṃ budhāḥ |
sāṃkhyayoge ca kuśalā budhyante paramaiṣiṇaḥ ||34|
[30]yadā prabuddham avyaktam *avasthātananīravaḥ*[31] |
budhyamānaṃ[32] na budhyante *avagacchanti samaṃ*[33] tadā ||35|
etan nidarśanaṃ *samyaṅ na samyag anudarśanam*[34] |
budhyamānaṃ prabudhyante dvābhyāṃ pṛthag ariṃdama ||36|
paraspareṇaitad uktaṃ kṣarākṣaranidarśanam |
ekatvam akṣaraṃ prāhur nānātvaṃ kṣaram ucyate ||37|
pañcaviṃśati-*niṣṭho*[35] 'yaṃ tadā samyak pracakṣate |
ekatvadarśanaṃ cāsya nānātvaṃ cāsya darśanam ||38|
tattvavit tattvayor[36] eva pṛthag etan nidarśanam |
pañcaviṃśatibhis tattvaṃ tattvam āhur manīṣiṇaḥ ||39|
[37]nistattvaṃ pañcaviṃśasya param āhur manīṣiṇaḥ |
varjyasya varjyam ācāraṃ[38] tattvaṃ tattvāt sanātanam ||40|
karālajanaka[39] uvāca:
nānātvaikatvam ity uktaṃ tvayaitad dvijasattama |
paśyatas tad dhi saṃdigdham etayor vai nidarśanam ||41|
tathā *buddhaprabuddhābhyāṃ*[40] budhyamānasya cānagha |
sthūlabuddhyā na paśyāmi tattvam etan na saṃśayaḥ ||42|
akṣarakṣarayor uktaṃ tvayā yad api kāraṇam |
tad apy asthirabuddhitvāt *pranaṣṭam*[41] iva me 'nagha ||43|
tad etac chrotum icchāmi nānātvaikatvadarśanam |
dvaṃdvaṃ caivāniruddhaṃ[42] ca budhyamānaṃ ca tattvataḥ ||44|
vidyāvidye ca bhagavann akṣaraṃ kṣaram eva ca |
sāṃkhyayogaṃ[43] ca *kṛtsnena*[44] *buddhābuddhiṃ pṛthak pṛthak*[45] ||45|
vasiṣṭha uvāca:
hanta te saṃpravakṣyāmi yad etad anupṛcchasi |
[46]yogakṛtyaṃ mahārāja pṛthag eva śṛṇuṣva me ||46|
yogakṛtyam tu *yogānāṃ*[47] dhyānam eva paraṃ balam |
tac cāpi *dvividhaṃ dhyānam*[48] āhur vidyāvido janāḥ ||47|
ekāgratā ca manasaḥ prāṇāyāmas tathaiva ca |
prāṇāyāmas tu sa-[49]guṇo nirguṇo mānasas tathā ||48|
mūtrotsarge purīṣe ca bhojane ca narādhipa |
dvikālaṃ nopabhuñjīta śeṣaṃ bhuñjīta *tatparaḥ*[50] ||49|

28 C prabuddhimān **29** C -prājñaḥ V -prajñāḥ **30** C om. **31** ASS corr. like V; V avasthāpanabhīravaḥ **32** C budhyamāne **33** C na gacchanti mataṃ **34** C saṃyag granthadarśanadarśanam **35** C -viṣṇo **36** C tadvan nistattvayor **37** A om. **38** C vargasya vargam ātmānam **39** V janaka **40** A buddhaṃ prabuddhātmā **41** V praṇaṣṭam **42** C buddhaṃ jahāty abuddhaṃ **43** V sāṃkhyaṃ yogaṃ **44** A sāṃkhyena V kārtsnyena **45** A pṛthaktvena pṛthaksthitiḥ **46** A om. **47** A yogena **48** A tadvidhatvāc ca **49** A prāṇāyāmaḥ sattva- **50** A tattvataḥ

indriyāṇīndriyārthebhyo nivartya manasā muniḥ |
daśadvādaśabhir vāpi *caturviṃśāt paraṃ yataḥ*[51] ||50|
sa codanābhir matimān nātmānaṃ codayed atha |
tiṣṭhantam a-*jaraṃ taṃ*[52] tu yat tad uktaṃ manīṣibhiḥ ||51|
viśvātmā satataṃ jñeya ity evam anuśuśruma |
dravyaṃ hy a-*hīna*-[53]manaso nānyatheti viniścayaḥ ||52|
vimuktaḥ sarvasaṅgebhyo *laghvāhāro jitendriyaḥ*[54] |
pūrvarātre parārdhe ca *dhārayīta*[55] mano hṛdi ||53|
sthirīkṛtyendriyagrāmaṃ manasā mithileśvara |
mano buddhyā sthiraṃ kṛtvā pāṣāṇa iva niścalaḥ ||54|
sthāṇuvac cāpy a-*kampyaḥ*[56] syād dāruvac cāpi niścalaḥ |
buddhyā vidhividhānajñas tato *yuktaṃ*[57] pracakṣate ||55|
na śṛṇoti na cāghrāti na *ca paśyati kiṃcana*[58] |
na ca sparśaṃ vijānāti na ca saṃkalpate manaḥ ||56|
na *cāpi manyate*[59] kiṃcin na ca *budhyeta*[60] kāṣṭhavat |
tadā prakṛtim āpannaṃ yuktam āhur manīṣiṇaḥ ||57|
na bhāti[61] hi yathā *dīpo dīptis tadvac ca dṛśyate*[62] |
niliṅgaś cādhaś cordhvaṃ ca tiryaggatim avāpnuyāt ||58|
tadā tadupapannaś ca yasmin dṛṣṭe ca kathyate |
hṛdayastho 'ntarātmeti jñeyo jñas tāta madvidhaiḥ ||59|
nirdhūma iva saptārcir āditya iva raśmivān |
vaidyuto 'gnir ivākāśe paśyaty ātmānam ātmani ||60|
yaṃ paśyanti mahātmāno dhṛtimanto manīṣiṇaḥ |
brāhmaṇā[63] brahmayonisthā hy ayonim amṛtātmakam ||61|
tad evāhur aṇubhyo 'ṇu tan mahadbhyo mahattaram |
sarvatra sarvabhūteṣu dhruvaṃ tiṣṭhan na dṛśyate ||62|
buddhidravyeṇa[64] *dṛśyena manodīpena lokakṛt*[65] |
mahatas tamasas tāta pāre *tiṣṭhan na tāmasaḥ*[66] ||63|
tamaso dūra ity uktas tattvajñair vedapāragaiḥ |
vimalo vimataś caiva nirliṅgo 'liṅgasaṃjñakaḥ ||64|
yoga *eṣa*[67] hi *lokānāṃ*[68] kim anyad yogalakṣaṇam |
evaṃ paśyan prapaśyeta ātmānam ajaraṃ param ||65|
yogadarśanam etāvad uktaṃ te tattvato mayā |
sāṃkhya-*jñānaṃ*[69] pravakṣyāmi parisaṃkhyānidarśanam ||66|
avyaktam āhuḥ *prakhyānaṃ*[70] parāṃ *prakṛtim ātmanaḥ*[71] |
tasmān mahat samutpannaṃ dvitīyaṃ rājasattama ||67|
ahaṃkāras tu mahatas tṛtīya iti naḥ śrutam |
pañcabhūtāny ahaṃkārād āhuḥ *sāṃkhyātmadarśinaḥ*[72] ||68|

51 A pañcaviṃśat paraṃtapa **52** A -jaratvaṃ V -carantaṃ **53** A -dīna- **54** A laghuvāg ajitendriyaḥ **55** A vācayitvā **56** V -kampaḥ **57** A nityaṃ **58** C raṃsyati na paśyati **59** A cāvamanyate **60** C budhyati **61** C nivāte **62** C dīpyadīpto dīpaḥ pradṛśyate **63** V brāhmaṇāḥ **64** A buddhir dṛśyeta C buddhir dravyeṇa **65** A mānādi yena talloka-vaikṛtam **66** A tiṣṭhann anāmayaḥ V tiṣṭhann atāmasaḥ **67** V eva **68** A yogānāṃ **69** A -yogaṃ **70** C prakṛtiṃ **71** C prakṛtivādinaḥ **72** A sāṃkhyaviśāradāḥ

etāḥ prakṛtayas tv aṣṭau vikārāś cāpi ṣoḍaśa |
pañca caiva viśeṣāś ca tathā pañcendriyāṇi ca ||69|
etāvad eva tattvānāṃ sāṃkhyam āhur manīṣiṇaḥ |
sāṃkhye sāṃkhyavidhānajñā nityaṃ sāṃkhyapathe sthitāḥ ||70|
yasmād yad abhijāyeta tat tatraiva pralīyate |
līyante pratilomāni *gṛhyante*[73] cāntarātmanā ||71|
ānulomyena jāyante līyante pratilomataḥ |
guṇā guṇeṣu satataṃ sāgarasyormayo yathā ||72|
sargapralaya etāvān prakṛter nṛpasattama |
ekatvaṃ *pralaye*[74] cāsya bahutvaṃ ca *tathāsṛji*[75] ||73|
evam eva ca rājendra vijñeyaṃ jñānakovidaiḥ |
adhiṣṭhātāram avyaktam asyāpy etan nidarśanam ||74|
ekatvaṃ ca bahutvaṃ ca prakṛter anu tattvavān |
ekatvaṃ pralaye cāsya bahutvaṃ ca pravartanāt ||75|
bahudhātmā prakurvīta prakṛtiṃ prasavātmikām |
tac ca kṣetraṃ[76] mahān ātmā pañcaviṃśo *'dhitiṣṭhati*[77] ||76|
adhiṣṭhāteti rājendra procyate yatisattamaiḥ |
adhiṣṭhānād adhiṣṭhātā kṣetrāṇām iti naḥ śrutam ||77|
kṣetraṃ jānāti cāvyaktaṃ *kṣetrajña iti cocyate*[78] |
avyaktike pure śete puruṣaś ceti kathyate ||78|
anyad eva ca kṣetraṃ syād anyaḥ kṣetrajña ucyate |
kṣetram avyakta ity uktaṃ jñātāraṃ pañcaviṃśakam ||79|
anyad eva ca jñānaṃ syād anyaj jñeyaṃ tad ucyate |
jñānam avyaktam ity uktaṃ *jñeyo*[79] vai pañcaviṃśakaḥ ||80|
avyaktaṃ kṣetram ity uktaṃ tathā sattvaṃ tatheśvaram |
[80]anīśvaram atattvaṃ ca *tattvaṃ tat pañca-*[81]viṃśakam ||81|
[82]sāṃkhyadarśanam etāvat parisaṃkhyā na vidyate |
saṃkhyā prakurute caiva prakṛtiṃ ca *pravakṣyate*[83] ||82|
catvāriṃśac caturviṃśat pratisaṃkhyāya tattvataḥ |
saṃkhyā sahasra-*kṛtyā tu*[84] nistattvaḥ pañcaviṃśakaḥ ||83|
pañcaviṃśat *prabuddhātmā*[85] budhyamāna iti *śrutaḥ*[86] |
yadā budhyati ātmānaṃ tadā bhavati *kevalaḥ*[87] ||84|
samyagdarśanam etāvad bhāṣitaṃ tava tattvataḥ |
evam etad vijānantaḥ sāmyatāṃ pratiyānty uta ||85|
samyaṅnidarśanaṃ nāma pratyakṣaṃ prakṛtes tathā |
guṇavattvād yathaitāni[88] nirguṇebhyas tathā bhavet ||86|
na tv evaṃ vartamānānām āvṛttir vartate punaḥ |
vidyate kṣarabhāvaś ca na parasparam avyayam ||87|
paśyanty *a-*[89]matayo ye na samyak teṣu ca darśanam |
te vyaktiṃ pratipadyante punaḥ punar ariṃdama ||88|

73 C sṛjyante **74** A prītaye V pralayaṃ **75** A tathāsya tat **76** A tattvakṣetraṃ **77** V 'vatiṣṭhate **78** AB jñeyo vai pañcaviṃśakaḥ **79** AB tathā **80** In A »broken«, *truṭitam* up to 244.23c. **81** B tanūtvam eka- **82** B om. **83** C pracakṣate **84** B -prakṛtyā **85** C prabuddhyā tu **86** B smṛtaḥ **87** C kevalam **88** C guṇatattvāny athaitāni **89** C arthaika- [sic; hypermetric]

sarvam etad vijānanto *na sarvasya prabodhanāt*[90] |
vyaktibhūtā *bhaviṣyanti*[91] *vyaktasyaivānuvartanāt*[92] ||89|
sarvam avyaktam ity *uktam asarvaḥ sarvaṃ pañcaviṃśakaḥ*[93] |
ya evam abhijānanti na bhayaṃ teṣu vidyate ||90|

iti śrīmahāpurāṇe ādibrāhme vasiṣṭhakarālajanakasaṃvāda dvicatvāriṃśadadhikadviśatatamo 'dhyāyaḥ

vasiṣṭha uvāca:
sāṃkhyadarśanam etāvad uktaṃ te nṛpasattama |
vidyāvidye tv idānīṃ me tvaṃ nibodhānupūrvaśaḥ ||244.1|
abhedyam āhur avyaktaṃ sargapralayadharmiṇaḥ |
sargapralaya ity uktaṃ vidyāvidye ca viṃśakaḥ ||2|
paras-*parasya vidyā vai tan*[1] nibodhānupūrvaśaḥ |
yathoktam ṛṣibhis tāta *sāṃkhyasyātinidarśanam*[2] ||3|
karmendriyāṇāṃ sarveṣāṃ vidyā buddhīndriyaṃ smṛtam |
buddhīndriyāṇāṃ ca tathā viśeṣā iti naḥ śrutam ||4|
viṣayāṇāṃ manas teṣāṃ vidyām āhur manīṣiṇaḥ |
manasaḥ pañca bhūtāni vidyā ity abhicakṣate ||5|
ahaṃkāras tu bhūtānāṃ pañcānāṃ nātra saṃśayaḥ |
ahaṃkāras tathā vidyā buddhir vidyā nareśvara ||6|
buddhyā prakṛtir avyaktaṃ tattvānāṃ parameśvaraḥ |
vidyā jñeyā naraśreṣṭha vidhiś ca paramaḥ smṛtaḥ ||7|
a-*vyaktam aparaṃ*[3] prāhur vidyā vai pañca-*viṃśakaḥ*[4] |
sarvasya sarvam ity uktaṃ jñeyajñānasya pāragaḥ ||8|
jñānam avyaktam ity uktaṃ jñeyaṃ vai pañcaviṃśakam |
tathaiva jñānam *avyaktaṃ*[5] vijñātā pañcaviṃśakaḥ ||9|
vidyā-*vidye tu tattvena mayokte vai viśeṣataḥ*[6] |
akṣaraṃ ca kṣaraṃ caiva yad uktaṃ tan nibodha me ||10|
ubhāv etau kṣarāv uktau ubhāv etāv anakṣarau[7] |
kāraṇaṃ tu pravakṣyāmi yathā-*jñānaṃ tu jñānataḥ*[8] ||11|
anādinidhanāv etau ubhāv eveśvarau matau |
tattva-*saṃjñāv ubhāv eva*[9] procyete jñānacintakaiḥ ||12|
sargapralayadharmitvād avyaktaṃ prāhur avyayam |
tad etad guṇa-*sargāya*[10] vikurvāṇaṃ punaḥ punaḥ ||13|
guṇānāṃ mahadādīnām utpadyati parasparam |
adhiṣṭhānaṃ[11] kṣetram āhur etad vai pañcaviṃśakam ||14|
yad[12] antarguṇajālaṃ *tu tad vyaktātmani*[13] saṃkṣipet |
tad ahaṃ tad guṇais tais tu pañcaviṃśe vilīyate ||15|

90 B bhavānsarvaprabodhanāt **91** B praviśanti **92** C vyaktasyaivātmadarśanāt **93** B uktaṃ sa sarvaṃ pañcaviṃśakam **1** B -paraṃ dvidhā caitat tvaṃ **2** BV sāṃkhyasyābhinivedanam **3** B -vyaktasya paraṃ **4** B -viṃśakam **5** B ity uktaṃ **6** C -vidyārthatattvena māyoktāntaviśeṣataḥ **7** ASS corr. *athākṣarau*. **8** B -vijñānajñānataḥ **9** C -saṃjñānubhāvena **10** B -saṅgāya **11** C adhiṣṭhānāt **12** C yady **13** C tad avyaktātmani

guṇā guṇeṣu līyante tad ekā prakṛtir bhavet |
kṣetrajño 'pi tadā *tāvat*[14] kṣetra-*jñaḥ sampraṇīyate*[15] ||16|
[16]yadākṣaraṃ prakṛtir yaṃ gacchate guṇasaṃjñitā |
nirguṇatvaṃ ca vai dehe guṇeṣu parivartanāt ||17|
evam eva ca kṣetrajñaḥ kṣetrajñānaparikṣayāt |
prakṛtyā nirguṇas tv eṣa ity evam anuśuśruma ||18|
kṣaro bhavaty eṣa yadā guṇavatī guṇeṣv atha |
prakṛtim[17] tv atha jānāti nirguṇatvaṃ tathātmanaḥ ||19|
tathā viśuddho[18] bhavati prakṛteḥ parivarjanāt |
anyo 'ham anyeyam iti yadā budhyati buddhimān ||20|
tadaiṣo 'vyathatām eti na ca miśratvam āvrajet |
prakṛtyā caiṣa rājendra *miśro 'nyo 'nyasya*[19] dṛśyate ||21|
yadā tu guṇajālaṃ tat prākṛtaṃ vijugupsate |
paśyate ca paraṃ paśyaṃs tadā *paśyan nu*[20] saṃsṛjet ||22|
kiṃ mayā kṛtam etāvad yo *'haṃ kāla-*[21]nimajjanaḥ |
yathā matsyo hy abhijñānād anuvartitavāñ jalam ||23|
aham eva hi saṃmohād anyam *anyaṃ janāj janam*[22] |
matsyo yathodakajñānād anuvartitavān iha ||24|
matsyo *'nyatvam athājñānād udakān*[23] *nābhimanyate*[24] |
ātmānaṃ tad *avajñānād*[25] *anyaṃ caiva na*[26] vedmy aham ||25|
mamāstu dhik kubuddhasya yo 'haṃ magna imaṃ punaḥ |
anuvartitavān mohād anyam anyaṃ janāj janam ||26|
ayam *anubhaved bandhur anena saha me kṣayam*[27] |
sāmyam ekatvatāṃ yāto yādṛśas tādṛśas tv *aham*[28] ||27|
tulyatām iha paśyāmi sadṛśo 'ham anena vai |
ayaṃ hi vimalo vyaktam aham īdṛśakas tadā ||28|
yo 'ham ajñānasaṃmohād *ajñayā*[29] saṃpravṛttavān |
saṃsargād atisaṃsargāt[30] sthitaḥ kālam imaṃ tv aham ||29|
so 'ham evaṃ vaśībhūtaḥ kālam etaṃ na buddhavān |
uttamādhamamadhyānāṃ tām[31] ahaṃ katham āvase ||30|
samānamāyayā ceha sahavāsam ahaṃ katham |
gacchāmy abuddhabhāvatvād ihedānīṃ sthiro *bhava*[32] ||31|
sahavāsaṃ na yāsyāmi kālam etaṃ vivañcanāt |
vañcito hy anayā yad dhi nirvikāro vikārayā ||32|
na tat tadaparāddhaṃ syād aparādho hy ayaṃ mama |
yo 'ham atrābhavaṃ saktaḥ parāṅmukham upasthitaḥ ||33|
tato 'smin bahurūpo 'tha sthito mūrtir amūrtimān |
amūrtiś cāpy amūrtātmā mamatvena pradharṣitaḥ ||34|

14 C tāta **15** B -jñānaṃ parikṣayet **16** B om. the following 3 lines. **17** B prakṛtis **18** B tathāgniśuddho **19** B mithyānyeṣu sa **20** B paśyaṃs ca **21** B 'haṃkāra- **22** C anyaj jalāj jalam **23** A 'nyatvaṃ yathānyad vā udakam C 'nyatvam atha jñānād udakaṃ **24** A nāvamanyate **25** C abhijñānād **26** BC anyatvaṃ caiva **27** B atra bhaved evaṃ durānanasahakṣayam **28** V iha **29** AC ājñayā **30** AC [like preceding variant; siglum omitted] saṃsargārhas tu niḥsaṅgaḥ **31** A madhyamo 'haṃ hīnatarais tān **32** V 'bhavam

prakṛtyā ca tayā tena tāsu tāsv iha yoniṣu |
nirmamasya mamatvena vikṛtaṃ tāsu tāsu ca ||35|
yoniṣu vartamānena naṣṭasaṃjñena cetasā |
samatā[33] *na mayā kācid ahaṃkāre kṛtā*[34] mayā ||36|
ātmānaṃ bahudhā kṛtvā *so 'yaṃ*[35] bhūyo yunakti mām |
idānīm avabuddho 'smi nirmamo nirahaṃkṛtaḥ ||37|
mamatvaṃ manasā nityam ahaṃkārakṛtātmakam |
apalagnām imāṃ hitvā saṃśrayiṣye nirāmayam ||38|
anena sāmyaṃ yāsyāmi nānayāham acetasā |
kṣemaṃ mama sahānena naivaikam anayā saha ||39|
evaṃ paramasaṃbodhāt pañcaviṃśo 'nubuddhavān |
akṣaratvaṃ nigacchati tyaktvā kṣaram anāmayam ||40|
avyaktaṃ vyaktadharmāṇaṃ saguṇaṃ nirguṇaṃ tathā |
nirguṇaṃ prathamaṃ dṛṣṭvā tādṛg bhavati maithila ||41|
akṣarakṣarayor etad uktaṃ tava nidarśanam |
mayeha jñānasaṃpannaṃ yathā śrutinidarśanāt ||42|
niḥsaṃdigdhaṃ ca sūkṣmaṃ ca viśuddhaṃ vimalaṃ tathā |
pravakṣyāmi tu te bhūyas tan nibodha yathāśrutam ||43|
sāṃkhyayogo mayā proktaḥ śāstradvayanidarśanāt |
yad eva sāṃkhyaśāstroktaṃ yogadarśanam eva tat ||44|
prabodhanaparaṃ jñānaṃ sāṃkhyānām avanīpate |
vispaṣṭaṃ procyate tatra śiṣyāṇāṃ hitakāmyayā ||45|
bṛhac *caivam idaṃ śāstram*[36] ity āhur viduṣo janāḥ |
asmiṃś ca śāstre yogānāṃ punarbhavapuraḥsaram ||46|
pañcaviṃśāt paraṃ tattvaṃ paṭhyate ca narādhipa |
sāṃkhyānāṃ tu paraṃ tattvaṃ yathāvad anuvarṇitam ||47|
buddham[37] a-*pratibuddhaṃ ca*[38] [39]budhyamānaṃ ca tattvataḥ |
budhyamānaṃ ca buddhatvaṃ prāhur yoganidarśanam ||48|

iti śrīmahāpurāṇe ādibrāhme vasiṣṭhakarālajanakasaṃvāda tricatvāriṃśadadhikadviśatatamo 'dhyāyaḥ

vasiṣṭha uvāca:
aprabuddham athā-*vyaktam imaṃ guṇanidhiṃ*[1] sadā |
guṇānāṃ dhāryatāṃ tattvaṃ[2] sṛjaty ākṣipate tathā ||245.1|
a-*jo hi krīḍayā bhūpa vikriyāṃ prāpta ity uta*[3] |
ātmānaṃ bahudhā kṛtvā *nāneva*[4] *praticakṣate*[5] ||2|
etad evaṃ vikurvāṇo budhyamāno na budhyate |
guṇān ācarate hy eṣa sṛjaty ākṣipate tathā ||3|

33 A mamatā C mama tan **34** C nānayā kāryam ahaṃkārakṛtā **35** B svayaṃ **36** C caiva nirālambam **37** B śuddham **38** B -pratiśuddhatvaṃ **39** B om. 244.48bc. **1** A -vyaktaṃ nirguṇānāṃ nidhiṃ **2** C guṇān adhārya te hy eṣa **3** BC -jasraṃ dvijakrīḍārthaṃ vikurvanti janādhipa **4** AC tāny eva **5** C praticakṣyate

avyaktabodhanāc caiva budhyamānaṃ *vadanty*[6] api |
na tv evaṃ budhyate 'vyaktaṃ saguṇaṃ *tāta*[7] nirguṇam ||4|
kadācit tv eva khalv etat tad āhuḥ pratibuddhakam |
budhyate yadi *cāvyaktam*[8] etad vai pañcaviṃśakam ||5|
budhyamāno bhavaty *eṣa*[9] *mamātmaka*[10] iti *śrutaḥ*[11] |
anyonyapratibuddhena vadanty avyaktam acyutam ||6|
avyaktabodhanāc caiva budhyamānaṃ vadanty uta |
pañcaviṃśaṃ mahātmānaṃ na cāsāv api budhyate ||7|
ṣaḍviṃśaṃ vimalaṃ buddham aprameyaṃ sanātanam |
satataṃ pañcaviṃśaṃ *tu*[12] caturviṃśaṃ *vibudhyate*[13] ||8|
dṛśyādṛśye hy *anugatatatsvabhāve*[14] *mahādyute*[15] |
avyaktaṃ caiva tad brahma budhyate *tata kevalam*[16] ||9|
pañca-*viṃśaṃ caturviṃśam ātmānam anupaśyati*[17] |
budhyamāno yadātmānam anyo 'ham iti manyate ||10|
tadā prakṛtimān eṣa bhavaty avyaktalocanaḥ |
budhyate ca parāṃ *buddhiṃ viśuddhām amalāṃ*[18] yathā[19] ||11|
ṣaḍviṃśaṃ rājaśārdūla tadā *buddhaḥ kṛto*[20] vrajet |
tatas tyajati so 'vyaktaṃ sargapralayadharmiṇam ||12|
nir-*guṇāṃ*[21] prakṛtiṃ veda guṇayuktām acetanām |
tataḥ kevaladharmāsau bhavaty avyaktadarśanāt ||13|
kevalena samāgamya vimuktātmānam āpnuyāt |
etat tu tattvam ity āhur nistattvam ajarāmaram ||14|
tattvasaṃśravaṇād eva tattvajño jāyate nṛpa |
pañcaviṃśatitattvāni pravadanti manīṣiṇaḥ ||15|
na caiva tattvavāṃs tāta *saṃsāreṣu nimajjati*[22] |
eṣām upaiti *tattvaṃ*[23] hi kṣipraṃ *budhyasva*[24] lakṣaṇam ||16|
ṣaḍviṃśo *'yam*[25] iti prājño gṛhyamāṇo 'jarāmaraḥ |
kevalena balenaiva samatāṃ yāty asaṃśayam ||17|
ṣaḍviṃśena prabuddhena budhyamāno 'py abuddhimān |
etan nānātvam[26] ity uktaṃ sāṃkhyaśrutinidarśanāt ||18|
cetanena sametasya pañcaviṃśatikasya ha |
ekatvaṃ vai bhavet tasya *yadā*[27] *buddhyānubudhyate*[28] ||19|
budhyamānena buddhena[29] samatāṃ yāti maithila |
saṅgadharmā bhavaty eṣa niḥsaṅgātmā narādhipa ||20|
niḥsaṅgātmānam āsādya ṣaḍviṃśaṃ karmajaṃ viduḥ |
vibhus tyajati *cāvyaktaṃ*[30] yadā tv etad vibudhyate ||21|
caturviṃśam agādhaṃ ca ṣaḍviṃśasya prabodhanāt |
eṣa[31] hy apratibuddhaś ca budhyamānas tu te 'nagha ||22|

6 AB vadaty **7** V na ca **8** V vāvyaktam **9** V eva **10** C śamātmaka **11** V śrutiḥ **12** V ca **13** A tu kathyate V vibuddhyate **14** AB anugatam ubhāv eva **15** A mahaddhite **16** AB bhāvakevalam **17** C -viṃśac caturviṃśac ātmanā ca na paśyati **18** AB buddhim aśuddhām amalo **19** ASS corr. *yadā*. **20** C buddhakṛto **21** C -guṇe **22** B niratas tattvabuddhimān C nirastas tattvabuddhimān **23** A buddhiṃ **24** A budhasya **25** A 'ham **26** C etaṃ vāsārtham **27** A yathā B yad vā **28** B tu dhyānabuddhyataḥ C buddhyā na budhyate **29** C buddhyamānaprabuddhena **30** AC vaktavyaṃ **31** V evaṃ

ukto[32] *buddhaś ca*[33] tattvena yathāśrutinidarśanāt |
maśakodumbare yadvad *anyatvaṃ tadvad etayoḥ*[34] ||23|
matsyodake yathā tadvad anyatvam upalabhyate |
evam eva ca *gantavyaṃ*[35] nānātvaikatvam etayoḥ ||24|
etāvan[36] mokṣa ity ukto jñānavijñānasaṃjñitaḥ |
pañcaviṃśatikasyāśu yo 'yaṃ *dehe pravartate*[37] ||25|
eṣa mokṣayitavyeti[38] prāhur *avyaktagocarāt*[39] |
so 'yam evaṃ vimucyeta nānyatheti viniścayaḥ ||26|
paraś ca paradharmā ca bhavaty eva sametya vai |
viśuddhadharmā śuddhena nāśuddhena ca buddhimān ||27|
vimukta-*dharmā buddhena*[40] sametya puruṣarṣabha |
viyogadharmiṇā caiva *vimuktātmā*[41] bhavaty atha ||28|
vimokṣiṇā vimokṣaś ca sametyeha tathā bhavet |
śucikarmā śuciś caiva bhavaty amita-*buddhimān*[42] ||29|
vimalātmā ca bhavati sametya vimalātmanā |
kevalātmā tathā caiva kevalena sametya vai |
svatantraś ca svatantreṇa svatantratvam avāpyate ||30|
etāvad etat kathitaṃ mayā te |
tathyaṃ mahārāja yathārthatattvam |
a-*matsaras tvaṃ*[43] pratigṛhya *buddhyā*[44] |
sanātanaṃ brahma viśuddham ādyam ||31|
tad veda-[45]niṣṭhasya janasya rājan |
pradeyam etat paramaṃ tvayā bhavet |
vidhitsamānāya nibodhakārakaṃ |
prabodhahetoḥ praṇatasya śāsanam ||32|
na deyam etac ca yathānṛtātmane |
śaṭhāya klībāya na jihmabuddhaye |
na paṇḍitajñānaparopatāpine |
deyaṃ tathā śiṣyavibodhanāya ||33|
śraddhānvitāyātha guṇānvitāya |
parāpavādād viratāya nityam |
viśuddhayogāya budhāya caiva |
kṛpāvate 'tha kṣamiṇe hitāya[46] ||34|
viviktaśīlāya vidhipriyāya |
vivādahīnāya bahuśrutāya |
vinītaveśāya nahaitukātmane |
sadaiva guhyaṃ tv idam eva deyam ||35|
etair guṇair hīnatame na deyam |
etat paraṃ brahma viśuddham āhuḥ |

32 V prokto **33** A buddhyasva **34** ASS corr. *ekatā*; A anyam anyat tathobhayoḥ **35** V mantavyaṃ **36** V etāvān **37** A vedeṣu vartate **38** A etaṃ mokṣapathaṃ viprāḥ **39** A avyaktam ādarāt **40** A -dharmayuktena **41** A viśuddhātmā **42** B -dīptimān **43** AC -matsaratvaṃ **44** AB cārtham **45** A devaika- V nāveda- **46** V kṣamāvate 'tha kṛpayā yutāya

na śreyase yokṣyati tādṛśe kṛtaṃ |
dharmapravaktāram apātradānāt ||36|
pṛthvīm imāṃ vā yadi ratnapūrṇāṃ |
dadyād adeyaṃ tv idam avratāya |
jitendriyāya prayatāya deyaṃ |
deyaṃ paraṃ tattvavide narendra ||37|
karāla mā te bhayam *asti*[47] kiṃcid |
etac chrutaṃ brahma paraṃ tvayādya |
yathāvad uktaṃ paramaṃ pavitraṃ |
viśokam atyantam anādimadhyam ||38|
agādham etad ajarāmaraṃ ca |
nirāmayaṃ vītabhayaṃ śivaṃ ca |
samīkṣya *mohaṃ*[48] paravādasaṃjñam |
etasya tattvārtham imaṃ viditvā ||39|
avāptam etad dhi purā sanātanād |
dhiraṇyagarbhād dhi tato narādhipa |
prasādya yatnena tam ugratejasaṃ |
sanātanaṃ brahma yathā tvayaitat ||40|
pṛṣṭas tvayā cāsmi yathā narendra |
tathā mayedaṃ tvayi noktam anyat |
yathāvāptaṃ brahmaṇo me narendra |
mahājñānaṃ[49] mokṣavidāṃ parāyaṇam ||41|
vyāsa uvāca:
etad uktaṃ paraṃ brahma yasmān nāvartate punaḥ |
pañca-*viṃśaṃ*[50] muniśreṣṭhā vasiṣṭhena yathā purā ||42|
punarāvṛttim āpnoti paramaṃ jñānam avyayam |
nāti budhyati tattvena budhyamāno 'jarāmaram ||43|
etan niḥśreyasakaraṃ jñānaṃ bhoḥ paramaṃ mayā |
kathitaṃ tattvato viprāḥ śrutvā devarṣito dvijāḥ ||44|
hiraṇyagarbhād ṛṣiṇā vasiṣṭhena samāhṛtam |
vasiṣṭhād ṛṣiśārdūlo nārado 'vāptavān idam ||45|
nāradād viditaṃ mahyam etad uktaṃ sanātanam |
mā śucadhvaṃ muniśreṣṭhāḥ śrutvaitat paramaṃ padam ||46|
yena kṣarākṣare bhinne na bhayaṃ tasya vidyate |
vidyate *tu bhayaṃ yasya yo nainaṃ*[51] vetti tattvataḥ ||47|
avijñānāc ca *mūḍhātmā*[52] punaḥ punar upadravān |
pretya jātisahasrāṇi maraṇāntāny upāśnute ||48|
devalokaṃ tathā tiryaṅ mānuṣyam api cāśnute |
yadi vā mucyate vāpi[53] tasmād ajñānasāgarāt ||49|
ajñānasāgare ghore hy avyaktāgādha ucyate |
ahany ahani majjanti yatra bhūtāni bho dvijāḥ ||50|

47 V astu **48** B so 'haṃ **49** C mahaj jñānaṃ **50** AC -viṃśo **51** A na jarā śoko yaitad
52 A mohād vā **53** C yadā bhavati kālena

[54]tasmād agādhād avyaktād upakṣīṇāt sanātanāt |
tasmād yūyaṃ virajaskā vitamaskāś ca bho dvijāḥ ||51|
evaṃ mayā muniśreṣṭhāḥ sārāt sārataraṃ param |
kathitaṃ *paramaṃ mokṣaṃ yaṃ jñātvā*[55] na nivartate ||52|
na nāstikāya dātavyaṃ nābhaktāya kadācana |
na duṣṭamataye viprā na śraddhāvimukhāya ca ||53|

iti śrīmahāpurāṇe ādibrāhme vasiṣṭhakarālajanakasaṃvādasamāptinirūpaṇaṃ nāma catuścatvāriṃśadadhikadviśatatamo 'dhyāyaḥ

lomaharṣaṇa uvāca:
evaṃ purā munīn vyāsaḥ purāṇaṃ ślakṣṇayā girā |
daśāṣṭadoṣarahitair vākyaiḥ sāratarair dvijāḥ ||246.1|
pūrṇam astamalaiḥ *śuddhair*[1] nānāśāstrasamuccayaiḥ |
jātiśuddhasamāyuktaṃ *sādhuśabdopaśobhitam*[2] ||2|
pūrvapakṣoktisiddhāntapariniṣṭhāsamanvitam |
śrāvayitvā[3] yathānyāyaṃ virarāma mahāmatiḥ ||3|
te 'pi śrutvā muni-*śreṣṭhāḥ*[4] purāṇaṃ vedasammitam |
ādyaṃ brāhmābhidhānaṃ ca sarvavāñchāphalapradam ||4|
hṛṣṭā babhūvuḥ suprītā vismitāś ca punaḥ punaḥ |
praśaśaṃsus tadā vyāsaṃ kṛṣṇadvaipāyanaṃ munim ||5|
munaya ūcuḥ:
aho tvayā muniśreṣṭha purāṇaṃ śrutisaṃmitam |
sarvābhipretaphaladaṃ sarvapāpaharaṃ *param*[5] ||6|
proktaṃ śrutaṃ tathāsmābhir vicitrapadam akṣaram |
na te 'sty aviditaṃ kiṃcit triṣu lokeṣu vai prabho ||7|
sarvajñas tvaṃ mahābhāga deveṣv iva bṛhaspatiḥ |
namasyāmo mahāprājñaṃ brahmiṣṭhaṃ tvāṃ mahā-*munim*[6] ||8|
yena tvayā tu vedārthā bhārate prakaṭīkṛtāḥ |
kaḥ śaknoti guṇān vaktuṃ tava sarvān mahāmune ||9|
adhītya caturo vedān sāṅgān vyākaraṇāni ca |
kṛtavān[7] bhārataṃ *śāstraṃ*[8] tasmai *jñānātmane*[9] namaḥ ||10|
namo 'stu te vyāsa viśālabuddhe |
phullāravindāyata-*pattra*-[10]netra |
yena tvayā bhāratatailapūrṇaḥ |
prajvālito jñānamayaḥ pradīpaḥ ||11|
ajñānatimirāndhānāṃ *bhrāmitānāṃ*[11] kudṛṣṭibhiḥ |
jñānāñjanaśalākena tvayā conmīlitā dṛśaḥ ||12|
evam uktvā[12] samabhyarcya vyāsaṃ te caiva pūjitāḥ |
jagmur yathāgataṃ sarve kṛtakṛtyāḥ svam āśramam ||13|

54 A om. 245.51. **55** A mokṣaśāstraṃ vai yad gatvā **1** C śubhrair **2** V adds the reading as in ASS in a footnote; B sāṃkhyaśabdopaśobhitam V sāṃkhyayogopaśobhitam **3** A vācayitvā **4** AB -varāḥ **5** A śivam **6** A -mate **7** B kṛtaṃ hi C rakṣitaṃ **8** BC yena **9** A yogātmane **10** A -cāru- **11** C tarkajñānaṃ **12** B parāśaraṃ

tathā mayā muni-*śreṣṭhā*[13] kathitaṃ hi sanātanam |
[14]purāṇaṃ sumahāpuṇyaṃ sarvapāpapraṇāśanam ||14|
yathā bhavadbhiḥ pṛṣṭo 'haṃ saṃpraśnaṃ dvijasattamāḥ |
vyāsaprasādāt tat sarvaṃ mayā saṃparikīrtitam ||15|
idaṃ gṛhasthaiḥ śrotavyaṃ yatibhir *brahma-*[15]cāribhiḥ |
dhanasaukhya-[16]pradaṃ nṛṇāṃ *pavitraṃ pāpa-*[17]nāśanam ||16|
tathā brahmaparair viprair brāhmaṇādyaiḥ susaṃyataiḥ |
śrotavyaṃ suprayatnena samyak śreyobhikāṅkṣibhiḥ ||17|
prāpnoti brāhmaṇo vidyāṃ kṣatriyo vijayaṃ raṇe |
vaiśyas tu dhanam akṣayyaṃ śūdraḥ sukham avāpnuyāt ||18|
yaṃ yaṃ kāmam abhidhyāyañ śṛṇoti puruṣaḥ *śuciḥ*[18] |
taṃ taṃ kāmam avāpnoti naro nāsty atra saṃśayaḥ ||19|
purāṇaṃ vaiṣṇavaṃ tv etat *sarvakilbiṣa-*[19]nāśanam |
viśiṣṭaṃ sarvaśāstrebhyaḥ puruṣārthopapādakam ||20|
etad vo yan mayākhyātaṃ purāṇaṃ vedasaṃmitam |
śrute 'smin sarvadoṣotthaḥ pāparāśiḥ *praṇaśyati*[20] ||21|
prayāge puṣkare caiva kurukṣetre tathārbude |
upoṣya yad avāpnoti tad asya *śravaṇān naraḥ*[21] ||22|
yad agnihotre suhute *varṣe nāpnoti*[22] vai phalam |
mahāpuṇyamayaṃ viprās tad asya śravaṇāt sakṛt ||23|
yaj jyeṣṭhaśukladvādaśyāṃ[23] snātvā vai yamunājale |
mathurāyāṃ hariṃ dṛṣṭvā prāpnoti *puruṣaḥ*[24] phalam ||24|
tad[25] āpnoti *phalaṃ*[26] samyak *samādhānena kīrtanāt*[27] |
purāṇe 'sya hito viprāḥ[28] keśavārpitamānasaḥ ||25|
[29]yat phalaṃ *kriyam*[30] ālokya puruṣo 'tha labhen naraḥ |
tat phalaṃ samavāpnoti yaḥ paṭhec chṛṇuyād api ||26|
idaṃ yaḥ śraddhayā nityaṃ purāṇaṃ vedasaṃmitam |
yaḥ paṭhec chṛṇuyān martyaḥ sa yāti *bhuvanaṃ*[31] hareḥ ||27|
śrāvayed *brāhmaṇo yas*[32] tu sadā parvasu saṃyataḥ |
ekādaśyāṃ dvādaśyāṃ ca viṣṇulokaṃ sa gacchati ||28|
idaṃ yaśasyam āyuṣyaṃ sukhadaṃ kīrtivardhanam |
balapuṣṭipradaṃ *nṛṇāṃ*[33] dhanyaṃ duḥsvapnanāśanam ||29|
trisaṃdhyaṃ yaḥ paṭhed vidvāñ śraddhayā susamāhitaḥ |
idaṃ variṣṭham ākhyānaṃ sa sarvam īpsitaṃ labhet ||30|
rogārto mucyate rogād baddho mucyeta bandhanāt |
bhayād vimucyate *bhīta āpadāpanna āpadaḥ*[34] ||31|
jātismaratvaṃ vidyāṃ ca putrān medhāṃ *paśūn*[35] dhṛtim |
dharmaṃ cārthaṃ ca kāmaṃ ca mokṣaṃ tu labhate naraḥ ||32|

13 V -śreṣṭhāḥ **14** AB om. **15** A dharma- **16** A dhanārogya- **17** V sarvapātaka- **18** A sudhīḥ B sadā **19** B sadyaḥ kilbiṣa- **20** A praśāmyati **21** B śravaṇād dvijāḥ **22** V varṣeṇāpnoti **23** B yad māghaśukladvādaśyāṃ V prauṣṭhapadyāṃ ca dvādaśyāṃ **24** B vipulaṃ **25** A yad **26** A kalau **27** A smṛtvā tu madhusūdanam **28** A purāṇa-śravaṇād eva V purāṇe 'sya hi bho viprāḥ **29** AC om. **30** ASS corr. like V; V śriyam **31** V bhavanaṃ **32** B brāhmaṇān yas **33** V viprā **34** AB bhītaś caurān mucyen mahādhanaḥ **35** A yaśo

yān yān kāmān abhipretya paṭhet prayatamānasaḥ |
tāṃs tān sarvān avāpnoti [36]puruṣo nātra saṃśayaḥ ||33|
yaś cedaṃ satataṃ śṛṇoti manujaḥ svargāpavargapradaṃ |
viṣṇuṃ lokaguruṃ praṇamya varadaṃ *bhaktyeka-*[37]*cittaḥ*[38] śuciḥ |
bhuktvā cātra sukhaṃ vimuktakaluṣaḥ svarge ca divyaṃ sukhaṃ |
paścād yāti hareḥ padaṃ suvimalaṃ mukto guṇaiḥ prākṛtaiḥ ||34|
tasmād vipravaraiḥ svadharmaniratair *muktyeka-*[39]mārgepsubhis |
tadvat kṣatriya-*puṃgavais*[40] tu niyataiḥ śreyorthibhiḥ sarvadā |
vaiśyaiś cānudinaṃ viśuddhakula-*jaiḥ*[41] śūdrais tathā dhārmikaiḥ |
śrotavyaṃ *tv idam uttamaṃ*[42] bahuphalaṃ dharmārthamokṣa-
pradam ||35|
dharme matir *bhavatu vaḥ*[43] puruṣottamānāṃ |
sa hy eka eva paralokagatasya bandhuḥ |
arthāḥ striyaś ca nipuṇair api sevyamānā |
naiva prabhāvam upayānti na ca sthiratvam ||36|
dharmeṇa rājyaṃ labhate manuṣyaḥ |
svargaṃ ca dharmeṇa naraḥ prayāti |
āyuś ca kīrtiṃ ca tapaś ca dharmaṃ |
dharmeṇa *mokṣaṃ labhate manuṣyaḥ*[44] ||37|
dharmo 'tra[45] mātāpitarau narasya |
dharmaḥ sakhā cātra pare ca loke |
trātā ca dharmas tv iha mokṣadaś ca |
dharmād ṛte nāsti tu kiṃcid eva[46] ||38|
idaṃ rahasyaṃ śreṣṭhaṃ ca purāṇaṃ vedasaṃmitam |
na deyaṃ *duṣṭa-*[47]mataye nāstikāya viśeṣataḥ ||39|
idaṃ[48] mayoktaṃ pravaraṃ purāṇaṃ |
pāpāpahaṃ dharmavivardhanaṃ ca |
śrutaṃ bhavadbhiḥ paramaṃ rahasyam |
ājñāpayadhvaṃ munayo vrajāmi ||40|

iti śrīmahāpurāṇe ādibrāhme *loma-*[49]harṣaṇamunisaṃvāde purāṇapraśaṃsanaṃ nāma pañcacatvāriṃśadadhikadviśatatamo 'dhyāyaḥ = samāptam idam ādibrahmābhidhaṃ mahāpurāṇam

36 C om. up to the end. **37** V bhaktyaika- **38** B cetāḥ **39** B muktaika- **40** B -saṃyutais **41** V -jaḥ **42** B tad anuttamaṃ **43** A bhavati vai **44** B saukhyaṃ samupaiti sarvam **45** B dharmaś ca **46** B jñānapradaś cātra sukhapradaś ca **47** BV pāpa- **48** A evaṃ **49** V roma-

Appendices 1–14

Note: The concordances list corresponding verses; they do not take account of variants (which may range from minor variant readings to substitution of whole lines).

Appendix 1

Concordance of BrP ed. ASS and ed. VePr

ed. ASS	ed. VePr
1	**1,1**
–	.1
.1-56	.2-57
2	**1,1**
.1-57	.58-114
3	**1,1**
.1-13	.115-127
.14-15	.128a-j
.16-58	.129-171
–	.172
.59-84ab	.173-198ab
.84cd-86ab	–
.86cd-89ab	.198cd-201ab
–	.201cd-202ab
.89cd-91ab	.202cd-204ab
–	.204cd
.91cd-92ab	.204ef-205ab
.92cd	–
.93	.205c-f
.94-126	.206-238
4	**1,2**
5	**1,3**
6	**1,4**
7	**1,5**
8	**1,6**
9	**1,7**
10	**1,8**
11	**1,9**
12	**1,10**
13	**1,11**
14	**1,12**
15	**1,13**
16	**1,14**
17	**1,15**
18	**1,16**
19	**1,17**
20	**1,18**
21	**1,19**
22	**1,20**
23	**1,21**
24	**1,22**
25	**1,23**
.1ab-15a	.1-15a

ed. ASS	ed. VePr
.15b-16c	–
.16d	.15b
.17ab-19ab	–
.19cd-22ab	.15cd-18ab
.22cd-24cd	–
.25ab-31cd	.20cd-27ab
–	.27cd
.32ab	–
.32cd	.18cd
.33ab	–
.33cd-34ab	.19ab-19cd
–	.20ab
.34cd-43ab	.28ab-36ab
.43cd-45ab	–
.54cd-48cd	.37ab-40ab
.49ab-50ab	–
.50cd-58ab	.40cd-47cd
–	.48ab
.58cd	.47cd
–	.49ab-49cd
.59ab-60cd	.50ab-51ab
–	.52ab
.61ab-63cd	.52cd-55ab
.64ab-64cd	–
.65ab-71ab	.55cd-61cd
–	.62ab-62cd
.72cd-73ab	.63ab-64cd
.73cd-75ab	–
.75cd-76ab	.65ab-65cd
–	.66ab
.76cd-78ab	.66cd-68ab
.78cd	–
.79ab-80cd	.68cd-70ab
–	.70cd
.81ab-82ab	.71ab-72ab
–	.72cd-75cd
.82cd	.76ab
.83ab-86	.76cd-79
26	**1,24**
27	**1,25**
28	**1,26**
29	**1,27**
30	**1,28**

ed. ASS	ed. VePr	ed. ASS	ed. VePr
31	**1,29**	**70**	**2,1**
32	**1,30**	-	.1ab
33	**1,31**	.12	.1c-f
34	**1,31**	.13-14	.2-3
35	**1,33**	-	.4ab
36	**1,34**	.15	.4c-f
37	**1,35**	.16-21ab	.5-10ab
38	**1,36**	-	.10cd
39	**1,37**	.21cd-22ab	.10ef-11ab
40	**1,38**	-	.11cd-12ab
41	**1,39**	.22cd-41ef	.12cd-32ab
42	**1,40**	-	.31cd-33
43	**1,41**	**71**	**2,2**
44	**1,42**	.1-2	.1-2
45	**1,43**	-	.3-4
46	**1,44**	.3-39	.5-41
47	**1,45**	.40ab-41ab	.42
.1-77ab	.1-77ab	-	.43ab
.77cd-98	(in parentheses)	.41cd-42	.43cd-44
48	(as footnote)	**72**	**2,3**
49	**1,46**	**73**	**2,4**
.1-7ab	(as footnote)	.1-41	.1-41
-	.1-3	-	.42ab
.7cd-8	.4a-f	.42-45a	.42cd-46a
.9-71	.5-67	-	.46b-e
50	**1,47**	.45b-46ab	.46f-47ab
51	**1,48**	.47-52ab	.47cd-52ab
52	**1,49**	.53ab-69	.52cd-68
53	**1,50**	**74**	**2,5**
54	**1,51**	**75**	**2,6**
55	**1,52**	**76**	**2,7**
56	**1,53**	.1-23ab	.1-23ab
57	**1,54**	**77**	**2,7**
58	**1,55**	.1-8ab	.23cd-29
59	**1,56**	-	.30-33
60	**1,57**	.8cd-15	.34-40
61	**1,58**	**78**	**2,8**
62	**1,59**	**79**	**2,9**
63	**1,60**	**80**	**2,10**
64	**1,61**	.1-78	.1-78
65	**1,62**	-	.79
66	**1,63**	.79-93ab	.80-94ab
67	**1,64**	**81**	**2,11**
68	**1,65**	**82**	**2,12**
69	**1,66**	**83**	**2,13**
70	**1,67**	.1-24ab	.1-24ab
.1-11	.1-11	-	.24cd-25ab

ed. ASS	ed. VePr
.24cd-29	.25cd-30
84	**2,14**
85	**2,15**
86	**2,18**
87	**2,16**
88	**2,17**
89	**2,19**
90	**2,20**
91	**2,21**
.1-12	.1-12
-	.13
92	**2,22**
93	**2,23**
-	.1
.1-27	.2-28
94	**2,24**
95	**2,25**
96	**2,26**
97	**2,27**
98	**2,28**
99	**2,29**
100	**2,30**
.1-31cd	.1-31
-	.32
.31ef	.33ab
101	**2,31**
102	**2,32**
103	**2,33**
104	**2,34**
.1-13	.1-13
-	.14
.14-63	.15-64
-	.65
.64-90	.66-92
105	**2,35**
106	**2,36**
107	**2,37**
.1-45	.1-45
-	.46-48
.46	.49
-	.50-66ab
.47	.66c-f
.48-69ab	.67-88ab
108	**2,38**
.1-21	.1-21
-	.22-27
.22-82ab	.28-87ab

ed. ASS	ed. VePr
.82cd	-
-	.87cd-89
.83-118	.90-125
-	.126
.119-123	.127-131
109	**2,39**
.1-48	.1-48
-	.49-50
.49-56	.51-58
110	**2,40**
.1-57	.1-57
-	.58-59ab
.58	.59e-f
.59-229	.60-230
111	**2,41**
112	**2,42**
113	**2,43**
114	**2,44**
115	**2,45**
116	**2,46**
117	**2,47**
118	**2,48**
.1-29	.1-29
.30	.31c-f
-	.30-31ab
.31-32	.32-33
119	**2,49**
120	**2,50**
121	**2,51**
122	**2,52**
123	**2,53**
124	**2,54**
.1-52	.1-52
.53a-h	.53-54
.54-140	.55-141
125	**2,55**
126	**2,56**
127	**2,57**
128	**2,58**
.1-45	.1-45
-	.46-47
.46-49	.48-51cd
.50-60	.51ef-61cd
.61ab	.61ef
.62-84	.62-84
129	**2,59**
130	**2,60**

ed. ASS	ed. VePr
131	**2,61**
.1-12cd	.1-12
-	.13ab
.12ef-57	.13cd-58
132	**2,62**
133	**2,63**
134	**2,64**
135	**2,65**
136	**2,66**
137	**2,67**
138	**2,68**
139	**2,69**
140	**2,70**
141	**2,71**
142	**2,72**
143	**2,73**
144	**2,74**
145	**2,75**
146	**2,76**
147	**2,77**
148	**2,78**
149	**2,79**
150	**2,80**
151	**2,81**
152	**2,82**
153	**2,83**
154	**2,84**
155	**2,85**
156	**2,86**
157	**2,87**
.1-14ab	.1-14ab
-	.14cd
.15-31	.15-31
158	**2,88**
159	**2,89**
160	**2,90**
161	**2,91**
162	**2,92**
163	**2,93**
164	**2,94**
165	**2,95**
166	**2,96**
167	**2,97**
168	**2,98**
169	**2,99**
170	**2,100**
171	**2,101**
172	**2,102**
173	**2,103**
174	**2,104**
175	**2,105**
176	**1,67**
.1-63	.12-74
177	**1,68**
178	**1,69**
.1-93	.1-93
.94a-h	.94-95
.95-123	.96-124
.124-125	.125a-h
.126-131	.126-131
-	.132-133
.132-192	.134-194
.193-194	.195a-h
179	**1,70**
180	**1,71**
181	**1,72**
182	**1,73**
183	**1,74**
184	**1,75**
.1-15	.1-15
-	.16
.16-28	.17-29
184	**1,76**
.29-60	.1-32
185	**1,77**
186	**1,78**
.1-13	.1-13
187	**1,78**
.1-2ab	.14-15ab
-	.15cd-16ab
.2cd-30	.16cd-44
187	**1,79**
.31-61	.1-32
188	**1,80**
189	**1,81**
.1-31	.1-31
.32-33	(in footnote)
.34-58	.32-56
190	**1,82**
.1-40	.1-40
-	.41
.41-48	.42-49
191	**1,83**
.1-28	.1-28

ed. ASS	ed. VePr
-	.29-31
.29-33	.32-36
192	**1,84**
193	**1,85**
.1-44	.1-44
-	.45
.45-90	.46-91
194	**1,86**
195	**1,87**
196	**1,88**
197	**1,89**
198	**1,90**
199	**1,91**
.1-12	.1-12
200	**1,91**
.1-30	.13-42
201	**1,92**
202	**1,93**
203	**1,94**
204	**1,95**
205	**1,96**
206	**1,97**
207	**1,98**
208	**1,99**
209	**1,100**
210	**1,101**
211	**1,102**
212	**1,103**
213	**1,104**
.1-32	.1-32
.33-39	(in footnote)
.40-171	.33-163
214	**1,105**
215	**1,106**
.1-133	.1-133
-	.134-144ab
.134	.144c-f
.135-142	.145-152
216	**1,107**
217	**1,108**
.43-58	.56-71
.59-71	.43-55
.72-118	.72-118
218	**1,109**
219	**1,110**
220	**1,111**
.1-42	.1-42

ed. ASS	ed. VePr
220	**1,112**
.68-212	.1-145
221	**1,113**
222	**1,114**
223	**1,115**
224	**1,116**
.1-30	.1-30
-	.31
.31-56	.32-57
225	**1,117**
226	**1,118**
227	**1,119**
228	**1,120**
229	**1,121**
230	**1,122**
231	**1,123**
232	**1,124**
233	**1,125**
234	**1,126**
235	**1,127**
.1-21	.1-21
-	.22
.22-30	.23-31
236	**1,128**
237	**1,129**
238	**1,130**
239	**1,130**
.1-42	.1-42
.43	(in footnote)
.44-62	.43-61
240	**1,132**
241	**1,133**
242	**1,134**
243	**1,135**
244	**1,136**
245	**1,137**
246	**1,138**

Appendix 2

Concordance of BrP ch. 1-17 and HV (crit. ed.) ch. 1-25

BrP	HV
1.1-30	-
.31-36	**2**.15-20
-	.21ab
.37ab	.21cd
-	.22
.37cd-51ab	.23-36
.51cd	*34
.52-56	.37-40
2.1-31ab	**2**.1-29
-	.30ab
.31cd-46	.30cd-45
-	.46ab
.47-52ab	.46cd-51ab
.52cd	*46
.53a-f	.51cd-52
.54-57	.53-56
3.1-17ab	**3**.1-16ab
.17cd	*50
.18-25	.16-23
.26	*55
.27-33ab	.24-29
.33cd	*56
.34-46ab	.30-41
.46cd-47ab	*58
.47cd	.42ab
-	.42cd
.48	.43
.49ab	*59
.49cd-50ab	.44
.50cd-51ab	*60
.51cd-65	.45ab-58
.66ab	*67
.66cd-79ab	.59-70
.79cd-80ab	*77
.80cd-82	.71-73ab
.83ab	*78
.83cd-91ab	.73cd-80
.91cd-92ab	*82
.92cd-101	.81-90ab
.102	*85
.103-113	.90cd-101ab
-	.101cd
.114-123ab	.102-110ab

BrP	HV
.123cd[1]	-
.124-126	.110cd-112
4.1-20	**4**.1-20
.21	*103
.22-27	.21-26
.28-39ab	**5**.1-12ab
.39cd-40ab	*105
.40cd-81	.12cd-53
.82-92ab	**6**.1-11ab
.92cd-93ab	*117
.93-97	.11cd-15
.98-99	-
.100ab	.16[2]
.100cd	.17
.101ab	.18
.101cd	.19
.102ab	.20-21ab
.102cd	.21cd
.103ab	.22
.103cd	.23
-	.24
.104ab	.25
.104cd	.26
-	.27
.105ab	.28-29ab
-	.29cd
.105cd	*119 (?)
.106ab	.31cd
.106cd	.30-31ab
-	.31cd-32
.107ab	.33
.107cd	.34
.108ab	.35
.108cd	.36
.109	.37
.110-112ab	.38-39
.112cd	*122
.113-122	.40-49

1 = 115cd

2 V. 100-109 have only approximate parallels in HV.

BrP	HV
5.1-9ab	**7**.1-8ab
-	.8cd
.9cd-33ab	.9-29ef
.33cd	*130
.34-47ab	.30-46ab
.47cd	*136
.48-64	.38-56
6.1-19	**8**.1-17
.20ab (= 53ab)	-
.20cd-32ab	.18-28ef
.32cd	*151
.33ab	.29ab
.33cd	*152
.34-41	.29cd-36
.42ab	*159
.42cd-53ab	.37-47
.53cd	*163
.54	.48
7.1-7ab	**9**.1-6
.7cd	*165
.8-10ab	.7-8ef
.10cd	*166
.11-13	.9-11ab
.14-21	.12cd-19ab
-[3]	*169
.22-23ab	.19cd-20
.23cd	*170
.24-25ab	.21-22ab
.25cd-27ab	*172[4]
.27cd-39ab	.22cd-33
.39cd	*175
.40-43	.34-37
.44ab	*179
.44cd-48ab	.38-41
.48cd-49ab	*180
.49cd-57ab	.42-49ab
.57cd	*184
.58a	.49c
.58bc	*185
.58d-68	.49d-59cd
.69ab	*187
.69cd-78	.59ef-68
-	.69

BrP	HV
.79-96c	.70-87a
.(only VePr)	.87bc
.96d-109	.87d-100
8.1-21ab	**10**.1-19ef
.21cd	*201
.22-23ab	.20a-f
.23cd	*204
.24-26ab	.21-23ab
.26cd-28ab	*206
.28cd-29ab	.23cd-24ab
.29cd	-
.30-63ab	.24cd-55ab
.63cd-64	*218
.65-67ab	.55cd-57
(only VePr)	*219
.67cd-76	.58-66ef
.77ab	*222
.77cd-80	.67-70ab
.81	*223
.82-85	.70cd-73ef
.86ab	*227
.86cd-88a	.74-75c
.88bc	-
.88d-91ab	.75d-77ef
.91cd-92	*229
.93-95	.78-80
9.1ab	**20**.1ab
.1cd	*313
-	.2
.2	.3
-	.4
.3-4	.5-6
-	.7
.5-6	.8-9
-	.10
.7	.11
-	.12
.9-10c	.14-15c
-	.15d
.10d	.16a
-	.16cd
.11	.17
-	.18
.12	.19
-	.20-21
.13	.22
.14	.25

3 Interpolation in ms. A and VePr.
4 Exc. line 2.

BrP	HV
.15ab	.23cd
.15cd	.24a,d
.16–21ab	.26–31ab
.21cd	(.32b) 32d
.22–26	.33–37
–	.38ab
.27–30	.38cd–41
.31ab	.42a,c
.31cd–36	.43–48
10.1–9	**21**.1–9
.10ab	–
.10cd	*320
.11	.10a-d
.12ab	*322
.12cd	.10ef
.13–62	App.**I,6B**.4–105
.(C, VePr)	.107–112
.63–68	.113–124
11.1ab	**21**.11ab
.1cd	*323
.2–10	.11cd–19
.11	*324
.12	.20
.13–15	*325
.16	.21–22ab
.17ab	*326
.17cd–26ef	.22cd–36
.27–36	App.**I,7**.1–20
–	.21–50
.37–45	.51–67
–	.68–138
.46–61	.139–170
12.1ab	*330
.1cd–16ab	**22**.1–13
.16cd	*336
.17–20ab	.14–17ab
–	.17cd
.20cd–43	.18–40
.44–46	*345
.47–51	.41–45
13.1	**23**.1a-d
–	.1ef–2ab
.2	.2c-f
–	.3
.3–25a	.4–25c
.25b–27a	*353
.27b–32	.25d–30cd

BrP	HV
.33–34	*354
.34cd–45a	.30ef–40a
.45b–48a	*356
.48b–60	.40b–52
.61	*364
.62–66ab	.53–57ab
.66cd	*368
.67–79	.57cd–72
.80ab	–
.80cd–91	.73–84
(C, VePr)	.85–93
.92–97ab	.94–99ab
(A, VePr)	*378.5–14
.97cd–99	.99cd–101
.100ab	*379
.100cd–101ab	.102
.101cd	–
.102–109	.103–110
(B, VePr)	*384
.110ab	*385
.110cd–118ab	.111–118ab
–	.118cd
.118cd–119	*386
.120–121	.119–120
.122	*387
.123	.121
.124–140	–
.141–156ab	.122–136
.156cd–157ab	*392.1,4
.157cd–158	*394
.159–172	.137–150
.173–189	*396
.190ab	.151ab
.190cd–194ab	*397
.194cd–195	.151cd–152cd
–	.152ef
.196ab	*398
.196cd–213ef	.153–168
14.1–33ab	**24**.1–33ab
.33cd	*413
.34–35	.33cd–35
.36–38	*415
.39–57	**25**.1–17
15.1–18ab	**26**.1–17ab
.18cd	*424
.19–28ab	.17cd–26ab
–	.26cd

BrP	HV
.28cd–29ef	.27–28
.30–39	**27**.1–10
.40ab	*430
.40cd–51	.11–22ab
.52	*432
.53–62	.22cd–31
16.1–12	**28**.1–12
.13–23	*435
.24–29	.13–18
.30ab	*437
.30cd–37ab	.19–25ab
.37cd–38ab	*348
.38cd–42	.25cd–29
.43ab	*439
.43cd–59	.30–45
17.1–40	**29**.1–40

Appendix 3

Concordance of BrP ch. 18–24 and ViP (ed. VePr) 2,2–2,9

Note: With this concordance cf. W. Kirfel: Weltgebäude, p. 10*–16*, where (apart from BrP and ViP) AgP, GaP, KūP and ŚiP are included in the concordance.

BrP	ViP	BrP	ViP
18.1-5	-	**20**.1-50	**2,4**.1-50ab
.6ab	**2,2**.1ab	-	.50cd
.6cd	-	.51-65ab	.51-64ab
.7ab	.1cd	.65cd	-
.7cd	-	.66ab-69a	.64cd-67c
.8-22ab	.2-17ab	.69bc	-
-	.17cd	.69d-99ef	.67d-97cd
.22cd-48	.18ab-43ab	**21**.1-27	**2,5**.1-27
.49ab	-	**22**.1-50	**2,6**.1-53
.49cd-62	.43cd-56	**23**.1-44	**2,7**.1-43
19.1-11	**2,3**.1-11	-	**2,8**.1-122
.12ab	-	**24**.1-25	**2,9**.1-24
.12cd-29	.12-28	.26	-

Appendix 4

Concordance of BrP ch. 29-33 and SāP

Note: For parallel passages in the BhvP, which are based on the SāP (cf. Hazra, Upapurāṇas vol. I, p. 57 ff.), cf. the concordance given by H. v. Stietencron, Indische Sonnenpriester, p. 11 f.

BrP	SāP
29.3-6ab	**38**.3-6ab
.6cd-7ab	-
.7cd-9a	.6cd-8a
.9bc	-
.9d-12	.8b-11ab
.13	.12
.14ab	.11cd
.14cd-24ab	.12-22
.24cd	-
.25ab	.23cd
.25cd	-
.26ab	.23ab
.26cd	-
.27-36	.24-33
.36ef (ed. VePr)	.34ab
.37-45	.34cd-42ef
.46-50ab	.43-47ab
.50cd	-
.51ab-56	.47cd-53ab
.57-61	.54-58
30.2cd	**2**.2ab
.3-21	.3-21
.22-23ab	**4**.3-4ab
.23cd-24ab	-
.24cd-30	.4cd-10
.31	.12
.32-38	.11-18
.39-44	.20-25 (24)
.45-60ab	**5**.1-15ef
.60cd-65	.16-21ab
.66-74	-
.75-84ab	.22-31ab
.84cd-86	.32-34ab
.87	-
.88-91	.34cd-38ab
.92	.39cd-40ab
31.1-14ab	**8**.1-13ef
.14cd-23	**9**.1-10ab
.24ab	.11cd
.24cd	.10cd

BrP	SāP
.25ab	.11ab
.25cd-26	.12-13ab
.27ab (ed. VePr)	.13cd
.27	.14
.28-29ab	-
.29cd-38	**25**.3cd-12
.39	-
32.50	**11**.1cd-2ab
.51-52	.3cd-5ab
.53-54	.9-10
.55ab	-
.55cd-56ab	.11
.56cd	.12cd
.57-60ab	.13-16ab
.60cd-62ef	.19-21
.63-67ab	.22cd-26cd
.67cd	-
.68ab	.26ef
.68cd	-
.69-73	.27-31
.74	-
.75a	.32a
.76	.34cd-35ab
.77-79	.36-38
.80	-
.81	.41
32.89ab	**12**.5ab
.89cd	-
.90ab	.9ab
.90cd-92	.11-13ab
.93ab	-
.93cd-94a	.13cd-14a
.94cd	-
.95-101ab	.14cd-20
.101cd-103	.22-24ab
.104-105	.25-26
.106-107	**11**.42-43
.108	.27
33.1	**14**.1
.2-14ab	.4-16ab

Appendix 5

Concordance of BrP ch. 39–40 with MBh and VāP

The note in MBh (crit. ed.) at the beginning of 12 App.I,28, that »this passage is substantially the same as Vāyupurāṇa I,10.79ff. and Brahmapurāṇa adhy. 38–40« (**sic**), is misleading. The BrP version of this story seems to be based on both versions of the story that are found in the MBh, one printed as MBh (cr.ed.) 12,274, the second printed as App.I,28 of the Śāntiparvan (only in the Northern recension of the MBh). As is evident from the following concordance, the version of BrP has intermingled these two versions which in the MBh are consecutive passages. (The last figures in references to the Appendix of MBh refer to lines, not to verses.) BrP ch. 39–40 are largely parallel to VāP 30.79–319 in that both texts follow the same pattern in comparison to MBh. Yet, if BrP copied from VāP (as Hazra claims) it must still have had recourse to the MBh, since it includes MBh 12,274.34–48 which is missing in VāP. (The VāP at hand may of course not be identical with the copy or ms. available to Hazra, or the one used by the redactor of the BrP.)

BrP	MBh	VāP
39.1-2		**1,30**.79–80
.4ab	**12,274**.5ab; App.**I,28**.6	.81ab
.4cd–8	**12,274**.5cd–9ab	.81cd–85ab
.9	-	.85c-f
.10–21ab	.9cd–20cd; cf. App.**I,28**.7	.86–96
.21cd–23ab	App.**I,28**.8–11	.97–98
-	.12–14	-
.23cd–24	.15–17	.99–100ab
.25ab	.(18)[1]	.100cd
.25cd–27	.19–23	.101–102
-	.24–33	-
.28ab	.34	.103ab
.28cd	.(35)	.103cd
-	.36–39	-
.29ab	-	.104ab
.30ab	-	.104cd
.31–32	.40–44	.105–106
-	.45–48[2]	.107
.33	-	-
.34–41	**12,274**.21–28	.108–115
.42–49ab	App.**I,28**.49–71	.116–122; 138ab
.49cd	-	-
.50ab	.(72)	.139ab
.50cd–51	.73–75	.139cd–140
-	.76–77	-
.52ab	.78	.141ab

1 Verses given in parentheses are not equal to BrP.
2 Corresponds to BrP ed. VePr v. 33a-d.

BrP	MBh	VāP
-	.79	-
.52cd-55ab	.80-85[3]	.141cd-144cd
.55cd	-	-
.56-66	.86-107	.144cd-153
.67ab	-	-
.67cd-70ab	.108-114	.154ab-162cd
-	.115	-
.70cd-73	.116-122	.162cd-165
-	.123-133	[4]
.74-75ab	.134-136	.168cd-169
.75cd-89	**12,274**.34-48ab	-
.90ab	-	-
.90cd-91ab	App.**I,28**.138-139	.170
-	.140-141	.171-172
.91cd-97	.142-155	.173-179
40.1	-	-
-	.156-159	-
.2-100	.160-388[5]	.180-284
.101-102	.389-392	.285-286
.103-105	.395-400	.287-289
.106	.393-394	.290
.107-109ab	.401-406	.291-293ab
.109cd	-	.293cd
.110-111	.407-411	.294ef-295
.112-119	**12,274**.48cd-55	.296-302
-	.56-59	-
.120	.60	.303
.121-125ab	App.**I,28**.412-420	.304-308ab
.125cd	.(421)	.308cd
.126-132ab	.422-434	.309-314
.132cd-134	-	.315-316
.135ab	.435	.317ab
.135cd-137	-	.317cd-319

3 V. 53c corresponds to 82a; 54b to 82b; 54c to 83a; 54d to 84b.

4 166 = MBh 123-124; 167-168ab = MBh 131-133.

5 Insertions, omissions and variants of this passage (the stotra) in BrP (ed. VePr) as well as in VāP are noted in the footnotes of MBh.

Appendix 6

Concordance of BrP ch. 52–56 (Mārkaṇḍeya-episode) and MBh 3,186–187

Note: This parallel has been pointed out in MBh (cr.ed.) vol. 4, p. 642. Passages given in parentheses are are parallels of content rather than wording. In MBh Mārkaṇḍeya himself tells the story, which in BrP is related as third person narration, partly abbreviated, partly enlarged.

BrP	MBh	BrP	MBh
52.1-3	**3,186**.(-)	.16–18	.107cd–109ab
.4-8	.60–64	.19–22	-
.9-19	-	.23	.(109cd–111)
53.1–14	.(65–77)	.24	.(112)
.14cd–18ab	.(78–80)	.25	.113
.18cd–27ab	-	**55**.1	-
.27cd–28	.(81–82)	.2	.(115)
.29–30	-	.3ab	.(116cd)
.31	.(83)	.3cd	.(114)
.34–35	.(84)	.4ab	-
.36ab	.85cd	.4cd	.116ab
.36cd–38	.(85ab)	.5	.(117)
-	.(86)	.6	-
.40–41	.(87)	.7–8	.(118)
.42	.(88–89)	.9–10	.(119–122ab)
.43	.(90–91)	.11–35	-
54.1	.(92)	**56**.1–3	-
-	.(93–100)	.4ab	.122cd
.2-3	-	-	.(123–124)
.4ab	.(103cd)	.4cd–8	.125–128
.4cd–8ab	-	.9	.(129)
.8cd	.(101ab)	.10–16ab	**3,187**.1–7ab
.9ab	.101cd	.16cd	*938
.9cd–10	.(102–104)	.17–48ab	.7cd–37
.11	.105	-	.(38ab)
.12–13	-	.48cd–57	.38cd–47
.14	.(106–107ab)	.58–74	-
.15	-		

Appendix 7

Concordance of BrP ch. 178 and ViP 1,15 (Kaṇḍu-episode)[1]

BrP	ViP	BrP	ViP
178.1-68	**1,15** .(11-12)	.106	.52
.69-82cd	.13-26	.107-112	-
-	.27ab	.113-118	.53-58
.82ef-104	.27cd-49	-	.59
.105ab	.50ab; 8ab	.119-194	-
-	.51		

1 cf. W. Ruben: »Purāṇic line of heroes«, JRAS 1941, p. 354.

Appendix 8

Concordance of BrP ch. 181–212 and ViP 5,1–38 (Kṛṣṇacarita)

Note: Due to a different distribution of verses with two or six pādas in the two texts the number of verses in parallel passages may vary though there is no difference in the actual number of lines.

BrP	ViP
-	**5,1**.1–11
181.1	-
.2-4	-[1]
.5–7	.12–14
-	.15–21
.8–20	.22–34
-	.35–54
.21–53	.55–87
182.1–6	**5,2** .1–6
-	.7–19
.7–8	.20–21
.9–10ab	**5,3** .1–2ab
-	.2cd–6
.10cd	-
.11ab	.7cd
.11cd	.7ab
.12–32	.8–29
183.1–3	**5,4**.1–3
-	.4–8
.4–5	.9–10
-	.11
.6–11	.12–17
184.1–15	**5,5**.1–15
.16ab	.18cd
.16cd–17	.17–18ab
.18	.19
-	.20
.19–21	.21–23
.22–40ab	**5,6**.1–18
.40cd	-
.41–60ab	.19–38
-	.39–50ab
.60c-f	.50cd–51
185.1–27ef	**5,7**.1–28ab
-	.28cd–32
.28–31	.33–36

BrP	ViP
-	.37–40
.32–41	.41–50
-	.51–56
.42	.57
-	.58–59
.43–45	.60–62
-	.63–72
.46–56	.73–83
186.1–6ab	**5,8**.1–6ab
-	.6cd
.6cd	.6ef
.7–13	.7–13
187.1–2ab	**5,9**.1–2ab
-	.2cd–3ab
.2cd	.4cd
.3	.3cd–4ab
.4–18ab	.5–19ab
-	.19cd
.18cd–23	.19ef–24
-	.25–31
.24–30	.32–38
.31	**5,10**.1
-	.2–15
.32–48	.16–32
-	.33–35
.49–61	.36–49
188.1–7	**5,11**.1–7
-	.8–9
.8–23	.10–25
.24–49	**5,12**.1–26
189.1–5	**5,13**.1–5
.6	.8
.7–8	.6–7
.9–20	.9–20
-	.21–22
.21–22	.23–24
.23	-
-	.25–29
.24	.30

1 cf. BhG 4.7–8.

BrP	ViP
-	.31-41
.25-45	.42-62
.46-58	**5,14**.1-14
190.1-8	**5,15**.1-8
-	.10-11
.9-21	.12-24
.22-40	**5,16**.1-19
-	.20
.41-48	.21-28
191.1-33	**5,17**.1-33
192.1-58	**5,18**.1-58
.59-86	**5,19**.1-29
193.1-11	**5,20**.1-11
-	.12
.12-29	.13-30
-	.31-41
.30-44	.42-56
-	.57
.45-83	.58-97
-	.98ab
.84-90	.99-105
194.1-19	**5,21**.1-19
-	.20ab
.20	.20c-f
.21-22	.21-22
-	.23ab
.23-25ab	.23cd-26ab
.25cd-26ab	-
.26cd-32	.26cd-32
195.1-18	**5,22**.1-18
196.1-19	**5,23**.1-19
-	.20ab
.20-31	.21-32
-	.33ab
.32	.33cd-34ab
-	.34cd
.33-45	.35-47
197.1-21	**5,24**.1-21
198.1-12	**5,25**.1-12
-	.13ab
.13-19	.13cd-19
199.1-12	**5,26**.1-12
200.1	**5,27**.1
-	.2
.2-15	.3-16
.16ab	-
.16cd-30	.17-32

BrP	ViP
201.1-9ab	**5,28**.1-9ab
-	.9cd
.9cd-28	.9ef-28
202.1-35	**5,29**.1-35
203.1-7ab	**5,30**.1-7ab
-	.7cd
.7cd-10ab	.8ab-10
.10cd	-
-	.11-14ab
.11ab	.14cd
-	.15ab
.11cd-25	.15cd-28
-	.29
.26-28cd	.30-32
-	.33ab
.28ef-34	.33cd-39
-	.40
.35	.41
-	.42ab
.36-41	.42cd-48ab
-	.48cd
.42-73	.49-80
204.1-7	**5,31**.1-7
-	.8
.8	.9
.9ab	-
.9cd-13	.10-14ab
-	.14cd
.14-18	.15-20
205.1-18	**5.32**.1-19
-	.20-21
.19-22a	.22-25a
-	.25bc
.22b-f	.25d-26
-	.27-30
206.1-48ab	**5,33**.1-48ab
-	.48cd
.48cd	.49ab
-	.49cd-50ab
.49-50	.51-52
-	.53
207.1-43	**5,34**.1-44
208.1-30ab	**5,35**.1-30ab
.30cd	-
.31ab-39	.30cd-38
209.1-22	**5,36**.1-22
-	.23ab

BrP	ViP
.23	.24
210.1-9ab	**5,37**.1-9ab
.9cd	–
.10ab	.9cd
–	.10ab
.10cd-30	.10cd-30
–	.31ab
.31ab-35	.31cd-36ab
–	.36c-f
.36-39	.37-40

BrP	ViP
–	.41-43ab
.40-58	.43cd-63
211.1-3	.64-66ab
–	.66c-f
.4-12	.67-75
212.1-53	**5,38**.1-53
.54	–
.55-58	.54-57
–	.58ab
.59-95	.58cd-93
–	.94

Appendix 9

Concordance of BrP 213 and HV 30-31

BrP	HV	BrP	HV
213.1-2	**30**.(-)	.39cd-53ab	.29-41ab
.3-7	*449	-	.41cd
.8	.1	.53cd-55ab	.42-43
.9	.2	.55cd-56ab	*466
-	.3-57[1]	.56cd-79	.44-67
.10-21ab	**31**.1-11ab	.80-105	.68-92[2]
.21cd-22ab	-	.106-123	.93-109
.22cd	.(11cd)	.124-158	.110-142[3]
-	.12ab	.159-164c	.143-148c
.23-24	.12cd-13ef	.164d-165a	*481
.25-31	.14-20	.165b-170	.148d-153
.32-38	.21-28	.171	-
.39ab	*463		

1 cf. BrP 179.10cd-66ab
2 With transpositions.
3 With transpositions.

Appendix 10

Concordance of BrP 217 and MBh 13,112

Note: Sigla of Mss. according to the crit. ed. of MBh are added in parentheses. According to Hazra, Purāṇic Records, p. 148, »BrP 217 has many verses in common with Mārk. 15.« The critical edition of MBh does not refer to any of those parallels.

BrP	MBh
217.2	**13,112**.9
.3c-f	.3 and 10
.4	.11
.5	.12
.6	.13a-d
.7–11	.13ef–17
.12–33	.18–39
.34–36	*544 (N)
.37–41	.40–44cd
.42ab	*545 (N)
.42cd	.44ef
.43–49	.45–51
.50–51	*546 (N)
.52–71ab	.52–70
-	.71–72
.71cd	.73ab
.72–77	.73cd–79ab
.78–79 (vgl. 64–65)	-
.80–86	.79cd–85
.87ab	.95cd
.87cd	.96ef
.88ab	.98cd/*560
.88cd	*561 (V1 B1.2.4.5 Dn)
.89ab	.97cd
.89cd	.98ab
.90ab	.97ab
.90cd–91ab	.99
.91cd	.100ab
.92–93	*562 (B Dn D1.2.6; D4.5.8–10 with transpositions)
.94ab–97ab	.100cd–103cd
.97cd–98ab (98ab = 104cd)	*565 (V1 B Dn)
.98cd–99ab	.96a-d
.99cd	*559 (N)
.100–104 (104cd = 98ab)	.86–90
-	.91–93
.105ab–106ab	.94a-f
.106cd–107cd	*558 (V1 B Dn D5.8.10 G2)
.108ab	.95ab
.108cd–118cd	.104–113

Appendix 11

Concordance of BrP ch. 222 and ViP 3,8-9 (section on *dharma*)

BrP	ViP
222.1-13	**3,8**.20-32
-	.33
.14-21	.34-41
.22-50	**3,9** .1-29
.51-52	-
.53-56	.30-33

Appendix 12

Concordance of BrP ch. 223 (Dialogue between Śiva and Umā), MBh 13,131 and Viṣṇudharma (ed. Grünendahl) ch. 57

Note: The below concordance lists comparable verses; the chapter in ViDh is parallel in topic and outline, much less in terms of literal identity.

BrP	MBh	ViDh
223.1-6	**13,131**(-)	.(-)
.7-11	.1-5	-
.?	.6	-
.12	.7	**57**.1
.13	.8	.2
.14	.?	-
.15	.9	.3
.16	.10	(with 16a cf. 4a)
.17	.11	(with 17a cf. 4b)
.18	.12	(with 18ab cf. 5ab) (?)
.19	.13	-
.20	.14	(with 20a cf. 6a)
-	-	.6-7
.21-24	.15-18	-
.25	.19	.8
.26	.20	-
.27	.21	.9cd
.28	.22	.10
.29-31	.23-25	-
.32-34	.26-27	.11-12
.35-39	.28-32	(with 39cd cf. 14ab)
.40-41ab	.33	(with 41ab and 52ab cf. 14cd)
.41cd-42ab	.34	-
.42cd-43ab	.35	.15c-f
.43cd-46ab	.36-38	.16
.46cd-47ab	.39	-
.47cd-48ab	.40	.17
.48cd-50ab	.41-42	-
.50cd-51ab	.43	.18
.51cd-65	.44-58	-

Appendix 13

Concordance of BrP ch. 230–234 and ViP 6,1–5 (section of eschatology)

BrP	ViP
230.1	**6,1**.(1)
.2-43	.2-43
.44ab	.45ab
-	.44ab
.44cd	.44cd
.45ab	.46ab
-	.45ab
.45cd	.45cd
.46-59	.47-60
-	**6,2**.1
.60ab	.2ab
.60cd	-
-	.2cd-14
.61	-
.62-77	.15-30
-	.31-33
.78-80	.34-36
.81	-
.82	.37
231.1-93	-
-	.38-40
232.1-7	**6,3**.1-7
.8ab	.8cd
.8cd	.8ab
.9-40	.9-40
-	.41
233.1-49	**6,4**.1-50ab
-	.50cd
234.1-52ab	**6,5**.1-52ab
-	.52cd-54
.52cd-66ab	.55-68
-	.69-77
.66cd-75	.78-87

Appendix 14

Concordance of BrP 236-245 with MBh

BrP	MBh
236.1-2	**12,231**.(1)
.3-35	.2-34
.36	**12,232**.1
.37-38ab	.2
.38cd-46ab	.3-10
.46cd	.11ab
-	.11cd
.47ab-48ab	.12
.48cd-68	.13-32
.69ab	.33ab
.69cd	.34cd
237.1-20	**12,233**.1-20
.21-41[1]	**12,238**.1-20
.42	(*687)
.43	**12,239**.1
.44	.2
.45ab	.3ab
.45cd	.6ab
.46ab	.(6cd)
.47-52	.8-13
.53-55	.17-19
.56-58	.14-16
.59-64	.18-25
.65-89	**12,240**.1-22
238.1-14	**12,241**.1-14
.15-39	**12,242**.1-25
.40-45	**12,266**.1-6
-	.7ab
.46-57ef	.7cd-19
239.1-62	**12,289**.1-62
240.1-5	**12,290**.1-5
-	.6ab
.6-14c	.6cd-15a
-	.15bc
.14d-20	.15d-21
-	.22ab
.21ab-24	.22cd-26ab
.25ab	*747
.25cd-40c	.26cd-41c
.40d-41a	-
.41b-48ab	.41d-48ab
-	.48cd-50ab
.48cd-76ab	.50cd-75
.76cd	*750
.77-112	.76-110
241.1-3	**12,291**.1-3
-	.4-5
.4-14ab	.6-15cd
.14cd	-
.15-48	.15ef-48
242.1-13ab	**12,292**.1-12
.13cd	*754
.14-16	.13-15
-	.16ab
.17ab-21cd	.16cd-21ab
.22	*755
-	.21cd
.23-32	.22-30
.33	*756
.34-52ab	.31-48
.52cd-58cd	**12,293**.1-7ab
-	.7cd-11ab
.58ef	.11cd
243.1-16	.12-27
.17	-
.18-40	.28-50
.41-90	**12,294**.1-49
244.1-48	**12,295**.1-46
245.1-3ab	**12,296**.1-3ab
.3cd	-
.4ab-23ab	.3cd-21ab
-	.21ef
.23cd-51	.22ab-50
.52-53	-

1 With 23-25 cf. KaṭhaUp 1,3.10-12.

Sanskrit Indices and Text of
t
7